JN421914

12th Edition
MEDIA JIPHIL
(주)지필미디어
Mc Graw Hill Education
Hawkins의
소비자행동론
Del I. Hawkins
David L. Mothersbaugh 공저
이호배 · 김학윤
김도일 · 이성근 공역
Consumer Behavior
Building Marketing Strategy
MARY POPPINS ON BROADWAY
HSBC
SAMSUNG
FRiDAYS
HERE ON 46TH STREET
FOREVER21
FOREVER21.COM
HUGE

Consumer Behavior: Building Marketing Strategy, 12th Edition.

1 2 3 4 5 6 7 8 9 10 JP 20 14

Original: Consumer Behavior: Building Marketing Strategy, 12th Edition. ⓒ 2013
By Delbert I. Hawkins, David L. Mothersbaugh
ISBN 978-0-07-353004-8

This book is exclusively distributed by Jiphil Media

When ordering this title, please use ISBN 978-89-97394-753

Printed in Korea

Hawkins의
소비자행동론 12/E
(Consumer Behavior 12/E)

저 자 Delbert I. Hawkins, David L. Mothersbaugh
역 자 이호배 · 김학윤 · 김도일 · 이성근
발행처 (주) 지필미디어
주 소 경기도 파주시 문발로 132, 402호
(구, 문발동 531-4/우편번호 10881)
전 화 (031)957-4504/(031)957-8401
팩 스 (031)957-4503
이메일 book@jiphil.co.kr
홈페이지 www.jiphil.co.kr
발행인 김성남

발행일 2014년 7월 20일 초판인쇄
등록번호 제 312-1997-000043호 (1997년 07월 16일)

ISBN 978-89-97394-753 92320
가 격 35,000 원

소비자행동의 전략적 접근

'소비자행동 : 마케팅 전략의 수립' 12판의 목표는 학생들에게 소비자행동에 대한 이용가능하고 전략적인 이해를 제공하는 것이다. 우리는 소비자행동에 영향을 주는 요인들에 대한 지식이 실무적인 관점에서 건전한 마케팅 전략 개발에 사용될 수 있다고 믿는다. 따라서 우리는 다음과 같이 이론, 전략에 기반한 사례, 응용들을 통합하였다.

1 **이론** – 이론과 개념에 대한 이해는 분명히 어떤 시간과 어떤 다른 상황 모두에서도 효과적인 의사결정을 할 수 있는 중요한 요인들이다. 따라서 각 장은 소비자행동을 이해하는 중요한 개념과 이론에 대하여 포괄적인 논의를 제공하고 있다.

2 **전략에 기반한 사례** – 교재 전체를 통해 어떻게 중요한 개념과 이론들이 기업, 브랜드, 조직의 의사결정에 응용될 수 있는지에 관한 날카로운 사례들을 제공하고 있다. 이 사례들은 학생들에게 중요한 구매자 행동에 대한 개념이해가 어떻게 양질의 마케팅 전략결정으로 연결될 수 있는가를 이해하게 한다.

3 **응용** – 사람들은 실행을 통해 가장 잘 학습한다. 따라서 우리 접근법의 세 번째 측면은 각 부와 각 장의 끝에 연습문제와 학습활동을 통해 어떻게 응용할 것인가를 강조하였다. 이러한 학습활동, 연습문제 그리고 사례들은 학생들로 하여금 그들이 학습한 것을 잘 체득할 수 있도록 하고, 실제 상황에서 응용할 수 있도록 해준다. 즉, 학생들이 학습한 것을 실행할 수 있도록 한 것이다. 그러나 역자들은 번역에서 이 부분을 제외했다는 것을 밝힌다.

12판에서 새로운 것들

12판을 만들때 핵심적인 이론은 유지하면서 가능한 한 최신의 그리고 최근의 현실을 반영하려고 노력했다. 이 책의 초점과 강점은 소비자행동의 개념으로 성공적인 마케팅 전략을 이끌어 낼 수 있도록 이용하는 것에 있다. 도입사례, 소비자 통찰력 그리고 이 책의 전체 부문에서 주요 개념의 전략적 응용에 초점을 두었다.

우리는 세계에 있어서, 즉, 소비자행동에서 네 가지 영역에서의 중요한 변화를 확인하였다.

- **글로벌 변화** – 중국과 인도와 같이 10억 이상의 인구와 신생의 중산층을 가진 국가들의 등장은 중국에서의 BMW 성공이 시사하는 것처럼 고급제품의 마케터를 포함한 여러 마케터들에게 새로운 시장기회가 있다는 것을 의미한다. 우리는 전체장을 이러한 글로벌 이슈에 대한 문제제기 뿐만 아니라 마케터들이 다루어야 할 세계시장의 유사점과 차이점의 사례들도 포함시켰다.
- **하위문화** – 미국 내에서 흥미로울 뿐만 아니라 마케팅 기회와 도전과제를 야기하는 하위문화의 많은 변화가 일어나고 있다. 인종적 하위시장, 특히 히스패닉 하위문화는 마케팅의 시각을 변화시키고 있다. Walmart는 히스패닉 Walmart를 만들었을 정도이다. 연령이나 세대와 관련된 하위문화도 급격한 변화를 만들어내고 있다. 고연령에는 베이비 부머의 고령화가 헬스케어, 여행, 노화방지 제품의 성장을 가속화시키고 있으며, 젊은 연령층에는 Z세대라고 불리는 신세대가 있으며, 이들은 기술에 아주 능숙한 세대이다.
- **기술** – 기술은 마케팅 소비자들이 제품을 구매할 때 영향을 받는 방법, 정보에 대한 접근, 제품의 쇼핑, 구매, 나아가 불평하는 방법에 이르기까지 모든 측면을 지속적으로 그리고 급격하게 변화시키고 있다. 인터넷 접근과 사용이 증가되고, 웹사이트의 기능성이 더 발전되고 있다. 모바일 검색과 쇼핑앱과 같이 이동성이 새롭고 흥미로운 방법으로 강력해지고 있다. 소비자들은 실제상점에 있으면서 가격비교 앱을 이용하여 자신들이 가장 좋은 가격으로 구매하는가를 확인할 수 있다.

- **규제** – 상당한 규제 법안들이 통과되고 있으며, 현재 고려되고 있다. 여기에는 식품마케팅 실무에 있어서 자기규제에 관한 새로운 지침, 어린이 온라인 사생활 보호법(COPPA : Children's Online Privacy Protection Act), 성인을 표적으로 하는 웹사이트의 프라이버시에 관한 자기규제를 위한 지침 개정과 같은 것들이 포함되어 있다.

이러한 영역들이 12판에서 상당한 주의를 기울인 부분들이며, 대체적으로 30개의 세계적 사례, 아프리카계 미국인들을 위한 새로운 시장 세분화 체계, 미국 소비자들에 있어서 가장 새로운 세대의 검토, 모바일 탐색과 쇼핑에 관한 새로운 절의 추가 등이 새로운 것들이라고 할 수 있다. 책 전체에 걸쳐 사회적, 규제적 이슈들을 다루었으며, 특히 20장에서는 이 문제들을 구체적으로 다루었다. 역자들은 20장의 내용들이 한국의 실정과는 거리가 있다고 판단되어 번역에는 포함시키지 않았음을 밝힌다.

Consumer Behavior
Building Marketing Strategy
Twelfth Edition
Del I. Hawkins • David L. Mothersbaugh

이 책은 많은 방법으로 전략적인 측면들을 지속적으로 다루고 있는데, 특히 학생들이 소비자유형 간의 차이를 느낄 수 있도록 세분화의 체계를 매우 중요하게 다루고 있다. 12장에서는 기술의 그린 마케팅에서 글로벌 고급제품에 이르는 9개의 새로운 새로운 시장 세분화를 제공하고 있다.

이러한 실질적인 변화 이외에도 우리는 각 장에서 테스트뱅크를 비롯한 학습목표, 관련 학습 보조자료, 강의보조자료 등을 추가하였다. 우리는 학습목표의 추가가 학생들로 하여금 학습을 더 쉽게 하도록 하고, 강의자들에게는 이러한 학습목표를 중심으로 강의를 설계하고 학생들의 학습과정을 추적할 수 있도록 해준다고 믿는다.

결론적으로 우리는 12판이 소비자행동에 있어서 최신의 전략적 접근을 제공하고 있고, 효과적인 학습환경을 지원하는 새롭고 더 발전된 특징을 가지고 있다고 믿는다. 아래의 표는 이 12판에서 새롭게 변화된 내용을 요약한 것이다.

소비자행동 : 마케팅 전략의 수립
12판의 새로운 요소

책의 구성요소	신규내용
학습목표	9
도입사례(신규 또는 상당한 양의 개정)	
세분화 체계	9
소비자통찰력	13
주요용어와 개념	15
글로벌 사례	30
부의 마무리 사례(번역본에는 제외)	14
비디오 사례(번역본에는 제외)	9

책의 특징

학습목표

각 장은 주요 학습결과와 관련된 학습목표들로 시작된다. 이 학습목표들은 이 책 전체에서 다음과 같이 다른 학습부분들과 통합되어 있다 :

학습목표

- LO1 문화의 개념을 정의한다
- LO2 문화 간 차이를 유발하고 소비자행동에 영향을 미치는 핵심가치를 설명한다
- LO3 비언어적 커뮤니케이션에서 문화 간 차이를 이해한다
- LO4 글로벌 젊은이 문화의 주요 측면들을 정리한다
- LO5 글로벌 인구통계적 특성의 역할을 이해한다
- LO6 해외시장에 진출하기 위해서 결정해야 할 주요 차원들을 나열한다.

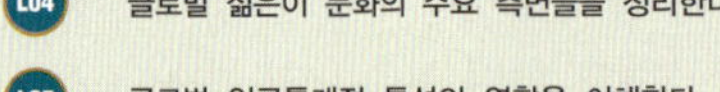

Chapter Two

2 소비자행동의 문화간 차이

- 학생들이 쉽게 찾을 수 있도록 각 장의 내용에서 학습목표를 다루는 부분에 학습목표의 번호를 달아놓았다.
- 보다 명확히 설명할 수 있도록 장의 요약 부분을 학습목표와 일치시켜 놓았다. 즉, 각 장의 요약부분의 번호는 각 학습목표 번호를 의미한다.
- 학생 온라인 센터의 학생들을 위한 퀴즈에 학습목표의 번호를 달아 놓았다. (학생들은 온라인에서 원서 저자들의 자료를 이용할 수 있으며, 번역본을 위해서는 다음의 카페(http://cafe.daum.net/hawkins12 ; 카페명: 'Hawkins의 소비자행동')를 이용할 수 있다. 그러나 카페에서는 학생들의 온라인 퀴즈를 포함시키지 않았음을 밝힌다. 다만 학습을 증진시키기 위한 다양한 학습보조자료를 학생들은 활용할 수 있다.

2.3 비언어적 커뮤니케이션의 문화적 차이

LO3 **언어적 커뮤니케이션 시스템**(언어)에서의 차이는 외국 문화를 접하는 사람이라면 누구라도 즉시 명확하게 알게 된다. 영국이나 호주로 여행하는 미국인은 의사소통을 할 수는 있지만, 발음, 타이밍 그리고 의미의 차이는 여전히 발생할 것이다. 예를 들어, 미국 기반의 메타 검색 엔진인 Dogpile(www.dogpile.com)은 영국에서 "pile"이 치질이라는 의미를 갖고 있다는 것을 안 후에 유럽에서는 WebFetch로 이름을 변경하였다.[84]

마케팅 커뮤니케이션을 한 언어에서 다른 언어로 번역하려고 할 때 <표 2-2> 처럼 비효율적 커뮤니케이션의 결과를 발생시킬 수 있다.

문자적 해석과 속어 표현의 문제는 단어와 관련된 상징적 의미, 번역에 적합한 단어의 부족 그리고 특정 단어에 있어서 발음의 어려움들이 혼합되어 있다.[85]

- 일본에서 한 세계적 청량음료 업체가 "크림" 속성을 갖고 있는 제품을 출시하기 원했다. 그러나 조사결과 일본에는 이러한 속성에 해당되는 단어가 없었으며, 따라서 이 기

도입사례

각 장은 실무적인 사례로 출발한다. 이 사례들은 기업, 정부, 비영리 조직 등 소비자행동 원리를 제대로 사용한 또는 제대로 사용하지 못한 다양한 상황을 포함하고 있다.

학습목표

- L01 문화의 개념을 정의한다
- L02 문화 간 차이를 유발하고 소비자행동에 영향을 미치는 핵심가치를 설명한다
- L03 비언어적 커뮤니케이션에서 문화 간 차이를 이해한다
- L04 글로벌 젊은이 문화의 주요 측면들을 정리한다
- L05 글로벌 인구통계적 특성의 역할을 이해한다
- L06 해외시장에 진출하기 위해서 결정해야 할 주요 차원들을 나열한다.

세계 3대 초대형 유통기업에는 Walmart(미국), Carrefour(프랑스) 그리고 Tesco(영국)가 있다.

이들 각 기업은 아시아와 라틴 아메리카에 집중하여 계속해서 국제적인 확장에 힘쓰고 있다. 이들 기업에게 있어서 이 지역의 시장규모는 매우 매력적이지만 복잡한 특성과 유럽과 미국간의 차이는 중요한 도전과제이다.[1]

대규모의 원스톱 점포와 엄청난 종류의 제품들을 보유한 슈퍼스토어나 하이퍼마켓은 미국이나 영국과 같은 서구 시장에서는 잘 운영되어 왔다. 그러나 이 소매업태는 대다수의 소비자가 소득이 낮고, 집에서 가까운 지역 점포를 선호하고 그리고 음식의 신선도를 위해 매일 점포를 방문하는 아시아나 라틴 아메리카에서는 항상 잘 운영되는 것은 아니었다. 때문에 거대한 다국적 유통업체들은 이를 고려하여 대응하여야 했다.

슈퍼마켓이나 하이퍼마켓이 인기를 끌고 있지만, 이들은 소매활동의 일부분일 뿐이다. 예를 들어, 멕시코에서는 하나의 하이퍼마켓 혹은 슈퍼마켓 마다 500개의 작은 독립 점포가 있다. Walmart는 소득이 낮은 지역에 있는 할인 슈퍼마켓인 Todo Dia를 개점했는데, 이 점포는 슈퍼센터의 1/10 정도의 제품만 다룬다. 이와 비슷하게 Tesco는 중국에 Tesco Express를 개점했다.

그러나 분명한 것은 많은 수의 소규모 점포를 갖는 것만으로는 충분치 않다는 것이다. 서비스 수준과 제품을 지역의 욕구와 선호에 맞게 적응시키는 것도 중요하다. 예를 들어, 중국에서는 고객들이 걷거나 자전거로 쇼핑하기 때문에, Walmart는 셔틀버스를 운행하고 냉장고와 같은 무거운 품목은 무료로 배송해 준다. Walmart는 멕시코에서 초기에 탑승형 잔디깎기 기계와 같은 제품을 제공하면서 어려움을 겪었는데, 멕시코에서는 미국과 달리 교외 스타일 잔디밭이 없기 때문에 이 제품은 잘 팔리지 않았다.

살아있는 거북이, 뱀 그리고 문어와 같은 특별한 식품을 다루는 중국의 생물시장에서는 신선도가 중요하다. 한 중국인 쇼핑객은 다음과 같이 말한다.

> 난 죽은 생선은 사지 않을 것이다. 어떻게 그 생선이 죽었는지 내가 어떻게 알겠는가? 아마도 그 생선은 병으로 죽었을 것이다. 나는 우선 생선이 살아 있는 것을 먼저 보고 내 스스로 잡기를 원한다.

따라서 Walmart는 중국 매장에서 살아있는 거북이와 뱀을 제공했다. Tesco 매장은 중국 홍차에 삶은 계란을 넣고 끓일 수 있는 통으로 특성화하고 있다.

원색사진

이 책에서는 인쇄광고, 웹페이지, 스토리보드, POP 진열사진, 포장 등을 원색사진으로 제시하고 있으며 각 자료의 출처를 명확히 밝히고 관련된 설명을 제공하고 있다. 이 사진들은 이 책에 제시된 개념과 이론들의 생생한 사례와 응용들을 제공한다.

사진 2-7

이 광고캠페인은 전세계의 스타일 리더들을 표적으로 하기 위해 글로벌 청년 소구방법을 이용한다.

윤리적/사회적 이슈의 통합적 고려

이 책의 각 부분에서 마케터가 직면한 다양한 윤리적 이슈와 관련된 논의들을 강조하고 있다.

- 세계 불가지론자(global agnostics, 9%): 국제적 브랜드명에 의사결정을 근거하지 않고 지역 브랜드를 평가하듯이 평가하고, 국제적 브랜드를 특별한 것으로 보지 않는다. 미국과 남아프리카에서 높다. 일본, 인도네시아, 중국 그리고 터키에서 낮다.

기업의 사회적 책임과 윤리적 이슈는 노동 정책에서부터 제품의 부정적 결과와 연계되어 있는 소비까지 다양하다. 예를 들어, 미국의 담배기업들은 아시아, 라틴 아메리카 그리고 동부 유럽과 같은 개발도상국에 공격적으로 담배를 마케팅하고 있다. 아시아에서는 담배와 관련된 사망률이 가장 높으며, 여성의 흡연율 증가가 주요한 문제로 대두되고 있다.[6]

표

표  소비자행동과 관련된 문화적 가치관

타인 지향적 가치관

- 개인주의/집단주의: 개인적 행위와 주도가 집단의 행동과 순응보다 높게 가치가 부여되는가?
- 청년/장년: 가족의 라이프스타일이 어린이의 욕구를 충족시키도록 구성되는가? 어른의 욕구를 충족시키도록 구성되는가? 젊은이 혹은 나이든 사람 이 리더 혹은 역할 모델로 보이는가?
- 확장 가족/한정 가족: 개인은 많은 가족 구성원에 대해 어느 정도로 평생 의무를 갖는가?
- 남성성/여성성: 사회적 힘이 어느 정도로 자연적으로 남성에게 부여되는가?
- 경쟁적/협력적: 사람은 다른 사람보다 우월해서 성공하는가 아니면 다른 사람들과 협력해서 성공하는가?
- 다양성/통일성: 문화가 종교적 신념, 인종적 배경, 정치적 견해 그리고 다른 중요한 행동과 태도의 차이를 포용하는가?

환경 지향적 가치관

- 청결: 청결함은 건강을 위해 어느 정도로 최소한의 필요 수준 이상으로 추구되는가?
- 성과/지위: 문화의 보상 시스템은 성과에 근거하는가? 혹은 가족 또는 계층과 같은 계승적인 요인에 근거하는가?
- 전통/변화: 기존 형태의 행동이 원래 새로운 형태의 행동보다 더 우월한가?
- 위험 감수/안전: 장애를 극복하기 위해 자신의 안정된 지위에 대한 위험을 무릅쓰거나 높은 목표를 달성하는 사람이 그렇지 않은 사람보다 더 존경받 는가?
- 문제 해결/운명적: 사람들은 모든 문제를 극복하도록 격려되는가 아니면, 그들은 "일어날 것은 결국 일어날 것이다"란 태도를 가질까?
- 자연: 자연은 극복해야 할 대상인가 존중받아야 할 대상인가?

자아 지향적 가치관

- 적극적/수동적: 삶에 대하여 육체적으로 적극적 접근방법이 덜 적극적 접근방법보다 더 높은 가치를 부여받는가?
- 관능적 희열/금욕: 음식, 음주, 섹스와 같은 감각적인 만족을 어느 정도로 수용가능한가?
- 물질주의/비 물질주의: 물질적 부의 획득에 얼마나 중요성을 부여하는가?
- 열심히 일함/레저: 경제적으로 필요한 것 이상으로 열심히 일하는 사람이 그렇지 않은 사람보다 존경받는가?
- 연기된 만족/즉각적 만족: 사람들이 어려울 때를 대비해서 저축하는 것을 장려하는가 아니면 "오늘을 즐기기 위해서 사는 것"을 장려하는가?
- 종교적/

소비자통찰력

상자 안의 논의들은 소비자연구와 마케팅 실무에서 특별히 흥미로운 주제들을 깊게 다루고 있다. 각 소비자통찰력은 학생들의 깊이 있는 생각을 유도할 수 있도록 만들어진 다양한 문제가 있다.

소비자 통찰력 3-1

유기농이 본 궤도에 오르다

유기농 식품이 미국음식의 변방에서 주류로 이동하고 있다.[3] USDA(미국농무부)는 식품라벨에 유기농이라는 용어를 사용하기 위해서 2002년에 전국적인 기준을 만들어 시행하였다. "유기농" 라벨이 붙어있는 식품은 구충제, 제초제 그리고 항생제 사용금지와 같은 구체적인 지침을 따라야 한다. USDA기준을 충족하는 식품 브랜드는 공식적으로 인증되는 것이며, 이는 소비자 신뢰도를 높인다. 인증으로 인한 소비자 신뢰의 증가는 이 제품범주의 소비증가를 두 자리 수로 만들었다. 미국의 유기농 판매는 현재 250억 달러인데, 이를 1997년의 40억 달러와 비교해보면 매우 증가한 것이다. 유기농의 주요 흐름은 여러 면에서 확인될 수 있다. 첫째, 작년에 대략적으로 미국인의 2/3가 유기농 식품을 시도하였고, 반 이상이 유기농을 구매하였다. 둘째, 일반 슈퍼마켓의 판매에서 유기농이 대부분을 차지하면서 유기농은 접근가능성은 높아졌다. 전국적 식품체인들(예: Whole Foods, Trader Joe's)도 유기농 접근을 용이하게 만드는 주요 경로이다.

많은 기본적인 가치관과 관심이 유기농 식품에 대한 높아진 인기를 설명한다. 여기에는 건강, 안전, 가족 그리고 환경과 관련된 가치관이 포함된다. Hartman Group의 조사는 유기농 구입의 4대 동기유발요인으로 건강, 맛, 식품안전 그리고 환경을 지적하였다. Whole Foods의 조사는 미국인의 54%가 유기농이 건강에 더 좋고, 58%는 환경에 더 좋다고 믿는다고 지적하였다. 때때로 건강과 환경 요소는 밀접한 관계가 있다. 화학물질을 사용하지 않고 키운 식품은 우리 신체에서 직접적으로(우리는 식품에서 화학물질을 소비하지 않는다) 그리고 간접적으로(화학물질은 빗물을 통해서 음용수에 포함되지 않는다) 화학물질을 피하게 한다.

유기농 소비자는 젊고, 고등교육을 받은 경향이 있으며, 유기농 구입은 건강하고, 가족 친화적이고 그리고 환경적으로 안전하게 보이는 라이프 스타일을 만들도록 해준다. 가장 큰 장애는 가격이다. 그러나 유기농이 더욱 주류를 이루고 지속적으로 성장함에 따라 Walmart와 같은 기업들이 이런 추세를 이용하게 되면 가격은 낮아질 것이다. 낮은 가격과 높은 접근성으로 유기농 식품 구입은 확실히 증가할 가능성이 있다. 왜냐하면 미국소비자의 거의 2/3는 아직 유기농 식품의 본격적인 구매자가 아니기 때문이다.

마케터가 이것을 주시하는 것은 놀랄만한 일이 아니다. 최근에 유기농 제품을 제공하는 기업들의 일부 예로 Bigelow(녹차), Del Monte(토마토 캔) 그리고 Prego(파스타 소스)가 있다. 많은 기업들이 몇 개의 제품에 시범적인 적용을 하지만, SUPERVALU(선두 식품소매점)는 아예 전국적으로 자기 소유의 유기농 점포 브랜드를 출시하였다. Wild HaNest라고 하는 이 브랜드는 전국적으로 출시한 첫 번째 유기농 점포 브랜드들 중의 하나인데, 이것은 계란부터 시리얼 그리고 스낵에 이르기까지 250개의 식품을 포함하고 있다. SUPERVALU의 한 임원에 의하면:

> 브랜드 개발에 효과적인 조사와 소비자 의견을 반영하였다. 그러자 우리는 소비자들이 보다 건강한 삶을 위해 필요로하는 신선하고, 건강에 좋으며, 가격이 알맞은 브랜드를 만들어내게 되었다.

낮은 가격, 높은 접근성 그리고 식품안전, 가족건강 및 환경에 대한 소비자의 지속적 관심은 다른 기업들이 SUPERVALU를 따라 전국적 브랜드 수준의 다양한 제품들을 제공하게 할 것으로 판단된다.

생각해 볼 문제

1. 유기농 식품 구매가 가치관의 영향을 어느 정도로 받을까?
2. 당신은 어떤 요소들이 유기농 시장의 성장에 기여 한다고 생각하는가?
3. 마케터는 본격적인 유기농 구매자가 아닌 미국소비자를 어떻게 설명할 것인가?

장 뒷부분의 내용

요약

요약 부분은 학습목표와 관련된 내용을 다시 한 번 명화하게 할 수 있도록 설명한다.

요약

학습목표 1: 핵심적인 미국의 문화적 가치관을 이해한다
문화적 가치관은 바람직하다고 확신하는, 널리 받아들여지는 신념이다. 행동에 영향을 주는 3가지 범주의 가치관은 자아, 타인 그리고 환경과 관련된다. 종종 많은 가치관이 기존 트렌드에 영향을 주도록 작용한다: 그러한 사례로는 가족 및 자연과 관련되는 가치관에 의해서 영향을 받는 유기농 소비를 들수 있다.

학습목표 2: 자아 지향적 가치관, 환경 지향적 가치관 그리고 타인 지향적 가치관의 변화를 정리한다
자아 지향적 가치관의 관점에서, 산업화 국가중에서 여전히 가장 긴 시간을 일함에도 불구하고, 일 자체를 목적으로 열심히 일하는 것을 다소 덜 강조하고 있다. 성적 희열을 더 강조하는 추세이다. 그리고 최근의 경기 침체가 소비를 억제하는 반면, 다시 즉각적 희열을 더 강조하는 것으로 회귀하는 것 같다. 끝으로, 미국은 종교가 여전히 중요한 반면, 상대적으로 세속적 문화로 남아있다. 또한 장년층과 다양성에 더 높은 가치를 부여한다.

학습목표 3: 그린 마케팅과 관련된 가치관을 알아본다
미국인들은 자연을 극복하는 것에서 자연을 존경하는 것으로 그들의 가치관을 변경하였다. 이는 환경보호 및 그린 마케팅의 출현에 대한 관심을 높이고 있다. 마케터들은 그린 마케팅에 다음과 같은 것을 포함한다: (1) 전통적 제품보다 환경에 덜 유해한 제품의 생산, 사용 혹은 처분할 수 있는 제품을 개발하고 (2) 환경에 긍정적 영향을 갖는 제품을 개발하고 (3) 환경기업이나 행사를 제품의 구매와 연계시킨다

학습목표 4: 대의명분 마케팅과 관련된 가치관을 알아본다.
미국사람들은 문제 해결에 높은 가치를 부여한다. 이것은 상황을 해결하고 개선하려는 시도에서 중요한 대의명분에 대해서 노력을 기울이도록 하는 경향이 있다. 대의명분 마케팅은 한 기업과 이 기업제품의 매출 및 기업 이미지를 개선하는 반면, 대의명분의 혜택

주요 용어

주요 용어

성취 역할(achievement role)
귀속 역할(ascribed role)
대의명분 마케팅(cause-related marketing: CRM)
문화적 가치관(cultural values)
환경기업가형 마케팅 (enviropreneurial marketing)
성별(gender)
성 정체성(gender identity)
성 역할(gender role)
그린 마케팅(green marketing)
현대적 성 지향성(modern gender orientation)
지속가능성(sustainability)
전통적 성 지향성(traditional gender orientation)
자발적 단순함(voluntary simplicity)

참고 문헌

참고 문헌

1. Opener based on M. De Mooij and G. Hofstede, "The Hofstede Model," *International Journal of Advertising* 29 (2010), pp. 85–110; B. Fuller, "Understanding the Male Grocery Shopper," *Promo,* September 15, 2010; and J. Neff, "Time to Rethink Your Message," *Advertising Age,* January 17, 2011.
2. E. Gurel-Atay et al., "Changes in Social Values in the United States," *Journal of Advertising Research,* March 2010, pp. 57–67.
3. Consumer Insight 3-1 is based on "Consumers Choose Where They Shop," *The Hartman Group,* August 30, 2002, www.hartman-group.com, accessed May 23, 2008; "Nearly Two-Thirds of Americans Have Tried Organic Foods and Beverages," *Whole Foods Market,* press release, November 8, 2005, http://media.wholefoodsmarket.com, accessed May 23, 2008; "Natural and Organic Food and Beverage Industry Trends," *Packaged Facts,* June 2006; "Large Majorities See Organic Food as Safer,
4. Numbers are for 2010 based on a Gallup poll reported at www.gallup.com/poll/1690/religion.aspx, accessed February 20, 2011.
5. W. H. Henley et al., "The Effects of Symbol Product Relevance and Religiosity on Consumer Perceptions of Religious Symbols in Advertising," *Journal of Current Issues and Research in Advertising,* Spring 2009, pp. 89–103.
6. "New Survey Shows Religious Americans Less Likely to Support Compromise," *Public Agenda,* press release, January 23, 2005, www.publicagenda.org.
7. R. Gardyn, "Breaking the Rules of Engagement," *American Demographics,* July–August 2002, p. 35.
8. B. A. Robinson, "How Many People Go Regularly to Weekly Religious Services?" Ontario Consultants on Religious Tolerance, November 26, 2001, www.religioustolerance.org.

저자 서문

우리는 소비자행동을 학습하고, 강의하고, 집필하는 것에 즐거움을 느낀다. 우리가 아는 대부분의 교수들도 같을 것이다. 이 책의 모든 판처럼, 12판도 학생들이 읽는 것을 즐거워하고, 주제에 대하여 매력을 느끼도록 만들었다.

많은 조직과 기관들이 이 책을 집필하는 데 도움을 주었다. 우리는 이들의 도움에 감사한다. 우리가 이 책에 도움을 준 모든 이들의 이름을 밝히기는 어렵지만 특히, DDB의 Martin Horn, Claritas의 Tom Spencer, Forrester Research의 Sucharita Mulpuru와 Becky Anzalone, Loyola Marymount의 Sijun Wang 박사, Guangdong 대학교의 Junwu Dong 박사, Site Logic의 Matt Bailey, Richco China Inc.의 Ted Hornbein, Alabama 대학교의 Hyunju Shin과 Woojung Chang에게 감사한다. 특히 테스트 뱅크의 수정을 도와준 Alabama 대학교의 Joyce Mecyer에 감사하며, Alabama 대학교의 연구조교 Anna Copeland Colin Gabler에게도 감사의 뜻을 전한다.

우리는 McGraw-HIll Higher Education 팀의 멤버들에게도 감사의 뜻을 전한다. 실무편집담당 Sankha Basu, 개발편집담당 Gabriela Gonzalez, 마케팅 매니저 Donielle Xu, 선임 프로젝트 매니저 Christine Vaughan, 디자이너 Laurie Entringer, 선임사진담당 Keri Johnson, 사진담당 Mike Hruby, 매체프로젝트 담당 Suresh Babu에게도 감사드린다.

마지막으로 지속적인 격려와 지원, 우정을 보내준 Oregon 대학교와 Alabama 대학교의 동료들에게도 감사드린다.

Del I. Hawkins
Davis L. Mothersbaugh

역자 서문

이 책은 Hawkins와 Mothersbaugh의 소비자행동 12판을 번역한 것이다. 이미 역자들은 11판을 번역한 바 있으며, 이 번역서는 그 속편인 셈이다. 저자인 Del l. Hawkins는 전 University of Oregon의 마케팅 교수였으며, David L. Mothersbaugh는 현재 University of Alabama의 교수이다. 이들의 저서는 Del l. Hawkins와 동료들이었던 Roger J. Best와 Kenneth A. Coney의 저서에 근거를 두고 있으며, 12판에서는 Del l. Hawkins와 David L. Mothersbaugh만이 저자로 남아 있다.

다른 소비자행동 책들이 소비자 정보처리라는 미시적 접근법에서 출발하여, 문화나 사회계층과 같은 거시적 변수로 연결되는 것에 반해, 이들의 저서는 그 반대의 관점을 취하고 있다. 아마도 마케팅 전략과 밀접한 소비자행동의 측면을 다루려는 시도로 이해하고 있다.

이들의 저서는 좀 수사적(rhetoric)이다. 대부분의 설명이 복잡한 수식어로 이루어져 있어 원서를 접하게 되면, 이해는 되지만 정확한 의미 파악에는 어려움을 겪는다. 특히 초기의 판들에 비해 후기의 판으로 갈수록 이들의 설명이 복잡해지는 것이 사실이다. 그러나 이 책의 장점은 무엇보다도, 폭넓은 사례에 있다. 어떤 소비자행동 서적들은 이론과 사례의 연결이 매끄럽지 않은 반면, 이 책의 강점은 이론과 사례의 연결이 매우 정확하고, 깊이가 있다. 아마도 Del l. Hawkins 교수가 가진 소비자행동에 관한 장기간의 경험 때문이라고 생각한다.

우리 역자들은 11판의 번역을 통해 저자들이 사용하는 언어를 이해할 수 있었으며, 12판의 번역에서는 11판의 이해를 바탕으로 매끄러운 우리말로 바꾸는데 주력하였다. 그러나 저자들이 의미를 살리기 위해, 그리고 곳곳에 숨어있는 미국적 전통과 문화 그리고 사회에 대한 원래의 의미를 살리다 보니 여전히 번역에서 오는 문맥상의 어색함은 감추기 어려웠다. 이 부분은 독자들의 관대한 이해를 바라며, 혹시 번역에서 오는 문제나 오해는 역자들에게 질의하면 언제나 성실하게 답할 것을 약속드린다. 따라서 역자들은 Daum(http://cafe.daum.net/hawkins12)에 카페(카페명: 'Hawkins의 소비자행동')를 개설하였으며, 이 카페를 통해 강의자와 독자들의 이해를 돕고자 한다.

마지막으로 이 번역서의 출판을 인내심으로 도와준 지필미디어의 헌신에 감사를 드리며, 우리 역자들 또한 많은 휴일을 반납하고 이 책의 번역에 정성을 기울였음을 밝힌다.

2014년 6월 **역자들 씀**

간략한 차례

차례

3. 변화하는 미국사회: 가치관 84

4. 변화하는 미국사회: 인구통계와 사회 계층 118

5. 변화하는 미국사회: 하위문화 158

6. 가족과 가구 198

9. 학습, 기억 및 제품 포지셔닝 320

10. 동기, 개성 및 정서 366

11. 태도와 태도변화 400

12. 자아개념과 라이프스타일 438

Ⅳ 소비자 의사결정 과정 466

13. 상황적 영향 468

14. 소비자 의사결정 과정 및 문제의 인식 494

15. 정보탐색 516

16. 대안 평가 및 선택 550

Part One

서론

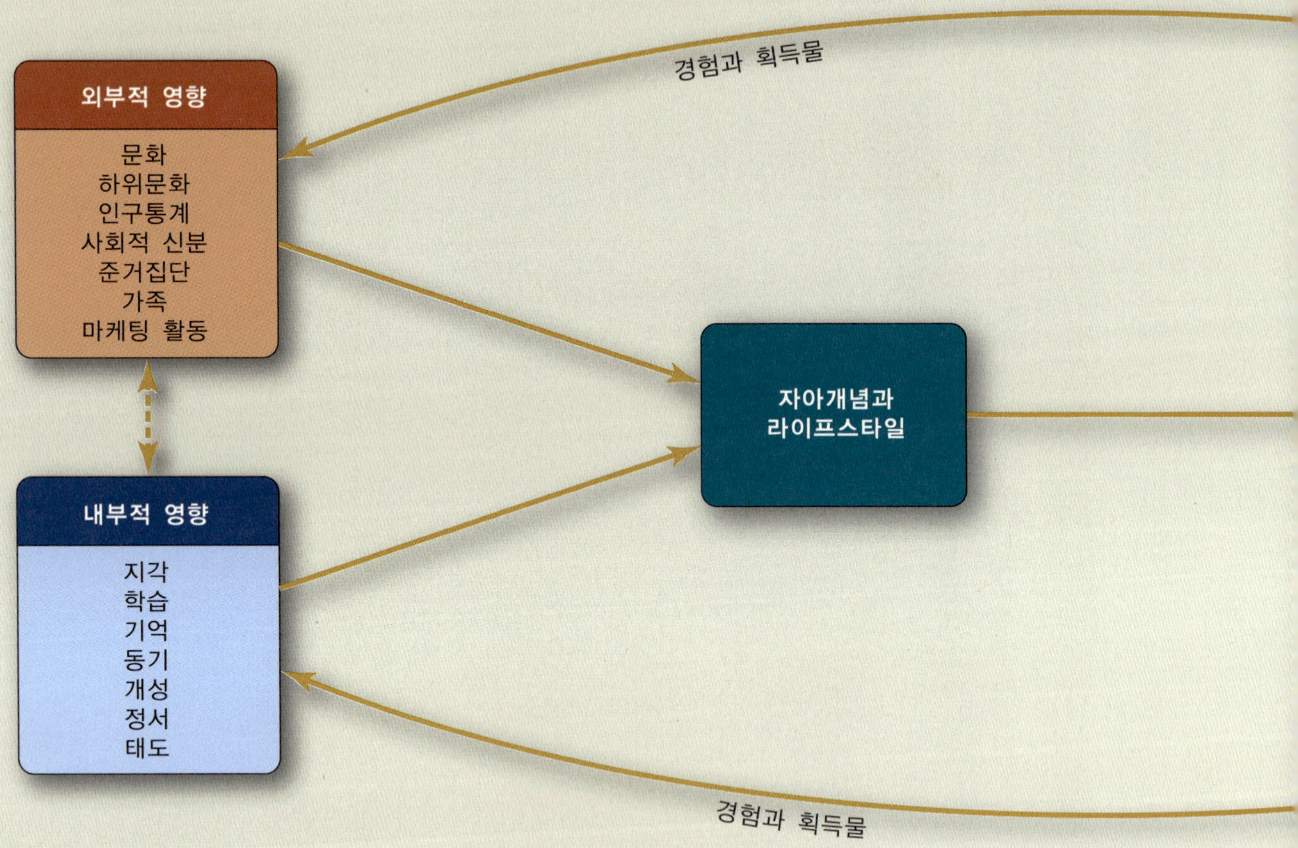

외부적 영향

문화
하위문화
인구통계
사회적 신분
준거집단
가족
마케팅 활동

내부적 영향

지각
학습
기억
동기
개성
정서
태도

자아개념과 라이프스타일

경험과 획득물

경험과 획득물

소비자행동이란 무엇인가? 왜 우리는 소비자행동을 공부하는가? 마케팅 관리자나 규제기관, 소비자 보호론자들은 소비자행동에 대한 지식을 전략이나 정책을 개발하는데 실제로 사용하는가? 어떻게 사용하는가? 소비자행동에 대한 깊이있는 지식이 당신의 직무에 도움을 줄 것인가? 또한 당신을 보다 나은 시민이 될 수 있도록 해 주는가? 소비자행동이 우리 삶의 질과 환경의 질에 어떻게 영향을 미치는가? 소비자행동을 이해하고 더 효과적으로 사용하기 위해서 우리는 소비자행동에 대한 지식을 어떻게 조직화할 수 있을까?

제1장에서는 이러한 여러 흥미로운 질문에 대해 논의할 것이며, 이 교재에서 다룰 해당 자료들에 대한 중요성과 유용성과 본서의 개요에 대하여 설명할 것이다. 또한 제1장은 아래 제시된 소비자행동 모형의 논리를 설명할 것이다. 이 모형은 본문의 〈그림 1-3〉에서 다시 제시될 것이며, 이 장의 끝에서 모형에 대한 설명이 될 것이다.

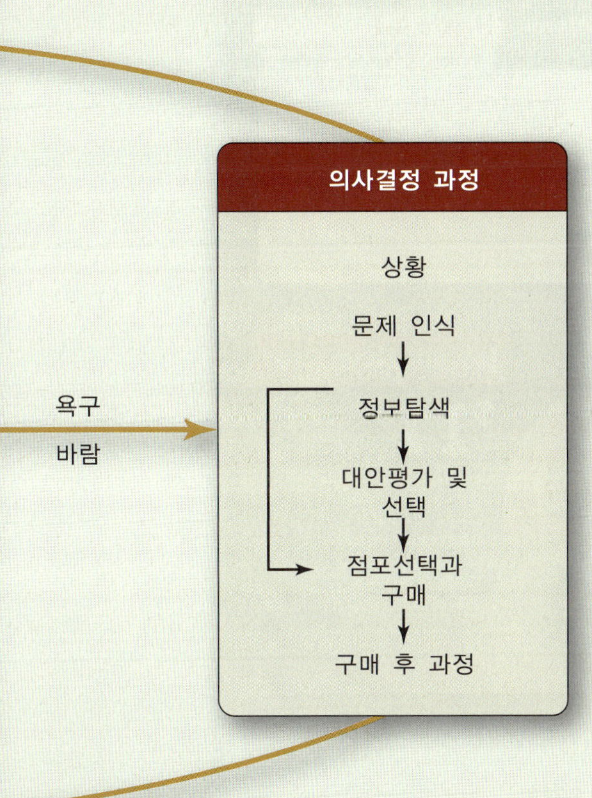

Chapter One

1 소비자행동과 마케팅전략

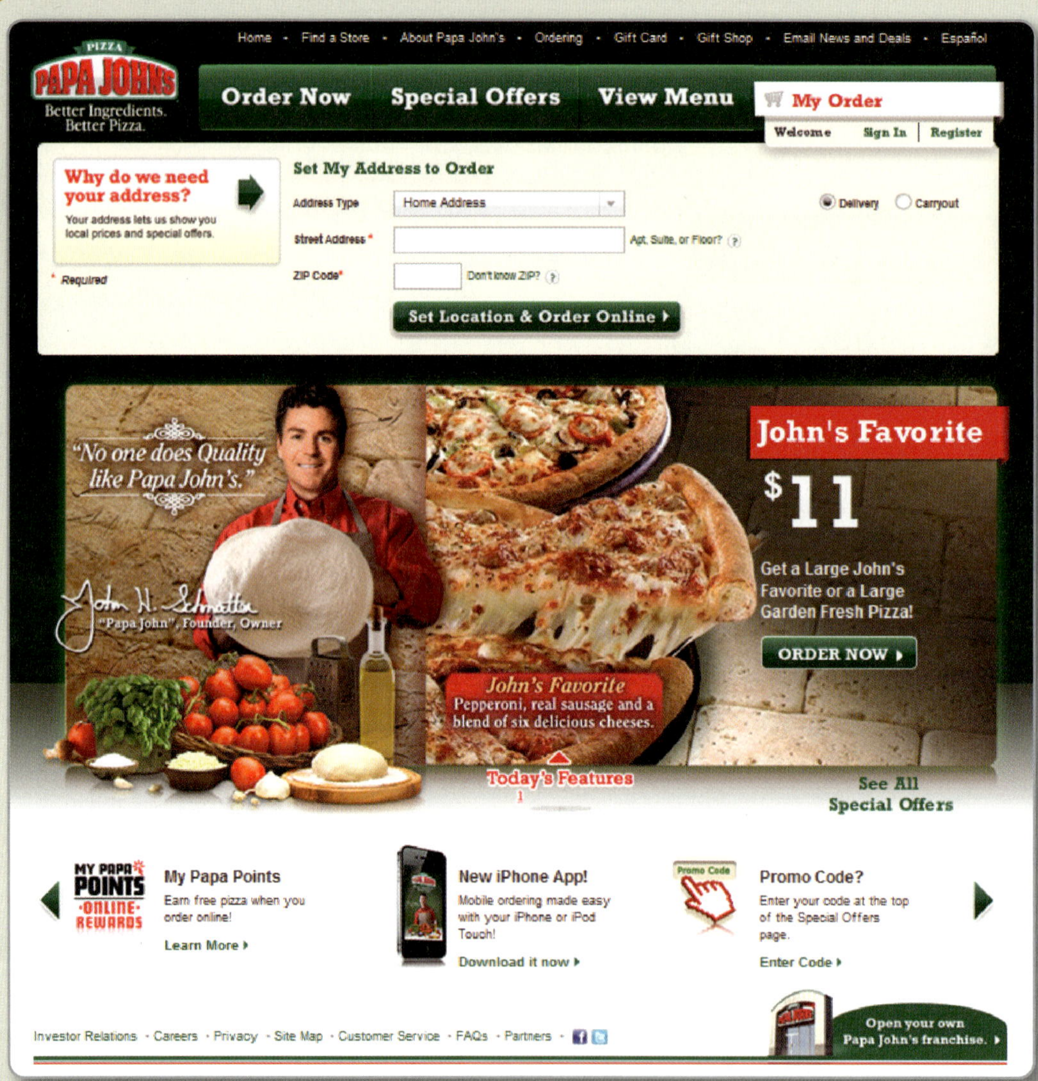

학습목표

- **L01** 소비자행동을 정의한다
- **L02** 소비자행동의 활용을 정리한다
- **L03** 소비자행동은 마케팅전략을 개발하는데 어떻게 사용될 수 있는가를 설명한다
- **L04** 소비자행동의 개념적 모형을 구성하는 요소들을 설명한다
- **L05** 소비의 의미들과 기업이 이들에게 영향을 미치려는 시도와 관련된 이슈들을 논의한다

소비자행동을 추진하고 형성해나가는 힘이 급속히 진화해감에 따라 마케터들은 흥미롭고도 어려운 도전에 직면한다. 국내 기업들은 국제적인 경쟁에 직면할 뿐만 아니라 중국·인도와 같은 거대 신흥시장의 기회도 갖게 되었다. 미국 기업들은 증가하는 다양성에 대응하고 있으며, 소매업체들은 온라인쇼핑과 같은 테크놀로지의 도전과 기회에 직면하고 있다. 마케터들과 규제기관들은 어린이에 대한 마케팅과 같은 어려운 마케팅의 윤리적 및 사회적 측면으로 힌들어 하고 있다. 그러나 이것은 단지 표면적인 것일 뿐이다! 이제 이러한 몇 개의 영역을 좀 더 자세히 살펴보자.

온라인 마케팅 – 마케터는 그들의 제품을 보다 개인화하고 편리하게 사용하기 위해 인터넷을 활용한다. 전통적으로 온라인상에서 패스트푸드를 구매한다고 생각하지는 않는다. 그러나 이러한 모든 상식들이 바뀌었다. Papa John's는 최근 전체 매출의 20%에 해당하는 10억 달러를 온라인과 문자메시지 수단을 통해서 달성했다고 하였다.

이러한 트렌드는 여러 요인들에 의해서 가능해졌다.

그 중 하나는 최근 미국 성인의 75%가 인터넷을 사용할 만큼 인터넷에 대한 접근성이 증가했다는 것이다. 또 다른 하나는 소비자가 편리성을 추구한다는 것이다.

한 바쁜 주부에 대한 예를 보자:

> 나는 그냥 집에서 인터넷에 접속해서 편하고 쉽게 일을 볼 수 있다. 인터넷에 접속해서 물건을 주문하면서 우는 갓난 아기를 달래거나 두 살배기 아이가 집안을 뛰어다니는 것을 타이를 수 있다는 것이 바로 인터넷으로 주문하는 주된 이유일 것이다.

편의성을 더 높이기 위해서 Papa John's는 소비자들에게 사전주문의 기회를 제공한다. 경쟁사들도 이러한 편의성을 더욱 추구하고 있는데 Domino's Pizza의 경우 온라인 피자 배달 추적 서비스를 제공하고 있다.[1]

글로벌 마케팅 – 중국의 거대인구, 소득 증가 그리고 젊은 세대의 출현은 중국을 전 세계 마케터들에게 매력적으로 만든다. 다음의 예를 보자:

> 도시에 살고 있는 중국의 10대 아이들은 트렌디한 Nokia 휴대전화기로 힙합음악을 다운받고, Nike 운동화를 신고 농구를 한 후 아이스 Coke를 마시고, 방과 후에는 McDonald's에서 감자 프라이를 맛있게 먹는다.

만약 위의 내용이 미국 마케터들의 꿈인 것처럼 생각된다면, 그 생각이 부분적으로는 옳다. 그러나 이 세분시장에 대한 마케팅은 많은 도전과제가 있다. 중국의 역사, 가치관 그리고 문화는 결코 무시될 수 없는 것이다. 이러한 것들이 바로 미국의 마케터들이 이해하고 적응해야 할 독특한 중국의 10대 시장을 형성하고 있는 것이다.

다음은 한 마케팅 전문가의 글이다;

> 젊은 세대를 위한 브랜드의 성공적인 광고는 젊은 소비자들이 개성을 조심스럽게 표현하면서도 그들의 가족, 또래집단 그리고 국가에 대해서 느끼는 측면을 고려하는 것이다.

여전히, 음악, 패션, 스포츠 그리고 테크놀로지와 같은 주요 "열정요소(passion points)"는 존재한다. 비록 이러한 열정요소들이 전 세계의 10대들에게서 유사하게 나타나지만, 미국의 기업들은 중국의 도시에 거주하는 10대들의 특정한 트렌드를 파악하여 중국의 문화에 적응해야만 한다. 예를 들면:

> Coke는 두 세 개의 열정요소를 동시에 충족시키기 위해서 중국의 인기 소녀밴드인 S.H.E; 운동선수 Liu Xiang; 그리고 현재 중국에서 큰 인기를 모으고 있는 "World of Warcraft"라는 비디오게임과 파트너십을 맺고 있다.[2]

사회적 마케팅 – OLPC(One Laptop Per Child)는 MIT의 Nicholas Negroponte에 의해서 창안된 비영리단체이다. OLPC의 미션은 "모든 취학 연령 아이들에게 접속된 노트북컴퓨터를 한 대씩 제공하여 개발도상국의 어린이들에게 교육의 기회를 제공하자"는 것이다. OLPC는 이 시장에 눈독들이고 있는 영리 기업들과 치열한 싸움을 하고 있다. 이러한 이유 때문에, OLPC는 여러 가지 마케팅 컨셉을 채택하고 있다. 먼저 제품에 있어서, OLPC는 개발도상국들에 적합한 컴퓨터를 고안했다. 이 컴퓨터는 저렴하고(목표가격은 $100), 내구성이 좋고, 전력소비가 낮고, 무료 리눅스소프트웨어로 작동한다. 이러한 특징들 또한 중요하지만, 여전히 호환성이 중요한 요소이기 때문에 OLPC는 Windows를 포함시키는 이중 운영시스템을 고려하고 있다. Negroponte는 다음과 같이 언급하였다;

> 내가 처음 이집트를 방문했을 때, 나는 통신부장관, 교육부장관 그리고 과학기술부장관, 국무총리와 각각 개별적으로 만났는데, 이들 모두는 몇 마디 대화를 나누자마자 "Window를 사용할 수 있습니까?"라는 질문을 하였다.

OLPC가 컴퓨터를 무상으로 제공할 수 있도록 기부를 받아내려는 노력도 프로모션활동에 포함되어있다. OLPC의 웹사이트는 설득하기 위해 객관적 사실과 감성을 이용하는 하나의 도구이다. 심지어 이 웹사이트는 개별 기부자에게 T-Mobile HotSpot에 1년간 무료로 접속할 수 있는 직접적인 편익을 제공한다. 끝으로 증언 및 바이러스마케팅 등과 같은 사회적 영향력을 이용하였다.[3]

LO1 **소비자행동(consumer behavior)**은 개인, 집단 혹은 조직 및 이들이 욕구를 충족시키기 위해 제품이나 서비스, 경험 혹은 아이디어를 선택하고, 확보하고 사용하고 처분하는 과정 그리고 이러한 과정이 소비자와 사회에 미치는 영향을 연구하는 것이다. 이러한 소비자행동에 대한 관점은 구매자와 구매 과정의 직접적인 선행변수와 결과변수에 대한 지엽적인 전통적 관점보다는 훨씬 포괄적이다. 소비자행동에 대한 포괄적인 관점은 소비결정에 대한 간접적인 영향뿐만 아니라 단순히 구매자와 판매자만이 아닌 이들 이상에 대한 광범위한 결과를 살펴보게 할 것이다.

앞의 도입사례들은 효과적인 마케팅전략을 개발하거나 사회적으로 바람직한 행동에 영향을 미치기 위해 소비자행동에 대한 이해를 어떻게 적용하고 있는가를 보여주고 있다. 이 책을 통해서 우리는 소비자행동을 형성하는 요인과 추세 그리고 마케터와 규제기관들이 이러한 정보들을 사용할 수 있는 방법에 대해서 알아보려고 한다. 앞서 인용된 예시들은 소비자행동과 관계된 네 가지의 주요 측면을 보여준다.

- 소비자행동은 복잡하고 다차원적인 과정이다. 소비자의사결정은 종종 많은 단계를 포함하고 인구통계, 라이프스타일 그리고 문화적 가치관과 같은 다양한 요인들의 영향을 받는다. 가족이 어디로 저녁식사하러 갈 것인가 혹은 가족 휴가를 어디로 갈 것인가를

사진 1-1

이 두 개의 광고물은 매우 유사한 제품을 사용하는 동일한 소비자들을 표적으로 하고 있지만, 매우 다른 접근방법을 사용하고 있다. 왜냐하면 이들은 소비자행동에 대한 다른 가정과 이들이 어떻게 소비자행동에 영향을 미치는가에 근거하고 있기 때문이다.

결정해야 할 때처럼 소비자의사결정은 다수의 개인들이나 집단들의 필요와 욕구가 고려될 때 더욱 복잡해진다.

- 기업, 비영리 조직 그리고 규제기관들이 성공적인 마케팅 의사결정을 하기 위해서는 소비자행동 이면의(근본적인) 과정에 대한 이해가 요구된다. 이것은 소비자들이 언제 그리고 왜 그러한 방식으로 행동하는가에 관한 이론을 이해하는 것과 관련있다. 인식하든 못하든 간에, 조직들은 어떤 과정들이 소비자행동을 이끌어 가는지에 관련된 명시적 및 묵시적 가정에 근거해서 매일 의사결정을 하고 있다. <사진1-1>을 참조하라. 소비자행동에 대한 어떤 가정들이 각 광고에 깔려 있는가? 어떤 접근방법이 최선인가? 그 이유는?
- 성공적인 마케팅 의사결정은 조직의 당면한 마케팅 의사결정에 관련된 특정 소비자들에 대한 정보수집을 필요로 한다. 소비자의사결정은 상황과 제품 범주에 상당한 영향을 받는다. 따라서 소비자 연구는 특정 소비자가 특정한 상황에서 주어진 제품범주에 대해서 어떻게 행동하는가를 이해할 필요가 있다. <부록 A>는 다양한 소비자연구 방법을 소개한다.
- 소비자행동에 영향을 미치도록 설계된 마케팅 실행은 기업, 개인 그리고 사회에 영향을 주는 윤리적 이슈를 포함한다. 이러한 윤리적 이슈들은 항상 명확한 것은 아니며, 많은 경

우 다른 수준에서 서로 상반된 관계를 갖기도 한다. 패스트푸드 산업이 최근에 이런 이슈들을 다루고 있다. 패스트푸드 사업의 제품들이 맛과 가격의 측면에서 많은 소비자들에게 바람직한 반면에, 칼로리가 높고, 비만을 유발하고, 나트륨이 많은 바람직하지 못한 측면이 있는 것이다. 이러한 건강 관련 이슈들은 정부와 소비자 단체의 관심 대상이다.

소비자행동에 대한 충분한 지식은 유용한 지침을 제공한다. 그러나 이러한 지침을 효과적으로 적용하기 위해서는 환경변화를 모니터하고, 이러한 변화들을 마케팅 의사결정에 포함시키도록 요구한다. 이것은 또한 실행을 요구한다. 우리는 (a) 교재의 각 주요부의 후반에 짧은 사례를 (b) 본 교재 끝에는 (<부록 B>) 마케팅전략을 수립하기 위한 소비자행동 감사를 다룸으로써 그러한 많은 기회를 제공하고 있다.

1.1 소비자행동의 적용

LO2 1. 마케팅전략

명백한 소비자행동이론, 가정 그리고 연구에 근거한 모든 마케팅 의사결정들은 육감이나 직관에만 근거한 의사결정들보다 성공적일 것이며, 따라서 경쟁우위를 만들 수 있다. 소비자행동에 대한 정확한 이해는 다음과 같은 시장실패의 가능성을 획기적으로 줄여줄 것이다:

S.C. Johnson은 최근에 준1회용 접시(semi-disposable plates) 제품라인인 Ziploc Table Tops의 생산을 중단하였다. TableTops는 마케팅에만 6,500만 달러가 투자되어 가장 비싸게 출시된 제품 중 하나이다. 이 실패에는 많은 요인들이 있는데, 그 중에는 상대적으로 비싼 가격(그래서 1회용 접시임에도 불구하고 소비자들이 버리기 아깝게 만들었고)과 그 제품이 실제로 모두 버려지는 것은 아니라는 점을 들 수 있다. 이에 대해 한 소매상은 다음과 같이 설명하였다. "재구매가 일어나지 않는다. 이 접시는 계속 사용할 수 있기 때문이다."[4]

이 책의 주요 목표는 독자가 더욱 효과적인 마케팅 관리자가 될 수 있도록 소비자행동에 대해서 유용한 관리적 이해를 하게 하는 것이다. 마케팅전략과 소비자행동을 자세히 살펴보기 전에 먼저 규제정책, 사회적 마케팅 그리고 많은 정보를 갖고 있는 개인의 중요성을 살펴보도록 하자.

2. 규제정책

소비자들을 보호하고 돕기 위해 계획된 정책들을 개발하고 해석하고 실행하기 위한 다양한 규제기관들이 있다. 예를 들면, 미국 식품의약청(FDA)은 영양 표시 및 교육법(Nutrition Labeling and Education Act: NLEA)을 관장한다. 무엇보다도 NLEA는 포장식품의 영양분석표를 통해 소비자들이 영양정보를 확인할수 있는 표시를 요구한다.

NLEA는 성공했는가? 최근의 연구는 그 성공여부는 경우에 따라 다르게 나타난다고 주장했다. 예를 들어, 영양분석표는 영양에 대한 지식이 낮지만 이에 대한 동기부여가 높은 소비자들에게 가장 큰 도움을 주는 것으로 나타났다. 그러나 그러한 편익을 표시하는 것은 20억 달러로 추정되는 순응비용*의 관점에서 중요하다. 이러한 비교(비용과 편익의 비교)들은 개인의 편익과 사회적 편익을 화폐가치로 평가하는 것이 종종 어렵기 때문에 복잡해지고 있다.[5]

많은 마케팅 실행에 대한 효과적인 규제는 명백히 소비자행동에 대한 폭넓은 지식을 요구한다. 이 책 전체를 통해 이러한 주제들을 논의할 것이다.

사진 1-2

영리기업뿐만 아니라 비영리단체도 소비패턴에 영향을 주려고 노력한다. 이 두 형태의 조직이 성공기회를 극대화하기 위해서는 그들의 노력을 소비자행동에 관한 지식에 기반을 두어야 한다.

3. 사회적 마케팅

사회적 마케팅(social marketing)은 개인 혹은 사회 전반에 긍정적인 효과를 주도록 행동의 변화나 창출을 위해 마케팅전략과 전술을 적용한 것이다.[6] 사회적 마케팅은 앞에서 언급했듯이 흡연 감소를 유도하기 위해서; 어린이들이 예방접종을 적절한 시기에 받을 비율을 높이기 위해서; 재활용과 같이 환경적으로 건전한 행동을 장려하기 위해서; AIDS에 감염될 가능성이 있는 행동을 줄이기 위해서; 자선지원을 강화하기 위해서; 약물남용을 줄이기 위해서; 그리고 여타 주요 대의명분을 지원하기 위해서 사용된다.

상업적 마케팅전략과 마찬가지로, 성공적인 사회적 마케팅전략도 소비자행동에 대한 깊이있는 이해를 요구한다. 예를 들어, Partnership for a Drug-Free America(미국 약물중독 예방단체)는 10대 청소년들에 대한 처방약품의 남용이 증가하는 것에 대한 경고를 부모들에게 교육하기 위해서 공포에 소구하는 캠페인을 사용하였다. <사진 1-2>는 이러한 광고의 한 예이다. 제11장에서는 이런 캠페인들이 성공할 수 있는 조건이 분석될 것이다.

---

* compliance cost, 정부의 규제를 따르는데서 발생하는 비용. 역자 주

4. 정보를 갖고 있는 소비자

경제적으로 발전된 대부분의 사회는 적절하게는 소비사회라고도 한다. 이런 사회의 대다수 개인들은 일하거나 잠자는 시간을 포함한 여타 활동들보다 더 많은 시간을 소비활동에 할애한다(사실 일을 하거나 잠자는 것도 소비활동에 포함된다). 게다가 마케터는 소비자의사결정에 영향을 미치기 위해 엄청난 돈을 투자한다. 이러한 시도는 광고, 웹사이트, 패키지, 제품특성, 판매권유 그리고 점포환경에서 쉽게 볼 수 있다. 또한 많은 TV쇼의 장면, 영화속에서 사용되는 브랜드 그리고 학교에서 학생들에게 제공되는 학습자재에서도 발견할 수 있다.

기업이 사용하는 전략이나 전술을 소비자가 정확히 이해해서 이들이 더 효과적인 소비자가 될 수 있도록 하는 것이 중요하다. 마찬가지로 기업들에게도 시민들이 사용하고 있는 전략들의 소비자행동 근거를 이해해서, 필요할 때 소비자가 적절한 한계를 정할 수 있도록 하는 것도 중요하다. 즉, 소비자행동에 대한 이해는 합리적인 기업윤리의 기반을 설정할 수 있게 한다.

1.2 마케팅전략과 소비자행동

LO3 소비자행동의 적용은 마케팅전략의 개발, 통제 혹은 효과와 관련이 있다. 지금부터 마케팅전략을 보다 자세히 살펴보자.

<그림 1-1>에 제시된 바와 같이, 마케팅전략은 개념적으로 매우 단순하다. 마케팅전략은 조직이 관심을 갖고 있는 시장에 대한 분석으로부터 시작된다. 이 단계에서 수행된 소비자 분석에 기반해서 조직은 유사한 욕구를 갖고 있는 개인, 가구 혹은 기업들을 파악한다. 이들 세분시장들은 인구통계적 변수, 매체 선호, 지리적 위치 그리고 기타 등등의 관점에서 설명된다. 그 다음 관리자는 (현재의 그리고 예상되는 경제적-기술적 조건을 고려하여) 경쟁기업과 비교한 후 기업역량에 근거해서 표적시장으로서 하나 혹은 그 이상의 세분시장들을 선택한다.

다음은 마케팅전략을 수립하는 것이다. 경쟁적인 환경에서 생존하기 위해서 조직은 경쟁자들보다 더 높은 가치를 표적고객에게 제공해야만 한다. **고객가치(customer value)는 제품으로부터 얻게 되는 모든 편익과 이러한 편익들을 얻는데 소요되는 모든 비용간의 차이를 의미한다. 기업이 고객의 관점에서 가치를 고려하는 것은 중요하다.** Ziploc의 TableTop은 실패하였다. 왜냐하면 소비자들이 준1회용 제품이라는 편익보다 그 제품 자체에 대한 구입비용이 더 크다고 느껴서, 더 이상 사용하지 않고 폐기처분 한다는 것에 대해서 죄책감을 갖기 때문이다. 따라서 마케팅전략은 고객들에게 경쟁기업보다 더 나은 가치를 제공하면서 동시에 기업에게는 수익 창출을 추구하게 한다.

마케팅전략은 마케팅 믹스로 구축된다. 이 마케팅 믹스는 (경쟁사보다) 뛰어난 가치를 고객들에게 제공할 제품특징, 가격, 커뮤니케이션, 유통 그리고 서비스를 포함한다. 이러한 전반적인 특성들의 구성을 종종 **총체적 제품(total product)**이라고 한다. 이 총체적 제품이 표적시장에 제시되고, 표적시장은 자신의 라이프스타일(개인과 가구)이나 성과(사업단

마케팅전략과 소비자행동 그림 1-1

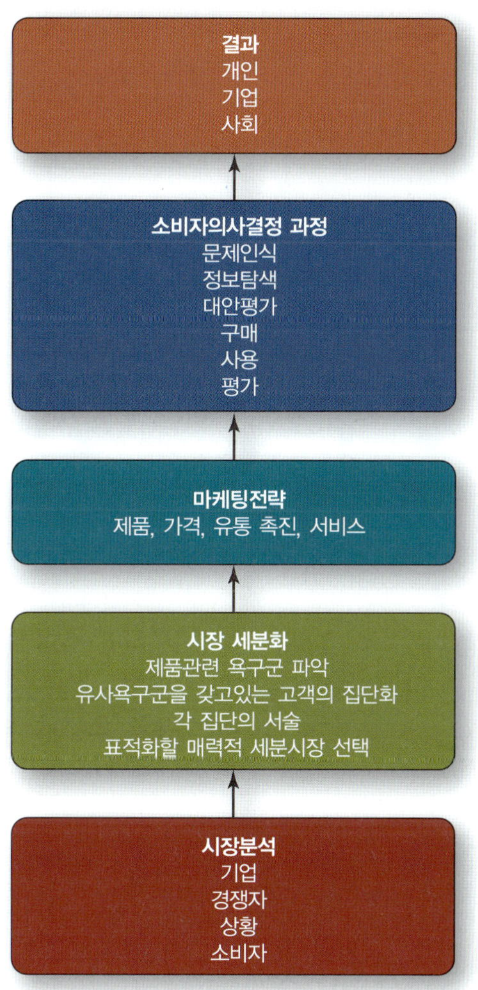

위와 기업)를 유지하거나 강화하도록 설계된 정보처리와 의사결정에 지속적으로 관여한다.

<사진 1-3>을 보자. 총체적 제품이란 무엇인가? 분명히 식품자체나 음료자체 그 이상이다. 여기에는 경험도 포함된다. 갈수록 마케터는 경험을 실제 제품이나 서비스 그 이상의 것으로 판매한다. 하나의 "경험(experience)"은 기업이 의도적으로 고객들을 위해 기념할만한 이벤트를 창출할 때 발생한다. 제품이나 서비스가 고객들에게 상당부분 외적인 반면 경험은 각 고객에게 상당히 내적이다. 경험은 정서적, 신체적, 지적 혹은 심지어 정신적 수준에서 관여해 온 개인의 마음에 존재하는 것이다.

마케팅전략의 실행 결과는 기업, 개인 그리고 사회에서 발생한다. 기업은 표적고객에서 시장에서의 이미지나 위치의 형성, 매출발생, 결국은 장기 수익의 관건인 만족스러운 고객의 창출을 기대한다. 개인의 경우, 그 과정은 일정한 수준의 욕구충족, 재무적 지출, 태도

사진 1-3

당신이 레스토랑이나 Starbucks와 같은 커피숍에 갔을 때, 무엇을 구매하는가? 경험도 실제 음식이나 음료처럼 혹은 그 이상의 제품이 될 수 있다.

의 형성/변화 그리고(혹은) 행동적 변화를 초래한다. 사회의 경우, 마케팅 과정의 누적적 효과는 경제적 성장, 공해 그리고 사회적 복지에 영향을 미치는데, 후자(사회적 복지)는 많은 윤리적 의미를 만들어 낸다.

다음에는 <그림1-1>의 각 단계를 자세히 다룰 것이다.

1.3 시장분석의 구성요소

시장분석은 조직의 역량, 경쟁자들의 현재와 미래의 역량, 잠재소비자들의 소비과정 그리고 이러한 요소들이 상호작용하게 될 경제적, 물리적, 기술적 환경에 대한 완전한 이해를 요구한다.

1. 소비자

소비자행동에 대한 완전한 이해 없이 고객들의 욕구와 바람을 예측하고 대응하는 것은 불가능하다. 고객들의 욕구를 밝혀내는 것은 복잡한 과정이지만, 종종 마케팅조사에 의해서 수행될 수 있다. Target(대형 슈퍼마켓)은 2,100억 달러 규모의 대학시장에 진입하기를 원하고 있다. 특히 Target은 가구와 악세서리 시장을 유심히 살펴보고 있고, 대학생들이 자

소비자 통찰력 1-1

몰 쇼핑객과 팩토리 아울렛 쇼핑객의 욕구군

쇼핑객들은 소매 경험에서 무엇을 추구하는가? 엔터테인먼트? 유명 브랜드 상품? 편리한 주차장? 이 모든 것들이 다 중요한 것으로 밝혀졌지만, 이 모든 것들이 누구에게나 중요한 것은 아니다. 따라서 소매점은 어떤 욕구군이 존재하는지 그리고 이러한 욕구군 주변에 어떤 세분시장이 존재하는가를 알아야 한다. 이에 대한 통찰력을 제공한 한 연구가 전통적인 몰과 팩토리 아울렛에 네 가지 욕구가 있음을 알아냈다.

1. **몰의 필수요건**–기본적인 요구조건으로 다음을 포함한다
   - 청결
   - 장식
   - 종업원 서비스와 친절
   - 안전 및 보안
   - 주차
2. **엔터테인먼트**–다음과 같은 추가적 즐기기
   - 패스트 푸드
   - 영화관
   - 은행과 헤어샵과 같은 기타 서비스
   - 함께 쇼핑할 친구
3. **편리성**–다음과 같이 쇼핑을 더 쉽게 해주는 요소
   - 직장이나 집과의 근접성
   - 직장이나 집에서의 접근 용이성
4. **유명브랜드 상품**–다음과 같은 브랜드 이용가능성
   - 유명브랜드 점포
   - 최근 유행
   - 신제품
   - 더 많은 점포

여러분도 알고 있듯이, 각 욕구군은 관련된 특성들을 나타낸다. 그러나 또한 각 다른 욕구군에 대해 부여하는 중요도의 유사성에서 소비자들은 여러 세분집단으로 나누어 질 수 있다. 예를 들어, 몰의 필수요건에 대해서만 관심을 갖는 "기본적(Basic)" 쇼핑객 집단; 엔터테인먼트를 특히 강조하면서 모든 욕구에 관심을 갖는 "열성적(Enthusiast)" 쇼핑객 집단; 유명브랜드 제품과 편리함에 관심을 갖는 "진지한(Serious)" 쇼핑객 집단; 몰의 필수요건과 유명 브랜드 제품에 대해서 관심을 갖는 "목표지향적(Destination)" 쇼핑객 집단; 그리고 유명 브랜드 제품에 대해서만 관심을 갖는 "브랜드(Brand)" 쇼핑객 집단으로 나누어 진다. 분명히 모든 쇼핑객이 동일하지 않다. 그래서 소매점은 각기 다른 쇼핑객 집단의 서로 다른 욕구에 적응하도록 노력해야 한다.

생각해 볼 문제

1. 당신이 알고 있는 다양한 소매점들을 생각해보라. 당신은 이러한 다양한 소매점을 서로 다른 쇼핑객 집단과 대응시킬 수 있는가?
2. 당신은 나이, 성별, 소득, 가족 역할 그리고 기타 등과 같은 다양한 인구통계적 특성의 관점에서 쇼핑객 집단의 특성을 알 수 있는가?
3. 당신은 온라인 소매점에 대해서 어떤 욕구군이 있다고 생각하는가?

기 집에서 대학 기숙사로 이사하면서 갖게 되는 구체적인 욕구와 동기유발에 대해서 관심을 가지고 있다. Jump Associates*는 Target의 이러한 조사를 위탁받아 독특한 접근방법을 이용하였다.

* 샌프란시스코의 성장전략 컨설팅 기업, 역자 주

Jump Associates는 고등학교를 갓 졸업한 학생의 가정에 학교기숙사에서 1년 동안 생활한 학생뿐만 아니라 입학허가를 받은 신입생을 초청해서 "game nights" 시리즈를 후원했다. 기숙사 생활에 대한 10대의 이야기를 듣기 위하여, Jump Associates는 대학입학에 관련된 주제들이 포함된 보드게임(board game)을 고안했다. 이 게임은 대학생활에 대한 자연스러운 대화와 질문들을 유도했다. Jump Associates의 조사자들은 옆에서 지켜보는 동안 비디오카메라를 이용해서 이러한 행동과정들을 녹화하였다.

이 조사(<부록 A>에 제시된 표적 집단 토의법)에 근거하여, Target은 대학신입생이 원하는 모든 형태의 제품들을 하나로 모아놓은 'Kitchen in a Box'와 'Bath in a Box'라는 제품들을 포함한 Todd Oldham Dorm Room 제품라인을 성공적으로 출시하였다.[7] Target은 대학로고 제품들과 기타 기숙사 용품들을 대학시장에 지속적으로 소구하고 있다.

소비자를 이해하기 위해서는 소비행동의 지침이 되는 행동 원칙에 대한 이해가 요구된다. 이러한 행동적 원칙들은 이 책의 나머지 부분에서 심층적으로 다룰 것이다.

2. 기업

기업은 고객 욕구를 충족시키기 위해서 자신의 능력을 충분히 이해해야 한다. 이것은 기업의 재무상태, 일반경영 스킬, 생산능력, 연구개발 능력, 기술적 능력, 명성 그리고 마케팅 기술 등을 포함한 기업의 모든 측면에 대한 평가들이 포함된다. 마케팅 기술들은 신제품 개발능력, 유통력, 광고능력, 서비스능력, 마케팅 리서치 능력, 시장과 소비자에 대한 지식 등과 같은 것들을 포함한다.

기업이 자신의 강점을 제대로 이해하지 못하면 심각한 문제가 발생될 수 있다. IBM이 'PC Jr.'로 가정용 컴퓨터 시장에 진입하려던 첫 번째 시도는 이러한 문제로 실패했다. 비록 IBM이 대기업 고객에게 뛰어난 명성과 이들을 서비스하는 강력한 직접 판매능력을 가지고 있기는 했지만, 이러한 강점들이 일반 가정 소비자 시장에는 적합하지 못했다. 최근 IBM이 자신의 Global Business Services를 통해서 대규모 사업 컨설팅에 진입한 것은 대단한 성공이었으며, 흥미롭게도 이는 IBM이 자신의 과거 초기 핵심 강점에 초점을 맞추었던 것이다.

3. 경쟁자

경쟁자의 능력과 전략에 대한 철저한 이해가 없다면 고객의 욕구충족을 위한 경쟁을 경쟁사보다 지속적으로 더 잘 하는 것은 불가능하다. 이러한 이해는 자기 기업에 대해서 요구되는 것과 동일한 수준으로 주요 경쟁기업에 대한 지식을 요구한다. 또한 중요한 마케팅 행동을 위해서 다음과 같은 질문들이 답변되어야 한다:

1. 우리가 성공하면, 어떤 기업들이 손해(판매나 판매 기회의 상실 등)를 볼 것인가?
2. 피해를 입은 기업들 중에서, 어느 기업이 이에 대처할 수 있는 능력(재무적 자원, 마케

팅 강점)을 갖고 있는가?
3. 그들 기업들은 어떻게 대처(가격인하, 광고 증대, 신제품 소개)하려고 하는가?
4. 우리 기업의 전략(계획된 활동)은 경쟁자들의 가능한 활동들에 충분히 견뎌낼 만큼 강력한가, 아니면 추가적인 상황계획이 필요한가?

4. 경영여건

경제 상황, 물리적 환경, 정부규제 그리고 기술 개발은 소비자의 욕구와 기대에 영향을 미칠 뿐 아니라 기업과 경쟁자의 능력에도 영향을 미친다. 물리적 환경의 악화는 친환경적인 제품들에 대한 소비자의 수요를 발생시킬 뿐 아니라 제품 설계와 제조에 영향을 미치는 정부 규제도 만들어낸다.

NAFTA(북미자유무역협정)와 같은 국제 협약은 국제무역 장벽을 획기적으로 낮추었고 많은 제품들에 대한 경쟁과 소비자 기대를 높여 놓았다. 그리고 테크놀로지가 삶이나 직업 그리고 질병을 다루는 방식 등을 변화시킨다. 블로그, 팟캐스팅*, 인스턴트 메시징, MP3 그리고 iPod과 iPhone으로 성공한 Apple은 테크놀로지가 소비자들이 커뮤니케이션하고 매체에 접근하는 방식을 변화시키는 단지 몇 가지 방법에 불과한 것이다.

확실히 기업은 전략을 실행할 여건에 대한 예측없이 깊이있는 마케팅전략을 개발할 수 없다.

1.4 시장 세분화

아마도 기업이 결정해야 할 가장 중요한 마케팅 의사결정은 기업이 초점을 맞출 하나 혹은 그 이상의 세분시장을 선택하는 것일 것이다. **세분시장(market segment)은 전체시장과는 다소 다른 욕구를 갖고 있는 전체시장의 일부이다.** 특정의 세분시장은 독특한 욕구를 가지고 있기 때문에 오직 이 세분시장의 욕구에 초점을 맞춘 총체적 제품을 개발하는 기업이 여러 세분시장들의 욕구를 충족시키려는 제품이나 서비스로 대응하는 기업보다 세분시장의 욕구를 더욱 잘 충족시킬 수 있다.

실행가능하기 위해서는 세분시장은 수익을 올릴 수 있을 만큼 충분히 커야 한다. 그러나 유연생산이나 맞춤화된 미디어와 같은 기술발전은 기업들이 작은 세분시장도 표적화할 수 있고, 나아가 개인까지도 수익성있게 표적화할 수 있도록 하고 있다. 소비자들의 온라인 활동을 추적하고 이러한 온라인 활동에 근거한 특정의 배너광고가 전달되는 **행동적 표적화(behavioral targeting)**는 어떻게 테크놀로지가 개별화된 커뮤니케이션을 점점 비용효과적으로 만드는 지에 대한 또 다른 예다.

시장 세분화는 다음의 4단계를 거친다.

* RSS/RDF기술을 통해서 컴퓨터나 휴대용 미디어를 통해 구독하는 방식, 역자 주

1. 제품 관련된 욕구군 규명
2. 유사한 욕구군을 가진 고객들을 집단화
3. 각 집단의 특징 서술
4. 기업이 서비스할 매력적인 세분시장 선택

1. 제품 관련 욕구군

기업들은 일련의 현재 및 잠재적 능력을 이용해서 시장 세분화에 접근한다. 이러한 능력이란 명성, 기존제품, 기술 혹은 기타 기술등이다. 기업의 첫 번째 과제는 기업자신이 감당할 수 있거나 앞으로 감당해 낼 수 있는 욕구군을 규명하는 것이다. **욕구군(need sets)** 이란 용어는 대부분의 제품들은 하나 이상의 욕구를 충족시킨다는 사실을 반영하고 있다. 예를 들어, 시계는 단지 시간을 알려주는 기능 이상의 많은 욕구들을 충족시킬 수 있다. 어떤 고객들은 시계를 사회적 지위를 나타내려는 욕구를 충족시키키기 위해서 구매하는 한편, 또 다른 어떤 고객들은 스타일에 대한 욕구를 충족시키키기 위해서 구매한다. <사진 1-4>는 동일한 제품에 대한 두 가지 유형의 광고를 보여주고 있다. 이런 다른 광고들은 각각 어떤 욕구에 소구하고 있을까?

기업의 현재 및 잠재적 제품이 충족시켜야 하는 욕구군을 규명하기 위해서 논리와 직관뿐만 아니라 전통적으로 소비자 조사, 특히 표적 집단 면접과 심층 면접을 이용한다. 이러한 욕구군들은 종종 연령, 가구생활주기의 단계, 성별, 사회계층, 인종 집단 혹은 라이프스타일과 관련되어 있으며, 많은 기업들이 이러한 변수들에 의해 정의된 하나 혹은 그 이상의 집단에 초점을 맞추는 세분화 과정을 시작한다. 따라서 기업은 다양한 인종 집단들을 규명하는 것으로 시작하여, 다음으로 이들 집단들 별로 소비 관련 유사점과 차이점을

사진 1-4

두 광고는 모두 동일한 기본제품에 대한 것이다. 그러나 이 광고들이 보여주듯이, 이 제품들은 기본기능 이상의 서로 다른 욕구군을 충족시키기 위해서 설계되어 있다.

발견하려는 시도를 한다. 보다 잘 정의된 세분시장은 일반적으로 욕구에 먼저 초점을 맞추어 규명한 후 이러한 욕구와 연관된 소비자 특성에 초점을 맞추는데, 두 접근방법은 모두 실무적으로 사용되고 있고 세분화에 대한 유용한 기초를 제공한다.

욕구군은 제품과 서비스에 존재하며, 다양한 쇼핑장소와 관련된 욕구들도 포함된다. 소비자 통찰력 1-1은 쇼핑몰과 팩토리 아울렛 쇼핑객들의 욕구군을 분석한 것이다.

2. 유사한 욕구군을 가진 고객들

다음 단계는 유사한 욕구군을 가진 소비자 집단에 대한 것이다. 예를 들어, 적절한 가격의 즐겁고 스포티한 자동차에 대한 욕구는 많은 젊은 미혼, 아이가 없는 젊은 부부들 그리고 자식들이 분가한 중년 부부들에게서 발견된다. 이들 소비자들은 확연히 다른 인구통계적 특성을 갖고 있음에도 불구하고 제품 특성 및 제품이미지와 관련해서는 하나의 동일한 세분시장으로 집단화될 수 있다. 이 단계는 일반적으로 표적 집단 면접법, 설문지법 그리고 제품컨셉 테스트와 같은 소비자 조사가 관련된다. 이 소비자 조사는 기존 소비 패턴에 대한 분석도 포함될 수 있다.

3. 각 집단에 대한 설명

일단 유사한 욕구군을 가진 소비자들이 규명되면, 이들 소비자들은 인구통계, 라이프스타일 그리고 매체 사용습관에 의해서 설명되어야 할 것이다. 효과적인 마케팅 프로그램의 설계는 잠재고객에 대한 완전한 이해가 요구된다. 오직 이러한 완전한 이해가 있을 경우에만 정확하게 규명된 욕구군을 분명하게 파악 할수 있다.

또한, 만약 제품이 구매되고 소비되는 상황, 고객들이 제품에 대해서 어떻게 생각하는지 그리고 그들이 제품을 설명하는데 사용하는 언어를 이해할 수 없다면, 고객들과 효과적으로 커뮤니케이션할 수 없을 것이다. 따라서 많은 젊은 미혼자, 아이가 없는 젊은 부부들, 자식들이 출가한 중년 부부들이 동일한 특성의 자동차를 원하지만, 각 집단에 접근할 매체와 이들과 대화할 적절한 언어와 주제는 다르다.

4. 매력적인 세분시장의 선정

일단 각 세분시장에 대해서 철저히 이해했다면, **전체 시장 중에서 특정의 세분시장을 우리가 마케팅 노력을 집중할 표적시장(target market)**으로 선택해야 한다. 이러한 의사결정은 선택된 세분시장에 수익성 있는 우월한 고객 가치를 제공할 수 있는 능력을 기반으로 해야 한다. 따라서 세분시장의 규모와 성장, 현재 및 예상되는 경쟁강도, 우월한 가치를 제공하는 비용 그리고 기타 등등이 중요한 고려사항 들이다. <표 1-1>은 다양한 세분시장들의 매력도를 비교하고 평가하는데 사용할 수 있는 간단한 워크시트를 제공한다.

<표 1-1>에서 보듯이, 크고 성장하고 있는 세분시장들은 매력적으로 보일 수 있다. 그러나 수익성이 무시될 수는 없다. 결국 수익성 없는 큰 세분시장들은 여전히 수익성이 없는 것이다. 수익성 있는 세분시장을 찾는다는 것은 고객의 욕구와 기업 제공물 간의 최적

표 1-1 세분시장 매력도 워크시트.

기준	점수*
세분시장 규모	________
세분시장 성장률	________
경쟁자 힘	________
기존 제품에 대한 고객만족도	________
기업이미지 적합도	________
기업목표 적합도	________
기업자원 적합도	________
이용 가능한 유통	________
투자요구조건	________
안정성/예측성	________
비용	________
지속적 경쟁우위	________
이용가능한 커뮤니케이션 채널	________
위험	________
세분시장 수익성	________
기타 (________)	________

* 점수는 1부터 10까지인데, 10이 가장 호의적인 것을 의미.

상태를 규명하는 것을 의미한다. 이것은 일부 고객들과 세분시장들은 수익성이 없을 수 있고, 이때 이 고객집단을 포기할 필요가 있다는 것을 의미한다. 고객을 포기한다는 것이 어려울 수 있지만 이것이 ING Direct의 사례와 같이 더 큰 수익을 가져올 수 있다. ING Direct는 bare bone 불필요한 것들은 제거하고 핵심만 남겨둔(bare bone) 은행이다. ING Direct는 한정적인 서비스(수표발행을 하지 않음)를 제공하며, 대부분의 거래가 온라인에서 이루어진다. ING Direct는 보다 높은 이자수익률에 매력을 느끼는 "낮은 유지비용이 드는" 고객을 원한다.

ING Direct의 CEO는 다음과 같이 말한다.

> ING Direct와 다른 금융 산업의 차이점은 테이크아웃 음식점과 일반 음식점 간의 차이와 유사하다. 이 사업은 고객관계에 기반을 둔 것이 아니며 고매출 저마진의 제품에 기반을 둔 것이다. 우리는 비용절감이 유지되기 원하는데, 이것은 고객들이 빈번한 고객관계접촉을 원하면 실현될 수 없다.[9]

ING Direct는 고비용이 요구되는 고객들을 파악해서 그 고객들에게 보다 빈번한 접촉을 해주는 지역은행에 의해서 서비스를 잘 받을 수 있음을 제안하고, 그들을 정중히 그 은행으로 보내서 비용을 더 낮게 유지하고 더 높은 이윤을 유지했다. **이런 고객을 "포기할 때" 발생할 수 있는 잠재적인 위험을 생각해 볼 수 있는가?**

각 세분시장은 그 시장에 적합한 마케팅전략을 요구한다. 만약 세분시장마다 전략의 변화가 필요하다면, 마케팅 전략 결정시 마케팅 믹스의 각 요소를 면밀히 검토하는 것이 필요하다. 때때로 각 세분시장은 제품을 포함해 전혀 다른 마케팅 믹스를 요구할 것이다. 어떤 경우에는 단지 광고 메시지나 소매 점포만 다를 수도 있다.

1.5 마케팅전략

각 세분시장에 대한 전반적인 마케팅전략을 동시에 수립하지 않고 표적시장을 선택하는 것은 불가능한 것이다. 표적시장을 선택하는 결정적인 기준은 이들 세분시장에 우월한 가치를 제공하는 능력이다. 고객가치가 마케팅전략에 의해 전달되기 때문에, 기업은 잠재적인 표적시장을 평가하면서 동시에 전반적인 마케팅전략을 개발해야만 한다.

마케팅전략(marketing strategy)은 "어떻게 우월한 고객 가치를 표적시장에 제공할 것인가?"와 같은 질문에 대한 기본적인 답이다. 이러한 질문들에 대한 답은 일관적인 **마케팅 믹스(marketing mix)** 수립을 요구한다. 이 마케팅 믹스는 표적시장에 제공되는 제품, 가격, 커뮤니케이션, 유통 그리고 서비스이다. 고객욕구를 충족시키고 고객 가치를 제공하는 것은 바로 이러한 요소들의 조합을 의미한다. 예를 들어, 1장 도입부의 맨처음 사진에서 Papa John' s는 품질과 성분 관점에서 우월한 가치를 약속하고 있다.

1. 제품

제품(product)이란 소비자가 지각된 욕구를 충족시키기 위해 획득하거나 획득 할 수 있는 어떤것들을 말한다. 소비자들은 일반적으로 물리적인 제품 속성을 구매하는 것이 아니라 욕구충족을 구매하는 것이다.[10] Revlon社의 전 사장은 다음과 같이 말했다, "우리는 공장에서 화장품을 만들고, 매장에서는 희망을 판다." 따라서, 소비자들은 1/4 인치의 드릴을 구매하는 것이 아니라 1/4 인치의 구멍을 뚫을 수 있는 능력을 구매하는 것이다. Fedex는 UPS나 Airborne이 아닌 팩스기기와 인터넷에게 익일 문서배달 사업의 상당 부분을 빼앗겼는데, 그 이유는 팩스와 인터넷 같은 기술들이 동일한 소비자 욕구들을 더욱 빠르고 값싸면서 편리하게 충족시켜 줄 수 있기 때문이다.

제품이란 물리적 제품과 주요 혹은 핵심 서비스를 지칭한다. 따라서 자동차도 제품이고 변속기 정비와 택시 승차도 역시 제품이다. 음식, 음료, 애완용품, 가정생활용품 등과 같은 포장제품만도 1년에 30,000개 넘게 신제품이 출시 된다.[11] 분명한 것은 이들 중 많은 제품들이 성공하지 못할 것이다. 성공하기 위해서는 표적시장의 욕구를 경쟁사보다 잘 충족시켜야 한다.

제품관련 의사결정에는 패키징, 브랜딩 그리고 로고도 포함되는데, 이것들은 기능적 차원과 상징적 차원을 갖고 있다. Starbucks는 최근에 "Starbucks Coffee"라는 문구를 생략하고 요정(Siren)그림을 원으로 둘러싼 모양의 로고로 바꾸었다. 이 새로운 로고에 대해서 소셜미디어에서 일부의 반발이 있었다. Starbucks의 새로운 로고가 효과적이라고 생각하는가? 어떤 요소때문에 그런가?

2. 커뮤니케이션

마케팅 커뮤니케이션(marketing communication)은 광고, 영업사원, PR, 포장 그리고 기업이 그들 자신과 자사제품들에 대해서 제공하는 모든 신호들을 포함한다. 효과적인 커뮤니케이션 전략은 아래와 같은 질문들에 대한 답변을 요구한다.

1. 정확히 우리는 누구와 커뮤니케이션해야 하는가? 대부분의 메시지들이 표적시장의 구성원을 겨냥하고 있는 반면, 어떤 메시지들은 경로 구성원들에게 초점을 맞추기도 하고 표적시장 구성원들에게 영향을 미치는 사람들에게 초점을 맞추기도 한다. 예를 들어, 소아과 간호사들은 종종 기저귀에 대한 조언과 다른 비의료적인 유아용품에 조언을 요구받는다. 이런 제품을 마케팅하는 기업은 간호사와 직접 커뮤니케이션하는 것이 현명할 것이다.

   종종 표적시장 내에서 누가 마케팅 메시지를 받아들이는지를 파악하는 것은 필수적이다. 어린이들의 아침식사용 시리얼에 있어서, 커뮤니케이션 대상자는 어린이가 되어야 할까? 부모들이 되거나 또는 둘 모두가 되어야 할까? 그 답은 표적시장에 달려있고 국가에 따라서 다르다.
2. 우리의 커뮤니케이션이 표적 오디언스에게 어떠한 효과를 주길 바라는가? 종종 관리자는 광고와 여타 마케팅 커뮤니케이션의 목표는 매출증대라고 말할 것이다. 이러한 목표가 궁극적 목표이기는 하지만, 대부분의 마케팅 커뮤니케이션의 행동적 목표는 종종 더욱 즉각적이다. 이러한 행동적 목표는 오디언스들이 제품에 대해서 어느 정도 학습하게 하거나, 보다 많은 정보를 탐색하게 하거나, 제품을 좋아하게 하거나, 다른 이들에게 제품을 추천하거나, 그 제품을 구매한 것에 대해서 좋은 느낌을 갖거나 혹은 상당히 많은 커뮤니케이션 효과를 갖게 하는 것이다.
3. 어떤 메시지가 오디언스에게 바람직한 효과를 줄 것인가? 어떤 단어, 어떤 그림 그리고 어떤 상징들이 오디언스의 주목을 끌고 바람직한 효과를 줄 것인가? 마케팅 메시지의 범위는 순전히 사실적 언급에서부터 순전히 상징주의까지 다양하다. 최고의 접근법이란 처해있는 상황에 따라 다르다. 효과적인 메시지를 개발하는 것에는 지각과정에 대한 지식뿐만 아니라 표적 오디언스가 단어나 상징에 대해서 부여하는 의미를 철저히 이해하는 것이 요구 된다. <사진 1-5>를 살펴보자. 나이든 많은 사람들에게 이 광고 방법은 관계가 없을 수 있다. 그러나 이는 분명히 의도된 젊은이 시장에 커뮤니케이션하는 것이다.
4. 표적 오디언스에게 도달하기 위해 어떤 수단과 매체를 사용해야 할까? 정보를 제공하기 위해서 인적 판매를 사용해야 할까? 필요한 정보를 제공하기 위해서 제품의 패키지에 의존할 수 있을까? 대중매체에 광고를 해야 하는가? 다이렉트 메일을 사용해야 하나? 아니면 소비자들이 인터넷에서 우리를 찾게 해야 하나? 만약 우리가 대중매체를 통해 광고한다면, 어떤 매체들(텔레비전, 라디오, 잡지, 신문, 인터넷)과 어떤 특정 매체수단(텔레비전 프로그램, 특정 잡지, 웹사이트, 배너광고 등)을 사용해야 할까? 사용되는 언어를 조정하는 것이 필요하거나 바람직한가? 매체와 언어의 이슈에 관해서 MasterCard의

사진 1-5

마케팅믹스의 모든 측면이 표적 오디언스의 욕구와 특성에 근거해서 설계되어야 한다. 많은 세분시장이 이 광고를 제대로 인식하지 못하지만, 표적 세분시장에서는 잘 작동하고 있다.

접근이 교훈적인가? 그들은 다음과 같이 지적하고 있다.

> 히스패닉은 미국에서 가장 크고 빨리 성장하는 인종집단이다…. 우리가 히스패닉 소비자에게 지속적으로 가치를 부여하고 있기 때문에 MasterCard에게 있어서 중요한 것은 이들에게 적합한 경로를 통해서 이들의 언어로 이야기하는 것이다.[12]

5. **언제 표적 오디언스와 커뮤니케이션해야 하나?** 우리는 고객이 구매하려는 시점에 집중적으로 커뮤니케이션할 것인가 아니면 주간, 월별, 연간에 고르게 나누어서 커뮤니케이션할 것인가? 소비자들은 우리 제품을 구매하기 직전에 정보를 찾아보는가? 만약 그렇다면 어디서 찾는가? 이러한 질문들에 대한 답변은 이 제품의 표적 시장 소비자들이 사용하는 의사결정 과정에 대한 지식을 필요로한다.

3. 가격

가격(price)이란 구매자가 제품을 사용할 권리를 얻기 위해서 지불해야 할 화폐 금액이다. 구매자는 한 제품의 소유권을 구매할 수 있고 혹은 많은 제품의 경우, 제한된 사용권(예: 비디오플레이어를 임대하거나 리스할 수 있다)을 구매 할수 있다. 경제학자들은 동일제품에 대해서 낮은 가격이 높은 가격보다 더 많은 판매를 달성한다고 가정하곤 한다. 그러나 가격은 때때로 제품의 품질을 알려주는 신호의 역할을 한다. "너무 낮게" 가격이 책정된 제품은 품질이 좋지 못할 것이라는 지각을 하게 된다. 또한 비싼 제품을 소유한다는 것은 그 소유자에 대한 정보를 나타내는 것이다. 즉, 다른 조건이 동일하다면 그것은 그 소유자가 비싼 제품을 구매할 만큼 경제적 여유가 있음을 나타낸다. 이런 것은 어떤 소비자들에게는 원하는 특성일 수 있다. Starbucks는 커피에 비교적 높은 가격을 책정한다. 그러나 Starbucks는 Starbucks 브랜드가 소비자로 하여금 큰 금전적 부담 없이 조금 더 비싼 커피가격을 지불하고 원하는 이미지와 라이프스타일을 즐기게 한다는 것을 이해하고 있다. 따라서 가격책정은 해당제품과 표적시장에서 가격이 담당할 상징적인 역할에 대한 철저한 이해를 요구한다.

소비자에게는 제품의 가격과 제품의 비용이 같지 않다는 사실을 유념해야 한다. **소비자 비용(consumer cost)**은 소비자가 제품을 소유/사용하는 편익을 얻기 위해 감수해야 하는 모든 것들이다. 앞에서 논의 했듯이, 자동차를 소유/사용하는 비용에는 자동차 구입 가격뿐만 아니라 보험료, 가솔린비용, 유지비, 할부비용, 면허세, 주차비, 자동차를 사러갈때 소요되는 시간과 불편함 그리고 어쩌면 심지어 오염증가에 대한 불편함까지 포함된다. 기업들이 고객가치를 제공하기 위해서 추구하는 방법 중 하나는 제품을 소유하거나 사용하는데 소요되는 비가격 비용을 줄이는 것이다. 만약 성공한다면, 고객에 대한 전체 비용이 감소하는 반면 마케터에 대한 수입은 동일하거나 증가하기도 한다.

4. 유통

표적 고객들이 구매할 수 있는 곳에서 제품을 구매가능하게 만드는 **유통(distribution)**은 성공에 필수적이다. 소비자들은 극히 드문 경우에만 특정 브랜드를 획득하기 위한 많은 고통을 감수하려고 할 것이다. 올바른 유통경로 결정을 위해서는 표적 고객들이 해당 제품을 어디서 구입하는가에 대한 올바른 지식이 필요하다. 오늘날의 유통경로 의사결정은 또한 교차경로 선택에 대한 이해를 요구한다. 노련한 소매상들은 개별 유통경로들(예: 온라인 vs. 오프라인)이 최선의 성과를 낼 수 있는 방법을 설계한다. 예를 들어, Coldwater Creek*은 소비자들이 물건을 구매하고 무료 배송을 받을 수 있도록 점내 인터넷 키오스크를 준비해 놓음으로써 낮은 소매재고를 유지한다. Barnes and Noble 서점도 유사한 방법을 사용한다. 이러한 접근방법을 채택한 소매업자들은 고객을 유인하기 위해서 빠른 회전과 높은 수익을 실현하는 계절적 제품은 점포 내에서 구매 가능하도록 하는 반면, 다른 제품은 온라인에서 구매가능하게 하는 적합한 머천다이징 전략을 선택하여야 한다.[13] 끝으로, <소비자 통찰력 1-1>에서 언급된 소매점 특성(retailer characteristics)들을 이해하고 전달할 필요가 있다. Disney는 매장을 더 상호작용 할수있도록 개조하고 있고, 이것이 매장 방문과 매출을 증가시키도록 추진하고 있다. 리모델링은 엔터테인먼트에 초점을 맞추고 있는데, 이것은 특히 Disney 브랜드와 고객들의 입장에서 적합하다.

---

* 여성의류와 액세서리 전문업체, 역자 주

특히, 새로운 Disney 소매 형태는 방문객을 즐겁게하는 많은 특성들을 보여준다. 예를 들면, Disney-Pixar "Cars" 영화에 나오는 차에서 부터, 어린이들이 들어갈 수 있는 2층짜리 공주성에 이르기까지 어린이들이 다양한 장남감을 조립할 수 있는 테이블을 제공하고 있다.

5. 서비스

앞에서 제품을 헤어컷, 자동차 수리 그리고 의료서비스와 같은 주요 혹은 핵심서비스를 포함하는 것으로 정의했다. 그러나 여기서 언급하는 **서비스**는 주요 제품이나 주요 서비스를 강화하도록 해주는 보조적이거나 병행되는 활동들을 의미한다. 따라서 우리는 자동차 수리를 제품(주요 서비스 제품)으로 간주하는 반면, 자동차 수리를 위해서 정비업체가 자동차를 무료로 갖고 가서 수리 후 무료로 배달해주는 것은 보조 서비스로 간주한다. 비록 많은 마케팅 교과서들이 서비스를 마케팅 믹스의 한 구성요소로 다루지는 않지만, 이러한 서비스가 경쟁시장에서 시장점유와 상대적인 가격을 결정하는 중요한 역할이기 때문에 여기에서는 중요하게 다룬다. 이러한 보조서비스를 명시적으로 관리하지 않는 기업은 경쟁적으로 열세에 있게 된다.

보조서비스를 제공하는데에도 비용이 소요된다. 따라서 기업은 표적 고객들에게 가치 있는 서비스만을 제공하는 것이 필수적이다. 보조서비스를 제공해서 이에 상응하는 고객가치를 증가시키지 못한다면, 결국 높은 비용과 높은 가격만을 초래한다.

1.6 소비자 의사결정

<그림 1-1>에서 보는 것처럼, 소비자의사결정 과정은 마케팅전략(마케팅 믹스로 실행되는)과 그 결과들 사이에 있다. 즉, 기업 마케팅전략의 결과는 마케팅전략과 소비자의사결정 과정과의 상호작용에 의해서 결정된다. 기업의 성공은 소비자들이 그 회사의 제품이 해결할 수 있는 자신의 욕구를 알게 되고, 그 제품과 기업의 능력을 알게 되며, 그 제품이 최선의 이용가능한 해결책이라는 것을 결정하고, 구매하고, 구매결과에 대해서 만족하게 될 때만 이루어질 수 있다. 본서 전체의 상당한 부분(제14장에서부터 제18장까지)이 이러한 소비자의사결정 과정을 설명하고 있다.

1.7 결과

1. 기업적 결과

제품 포지션(product position) 기업 마케팅전략의 가장 기본적인 결과는 제품 포지션이다. **제품 포지션**이란 소비자의 마음속에 경쟁 브랜드의 제품과 비교해서 심어져 있는 한 기업의 제품이나 브랜드의 이미지를 의미한다. 이러한 이미지는 제품이나 브랜드에 대한 일련

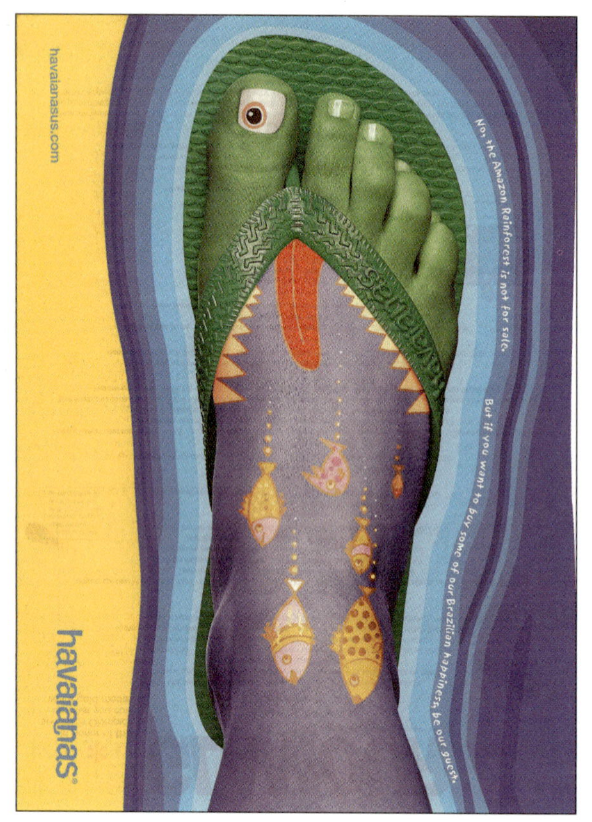

사진 1-6

이 광고는 이 브랜드를 즐거움으로 포지셔닝하고 있다.

의 신념, 그림표현, 느낌 등으로 구성된다. 이미지의 구축에는 꼭 그 제품을 구매하거나 사용이 필요한 것은 아니다. 브랜드에 대한 이미지는 그 브랜드에 대한 직접적인 경험뿐만 아니라 기업 및 다른 원천으로부터 브랜드에 대한 커뮤니케이션에 의해 결정된다. 대부분의 마케팅 기업들은 원하는 제품포지션을 구체화하고, 지속적으로 그 위치를 측정한다. 왜냐하면 소비자에게 제품에 대한 욕구가 발생될 때 표적 시장에서 바라는 포지션과 부합하는 브랜드를 구매할 확률이 높아지기 때문이다.

<사진 1-6>에 제시된 광고는 '즐거운' 브랜드로서 포지셔닝된 브랜드다. 이러한 이미지와 개성은 사용된 색상과 이미지에 의해서 만들어지고 강화되었다.

매출(Sales)과 수익(Profits) 매출과 수익은 기업이 사업을 지속하는데 필요한 결정적인 결과물이다. 따라서 실제로 모든 기업들은 매출과 수익으로 마케팅 프로그램의 성공을 평가한다. 우리가 보았듯이, 매출과 수익은 초기의 소비자 분석이 정확하고 마케팅 믹스가 소비자의사결정 과정과 조화를 이룰 경우에만 실현될 수 있다.

고객만족(Customer Satisfaction) 마케터들은 일반적으로 기존 고객을 유지하는 것이 새로운 고객으로 대체하는 것보다 더 수익성이 있다는 것을 발견했다. 현재의 고객을 유지한다는 것은 이 고객들이 제품을 구매하고 사용해서 만족해야 한다는 것을 요구한다. 따라서 **고객만족**은 마케터의 주요 관심사이다.

만족하는 고객 창출 그림 1-2

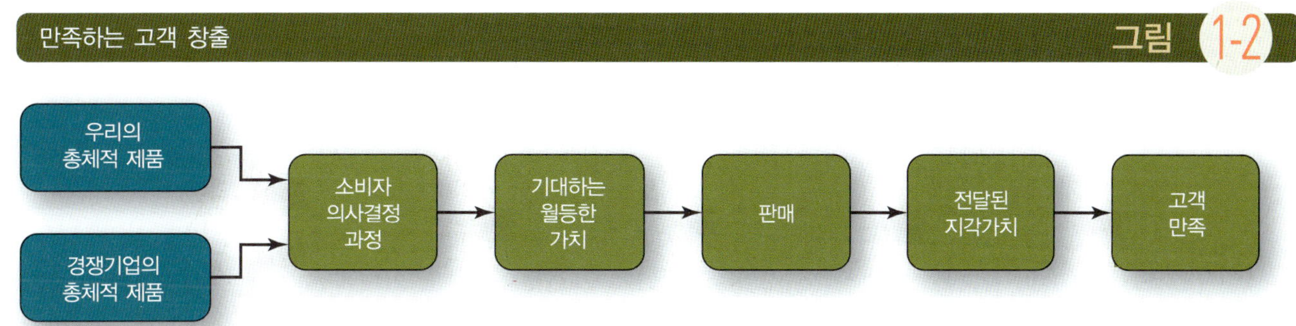

<그림 1-2>에서 보듯이, 당신의 브랜드가 우월한 가치를 제공한다고 소비자들을 확신시키는 것은 초기 판매를 유발시키기 위해서 필수적인 것이다. 분명히 초기판매를 성공적으로 이끌기 위해서 잠재고객들의 욕구와 정보획득 과정에 대해 철저히 이해를 해야만 한다. 그러나 고객이 만족해서 미래의 매출을 창출하기 위해서는 그 브랜드가 고객의 욕구를 충족시키고, 사용한 후에도 우월한 가치를 제공한다는 것을 고객이 지속적으로 믿어야만 한다. 고객들이 처음에 기대했던 것만큼 혹은 그 이상의 가치를 당신은 전달해야만 하며, 이것은 소비자들의 욕구를 충족시키는데 충분해야 한다. 이를 실현하기 위해서는 소비자행동에 대한 충분한 이해가 요구된다.

2. 개인적 결과

욕구 만족(Need Satisfaction) 소비자 개인에게 있어서 소비과정의 가장 명확한 결과는 구매여부에 상관없이 소비과정에서 욕구에 대한 어느 정도 수준의 만족이다. 이것은 만족 없는 상태(심지어 구매가 욕구를 증가시키기 보다는 감소시키는 부정적인 수준까지 포함)에서 완전한 만족 상태에 이르는 범위를 갖는다. 두 가지 주요 과정으로 실제적 욕구 충족과 지각된 욕구충족이 포함된다. 이 두 과정은 밀접하게 관련되어 있으며 종종 동일한 것이기도 하다. 그러나 때때로 이 둘은 다르기도 하다. 예를 들어, 사람들은 보조식품이 건강을 향상시킨다고 믿기 때문에 이것을 먹을 수 있다. 그러나 현실적으로 이 보조식품은 직접적인 건강효과가 없거나 심지어 부정적 효과를 나타낼 수 도있다. 보통 정부규제와 소비자 단체의 목적은 제품이 소비자의 욕구를 충족시키는 정도를 소비자가 적절히 판단할 수 있도록 해주는 것이다.

폐해적 소비(Injurious Consumption) 우리는 소비의 편익에 초점을 맞추려 하지만, 여전히 소비자행동이 어두운 측면을 갖고 있다는 것을 알아야 한다. **폐해적 소비**는 소비자 개인들이나 집단들이 그들의 장기적인 사회복지에 부정적인 결과를 초래하는 소비의사결정을 할 때 발생한다. 그 예로 (a)공격적인 마케팅과 저리의 신용판매로 인한 과다한 지출, (b) 패스트 푸드, 담배, 술 등과 같은 건전하지 못한 제품의 소비 (c) 일부 사람들에게 재무적 결과를 황폐하게 할 수 있는 도박과 같은 행위들을 포함한다.

최근에 FDA의 관심을 끈 하나의 제품이 카페인 알코올 음료이다. 이 음료들은 매출이 커지고 있는 추세이고 높은 수준의 알코올 및 카페인도 함유되어 있다. 이러한 새로운 카페인 알코올 음료 한 캔은 사람이 5-6캔의 맥주를 마시는 것과 같은 효과를 갖고 있는 것으로 추정된다. 이러한 음료들도 위험한 행동을 할 기회를 증가시킨다. 예를 들면, 카페인은 운전자들이 얼마나 음주를 했는지 잘못 측정하게 할 수 있어서 음주상태에서 운전할 위험이 있다.[15]

비록 이것들이 우리가 관심가져야 할 주제이고, 이 책을 통해서 다룰 것들이기는 하지만, 알코올 소비는 문명화와 동시에 시작되었고 도박도 거의 비슷하게 오래되었다는 증거에도 주목해야 한다. 소비자들은 우리가 알고 있는 것처럼 대중매체나 광고가 존재하기 이전부터 담배를 피우거나 씹어왔으며, 불법 약물 소비는 대규모 마케팅 혹은 적어도 마케팅이 없음에도 불구하고 전 세계적으로 계속 늘어나고 있다. 따라서 소비자행동에 대한 지식에 기반을 둔 마케팅 활동들이 몇몇 유형의 폐해적 소비를 조장한 것은 명백하지만, 마케팅 활동들이 이러한 무분별한 소비의 유일한 원인은 아닌 것이며, 이러한 활동들은 고쳐야 할 부분들이다.

3. 사회적 결과

경제적 결과(Economic Outcomes) 더 이상 소비하지 않겠다는 의사결정을 포함해서 소비자 구매 의사결정들의 누적효과는 국가경제 상태를 결정하는 주요 요인이다. 소비자가 구매할 것인지 저축할 것인지에 대한 의사결정은 경제성장, 자본의 이용가능성 및 비용, 고용수준 등에 대해서 영향을 미친다. 이러한 유형의 제품과 브랜드의 구입은 국제수지, 산업성장률 그리고 임금수준에 영향을 준다. 미국, 서구유럽, 일본과 같이 비교적 큰 규모의 부유한 사회들에서 이루어진 의사결정은 많은 국가들의 경제 건전성에 주요한 영향을 미치는 것이다.

물리적 환경 결과(Physical Environment Outcomes) 소비자들은 자신이 속한 사회나 다른 사회의 물리적 환경에 주요한 영향을 미치는 의사결정을 한다. 대중교통보다는 자신의 대형승용차에 의존하려는 미국 소비자의사결정의 누적효과는 다른 국가에서 수입하는 재생 불가능한 에너지를 소비해 버릴 뿐만 아니라 미국도시들의 심각한 대기오염을 유발시킨다. 대부분의 선진국들과 많은 개발도상국의 사람들이 단백질의 주요 공급원으로서 육류를 소비하는 의사결정은 목초지 개간을 위한 열대 우림의 파괴와 대규모 가축사육장의 오·폐수로 인한 하천오염 그리고 단백질을 생산하기 위한 곡물과 물, 에너지의 비효율적 사용 등을 초래한다. 이는 또한 많은 소비자들의 건강 문제를 야기시키기도 한다. 유사한 결과들이 자동차 연료의 대체자원으로 인기를 끌고있는 에탄올(옥수수, 사탕수수, 쌀로 만들어진)에서도 나타난다. 곡물을 식품에서 연료로 전환시킬 때 소요되는 고비용은 식품비용을 상승시키고 세계의 빈곤수준을 증가시키는 위협을 나타낸다.[16] 이러한 결과들은 상당히 부정적인 홍보거리를 유발시킨다. 그러나 이러한 자원들은 소비자의 수요때문에 사용되고 있고, 소비자 수요는 당신과 나 그리고 우리 가족들과 친구들의 의사결정들로 구성되는 것이다!

제3장에서 알게 되겠지만, 이제 많은 소비자들이 환경에 대한 소비의 간접적인 효과를

인정하고 환경파괴를 최소화 할 수 있도록 그들의 행동을 변화 시키고 있다.

사회복지(Social Welfare) 소비의사결정은 전반적인 사회복지에 영향을 미친다. 공공재(공교육, 공원, 의료보장제도 등과 같은것에 대한 지원) 보다 사유재(개인적인 구매)에 돈을 얼마나 사용할 것인지에 대한 의사결정은 일반적으로 소비자들이 선출한 대표자에 의해 간접적으로 이루어진다. 이러한 의사결정들은 한 사회의 전반적인 질에 주요한 영향을 미친다.

앞서 논의된 폐해적 소비는 소비한 당사자뿐만 아니라 사회에도 영향을 미친다. 흡연으로 인한 질병, 알콜중독 그리고 약물남용으로 인한 질병에 대한 사회적 비용은 엄청난 수준이다. 마케팅 활동들이 폐해석 소비를 증가시키거나 감소시키는 정도에 따라서 마케팅 활동들은 사회의 전반적 복지에 커다란 영향을 미친다.

다음의 내용을 살펴보자:

> 미국의 Public Health Service에 의하면, 미국인들의 사망 10대 원인들 중 적어도 7가지 원인은 위험에 직면한 사람들이 단지 아래와 같은 5가지의 행동을 변화시킨다면 상당히 감소될 수 있다고 한다; 약에 대한 지나친 의존(예: 고혈압 치료제), 다이어트, 흡연, 운동부족, 알코올과 약물 남용이다. 이러한 각각의 행동은 마케팅 노력 그리고 마케팅 캠페인에 대한 소비자의 반응과 긴밀하게 연계되어 있다. 소비자 선택과 사회적 문제간의 관계는 명백한 것이다.[27]

그러나 동일 저자들은 "비록 이러한 문제들이 위협적으로 보일지라도, 이타주의적인 (사회적)마케팅을 통해 해결할 수 있다"는 결론을 내렸다. 따라서 마케팅과 소비자행동은 심각한 사회문제들을 악화시키거나 경감시킬 수 있다.

1.8 소비자행동의 특성

<그림 1-3>은 우리가 소비자행동의 전반적 구조와 과정을 파악하고 이 책을 구성하는데 사용되는 모형이다. 이것은 **개념적 모형(conceptual model)**이다. 이 모형은 특정 행동들을 예측할 만큼 충분히 세부적인 내용을 담고 있지는 않다. 그러나 소비자행동의 일반적인 특성에 대한 우리의 신념을 반영하고 있다. 각 개인들은 자아개념을 개발하고, 이어서 다양한 내부영향요인(주로 심리적이고 육체적인)과 외부영향요인(주로 사회적이고 인구통계적인)에 기반을 둔 라이프스타일을 개발한다. 이러한 자아개념들과 라이프스타일들은 욕구와 바람을 만들어내며, 이 욕구와 바람들 중 많은 것들은 소비의사결정을 요구한다. 각 개인들이 해당 의사결정 문제 상황에 직면하게되면, 소비자의사결정 과정이 활성화된다. 이러한 과정 및 이 과정이 유발하는 경험 및 구매는 내적 · 외적 특성들에 영향을 주어서 이것이 소비자들의 자아개념과 라이프스타일에 영향을 미친다.

물론 생활이 <그림 1-3>처럼 구조적인 것은 아니지만, 이에 대한 논의는 제안될수 있을 것 같다. 소비자행동은 절대적으로 이렇게 단순하고, 구조적이고, 의식적이고, 기계적이거나 선형적이지 않다. 반면 당신의 행동과 친구들의 행동을 분석해 보면, 소비자행동이

그림 1-3 소비자행동의 전체 모형

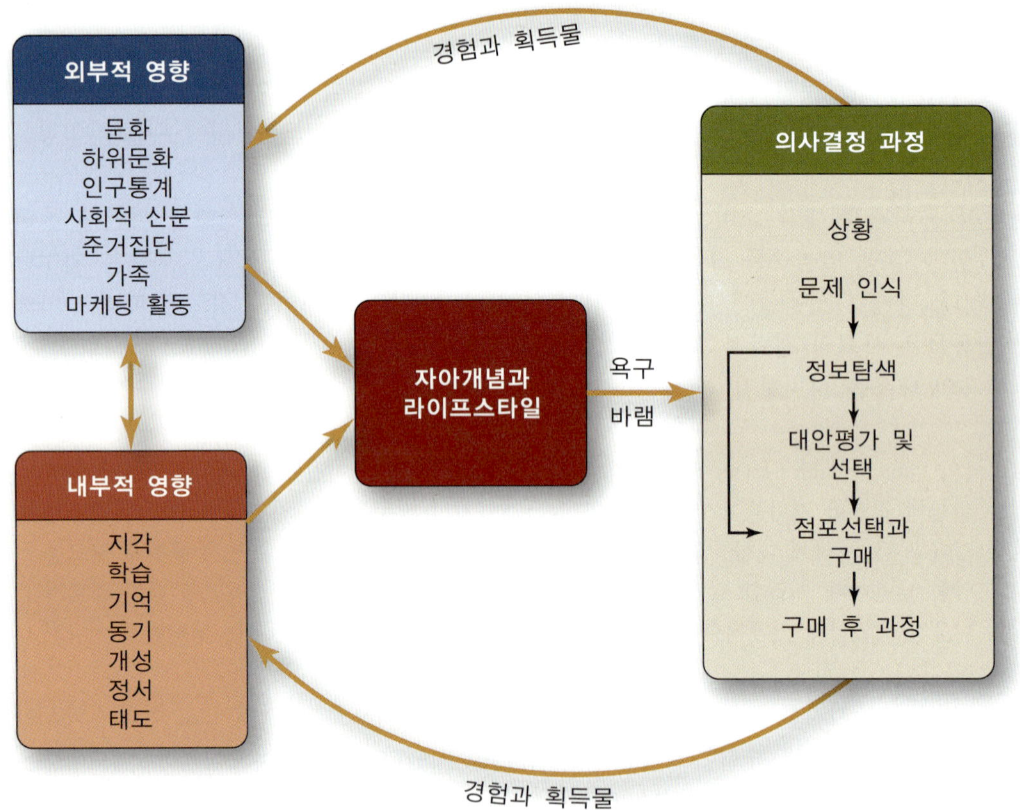

종종 복잡하고, 조직화되어 있지 못하고, 무의식적이고 유기적이며, 순환적인 것이라는 것을 알게 된다. <그림 1-3>은 단지 모형일 뿐이고 우리 분석의 출발점이라는 것을 유념해야 한다. 이 모형은 소비자행동의 사고를 도와주는 것이다. 당신은 제시된 모형을 살펴보고 이 모형에 근거해서 구성된 각 장들을 읽으면서, 계속해서 이 책의 설명을 풍부한 실제 소비자행동의 세계와 연관시켜야 한다.

<그림 1-3>에 제시된 요소들이 이 책의 다음 장에서부터 세부적으로 다루어질 것이다. 여기서는 요소들이 어떻게 작동하고 함께 조화되는지를 우선 볼 수 있도록 간략한 개관을 제공한다. 지금부터 이루어질 논의는 본 모형의 왼쪽에서 오른쪽으로 이동하면서 이루어진다.

1. 외부영향 요인들(제2부)

소비자들에게 영향을 미치는 요인들을 몇 개의 범주로 구분하는 것은 다소 임의적인 것이다. 예를 들어, 사람들의 많은 학습이 다른 사람들과의 상호작용이나 모방에서 얻어지는 외부적 영향임에도 불구하고 우리는 학습을 내부영향 요인으로 구분하였다.

따라서 학습은 집단 과정일 수도 있다. <그림 1-3>에서, 내부 영향 요인과 외부 영향 요인을 연결시키는 양방향의 화살표는 각 영향 요인이 상호작용한다는 것을 나타낸다.

사진 4-2

미국은 점점 더 다양해지고 있다. 이 광고는 그러한 다양성을 반영하고 포용한다.

우리는 외부 영향 요인에 대한 논의를 대규모의 거시집단 영향으로부터 시작해서 보다 많은 미시집단의 영향의 순서로 구성하였다. 아마도 문화가 소비자행동에 가장 널리 거시적으로 영향을 미치는 요인일 것이다. 우리는 제2 장에서 문화에 따른 소비패턴의 차이를 알아보는 것으로 문화에 대한 논의를 시작할 것이다. 제3장부터 제6장에서는 미국문화에 세부적인 초점을 맞추고 있다. 제3장에서는 문화적 가치관을 알아본다. 우리가 알고 있듯이, 미국문화는 많은 가치관과 소비행동들을 공유하고 있지만, 이 사회는 매우 다양하고 계속 변하고 있어서 마케팅 기회와 독특한 사회적 에너지를 창출한다. <사진 1-7>은 어떻게 마케터들이 이러한 다양성을 포용하는지를 광고에서 보여주고 있다.

제4장은 인구 통계적 변수들(나이, 교육수순, 연령, 소득, 직업 그리고 사회에서의 개인의 위치)과 사회적 계층의 분석을 통해서 미국사회를 알아본다. 제5장은 인종적, 종교적 그리고 지역적 하위문화를 살펴본다. 제6장은 가족과 가구를 알아보는데, 여기에는 시간이 흐름에 따라 가족과 가구는 어떻게 변하는지, 이들에게 소비하는 방법을 알려주는 가족의 역할 그리고 가족의사결정이 포함된다. 끝으로 제7장에서는, 집단이 소비자행동과 집단 커뮤니케 이션에 영향을 미치는 과정을 살펴본다. 여기에는 신제품과 신기술의 수용과정에서 집단의 역할이 포함된다. 제 2장에서 제7장까지는 미국과 전 세계에서 소비자행동에 영향을 미치는 다양한 외부요인들을 비교하고 대조하는 수단 등을 제공한다. 문화간 차이는 이 책의 해당 부분에서 자세히 강조될 것이다.

2. 내부영향 요인들(제3부)

내부영향은 지각에서부터 시작되는데, 이 지각과정은 개인이 어떤 자극을 받아들여서 그 자극에 의미를 부여하는 과정이다(제8장). 이어서 학습을 다루게 되는데 이는 장기기억장치의 내용이나 구조를 의미한다(제9장). 제10장은 밀접하게 관계되어 있는 3가지 주제를 다룬다: 동기-행동의 이유; 개성-어떤 유사한 상황들에서 한 개인의 특유한 반응경향; 그리고 감성-우리의 행동에 영향을 미치는 강력하고 상대적으로 통제 불가능한 느낌들. 제11장에서는 태도를 알아봄으로써 내부영향요인들을 모두 다루게 된다. 태도는 환경의 일부 측면에 관한 동기부여적이고 정서적이고, 지각적이고 그리고 인지적 과정의 지속적인 조직화이다. 본질적으로 태도는 사람이 소매점, 텔레비전 프로그램 혹은 제품과 같이 자신을 둘러싼 환경의 일부 측면에 대해서 생각하고, 느끼고, 행동하는 방식이다. 따라서 태도는 내적 및 외적 요인들에 의해 상당히 영향을 받는다.

3. 자아개념과 라이프스타일

제12장에서는 본 모형의 중심축 역할을 하는 핵심개념인 자아개념과 라이프스타일을 자세히 논의함으로써 제3부를 마무리한다. 앞에서 논의된 외부 변수들과 내부 변수들의 상호작용 결과로, 개인들은 라이프스타일에 반영되어 있는 자아개념을 개발한다. **자아개념(self-concept)**은 개인들이 자신에 대해서 갖는 총체적인 생각과 느낌들이다. **라이프스타일(lifestyle)**은 간단히 말해서 사람이 살아 가는 방식인데, 여기에는 개인이 구매하는 제품, 개인이 이것을 사용하는 방법, 그 제품에 대해서 생각하는 것 그리고 제품에 대해서 느끼는 방법이 포함된다. 라이프스타일은 개인들의 자아개념 표현, 그들이 살고 있는 문화의 결과로서 자신에 대해서 갖고 있는 전체적 이미지 그리고 일상적으로 접하는 개인적 상황과 경험들을 의미한다. 라이프스타일은 한 개인의 과거 의사결정과 미래 계획의 총합이다.

개인들과 가족들은 서로 다른 라이프스타일을 보인다. 우리는 종종 "경력지향적인 사람들," "활동적인 가족," 혹은 "헌신적인 부모"라는 말을 듣는다. 한 사람의 라이프스타일은 의식적인 의사결정과 무의식적인 의사결정에 의해 결정된다. 종종 우리는 의사결정이 라이프스타일에 어떠한 영향을 주는지 완전히 의식하지만, 일반적으로 우리의 의사결정이 현재 혹은 원하는 라이프스타일에 의해 얼마나 영향을 받는지 모르고 있다. 우리 모형은 소비자들의 자아개념들과 라이프스타일들이 욕구와 바람을 만들어내는데, 이것은 소비자들이 스스로 소비자의사결정 과정을 유발시키는 상황들과 상호작용한다.

소비자들이 라이프스타일의 관점에서 생각한다는 것을 의미하지는 않는다. "나는 나의 라이프스타일을 강화하기 위해 Evian 물을 살 거야"라고 의식적으로 생각하는 사람은 없다. 오히려, 우리는 라이프스타일을 신중하게 고려하지 않고, 라이프스타일과 일치되는 의사결정을 하는 것이다. 대부분 소비자들은 거의 노력이나 생각없이 의사결정한다. 이러한 경우를 저관여 의사결정이라고 한다. 느낌과 정서는 많은 소비자의사결정에서 논리적인 분석이나 물리적인 제품속성 못지않게 중요하다. 그럼에도 불구하고, 대부분의 구매는 적어도 어느 정도의 의사결정을 하며, 대부분은 구매자의 현재 라이프스타일이나 바라는 라이프스타일의 영향을 받는다.

4. 소비자의사결정 과정(제4부)

소비자의사결정은 문제의 지각("나는 목이 마르다")과 기회 ("이거 재미있을 것 같은데")에 의해서 발생한다. 우리는 문제와 기회를 모두 문제라는 용어로 사용할 것이다. 소비자 문제들은 특정 상황에서 발생하며 이러한 상황의 특성은 소비자행동 유발에 영향을 미친다. 따라서 제13장에서 소비자의사결정 과정에 대한 상황적인 영향이 자세히 설명될 것이다.

<그림 1-3>에서 보듯이, 소비자의 욕구/바람은 하나 혹은 그 이상의 소비자의사결정 과정을 촉발시킨다. 대부분의 구매에 있어서, 소비자들이 의사결정 과정에 거의 노력을 기울이지 않고, 정서와 느낌이 종종 제품명세 및 제품 특성의 영향만큼 혹은 그 이상으로 결과에 영향을 미친다는 것을 명심해야 한다. 소비자들이 의사결정에 제한된 노력만 기울임에도 불구하고, 그 결과들은 개별 소비자들과 기업 그리고 사회에 중요한 영향을 미친다. 따라서 우리는 이 과정의 아래와 같은 각 단계를 자세히 논의한다. 문제의 인식(제14장), 정보탐색(제15장), 대안평가와 선택(제16장), 점포선택과 구매(제17장) 그리고 사용, 처분, 구매평가(제18장). 소비자의사결정에 있어서 특히 인터넷과 같은 기술의 역할 증대는 14장부터 17장에서 전반적으로 강조될 것이다.

5. 소비자로서의 조직

Mercedes-Benz기업이 부품 공급업자로부터 대시보드 부품을 구입하는 것처럼 조직이나 기업도 소비자가 될 수 있다. 이러한 형태의 마케팅은 종종 기업 대 기업(B2B) 마케팅이라고 해서 이 책의 상당 부분에서 초점을 맞추고 있는 기업 대 소비자(B2C)마케팅과 구별하고 있다. 조직의 특별한 특성과 이들이 행동하는 방법이 특별한 관심을 끈다. 제19장은 개인과 가구 소비자행동에 대한 우리의 모형이 어떻게 조직의 소비자행동을 이해하는데 도움을 줄 수 있도록 수정될 수 있는지를 보여준다.

1.9 소비의 의미

이 책을 통해서, 우리는 소비자행동 분야의 연구결과들을 설명하고, 소비자행동에 대한 이론들을 논의하고 그리고 소비자행동에 영향을 미치는 마케팅 프로그램들을 소개할 것이다. 이 책을 읽는 동안, 소비자행동이 단지 한 연구 주제나 혹은 마케팅이나 규제 전략을 개발하기 위한 기초가 아니라는 사실을 반드시 유념해야 한다. 흔히 소비는 소비자들에게 깊은 의미를 가진다.[18]

<소비자 통찰력 1-2>를 보자. 겨우 노숙신세를 면한 Andre는 자신이 저축을 해서 Nike 신발 한 켤레를 구매할 수 있었다는 것을 매우 자랑스러워한다. 그는 명백히 Nike보다 저렴한 다른 브랜드를 구매해서 그의 육체적 욕구를 충족시킬 수도 있었다. 비록 Andre는 왜 그가 보다 비싼 Nike를 구매했는지를 언급하지는 않았지만, Nike는 Andre가 사회의 일원으로 성공적으로 복귀했음을 알아볼 수 있는 가시적 상징이라고 합리적으로 해석할 수 있다. 사실상, Nike는 마케팅 활동을 통해서 부당하게 비싸게 성공 혹은 지위의 상징을 창출한다는 비난을 받는다. 당신은 어떻게 생각하는가? Nike가 Andre와 같은 사람들이 제품의 상징주의 때문에 제품에 대해서 필요이상의 가격을 지불하도록 조작하는가? 만약 광고가 오직 제품특성만 보여주도록 금지되거나 제한된다면, 제품과 브랜드가 여전히 상징적인 의미를 획득할 수 있을까?

소비자 통찰력 1-2

소비의 의미

"나(Andre Hank)는 한 레스토랑에서 8시간 교대근무를 하고, 그 다음에 다른 레스토랑에서 8시간 교대근무를 한다. 어느 날 내가 집에 돌아와 보니 6년간 같이 살았던 아내가 집을 나갔다. 그녀가 떠나버렸을 때, 나는 산산히 부서지는 느낌이었다. 나는 직장을 그만두었고, 잠을 잘 수가 없었다. 아무것도 할 수 없었고, 미쳐가고 있었다. 그들은 나를 병원으로 데리고 가서 주사를 맞히고 잠들게 하였다. 나는 정신병동에서 깨어났다. 서너 달이 지나서, 그들은 나를 풀어주었다.

내가 병원에서 나왔을 때 나는 아무것도 가진 것이 없었다. 옛날 직장으로 돌아가고 싶었지만, 그들은 내게 더 이상 기회를 주지 않았다. 다른 직업을 구해보려고 노력했지만, 전화나 자동응답기 혹은 무선 호출기가 없는 사람들에겐 힘든 것이다. 그래서 나는 버려진 건물에서 잠을 자면서 노숙자로 지냈다

3년 전 어느 날 배고프고 동전 한 푼 없었던 나는 신문팔이 소년을 보았다. 나는 그 소년에게 무엇을 팔고 있는지 물었고 그는 내게 StreetWise(과거 노숙자였거나 현재 노숙자 혹은 경제적 약자들에 의해 판매되는 시카고의 비영리 독립신문)에 대해 이야기 해주었다. 그래서 나는 StreetWise를 팔기 시작했다, 나는 많은 돈을 벌지는 못했지만 착실히 저축했다. 지금 나는 내년에 입을 코트를 구입하기 위해 저축하고 있다. 나는 더 이상 노숙자가 아니다. 나는 모텔에 멋진 작은 방을 가지고 있고... 음식을 살 수 있으며... 심지어는 Nike를 구매하기 위해 돈을 모았고[구매하였다]."

Andre가 Nike 신발과 같은 물건을 원하고 구매하는 유일한 저소득층 소비자는 아니다. 한 전문가는 다음과 같이 말했다; "이 사람들(저소득층 소비자들)은 일반적인 소비자들이 원하는 것과 동일한 제품과 서비스를 원합니다." 그는 마케팅 노력에 이러한 바람을 반영해야 한다고 제안한다. 또 다른 전문가는 말했다: "저소득층 소비자들이 치약을 살 돈도 없다는 것은 고정관념이며, 진실이 아니다. 저소득층은 어느 정도는 경제적으로 힘들겠지만 그래도 구매를 한다." 빈곤 근로층은 주거비, 공공요금(수도, 전기, 가스), 의료비(보험 혜택이 부족하기 때문에) 등에 소득의 상당 부분을 지출할 수밖에 없다. 그들은 일반적으로 대중교통수단에 의존한다. 그들은 비교적 적은 수입의 더욱 작은 부분을 외식과 입장료, 애완동물 그리고 장난감 등과 같은 형태의 오락에 지출한다. 그들은 자신의 재정적 안정에 대해서는 거의 지출을 못한다. 그러나 Andre의 경우처럼, 그들은 그들 수입(비교적 적은 액수이긴 하지만)의 일정부분을 의류와 액세서리에 지출한다.[19]

생각해 볼 문제

1. Andre에게 Nike와 같은 제품을 소비하는 것은 어떤 의미를 가지는가?
2. 이 이야기가 우리 사회에 대해서 말하고자 하는 바는 무엇이며 마케팅의 영향과 역할은 무엇인가?

아마도 〈소비자 통찰력 1-2〉에 있는 질문들의 일부 시사점은 1964년 북서 멕시코 협곡에 있는 양치기들의 태도에 대한 다음 설명에서 발견될 수 있다. 현대 광고는 양치기들 환경의 일부가 절대 아니다.

나는 Juan에게 주요 경제적 관심사가 무엇이냐고 물었다. 그는 "음식과 옷"이라고 즉시 대답했다. 내가 "주택에 대해서는 어떻게 생각합니까?"라고 물었다. "그건 전혀 문제가 안됩니다." "왜냐하면 난 항상 집을 만들 수 있어요."라고 했다. Juan과 다른 이들에게는, 주택이라는 것은 지위의 상징이 아니고, 그들에게는 단지 잠을 자고, 비를 피하며, 가족의 사생활을 지킬 수 있는 장소, 물건을 보관할 수 있는 장소일 뿐이다. 주택이란 미국처럼 그렇게 의미있게 사용하는 단어인 주거를 위한 장소가 아니다. 의복은 매우 중요한 것 같다. 깨끗한 의복은 도시 혹은 축제에 들어가는 통행권이다. 의복은 한 남자의 자존심 표시이고, 남자가 가족들에게 옷을 입힐 수 있는 능력이 많은 경우에 그 남자를 평가하는 척도이다.[20]

따라서, 여러분이 이 책을 읽어가면서, 우리가 다루는 것들이 단순히 추상적인 것이 아니라 실제 삶을 사는 실제 사람을 다루고 있다는 것을 명심하기 바란다.

요약

학습목표 1: 소비자행동을 정의한다

소비자행동(consumer behavior)의 분야는 개인, 집단 혹은 조직들 및 이들이 욕구를 충족시키기 위해 제품이나 서비스, 경험 혹은 아이디어를 선택하고, 확보하고 사용하고 처분하는 과정 그리고 이러한 과정이 소비자와 사회에 미치는 영향을 연구하는 것이다.

학습목표 2: 소비자행동의 활용을 정리한다.

소비자행동은 다음과 같은 4가지 영역 즉, (a) 마케팅 전략, (b) 규제정책, (c) 사회적 마케팅 그리고 (d) 정보를 갖고 있는 소비자의 육성에 활용될 수 있다. 마케팅 전략 개발은 기업이 원하는 결과를 창출하는 것과 관련된 시장과 세분시장에 대한 이해에 근거해서 마케팅 믹스의 수준을 설정하는 것이다. 규제 지침을 개발하는 것은 소비자들을 보호하고 지원하는 정책, 지침 그리고 법률을 개발하는 것이다. 사회적 마케팅은 마케팅전략과 전술을 활용해서 표적화된 개인이나 사회전체에 긍정적 효과를 미치도록 행동을 창출하거나 변경하도록 하는 것이다. 더 많은 정보를 갖고 있는 소비자를 육성하는 것은 소비자가 더 건전한 시민정신, 효과적인 구매행동 그리고 합리적인 사업윤리를 구축하도록 하는 방법으로 소비행동에 영향을 미치려는 기업의 노력 뿐만 아니라 소비행동에 대해서 소비자들을 교육하는 것과 관련된다.

학습목표 3: 소비자행동은 마케팅전략을 개발하는데 어떻게 사용될 수 있는가를 설명한다.

소비자행동과 마케팅전략간의 상호작용은 5단계가 있다. 첫째, 시장 분석으로 이것은 기업, 경쟁자, 환경 그리고 소비자와 관련된 자료를 수집하고 추세를 추적하는 것이다. 둘째, 시장 세분화이다. 한 세분시장(market segment)은 전체 시장중의 일부로서 이것은 전체시장과는 다소 다른 욕구를 갖고 있다. 기업은 이런 시장을 세분해서 그 기업의 능력과 시장 여건에 가장 적합한 하나 혹은 그이상의 세분시장을 선택한다. 셋째, 마케팅전략으로서 이것은 표적화된 세분시장과 시장 조건의 함수로서 마케팅 믹스의 적절한 수준을 설정 하는 것이다. 넷째, 소비자의사결정 과정으로서, 이것은 문제인식을 시작으로, 정보탐색, 대안 평가, 구매, 사용 그리고 구매후 평가 단계로 구성된다. 마케팅 노력은 이러한 서로 다른 단계에 맞게 이루어질 수 있다. 다섯째, 개인, 기업 그리고 사회적 수준에서의 결과이다. 그리고 수익 극대화는 종종 기업 수준에서 하나의 목적이지만, 개인과 사회적 차원에서 있을수 있는 부정적 효과가 기업, 정부조직 그리고 규제자의 입장에서는 중요하다. 소비자행동 이론과 개념에 대한 이해는 각 의사결정 단계에서 마케터가 정보를 수집하고, 소비자의사결정에 영향을 미치는 마케팅전략을 개발하고 그리고 이들의 마케팅 노력의 결과를 평가하는 데 중요하다.

학습목표 4: 소비자행동의 개념적 모형을 구성하는 요소들을 설명한다

본서에서 개발된 소비자행동의 개념적 모델은 4개의 상호관련 부문으로 나누어 질 수 있다. 내부 및 외부 영향은 소비자의 자아개념과 라이프스타일에 영향을 미치고, 이것은 의사결정과정에 영향을 미친다. 외부영향(본서의 2부)에는 문화, 준거집단, 인구통계 그리고 마케팅 활동이 포함된다. 내부영향(본서의 3부)에는 지각, 정서, 태도 그리고 개성이 포함된다. 자아개념은 자기 자신에 대한 한 개인의 생각이나 느낌의 총체성이다. 라이프스타일은 쉽게 말하면 사람이 사는 방식으로, 구매하는 제품, 제품의 소비방법, 제품에 대해서 갖고 있는 생각 그리고 제품에 대해서 어떻게 느끼는가를 포함한다. 외부영향과 내부영향은 자아 개념과 라이프스타일에 영향을 미치도록 작용을 하고, 이것은 의사결정 과정(제4부)에 영향을 미친다. 이러한 기본적 구성요소들이 포괄된 것이 조직(제5부)구매행동이다. 기업이나 조직도 소비자가될 수 있다. 예를 들어서, Mercedes-Benz기업이 공급업체로부터 대시보드 부품을 구입하는 경우이다. 이러한 형태의 마케팅은 종종 기업 대 기업(B2B) 마케팅이라고 해서 이 책의 상당 부분에서 초점을 맞추고 있는 기업 대 소비자(B2C)마케팅과 구별하고 있다. 조직의 특별한 특성과 이들이 행동하는 방법이 특별한 관심을 끈다.

학습목표 5: 소비의 의미와 기업이 이들에게 영향을 미치려는 시도와 관련된 이슈들을 논의한다

소비는 최소한 혹은 기본적 소비자 욕구의 만족 그 이상의 의미를 갖는다. 그래서 소비자들이 구매하는 것이다. Nike 스니커즈는 안전과 지지와 관련된 기능적 욕구뿐만 아니라 신분, 정체성 그리고 집단 수용성과 같은 상징적 욕구까지도 만족시킨다. 일부 사람들은 제품에 대해서 최소한의 기능적 측면이상으로 소비자의 바람을 주입하거나 부풀리려는 시도라고 마케터들을 비난한다. 그리고 이러한 비난이 사실일 수도 있지만, 이러한 바람과 상징적 의미는 마케팅이 없더라도 자연스럽게 제품에 부여될 수 있는 것 같다. 그럼에도 불구하고 이러한 관점에서 마케터의 윤리적 의미는 중요하게 고려되어야 한다.

주요 용어

개념적 모형(conceptual model)
소비자행동(consumer behavior)
소비자비용(consumer cost)
고객만족(customer satisfaction)
고객가치(customer value)
유통(distribution)
폐해적 소비(injurious consumption)
라이프스타일(lifestyle)
라이프스타일 센터(lifestyle center)
마케팅 커뮤니케이션(marketing communication)
마케팅 믹스(marketing mix)
마케팅전략(marketing strategy)
세분시장(market segment)
욕구군(need set)
가격(price)
제품(product)
제품 포지션(product position)
자아개념(self-concept)
서비스(service)
사회적 마케팅(social marketing)
표적시장(target market)
총체적 제품(total product)

참고 문헌

1. Sources for "Online marketing" section: "Who's Online," *Pew Internet & American Life Project,* 2010, www.pewinternet.org; "Online Ordering Leader Papa John's First to Surpass $2 Billion in Online Sales," *Business Wire,* May 3, 2010; and *The Rise of Apps Culture* (Washington, DC: Pew Internet & American Life Project, September 2010).
2. Source for "Global marketing" section: N. Madden, "Report from China," *AdAge.com,* May 31, 2005, www.adage.com.
3. Sources for "Social marketing" section: Excerpts from OLPC's website (www.laptopgiving.org), accessed May 20, 2008, as well as J. Markoff, "For $150, Third-World Laptop Stirs Big Debate," *The New York Times,* November 30, 2006, www.nytimes.com, accessed May 20, 2008; B. Einhorn, "Intel Inside the Third World," *BusinessWeek,* July 9 and 16, 2007, pp. 38–40; and D. Talbot, "$100 Laptop Program's New President," *Technology Review,* May 2, 2008, www.technologyreview.com, accessed May 20, 2008.
4. J. Neff, "S. C. Johnson Likely to Bag Ziploc TableTops," *Advertising Age,* November 25, 2002, p. 3; and J. Neff, "S. C. Johnson Faces a Clean-up Job," *Advertising Age,* November 29, 2004, p. 8.
5. See W. I. Ghani and N. M. Childs, "Wealth Effects of the Passage of the Nutrition Labeling and Education Act of 1990 for Large U.S. Multinational Food Corporations," *Journal of Public Policy and Marketing,* Fall 1999, pp. 147–58; and S. K. Balasubramanian and C. Cole, "Consumers' Search and Use of Nutrition Information," Journal of Marketing, July 2002, pp. 112–27.
6. See A. R. Andreasen, "Social Marketing," *Journal of Public Policy & Marketing,* Spring 1994, pp. 108–14; and P. Kotler, N. Roberto, and N. Lee, *Social Marketing* (Thousand Oaks, CA: Sage, 2002).
7. A. S. Wellner, "The New Science of Focus Groups," *American Demographics,* March 2003, pp. 29–33.
8. Insight based on K. E. Reynolds, J. Ganesh, and M. Luckett, "Traditional Malls vs. Factory Outlets," *Journal of Business Research* 55 (2002), pp. 687–696.
9. E. Esfahani, "How to . . . Get Tough with Bad Customers," *Business 2.0,* October 2004, p. 52.
10. T. F. McMahon, "What Buyers Buy and Sellers Sell," *Journal of Professional Services Marketing* 2 (1996), pp. 3–16.
11. "'Build a Better Mousetrap' 2004 New Product Innovations of the Year," *Productscan Online* (press release), December 27, 2004 (www.productscan.com).
12. "MasterCard Launches Marketing, Education Campaign for Hispanics," *Payment News,* May 18, 2009.
13. This site is based on J. Weber and A. T. Palmer, "How the Net is Remaking the Mall," *BusinessWeek Online,* May 9, 2005.
14. "Disney Hits New Markets with Retail Makeover," Reuters, January 11, 2011.
15. P. Wingert, "Why It's So Risky," *Newsweek,* November 22, 2010, p. 14.
16. "Price Rises Threaten Progress on Poverty," *Financial Times,* April 10, 2008, p. 8.
17. R. E. Petty and J. T. Cacioppo, "Addressing Disturbing and Disturbed Consumer Behavior," *Journal of Marketing Research,* February 1996, pp. 1–8.
18. See M. L. Richins, "Special Possessions and the Expression of Material Values," *Journal of Consumer Research,* December 1994, pp. 522–33.
19. C. Miller, "The Have-Nots," Marketing News, August 1, 1994, pp. 1–2; P. Mergenhagen, "What Can Minimum Wage Buy?" *American Demographics,* January 1996, pp. 32–36; and A. Hank, "Hank Finds Two Families," *StreetWise,* May 16–31, 1996, p. 7. See also R. P. Hill, "Disadvantaged Consumers," *Journal of Business Ethics* 80 (2008), pp. 77–83.
20. J. F. Epstein, "A Shirt for Juan Navarro," in *Foundations for a Theory of Consumer Behavior,* ed. W. T. Tucker (New York: Holt, Rinehart & Winston, 1967), p. 75.
21. M. W. Fellman, "New Age Dawns for Product Niche," *Marketing News,* April 27, 1998, p. 1.

Part Two

II 외부적 영향

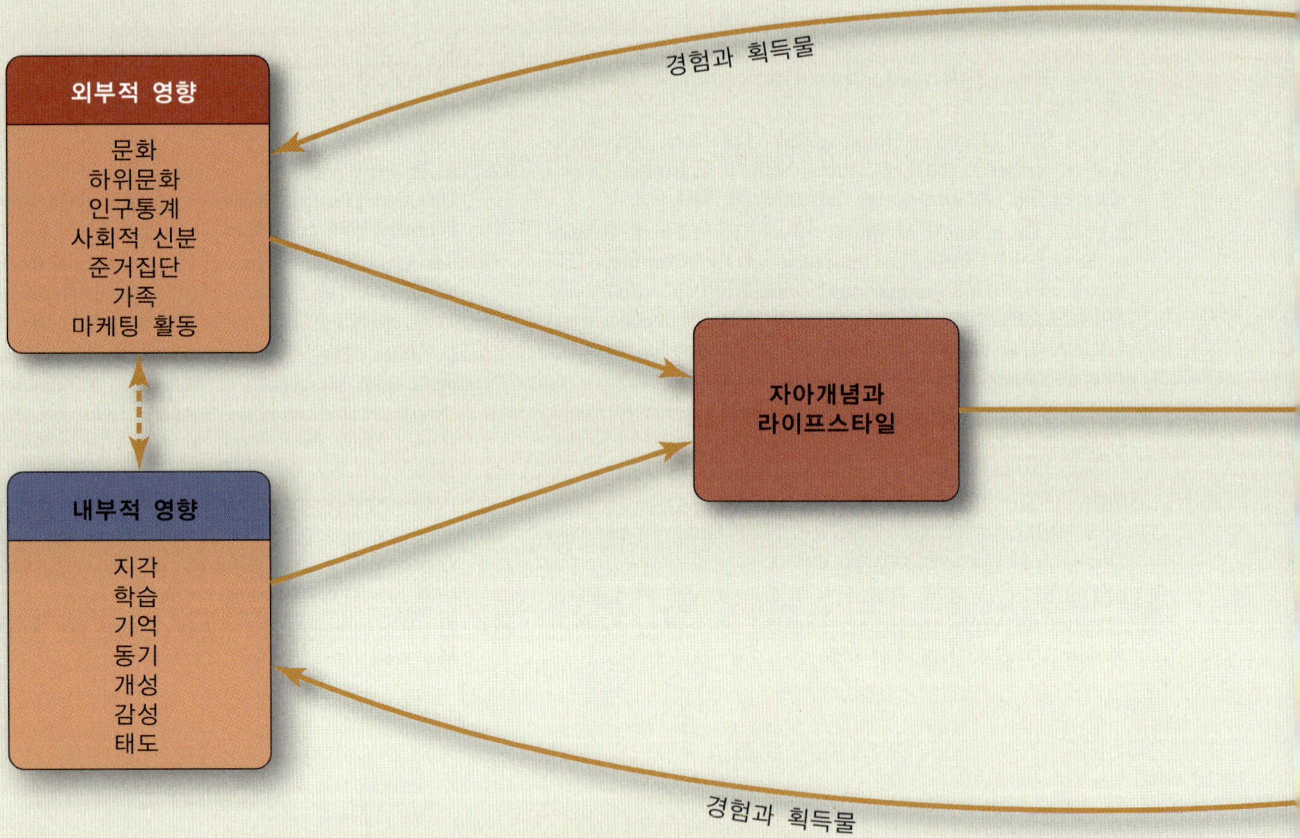

외부적 영향
문화
하위문화
인구통계
사회적 신분
준거집단
가족
마케팅 활동

내부적 영향
지각
학습
기억
동기
개성
감성
태도

자아개념과
라이프스타일

경험과 획득물

경험과 획득물

제2부 내용의 초점은 모형의 왼쪽에 있는 외부적 영향요인에 관한 것이다. 소비자행동에 영향을 미치는 요인들을 구분하여 별개의 카테고리로 나누는 것은 다소 임의적일 수 있다. 예를 들어, 우리는 학습을 제2부에서 다루지 않고 제3부에서 다루고 있으며, 제3부는 내부적 영향에 초점을 두고 있다. 그러나 학습의 상당 부분은 다른 개인들과의 상호작용 혹은 모방과 관련있기 때문에, 어떤 면에서 가족과 동료와 같은 외부적 영향과 분명히 관련되어 있다. 그러나 제2부에서 우리가 다루려고 하는 초점은 다양한 외부 집단의 작용이지 이들 집단에 대해 개개인이 반응하는 과정은 아니다.

제2부에서 우리는 대규모 거시집단의 영향에서 시작하여 더 작고, 더 많은 미시집단의 영향까지 다룰 것이다. 대규모 거시집단의 영향에서 소규모 미시집단의 영향으로 옮아 감에 따라 집단영향의 본질은 일반적인 가이드라인에서부터 특정한 행동에 대한 명시적 기대로 변화될 것이다. 제2장에서는 어떻게 문화가 국가간에 그리고 다른 문화단위 간에 행동의 차이를 유발하는지 알아본다. 제3장에서 제6장까지는 주로 미국 사회에 초점을 맞추어서, 이들의 가치관, 인구 통계적 변수, 사회계층, 하위문화 그리고 가족 구조를 알아본다. 제7장에서는 집단이 소비자행동에 미치는 메커니즘을 알아 본다. 전체적으로 제2장부터 제7장까지는 외부적 영향이 미국과 전 세계에서 어떻게 작용하는지를 비교하고 대조할 수 있도록 해준다.

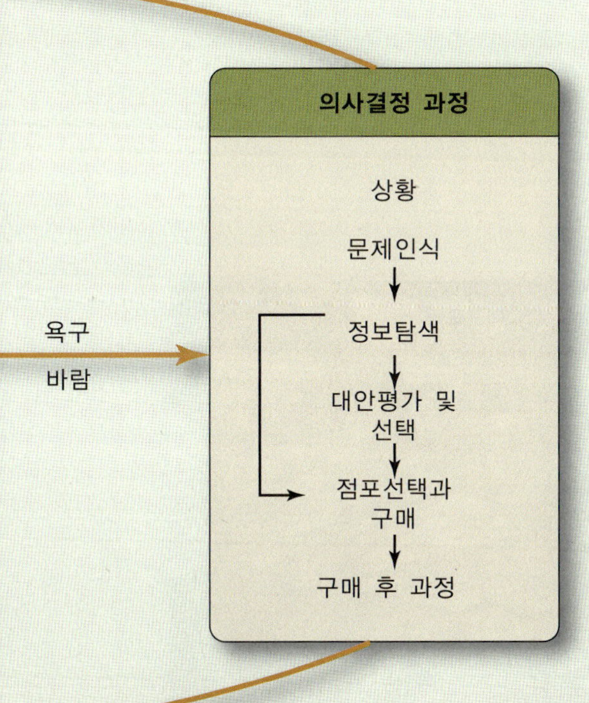

Chapter Two

2 소비자행동의 문화 간 차이

학습목표

L01 문화의 개념을 정의한다

L02 문화 간 차이를 유발하고 소비자행동에 영향을 미치는 핵심가치를 설명한다

L03 비언어적 커뮤니케이션에서 문화 간 차이를 이해한다

L04 글로벌 젊은이 문화의 주요 측면들을 정리한다

L05 글로벌 인구통계적 특성의 역할을 이해한다

L06 해외시장에 진출하기 위해서 결정해야 할 주요 차원들을 나열한다.

세계 3대 초대형 유통기업에는 Walmart(미국), Carrefour (프랑스) 그리고 Tesco(영국)가 있다.
이들 각 기업은 아시아와 라틴 아메리카에 집중하여 계속해서 국제적인 확장에 힘쓰고 있다. 이들 기업에게 있어서 이 지역의 시장규모는 매우 매력적이지만 복잡한 특성과 유럽과 미국 간의 차이는 중요한 도전과제이다.[1]

대규모의 원스톱 점포와 엄청난 종류의 제품들을 보유한 슈퍼스토어나 하이퍼마켓은 미국이나 영국과 같은 서구 시장에서는 잘 운영되어 왔다. 그러나 이 소매업태는 대다수의 소비자가 소득이 낮고, 집에서 가까운 지역 점포를 선호하고 그리고 음식의 신선도를 위해 매일 점포를 방문하는 아시아나 라틴 아메리카에서는 항상 잘 운영되는 것은 아니었다. 때문에 거대한 다국적 유통업체들은 이를 고려하여 대응하여야 했다.

슈퍼마켓이나 하이퍼마켓이 인기를 끌고 있지만, 이들은 소매활동의 일부분일 뿐이다. 예를 들어, 멕시코에서는 하나의 하이퍼마켓 혹은 슈퍼마켓 마다 500개의 작은 독립 점포가 있다. Walmart는 소득이 낮은 지역에 있는 할인 슈퍼마켓인 Todo Dia를 개점했는데, 이 점포는 슈퍼센터의 1/10 정도의 제품만 다룬다. 이와 비슷하게 Tesco는 중국에 Tesco Express를 개점했다.

그러나 분명한 것은 많은 수의 소규모 점포를 갖는 것만으로는 충분치 않다는 것이다. 서비스 수준과 제품을 지역의 욕구와 선호에 맞게 적응시키는 것도 중요하다. 예를 들어, 중국에서는 고객들이 걷거나 자전거로 쇼핑하기 때문에, Walmart는 셔틀버스를 운행하고 냉장고와 같은 무거운 품목은 무료로 배송해 준다. Walmart는 멕시코에서 초기에 탑승형 잔디깎기 기계와 같은 제품을 제공하면서 어려움을 겪었는데, 멕시코에서는 미국과 달리 교외 스타일 잔디밭이 없기 때문에 이 제품은 잘 팔리지 않았다.

살아있는 거북이, 뱀 그리고 문어와 같은 특별한 식품을 다루는 중국의 생물시장에서는 신선도가 중요하다. 한 중국인 쇼핑객은 다음과 같이 말한다.

> 난 죽은 생선은 사지 않을 것이다. 어떻게 그 생선이 죽었는지 내가 어떻게 알겠는가? 아마도 그 생선은 병으로 죽었을 것이다. 나는 우선 생선이 살아 있는 것을 먼저 보고 내 스스로 잡기를 원한다.

따라서 Walmart는 중국 매장에서 살아있는 거북이와 뱀을 제공했다. Tesco 매장은 중국 홍차에 삶은 계란을 넣고 끓일 수 있는 통으로 특성화하고 있다.

그림 2-1 소비자행동과 마케팅 전략에 영향을 미치는 문화적 요인들

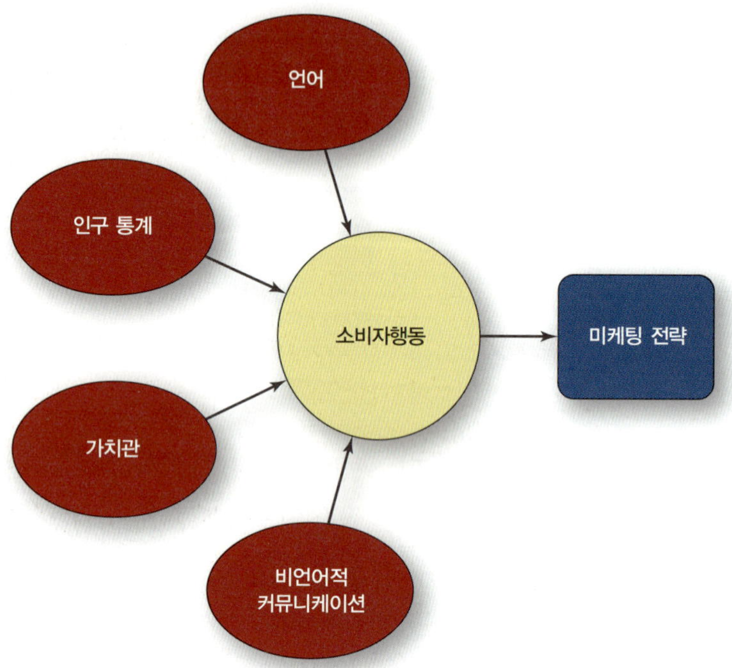

문화의 경계를 넘어서는 마케팅은 어렵고도 도전적인 과제이다. <그림 2-1>에서 보듯이, 문화는 인구통계, 언어, 비언어적 커뮤니케이션 그리고 가치관에 따라서 다를 수 있다. 국제 마케터의 성공은 이러한 차이를 어떻게 잘 이해하고 그 차이에 적응하느냐에 달려있다.

본 장은 가치관과 비언어적 커뮤니케이션에서의 문화적 차이에 초점을 둔다. 또한 우리는 국가와 문화 간 인구 통계적 차이가 소비 패턴에 어떻게 영향을 미치는지를 설명한다.

세부적인 것을 다루기 전에, 우리는 세계화, 다국적 브랜드에 대한 태도 그리고 윤리적인 고려와 같은 비교문화 마케팅에 대한 광범위한 이슈를 고려해야 한다. 세계화란 제품의 수출과 수입 그 이상을 의미한다. 세계화는 가치, 라이프 스타일 그리고 태도의 수출입을 포함할 수 있다. 역사적으로 이러한 영향은 주로 일방향적인 것으로 생각되어 왔다 – 이는 미국과 서구의 대형 다국적기업과 브랜드가 그들이 진입하는 국가의 가치관과 라이프스타일에 영향을 미친다는 것이다. 그리고 이러한 영향에 대해서 누구도 의심하지 않는다. 예를 들어, 중국이나 인도와 같은 나라의 TV 광고는 개인주의와 젊음을 강조하는 서구 가치관의 많은 부분을 반영하고 있다. 그리고 시간이 지나면서 이러한 광고들이 많은 중국인과 인도인들의 라이프스타일에 영향을 미치고, 그들이 무엇을 가치있게 여기고 어떻게 생각하고 느끼는지에 대해서도 영향을 미칠 것으로 예상된다.[2]

그러나 점차적으로 세계화는 제품, 브랜드, 문화 그리고 가치관이 전 세계에서 상호 이동함에 따라 서로 영향을 미치는 것을 의미한다. 따라서 Mercedes와 같은 서구 브랜드는 일본과 같은 동양권에서 여전히 고급의 상징으로 특징 지워지는 반면, 일본의 Lexus와 같은 동양의 브랜드는 오늘날 미국과 같은 서양권 국가에서 유사한 고급의 지위를 구축하

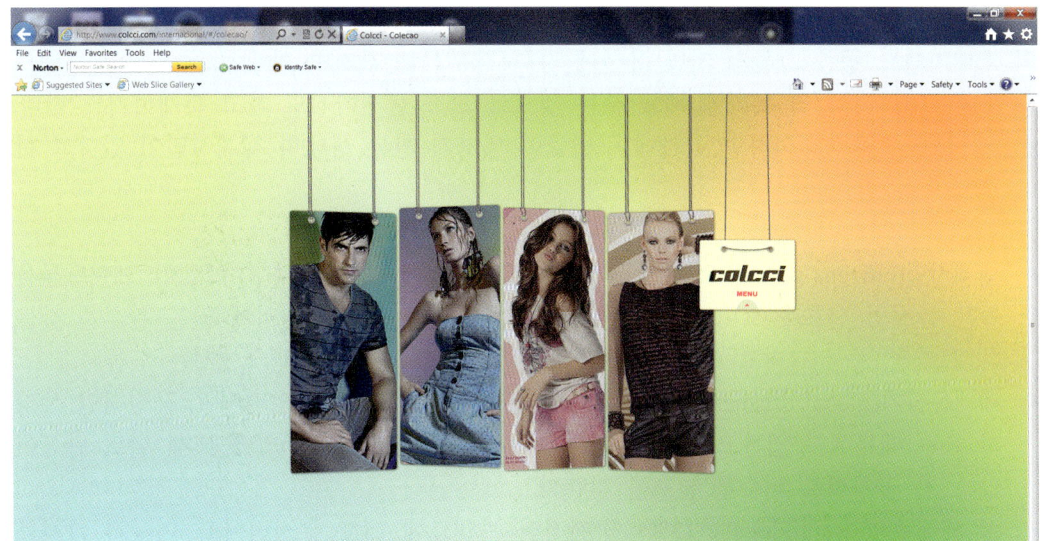

사진 2-1

Brazilian 패션은 스타일, 색상, 섬유 그리고 몸에 잘 맞는 특성의 독특한 조합때문에 전세계에서 인기가 있다.

였다. 또 다른 예로 다음을 들 수 있다:[3]

- 영국의 스타 David Beckham을 상징화해서 축구가 미국에 진출되었고, 반면 미식축구는 olive ball이라는 이름으로 중국에 진출하였다
- 스타일에 민감한 일본 젊은이들이 개발한 소위 "길거리" 패션을 통칭하는 Harajuku는 종종 서구 스타일의 요소를 독특하고 창의적 방식으로 통합하여, 전세계적으로 유행되고 있다
- "Brazilian chic(브라질 풍의 맵시)"이 백화점, 문화 이벤트 그리고 호의적인 매체를 통해 시장에 제공됨으로써 브라질의 제품과 패션이 런던에서 대유행이 되었다. <사진 2-1>에서 보듯이, 이와 유사한 추세는 미국 뿐 아니라 전 세계적으로 일어나고 있다.

비록 세계화가 문화적 가치관에 영향을 미칠 수는 있지만, 모든 문화가 동일화되고 있다고 생각하는 것은 잘못된 것이다. 젊은 세대의 소비자들이 더욱 비슷해지고, 더욱 현대화 되고, 어떤 경우에는 더욱 서구화되는 반면, 동일한 시장의 보다 나이든 소비자들은 존중되어야 된다고 생각하는 전통적인 가치에 집착한다. 예를 들어, 중국에서는 American Idol(Supergirl은 중국 버전)과 같은 TV 콘테스트 쇼를 열심히(그리고 수익이 날 수 있도록) 모방해서 방영하였다. 그러나 입법자들은 출연자들을 보다 보수적으로 행동하도록 만들고, 판사가 출연자를 제재할 수 있도록 하는 규제를 이용해서 단속하고 있다. 한 전문가에 의하면

> 당국은 개인주의화와 개인적인 성취를 조장하는 콘테스트 프로의 선정적이고 다소 반항적인 성향에 반대하고 있다. 컨테스트 승자는 중국 시민들에게 큰 영향을 미치는 우상이 된다. "Supergirl" 역시 투표의 개념을 중국에 도입하였다.[4]

전통적인 문화적 가치관을 유지하려고 하는 나이든 사람들과 정부당국 이외에도 세계의 소비자들도 종종 그들의 지역 유산에 강한 자부심을 가지며, 때때로 국제적인 브랜드들을 무책임하고 지역 문화에 해를 주는 것으로 보고 불신하기도 하고 분개하기도 한다. 반면에, 최근 조사에 의하면 국가에 구별없이 네가지 기본 형태의 세계시민이 있다고 한다:[5]

- 세계시민(citizens global, 55%): 국제적인 브랜드들에 대해 호의적이고, 이 브랜드들을 높은 품질의 신호로 보며, 지역 국가에 대한 기업의 사회적 책임에 많은 관심을 갖는다. 브라질, 중국 그리고 인도네시아에서 주로 그렇다. 미국과 영국에서는 드물다.
- 세계몽상가(global dreaners, 23%): 국제적인 브랜드에 대해 호의적이고, 긍정적인 상징적 측면 때문에 구입하고, 지역 국가에 대한 기업의 사회적 책임에 대해 별로 관심이 없다. 각 국가별로 비슷한 분포를 갖는다.
- 반 세계주의자(antiglobals, 13%): 국제적인 브랜드에 대해 부정적이고, 미국적 가치를 전도하는 브랜드를 좋아하지 않으며, 다국적기업에 대해 신뢰하지 않는다. 영국과 중국에서 이 성향의 비율이 높다. 이집트와 남아프리카에서 낮다.
- 세계 불가지론자(global agnostics, 9%): 국제적 브랜드명에 의사결정을 근거하지 않고 지역 브랜드를 평가하듯이 평가하고, 국제적 브랜드를 특별한 것으로 보지 않는다. 미국과 남아프리카에서 높다. 일본, 인도네시아, 중국 그리고 터키에서 낮다.

기업의 사회적 책임과 윤리적 이슈는 노동 정책에서부터 제품의 부정적 결과와 연계되어 있는 소비까지 다양하다. 예를 들어, 미국의 담배기업들은 아시아, 라틴 아메리카 그리고 동부 유럽과 같은 개발도상국에 공격적으로 담배를 마케팅하고 있다. 아시아에서는 담배와 관련된 사망률이 가장 높으며, 여성의 흡연율 증가가 주요한 문제로 대두되고 있다.[6] 한 WHO 관계자가 다음과 같이 언급하였다:

> 일본에서는 서구 담배 브랜드를 하나의 해방운동의 도구로 마케팅하고 있음을 볼 수 있다. 우리는 담배기업이 일본의 젊은 여성들에게 자기 자신을 주장하고, 굴레에서 벗어나 흡연하라고 주장하는 것을 본다.[7]

분명히, 국제마케팅과 관련된 미묘하고도 직접적인 윤리적 이슈가 있다.

2.1 문화의 개념

문화는 사회 구성원으로서 사람에 의해서 획득되는 지식, 신념, 예술, 법률, 도덕, 관습 그리고 다른 능력 및 습관을 포함하는 복합적인 전체이다.

문화의 몇몇 측면은 다음과 같은 보다 상세한 설명을 필요로 한다. 첫째, 문화는 포괄적인 개념이다. 이는 개인의 사고과정과 행동에 영향을 미치는 거의 모든 것이 포함된다. 비록 문화가 굶주림이나 성욕과 같은 생물학적 동인의 본질이나 빈도를 결정하지는 않지만, 언제 그리고 어떻게 이러한 동인이 충족되는지에 영향을 미친다. 이것은 선호뿐만 아니라 어떻게 의사결정하고[8] 심지어 어떻게 이 세상을 지각하는지에 영향을 미친다. 둘째, 문화는 습득된다. 문화는 선천적인 반응과 성향을 포함하지 않는다. 그러나 인간 행동의 상당 부분이 선천적이기 보다는 학습된 것이기 때문에, 문화는 광범위한 행동들에 영향을 미친다.

셋째, 현대 사회의 복잡성으로 인해, 문화는 적절한 행동에 대한 구체적인 처방을 거의 제공해주지 못한다. 대신에, 대부분의 산업사회에서, 문화는 사람들이 생각하고 행동하는 경계를 제공한다. 마지막으로, 문화적 영향의 특성은 사람들이 그것을 거의 인식하지 못한다는 것이다. 사람은 동일한 문화의 구성원들과 일관된 방식으로 행동하고, 생각하고 그리고 느낀다. 왜냐하면 이렇게 하는 것이 "자연스럽거나" 혹은 "올바르다"고 여겨지기 때문이다.

옥수수를 생각해보자. 대부분의 미국인들은 옥수수를 따뜻한 곁들임 요리로 생각한다. 그러나 사용법은 나라마다 다르다.

프랑스에서는 따뜻한 곁들임 요리로 먹는 대신 샐러드에 넣거나 차갑게 먹는다. 영국에서는 옥수수는 샌드위치나 피자의 토핑으로 사용된다. 일본에서는 학생들이 방과 후에 캔 옥수수를 즐겨 먹는다. 한국에서는 옥수수를 아이스크림 위에 뿌린다.[9]

이러한 사용법들이 당신에게는 이상하거나 혐오스러울지 모르지만, 그 문화의 사람에게는 무척 자연스러운 것이다. 이것이 문화의 특성이다. 우리는 많은 선호들이 문화에 의해서 강하게 영향을 받는다고 생각하지 않는다.

문화는 주로 개인행동에 대해서 느슨한 경계를 설정하고 가족과 대중매체와 같은 기관의 기능에 영향을 미친다. 따라서 문화는 개인과 가정의 라이프스타일이 전개되는 프레임워크를 제공한다.

문화가 설정하는 행동의 경계를 **규범(norms)**이라고 부르는데, 규범이란 특정 상황에서 단순히 어떤 행동들을 명시하거나 금지하는 규칙이다. 규범은 **문화적 가치관(cultural values)**이나 사람들에게 바람직한 것이 무엇인지를 확언하는 널리 공유된 신념으로부터 유래된다. 문화적 규범을 위반하게 되면 가벼운 수준의 사회적 반감에서부터 집단으로부터 추방에 이르기까지 **다양한 제재(sanctions)**나 처벌을 받는다. 따라서 <그림 2-2>처럼, 문화적 가치관은 규범과 이와 관련된 제재를 만들어 내는데, 이는 곧 소비패턴에 영향을 미친다.

앞의 논의는, 사람들은 문화적 가치와 규범을 인식하고 있으며, 만약 사람들이 주어진 규범을 위반하게 되면 분명하고 알려진 제재가 수반된다는 인상을 준다. 그러나 이는 흔하지 않은 경우이다. 우리는 생각 없이 문화적 규범을 준수하는 경향이 있다. 왜냐하면 그렇게 하지 않으면 부자연스럽게 느껴지기 때문이다. 예를 들어, 우리는 거래를 하면서 상대방과 얼마나 가까운가를 거의 알지 못한다. 그러나 이 친밀한 정도(거리감)는 문화에 따라 차이가 있지만 잘 정의되어 있고, 고수된다.

문화는 고정된 것이 아니다. 문화는 시간이 흐름에 따라 진화하고 천천히 변화한다. 마

그림 2-2 가치관, 규범, 제재, 소비패턴

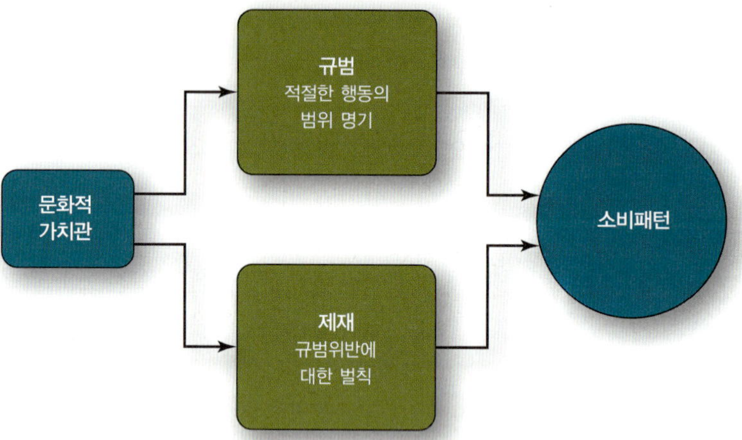

케팅 관리자는 기존의 문화적 가치관과 새롭게 출현하는 문화적 가치관을 모두 이해해야 한다. 문화적 차이를 이해하지 못하게 되면 다음과 같은 부정적인 결과를 초래할 수 있다.

- 최근에, 인도 사업가가 Cricket 게임에 Washington Redskin의 치어리더들을 섭외하기 위해 갔다. 그러나 인도와 같이 성적으로 보수적인 문화에서, 이는 긍정적으로 받아들여지지 않았다. 입법자들은 해당 팀에 압력을 가해, 치어리더 초청을 지역 드럼 밴드로 교체하게 하였다. 치어리더에 대한 이들의 견해는 "그 팀은 선정적이며 인도 전통문화에 적절치 않다"라는 것이다.[10]
- 미국의 한 전자 기업은 일본의 소비자와 대규모 계약을 성사시켰다. 미국 기업의 대표는 계약에 사인하기 위해 도쿄로 갔다. 일본 기업의 대표는 계약서를 꼼꼼하게 긴 시간동안 읽었다. 긴 시간동안 일본기업 대표의 계약서 검토를 기다리던 미국대표는 가격 할인을 제안하였다. 일본 대표는 놀랐지만, 반대하지 않았다. 미국 대표의 실수는 일본대표가 장시간동안 심사숙고하는 것은 협상을 다시 시도하겠다는 것으로 가정한 것이다. 반면, 일본 대표는 자세하게 그리고 천천히 문서를 읽음으로써 그의 관심과 권위를 보여준 것이었다.
- Lipton은 Side Dishes라는 인스턴트식품 라인을 개발하였다. 이 식품은 미국에서는 잘 판매되었지만, 잘 팔릴 것으로 기대했던 거대 시장인 라틴 아메리카에서는 그러지 않았다. 가족의 역할에 대해 보다 전통적인 관점을 가진 라틴 아메리카의 주부들은 인스턴트식품은 그들이 게으르거나 혹은 그들의 가족을 거의 돌보지 않는다는 것을 의미한다고 느낀다.[11]

미국 기업들이 세계로 진출할 때 주의해야 할 점에 대해 Starbucks의 CEO는 다음과 같이 말한다: 가장 큰 교훈은 소비자들이 영어로 말하거나 미국인처럼 행동해도, 그들이

사진 2-2

많은 기업들이 전세계 자기 점포에 표준화된 제품과 현지화된 제품의 조합을 제공한다. 많은 패스트푸드 레스토랑에서 쌀과 해산물 음식이 전통적 버거와 튀긴감자(후라이)를 보완한다.

미국인과 똑같다고 가정하지 말라는 것이다.[12] 그러나 <사진 2-2>의 KFC 말레이시아의 예에서 보듯이, 노련한 소매업자와 제조업자들은 지역 소비자의 필요와 욕구에 적절한 전략과 안목으로 대응함으로써 세계 시장에서 성공할 수 있었다.

2.2 문화적 가치관의 차이

L02

문화적 가치관이란 바람직한 것이 무엇인지를 확언하는 널리 공유되는 신념이다. 이러한 가치관은 규범을 통해 행동에 영향을 미치는데, 이는 특정 상황에서 수용 가능한 반응의 범위를 구체화해준다. 행동에 대한 문화적 차이를 이해하기 위한 유용한 접근은 다른 문화에서 인정되는 가치관을 이해하는 것이다.

다양한 가치관은 문화마다 차이가 있고 소비에 영향을 미친다. 우리는 문화적 가치관을 세 가지의 형태-**타인 지향적 가치관, 환경 지향적 가치관, 자아 지향적 가치관**-로 구분할 것이다: 소비자행동에 가장 중요한 영향을 미치는 문화적 가치관은 이러한 세가지 범주 중의 하나로 구분될 수 있다.

타인 지향적 가치관(other-oriented values)은 사회 내에서 개인들과 집단들간의 적절한 관계에 대한 사회의 견해를 나타낸다. 이러한 관계는 마케팅 실행에 주요한 영향을 미친다. 사회가 집단활동에 가치를 부여한다면, 소비자는 다른 사람들에게 구매의사결정에 대한 조언을 구할 것이고, 스스로 알아서 하라는 커뮤니케이션에는 호의적으로 반응하지 않

표 2-1 소비자행동과 관련된 문화적 가치관

타인 지향적 가치관
• 개인주의/집단주의: 개인적 행위와 주도가 집단의 행동과 순응보다 높게 가치가 부여되는가? • 청년/장년: 가족의 라이프스타일이 어린이의 욕구를 충족시키도록 구성되는가? 어른의 욕구를 충족시키도록 구성되는가? 젊은이 혹은 나이든 사람 이 리더 혹은 역할 모델로 보이는가? • 확장 가족/한정 가족: 개인은 많은 가족 구성원에 대해 어느 정도로 평생 의무를 갖는가? • 남성성/여성성: 사회적 힘이 어느 정도로 자연적으로 남성에게 부여되는가? • 경쟁적/협력적: 사람은 다른 사람보다 우월해서 성공하는가 아니면 다른 사람들과 협력해서 성공하는가? • 다양성/통일성: 문화가 종교적 신념, 인종적 배경, 정치적 견해 그리고 다른 중요한 행동과 태도의 차이를 포용하는가?
환경 지향적 가치관
• 청결: 청결함은 건강을 위해 어느 정도로 최소한의 필요 수준 이상으로 추구되는가? • 성과/지위: 문화의 보상 시스템은 성과에 근거하는가? 혹은 가족 또는 계층과 같은 계승적인 요인에 근거하는가? • 전통/변화: 기존 형태의 행동이 원래 새로운 형태의 행동보다 더 우월한가? • 위험 감수/안전: 장애를 극복하기 위해 자신의 안정된 지위에 대한 위험을 무릅쓰거나 높은 목표를 달성하는 사람이 그렇지 않은 사람보다 더 존경받 는가? • 문제 해결/운명적: 사람들은 모든 문제를 극복하도록 격려되는가 아니면, 그들은 "일어날 것은 결국 일어날 것이다"란 태도를 가질까? • 자연: 자연은 극복해야 할 대상인가 존중받아야 할 대상인가?
자아 지향적 가치관
• 적극적/수동적: 삶에 대하여 육체적으로 적극적 접근방법이 덜 적극적 접근방법보다 더 높은 가치를 부여받는가? • 관능적 희열/금욕: 음식, 음주, 섹스와 같은 감각적인 만족을 어느 정도로 수용가능한가? • 물질주의/비 물질주의: 물질적 부의 획득에 얼마나 중요성을 부여하는가? • 열심히 일함/레저: 경제적으로 필요한 것 이상으로 열심히 일하는 사람이 그렇지 않은 사람보다 존경받는가? • 연기된 만족/즉각적 만족: 사람들이 어려울 때를 대비해서 저축하는 것을 장려하는가 아니면 "오늘을 즐기기 위해서 사는 것"을 장려하는가? • 종교적/비종교적: 행동이나 태도가 어느 정도로 종교적 교리에 의해 규정된 규칙을 따르는가?

을 것이다.

환경 지향적 가치관(environment-oriented values)은 물리적 환경뿐만 아니라 경제적, 기술적인 환경과 사회와의 관계를 규정한다. 마케팅관리자로서 당신은 사회를 위해 운명적이고, 안전지향적이고 그리고 신분지향적인 마케팅 프로그램보다는 환경에 대해 문제해결적이고, 위험을 감수하고 성과지향적인 접근을 강조하는 매우 다른 마케팅 프로그램을 개발할 것이다.

자아 지향적 가치관(self-oriented values)은 사회의 개별 구성원들이 바람직하다고 생각하는 삶에 대한 목표와 접근방법을 나타낸다. 또한, 이러한 가치관들은 마케팅 관리에 큰 의미를 준다. 예를 들어, 신용거래의 수용과 사용은 연기된 만족감 대 즉각적인 만족감의 가치에 대한 사회적 입장에 의해 상당부분 결정된다.

<표 2-1>은 대부분의 문화에서 중요한 18가지 가치관의 리스트이다. 대부분의 가치관은 이분법적인 것으로 보이지만(예: 물질주의적 대 비물질주의적) 실제로 이는 양자택일의 이분법이 아니라 연속적인 것을 의미한다. 예를 들어, 두 사회는 각각 전통을 중시할 수 있지만, 한 사회가 다른 사회보다 전통에 더 높은 중요도를 둘 수 있다. 몇몇 가치관의 경우에는 아예 원천적으로 이분법(양자택일법)이 존재하지 않을 수 있다. 왜냐하면, 청결함의 경우 청결함에 대하여 낮은 가치를 부여하는 사회라고해서 더러움에 높은 가치를 부여하는 것은 아니기 때문이다. 이러한 18가지의 가치관을 자세히 살펴보자.

1. 타인 지향적 가치관

개인주의/집단주의(Individual/Collective) 문화가 개인을 우선적으로 강조하고 그에 대해 보상하는가 혹은 집단과의 협력에 부합하는 것에 보다 높은 가치를 부여하는가? 개인적 차이를 인정하는가 아니면 비난하는가? 보상과 지위가 개인에게 주어지는가? 집단에게 주어지는가? 이러한 질문에 대한 대답은 문화가 개인지향인가 혹은 집단지향인가에 따라 달라진다. 개인주의는 미국 문화의 특징으로 정의할 수 있고, 호주나 영국 캐나다, 뉴질랜드 그리고 스웨덴 경우에도 상대적으로 개인주의이다. 반면 대만, 한국, 홍콩, 멕시코, 일본, 인도 그리고 러시아는 보다 집단지향적이다.[13]

이 가치관은 문화를 구별할 수 있는 핵심 요인이며, 개인들의 지이개념에 근 영향을 미친다. 이 가치관에서 서로 다른 문화를 가진 소비자들이 외국제품,[14] 광고,[15] 그리고 인터넷에 대해서[16] 다른 반응을 보인다는 것은 놀라운 일이 아니다. 예를 들면:

- 개인주의적인 사고를 가진 국가보다 더욱 집단주의적인 사고를 가진 국가에서는 서비스 실패 후에 얼마나 자신들이 존중받고, 관심을 받는가를 더 중시한다.[17]
- 집단주의적인 국가의 소비자들은 개인주의 문화의 소비자들보다 제품 구매시 덜 혁신적이고 타인을 모방하는 경향이 있다.[18] 따라서, "너 자신이 되라" 그리고 "돋보여라"와 같은 광고 주제는 미국에서는 효과적이지만, 일본, 한국 혹은 중국에서는 그렇지 않다.
- 한국과 같은 집단주의적인 국가에서는 미국과 같은 개인주의적 국가보다 더 많이 유명 인사를 이용하여 광고한다.[19]

흥미롭게도, 사치품은 집단주의 문화에서는 덜 중요할 것으로 기대된다. 그러나 사치품은 매우 중요한 경우가 있는데, 그 이유는 문화에 따라 다르다. 개인주의적 문화에서 사치품은 자기를 표현할 목적으로 혹은 드러나게할 목적으로 구매된다.[20] 집단주의적인 아시아 사회에서는 그렇지 않다. 한 전문가에 의하면,

> 브랜드는 해당 범주의 본원적인 특징이상의 상징으로서 역할을 한다. 사람들은 시계만을 사는 것이 아니라 지위를 사기도하고, 클럽회원을 사기도 하며, "나는 너와 같다"는 의미를 사기도 한다(상징).[21]

마찬가지로, 과시적 소비는 종종 개인주의적 사회와 관련이 있다. 그러나 최근 연구에 의하면, 집단주의적 국가에서 브랜드 평판은 과시적 소비 제품의 의사결정에 더 영향을 미친다.[22] 또 다른 연구에서는 외모에 대한 관심은 개인주의적 국가보다 집단주의적 국가에서 40% 더 높다고 하였다. 하나의 가능한 설명은 어떤 주어진 행동은 다른 문화에서는 다른 이유로 사용된다는 것이다. 한 전문가에 의하면,

> 옷을 잘 입는 것은... 개인주의적 문화에서는 개성을 전달할 수 있다. 그러나 이는 집단주의 문화의 소비자에 의해서 자신의 집단 내 정체성을 표현하고, 집단내 규범에 대한 관심을 보

여주고, 집단내 유행을 따르고, 집단 구성원들 앞에서 창피당하는 것을 피하기 위한 방법으로 해석될 수 있다.[23]

그러한 일반화가 유용한 만큼 문화적 가치관을 발전시킬 수 있고, 발전시키는 것이 중요하다. 이것은 개인주의적 성향이 증가하고 있는 아시아 선진국 및 개발도상국의 젊은 사람들과 도시 소비자에서는 더욱 그렇다.[24] 예를 들어 중국 10대의 26%는 개인주의를 중요한 특성으로 간주하는데 이 비율은 중국 장년층의 두 배가 넘는다.[25] 비록 이 수치는 서구 문화권보다는 상당히 낮지만, 중요한 변화를 반영한다. 일본의 젊은 여성에 대한 설명을 보자.

일본의 젊은 독신 여성들은 지금 방황을 하고 있다. 80년대의 전형적인 직장여성은 낮은 직급의 사무직원이었다. 오늘날 일본 여성들이 직장에서 높은 직위로 승진하고 있지만, 이 현상은 다시 더욱 독립적인 성향을 초래하고 있다. 지금 일본여성들은 인생에서 자신의 길을 찾아 나서고 있다…. 그러면서 다음과 같이 얘기한다. 나는 언제나 트렌드를 따르는 것을 원하지 않는다, 나는 나의 길을 찾는 것이다.[26]

이러한 변화에 직면하면서, 전통적 소구는 과거와 달리 더 이상 잘 받아들여지지 않는다. 예를 들어, 1980년대 후반에 Shiseido 기업은 "모든 사람이 이것을 구매하고 있다"라는 테마를 갖고 Perky Jean 메이크업 라인을 성공적으로 런칭하였다. 그러나 기업의 관계자는 이것이 지금은 절대로 통하지 않는다고 말한다.

아시아의 젊은 소비자와 장년 소비자들이 갖고 있는 각각의 다른 가치관은 동질적인 문화는 없다는 것을 보여 준다. 마케터는 **문화 간 및 문화 내 차이를 인지**해야 한다.[27]

청년/장년(Youth/Age) 가족 활동의 초점이 어느 정도로 어른들이 아닌 아이들의 욕구에 맞추고 있는가? 만일 그렇다면 가족 의사결정에서 아이들이 어떤 역할을 맡게 되는가? 주로 어린이에게 영향을 미치는 의사결정에서 아이들은 어떤 역할을 맡게 되는가? 사회에서 청년 혹은 장년층에게 명성, 서열 그리고 중요한 사회적 역할이 할당되었는가? 사회에서 청년층이나 장년층의 행동, 복장 그리고 독특한 버릇들이 사회의 다른 계층에 의해서 모방되는가?

미국 사회가 명확히 청년지향적인 반면, 아시아 문화들은 전통적으로 연륜에 의해서 얻게 되는 지혜에 가치를 부여한다. 따라서 젊은 대변인보다는 성숙한 대변인이 더 성공하는 경향이 있다. 그러나 몇몇 아시아 문화에서는 청년을 대상으로 하는 청년지향적인 광고가 증가함에 따라 점차 청년지향적이 되고 있다.[28] 대만에 대한 아래의 설명을 보자.

대만은 매우 청년지향적이며, 최신 유행에서 매우 앞서있는 문화이다...
...높은 잠재력이 있는 소비자 기반의 경제에서 청년에 초점을 맞추는 것은 당신의 제품이 팔리도록 하는 좋은 방안이다.[29]

사진 2-3

중국의 7-Up에 대한 이 옥외간판은 아시아 문화에서 떠오르고 있는 젊음의 트렌드를 나타낸다. 역사적으로 아시아의 문화는 연륜과 지혜에 대해서 높은 가치를 두어왔다.

<사진 2-3>은 7-Up이 중국에서 청년 주제를 이용한 것을 보여준다. 이러한 독특한 옥외 "조명 폴대(light pole)" 간판은 중국의 주요 도시에서 일반적인 것이다.

이러한 청년 트렌드는 아랍의 국가들에서도 역시 볼 수 있다. 사우디아라비아, 바레인, 쿠웨이트 그리고 UAE의 아랍 소비자들에 대한 한 연구는 청년 세분시장이 급속하게 출현하고 있는 것을 보여준다.[30] 가장 큰 시장(35%)은 젊고, 보다 자유롭고, 개인주의적인 핵가족 부부로서, 이 시장에서의 여성들은 직장생활을 하고 있고, 따라서 가족의사결정에서 주장이 강하다.[31]

구매에 대한 어린이들의 영향과 영향력을 행사하기 위해 어린이들이 사용하는 방법은 문화가 청년 가치관인가 또는 장년 가치관인가에 따라 다르며, 이것은 마케터에게 의미가 있다.[32] 예를 들어, 한 연구는 Fiji Islands의 어린이들과 미국의 어린이들이 사용하는 방법을 비교하였다. Fiji Islands(그리고 다른 태평양 도서 국가)는 덜 개인주의적이고 권위와 연장자에 대한 존경심이 더 높은 특성을 보이는 국가인데, 결과적으로, Fiji의 어린이들은 "요구(demand)" 하기보다는 "부탁(request)"하는 경향이 있고 Fiji의 부모들도 "부탁"에 대해서 더 호의적이다. 반면에 미국의 아이들은 부탁보다는 요구를 하는 경향이 있으며 미국의 부모들은 요구에 보다 호의적이다.[33]

중국의 일 가구 일 자녀 정책은 어린이에게 더욱 초점을 두게해서 어린이 위주로 변화되고 있고, 어린이 광고의 서구화를 만들어 냈다. 사실 많은 중국의 아이들은 "소황제"로 불리며 끔찍한 관심을 받는다.[34] 상하이에 사는 10살된 딸 Bella와 Zhous씨 가족의 경우를 생각해 보자.

전통적인 유교의 가르침에서는 연장자를 존경하고 따르는 것이 무엇보다도 중요하다. 세상이 빠르게 변화함에 따라 오늘날 중국의 도시에서는 부모를 좌지우지하는 어린이들의 수가 증가하고 있다. 작년에 Zhous씨가 새 TV를 구입 했을 때 Bella가 브랜드를 선택하였다. 그들이 외식하러 갈 때에는 Bella가 Pizza Hut을 고집했었다.[35]

분명히 아시아와 페르시아만 연안국가에서와 같이 전통적 문화에 대한 변화가 일어나고 있지만, 전통적인 세분시장과 가치관도 여전히 남아있다. 따라서 마케터는 문화 간뿐만 아니라 문화 내의 차이에 적응하는 것이 중요하다.

확대가족/한정가족(Extended/Limited Family) 가족 단위는 사실상 모든 사회의 기본이다. 그럼에도 불구하고, 가족의 정의와 가족구성원의 권리 및 의무는 문화에 따라 상당히 다양하다. 제6장에서 보면, 가족은 어느 문화에서 유래했던지 간에 유전적으로 그리고 초기 사회화를 통해서 가족구성원에게 평생 영향을 미치게 된다. 그러나 누가 가족의 구성원이 되는가 뿐만 아니라 가족생활주기의 각 단계에서 한 가족구성원이 다른 가족구성원에게 가지는 의무는 문화에 따라서 다양한 차이를 보인다.

미국의 경우 가족은 매우 좁은 의미로 정의되고, 많은 다른 문화권보다 덜 중요하다. 일반적으로 강한 의무는 오직 직속 가족 구성원들에게만 느끼며, 이는 새로운 가족을 형성하게 되면 약화된다. 남미, Fiji Islands, 이스라엘 그리고 아시아와 같은 국가와 지역에서는 가족의 역할이 훨씬 강력하다. 가족 그리고 가족의 의무는 종종 사촌, 조카 이상으로 확대된다. 다음의 내용은 확대된 중국 가족의 복잡성과 범위를 보여준다.

가족은 중국인의 모든 삶의 측면에 있어 매우 중요하며, 가족이 아닌 구성원은 신뢰받지 못한다. 이에 따라, 중국인들은 다른 어느 문화보다도 상당한 정도로 가족같은 연결 관계를 발전시켜왔다. 이것은 가까운 가족에서부터 시작해서, 약간의 먼 가족 그리고 실제 가족은 아니지만 가족구성원과 연결되는 사람들을 포함하는 꽤 먼 가족까지 수평적으로 확대된다. 이와 같이, 가족은 서구처럼 단순히 감정적 단위라기보다는 실질적인 접촉 시스템이다.[36]

마케터는 명확히 그들이 대응하고 적응해야하는 문화에서 가족이 어떠한 역할을 하는가를 이해할 필요가 있다. 예를 들어;

- 미국과 비교하여 멕시코와 태국의 청소년 및 젊은 성인들은 소비 가치관과 구매 측면에서 계속해서 가족과 부모에 의한 영향을 더 많이 받는 경향이 있다.[37]
- 인도의 소비자들은 집단으로 쇼핑하거나 혹은 그들의 가족과 쇼핑하는 경향이 있기 때문에, Bivani (Walmart와 같은 대형 할인마트)에서는 가족들이 구매결정을 의논할 수 있는 사적인 장소를 제공하기 위해서 U자형 혹은 C자형의 공간을 제공한다.[38]

남성성/여성성(Masculine/Feminine) 서열, 명성 그리고 사회적으로 중요한 역할이 남자들에게 부여되는가? 여성의 삶의 패턴을 태어날 때부터 정확히 예측할 수 있는가? 남편, 부인 혹은 둘 모두가 중요한 가족 의사결정을 행사하는가? 기본적으로 우리는 남성지향적인 세상에 살고 있지만, 남성지향성의 정도는 상당히 다양하며, 심지어 상대적으로 남녀평등적인 서구유럽 국가들 간에도 차이가 있다.

이러한 가치의 차원은 마케팅에 명백하고도 미묘하게 영향을 미친다. 예를 들어, 이슬람국가들의 광고에서 묘사되는 여성의 역할이나 방식은 미국과 분명히 다르다.[39] 미군은 아기를 모델로 하는 광고를 만들기위해서 Afghan 광고대행사와 함께 작업을 했는데, 이 광고는 Afghana의 자부심을 격려하고 자살폭탄을 막기 위해서 설계되었다. 그 결과 미군은 다음과 같은 것을 알아냈다; "아기는 모두 소년이 되어야 했고 광고 카피는 남성에 초점을 맞추었다"[40]

전 세계적으로 여성의 역할은 변화되고 확대되고 있다.[41] 이것은 마케터에게 도전인 동시에 새로운 기회를 창출한다.[42] 예를 들어, 일본에서는 결혼 후에도 계속 일하는 여성의 비율이 증가함에 따라서 일하는 여성을 표적으로 한 제품 뿐 아니라 시간 절약형 제품의 수요가 증가하였다. 그리고 최근 영국의 선거 기간동안에 주요 정당들은 영국에서 가장 큰 온라인 육아 사이트인 Mumsnet를 통해서 고학력 여성들을 주로 표적으로 하였다. 이 사이트는 고소득의 대졸 여성들이 주류를 이루는 1,200만명의 이용자들을 확보하고 있다.[43]

사진 2-4

전세계에서 여성의 변화된 역할은 새로운 기회를 창출한다. 스포츠 세계에서 여성의 인기와 참여가 많은 문화권에서 증가하고 있다.

스포츠나 운동의 참여는 남성성 차원에 의해 강하게 영향을 받는 측면이다. 한국, 멕시코, 브라질 그리고 프랑스와 같은 남성지향성이 강한 국가와 문화에서는 남성과 여성의 참여율(남성이 높다)간에 큰 차이를 보이는 경향이 있다. 그러나 항상 그렇듯이 현대적 트렌드가 고려되어야 한다. 예를 들어, 멕시코에서 스포츠에 대한 강한 남성지향성이 젊은 멕시코 여성들에게 자리를 내주고 있다. 최근의 한 예로, 여성 육상 선수 Ana Guevara에 대한 TV 시청자의 수가 남자 축구 경기보다 더 많았다 – 멕시코 스포츠 역사상 보기드문 일이다. 한 전문가는 "멕시코에서 여성의 지위 변화"를 지적했다.[44] 그리고 여성프로골프는 한국과 중국의 여성들이 현재 주도적인 역할을 하고 있어서, 지난해에는 LPGA의 12개 메이저 타이틀 중 6개 대회에서 우승하였다. <사진 2-4>는 프로 스포츠에 대한 계속적인 참가를 통한 여성의 변화된 역할을 볼 수 있다.

전통적인 세분 시장과 가치관도 여전히 남아있으며 마케터는 문화들 간뿐만 아니라 한 문화 내에서도 이를 적응해야 한다. 예를 들어, 중국 본토의 여성에 대한 최근 연구는 전통주의와 현대적 트렌드 모두가 존재한다는 것을 보여준다.[45] 그러나 홍콩에서는 경제적 및 사회적 독립이 가능할 때라도 전통적인 가치가 꼭 무너지는 것은 아니다. 대신에 다음의 경우처럼 갈등이 내재화된다.

> 전통적인 중국 문화와 서구 문화 모두를 접하는 홍콩의 여성들은 현대주의와 전통주의의 교차점에 있다. 한편, 여성들은 가족과 사회 내에서 점점 더 많은 경제력과 구매결정력을 갖고 있다. 다른 한편으로, 이들은 여전히 여성에 대하여 현모양처를 기대하는 전통적인 기대에 대하여 부담감을 갖고 있다.[46]

마케터의 입장에서 이러한 갈등은 경우에 따라 소비자를 현대적 소비자와 전통적 소비자로 세분하도록 도전을 받는다. 어떤 경우에는 이러한 도전이 제품, 포지셔닝, 광고 등을 통해서 소비자가 전통적 가치관과 현대적 가치관 간의 긴장에 대처하도록 도와준다.

경쟁적/협력적(Competitive/Cooperative) 성공의 길은 다른 사람이나 집단보다 우월해야 찾을 수 있는가 아니면 다른 사람들이나 집단들과 협력을 해야 찾을 수 있는가? 모든 사람이 승자를 동경하는가? 영국, 미국 그리고 호주와 같은 남성적이고 개인 지향적 문화는 경쟁에 가치를 부여하고 이것을 공개적으로 보여주려는 경향이 있다. 집단주의 문화는, 비록 남성성이 높다 하더라도 (예: 일본) 공개적인 경쟁 제스처는 다른 사람들에게 "체면 깎이게" 만든다는 것을 발견하곤 한다.[47]

이러한 가치관에 대한 차이는 다른 문화들이 비교 광고에 대해서 반응하는 방법에서 확인해 볼 수 있다. 예를 들어, 미국에서는 비교 광고를 권장하는 반면, 다른 문화에서는 이것을 사용하게 되면 소비자의(심지어 합법이라 하더라도) 반발을 가져올 수 있다. 사람들이 기대하듯이 상당히 집단주의적인 일본에서도 역사적으로 비교 광고는 불쾌하다는 평가를 받으며, 중국에서도 그렇다. 비록 펩시가 일본 젊은이들이 솔직하고 익살스러운 방법의 비교광고를 잘 수용한다는 것을 발견했다고 하더라도[48] 대체적으로, 비교 광고는 주의 깊게 그리고 상당한 테스트를 한 후에 사용하여야 한다.

다양성/통일성(Diversity/Uniformity) 문화의 구성원들이 종교, 인종적 배경, 정치적 신념 그리고 다른 중요한 행동이나 태도의 측면에서 다양성을 포용하는가? 다양성에 가치를 부여하는 문화는 매우 광범위한 개인적인 행동과 태도들을 수용할 뿐만 아니라 음식, 복장 그리고 다른 제품과 서비스의 측면에서 다양성을 환영한다. 반면, 통일성에 가치를 두는 문화는 다양한 기호나 제품선호도를 수용하지 않는 경향이 있다. 물론 이러한 사회는 시간이 지나면서 유행과 다른 변화들의 영향을 받기 쉽다.

집단주의 문화는 통일성과 순응에 강하게 가치를 부여하는 경향이 있지만,[49] 개인주의 문화는 다양성에 가치를 두는 경향이 있다. 예를 들어, "집단 내" 영향(예: 모든 사람이 같은 영화를 보기 바람)은 영국이나 미국보다 중국이나 일본에서 더 높다.[50] 그러나 분명히 많은 집단주의적 사회에서 젊은 세대의 이동과 관련된 경제적 및 사회적 변화는, 비록 절대적인 수준에서 개인주의적 사회보다는 낮지만 전통적으로 알려진 것보다는 상대적으로 다양성을 더 수용하고 있다.

2. 환경 지향적 가치관

청결함(Cleanliness)은 경건함 다음으로 중요한가* 아니면 오히려 하찮은 일인가? 집, 사무실 그리고 공공장소는 적당한 건강의 요구수준 이상으로 청결을 기대하는가? 미국에서는 청결에 높은 가치가 부여되고 있어서 항균 비누 하나 만으로도 160억 달러 규모의 시장을 형성하고 있다.[51] 사실, 많은 다른 문화의 사람들은 미국인들이 개인적 위생에 대해서 피해 망상적이라고 생각한다.

비록 경제적으로 발달된 문화들에서 청결함에 부여하는 가치가 다르지만, 가장 큰 차이는 이러한 선진 국가 문화권과 많은 저개발 국가들 사이에서 나타난다. 많은 가난한 국가들에서는, 청결에 대하여 건강한 환경을 유지하는 데 충분할 정도로 가치를 부여하지 않는다. 중국과 인도와 같이 급속한 개발도상국에서 조차도 기본적 위생에 대한 부족때문에 심각한 건강 문제를 초래하고 있다.[52] 비록 McDonald's가 지역 문화에 부정적 영향을 준다는 비판을 받지만, 중국을 포함한 몇몇 동아시아 국가들에 있어서는 보다 위생적인 음식과 화장실을 도입해서 신용을 얻고 있다.[53]

성과/지위(Performance/Status) 기회, 보상 그리고 명성이 개인의 성과에 근거하고 있는가 아니면 사람들의 가족, 지위 혹은 계급과 연관된 지위에 근거하고 있는가? 모든 사람들이 인생의 출발점에서부터 경제적, 사회적 그리고 정치적으로 동등한 기회를 갖고 있는가 또는 어떤 집단들이 특권을 부여받는가? 제품과 브랜드가 성과나 성능때문에 가치를 평가받는가, 아니면, 브랜드의 명성이나 지위때문에 가치를 평가받는가? 지위지향적인 사회는 무명 브랜드이지만 기능상 유명 브랜드와 동등하거나 낮은 가격의 브랜드(예: PB 혹은 점포 브랜드) 보다는 "품질"이 좋거나 기존의 명성 있는 브랜드나 고가 제품을 더

---

* 이말은 서양사람들의 속담이다. 그만큼, 서양사람들은 신앙심 다음으로 청결함을 중시했다. 청결함은 서구인들에게 하나의 생활이며, 중요한 가치인 것이다. 동양인에게는 매우 낯선 문장이 아닐 수 없다. 역자 주

선호한다.[54] 결과적으로, 미국과 비교해서 일본, 중국 그리고 인도의 광고는 지위나 부에 더 소구하는 경향이 있다.[55]

신흥시장을 표적으로 하는 새로운 글로벌 브랜드 dENiZEN를 담당하는 Levi' s임원에 의하면:

> 우리는 새로운 소비자, 즉, 급속히 성장하는 중간계층에서 지위를 추구하는 소비자가 출현하고 있다는 것을 알았다. 이것은 주로 발전 중인 시장에서 나타나는 현상으로 이러한 시장은 중국, 인도, 인도네시아, 멕시코 그리고 브라질과 같은 미국외 지역에 존재한다.[56]

성과/지위는 **권력간격(power distance)**의 개념과 깊은 관련을 갖는데, 이는 사람들이 사회에서 자연적으로 혹은 태생적으로 권력, 권위, 지위 그리고 불평등을 수용하는 정도를 의미한다.[57] 인도, 중국, 브라질, 멕시코, 프랑스, 홍콩 그리고 일본에서는 권력의 수용 정도가 상대적으로 높다. 오스트리아, 덴마크, 뉴질랜드, 스웨덴 그리고 미국은 상대적으로 낮다. 광고에서 전문가 원천은 권력간격이 낮은 나라보다 높은 나라에서 큰 영향을 갖는다.[58] 또한 권력간격이 높은 국가의 소비자는 의사결정시 다른 사람의 의견을 알아보는 경향이 높다.[59]

그러나 권력이 어떻게 사용되는가는 다른 문화적 요인들에 달려 있다. 미국은 권력을 강압이라는 측면에서 보고 일본은 권력을 관계적인 것으로 본다. 결과적으로 구매자가 더 힘을 갖고 있는 협상의 경우, 미국에서는 구매자가 낮은 가격과 높은 수익을 위해 이 권력을 사용하지만, 일본에서는 그렇지 않다. 마케터는 다른 국가의 파트너와 협상하는 경우 이러한 뉘앙스를 이해할 필요가 있다.[60]

전통/변화(Tradition/Change) 전통은 단순히 전통을 위해서 중요한가? 변화나 "진보"가 기존의 패턴을 변화시키기 위해 받아들일만한 이유인가? 미국과 비교하여, 전통적으로 한국과 중국의 소비자들은 새로운 상황이나 새로운 방법으로 사고하는 것을 좋아하지 않는다.[61] 영국도 마찬가지로 전통으로 가득한 문화를 가지고 있다. 이러한 가치관은 그들의 광고에 반영되어 있는데, 미국의 광고와 비교해 보면 영국이나 중국의 광고는 전통과 역사를 더 강조하는 경향이 있다.[62]

변화가 전통적 가치관과 함께 공존할 수 있고 공존한다는 것이 중요하다. 예를 들어, 한국과 중국의 문화 모두 현재 열광적으로 변화를 받아들이고 있다. 중국에서 '현대적이라는 것'(종종 서구의 이름으로 상징되는)은 제품의 중요한 속성인데, 특히 젊은이들과 도시의 중국인들에게 더욱 그러하다. 최근 연구는 중국의 광고주들이 오디언스에 따라서 그들의 광고를 세분화한다는 것을 발견하였다. TV가 표적으로 하는 주요 오디언스에 대해서는 전통적인 소구가 종종 사용된다. 그러나 젊은 중국인을 표적으로 한 잡지(예: Elle, Cosmopolitan, and Sanlian)에서는 테크놀로지, 패션 그리고 레저에 초점을 둔 현대적인 소구가 종종 사용된다.[63] 한국의 도시 지역 젊은이, 일본인 그리고 최근의 중국 소비자들은 종종 테크놀로지의 수용 및 사용을 선도하며 이에 대한 높은 수요를 갖고 있다.[64] Vodafone의 임원은 일본에서 혁신에 실패하고 첨단기술을 따라잡지 못할 때 그 기업의

시장 점유율이 얼마나 급격하게 떨어지는가를 발견하였다.[65]

위험 감수/안전(Risk Taking/Security) 문화의 "영웅들"이 어려움을 만나서 극복하는가? 이미 자리 잡은 지위를 버리고 위험을 추구하거나 모험기업에서 위험을 감수하면서 부를 추구하는 사람이 존경받는가 아니면 무모하다고 간주되는가? 이 가치관은 모호함의 용이 그리고 불확실성 회피와 관련있다. 이는 신제품 수용뿐 아니라 기업가 정신과 경제 개발에 강한 영향을 준다. 위험 감수를 존중하지 않는 사회는 경제변화와 성장을 추구할 수 있는 훌륭한 기업가를 발굴해 낼수 없을 것이다. 신제품 도입, 새로운 유통 채널, 광고 테마 그리고 브랜드 이름에 의존하는 것은 이러한 가치관에 의해 영향 받는다.[66]

문제 해결적/운명적(Problem Solving/Fatalistic) 사람들이 어려움과 재난을 극복해야할 도전 과제로 생각하는가 아니면 "되는 대로 살자"의 태도를 갖는가? "우리는 할 수 있다" 처럼 낙관주의적 성향이 있는가? 운명론자들은 사건의 결과를 그들이 통제할 수 없다고 생각하는 경향이 있다. 이는 품질에 대한 소비자의 기대를 낮추고, 소비자들의 구매가 만족스럽지 못할 때, 구매에 대한 소비자들의 공식적인 불평기회를 감소시킨다.[67]

서유럽과 미국은 문제해결의 극단에 있으며, 멕시코나 중동국가들은 운명론의 극단에 있다. 우리가 논의했던 다른 많은 가치들처럼 전통적인 접근과 현대적인 접근은 서로 공존할 수 있다. 다음의 예를 보자.[68]

전통적: 아시아 태평양 지역에서, 초자연적인 신념은 전통적으로 제품의 판매성과에 강한 영향을 미치는 것으로 믿어지고 있다. 특히, 작명은 운명과 강하게 관련이 있다고 믿어진다. 우리가 연구한 브랜드 명의 50%이상에서, ...브랜드를 설명하는 캐릭터를 개발할 때 "행운의" 숫자만큼의 총시도에 근거해서 개발되었다. ...그리고 행운의 이름은 낮은 불확실성의 시장 환경보다는 높은 불확실성의 환경에서 더 보편적이다.

현대적: 호랑이 리더십은 동남아시아 주변에서 이루어지는 새로운 리더십 스타일로서 서구의 기업가 스타일의 자신 만만함과 아시아 사람의 직업 윤리를 결합한 것이다.

자연(Nature) 자연에 대해서 긍정적인 가치관을 부여하는가 아니면 자연을 극복할 수 있고, 정복할 수 있으며 혹은 길들일 수 있다고 보는가? 미국은 역사적으로 자연을 극복하거나 개선해야 할 것으로 생각해 왔다. 대부분의 북유럽 국가들은 환경을 더 중시한다. 이들 국가에서는 미국보다 포장이나 환경에 대한 규제가 더 강하다. 사실 한 영국기업은 최근 배기가스가 없이 수소로 달리는 모터사이클을 개발하였다. 그러나 이들은 이 모터사이클이 소리가 나지 않기 때문에 걱정한다. 당신은 가속할 때 엔진소리가 나지 않는 모터사이클을 원하는가?[69]

반면에, 미국과 캐나다인들은 서유럽이나 대부분의 개발도상국가보다 환경을 더 중시하는 것으로 보인다. 그러나 이것은 환경에 대한 가치 자체보다 이러한 가치를 위해서 지불하는 재정적 능력에 차이가 있음을 나타낸다. 이러한 태도의 차이는 소비자의 구매 의사결정, 소비관행 그리고 재활용 노력에서 나타난다.[70]

우리가 논의하고 있는 국가 간의 그리고 한 국가내에서의 문화적 차이는 시장 기회를 창출하는데 차이가 있다. 예를 들어, 전반적으로 중국은 환경지향적이지 않다. 그러나 이러한 환경지향성을 반영하는 제품과 서비스를 구매하는 세분시장도 존재하는 것이다.[71]

3. 자아 지향적 가치관

적극적/소극적(Active/Passive) 사람들은 일과 놀이에 대해서 육체적으로 적극적인가? 육체적인 기술과 업적이 비육체적인 성과보다 높은 가치를 부여받는가? 행동이 강조되는가? 미국인들은 육체적 활동을 더 즐기는 경향이 있고 문제에 대해서 행동지향적인 접근을 취한다. "그냥 거기에서 있지 말고, 무엇이라도 해라"는 것이 미국에서의 문제에 대한 일반적인 대응이다. 앞에서 논의했듯이, 적극적인 운동 참여는 국가마다 매우 다양하며, 특히 여성에게는 더 그러하다. 이것이 특정 국가에서 운동장비 시장 규모에 한계가 있게 하기도 하고, 광고 주제와 형식에도 영향을 미치기도 한다. 예를 들어, 생수에 대해서 운동이나 스포츠를 주제로 광고하는 것은 일본과 같은 국가에서는 적절하지 않다. 왜냐하면, 일본남성의 2/3과 일본여성의 3/4은 일 년에 한두 번 정도 운동하기 때문이다.

관능적 희열/금욕(Sensual Gratification/Abstinence) 최소 요구수준을 넘어서는 음식, 음주 그리고 섹스에 대한 욕구 충족이 받아들여지는가? 이런 충족을 무시하는 사람을 도덕적이거나 이상한 사람으로 보는가? 홍콩과 인도와 같은 많은 아시아 문화 뿐아니라 이슬람 문화도 이러한 가치관에 대해서 매우 보수적이다. 사우디아라비아의 37%가 정숙함이 중요하다고 한 반면, 미국은 9%에 불과하다.[72] 미국이나 호주의 광고와 비교해서, 홍콩과 인도의 광고에 성적 소구가 거의 없다는 것은 놀라운 것이 아니다.[73] 그리고 중국은 성적 소구의 광고에 대해 법적으로 규제를 한다.[74]

사진 2-5

관능적 만족에 대한 수용이 문화들마다 다르다. 이것은 어떤문화에서는 잘 받아들여지지만, 금욕에 높은 가치를 부여하는 문화에서는 적합하지 않다.

아랍 국가들에서는 광고, 패키징 그리고 제품에서 이슬람의 원칙을 신중하게 지켜야 한다. 폴라로이드 즉석카메라는 사진관에서 낯선 사람이 베일을 쓰지 않은 여성을 볼 수 있다는 우려를 주지않고도 아랍남성들이 부인과 딸의 사진을 찍을 수 있다는 이유로 빠르게 수용되었다.

반대로, 브라질과 유럽의 광고는 관능적인 만족을 위해 나체나 노골적 소구(미국 기준에 의한)를 사용한다. <사진 2-5>는 어떻게 마케터가 관능을 사용하는지 보여준다. 이것이 일부 문화에서는 적절하지만, 관능적인 만족을 받아들이지 않는 다른 문화에서는 성공적이지 않을 수 있다.

물질주의/비물질주의(Material/Nonmaterial) 물질적 부의 축적은 당연한 긍정적 선인가? 물질적인 부는 가족의 유대, 지식 혹은 다른 활동들보다 높은 지위를 가져오는가?

물질주의에는 두 가지 유형이 있다. **수단적 물질주의(instrumental materialism)**는 사람이 무엇인가를 할 수 있도록 필요한 것(물건)을 획득하는 것이다. 스키는 스키를 타려는 사람에 의해서 구입될 수 있다. **최종적 물질주의(terminal materialism)**는 물건자체를 소유하기 위해서 물건을 획득하는 것이다. 예술품은 다른 목적에 대한 수단보다는 소유의 즐거움 때문에 획득된다. 이러한 두 가지 유형의 물질주의에 대한 강조는 문화에 따라 상당히 다르다.[75]

부의 증가, 국제적인 매체와 브랜드에 대한 노출 그리고 현대화는 물질주의가 약한 곳에서도 물질주의에 대한 관심을 증가시켰다. 예를 들어, 가족과 친척이 가장 중요한 자산이라고 생각하는 집단주의적인 특성을 가진 중국에서, 요즘의 중국 젊은이들이 미국의 젊은이들보다도 더 물질주의적 성향을 보여준다.[76] 젊은 세대의 성향이외에도, 물질주의의 형태는 문화 간에도 미묘한 차이가 있다. 예를 들어, 미국 소비자들은 재산을 소유하는 것(물질주의의 중심성 차원이라고 함)에 높은 가치를 부여하는 반면, 한국 소비자들은 성공의 상징수단(성공차원)으로서 재산에 높은 가치를 부여한다. 왜냐하면 재산을 가족의 지위향상으로 보기 때문이다.[77]

열심히 일함/레저(Hard Work/Leisure) 일하는 것이 외부적 보상에 상관 없이 그 자체로 가치를 부여받는가, 아니면 단순히 목적을 위한 수단인가? 개인들은 최소한의 경제적 욕구가 충족되었을 때에도 계속해서 열심히 일하는가 아니면 더 많은 레저 시간을 가질 것인가? 예를 들어, 라틴 아메리카에서는 일하는 것을 전통적으로 필요악으로 보아왔다. 그러나 세대 간 차이는 존재한다. 예를 들어, 멕시코 장년층의 100%가 “오늘의 일에 대한 강조는 안 좋은 것이다”에 동의하지만, 젊은 세대에서는 28%만 동의하였다. 이러한 추세는 영국, 네덜란드, 프랑스, 캐나다 그리고 호주의 경우와는 반대인데, 이들의 국가에서는 장년층의 약 55%가 동의한 반면, 젊은 층에서는 약 80%가 동의한다. 미국과 홍콩에서는, 이러한 가치관에 대해 젊은이들과 장년층이 대략 비슷하게(거의 50%) 동의한다.[78]

이러한 태도는 실제 근로 패턴을 충분히 반영하지는 않는다. 예를 들어, 주당 근로시간은 홍콩(48.6시간)과 멕시코(41.6시간)에서 가장 높지만, 프랑스 (34.1시간)와 캐나다(34.8시간)에서는 가장 낮다.[79] 그럼에도 불구하고, 이 가치관은 라이프스타일과 레저활동의 수요에 중요한 영향을 미친다.

지연된 희열/즉각적 희열(Postponed Gratification/Immediate Gratification) 사람은 “어려울 때를 대비해 저축하도록” 권장받는가 아니면 “오늘을 즐기도록” 권장받는가? 즉각적인 혜택이나 즐거움을 확보하는 것이 좋은가, 아니면 미래의 혜택을 위해 혹은 이후를 위해 혹은 미래 세대를 위해서 지금의 고통을 감수하는 것이 좋은가? 미국, 영국 그리고 호주의 경우 단기 지향적인 경향이 있는 반면, 인도, 헝가리, 브라질, 홍콩 그리고 중국은 장기 지향적이다. 이러한 가치관은 사업전략, 저축 장려 노력 그리고 신용에 의미를 갖는다. 예를 들어, 단기지향적인 문화에서 가치 있는 사업 목표는 “올해의 수익”을 포함하는 경향이 있지만, 장기지향적인 문화에서의 사업목표는 “향후 10년의 수익”을 포함하는 경향이 있다.[80] 또한, 장기 지향적 문화에서는 신용의 사용은 낮고, 현금이나 직불카드의

사용은 일반적이다.[81]

종교적/비종교적(Religious/Secular) 일상의 활동들이 어느 정도 종교적 교리에 의해서 영향을 받는가? 미국은 상대적으로 비종교적이다. 많은 이슬람 문화권과 몇몇 카톨릭 문화는 훨씬 더 종교 지향적이다.[82] 반면 중국 문화에서 종교는 매우 작은 역할을 한다. 그러나 의례적인 종교와 거의 관련이 없는 중국과 같은 나라에서도, 많은 문화적 가치관들이 부분적으로 역사적 종교의 영향에 의해서 형성되었다. 서구의 비종교적인 국가에서도 마찬가지이다. 문화에서 작용하는 종교적 영향의 정도와 형태를 이해하는 것은 마케팅 믹스의 모든 요소들을 효과적으로 설계하는데 필수적이다.[83]

분명히, 지금까지의 논의가 다양한 문화에서 작용하는 모든 가치관을 다루지는 못했다. 그러나 문화적 가치관의 중요성과 가치관 차원에 따라 어떻게 문화가 다른지에 대한 느낌을 제공하기에는 충분하다.

2.3 비언어적 커뮤니케이션의 문화적 차이

LO3 **언어적 커뮤니케이션 시스템**(언어)에서의 차이는 외국 문화를 접하는 사람이라면 누구라도 즉시 명확하게 알게 된다. 영국이나 호주로 여행하는 미국인은 의사소통을 할 수는 있지만, 발음, 타이밍 그리고 의미의 차이는 여전히 발생할 것이다. 예를 들어, 미국 기반의 메타 검색 엔진인 Dogpile(www.dogpile.com)은 영국에서 "pile"이 치질이라는 의미를 갖고 있다는 것을 안 후에 유럽에서는 WebFetch로 이름을 변경하였다.[84]

마케팅 커뮤니케이션을 한 언어에서 다른 언어로 번역하려고 할 때 <표 2-2> 처럼 비효율적 커뮤니케이션의 결과를 발생시킬 수 있다.

문자적 해석과 속어 표현의 문제는 단어와 관련된 상징적 의미, 번역에 적합한 단어의 부족 그리고 특정 단어에 있어서 발음의 어려움들이 혼합되어 있다.[85]

- 일본에서 한 세계적 청량음료 업체가 "크림" 속성을 갖고 있는 제품을 출시하기 원했다. 그러나 조사결과 일본에는 이러한 속성에 해당되는 단어가 없었으며, 따라서 이 기

표 2-2 국제 마케팅에서 번역상의 문제

- Colgate의 Cue라는 치약은 프랑스에서 문제가 발생하였는데, 프랑스에서 cue는"butt(엉덩이)"의 상스러운 표현이다
- Sunbeam은 Mist-Stick이란 이름의 증기를 만드는 파마기계를 독일에 출시하려 하였다. 그러나 불행하게도 mist는 독일어로 "마약" 혹은 "거름"으로 번역된다.
- Parker Pen 은"당황하게 하다(embarrass)"를 의미하는 것을 '임신시키다(embarazar)' 로 잘못 사용하는 바람에, 멕시코에서 실행된 광고는 "이것은 당신의 주머니에서 새지 않으며, 당신을 임신하게 만듭니다."라는 뜻이 되어 버렸다.
- Pet milk는 pet 이 프랑스어로 "방귀를 뀌다"는 뜻이 있기 때문에 프랑스어 사용 국가에서 어려움을 겪었다.
- Kellogg의 Bran Buds는 스웨덴어로 "불탄 농부"로 번역된다.
- United Airlines의 Pacific Rim 루트에 대한 기내 잡지 커버에는 오지에 있는 호주 영화배우 Paul Hogan을 보여준다. 사진의 설명에는 "Paul Hogan이 과장되게 행동하다(Camps It Up)"이라 쓰여 있는데, "Camps it up"은 호주 속어로 "자신의 동성애를 과시하다"의 뜻을 갖고 있다.
- 중국은 Pansy 브랜드의 남성 속옷을 미국에 수출하려고 시도하였다. Pansy는 영어로 '여자 같은 사내' 를 의미한다.
- American Airlines는 멕시코에서 "가죽시트 위에서 비행"이라는 테마로 새로운 가죽 일등석 좌석을 도입하였는데, 이는 멕시코 말로 "알몸으로 비행"을 의미하였다.

비언어적 커뮤니케이션에 대한 영향요인 그림 2-3

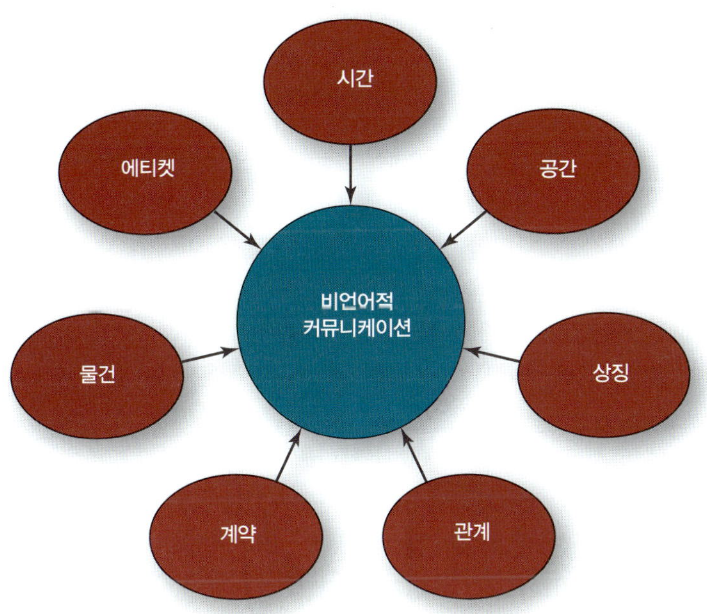

업은 가장 비슷한 단어로 "우유 느낌"이라는 것으로 바꾸어야 했다.[86]

- Mars는 M&M's의 이름을 프랑스어로 발음 가능하도록 하기 위해서, 프랑스에서는 &(and)나 "s"와 같은 복수형이 존재하지 않기 때문에, M&M's를 "aimainaimze"로 발음될 수 있도록 널리 광고를 해서 문제를 해결하였다.
- 브라질에서 Ziploc 음식저장 백을 출시하기 위해 Dow Chemical은 지퍼를 잠근다는 의미를 갖는 단어가 포르투갈어에는 없기 때문에 zipar라는 단어를 만들어내서 널리 광고를 하였다.

유머, 스타일 그리고 말의 속도를 포함하는 추가적인 커뮤니케이션 요인 때문에 문제가 발생할 수 있는데, 이들에 대한 선호는 문화들 간에 다르고, 심지어 동일한 언어를 사용하는 경우(예: 영어문화권)에도 다르다.[87] 그렇지만, 언어를 번역하는 것은 주의를 기울인다면 큰 문제는 되지 않는다. 그러나 많은 사람들이 인식하지 못하는 것은 각 문화도 언어처럼 독특한 비언어적 커뮤니케이션과 언어를 가지고 있다는 것이다. **비언어적 커뮤니케이션 시스템**은 한 문화가 언어보다는 행동, 사건 그리고 사물에 부여하는 임의적 의미이다.

이번에는 <그림 2-3>에 있는 7개 변수를 알아보는데, 이 변수들 모두는 비언어적 커뮤니케이션에 영향을 미친다: 7개의 변수는 시간, 공간, 상징, 관계, 계약, 물건 그리고 에티켓이다.

1. 시간

시간의 의미는 두 가지 측면에서 문화에 따라 다르다. 첫째는 소위 시간관점 즉, 시간에 대한 문화의 전반적 지향성이다.[88] 둘째는 시간의 특정 사용에 부여된 해석이다.

시간관점(Time Perspective) 대부분의 미국인, 캐나다인, 서부 유럽인 그리고 호주인들은 시간을 피할 수 없고, 직선이고, 본질적으로 고정된 것으로 본다. 시간이란 뚜렷하게 분리된 구분(예: 시간, 날짜, 주간 등)으로 미래로 도달하는 길이다. 시간을 거의 물리적인 대상으로 보고, 우리는 시간을 계획할 수도, 낭비할 수도, 잃어버릴 수도 있다. 사람들이 한 번에 한 가지 일을 한다고 믿기 때문에 우리는 상당히 현재지향적이고 단기 미래지향적이다. 이것은 **단일시간관점(monochronic time perspective)**으로 알려져 있다.

대부분의 라틴 아메리카인, 아시아인 그리고 인도인들은 시간을 구분(시간, 날짜, 주간 등으로)되기 어렵고 계획을 세울 수 없는 것으로 보는 성향이 있다. 이들은 자연스럽게 많은 활동들에 대해서 동시에 관심을 보인다. 사람과의 관계가 계획보다 더 우선순위를 갖는다, 그래서 활동들은 이미 결정된 시간표에 따라서 발생한다기 보다는 자기 자신의 속도에 의해 발생한다. 이러한 문화에서는 현재 및 과거지향적이다. 이것은 **복합시간관점(polychronic time perspective)**으로 알려져 있다.

단일시간관점을 갖고 있는 사람과 복합시간관점을 갖고 있는 사람 사이에는 다음과 같은 몇 가지 중요한 차이가 존재한다.[89]

단일시간문화의 사람	복합시간문화의 사람
한 번에 하나의 일만 한다.	한 번에 여러 일을 한다.
일에 집중한다.	매우 산만하며 잘 방해받는다.
마감과 계획을 중대하게 여긴다.	마감과 계획을 이차적인 것으로 생각한다.
일이나 과업에 몰입한다.	사람 및 관계에 몰입한다.
약속엄수를 강조한다.	관계에 대한 약속엄수를 기초로 한다.
단기적인 관계에 익숙하다.	장기적인 관계를 선호한다.

단일시간문화와 복합시간문화 간에 마케팅 활동은 어떻게 다른가? 인적판매 그리고 협상스타일 및 전략은 광고테마처럼 달라야 할 필요가 있다. 마감이 있는 콘테스트와 세일은 복합시간문화보다 단일시간문화에서 보다 효과적이다. 편의식품은 복합시간문화에서는 시간절약과 편의성이란 관점에서 포지셔닝되면 실패한다. 왜냐하면 이러한 문화에서 시간절약은 문화적 사고 과정의 일부가 아니다. 복합시간문화에서 패스트푸드점의 시간관점 포지셔닝 전략 영향을 보자. 예를 들어, 아르헨티나처럼 더 복합시간 관점을 갖고 있는 나라에서는 패스트푸드 레스토랑을 종종 좀 더 비싸고 현대적으로 간주하며, 현대적이고 자유로운 가치관 시스템을 나타낸다고 생각한다. 시간 절약적 측면은 미국과 같이 단일시간 관점이 더 중요한 나라에서처럼 두드러지지 않다.[90]

흥미로운 것은 동일 문화권 내에서 조차 시간에 대한 관점은 연령이나 상황에 따라 다를 수 있다. 예를 들어, 일본에서 일은 단일시간 관점에서 접근되는 반면 레저는 복합시간의 관점에서 접근된다.[91] 또한, 미국인들은 단일시간적인 경향이 있지만, 젊은 소비자들은 복합시간의 요소를 보여준다. 소위 MTV 세대는 주의를 기울이는 시간폭이 없는 것 같고 재택근무, TV시청 그리고 인터넷 쇼핑을 동시에 하는 것을 알 수 있다. 미국의 광고주들은 이러한 오디언스의 주의를 끌고 유지하는 것이 어렵다는 것을 알게 된다.

시간 사용의 의미(Meaning in the Use of Time) 시간의 특정한 사용은 문화에 따라 다른 의미를 갖는다. 많은 세상사에서, 의사결정에 요구되는 시간은 의사결정의 중요성에 비례한다. 미국인은 질문에 대한 답변을 잘 준비하기 때문에, 거론되는 사업의 중요성을 경시할 수도 있다. 마찬가지로 일본과 중동의 임원들은 미국사람들이 사업거래에서 직접적이고 신속하게 핵심에 도달하도록 주장하기 때문에 당혹스러워 한다.

약속을 지키는 것은 미국과 일본에서 매우 중요한 것으로 여겨진다. 더구나 약속을 지키는 것은 당신이 만나자고 전화를 한 사람이든 전화를 받은 사람이든 약속시간을 지키는 것은 중요하다. 한 전문가에 의하면:

> 시간은 돈이고 지위와 책임의 상징이다. 기다리게 만드는 것은 단일시간 문화에서는 매우 무례한 것이며, 하나의 메시지로 받아들여진다. 이는 복합시간 문화에서는 그렇지 않다.[92]

"기다리게 한다"는 것의 의미는 문화에 따라 상당히 다르다. 미국에서 30분은 아주 긴 시간인 것 같지만, 중동의 국가들에게는 매우 짧은 시간인 것 같다. 한 국가에서 사업을 하기 전에 이러한 차이를 이해하는 것이 중요하다.

2. 공간

사람이 공간을 사용하고 이 공간 사용에 부여하는 의미는 비언어적 커뮤니케이션의 두 번째 구성요소이다.[93] 미국에서는 "큰 것이 좋은 것"이다. 따라서 기업에서 사무실 공간은 필요에 의해서가 아닌 지위나 명성에 따라 할당된다. 사장이 가장 큰 사무실을 가질 것이며, 부사장이 그 다음으로 큰 사무실을 갖는다.

공간에 대한 두 번째 큰 사용은 개인적 공간이다. 이는 여러 상황에서 당신이 불편하게 느끼지 않으면서 다른 사람이 당신에게 다가 올 수 있는 것을 의미한다. 미국에서 일반적인 비즈니스 대화는 3~5피트의 거리에서 이루어지며, 매우 개인적인 일은 18인치~3피트의 거리에서 이루어진다. 북유럽 일부에서는, 이런 대화 거리는 약간 더 멀지만, 대부분의 라틴 아메리카에서는 상당히 대화거리가 가깝다.

라틴 아메리카에서 사업을 하는 미국인은 자신이 선호하는 개인적 대화거리가 있는데, 이 때문에 라틴 아메리카인들과 대화할 때 뒤로 더 물러서서 대화하는 경향이 있다. 그러면, 라틴 아메리카인들은 그들의 개인적 공간을 유지하기 위해 미국인 쪽으로 더 다가서서 대화하려는 경향이 있다. 이러한 "다가섬(물러서서 얘기하려고 하면 상대방이 다가가서 대화하려는 행동)"이 원하는 결과를 가져오지 못한다면 우스운 꼴이 될 것이다. 두 당사자 모두 그들의 행동이나 그러한 이유를 일반적으로 인식하지 못한다. 더구나 사람들은 자신들의 문화에서 행동이 갖는 의미대로 상대방의 행동에 의미를 부여한다. 따라서 미국사람들은 라틴 아메리카 사람들이 나서기 좋아하고 공격적이라고 간주한다. 반면에 라틴 아메리카 사람들은 미국 사람들이 차갑고, 냉담하고, 속물이라고 생각한다.

표 2-3 숫자, 색상 그리고 다른 상징의 의미

상징	의미
• 흰색(White)	극동지역에서는 애도와 죽음의 상징; 미국에서는 순수함을 상징
• 자주색(Purple)	라틴 아메리카에서는 죽음과 관련됨
• 파란색(Blue)	네덜란드에서는 여성다움; 스웨덴과 미국에서는 남성다움을 의미
• 빨간색(Red)	차드(Chad), 나이지리아, 독일에서는 불행과 부정적인 것; 덴마크, 루마니아, 아르헨티나에서는 긍정적인것
• 노란 꽃(Yellow flowers)	멕시코에서는 죽음을 상징; 프랑스에서는 불신을 의미
• 하얀 백합(White lilies)	영국에서는 죽음을 의미
• 숫자 7	가나, 케냐, 싱가포르에서는 불행의 숫자; 모로코, 인디아, 체코, 니카라구아, 미국에서는 행운
• 삼각형(Triangle)	홍콩, 한국, 대만에서는 부정적, 콜롬비아에서는 긍정적
• 부엉이(Owl)	미국에서는 지식을; 인도에서는 불행을 의미
• 사슴(Deer)	미국에서는 속도, 우아함; 브라질에서는 동성애

3. 상징

미국인들은 핑크색의 옷을 입은 아이를 보면 여자아이라고 생각한다. 만약 옷이 파란색이라면 남자 아이라고 생각한다. 이러한 가정은 미국에서는 거의 맞지만, 네덜란드와 같은 다른 문화에서는 그렇지 않다. 색상, 동물, 모양, 숫자 그리고 음악은 문화에 따라 다양한 의미를 갖는다. 상징에 부여된 의미를 잘못 이해하는 것은 심각한 문제를 초래할 수 있다.

- AT&T는 러시아와 폴란드에서 "엄지손가락을 드는" 광고를 변경해야만 했는데, 이들 국가에서 손바닥을 보이는 것은 무례한 것을 의미한다. 이 광고는 간단히 바뀌었다. 엄지손가락을 드는 사인이 손등을 보이는 것으로 바뀌었다.
- Mont Blanc은 펜의 끝에 흰색 마킹이 되어있는데, 눈 덮인 알프스산 정상을 의미했다. 그러나 아랍의 소비자들은 이것이 이스라엘 국가의 상징인 "다윗의 별" 처럼 보였기 때문에 부정적으로 반응하였다. Mont Blanc은 이러한 오해를 바로잡기 위해 노력했다.[94]
- 미국에서 금발의 여성은 아름다움의 상징으로 받아들여진다. 7개의 유럽 도시에서의 연구에 의하면, 아름다움을 상징하는 머리색은 짙은 갈색(마드리드, 파리, 런던), 검은색(밀라노), 금색(함부르크)까지 다양했다.[95]

<표 2-3>은 문화에 따라 다르게 의미가 부여된 상징의 다양한 의미를 보여 준다.[96] 상징에 빈번한 문화적 차이가 있음에도 불구하고, 많은 상징들은 다양한 문화에서도 잘 작용한다. Kellogg의 호랑이인 Tony는 미국, 중국(<사진 2-6> 참조) 그리고 다른 문화에서도 효과가 있었다.

4. 관계

관계와 우정에 의해 부여되는 권한과 의무는 또 다른 비언어적 문화 변수이다. 미국인들은 다른 어느 문화보다 빠르고 쉽게 친구가 되고 쉽게 헤어진다. 아마도 이러한 이유는 미국인들이 사회적 및 지리적 이동이 상당히 빈번하기 때문이다. 몇 년 마다 이동하는 사람들은 짧은 기간 동안에 우정을 만들어야 했고, 최소한의 고통만을 느끼면서 그들로부터 떠날 수 있어야만 했다. 다른 대부분의 국가에서 관계와 우정은 천천히 그리고 조심스럽

사진 2-6

Kellog의 호랑이는 많은 문화권에서 효과적인 상징이다.

게 형성된다. 왜냐하면 관계와 우정은 깊이 있고 지속적인 의무를 의미하기 때문이다. 다음의 인용에서 보듯이, 우정과 사업은 라틴 아메리카와 아시아를 포함해서 전세계의 많은 문화에서 밀접하게 얽혀 있다.

> 많은 문화에서, 문서화된 말은 단순히 합법성을 만족시키는데 사용된다. 그들의 시각에서는 감성과 개인적 관계가 냉냉한 문서보다 더 중요하다.[97]

많은 문화에서 장기적인 성공은 서구적 표현으로 누군가를 단순히 "아는 것" 그 이상을 나타낸다. 예를 들어, 중국의 관계는 복잡하며 관시(guanxi)라는 개념으로 설명된다.

> 관시는 글자대로 해석하면, 한 개인이 사회적 생활의 한 과정일 뿐만 아니라 사업을 할 때 자원이나 이득을 획득할 수 있는 개인적 연결/관계를 의미한다. 주된 특징은 (1) 영원히 지속되는 상호 관계를 말하며 (2) 호의가 축적되고, (3) 두 당사자 간의 관계를 넘어서 제3자를 사회적 네트워크에 포함시키도록 확장되고, (4) 관계 네트워크는 조직간이 아니라 개인들 간에 형성되고, (5) 선임자와의 지위 관계는 하급자에게로 확대될 수 있지만 그 반대로는 되지 않고 (6) 사회적 관계는 비즈니스 관계에 선행하는 전제조건이다.[98]

그러나 계속 서로 얽혀져 있고, 현대화되고 그리고 글로벌한 상황에서는 관시와 같은 전통적 개념도 변하고 있다는 것에 빨리 주목해야 한다. 다음의 인용은 중국에서 현대의 전문가가 느낀 긴장감을 보여준다:

> 우리가 역동적이고, 현대적이고, 자신감 넘치는 사업가처럼 행동하지만, 여전히 깊이 있고, 보다 전통적이고, 감정이 담긴 신뢰, 존경 그리고 관시를 추구하는 것이 약간 이상하기는 하다. 그러나 우리는 오늘날처럼 빨리 변화하는 생활 환경에서는, 사업분위기에서 보다 깊은 수준의 관계를 형성하는 것이 가능하지 않을 수 있다는 것을 깨닫고 있다. 그러나 우리에게 있어서 여전히 이것이 중요하다.[99]

그러므로 한 전문가는 원하는 관계의 깊이와 기간에 따라서 다른 접근 방법이 필요하다고 제안하고 있다

5. 계약

미국인들은 사업상의 의무를 존중하고 다툼을 해결하기 위해서 일반적으로 포괄적이면서도 매우 효율적인 법적 시스템에 의존한다. 많은 다른 문화에서는 사업상의 다툼을 이러한 법적시스템으로 전개시키지 않는 대신, 관계, 우정, 혈연관계 등과 같은 그 지역의 도덕률 혹은 사업절차의 기준이 되는 비공식적 관습에 의존한다. 예를 들어, 중국인들은 "계약보다 관계에 보다 주의를 기울이는 경향이 있다."[100] 미국 시스템에서는 제안된 계약을 면밀히 조사한다. 중국식 시스템에서는 잠재적인 거래 당사자의 특징을 면밀히 조사한다. 중국에 있는 미국 CEO의 말에 의하면:

> 중국에서는 관계가 전부이며, 사업에서는 관계가 더욱 중요하다. 이 현상은 미국보다 중국에서 더욱 심하게 나타난다. 중국인들은 구매하기 전에 당신을 알고 이해하기를 원한다.[101]

미국인들은 대부분의 경우 가격은 모든 구매자에게 동일하고, 제공되는 서비스와 관련 있으며 그리고 합리적으로 현재 가격에 가깝다고 가정한다. 우리는 택시를 탈 때처럼 미리 비용을 물어 보지 않고 제품들을 주문한다. 많은 라틴 아메리카, 아시아 그리고 중/동부 유럽에서, 그 과정은 다르다. 실제로 모든 가격은 산업재를 포함해서 판매되기 전에 협상이 이루어진다.[102]

6. 물건

물건에 대한 문화적 의미는 문화가 아니면 예상하기 어려운 많은 구매 패턴을 이끌어낸다. 한 관찰자는 러시아에서 고가이고 신분을 나타내는 브랜드에 대해서 강한 수요가 있다고 했는데, 이 브랜드의 절대적인 비용은 자본주의 하에서 경제적으로 부를 챙기기 시작한 러시아인들 사이에서는 별로 높지 않았다. 그는 다음과 같이 결론을 내렸다.

그들은 현지에서 생산된 치약을 고수하기도 하지만, 그들의 자부심과 사회적 지위를 구축하기 위해서 Levi's, Mont Blanc 펜, Moet & Chandon 샴페인을 구매하기 원한다.[103]

제품을 포함하여, 문화가 물건에 부여하는 의미는 국가마다 달라서 선물하는 것을 매우 어렵게 만든다.[104] 예를 들어, 많은 나라에서는 일반적인 선물인 멋진 탁상시계를 중국의 사업고객이나 유통업자에게 주는 것은 적절하지 않다. 왜냐하면 중국에서 '시계' 라는 단어는 '장례식' 이라는 단어와 유사하기 때문에 시계 선물은 적절하지 않다. 선물을 받게 되면 언제 그 보답선물 받기를 다시 "요구하는가?" 중국에서, 이것은 당사자들 간의 관계 긴밀성에 달려있다. 즉 관계가 긴밀할수록 답례선물받기가 덜 요구된다.[105]

선물을 요구하는 비즈니스 상황과 사회적 상황 그리고 이에 적절한 선물은 매우 다양하다. 예를 들어, 러시아, 일본, 대만 그리고 독일에서 나이프, 스푼 포크 같은 식탁용 날붙이 종류의 선물은 부적절하다. 일본에서는 많은 비즈니스 상황에서 작은 선물이 요구되지만, 중국에서는 적절하지 않다. 중국에서 선물은 개인적으로 전달되어야 하지만, 아랍에서는 다른 사람들이 보는 데서 주어야 한다.

7. 에티켓

에티켓은 사회적 상황에서 일반적으로 수용되는 행동을 나타낸다. 미국에서 한 사람이 포크로 음식을 먹으려는 모습과 함께 저녁식사 장면을 보여주는 광고를 준비하고 있다고 가정하자. 그 사람은 오른손에 포크를 들고 있으며, 왼손은 테이블 밑에 있다. 미국인들에게 이는 자연스럽게 느껴질 것이다. 그러나 많은 유럽 문화에서 매너를 잘 아는 사람은 왼손에 포크를 들고 오른손은 테이블 위에 올려놓는다.

한 문화에서 무례하고 불쾌한 행동으로 간주되는 행동이 다른 곳에서는 받아들여질 수 있다. 미국에서 남자의 경우 앉을 때 다리를 꼬고 앉는데, 이처럼 한쪽 신발을 보여주는 것은 많은 유럽 문화에서는 매우 모욕적인 것이다. 이 문화에서는 발이나 신발의 바닥이 절대 타인에게 보여서는 안 된다. 대부분의 미국인들이 서비스에 대한 불만을 말하는데 주저하지 않지만, 많은 아시아인들은 반대이다. 이것은 영국에도 해당되는데, 영국인들은 전통적으로 속마음을 잘 말하지 않는 특징이 있다. 이러한 요인은 미국의 관리자들이 해외에서 그들의 서비스에 대한 소비자의 반응을 잘못 판단하도록 할 수 있다.[106]

정상적 목소리 톤, 음조 그리고 말하는 속도는 문화와 언어에 따라 다른데, 이는 제스처도 마찬가지이다. 서양인들은 몇몇 아시아 문화에서 큰소리로 경박하게 말하는 것에 대하여 화가 났다고 생각하거나 감정적 고민이 있는 것이라고 종종 오해한다. 미국과 일본의 무역이 증가함에 따라, 미국은 일본 비즈니스 에티켓의 민감한 부분에 대해 지속적으로 배우고 있다. 예를 들어, 일본 임원은 협상중에 직접적으로 "아니요"라고 거의 하지 않는다. 이렇게 하는 것은 무례한 것으로 간주된다. 대신에 그는 "아니요"의 의미로 "그것은 매우 어렵습니다"라고 말한다. 한 제안에 대해서 "네"라고 응답하는 일본인은 종종 "네, 우리는 그 제안에 동의합니다"가 아니라 "네, 우리는 그 제안을 이해합니다"라는 의미이다. 많은 일본인들은 미국인들이 이야기 할 때 상대방의 눈을 똑바로 쳐다보는 것은 공격적이고 무례하다고 생각한다.

일본 비즈니스 에티켓의 다른 측면은 **명함**(meishi)인데, "명함이 없는 남자는 일본에서 정체성이 없다"는 의미이다. 명함의 교환은 사회적 의례를 매우 중요하게 여기는 국가에서 사회적 의례의 가장 기본이다. 명함을 교환하는 행위는 의미 이상의 비중을 둔다. 일단 사회적 관계(minuet)가 완성되면, 각각은 서로의 관계에서 어느 곳에 서야 하는지 알고 기업이나 정부 관료의 위계 내에서 그들 각각 위상을 알게 된다. "meishi"란 무엇인가? 이는 두 사람이 만났을 때 명함을 교환하는 것이다! 미국에서는 일상적이고 간단한 행동이지만, 일본에서는 본질적이고 복잡한 사회교환이다.

다른 문화들에서도 역시 서구 사람들과 사업할 때 미묘한 것들을 배울 필요가 있다. 중국의 사업 선도자는 중국의 사업자들이 다른 문화에 대해 잘 알도록 돕는 훈련 프로그램을 개발하고 있다. 이러한 프로그램을 운영중인 Jack Ma에 의하면:

> 중국의 사업가들은 치밀하지만, 품위를 배울 필요가 있다. 베이징에서 개최된 World Economic Forum에서 Mr. Ma는 많은 중국 사람들이 끊임없이 담배를 피우고 심지어 회의 중에도 큰소리로 휴대전화통화를 하는 등 예의 없는 행동에 의기소침해졌다.[107]

문화에 적합한 에티켓의 중요성은 분명하다. 비록 사람들이 문화에 따라 에티켓이 다르다는 것을 인식하지만, "우리 방식이 자연스럽고 옳다"는 강한 감정적 느낌은 여전히 남아 있다.

8. 비언어적 커뮤니케이션에 대한 결론

다른 문화의 사람이 영어 대신 스페인어나 독일어로 당신에게 말을 걸어서 당황하거나 놀란 당신의 모습을 상상할 수 있는가? 물론 그렇지 않다. 언어는 전 세계적으로 다양하다는 것을 우리는 모두 인정한다. 그러나 우리는 일반적으로 비언어적 커뮤니케이션이 자연스럽거나 선천적이라고 생각한다. 따라서 사실상 그것이 일본어, 이탈리아어 혹은 러시아어인데도 불구하고 영어로 듣고 있다고 생각하기 때문에 우리가 듣는것을 잘못 해석한다. 이것은 바로 마케터가 피할 수 있고 피해야 하는 오류이다.

2.4 글로벌 문화

마케터가 직면하는 중요한 이슈는 하나 또는 그 이상의 글로벌 소비자 문화 혹은 글로벌 세분시장들이 출현하고 있는 것이다. 실제로 이러한 방향으로 움직임이 있다는 증거들이 나타나고 있다.[108] 이러한 문화는 구성원들간에 공통의 의미가 있고 공통의 바람이 있는 일련의 공유된 소비관련 상징들을 가지고 있다. 그렇게 나타난 글로벌 문화는 지역문화의 일부분인데, 이 지역문화는 그들 자신들을 세계주의적이고, 식견이 있고 그리고 현대적인 사람들로 생각하는 특징을 가지고 있다. 이러한 개인들은 여러 국가의 다양한 문화에 있는 개인들과 많은 가치와 소비 관련 행동들을 공유한다.

이러한 문화는 대중매체, 일, 교육 그리고 여행의 세계화에 의해 만들어진다. 일부 제품 범주(휴대폰, 인터넷)와 브랜드(Sony, Nike)는 상징적으로 이러한 문화와 관련되어 있다. 이는 이러한 브랜드들이 세계적으로 동일한 광고를 사용한다는 것이 아니라 동일한 주제와 상징주의를 사용한다는 것이다. 따라서 샴푸와 컨디셔너의 결합은 시간에 쫓기는 직장 여성의 시간을 절약해 주는 것으로 포지셔닝 될 수 있다. 이 광고는 많은 여성들이 운동하는 미국이나 독일에서는 체육관에서 사용되는 샴푸를 묘사하지만, 여성들이 거의 운동을 하지 않는 일본에서는 집에서 사용되는 샴푸를 묘사하고 있다. Philips Electronic은 이러한 글로벌 문화에 근거한 글로벌 포지셔닝 전략을 개발한 기업 중 하나이다.[109]

아마도 오늘날 글로벌 문화에 가장 가까운 사람들은 도시의 젊은이들인데, 이에 대해서 알아보자.

1. 글로벌 청년 문화

_______ 를 생각해 보자. 그는 힙합음악제작자이며, Nike 매장에서 Air Force 1 Sneeakers 한 켤레를 찾고 있다. _______는 속칭 "Jerzy King"으로 소개 되는 것을 좋아하며 3년 전에 _______로 이사했다. _______에서 벗어난 적이 없는 음악대학 중퇴자인 그는 Eminem, Puff Daddy 그리고 Fabolous가 수록된 미니 디스크 플레이어를 갖고 있다. 이 특별한 날에 그는 토론토 단풍잎 로고가 새겨진 흑백 플리스 재킷(털이 달린 자켓)을 입고 있어서 멋있게 보인다.[110]

당신은 어느 정도나 자신 있게 빈 칸을 채울 수 있을까? 이 젊은 사람은 Wang Qi이며 그는 베이징에 산다. 그러나 그의 많은 행동과 소유물은 유럽, 북/남아메리카 그리고 아시아에 있는 수많은 10대들에게 반향을 일으킨다. 그리고 앞에서 논의된 것처럼 이 젊은이들의 영향이 Levi' s, Coca-cola 그리고 마돈나와 같은 존재들이 주도했던 것처럼 미국에서 다른 나라들로 일방적으로 흘러간다고 생각하는 것은 옳지 않다.

이제는 양방향이다. 미국인들은 동네 헬스클럽에서 Bollywood 댄스스텝을 배우고 있다. 스리랑카 출신으로 런던에서 자란, 떠오르는 팝가수 M.I.A.는 힙합, 레게 그리고 남아시아의 영향을 혼합하였다. 그리고 일본의 anime는 전 세계를 휩쓸었다.[111]

라이프스타일, 가치관 그리고 구매의 유사성과 통합은 기업들로 하여금 이러한 세계 젊은이 시장을 주목하게 만드는데, 특히 이들 시장의 규모가 크기 때문이다. 예를 들어, 6개 국가의 세계 젊은이(14~29세)에 대한 최근의 연구는, 젊은이들 중 86%가 제품이 그들의 개성을 나타내고 커뮤니케이션 해줄 수 있다고 믿는다고 주장한다. 또한 다음에서 보는 바와 같이 상위 3대 소비범주에 주목할 만한 유사점이 발견되었다.[112]

	첫 번째 범주	두 번째 범주	세 번째 범주
암스테르담	외출	옷	음식
홍콩	옷	음식	교통
말레이시아	교통	음식	외출
싱가포르	음식	옷	오락
한국	음식	옷	오락
영국	외출	옷	전화기
미국	옷	음식	음악

무엇이 이러한 통합을 유발시키는가? 가장 큰 영향요인은 인터넷을 포함한 세계화된 대중매체이다. 음악, 스포츠 그리고 패션은 통합의 주요 내용이다. 비록 이 통합이 음악, 스포츠, 패션 등을 넘어 독립성이나 위험감수와 같은 사람들의 근본적인 가치관 이상으로 더 확대되기도 하지만 말이다. 마케터는 글로벌 브랜드를 출시하기 위해서 혹은 기존 브랜드를 재포지션하기 위해서 이러한 큰 시장에 소구할 수 있도록 다양한 문화에서 살고 있는 젊은이들간의 유사성을 이용한다. Levi' s는 세계의 10대들에게서 증가하고 있는 온라인 트렌드에 대응하여, "젊고, 테크놀로지를 잘 아는 유행창출자"를 표적으로 하는 온라인 캠페인을 아시아에서 실시하였다. 웹사이트는 Levi' s re-cut 501 Re-Born jeans를 촉진하기 위해 서구 음악과 스타일을 비중있게 이용하였다. 이 청바지를 강조하는 주제는 오늘날 re-cut 스타일인데, 새로운 Levi' s 청바지로 새롭게 태어나거나 변신한 10대를 보여준다.[113] <사진 2-7>은 전세계적인 젊은이 소구를 이용한 광고의 다른 예를 보여준다.

세계의 젊은이 시장에서 나타나는 최근의 일부 추세는 글로벌 마케터가 이해해야 하는 중요한 것이다. 이들은 다음과 같다.[114]

- **테크놀로지가 대세이다.** 10대들의 연결은 선진국만이 아닌 세계적인 현상이다. 세계 10대 청소년들 중 65%가 매일 둘 혹은 그 이상의 전자장치(예: 휴대폰과 인터넷)를 사용하는 "슈퍼연결자들"이다.
- **미국의 10대 청소년들이 더 이상 세계를 선도하지 않는다.** 이제는 고정되어 있는 사고방식이 아닌 "독창적인 사람"이 선도한다. 독창적인 사람은(미국이 아닌) 유럽에서 가장 일반적인데, 이는 새로운 아이디어에 개방적이고, 개인 웹페이지나 예술을 포함해서 다양한 방법으로 자기 자신을 표현하기를 좋아한다.
- **미국의 브랜드는 더 이상 선도브랜드가 아니다.** 미국의 브랜드는 세계의 10대들에게 선도자였다. 그러나 지금은 Sony(일본), Nokia(핀란드) 그리고 Adidas(독일)가 선도브랜드들이다.

세계 젊은이 문화가 미국의 영향과 미국 브랜드로부터 점차 벗어나고 있기 때문에, 미국의 마케터들은 전 세계의 추세와 유행선도자를 이해하고 연결시키는 방법을 찾아내야 한다. 또한, 세계의 젊은이들도 매우 다양하고 문화적으로 독특한 행동, 태도 그리고 가치관을 갖고 있다는 것을 이해하는 것이 중요하다. 한 전문가가 말했듯이, "유럽의 10대들은 액센트 때문에 미국인으로 여겨지는 것을 싫어한다".[115] 마찬가지로 위에 설명된 유사성들은 도시에 사는 중산층 10대들 사이에서 가장 잘 볼수 있다. 가난하고 시골에 사는

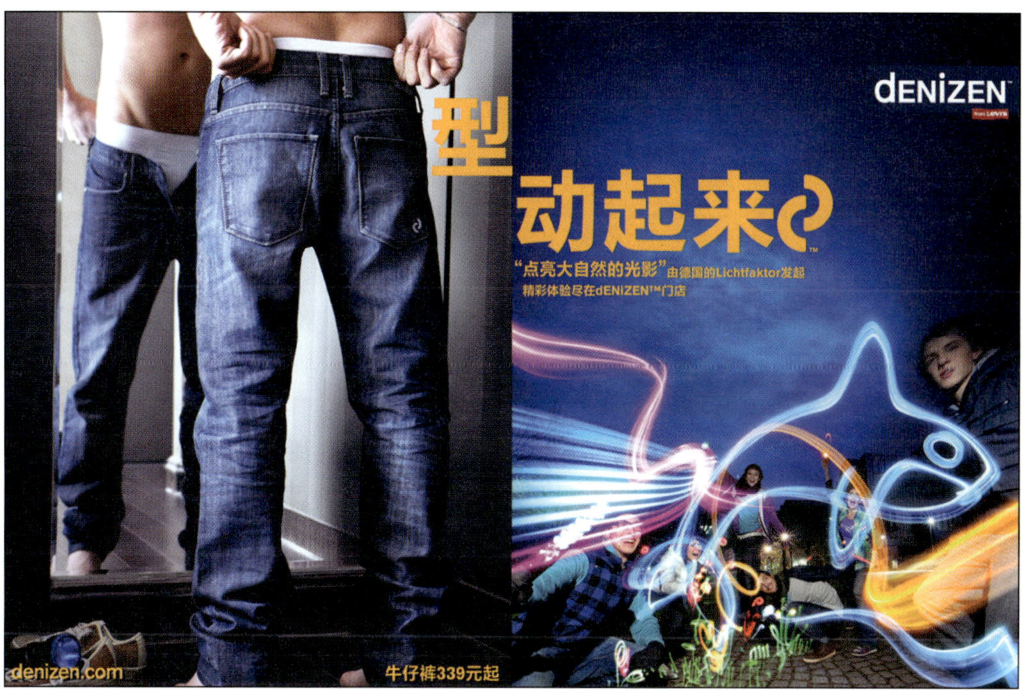

사진 2-7

이 광고캠페인은 전세계의 스타일 리더들을 표적으로 하기 위해 글로벌 청년 소구방법을 이용한다.

10대들은 종종 그들 사회의 전통적인 문화에 긴밀하게 순응한다. 예를 들어, Coke는 중국에서 대도시, 중도시 그리고 소도시를 구분하였다. 다음의 내용을 보자.

> 중소도시에서 코카콜라는 찜통버스를 타고 시골을 여행하는 유명한 중국 배우를 사용하였으며 맛과 가격을 강조하였다. 중국의 대도시에서는 Coke TV광고에서 “유행을 선도하는 대만의 VJ가 나와 그의 Coke가 자기력으로 그를 매력적인 여성에게 끌려가게 한 것처럼 하여 그의 춤을 보여주는” 방식으로 표현하고 있다. Coke의 임원은 “버스광고가 유명한 배우를 내보내는 것과는 반대로, (도시 TV)광고는 자신의 방법으로 하기를 원하는 젊은 사람들을 목표로 하고 있다”[116]

도시 시장과 시골 시장의 차이는 다음에서 설명하려고 하는 인구통계적 특성의 한 차이이다

2.5 글로벌 인구통계

LO5

인도와 중국은 경제가 빠르게 성장하고 있는데, 이는 개인의 가처분 소득이 증가하면서 세계의 마케터가 부러워하는 강력한 중산층이 성장했기 때문이다.[117] 이 국가들과 다른 국가들에서 현재와 같은 비율의 경제성장이 어느 정도 지속될 것인가에 대한 우려가 증가하는 연료비와 식비로 인해 나타나기 시작하였다.[118] 왜냐하면 경제성장이 어느정도 빠른 속도로 지속되는가에 따라 그런 확장은 기회를 창출할 뿐만 아니라 새로운 도전이 될 수

사진 2-8

중국에서 개인소득의 급속한 증가로 자동차 소유가 폭발적으로 증가하였다. 이것은 개인의 자유를 증가시켰지만 교통혼잡과 배기가스에 대한 우려도 초래하였다.

도 있다.

<사진 2-8>을 보자. 중국에서 자전거를 대체해서 자동차 소유가 급속히 증가함에 따라 더 먼 거리를 자유롭게 여행할 수 있는 자유가 제공되었다. 그러나 배기가스 배출과 교통혼잡은 걱정거리가 되었다.[119]

가처분 소득은 인구통계의 한 측면이다. **인구통계(demographics)**는 인구를 규모, 구조 그리고 분포의 측면에서 설명하는 것이다. 인구 **규모**는 사회 내 개인의 수이다. **구조**는 나이, 소득, 교육 그리고 직업의 측면에서 사회를 설명하는 것이다. **분포**는 지리적 지역과 시골, 교외 그리고 도시 입지의 측면에서 개인의 물리적인 위치를 의미한다.

인구통계는 문화적 가치관의 원인이며 결과이다. 인구 밀집 사회에서는 집단지향이 사회적 기능을 순조롭게 하기 때문에 개인주의적 지향보다 집단주의적 성향이 더 강하다. 열심히 일하고, 물질적인 부의 성취에 가치를 부여하는 문화는 경제적으로 발전하는 경향이 있는데, 이는 이 문화의 인구통계를 직접적으로(소득) 그리고 간접적으로(경제적 선진국의 가족규모는 작아지는 경향이 있다) 변화시킨다.

마케터에게 중요한 인구통계의 측면은 소득, 특히 소득의 분포이다. 상대적으로 평균 소득이 낮은 국가는 중간소득이 큰 세분시장을 가질 수 있는 반면, 동일한 평균 소득을 갖는 국가는 소수의 개인이 대부분의 부를 가질 수 있다. 아래에 제시된 바와 같이, 브라질의 1인당 소득은 루마니아보다 약간 높다.[120] 그러나 이 소득의 분포는 확연히 다르다. 브라질에서 소득의 45%는 전체인구의 겨우 10%에 집중된다. 반면, 루마니아의 경우 상위 10%의 가구가 이 나라 소득의 21%만을 차지한다. 어떻게 이러한 차이와 아래에 제시된 다른 차이가 소비에 영향을 미치는가?

	전체소득		
	1인당 소득	인구상위 10%의 비율	1인당 구매력 동기
Brazil	$ 4,791	45	$ 8,596
Canada	35,133	25	35,078
Chile	7,305	45	12,262
China	1,721	35	4,091
Egypt	1,412	30	5,049
France	34,008	25	29,644
India	707	31	2,126
Japan	35,604	22	30,290
Kenya	531	37	1,395
Mexico	7,401	37	11,317
Romania	4,575	21	9,374
United Kingdom	37,266	29	31,580
United States	41,674	30	41,674

Source: Per Capita Income and Per Capita PPP: *2005 International Comparison Program* (International Bank for Reconstruction and Development/The World Bank, 2008): Percent of Total Income to Top 10 Percent of Population: *The World Factbook* (Washington, DC: Central Intelligence Agency, 2008).

마케터들은 시장을 평가하기 위해서 평균 소득이나 중앙치 소득 보다는 **구매력 동가지수(purchasing power parity: PPP)**를 점차 사용한다. **PPP**는 각 국가에서 구입된 제품의 표준 시장바구니의 비용에 기초한다. 한 국가의 평균 가구소득이 미국 달러 기준으로 환산하면 좀 낮은 소득이 될 수 있다. 그러나 이 가구는 미국 달러로 보다 높은 수입을 갖고 있는 다른 국가의 가구보다 더 많이 구매할 수 있다. 왜냐하면 낮은 현지 비용구조, 정부지원의 건강관리 그리고 기타 이유 때문이다. World Bank는 연간 World Bank Atlas에서 모든 국가의 PPP를 서술하고 있다.[121] 어떻게 브라질의 구매력이 브라질의 1인당 소득보다 훨씬 더 높은지를 잘 살펴보라. PPP를 이해하는 것이 어떻게 시장 잠재력과 시장 진입과 같은 마케터의 의사결정에 변화를 줄 수 있는가?

미국, 필리핀, 일본 그리고 캐나다의 추정된 연령 분포는 다음과 같다.[122] 미국 및 캐나다 인구의 1/4정도가 20세 이하이고 일본 인구의 1/5 정도가 20세 미만인 것에 비하면, 필리핀은 인구의 거의 절반이 20세 이하라는 것을 기억하라. 전체인구의 2/3정도가 25세 미만인 중동은 이 지역에서의 청년운동*에 불을 지르면서 대규모의 베이비붐이 진행 중이다.[123] 이러한 국가들의 연령층의 차이가 어떤 제품의 기회를 제시하는가?

나이	United States (%)	Philippines (%)	Japan (%)	Canada (%)
10세 미만	13.4	26.6	9.2	11.3
10–19	14.0	14.0	10.3	13.3
20–29	14.0	14.0	13.3	13.8
30–39	13.7	13.7	14.2	14.5
40–49	15.1	15.1	12.4	16.6
50–59	12.9	12.0	15.0	13.0
60세 이상	16.9	16.9	25.5	17.7

2.6 비교문화 마케팅 전략

이 장 전체를 통해 살펴보았듯이, 가치와 인구통계적 특성에 있어서의 문화 간 차이는 제품과 서비스를 지역적 특성에 적응해야할 필요를 느끼게 한다. 이러한 적응에 관한 용어가 바로 **글로컬라이제이션(glocalization)**이다. 이 용어가 의미하는 것은 글로벌 현지화이다.[124] 비교문화 마케팅 전략이 표준화되어야 하는 정도에 대해서 지속적인 논란이 있다.[125] 표준화 전략은 상당한 비용절감을 가져올 수 있다. 아시아 시장을 위해서 디자인된 Maybelline의 Manhattan line 화장품은 중국, 대만, 홍콩, 태국 그리고 싱가포르에서 동일한 광고를 사용하였다. 이 광고는 짧은 머리와 짧은 드레스를 입은 매력적인 아시아 모델이 맨해튼의 스카이라인 야경을 배경으로 하고 있는 모습이다. 젊음, 아름다움, 세련미에 대한 소구의 이러한 결합은 많은 다른 나라에서도 쓰일 수 있다. 그러나 이 광고가 대부분의 이슬람 국가에서는 적절하지 않고, 금지될 수도 있다.

통일성이 때때로 가능하지만, 기업들은 문화적인 차이를 적용해야만 한다. 이미 앞에서

---

* 청년인구가 많아지면서 취업등의 문제가 발생하기 때문에 청년운동이 발생, 역자 주

소비자 통찰력 2-1

Unilever는 세탁용 제품을 전세계적으로 판매하도록 변화시키다.

Unilever는 미국외 지역에서 세탁용 제품을 매우 성공적으로 마케팅하고 있다. 그 이유는 사업을 하고있는 국가 내의 그리고 국가 간의 기존 및 새로운 요인들에 지속적으로 적응하기 때문이다. 놀랄만한 통계는 "매 30분마다 전세계에서 700만명이 Unilever 제품으로 옷을 세탁하고 있고, 그 중에서 600만명이 손세탁을 하고 있다"는 것이다. 아래는 Unilever의 글로벌 전략과 관련된 7가지의 글로벌 고려사항들을 살펴본 것이다.[137]

- **문화적 동질성**: 글로벌 세탁 산업에서, 이질성(심지어 같은 나라 내에서도)이 발생할 수 있다. 예를 들어, 브라질의 북동지역과 남서지역은 매우 다르다. 하나의 다른 점은 더 가난한 북동지역에서 대부분의 세탁은 손으로 하고 분말 세제보다는 고체형 비누가 더 사용되는 것이다. 좀 더 부유한 북서지역에서는 대부분의 세탁이 세탁기로 이루어지고 있고 세탁 과정에서 고체형 비누보다 분말형 세제가 더 사용되고 있다.
- **욕구**: 손세탁과 기계세탁은 각각 다른 세탁제품에 대한 욕구를 유발한다. 또한, Unilever가 중요하게 초점을 맞추고 있는 개발도상국가에서 세탁제품은 육체적 노동으로 인한 땀, 냄새 그리고 심한 얼룩을 제거하는 것과 관련된 세척력 욕구 충족에 적응하는 것이었다.
- **구매능력**: 분명히 구매능력은 세탁세제의 가격 경쟁력을 결정하는 요인 중의 하나이다. 그러나 Unilever도 손세탁에서 세탁기로의 전환이 대부분 한 나라 혹은 그 지역의 경제적 발전과 관계있다는 사실을 알고 있다. 왜냐하면 경제적 발전이 세탁기의 구매 능력을 결정하기 때문이다. 그렇게 되면 세탁기의 채택은 이미 사용되었던 세탁제품의 형태와 양을 변화시킨다.
- **적합한 가치**: 어떤 자료에 의하면 세척력, 편리성 그리고 환경지속가능성이 세탁제품의 주된 가치측면이며, 이들의 가치는 국가마다 차이가 있다고 한다. Unilever가 활동하고 있는 많은 나라에는, 밖에 나가서 놀지않고 실내에서 게임만하기 때문에 옷이 더러워지지 않는 "닌텐도 키즈(Nintendo Kids)"라고 하는 어린이 세분시장이 있다. 이러한 시장에서 많은 Unilever브랜드들을 위한 핵심전략은 "더러운 것은 좋은 것"이라는 캠페인이다." 이 캠페인은 나가서 놀고 지저분해지는 것이 건강한 어린이로 성장하는 일부…라는 것을 강조하

말레이시아의 KFC 사례를 보았다. McDonald's를 살펴보자:

> McDonald's는 전 세계에서 통일성을 유지하기 위해서 노력했었다. 그러나 지금은 McDonald's는 그들의 제품을 현지에 적합하게 적용시키고 있다-일본에서는 계란 프라이를 버거에 추가하고, 태국에서는 달콤한 바비큐 소스를 첨가한 Samurai pork burger를 제공하였다. 그러나 가장 극적인 변화는 이들이 처음 인도에 진출하였을 때이다. 소고기 100%의 Big Mac 대신 양고기를 이용한 Maharaja Mac을 출시하였다.[126]

McDonald's는 점포 레이아웃도 현지에 적용시켰다. <사진 2-9>에서 보는 것처럼, 이슬람 국가에서는 점포에서 가족과 미혼자의 공간을 분리시켰다.

가치관, 인구통계적 특성과 더불어, 글로벌 브랜드에 대한 태도는 제공물의 현지화 욕구에 영향을 미칠 수 있다. 예를 들어, 높은 수준의 애국심과 민족중심주의는 글로벌 브랜

고 있으며 그리고 "빨래걱정은 Unilever가 하게 하라." 라는 캠페인을 전략으로 사용하고 있다.

- **인프라**: 세탁에서 보편적인 인프라 문제는 뜨거운 물에 대한 접근이다. 개발 도상국가들 중 많은 나라들이 뜨거운 물이나 대량의 물을 사용하기가 어렵다. Unilever는 인도에서 Surf Exel Quick Wash라는 제품으로 대응하였다. 이 세탁세제는 물을 덜 사용하고 낮은 온도의 물에서도 사용가능한 효소에 기반한 제품이다
- **커뮤니케이션**: 유럽사람들은 전통적으로 삶는 방식이 옷을 깨끗하고 멸균할 수 있는 유일한 방법이라는 논거 때문에 뜨거운 물로 옷을 세척하고 있다. 이러한 추세는 Unilever가 더 환경친화적인 제품을 추진하는 것과 그리고 유럽사람들이 에너지를 절약하기 위해서 낮은 온도에서 세탁하기 시작한 것과는 역행하는 것이다. 이러한 변화의 흥미로운 결과는 멸균을 원하는 유럽 사람들이 지금은 항균첨가제를 요구하고 있다는 것이다.
- **윤리적 의미**: 전세계 소비자들이 전자동세탁기로 전환하는 것이 Unilever접근 방식으로 표준화하도록 도와주는 반면, 물사용에 대해서는 중요한 의미를 갖는다. 손세탁과 비교해서 세탁기의 사용은 결정적으로 행굼주기의 회수에 따라서 더 많은 물을 사용할 수 있게 된다. 적은 양의 물을 사용하는 제품으로의 지속적 혁신은 Unilever가 앞으로 다루어야 할 주요한 윤리적 및 성과적 이슈가 될 것이다.

이와 같이 Unilever는 표적시장이 중요한 차원을 따라서 진화함에 따라 지속적으로 혁신하고 적응해야한다.

생각해 볼 문제

1. 경제적 여건이 변하여 세탁기를 구매할 수 있다고 해도 세대적 차이는 어떻게 세탁기의 채택에 영향을 미치는가?
2. 세탁세제의 가격과 세탁세제의 형태(고체형 세제 대 분말형 세제) 외에 어떤 다른 특성이 시장마다 다른 욕구/필요/선호를 충족시키도록 조정해야 한다고 생각하는가?
3. 어떤 핵심가치가 환경지속성 및 그린마케팅과 관련되는가? 이 가치는 국가들마다 문화마다 변하는가?

드에 대해서 더 좁은 시각을 초래하는 것으로 나타나고 있고, 현지화의 극단적 형태를 요구한다.[127] Miller맥주는 특정 시장에서는 특정 지역 브랜드를 새로이 만드는 소위 "현지 친밀감(local intimacy)"이라는 지역고객맞춤전략을 사용한다. 예를 들어, Peru에서:

> Cusquena브랜드의 맥주병은 Inca벽의 모조 돌을 특징으로 하고 있다. Inca 벽은 오늘날까지도 지속되는 Inca 손재주의 최고 수준의 소산물이다.[128]

그 대신 높은 수준의 국제주의와 세계주의는 국제적인 브랜드에 대해서 더욱 긍정적 관점 가능하도록 하고 있고 따라서 더욱 표준화를 허용하고 있다. 일반적으로 대부분의 기업은 표준화와 현지화를 혼합할 것이고 중요한 성공요인은 양자간에 적절한 균형을 달성하는 것이다.

사진 2-9

McDonald's는 Muslim 국가에서 남성과 여성간 교류를 규제하는 문화적 규범을 적응하기 위해서 가족 공간과 독신 공간을 모두 제공한다. 독신 공간은 남성만 이용한다.

1. 해외 시장 접근시의 고려사항

기업이 고려하고 있는 각 지리적 시장에 대해서 7가지 중요한 고려사항이 있다. 이러한 7가지의 변수에 대한 분석은 시장에 진입할지의 여부와 만일 진입한다면 어느 정도나 개별화된 마케팅 전략이 요구되는지에 대한 의사결정에 필요한 배경을 제공한다. 진입하려는 시장에 정통한 소수의 전문가들은 종종 각 변수에 대해서 충분한 정보를 제공할 수 있다.

지역의 문화가 동질적인가 아니면 이질적인가? 마케팅 노력은 주로 정치적 및 경제적 실체로 정의된 지리적 영역을 일반적인 목표로 한다. 법적 요구조건(각 지리적 영역마다 법적 요구가 다르기 때문에)과 기존의 유통경로가 종종 이러한 접근법을 사용하도록 권장하는 것이다. 그러나 이 역시 지리적 혹은 정치적 경계가 기본적으로는 문화적 경계와 유사하다는 것을 암묵적으로 가정하고 있다. 앞서 살펴 본 것처럼 국가의 경계는 일반적으로 동일한 성향이 있다는 것을 반영하지만, 특정국가 내의 차이도 역시 중요하게 고려되어야 한다. 예를 들어, 어떤 조사는 라틴 아메리카에서의 전략은 국가 간(예: 브라질 vs. 칠레) 차이뿐만 아니라 국가 내(종교; 도시 vs. 지역) 차이도 고려할 필요가 있다고 제안하기도 한다.[129]

마찬가지로, 중국은 강한 지역문화, 시골과 도시의 문화를 갖고 있을 뿐만 아니라 중국 내에서도 소득, 연령 그리고 교육과 관련해서 상당한 차이가 있다.[130] 따라서 마케팅 캠페인은 단순히 국가가 아닌 국가내에서의 문화적 및 인구 통계적 집단에 따라서 개발되어야 한다.

이 제품 또는 이와 관련된 제품은 이 문화에서 어떤 욕구를 채워줄 수 있는가? 대부분의 기업들은 기존의 제품 혹은 고려하고 있던 제품 기술을 이용해서 새로운 시장을 알아본다. 기업들이 해결해야 할 문제는 현재 제품이나 수정된 제품이 해당 문화에서 어떤 욕구를 충족시킬 수 있는가이다. 예를 들어, 자전거와 오토바이는 미국에서는 오락의 용도이지만, 많은 다른 국가에서는 교통수단의 역할을 수행한다.

이 제품을 필요로 하는 사람들의 수가 충분하고, 이들이 구매할 능력이 있는가? 초기의 인구 통계적 분석은 제품을 원하는 사람의 수나 가구의 수 그리고 이들이 실제로 제품을 구매할 능력이 있는가를 판단하는 것이 필요하다. 예를 들어, 비록 중국에는 13억 이상의 소비자가 있지만, 서구제품에 효과적인 시장은 전체의 20%미만으로 추정된다.[131] 물론 중국이나 인도와 같은 국가에서 경제적 팽창은 다가오는 미래의 시장 잠재력이 증가할 것으로 기대된다. 또한 이들 국가에서의 마케팅은 안정된 신용, 정부 보조금의 혜택 혹은 덜 비싼 제품의 생산가능성이 고려되어야 한다. 좀 덜 비싼 상품의 생산을 고려한 방법을 중국의 P&G가 사용하였는데, 이들은 상대적으로 낮은 소득의 소비자에게 도달할 수 있도록 설계된 가격차별 시스템을 적용하였다.[132] 실제로 많은 마케터들은 하위 중간계층 시장에서의 성장을 찾고 있다. 예를 들어, 현재의 마케터에게 있어서 월소득이 $600-$2,600인 브라질의 "계층C"가 가장 큰 세분시장이고, 이 고객들에 대한 자동차 판매가 2009년에 50%증가하였다![133]

어떤 가치관이나 가치관 패턴이 이 제품의 구매 및 사용에 적합한가? 본 장의 첫 부분은 소비자행동에서 가치관 및 가치관의 역할에 초점을 두고 있다. 가치관 시스템은 제품의 구매, 소유, 사용 그리고 처분에 대한 영향을 알아보기 위한 조사가 필요하다. 대부분의 마케팅 전략은 이러한 분석에 기초할 것이다.

제품과 관련한 유통업자, 정치적 구조와 법적구조는 어떠한가? 한 국가의 법률 구조는 기업의 마케팅 믹스 각 측면에 영향을 미칠 수 있다. 중국은 최근 성적 소구를 금지하고, 여성용 위생제품과 치질연고와 같은 소위 "불쾌한" 제품의 TV 광고를 식사시간대(가족이 함께 시청할 수 있는 때)에는 금지해 왔다. 중국은 또한 새로운 인터넷 카페의 개설에 대해서도 강하게 규제하고 있다. 영국은 최근 16세 이하의 어린이를 대상으로 하는 정크 푸드 광고를 금지 하였고, 쇼프로에 20분마다 브랜드를 노출시켜서 소비자들에게 브랜드를 상기시키는 간접 광고를 금지하였다. 그리고 브라질은 주류 광고의 양을 제한하는 법을 제정하였다.[134] 이러한 법적 규제는 기업들의 마케팅 노력에 대해서 표준화 접근방법을 사용하려는 것을 제한한다. 중국의 성적 소구 금지는 Manhattan line 화장품의 Maybelline의 아시아 광고에 어떤 영향을 미치는가?

유통에 대한 도전과제도 있다. GM, Nike, Procter & Gamble과 같은 기업은 Chanchun과 같은 소위 중국의 이류도시로 이동하면서 중요한 사실을 알게 되었다. 이류 도시에서의 유통 관행은 서로 다르기 때문에 북경과 같은 일류도시와 비교해 보면 변화를 요구한다.[135]

어떠한 방법으로 우리 제품을 커뮤니케이션 할 수 있는가? 이 질문은 (1) 가능한 매체와 각 매체에 주의를 기울이는 사람 (2) 제품이 충족시켜주는 욕구 (3) 제품 및 제품의 사용과 관련된 가치 (4) 해당 문화의 언어적 및 비언어적 커뮤니케이션 시스템에 대한 조사가 필요하다. 기업의 촉진 믹스-포장, 비기능적 제품 디자인 형태, 인적 판매기술 그리고 광고-의 모든 측면은 위의 네가지 요인에 기반해야 한다.

인터넷은 소비자에게 커뮤니케이션 할 수 있는 자연스러운 매체로 여겨진다. 그러나 인터넷 접속은 실제 온라인에서 구매하는 소비자의 비율이 다양한 것처럼 국가에 따라 다양하다.[136] 더구나 한 연구에 의하면, 웹사이트를 특정 국가에 맞게 구축하는 것은 온라인 마케팅의 성공에 중요하다고 한다. 왜냐하면 구매와 애호도를 유도하는 웹사이트 차원에서 문화적 편차가 있기 때문이다.[136]

해당 국가에서 마케팅의 윤리적 의미는 무엇인가? 모든 마케팅 프로그램은 재무적 차원뿐 아니라 윤리적 차원에서 평가되어야 한다. 본 장의 초반에서 논의 했듯이, 국제 마케팅 활동은 많은 윤리적인 문제를 야기시킨다. 윤리적 차원은 제3세계와 개도국에서의 마케팅에 특히 중요하고 복잡하다. 개도국에 시리얼 아침식사를 소개하려는 Kellogg의 노력을 생각해보자. 윤리적인 분석은 다음과 같은 다양한 요인을 고려할 수 있다.

> 만약 우리가 성공한다면, 평균 영양수준이 증가될 것인가 아니면 감소될 것인가? 만약 우리가 성공한다면, 시리얼에 지출되는 자금이 개인이나 사회에 보다 이익이 되는 장기적인 영향을 줄 수 있는 다른 용도로 전환될 수 있는가? 만약 우리가 성공한다면, 기존에 소비되는 아침식사 제품의 현지 생산자들이 어떠한 영향을 받을 것인가?

이러한 윤리적인 분석은 옳은 것일 뿐 아니라 현지 정부와 경제적 이해 관계자들과의 갈등을 방지해 준다. 국제 마케팅에서 윤리적인 고려를 이해하고 실행하는 것은 어려운 일이다. 그러나 이 역시 필요한 것이다.

<소비자통찰력 2-1>은 Unlever가 세탁용 제품을 세계적으로 마케팅하는데 이러한 고려사항들을 어떻게 다루었는가를 설명하고 있다.

요약

학습목표1: 문화의 개념을 정의한다

문화는 사회구성원으로서 인간에 의해 획득된 지식, 신념, 예술, 법, 도덕, 관습 그리고 그 외 다른 능력을 포함하는 복합적인 전체로 정의된다. 이것은 개인의 사고과정과 행동에 영향을 미치는 거의 모든 것을 포함한다. 문화는 개인행동에 대한 경계를 설정하고 가족과 대중매체와 같은 제도의 기능에 영향을 미친다. 경계 혹은 규범은 문화가치관으로부터 나온다. 가치관은 사회에서 바람직한 것이라고 확언하는 널리 공유되는 신념이다.

학습목표2.: 문화들마다 다양하게 나타나고, 행동에 영향을 미치는 핵심 가치관을 설명한다

문화적 가치관은 다음 세 가지 범주로 분류된다: 타인, 환경, 자아. 타인 지향적 가치관은 한 사회에서 개인과 집단 들간 적절한 관계에 대한 사회적 관점을 반영한다. 이 특성에 적합한 가치관은 개인주의/집단주의, 청년/장년, 확대가족/한정가족, 남성성/여성성, 경쟁적/협력적 그리고 다양성/통일성이 포함된다.

환경지향적 가치관은 경제적, 기술적 그리고 물리적 환경과의 사회적 관계를 규정한다. 환경 가치의 예는 청결, 성과/지위, 전통/변화, 위험 감수/안전, 문제해결/운명적 그리고 자연을 들 수 있다. 자아 지향적 가치관은 사회의 개별구성원이 바람직한 것을 추구하는 인생에 대한 목표와 접근방법을 나타낸다. 이 가치관에는 적극적/소극적, 관능적 희열/금욕, 물질주의/비물질주의, 일(노동)/레저, 지연된 희열/즉각적 희열, 종교적/세속적 등이 포함된다.

학습목표3: 비언어적 커뮤니케이션에서 비교 문화적 차이를 이해한다

비언어적 커뮤니케이션 시스템은 문화가 행동, 이벤트 그리고 물건에 대해서 부여하는 언어외의 임의적 의미이다. 비언어적 커뮤니케이션 변수의 주요 예로는 시간, 공간, 상징, 관계, 계약, 물건 그리고 에티켓이다.

학습목표4: 세계적 청년 문화의 주요 측면들을 정리한다

전 세계의 도시 젊은이들은 적어도 문화의 일부 측면을 공유하고 있다는 증거가 있다. 이 공유문화는 범세계적인 대중매체와 공통된 음악 및 스포츠 스타들에 의해서 추진된다. 새롭게 떠오르는 특징으로는 테크놀로지의 중요성과 미국의 젊은이가 더 이상 세계적 청년문화를 선도하지 않는다는 사실이다.

학습목표 5: 글로벌 인구통계를 이해한다

인구통계는 인구의 규모, 구조 그리고 분포의 관점에서 인구를 설명한다. 인구통계는 문화들마다 상당히 다르고 소비형태 뿐만 아니라 문화 가치관(그리고 이것은 문화들에 의해서 영향을 받음)에 영향을 준다.

학습목표 6: 해외 시장에 진출하기 위해서 결정해야할 주요 차원들을 목록화한다

비교문화 마케팅 전략을 개발하는 데 적합한 7가지 질문이 있다: (1) 지역의 문화가 동질적인가 아니면 이질적인가? (2) 이 제품이 이 문화에서 어떤 욕구를 채워줄 수 있는가? (3) 이 제품을 필요로 하는 사람들의 수가 충분하고 구매할 능력이 있는가? (4) 어떤 가치관이나 가치관 패턴이 이 제품의 구매 및 사용에 적합한가? (5) 제품과 관련한 유통업체, 정치적 구조와 법적 구조는 어떠한가? (6) 어떠한 방법으로 우리 제품을 커뮤니케이션 할 수 있는가? (7) 해당 국가에서 마케팅의 윤리적 의미는 무엇인가?

주요 용어

문화적 가치관(cultural values)
문화(culture)
인구통계(demographics)
환경지향적 가치관(environment-oriented values)
수단적 물질주의(instrumental materialism)
단일시간 관점(monochronic time perspective)
비언어적 커뮤니케이션 시스템(nonverbal communication system)
규범(norms)
타인지향적 가치관(other-oriented values)
개인적 공간(personal space)
복합시간 관점(polychronic time perspective)
권력간격(power distance)
구매력 동기(purchasing power parity:PPP)
제재(sanctions)
자기지향적 가치관(self-oriented values)
최종적 물질주의(terminal materialism)
언어적 커뮤니케이션 시스템(verbal communication system)

참고 문헌

1. Chapter opener based on C. Adese and M. Rueda, "Hello World," *Latin Trade,* July 2006, pp. 51–54; G. Samor, C. Rohwedder, and A. Zimmerman, "Wal-Mart Learns to Adapt to Asian Markets," *The Wall Street Journal Asia,* May 17, 2006, p. 26; E. Treewater, "Consumer Goods and Services in Latin American Distribution Channels," *NoticiasFinancieras,* August 24, 2007, p.1; M. Calicchio, T. Francis, and A. Ramsay, "How Big Retailers Can Serve Brazil's Mass-Market Shoppers," *The McKinsey Quarterly,* 2007, www.mckinseyquarterly.com; J. Arlidge, "Tesco Express Rolls into China," *Sunday Times,* April 13, 2008, p. 10; and http://walmartstores.com, accessed January 29, 2011.
2. See, e.g., M. Fielding, "Special Delivery," *Marketing News,* February 1, 2007, pp. 13–14; and T. Sangkhawasi and L. M. Johri, "Impact of Status Brand Strategy on Materialism in Thailand," *Journal of Consumer Marketing* 24, no. 5 (2007), pp. 275–82.
3. Examples from G. Burton, "Brazilian Lessons on Coolness and Imagination," *Brazzil,* April 2005, accessed April 27, 2008; N. Madden, "How the NFL Intends to Push 'Olive Ball' in China," *Advertising Age,* October 2, 2006, p. 45; I. Rowley, "Lexus," *Businessweek,* March 31, 2008, p. 72; and P. Cloud, "Tokyo Style—Harajuku Streets," *McClatchy-Tribune Business News*, February 1, 2010.
4. N. Madden, "China Cracks Down on TV Talent Competitions," *Advertising Age,* April 3, 2006, p. 14.
5. D. Holt, J. A. Quelch, and E. L. Taylor, "How Global Brands Compete," *Harvard Business Review,* September 2004, pp. 1–8.
6. See S. Mulley, "Young Women's Smoking Crisis Declared in Asia," *Medical Post,* January 11, 2000, p. 68; J. Mackay and M. Eriksen, *The Tobacco Atlas* (Brighton, U.K.: World Health Organization, 2002), pp. 31 and 89; M. E. Goldberg and H. Baumgartner, "Cross-Country Attraction as a Motivation for Product Consumption," *Journal of Business Research* 55 (2002), pp. 901–6; and http://tobaccoatlas.org/consumption.html, accessed January 29, 2011.
7. Mulley, "Young Women's Smoking Crisis Declared in Asia."
8. See, e.g., J. L. Aaker and J. Sengupta, "Additivity versus Attenuation," *Journal of Consumer Psychology* 2 (2000), pp. 67–82; and D. A. Briley, M. W. Morris, and I. Simonson, "Reasons as Carriers of Culture," *Journal of Consumer Research,* September 2000, pp. 157–77.
9. T. Parker-Pope, "Custom-Made," *The Wall Street Journal,* September 26, 1996, p. R22; see also M. Fielding, "Walk the Line," *Marketing News,* September 1, 2006, pp. 8–10.
10. "At Cricket Event, U.S. Cheerleaders Shake India's Conservative Values," *SI.com,* April 30, 2008, www.si.com, accessed April 30, 2008.
11. For this and other global missteps, see M. D. White, *A Short Course in International Marketing Blunders* (Petaluma, CA: World Trade Press, 2002).
12. "It's a Grande-Latte World," *The Wall Street Journal,* December 15, 2003, p. B1.
13. G. Hofstede, *Culture's Consequences,* 2nd ed. (Thousand Oaks, CA: Sage, 2001).
14. Z. Gurhan-Canli and D. Maheswaran, "Cultural Variations in Country of Origin Effects," *Journal of Marketing Research,* August 2000, pp. 309–17.
15. C. Pornpitakpan and J. N. P. Francis, "The Effect of Cultural Differences, Source Expertise, and Argument Strength on Persuasion," *Journal of International Consumer Marketing* 1 (2001), pp. 77–101.
16. H. Ko, M. S. Roberts, and C. Cho, "Cross-Cultural Differences in Motivations and Perceived Interactivity," *Journal of Current Issues and Research in Advertising*, Fall 2006, pp. 93–104.
17. K. Schoefer, "Cultural Moderation in the Formation of Recovery Satisfaction Judgments," *Journal of Service Research* 13, no. 1 (2010), pp. 52–64.
18. J. E. M. Steenkamp, F. Ter Hofstede, and M. Wedel, "A Cross-National Investigation into the Individual and National Cultural Antecedents of Consumer Innovativeness," *Journal of Marketing,* April 1999, pp. 55–69; and I. S. Yaveroglu and N. Donthu, "Cultural Differences on the Diffusion of New Products," *Journal of International Consumer Marketing* 14, no. 4 (2002), pp. 49–63.
19. S. M. Choi, W. Lee, and H. Kim, "Lessons from the Rich and Famous," *Journal of Advertising,* Summer 2005, pp. 85–98.
20. N. Y. Wong and A. C. Ahuvia, "Personal Taste and Family Face," *Psychology & Marketing,* August 1998, pp. 423–41.
21. C. Robinson, "Asian Culture," *Journal of the Market Research Society,* January 1996, pp. 55–62.
22. T. Erdem, J. Swait, and A. Valenzuala, "Brands as Signals," *Journal of Marketing*, January 2006, pp. 34–49.
23. T. Sun, M. Horn, and D. Merritt, "Values and Lifestyles of Individualists and Collectivists," *Journal of Consumer Marketing* 21, no. 5 (2004), pp. 318–31.
24. See, e.g., J. Zhang and S. Shavitt, "Cultural Values in Advertisements to the Chinese X-Generation," *Journal of Advertising* 32, no. 1 (2003), pp. 23–33.
25. "Global Teen Culture," *Brand Strategy,* January 2003, pp. 37–38.
26. J. Bowman, "Asian Women Put on a New Face," *Media,* April 17, 2008, p. 22.
27. See, e.g., K. C. C. Yang, "The Effects of Allocentrism and Idiocentrism on Consumers' Product Attribute Evaluation," *Journal of International Consumer Marketing* 16, no. 4 (2004), pp. 63–84.
28. B. Barak et al., "Perceptions of Age-Identity," *Psychology & Marketing,* October 2001, pp. 1003–29; C. A. Lin, "Cultural Values Reflected in Chinese and American Television Advertising," *Journal of Advertising,* Winter 2001, pp. 83–94; and D. H. Z. Khairullah and Z. Y. Khairullah, "Dominant Cultural Values," *Journal of Global Marketing* 16, no. 1/2 (2002), pp. 47–70.
29. P. L. Andruss, "Groups Make Fruits Apple of Taiwan's Eye," *Marketing News,* December 4, 2000, p. 5.
30. H. Fattah, "The New Arab Consumer," *American*

Demographics, September 2002, p. 58.

31. M. Kalliny and L. Gentry, "Cultural Values Reflected in Arab and American Television Advertising," *Journal of Current Issues and Research in Advertising,* Spring 2007, pp. 15–32.
32. A. Shoham and V. Dalakas, "Family Consumer Decision Making in Israel," *Journal of Consumer Marketing* 20, no. 3 (2003), pp. 238–51; and M. Laroche et al., "How Culture Matters in Children's Purchase Influence," *Journal of the Academy of Marketing Science* 35 (2007), pp. 113–126.
33. J. S. Wimalasiri, "A Comparison of Children's Purchase Influence and Parental Response in Fiji and the United States," *Journal of International Consumer Marketing* 4 (2000), pp. 55–73. See also J. S. Wimalasiri, "A Cross-National Study on Children's Purchasing Behavior and Parental Response," *Journal of Consumer Marketing* 21, no. 4 (2004), pp. 274–84.
34. M. F. Ji and J. U. McNeal, "How Chinese Children's Commercials Differ from Those of the United States," *Journal of Advertising,* Fall 2001, pp. 79–92; K. Chan and J. U. McNeal, "Parent–Child Communications about Consumption and Advertising in China," *Journal of Consumer Marketing* 20, no. 4 (2003), pp. 317–34; and "Little Emperors," *Fortune,* October 4, 2004, pp. 138–50.
35. L. Chang, "The New Stresses of Chinese Society Shape a Girl's Life," *The Wall Street Journal,* December 4, 2003, pp. A1, A13.
36. P. Kotler, S. W. Ang, and C. T. Tan, *Marketing Management: An Asian Perspective* (Singapore: Prentice Hall Pergamon, 1996), p. 524. But see M. Liu, "China's Empty Nest," *Newsweek*, March 10, 2008, p. 41, for evidence of how this is changing among younger generations of Chinese.
37. M. Viswanathan, T. L. Childers, and E. S. Moore, "The Measurement of Intergenerational Communication and Influence on Consumption," *Journal of the Academy of Marketing Science,* Summer 2000, pp. 406–24.
38. M. Kripalani, "Here Come the Wal-Mart Wannabes," *BusinessWeek,* April 4, 2005, p. 56.
39. See F. S. Al-Olayan and K. Karande, "A Content Analysis of Magazine Advertisements from the United States and the Arab World," *Journal of Advertising,* Fall 2000, pp. 69–82.
40. L. Wentz, "U.S. Military Goes Native in Afghanistan Ad Push," *Advertising Age,* April 12, 2010, pp. 1, 20.
41. S. M. Sidin et al., "The Effects of Sex Role Orientation on Family Purchase Decision Making in Malaysia," *Journal of Consumer Marketing* 21, no. 6 (2004), pp. 381–90; and "Rate of Chinese Businesswomen Higher Than World Average," *China Daily,* March 20, 2005, www.chinadaily.com.
42. L. M. Milner and J. M. Collins, "Sex-Role Portrayals and the Gender of Nations," *Journal of Advertising,* Spring 2000, pp. 67–78; and G. Fowler, "China Cracks Down on Commercials," *The Wall Street Journal,* February 19, 2004, p. B7.
43. E. Hall, "U.K. Politicians Court Mommy Bloggers," *Advertising Age,* February 18, 2010.
44. K. Simon, "A Rare Mexican Mania Over a Female Sporting Icon Ana Guevara May Like to Be Seen as an Inspiration to Girls Back Home," *Financial Times,* September 21, 2002, p. 24.
45. L. Y. Sin and O. H. Yau, "Female Role Orientation and Consumption Values," *Journal of International Consumer Marketing* 13, no. 2 (2001), pp. 49–75.
46. L. Y. M. Sin and O. H. M. Yau, "Female Role Orientation of Chinese Women," *Psychology & Marketing,* December 2004, pp. 1033–58.
47. For a related discussion, see M. de Mooij, *Global Marketing and Advertising* (Thousand Oaks, CA: Sage, 1998), pp. 252–53.
48. See Miller, "You Just Can't Talk to These Kids," p. 106; P. Sellers, "Pepsi Opens a Second Front," *Fortune,* August 8, 1994, pp. 70–76; and N. Donthu, "A Cross-Country Investigation of Recall of and Attitude toward Comparative Advertising," *Journal of Advertising,* Summer 1998, pp. 111–22.
49. See M. de Mooij, *Consumer Behavior and Culture* (Thousand Oaks, CA: Sage, 2004), pp. 162–64. For a discussion of how language can influence accessibility of cultural values, see D. A. Briley, M. W. Morris, and I. Simonson, "Cultural Chameleons," *Journal of Consumer Psychology* 15, no. 4 (2005), pp. 351–62.
50. T. Sun, M. Horn, and D. Merritt, "Values and Lifestyles of Individualists and Collectivists."
51. L. Shannahan, "Bugging Out over Germs," *Brandweek,* November 22, 2004, p. 17.
52. See, e.g., V. Kurian, "'Hand Wash' Campaign in Kerala Raises a Stink," *Businessline,* November 6, 2002, p. 1.
53. J. L. Watson, *Golden Arches East* (Stanford, CA: Stanford University Press, 1997).
54. R. Mandhachitara, R. M. Shannon, and C. Hadjicharalambous, "Why Private Label Grocery Brands Have Not Succeeded in Asia," *Journal of Global Marketing* 20, no. 2/3 (2007), pp. 71–87.
55. Lin, "Cultural Values Reflected in Chinese and American Television Advertising"; and Khairullah and Khairullah, "Dominant Cultural Values"; and S. Okazaki and B. Mueller, "An Analysis of Advertising Appeals Employed in Japanese and American Print Advertising—Revisited"; and S. Biswas, M. Hussain, and K. O'Donnel, "Celebrity Endorsements in Advertisements and Consumer Perceptions," *Journal of Global Marketing* 22 (2009), pp. 121–37.
56. N. Madden, "In China, Multinationals Forgo Adaptation for New-Brand Creation," *Advertising Age,* January 17, 2011.
57. For a related dimension, see S. Shavitt et al. "The Horizontal/Vertical Distinction in Cross-Cultural Consumer Research," *Journal of Consumer Psychology* 16, no. 4 (2006), pp. 325–56.
58. Pornpitakpan and Francis, "The Effect of Cultural Differences, Source Expertise, and Argument Strength on Persuasion"; see also B. R. Barnes et al., "Investigating the Impact of International Cosmetics Advertising in China," *International Journal of Advertising* 23 (2004), pp. 361–87.
59. C. Pornpitakpan, "Factors Associated with Opinion Seeking," *Journal of Global Marketing* 17, no. 2/3 (2004), pp. 91–113.
60. N. R. Buchan, R. T. A. Croson, and E. J. Johnson, "When Do Fair Beliefs Influence Bargaining Behavior?" *Journal of Consumer Research,* June 2004, pp. 181–90.
61. D. Kim, Y. Pan, and H. S. Park, "High-versus Low-Context Culture," *Psychology & Marketing,* September 1998, pp. 507–21.

62. Z. Caillat and B. Mueller, "The Influence of Culture on American and British Advertising," *Journal of Advertising Research,* May–June 1996, pp. 79–88; and Lin, "Cultural Values Reflected in Chinese and American Television Advertising."

63. Zhang and Shavitt, "Cultural Values in Advertisements to the Chinese X-Generation."

64. C. Riegner, "Wired China," *Journal of Advertising Research,* December 2008, pp. 496–505.

65. G. Parker, "Going Global Can Hit Snags," *The Wall Street Journal,* June 16, 2004, p. B1.

66. Steenkamp, Ter Hofstede, and Wedel, "A Cross-National Investigation into the Individual and National Cultural Antecedents of Consumer Innovativeness"; Pornpitakpan and Francis, "The Effect of Cultural Differences, Source Expertise, and Argument Strength on Persuasion"; J. M. Jung and J. J. Kellaris, "Cross-National Differences in Proneness to Scarcity Effects," *Psychology & Marketing,* September 2004, pp. 739–53; and T. Erdem, J. Swait, and A. Valenzuala, "Brands as Signals."

67. See, e.g., P. Raven and D. H. B. Welsh, "An Exploratory Study of Influences on Retail Service Quality," *Journal of Services Marketing* 18, no. 3 (2004), pp. 198–214.

68. W. L. Chang and P. Lii, "Luck of the Draw," *Journal of Advertising Research,* December 2008, pp. 523–30; and E. Coggins, "The New Asian Tiger Leadership Style," *suite101 .com,* accessed February 5, 2011.

69. "Quiet Motorcycle Seeks Added Vroom," *CNN.com,* March 17, 2005, www.cnn.com.

70. T. S. Chan, "Concerns for Environmental Issues," *Journal of International Consumer Marketing* 1 (1996), pp. 43–55.

71. R. Y. K. Chan, "Determinants of Chinese Consumers' Green Purchase Behavior," *Psychology & Marketing,* April 2001, pp. 389–413; and K. Lee, "Gender Differences in Hong Kong Adolescent Consumers' Green Purchase Behavior," *Journal of Consumer Marketing* 26, no. 2 (2009), pp. 87–96.

72. "Saudis and Americans," *NOP World* (New York: United Business Media), January 6, 2003, www.nopworld.com.

73. S. L. M. So, "A Comparative Content Analysis of Women's Magazine Advertisements from Hong Kong and Australia on Advertising Expressions," *Journal of Current Issues and Research in Advertising,* Spring 2004, pp. 47–58; and Khairullah and Khairullah, "Dominant Cultural Values."

74. K. Chen and L. Chang, "China Takes Aim at Racy, Violent TV Shows," *The Wall Street Journal,* May 24, 2004, p. B1.

75. C. Webster and R. C. Beatty, "Nationality, Materialism, and Possession Importance," *Advances in Consumer Research,* vol. 24, ed. Bruck and MacInnis, pp. 204–10.

76. K. Chan and G. P. Prendergast, "Social Comparison, Imitation of Celebrity Models and Materialism Among Chinese Youth," *International Journal of Advertising* 27, no. 5 (2008), pp. 799–826; and J. S. Podoshen, L. Li, and J. Zhang, "Materialism and Conspicuous Consumption in China," *International Journal of Consumer Studies* 35 (2011), pp. 17–25

77. J. E. Workman and S. H. Lee, "Materialism, Fashion Consumers, and Gender," *International Journal of Consumer Studies* 35 (2011), pp. 50–57.

78. P. Paul, "Global Generation Gap," *American Demographics,* March 2002, pp. 18–19.

79. "Work Hard? Play Hard? It's Not the Countries You Might Think," *NOP World* (New York: United Business Media), November 8, 2004, www.nopworld.com.

80. G. Hofstede et al., "What Goals Do Business Leaders Pursue?" *Journal of International Business Studies* 33, no. 4 (2002), pp. 785–803.

81. de Mooij and Hofstede, "Convergence and Divergence in Consumer Behavior."

82. See S. S. Al-Makaty, "Attitudes toward Advertising in Islam," *Journal of Advertising Research,* May–June 1996, pp. 16–25; and "Saudis and Americans."

83. See, e.g., D. S. Waller, K. S. Fam, and B. Z. Erdogan, "Advertising of Controversial Products," *The Journal of Consumer Marketing* 22, no. 1 (2005), pp. 6–18.

84. "Dogpile," *Kwintessential,* www.kwintessential.co.uk/translation/articles/cross-cultural-issues.htm, accessed March 20, 2005.

85. See S. Zhang and B. H. Schmitt, "Creating Local Brands in Multilingual International Markets," *Journal of Marketing Research,* August 2001, pp. 313–25.

86. D. L. Vence, "Proper Message, Design in Global Markets Require Tests," *Marketing News,* September 1, 2006, pp. 18, 24.

87. See M. F. Toncar, "The Use of Humor in Television Advertising," *International Journal of Advertising* 20 (2001), pp. 521–39.

88. See N. Spears, X. Lin, and J. C. Mowen, "Time Orientation in the United States, China, and Mexico," *Journal of International Consumer Marketing* 1 (2001), pp. 57–75.

89. L. A. Manrai and A. K. Manrai, "Effect of Cultural-Context, Gender, and Acculturation on Perceptions of Work versus Social/Leisure Time Usage," *Journal of Business Research,* February 1995, pp. 115–28; J. D. Lindquist and C. F. Kaufman-Scarborough, "Polychronic Tendency Analysis," *Journal of Consumer Marketing* 21, no. 5 (2004), pp. 332–42; and G. H. Brodowsky et al., "If Time is Money Is It a Common Currency?" *Journal of Global Marketing* 21, no. 4 (2008), pp. 245–57.

90. M. Lee and F. M. Ulgado, "Consumer Evaluations of Fast-Food Services," *Journal of Services Marketing* 1 (1997), pp. 39–52; and G. H. Brodowsky and B. B. Anderson, "A Cross-Cultural Study of Consumer Attitudes toward Time," *Journal of Global Marketing* 3 (2000), pp. 93–109.

91. de Mooij, *Global Marketing and Advertising.*

92. Ibid., p. 71.

93. See M. Chapman and A. Jamal, "Acculturation," *Advances in Consumer Research,* vol. 24, ed. Bruck and MacInnis, pp. 138–44.

94. From White, *A Short Course in International Marketing Blunders,* p. 39.

95. R. Bjerke and R. Polegato, "How Well Do Advertising Images of Health and Beauty Travel across Cultures?" *Psychology & Marketing,* October 2006, pp. 865–84.

96. See also de Mooij, *Global Marketing and Advertising;* and T. J. Madden, K. Hewett, and M. S. Roth, "Managing Images in Different Cultures," *Journal of International Marketing* 8, no. 4 (2000), pp. 90–107.

97. P. A. Herbig and H. E. Kramer, "Do's and Don'ts of Cross-Cultural Negotiations,'' *Industrial Marketing Management* 4 (1992), p. 293; see also P. Fan and Z. Zigang, "Cross-Cultural Challenges When Doing Business in China," *Singapore Management Review* 26, no. 1 (2004), pp. 81–90.

98. M. Ewing, A. Caruana, and H. Wong, "Some Consequences of *Guanxi,*" *Journal of International Consumer Marketing* 4 (2000), p. 77. See also F. Balfour, "You Say *Guanxi*, I Say Schmoozing," *BusinessWeek*, November 19, 2007, pp. 84–85.

99. M. Willis, "Tradition Versus Change," *Journal of Global Marketing* 22 (2009), pp. 67–89. See also F. F. Gu, K. Hung, and D. K. Tse, "When Does *Guanxi* Matter?" *Journal of Marketing*, July 2008, pp. 12–28.

100. Fan and Zigang, "Cross-Cultural Challenges When Doing Business in China," p. 85; and N. J. White and J. Lee, "Dispute Resolution in the Korean and U.S. Markets," *Mid-American Journal of Business* 19, no. 2 (2004), pp. 23–30.

101. G. Brewer, "An American in Shanghai," *Sales and Marketing Management,* November 1997, p. 42.

102. See H. McDonald, P. Darbyshire, and C. Jevons, "Shop Often, Buy Little," *Journal of Global Marketing* 4 (2000), pp. 53–72; and A. G. Abdul-Muhmin, "The Effect of Perceived Seller Reservation Prices on Buyers' Bargaining Behavior in a Flexible-Price Market," *Journal of International Consumer Marketing* 3 (2001), pp. 29–45.

103. C. Miller, "Not Quite Global," *Marketing News,* July 3, 1995, p. 9.

104. S. Y. Park, "A Comparison of Korean and American Gift-Giving Behaviors," *Psychology & Marketing,* September 1998, pp. 577–93.

105. A. Joy, "Gift Giving in Hong Kong and the Continuum of Social Ties," *Journal of Consumer Research,* September 2001, pp. 239–54. See also J. Wang, F. Piron, and M. V. Xuan, "Faring One Thousand Miles to Give Goose Feathers," *Advances in Consumer Research,* vol. 28, ed. M. C. Gilly and J. Meyers-Levy (Provo, UT: Association for Consumer Research, 2001), pp. 58–63.

106. M. K. Hui and K. Au, "Justice Perceptions of Complaint Handling," *Journal of Business Research* 52 (2001), pp. 161–73; and C. A. Voss et al., "A Tale of Two Countries' Conservatism, Service Quality, and Feedback on Customer Satisfaction," *Journal of Service Research,* February 2004, pp. 212–30.

107. M. Fong, "Chinese Charm School," *The Wall Street Journal,* January 13, 2004, pp. B1, B6.

108. B. D. Keillor, M. D'Amico, and V. Horton, "Global Consumer Tendencies," *Psychology & Marketing,* January 2000, pp. 1–19; and F. Ter Hofstede, M. Wedel, and J. E. M. Steenkamp, "Identifying Spacial Segments in International Markets," *Marketing Science,* Spring 2002, pp. 160–77.

109. C. Edy, "The Olympics of Marketing," *American Demographics,* June 1999, pp. 47–48.

110. "Little Emperors," p. 143.

111. S. Hamm, "Children of the Web," *BusinessWeek,* July 2, 2007, pp. 50–58.

112. "Global Youth Panel," *NGT,* www.nextgreatthing.com, accessed May 5, 2008.

113. N. Madden, "Levi's Enjoys 'Rebirth' on the Web in Asia," *Advertising Age,* April 19, 2004, p. N-10.

114. C. Walker, "Six Seismic Shifts in Global Teen Culture," *Chief Marketer,* www.chiefmarketer.com, accessed February 6, 2011.

115. L. Bertagnoli, "Continental Spendthrifts," *Marketing News,* October 22, 2001, p. 15.

116. N. Madden, "Coke Targets Second Cities," *Advertising Age,* August 16, 2004, p. 22.

117. See, e.g., L. Tong, "Consumerism Sweeps the Mainland," *Marketing Management,* Winter 1998, pp. 32–35; J. Slater, "In India, a Market Unleashed," *The Wall Street Journal,* March 12, 2004, p. A13; and N. Madden, "China Passes Japan as Second-Largest Economy," *Advertising Age,* August 25, 2010.

118. "Picturing a World of Want," *Newsweek,* May 5, 2008, p. 7.

119. J. L. Lee, "China Senses Need for Cleaner Fuel," *The Wall Street Journal,* December 11, 2003, p. A16.

120. *The World Factbook* (Washington, DC: Central Intelligence Agency, 2008).

121. *2005 International Comparison Program,* International Bank for Reconstruction and Development/The World Bank, 2008, www.worldbank.org/data/quickreferences (per capita income in U.S. dollars; per capita PPP in international dollars).

122. *Statistical Abstract of the United States,* 2010, www.census.gov; *2010 Philippine Statistical Yearbook* (Makati City: National Statistical Information Center, 2010), p. 1.18; *Statistics Canada,* 2004, www.statcan.ca; *Japan Statistical Yearbook,* 2009, www.stat.go.jp, Census of India 2001.

123. H. Fattah, "The Middle East Baby Boom," *American Demographics,* September 2002, pp. 55–60.

124. A. Esser, "The Transnationalization of European Television," *Journal of European Area Studies* 10, no. 1 (2002), pp. 13–29.

125. See, e.g., de Mooij and Hofstede, "Convergence and Divergence in Consumer Behavior"; and A. Kanso and R. A. Nelson, "Advertising Localization Overshadows Standardization," *Journal of Advertising Research,* January–February 2002, pp. 79–89.

126. "When in Rome . . . ," *Businessline,* April 15, 2004, p. 1.

127. I. Vida and J. Reardon, "Domestic Consumption," *Journal of Consumer Marketing* 25, no. 1 (2008), pp. 34–44; L. Dong and K. Tian, "The Use of Western Brands in Asserting Chinese National Identity," *Journal of Consumer Research,* October 2009, pp. 504–23; M. O. Lwin, A. Stanaland, and J. D. Williams, "Exporting America," *International Journal of Advertising* 29, no. 2 (2010), pp. 245–77; and A. A. Maher, P. Clark, and A. Maher, "International Consumer Admiration and the Persistence of Animosity," *Journal of Consumer Marketing* 27, no. 5 (2010), pp. 415–24.

128. E. J. Schultz, "MillerCoors Thinks Globally, But Gets 'Intimate' Locally," *Advertising Age,* October 4, 2010, pp. 1, 19.

129. C. Rubel, "Survey," *Marketing News,* July 15, 1996, p. 5;

and D. Barros, "Create Unique Strategy for Each Brazilian Culture," *Marketing News,* September 1, 2004, pp. 17–18.

130. G. Cui, "Segmenting China's Consumer Market," *Journal of International Consumer Marketing* 1 (1999), pp. 55–76; and T. Sun and G. Wu, "Consumption Patterns of Chinese Urban and Rural Consumers," *Journal of Consumer Marketing* 21, no. 4 (2004), pp. 245–53.

131. P. L. Andruss, "Slow Boat to China," *Marketing News,* September 10, 2001, p. 11.

132. N. Madden and J. Neff, "P&G Adapts Attitude toward Local Markets," *Advertising Age,* February 23, 2004, p. 28.

133. C. Penteado, "Emerging Lower Middle Class Fires Up Marketers in Brazil," *Advertising Age,* June 14, 2010, p. 12.

134. Examples come from Chen and Chang, "China Takes Aim at Racy, Violent TV Shows"; G. A. Fowler, "China Cracks Down on Commercials," *The Wall Street Journal,* February 19, 2004, p. B7; "Molson Airs Ad under New Rules," *Advertising Age,* February 23, 2004, p. 12; "China Bans Opening New Internet Cafes," *CNN.com,* March 2006, www.cnn.com; E. Hall, "In Europe, the Clash Over Junk-Food Ads Heats Up," *Advertising Age,* March 5, 2007, p. 32; and E. Hall, "U.K. to Tighten Regulations for Paid Tweets, Sponsored Posts," *Advertising Age,* January 13, 2011.

135. N. Madden, "Lower-Tier Cities Offer Most Growth," *Advertising Age,* June 23, 2010.

136. P. D. Lynch, R. J. Kent, and S. S. Srinivasan, "The Global Internet Shopper," *Journal of Advertising Research,* May–June 2001, pp. 15–23.

137. Sources include "Unilever in Brazil (1997–2007): Marketing Strategies for Low-Income Consumers," *Insead,* 2007; E. Wong, "Unilever's True Grit," *Mediaweek,* May 25, 2008, p. 19/21; C. Challener, "Developing and Industrialized Nations Present Diverse Opportunities for Innovation and Growth in Laundry Products," *ICIS Chemical Business,* June 18, 2008; K. Capell, "Unilever's Laundry Biz Is Greener and Growing," *BusinessWeek Online,* December 29, 2008; J. Neff, "The Dirt on Laundry Trends Around the World," *Advertising Age,* June 14, 2010, p. 8; and Unilever's corporate website www.unilever.com.

Chapter Three

3 변화하는 미국사회: 가치관

학습목표

L01 미국의 핵심적인 문화적 가치관을 이해한다

L02 자아 지향적 가치관, 환경 지향적 가치관 그리고 타인지향적 가치관의 변화를 정리한다

L03 그린 마케팅과 관련된 가치관에 대하여 논의한다.

L04 대의명분 마케팅과 관련된 가치관을 알아본다

L05 게이 및 레즈비언 소비자에 대한 마케팅과 관련된 가치관을 토의한다.

L06 성별기반 마케팅과 관련된 가치관을 알아본다.

미국에서 성역할은 계속해서 진화하고 있다. 더 많은 여성들이 전통적으로 남성지향적이었던 일을 담당하고, 더 많은 남성들이 전통적으로 여성지향적이었던 일을 담당하고 있다.[1] 최근 마케터의 관심을 끄는 한 영역이 바로 식료품 쇼핑이다. 최근 Yahoo!의 조사는 미국 성인 남성의 51%가 가족을 위한 식료품의 주요 쇼핑객이라는 것을 알아냈다. 이러한 남성들의 쇼핑참여를 과장해서 주장할 수도 있지만, 다른 조사 결과를 보더라도 실제로 남성들이 과거 어느 때보다 더 식료품 쇼핑 활동에 관여되어 있는 것을 알 수 있다. 당신은 무엇이 이러한 변화를 초래했는지 궁금할 것이다. 많은 요인들이 이 현상에 관련되어 있는데, 이들 중 몇 가지만 살펴보자. 첫째, 세대의 변화이다. 젊은 여성들은 현재 젊은 남성 배우자 보다 더 많은 교육을 받았다. 이는 직업의 경험과 가족의 역학관계를 변화시키고 있고, 부부로 하여금 어떻게 가구내 역할 의무가 나누어지는가를 다시 생각하도록 만든다. 둘째는 경제적 측면이다. 가장 최근에 있었던 경제적 불황으로 남성들이 가지고 있었던 직업 4개 중 거의 3개가 사라졌고, 이 때문에 가구내 의무역할을 재고해야 하는 또 다른 역학관계가 만들어 졌다. 세번째는 남성성/여성성에 대한 가치관 자체이다. 미국에서 이 가치관은 남성주도적인 가치관으로부터 균형잡힌 남성성/여성성 가치관으로 전환하고 있다. 이러한 전환으로 남성과 여성의 역할차별은 줄어들었다. 다음 인용을 생각해보자:

> 남성중심적 문화에서의 가사업무는 여성중심적인 문화에서는 부부간의 공유가 된다. 반대로 남성들도 여성중심적 문화에서 더 많이 가사에 관련된 쇼핑을 한다. Eurostat 자료에 의하면 낮은 남성성이 쇼핑 활동에 시간을 소비하는 남성비율이 높아진 이유의 52%를 설명한다고 한다.

식료품 쇼핑 활동에 남성의 참여가 증가한다는 것을 고려하면, 몇가지 마케팅 요소들이 중요해진다. 첫 번째는 남성과 여성의 쇼핑 방법의 차이를 이해하는 것이다. 최근의 RIVET서베이는 다음과 같은 차이를 지적하고 있다:

> 남성은 (a) 자신들이 알고 있는 브랜드 이름을 고수하는 성향이 더 높고, (b) 쇼핑 목록을 갖고 쇼핑하는 성향은 낮고 그리고 (c) 점포 내 바겐세일을 찾는 성향이 낮다
>
> 여성은 (a) 다양성을 추구할 목적으로 브랜드를 바꾸는 성향이 높고 (b) 비계획적 구매를 하는 성향이 높고 그리고 (c) 모든 쇼핑경로에서 쇼핑하는 성향이 강하다.

이러한 차이는 쿠폰의 역할(아마도 남성들에게 덜 두드러질 것이다)부터 유통업체 브랜드의 소구(아마도 여성들에게 더 두드러질 것이다)까지 소매점에 중요한 의미를 준다. 식료품 소매점은 이러한 차이를 이해하는 것이 중요하다. 두 번째로 중요한 마케팅 요소는 남성들에 대한 식료품 소매점의 여러 가지 측면을 조정하는 것이다. 여기에는 식료품에 있어서의 점포 레이아웃, 점포내 촉진 그리고 광고가 포함된다. 예를 들어, 맥주 시음의 밤(beer tasting night)과 같이 남성들의 관심을 끌 수 있는 "테마가 있는 이벤트"가 남성들로 하여금 식료품 쇼핑활동에 더 관여하도록 하는데 도움을 줄 수 있다. 무료 샘플의 제공도 효

과적일 수 있다.

왜냐하면 남성들은 이러한 활동을 브랜드 전환의 중요한 이유로 제시하기 때문이다. 마지막으로 광고에 남성 지향적 주제를 적절히 포함시키는 것이 중요하다. 현재는 남성의 1/4만이 식료품 범주의 광고가 남성들을 대상으로 설계되어 있다고 느끼고 있다.

제2장에서는 가치관의 다양한 형태가 문화에 따라서 소비패턴에 어떻게 영향을 미치는가를 설명한다. 이 장에서는 시간이 흐름에 따라 가치관의 변화가 **한 문화** 내에서(특히 미국문화) 소비패턴에 어떻게 영향을 미치는가를 설명하려고 한다. 미국 사회에서 여성의 변화하는 역할은 제2장에서 설명된 "남성성/여성성" 가치관에 반영되었다. 문화적 가치관이 불변하는 것은 분명히 아니다. 오히려 시간이 지남에 따라 진화한다. 이 장의 첫 번째 절에서는 일반적인 미국 가치관의 진화를 알아볼 것이다. 이어서 변화되는 가치관에 대응하기 위한 진화하는 4가지 마케팅 추세(그린 마케팅, 대의명분 마케팅, 게이소비자에 대한 마케팅 그리고 성별기반 마케팅)를 알아본다.

3.1 미국의 문화적 가치관의 변화

소비자행동을 포함해서, 관찰 가능한 행동 변화는, 일반적으로 바람직하다고 주장되는 신념인 문화적 가치관의 변화를 반영한다. 그러므로 기존의 소비자행동과 미래의 소비자행동을 이해하기 위해서는 근본적인 가치관의 변화를 이해할 필요가 있다. 따라서 남성지배적 가치관으로부터 거의 대등한 남성적/여성적 가치관으로의 변화는 남성과 여성 모두의 소비행동에서 많은 변화를 야기시켰다. <소비자 통찰력 3-1>은 미국에서 유기농 식품 소비의 진화하는 추세를 설명하고 있다. 어떤 문화적 가치관들이 이의 기초가 되고 있는지 그리고 어떻게 이들이 진화하고 있는지를 아는 것이 이런 추세와 미래 방향에 대한 이해를 높일 것이다.

우리가 마치 미국인들이 모두 같은 가치관을 갖고 있는 것처럼 설명하지만, 사실 개인과 집단마다 가치관에 상당한 차이가 있다. 또한 가치관의 변화는 개인과 집단에 따라서 서서히 그리고 다양하게 발생하는 경향이 있다. 2001년 9월 11일의 World Trade Center와 Pentagon의 피격, 그 결과로 인한 군사적 행동과 같은 충격적 사건은 가치관의 급격한 변화를 가져올 수 있지만, 느린 진화가 더 보편적이다. 따라서 이런 사건에 대응하는 단기적인 행동적 혹은 태도적 변화가 장기적으로 지속하는 가치관 변화를 나타낸다는 가정은 주의해야 한다.

<그림 3-1>은 어떻게 미국인 가치관이 변화하고 있는가에 대한 전망을 보여준다. 이것들은 제2장에서 다양한 문화를 설명하는데 사용되었던 것과 같은 가치관이다. <그림 3-1>은 미국 사회에 대한 저자의 주관적 해석에 근거하고 있다. 따라서 당신은 이러한 판단에 자유롭게 도전해도 좋다.

1. 자아 지향적 가치관

전통적으로 미국인들은 적극적이고, 물질주의적이고, 근면하고 그리고 절제적이고 금욕적

소비자 통찰력 3-1

유기농이 본 궤도에 오르다

유기농 식품이 미국음식의 변방에서 주류로 이동하고 있다.[3] USDA(미국농무부)는 식품라벨에 유기농이라는 용어를 사용하기 위해서 2002년에 전국적인 기준을 만들어 시행하였다. "유기농" 라벨이 붙어있는 식품은 구충제, 제초제 그리고 항생제 사용금지와 같은 구체적인 지침을 따라야 한다. USDA기준을 충족하는 식품 브랜드는 공식적으로 인증되는 것이며, 이는 소비자 신뢰도를 높인다. 인증으로 인한 소비자 신뢰의 증가는 이 제품범주의 소비증가를 두 자리 수로 만들었다. 미국의 유기농 판매는 현재 250억 달러인데, 이를 1997년의 40억 달러와 비교해보면 매우 증가한 것이다. 유기농의 주요 흐름은 여러 면에서 확인될 수 있다. 첫째, 작년에 대략적으로 미국인의 2/3가 유기농 식품을 시도하였고, 반 이상이 유기농을 구매하였다. 둘째, 일반 슈퍼마켓의 판매에서 유기농이 대부분을 차지하면서 유기농은 접근가능성은 높아졌다. 전국적 식품체인들(예: Whole Foods, Trader Joe's)도 유기농 접근을 용이하게 만드는 주요 경로이다.

많은 기본적인 가치관과 관심이 유기농 식품에 대한 높아진 인기를 설명한다. 여기에는 건강, 안전, 가족 그리고 환경과 관련된 가치관이 포함된다. Hartman Group의 조사는 유기농 구입의 4대 동기유발요인으로 건강, 맛, 식품안전 그리고 환경을 지적하였다. Whole Foods의 조사는 미국인의 54%가 유기농이 건강에 더 좋고, 58%는 환경에 더 좋다고 믿는다고 지적하였다. 때때로 건강과 환경 요소는 밀접한 관계가 있다. 화학물질을 사용하지 않고 키운 식품은 우리 신체에서 직접적으로(우리는 식품에서 화학물질을 소비하지 않는다) 그리고 간접적으로(화학물질은 빗물을 통해서 음용수에 포함되지 않는다) 화학물질을 피하게 한다.

유기농 소비자는 젊고, 고등교육을 받은 경향이 있으며, 유기농 구입은 건강하고, 가족 친화적이고 그리고 환경적으로 안전하게 보이는 라이프 스타일을 만들도록 해준다. 가장 큰 장애는 가격이다. 그러나 유기농이 더욱 주류를 이루고 지속적으로 성장함에 따라 Walmart와 같은 기업들이 이런 추세를 이용하게 되면 가격은 낮아질 것이다. 낮은 가격과 높은 접근성으로 유기농 식품 구입은 확실히 증가할 가능성이 있다. 왜냐하면 미국소비자의 거의 2/3는 아직 유기농 식품이 본격적인 구매자가 아니기 때문이다.

마케터가 이것을 주시하는 것은 놀랄만한 일이 아니다. 최근에 유기농 제품을 제공하는 기업들의 일부 예로 Bigelow(녹차), Del Monte(토마토 캔) 그리고 Prego(파스타 소스)가 있다. 많은 기업들이 몇 개의 제품에 시범적인 적용을 하지만, SUPERVALU(선두 식품소매점)는 아예 전국적으로 자기 소유의 유기농 점포 브랜드를 출시하였다. Wild HaNest라고 하는 이 브랜드는 전국적으로 출시한 첫 번째 유기농 점포 브랜드들 중의 하나인데, 이것은 계란부터 시리얼 그리고 스낵에 이르기까지 250개의 식품을 포함하고 있다. SUPERVALU의 한 인원에 의하면:

> 브랜드 개발에 효과적인 조사와 소비자 의견을 반영하였다. 그러자 우리는 소비자들이 보다 건강한 삶을 위해 필요로하는 신선하고, 건강에 좋으며, 가격이 알맞은 브랜드를 만들어내게 되었다.

낮은 가격, 높은 접근성 그리고 식품안전, 가족건강 및 환경에 대한 소비자의 지속적 관심은 다른 기업들이 SUPERVALU를 따라 전국적 브랜드 수준의 다양한 제품들을 제공하게 할 것으로 판단된다.

생각해 볼 문제

1. 유기농 식품 구매가 가치관의 영향을 어느 정도로 받을까?
2. 당신은 어떤 요소들이 유기농 시장의 성장에 기여 한다고 생각하는가?
3. 마케터는 본격적인 유기농 구매자가 아닌 미국소비자를 어떻게 설명할 것인가?

그림 3-1 전통적, 현재의 그리고 최근의 미국 가치관

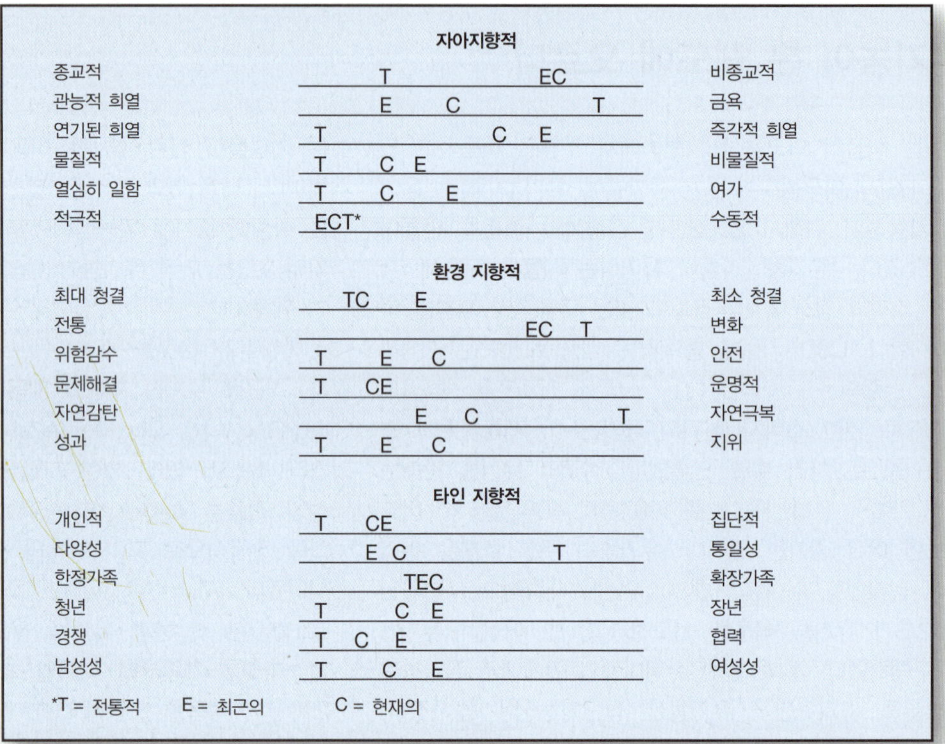

인 경향이 있는 종교적인 사람들이다. 미국인들은 2차 세계대전이 끝난 이후부터 시작해서 1970년대와 1980년대 초반까지 급속히 변화되어, 여가, 즉각적 희열 그리고 관능적 희열을 점차 강조하고 있다. 비록, 변화들이 상대적으로 여전히 계속되고 있기는 하지만, 우리는 최근의 경제침체(일부는 20세기 초 미국의 대공황과 유사하기도 함)가, 만약 영향이 있다면, 물질주의와 즉각적인 희열과 같은 가치관에 대한 영향에 어떤 역할을 했는지 논의할 필요가 있다.

종교적/비종교적(Religious/Secular) 미국은 기본적으로 비종교적 사회이다. 미국에서 종교집단은 교육시스템, 정부 혹은 정치적 과정을 통제하지 않으며, 대부분의 사람들의 일상 행동은 엄격한 종교적 지침에 따라서 좌우되지는 않는다. 그럼에도 불구하고 미국성인의 약 82%가 종교를 갖고 있다고 주장하고, 30%가 적어도 한 달에 한번은 종교 행사에 참석하고 그리고 54% 정도가 종교는 그들의 삶에서 매우 중요하다고 주장한다.[4]

종종 미국인들은 그들의 행동이 보여주는 것보다 더 종교적이라고 공언하지만, 종교적 신념은 그들의 의사결정에 영향을 준다.[5] 종교가 특히 중요한 많은 미국인들은 신념에 있어서 보수적이다. 그들은 정치적으로 매우 적극적이고 소비자로서도 적극적이다. 그들의 정치적 행동주의(시위 등 실력행사를 중시하는 경향)는 제품(특히, 술, 포르노와 같은 죄악제품)과 광고를 포함한 마케팅 활동들을 규제하려는 시도로 연결된다.[6] 때문에 이들의 소비

패턴은 긍정적 소비(종교제품과 종교책 구입)와 부정적 소비(제품과 기업을 피하거나 보이콧트)를 포함한다.

비록 보수적인 종교적 집단이 상당한 홍보를 하고, 정치적인 영향력도 갖고 있지만, 문화는 상대적으로 세속적이다. 실제로 증가하는 세속주의는 이종교간의 결혼이 증가하는 원인 중 하나가 되기도 한다.[7] 미국인구의 25%만이 믿음이 깊은 신앙심을 갖고 있다고 추산된다.[8] 그리고 이 집단에 대한 광고는 세심한 접근을 필요로 한다. 광고주들은 모든 제품에 종교적 상징을 넣지 말아야 하고 이것이 긍정적인 효과가 있다고 생각할 수도 없다. 제품-종교간 적합성이 있는 경우(예: 상담센터)에만 십자가와 같은 종교적 상징이 구매에 긍정적인 영향을 줄 수 있다. 지각된 적합성이 결여되어 있는 경우(예: 알코올), 종교적 상징의 포함은 부정적 효과가 있다. 게다가 종교적인 사람일수록 이 효과는 명백하다.[9] 제5장 하위문화에서 좀 더 세부적으로 종교 및 우리사회에 대한 종교의 영향을 다루게 될 것이다.

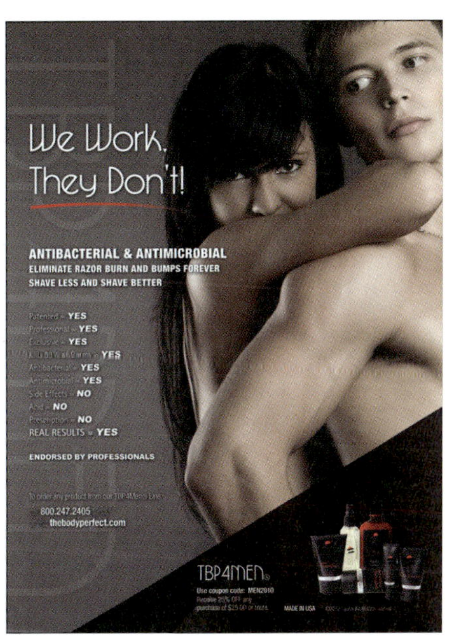

사진 3-1

미국문화는 관능적 희열에 가치를 둔다. 이런 소구에 기반한 제품과 광고는 일반적으로 잘 받아들여지지만 도가 지나치면 문제가 발생할 수 있다.

관능적 희열/금욕(Sensual Gratification/Abstinence) 미국의 전통적인 종교 지향성과 밀접하게 연계되어 있는 것은 금욕에 대한 신념이다. 미국 사회가 점점 세속화되면서, 관능적 만족이 더 받아들여지고 있다. 심지어 소비자와 정부기관은 세속적 추세를 원 위치로 돌려놓으려고 하고, 광고, 영화, 비디오 게임과 같은 곳에서의 폭력, 외설 그리고 누드를 제재하려고 하지만, 이 추세는 여전히 강하게 남아있다.[10] 예를 들어, Axe바디 스프레이는 이 제품 범주에서 1위인데, 젊은 남성을 표적으로해서 성적소구에 주로 의존하고 있다. 그리고 최근 한 조사에서 미국이 광고에서 누드를 가장 많이 사용하지는 않고 오히려 브라질, 중국, 한국 그리고 태국이 더 사용하는 것으로 나타났다. 그러나 광고에서 성적소구의 효과는 시청자의 성별에 따라 다르다. 여성 누드가 포함된 성적소구에 대해서 남성이 여성보다 더 긍정적으로 반응하는 성향이 있다. 그러나 성에 대해서 더욱 개방적인 태도를 갖고 있는 여성들은 남성들처럼 성적으로 노골적인 광고를 긍정적으로 본다.[11]

관능적 희열에 더 많은 가치를 부여하는 것에 대한 다른 증거로, 최근의 한 연구에 의하면 미국에서 가장 큰 가치관의 변화들 중 하나가 즐거움과 흥분에 더 중요성을 부여한다는 것이다. 즉 오늘날의 사람들은 어느 때보다 "….즐겁고 행복한 삶을 추구하고; 자극과 짜릿함을 경험하기를" 원한다.[12] 식품산업은 다양한 식품이 제공할 수 있는 즐거움, 행복 그리고 짜릿함을 판매함으로써 관능적 희열에 대한 소비자 욕구에 의존한다. Pepperidge Farm의 한 임원에 의하면, 이 기업의 프리미엄 쿠키는 "언제 어디서든지 작은 탐닉"을 제공한다.[13]

<사진 3-1>은 관능적 희열에 소구하는 광고를 보여준다.

연기된 희열/즉각적 희열(Postponed/Immediate Gratification) 일반적으로 관능적 희열에 부여하는 가치관에 부응해서 미국인들은 즐거움을 연기하는 것을 달가와 하지 않는다. 심지어 지출 과다하고 빚에 대한 불안감에 직면해서도 그렇다. 한 때 "대공황"이 소비자들에게 새로운 절약을 유도하거나, 구매지연이나 구매취소를 통한 연기된 희열 의지를 갖도록 유도할 것이라고 생각했던 시기가 있었다. 그리고 어느 정도는 그렇게 되었다. 미국 사람들은 지금 더 많이 절약하고 있고, 빚을 갚아가고 있다. 그러나 최근에 이러한 추세는 미국 소비자들이 다시 "평상시처럼 소비"하는 것으로 되돌아가면서 후퇴하기 시작하였다. 다음의 인용을 생각해보자.[14]

> 지출을 억제하는 것이 어렵다는 것은 사실이다. 전체 세대의 소비자들은 즉각적인 희열에 대한 생각과 이와 함께 하는 신용 문화(credit culture)로 성장하였다.

그러므로 즉각적인 희열과 관련된 미국 소비자의 가치관이 정말로 영향을 받는 지 (이것은 <그림 3-1>에서 제시된 것처럼 미국사람들이 어느 정도 갖고 있는 것 같다) 혹은 지출 및 절약과 관련된 행동적 변화가 불황으로 인한 경제적 제약과 더 관련있는지 여부를 말하는 것이 매우 어렵다. 결론적으로 불황이전 수준으로 회복되면서 즉각적 희열로 되돌아가는 추세가 나타나는 것을 볼 수 있다.

물질적/비물질적(Material/Nonmaterial) 미국인은 강한 물질 지향성을 유지한다. 미국인이 물질주의를 중시한 결과는 소비 지향적 사회이다. 미국인은 물질적 소유를 위해서 더 장기간 일하고 있다. 즉 미국인은 자동차와 여행과 같은 제품과 서비스를 위해서 시간과 에너지를 맞바꾸고 있다. 물질주의에 영향을 미치는 한 요인이 바로 TV이다. 일부 연구자 집단은 다음과 같이 언급하였다:

> TV는 강력한 매체이다... 종종 풍족함의 보편성을 포함하여, 사회적 현실에 대한 지각을 형성하기 위해서 소비자는 TV로부터 얻은 정보를 사용한다. TV를 많이 보는 사람은 최고급 제품이나 서비스를 실제보다 더 흔한 것으로 믿는 경향이 있다.[16]

우리들이 보아 왔듯이 최근의 불황은 지출을 어느 정도 줄였다. 그러나 적어도 그런 절약의 일부는 관련된 가치보다도 지나치게 절약적이었던 것으로 보인다. 실제로 한 전문가가 소비자들은 "절약 피로(frugalty fatigue)"를 겪고 있다고 지적하였다. 그리고 소비자들이 겪고 있는 이 "절약 피로"는 내부적 가치 변화보다는 외부적 제약 때문이라고 주장한다. 그리고 절약에 대하여 귀가 따갑도록 들으면서, 다시 지출을 시작한 젊은 여성들에 대한 다음의 인용을 보자. 이는 젊은 여성으로 하여금 자신의 집에서 나와 부모에게 다시 돌아가게 만들었다:

> 얼마 후 나는 그냥 결정하였다, "상관하지 않아. 나는 새옷들이 필요해. 나는 새옷들을 살거야." 우리 엄마는 행복하지 않지만 나는 상관하지 않아. 만약 당신도 소비를 중단하면, 생활을 할 수 없는 것처럼 말이야.

미국에서 물질주의가 규범이 되는 것으로 보이는 반면, 일부 선택된 집단에서는 물질주의로부터 벗어나려는 시도도 있다. 과중한 역할, 탈진 그리고 정서적 고갈은 일부 사람들로 하여금 우선순위를 다시 생각하게 하고, 자신의 삶을 단순화시키도록 하고 있다. 다음을 생각해보자:

> 나는 나를 성공적으로 만드는 것으로 보이는 모든 것, 즉 자동차와 멋진 옷, 살기 좋은 이웃이 있는 집 그리고 적당한 헬스클럽 회원권을 갖고 있었다. 모든 외적 모습은 훌륭했지만 내적으로 나는 나를 엉망으로 만드는 함정을 어느 정도 가지고 있었다.[17]

소비나 물질적 소유에 대한 의존을 줄이려는 소비자의 노력을 **자발적 단순함(voluntary simplicity)**이라고 한다. 자발적 단순함은 작은 삶의 조정부터 지출감소 그리고 광범위한 라이프스타일의 조정(예: 일, 소득, 주택 그리고 지출 등의 축소)까지 연속선상에 걸쳐있다. 환경주의를 포함한 다른 동기가 관련될 수 있지만, 의사결정에 대한 단순함의 주요 결과는 스트레스의 감소와 삶의 만족의 증가로 나타난다. 자발적 단순함 운동이 미국 인구에서 상대적으로 낮은 비율이지만, 이 운동의 성장은 중고제품과 환경제품 시장을 포함해서 경제와 마케팅 결과에 영향을 미칠 것이다.[18]

열심히 일함/레저(Hard Work/Leisure) 미국인들은 열심히 일하는 그들의 강한 전통을 유시하고 있고, 이는 많은 산업화된 세계의 노동시간을 주도하고 있다. 주당 평균 노동시간은 약 40시간이며, 노동자의 24%가 주당 40시간 이상을 일한다. 1970년 이후 결혼한 전체여성 중에서 결혼 후에도 일을 하는 여성의 비율이 41%에서 61%로 거의 50% 증가하였다.[19] 미국인들은 많은 이유로 장기간 일을 한다. 분명한 하나의 이유는 그들의 물질주의 지향성이다. 미국인들은 큰 집, 두 대의 차 그리고 멋진 휴가와 같은 것들을 위해서 일을 한다. 어떤 사람들은 기술이나 취업의 기회가 부족해서, 남들보다 더 오래 일을 하지 않으면 보통 수준의 라이프스타일도 즐길 수 없다. 그러나 미국인들도 일이 그들에게 의미 있고, 가치가 있다고 생각하기 때문에 그리고 부분적으로는 그들이 하는 일로 부터 얻게 되는 자기 존중과 존경 때문에 열심히 오랫동안 일을 한다.[20]

노동시간의 증가에 대한 반응의 일부로, 레저 대비 일에 부여되는 가치는 지난 20여 년 동안 하락하였다. 분명히 일은 여전히 중요하며, 대공황기의 실업은 이러한 생각을 더욱 강화시켰다. 그러나 한 연구에 의하면, 아이가 있는 취업주부에 있어서, 그들에게 전업이 이상적이라고 생각하는 사람의 비율이 1997년 이후로 11퍼센트나 줄었고, 반면, 파트타임이 이상적이라고 생각하는 사람의 비율은 12퍼센트나 증가하였다.[21] 그리고 여전히 자녀가 있는 주부의 2/3가 가정밖에서 급료를 받고 일하고 있다. 이 통계는 일이 자신의 삶의 중요한 측면과 충돌하고 있다는 사실과, 이와 관련된 시간압박과 역할갈등과 같은 요인들이 존재한다는 것을 의미한다. 이는 마케터에게 편의성의 제공과 같은 마케팅 기회를 열어제공한다. 여전히 우리는 일로부터 벗어날 수가 없다. 한 연구에 의하면, 미국노동자의 51-65퍼센트가 밤, 주말, 휴가등과 같이 일과시간이 끝 난 후에 이메일을 체크한다고 한다.[22] 따라서 우리에게 열심히 일하는 것과 레저가 동일하게 중요하며, 이 둘은 사람들의 생활에 같이 뒤섞여 있는 것이다.

적극적/소극적(Active/Passive) 미국인들은 삶에 대한 적극적 방식에 늘 가치를 둔다. 비록 전체 미국 성인의 50%미만이 규칙적으로 운동하지만, 대부분의 미국인들은 여가와 문제해결 활동에 적극적 접근 방법을 택한다. 오락의 주된 수단인 TV시청이 최고 정점이었던 1980년대 중반이후 급속히 떨어졌다(18-24세의 젊은이들은 다른 연령층보다 훨씬 빠르게 TV시청으로부터 벗어나고 있다).[23] 인터넷 서핑, 운동, 요리 그리고 정원 가꾸기 같은 대체 활동들이 인기가 있다. 그리고 어린이들이 계획된 활동에 소요하는 시간이 계속해서 증가한다.[24] 아래의 예에 대하서 미국인들은 이러한 가치에서 차이가 있지만, 대부분은 첫 번째보다 두 번째 사람에 더 동의를 할 것이다.

휴가에 대한 내 아이디어는 멋진 해변리조트, 비치의자 그리고 piña colada(럼주를 파인애플 주스와 코코넛과 섞어서 만든 알코올 음료)이다.

내 휴가도 그렇다, 하루나 이틀 동안은. 그리고 나서 곤충채집하러 갈 것이다. 나는 내가 교도소에 있는 것 같이 느낀다. 나는 무언가를 **하고** 싶다.[25]

<사진 3-2>는 적극적 여가를 위해서 설계된 리조트를 보여준다.

2. 환경 지향적 가치관

LO2

환경 지향적 가치관은 사회의 경제적, 기술적 그리고 자연적 환경과의 관계를 설명한다. 미국인은 전통적으로 청결, 변화, 성과, 위험 감수, 문제해결 그리고 자연정복을 동경해 왔다. 이런 가치관이 기본적으로 그대로 남아있지만, 어떤 변화들이 일어나고 있다.

청결(Cleanliness) 미국인은 오랫동안 청결에 가치를 부여해 왔지만 이에 대한 강조는 다소 쇠퇴하는 듯하다. 특히 가정에서 그런 것 같다. 일로 인해 증가되는 시간적 압박 때문에 집안이 지저분해지는 것을 인정한다.[26] 그러나 그런 변화가 심각한 변화를 시사하는 것 같지는 않다. HGTV의 Mission: Organization과 같은 TV쇼의 인기는 미국인들이 지저분한 집을 허용하는 반면 그것에 대해서 행복해하지는 않다고 주장한다. 이것은 분명히 마케팅 기회를 제공한다.[27] 예를 들어, Sharper Image's Roomba와 같은 로봇 진공청소기의 개발은 청결에 대한 바람을 다룬 것이지만, 한편으로는 많은 편리성과 시간 절약을 제공한다.

청결의 다른 측면으로 개인위생은 대부분의 미국인들에게 매우 중요하다. 한 연구는 Purell과 같은 항균성 손위생용품이 어머니들에게 중요한 하나의 휴대제품이라는 것을 보여준다.[28] <사진 3-3>은 미국인의 청결에 대한 강조를 보여 준다.

전통/변화(Tradition/Change) 미국인은 항상 변화를 적극적으로 받아들이려고 한다. '새로움'은 전통적으로 '향상됨'을 의미한다. 미국인들은 여전히 변화를 매우 높이 평가하지만, 지금은 그 변화를 위한 변화는 덜 받아들인다. 신제품의 리콜, 정부의 다양한 프로그

사진 3-2

이 광고는 여가, 적극성, 관능적 희열 그리고 위험 감수와 같은 미국인의 가치와 일치한다.

램의 실패와 그에 따른 비용 그리고 급속한 기술 변화와 보조를 맞추기 위해 요구되는 에너지는 이러한 변화의 이유 중 일부들이다. 또 다른 이유는 미국 인구가 나이가 들어 가고 있다는 것이다. 다음 장에서 보겠지만, 미국인구의 평균 연령이 증가하고 있고, 일반적으로 사람들은 나이가 들어감에 따라 변화를 덜 수용하게 된다. 그러나 아직도 많은 미국인들이 변화를 계속해서 받아들이고 있다. 이것은 한 전문가가 '창조적 계층(creative class)'이라고 부르는 노동자 세분시장이 성장하고 있다는 사실에서 확인해 볼 수 있다. 창조적 계층에는 건축, 과학, 공학 그리고 건강관리와 같은 영역에서 전문가로 일을 하는 사람, 삶에 대한 새로운 아이디어와 기술 혹은 복잡한 문제해결에 관련된 사업을 하는 사람들이 포함된다. 이 집단은 1900년 노동력의 10%에 비해서 현재 약 33%를 구성하고 있다. Fiat는 미국에 브랜드를 새로 출시하면서 창조적 계층을 표적으로 하면서, 이 집단에 가장 효과적일 것이라고 생각하는 디지털 마케팅, 바이럴 마케팅 그리고 이벤트 마케팅 방법을 주로 이용한 캠페인을 하였다고 주장하였다.[29]

위험 감수/안전(Risk Taking/Security) 미국인의 위험 감수 지향성은 시간이 지나면서 다소 변화하고 있다. 1930년부터 1980년대 중반까지 안전에 대한 강조가 증가하고 있다. 이 태도는 대공황, 제2차 세계대전 그리고 냉전으로 인해 만들어진 엄청난 격동과 불확실성에 대한 반응이었다. 그러나 위험 감수는 여전히 높게 평가되고 인정받고 있다. 그 이유

사진 3-3

미국인은 이 광고에서 보는 것처럼, 청결에 대해서 늘 높은 가치를 부여한다.

는 미국인들이 경제적 성장을 기업가에게 기대하고, 원하는 라이프스타일을 얻기 위해 중소기업과 자영업체에게 기대하기 때문이다. <그림 3-1>은 요즘에는 부분적으로 최근의 경제적 불황 때문에 안전을 많이 강조하는 것 같다고 지적한다. 그러나 미국사람들이 안전에 두는 중요성에 관한 장기적인 연구에 의하면, 안전에 대한 바람은 지난 수십년에 걸쳐 감소한 것 중의 하나인 것을 보여준다. 이는 경제가 회복됨에 따라 안전에 대한 단기적인 중요성이 위험 감수에 다시 자리를 내줄 수 있다는 것을 의미한다.[30]

문제해결적/운명적(Problem Solving/Fatalistic) 미국인은 문제해결자가 되는 것을 매우 자랑스러워한다. 그리고 앞에서 보았듯이, 노동력, 문제해결자 그리고 창조적 형태의 비율이 증가 중이다. 대체로 미국인은 충분한 시간과 노력이 주어지면 어떤 일들이라도 해결할 수 있다고 믿는다. 예를 들어, 미국인의 2/3이상은 최근의 경기침체에서도 "미국인으로서 우리는 항상 문제를 해결할 방법을 찾을 수 있다"는데 동의한다.[31] 마케터는 기존 제품보다 신제품이 문제를 더 잘 해결할 수 있다는 전제하에 매년 수천 개의 신제품을 출시한다. 우리는 이러한 가치를 이 장의 후반부인 그린마케팅과 대의명분 마케팅부분에서 알아볼 것이다.

자연 감탄/자연 극복(Admire/Overcome Nature) 미국인들은 전통적으로 자연을 장애물로 보았다. 미국인들은 자연과 인간에게 초래할 수 있는 부정적 결과를 제대로 알지도 못한 채 자연을 정복해서 그들의 기대에 맞추려고 노력하였다. 그러나 이러한 태도는 지난 30년 동안 극적으로 변화하고 있다.

전문가들은 환경보호주의가 죽어가는 것을 우려하고 있다. 일부 전문가들은 미국인이 자신을 환경론자라고 부르는 사람의 비율이 1990년과 2000년 사이에 73%에서 47%로 떨어졌다는 사실을 언급하였다. 이러한 쇠퇴의 일부는 사실일 수 있다. 쇠퇴의 일부는 단순히 어떻게 환경호보주의를 정의하는가에 달려있을 수 있다. 예를 들어, 최근의 갤럽조사에 의하면, 미국인의 80%가 환경보호주의에 대해서 적극적이거나 동감한다는 것(21%가 적극적 동감, 49%가 적극적이지 않은 동감)을 보여준다. 2000년 이후 적극적 동감이 5% 더 증가하였다. 미국인들 사이에서 환경에 대해서 관심을 갖는 다른 경향도 아래 처럼 여전히 강하며, 증가 중에 있다:

- 83%가 환경을 보호하기 위해서 자신들의 라이프스타일을 바꾸겠다고 보고했다.
- 재활용(89%), 에너지 절감(85%) 그리고 환경친화적 구매(70%)가 여전히 강하다.

IRI/TNS에 의한 Green Segmentation™ 체계의 명암(shades) 3-1 표

환경 중시자(Eco-Centrists 16%): 환경에 깊이 관여하고 우려한다. 다양한 범위의 제품들에 대해서 그들의 신념이 소비행동에 반영되어있다. 환경친화적인 제품에 더 많은 돈을 지불하려고한다. 기업의 그린활동에 대해서 냉소적이다—즉 단순히 마케팅 전술로 본다. 높은 교육수준과 소득; 남부 및 서부도시.
존경받는 환경관리자(Respectful Stewards 7%): 환경에 가장 우려를 한다. 자신의 신념이 소비행동에 반영되어 있다. 환경친화적 제품에 더 많은 돈을 지불하려고 한다. 기업의 그린 마케팅에 대해서 냉소적이지 않다. 커뮤니티와 문화에 초점을 맞춘다. 다소 낮은 교육 수준과 소득; 히스패닉; 도시
자랑스러운 전통주의자(Proud Traditionalists 14%) : 환경적 노력이 가정을 효율적이고 효과적으로 운영(단열재와 물 효율적 제품)하는데 초점을 맞추었다. 가족과 고된 일에 초점을 둔다; 중서부 교외,
절약하는 지구의 엄마(Frugal Earth Mothers 18%): 환경적 노력이 돈을 절약하기 위한 가정의 효율적 운영(중고구입, 찬물로 세탁, 햇볕으로 빨래말리기)에 초점을 두었다. 실용적인 것과 일상 비용을 낮추는데 초점을 둔다. 낮은 소득; 교외 ; 여성.
회의적인 개인(skeptical individuals 13%): 지구온난화와 탄소배출 우려와 같은 환경 이슈를 믿는다. 기업의 그린 노력에 회의적이다. 매우 높은 소득과 교육; 해안 도시; 남성.
환경 멋쟁이(Eco-Chic 14%): 환경에 대해서 걱정을 하지만 그 행동은 신념에 부응하지 못한다. '환경 의식의 파도를 타기 위해서' 그린처럼 보이도록 하는데 더 많은 관심을 갖는다. 환경친화적 제품을 시도할 수도 있지만 자신들이 좋아하는 비환경적 브랜드로 돌아가는 성향이 있다; 젊은 성인들.
순진한 환경주의자(Green Naives 11%): 환경적 이슈들이 신념이나 행동의 관점에서 이 집단에서는 없다.현실 안주적; 낮은 소득.
환경 악당(Eco-Villains 7%): 환경적 우려를 매우 멸시한다. 지구온난화가 존재한다는 것을 믿지 않는다. 기업의 그린 노력에 대해서 매우 부정적이다—마케팅 전략에 불과한 것으로 본다. 중간소득; 남성, 중소도시 지역

- 67%가 "비록 어려운 경제 시기에도 사회적 및 환경적 편익을 갖고 있는 제품을 구입하는 것이 중요하다"고 말한다.
- 51%가 환경적 편익을 갖은 제품에 대해서 가격을 더 지불할 의향이 있다고 하였다.[32]

<표 3-1>은 IRI/TNS(조사전문기업)가 환경에 대한 소비자 태도와 행동에 근거해서 확인한 8개의 세분 시장을 보여준다.[33]

환경에 관심있는 소비자에게 자사 제품이 환경친화적이라는 것을 확신시키는 기업은 막대한 수익을 얻을 수 있다. 이런 접근 방법을 **환경 기업가형 마케팅(enviropreneurial marketing)**이라고 한다. 환경 기업가형 마케팅은 경쟁적 차별화를 달성하기 위해서 기업에 의해서 주도되는 환경 친화적 마케팅 관행, 전략, 전술이다. 이 연구는 이 마케팅 방법이 신제품 성공율 증가와 시장 점유율 증가로 이어지는 것을 보여준다.[34]

이 장의 그린 마케팅 부분에서 이 가치에 대한 마케팅 반응을 설명한다.

성과/지위(Performance/Status) 미국인은 지위보다는 성과에 초점을 맞추는 것으로 되돌아가고 있다. 비록 소비자들이 여전히 지위를 나타내는 브랜드를 기꺼이 구매하려고하는 반면, 이러한 브랜드들은 브랜드의 명성뿐만 아니라 스타일과 기능성을 제공해야 한다. 이것은 가격, 서비스 그리고 품질을 결합하는 점포(예: Walmart와 Target)와 Albertson과 Walmart와 같은 소매점의 품질이 좋은 점포 브랜드의 판매가 상당히 증가하는 결과를 가져왔다. 반면에 Gap, Kmart 그리고 Montgomery Ward와 같이 부적절한 비용구조와 이미지를 갖고 있는 점포는 고전하고 있거나 실패했다.[35]

사진 3-4

미국인들은 점차적으로 다양성에 가치를 부여한다. 그 결과로 많은 광고에서 다양성이 규범으로 묘사된다.

3. 타인 지향적 가치관

타인 지향적 가치관은 사회내에서 개인과 집단간의 적절한 관계에 대한 사회의 관점을 반영한다. 역사적으로 미국사회는 개인주의, 경쟁적인 것, 남성적인 것, 젊음, 한정가족 그리고 통일성을 중시해왔다. 그러나 이 지향성의 일부 측면은 변화를 겪고 있다.

개인적/집단적(Individual/Collective) 개인주의에 대한 강한 강조는 미국 사회를 정의하는 특성들 중 하나이다. 히트한 미국 영화를 보자. 집단에 순응하도록 압력을 받지만 주인공은 항상 개인적으로 행동을 한다. 미국인은 "자기 주관대로 하라"는 것을 믿는다. 10대의 각 세대는 스스로 만들어낸 "통일성"에 대해서도 개인적 표현을 위한 폭넓은 여지를 허용한다. 이 가치관은 판매원 인센티브 시스템, 광고 주제, 제품 설계 그리고 고객 불평행동에 영향을 미친다.[36] 예를 들어, 개인주의 성향이 높은 소비자들은 부족한 서비스를 받았을 때 불평하거나, 브랜드를 전환하거나 혹은 부정적 구전을 할 가능성이 훨씬 높다.[37] 개인주의는 승용차, 트럭 그리고 오토바이에 대한 튜닝 유행에서도 잘 나타나 있는데, 이 시장은 현재 1년에 20억 달러이상의 가치가 있다. Discovery 채널과 CMT는 Orange County Chopper and Trick My Truck과 같은 쇼에서 이러한 추세를 다루고 있다. 이 쇼들은 쉽게 붙잡기 어려운 젊은 남성 오디언스를 유인하고 있다.[38]

다양성/통일성(Diversity/Uniformity) 미국 문화가 항상 개인주의에 가치를 부여하지만, 집단과 관련하여 어느 정도의 통일성에 대해서 가치를 부여한다. 미국은 종교의 자유를 추구하거나 여러 유형의 종교적 박해를 피해서 넘어온 사람들에 의해서 건국되었다. 미국 헌법과 많은 법률들은 다른 종류의 종교, 정치적 신념 등을 보호하고자 한다. 그럼에도 불구하고 미국인은 역사적으로 이민자들이 주류의 언어, 의상, 가치관 그리고 다양한 측면을 빨리 받아들일 것을 주장했다. 그렇지 않은 사람들은 종종 다양한 형태의 차별을 받았다. 이는 인종적인 소수와 일부 종교적 소수의 경우에 특히 사실이었다.

제2차 세계대전 이후 미국인은 점차 다양성에 가치를 부여하였다. 다음의 예를 보자:[39]

> Hallmark는 "Common Threads"라고 하는 축하카드 컬렉션을 마케팅하고 있다. "Common Threads"는 다양한 세계의 문화를 반영하는 메시지를 담고 있는데 글로벌 커뮤니티와 다양한 문화적 표현을 강조한다.

연구자는 "Common Threads"와 같은 제품시장이 "문화적 창조자"로서, "자아실현, 숭고함 그리고 자기표현에 관심을 갖고 이국적이고 진기한 것을 좋아하는 미국 성인의 26%"에 달한다고 추정한다. 문화적 창조자는, 그들의 민족성과는 관계없이, 제품을 추구하는데 있어서 전통적인 인종적 경계를 훨씬 더 초월하는 경향이 있다.

인종적, 종교적, 민족적 혹은 계층적 편견으로부터 자유롭지는 못하더라도, 미국 문화는 통일성보다는 다양성에 가치를 두는 쪽으로 진화하고 있다. 최근의 연구에 의하면, 미국인의 61%가 증가된 인종적, 민족적 다양성이 "더 좋게 변화하고 있다"고 생각하고 있다. 이 비중은 젊은 세대에서 더 높게 나타난다.[40] <사진 3-4>는 대부분의 미국인들이 갖고 있는 다양성에 대한 긍정적 견해를 반영하고 있다. 미국의 다양성 수용이 증가하는 한 측면(예: 게이와 레즈비언에 대한 마케팅)을 이 장의 뒷부분에서 알아본다.

한정가족/확대가족(Limited/Extended Family) 미국은 확대가족을 남겨 놓고 미국으로 건너 온 이민자에 의해서 정착되었다. 국가가 성장하면서 서부로의 이동도 비슷한 현상을 나타냈다. 오늘날에도, 사회적 이동뿐만 아니라 빈번한 지역적 이동 때문에 숙모, 삼촌, 사촌 혹은 조카들과의 밀접한 상호작용을 하면서 성장하는 아이들이 거의 없다.[41] 자녀들이 그들의 사회 경력을 시작하면 그들의 고향과 부모를 떠나는 것은 일반적이다. 전통적 가족구성원과 물리적으로 멀어지는 것은 종종 가족 구성원간의 가족유대감을 약화시킨다. 그러면 가족이 가족 구성원에게 미치는 영향이 줄어든다.

이렇다고 해서 미국인이 가족들을 사랑하지 않거나, 양육 방법이 그 사람의 삶에 영향을 미치지 않는다는 것은 아니다. 그보다 이것이 의미하는 것은 어느 35세 미국인이 돈을 빌려달라는 요청에 대해서 긍정적으로 반응해야 한다고 느끼는 사촌이 있을 가능성이 없다는 것이다(이것은 다른 문화에서는 해당되지 않는 경우이다). 마찬가지로 이 35세 미국인은 사촌, 숙모 혹은 조카에게 일정 시간 동안 그와 함께 살자고 할 수 없다. 미국 문화에서 가족의 역할은 제6장에서 좀 더 자세히 설명된다.

청년/장년(Youth/Age) 전통적으로 나이든 사람들은 젊은 사람들보다 더 현명하다고 간주되었다. 그래서 거의 모든 문화에서 나이 든 사람이 모범이 되거나 지도자로 추앙받는다. 그러나 미국문화에서는 그렇지 않다. 아마도 황무지를 새로운 형태의 생산국가로 변환하기 위해서 육체적 강인함, 체력, 젊은 활기 그리고 상상력이 요구되었기 때문이다. 젊음에 대한 가치는 미국이 산업국가가 됨에 따라 지속되었다. 제2차 세계대전 이후, 자동차, 의류, 화장품 그리고 헤어스타일과 같은 제품들이 젊은이를 위해서만 디자인되고 판매될 정도로 증가하였다. 예를 들어, 미국 광고에서 젊은이에 대한 소구는 나이든 사람과 전통에 대한 소구보다 여전히 앞서가는 것으로 나타났다.[42]

그러나 젊음에 대한 이러한 가치의 반전이 서서히 발생하고 있다. 나이든 시민들이 수적으로 증가하고 소득이 높아지기 때문에, 이들이 정치적 및 경제적 권력을 구축해서 그 힘을 발휘하기 시작하고 있다. 화장품, 의약품, 헤어케어 제품들은 나이가 든 사람들을 대상으로 마케팅을 하고 있다. 이 제품들에 대한 광고는 점차 Julianne Moore와 같은 나이든 모델을 이용하고 있으며, 이 모델의 나이는 표적시장과 비슷하다. 그러나 이 제품들은 여전히 직 · 간접적으로 젊은 외모를 표현하려고 한다.

광고에서 나이든 것을 묘사하는 것은 어려운 이슈이다. 사람들이 종종 실제 나이보다 젊다고 느끼기 때문에, 젊은 모델을 이용한 광고는 보다 긍정적인 반응을 불러일으킬 수 있다. 또한 젊은이 지향적이거나 과시적 소비 제품에 대한 광고에서 나이든 모델을 이용하는 것은 젊은 소비자들을 멀어지게 할 수 있다. 이러한 두 가지 요소들이 광고에서 젊은 모델이 지나치게 많이 출연하게 만든다.[43] 그러나 지나치게 젊은 사용자 중심으로 묘사되는 광고 때문에 나이 든 소비자들이 무시된다고 느낄 수 있다는 우려가 있다. 마케터는 분명히 이 부분에서 배울 것이 있다.

경쟁/협력(Competition/Cooperation) 미국은 오랫동안 경쟁사회였다. 그리고 이 가치는 확고하게 고수되어 왔다. 이것은 사회적, 정치적 그리고 경제적 시스템에 반영되어 있다. 사업, 오락 그리고 스포츠에서 성공한 경쟁자에게 엄청난 경제적 보상으로 보답해 준다. 비록 학교와 기업에서 협력과 팀워크에 대한 강조가 증가하고 있지만, 일반적으로 팀워크는 그 팀이나 집단이 다른 팀이나 집단을 능가할 수 있도록 구성된다.

미국이 비교 광고를 허용한 첫 번째 국가 중 하나라는 것이 이상할 것이 없다.

남성성/여성성(Masculine/Feminine) 미국사회는 다른 사회와 마찬가지로 오랜 기간동안 남성지향성을 반영하고 있다. 그러나 이 장의 도입 사례에서 지적했듯이, 이 남성지향성은 성역할이 변함에 따라 변하고 있다. 비록 미국사회가 덜 남성지향적으로 변하고 있지만, 여전히 이쪽으로 치우쳐 있다. 예를 들어, 부모의 37%가 만일 한 자녀만 갖게 된다면 아들을 선호한다고 함으로써 딸을 선호한다는 28%와 비교된다.[44] 그리고 교과서에서도 여자아이(35%) 보다는 남자아이(65%)를 위한 체육활동들이 묘사된다.[45] 그러나 이러한 가치에 변화가 일어나고 있다. 예를 들어, 남자 보스에 대한 선호는 점차 감소하고 있지만 여성보스에 대한 선호는 점차 증가하고 있다.[46] 성역할의 진화로 인한 마케팅적 의미는 이 장의 후반부에서 논의된다.

3.2 마케팅 전략과 가치관

우리는 미국의 가치관과 이러한 가치관의 변화에 대한 많은 마케팅적 의미를 살펴보았다.

기업의 마케팅 믹스의 모든 측면이 표적 시장의 가치시스템과 일관성을 가지는 것이 중요하다. 지금부터 4가지 미국가치관에 대한 마케팅적 대응, 즉 그린 마케팅, 대의명분 마케팅, 게이와 레즈비언 소비자에 대한 마케팅 그리고 성별 기반 마케팅에 대해 살펴본다.

1. 그린 마케팅

마케터는 환경에 대한 미국인들의 증가된 관심을 **그린 마케팅(green marketing)**이라는 방법으로 대응하고 있다.[47] 일반적으로 그린 마케팅은 (1) 전통적인 제품보다 환경에 덜 유해하도록 생산하고, 사용하고, 처분할 수 있는 제품을 개발하고 (2) 환경에 긍정적 효과를 주는 제품을 개발하며 (3) 제품구매를 환경조직이나 행사와 연결시키려는 노력을 포함한다. 예를 들어:[48]

- 최근에 Levi' s는 유기농 면직 청바지인 Levi' s Eco 제품라인을 출시하였다.
- CBS는 기업의 광고 구매중 10%를 지역의 환경적 대의명분에 사용하도록 하는 "EcoAd" 프로그램을 제작하였다. 참여 기업에게는 "녹색잎" 환경 광고 로고를 표시해 준다.
- Office Depot는 Recycled EnviroCopy 프린터 및 복사기 용지를 제공하는데, 이것은 35%의 재사용 및 재활용 섬유를 함유하고 있고 녹색 포장과 환경을 강조하기 위해서 "Office Depot Green"이라는 이름을 사용한다.

환경적 우려가 그린 제품의 구입을 보장하지는 않는다. 환경에 대해서 관심이 있는 사람들조차도, 그린 제품이 너무 비싸고, 품질수준이 더 낮고, 환경에 더 좋지도 않고 그리고 그린에 대한 주장이 신뢰할수 없다는 사실을 포함하는 부정적 인식이 증가하고 있다.[49] 이러한 장벽을 극복하는 것이 그린 마케팅의 성공에 중요하다.(<사진 3-5> 참조). 예를 들어, Honda는 2007년에 Accord 하이브리드 생산을 중단하였다. 이 자동차의 저조한 매출은 하이브리드 자동차의 고속도로 주행 연비가 가솔린 자동차보다 갤론당 겨우 1마일정도 높은 반면 가격은 거의 $15,000이상 비싸다는 사실에 기인하고 있다.[50]

FTC는 그린주장에 관한 소비자의 회의주의에 공감한다. 그린 마케팅과 기업의 그린 주장들이 상당히 증가하는 가운데, FTC는 "Green Guides"라고 불렀던 자발적 지침을 10여년만에 처음으로 수정하였다. Green Guides는 환경적 주장과 관련해서 수용가능한 관행과 수용불가능한 관행에 관한 지침을 제공한다. 다음과 같은 몇 가지 이슈들이 FTC로 하여금 그들의 지침을 수정하게 하는 동기가 되었다.[51]

- 첫째, 환경친화적과 같은 용어는 그러한 제품이 "어떤 중대한 문제점이 없이 거의 모든 환경적 영역에서 지대한 영향을 가져올 편익을 갖고 있다"고 믿도록 소비자들을 오도하는 것 같다. FTC에 의하면, 소비자들이 가지고 있는 인식을 실현할 수 있는 제품은 거의 없다.
- 둘째, 근거없고, 이행할 수도 없는 환경적 편익을 주장하는 기업의 **위장환경주의**

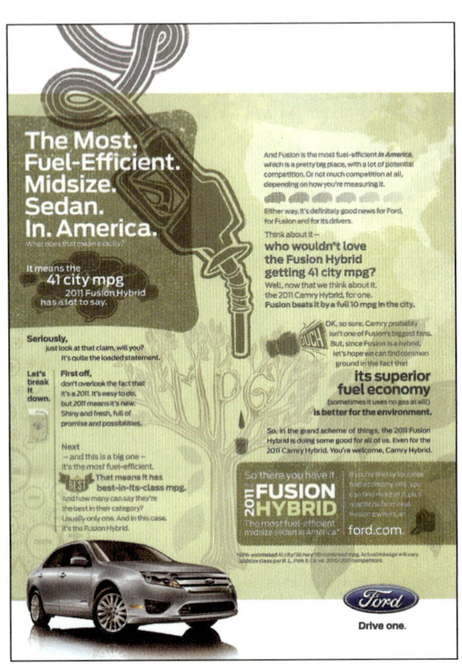

사진 3-5

환경친화적 제품도 성공하기 위해서는 소비자 편익을 제공해야 한다.

(greenwashing)라는 관행이다.

Green Guides에 대한 수정 중에서 두드러진 것은 (a) 어떤 면에서 제품이 친환경적인가를 분명히 할 수 있도록 주장을 제한하는데 초점을 두고, (b) 제3자 인증과 보증표시에 대한 단속이다. 이러한 단속은 일부 기업들의 경우 자신들이 보증표시를 만들거나, 주장을 입증할 수도 없는 제3자 벤더를 활용하고 있다는 사실을 의미한다(Green Guides에 대해서 더 알기위해서는 www.ftc.gov 참조).[52]

2. 대의명분 마케팅

대의명분 마케팅이라는 용어는 종종 사회 마케팅과 구분없이 사용되지만 이 둘은 다르다.

제1장에서 언급했듯이, 사회 마케팅은 기업에 대한 직접적 편익 보다는 개인이나 사회의 복지를 향상시키기 위한 마케팅이다. 반면에 **대의명분 마케팅(cause-related marketing: CRM)**은 대의명분을 제공하는 동시에 매출과 기업이미지를 개선하는 것을 목표로 해서 기업과 제품을 연계시키는 마케팅이다.[53] 기업은 그들의 고객과 장기관계를 창출하는데 대의명분을 연관시켜서 기업 및 브랜드자산을 구축하여 결국 매출액 증가를 이끌어낸다.

<사진 3-6>의 두 사진을 보자. <사진 3-6>의 왼쪽 광고는 사회마케팅의 예이다: 이것은 영리기업의 이미지나 수익을 염두에 두지 않고 글로벌 커뮤니티의 편익을 프로모션한다. <사진 3-6>의 오른쪽 광고는 대의명분 마케팅의 예이다: 이것은 대의명분에 도움을 주고 영리 기업의 이미지와 판매를 높이려고 한다.

대의명분 마케팅의 기초는 소비자의 가치관에 대해서 마케팅을 하는 것이고, 이것은 매우 효과적일 수 있다. 대의명분 마케팅은 강력히 지지되는 미국의 가치관과 일치하기 때문에 종종 효과적이다.[54] 예를 들어, 대부분의 대의명분 마케팅 프로그램의 공통된 주제는 유방암, AIDS 혹은 환경오염 그리고 개인들의 문제해결에 도움이 되는 행동들 같은 문제를 제시해서 미국의 문제해결 지향성을 일깨워준다. 따라서 대의명분 마케팅에 대한 소비자 기대, 수용과 반응은 과거 10년간 극적으로 증가하였다.

한 연구는 많은 소비자들이 자신들이 관심을 가지고 있는 대의명분을 지지하고, 또한 이러한 제품에 대해서 비용을 더 지불할 점포나 브랜드를 추구하고 있다는 것을 보여주고 있다. 또한 이 연구는 다음과 같은 연구결과를 보여 준다:

- 소비자의 71%가 대의명분 관련 브랜드를 구매하였다.
- 소비자의 88%는 기업들이 사업의 목적을 달성하기 위해서 노력해야 함과 동시에 사회를 개선하기 위해서 노력해야 한다고 생각한다.

사진 3-6

왼쪽 광고는 영리기업의 수익이나 이미지를 염두에 두지 않고 글로벌 공동체에 대한 편익을 전달하고 있다. 이 광고는 사회적 마케팅의 한 예이다. 오른쪽 광고는 대의명분 마케팅이다. 이것은 대의명분에 도움이 될 뿐만 아니라 영리 기업의 이미지와 매출을 향상시키기도 한다.

- 소비자의 74%는 어떤 제품과 서비스를 다른 사람들에게 추천할 때에 사회적 이슈에 대한 기업의 관여가 중요하다고 주장한다.
- 소비자의 86%는 가격과 품질이 동일하다면 대의명분 마케팅에 근거해서 브랜드를 전환할 가능성이 있다.[55]

대의명분 마케팅에 대한 소비자 수용을 고려해볼 때, 대의명분 마케팅에 대한 기업의 지출이 계속 증가하고 있다는 것이 놀라운 일이 아니다. 대의명분에 대한 후원은 1990년 1억2천만 달러에서 2008년에 15억 달러로 성장하였는데, 이것은 기업 스폰서십의 세 번째로 큰 영역이다.[56] 대의명문 마케팅에 대해서는 소비자 회의론과 냉담이 과제로 남아있다. 기업들이 긍정적 가치(기업의 실무자들이 도덕적 의무라고 느끼는 경우)로 인해 대의명분 마케팅에 관여한다고 소비자들이 느끼는 경우, 기업의 신뢰는 높아지고, 이는 구전과 구매를 증가시킨다. 대신 기업이 자신의 이미지를 높이거나 주주들이 기대하기 때문에 대의명분 마케팅에 관여한다고 소비자들이 느끼는 경우, 기업의 신뢰는 감소되며, 이는 기업의 긍정적인 구전과 구매를 줄인다.[57] 대의명분 마케팅에 대한 회의와 냉담은 다음의 대의명분 마케팅에 대한 소비자들의 반응에 기초하여 나누어진 4가지 소비자 유형에 관한 설명과 인용에 잘 나타나 있다:[58]

회의적(대의명분의 진실과 효과를 의심): 나는 이것들의 대부분이 속임수라고 생각한다. 왜냐하면 그들이 주는 것이 너무 적어서 아무 소용이 없다.

균형유지자(대의명분은 믿지만 일반적으로 그에 따라 행하지는 않는다): 나는 그렇게 말하는 것을 싫어한다. 그러나 식료품점에 관한 한, 나는 가장 가까운 점포로 간다. 이것은 ...Food Lion이 기꺼이 이것을 하려고 해서 (대의명분 마케팅에 참여해서) 그들에 대해 나는 더 좋게 느낀다. ...그러나 종종 나는 그러한 추가적 노력을 기울이지는 않지만 실제로 그렇게 해야 한다고 생각한다.

귀인 지향적(대의명분 이면의 동기에 관심): 나는 항상 이들을 회의적 시각으로 접근한다. 그러나 나는 그들이 누구인지, 그들이 하고 있는 것에 근거해서 좋은 판단과 상식을 시도하고 사용하며, 그 최종결과를 보려고 한다.

사회적으로 관심있는(도와 주려는 바람에 의해 주도됨): 기업이 이것을 하고 있는 한 내 의견으로는, 동기가 의심스러울 수 있다는 것을 의미한다. ...비록 의심스러운 동기가 있을지라도, 그런 일을 하는 기업들을 지원하는 것이 훨씬 중요하다. 단지 좋은 행동만을 강화하는 것이다.

최근의 일치된 의견은 기업과 대의명분간 "적합성(일치성)"이 대의명분 마케팅의 결과를 개선시킬 수 있다는 것이다.[59] 예를 들어, ConAgra(식품 마케팅 기업)은 어린이 굶주림을 퇴치하기 위해서 Feeding Children Better를 출시하였다. 반면 Crest와 Boys and Girls Club of America가 제휴하여 Healthy Smile 2010 캠페인을 구성하여 구강위생을 아이들에게 가르쳤다. 두 사례는 모두 기업과 대의명분 간의 적합성이 있다.[60]

LO5

3. 게이와 레즈비언 소비자에 대한 마케팅

미국인은 일반적으로 다양성을 가치있게 생각하는 방향으로 변화하고 있어서, 점차 인종적, 종교적 그리고 민족적 다양성을 포용하고 있다. 대중들의 수용이 높아지는 집단이 게이와 레즈비언 커뮤니티이다(여기서는 관습에 따라서 게이와 레즈비언 소비자를 게이시장이라고 언급하자). 전반적으로 미국인의 52%가 게이와 레즈비언 관계가 도덕적으로 수용가능하다고 느끼고 있으며, 이는 2001년의 40%에서 높아진 것이다. 이에 대하여 더욱 강한 지지를 나타내는 것이 젊은이(62%)와 여성(59%)이다. 이것은 젊은이들의 다양성에 대해서 높은 지지를 보낸 것과 동일한 맥락이다.[61] 점차 미국인들이 개인의 권리와 보호에 부여하는 가치가 라이프스타일에 대한 개인적 의견을 넘어서는 것으로 보인다. 예를 들어, 70%이상이 혐오범죄 보호법(hate-crime protection law)과 동성부부권리를 지지한다. 이러한 수치는 젊은 소비자 층에서 더 높다.[62] 게이와 레즈비언 역할에 관한 TV쇼(예: Modern Family와 The L Word)가 등장하고 인기를 끌고 있는 것이 점차 대중들이 이를 수용하고 있다는 추가적인 증거이다.

게이와 레즈비언의 권리를 보호하고 확장하는 방향으로 주 및 연방 소송들도 증가하고 있다. 예를 들어, 군복무 개방(국회가 최근에 Don' t Ask , Don' t Tell*을 폐지하는 투표를 하였다)과 게이 결혼의 합법화(최근에 미국의 5개 주가 동성결혼을 인정하고 있고 8개주가 동성커플에대한 배우자 권리를 완전히 혹은 부분적으로 제공하고 있다)가 이에 해당

* "묻지도 말하지도 마라", 군대에서 동성애자를 강제로 전역시키는 법률, 역자 주

된다. 나아가 Fortune잡지에서 선정한 500대 기업들중에서 10개 기업 중 9개기업이 성적 지향에 근거하여 노동자를 보호하고 있다.[63]

이성애자와 마찬가지로 게이 소비자가 인종, 지역, 직업 그리고 연령에 따라서 다양하다는 것을 강조하는 것이 중요하다. 이러한 요인들(인종, 지역, 직업, 연령 등)과 다른 요인들이 그들의 행동에 영향을 미치고, 이것들이 많은 경우에 그들의 성적 지향보다 소비과정에서 더 큰 역할을 하고 있다.

게이 시장은 규모와 구매력 모두에서 상당하다. 게이 시장의 규모는 미국 성인 인구의 약 7%정도 혹은 18세 이상의 인구 중 1,600만 명으로 추산된다. 구매력은 7,500억 달러-9,000억달러 사이로 추산된다.[64] 당연히 많은 기업들은 게이 시장이 매우 매력적인 세분시장이라고 결론을 내렸다. 그 예로는 아래와 같다:[65]

- American Airlines는 GLBT(게이, 레즈비언, 양성 그리고 성전환자) 소비자를 위해서 웹사이트의 한 페이지를 만들었다. Wyndham Hotels는 이 항공사와 제휴해서 이 페이지를 통해서 이루어진 모든 예약들에 대해서 20% 할인을 해주었다.
- IBM은 GLBT 의사결정자의 IBM과의 접촉을 도와주는 판매팀을 운영하고 있다
- Ikea는 1994년에 게이 주제의 광고로 대중의 격렬한 항의를 불러 일으켰다. Ikea는 2006년에 흑인과 동양인 남성 부부와 그들의 딸 그리고 Golden Retriever 개를 보여 주면서 "왜 소파는 가족이 다양한 것처럼 여러 취향으로 나오지 않는가?"라는 광고를 이용해서 다시 게이시장에 진출하였다. 1994년의 반응과 달리 이 광고에 대한 일반인들의 논란은 없었다.

게이 커뮤니티의 애호도를 얻기 원하는 기업은 게이 종업원에 대한 차별을 하지 않는 내부 정책을 갖고 있어야 한다. 최근의 한 서베이에 의하면 게이 소비자의 82%가 게이 친화적인 기업의 제품을 구입하려고 한다는 것을 알아냈다.[66] Human Rights Campaign Foundation(www.hrc.org)은 기업 평등 지수(corporate equality index: CEI)를 통해서 그런 정보를 제공한다. 기업 평등 지수란 한 기업이 GLBT 종업원, 고객 그리고 투자자를 얼마나 평등하게 대하는가를 측정한다.

제품 이슈(Product Issue) 많은 경우에 게이 소비자의 라이프스타일은 제품 수정을 필요로 하는 다른 소비자들과 크게 다르지 않다. 예를 들어, 호텔을 선택하는 네 가지 이유 중 세 가지는 이성애자들의 경우와 마찬가지로 GLBT 소비자에게도 동일하다. 중요성에서 GLBT 소비자는 편의성, 고객 서비스 그리고 친구나 가족의 추천순이다.[67] 그러나 제품 수정기회들은 때때로 가능하며, 유익하다. 예를들어, 텔레비전의 영역에서 GLBT 오디언스가 특히 관심을 가지는 뉴스, 관심사, 프로그램, 영화들의 내용들이 점점 보편화되고 있다. 이러한 수요증가에 대응하기 위해 최근에는 Logo TV와 here! 방송*이 출범하였다. 또한 점증하는 동성결혼에 대한 관심으로 Pottery Barn, Tiffany' s와 같은 기업들이 그들의 결

* GLBT를 표적으로 하는 미국의 방송국

혼예물목록**을 중성적으로 수정하고 있으며, Gayweddings(www.gayweddings.com)과 같은 웹사이트들이 이러한 시장에 대응하기 위해 등장하고 있다.

제품 수정이 필요한 다른 영역은 금융 서비스 분야이다. American Express의 마케팅 책임자는 다음과 같이 설명하였다:

> 종종 게이 부부는 사회보장 편익과 재산계획과 같은 이슈들에 대해서 매우 관심이 많다. 왜냐하면 동성 결혼은 종종 법적으로 인정되지 않기 때문이다.[68]

Ameriprise는 이 시장을 겨냥한 GLBT 웹페이지를 가지고 있고, CEI지수에서 100% 점수를 받고 있다. 이 웹사이트는 다음과 같이 설명한다:

> Ameriprise Financial은 동거관계에 있는 사람들과 사귀는 사람이 있는 독신자들을 위한 커플고객 분석(dual client analysis)을 제공하는 최초 금융서비스기업의 하나였다. 커플 고객 분석은 금융상담자로 하여금 동거관계에 있는 사람이 미래를 위한 공통의 계획을 구상할 수 있도록 도와준다. 우리(Ameriprise Financial) 금융상담자는 세금, 보험, 은퇴 및 투자계획 전략을 포함한 금융 계획에 대한 포괄적 접근을 사용한다.

커뮤니케이션 이슈(Communication Issue) 미국과 캐나다에는 게이 지향적 인쇄매체들이 많다. 게이 시장의 규모와 소비력과 관련하여 게이 지향적 인쇄매체에 대한 지출이 1997년 이후 3배이상이 되어, 현재 3억 5천만달러 이상의 수준이라는 것이 놀라운 일이 아니다. 그리고 Fortune 500대 기업들 중 상당수의 기업들이 게이 매체에 광고를 하고 있다.[69]

일반 사람들과 비교해서 게이 소비자들은 테크놀로지에 더 능통하고 정보를 검색하기 위해서 온라인에서 더 많은 시간을 보내는 경향이 있다.[70] 마케터는 자사의 웹사이트를 개발할 때 이러한 사항들을 고려한다.[71] 예를 들어, iTunes는 GLBT 팟캐스트(podcasts)를 제공하고, Orbitz는 자신의 여행 사이트에 게이와 레즈비언 페이지를 가지고 있으며, Ameriprise는 GLBT커뮤니티를 위한 웹페이지를 갖고 있다. 또한 Virgin Mobile과 같은 마케터는 OutTraveler.com, SheWired.com 그리고 gay.com과 같은 GLBT커뮤니티를 표적으로 하는 웹사이트를 통해서 제품을 커뮤니케이션하는 배너 광고캠페인을 사용하고 있다.

대부분의 제품들이 게이 시장을 위한 별도의 제품 변경이 요구되지 않기 때문에, 기업들은 게이 지향적 매체에 표준 광고들 중 하나를 게재해서 게이 시장에 접근할 수 있다. Anheuser-Busch, Miller Brewing, Baileys Original Irish Cream 그리고 American Express가 처음으로 표준 광고를 이용해서 게이 시장에 접근한 기업들에 해당된다. 그러나 다른 기업들도 점차 게이 시장을 위한 광고를 만들고 있어서, 2004년은 게이 인쇄매체의 상당히 많은 광고들 (59%)이 게이 소비자를 위해서 만들어진 첫 해이다.[72] 이 광고들은 표준 광고에서 일반 부부를 대신해서 게이 부부를 묘사하고 있다. 또는 <사진 3-7>의 광고에 나

** bridal registries, 친지로부터 받고 싶은 결혼 선물목록, 역자 주

사진 3-7

게이 커뮤니티를 표적으로 하는 광고는 게이 지향적 매체에 게재되는 표준 광고부터 완전한 게이를 주제로 한 광고까지 다양하다.

타난 것처럼 전반적으로 게이 주제를 다루고 있다.

게이 커뮤니티의 약 50%가 게이 지향적 출판물을 거의 읽지 않고 상당한 시간을 표준 매체를 이용하면서 보내는 것으로 추정되고 있다.[73] 한 게이가 말 했듯이, "우리는 언제나 Out과 The Advocate를 읽는 것만은 아니다. 만일 당신이 어떤 게이의 집에 가게 되면, Vanity Fair과 People도 보게 된다."[74] 이것은 실제 온라인에서도 마찬가지이다. 게이 소비자가 방문하는 10대 웹사이트 중 8개는 Yahoo!, Google, Amazon, CNN 그리고 eBay와 같은 일반사이트들이다. 이러한 사이트들은 특별히 게이 이슈를 다루지는 않는다.[75]

표준 대중매체에서 게이를 주제로 한 광고를 하는 것은 게이 커뮤니티를 수용하지 않는 일부 시장의 반발 우려도 야기시킬 수 있기는 하지만, 가장 많은 사람들에게 직접적으로 소구하는 매체를 갖고자 하는 욕구를 만들어 낸다.[76] 최근 연구는 일반 커플 광고(광고에 나오는 일반 부부)와 명시적인 게이 및 레즈비언 광고(남성 커플 혹은 여성커플) 혹은 묵시적인 게이 및 레즈비언 광고(무지개 깃발, 핑크색 트라이앵글 그리고 자유반지 등과 같은 게이의 상징적 아이콘이 있는 광고)를 비교하였다. 이 연구는 게이와 일반 사람은 똑같이 일반 커플 광고를 좋아하는 것을 발견하였다. 또한 비록 일반사람들이 명시적인 게이 및 레즈비언 광고를 싫어했지만, 그들의 태도는 묵시적인 게이 및 레즈비언 광고에 의해서 부정적인 영향을 받지는 않았다. 마지막으로 자신을 게이나 레즈비언이라고 인정하는 사람들은 일반 커플 광고보다 명시적 게이 및 레즈비언 광고와 묵시적 게이 및 레즈비언 광고 모두를 더 좋아한다.[77] 가능한 한 폭넓은 소구로 주류시장으로 들어가기를 원하면서, 여전히 게이 소비자를 표적으로 하기를 원하는 마케터에게 이 조사는 상징적 게이 아이콘(일반 소비자들이 이것을 상대적으로 잘 모르는 경향이 있다)을 사용하는 것이 더 효과적인 것으로 나타났다. 이 조사에 의하면, 게이 소비자는 게이 매체에 광고하고(하거나) 그 광고에서 게이를 주제로 사용하는 기업을 가치있게 생각하기 때문에 중요하다.

끝으로, 게이 매체에서의 광고뿐만 아니라, Gay Pride 주간(게이 축제가 있는 기간)과 같은 게이 커뮤니티 행사에 대한 지원은 이 시장에 접근할 때 기업이 사용하는 또 다른 중요한 수단이다.

4. 성별기반 마케팅

LO6 이 장의 도입사례에서 보았듯이, 미국에서 성역할은 변화하고 있다. 불과 한 세대 혹은 두 세대 전만해도 자동차를 구매할 때 남자 혼자 의사결정을 하는 것이 당연했다는 것을 상상하기 어렵다. 오늘날, 판매된 모든 자동차의 80%에 여성들이 영향을 미치고, 새로운 차의 구매에서는 50% 이상에 영향을 미치고 모든 SUV차의 40%를 여성이 구입한다.[78]

여성의 성역할은 노동력에 대한 참여의 증가, 증가된 부와 구매력 그리고 적극적 라이프스타일에 대한 참여의 증가로 인하여 극적으로 변화하고 있다. 자동차에서부터, 스포츠 의류 그리고 재무 서비스에 이르는 다양한 제품과 서비스에서 마케터는 세분 시장으로서 여성의 중요성을 명확히 이해하고 있다. 다음의 예들을 보자:

- Cadillac은 CTS와 같은 자동차 모델에 대한 캠페인에서 Kate Walsh를 광고모델로 하여 전문직 여성을 표적으로 하고 있으며, 이 광고에서 "진정한 문제는 당신이 차의 시동을 걸때 그 차가 보답하는가?"라는 광고 문구를 사용하고 있다.
- Harley Davidson은 Women Riders라고 하는 웹사이트에 자신의 페이지를 갖고 있으며, Harley의 고객 기반에서 점차 증가하고 있는 여성고객들을 위한 Garage Party Events를 후원하고 있다.[79]
- Nike는 iTunes을 통해서 이용가능한 Nike Training Club 앱 뿐만 아니라, 이러한 제품을 특성화한 웹사이트의 전 분야에 걸쳐 여성들을 표적으로 하는 골프 및 골프 의류 전체 제품라인을 갖고 있다.

성(sex) 혹은 **성별(gender)**은 구분없이 사용되는데, 한 사람이 생물학적으로 남성 혹은 여성인지 여부를 말하는 것이다. **성 정체성(gender identity)**은 여성 스러움(유연함과 동정과 같은 표현적 특성)과 남성다움(공격적임과 지배적임과 같은 도구적 특성)의 특성을 말한다. 이러한 특성은 연속선상의 양끝을 나타내는데, 개인들은 각 특성의 다양한 수준을 갖고 있으며, 생물학적 남성은 이 연속선의 남성다움의 끝부분을 지향하는 성향이 있고 생물학적 여성은 여성스러움의 끝부분을 지향하는 성향이 있다.[80]

성역할(gender roles)은 사회에서 남성과 여성에 적합하다고 간주되는 행동이다. 앞에서 자동차 구입에 관한 논의에서 지적했듯이, 미국에서 성역할은 과거 30년간 큰 변화를 겪었다. 이러한 변화의 일반적 특성은 예전에는 남성에게 주로 적합하다고 간주되었던 행동이 여성에게도 수용가능해졌다. 그러나 또한 도입사례에 나타나 있듯이 이전에는 여성에게 적합하다고 생각되었던 행동이 남성에게도 역시 받아들여진다.

성역할은 귀속역할이다. **귀속역할(ascribed role)**은 개인이 거의 혹은 전혀 통제하지 못하는 속성에 근거한다. 이것은 **성취 역할(achievement role)**과 대비될수 있다. 성취 역할은 개인이 어느 정도 통제가능한 성과기준에 근거한다. 개인은 제한된 범위 내에서 자신의 직업적 역할(성취 역할)을 선택할 수 있지만, 자신들의 성(귀속역할)을 결정할 수는 없다.

다음의 두 개의 대비되는 결혼 라이프스타일에 근거해서 여성을 전통적 혹은 현대적 성지향성으로 구분하는 것이 유용할 수 있다.

- 전통적: 남편은 가족을 부양하는 책임을 갖고 부인은 가사를 관리하고 자녀를 돌보는 결혼.
- 현대적: 남편과 부인이 책임을 공유하는 결혼. 부부가 모두 일하고 가사 및 자녀양육을 함께 책임진다.

미국인은 현대적 라이프스타일을 선호하는 쪽으로 확실히 이동하였다. 즉 현대적 라이프스타일에 대한 선호는 1977년 35%에서 가장 최근의 조사에서는 71%로 증가하였다.[81] 또한 25%만이 여성은 전통적 역할로 되돌아와야 한다고 주장하였고, 87%는 아버지도 자녀양육에 대해서 엄마와 같이 할 수 있다고 주장하였다.[82] 그러나 남성과 여성 모두 현대적 라이프스타일을 일반적으로 강하게 선호한다고 표현하는 반면, 여기에는 대가가 뒤따른다는 것을 인정한다. 예를 들어, 5세 이하의 자녀를 둔 엄마의 80%는 자녀를 위해서라면 자녀와 집에 있는 것을 선호하고,[83] 남성과 여성의 거의 50%는 "여성이 집에서 가사일을 하고 남성이 밖에서 일할 때"가 더 편했다고 믿고 있다.[84]

도입사례에서 지적했듯이, 가사의 의무에 남성들의 참여가 증가하고 있다. 그러나 여기에서 초점은 남성의 결혼유무에 관계없이 모든 남성들에게 가사의무가 있다는 것을 인식하는 것이 중요하다. 그러나 결혼한 남성의 경우, 가사일에의 참여가 증가하는 반면 일반적 패턴은 여전히 더 전통적 성역할을 따르고 있다. 아래의 Gallup조사결과는 가사의 자질구레한 일들을 누가 주로 하는 가에 따라서 다음과 같이 구분하였다. 각 활동에 대한 수치는 "가정에서 다음의 일들을 누가 주로 하는가?"라는 질문에 대한 응답 비율을 나타낸다.

활동	남편(%)	부인(%)
자동차를 좋은 상태로 유지한다.	69	13
마당을 가꾼다.	57	12
투자관리를 한다.	35	18
식품쇼핑을 한다.	16	53
세탁을 한다.	10	68
집안청소를 한다.	9	54

출처: F. Newport, "Wives Still Do Laundry, Men Do Yard Work,"*Gallup,* 2008 www.gallup.com, accessed May 26, 2008.

사진 3-8

오늘날 여성은 다양한 역할을 수행하고 사회에서 여성의 역할에 대한 태도도 광범위하다. 이 두 개의 광고는 여성과 여성의 태도를 묘사하는 매우 다른 접근방법을 취하고 있다.

이러한 수치는 1990년 중반 이후 크게 변하지 않았다. 그리고 11개 활동 중 단지 두개 만을 남성이 주된 책임을 맡고 있다는 사실은, 부부 모두 밖에서 일을 하고 있음에도 불구하고 가사활동의 대부분을 부인이 맡고 있다는 의미이다.[85] 성공적인 결혼을 위한 아주 중요한 요소가 "가사 분담"이라는 것을 62%가 수긍한다는 것을 고려하면, 이것이 아래의 예처럼 강한 분노를 유발시킬 수 있다:

> "매달 크게 부부싸움을 합니다"라고 Hope(32세, 책 편집자)는 고백한다. "우리가 싸우는 유일한 것은 다음과 같은 것이지요." Hope는 남편 Cohen(34세, 레지던트 의사)에게 서로 약속한 가사일을 하도록 요구합니다. 그러면 "남편은 잠자리에 들기 전까지 설거지를 하겠다고 나에게 말했고, 할 것으로 믿습니다." 그렇지만 "밤 9시 반 정도까지도 지저분한 그릇들이 여전히 싱크대에 있어서 나는 부글부글 끓어요."라고 Hope는 말한다.[86]

역할 과중과 맞벌이 가족과 관련된 스트레스로 인하여, 많은 미국사람들은 모든 것을 다 가질 수 없다는 것을 깨닫고 있다. 따라서 만약 선택대안이 있다면 어떤 사람들은 변화를 선택한다. 때로 변화의 방향은 집에서 가사일을 하는 아빠의 수가 증가하는 것과 같은 비전통적 방향이다.[87] 또한 다른 한편으로는 최근에 전통적 방향으로의 변화인데, 집에서 가사일을 하는 엄마가 증가하고 있기도 하다.[88]

우리가 보아왔듯이 여성은 다양한 역할 대안과 그녀들의 성역할에 대한 광범위한 태도를 가지고 있다. <사진 3-8>의 광고는 여성역할에 대한 매우 극명하게 대조적인 견해를 나타낸다. 지금부터 미국사회에서 변화된 여성 역할에 대한 마케팅적 의미들을 알아 보자.

시장 세분화(Market Segmentation) 여성시장도 남성시장도 과거와 달리 동일하지 않다. 적어도 4개의 중요한 여성 세분 시장들이 존재한다:[89]

1. 전통적 주부(Traditional housewife): 일반적으로 기혼. 집에 있는 것을 선호. 매우 가정적이고 가족 중심적이다. 남편과 자녀를 즐겁게 하려는 욕구가 있으며, 가정과 가족 유지뿐만 아니라 자원봉사로부터 만족 및 의미를 추구한다. 바깥 일을 해서 소득기회를 가지려는 강한 압력을 경험하며, 가족의 지원을 느끼고 이 역할에 대체로 만족한다.
2. 갇혀있는 주부(Trapped housewife): 일반적으로 기혼. 일하는 것을 선호하지만 어린 자녀, 외부 활동기회가 부족하거나 가족의 압력 때문에 집에 있다. 집밖에서 만족과 의미를 추구하며, 대부분의 가정 허드렛 일을 즐기지 않는다. 현재의 상태에 대해서 복합적인 느낌을 갖고 있고, 잃어버린 기회에 대해서 염려를 한다.
3. 갇혀있는 취업여성(Trapped working woman): 기혼이거나 미혼. 집에 있는 것을 선호하지만 경제적 필요나 사회적 혹은 가족의 압력 때문에 일을 한다. 일에 대한 일정한 범위의 만족이나 의미를 찾지 못한다. 대부분의 가족 활동을 즐기지만 시간부족으로 불만이다. 자신의 역할에 대한 갈등을 느낀다(특히 젊은 자녀가 있는 경우). 가족, 자원자 그리고 사회 활동에 대한 기회를 놓친 것에 대하여 분개하고, 가족에 대한 경제적 기여에 자부심을 가진다.
4. 커리어 취업여성(Career working woman): 기혼 혹은 미혼. 일하는 것을 선호한다. 가정과 가족 보다는 일을 하는 것에서 만족과 의미를 찾는나. 어린 자녀가 있는 경우 자신의 역할에 대해 일부 갈등들을 경험하지만 대체적으로 만족한다. 가정유지를 필요악으로 보고 시간에 대한 압박을 느낀다.

위의 설명은 지나치게 단순화된 것이지만, 성인여성 인구의 다양한 특성을 나타낸다. 여성은 평생 동안 이러한 범주를 넘나들 수 있다는 것을 주시할 필요가 있다. 예를 들어, 한 '커리어 취업여성' 은 일할 필요가 있는데 자녀들이 어릴 경우에는 더욱 '갇혀 있는 취업여성' 처럼 느낄 수 있다. 그리고 커리어 취업여성 범주는 지난 30년간 상당히 성장했지만, 다른 세분시장도 여전히 규모가 있고 독특하고 중요하다.

남성시장도 마찬가지로 성역할, 직장, 가정의 자질구레한 일들에 대한 태도와 행동 모두 다양하게 나타난다. 한 분류는 현대적 남성과 전통적 남성으로 구분하는데, 현대적 남성은 (a) 패션, (b) 쇼핑 그리고 (c) 요리와 같은 요소에 더 초점을 맞추고 있다.[90]

제품전략(Product Strategy) 많은 제품들이 전통적인 성별 구분을 잃고 있다. 총, 자동차, 오토바이, 컴퓨터 게임 및 장비, 골프용품, 금융 서비스 그리고 많은 남성주의적 제품들이 지금은 여성의 마음에 꼭 들도록 설계되고 있다. 여성의 증가된 부, 독립 그리고 구매력 그리고 시간압박은 이들을 중요한 표적시장으로 만들고 있다. 아래 예를 보자:

- 여성중심적인 가정은 전체 가정의 약 28% 정도이다. 여성을 표적으로 하는 Barbara K 공구제품 라인(지금은 Barbara's Way)은 2003년에 출시하였는데, 매우 성공적이었다.

사진 3-9

시간 압박이 증가함에 따라, 기업들은 신제품과 포지셔닝 전략으로 대응한다.

이 기업의 CEO인 Barbara Kavovit에 의하면, "여성들이 많은 발전을 하였지만 집안의 고장난 것들을 수리할 수는 없다." 연장들은 세련되고 기능적이도록 설계되어있고 쿠션이 있는 손잡이와 같이 여성을 표적으로 한 특별한 특성을 갖고 있다.[91]

- 여성에 대한 폭행은 큰 사회적 문제이다. Smith & Wesson은 여성을 위해 특별히 설계된 총기 제품라인인 LadySmith를 출시하였다. 그들은 "만일 여성이 자신을 보호하기 위해서 총을 사용하려고 할 때, 귀여운 총을 원하지 않는다"는 것을 알아냈다. 오히려 컬러 손잡이로 남성의 총을 여성화하는 것보다 Smith & Wesson은 여성의 손에 맞는 총으로 재설계해서 주요 성공 기준을 목표로 삼았다.
- 많은 여성들이 과거 어느 때보다 오늘날 집밖에서 일을 하고 있다.[92] 이것은 대부분의 가정에 엄청난 시간적 압박을 주며, 결과적으로 제품과 서비스에서 편의성을 필요로 한다. <사진 3-9>는 이러한 욕구를 충족시키기 위한 유형의 상품과 서비스가 많이 출현하고 있다는 것을 보여준다.

여성의 역할이 확대됨에 따라 잠재적으로 유해한 제품에 대한 소비가 여성들에게 사회적으로 받아들여지고 있다. 물론 이러한 현상은 과거에 술이나 담배와 같은 제품의 다량 사용자가 아니었던 여성 집단을 표적으로 한다는 윤리적 문제를 유발한다.

마케팅 커뮤니케이션(Marketing Communications) 많은 조사들이 남성과 여성이 성적소구, 음악, 어투 등과 같은 다양한 커뮤니케이션 요소들에 대해서 다르게 처리하고 반응한다고 주장한다.[93] 하나의 예로 여성들은 자선에 대해서 "다른 사람을 돕는" 형태의 소구에 더 호의적으로 반응하는 반면, 남성은 "스스로를 돕는" 소구에 더 호의적으로 반응한다.[94] 이것은 다양한 커뮤니케이션과 소비행동에 영향을 주는 다른 세계관에 의해서 야기된다. 남성과 여성은 서로 다른 매체를 사용하기도하고, 같은 매체를 다르게 사용하기도 한다. 예를 들어, 소셜미디어에서 정보는 여성(28%) 보다 남성(36%)에게 더 중요한 목적이다. 반면에 쿠폰과 판촉행사를 찾는 것은 남성(33%)보다 여성(47%)에게 더 중요한 목적이다.[95] 또한 여성이 자주사용하는 SNS의 형태는 남성이 자주 사용하는 SNS형태와 다르다. Google Ad Planner에 근거한 여성과 남성의 5대 SNS형태는 다음과 같다:[96]

여성	남성
Bebo	Slashdot
MySpace	Reddit
Classmates.com	Digg
Xanga	Last.fm
Ning	Delicious

사진 3-10

이 광고는 남성이 전통적 여성의 일에 관여하고 있는 것을 묘사하고 있다는 점에서 아직은 다소 드문 경우이다. 비록 성 역할이 변하고 있지만 전통적인 남성의 일을 수행하는 여성을 묘사하는 것이 그 반대로 묘사하는 것보다 더 일반적이다.

여성을 단일 집단으로 보기에는 매우 다양하기 때문에, 마케터는 마케팅 커뮤니케이션을 설계할 때, 인종, 나이, 생애주기 그리고 고용상태의 차이와 같은 요소들도 고려하여야 한다. 여성을 묘사하는 광고는 다양한 세분시장에서 불쾌감을 줄지 모르기 때문에 조심해야 한다.[97] 예를 들어, 가사가 중요하지 않다거나 밖에서 일하는 여성은 그렇지 않은 여성보다 다소 우월하다는 것을 의미하는 광고는 전통적인 주부를 모욕할 수 있다. 여성을 주로 장식물이나 남성보다 열등하게 보는 광고는 모든 여성 시장으로부터 부정적 반응을 유발하는 경향이 있다.[98] 이러한 부정적 반응에도 불구하고, 많은 광고들이 여전히 이러한 전술을 사용한다.[99] 그러나 일부 기업들은 이러한 이슈를 정면으로 반박한다. Dove는 "Real Beauty" 캠페인을 시작하였다. 이 캠페인은 광고에서 여성을 이상적이고 비현실적으로 묘사해서 자아존중감을 손상시키는 것에 대응하여 여성을 실제적으로 묘사하는 것을 특징으로 하고 있다.

마지막으로 성역할 묘사의 관점에서 전통적으로 여성을 위해서 설계된 제품을 사용하거나 전통적으로 여성들이 맡는 일들을 남성들이 하고 있는 것을 보여주는 광고는 아직도 상대적으로 거의 없다. 한 연구에 의하면, 남성 4명 중 단지 1명정도가 소비자 제품의 광고가 남성들을 위해서 제작되었다고 느낀다고 하였다.[100] 그러나 이것이 변하고 있다. JIF는 "까다로운 엄마가 JIF를 선택한다"로부터 광고에서 아버지와 아이들이 다정히 대화하는 긍정적 묘사와 함께 "까다로운 엄마와 아빠가 JIF를 선택한다"로 옮겨갔다. <사진 3-10>은 또 다른 예외를 보여준다. 이러한 모습의 증가는 계속될 것이다.

소매전략(Retail Strategy) 이 장의 도입사례에서 보았듯이, 남성과 여성은 비록 같은 제품을 구입할 경우에도 서로 다르게 쇼핑한다. 애호도, 브랜드 전환, 쿠폰 사용 그리고 점포내의 쇼핑스타일에서의 모든 차이들을 소매점들이 알 필요가 있는데, 특히 남성이 식품쇼핑을 하는 경우에는 더욱 그렇다.

또한 남성과 여성은 다양한 소매 및 서비스 환경에 다르게 반응한다. 예를 들어, 서비스 실패가 있을 때, 남성은 주로 문제 해결자체에 초점을 맞추는 반면 여성은 문제가 해결되는 과정에 초점을 맞춘다. 해결과정에서 목소리를 낼수 있는 것은 남성보다 여성에게 훨씬 더 중요하다. 이러한 차이는 종업원 교육 프로그램에 반영될 필요가 있다.[101]

요약

학습목표 1: 핵심적인 미국의 문화적 가치관을 이해한다

문화적 가치관은 바람직하다고 확신하는, 널리 받아들여지는 신념이다. 행동에 영향을 주는 3가지 범주의 가치관은 자아, 타인 그리고 환경과 관련된다. 종종 많은 가치관이 기존 트렌드에 영향을 주도록 작용한다: 그러한 사례로는 가족 및 자연과 관련되는 가치관에 의해서 영향을 받는 유기농 소비를 들수 있다.

학습목표 2: 자아 지향적 가치관, 환경 지향적 가치관 그리고 타인 지향적 가치관의 변화를 정리한다

자아 지향적 가치관의 관점에서, 산업화 국가중에서 여전히 가장 긴 시간을 일함에도 불구하고, 일 자체를 목적으로 열심히 일하는 것을 다소 덜 강조하고 있다. 성적 희열을 더 강조하는 추세이다. 그리고 최근의 경기 침체가 소비를 억제하는 반면, 다시 즉각적 희열을 더 강조하는 것으로 회귀하는 것 같다. 끝으로, 미국은 종교가 여전히 중요한 반면, 상대적으로 세속적 문화로 남아있다.

환경에 대한 관계에 영향을 미치는 가치관은 다소 성과지향적이 되고 변화를 덜 지향한다. 자연 환경을 보호하는 가치관이 강력하게 대두되고 있고, 점차 위험 추구에 가치를 부여한다.

타인과의 개인적 관계에 영향을 미치는 이러한 가치관들의 관점에서, 미국인들은 개인주의적으로 남아있다. 실제로 과거보다 현재는 상당히 덜 남성지향적이다. 또한 장년층과 다양성에 더 높은 가치를 부여한다.

학습목표 3: 그린 마케팅과 관련된 가치관을 알아본다

미국인들은 자연을 극복하는 것에서 자연을 존경하는 것으로 그들의 가치관을 변경하였다. 이는 환경보호 및 그린 마케팅의 출현에 대한 관심을 높이고 있다. 마케터들은 그린 마케팅에 다음과 같은 것을 포함한다: (1) 전통적 제품보다 환경에 덜 유해한 제품의 생산, 사용 혹은 처분할 수 있는 제품을 개발하고 (2) 환경에 긍정적 영향을 갖는 제품을 개발하고 (3) 환경기업이나 행사를 제품의 구매와 연계시킨다

학습목표 4: 대의명분 마케팅과 관련된 가치관을 알아본다.

미국사람들은 문제 해결에 높은 가치를 부여한다. 이것은 상황을 해결하고 개선하려는 시도에서 중요한 대의명분에 대해서 노력을 기울이도록 하는 경향이 있다. 대의명분 마케팅은 한 기업과 이 기업제품의 매출 및 기업 이미지를 개선하는 반면, 대의명분의 혜택을 제공하는 것을 목표로 하는 이슈나 대의명분과 연계시키는 마케팅이다. 기업은 고객과의 장기적 관계를 창출하는 것을 대의명분과 연관시켜서 결국 매출을 증가시켜서 기업 및 브랜드 자산을 구축한다.

학습목표 5: 게이 및 레즈비언 소비자에 대한 마케팅과 관련된 가치관을 알아본다.

다양성에 부여하는 가치는 지속적으로 증가하고 있어서, 대안적 라이프스타일과 동성 커플을 포함한 가족 구조에 대해서 더 개방적이다. 게이 시장은 7,500-9,000억 달러의 구매력을 갖고 있는 18세 이상의 1,600만 명으로 추정된다. 많은 기업들이 게이 시장을 매우 매력적으로 보고 있고 특정 제품과 촉진 노력으로 이 시장을 표적으로 하기 위해서 상당한 자원을 투자하고 있다. 게이에 대한 중요한 대의명분뿐만 아니라 게이 종업원을 지지하는 기업 내부적 정책들은 이 시장에 접근하는 중요요인들에 속한다.

학습 목표 6: 성별기반 마케팅과 관련된 가치관을 알아본다.

전통적인 남성적 견해로부터 균형을 이룬 남녀의 견해로 계속해서 변화하는 것은 성역할의 변화를 초래한다. 성 역할은 과거 30년간 급격한 변화를 겪고 있다. 근본적인 변화는 여성역할이 전통적인 남성역할과 더욱 유사해지고 있다는 것이다. 남성역할도 진화하고 있어서 전통적으로 여성의 일로 간주되었던 것을 남성이 맡기 시작하였다. 사실 마케팅 활동을 포함한 우리 사회의 모든 측면이 이러한 변화의 영향을 받고 있다.

주요 용어

성취 역할(achievement role)
귀속역할(ascribed role)
대의명분 마케팅(cause-related marketing: CRM)
문화적 가치관(cultural values)
환경기업가형 마케팅(enviropreneurial marketing)
성별(gender)
성 정체성(gender identity)
성 역할(gender role)
그린 마케팅(green marketing)
현대적 성 지향성(modern gender orientation)
지속가능성(sustainability)
전통적 성 지향성(traditional gender orientation)
자발적 단순함(voluntary simplicity)

참고 문헌

1. Opener based on M. De Mooij and G. Hofstede, "The Hofstede Model," *International Journal of Advertising* 29 (2010), pp. 85–110; B. Fuller, "Understanding the Male Grocery Shopper," *Promo,* September 15, 2010; and J. Neff, "Time to Rethink Your Message," *Advertising Age,* January 17, 2011.
2. E. Gurel-Atay et al., "Changes in Social Values in the United States," *Journal of Advertising Research,* March 2010, pp. 57–67.
3. Consumer Insight 3-1 is based on "Consumers Choose Where They Shop," *The Hartman Group,* August 30, 2002, www.hartman-group.com, accessed May 23, 2008; "Nearly Two-Thirds of Americans Have Tried Organic Foods and Beverages," *Whole Foods Market,* press release, November 8, 2005, http://media.wholefoodsmarket.com, accessed May 23, 2008; "Natural and Organic Food and Beverage Industry Trends," *Packaged Facts,* June 2006; "Large Majorities See Organic Food as Safer, Better for the Environment and Healthier," *HealthNewsDigest.com,* October 18, 2007, www.healthnewsdigest.com, accessed May 23, 2008; "SUPERVALU Launches New Wild Harvest™ Brand of Organic, Natural Foods Nationwide," *Business Wire,* April 9, 2008; and C. Greene, E. Slattery, and W. D. McBride, "America's Organic Farmers Face Issues and Opportunities," www.ers.usda.gov/amberwaves, accessed February 19, 2011.
4. Numbers are for 2010 based on a Gallup poll reported at www.gallup.com/poll/1690/religion.aspx, accessed February 20, 2011.
5. W. H. Henley et al., "The Effects of Symbol Product Relevance and Religiosity on Consumer Perceptions of Religious Symbols in Advertising," *Journal of Current Issues and Research in Advertising,* Spring 2009, pp. 89–103.
6. "New Survey Shows Religious Americans Less Likely to Support Compromise," *Public Agenda,* press release, January 23, 2005, www.publicagenda.org.
7. R. Gardyn, "Breaking the Rules of Engagement," *American Demographics,* July–August 2002, p. 35.
8. B. A. Robinson, "How Many People Go Regularly to Weekly Religious Services?" Ontario Consultants on Religious Tolerance, November 26, 2001, www.religioustolerance.org.
9. W. H. Henley et al., "The Effects of Symbol Product Relevance and Religiosity on Consumer Perceptions of Religious Symbols in Advertising."
10. J. Flint, "Angry NFL Slams ABC's 'Desperate Housewives' Promo," *The Wall Street Journal Online,* November 17, 2004, www.wsj.com.

11. L. Petrecca, "Axe Ads Turn up the Promise of Sex Appeal," *USAToday,* April 18, 2007, www.usatoday.com, accessed February 20, 2011; H-J. Paek et al., "A Cross-Cultural and Cross-Media Comparison of Female Nudity in Advertising," *Journal of Promotion Management* 13, no. 1/2 (2007), pp. 145–67; and J. Sengupta and D. W. Dahl, "Gender-Related Reactions to Gratuitous Sex Appeals in Advertising," *Journal of Consumer Psychology* 18 (2008), pp. 62–78.
12. E. Gurel-Atay et al., "Changes in Social Values in the United States," *Journal of Advertising Research,* March 2010, pp. 57–67.
13. S. Thompson, "Minor Indulgence Keeps Cookies from Tanking," *Advertising Age,* June 28, 2004, p. S-18.
14. S. Theil, "The Urge to Slurge," *Advertising Age,* pp. 26–30.
15. L. J. Shrum, J. E. Burroughs, and A. Rindfleisch, "Television's Cultivation of Material Values," *Journal of Consumer Research,* December 2005, pp. 473–79.
16. S. Theil, "The Urge to Slurge."
17. S. Zavestoski, "The Social-Psychological Bases of Anticonsumption Attitudes," *Psychology & Marketing,* February 2002, p. 155.
18. A. Etzioni, "Voluntary Simplicity," *Journal of Economic Psychology* 19 (1998), pp. 619–43; Zavestoski, "The Social-Psychological Bases of Anticonsumption Attitudes"; M. Craig-Lees and C. Hill, "Understanding Voluntary Simplifiers," *Psychology & Marketing,* February 2002, pp. 197–210; and S. McDonald et al., "Toward Sustainable Consumption," *Psychology & Marketing,* June 2006, pp. 515–34.
19. These statistics are drawn from the *Statistical Abstract of the United States* (Washington, DC: U.S. Census Bureau, 2011), Labor Force, Employment, and Earnings, tables 644, 602, and 597, respectively.
20. A. C. Brooks, "I Love My Work," *The American,* September/October 2007, accessed February 21, 2011.
21. "Fewer Mothers Prefer Full-time Work," *PewResearchCenter Publications,* July 12, 2007.
22. "New Survey from Xobni on Email Overload Shows There Is No Such Thing as a Day Off for Americans and Brits," *PR Newswire,* September 2, 2010.
23. See P. Paul, "Targeting Boomers," *American Demographics,* March 2003, pp. 24–26; and J. Consoli, "Where Have All the Young Men Gone?" *Mediaweek,* October 20, 2003, pp. 4–5.
24. M. Slatalla, "Overscheduled?" *Time,* July 24, 2000, p. 79.
25. T. Cahill, "Exotic Places Made Me Do It," *Outside,* March 2002, p. 60.
26. See J. P. Robinson and M. Milke, "Dances with Dust Bunnies," *American Demographics,* January 1997, pp. 37–40; and Miller, "The Millennial Mind-Set."
27. P. Tyre, "Clean Freaks," *Newsweek,* June 7, 2004, p. 42.
28. "Cash and Carry," *American Demographics,* May 2000, p. 45.
29. "Creativity at Work," *American Demographics,* December 2002–January 2003, pp. 22–23; D. Kiley, "It's Back … Fiat Launches 500, Slights Mass for Creative Class," *Advertising Age,* January 31, 2011, pp. 1, 8.
30. E. Gurel-Atay et al., "Changes in Social Values in the United States."
31. "Public Worried but Not Panicked about Economy," *PewResearchCenter Publications,* October 15, 2008.
32. R. E. Dunlap, "The State of Environmentalism in the U.S.," *Gallup,* 2007, www.gallup.com, accessed May 25, 2008; J. M. Jones, "In the U.S., 28% Report Major Changes to Live 'Green,'" *Gallup,* 2008, www.gallup.com, accessed May 25, 2008; *Public Agenda Online,* www.publicagenda.org, accessed May 25, 2008; and J. Loechner, "Consumers Want Proof It's Green," *MediaPost,* April 9, 2009, www.mediapost.com, accessed February 19, 2011.
33. "TNS Global Study "The Green Life" Reveals Spectrum of Environmental Attitudes Across United States and the World," *TNS News Center,* press release, April 30, 2008, www.tnsglobal.com, accessed February 20, 2011; J. Gartner, "Consumer Shades of Green Identified," *MatterNetwork.com,* June 9, 2008, accessed February 21, 2011; "Do 'Green' Conscious Consumers Practice What They Preach?" *BusinessWire,* September 29, 2008; and "IRI/TNS Shades of Green Segmentation™," *Data Sheet,* www.infores.com, accessed February 21, 2011.
34. W. E. Baker and J. M. Sinkula, "Environmental Marketing Strategy and Firm Performance," *Journal of the Academy of Marketing Science* 33, no. 4 (2005), pp. 461–75; and F. Ross, T. Martinez, and M. Molina, "How Green Should You Be?" *Journal of Advertising Research,* December 2008, pp. 547–63.
35. A. C. Cuneo, "What's in Store," *Advertising Age,* February 25, 2002, p. 1.
36. M. J. Dutta-Bergman and W. D. Wells, "The Values and Lifestyles of Idiocentrics and Allocentrics in an Individualistic Culture," *Journal of Consumer Psychology* 12, no. 3 (2002), pp. 231–42.
37. B. S. C. Liu, O. Furrer, and D. Sudharshan, "The Relationship between Culture and Behavioral Intentions toward Services," *Journal of Service Research,* November 2001, pp. 118–29.
38. J. Halliday, "Tuners Fit in with Customizer Fare," *Advertising Age,* May 31, 2004, p. S-8.
39. S. A. Grier, A. M. Brumbaugh, and C. G. Thornton, "Crossover Dreams," *Journal of Marketing,* April 2006, pp. 35–51.
40. "Millennials' Judgments About Recent Trends Not So Different," *PewResearchCenter Publications,* January 7, 2010.
41. R. Suro, "Movement at Warp Speed," *American Demographics,* August 2000, pp. 61–64.
42. See, e.g., C. A. Lin, "Cultural Values Reflected in Chinese and American Television Advertising," *Journal of Advertising,* Winter 2001, pp. 83–94.
43 C. R. Wiles, J. A. Wiles, and A. Tjernlund, "The Ideology of Advertising," *Journal of Advertising Research,* May–June 1996, pp. 57–66. See also P. Simcock and L. Sudbury, "The Invisible Majority?" *International Journal of Advertising* 25, no. 1 (2006), pp. 87–106.
44. F. Newport, "Americans Continue to Express Slight Preference for Boys," *Gallup,* July 5, 2007, www.gallup.com, accessed May 26, 2008.
45. *Women's Sports and Physical Activity Facts and Statistics* (East Meadow: *Women's Sports Foundation,* May 17, 2008).
46. D. W. Moore, "Americans More Accepting of Female Bosses Than Ever," *Gallup,* May 10, 2002, www.gallup.com, accessed May 26, 2008.

47. J. Ottman, "Innovative Marketers Give New Products the Green Light," *Marketing News,* March 1998, p. 10; and "Investors, Big Businesses See Green in Being Green," *CNN.com,* August 20, 2007, www.cnn.com, accessed December 1, 2008.

48 M. Gunther, "The Green Machine," *Fortune,* August 7, 2006, pp. 42–57; B. Steinberg, "Buy a Spot, Save the Planet," *Advertising Age,* January 11, 2011, pp. 1, 18; and information available through corporate websites.

49. J. Neff, "Has Green Stopped Giving?" *Advertising Age,* November 8, 2010, pp. 1, 19; and J. Loechner, "Consumers Want Proof It's Green," *MediaPost.*

50. M. Glover, "Why Honda Accord Hybrid Ran Out of Gas," *Knight Ridder Tribune Business News,* June 13, 2007, p. 1.

51. J. Neff, "FTC Goes After Broad Environmental Clams in Long-Awaited Guideline Revision," *Advertising Age,* October 6, 2010; and "Green Means Go on the Enforcement Highway," *Consumer Advertising Law Blog,* www.consumeradvertisinglawblog.com, accessed February 19, 2011.

52. "Green Guides: Summary of Proposal," www.ftc.gov, accessed February 18, 2011.

53. See, e.g., P. S. Bronn and A. B. Vrioni, "Corporate Social Responsibility and Cause-Related Marketing," *International Journal of Advertising* 2 (2001), pp. 207–21.

54. M. J. Barone, A. D. Miyazaki, and K. A. Taylor, "The Influence of Cause-Related Marketing on Consumer Choice," *Journal of the Academy of Marketing Science,* Spring 2000, pp. 248–62; and S. Sen and C. B. Bhattacharya, "Does Doing Good Always Lead to Doing Better?" *Journal Marketing Research,* May 2001, pp. 225–43.

55. "Multi-Year Study Finds 21% Increase in Americans Who Say Corporate Support for Social Issues Is Important in Building Trust," Cone Incorporated press release, December 8, 2004, www.coneinc.com; and "The Do Well Do Good Public Opinion Survey on Cause-Marketing," Summary Report, www.dowelldogood.net, accessed February 24, 2011.

56. "The Growth of Cause Marketing," *Cause Marketing Forum,* www.causemarketingforum.com, accessed May 26, 2008.

57. P. A. Vlachos et al., "Corporate Social Responsibility," *Journal of the Academy of Marketing Science* 37 (2009), pp. 170–80.

58. D. J. Webb and L. A. Mohr, "A Typology of Consumer Responses to Cause-Related Marketing," *Journal of Public Policy & Marketing,* Fall 1998, pp. 226–38.

59. J. W. Pracejus and G. D. Olsen, "The Role of Brand/Cause Fit in the Effectiveness of Cause-Related Marketing Campaigns," *Journal of Business Research* 57 (2004), pp. 635–40; N. J. Rifon et al., "Congruence Effects in Sponsorship," *Journal of Advertising,* Spring 2004, pp. 29–42; and X. Nan and K. Heo, "Consumer Responses to Corporate Social Responsibility (CSR) Initiatives," *Journal of Advertising,* Summer 2007, pp. 63–74.

60. Additional information about these programs can be found on each company's website. See also the Cause Marketing Forum at www.causemarketingforum.com.

61. L. Saad, "Americans' Acceptance of Gay Relations Crosses 50% Threshold," *Gallup Annual Values and Beliefs Survey,* www.gallup.com, accessed February 24, 2011.

62. "Gay Rights: Seven in 10 Americans Say They Would Favor Hate Crime Laws to Protect Gays and Lesbians," *Public Agenda Online,* www.publicagenda.org, accessed April 18, 2005; and "Most Continue to Favor Gays Serving Openly in Military," *PewResearchCenter Publications,* November 29, 2010, at pewresearch.org, accessed February 20, 2011.

63. "The Gay and Lesbian Market in the U.S.," *Packaged Facts,* July 2010.

64. Ibid.

65. Ibid., pp. 181–82; and M. Gunther, "Wal-Mart Becomes Gay-Friendly," *CNNMoney.com,* November 30, 2006, www.cnnmoney.com, accessed May 27, 2008.

66. D. L. Vence, "Pride Power," *Marketing News,* September 1, 2004, pp. 1, 13.

67. "The Gay and Lesbian Market in the U.S.," *Packaged Facts,* February 2007.

68. L. Koss-Feder, "Out and About," *Marketing News,* May 25, 1998, pp. 1, 20.

69. *2009 Gay Press Report* (Mountainside, NJ: 11th Annual Report by Prime Access Inc. and Rivendell Media Company Inc., 2004), available at www.gaymarket.com/agency_reports.html. See also, M. Gunther, "Courting the Gay Consumer," *CNNMoney. com,* December 7, 2006.

70. "The Gay and Lesbian Market in the U.S.," *Packaged Facts,* July 2010.

71. R. Greenspan, "Advertisers May Find Gay Dollars Online," July 30, 2003, at www.clickz.com.

72. *2009 Gay Press Report.*

73. "The Gay and Lesbian Market in the U.S.," *Packaged Facts,* February 2007.

74. R. Gardyn, "A Market Kept in the Closet," *American Demographics,* November 2001, pp. 37–42; see also J. J. Burnett, "Gays," *Journal of Advertising Research,* January 2000, pp. 75–83.

75. R. Greenspan, "Gays Access News, Influenced by Ads," May 17, 2004, www.clickz.com.

76. J. L. Aaker, A. M. Brumbaugh, and S. A. Grier, "Nontarget Market and Viewer Distinctiveness," *Journal of Consumer Psychology* 3 (2000), pp. 127–40; and G. Oakenfull and T. Greenlee, "The Three Rules of Crossing Over from Gay Media to Mainstream Media Advertising," *Journal of Business Research* 57 (2004), pp. 1276–85.

77. G. K. Oakenfull and T. B. Greenlee, "Queer Eye for a Gay Guy," *Psychology & Marketing,* May 2005, pp. 421–39. See also G. K. Oakenfull, M. S. McCarthy, and T. G. Greenlee, "Targeting a Minority without Alienating the Marjority," *Journal of Advertising Research,* June 2008, pp. 191–98.

78. For these and other statistics, go to the *About 4-Wheel Drive/Offroading* website, at http://4wheeldrive.about.com.

79. C. Krauss, "Harley Woos Female Bikers," *The New York Times,* July 25, 2007.

80. E. Fischer and S. J. Arnold, "Sex, Gender Identity, Gender Role Attitudes, and Consumer Behavior," *Psychology & Marketing,* March 1994, pp. 163–82; see also K. M. Palan, C. S. Areni, and P. Kiecker, "Gender Role Incongruity and Memorable Gift Exchange Experiences," in *Advances in Consumer Research,* ed. M. Gilly and J. Meyers-Levy (Provo, UT: Association for Consumer Research, 2001), pp. 51–57.

81 J. S. Grigsby, "Women Change Places,'' *American Demographics,* November 1992, p. 48; and "Gender Equality Universally Embraced, but Inequalities Acknowledged," *Pew Global Attitudes Project,* July 1, 2010, at pewglobal.org, accessed March 1, 2011.

82. "Child Care: Most People Say Fathers Can Be Just as Caring as Mothers and that Women Should Not Return to Their Traditional Roles," *Public Agenda Online,* www.publicagenda .org, accessed April 24, 2005.

83. "Child Care: Most Women Say That Mothers Who Work Outside the Home Are Under More Stress Than Mothers Who Stay Home and Most Mothers Say They Would Prefer to Stay at Home," *Public Agenda Online,* www.publicagenda.org, accessed April 24, 2005.

84. "The Reality of Working Women," *Ad Age Insights Working Paper,* June 7, 2010, p. 6.

85. "As Marriage and Parenthood Drift Apart Public Is Concerned About Social Impact, *PewResearchCenter Publications,* July 1, 2007.

86. P. Paul, "Whose Job Is This Anyway?" *Time,* October 4, 2004, p. 83.

87. A. Taylor, "Many Fathers Begin to Stay at Home with Children," *Knight Ridder Tribune Business News,* June 20, 2004, p. 1.

88. A. Rock, "From Two Incomes to One," *Money,* January 2005, p. 34.

89. These segments are similar to the four categories popularized by Bartos. See C. M. Schaninger, M. C. Nelson, and W. D. Danko, "An Empirical Evaluation of the Bartos Model," *Journal of Advertising Research,* May 1993, pp. 49–63; and R. Bartos, "Bartos Responds to 'The Bartos Model,'" *Journal of Advertising Research,* January 1994, pp. 54–56.

90. "The U.S. Men's Market," *Packaged Facts,* November 2007.

91. A. Tsao, "Retooling Home Improvement," *BusinessWeek Online,* February 15, 2005, www.businessweek.com.

92. See, e.g., M. Posig and J. Kickul, "Work-Role Expectations and Work Family Conflict," *Women in Management Review* 19, no. 7/8 (2004), pp. 373–86; J. Warner, "Mommy Madness," *Newsweek,* February 21, 2005, p. 42; and "The Female Midlife Crisis," *The Wall Street Journal,* April 7, 2005, p. D1.

93. See, e.g., L. D. Wolin, "Gender Issues in Advertising," *Journal of Advertising Research,* March 2003, pp. 111–29; and S. Putrevu, "Communicating with the Sexes," *Journal of Advertising,* Fall 2004, pp. 51–62.

94. F. F. Brunel and M. R. Nelson, "Explaining Gender Responses to 'Help-Self' and 'Help-Others' Charity Ad Appeals," *Journal of Advertising,* Fall 2000, pp. 15–28.

95. R. H. Levey, "Survey Shows Gender Differences in Retail Social Media Use," *Chief Marketer,* January 4, 2011.

96. Statistics for table from "Study: Males vs. Females in Social Network Sites," at royal.pingdom.com, accessed March 1, 2011.

97. See R. Widgery, M. G. Angur, and R. Nataraajan, "The Impact of Employment Status on Married Women's Perceptions of Advertising Message Appeals," *Journal of Advertising Research,* January 1997, pp. 54–62; and S. Feiereisen, A. J. Broderick, and S. P. Douglas, "The Effect and Moderation of Gender Identity Congruity," *Psychology and Marketing* 26, no. 9 (2009), 813–43.

98. M. S. LaTour, T. L. Henthorne, and A. J. Williams, "Is Industrial Advertising Still Sexist?" *Industrial Marketing Management,* 1998, pp. 247–55; and M. Y. Jones, A. J. S. Stanaland, and B. D. Gelb, "Beefcake and Cheesecake," *Journal of Advertising,* Summer 1998, pp. 33–51.

99. For a cross-cultural meta-analysis of this topic see M. Eisend, "A Meta-Analysis of Gender Roles in Advertising," *Journal of the Academy of Marketing Science* 38 (2010), pp. 418–40.

100. J. Neff, "Time to Rethink Your Message."

101. J. R. McColl-Kennedy, C. S. Daus, and B. A. Sparks, "The Role of Gender in Reactions to Service Failure and Recovery," *Journal of Service Research,* August 2003, pp. 66–82; see also A. S. Mattila, A. A. Grandey, and G. M. Fisk, "The Interplay of Gender and Affective Tone in Service Encounter Satisfaction," *Journal of Service Research,* November 2003, pp. 136–43.

Chapter Four

4 변화하는 미국사회: 인구통계와 사회 계층

학습목표

LO1 인구통계가 소비자행동에 영향을 미치는 중요한 역할을 이해한다.

LO2 세대의 개념을 정의하고 미국에 존재하고 있는 세대에 대하여 논의한다.

LO3 사회계층의 개념과 사회경제적 요인의 역할을 설명한다.

LO4 미국의 주요 사회계층을 알아보고 논의한다.

LO5 사회계층은 어떻게 측정되는지를 이해한다.

LO6 마케팅 전략을 개발할 때 사회계층의 역할을 논의한다.

테크놀로지는 뜨거운 이슈이다. 그리고 마케터는 시장을 더 잘 이해하고 그들의 욕구를 더 잘 충족시킬 수 있도록 누가 테크놀로지의 다량 사용자인지, 그들이 어떤 특성을 갖고 있는지를 알고 싶어한다.

Scarborough Research는 최근 18세 이상의 성인을 대상으로 한전국조사에서 소위 **디지털 능통**(Digital Savvy) 소비자를 찾아냈다.[1] 디지털 능통 소비자는 **최첨단 디지털을 사용하는 사람들로 조기수용자(carly adopter)이면서 (1) 테크놀로지 소유, (2) 인터넷 사용, (3) 핸드폰 기능의 사용**에서 테크놀로지 관련 정보의 확산자이다.

Scarborough는 일반 사람들과 디지털 능통자를 구별하는 이러한 3개의 차원과 관련된 18개의 다른 행동을 발견하였다. 디지털 능통 소비자란 전체 18가지 테크놀로지 행동 중에서 8가지 이상의 행동에 해당되는 사람이다. 여기에는 미국 인구의 6%인 약 1,400만 명의 성인이다.

이 집단에 대한 분석을 통하여, Scarborough는 테크놀로지 행동, 인구통계, 라이프스타일, 매체 사용에서 이 집단의 특징을 발견하였다.

주요 결과의 일부는 다음과 같다:

- **테크놀로지 행동**: 디지털 능통자는 MP3와 DVR 소유, 온라인 뱅킹, 온라인 동영상(online streaming video), 핸드폰으로 문자와 메일 보내기를 포함한 테크놀로지의 모든 범주에서 일반 사람을 뛰어넘는다.
- **인구통계**: 디지털 능통자는 매우 구별되는 인구 통계적 특성을 갖는다. 그들은 젊고, 사무직이고, 남자이고, 교육 수준이 높고, 높은 소득을 갖는 경향이 있다. 보편적으로 테크놀로지가 대개 젊은이 시장이라고 믿는 반면, 디지털 능통 소비자는 전 연령층에서 발견되었으며, 심지어 가장 젊은 연령층이 가장 디지털 능통자는 아니다. 아래 표는 디지털 능통 소비자와 일반 사람의 나이 분포를 비교한 것이다.

나이	전체인구의 비중(%)	디지털 능통자의 비중(%)
18–24	13	22
25–34	18	31
35–44	19	24
45–54	19	16
55–64	14	7
66–64	14	7
65+	17	1

Source: Adapted from "Understanding the Digital Savvy Consumer," *Scarborough Research*, 2008.

- **라이프스타일**: 디지털 능통자의 라이프스타일은 고급제품 구매(고급 레스토랑과 고급차)와, 동아시아, 중동, 하와이와 같은 이국적인 행선지로 여행하는 특징을 갖고 있다. 그들은 온라인에서 많은 시간을 보낼 뿐만 아니라 활동적이고 운동(요가, 골프, 수영 등)을 즐기며 스포츠팬이다.
- **매체**: 디지털 능통자는 디지털 매체의 다량 사용자들이다. 전통적인 매체에서, 그들은 라디오를 약간 더 듣고, 신문은 평균 정도 읽으며, TV는 다소 덜 보는 경향이 있다. 그들은 뉴스, 스포츠, 가족 프로그램을 시청한다(다수가 자녀를 둔 기혼). 이 집단은 아시아인과 히스패닉들이 많아지는 추세이기 때문에 민족적 특징이 있는 프로그램을 보는 성향이 있다.

마케터는 그들의 시장을 세분화해서 이해하여야 한다. 인구통계는 이러한 과정에서 중요한 측면이다. 이 장에서 인구통계와 사회적 지위의 개념과 관련하여 자세히 논의할 것이다. 몇몇 인구통계적 변수들－소득, 교육, 직업－은 사회적 지위의 차원으로서의 역할을 하고, 이것들은 다른 변수들과 결합해서 사회 계층을 결정한다. 우선 미국 사회의 인구통계를 전반적으로 살펴보고, 연령과 관련된 개념인 세대에 특별한 관심을 가지려고 한다. 그 다음으로 사회적 지위와 인구통계가 사회적 지위에서 가지는 역할을 알아볼 것이다.

4.1 인구통계

인구통계(demographics)는 규모, 분포, 구조의 관점에서 인구를 기술한다 (제2장을 보라). 인구통계는 직접적으로 소비행동에 영향을 미치기도 하고, 개인적 가치와 의사결정 스타일과 같은 개인의 다른 특성에 영향을 미쳐서 소비 행동에 영향을 미치기도 한다.[2] 고급 커피숍 애용자에 대한 인구통계를 보자:

> 대다수의 고급 커피숍 애용자들은 18세~34세이고, 연간소득이 75,000달러 이상이다. 18세~34세 연령에 해당하는 사람들의 42%와 75,000달러 이상의 소득인 사람들의 46%가 집 밖에서 커피를 마실 때, Starbucks와 같은 매장으로 직접 간다고 한다. 이것은 집 밖의 장소에서 커피를 마시는 사람이 전체의 32% 정도라는 사실과 비교된다. 젊은이들은 커피전문점(coffee-bar)의 분위기, 음악 그리고 고객이 젊은층이라는 사실에 매력을 느끼는 반면, 부자들은 단순히 최고만을 원한다.[3]

마케터는 종종 인구통계에 근거해서 이들 시장을 세분화해서 설명하고, 이 정보를 이용해서 적절한 매체를 선정하고 효과적인 프로모션 테마를 개발한다. 인구통계는 가치, 라이프스타일, 매체 형태와 중요하게 관련되어 있다.

1. 인구규모와 분포

미국의 인구는 대략 3억 1600백만 명이며 2020년에는 3억 4천만 명에 도달할 것으로 예상된다. 인구는 1970년 중반 동안 출산률이 급격히 감소하고 그 이후로 출산율이 비교적 안정화되었지만, 평균수명이 길어지고 거대한 베이비붐 세대의 출산 그리고 미국으로의 이민 때문에 1960년부터 꾸준히 증가하고 있다. 인구증가율은 향후 수십 년간 상대적으로 안정적일 것으로 기대되지만, 인구의 노령화로 인한 사망자 수의 증가로 향후 50년 이후에는 인구성장률이 20% 정도 줄어들 것이다. 즉 전체 미국인구는 시간이 지남에 따라 더 느린 속도로 지속적으로 증가할 것이다.[4]

인구 성장은 미국전역에서 똑같지 않았으며, 향후에도 그럴 것으로 예상된다. 예를 들어, 2010년에서 2020년까지 애리조나, 네바다, 텍사스, 플로리다와 같은 주들은 최소한 15% 증가할 것으로 예상된다. 이러한 주들의 인구 증가는 부분적으로 노년층 소비자들의 은퇴 후 이주에 의해 이루어졌다. 이와는 대조적으로 뉴욕, 오하이오, 아이오와, 북부 다코

세 도시의 생활 여건 그림 4-1

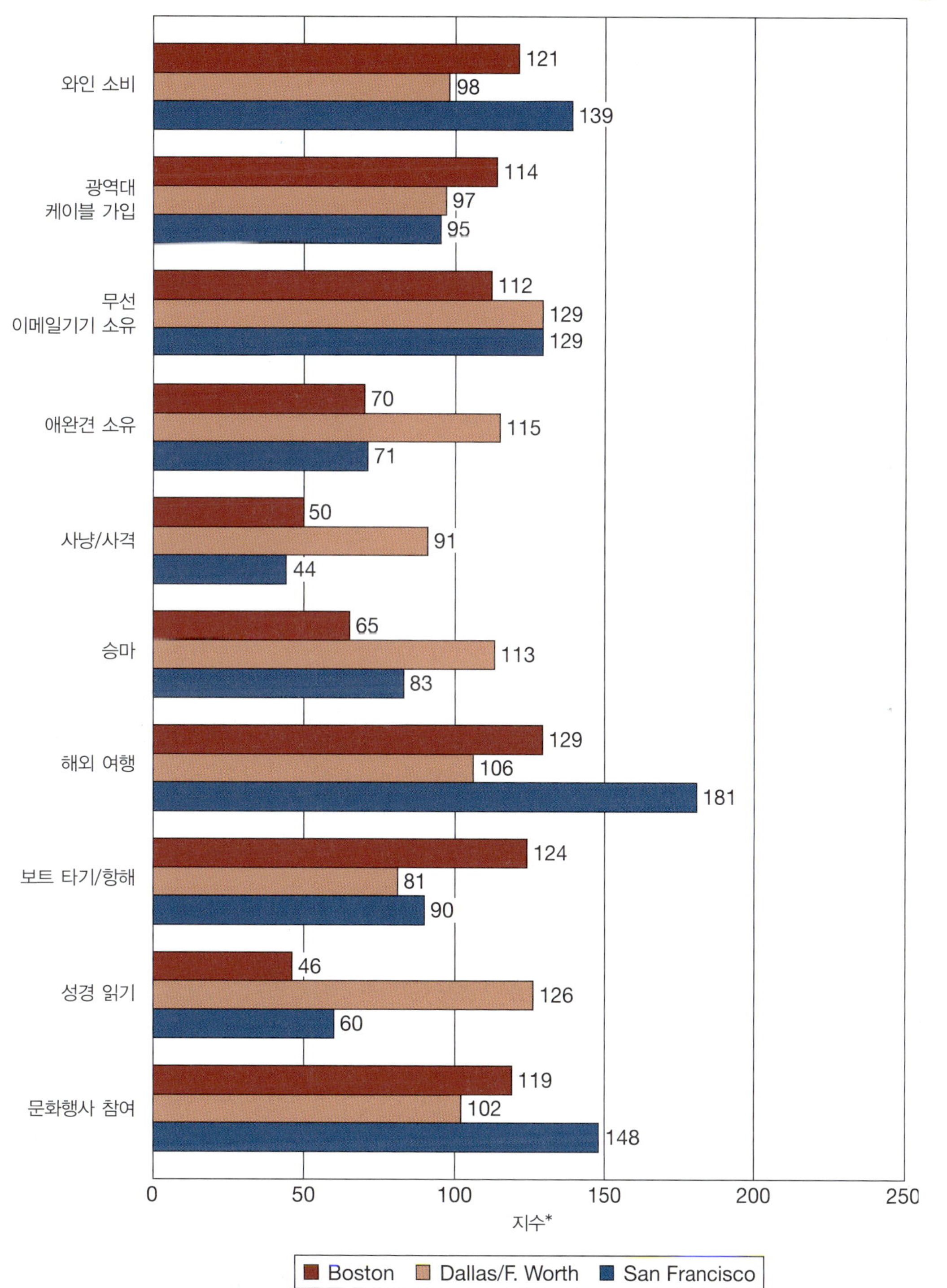

*지수 100은 전체 미국의 평균을 의미함.

Source: Data from "The Lifestyle Analyst, 2008 Edition," published by SRDS with data supplied by Equifax Marketing Services. Used by permission.

소비에 대한 직업의 영향

	도소매 거래업	전문직, 기술자	광산, 건설
제품			
국내 맥주	122	132	150
담배	121	67	129
다이어트 콜라	84	120	70
위성라디오 시스템	93	339	144
활동			
항해	129	230	243
서핑/윈드서핑	122	140	251
양궁	87	49	327
영화(최근 6개월)	108	125	100
쇼핑			
Walmart	84	65	109
American Eagle	134	16	18
Toys R′Us	62	37	114
Lowe's	87	137	139
매체			
코미디프로 (주당 5-7시간)	100	141	201
음식프로 (주당 5-7시간)	61	138	45
클래식 락 라디오	96	107	154
종교적 라디오	124	70	84

주: 100 = 사용, 구매 혹은 소비의 평균수준.
Source: *SMRB*. 2006.

다는 2% 미만의 증가가 예상된다.[5] 다음 장에서 논의하겠지만, 미국 내 각 지역은 그 구성원들의 독특한 취향이나 선호를 나타내는 중요한 하위문화를 가지고 있다. 이러한 몇 가지 예는 <그림 4-1>에 제시되어 있다.

2. 직업

직업은 우리가 처음 만나는 사람을 판단하고 규정하는데 가장 널리 활용되는 단서일 것이다. "당신은 무슨 일을 하십니까?"는 처음 만나는 사람으로부터 찾아내려고 하는 가장 공통된 작은 정보이다. 우리는 그 사람의 가능한 라이프스타일을 추측하기 위해서 거의 예외없이 그 사람의 직업을 알기를 원한다. 직업은 교육(이는 어느 정도까지 직업을 결정한다)과 소득(이는 어느 정도까지는 직업에 의해 결정된다)에 강하게 관련되어 있다.

한 사람의 직업은 지위와 소득을 제공한다. 또한 그 사람이 하는 일의 종류와 오랜 기간 동안 그 사람과 함께 일하는 사람들의 유형은 그 사람의 가치, 라이프스타일, 소비과정 등 모든 측면에 영향을 미친다. 직업적 계층들 간의 소비 차이는 맥주, 세제, 개먹이, 샴푸, 종이타월과 같은 제품에서 발견되었다. 뿐만 아니라 매체 선호, 취미, 쇼핑 패턴 또한 직업적 계층에 의해 영향을 받는다(<표 4-1> 참조).

3. 교육

미국인의 87%가 고등학교를 졸업했으며, 30%는 대학을 졸업했다. 교육은 "가족 임금(famyg wage)"* 정도를 줄수 있는 직업을 결정하기 때문에 중요성이 증대되고 있다. 상대적으로 낮은 교육수준을 필요로 하는 전통적인 고임금 제조업의 직업은 급속하게 사라지고 있다. 제조 및 서비스 분야에서의 고임금 직업은 기술적 능력, 추상적 추론능력 그리고 새로운 기술을 빠르게 읽고 배우는 능력을 필요로 한다. 기술이 없는 개인들은 일반적으로 최저 임금을 받거나 종종 파트타임 직업을 할 수 밖에 없어서, 가족이 빈곤 수준을 벗어나지 못하게 될 것이다.[6] 다음 자료에서 보듯이, 교육은 현재의 경제상황에서 명백히 소득을 좌우한다.

사람들은 비슷한 교육수준의 배우자를 만나는 경향이 있기 때문에, 이러한 차이는 배우자 소득이 고려되면 더 확대된다.

소득: 18세 이상 근로자[7]

교육 수준	남성	여성
중졸	$ 24,831	$ 14,521
고졸	36,753	24,329
전문대학 졸업	48,237	32,253
4년제 대학 졸업	72,868	44,078
석사	88,450	54,517
박사	147,518	87,723

교육은 부분적으로 개인의 소득과 직업을 결정하기 때문에 그 사람이 구매력에 영향을 미친다. 이것은 또한 사람이 어떻게 생각하고, 어떻게 의사결정하고, 어떻게 타인과 관계하는지에도 영향을 미친다.[8] 제한된 교육을 받은 사람은 일반적으로 불리하다.[9] 이것은 <소비자 통찰력 4-1>에서 더 자세하게 논의된다.

<표 4-2>에서 제시된 바와 같이 교육이 개인의 취향과 선호에 강하게 영향을 미친다는 것은 놀라운 일이 아니다. 그러나 교육이 소비패턴에 대한 완벽한 설명을 제공하지는 않는다. 예를 들어, 유사한 교육적 배경을 갖고 있음에도 불구하고, 연 3만 달러를 버는 관선 변호사는 연 25만 달러를 버는 개업 변호사와는 다른 라이프스타일을 갖고 있다.

4. 소득

축적된 부와 가구 소득수준은 그 가구의 구매력을 결정한다. 많은 구매가 신용으로 이루어지지만, 개인의 신용 구매 능력은 결국 현재 및 과거소득(부)에 의해서 결정된다.

미국역사의 대부분은 꾸준히 증가되는 1인당 실질소득으로 특징지워진다. 다수의 중간

* 남성을 가족을 부양하는 사람이라고 규정하고, 이 사람에게 가족 전체의 부양을 위한 임금을 지급해야 한다는 사고 또는 제도, 역자 주

표 4-2 소비에 대한 교육수준의 영향

	대학 졸업	대학 재학	고등학교 졸업	중학교 졸업 이하
제품				
샴페인/스파링크 와인	153	109	80	49
에너지 드링크	89	109	101	116
모터사이클	74	103	124	80
캠코더/비디오 카메라	110	108	101	70
활동				
스키	203	96	61	34
빙고게임	51	109	120	116
크루즈 휴가	145	117	82	46
재활용 금속음료캔	132	103	95	57
쇼핑				
Kmart	69	94	124	100
Neiman Marcus	246	79	51	13
Kentucky Dried Chicken	74	99	112	113
Outback Steakhouse	124	120	87	64
매체				
The National Enquirer	58	90	124	124
Forbes	173	101	68	58
Nick at Nite (주당 5-7시간)	18	127	151	69
CNN (주당 5-7시간)	108	73	112	98

주: 100 = 사용, 구매 혹은 소비의 평균수준.
Source: *SMRB*. 2006.

소득과 저소득 미국인들의 경우, 이러한 증가 추세가 1980년대에 멈추었고, 1990년대 중반에 다시 증가할 때까지 가구소득은 정체되었거나 감소했다.[10] 1990년대 중반에서 2006년까지 몇몇 주목할 만한 경기확장이 일어 났다. 첫 번째는 1993년에서 2000년까지 두 번째는 2002년부터 2006년까지이다. 경기확장은 높은 소득과 구매력을 가져왔다. 그러나 주요 문제는 증가하는 소득 불균형이다. 한 연구는 1993년~2000년의 경기확장기간 동안, 상위 1%의 실질 소득의 증가는 10.1%에 달했지만, 나머지 99%는 오직 2.4% 성장했다는 것을 보여줬다. 더 놀라운 것은, 2002년~2006년의 확장 기간 동안 상위 1%의 소득은 11%가 증가하였고 이와 비교해 나머지 99%는 오직 0.9% 성장하였다. 부의 집중화에서 이러한 불균형적 증가는 모든 미국인이 경기확장을 통해서 동등하게 혜택을 받지 못하고 있음을 의미한다.[11]

미국인들이 번영한 시기를 모두 동등하게 공유하지 않았던 것처럼, 가장 최근의 침체시기도 동등하게 공유하지 않았다. 예를 들어, 미국은 이전에 10만 달러 이상 버는 사람 120만 명을 잃은 반면, 이들의 약 2배인 210만 명은 3만5천 달러 이하로 떨어졌다. 그리고 경제가 긍정적인 신호를 보여준 반면, 소비자들은 여전히 주택시장, 높은 휘발유 가격 그리고 지속적인 경제 및 글로벌 불확실성의 영향을 받고 있다. 이에 대응해서, 많은 소비자들이 소형차와 소형 주택을 구입하고, 새 집을 덜 짓고 그리고 리모델링을 덜하고 있다.[12] Target은 실제로 이러한 환경에서 자신들을 가치중심적으로 리포지션을 하고, 부분적으로 5% 보상프로그램를 만들어서 사업을 확장하고 있다.[13]

소비자 통찰력 4-1

낮은 문해력 소비자와 마케팅

미국사회에서 소비자 문해력은 중요한 이슈이다. 통계에 의하면 미국 성인의 20%는 기능적인 문맹자(읽거나 쓸수는 있지만 일상적인 목적에는 충분치 않는 사람들, 억사 수)인 반면, 추가적인 34%는 제한적으로 문해력이 있다. 이 두 집단은 글을 읽고 쓸 줄 아는(문해력이 있는) 소비자들과 달리 읽고, 이해하고 그리고 추론하는데 어려움을 겪는다. **소비자 문해력**(consumer literacy)은 **"다른 기술과 지식을 이용하는 특정 시장상황 내에서 소비 관련 과제를 수행할 수 있도록 글과 숫자를 찾아내고 다룰 수 있는 능력"**으로 정의된다.[9]

낮은 문해력 소비자는 잘못된 선택을 하고, 너무 많이 지불하고, 비양심적인 마케터에 의해 이용당하는 등 많은 부정적인 결과를 얻게 된다. 딸이 엄마를 도우려고 노력하는 다음의 예는 이러한 점을 강조한다:

> 엄마는 계산을 할 줄 모른다. 어느 날 엄마와 함께 점포에 들어갔고 엄마는 $5.00에 시리얼 두 상자를 구입했다. 그리고 엄마는 점원에게 $10.00을 주었지만 점원은 거스름돈을 주지 않았다. "아니, 어느 시리얼 두 상자가 겨우 5달러입니까?" 라고 점원이 말하길래, 나는 점원에게 가서 그 사실을 따졌다. 그는 속이려는 나쁜 생각을 갖고 있었지만 어쩔 수 없이 엄마에게 거스름돈 $5.00을 주었다.

낮은 문해력의 소비자들은 외로움을 느끼고 부정적인 사회적 낙인 때문에 도움을 피하게 되고, 구매를 제한하게 된다. 그들은 브랜드를 올바르게 파악하기 위해서 광고에 나오는 브랜드 로고를 외우거나, 올바른 제품을 선택하기 위해서 시각적 포장단서와 같은 대응전략을 사용한다. 그들은 또한 친숙하고 믿을 수 있는 몇 개의 점포나 제한된 수의 소매점을 선택한다. 그러면 그들은 안전하다고 느낀다. 마지막으로, 그들은 신뢰하는 친구와 가족에게 의지하여 효과적인 구매가 되도록 도움을 받고 큰 위험을 피한다. 한 소비자는 판매원이 그녀에게 어떤 것을 구매하도록 강요하려고 할 때, 그녀는 구매시 중요한 측면을 이해하지 못할 때는 판매원에게 "나는 남편한테 가서 말해야 한다"고 말하면서 "일부러 늦장을 부린다"고 말했다.

어떤 사람들은 낙인을 극복하기 위해서 읽고 쓰기 프로그램을 통해서 자신의 능력을 증가시키려고 적극적으로 노력한다. 부정적인 사회적 낙인을 극복하거나 대항해서 싸우는 사람들은 높은 자아 존중감을 갖는 경향이 있고, 읽고 쓰기 수준을 향상시키려는 많은 노력을 하고, 그 결과 단순히 그들의 상황을 받아들이는 사람들보다 부정적인 시장 결과를 덜 경험할 것이다.

소비자를 보호하기 위해 설계된 많은 프로그램들은 소비자가 충분히 읽고 쓸 수 있는 능력이 있다는 것을 가정한다. 낮은 문해력 그 자체는 분명히 소비자 행복에 위협이 된다. 예를 들어, FDA의 식품 내용표시법은 낮은 문해력의 소비자에게는 거의 효과가 없을 것이다. 따라서 소비자 문해력을 높이고, 대응전략을 강화하고, 소비자가 낮은 수준의 문해력과 관련된 두려움과 낙인을 극복할 수 있는 프로그램을 제공할 필요성이 있다.

생각해 볼 문제

1. 소비자 문해력이란 무엇인가? 이것은 소비자 선택의 질과 어떻게 관련되어 있는가?
2. 수준이 낮은 문해력 소비자에 대한 마케팅과 관련된 윤리적 이슈는 무엇인가?
3. 문해력 이슈를 다루는 프로그램을 인터넷으로 찾아보라. 그러한 자원들은 풍부한가?

이런 추세가 얼마나 지속될 것인지는 두고 봐야 할 것이다. 중간소득의 소비자들은 종종 고급 브랜드로 상향 구입하기를 원한다. 기업들은 이러한 중간소득 소비자가 고급제품을 구매할 수 있는 기회를 확장하여 **대중에게 고급(class to mass)**으로 명명된 전략으로 대응하였다. 그러나 이것은 오늘날 그 어느 때보다도 트레이드오프를 요구할 수 있다. 한 소매 전문가는 다음과 같이 언급한다:

> 소비자들은 여전히 상향구입하고 싶어한다. 그러나 만약 어떤 사람이 디자이너 청바지를 원한다면, 그는 다른 어떤 것의 구매를 줄일 것이다.[14]

소득은 구매를 가능하게 하지만 일반적으로 소득이 구매의 원인이 되거나 구매를 설명하지는 못한다. 예를 들어, 대학 교수나 변호사는 트럭 운전사나 배관공과 같은 소득일 수 있다. 그럼에도 불구하고, 다양한 제품에서 그들의 소비 과정은 다를 것이다. 직업과 교육은 직접적으로 제품의 선호, 매체, 활동에 영향을 미친다. 소득은 그것을 획득할 수 있는 수단들을 제공한다.[15] 그러므로 소득은 다른 인구통계적 변수들과 결합하여 사용될 때 시장 세분화 변수로서 더 효과적이다.

사람이 얼마나 부유한가를 느끼는 것은 어떤 구매를 할 수 있는 실질소득만큼이나 중요하다.[16] **주관적 재량 소득(Subjective Discretionary Income: SDI)**은 비필수품에 얼마나 많은 돈을 지출할 수 있는가에 대한 소비자의 추정이다. 여러 연구는 SDI가 실제 총 가족 소득(TFI) 측정을 하는데 상당한 예측력을 더해 준다고 주장한다.[17]

5. 나이

적절한 나이 포지셔닝은 많은 제품에서 중요하다. 나이는 문화적으로 정의된 행동적 및 태도적 규범을 반영한다.[18] 나이는 또한 자아개념과 라이프스타일에 영향을 미친다.[19] 나이는 다양한 제품범주 즉 맥주에서부터 화장실 휴지, 휴가에 이르기까지 소비에 영향을 미친다. 나이는 우리가 어떤 매체를 사용하는지, 어디서 쇼핑하는지, 제품을 어떻게 사용하는지 그리고 마케팅 활동에 대해서 어떻게 생각하고 느끼는지를 구체화한다.[20] <표 4-3>은 나이에 따른 몇몇 소비 행동을 보여준다. <사진 4-1>은 많은 젊은 성인들이 긍정적으로 평가한 유머 형태의 광고를 보여준다.

2010년과 2020년의 미국 인구 분포의 추정은 다음과 같다.[21]

나이 범주	2010	2020	퍼센트 변화
10세 미만	42,132	45,496	+8.0%
10-19	41,103	43,392	+5.6
20-29	43,051	43,112	+0.1
30-39	40,408	44,847	+11.0
40-49	43,638	40,892	−6.3
50-59	41,680	42,578	+2.2
60-69	28,851	38,474	+33.4
69세 이상	28,071	37,013	+31.9

소비에 대한 나이의 영향

표

	18-24	25-34	35-44	45-54	55-64	65+
제품						
데킬라	104	140	130	114	90	33
스카치위스키	69	65	98	98	120	129
보톡스	3	60	85	220	60	104
레이저프린터	117	115	126	125	92	39
활동						
스케이트보드	436	104	111	89	26	17
요가	135	163	126	114	64	25
자선활동 지원	86	86	91	92	108	127
박물관 방문	108	102	126	100	92	77
쇼핑						
JCPenney	75	90	105	115	108	93
Banana Republic	162	206	109	77	71	24
Chuck E. Cheese	164	243	131	52	46	16
Marie Callender's	38	50	72	105	157	144
매체						
Reader's Digest	25	34	64	105	123	194
Maxim	273	223	113	62	25	10
Glamour	200	184	116	85	51	28
AARP, The Magazine	5	5	13	80	178	256

주: 100 = 사용, 구매 혹은 소비의 평균기준.
Source: *SMRB*. 2006.

사진 4-1

나이는 개인이 생각하고 느끼고, 행동하는 방식에 영향을 준다. 이 광고에서 유머는 나이든 소비자보다는 젊은 소비자들이 좋아한다.

대략 살펴보더라도 나이 분포에 중요한 변화가 있음을 알 수 있다. 이와 관련된 마케팅의 일부 시사점은 다음과 같다:

- 이 기간 동안 10세 이하 인구는 8% 증가할 것이므로 장난감, 기저귀, 옷과 같은 아동 제품의 수요는 중간 정도로 성장할 것이다.
- 10대 시장은 과거 10년간 최소 성장이나 마이너스 성장을 한 이후 다시 중간 정도의 비율로 성장하고 있다. 이는 10대 시장을 표적으로 한 패션, 음악, 테크놀로지에 대한 수요의 성장을 나타낸다.
- 결혼과 출산이 20대에 이루어지지만 점차적으로 30대로 늦추어지고 있기 때문에, 30~39세 시장의 성장은 20~29세 집단의 성장 부족을 상쇄하도록 주택, 어린이 관련 제품과 서비스, 가족 자동차, 보험 제품의 성장을 제공해야 한다.
- 40~49세 연령층이 소비하는 제품들은 이 연령층이 점차 감소하면서 줄어들 것이다. 이것은 이들 연령층이 주요 고객이 되는 재무적 서비스 산업에 중요한 시사점을 가질 것이다.
- 가장 크게 증가하는 연령층은 60세 이상으로 이 집단은 30% 이상으로 성장할 것이다. 60~69세 집단은 주로 은퇴나 은퇴를 앞둔 한 명 또는 두 명으로 이루어진 가구일 것이다. 이런 시장을 목표로 하는 휴가, 레스토랑, 별장, 재무 서비스가 번성할 것이다. 69세 이상의 집단의 증대는 미용에서부터 여행, 레저, 은퇴 후 주택, 건강관리에 이르기까지 마케터들에게 많은 기회를 창출한다.

위에서 설명한 것처럼 인구조사에 의해서 정의되는 연령 집단은 시장을 이해하고 세분화하는데 유용한 수단이 될 수 있다. 예를 들어, P&G는 Olay ProVital의 오일을 출시하였는데, 이는 50세 이상의 여성을 타겟으로 하고 있다. 제품의 첫 번째 여성 모델 중의 한 사람은 51세 여배우인 Anne Roberts이다. 그러나 이 제품은 '주름방지 해결' 로만 포지션되지는 않았다:

> 나이는 숫자에 불과하다. 많은 50세 이상의 여성들은 그들이 나이가 들어감에 따라 이전보다 더 자신감을 느끼고, 현명해지고, 자유로워진다고 말했다. 이러한 여성들은 아름다움을 재정의하고 있다. 우리의 연구에 의하면, 피부에 대한 이들의 걱정거리는 몇 개의 주름이 아니라 피부의 건조함과 활력에 대한 것이다.[22]

이러한 언급에서 실제 나이(몇 살인지)와 인지적 나이(몇 살로 느끼는지)간 의 중요한 차이를 보여준다. 인지적 나이(cognitive age)는 개인의 자아개념중의 일 부분인 자신의 지각된 나이로 정의된다.[23] 이것은 사람들에게 그들이 어떻게 보이고, 느끼고, 행동하는 지와 관련된 나이를 물어 봄으로써 측정된다. 나이든 소비자들의 인지적 나이는 종종 실제 나이보다 10~15세 정도 적다. 일본에서도 인지적 나이에 대해서 비슷한 결과가 발견되었다.[24] 더 나은 건강과 높은 수준의 교육과 소득, 사회적 지원이 인지적 나이가 젊어지게 만들었다. 그리고 사람들의 많은 행동에서도 실제 나이보다 인지적 나이가 중요하며, 나이 지각이 마케팅의 중요한 고려사항이 되고 있다. 표준적인 연령구분이 주는 시사점을 넘어서는 추가적인 풍부한 의미에 대해서는 다음에 논의될 것이다.

4.2 미국 세대의 이해

LO2

세대(generation) 또는 **연령대(age cohort)**는 공통된 사회적, 정치적, 역사적, 경제적 환경을 경험한 사람들의 집단을 말한다. 연령대는 그들이 공유하고 있는 역사가 독특한 공유가치와 행동을 만들어내기 때문에 독특한 세분 시장으로서의 기능을 한다.[25]

동세대 분석(cohort analysis)은 한 연령집단의 태도, 가치, 행동을 기술하고 설명하는 과정일 뿐 아니라 동세대의 미래 태도, 가치관, 행동을 예측하는 과정이다.[26] 동세대 분석에 의해 밝혀진 중요한 사실은 각 세대는 다양한 연령범주를 거치면서 다른 세대와는 다르게 행동한다는 것이다. 예를 들어, 베이비붐 세대의 선도는 2011년에 전통적인 은퇴 연령인 65세가 되기 때문에 은퇴하게 된다. 물론, 많은 사람들이 이미 조기퇴직을 한 반면 어떤 사람들은 계속 일할 것이다. 그러나 은퇴하는 베이비붐 세대가 대공황기 이전 세대처럼 행동할 것이라고 추측하는 것은 잘못이다. 이러한 세대들의 생활을 형성하는 영향요인들이 달랐기 때문에, 이들의 행동은 전체 라이프사이클에서 다를 것이다. 한 예로, 베이비붐 세대가 습득한 컴퓨터 및 인터넷 기술은 그들의 부모세대와 달리 그들을 은퇴 후 더욱 인터넷 사용자가 되게 만들 것이다. 왜냐하면, 이들의 부모세대는 대부분 가장 최근의 기술혁신을 지나쳐 버렸기 때문이다.

지금부터 주요 미국 시장을 구성하는 6개의 세대를 살펴보려고 한다.[27] 출생년도에 따라서 세대, 나이의 범위 그리고 2015년 현재의 대략적 규모에 대하여 아래 표에서 제시되었고, 이어서 이에 대해서 자세히 설명할 것이다.

세대	출생년도	나이 범위	대략적 규모
대공황이전	1930년 이전	85세 이상	600만 명
대공황	1930-1945	70-85세	2500만 명
베이버 부머	1946-1964	51-69세	8000만 명
X세대	1965-1976	39-50세	4500만 명
Y세대	1977-1994	21-38세	7900만 명
Z세대	1995-2009	5-20세	6900만 명

세대는 행동에 영향을 주는 단지 하나의 요소이고, 세대 내 차이가 세대 간 차이보다 종종 더 크다는 것을 명심해야 한다. 추가적으로 세대는 명확한 경계를 갖지 않는다. 세대를 구분짓는 경계에 인접해 있는 연령은 어느 세대에 명확하게 포함되지 않을 수도 있다.

1. 대공황 이전 세대

대공황이전세대는 1930년 이전에 태어난 사람들로 구성된다. 1200만의 미국인이 이 세대에 속한다. 이 사람들은 정신적 충격이 큰 시대에 자랐다. 이들 대부분은 대공황기에 유년기를 지냈고 2차 세계대전 동안에 젊은 성인기를 지냈다. 그들은 급진적인 사회적, 경제적, 기술적 변화를 목격하였다. 그들은 보수적이며 경제적, 개인적 안전을 걱정하는 집단이다.

모든 세대와 같이, 대공황기 이전 세대는 여러 개의 구별된 세분시장으로 구성되어 있는데, 이들에게 마케팅하기 위해서는 성별, 민족성 그리고 사회 계층과 같은 요소들을 통합한 전략이 요구된다.[28] 사실, 이 세대는 **노년층시장(mature market)**이라 불리는 광범위한 소비자 범주의 한 부분이다. 노년층시장(종종 55세 이상으로 범주화되는)은 현재 세 개의 세대(대공황 이전 세대, 공황세대 그리고 베이비붐 세대)로 나뉘며 많은 하위 세분시장을 갖고 있는 성장하는 큰 시장이다. **노년묘사학(gerontographics)**은 나이든 소비자들의 육체적 건강과 정신적 견해와 관련된 고령화과정과 인생사건을 통합해서 노년층시장을 세분화하는 한 접근방법이다. 네 개의 세분시장이 발견되었다. **건강 중시자 세분시장(healthy indulgers)**은 육체적으로나 정신적으로 건강하며, 때문에 이들은 적극적이고, 독립적이며, 인생을 밖에 나가서 즐긴다. **병든 활동가 세분시장(ailing outgoers)**은 건강에 문제가 있어 육체적 활동에 제약이 있지만, 재정적인 제약 내에서 적극적인 활동을 하는 긍정적인 관점을 가진 사람들이다. **건강한 은둔자 세분시장(healthy hermits)**은 육체적으로 건강하지만 배우자의 사망과 같은 인생의 큰 사건으로 자아개념을 잃어버리고 위축되어 있는 사람들이다. **노쇠한 은둔자 세분시장(frail recluses)**은 그들의 고령을 받아들이고, 그들의 라이프스타일을 쇠퇴한 육체적 능력과 사회적 역할에 맞추려는 사람들이다. 당신은 성숙시장을 표적화하기 위해 세분시장들에서 마케팅적 시사점을 발견할 수 있는가?

대공황 이전 세대는 다양한 소비관련 의사결정에 직면한다. 그러한 의사결정중의 하나는 그들이 더 이상 사용하지 않거나 그들의 은퇴한 집에는 더 이상 필요하지 않은, 가치 있는 소유물의 처분이다. 이러한 것들은 나이든 사람들과 그들의 가족 구성원들에게는 감정적 의사 결정일 수 있다.

> 이 브로치는 나에게 매우 중요하다. 나는 손녀가 그것을 가졌으면 좋겠다. 나의 보석함에서 그것을 더 이상 보지 못한다면 이상할 것이다.[29]

커뮤니케이션 전략은 매체 선택, 메시지 내용, 메시지 구조를 고려할 필요가 있다. 예를 들어, 정보처리의 일부 측면, 기억 그리고 인지적 실행의 일부 측면들은 나이와 함께 감소된다. 젊은이들이 반응하는 정보의 간략한 제시는 나이 든 소비자들에게는 일반적으로 적합하지 않다.[30]

이러한 세분시장의 독특한 욕구와 관련된 제품들은 건강 서비스에서부터 조리된 1인용 음식까지 다양하다. 이 세대가 나이가 들어가면서 생활 도움 서비스가 급속히 성장하고 있다. 이 세대의 많은 사람들은 나이가 들면서 이동성이 떨어지게 되면 쇼핑이 점점 문제가 될 것이다. 비록 인터넷 쇼핑이 좋은 해결방안이 될 수 있지만 이 세대는 상대적으로 인터넷을 사용하는 사람이 적다.

2. 대공황 세대

이 연령층은 1930년에서 1945년 사이에 태어났고, 2015년 현재 약 2500만 명이다. 이 사람들은 어린 시절에 대공황이나 제2차 세계대전을 겪었다. 이들은 번영의 시기인 1950년대와 60년대 초에 성숙기를 겪었다. 그들은 Sinatra와 Presley 모두를 즐겼다. 그들은 로큰롤(rock and roll)을 개발했으며, 그들 생활의 중요한 부분으로서 TV와 음악과 함께 자랐다.

사진 4-2

노인시장은 많은 독특한 세분시장으로 구성되어 있다. 이 광고는 "건강한 탐닉자" 세분시장에 소구하려고 하였으며, 이 시장은 건강하고 만족하며, 인생을 즐긴다.

이 세대의 대부분은 이미 은퇴했거나 곧 은퇴할 예정이다. 비록 최근의 경제적 하락으로 주택자산이 감소하고 은퇴 포트폴리오 가치에서 부가 많이 잠식되기는 하였지만, 많은 사람들이 주택과 예금의 형태로 상당량의 축적된 부를 가지고 있다. 아직도 현직에 있는 사람들은 기업과 정부의 최고 위치에서 활동하고 있다. 또한 이 세대의 구성원들은 충분한 소득을 갖고 있는 조부모로서, 이들은 손주들에 푹 빠져서 손주들에게 최고급의 어린이 가구, 장난감, 유모차, 자동차의 유아용 안전시트 그리고 어린이 옷을 사주기 때문에 이 세대가 이 제품들의 주요시장이 되었다.

이 세대의 많은 사람들(특히 이 세대의 조금 더 젊은 집단)은 여전히 매우 건강하며 꽤 활동적이다. 활동적인 라이프스타일은 캠핑카, 두 번째 집, 새 자동차, 여행 서비스, 레크리에이션 교육에 대한 수요로 전환된다.[31] 아마도 젊은 세대에게는 다소 놀랍게도, 대공황 세대의 절반이상이 온라인을 이용하고 있고, 이 온라인 이용자의 절반 이상이 여행 예약을 하기위해서 인터넷을 이용하였고, 3/4이 건강정보를 찾기 위해서 인터넷을 이용하였다.[32] Arizona의 Phoenix에 있는 Sun City와 같은 소위 "활동적인 성인 커뮤니티"는 주요한 성장 지역이며, 베이비붐 세대가 은퇴기에 들어서기 때문에 성장은 계속될 것이다. 이러한 연령 제한적인 커뮤니티는 놀라운 활동스케줄을 제공하며 상대적으로 부유한 가구를 유인하는데, 이들 대부분은 집값을 현금으로 지불할 수 있다.[33]

이 세분시장을 표적으로 하는 마케터들은 점차 활동적인 라이프스타일을 강조하는 주제를 이용하고, 나이든 소비자들의 전형적인 모습을 바꾸고 있다. <사진 4-2>는 "건강한 탐닉자" 세분시장에 소구하려고 한 것이다.

그럼에도 불구하고 이 세대는 노화로 인한 신체적 변화에 대처하고 있다. 옷의 경우, 편안함이 중요하다는 사실이 이 세분시장을 표적으로 하는 Levi's Action Slack와 Easy Spirit 신발의 성공으로 입증되었다. 그러나 스타일도 긍정적 자아개념을 유지하는데 중요한 역할을 하고 있다는 것을 간과할 수는 없다. 백화점에서 쇼핑을 하는 71세의 Susan의 생각을 살펴보자:[34]

> 최근에 나는 나에게 맞는 옷을 찾는데 힘들었다. 내가 과거에 입었던 젊은 사람들이 입는 옷이 과거만큼 나에게 어울리는 것처럼 보이지 않는다. 내 몸매가 당연히 변하고 있어서 멋져 보이지 않는 것이다. 제발 이말에 귀기울여 달라. 60세가 넘은 사람들이 갖고 있는 옷들은 정말 끔찍하고……. 그래서 나는 그런 옷을 입는 것을 거부한다. 이런 옷을 입으면 매우 늙고 구식으로 보이는 바로 그런 늙은 여자가 된다. 나는 스타일이 있는 바지와 예쁜 스웨터 그리고 멋진 브라우스를 좋아한다.

분명 재택간병이 심각한 건강문제가 있는 사람들이나 이 세대의 나이든 연령층에게는 더 필요할수 있다.[35] 그리고 이 세대는 건강관리가 주된 관심사이고 상당한 지출이 발생한다. 또한 이 세대는 나이 들어가기 때문에, 커뮤니케이션 전략을 개발할 때 대공황이전 세대와 마찬가지로 정보처리, 기억 그리고 인지적 성과의 감퇴가 고려되어야 한다.[36]

이 집단은 자산관리가 중요해서 MetLife와 같은 기업들이 이러한 욕구들을 충족시키기 위한 제품과 서비스를 개발하였다.[37] 변호사, 회계사, 재무설계사들도 베이비붐 세대가 부모로부터 축적된 부를 물려받으면서 예상되는 "부의 이전(wealth transfer)"에 매력을 느끼고 있다. 주식시장의 변동과 건강관리 비용의 증가 때문에 그 수치는 극적으로 변한다. 그러나 가장 보수적으로 계산하더라도 향후 10년간 1조 달러의 가치가 있다.[38]

또한 이 집단의 소비자들은 대공황 이전 세대처럼 집과 자산을 줄이고 있다. 그리고 테크놀로지에 능통한 사람들이 증가함에 따라 eBay를 이용해서 이들의 자산규모를 줄이도록 도와주는 단계까지 왔다. 한 60대 eBay 사용자의 농담이다:

> 입찰의 마지막 순간은 매우 흥미진진하며, 특히 나처럼 나이든 사람은 이보다 더 흥미로운 것이 없다.

SeniorNet은 나이든 소비자들이 컴퓨터에 대해서 배울 수 있도록 요양원과 레크리에이션 센터에서 강의를 제공하는 비영리 단체이다. eBay는 5백만 달러 이상을 SeniorNet에 기부해서 이 단체가 수업과 컴퓨터 센터를 확장하도록 돕고 있다.[39]

3. 베이비붐 세대

베이비붐 세대는 2차 세계대전 종전 이후부터 1964년 사이의 급격한 출산율 증가 기간 동안에 태어났고, 2015년에는 거의 8,000만 명에 해당된다. 대규모의 이 세대는 마케터에게는 매우 중요하다. 이 집단의 대부분은 1950년대와 1960년대의 번영기에 자랐다. 그들은 로큰롤과 비틀즈(Beatles) 뿐만 아니라 케네디 암살, 베트남 전쟁, 마약복용, 성 혁명, 에너지 위기, 이혼의 급격한 증가, 냉전의 영향을 많이 받았다. 이 세대의 초기출생 베이비붐 세대와 후기 출생 베이비붐 세대 간에 상당한 차이가 있지만, 이 베이비붐 세대는 다른 세대보다 더 자기중심적이고, 개인주의적이고, 경제적으로 낙관적이고, 회의적이고, 권위에 회의적이고 그리고 현재에 집중한다.[40]

베이비붐 세대는 교육수준이 높고, 소득이 높고, 맞벌이 가구로 특징지워진다. 그들은 맞벌이와 가족에 대한 책임 때문에 시간 부족(특히 젊은 베이비붐 세대)을 특징으로 한다. TV는 여전히 이 세대를 표적화하는데 주요 경로이다. 그러나 베이비붐 세대는 이전 세대보다 더 테크놀로지에 능통하다. 인터넷은 이 세대가 요구하는 편리함과 고객 맞춤화를 제공한다. 이 세대의 대략 2/3정도가 제품을 구매하기 위해서 인터넷을 이용한다. 베이버 부머 중에서 인터넷 이용자는 약 80% 정도이고 SNS의 사용이 이전 세대보다 상당히 높다.[41]

사진 4-3

베이비붐 세대가 50대와 60대로 접어들고 있다. 이 세대가 성숙됨에 따라 체중 조절 제품, 머리 염색, 로션 그리고 다른 노화방지 기기들에 대한 수요가 창출되고 있다.

이 세대는 "빈둥지" 가족이 점차 보편화되고 있고, 가처분 소득이 증가하고 있으며, 시간 여유도 많다. 실제로 베이비부머들은 평균 성인보다 48% 이상 연 10만 달러 이상을 번다.[42] 그 결과 모험여행, 고급 레스토랑 음식, 두 번째 집, RV차, 관리가 필요없는 집, 개인 요리사 그리고 개인트레이너의 수요가 지속적으로 성장하고 있다.[43] 그러나 베이버 부머도 자신의 부모를 돌봐야 하는 중요한 과제를 직면하고 있다. 이에 대한 한 가지 결과로 베이비부머가 그들의 부모와 함께 살기를 원하지 않고, 그들의 부모도 그들에게 짐이 되는 것을 원하지 않기 때문에 생활도우미 센터가 급속히 증가하고 있다.[44]

은퇴는 더 이상 먼 미래가 아니며 많은 사람들이 이미 이 단계를 밟고 있다. 그러나 한 조사에 의하면, 베이비붐 세대는 대공황 세대에 의해서 시작된 "활동적 은퇴(active retirement)"의 개념을 지속하고 확장하는 계획을 갖고 있는 것으로 나타났다.

50~75세를 대상으로 실시한 최근의 한 조사에서 이들의 2/3가 은퇴를 다음과 같이 정의하였다: 인생에서 새롭고, 활동적이고, 관련된 단계를 시작하기 위해서, 새로운 활동을 시작하고 새로운 목표를 설정하는 것.[45] Sony는 활동적인 베이비부머를 다음과 같이 표적화하였다:

> Sony는 이 세대의 활동적인 라이프스타일을 반영하는 이름인 소위 "zoomers" 세대를 표적으로 해서 2,500만 달러를 지출했다. 그들 광고 중 하나는 "회색 머리의 우주비행사가 캠코더로 지구를 촬영하는 모습"을 담은 것이다. 광고의 내용은 "당신의 자녀가 어디에 돈을 썼냐고 물어보면 이 테이프를 보여주세요."이다. Sony는 이 중요한 세분시장에 새롭게 초점을 맞추어서 캠코더 판매에서 대성공을 하였다.[46]

할아버지, 할머니가 되는 것이 많은 베이비부머에게 활동적인 은퇴의 주요 일부가 되거나, 또는 될 것이다. 이 세대의 상당한 부와 소비능력은 장난감, 여행, 기프트카드 그리고 학용품을 포함한 상당히 많은 범주에서 이들이 주요 표적이 되고 있다.[47]

그러나 분명히 베이비붐 세대가 나이 들어가면서, 그들의 신체적 욕구가 변하고 있다.

특히 나이든 베이버부머들중에서 건강문제가 점차 이들의 활동적 라이프스타일을 방해하고 있다. 그러나 심지어 건강한 베이버부머들도 나이가 들어감에 따라서, 외모에 대한 관심이 높아져서 성형수술, 대머리 치료, 헬스클럽, 남녀 모두를 위한 화장품, 염색, 건강식품 그리고 관련 제품들에 대한 수요가 폭발적으로 증가한다. <사진 4-3>은 이 집단의 욕구에 초점을 맞춘 광고를 보여준다.

대공황세대와 마찬가지로, 광고주는 베이비부머와 이들의 인생 단계를 나타내주지 못하는 너무 젊은 주제나 젊은 모델에 지나치게 의존하는 것을 피하는 것이 중요하다. 한 베이비부머가 아래와 같이 지적했던 것처럼:

> 나는 카탈로그에서 젊은 여자만 사용하는 점포에서는 옷을 구입하지 않는다. 그것은 그들이 내 돈에 관심이 없다는 것으로 들린다.

비록 이상의 것들이 베이비부머 특성에 대한 일반적인 요약을 제공하는데 편한지 모르지만, 고정관념을 피하고 이 대규모 시장을 어떻게 세분화하는지를 이해하는 쪽으로 생각을 바꾸는 것도 중요하다. <소비자 통찰력 4-2>는 고정관념들의 일부를 논의하고 베이비부머 시장을 세분화하는 접근방법들을 논의한다.

4. X세대

X세대(generation X)는 1965~1976년에 태어났고 2015년 현재 약 4500만 명 정도이다. 이 세대는 이전 세대와 이후 세대보다 규모가 작다. 이 세대는 어려운 경제시기에 성인이 되었다. 주로 맞벌이 가구에서 자란 첫 번째 세대이며, 40%는 16세 이전에 편부모 가구에서 최소한 일정 기간을 보냈다. 그들 부모의 이혼은 자녀들의 스트레스와 다른 문제들을 야기했다. 그러나 이러한 변화는 X세대의 많은 구성원들이 폭넓은 가족관을 갖도록 해주었다. 이 가족은 부모, 형제자매, 양부모, 의붓형제, 가까운 친구 그리고 기타를 포함한다.

이 세대는 낮아진 기대의 문제를 심각하게 직면한 첫 번째 미국 세대이다. 이 낮아진 기대는 1990년대 중반에 시작된 경제적 붐을 이루기 전까지 젊은 노동자들이 임금과 직업의 기회가 제한되었던 어려운 현실에 근거하고 있다. 이 상대적인 직업 기회의 부족은 이 세대의 일부가 집에서 늦게 독립하고, 젊은 성인이면서도 부모와 함께 살기 위해서 집으로 되돌아오는 성향에 대한 부분적인 이유가 된다. 이 세대는 성공에 대한 확신이 적을 뿐만 아니라, 많은 X세대들은 베이비붐 세대가 자기 경력과 경제적 발전을 위해 희생했던 시간, 에너지 그리고 관계를 믿지 않는다.[49]

이 세대는 지역적 갈등, 테러리즘, 지속적 환경 악화 그리고 그들의 삶을 위협하는 AIDS 등으로 시달리고 있는 세계와 직면하고 있다. 이 집단의 구성원들은 "자기중심주의 세대(me generation)"를 비난하고, 그들의 미래를 어렵게 만든 베이비붐 세대와 관련한 물질주의를 비난하는 경향이 있다. 이들의 초기 경제적 과제를 고려해보면, 이 세대가 직업에 대한 접근에서 더 사업가적이고, 대규모 공기업에 대해서는 덜 관심을 갖는 경향이 있다는 것은 놀라운 일이 아니다. 예를 들어, 평균성인의 13% 정도가 자기사업을 하고 있는 반면, 모든 X세대의 절반정도는 자기 사업을 운영하고 싶어한다.

소비자 통찰력 4-2

고정관념을 넘어서: 베이비부머 시장의 세분화

베이비부머 시장은 미국에서 가장 규모가 큰 세대 기반의 세분시장이지만 가장 다양한 시장 중의 하나이다. 이런 다양성은 마케터가 고정관념을 뛰어 넘어 세분화 기회를 파악할 것을 요구한다. 아래에서는 베이비부머 시장의 공통된 고정관념에 대하여 설명하고 세분화 기회에 대한 통찰력을 제공하려고 한다.[50]

- **베이비부머는 모두 같은 가치관과 견해를 갖고 있다.** 이것은 사실과 다르다. 베이버 부머는 건강과 금융과 관련해서 인생 경험이 다르기 때문에 매우 다른 가치관과 견해를 갖고 있다. Focalyst에 의한 한 연구는 그들의 견해에 근거해서 3가지 부머 세분시장을 발견하였다:

어제 (Yesterday, 25%)–이 집단은 삶이 50년대에 더 좋았다고 생각하고, 미래에 대해서 낙관적이지 않다. 건강과 금융적 이슈가 이 집단의 주요 요소들이다. 이 집단의 노력을 확신시키고, 편안하게 하고 그리고 인정하는 마케팅 메시지가 특히 효과적이다.

오늘 (Today, 30%)–이 집단은 흥미진지한 시대에 살고 오늘의 삶에 대해서 행복하다고 믿는다. 건강한 육체와 재무 건전성이 이러한 긍정적 견해를 갖게 한다. 현재, 관용, 좋은 삶에 초점을 맞춘 마케팅 메시지가 특히 효과적일 수 있다.

내일 (Tomorrow, 45%)–이 집단은 미래가 오늘보다 더 좋을 것으로 믿고, 밝지 않은 금융적 혹은 건강의 문제에도 불구하고 미래에 대해서 긍정적이다. 이 집단은 친구, 커뮤니티와 긴밀하게 연관되어 있어서 긍정적 견해를 피력할수 있다. 안정, 낙관주의 그리고 정신적인 것을 강조하는 마케팅 메시지가 특히 효과적일 수 있다.

- **베이비부머는 자아 중심적이다.** "자기중심세대(me generation)"라는 말이 베이버 부머를 위해서 만들어졌다. 그러나 많은 베이버 부머는 이러한 말보다 훨씬 더 사회의식적이고 환경의식적이다. 한 연구는 모든 베이비부머의 거의 절반이 환경친화적인 제품을 구입하는 것을 의미하는 그린 부머일 것으로 추정한다.
- **베이버부머는 테크놀러지에 능통하지 않다.** 인터넷과 모바일 테크놀러지는 많은 베이비부머의 삶에서 중요한 부분이다. 베이비부머의 대략 80%가 온라인 환경에 있고 모든 베이비부머의 거의 절반은 무선 인터넷 사용자들이라서 랩탑을 이용해서 무선 인터넷을 사용하고, 휴대전화로 이메일을 확인하고, 휴대전화로 인터넷을 사용한다.
- **베이비부머는 자녀 출가 후 규모를 줄여서 부부 둘만 생활한다.** 25%의 베이비부머가 부부끼리 살고 있다. 베이버부머의 거의 40%는 18세 미만의 자녀가 있고 또한 다시 집으로 돌아온 자녀 그리고 노부모를 모시고 산다. 그외 다른 사람들은 열심히 데이트하면서 사는 싱글들이다. 주거와 관련하여, 베이버 부머의 10% 미만은 향후 5년 내에 규모를 줄일 계획이다.
- **베이비부머는 모두 조기 은퇴한 부자이다.** 모든 베이비부머의 거의 50%가 은퇴나이 이후에도 직업을 갖거나 자원 봉사할 계획을 갖고 있다. 6명 중 한 명 정도는 제2의 경력을 쌓고 있고 거의 같은 비율이 새로운 공부를 하고 있다. 비록 많은 사람들이 즐거워서 일을 계속하지만, 또 다른 많은 사람들은 돈이 필요해서 일을 하고, 은퇴 시기를 늦추고 있다. 베이버 부머의 10%만이 연간 소득이 15만 달러 이상이고, 베이비부머의 하위 20%는 겨우 연간 2,480달러에 불과하다.

분명히 베이비부머 세대는 규모가 크고 다양하기 때문에 마케터는 적합한 마케팅 전략을 설계할 때 베이비부머 시장과 그 세분시장을 이해하여야 한다.

생각해 볼 문제

1. 베이비부머들 간의 견해 차이를 유발시키는 주요 요인들을 설명하라.
2. 어떤 요인들이 베이비부머의 10%만이 향후 5년 내 살림규모를 줄일 계획을 하는 이유를 설명할 수 있는가?
3. 마케터가 노년층 소비자들에게 마케팅할 때 어떤 윤리적이고 사회적인 책임이 있는가?

X세대는 이전의 세대보다 대학 및 대학원을 더 많이 다녀서 교육수준이 더 높다. 그리고 X세대 여성들은 남자보다 교육수준이 더 높아서, 이들은 노동인력으로서 향상된 능력을 갖고 있다. 이것은 가족역학 구조 측면에서 흥미로운 영향을 미치고 있다. 현재 X세대 여성의 20% 이상은 남편보다 더 많이 돈을 벌고 있다. 미국 역사의 많은 부분에서 남성적 가치관이 주도적이었다는 것을 고려해 보면, 비록 대부분이 이러한 변화를 헤쳐나가는 방법을 찾고 있지만, 이것은 일부 커플에게는 불편할 수 있다. 한 분석자가 다음과 같이 관찰한 것처럼;[52]

> 한 때는 남성보다 더 높은 위치에 있는 여성에 대하여 남성들이 여성보다 열등하다고 느낄 것이라는 고정관념이 있었다. 나는 이런 현상이 어느 정도 무너져서 누가 더 우월해야 하는가에 대한 고정된 기대는 없다고 생각한다.

X세대 여성에 대한 권한위양은 그녀들의 직업영역을 넘어 확대되고 있다. 한 연구는 모든 세대들 중에서 X세대 여성들이 주택개량 매체의 가장 많은 시청자이고, 주택에 방 하나를 추가하는 것과 같은 주택개량 프로젝트에 깊이 관여한다는 것을 보여준다.[53]

이 세대는 40대로 이동하고 있고, 비록 그들은 결혼을 미루는 경향이 있지만, X세대 가구의 거의 절반은 현재 18세 이하의 자녀를 둔 기혼자들이다.[54] 이것은 2000년대 초기의 경기 침체 기간동안 주택시장을 튼튼하게 유지하도록 도와 주었다. 이는 또한 이 세대가 자녀 양육기간 동안 전형적인 시간부족을 느끼는 이유이다. 이 세대는 자동차, 가전, 어린이 제품 시장의 주요 소비자이다. <사진 4-4>의 광고는 X세대 부모를 표적으로 한다.

사진 4-4

X세대 소비자는 점차 부모가 되고 있고 기업들은 이들의 욕구를 겨냥하고 있다.

X세대는 중요한 시장이기는 하지만, 언제나 쉽게 도달할 수는 없다. 이들은 제품, 광고 그리고 쇼핑에 냉소적이면서도 복잡하기 때문이다. 이들은 물질적이고 참을성이 없다. 많은 측면에서 그들의 취향은 베이비붐 세대와 다르다. 그래서 이들은 그런지룩*과 스노우보딩을 만들어 냈다. Spin, Details, Maxim과 같은 잡지들이 X게임처럼 이 세대를 위해서 발간되었다. 이 세대는 광고의 무례함에 대응하지만 전통적인 방법에 대해서는 언제나 그런 것은 아니다. X세대는 그들의 취향과 라이프스타일에 맞도록 독특하게 설계된 제품과 메시지를 원한다.

X세대는 이전 세대보다 더 다양하고, 다양성

---

* grunge look, 넝마주이 같은 거지 패션, 역자 주*

에 대하여 개방적이다. 예를 들면, X세대는 45% 이상이 히스패닉일 것 같다. 또한 X세대는 어린이를 키우는 게이 부부, 직업을 갖고 있는 엄마, 결혼하지 않는 동거 그리고 다른 인종과의 결혼과 같은 대안적인 라이프 스타일 선택을 이전 세대보다 더 잘 수용한다.[55] 이 세대는 이전 세대보다 테크놀로지에 능숙해서 이들 중 86%가 인터넷을 사용하고 있고, 1/2-2/3 정도가 온라인 비디오를 보고, SNS를 사용하고 IM(instant message)을 보낸다.

X세대 시장을 표적으로 한 기업의 예들은 아래와 같다:

- Volvo는 X세대와 좀 나이든 Y세대를 쫓아가기 위해서 S40 세단의 마케팅 믹스를 재설계하였다. Volvo는 Microsoft의 Xbox와 Virgin Group과 제휴해서 Dilated Peoples 밴드를 사용한 힙합느낌의 광고를 만들었다.[56]
- Learn & Master Guitar는 Facebook 사용자가 되고 있는 주도적인 X세대의 표적시장을 갖고 있다. Learn & Master Guitars는 Facebook에 테크놀로지에 능숙한 40대 남성을 광고에 활용하였다.[57]

이러한 광고들은 성공적인 마케터는 과거의 유산뿐 만 아니라 현재 그들의 삶의 단 계와 테크놀로지에도 효과적인 방법으로 이 오디언스에 적응하고 있는 것을 보여준다.

5. Y세대

1977~1994년에 태어난 이 세대는 2015년에 미국인구중 약 7,900만 명이 될 것이다, 따라서 베이버 부머와 비슷해 질 것이다. 이 세대는 지난 10년 이상 이민을 통해서 증가하였다, 그 증거로는 이 세대의 22%가 히스패닉이고 어떤 이전 세대보다 규모가 크다.[58] 원래 베이비붐세대의 자녀들인 이 세대는 종종 "echo boom"으로 불린다. 전반적으로, 여성들에게 실질적인 완전고용의 기회가 주어지고, 맞벌이 가구가 보편적이며, 다양한 가족형태가 정상으로 보이고, 민족적 및 문화적 다양성에 대해서 상당히 존중해주고, 집과 학교에 컴퓨터가 있고 그리고 인터넷의 환경에서 성장한 첫 번째 세대이다. 또한 이 세대는 보편적으로 이혼,[59] AIDS, 노숙자(많은 청소년을 포함한), 약물 남용, 갱폭력, 경제 불확실성과 함께 자랐다. Columbine 총기사고, Oklahoma City 폭발사고, 클린턴-르윈스키 스캔들, 소련연방의 붕괴와 코소보 사태는 이 세대의 주요 사건이다.[60]

Y세대는 강한 독립성과 자율성이 특징이다. 그들은 주장이 강하고, 자기 의존적이며, 감정적이면서 지성적으로 표현하며, 혁신적이고, 호기심이 많다. 그들은 제품을 팔기 위한 광고가 존재한다는 것을 이해하며 마케팅 과대선전에 반응할 것 같지 않다. 그들은 유머나 아이러니를 사용하는 광고를 선호하며, 이 광고들이 진실한 요소를 갖고 있는 것을 좋아한다. 그들은 그들의 독특한 욕구에 맞도록 제품을 개별화하는 능력을 좋아한다. 브랜드 이름은 그들에게 중요하다.[61] 그들이 그들의 세대를 독특하게 만든다고 생각하는 요인들로는 (a) 테크노롤지 사용 (b) 음악과 팝문화 (c) 포용력 (d) 지성 그리고 (e) 의상이 포함된다. Y세대는 다양하며 대안적 라이프스타일에 대해서 어떤 이전 세대보다 높은 포용력으로 다양성을 받아들인다.[62]

젊은 Y세대는 대학교육을 마치고 사회경력을 시작하고 있다. 나이든 Y세대는 결혼하고 아이를 가지기 시작하는데, 1/3이 이 범주에 속한다. 이 세대는 이 연령층을 겪은 어떤 이전 세대보다 여전히 가장 낮은 결혼률을 갖고 있는 반면, 동거와 같은 대안적 방식들이 증가하고 있다.[63] 젊은 Y세대는 가장 최근에 경제적 침체로 인하여 심하게 타격을 받았기 때문에, 가족으로부터 일부 도움을 얻거나 부모집으로 되돌아온다. 이것은 나이든 Y세대와 젊은 Y세대 간 장기적인 격차를 만들 수 있다. 왜냐하면 다가오는 경기침체기가 10년 혹은 그 이상 소득감소를 유발할 수 있고 또한 기대를 낮출 수 있기 때문이다.[64]

경제적 침체에도 불구하고, Y세대의 규모와 시장 잠재력은 지속적으로 마케터의 관심을 끌고 있다. 젊은 성인들(젊은 Y세대)이 어떤 다른 연령집단보다도 의상에 더 지출하게 된 이후로는 의상이 주된 관심대상이다.[65] 마케터의 주안점은 이들이 10대 연령에서 벗어나고 있기 때문에 젊은 성인들의 취향에 맞추는 것이다. 한 전문가가 지적했듯이, "이들이 10대들의 세계에서 쇼핑하는 것에 싫증이 날 때, 이들이 모두 어디로 가는가?"[66] Ann Taylor와 같은 소매기업은 이러한 시장집단을 끌어들이기 위해서 흥미로운 방법으로 음악과 패션을 함께 조화를 이루고 있다.

> 우리가 어떻게 쇼핑하는가는 많은 경우에 어떻게 점포가 우리로 하여금 느끼게 하고, 어떻게 우리의 자아지각을 높이는가에 달려 있다. 음악은 이점에서 큰 역할을 한다. 우리는 Ann Taylor 브랜드의 핵심적인 속성을 이해하고 점포 내에서 이루어지는 것을 지원하고 확대하기 위해서 음악을 이용한다.[67]

다른 패션 머천다이져들은 이 세대들이 작업현장에서 입는데 적합하고, 저렴하면서도 스타일이 있는 복장을 만들려고 노력하고 있다.

아직 확실한 통계는 없지만, 이 세대는 적어도 X세대만큼 높은 교육을 받았을 것으로 기대된다. 또한 나이든 Y세대에 대한 자료에 의하면 남성보다 더 교육수준이 높은 여성들이 지속적으로 늘어나는 추세인데, 이것은 가치관과 성역할에 대한 꾸준한 변화를 나타낸다.[68]

Y세대는 이전 세대보다 더 테크놀로지에 몰두하고 있어서, 95%가 온라인을 이용하고, 66%가 IM을 보내고 그리고 83%가 SNS를 사용한다.[69] 이 집단은 MTV, Maxim, American Idol, Big Brother 4, CSI와 같이 이들을 위해 고안된 TV 프로그램이나 매체에 익숙하다.이 세대를 표적으로 하는 광고는 반드시 이들에게 적합한 잡지, 적합한 인터넷 사이트, 적합한 텔레비전과 라디오 프로그램 그리고 "advergaming"이라고 하는 전략인 비디오게임을 활용해야 한다.[70]

이 세대를 겨냥한 광고에서 다양한 인종과 민족 집단에 대한 묘사는 이들이 다민족적 특성을 가지고 있다는 점을 고려하면 일반적인 것이며, 또한 중요하다. 이와 유사하게 이들의 다양성과 다양성의 수용을 고려하면, 현대 여성의 성역할과 대안적 라이프스타일에 대한 묘사는 이 집단들에게 더욱 일반적이고, 중요하다. 나이든 세대에게는 성공적이었던 전통적인 대중 마케팅 접근방법이 Y세대에게는 종종 맞지 않는다. 기업들은 지속적으로 이러한 집단을 사로잡기 위해서 매체와 촉진적 주제에 있어서 창의적으로 문제를 해결하

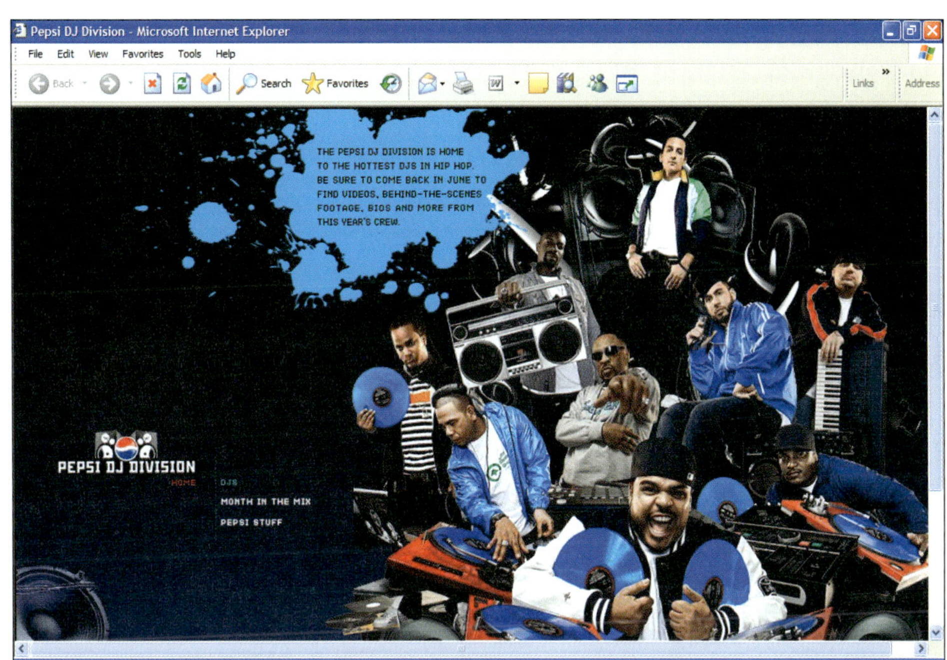

사진 4-5

Y세대의 유인은 음악, 패션 그리고 테크놀로지를 포함한 독특하고 창조적인 마케팅 접근방법을 필요로 한다.

여야 한다. 이들이 소셜매체에 대한 참여도가 높은 상황에서 이 집단에게는 소비자가 만들어내는 버즈마케팅을 이용하는 것이 매우 적합하다. 앞에서 보았듯이, 음악과 패션이 당연히 주요 접촉점이다. <사진 4-5>는 Y세대의 독특한 측면들을 다루도록 설계된 광고를 보여준다.

6. Z세대

이 세대는 1995~2009년에 태어났고, 2015년의 미국 인구 중 약 6900만 명 정도를 차지할 것이다. 이 세대는 Digital Natives, Generation @ 혹은 Net Generation이라고도 불린다. 왜냐하면 이 세대의 어느 누구도 컴퓨터, 인터넷 그리고 휴대전화 이전 시대를 기억할 수 없기 때문이다. 이 세대는 세계적 불안정, 경제적 불확실성, 테러 그리고 Virginia 공대 학살, 사이버 집단 따돌림 그리고 지구온난화를 경험하고 있다.[71] 이들 집단 내에서는 민족적 다양성이 높으며, 이 집단이 이전 세대들 보다 아프리카계 미국인의 비율이 더 높다는 추세를 제외하면, X세대와 Y세대의 민족적 다양성과 비교가능하다.[72] 또한 이 세대가 이혼에 확실히 익숙하지만, 이혼률의 감소로 인해 몇몇은 부모가 다 있는 가정에서 생활한다.

이 집단의 많은 사람들이 tween 연령층(8세~14세)과 teens로 옮겨가고 있다. 한 연구에 의하면, Z세대는 개인적 책임, 시민참여 그리고 다양성에 가치를 부여한다고 한다. 이 세대의 나이든 구성원들은 자신의 양심과 시민의 의무에 의해서 움직여지는 경향이 있다. X세대 및 Y세대가 지금의 Z세대 나이일 때와 비교해서, Z세대는 전반적으로 위험한 행동을 회피하고 책임질 수 있는 행동을 하며 그리고 게이 친구 등과 같은 다양성을 수용하는 경향이 있다.[73]

이 세대에 대한 기대가 높고, 이 기대가 더 어린나이에 남들보다 뛰어나야 한다는 불안을 만들었다. 이와 관련하여, 한 전문가는 이 세대를 아래와 같이 지적하였다.

> 우리는 어린 시절이 붕괴되는 것을 보고 있다. 어린이들은 매우 오랫동안 어린이다워질 수 없었고, 매우 어린 나이에 작은 소비자로 만들어졌다. 이들은 성취와 결과에 초점이 맞추어진 세상에서 성장하였고 일부는 학교를 졸업한 후 무엇을 할 것인가에 대한 걱정으로 고통을 겪고 있다.[74]

개인에 대한 영향은 차치하더라도, 이러한 압박은 심지어 이전 세대들과 비교해서 더 높은 수준의 교육을 받게 만들고, 비록 확고한 예측을 하기에는 너무 이를지 모르지만, 성별구분이 약해지는 조짐은 없다. 알려져 있는 것은 이 세대의 상당수를 구성하고 있는 teens와 tweens가 2,000억 달러로 추정되는 구매력을 갖고 있다는 것이다.[75] 이러한 구매력의 일부는 이들의 직접적인 구매인데, 이는 자신의 소득, 선물받은 돈 그리고 용돈에 근거하고 있다. 이러한 구매력의 다른 일부는 간접적인 구매인데, 이는 이 세대들을 위해 부모가 구입해 주는 지출에 근거하고 있다. 그리고 경제적 침체가 나쁜 영향을 주긴 했지만, 틴에이저 시장에 대한 최근의 서베이는 아래와 같은 사항을 발견하였다:[76]

- 40%는 영향을 받지않는 반면, 나머지는 부정적으로 영향을 받고 있다.
- 틴에이저들은 경제적 어려움 중에서도 현명하게 쇼핑(구매와 비교쇼핑)을 한다.
- 옷을 구입하기 위해서, 대학등록금을 마련하기 위해서 저축하고 그리고 자동차를 구입하기 위해서 일을 하는 틴에이저.

구매 지출력 이상으로 틴에이저 시장은 마케터에게 매력적이다. 왜냐하면 틴에이저 때 형성된 선호도와 취향은 평생동안의 구매에 영향을 미칠 수 있다. Ford의 Focus 자동차 브랜드관리자가 말하는 것처럼, "비록 지금은 틴에이저의 매우 적은 인원이 자동차 구매자이지만, 이들이 성인되어서 자동차를 구입하게 될 때 Ford를 생각할 수 있도록 이들과 관계를 구축하는 것이 필수적이다."[77]

틴에이저를 표적으로 하는 마케터는 이들에게 적절한 언어, 음악 그리고 이미지를 사용할 필요가 있다. 소매기업들은 쉽게 지루해하는 이러한 적극적인 쇼핑객 집단에게 쇼핑을 유발시키기 위해서 끊임없이 제품들을 수정하고 업데이트할 필요가 있다는 것을 깨닫고 있다. 한 소매 컨설턴트의 아래와 같은 언급을 생각해 보자.

> 이것은 쇼핑몰에 몰려드는 젊은이들을 대상으로 하는 모든 점포에게 하나의 도전이다. 즉 어린이들이 자주 들르기 때문에 제품진열을 자주 바꾸도록 만든다. 그렇지 않으면 이들은 싫증을 느끼고 더 이상 오지 않는다. 그것이 바로 점포들이 단골손님들이 얼마나 자주 방문하는지를–창문과 프론트테이블이 매주 혹은 매 17일마다 바뀌어야 하는지를 알기 위해–알 필요가 있는 하나의 이유이다.[78]

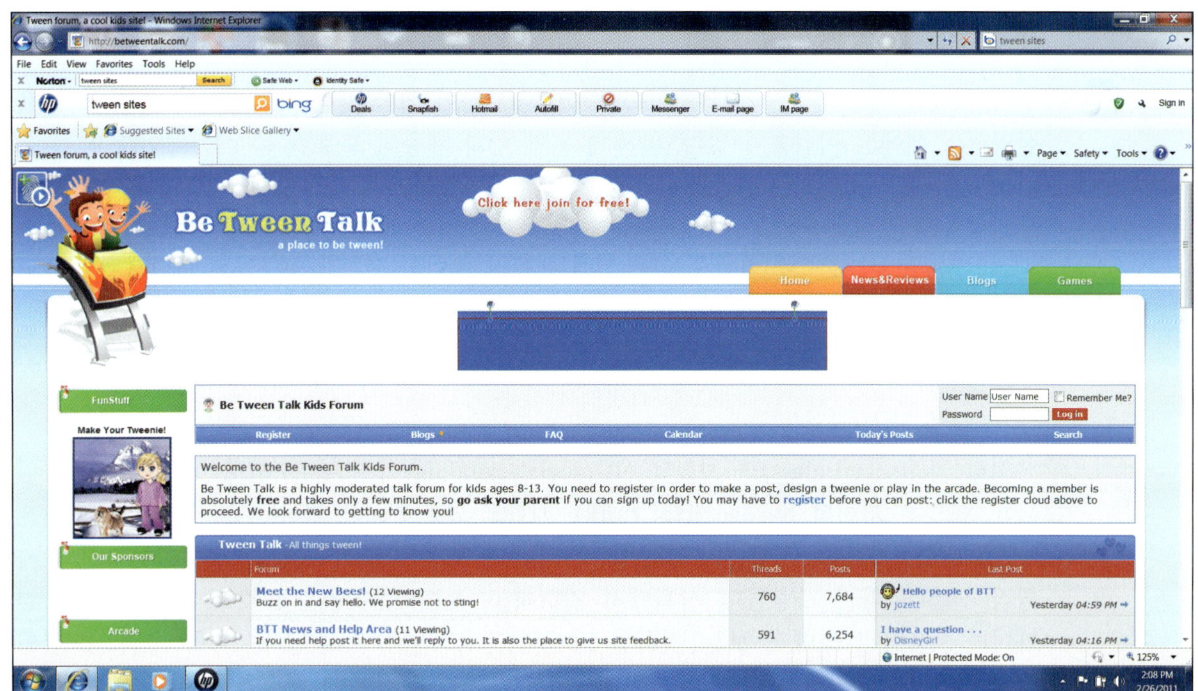

사진 4-6

이 사이트는 매우 매력적인 Z세대를 표적으로 한다.

정직, 유머, 다양성 그리고 정보가 틴에이저에게 중요한 것으로 나타났다. 그리고 소셜 미디어와 같은 대안적 매체 접근이 중요하다. 틴에이저들은 SNS의 사용, IM발송, 블로그의 접속 및 게시 그리고 가상세계 방문 등에서 다른 집단보다 높거나 가장 높은 것으로 알려져 있다. <사진 4-6>은 Z세대 중 tween 집단을 타겟으로 하는 사이트이다

Z세대의 테크놀로지에 능숙한 점을 활용하는 기업들의 예로는 다음이 있다:

- Tumblr는 어디서나 어떤 기기로도 블로그에 접근이 용이하도록 허용하는 마이크로 블로그 사이트이다. 이것은 사진, 비디오, 자신이 녹음한 오디오 문서 그리고 IM을 게시하도록 해주고, Tumblr로부터 온 소식도 Facebook과 Twitter에 게시하도록 해준다.[79]
- Gatorade는 틴에이저 시장이 현재 및 미래의 성공에 핵심이라는 것을 알았다. 그래서 틴에이저와 틴에이저 운동선수들에 대한 마케팅 접근방법이 Mobile Locker Room 투어, Facebook 그리고 Twitter를 포함하도록 다시 설계되었다.[80]

Tweens 집단은 청소년 후기에 해당하고 틴에이저의 초기에 해당한다. 이들에 대한 기회는 음악, 패션, 화장품, 비디오 게임 등에 있다. tweens의 선택에서 부모들의 역할은 여전히 중요하다. Aeropostale은 엄마에게 초점을 맞추고 있는 점포이다. 이 점포와 다른 점포들도 어린이와 부모 모두에게 소구하려고 노력하고 있다. 일부 점포들은 최근에 쇼핑통로를 넓혀서 유모차가 접근하기 쉽게 만들고, 어느 틴에이저의 엄마가 설명한 것처럼, "편안하고 덜 번잡하게(less snooty, less provocative)" 동선을 설계하였다.[81] 어린이에 대한 마케팅은 제6장 중 가족을 설명하는 부분에서 좀 더 자세히 서술할 것이다.

4.3 사회 계층

우리는 사회 계층이라는 개념에 익숙하지만 대부분이 외국 사람에게 우리의 계층시스템을 설명하는 데에는 어려움이 있다. 다음 인용이 사회 계층의 모호한 특성을 보여준다:

> 그것이 좋든 싫든 최소한 다른 사람들 눈에 우리 모두는 대개 복잡한 여러 기준에 의해 정의된다: 우리가 얼마나 버는지, 어떤 일을 하는지, 우리의 부모가 누구인지, 어디서 어떻게 학교를 다녔는지, 어떻게 말하는지, 어떤 것을 입는지, 어디서 사는지, 그날의 이슈에 어떻게 반응하는지. 이것들이 모두 합해져서 우리의 사회 경제적 지위 즉 미국 사회에서의 순위가 된다.[82]

사회 계층(social class)과 사회적 신분(social standing)이란 말은 서로 바꾸어 쓸 수 있는데, 이것은 **사회적 순위(societal rank)**−사회에 의해 가치가 부여된 하나 혹은 그 이상의 차원들에 대한 개인의 위치−를 의미한다. 우리는 어떻게 사회적 신분을 얻는가? 당신의 사회적 신분은, 다른 사람들이 사회에서 열망하고 존중하는, 당신이 갖고 있는 특성의 결과이다. <그림 4-2>에서 보는 것처럼 당신의 교육, 직업, 자산 소유, 소득 수준, 유산(인종적 혹은 민족적 배경, 부모의 지위)이 당신의 사회적 신분에 영향을 미친다. 사회적 신분은 사회에서 바라는 사회경제적 요인들을 거의 갖고 있지 않은 낮은 계층에서부터, 사회에서 바라는 많은 사회경제적 요인들을 소유하고 있는 상류계층까지 다양하다. 각기 다른 사회적 신분을 갖고 있는 개인들은 각기 다른 욕구와 소비 패턴을 갖는 경향이 있다. 그러므로 **사회 계층 시스템(social class system)**은 태도, 가치, 라이프스타일과 관련해서 한 사회를 상대적으로 독특하면서 동질적인 집단으로, 위계적으로 구분하는 것으로 정의될 수 있다.

"순수한" 의미의 사회 계층은 미국이나 대부분의 다른 산업화 사회에서 존재하지 않는다. 그러나 이런 사회들은 명백히 개인의 위계적 집단을 갖고 있고, 이 집단의 개인은 다른 집단의 행동과는 다른 독특한 행동 패턴을 보여준다.

그림 4-2 사회 계층의 도출과 행동에 대한 영향

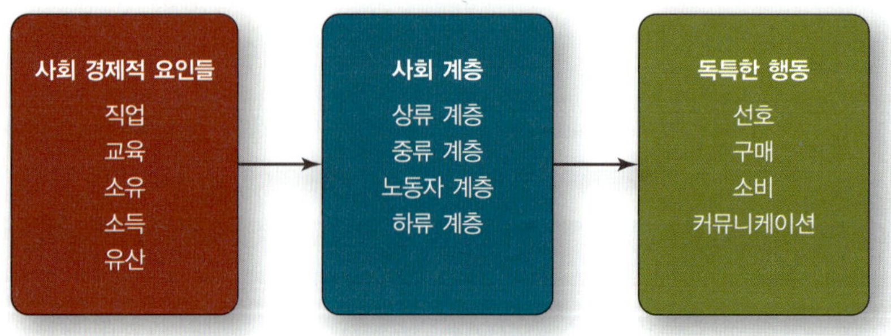

사회 계층들의 집합이 존재하는 것이 아니라 일련의 지위 연속체가 존재한다.[83] 이러한 지위 연속체는 전반적 사회 가치들의 다양한 차원이나 요인을 반영한다. 미국과 같은 성취 지향적인 사회에서는 성취와 관련한 요인들이 주요 지위 차원을 구성한다. 그러므로 교육, 직업, 소득 그리고 작게는 주거의 질과 주거 장소가 미국에서 중요한 지위 차원들이다. 인종과 성별은 성취와 관련되지 않는 사회적 지위의 차원에 속하는 것으로 생각되지만 여전히 미국에서 지위에 영향을 미친다. 마찬가지로, 부모의 지위는 미국에서 존재하는 귀속적 지위 차원으로 생각된다. 그러나 유산은 영국과 같은 전통적인 사회에서 더 중요한 요인이다.[84]

다양한 지위 차원은 명백하게 서로 관련되어 있다. 기능적인 측면에서, 부모의 지위는 자식의 교육에 영향을 미치며, 교육은 소득을 창출하는 직업에 영향을 미치고, 소득은 개인의 주거를 포함한 라이프스타일에 대한 경계를 설정한다. 그렇다면 한 차원에 근거해서 높은 지위를 가진 개인은 다른 차원에 근거해서도 높은 지위를 갖는다는 것을 의미하는가? 이것은 **지위 구체화(status crystallization)**에 대한 질문이다. 개인이 모든 지위 차원에서 일관될수록, 개인의 지위 구체화의 정도는 높아진다. 미국의 지위 구체화는 중간 수준이다. 예를 들어, 많은 육체노동자들은(배관공이나 전기 기사와 같은) 많은 전문가들(공립학교 교사)보다 더 많은 소득을 번다.

4.4 미국의 사회적 구조

L04

미국에서 지위 구체화가 중간 수준이라는 것은 사회 계층 시스템이 사회적 위치를 완벽하게 범주화하지 못한다는 주장을 지지한다. 그러나 이것은 특정 제품 범주와 활동에 대해서 비슷한 라이프스타일을 공유하는 신분집단들로 나누어질 수 없다는 것을 의미하는 것은 아니다. 더구나, 계층 시스템과 관련한 많은 행동들을 나타내는 높은 수준의 지위 구체화를 갖춘 사람들도 많다. 현실에 대한 단순화된 추상적 설명만을 제시하더라도, 마케팅 관리자는 상대적으로 순수한 계층 유형의 특성을 아는 것은 유용하다.

다양한 일련의 사회계층들이 미국을 설명하기 위해 제안되었다. 우리는 Coleman과 Rainwater에 의해 개발된 것을 사용하려고 한다.[85] <표 4-4>와 같이 그들의 시스템에서는 **상류계층**(upper class)(14%)을 주로 직업과 사회적 지역에서 소속의 차이에 따라서 3개의 집단으로 나누었다. **중간계층**(70%)은 나은 지역에서 사는 평균 소득의 사무직 및 육체노동자들(32%)로 구성된 중간계층(32%)과 "노동자계층의 라이프스타일"을 선도하는 평균 소득의 육체노동자로 구성된 노동자계층(38%)으로 나누어진다. **하류계층**(16%)은 겨우 빈곤 수준 이상의 삶을 영위하는 집단과 명백히 가난에 시달리는 집단으로 나누었다.

Coleman-Rainwater 시스템에서 각 계층에 할당된 미국 인구의 비율은 미국 사람들이 자신을 분류한 방식과 거의 비슷하다.[86] (Coleman-Rainwater이 분류한 집단들은 아래에서 더 자세하게 논의된다.)

표 4-4 Coleman–Rainwater의 사회 계층 체계

상류계층 미국인
- 최상류(0.3%). 유산이 많은 부호와 같은 귀족이름인 "자본주의의 S사회" 세계.
- 상류(1.2%). 신흥 엘리트로서 전문직, 기업 CEO.
- 준상류(12.5%). 대졸 관리자와 전문직; 경력, 프라이빗 클럽, 대의명분 그리고 예술에 라이프스타일의 초점.

중간계층 미국인
- 중간계층(32%). 평균소득의 사무직 노동자와 그들의 육체노동자 친구들; "도시의 더 좋은 곳"에 살면서 더 적합한 일을 하려고 함.
- 노동자계층(38%). 평균소득의 육체노동자; 소득, 학벌, 직업에 관계없이 "노동자계층 라이프스타일" 선도.

하류계층 미국인
- 하류계층(9%). "하류계층 집단이지만 극빈은 아님" 복지대상자는 아닌 노동자; 생활수준은 겨우 빈곤수준을 넘어섬.
- 극빈계층(7%). 복지대상자, 빈곤에 찌들어 있고 노동력도 없음.

전통적 프로필				
사회 계층	비율	소득	교육	직업
상류계층 미국인				
최상류	0.3%	$1,3000,000	석사	이사회 의장
상류	1.2	990,000	석사	기업 사장
준상류	12.5	330,000	의사 학위	의사
중간계층 미국인				
중간계층	32.0	61,000	대학 졸업	고등학교 교사
노동자계층	38.0	33,000	고졸	조립노동자
하류계층 미국인				
하류계층	9.0	19,700	일부 고졸	수위
극빈계층	7.0	10,900	초등학교 졸업	실업

*Income is 2010 inflation adjusted dollars using U.S. Consumer Price Index (CPI) data.
Source: Information for this table adapted from Richard P. Coleman, The Continuing Significance of Social Class in Marketing , *Journal of Consumer Research*, December 1983, p. 267; and Richard P. Coleman and Lee P. Rainwater, with Kent A. McClelland, *Social Standing in America*; New Dimensioins of Class (New York, NY: Basic Books, 1978).

1. 상류미국인

최상류계층(The Upper-Upper Class) 최상류 사회계층의 구성원은 사회적 엘리트로 구성된 귀족 가족이다. 이 수준의 사회적 지위를 가진 구성원들은 일반적으로 컨트리 클럽의 최고 핵심이며 주요 자선 이벤트의 스폰서들이다. 그들은 지역사회와 시민 활동을 위한 리더십과 기금을 제공하고 종종 병원, 대학, 시민단체의 이사로서 봉사한다.

Kennedy 가족은 최상류층의 한 예이다. 미국에서 대다수의 커뮤니티마다 대대로 상당한 부를 갖고 있는 가족들이 하나 이상 씩은 있다. 이러한 개인들은 최고급 주택에 살면서, 최고급 승용차를 타고, 원본 예술품을 소유하고, 멀리 여행을 한다. 자선활동이나 커뮤니티 행사를 지지하거나 정치에 입문하지 않는 한, 그들은 일반적으로 대중의 주목을 피한다.

상류계층(The Lower-Upper Class) 상류계층은 종종 "신흥부자 즉, 현 세대에서 새롭게 성공한 엘리트"를 말한다. 이 가족들은 상류계층의 사회적 지위에서 상대적으로 새로우며, 아직 사회의 최상위계층으로 수용되지 않았다. 어떤 경우에 그들의 소득은 최상류 사회 계층보다 더 많다. Microsoft의 창시자 Bill Gates, CNN의 창시자 Ted Turner가 상류계층의 예이다. 많은 공동사회에는 한 세대 동안 첨단기술과 1990년대의 인터넷 기업의 붐으로부터 막대한 부를 축적한 가족들이 하나 이상씩 있다.

이 집단의 많은 구성원들이 준상류계층의 사람들과 유사한 라이프스타일의 삶을 산다. 상류계층의 일부 구성원들은 기존의 최상류계층과 경쟁하려고 애쓴다. 갑자기 막대한 부를 얻은 기업가, 스포츠 스타, 연예인들이 종종 이런 유형의 행동을 하느라고 바쁘다. 그러나 그들은 이 배타적인 클럽에 합류할 수 없거나 진정한 명문가에 부여되는 사회적 존경을 사람들에게 강요할 수 없다. 대신에 이 계층의 많은 사람들이 적극적으로 **과시적 소비(conspicuous consumption)**를 함으로써 대응한다: 즉, 그들은 자동차, 집, 요트, 옷 등을 주로 그들의 대단한 부를 과시하기 위해서 구매하고 사용한다.[87] 그러므로, 유명 프로 선수가 5개 혹은 10개의 고급 승용차나 다수의 집 등을 소유하고 있는 기사를 읽는 것이 이상한 것이 아니다. 이러한 개인들은 **신흥부자(nouveaux riches)**라고 지칭된다. 많이 유행하는 것을 따르는 것이 이 집단에게 중요하다. 신흥부자들이 명품 브랜드와 활동을 적극적으로 찾는다.

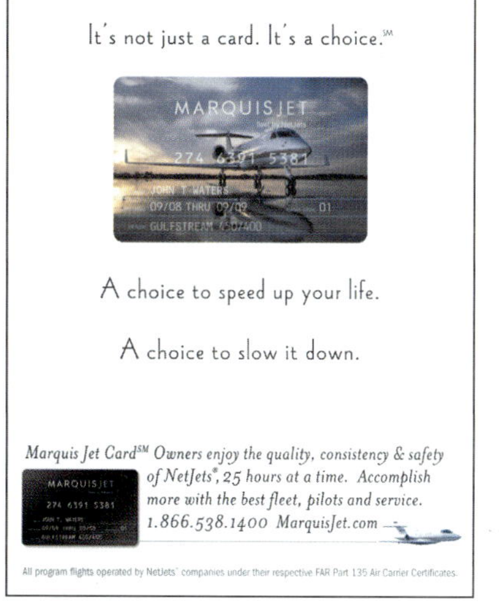

사진 4-7

상류계층은 자신의 삶의 질을 윤택하게 할 뿐만 아니라 자신의 신분을 상징하는 제품이나 서비스에 대해서 지불할 용의와 능력을 갖고 있다.

비록 그 수는 적지만, 이러한 집단들은 일부 제품에 대해서 중요한 세분시장으로 역할을 하며 준상류계층에 있어 "좋은 삶"의 상징으로서 역할을 한다. <사진 4-7>은 상위 계층에 소구하는 서비스를 보여준다.

준 상류계층(The Upper-Middle class) 준 상류계층은 유산으로 인한 가족 지위도 없고 특별한 부도 없는 가족들로 구성된다. 직업과 교육은 이러한 사회계층의 주요 측면이며, 이 계층은 성공한 전문가, 자영 사업가, 기업의 고위관리자로 구성되어 있다. <표 4-4> 보듯이, 이 사회 계층의 구성원들은 일반적으로 대학졸업자이고, 다수가 전문학위 혹은 대학원 학위를 가지고 있다.

준 상류계층 사람들은 자신감 있고 앞을 내다보는 경향이 있다. 그들은 자신들이 즐기는 것과 같은 라이프스타일을 유지할 수 있는 자기 자식들의 능력에 대해서 걱정한다. 그들은 자신의 성공이 그들의 경력에 달려 있다는 것을 알고 있으며, 경력은 교육에 의존한다. 그 결과, 그들의 자녀가 제대로 된 학교에서 견실한 교육을 받는 것이 매우 중요하다.

이 집단은 지역 사회의 예술과 자선활동에 깊게 관여되어 있다. 그들은 꽤 활동적인 성향이 있는 프라이빗 클럽에 속해 있다. 그들은 은퇴 계획, 부동산 계획, 대학 기금조달 이슈에 초점을 맞춘 재무서비스의 주요한 시장이다. 그들은 훌륭한 주택, 비싼 자동차, 고급 가구, 좋은 와인, 멋진 리조트를 소비한다. <사진 4-8>은 이 집단을 겨냥한 광고물을 담고 있다.

미국 인구에서 이 세분시장은 매우 두드러지며, 많은 미국인들이 속하고 싶어한다. 많은

사진 4-8

이러한 광고는 준상류계층에 소구를 한다. 이 광고는 우아함과 세련됨을 강조한다.

그림 4-3 중간계층을 표적으로 하는 상향 유민 전략

중간계층 → **선망** 중간계층에 소속 → **선호** 중간계층이 소비하는 제품 → **포지셔닝** 중간계층 제품에 대한 상류계층 상징주의 → 중간계층

사람들이 이를 선망하기 때문에 일부 제품에 대해서 중요한 포지셔닝 변수이다. <그림 4-3>은 이 장의 초기에서 언급했던 "대중에게 고급전략(class to mass)"과 관련있는 상향유인전략(upward-pull strategy)을 설명한다. <사진 4-9>는 "구입가능한 최고급품"을 제공하는 상향유인전략의 한 예이다.

2. 중간계층 미국인

중간계층(The Middle Class) 중간계층은 사무직 노동자(사무직, 교사, 하급 관리자)와

사진 4-9

이것은 상향유인전략의 예이다. 상향유인전략은 사용자들이 준상류계층 라이프스타일의 일부 요소를 경험할 수 있도록 중간 정도 가격의 제품으로 포지셔닝하고 있다.

높은 임금을 받는 육체노동자(배관공, 공장 감독자)로 구성되어 있다. 그러므로 중간계층은 사무직 집단의 대부분과 육체노동자 집단의 상위층을 나타낸다. 중간계층의 전형적인 핵심 집단은 학위는 없더라도 어느 정도 대학교육을 받았고, 사무직이거나 공장 감독자이고 그리고 평균소득자이다. 이 계층의 많은 구성원들이 기업의 규모축소, 아웃소싱 그리고 경제 변동 때문에 불안함을 느낀다.[88]

중간계층은 체면(respectatibility)에 관심을 갖는다. 그들은 이웃의 생각에 신경을 쓴다. 그들은 일반적으로 수수한 교외주택에 산다. 그들은 공립학교의 수준, 범죄, 마약, 전통적 가족가치관 약화 그리고 가족의 재무적 안전에 대해서 매우 걱정을 한다. 기업이 연금 계획을 축소하고 건강관리 비용이 증대됨에 따라 그들에게 은퇴가 점점 큰 걱정거리이다.

중간계층의 구성원들은 DIY(do-it-yourself) 일에 관심을 많이 갖는다. 그들은 주택개량 센터, 정원관리관련 점포, 자동차 부품점뿐만 아니라 구강 청정제와 방취제 등과 같은 제품의 주요 시장이다. 제한된 소득 때문에 그들은 현재 소비에 대한 바람과 미래 안전성에 대한 열망과의 균형을 맞추어야 한다. <사진 4-10>은 이러한 세분시장의 욕구를 충족시키는 기업을 보여준다.

노동자계층(The Working Class) 노동자계층은 숙련 및 반숙련 공장 노동자, 서비스 노동자, 판매 노동자로 구성되어 있다. 비록 이 사회계층의 일부 가구들은 더 상위계층으로 올라가기를 추구하지만, 구성원들은 그들이 이미 갖고 있는 것에 대한 안전과 보호를 더

사진 4-10

이 광고는 중간계층이 가지고 있는 가치에 대한 바람 뿐아니라 집에 대한 중요성에 소구한다.

추구한다. 이 세분시장은 1990년대 전반기에 그들의 평균 실질 수입이 감소하면서 심각한 고통을 당했다. 자동화와 개발도상국으로의 제조활동 이동은 이들에게 경제적 불안을 유발시켰다. 이들은 1990년대 후기 주식시장의 붐으로부터 거의 혜택을 못 받았고, 대부분은 최근 경제침체의 결과로 고통을 받고 있다.

노동자계층의 가족은 도시주변 지역, 쇠락한 교외, 시골 지역의 중간 정도의 주택이나 아파트에 거주한다. 그들은 범죄, 갱, 마약, 이웃의 황폐화에 관해서 크게 걱정한다. 일반적으로 그들은 현재 이웃이나 학교가 안전하지 않거나 탐탁지 않더라도 다른 지역으로 이동할 만한 경제적 능력이 되지 않는다. 중간 정도의 교육과 기술수준 때문에 이 계층에 간신히 속해 있는 구성원들은 하류계층으로 떨어질 위험이 있다.

많은 **귀족노동계층(working-class aristocrats)**은 준상류계층을 싫어하고, 그들의 사회계층 수준에 포지션된 제품과 점포를 선호한다.[89] 이 개인들은 그들이 진정한 일을 하는 자신들의 능력을 자랑스럽게 생각하고 자신들을 종종 인정받지 못하는 미국의 중추로 여긴다. 그들은 픽업 트럭과 캠핑용 자동차, 사냥 장비, 모터보트, 맥주의 주 소비자이다. 맥주회사 Miller는 그들의 Miller High Life 맥주에 대해서 일반 노동자계층을 표적 시장으로 하는 것을 포기하였다. 대신 볼링장, 식당, 컨트리 음악을 특징으로 하는 광고로 귀족노동자계층을 표적으로 하였다. <사진 4-11>의 광고는 이 집단에 소구한다.

3. 하류계층 미국인

하류계층(The Upper-Lower Class) 하류계층은 제대로 교육받지 못한 사람들로 구성되어 있고, 매우 낮은 소득을 갖고 있고, 비숙련 노동자로 일한다.[90] 대부분이 최저임금의 직업을 갖고 있다. 2007년 최저임금법은 이 계층을 돕기 위해 2009년부터 최저임금을 시간당 7.25달러로 올리는 중요한 조치를 취했다. 이것은 상당한 개선이지만 여전히 1년에 50주 전일 근무하는 최소임금의 직업으로는 3명의 가족이 빈곤 수준을 벗어나기에는 충분하지 않다. 이것이 최저 임금으로 3명의 가족을 부양할 수 있었던 1960년대 후반으로

사진 4-9

이 제품과 광고는 노동자계층, 특히 귀족노동자계층에 소구한다.

부터의 주요한 변화이다. 복합적인 문제는 이런 직업들의 많은 경우가 시간제이며 건강보험이나 퇴직금 적립 계획과 같은 혜택을 거의 제공받지 못한다는 것이다. Nashville에서 최저임금보다 약간 더 버는 50세의 시간제 수위로 일하고 있는 John Gibson을 보자:

> "나는 더 일하고 싶다"고 John이 말했다. 그러나 그는 많은 일을 할만한 자격을 갖추지 못했다. "나는 죽어라 일을 해야 하는데 근근히 일을 하고 있다. 내가 월급을 받을 때 제일 먼저 하는 일은 집세를 내는 것이다." John은 작은 원룸형 아파트에 혼자 산다. John이 근근이 살기 위해서 희생하는 것 중의 하나가 패스트푸드 레스토랑에서 먹는 것이다. 비록 그가 이 음식과 편리함을 좋아할지라도, 집에서 준비하는 음식보다 훨씬 싸다고 동료노동자가 설득했기 때문이다. 그는 구세군과 같은 곳에서 운영하는 중고 취급 점포에서 옷을 구입하는 등 비용을 최소화한다.
>
> 시간제 고용자로서 그는 기업 건강 보험도 없지만, 현재 Tennessee주로부터 일부 보험을 지원받을 수 있다. 몇 해 전 그가 병원에 입원했을 때 이 보험을 적용받았다. 그 후에, 그는 비용청구서를 처리하느라고 임금을 압류당해서, 그는 사회복지기관에 의존해야만 했다. 요즘 그는 많은 남은 시간을 이와 같은 기관에서 봉사하는데 쓴다. 그는 골프를 즐기지만 돈이 없어서 좀처럼 할 수 없다. 그는 연금계획이나 개인 보험이 없어서 그의 은퇴 이후가 어떨지 걱정이다.[91]

교육의 부족이 이 집단을 정의하는 한 가지 특성이 되는 경향이 있다.[92] 하류계층의 구성원은 종종 우울하고 쇠락한 지역에 위치한 허름한 집에 거주한다. 범죄, 마약 그리고 갱들이 가까이에 있고 매우 심각한 위험에 노출되어 있다. 그들은 가족의 안전과 아이들의 미래를 걱정한다. 교육부족, 역할 모델의 부재 그리고 기회의 부족은 절망을 가져오게 하고, 이 절망은 담배와 술과 같은 유해한 소비를 하게 한다. 또한 이것은 비효율적 구매를 하게 만들고 단기적 시각을 갖게 한다.[93]

마케팅 시스템은 이 집단에서 효과적으로 수행되지 않는다. 그들은 특히 재무적 서비스를 받기가 특히 어렵고, 많은 사람들이 은행 계좌가 없다. 이것은 일반적으로 그들이 급여수표와 그 밖의 수표를 현금화하는 비용을 지불해야 한다는 것을 의미한다. 그러나 조사에 의하면 이 집단에도 상당한 마케팅 기회가 존재한다. 그들은 비용(가격)만을 중시하기보다는 가치지향적이고, 매우 브랜드 애호적인 경향이 있다. Walmart와 Dollar General 같은 기업들은 이러한 소비자들에게 좋고 유익한 일자리를 제공하고 있다.[94]

극빈계층(The Lower-Lower Class) 극빈 사회 계층의 구성원들은 매우 낮은 소득과 최소의 교육을 받았다. 사회의 이 세분시장은 종종 장기간 동안 실업상태이고 이들은 정부 지원과 비영리단체 서비스의 주요수령자들이다. 제1장의 <소비자 통찰력 1-2>에서 설명된 Andre Hank는 하류계층이었으나 실직으로 인하여 결국 극빈계층으로 전락한 예이다.

하류계층에 대한 마케팅은 매우 논쟁이 많다. TV와 냉장고와 같은 내구재를 하류계층에 대여해 주는 렌트사업이 번창하고 있다. 왜냐하면 이 하류계층 가구는 이런 내구재를 현금을 주고 구입할만한 경제적 능력이 없고 일반매장에서 구매할 때 적용하는 신용점수도 부족하기 때문이다. 이런 서비스가 실질적인 욕구를 충족시키지만, 이 산업은 렌트에 대한 과도한 이자율의 부과로 자주 비난을 받는다.[95]

이 집단에게 윤리제품*에 대한 마케팅은 더 논쟁적이다. 몰트 위스키와 독한 와인은 하류계층지역에서 많이 팔리고 있다. 그러나 이 집단에게 이런 제품을 적극적으로 촉진하는 기업들은 매우 부정적인 퍼블리시티를 유발할 위험이 있다. 담배회사 R. J. Reynolds가 Uptown 담배를 하류계층의 도시 흑인에게 판매하려 했을 때, 대중들의 항의가 너무 강해서 그 제품을 철수시켰다. 비록 일부는 이 결과를 칭찬할지 모르지만, 이 항의에서 언급되지 않은 가정은 다음과 같다: 이러한 개인들은 건전한 소비의사 결정을 할 능력이 부족하고 그래서 다른 사회계층들은 요구하지 않는 보호를 요구한다. 이 가정은 분명히 논쟁의 여지가 있다.

어떤 기업은 낮은 계층에게 마케팅을 하지 않는다고 비판받는다. 주요 소매 체인, 특히 식품 체인 그리고 금융기업들은 하류계층들에게는 거의 서비스를 제공하지 않는다. 사람들은 이러한 기업들은 이 하류계층이 거주하는 지역에 위치해야 하는 사회적 책임이 있다고 비난을 받는다. 이런 비난을 받는 기업들은 이 문제가 모든 사회의 문제이며, 해결책을 몇몇 기업에게 강요해서는 안된다고 대응한다. 그러나 소수의 Dollar General Corporation과 같은 세련된 소매점은 이 세분시장의 독특한 욕구를 충족시키기 시작했다.

---

* sin product, 술, 담배와 같이 판매에 윤리적 논쟁을 불러 일으킬 수 있는 제품, 역자주

이 분야의 한 전문가는 다음과 같이 말했다:

> 낮은 소득 가구의 사람들도 여전히 소비자들이다. 그들도 여전히 음식을 구입해야 한다. 그들도 여전히 옷을 입는다. 그들도 여전히 자녀들을 돌봐야 한다.[96]

이 사업에 대한 도전은 소비자들의 욕구를 효율적으로 충족시킬 수 있으면서 기업에 적절한 이익을 실현할 수 있는 마케팅 전략을 개발하는 것이다.

4.5 사회 계층의 측정

LO5

사회적 지위를 측정하는 방법에는 단일 항목지수와 다항목 지수의 2가지 기본적인 접근법이 있다. **단일항목지수(Single-item indexes)**는 사회적 지위를 교육, 소득 혹은 직업과 같은 하나의 단일 차원을 근거해서 측정하는 것이다. 개인의 전반적인 지위는 여러 가지 차원들의 영향을 받기 때문에 단일항목지수는 일반적으로 정확성이 떨어진다. **다항목지수(Multi-item indexes)**는 다양한 변수들을 동시에 반영하고, 각 변수들에 대하여 사회적 관점을 반영하는 체계에 기초하여 가중치를 준다. 우리는 여기에서 Hollingshead의 고전적인 다항목 접근에 초점을 맞춘다.[97]

Hollingshead의 **사회적 위치지수(Index of Social Position: ISP)**는 잘 개발된 2개 항목을 이용한 지수이고 널리 사용되고 있다. 항목이 처도, 가중치, 지수계산공식 그리고 사회계층 점수는 <표 4-5>에 제시되어 있다. 미국에서는 어떻게 해서 직업이 교육보다 더 높은 가중치를 갖고 있는지 주시하라. 왜 그럴까?

다항목 지수는 공동체사회 내에서 개인이나 가족의 전반적인 사회적 지위를 측정하거나 반영하도록 설계되어 있다. 이 때문에, 한 변수의 높은 점수가 다른 변수의 낮은 점수를 상쇄할 가능성이 있다. 그러므로 다음의 세 사람은 ISP척도에 의하면 모두 중간계층으로 분류될 것이다. (1) 중간 규모 기업의 성공적인 소유자인 8년 교육수준의 사람 (2) 4년제 대학을 졸업하고 판매원으로 일하는 사람 (3) 2년제 대학을 졸업하고 관리직 공무원으로 근무하는 사람. 이러한 개인 모두는 사회 내에서 비슷한 지위를 가지는 것이 당연하다. 그러나 적어도 일부 제품에 대한 그들의 소비과정은 다를 가능성이 있는데, 이는 전반적인 지위가 개인 지위 차원과 특정 제품의 소비 과정의 유용한 연관성을 가릴 가능성이 있기 때문이다.

이러한 척도의 다른 중요한 측면은 이 척도가 여성 역할의 급속한 확장 이전에 개발되었다는 점이다. 어떠한 사회계층척도도 가구의 지위에 대한 두 원천(남자와 여자)의 새로운 현실을 반영하여 개발된 적이 없다.

마지막으로, 일부의 경우 사회적 지위(다항목지수)를 구성하는 개인의 인구통계적 변수는 특정 마케팅 질문에 응답하는 데 더 적합할 수 있다. 예를 들어, 매체 습관은 교육과 밀접하게 관련이 있는 반면, 여가활동은 대개 직업과 관련이 있을 수 있다. 이런 예에서 마케터는 지위에 대한 보다 포괄적 척도보다 인구통계의 직접 수치들을 사용하는 것이 더 낫다. 개인이나 가족의 지위에 대한 전반적 지표가 특히 적합할 때만 ISP와 같은 수치들

표 4-5 Hollingshead의 사회적 위치지수(ISP)

직업 척도 (가중치 7)	
서술	점수
대기업의 고위직 임원, 자산가, 최고전문가	1
사회 관리자, 중간 규모기업 소유자, 중견 전문가	2
행정관리자, 소기업 소유자, 보편적 전문가	3
종업원, 기술자, 영세기업 소유자	4
숙련 노동자	5
기계운전자와 반숙련 노동자	6
미숙련 노동자	7
교육 척도 (가중치 4)	
서술	점수
전문가 (석사, 박사 등)	1
4년제 대학 졸업 (학사)	2
대학 중퇴	3
고등학교 졸업	4
고등학교 중퇴	5
중학교 졸업	6
초등학교 졸업 이하	7
ISP = (직업 점수 × 7) + (교육 점수 × 4)	
분류 시스템	
사회 계층	점수 범위
상류	11-17
상위 중간	18-31
중간	32-47
하위 중간	48-63
하류	64-77

Source: Adapted from A. B. Hollingshead and F.C . Redich, *Social Class and Mental Illness* (New York: John Wiley & Sons, 1958)

이 사용되어야 한다. 최근의 연구는 사회 계층은 미국에서 다양한 소비자행동을 설명하는 여전히 중요한 결정요소라고 주장하고 있다.[98]

4.6 사회 계층과 마케팅 전략

사회 계층이 모든 소비행동을 설명하지는 못하지만 일부 제품범주에는 확실히 적절하다. 이에 대한 명백한 증거로 노동자계층 거주지역의 가구점을 방문하고 그 다음에 Ethan Allen Galleries와 같은 상류계층 점포를 방문해 보라.

또 다른 예는 진바지 시장 그리고 특히 Levi Strauss이다. <그림 4-4>는 Levi Strauss가 다른 사회계층 범주를 표적으로 하기 위해서 다양한 브랜드로 포지셔닝해서 미국인구의 많은 부분을 커버하려고 시도하는 것을 보여준다. 당신은 다양한 사회계층 집단에 대해 이 브랜드들을 포지셔닝해서 차별화하는 것이 얼마나 효과적이라고 느끼는가?

끝으로, 브랜드 자체 전략을 넘어 도시와 커뮤니티로 이동하는 것은 사회계층 이슈를

마케팅 고전: 사회계층 시장에 대한 Levi Strauss 포지셔닝 그림 

준상류계층 표적시장 (12.5%)
- 열망 → 상류계층 라이프스타일
- 만족 → 준상류계층 라이프스타일

중간계층 표적시장 (32%)
- 열망 → 준상류계층 라이프스타일
- 만족 → 중간계층 라이프스타일

노동계층 표적시장 (38%)
- 열망 → 중간계층 라이프스타일
- 만족 → 노동자계층 라이프스타일

준상류계층 라이프스타일 →

Levi's by Open Ceremony

준상류계층 제품 포지션

- 200~300달러 사이의 프리미엄 가격
- 트렌디, 엘리트 이미지
- 도시의 젊은 유행정착자를 초점
- Open Ceremony Boutiques에서 판매

중간계층 라이프스타일 →

Levi's 501 Original

중간계층 제품 포지션

- 40~60달러 사이의 중간가격
- 정품이미지
- 모든 연령의 남성에 초점
- Macy's와 같은 백화점에서 판매

노동자계층 라이프스타일 →

Signature by Levi's

노동자계층 제품 포지션

- 20달러 수준의 낮은 가격
- 가치이미지
- 가치를 원하는 가족에 초점
- Walmart와 같은 할인점에서 판매

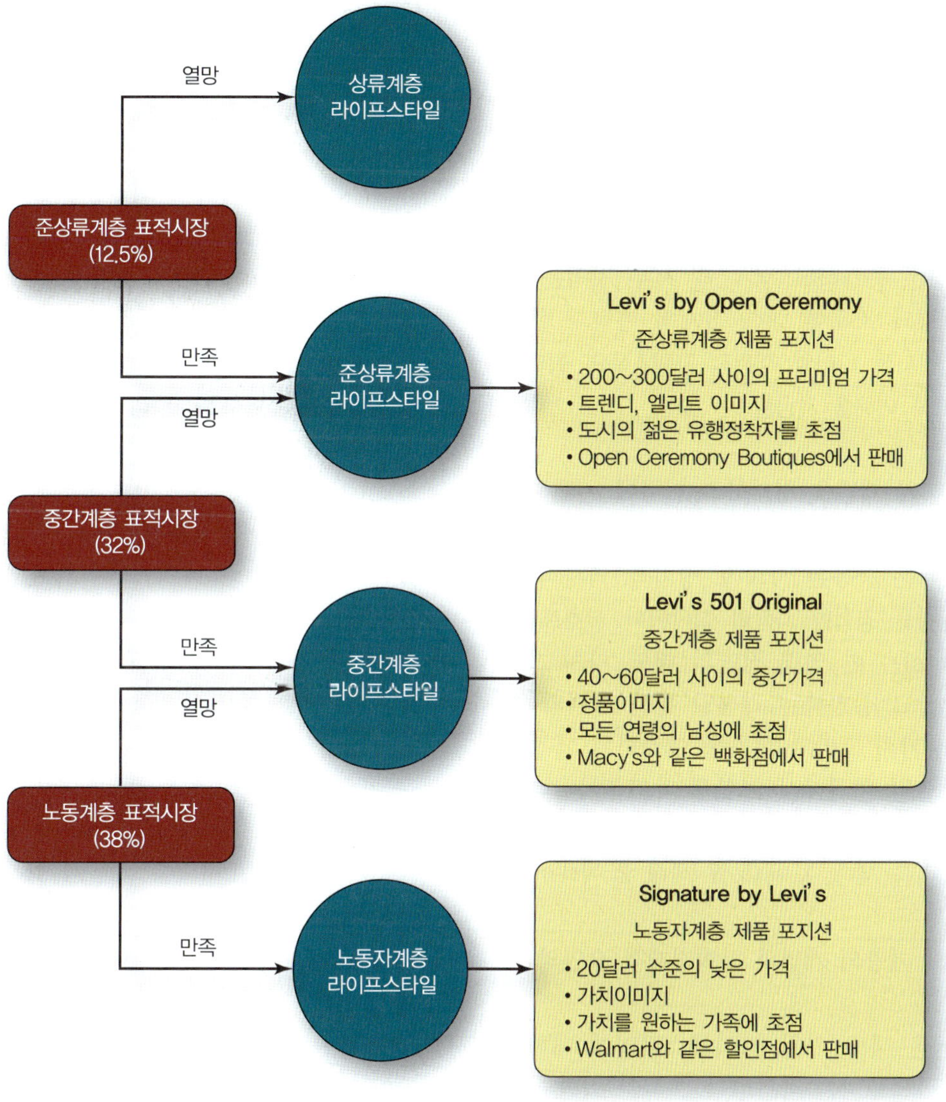

야기할 수 있다. 예를 들어, 많은 도시들이 고급브랜드 개발자와 고급 소매점을 유치해서 지역에 활력을 줌으로써 소위 말하는 도시 황폐화를 극복하려고 한다. 하나의 예가 Harlem인데, 여기에 많은 고급 부티크 샵들을 유치했으며, "신흥 흑인 중간계층" 사람들이 이 점포들을 많이 소유하였으며, 이는 Harlem의 매력을 높였다. 동시에 이 부티크는 전통적으로 "장기 하위계층 거주자"들을 상대로 했던 현지 점포들을 대체하였다.[99] 이러한 도시 부흥 노력이 갖는 사회적 의미는 무엇인가?

요약

학습목표 1: 인구통계적 특성이 소비자행동에 영향을 미치는 중요한 역할을 이해한다.
미국사회는 인구의 규모, 분포 그리고 구조를 포함한 인구통계로 어느 정도 설명될 수 있다. 인구 구조는 그 인구의 연령, 교육 그리고 직업 구성을 지칭한다. 인구통계는 정적이지 않다. 현재, 인구성장률은 중간수준이고, 평균연령은 증가하고, 남부 및 서부 지역은 성장하고 있다. 연령과 소득에 대한 실제적 측정과 함께 주관적 측정은 인지적 나이와 주관적 재량소득의 형태로 소비에 대한 추가적 이해를 제공할 수 있다.

학습목표 2: 세대의 개념을 정의하고 미국에 존재하는 세대를 논의한다.
연령층 혹은 세대는 공통된 사회적, 정치적, 역사적 그리고 경제적 환경을 경험한 사람의 집단이다. 코호트 분석(cohort analysis)은 한 연령 집단의 태도, 가치 그리고 행동을 서술하고 설명하는 과정일 뿐만 아니라 이들의 미래 태도, 가치 그리고 행동을 예측하는 과정이다. 여기에는 오늘날 미국에서 역할을 맞고 있는 다음과 같은 주요 여섯 세대가 있다: 대공황 이전 세대, 대공항 세대, 베이비붐 세대, X 세대, Y 세대, Z 세대이다.

학습목표 3: 사회 계층의 개념과 사회경제적 요인의 역할을 설명한다.
사회 계층 시스템은 태도, 가치, 라이프스타일에 대해서 한 사회를 상대적으로 지속적이고 동질적인 집단들로, 위계적으로 구분한 것으로 정의될 수 있다. 실제로 존재하는 것으로 보이는 것은 사회가 가치있게 여기는 다양한 차원, 또는 요인들을 반영하는 일련의 지위 연속체들이다. 교육, 소득 그리고 작게는 주거의 유형이 미국에서는 중요한 차원이다. 지위 구체화는 모든 관련된 지위 차원(예: 고소득 및 높은 교육 수준)의 일관성을 말한다.

학습목표 4: 미국의 주요 사회계층을 알아보고 논의한다.
미국에서 순수한 사회계층은 존재하지 않지만, 마케팅 관리자가 주요 사회계층의 전반적 특징들을 알고 이해하는 것은 유용하다. Coleman과 Rainwater의 시스템을 이용하여, 우리는 7개의 주요 범주를 기술하였다–최상류계층, 상류계층, 준상류계층, 중간계층, 노동자계층, 하류계층 그리고 극빈계층.

학습목표 5: 사회 계층은 어떻게 측정되는지를 이해한다.
사회계층을 측정하는 두 가지 기본적 접근방법이 있다: (1) 여러 가지 차원들의 결합을 이용하는 다항목 지수 혹은 (2) 단일 차원을 이용하는 단일항목지수. 다항목 지수는 개인의 전반적 계급이나 사회적 위치를 측정하도록 설계되었다.

학습목표 6: 마케팅 전략을 개발할 때 사회계층의 역할을 논의한다.
비록 사회 계층이 모든 제품이나 브랜드에서 제 역할을 할 수 없을 지라도, 많은 상황에서 분명히 적절하다. Levi's와 같은 브랜드가 사회계층을 나누는 도구로 사용될 수 있다. 하류 사회계층의 사람들을 표적으로 하는 것은 윤리적 의미를 가질 수 있고, 어떤 제품을 제공할 것인가와 이런 관점에서 어떤 행동을 취할 것인가가 조심스럽게 고려되어야 한다.

주요 용어

연령대(age cohort)
인지적 나이(cognitive age)
동세대 분석(cohort analysis)
과시적 소비 (conspicuous consumption)
소비자의 읽고 쓰기 능력 (consumer literacy)
인구통계(demographics)
디지털 능통(digital savvy)

세대(generation)
노인묘사학(gerontographics)
사회적 위치지수 (index of Social Position: ISP)
성숙시장(mature market)
다항목 지수(multi-item indexes)
신흥부자(nouveau riches)
단일항목 지수(single-item indexes)
사회계층 시스템 (social class system)
사회적 순위(societal rank)
지위 구체화(status crystallization)
주관적 재량소득(subjective discretionary income: SDI)
귀족노동자계층 (working-class aristocrats)

참고 문헌

1. This opener based on Understanding the Digital Savvy Consumer, *Scarborough Research*, 2008, www.scarborough.com.
2. See, e.g., M I. M. Rosa-Diaz, Price Knowledge, *Journal of Product and Brand Management* 13, no. 6 (2004), pp. 406—28; and L. Eagle, Commercial Media Literacy, *Journal of Advertising*, Summer 2007, pp. 101—110.
3. K. Dawidowska, Caffeine Overload, *American Demographics*, April 2002, p. 16.
4. D. Cohn and G. Livingston, U.S. Birth Rate Decline Linked to Recession, *Pew Social & Demographic Trends*, April 6, 2010, http://pewsocialtrends.org, accessed March 10, 2011; and U.S. Census figures.
5. U.S. Census Bureau, Population Division, Interim State Population Projections, April 21, 2005.
6. Poverty Thresholds by Size of Family Units: 1980—2008, *Income, Expenditures, Poverty, and Wealth* (Washington, DC: U.S. Census Bureau, 2011), Table 709.
7. Mean Earnings by Highest Degree Earned: 2008, *Education* (Washington, DC: U.S. Census Bureau, 2011), Table 228.
8. See, e.g., M. Mittila, H. Karjaluoto, and T. Pento, Internet Banking Adoption among Mature Consumers, *Journal of Services Marketing* 17, no. 5 (2003), pp. 514—28; and V. Mittal, W. A. Kamakura, and R. Govind, Geographic Patterns in Customer Service and Satisfaction, *Journal of Marketing*, July 2004, pp.48—62.
9. N. R. Adkins and J. L. Ozanne, The Low Literate Consumer, *Journal of Consumer Research*, June 2005, pp. 93—105. See also H. Jae and D. DelVecchio, Decision-Making by Low-Literacy Consumers in the Presence of Point-of-Purchase Information, *Journal of Consumer Affairs* 38, no. 2 (2004), pp. 342—54; and M. Viswanathan, Understanding the Influence of Literacy on Consumer Memory, *Journal of Consumer Psychology* 19 (2009), pp. 389—402.
10. S. Fulwood III, Americans Draw Fatter Paychecks, *(Eugene, OR) Register-Guard*, September 27, 1996, p. 1; and E. Kacapyr, Are You Middle Class? *American Demographics*, October 1996, pp. 31—35.
11. E. Saez, Striking It Richer: The Evolution of Top Incomes in the United States, *Pathways Magazine*, Stanford Center for the Study of Poverty and Inequality, Winter 2008, pp. 6—7; updates and data tables available at http://elsa.berkeley.edu/~saez.
12. D. Gross, The Latte Era Grinds Down, *Newsweek*, October 22, 2007, pp. 46—47.
13. N. Zmuda, Why the Bad Economy Has Been Good for Target, *Advertising Age*, October 4, 2010.
14. D. Gross, The Latte Era Grinds Down.
15. For an example, see F. J. Mulhern, J. D. Williams, and R. P. Leone, Variability of Brand Price Elasticities Across Retail Stores, *Journal of Retailing* 3 (1998), pp. 427—45.
16. Consumer confidence indexes also consider the subjective nature of spending and represent leading indicators of consumer spending. For a discussion, see M. J. Weiss, Inside Consumer Confidence Surveys, *American Demographics*, February 2003, pp. 22—29.
17. T. C. O Guinn and W. D. Wells, Subjective Discretionary Income, *Marketing Research*, March 1989, pp. 32—41; see also P. L. Wachtel and S. J. Blatt, Perceptions of Economic Needs and of Anticipated Future Income, *Journal of Economic Psychology*, September 1990, pp. 403—15; and J. R. Rossiter, Spending Power and the Subjective Discretionary Income (SDI) Scale, *Advances in Consumer Research*, vol. 22, ed. F. R. Kardes and M. Sujan (Provo, UT: Association for Consumer Research, 1995), pp.236—40.
18. P. L. Alreck, Consumer Age Role Norms, *Psychology & Marketing*, October 2000, pp. 891—909.
19. P. Henry, Modes of Thought That Vary Systematically with Both Social Class and Age, *Psychology & Marketing*, May 2000, pp. 421—40.
20. For example, see R. Gardyn, Shopping Attitudes by Life Stage, *American Demographics*, November 2002, p. 33; and D. M. Phillips and J. L. Stanton, Age-related Differences in Advertising, *Journal of Targeting, Measurement and Analysis for Marketing* 13, no. 1 (2004), pp. 7—20.
21. Resident Population Projections by Sex and Age: 2010 to 2050, *Statistical Abstract of the United States 2008* (Washington, DC: U.S. Bureau of the Census, 2008), Table 10.
22. P. Sloan and J. Neff, With Aging Boomers in Mind, P&G, Den-Mat Plan Launches, *Advertising Age*, April 13, 1998, p. 3
23. See K. P. Gwinner and N. Stephens, Testing the Implied Mediational Role of Cognitive Age, *Psychology & Marketing*, October 2001, pp. 1031—48; and A. Mathur and G. P. Moschis, Antecedents of Cognitive Age, *Psychology & Marketing*, December 2005, pp. 969—94.
24. S. Van Auken, T. E. Barry, and R. P. Bagozzi, A Cross-Country Construct Validation of Cognitive Age, *Journal of the Academy of Marketing Science*, Summer 2006, pp. 439—55.
25. See A. S. Wellner, Generational Divide, *American Demographics*,

October 2000, pp. 53—58.

26. A. Rindfleisch, Cohort Generational Influences on Consumer Socialization, in *Advances in Consumer Research*, vol. 21, ed. C. T. Allen and D. R. John (Provo, UT: Association for Consumer Research, 1994), pp. 470—76; and R. T. Rust and K. W. Y. Yeung, Tracking the Age Wave, *Advances in Consumer Research*, vol. 22, ed. Kardes and Sujan, pp. 680—85.

27. For a detailed treatment, see J. W. Smith and A. Clurman, *Rocking the Ages* (New York: Harper Business, 1997). See also Generations 2010 (Washington, D.C.: Pew Research Center, December 2010).

28. See N. Long, Broken Down by Age and Sex, *Journal of the Market Research Society*, April 1998, pp. 73—91; and G. P. Moschis, Life Stages of the Mature Market, *American Demographics*, September 1996, pp. 44—51.

29. L. L. Price, E. J. Arnould, and C. F. Curasi, Older Consumers Disposition of Special Possessions, *Journal of Consumer Research*, September 2000, p. 192.

30. See C. Yoon, Age Differences in Consumers Processing Strategies, *Journal of Consumer Research*, December 1997, pp. 329—40; S. Law, S. A. Hawkins, and F. I. M. Craik, Repetition-Induced Belief in the Elderly, *Journal of Consumer Research*, September 1998, pp. 91—107; G. P. Moschis, Consumer Behavior in Later Life, *Research in Consumer Behavior* 9 (2000), pp. 103—28; and G. P. Moschis, Marketing to Older Adults, *Journal of Consumer Marketing* 20, no. 6 (2003), pp.516—25.

31. P. Francese, The Exotic Travel Boom, *American Demographics*, June 2002, pp. 48—49; and Growing Old in America (Bethesda, MD: National Institute on Aging, 2007).

32. Generations 2010.

33. J. Schleimer, Active Adults Uncovered, *Builder*, February 2001, pp. 336—40.

34. J. B. Thomas and C. Peters, Exploring the Self-Concept, Lifestyles, and Apparel Consumption of Women over Age 65, *International Journal of Retailing & Distribution Management* 37, no. 12 (2009), pp. 1018—40.

35. M. J. Weiss, Great Expectations, *American Demographics*, May 2003, pp. 26—35.

36. Growing Old in America. See also C. Yoon, C. Cole, and M. P. Lee, Consumer Decision Making and Aging, *Journal of Consumer Psychology* 19 (2009), pp. 17—22.

37. See, e.g., R. G. Javalgi, E. G. Thomas, and S. R. Rao, Meeting the Needs of the Elderly in the Financial Services Market, *Journal of Professional Services Marketing* 2, no. 2 (2000), pp. 87—105.

38. Inheritance and Wealth Transfer to Baby Boomers (Westport, CT: MetLife Mature Market Institute, 2010).

39. J. Saranow, Online Deaccessioning, *The Wall Street Journal*, June 28, 2004, pp. B1—B2.

40. See, e.g., T. Reisenwitz and R. Iyer, A Comparison of Younger and Older Baby Boomers, *Journal of Consumer Marketing* 24, no. 4 (2007), pp. 202—13.

41. *Generations 2010*.

42. U.S. Baby Boomer Attitudes and Opportunities (Rockville, MD: Packaged Facts, June 2008).

43. J. Raymond, The Joy of Empty Nesting, *American Demographics*, May 2000, pp. 49—54; P. Francese, Big Spenders, *American Demographics*, September 2001, pp. 30—31; P. Francese, The Coming Boom in Second-Home Ownership, *American Demographics*, October 2001, pp. 26—27; S. Yin, More at Home on the Road, *American Demographics*, June 2003, pp. 26—27; and S. Yin, Full Speed Ahead, *American Demographics*, September 2003, pp. 20—21.

44. J. Raymond, Senior Living, *American Demographics*, November 2000, pp. 58—63.

45. See R. Gardyn, Retirement Redefined, *American Demographics*, November 2000, pp. 52—57; and H. Schau, M. C. Gilly, and M. Wolfinbarger, Consumer Identity Renaissance, *Journal of Consumer Research*, August 2009, pp. 25—276.

46. K. Greene, Marketing Surprise, *The Wall Street Journal*, April 6, 2004, pp. A1, 12.

47. H. Tootelian and S. B. Varshney, The Grandparent Consumer, *Journal of Consumer Marketing* 27, no. 1 (2010), pp. 57—63.

48. J. M. Kozar and M. L. Damhorst, Older Women s Responses to Current Fashion Models, Journal of Fashion Marketing and Management 21, no. 3 (2008), pp. 338—50.

49. Generational Market Research Bundle (Rockville, MD: Packaged Facts, 2008).

50. This insight is based on It s Good to Be Green, Focalyst Insight Report, December 2007, at www.focalyst.com, accessed March 10, 2011; How Well Do You Know Boomers? Focalyst Insight Report, April 2008, www.focalyst.com, accessed March 10, 2011; Generational Market Research Bundle (Rockville: Packaged Facts, December 2008); Yesterday, Today and Tomorrow, Focalyst Insight Report, February 2009, www.focalyst.com, accessed March 10, 2011; Mobile Access 2010, Pew Internet & American Life Project, July 7, 2010, http://pewinternet.org, accessed March 10, 2011; and Demographics of Internet Users, Pew Internet & American Life Project, 2010, http://pewinternet.org, accessed March 10, 2011.

51. Study of Media and Markets (Deerfield Beach, FL: Simmons Market Research Bureau, Fall 2005).

52. S. Chen, Women Marrying Men with Less Education, Income, CNN.com, accessed May 17, 2010.

53. Farther ALONG the X Axis, *American Demographics*, May 2004, pp. 20—24.

54. Family Households with Own Children Under 18 by Type of Family, 2000 and 2009, and by Age of Householder, 2009 (Washington, D.C.: U.S. Census Bureau, Statistical Abstract of the United States, 2011, Table 65).

55. Millennials, PewResearchCenter Social and Demographic Trends, February 24, 2010.

56. J. Halliday, Volvo Goes After Younger Buyers, *Advertising Age*, January 19, 2004, p. 12.

57. Facebook Targeting, *Affiliate Marketing Blog*, August 4, 2010, http://www.legacyaffiliateblog.com, accessed March 13, 2011.

58. Study of Media and Markets (Deerfield Beach, FL: Simmons Market Research Bureau, Fall 2007).

59. For a discussion of the consequences of this, see A. Rindfleisch, J. E. Burroughs, and F. Denton, Family Structure, Materialism, and Compulsive Consumption, *Journal of Consumer Research*, March 1997, pp. 312—25.

60. P. Paul, Getting Inside Gen Y, *American Demographics*, September 2001, pp. 43—49.

61. J. Napoli and M. T. Ewing, The Net Generation, *Journal of International Consumer Marketing* 13, no. 1 (2001), pp. 21—34.

62. Millennials.

63. C. Dougherty, For Many Adults, Marriage Can Wait, Census Shows, *The Wall Street Journal*, September 28, 2010.

64. R. J. Samuelson, The Real Generation Gap, Newsweek, March 15, 2010; and S. De Hauw and A. De Vos, Millennials Career Perspective and Psychological Contract Expectations, *Journal of Business and Psychology*, June 2010, pp. 293—303.

65. P. Paul, Echo Boomerang, *American Demographics*, June 2001, pp. 45—49, and A. Merrick, Gap s Greatest Generation? *The Wall Street Journal Online*, September 15, 2004, www.wsj.com.

66. S. Kang, Chasing Generation Y, *The Wall Street Journal*, September 1, 2006, p. A11.

67. C. Glyde, Shopping Music: How Stores Get You To Spend, *Marie Claire*, at www.marieclaire.com, accessed August 3, 2011.

68. Computed from U.S. Census data.

69. *Generations 2010*.

70. C. La Ferle, S. M. Edwards, and W. Lee, Teens Use of Traditional Media and the Internet, *Journal of Advertising Research*, May 2000, pp. 55—65; and H. Fattah and P. Paul, Gaming Gets Serious, *American Demographics*, May 2002, pp. 38—43.

71. A. Walliker, Generation Z Comes of Age, *Herald Sun*, February 25, 2008; L. Schmidt and P. Hawkins, Children of the Tech Revolution, *The Sydney Morning Herald*; and *Sparxoo 2010 Report: Generation Analysis* (Rochester, NY: Sparxoo, 2010).

72. Based on computations on data from the U.S. Census Bureau.

73. *Good Intentions* (New York, NY: Girl Scout Research Institute, 2009).

74. Generation Z Comes of Age.

75. Marketing to Tweens and Teens, *Research and Markets*, product brochure, at www.researchandmarkets.com, accessed March 10, 2011.

76. Teen Spending, *money-management-works.com*, accessed March 10, 2011.

77. N. Shepherdson, New Kids on the Lot, *American Demographics*, January 2000, p. 47.

78. P. Underhill, *Call of the Mall* (New York: Simon and Schuster, 2004), p. 160; see also D. L. Haytko and J. Baker, It s All at the Mall, *Journal of Retailing* 80 (2004), pp. 67—83.

79. *Generations 2010*; and *Sparxoo 2010 Report*.

80. J. Zegler, Gatorade Repositions from Sports Drink to Sports Performance, *Brand Packaging*, September 2010.

81. E. Holmes, Teen Stores Cater to the Ones with Money, *The Wall Street Journal*, September 23, 2009.

82. K. Labich, Class in America, *Fortune*, February 7, 1994, p. 114.

83. J. E. Fisher, Social Class and Consumer Behavior, in *Advances in Consumer Research*, vol. 14, ed. M. Wallendorf and P. Anderson (Provo, UT: Association for Consumer Research, 1987), pp. 492—96.

84. See R. P. Heath, The New Working Class, *American Demographics*, January 1998, pp. 51—55.

85. R. Coleman, The Continuing Significance of Social Class in Marketing, *Journal of Consumer Research*, December 1983, p. 265. For a recent discussion of social class in America, see J. Scottand D. Leonhardt, Shadowy Lines That Still Divide, *The New York Times*, May 15, 2005, www.nytimes.com, accessed May 28, 2008.

86. See Heath, The New Working Class. See also E. Sivadas, G. Mathew, and D. J. Curry, A Preliminary Examination of the Continuing Significance of Social Class to Marketing, *Journal of Consumer Marketing* 14, no. 6 (1997), pp. 463—79.

87. See A. M. Kerwin, Brands Pursue Old, New Money, *Advertising Age*, June 11, 2001, p. S1.

88. See, e.g., R. J. Samuelson, The End of Entitlement, *Newsweek*, May 26, 2008, p. 39.

89. See J. P. Dickson and D. L. MacLachlan, Social Distance and Shopping Behavior, *Journal of the Academy of Marketing Science*, Spring 1990, pp. 153—62.

90. See also D. Watson, In Search of the Poor, *Journal of Economic Psychology* 21 (2000), pp. 495—515.

91. P. Mergenhagen, What Can Minimum Wage Buy? *American Demographics*, January 1996, pp. 32—36.

92. H. Fattah, The Rising Tide, *American Demographics*, April 2001, pp. 48—53.

93. For a theoretical examination, see P. Henry, Hope, Hopelessness, and Coping, *Psychology & Marketing*, May 2004, pp.375—403.

94. Fattah, The Rising Tide.

95. R. H. Hill, D. L. Ramp, and L. Silver, The Rent-to-Own Industry and Pricing Disclosure Tactics, *Journal of Public Policy & Marketing*, Spring 1998, pp. 1—10.

96. C. Miller, The Have-Nots, Marketing News, August 1, 1994, p.2.

97. See A. B. Hollingshead, Elmstown s Youth (New York: Wiley, 1949); and W. L. Warner, M. Meeker, and K. Eels, *Social Class in America: A Manual of Procedure for the Measurement of Social Status* (Chicago: Science Research Associates, 1949).

98. E. Sivadas, G. Mathew, and D. J. Curry, A Preliminary Examination of the Continuing Significance of Social Class to Marketing; and T. G. Williams, Social Class Influences on Purchase Evaluation Criteria, *Journal of Consumer Marketing* 19, no. 3 (2002), pp. 249—76.

99. S. Zukin, New Retail Capital and Neighborhood Change, *City & Community*, March 2009, pp. 47—64.

Chapter Five

5 변화하는 미국사회: 하위문화

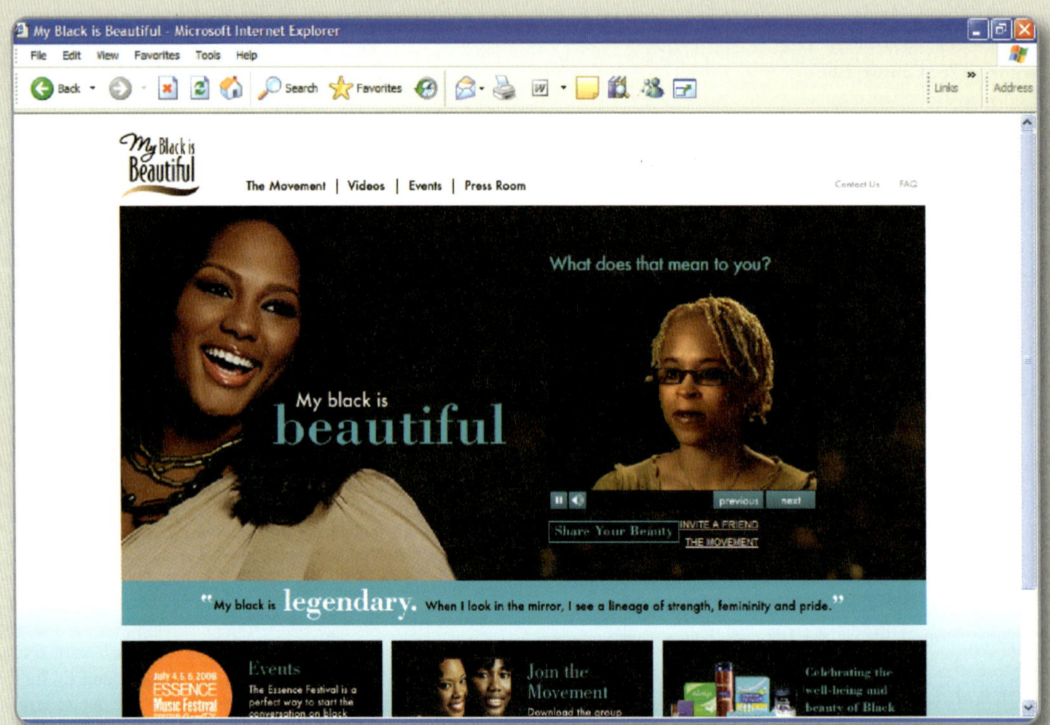

학습목표

LO1 하위문화와 하위문화가 독특한 시장 행동에 대해 미치는 영향을 이해한다.

LO2 아프리카계 미국인의 하위문화 및 이들의 독특한 마케팅 측면을 분석한다.

LO3 히스패닉계 하위문화와 이들의 독특한 마케팅 측면을 분석한다.

LO4 아시아계 미국인 하위문화 및 이들의 독특한 마케팅 측면을 분석한다.

LO5 미국토착민, 아시아-인도계 미국인, 아랍계 미국인의 하위문화 및 이들의 독특한 마케팅 측면을 분석한다.

LO6 다양한 종교적 하위문화와 이들의 마케팅적 의미를 설명한다.

LO7 하위문화로서 지리적 지역의 역할을 설명한다.

미국 인종적 하위문화들은 오늘날의 패션, 음악, 문화에서 지속적으로 선도적인 역할을 하고 있다.[1] 모두 미국인이지만, 특정의 인종적 하위 문화권에 있는 미국인들에게 있어서 가치, 문화유산 그리고 문화는 그들이 소위 말하는 미국의 주류와는 다른 방식으로 그들의 선택에 영향을 미친다. 예를 들어, 아프리카계 미국인들은 가족 전통을 반영하는 특정의 인종적 하위문화와 활동을 받아들이려는 경향이 강하다. 또한 인종적 특징이 있는 물품들을 취급하고, "나처럼 생긴" 사람들을 고용하여 그들의 문화유산을 확인하고 존중하는 소매업체들을 강하게 지지하려고 한다.

Proctor & Gamble은 My Black is Beautiful 이라는 캠페인을 통해, 흑인 여성들을 위한 공동 노력을 펼쳐왔다. 한 조사는 아프리카계 미국 여성들이 일반 여성들보다 미용제품에 3배 이상의 시간을 들이고, 그들 중 77%는 아프리카계 미국인들이 대중매체에서 어떻게 묘사되는지에 관심을 갖고 있다고 밝히고 있다.

P&G의 다문화마케팅부 부국장이며 이러한 노력의 창시자인 Najoh Tita-Reid는 이러한 캠페인의 동기를 다음과 같이 설명하고 있다:

> 이 캠페인은 P&G에서 흑인 여성의 개별적 미와 집단적 미를 축하하기 위해서 만든 계획이었다.
> 'My Black is Beautiful' 캠페인은 흑인 여성들이 대중문화에서 비춰지는 방식에 대해 긍정적 변화를 주기 위해 흑인여성에 의한, 흑인여성을 위한, 흑인여성에 대한 전국적인 논의를 시작하기 위해 계획된 운동이다. 'My Black is Beautiful'은 아프리카계 미국 여성들이 그들의 영혼을 그대로 반영하는 미의 기준을 정의하고 홍보하도록 용기를 북돋아줬다.

이 계획은 2007 BET(Black Entertainment Television)의 Pre-Awards Dinner에서 처음 시작되어, 발전되어 왔다. Pantene, Pro-V, Relaxed & Natural, Cover Girl Queen Collection과 같은 P&G의 브랜드들이 지원하는 계획의 주요 내용은 다음과 같다:

- 잡지 Essence에 흑인여성의 이미지, 미디어 그리고 생활 이슈와 관련 있는 개인일지와 토의 주제를 포함하는 12페이지짜리 기사형 광고.
- 진행 중인 계획에 대한 지속적인 정보뿐만 아니라 토론을 위한 포럼을 제공하는 웹사이트(www.myblackis-beautiful.com).
- 페이스북과 트위터와 같은 SNS에 게재
- 미국 여러 지역에서 'My Black is Beautiful' 순회 대담.
- 흑인여성의 건강과 교육 관련 지역사회에 기반을 둔 조직에 대한 지원금.
- BET에 패션과 건강과 같은 주제를 다루는 'My Black is Beautiful' 쇼 방영

이러한 계획이 흑인 여성들에게 단순히 제품을 제공하거나 광고에 흑인 여성을 모델로 사용하는 것 이상의 의미를 가지는가를 살펴보라. 'My Black is Beautiful' 캠페인은 P&G가 지원하고 가능하게 했던 풀뿌리 운동으로 설계되었지만, 캠페인의 추진세력은 전적으로 이 중요한 이슈를 중심으로 모인 미국전역의 크고 작은 흑인 여성 집단들에 의해 주도되고 있다.

앞 장에서, 우리는 미국의 인구통계적 변화들이 어떻게 마케터들에게 도전과 기회를 만들어주고 있는지에 대해 설명하였다. 미국 사회의 또 다른 매우 중요한 측면은 앞에서 언급했던 아프리카계 미국인 하위문화와 같은 수많은 하위문화들이다. 미국 사회는 수많은 하위문화들을 포함하고 있음에도 불구하고, 최근까지도 많은 마케터들은 미국 사회를 주로 서유럽 가치관에 기반을 둔 동질적인 문화로 생각해왔다. 미국에 대한 이러한 관점은 결코 정확하지 않으며, 오늘날에는 더욱 그러하다. 그 이유는 비유럽이민자들, 출산율의 차이, 증가한 민족적 일체감이 미국 사회의 이질적 특성을 두드러지게 만들었기 때문이다.

인종적, 민족적, 국가적, 종교적, 지역적 집단이나 하위문화들의 집합체들이 현재의 미국 사회를 특정짓는다. 이러한 하위문화들은 각기 다른 비율로 증가하고 있으며, 그들 자신도 변화를 겪고 있다. 이 장에서 미국의 중요한 하위문화를 설명한다. 또한 동질적인 사회보다는 이질적인 사회에 대한 마케팅 전략적 의미를 강조한다.

5.1 하위문화의 속성

LO1 **하위문화**(subculture)란 구성원이 구별되는 가치와 행동패턴을 공유하는 더 큰 문화의 한 부분이다. 하위문화 집단 구성원들이 공유하는 독특한 가치와 행동패턴은 집단의 사회적 역사뿐만 아니라 현재의 상황을 기반으로 하고 있다. 또한 하위문화 구성원들은 그들이 살고 있는 더 큰 문화의 일부이기도 하며, 일반적으로 그들은 대부분의 행동과 신념들을 핵심문화로 공유하고 있다. <그림 5-1>에서 제시된 것처럼, 개인이 하위문화의 독특한 방식으로 행동하는 정도는 개인이 그 하위문화와 얼마나 동일시하는가에 달려 있다.

미국은 전통적으로 용광로나 수프그릇으로 비유되어 왔다. 다양한 나라에서 미국으로 온 이민자들은 빠르게(최소한 2세대까지) 그들이 오랫동안 사용했던 언어, 가치, 행동, 심지어는 종교까지도 포기하였다. 대신 그 자리에, 주로 서유럽, 특히 영국의 특징이 약간 변형된 미국적 특징을 습득하였다. 기본적인 미국문화는 너무 방대해서 새 이민자들이 미국문화의 혼합적인 특징을 두드러지게 변화시킬 수 없었을 정도이다. 비록 이는 대부분의 서유럽 이민자들에게는 유사한 경험이지만, 이것은 아프리카계, 히스패닉계, 아시아계, 아랍계 이민자들에게 꼭 그렇지 않다. 그렇다고 토착미국인(아메리카 인디언)의 경험을 정확하게 기술하지도 않는다.

그림 5-1 하위문화를 이용한 독특한 시장 행동의 파악

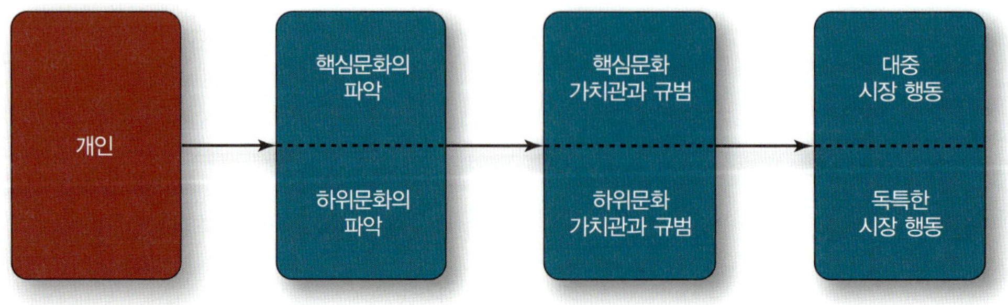

사진 5-1

서로 다른 인종 시장의 요구를 충족시키기 위해서 광고를 변경하는 것이 종종 중요하다.

아마도 오늘날 미국은 용광로나 수프그릇보다는 샐러드로 표현되는 것이 더 나을 것이다. 만약 적은 양의 새로운 재료가 수프에 추가 되면, 재료의 정체성을 완전히 잃어버리고 수프의 전체적인 맛에 섞여 버릴 것이다. 그러나 샐러드에서, 각 재료들은 자신의 독특한 실체를 보유하면서 전체 샐러드에 색상과 맛을 추가하게 된다. 샐러드 그릇 비유에서 조차도 많은 양의 샐러드 드레싱을 첨가해야 하는데, 이는 핵심 미국 문화를 나타내고 다양한 하위문화 집단들을 응집력있는 사회로 혼합해준다.

인종적 집단이 가장 일반적으로 설명되는 하위문화이지만, 종교와 지리적 지역도 미국에서 강한 하위문화의 근간이기도 하다. 앞 장에서 언급되었던 세대도 하위문화와 같은 기능을 한다. 따라서 우리는 모두 다양한 하위문화들의 구성원들이다. 각 하위문화들은 라이프스타일의 다양한 측면에 영향을 줄 수 있다. 신제품이나 수입제품에 대한 우리의 태도는 지역적 하위문화, 세대 하위문화에 의한 음악적 취향, 인종적 하위문화와 관련된 음식 선호 그리고 종교적 하위문화에 의한 술 소비에 의해 강한 영향을 받을 수 있다. 종종 이러한 하위문화는 <사진 5-1>에서 보는 것처럼 마케터가 마케팅 믹스의 하나 혹은 그 이상의 측면을 조정해야할 필요를 느끼게 한다.

어느 하위문화가 특정 제품에 대한 행동을 결정하는 중요한 결정요인 인지를 확인하는 것은 마케팅 관리자의 핵심적 과제이다. 다음 절에서, 미국의 주요 인종적, 종교적 그리고 지역적 하위문화들을 설명할 것이다. 우리가 이러한 하위문화들의 일반적인 특성들을 설명하겠지만, 각 하위문화 내에서 상당한 차이가 존재한다는 것이 강조되어야 한다. 이 장의 초점은 미국이지만, 모든 나라들은 마케터가 고려해야 할 다양한 종류의 하위문화들을 가지고 있다.

5.2 인종적 하위문화

인종적 하위문화(ethnic subcultures)란 넓은 의미에서 공통된 인종적, 언어적 혹은 국가적 배경을 근거로 구성원들의 독특하면서 공유되는 행동들이라고 정의할 수 있다. 이 장에서는 주요 인종적 하위문화들을 개별적으로 분리하여 설명할 것이다. 그러나 하나 이상의 인종적 집단으로 파악되는 미국인들이 많다. 백인, 흑인 그리고 인디언 아메리칸의 혼혈인 Ramona Douglas는 자신의 감정을 다음과 같이 표현했다:

> 흑인은 어떻고, 백인은 또 어떻고 그리고 아시아인은 어떻다고 하는 가정이 있다. 그렇다면, 다인종 가족은 어떤가? 나는 세상물정에 밝은 흑인이 나오는 McDonald's 광고를 별로 높게 평가하지 않는다. 그건 내가 아니고, 그것은 나의 성장과정도 아니다. 많은 마케팅 캠페인들이 단일인종 사회라는 고정 관념에 기초하고 있다.[2]

우리는 다인종집단에 대한 연구가 더 깊은 이해를 가능하게 할 것이라고 생각하면서, 그를 위한 하나의 출발점으로서 주요 인종적 하위문화의 일반적인 특징들을 설명한다.[3] <그림 5-2>는 미국의 주요 인종적 집단들의 현재 및 향후 규모들을 보여준다. 이 표가 분명히 보여주듯이, 미국 인구에서 비유럽계 인종적 집단들이 2010년의 38%에서 2030년의 47%로 상당히 큰 부분을 차지하고 있으며, 계속해서 성장하고 있다. 그러나 표가 보여주는 구성비율은 특정 지역에 대한 이러한 인종적 집단의 중요성을 과소평가하고 있기도 하다.[4] 예를 들면, 히스패닉은 Arizona, California, Florida, New Mexico 그리고 Texas 주에서 가장 큰 인구 집단이다; 아시아계 미국인들은 Honolulu에서 가장 큰 집단이다; 또한 아프리카계 미국인들은 북서쪽과 서중부의 도심지역과 남쪽에서 가장 많은 수를 차지하고 있다. 반면, Maine, Vermont, West Virginia와 같은 주에서는 90%이상이 백인들이다.

그림 5-2 미국의 주요 인종적 하위문화 2010-2030

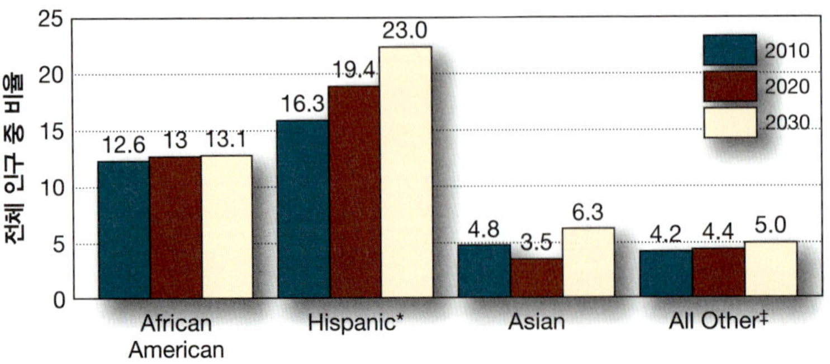

* 남미 모든 국가 포함.
‡ 아메리칸 인디안, 알래스카 원주민, 하와이안 원주민, 태평양 원주민, 그리고 둘 혹은 그 이상 종족 포함.

Source: "Table 1a. Projected Population of the United States, by Race and Hispanic Origin: 2000 to 2050," *U.S. Interim Projections by Age, Sex, Race, and Hispanic Origin* (Washington, DC: U.S. Bureau of the Census, 2004).

비유럽계 집단의 비율이 상대적으로 매우 빠르게 증가하고 있는 것은 이러한 집단의 높은 출생률과 상당수의 이민 때문이다. 이민은 지난 몇 십 년간 미국 인구 증가의 1/3을 넘는 원인이 되어 왔다. 대략 매년 100만 명의 합법적인 이민자가 이주해 왔다. 2009년 현재 이러한 이민자들의 구성은 다음과 같다(시간이 흐르면서 비율은 상대적으로 안정되어 왔다).[5]

Latin America	40.8%
Asia	36.5
Africa	11.2
Europe	9.3

인종적 이민자의 유입은 인종적 하위문화의 규모를 증가시켰을 뿐만 아니라, 이 집단의 가족 문화로부터 얻어진 독특한 행동과 태도를 강화해왔다. 다음 절에서 주요 인종적 하위문화들에 대해서 설명할 것이다. 모든 하위문화들은 매우 다양해서 일반적인 설명은 모든 구성원들한테 적용될 수는 없다는 것을 기억해야한다.

비록 인종적으로 물려받은 것이 영속적인 특징이 있지만, 그것의 영향력은 상황적이다. 즉, 한 사람의 소비가 인종에 의해서 영향을 받는 정도는 그가 누구하고 함께 있고, 그가 어디에 있으며 그리고 다른 물리적 및 사회적 단서와 같은 요인들에 달려있다.[6] 따라서, 어떤 민족성은 회의가 진행되는 동안의 간단한 점심식사 결정에는 영향을 주지 못하기도 하고, 가족의 저녁식사를 위헤 무엇을 준비해야 하는가에 관한 의사결정에서는 큰 역할을 하기도 한다.

또한, 민족성은 개인의 행동에 영향을 미치는 한 요소일 뿐이다. 앞 장에서 보았듯이, 인구통계적 요소들도 또 하나의 역할을 한다. 예를 들어, 일년에 9만 달러를 버는 45세의 흑인 의사와 같은 소득을 가진 45세의 백인 의사는 같은 인종의 저소득 서비스 근로자들보다 일반적으로 더 많은 공통된 소비 행동을 보일 것이다. 아래에서 보는 바와 같이, 다양한 인종적 집단들은 뚜렷한 인구통계적 프로필을 가지고 있다.[7] 따라서, 인종적 집단들 간의 소비 차이들이 그들만의 민족성에 의해 발생된다고 가정을 하는데 조심해야 한다. 이러한 차이들은 소득과 같은 인구통계적 변수들을 고정시켰을 때 종종 사라진다.

	백인	흑인	히스패닉	아시안
평균 나이 (2015)	39	33	28	38
고등학생 이상 (25세 이상)	87%	84%	62%	88%
학사 이상 (25세 이상)	30%	19%	13%	52%
18세 미만 자녀	47%	61%	71%	51%
성장률 (2010–2030)	16%	22%	73%	64%
평균가계소득	$52,312	$34,218	$37,913	$65,637

<표 5-1>을 살펴보면 이러한 차이 중 어떠한 것이 주로 민족성이나 인종에 의해서 야기되고, 어떤 것이 다른 요소들에 의해 발생되는가?

현명한 마케터들은 증가된 인종적 다양성에 의해 만들어진 기회를 적극적으로 활용하려고 한다. 그러나 다양한 인종적 집단을 표적으로 하는 성공적인 마케팅 캠페인은 각 집

단들의 태도와 가치에 대한 철저한 이해를 기반으로 해야 하는데, 그것은 다음에 논의하기로 하자.

5.3 아프리카계 미국인

아프리카계 미국인들, 또는 흑인들(조사는 아프리카계 미국인들에서 두 용어 중 어느 것에 대하여 분명한 선호가 있다는 것을 나타내지 않는다)[8]은 미국 인구의 13%를 구성하고 있다. 남부와 남부 외곽의 주요 대도시에 집중적으로 모여 있는 아프리카계 미국인들은 백인 인구보다 평균적으로 젊고, 교육은 덜 받고 저소득가구인 경향이 있다. 그러나 이 시장의 다양성을 고려할 때, 교육 및 소득 관점에서 마케터가 이 집단의 다양한 구성원들을 표적으로 하는 기회가 존재한다. 예를 들어 흑인가정의 1/3은 5만 달러이상의 소득을 갖고 있고, 약 10%는 100만 달러 이상의 소득을 갖고 있다.[9] 또한, 아프리카계 미국인들은 9억1천만 달러의 구매력을 보이고 있으며, 이는 2014년까지 25% 정도 증가할 것으로 예측되는데, 이 비율은 백인시장의 성장보다 더 높은 것이다.[10] 따라서, 마케터들이 이 집단에 매우 큰 관심을 가지는 것은 놀랄 일이 아니다. 최근에 BMW는 FoxxHole Satellite Radio Channel의 자동차 파트너가 되기 위해서 Sirius 및 XM라디오의 "도시형 채널(urban format channel)"과 코미디언 Jamie Foxx와 합류하였다. 이 캠페인은 Foxx와 다른

표 5-1 인종적 하위문화와 소비

	백인	흑인	히스패닉
제품			
커피	107	67	94
다이어트 콜라	108	62	83
바비큐용 숯	88	171	128
전기밥통	90	78	135
활동			
조류 관찰	114	41	58
자동차 경주	95	81	118
축구	92	63	259
CD/테이프 클럽 멤버십	88	189	144
쇼핑			
Payless Shoes	79	228	259
Talbots	110	53	23
Starbucks	100	56	127
Red Lobster	94	145	82
매체			
Cosmopolitan	94	93	129
GQ	64	283	111
Field and Stream	111	60	50
MTV	91	133	119

주: 100 = 사용, 구매, 혹은 소비의 평균 수준.
Source: *SMRB*, 2006.

DJ들에 의해 대본없이 방송될 것이고, 음악과 코미디를 통해서 아프리카계 미국인 시장을 표적으로 하도록 설계되었다. 이 파트너십은 BMW가 현재 BMW고객의 4.5%를 차지하는 아프리카계 미국인을 더 직접적으로 표적할 수 있도록 도와준다. BMW의 마케팅 부회장에 의하면:

> 이 파트너십은 BMW가 자기 회사차의 가치를 인정하는 코미디언이 출연하는 위성 라디오에서 자기 브랜드를 프로모션할 수 있도록 해준다. 내가 Jamie를 좋아하는 것은 그가 BMW의 열성팬이라는 것이다. 그는 BMW를 소유하고 있다.

1. 소비자집단과 특성

아프리카계 미국인들을 단일 세분시장으로 취급하는 것은 잘못이다. 13-74세의 아프리카계 미국인 3,400명에 관한 최근 연구는 11개의 다른 세분시장이 있음을 알아냈다. <표 5-2>에서 보듯이 이 세분시장들은 인구통계, 라이프스타일 그리고 테크놀로지 사용을 포함한 많은 요소들에서 이 집단의 다양성을 보여준다.[11]

<표 5-2>에서 제시된 다양성을 고려할 때, 아프리카계 미국인을 단일 시장으로 표적하는 마케팅 전략들은 실패할 가능성이 높다.

2. 매체 사용

아프리카계 미국인들은 백인들보다 대중 매체를 더 많이 이용하고, 다른 선호를 가지고 있고 그리고 백인들보다 대중 매체 광고에 의해 더 많은 영향을 받는다.[12] 그들은 보편적인 매체를 이용하지만, 아래와 같은 상위 잡지들 관점에서 보듯이, 아프리카계 미국인 문화를 구체적으로 겨냥한 매체를 원한다.

흑인 남성의 상위 5대 잡지	흑인 여성의 상위 5대 잡지
1. *Jet*	1. *Ebony*
2. *Ebony*	2. *Jet*
3. *Sports Illustrated*	3. *Essence*
4. *Vibe*	4. *O, The Oprah Magazine*
5. *Time*	5. *People Magazine*

Source: Simmons Market Research Bureau, *Spring 2007 National Consumer Survey.*

흑인과 백인이 보는 TV 프로그램의 종류는 지난 몇 십년간 어느 정도 유사해지고 있다는 증거도 있다. 그러나 잡지와 마찬가지로, 아프리카계 미국인을 주제로 하고, 그들의 관심사 그리고 그들의 이슈를 다룬 쇼와 관련된 TV 시청에서 차이가 있다. BET(Black Entertainment Television)에서 일한 적이 있는 자동차 산업 광고담당자의 아래 말을 보자:

표 5-2 Yankelovich에 의한 아프리카계 미국인 세분시장

New Middle class(5%) – 젊고(25-44세), 높은 교육 및 소득 수준(4명중 1명은 10만 달러 이상), 대부분 교외거주, 테크놀로지 자주 사용(주당 55시간이상 인터넷 사용), 미래에 대해서 긍정적, 자칭 흑인, '흑인 속어'는 피해야한다고 느낀다.
Broadcast Blacks(17%) – 중년(3명중 2명이 44세 이상), 여성, 최저소득(71%가 25,000달러 미만), 도시거주, 편부모, 테크놀로지 최저 사용(4%가 온라인이용), 자신만만, 독립적, 가치 교육, 자칭 아프리카계 미국인, '흑인 속어'는 피해야 한다고 느끼고, '흑인 고유의 것 구매(Buying Black)"를 강력히 지지.
Black is Better(11%) – 중년(35-44세), 상위중간소득, 도시거주, 편부모, 자신만만하고 긍정적, 아프리카계 미국인으로 자기동일성, 신앙, 경력 그리고 가족에 대한 강한 강조. 자신의 인종사람들과 함께 하는 것을 선호, 옷 구입에 대한 지나친 낭비자.
Black Onliners(7%) – 젊고(18-24세),남성, 중간/상류 소득, 브랜드 의식적, 자신의 인종사람들과 함께하는 것에 상당한 중요성을 부여, 업무, 가족, 공부 그리고 흑인세계와 백인세계에 양다리걸치기에 대한 심한 스트레스, 블로그와 IM과 같은 테크놀로지의 빈번한 사용자
Digital Networkers(7%) – 젊고(10대와 20대 초반), 학생이거나 직장초년생, 미혼, 교외거주, 중간/상류 소득, SNS와 IM을 포함한 테크놀로지 빈번 사용자, 흑인유대에 덜 관여, 덜 자신만만한 태도, 덜 종교적, 온라인 쇼핑 선호.
Connected Black Teens(12%) – 집에서 거주하는 10대, 과반수 이상이 편부모 밑에서 성장, 흑인 매체 수용, 테크놀로지에 능숙, 브랜드 의식적이고 그들 문화에 인기있는 브랜드를 원함, 음악 중심적, 긍정적 인생 태도, 노인 존경, 같은 인종 사람들끼리 상호교류에만 초점을 두지 않음.
Boomer Blacks(6%) – 장년층(평균52세), 상위중간 계층, 온라인의 빈번한 사용(90%), 흑인 광고를 선호, 종교적, 기관에 대한 높은 불신 및 편견에 대한 높은 인지, 자신의 인종들과 함께 하는 것을 선호, '흑인고유의 것 구매"를 강력히 지지.
Faith Fulfills(10%) – 35세 이상의 여성, 부모, 기혼, 신앙심이 높고, 종교단체와 비영리단체의 지원봉사자로 많은 시간 투자, 상위중간계층, 미래에 대한 긍정적 태도, 흑인이라는 것을 숨겨야한다고 느끼지 않음, 인터넷을 이용하지만 테크놀로지에 능숙하지는 않음.
Sick and Stressed(8%) – 45-65세, 남성, 교외, 부모, 하위중간 소득(40%가 25,000 달러 이하), 덜 낙관적, 건강 및 금융에 대한 스트레스, 건강한 라이프스타일을 거의 누리지 못하고 건강보험도 별로 갖고 있지 않음.
Family Struggles(10%) – 광범위한 연령 집단, 대부분 여성, 부모, 낮은 소득상태(절반이 25,000달러미만), 과대한 TV 시청, 대부분 온라인 이용자 이지만 가끔 사용, 같은 인종사람과 의 지나친 유대, 낮은 빈도의 SNS 사용, 브랜드 의식적이지 않고 가격 중시.
Stretched Black Straddlers(7%) – 젊은층(18-34), 여성, 중간소득, 미혼, 인종 차별에 가장 많이 노출, 흑인으로서 자기동일성, 다른 인종보다 흑인인종과 같이 있을 때 다르게 행동, 업무, 가족, 금전, 새로운 테크놀로지에 대한 높은 스트레스.

자료원: Black America Today study(Radio One and Yankelovich, 2008)

> 우리는 15년 동안 BET와 일했다. 특별히 아프리카계 미국인 오디언스를 표적으로 하는 TV 매체들이 거의 없다. BET는 단연코 이를 위한 대표적인 매체이다. 우리가 BET를 좋아하는 이유는 BET는 지속적으로 프로그램을 발전시키고 다양화시키기 때문이다. 아프리카계 미국인 시장은 사람들이 생각하는 것과는 달리 실제로는 거대한 동질적 시장이 아니다. 그 시장에는 많은 다양성들이 있다. BET의 현재 프로그램들은 노년층, 젊은층 그리고 그 사이의 모든 연령층에게 소구한다.[13]

비록 역사적으로 아프리카계 미국인들이 컴퓨터 소유와 인터넷 사용 측면에서 전체 인구보다 뒤쳐져 왔음에도 불구하고, 인터넷 사용은 상승세에 있으며, 광대역 접속과 같은 일부 온라인 차원에서, 아프리카계 미국인들은 평균적인 미국인을 앞지르고 있다. 최근의 한 추정치에 의하면, 아프리카계 미국인 성인의 71%가 온라인을 사용하며, 이는 전체수치인 약 79% 보다는 낮은 수치이기는 하다. 그러나 교육과 같은 요소들이 중요한 역할을 하는데, 흑인 대학 졸업자들은 93%로 가장 높은 인터넷 사용률을 보였다.[14] 또한, 아프리카

계 미국인의 웹 이용자들은:[15]

- 일반 인구들(2.3시간)과 비교해 봤을 때 하루에 더 많은 시간(4.4시간)을 웹서핑에 사용한다.
- 일반 인구들보다 일반뉴스, 건강, 금융 그리고 스포츠와 같은 수많은 범주의 뉴스와 정보를 얻기 위해서 웹에 더 많이 접근하려고 한다.
- 뉴스와 정보에 대한 흑인들의 관점을 선호한다.

NetNoir (www.nctnoir.nct)이나 AOL' s BlackVoices (www.blackvoices.com)와 같은 흑인 중심의 사이트들이 IBM, HewlettPackard, Wells Fargo, Walt Disney, McDonald' s와 같은 광고주들을 유치하는 것이 놀라운 일이 아니다. BlackPlanet.com은 현재 아프리카계 미국인들을 위한 가장 큰 온라인 커뮤니티이다. 이 사이트는 흑인의 관점에서 뉴스, 연예, 취업정보를 다루는 것을 특징으로 하고 있다.

끝으로, 아프리카계 미국인이 백인보다 모바일 기기를 이용해서 문자 보내기, Twitter, 이메일, IM 등에서 다양한 활동을 더 많이 하고 있다.[16] 아프리카계 미국인에 대한 마케팅 노력을 하기 위해서 소셜네트웍 접근방법을 활용하는 P&G와 같은 기업들은 분명히 이러한 트렌드에 친숙하다.

3. 아프리카계 미국인에 대한 마케팅

아프리카계 미국인에 대한 마케팅은 다른 집단에 대한 마케팅과 같이 동일한 원리에 기초하고 있다. 비록 종종 일반적 시장 접근방법이 적절할 수 있을지 모르지만, <표 5-2>에서 파악된 독특한 세분시장의 요구조건을 충족시키기 위한 적응이 필요할 수 있다. 전반적으로 일반화(종종 고정관념으로 보기도 함)는 조심스럽게 사용하는 것이 중요하다. 아프리카계 미국인의 컨설팅 기업인 Hunter-Miller Group의 회장인 Pepper Miller의 다음과 같은 주장을 생각해보자:

> 흑인 X세대들은 가장 훌륭한 마케팅 및 라이프스타일 현상의 하나인 Hiphop 문화를 탄생시켰다. 그러나 모든 아프리카계 미국인 X세대가 힙합을 추는 사람(Hip Hopper)은 아니다. 아직도 아프리카계 미국인 X세대 시장을 표적으로 하는 마케팅 커뮤니케이션은 Hip Hop의 랩문화에 대한 전형적이고 종종 고정관념적 이미지를 계속해서 나타내고 있다.[17]

제품 아프리카계 미국인들은 백인 미국인들과 다른 피부색과 머리카락을 가지고 있다. 백인 소비자들을 위해 개발된 화장품과 비슷한 종류의 제품들은 흑인 소비자들에게 적합하지 않다. 주요 기업들이 이러한 사실을 알고 있기 때문에 아프리카계 미국인들이 화장품, 헤어케어, 스킨케어를 포함한 개인 건강관리 제품이나 서비스에 매년 지출하는 620만 달러 규모 시장에서 공격적인 경쟁을 하고 있다. L' Oréal은 이 시장의 여성들을 특별히 서비스하기 위해서 SoftSheenCarson 부서를 만들었다. Walgreens나 Target과 같은 소매점을

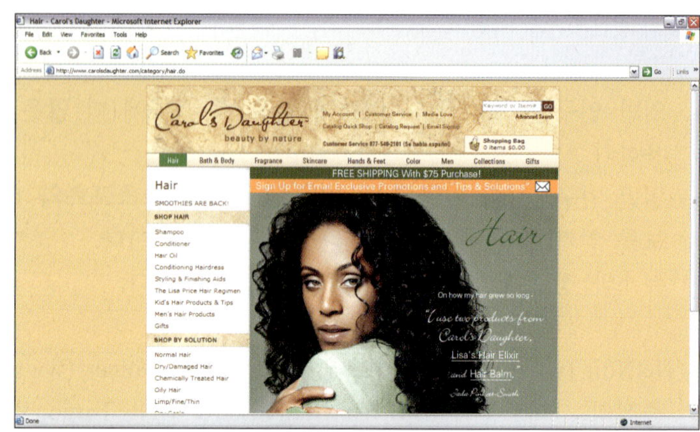

사진 5-2

아프리카계 미국인 소비자들은 다른 인종보다 독특하면서도 공유된 욕구를 갖고 있다.

통해 판매되는 화장품 라인인 Iman's는 유사하게 이러한 시장을 표적으로 하고 있다(www.i-iman.com). <사진 5-2>는 아프리카계 미국인 시장의 독특한 욕구를 위해 특별히 설계된 제품에 대한 인쇄 광고물과(왼쪽), 모든 인종 집단들의 욕구를 충족시켜 주지만 아프리카계 미국인에게 촉진되도록 설계된 제품의 또 다른 인쇄 광고물(오른쪽)을 보여준다.

많은 기업들이 명확히 아프리카계 미국인들을 표적으로 해서 자사 제품들을 변경할 만한 가치가 있다는 것을 발견하였다. 몇몇 사례들은 다음과 같다:[18]

- Hallmark는 흑인 캐릭터와 속담이 담긴 연하장 제품라인인 Mahogany를 가지고 있다.
- Barbie는 아프리카계 미국인 인형을 제공한다.
- GM은 특별히 아프리카계 미국인을 위해 Escalade와 기타 모델들을 개발 해왔다.

커뮤니케이션 어떠한 소수민족 집단과 커뮤니케이션할 때 겪는 공통된 실수는 그 집단 사람들이 겉모습의 차이만 빼고는 더 큰 문화와 같다고 가정하는 것이다. 이러한 것들을 인식하지 못하는 실수 때문에 때때로 스크립트, 언어, 설정 혹은 문화적으로 적합한 상징의 변경도 없이, 단순히 기업의 표준 광고를 흑인 매체에 집행하고, 백인 모델을 흑인 모델로 교체해서 아프리카계 미국인들을 표적으로 하는 잘못된 광고를 만들게 된다.[19] Jaguar는 이런 관점에서 다음과 같은 긍정적인 예를 제공한다. 부유한 아프리카계 미국인에 대한 DM(Direct Mail) 캠페인은 (a) 배우의 인종을 흑인 부부로 변경하고, (b) 부인이 외과의사이고 남편은 조각가로서 긍정적인 직업 이미지를 보여주고, (c) 이들이 역사적으로 흑인문화와 음악의 메카인 Harlem에 살았다는 역사적으로 중요한 문화적 상징을 도출하고, (d) "당신이 현재의 여기에 있다는 것이 행운이 아니다"라는 표어로 긍정적인 업무관련 주제를 투영하였다. 흑인 배우와 Harlem이라는 캠페인의 일부 측면들이 얼마나 아프리카계 미국인 커뮤니티 특유의 것인지, 반면에 전문가 직업 경력과 "열심히 일한다"는 주제와 같은 다른 측면들이 더 많은 미국인 소비자에 효과적인가에 관심을 가질 필요가 있다.

아프리카계 미국인을 표적으로 하는 메시지가 다른 집단을 표적으로 하는 메시지와 어느 정도 다를 필요가 있는가는 상황에 따라 변한다. 예를 들어, 종종 광고주들은 단순히 광고 모델의 인종을 바꿀 수 있고, 아마도 그 제품이 아프리카계 미국인들의 욕구에 적합하다는 것을 알리는데 도움을 줄 수 있도록 소비 상황을 바꿀 수도 있다. 이것은 제품, 소구, 적합한 언어가 흑인 대상 시장과 표적하려고 하는 다른 집단들이 동일할 때 작용한다. <사진 5-2>의 왼쪽 광고는 이러한 접근의 좋은 예이다. <사진 5-2>의 오른쪽 광고의 경우처럼 다른 경우에는, 어떻게 이 제품에서 아프리카계 미국인들의 구체적 욕구를 충족시키도록 설계되었는지 더욱 구체적인 변화를 커뮤니케이션할 필요가 있다. 이 광고가 소구하려고 하는 것은 매력에 대한 열망이다. 비록 이 제품은 흑인 여성들만의 독특한 치장 욕구에 맞춰서 설계되었지만 매력에 대한 열망은 백인과 흑인 모두 마찬가지이다. 일반적으로, 광고모델로 흑인 배우와 흑인 대변인을 사용하는 것은 중요하다.[20] 이것은 화장품과 같이 특히 인종적으로 관련성이 높은 제품과 강한 인종적 정체성을 갖는 제품의 경우에 해당된다.[21] <사진 5-2>의 광고들은 흑인 매체와 흑인 청취자를 많이 가지고 있는 일반 매체 모두에 효과적으로 집행될 수 있다.

아프리카계 미국인들과 다른 소수민족 집단들과 커뮤니케이션하기 위한 또 다른 방법은 **이벤트 마케팅(event marketing)**인데, 이는 세분시장에 특별하게 소구하는 이벤트를 만들거나 후원하는 것을 말한다. 예를 들어, 교회는 많은 아프리카계 미국인들의 삶에 큰 힘을 발휘한다. 흑인 기독교인들에게 접근하기 위해, Chrysler는 2006년 Patti Labelle의 "Patti와 함께 하는 가스펠(The Gospel According to Patti)" 콘서트 투어를 후원했다. 협찬의 일부로서, Chrysler는 콘서트 전에 시운전을 기회를 제공했고 시운전 마다 5달러씩 LaBelle가 선택한 자선 단체인 펜실베이니아 대학의 Abramson 암센터에 기부했다.[22]

소매 소매상들은 종종 아프리카계 미국인 구매자들의 취향에 맞추기 위해 상품구성을 조정한다. 예를 들어, 전국적인 식료품 소매점인 Albertson은 아프리카계 미국인 지역에 맞게 상품구성을 변경했다.[23] 설문조사에서, 흑인들이 점포를 선택하는 세 가지 중요한 요인들은 소수인종의 제품(51%가 이것이 중요하다고 대답)을 취급하고, "나와 비슷하게 생긴" 점원(40%) 그리고 모든 인종과 소수민족 소비자들을 존중하면서 대하는 것(84%)임이 드러났다.[24] 존중에 대해서 초점을 맞추는 이유는 많은 흑인 쇼핑객이 쇼핑하는 동안 구경거리가 된다거나 더 느리게 서비스하는 등 더 교묘하게 차별하고 있어서 여전히 명백하게 무시당하고 있다는 슬픈 현실 때문이다.[25] 소매점과 서비스 직원들에게 이러한 문화적인 민감성에 대한 교육이 분명히 필요하다.[26]

아프리카계 미국인들은 또한 백인들보다 오락의 한 형태로서 쇼핑을 한다.[27] 이것은 흑인 고객들에게 많은 점포들이 즐거움과 재미를 제공하는 쇼핑 환경을 제공하는데 특별히 관심을 기울여야 한다는 것을 보여준다. 흑인들은 또한 백인들보다 판매에 다르게 반응하고 신용카드, 현금, 수표 지불에 대해서 각각 다른 기대를 가지고 있다.[28]

또한 비록 <표 5-2>가 흑인 소비자의 세분시장들에 따라서 브랜드에 대한 의식에서 차이가 있다는 것을 보여주기는 하지만, 한 연구는 아프리카계 미국인이 신분을 나타내는 방법으로 점포 브랜드보다 전국 브랜드를 더 구매하는 성향이 있다,고 하였다. 따라서 쇼핑 경험에 대한 모든 측면들이 표적 구매자들의 욕구에 맞추어서 조심스럽게 정비될 필요가 있다.

소비자 통찰력 5-1

히스패닉계 10대: 새로운 이중 문화의 젊은이들

히스패닉계 10대들은 미국전체 10대들의 20%를 차지하지만, 마케터들에게는 그 비율보다 훨씬 더 중요하다.[36] 우선, 그들은 지출능력면에서 현재 2천만 달러를 차지한다. 이 세분시장은 극적으로 증가하고 있어서 2020년까지 62%까지 성장할 것으로 예상되는데, 이것은 미국 전체 10대 시장 성장률의 6배에 해당하는 것 이다.

더 중요한 것은, 히스패닉계 10대들이 전체 10대 시장에서 패션과 스타일 리더로서 흑인 10대들과 함께 하고 있다는 것이다.

히스패닉계 10대들은 "미국인이 되고" (예를 들어, 백인 미국인처럼 행동하고 말하는) 미국인과 어울리려는 강한 압박감을 느꼈던 그들의 부모들과는 다르다. 히스패닉계 10대들은 그렇지 않다. 오히려, 히스패닉계 10대들의 트렌드는 두 문화를 다 가지고 있다. 즉, 그들 고유의 문화를 바꾸는 것이 아니라 두 번째 문화를 추가해서 문화적응을 하는 것이다. 그렇게 하기 위해서는 가정의 안팎에서 어떻게 균형잡힌 행동을 할 것인가가 필요하다. 히스패닉 문화에서, 특히 핵가족과 확대가족 모두에서 가족의 중요성을 고려할 때 이는 특히 어려운 일이다.

이러한 균형잡힌 행동이 어떻게 실행되는가는 다음 페이지의 표에서 볼 수 있다.

또한 이중 문화주의를 가져오는 균형유지과정이 작용하고 있는 것 같다. 세 명의 전문가는 다음과 같이 말하고 있다:

> 나는 항상 히스패닉 10대들의 "히스패닉다움(Hispanicness)"에 놀란다. 그들은 집에서나 친구들과는 스페인어를 사용하고 대학교나 인터넷에서는 영어를 사용하지만, 그들이 미국에서 태어났음에도 불구하고 히스패닉계 문화에 훨씬 더 속해 있다. 이것은 더할 수 없이 놀라운 일이다.
>
> 이런 놀라움은 2개 국어를 사용하는 것에 대한 것이 아니라 두개 문화에 대한 것이다. 그들은 미국 문화에 빠져있지만, 믿을 수 없을 정도로 라틴계에 대한 강한 자부심을 가지고 있다.
>
> 이 연령대에서 히스패닉이 된다는 것은 매우 좋은 일이다. 그것은 그들을 더 매력적이고 이국적으로 만든다. 히스패닉 10대들은 스페인어를 다시 공부하고 그들의 문화를 존중하고 있다.

이러한 이중문화적 10대들은 백인 미국인과 똑같이 영어로 된 잡지를 읽고 같은 TV 프로그램을 본다. 사실, 그들은 Seventeen이나 TM과 같은 10대 잡지들을 몹시

5.4 히스패닉계 미국인

인구통계국은 **히스패닉**을 쿠바인, 멕시코인, 푸에르토리코인, 남아메리카나 중앙아메리카인 혹은 인종과 관계없이 스페인적 문화나 국적을 갖는 사람들 이라고 정의한다. 히스패닉은 평균적으로 백인 비히스패닉에 비해서 더 젊다. 그리고 교육수준이 낮고 가계 소득 수준도 낮은 경향이 있다. 그러나 이 세분시장의 다양성을 고려할 때, 교육 및 소득 관점에서 마케터가 이 집단의 다양한 구성원들을 표적으로 하는 기회가 존재한다. 예를 들어, 히스패닉 가구의 거의 40%가 5만 달러 이상이고, 12%가 10만 달러 이상의 소득을 갖고 있다.[30] 또한 히스패닉은 9,780억 달러의 구매력을 갖고 있는데, 이것은 백인의 성장률보다 더 높아서 2014년까지 약 33%까지 성장할 것으로 기대된다.[31]

히스패닉계 시장은 현재 미국에서 가장 크고, 가장 빠르게 성장하고 있는 인종 하위문

정체성 (그들의 근거): 집안 및 가족	소속/혼합: 집 밖 및 친구	차이점: 미국의 주류
가족	히스패닉 친구뿐만 아니라 다른 나라 친구	자신들이 다르다는 것을 보여주기 위해서 그들의 문화와 유산을 이용
라틴음악과 음료 경험	주류 제품과 혼합된 라틴 음식과 음료-Taco와 Lays Potato Chips	
스페인어 사용	영어 사용	영어, 스페인어, Spanglish 사용
라틴 아메리칸 아이콘 제시	주류 제품/브랜드가 이들이 '소속감'을 갖고 멋지게 인식 되고 수용되는데 더 효과적이다.	Urban으로 미국의 주류 브랜드와 경쟁하는 성공적인 브랜드 또는 스페인영어 변형(Spangish twist)은 자신들이 이러한 브랜드의 주도자라는 점에서 자부심을 제공
스페인 음악과 TV 시청		스페인어와 영어로 하는 라디오와 TV를 시청
문화적 정체성 유지에 대한 가족의 지원	친구들은 당신이 누구든지 괜찮다는 확신을 주며 그들은 다른 문화들과 어울린다.	아프리카계 미국인 문화(힙합)가 주류가 되는 것처럼 트렌드를 정착하기 시작

읽고 싶어한다. 히스패닉 10대 여성들을 표적으로 한 잡지들 중의 하나인 Latina는 대부분이 스페인 광고이지만 거의 대부분 영어로 되어있다. 그러나 그들은 또한 스페인어로 된 잡지, TV, 라디오를 이용한다. 그들은 힙합과 다른 대중음악들을 들으면서 자랐을 뿐만 아니라 캘리포니아의 mariachi, banda 그리고 norteño; Texas의 Tejano; 플로리다의 salsa; 뉴욕의 meringue와 같은 히스패닉에 기반을 둔 리듬들을 들으면서 자랐다. 이제 그들은 10대 인구들 전체에게 이러한 음악과 그들의 다양성을 알리는데 도움을 주고 있다.

생각해 볼 문제

1. 히스패닉 10대들이 어느 정도 10대 시장을 주도하고 있는가? 당신의 대답을 정당화해 보라
2. 많은 히스패닉계 10대들은 정말로 이중문화적이다. 이것이 마케터들에게 어떤 도전을 제시하는가?
3. 이중문화주의에 대한 히스패닉계 10대들의 성향에 있어서 가족의 역할을 설명하라.

화이다. 2030년까지 히스패닉계는 미국 인구의 23%를 차지할 것으로 보인다. 마케터들은 확실히 이 시장을 주시하고 있다. 미국의 다른 인종 집단들과 마찬가지로, 히스패닉계도 다양하다. 많은 마케터들은 히스패닉 하위문화들은 단일 인종 하위문화가 아니고 3개의 주요 국적과 다른 소수의 국적 하위문화들이라고 느낀다; 멕시코계 미국인들(66%), 푸에르토리코인(9%), 쿠바인(4%), 중앙아메리카와 남아메리카에서 주로 온 다른 라틴계(14%).[32] 각 집단은 약간씩 다른 스페인어를 쓰고 있고, 다소 독특한 가치관과 라이프스타일을 갖고 있다. 더구나 각 집단들은 미국 내에서 특정한 지역에 몰려 사는 경향이 있다: 멕시코계 미국인들은 남서쪽과 캘리포니아에, 푸에르토리코인은 뉴욕과 뉴저지에, 쿠바인들은 플로리다에, 다른 라틴계들은 캘리포니아, 뉴욕, 플로리다에 주로 산다. 소득수준도 집단에 따라 다양하다. 쿠바계는 멕시코나 푸에르토리코계보다 약간 더 높은 소득수준이다.

일부 연구자들은 국적기반의 다양성에 민감해야 하지만 공통 언어, 공통 종교(대부분의 히스패닉이 믿는 로마 가톨릭) 그리고 급부상하고 있는 전국 스페인어 매체와 연예인들이 대부분의 제품과 광고 캠페인을 통해서 충분히 문화적 동질성을 창출한다고 주장한다. 그러나 적어도, 히스패닉계를 하나의 인족적 하위문화로 취급하려는 결정은 다음에서 다룰 문화 적응, 언어, 세대적 영향과 관련된 요소들을 고려할 필요가 있다

1. 문화적응, 언어, 세대적 영향력

히스패닉 인구 성장의 40% 이상이 주로 이민에 근거하고 있기 때문에, 히스패닉 소비자들의 태도와 행동에서 문화 적응 수준이 중요한 역할을 한다. **문화적응(acculturation)**은 이민자들이 새로운 문화에 적응하는 정도를 말한다.[33] 문화적응은 언어사용과 매우 높은 관련이 있고 세대적 요인들에 의해서 강한 영향을 받는다. Pew Hispanic Center의 최근 연구는 히스패닉계 성인에 존재하는 3개의 세대를 파악했다:

1세대 성인들(63%)은 미국 밖에서 태어난 사람들이다. 이 세대는 가장 낮은 소득과 교육수준을 가지고 있고, 자신들을 히스패닉(출생한 나라를 포함하여)이라고 생각하며, 그들의 주요 언어로 스페인어를 사용하고(72%), 가족의사결정에서 남성중심적 견해를 포함하여 전통적인 가치관을 갖고 있다.

2세대 성인들(19%)은 이민 온 부모님들로부터 미국에서 태어났다. 1세대와 비교해 볼 때, 2세대는 더 높은 소득과 교육수준을 가지고 있으며, 그들 자신을 미국인이라고 생각하려고 하며(비록 62%는 여전히 히스패닉이라고 생각하지만), 2개 국어를 구사하는 사람과 영어를 주언어로 사용하는 사람으로 반반 나뉜다. 그리고 이들은 전통적인 가치관에 어느 정도 덜 얽매인다.

3세대(그리고 그 이상 세대) 성인들(17%)은 미국에서 태어난 부모들 사이에서 미국에서 태어난 사람들이다. 이 집단은 가장 높은 교육수준과 소득을 가지고 있고, 스스로를 미국인이라고 생각하며(57%, 반면 41%는 그들 자신을 히스패닉이라고 생각한다.), 영어를 주요 언어로 사용하고(오직 22%만이 2개 국어를 사용한다; 누구도 스페인어만 사용하지는 않는다.), 전통적 가치관에 별로 얽매이지 않으려고 한다.[34]

이러한 논의에서 지적한 바와 같이, 소득, 교육, 언어, 히스패닉 문화와의 동질감은 전 세대들에 걸쳐 변화한다. 그러나 대부분의 히스패닉계 성인들이 히스패닉 문화와 동일시하고 있다는 것이 중요하다.[35] 이러한 강한 문화적 정체성은 히스패닉 10대들도 마찬가지여서 이들 중 미국에서 태어난 많은 사람들이 2세대와 3세대의 10대로 분류된다. <소비자 통찰력 5-1>에서 논의한 바와 같이, 히스패닉 10대들은 언어와 문화를 융합하고 있고, 일반 미국인에게 문화적인 트렌드를 만들고 있으며, 실제로 이중문화적 및 이중언어적 경험을 하며 살고 있다.

히스패닉 문화는 로마 가톨릭 종교에 의해 큰 영향을 받아왔다. 이 문화는 전 세대에 걸쳐 대가족이 중요한 역할을 하는(대가족이 그의 중요성을 잃어버린 일반 미국인들과는 달리) 가족 지향적이다. 이는 또한 남성지향적인 문화여서, 권투, 야구, 축구와 같은 스포

츠는 히스패닉인들에게 매우 중요하다. 이러한 남성중심적 성향은 남편 지배적 가구의사결정을 포함하여 많은 부분에서 나타난다.[37]

히스패닉 문화는 일반적으로 여성들의 역할에 대해서도 상당히 전통적인 시각을 가지고 있다. 예를 들어, 부인은 가족을 위해 음식을 준비하도록 되어 있다. 그 결과로, Sara Lee와 General Mills와 같은 식품 미게터는 히스패닉 여성을 표적으로 하는 많은 노력들을 기울이고 있다. 예를 들어, GeneralMills의 웹사이트인 Que Rica Vida(What a Rich Life)는 그 기업의 다양한 브랜드들로 히스패닉 여성들을 겨냥하고 있고, 식품, 가족 그리고 히스패닉 중심적 요리법과 관련된 이슈를 다룬다. 그러나 문화적응이 성역할 관점에 영향을 미칠 수 있기 때문에, 기업들은 이러한 차원에서 표적시장을 이해하는 것이 중요하다(사진 <5-3>참조).[38]

사진 5-2

가족은 히스패닉 하위문화 에서 매우 중요하고 남성이 주된 역할을 한다. 이 광고는 강한 남성을 제시 하는 강한 가족 주제를 갖고 있다.

언어는 히스패닉 시장에서 분명히 중요하고 때때로 문화적 정체성과 강하게 얽혀있다. 세대의 지위와 이인자 신분이 실제로 스페인어를 사용하게 영향을 미친나. 미국에서 대어난 히스패닉의 38%만이 집에서 영어를 사용하는 반면, 미국 밖에서 태어난 히스패닉은 4%만이 집에서 영어를 쓴다.[39] 아마도 더 중요한 것은 스페인어로 된 광고가 종종 더 효과적이라는 것이다.[40] 다음을 살펴보자:

> 광고 효과에 대해 문의를 받았을 때, 조사에 참가했던 히스패닉계의 38%가 회상(recall)에서, 70%는 설득에서 영어로 된 광고가 스페인어로 된 광고보다 덜 효과가 있다는 것을 알아냈다. 젊고, 문화에 적응된 많은 라틴계 사람들은 스페인어 단어를 첨가한 영어를 말하는 "Spanglish"라는 형태의 언어를 혼합해서 사용한다. 그러나 구매시점에 도달하게 되면, 라틴계 성인의 56%가 스페인어로 된 광고에 가장 잘 반응한다.[41]

이러한 수치를 고려해 볼 때, 스페인어 네트워크인 Univision이 미국에서 5 번째로 큰 네트워크이고, 히스패닉이 가장 잘 보는 상위 3개 네트워크는 스페인어 네트워크이다.[42] 또한 최근 조사는 18 ~ 49세의 히스패닉이 시청하는 상위 53개 TV쇼가 스페인어로 방영된다는 것을 보여준다.[43]

2. 히스패닉계 미국인에 대한 마케팅

히스패닉계 소비자들은 높은 브랜드 선호도를 갖는 경향이 있고, 특히 마케터들은 그들의 독특한 욕구를 맞추기 위해 제품과 서비스를 적응시키려고 노력하고 있다. 가격이 중요하지만, 고품질의 유명 브랜드의 구입가능성도 중요하다. 히스패닉계는 점포 브랜드에 대해 일반사람들에 비해 덜 수용하는 경향이 있다. 마케터들은 그들의 마케팅 믹스를 다양하게 조정함으로써 대응하고 있다.

커뮤니케이션 앞에서 언급했듯이, 히스패닉계는 대체로 스페인어를 사용하고 때로는 스페인어로 된 매체를 선호한다. 그러므로 비록 대중 매체를 이용하여 이 시장의 일부에 도달하는 것이 가능하다고 하더라도, 히스패닉계를 표적으로하는 적극적 시도를 하려면 스페인어 매체도 포함시켜야 할 것이다. Univision, TeleFutura 그리고 Telemundo는 미국의 상위 3대 스페인어 TV 네트워크이다. 스페인어 라디오는 지역방송국이나 네트워크 방송국으로 널리 확산되어 있다. 또한 스페인어 판 Cosmopolitan, Sports Illustrated, Maxim, Men's Health, People, Reader's Digest와 같은 많은 스페인어 잡지들이 있다. Latina는 젊고 부유한 히스패닉 여성들을 표적으로 하고 있고, LatinaStyle은 좀 더 성숙하지만 현대적인 히스패닉계 여성들을 표적으로 하고 있다. 또한 많은 스페인어 신문들이 있다.

커뮤니케이션과 매체의 측면에서, 젊은 트렌드가 출현하고 있다는 것을 주목해야 한다. 이 트렌드는 히스패닉계 매체 전략의 미래를 만들어 갈 가능성이 있다. 구체적으로, 14~24세 연령층(향후 10년간 빠르게 성장할)[45]은 스페인어보다는 영어 TV, 라디오, 인쇄 광고에 더 많은 시간을 보낸다. 이 집단은 미국에서 태어났고 언어는 영어가 지배적이다. 또한, 18~34세 연령층은 스페인어와 영어 매체를 대략 비슷하게 본다. 이에 대응해서, Telemundo는 2개 국어와 스페인어 프로그램을 둘 다 제공하고 있으며 리얼리티 쇼인 Protagonistas de Novela를 히스패닉 젊은 시장에 더 맞도록 개발하고 있다. SiTV는 더 젊은 이중문화적인 히스패닉들을 표적으로 라틴계 주제로 영어 프로그램을 만들어 방송하는 비교적 신생 케이블 방송국이다.[46]

히스패닉들 중에서 인터넷 사용은 주로 언어와 문화적응에 따라 달라진다. 더 문화적응이 잘 되고 영어를 사용하는 히스패닉의 경우, 82% 정도가 인터넷을 사용한다. 미국 밖에서 태어나 전통적으로 문화 적응이 덜 된 경우에는 50% 정도가 인터넷을 사용한다.[47] 이러한 일반적인 수치가 전체 이야기를 말하는 것은 아니다. 왜냐하면 (영어와 스페인어를 모두 잘하는) 히스패닉은 비히스패닉 백인보다도 자신들의 블로그나 웹사이트를 더 갖고 있다.[48] 그리고 Facebook은 히스패닉의 60%에 도달하고 있다.[49] 온라인과 SNS는 히스패닉을 찾는 기업들에게는 분명히 중요하다. ESPN Deportes.com과 같은 사이트에서 온라인 스포츠가 가능하고, Yahoo!와 AOL의 스페인 버전이 개발되었다. CiudadFutura.com과 같은 스페인어 온라인 커뮤니티들도 출현하고 있다. 히스패닉계 인터넷 사용자들은 상대적으로 젊고, 스페인어와 영어 사이트를 둘 다 종종 사용하며, 많은 경우에 영어매체를 선호하는 경향이 있다. 전통적인 매체 제공자들처럼, 온라인 히스패닉계 매체 제공자들은 언어와 상관없이, 미국문화에 적응된 히스패닉들에 적합한 콘텐츠를 제공하고자 시도할 것이다(<사진 5-4> 참조).[50]

언어 번역은 하나의 도전이다. 예를 들어 번역의 어려움의 다른 예는 다음과 같은 것들이 있다:

사진 5-4

히스패닉의 인터넷 사용은 폭발적이다. 옆과 같은 사이트들이 히스패닉 시장의 독특한 욕구에 소구하기 위해서 개발되고 있다.

- Tang은 jugo de chino라는 말로 스페인어 광고에서 소개했는데, 이것이 오렌지 주스라는 것을 알고 있는 프에르토리코인에게는 잘 전달되었지만, 이 단어는 대부분의 다른 히스패닉계들에게는 의미가 전달되지 못하였다.
- Coors는 최근 캠페인에서 "guey"라는 단어를 사용하였는데, 이는 현대 속어로 "젠체하는 사람(dude)" 라는 의미와 동일하다. 그러나 그 단어는 또한 "얼간이(idiot)"이나 "어리석은(stupid)"을 의미하는 속어로도 종종 사용될 수 있다. 한 전문가에 따르면, 소비자들이 이 유머를 받아들이느냐 마느냐 하는 것은 세대에 따라 다르다.[51]

히스패닉계에 대한 마케팅이 성공하기 위해서는 정확한 번역뿐만 아니라 독특한 소구와 상징으로 나가야 한다. 이것은 마케터들이 "문화 내(in-culture)", 즉 가치시스템과 히스패닉계 집단의 전반적인 문화적 맥락을 이해하는 것이 필요하다. 사실, 가치의 일치는 제2 언어로 된 광고(예: 2개 언어를 사용하는 히스패닉계들을 대상으로 한 영어로 된 광고)의 설득 부족을 극복하는데 필요하다.[52]

- Levis Strauss는 Dicovery en Espanol시리즈를 개발하였는데, 이것은 젊은 히스패닉 집단이 그들의 문화유산을 더 배우기위해서 전체 아메리카대륙의 고속도로를 따라서 여행하는 여정을 상세히 보여준다. 이러한 노력은 Levi 제품들의 긴밀한 통합과, 히스패닉 젊은이와 연결할 수 있는 상호작용 사이트와 소셜미디어를 포함하였다.[53]
- Best Buy는 젊고 테크놀로지에 능통한 히스패닉계 10대들과, 종종 새로운 테크놀로지에 불편해하지만 가부장적 전통에서 구매를 "허락"해야 하는, 미국문화에 덜 적응된 아버지들과의 갭을 줄이기 위해 고안된 TV 스팟광고를 만들었다. 슬로건은 "당신이 만약 멀리 떨어져 있다면, Best Buy로 더 가까워지세요."이다. Best Buy는 아이들과 아버지들이 대화하는 스팟광고를 만들었다고 말한다.[54]

제품 역사적으로, 특산품이외에, 히스패닉 시장을 위해 독특한 제품이나 서비스를 개발하는 마케터는 거의 없었다. 그러나 이 시장의 크기와 성장으로 인하여 변화하고 있다. 예를 들어:

- Home Depot는 히스패닉 고객 비중이 상당히 높은 400개 점포에 Colores Origenes라고 하는 페인트 제품라인을 출시하였다. 조사에 근거해서 색상의 이름을 라틴의 맛, 향 그리고 이미지를 불러일으키는 관점에서 히스패닉 고객들과 구체적으로 커뮤니케이션하도록 설계되었다.[55]
- 콜로라도에서, Walmart는 특별히 히스패닉 소비자들을 표적으로 한 Denver Bronco 티셔츠를 만들었다. 한 가지 버전은 "나의 온 마음을 다해(with all my heart)"라는 의미의 스페인어인 "de todo corazón"라는 문구가 새겨져 있다. Walmart의 목표는 미국 스포츠 전통을 히스패닉 문화의 상징과 통합하는 것이었다. 이 티셔츠는 그 해의 가장 인기있는 Denver Bronco의 상품이 되었다.[56]
- 또한, 마케터들은 히스패닉 인구들이 많은 미국 각 지역에서 제품들을 유통시켜, 중앙

아메리카와 남아메리카에서 그들의 제품들로 개발된 충성도를 확보하고 있다. 예를 들어, Colgate-Palmolive는 멕시코산 가정용 세제인 Fabuloso를 LA와 마이애미에서 유통시켰다.

히스패닉 시장에 제품을 적응시키려는 일부 시도는 이 시장의 욕구를 올바르게 이해하지 못했기 때문에 실패했다. 예를 들어, 많은 히스패닉들은 주방이 거실과 개방되어 있는 요즘의 추세(히스패닉계는 외부인이 그들의 주방에 들어오는 것을 불편해하는 경향이 있다)가 거슬린나고 생긱하며, 히스패닉 구매자들을 위해 지어진 집들은 너무 진부하다고 생각한다.[57]

소매 이 시장에 대한 주요 소매점의 대응으로 2개 국어를 사용하는 판매원의 수를 증가시켰다. 스페인어로 된 광고판, 안내판 그리고 POP 진열 등이 그것이다. 지역의 히스패닉 커뮤니티의 욕구를 반영하는 상품 구색에는 구체적으로 다음과 같은 예들이 있다:

- Walmart는 히스패닉을 주요 6대 세분시장 중 하나로 파악하고 있다. Walmart임원은 그들의 전통적 점포에 히스패닉들에게 소구하기 위해서 토르티야 빵과 같은 제품을 포함시키도록 조정할 뿐만 아니라. Texas주의 Houston과 같이 대규모의 히스패닉 인구가 있는 도시지역에 Supermercado de Walmart라고 하는 히스패닉 Walmart점포를 개점하고 있다. 이 점포들은 히스패닉 시장에 특별히 소구하도록 설계된 제품 표지판, 레이아웃 그리고 제품구색을 특징으로 하고 있다. 여기에는 완전서비스의 육류 및 생선 카운터뿐만 아니라 라틴계 패스트리와 커피를 제공하는 카페를 포함한다.[58]
- Texas주의 San Antonio에 Tiangus Mall이라고 하는 쇼핑센터가 개점되었다. 이 쇼핑센터 개발자에 의하면, Tianguis시장은 라틴 아메리카에서는 대중적인 것으로서 쇼핑객들에게 옥외 소매 장터를 제공한다. SanAntonio의 Tiaguis Mall은 매력적인 멕시코 마을을 닮은 장소에서 레스토랑, 엔터테인먼트 그리고 커뮤니티 이벤트를 함께 하면서 근린 쇼핑센터에서 일반적으로 발견되는 소매점의 편리함을 제공할 것이다.[59]

5.5 아시아계 미국인

LO4

아시아계 미국인도 중요한 하위문화를 가지고 있다. 이 집단의 크기는 상대적으로 작지만 지속적으로 증가할 것이다. 특히 마케터들에게 중요한 점은 아시아계 미국인들은 상당한 구매력을 가진 가장 높은 교육 수준과 소득 수준을 가진 집단이라는 것이다. 아시아계 미국인들의 구매력은 5090억 달러로 평가되며 2014년까지 37%정도 성장할 전망이다.[60] 그러나, 아시아계 미국인들 또한 다양한 국적, 언어 그리고 종교를 가지고 있는 집단이다. 미국 인구통계국은 이 집단에 아시아계 인도인도 포함시킨다. 그러나 우리는 이들을 분리해서 논의할 것이다.

아시아계 미국인들은 단일 하위문화가 아니다. <사진 5-5>의 웹사이트를 보자. 이 사이트의 광고들은 아마도 이 하위문화의 수많은 중국인들에게 매우 효과적일 것이다. 그러나

그림 4-1 아시아계 미국인의 국가적 배경

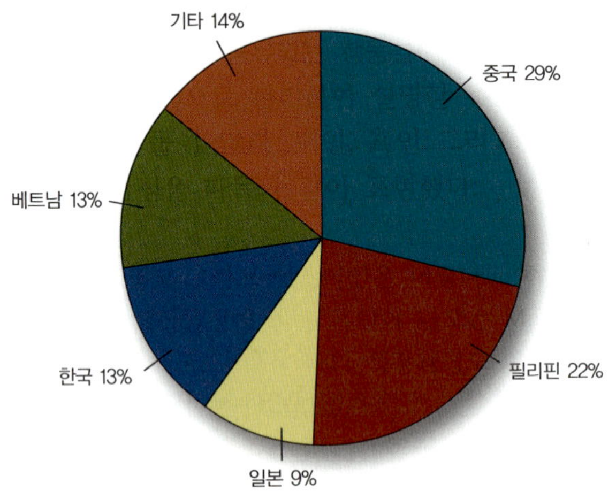

<그림 5-3>에서 보는 바와 같이, 중국인들은 전체 아시아계 미국인들의 1/4을 약간 넘으며, 그들은 공통 언어뿐만 아니라 대부분의 다른 집단들과 문화를 서로 공유하지 않는다.

히스패닉계처럼 언어는 중요한 요소이다. 한 추정에 의하면 아시아계 미국인들의 80%가 "자국어로 된" 촉진활동으로 도달될 수 있다고 한다. 아시아계 미국인의 2/3가 이민

사진 5-5

이 사이트에 있는 광고는 많은 중국소비자들에게 소구하지만 대부분의 다른 아시아계 미국인에게는 그렇지 못하다.

자들이고, 자국어를 주로 사용하는 각 국적 집단의 비율이 일반적으로 높다.[61] 언어 사용과 사용의 능숙함은 분명히 문화수용과 나이의 함수지만, 다음 표는 국가적 배경에 따라서 영어사용과 능숙함의 상당한 편차를 보여준다:

국가	집에서 영어만 사용	집에서 영어를 사용하지 않지만 영어를 "매우 잘"함	집에서 영어를 사용하지 않지만 영여를 "매우 잘" 보다는 덜함
베트남	12	33	55
중국	17	36	48
한국	20	31	49
필리핀	34	44	22
일본	53	20	27

자료원: *The American Community—Asians* (Washington, DC: The Census Bureau, February 2007).

분명히, 이러한 정보는 "자국어(in-language)" 커뮤니케이션, 특히 영어에 대한 능숙함이 낮은 국가 배경을 갖고 있는 사람들에게 필요하다는 것을 보여준다. 능숙함 뿐만 아니라, 전반적으로 아시아계 미국인의 대부분이 자국어 혹은 이중 언어 커뮤니케이션을 선호하고 있어서 단지 17%만이 영어만을 선호한다.[62]

집단 내에서도 언어이상으로 차이가 있다. 사실, 아시아계 미국인이라는 개념과 용어는 그들 자신보다는 마케터들과 이러한 집단을 연구하는 다른 사람들에 의해서 개발되고 사용되었다. 다양한 국적을 가진 구성원들은 일반적으로 미국인이라는 용어보다는 그들의 국적으로 자신들을 언급한다. 즉, 베트남계 미국인이라고 하지 않고 베트남인이라고 한다. 예외는 일본계 미국인들이다.[63]

각각의 국적을 가진 집단들이 그들만의 언어와 전통으로 차별적인 문화를 가지고 있는 반면, 대부분의 이러한 집단들 간에 일부 공통점들이 있다. 그들 모두는 전체 미국 인구들과 외모적으로 구별되고 있음에도 불구하고, 미국인 문화에 적응해야 할 필요성을 경험하고 있다. 대부분은 유교사상의 영향을 받은 가정 문화의 배경을 가지고 있다. 유교사상은 아들이 아버지에게, 젊은 사람이 나이든 사람에게, 아내는 남편에게 복종하는 것을 강조한다. 유교사상은 보수주의에 가치를 두고 엄격한 예의범절을 규정한다. 그들의 기본적인 문화도 전형적으로 전통적인 대가족에 매우 중요한 가치를 두고 있다. 교육, 공동의 노력 그리고 출세도 높은 가치를 가진다.[64]

1. 소비자 세분시장과 트렌드

Market Segment Research는 국적에 기반을 둔 인구통계적 특성과 태도에 근거하여 아시아계 미국인들을 세 가지 집단으로 구분하였다. 비록 언어와 문화적 상징들이 변경되어야 하긴 하지만, 이러한 공통점들은 마케팅 캠페인을 설계할 때 유용한 출발점이 될 수 있다. **전통주의자 집단(traditionalist)**은 나이가 많고, 때로는 은퇴했고, 원래의 문화에 강한 동질감을 가지고 있으며, 본토 언어가 주요 언어가 되는 경향이 있고, 지위에 대해 별로 신경쓰지 않는다. **정착 집단(estabilished)**은 나이가 많고, 보수적인 전문가들이다; 좋은 교육을 받았고, 매우 높은 소득을 가지고 있다. 이들은 본토 문화에 대해 상대적으로 약한 동질감을 가지고 있고 본토 언어로 된 프로그램을 덜 원하거나 이에 대한 욕구가 약하고 높은 품질에 대해 더 높은 가격을 지불하려고 한다. **현재를 즐기는 집단**(living for the moments)은 젊고, 본토 문화에 대해 중간정도의 동질감을 가지고 있으며, 2개 국어를 사용하는 경향이 있고, 자발적이고, 물질주의적이며, 지위와 품질에 신경쓰는 충동적인 구매자들이다.[65]

아시아계 미국인 인구의 여러 측면들이 이들을 표적화하는 것을 더 수월하게 한다. 첫 번째는 지리적인 집중인데, 이는 아시아계 미국인 인구 및 구매력의 65%가 6개의 주(California, New York, New Jersey, Hawaii, Texas 그리고 Illinois)에 살고 있다.[66] 두 번째는 중국 본토의 북경어를 하는 지역에서 온 숙련된 기술자들의 증가 추세이다. 이러한 추세는 "중국인을 대상으로 한 커뮤니케이션에서 광둥어에서 북경어로 서서히 옮겨가게" 하는 것으로 보인다.[67]

표적화를 더 쉽게 하는 아시아계 미국인 커뮤니티의 마지막 특징은 모든 하위문화에서 공통된 것인데, 이는 바로 젊은이의 트렌드이다. 아시아계 미국인의 대략 1/3이 25세 이하인데, 이것은 백인과 비슷하다.[68] 더구나 미국에서 태어난 이러한 제2세대들(때로는 2.0세대라고 표현하기도 한다)은 아프리카계 미국인들이나 젊은 히스패닉층과 마찬가지로, 여전히 그 뿌리는 아시아이지만, 언어와 문화가 섞여 있고, 일반적인 미국 문화에 영향을 미치고 있으며, 패션과 음악의 트렌드를 활성화시키고 있다. 히스패닉계 시장 과 마찬가지로, 아시아계 미국인들을 위한 내용으로 이러한 제2세대들을 표적으로 하는 영어사용 매체들이 증가하고 있다. Pepsi는 Stir TV라는 매체에 영어로 된 광고를 방영하고 있다.[69] 또한 Honda의 계획을 살펴보자:

> Honda 자동차 기업은 아시아계 젊은이들에게서 대유행하고 있는, 대만에서 개발된 음료수 Boba에 편승하는 것을 택했다. 버블티로 알려진 이 음료수는 달콤한 아이스티와 혼합되어 있는 타피오카 알갱이가 들어있는 검고 끈끈한 "진주"로 만들어져 있다. 이 음료수는 아시아계 젊은 층의 청량음료로 빠르게 자리 잡았다. Honda의 아이디어는 Civic이나 Acura RSX와 같이 젊은 세대를 위한 자동차를 프로모션하기 위해 미국에서 뜨거운 음료 컵을 감싸서 잡을 수 있는 음료수 도구를 개발하는 것이었다. Ponce(새롭게 출현하는 시장의 관리자)는 Boba 상점을 자주 이용하는 젊은 아시아계 동료로부터 아이디어를 얻었고 Honda 매장에 차를 세우고 휴식하는 아시아인들의 수를 주목했다.[70]

2. 아시아계 미국인들에 대한 마케팅

지금까지 살펴보았듯이, 주로 국적과 언어를 기반으로 하는 몇몇 아시아계 미국인 시장이 존재하고 있다. 이들 각각은 문화적 적응정도,[71] 사회적 계층, 세대, 라이프스타일 그리고 다른 변수들에 의해서 더 세분화 될 수 있다. 이것이 마케터들에게 도전 과제를 만들어내기도 하지만, 이 집단의 구매력과 다양한 세분시장들은 점차 마케터들에게 매력적이어서, 마케터들로 하여금 독창적인 제품, 머천다이징 그리고 매체 접근을 통해서 틈새시장에 접근하도록 하고 있다.

점차 이 소비자들이 지역적으로 집중되어가고 있는데, 이러한 지역적 집중은 마케팅 효율성을 증가시킨다. 왜냐하면 표적화된 소비자의 국적은 전문화된 매체 경로를 통해서 도달될 수 있기 때문이다. 예를 들어, San Francisco에 있는 KTSF는 중국인과 일본인 시청자들을 위해서 자국어로 된 뉴스와 연예 프로그램을 제공한다. McDonald' s와 같은 많은 KTSF의 광고주들은 그들의 기존 광고를 광둥어로 다시 만들었다. Colgate-Palmolive와 같은 다른 광고주들은 아시아에서 동일한 제품에 사용되고 있는 광고물을 집행하고 있다. State Farm, Wells Fargo 그리고 McDonald' s와 같은 미국의 주요 브랜드들은 중국의 북경에서 개최된 2008년 올림픽게임의 KTSF를 후원하였다.

사진 5-6

아시아계 미국인에 대한 마케팅은 단순히 광고를 적절 한 언어로 번역하는 것 이상의 의미가 있다. 즉, 특별한 축하와 상징을 인정하는 것도 중요하다.

DBS(Direct Broadcast Satellite) 또한 중요한 TV 선택권이다. DBS는 전국의 어떠한 국적이든 모국어로 말하는 사람들에게 실제로 다가가는 방법을 제공한다. 예를 들어, EchoStar' s Dish 방송국은 20개가 넘는 채널을 갖고 있는 "만리장성 TV 패키지"라고 불리는 "중국인 패키지"를 제공하고 있다. DirecTV는 아시아계 미국인 오디언스에게 전범위의 언어 선택권을 제공하고 있는데, 여기에는 집에 돌아와서 이들이 좋아하는 프로그램을 즐길 수 있도록 베트남어, 광둥어 그리고 만다린어 등으로 제공하고 있다.[72]

아시아계 미국인들은 인터넷에 매우 능통하고 자주 오래 사용한다. 아시아계 미국인들의 인터넷 보급은 90% 정도로 추정된다.[73] 이들은 소셜미디어도 자주 사용한다.[74] 아시아계 커뮤니티를 대상으로 한 인터넷 기반 마케팅은 빠른 속도로 증가하고 있다. 기업들은 <사진 5-5>에서 보이는 것과 같은 모국어 사이트로 중국인 소비자들에게 다가갈 수 있다. 비슷한 사이트들이 다른 아시아 국적의 집단들 사이에서 인기를 얻고 있으며, Charles Schwab과 같은 기업들은 이 사이트들을 커뮤니케이션 채널로 사용하고 있다.

다양한 아시아계 국적 집단에 대한 마케팅은 앞에서 언급된 하스패닉에 대한 것과 같은 지침들을 따라야 한다. 따라서 효과적인 커뮤니케이션은 단순히 번역된 광고 카피 이상이다. 이는 또한 문화적 상징과 각 국적의 세분시장에 적합한 의미를 광고에 적용하고 주입할 것을 요구한다. <사진 5-6>을 살펴보자. 이 광고는 특정 아시아계 국적 집단을 표적으로 하고 있다. 이 세분시장에 주의를 기울이고 커뮤니케이션하기 위해서 통합된 다양한 요소들을 잘 살펴보라.

아시아계 미국인을 대상으로 한 또 다른 성공적인 마케팅 사례는 다음과 같다:

- Los Angeles 체인점들은 많은 중국인들과 베트남인 고객을 가지고 있는 4개의 할인 매

장을 선정했다. 추석 명절(많은 아시아 문화에서 중요한 연휴) 시기에 상점은 광고를 집행했고 무료 추석 케이크와 손전등을 제공하는 쿠폰을 나누어 주었다. 프로모션기간 동안 이 점포들에서 매출은 30%가 올랐다. 이와 비슷하게, Sears는 매장 주변의 인구 규모에 따라, 북경어, 광둥어, 베트남어, 한국어로 추석명절 광고를 실행했다. Sears는 국적과 관련된 선물과 전통춤과 같은 오락거리를 제공했다.

- Western Union은 LA에서 중국 설날을 위해서 아시아계 미국인 박람회와 같은 수많은 아시아 문화 이벤트를 협찬하고 있다. 아시아계 미국인의 대부분이 자기 나라의 유산과 관련된 문화행사에 참가하기 때문에 이것은 효과적인 전략이다.[75] 또한 Chinese Immigrant Handbook을 발간하여 새로운 이민자들에게 실용적인 가이드를 제공하기 위해 World Journal과 제휴를 맺었다. 이들은 다양한 국적의 집단들의 매우 구체적인 욕구를 표적으로 하는, 서민적이면서 커뮤니티에 기반을 둔 노력들이다. 이러한 노력들은 TV, 라디오 그리고 잡지를 이용하는 그들의 전통적인 대중매체 접근을 보완해 준다.[76]

5.6 아메리칸 원주민

LO5

아메리칸 원주민(미국 센서스의 용어로 북미 인디언들과 알래스카 원주민들)의 수는 측정 기준에 따라 달라진다. 인구조사국은 아메리칸 원주민들에 대해서 다음과 같은 세 가지 방법으로 보고한다 : (1) 한 부족만, (2) 한 부족만 또는 다른 부족과 결합하여, (3) (2)에 다른 인종과 결합하여. 첫 번째 정의에 의하면, 280만 명으로 추정되고; 세 번째 정의에 의하면, 410만 명으로 늘어난다. 이들의 거의 반은 서부에 살고, 30%는 남부에 거주한다. 많은 아메리칸 원주민들은 보호구역 안이나 근처에 살고 있는 반면, 나머지는 전국에 흩어져 있다.

대략 550개의 아메리칸 원주민 부족들이 있고, 각자 그들만의 언어와 전통을 가지고 있다. 많은 부족들이 보호구역과 준독립적인 정치적 지위를 갖고 있다. 일반적으로, 아메리칸 원주민들은 제한된 수입을 갖고 있지만,[77] 이는 부족에 따라 매우 다양하다. 이 집단의 전체 구매력은 650억 달러로 추정되고 있으며, 2014년까지 28%가 증가될 것으로 예상된다.[78] 비교적 큰 부족들은 다음과 같다:

부족	단지 한부족	다인종
Cherokee	281,000	730,000
Navajo	269,000	298,000
Sioux	109,000	153,000
Chippewa	106,000	150,000
Choctaw	87,000	159,000
Pueblo	60,000	74,000
Apache	57,000	97,000
Eskimo	46,000	55,000

최근에 아메리칸 원주민들은 그들의 문화유산에 대한 자부심이 커지고 있으며, 그들의 역사와 현재 신분에 대한 잘못된 고정관념에 대해서 덜 관대하다. 그러므로 아메리칸 원

주민들의 이름이나 표현을 사용하는 마케터들은 반드시 정확하고 적절하게 사용해야 한다. 아메리칸 원주민의 요리는 Arnold Olson과 같은 아메리칸 원주민 요리사들의 노력으로 미국의 주류에 들어가고 있다. Olson은 유럽과 아메리칸 원주민의 스타일을 혼합해서 bison carpaccio나 caribou bruschetta과 같은 흥미로운 음식을 만들어냈다. 미국인들 의 다양성에 대한 흥미와 수용이 지속적으로 증가함에 따라, 이와 같은 독특한 아메리칸 원주민들의 제품들이 점차 적절해지고 대중화될 것이다.[79]

좀 큰 부족들은 모두 그들만의 신문과 라디오 방송국을 가지고 있다. 또한, 전국 북미 원주민 지향적인 두 개의 신문사와 몇몇 전국 라디오 쇼와 잡지도 있다.[80] 비록 각 부족이 미국 전체 인구에 비해서 적지만, 각 부족들이 지역적으로 집중되어 있어서 마케터들이 쉽게 접근할 수 있다. 부족의 행사에 대한 협찬과 부족의 대학, 트레이닝 센터, 커뮤니티 센터에 대한 지원은 시간이 경과 하면서 기업들에게 좋은 결과를 만들어 줄 수 있다. 예를 들어:

- Indian Summer Inc.는 매년 축제를 여는 조직이다. 이들의 목표는 "아메리칸 인디안 문화를 교육하고, 보존하고 그리고 촉진하는 것이며, 부족 문화 내에 존재하고 있는 다양성을 소개하고, 부족민들에게 경제적 기회를 제공하고 그리고 커뮤니케이션과 이해를 강화하기 위해서이다."[81] Harley-Davidson은 이 행사를 후원하고, 이 시장과 관계를 맺으려는 기업 중의 하나이다.
- Nike는 교육 프로그램을 개발하고 보호구역 안에 건강과 운동을 증진시키기 위해 Indian Health Service와 협력해 왔다.[82]

5.7 아시안 인도계 미국인

대략 225만 명 정도의 아시안 인도계 미국인이 있다. 이 시장은 이민으로 인해 빠르게 증가하고 있다. 아시안 인도계 미국인들은 뉴욕과 캘리포니아에 집중되어 있고, 상당수는 뉴저지, 일리노이, 텍사스 등에 있다. 그들은 교육을 잘 받았고, 부유하며, 영어에 능통하다; 아직 대부분은 그들의 인도적 배경과 문화적 연계를 유지한다.

인도에 별로 친숙하지 않은 사람들은 인도가 단일민족 국가라고 생각한다. 그러나 여러 면에서 인도는 미국보다는 유럽에 더 가깝다. 인도는 28개의 주, 6개의 통합 구역, 15개의 공식적 언어, 수십 개의 다른 언어와 방언을 가지고 있다. 따라서 미국으로 이민 오는 사람들이 공통점을 많이 갖고 있지만, 그들은 인도에서의 배경에 기반한 많은 차이점을 가지고 있다.

많은 측면에서 다양하지만, 대부분은 많은 중요한 문화적 특성을 공유하고 있다:

- 그들은 교육, 특히 자녀 교육에 큰 가치를 두고 있다.
- 그들은 재정적 안정에 관심이 많고, 보통의 미국인들보다 저축률이 훨씬 더 높다.
- 그들은 "낭비하는" 사고방식을 가지고 있지 않다. 그들은 가치있는 쇼핑을 하고 품질과 내구성을 추구한다.

- 남편이 가족의사결정에서 주도적 역할을 하는 경향이 있다.

아시안 인도계 미국인들은 일반 대중매체에 관심을 갖는다. 그들은 또한 Silicon India 이나 Indian Life & Style 같은 전문 잡지, IndiaAbroad.com과 같은 온라인 사이트뿐만 아니라, 인구가 상당히 많은 지역에서는 케이블 TV, 라디오 방송국 그리고 신문을 이용해서 표적화 될 수도 있다. 예를 들어, Western Union은 이 집단에 집중되어 있는 케이블 채널인 Eye on Asia를 이용해서 이 세분시장에 광고를 한다. 전국적 도달(reach)은 현재 인도로부터의 다양한 채널을 가지고 있는 EchoStar' s Dish Network의 South Asia Package를 통해 가능하다. 인도 커뮤니티에 대한 장기적 관여는 이 세분시장으로부터 지지를 얻기 위한 효과적인 방법이다:

Metropolitan Life는 뉴욕과 뉴저지 주변으로부터 10만 참여자를 유치하는 종교 행사인 Navaratri의 주요 협찬자였다. 어느 참가자는, "회사의 최고경영자 중의 한 명이 그 축제에 참가했었는데, 그 회사는 기념 프로그램에서 일련의 광고를 했다. 지금 우리는 우리에게 관심을 가진 이 기업에 보상해야 한다고 느낀다."라고 했다.[83]

인터넷도 이러한 소비자들을 대상으로 마케팅 하는데 효과적인 방법이다. 그러나 그러한 노력은 커뮤니티에 대한 충분한 이해를 필요로 한다:

12월이지만, Namaste.com의 휴가 문의는 두 달째 잠잠하다. 크리스마스는 이 사이트 고객에게는 큰 시즌이 아니다. "크리스마스 즈음에 인도인들에게 선물할 것을 제안하는 것은 이해가 되지 않는다. 그것은 잘못된 마케팅 메시지이다. Diwali [늦은 10월에 열리는 불빛 축제]가 인도인들의 '크리스마스' 이다."[84]

5.8 아랍계 미국인

2000년 센서스 조사는 미국에서 스스로 아랍계 미국인이라고 생각하는 125만 명을 확인했다. 그러나 아랍계 미국인 협회(아랍계 미국인과 관련된 자료를 분석하기 위한 인구통계청의 공식 지정된 단체)는 3가지 요소에 의해 비공식적으로 추정했는데, 추가적인 조사에 근거해서 아랍계 미국인들의 인구는 대략 350만 명 정도로 추정하였다. 아마도, 미국에 있는 어떤 집단도 아랍계 미국인보다 더 부정확한 고정관념이 있지는 않을 것이다. 예를 들면 다음과 같은 것이다 : 아랍계 미국인들의 가장 공통적인 종교는 무엇일까? (1990년대 초반 약 50%에서 상승한) 66%가 그들 자신을 기독교인이라고 하고, (1990년대 초반에는 50%에서 하락 한) 24%는 이슬람교인 이라고 한다.

아랍계 미국인들은 모로코, 알제리, 이집트, 레바논, 요르단, 사우디아라비아, 쿠웨이트와 같은 다양한 나라 출신들이다. 그들은 일반적으로 아랍계 유산과 언어를 공유한다. 세계 2차 대전 이후, 많은 아랍 이민자들은 사업가들, 토지소유자들 혹은 모국에서 정치적 혼란으로부터 망명 온 영향력 있는 집안들이었다. 이러한 개인들 중 다수는 이미 서양의 또는 서양화된 학교에 다녔기 때문에 미국에 오기 전부터 영어에 능숙했다.

아랍계 미국인들 중 80%이상이 미국 시민권자들이고, 대부분은 미국에서 태어났다. 이 집단은 일반 미국인들보다 약간 더 젊고, 더 교육을 잘 받았으며, 평균보다 더 높은 소득을 갖고 있다. 그들은 또한 사업가가 될 가능성들이 훨씬 더 많다. 아랍계 미국인들 중 1/3이 캘리포니아, 뉴욕, 미시간에 산다.

대부분의 아랍계 미국인들은 그들의 문화에 대한 부정적인 고정관념과 와전에 지쳐있다. 심지어 Aladdin이란 영화는 모욕과 실수를 담고 있었다. Aladdin은 자기 나라가 "야만적인" 나라라고 노래했다. 경비원은 배고픈 동생 때문에 음식을 훔친 어린 소녀의 손을 자르겠다고 협박했다. 그러한 행동은 이슬람 법률과 반대된다. 근거도 없는 이상한 아랍나라의 가게 간판은 아랍어나 어떤 다른 언어로도 의미가 통하지 않는 상징을 갖고 있다. 2001년 9월 11일, WTC와 국방부 폭파 후유증은 아랍계 시민에 대한 편견을 유발했을 뿐만 아니라 그들의 배경과 신념에 대한 지식을 어느 정도 높였다.

이 시장에 접근하는 첫 번째 규칙은 이 집단 구성원들을 존중하고 정확하게 알고 대하는 것이다. 이 시장에 초점을 맞춘 전문화된 신문, 잡지, 라디오와 TV 방송국들이 있다. EchoStar's Dish Network는 아랍 언어로 된 패키지 프로그램을 제공한다. 또한 Walmart는 미시간 주의 Dearborn과 같이 많은 아랍계 미국인들이 거주하는 지역에서 팔라펠(falafel, 아랍세 음식의 하나), 올리브 그리고 이슬람 연하장과 같은 제품을 공급하면서, 제품 선정을 조정하기 시작했다. 이 커뮤니티의 독특한 전통에 주의를 기울이는 것은 큰돈을 벌 수 있게 해준다.[85]

5.9 종교적 하위문화

LO6

미국은 기본적으로 **비종교적인 사회(secular society)**이다. 즉, 교육 시스템, 정부, 정치 과정은 종교 집단에 의해 통제되지 않고, 대부분 사람들의 일상적인 행동들은 엄격한 종교적 지침에 의해 지배되지 않는다. 그럼에도 불구하고, 미국 성인의 약 82%가 종교적인 소속을 주장하고, 30%가 최소한 한 달에 한번 종교행사에 참가한다고 주장하며, 54%가 넘는 성인이 종교는 그들의 삶에서 매우 중요하다고 말한다.[86] 흥미로운 것은, 일부 사람들은 종교를 완전히 떠나고 있는 반면, 다른 사람들은 종교를 바꾸기도 한다. 최근의 연구는 성인의 44%가 다른 종교로 옮겨가고 있으며, 프로테스탄트 교파 안에서 움직이기도 하고, 완전히 종교를 떠나기도 한다고 지적한다.[87]

미국 문화가 대체로 비종교적이라는 사실을 사회의 모두가 최적의 상태로 보지 않는다. 많은 보수적인 기독교인들은 그들의 신앙과 동일 선상에 있는 사회와 사법 제도를 더 선호한다. 낙태, 학교에서의 기도, 창조설 대 진화론에 대한 가르침, 동성애자의 권리 그리고 그 밖에 많은 이슈들에 대한 강력한 논쟁은 미국 사회에서 이러한 분열의 증거이다.

종교는 많은 미국인들에게 중요하고 행동에 직접적으로 영향을 미친다. 종교를 주제로 한 제품의 소비[88], 술과 같은 다른 제품의 소비를 회피하는 것은 좋은 예이다. 미국의 다른 종교들은 다른 가치와 행동을 제시한다. 따라서 미국에는 수많은 **종교적 하위문화**

(religious subcultures)들이 존재한다.

1. 기독교인 하위문화

많은 미국 가치 시스템과 그 결과로 생긴 정치적 및 사회적 기관은 초기 정착민들의 기독교적 신념, 대부분 프로테스탄트적 신념으로부터 파생되었다. 비록 미국문화가 기본적으로 비종교적이지만, 많은 이러한 전통과 가치들은 대부분 미국인의 유대 기독교적 유산으로부터 파생되었다. 크리스마스, 부활절, 추수 감사절과 같은 미국의 주요 휴일의 대부분은 종교적인 기반을 가지고 있다. 그러나 부활절을 제외하고, 이러한 휴일들의 순수한 종교적인 기반이 더 이상 예전처럼 중심 주제는 아니다.

비록 미국이 대부분 기독교인들이지만, 그들의 종교를 기독교라고 주장하는 미국 성인의 비율은 1990년 86.2%에서 2010년에는 76.0%로 떨어졌다.[89] 그러나 Yankelovich는 X세대와 Y세대로 이루어진 "젊은 종교적(young religious)" 집단이라고 불리는 심리 묘사적 세분시장을 추적해 왔다. 영화 The Passion of the Christ의 대성공에 따라, 의류 업체들은 "예수님은 내 고향친구(Jesus is my homeboy)"라는 슬로건이 새겨진 T셔츠와 같이, 이러한 젊은 오디언스에게 호감을 주는 트렌디 패션을 마케팅하기 시작했다. 일부 소매업자들은 이러한 트렌드를 수용하는 반면, 이런 트렌드가 고객들을 불쾌하게 하는 것을 걱정하는 다른 소매업자들은 쇠퇴하였다.[90] <사진 5-7>에서 보여주는 웹사이트는 이 집단을 표적으로 하고 있다.

Chik-fil-A는 설립자인 Truett Cathy의 믿음에 근거해서 크리스천 교리에 따라 일요일에는 영업을 하지 않는다는 점에서 전국기반의 패스트푸드 체인들 중에서 드문 기업이다. 아래는 이러한 의사결정에 대한 이 기업의 마케팅 부회장의 이야기이다:

> 우리는 항상 다른 고객들 심지어 건물주로부터 압력을 받아왔다. 그러나 궁극적으로 그것은 우리에게 근본적인 사업이슈라고 우리는 느끼고 있다. 그리고 일요일에 영업을 하도록 유혹을 받지는 않는다. 공교롭게도 많은 사람들이 우리가 삶에서 돈에 앞서 무엇인가에 가치를 둔다는 사실을 존중한다….[91]

미국에서 기독교는 많은 형태를 갖고 있는데, 각각은 독특한 신념과 행동을 갖고 있다.

로마 가톨릭교도 하위문화(Roman Catholic Subculture) 대략 미국 성인의 21%가 로마 가톨릭 신자이다. 가톨릭교회는 매우 구조화되고 위계화되어 있다. 교황은 종교적인 권위의 중심이고 성경과 행사에 대한 개인적인 해석은 최소화된다. 가톨릭교회의 기본적인 교리 중에서 결혼생활의 주된 목적은 자식을 낳는 것이다. 그러므로 비록 많은 가톨릭 신자들이 준수하지는 않지만, 피임기구를 사용하는 것은 금기시된다. 이 결과 프로테스탄트나 유대교인들보다 가톨릭 신자들의 평균 가족규모가 더 크다. 대규모 가족 규모는 경제적인 이익을 얻는 것과 상위 사회로의 이동을 더 어렵게 만든다. 이는 또한 많은 다른 종교에 비해서 가톨릭 신자들에 의해 소비되는 제품의 종류에도 주요한 영향을 미친다.

가톨릭교회는 인종적 하위문화들로부터 온 성인 신도들의 비율이 대략 35%정도로 인

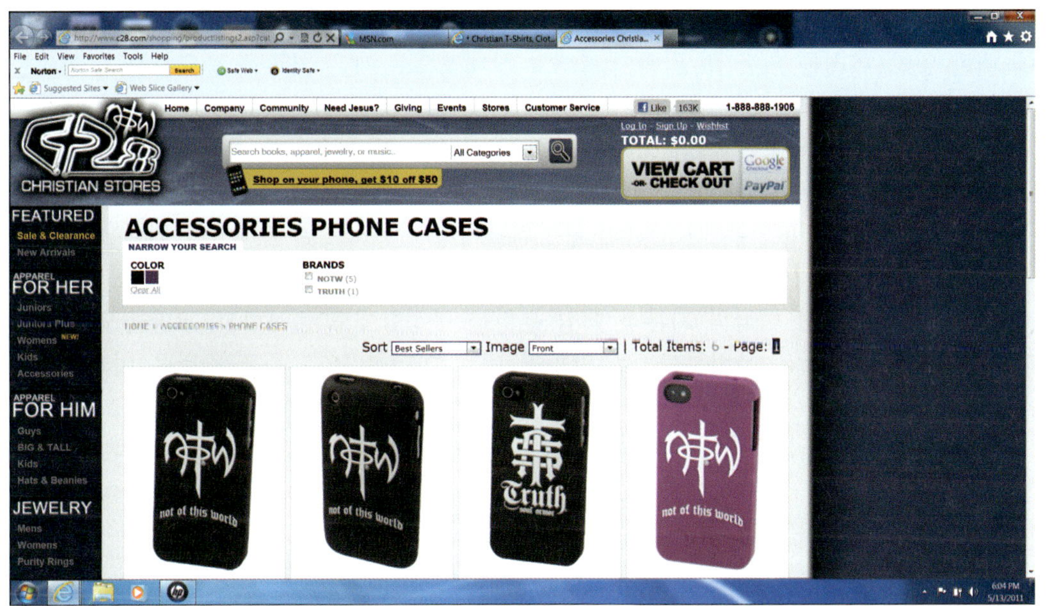

사진 5-7

이 웹사이트는 Yankel-ovich 에 의해서 확인된 "젊은 종교적"세분시장에 소구한다.

종적으로 다양하다. 앞에서 확인했듯이 히스패닉계의 주도적 종교는 가톨릭이다. 히스패닉계는 1960년 이후로 가톨릭 신자가 크게 성장하기 시작했다. 성인 가톨릭 신자의 29%가 히스패닉이고, 3%는 아프리카계 미국인이며, 3%는 아시아인이다.[92] 아마도 더 심하게 말하면, 25세 미만의 가톨릭 신자의 50%가 히스패닉이다.[93] 가톨릭 신자들은 북동부 및 대규모 히스패닉 인구가 사는 지역에 집중되어 있다. Encuentro 2000: Many Faces in God's House는 전국적 수준에서 처음으로 모든 민족적 및 인종적 배경의 사람들을 받아들였던 특별한 행사였다. 이 회합은 라틴음악, 민속촌, 아시아인들의 경험을 반영하는 워크숍, 다양한 민족적 배경을 갖고 있는 연사들을 포함하였다.[94] 이것은 단지 첫걸음에 불과했다. 가톨릭 주교 전미 콘퍼런스(The United States Conference of Catholic Bishops)는 히스패닉 커뮤니티에 교육 및 봉사활동에 대한 이슈에 헌신하는 히스패닉 관련업무 전담 웹사이트를 갖고 있다. 보다 지역적 수준에서, Baltimore 대주교는 지금의 Mexico City 근처에서 1531년에 인디안 소작농으로 나타났었다고 하는 Our Lady of Guadalupe를 위한 연중 미사를 개최한다.

프로테스탄트와 마찬가지로, 가톨릭교도들도 그들의 헌신과 보수주의에 있어서 다양하다. 더 보수적인 신도들은 프로테스탄트교 보수주의자와 많은 가치관과 행동을 공유한다. 가톨릭교도들은 그들의 종교와 관련해서 소비제약이나 요구조건이 거의 없다. 이 집단을 표적으로 하는 마케터들은 전문화된 잡지와 라디오 프로그램을 통해 더 독실한 신도들한테 다가갈 수 있다.

개신교인 하위문화(Protestant Subcultures) 대략 미국 성인의 45%가 스스로를 개신교도라고 한다. 그들 간에 상당한 차이를 가지고 있는 여러 형태의 개신교 신앙이 있지만, 대부분은 핵심 교리로서 하나님과의 직접적이고 개인적인 경험을 강조한다. 일반적으로,

개신교 신앙은 개인적인 책임과 통제를 강조한다. 이 초점은 강한 직업윤리, 과학적 지식에 대한 열망, 미래를 위한 희생 의지 그리고 상대적으로 작은 가족을 중요시한다. 이러한 특징들은 결국 상향적 사회 이동을 창출하고 미국에서 지배 엘리트의 주류를 만들어냈다.

개신교의 가치와 태도는 핵심 미국 문화를 형성하는 경향이 있다. 이는 특히 서유럽 백인 개신교도들 즉 WASP(White Anglo-Saxon Protestants: 백인 앵글로색슨 개신교도들)의 경우에 사실이다. 이 집단은 이 집단의 구성원들에게 전통적으로 속해있던 권력을 이용해서 인구수, 부, 권력의 측면에서 역사적으로 미국을 지배해왔다.

비록 개신교도들이 미국의 기본적 핵심 문화를 구성함에도 불구하고, 교파들 간 및 교파 내의 다양성은 많은 하위문화들을 만들어 낸다. 이러한 많은 종교 집단은 마케터에게 직접적으로 관련이 있는 독특한 신념을 가지고 있다. 여기에는 일반적으로 카페인(Mormon 교회에는 금기시 되는)이나 술(남부 침례교회에서 금기시 되는)과 같은 각성제들을 함유하고 있는 제품에 대한 소비도 포함하고 있다. 그러나 가톨릭 신자들 내에서와 마찬가지로 개신교도들 내 기본적인 차별점은 그들의 종교적 신념의 보수주의 정도이다. 개신교도들의 대다수는 보수주의 측면에서 중립적이다. 이는 미국의 지배적인 문화적 가치와도 일치한다. 그러나 상당부분은 매우 보수적이고 보수적인 가톨릭 신자들과 마찬가지로 중요한 하위문화를 대표한다.

거듭난 기독교인 하위문화(The Born-Again Christian Subculture) 거듭난 기독교인은 기독교 권리, 종교적 권리, 보수적 기독교인, 복음주의 기독교인, 원리주의 기독교인을 의미한다. **거듭난 기독교인**은 성경에 나와 있는 문자 그대로의 진리에 대한 강한 신념, 그들의 종교적 신념에 대한 매우 강한 헌신, "거듭난" 경험체험 그리고 다른 사람들이 예수를 믿도록 권유하는 것으로 특징 지워진다.

거듭난 기독교인들은 일반 미국인들보다 약간 낮은 교육수준과 소득 수준을 갖는 경향이 있다. 그들은 더 전통적인 성역할 지향성을 갖는 경향이 있다. 거듭난 기독교인들은 낙태, 동성애자들의 권리, 학교에서의 기도와 같은 이슈들에 관한 그들의 정치적 입장에 대해서 잘 알려져 있다.

그들의 신념도 자신들의 소비 패턴에 영향을 미친다. 그들은 일반적으로 술과 마약을 사용하는 것에 반대한다. 그들은 섹스나 부도덕한 행동들에 과도하게 초점을 맞춘 영화나 TV 프로그램을 보지 않는다. 사실 거듭난 기독교인들의 다양한 집단들은 그들이 부적합하다고 생각하는 쇼를 후원하는 광고주들 또는 그들의 신념에 위배되는 정책과 절차를 갖고 있는 기업들에 대항해서 불매운동을 조직하거나 위협해왔다.

반면, 그들은 전통적(예: 개신교도) 가족(남편, 아내, 아이들)의 가치관을 묘사하는 프로그램, 책, 영화는 매우 잘 받아들인다. 비슷한 가치관을 지지하는 명성을 가지고 있는 기업들은 이 세분시장에서 잘 받아들여진다.

2. 비기독교인 하위문화

유대교인 하위문화(Jewish Subculture) 유대교도들은 미국 성인의 2%를 차지하고 있고, 역사적으로 민족적인 정체성과 종교적인 정체성이 구분될 수 없게 결합되어 왔다는 점이 특이하다. 역사적으로, 미국의 유대인들은 같은 유대인들과 결혼하는 경향이 있지만, 시간이 지나면서 다소 변하긴 했다.[95] 실제로, Match.com 회원들에 대한 최근의 한 연구는 유대교 독신 남자의 81%와 유대교 독신 여성의 72%가 그들과 다른 인종, 민족 혹은 종교의 사람과 데이트한다고 답했다(이 비율은 대부분의 다른 종교인들에게서 발견되는 것과 비슷하다).[96]

유대인들은 북서쪽에 매우 집중되어 있지만, 미국 전역, 특히 선벨트로 점차 흩어지고 있다.[97] 미국의 유대인들은 평균보다 높은 소득과 교육수준을 갖는 경향이 있다. 대부분의 경우, 유대인들의 소비 패턴은 비슷한 교육과 소득수준을 가진 다른 미국인들과 유사하다.

다른 종교 집단들과 마찬가지로, 독실하고 보수적인 유대인들은 주류 유대인들과 구별되는 하위문화들을 보여준다. 정통 유대인들은 돼지고기와 같은 몇몇 음식들은 금기시하고 다른 음식에 대해서 엄격한 식습관 규칙을 가지고 있다(사진 5-8). 또한 그들은 유대인들의 휴일을 엄격하게 준수하고, 많은 사람들이 심지어 세속적인 측면의 크리스마스 같은 주요 기독교인 휴일에도 동참하지 않는다. 개혁파 유대교도와 유대교의 엄격한 해석에 별로 집착하지 않는 일반 유대교도들은 이러한 관행에 덜 영향을 받는다.[98]

Glatt Kosher SUBWAY®
8948 W. Pico Boulevard
Los Angeles, CA 90035

MENU/NUTRITION | WHAT IS KOSHER? | CATERING | LUNCH PROGRAM | DELIVERY

Glatt Kosher School Lunch Program

The Glatt Kosher SUBWAY® Restaurant offers Kosher lunch programs to local schools.

Benefits of offering Glatt Kosher SUBWAY® at your school:

- Menu Variety
- Popular With Kids
- Simple Concept
- Individual Servings
- Portable Product that Travels Well
- No Cooking or Frying
- Healthful Alternative to Fatty Fast Food
- Glatt Kosher!!!
- We take time to learn how the different businesses operate, so that we can offer one of the most reasonable, well-structured programs for your school. The Glatt Kosher SUBWAY® has a great program designed specifically for elementary and secondary schools: the Glatt Kosher SUBWAY® School Lunch Program!

사진 5-8

많은 종교들이 교인들에게 식습관을 규정한다. 이 기업은 유대교의 지침을 따르는 음식을 제공하는데 지속적인 관심을 강조하기 위해 웹사이트를 사용한다.

이슬람교도 하위문화(Muslim Subcultures) 아랍계 미국인은 종종 이슬람교도가 아니며, 같은 이유로 미국의 이슬람교도들이 반드시 아랍인이 아닐 수 있다는 것을 앞의 논의로부터 기억할 필요가 있다. 미국에서의 이슬람교도들은 (미국 성인인구의 대략 0.6%를 차지한다)[99] 아랍계 미국인, 아프리카계 미국인, 아시아계 미국인 그리고 히스패닉을 포함해서 문화적으로 다양하다. 개신교도들과 마찬가지로, 대부분은 코란에 근거하고 있음에도 불구하고, 다양한 신념의 패턴을 가지고 있는 다양한 종류의 이슬람교 종파들이 있다. 개신교도, 가톨릭교도, 유대인들과 마찬가지로, 이슬람교도들 간에 가장 명확한 구분은 보수주의 정도와 종교 교리의 가르침에 부여한 중요성이다. 미국의 다른 종교적 집단과 마찬가지로, 대부분의 이슬람인들의 삶은 일, 가족, 학교, 성공과 행복추구에 집중되어 있다.

일반적으로, 이슬람교도들은 마약과 술 그리고 성적 허용에 대해서 보수적인 경향이 있다. 사실, 많은 사람들이 데이트를 반대한다. 또한 그들은 가장 나이 많은 남성이 가장인 가족과 연장자에 대한 존경을 매우 강조한다. 더 독실한 이슬람교도들은 돼지고기 제품뿐만 아니라 이슬람의 엄격한 율법에 부합하지 않는 어떠한 음식도 피한다. 독실한 파키스탄 이슬람교도가 서양식 식당에서 밥을 먹지 않는 이유에 대한 다음과 같은 인용은 이것이 왜 스트레스를 유발시키는가를 설명해 준다:

> 글쎄, 돼지고기나 베이컨을 팬에 요리하는 요리사가 같은 팬에 야채들을 요리하지 않았다는 것을 어떻게 내가 확신할 수 있는가? 비록 그가 다른 팬을 사용했다고 하더라도 그가 베이컨과 야채를 요리하는 사이에 손을 씻었다는 것을 어떻게 내가 확신할 수 있는가? 나는 밖에서 순수한 음식을 먹을 수 있는 어떤 방법이 있다고 생각하지 않는다.[100]

이러한 신념은 더 큰 사회에서의 관습과 충돌하고, TV나 영화에서 그려지는 이미지와 충돌할 뿐만 아니라 미국으로 이민 온 나이 많은 이슬람교도와 미국에서 자란 자녀들과의 갈등의 원천도 된다.[101] 미국의 이슬람교도들은 그들만의 잡지, 학교, 사교클럽, 결혼 서비스, 서점을 가지고 있다. 미국에는 1,100개 이상의 이슬람 사원과 성소가 있다. 일반적으로, 이 하위문화는 아랍계 미국인 하위문화와 겹쳐지는 부분을 빼고는 마케터들의 주의를 끌지 못한다.

불교도 하위문화(Buddhist Subculture) 미국에는 거의 이슬람교도 정도의 불교 신자들이 있다. 아시아계 미국인들이 불교 신자(약 6%)보다 기독교인(약 43%)일 가능성이 더 높음에도 불구하고, 불교 신자들은 주로 아시아계 미국인이거나 백인이다. 불교 신자들은 소득이나 교육에 있어 평균보다 약간 높은 경향이 있고, 서부에 집중되어 있다.

미국에는 많은 불교 종파들이 있다. 모든 만물은 윤회(samsara)안에 갇혀 있다는 기본적인 생각을 강조하는데, 괴로움과 다시 태어남의 순환인 윤회는 근본적으로 욕망과 악업에 의한 행동에 기인한다. 고결한 팔정도(Eightfold Path)를 실천하여 윤회를 벗어나 열반을 성취할 수 있다. 이것은 윤리적 및 수행적 관습, 집중과 명상의 훈련 그리고 통달된 지혜의 개발을 포함한다.

지금까지, 마케터들은 이 시장을 아주 무시해왔다. 이 시장의 작은 규모와 각기 다른 민족적 구성이 이 시장을 표적으로 하는 것을 어렵게 만들었다. 그러나 전문화된 매체가 불교 신자들에 대한 서비스를 점진적으로 발전시키고 있으므로, 기회는 발빠른 마케터들에게 주어질 것이다.

5.10 지역적 하위문화

독특한 **지역적 하위문화(regional subcultures)**들은 자연환경과 자원과 같은 기후 조건, 각 지역에 정착한 다양한 이민 집단들의 특성 그리고 중요한 사회적이고 정치적인 사건의 결과로 인해 발생한다. 이러한 독특한 하위문화들은 마케터들에게 수많은 기회와 도전을 의미한다. 다음과 같은 예를 보자.

- TGI Friday's는 치킨튀김스테이크를 포함하여 70종의 기본 메뉴 뿐만 아니라 30종의 지역적 메뉴를 추가한 세트를 포함한 고객 맞춤형 메뉴를 가지고 있는데, 이는 미국의 남동부 지역에서는 성공을 했지만 다른 지역에서는 실패했고, 구운 브리치즈 애피타이저는 오직 미시간에서만 제공된다.
- 많은 전국 잡지들이 지역판을 운영한다. 예를 들어, TV Guide는 NFL 미리 보기 발행물에 대해 25개의 다른 지역판을 갖고 있다. 또한, Sports Illustrated는 종종 스포츠에 열성적인 특정 도시에서는 Sports Illustrated Boston Collection과 같은 특별판을 제

표 5-3 지역별 소비 차이

	북서부	중서부	남부	서부
제품				
수입 맥주	124	80	89	120
치아 미백제	99	96	107	94
아침 페스트리	87	106	106	94
베이글	129	102	82	83
활동				
바/나이트클럽/무도회 출입	109	112	95	87
낚시	78	73	102	145
스노보드	104	87	82	143
대학 풋볼 팬	54	126	129	62
쇼핑				
Office Max	90	130	107	65
GAP	145	59	103	99
Dominos Pizza	91	68	117	112
Applebee's	110	129	91	76
매체				
The New Yorker	216	60	62	106
North American Hunter	91	178	64	86
The Amazing Race (CBS)	78	109	109	95
The Simpsons (FOX)	93	95	95	120

주: 100 = 사용, 구매, 혹은 소비의 평균 수준.
Source: *SMRB*, 2006.

공한다.[102]

- 남부 California와 Colorado에 있는(또한 현재는 온라인 at www.wahoos.com에도 있는) 식당인 Wahoo's는 일부에서는 약간 이상하게 들릴 수 있지만 히스패닉 소비자들 사이에서는 인기있는 메뉴 아이템인 생선 타코를 제공한다.

비록 가장 효과적인 지역 마케팅 전략은 종종 작은 지리적 지역에 근거하고 있지만, 훨씬 큰 지역마다 상당한 소비의 차이점을 발견할 수 있다. <표 5-3>은 미국의 4개 인구조사 지역에 따른 몇몇 소비의 차이점을 보여준다. 소비 패턴에서 이러한 명확한 차이점을 고려해 볼 때, 마케터들은 최소한 일부 제품 범주에 대해서, 미국도 유럽 연합(EU)과 마찬가지로 단일 시장이 아니라는 것을 알게 된다. 특성화된 (지역적) 마케팅 프로그램들이 일반적으로 표준화된 (전국적) 프로그램보다 더 비용이 많이 들기 때문에, 마케터들은 증가된 비용 대비 잠재적 판매 증가의 균형을 맞춰야 한다. 의사결정과정은 제2장에서 다국적 마케팅 의사결정 부분에서 설명되었던 것과 정확히 동일하다.

요약

학습목표 1: 하위문화 및 독특한 시장 행동에 대한 이들의 영향을 이해한다.

미국은 점차 더 다양해지고 있다. 이러한 다양성 의 많은 부분은 이민과 인종적 자부심의 증가가 가속화되었고 많은 미국인들 간에서 비유럽적 유산이 있음을 파악하게 된 것도 계기가 되었다. 한 문화의 대부분의 구성원들은 그 문화의 핵심 가치, 신념 그리고 행동의 대부분을 공유한다. 그러나 대부분의 사람들은 몇몇 다른 문화에도 속해 있다. 하위문화는 더 큰 문화의 세분시장인데 이 하위문화의 구성원들은 독특한 행동패턴을 공유한다. 인종적, 종교적 그리고 지역적 하위문화 구성이 미국 사회를 특징짓는다. 이런 하위문화의 존재는 마케터들에게 이러한 집단의 독특한 욕구에 부응하는 독특한 마케팅 프로그램을 개발할 기회를 제공해준다. 인종적 하위문화는 이들의 공통된 인종, 언어 혹은 국적의 배경을 근거로 공유된 독특한 행동으로 정의된다. 비유럽인종 집단이 미국 인구에서 차지하는 비율이 2010년의 38%에서 2030년에는 47%를 구성할 정도로 상당히 크면서도 계속 증가하는 비율을 나타낸다.

학습목표 2: 아프리카계 미국인 하위문화 및 이들의 독특한 마케팅 측면을 분석한다.

아프리카계 미국인은 미국 전체 인구의 약 13%를 차지할 정도로 상당히 큰 비유럽 인종집단이다. 비록 아프리카계 미국인이 일반 미국 인구보다는 젊고 소득이 낮은 성향은 있지만, 그들의 교육수준, 소득, 구매력 그리고 문화적 영향의 급속한 증대 때문에 이 대규모의 다양한 하위문화가 마케터들에게 계속적으로 매력적이다.

학습목표 3: 히스패닉 하위문화 및 이들의 독특한 마케팅 측면을 분석한다.

히스패닉은 미국에서 가장 크고 급속히 성장하는 소수민족이다. 비록 히스패닉이 다양한 국적 배경(멕시코, 푸에르토리코, 쿠바 등)을 갖고 있지만, 스페인어, 공통 종교(가톨릭) 그리고 전국적인 스페인어 매체와 유명 연예인들이 어느 정도 동질적 히스패닉 하위문화를 창출한다.

학습목표 4: 아시아계 미국인 하위문화 및 이들의 독특한 마케팅 측면을 분석한다.

아시아계 미국인은 가장 다양한 인종적 하위문화를 갖고 있다. 이들은 다양한 국적의 언어와 종교로 특징지워진다. 마케팅적 관점에서 아시아계 미국인을 단일 집단으로 고려하는 것은 적합하지 않다. 아시아계 미국인은 국적별 하위문화로 접근하는 것이 최선이다.

학습목표 5: 토착 미국인, 아시안-인도계미국인, 아랍계 미국인 **하위문화 및 이들의 독특한 마케팅 측면을 분석한다.**

아메리칸 원주민, 아시안 인디안 미국인 그리고 아랍계 미국인은 적지만 중요한 하위문화이다. 각각은 다양하지만 적어도 일부 제품의 경우 단일 시장으로 접근하기에 충분한 공통된 가치관과 행동을 공유한다. 지역적 밀집과 전문화된 매체가 표적화된 마케팅 캠페인을 가능하게 한다.

학습목표 6: **다양한 종교적 하위문화 및 이들의 마케팅적 의미를 설명한다.**

비록 미국이 비교적 세속적인 사회라고 하지만, 약 82%의 미국 성인은 종교를 갖고 있다고 주장하고 대부분의 사람들이 종교가 그들의 삶에서 중요하다고 주장한다. 미국 성인의 대부분은 비록 그 비율은 매년 감소하고 있지만 자신들을 기독교인이라고 생각한다. 종교적 하위문화의 다양성은 기독교 신앙과 유대교, 이슬람교, 불교 내와 종교들 사이 전체에 존재한다. 각 신앙 내에서 가장 큰 차이는 신도들의 보수성의 정도이다.

학습목표 7: **지역적 종교가 하위문화로서 역할을 설명한다.**

지역적 하위문화는 기후적 조건, 자연환경과 자원, 각 지역에 정착하는 다양한 이민 집단의 특성 그리고 상당한 사회적 및 정치적 사건의 결과로 발생한다. 지역적 하위문화는 소비 행동의 모든 측면에 영향을 주고, 수준 높은 마케터는 미국이 많은 지역적 시장으로 구성되었다는 것을 인정한다.

주요 용어

문화적응(acculturation)
거듭난 기독교인(born again christian)
인종적 하위문화(ethnic subculture)
히스패닉(hispanic)
지역적 하위문화(regional subculture)
종교적 하위문화(religious subculture)
비종교적 사회(secular society)
하위문화(subculture)

참고 문헌

1. The chapter opener is based on "L. M. Keefe, "P&G's Multicultural Marketing DNA," *Marketing News,* March 1, 2004, pp. 13–14; "Procter & Gamble Launched 'My Black is Beautiful' Campaign at 2007 BET Awards," *My Black is Beautiful,* press release, July 3, 2007; J. Neff, "My Black is Beautiful," *Advertising Age,* August 27, 2007, www.adage.com, accessed June 4, 2008; "Procter & Gamble Unveils "My Black is Beautiful," *My Black is Beautiful,* press release, August 8, 2007; M. Bush, "P&G Unveils 'My Black is Beautiful' Campaign," *PRweek,* December 3, 2007, p. 5; excerpts from *My Black is Beautiful Personal Journal and Discussion Guide;* and information from www.myblackisbeautiful.com, accessed April 22, 2011.
2. C. Fisher, "It's All in the Details," *American Demographics,* April 1998, p. 45.
3. 2010 percentages are from the 2010 Census and are found at *Overview of Race and Hispanic Origin: 2010* (Washington, DC: U.S. Census Bureau, March 2011). All other data are from *Table 4. Projections of the Population by Sex, Race, and Hispanic Origin for the United States: 2010 to 2050* (Washington, DC: U.S. Census Bureau, August 2008).
4. W. H. Frey, "Micro Melting Pots," *American Demographics,* June 2001, pp. 20–23.
5. R. Monger, *U.S. Legal Permanent Residents: 2009* (Washington, DC: U.S. Department of Homeland Security, 2010), p. 4.
6. M. R. Forehand and R. Deshpande, "What We See Makes Us Who We Are," *Journal of Marketing Research,* August 2001, pp. 336–48.
7. *Statistical Abstract of the United States: 2011* (Washington, DC: U.S. Census Bureau, 2011); and *2008 ASEC Supplement* (Washington, DC: U.S. Census Bureau, 2009).
8. E. Morris, "The Difference in Black and White," *American Demographics,* January 1993, p. 46.
9. "Households by Total Money Income in 2008," *2009 Annual Social and Economic Supplement* (Washington, DC: U.S. Bureau of the Census, 2009).
10. J. M. Humphreys, "The Multicultural Economy 2009," *Georgia Business and Economic Conditions* 69, no. 3 (2009).
11. Table 5-2 is derived from results presented in *Black America Today* (Radio One and Yankelovich, June 2008); and information found on BlackAmericaStudy.com, accessed April 23, 2011.
12. Y. K. Kim and J. Kang, "The Effects of Ethnicity and Product on Purchase Decision Making," *Journal of Advertising Research,* March 2001, pp. 39–48.
13. J. Adler, "Marketers, Agencies Praise BET's Savvy," *Advertising Age,* April 11, 2005, p. B16.
14. *Demographics of Internet Users* (Washington, DC: Pew Internet & American Life Project, May 2010).
15. E. Burns, "African American Online Population Is Growing," *The ClickZ Network,* October 10, 2005, www.clickz.com, accessed June 7, 2008; "AOL: Some 80 Percent of African-Americans Online," *MarketingVOX,* October 17, 2005, www.marketingvox.com, accessed June 7, 2008; *Black America Today,* 2008; and "Top U.S. Web Brands and Parent Companies for September 2009," Nielsenwire.com, http://blog.nielsen.com/nielsenwire/online, accessed April 24, 2011.
16. A. Smith, *Technology Trends Among People of Color* (Washington, DC: Pew Internet & American Life Project, September 17, 2010).
17. P. Miller, *African Americans Are a Heterogeneous, Not a Homogeneous, Market,* Cablevision Advertising Bureau, 2005, www.onetvworld.org.
18. See, e.g., L. Sanders, "How to Target Blacks?" *Advertising Age,* July 3, 2006, p. 19.
19. See, e.g., B. DeBerry-Spence, "Consumer Creations of Product Meaning in the Context of African-Style Clothing," *Journal of the Academy of Marketing Science* 36 (2008), pp. 395–408.
20. E. M. Simpson et al., "Race, Homophily, and Purchase Intentions and the Black Consumer," *Psychology & Marketing,* October 2000, pp. 877–99. See also L. A. Perkins, K. M. Thomas, and G. A. Taylor, "Advertising and Recruitment," *Psychology & Marketing,* March 2000, pp. 235–55.
21. C. L. Green, "Ethnic Evaluations of Advertising," *Journal of Advertising,* Spring 1999, pp. 49–63; O. Appiah, "Ethnic Identification on Adolescents' Evaluations of Advertisements," *Journal of Advertising Research,* September 2001, pp. 7–21; and T. E. Whittler and J. S. Spira, "Model's Race," *Journal of Consumer Psychology* 12, no. 4 (2002), pp. 291–301.
22. *The African-American Market in the U.S.* (New York: Packaged Facts, 2008).
23. D. Howell, "Albertson's Caters to Different Ethnic Markets," *DSN Retailing Today,* October 1, 2001, p. 18.
24. Keefe, "P&G's Multicultural Marketing DNA."
25. T. L. Ainscough and C. M. Motley, "Will You Help Me Please?" *Marketing Letters,* May 2000, pp. 129–36; and T. L. Baker, T. Meyer, and J. D. Johnson, "Individual Differences in Perceptions of Service Failure and Recovery," *Journal of the Academy of Marketing Science* 36 (2008), pp. 552–64.
26. See V. D. Bush et al., "Managing Culturally Diverse Buyer–Seller Relationships," *Journal of the Academy of Marketing Science,* Fall 2001, pp. 391–404.
27. See e.g., *The African-American Market in the U.S.* (New York: Packaged Facts, 2008).
28. See e.g., *The African-American Market in the U.S.* (New York: Packaged Facts, 2008).
29. R. J. Wyatt, B. D. Gelb, and S. Geirger-Oneto, "How Social Insecurity and the Social Meaning of Advertising Reinforce Minority Consumers' Preference for National Brands," *Journal of Contemporary Issues and Research in Advertising* 30, Spring (2008), 61–70.

30. "Households by Total Money Income in 2008," *2009 Annual Social and Economic Supplement* (Washington, DC: U.S. Bureau of the Census, 2009).

31. J. M. Humphreys, "The Multicultural Economy 2009," *Georgia Business and Economic Conditions* 69, no. 3 (2009).

32. *The American Community Survey* (Washington, DC: U.S. Census Bureau, 2009).

33. See *Assimilation and Language* (Washington, DC: Pew Hispanic Center, 2004) and *Latino Shoppers* (Rockville MD: Packaged Facts, 2011).

34. *Generational Differences* (Washington, DC: Pew Hispanic Center, March 2004) and *Statistical Portrait of Hispanics in the United States, 2009* (Washington DC: Pew Hispanic Center, February 2011). See also R. Villarreal and R. A. Peterson, "Hispanic Identity and Media Behavior," *Journal of Advertising Research,* June 2008, pp. 179–90.

35. G. Berman, *Portrait of the New America* (Coral Gables, FL: Market Segment Group, 2002), p. 21.

36. Based on R. X. Weissman, "Los Niños Go Shopping," *American Demographics,* May 1999, pp. 37–39; H. Stapinski, "Generación Latino," *American Demographics,* July 1999, pp. 63–68; R. Gardyn, "Habla English," *American Demographics,* April 2001, pp. 54–57; J. D. Zbar, "Hispanic Teens Set Urban Beat," *Advertising Age,* June 2001, p. S6; H. Chura, "Sweet Spot," *Advertising Age,* November 12, 2001, p. 1; *Nuestro Futuro* (Redwood Shores, Cheskin, 2006); *Hispanic/Latino Market Profile* (New York: Mediamark Research, 2007), and *Resident Population by Race, Hispanic Origin, and Age* (Washington, DC: U.S. Census Bureau, 2010).

37. C. Webster, "The Effects of Hispanic Identification on Marital Roles in the Purchase Decision Process," *Journal of Consumer Research,* September 1994, pp. 319–31.

38. See, e.g., *Gender Norms and the Role of Extended Family* (Washington, DC: Hispanic Healthy Marriage Initiative, 2006), www.acf.hhs.gov/healthymarriage/pdf/Gender_Norms.pdf, accessed May 6, 2011; and *Latino Shoppers.*

39. *The American Community Survey* (Washington, DC: U.S. Census Bureau, 2009).

40. *The U.S. Hispanic Market* (New York: Packaged Facts, October 2003); and J. Noriega and E. Blair, "Advertising to Bilinguals," *Journal of Marketing,* September 2008, pp. 69–83.

41. L. Sonderup, "Hispanic Marketing," *Advertising & Marketing Review,* April 2004, www.ad-mkt-review.com.

42. *Hispanic Fact Pack 2010* (New York, NY: Advertising Age, 2010, p. 31).

43. W. R. Ortiz, "Answering the Language Question," CableTelevision Advertising Bureau, press release, www.onetvworld.org, accessed May 9, 2005.

44. "The U.S. Hispanic Market."

45. L. Wentz, "Rapid Change Sweeps Hispanic Advertising Industry," *AdAge.com,* May 3, 2005, www.adage.com.

46. Information from SiTV website at www.sitv.com, accessed May 6, 2011.

47. *Demographics of Internet Users.*

48. F. Korzenny, "Multicultural Marketing and the Reasons Why," *Journal of Advertising Research,* June 2008, pp. 173–76.

49. *Hispanic Fact Pack 2010.*

50. *Hispanics Online* (New York, NY: eMarketer, May 2010).

51. For these and other examples, see "Marketing to Hispanics," *Advertising Age,* February 8, 1987, p. S23; M. Westerman, "Death of the Frito Bandito," March 1989, pp. 28–32; and L. Wentz, "Debate Swirls over Slang in Coors Spot," *Advertising Age,* May 17, 2004, p. 6.

52. See D. Luna, L. A. Peracchio, and M. D. de Juan, "The Impact of Language and Congruity on Persuasion in Multicultural E-Marketing," *Journal of Consumer Psychology* 13, no. 1/2 (2003), pp. 41–50; see also Gardyn, "Habla English."

53. *Latino Shoppers.*

54. L. Wentz, "Best Buy Targets Hispanic Patriarchs," *Advertising Age,* August 2, 2004, p. 20.

55. L. Wentz, "Home Depot Paint Line Connects with Hispanics," *Advertising Age,* July 3, 2006, p. 19.

56. J. Garcia and R. Gerdes, "To Win Latino Market, Know Pitfalls, Learn Rewards," *Marketing News,* March 1, 2004, pp. 14, 19.

57. A. S. Wellner, "Gen X Homes In," *American Demographics,* August 1999, p. 61.

58. J. Birchall, "Walmart Targets Latino Mercados with Supermercado de Walmart," *Financial Times,* March 12, 2009; and "Latino-Focused Wal-Mart, Sam's Club Stores to Open," *Adweek,* March 17, 2009.

59. Information from website at http://tianguismall.com, accessed May 6, 2011.

60. Humphreys, "The Multicultural Economy 2009."

61. See B. Edmundson, "Asian Americans in 2001," *American Demographics,* February 1997, pp. 16–17; "90 Percent of Asian Americans Go Online," *BizReport,* May 10, 2007; and *The Asian-American Market in the U.S.* (Rockville, MD: Packaged Facts, October 2008).

62. "90 Percent of Asian Americans go Online."

63. M. C. Tharp, *Marketing and Consumer Identity in Multicultural America* (Thousand Oaks, CA: Sage, 2001), p. 259.

64. Ibid., pp. 253–57.

65. *The 1993 Minority Market Report* (Coral Gables, FL: Market Segment Research, 1993).

66. *The American Community—Asians* (Washington, DC: U.S. Census Bureau, February 2007); and Humphreys, "The Multicultural Economy 2009."

67. "Asia Rising."

68. *Annual Estimates of the Resident Population by Race, Age and Sex for the United States: April 1, 2000 to July 1, 2006* (Washington, DC: U.S. Census Bureau, 2007).

69. D. L. Vence, "Growth in Asian-Am. Spending Fuels Targeted

Marketing," *Marketing News,* June 1, 2004, pp. 11–13.

70. "Reaching Generation 2.0," *Advertising Age,* July–August 2002, p. 42.

71. See, e.g., Y.-K. Kim and J. Kang, "Effects of Asian-Americans' Ethnicity and Acculturation on Personal Influences," *Journal of Current Issues and Research in Advertising,* Spring 2001, pp. 43–53.

72. Information accessed from corporate websites.

73. "Annual Asian American Consumer Behavior Study Reveals Key Findings in Retail, Automobile, Insurance, and Telecom Industries," *DiversityBusiness.com,* March 7, 2007, www.diversitybusiness.com, accessed June 8, 2008.

74. Korzenny, "Multicultural Marketing and the Reasons Why."

75. *New Study Reveals Lifestyle Habits and Industry Specific Consumption Behavior Among Asian Americans* (Long Beach, CA: interTrend Communications, November 2005).

76. Vence, "Growth in Asian-Am. Spending Fuels Targeted Marketing."

77. "Diversity in America," *American Demographics,* November 2002, p. S17.

78. Humphreys, "The Multicultural Economy 2009."

79. "Native American Food Goes Haute Cuisine," *CNN.com,* September 30, 2004, www.cnn.com.

80. See A. S. Wellner, "Discovering Native America," *American Demographics,* August 2001, p. 21.

81. Information from website, http://www.indiansummer.org/, accessed May 7, 2011.

82. A. M. Peterson, "Nike Boosts Indians' Health, Its Reputation," *Marketing News,* June 1, 2004, p. 10.

83. This section is based on M. Mogelonsky, "Asian Indian Americans," *American Demographics,* August 1995, pp. 32–39. See also M. M. Cardona, "Segment Marketing Grows as Tool for Financial Services Leaders," *Advertising Age,* November 20, 2000, p. S1.

84. A. S. Wellner, "Every Day's a Holiday," *American Demographics,* December 2000, p. 63.

85. "Arab Americans" section is based on S. El-Badry, "The Arab-American Market," *American Demographics,* January 1994, pp. 22–30; L. P. Morton, "Segmenting to Target Arab Americans," *Public Relations Quarterly,* Winter 2001, pp. 47–48; "Survey Reveals Arab American Experiences and Reactions Following 9/11," Arab American Institute, press release, August 19, 2002; "Arab American Demographics," Arab American Institute, www.aaiusa.org/demographics.htm, accessed May 14, 2005; K. Naughton, "Arab-America's Store," *Newsweek,* March 10, 2008, p. 42; and the Arab American Institute website, http://aaiusa.org, accessed May 7, 2011.

86. Numbers are for 2010 based on a Gallup poll reported at www.gallup.com/poll/1690/religion.aspx, accessed February 20, 2011.

87. "Survey: Americans Switching Faiths, Dropping Out," *CNN.com,* February 25, 2008, www.cnn.com, accessed February 25, 2008.

88. See R. Cimino and D. Lattin, "Choosing My Religion," *American Demographics,* April 1999, pp. 6–65.

89. Gallup poll reported at www.gallup.com/poll/1690/religion.aspx, accessed February 20, 2011. Additional information on religion in the United States can be found at Adherents.com (www.adherents.com), which collects and disseminates statistics from various sources, including two of the most comprehensive surveys of religion in the United States, namely, the National Survey of Religious Identification (NSRI: 1990) and the American Religious Identity Survey (ARIS: 2001) conducted by B. A. Kosmin, S. P. Lachman, and associates.

90. B. Ebenkamp, "The Young and Righteous," *Brandweek,* April 5, 2004, p. 18; and S. Kang, "Pop Culture Gets Religion," *The Wall Street Journal,* May 5, 2004, pp. B1, B2.

91. K. Wheaton, "Chik-fil-A for Sunday Lunch?" *Advertising Age,* July 12, 2010, p. 3.

92. Information on ethnic diversity from ARIS research briefs, www.gc.cuny.edu.

93. Information from the website of the Archdiocese of Baltimore at www.archbalt.org/news, accessed May 7, 2011.

94. Information on *Encuentro 2000* from press releases by the United States Conference of Catholic Bishops (Washington, DC), including "Growing Asian Impact on Church to Be Felt at *Encuentro 2000,*" May 22, 2000; "Latin Music, Movie on Cuba, Hispanic Cultural Expressions Part of *Encuento 2000* Celebration of Multi-ethnic Church," May 30, 2000; and "Bishops' Agenda Includes Pastoral Framework for Hispanic Ministry," October 11, 2002, www.usccb.org.

95. B. A. Kosmin and P. Lachman, *One Nation under God* (New York: Harmony Books, 1993), p. 245.

96. "Breaking the Rules of Engagement," *American Demographics,* July–August 2002, p. 35.

97. R. Thau, "The New Jewish Exodus," *American Demographics,* June 1994, p. 11.

98. Kosmin and Lachman, *One Nation under God,* p. 12.

99. Estimates here have been hotly debated. For an excellent discussion, see "The Largest Religious Groups in the United States of America," Adherents.com, www.adherents.com.

100. M. Chapman and A. Jamal, "The Floodgates Open," *Enhancing Knowledge Development in Marketing* (Chicago: American Marketing Association, 1996), p. 198.

101. See S. El-Badry, "Understanding Islam in America," *American Demographics,* January 1994, p. 10.

102. B. Horovitz, "Down-home Marketing," *USA Today,* October 3, 1997, p. 1B.

Chapter Six

6 가족과 가구

학습목표

- **L01** 가구형태의 개념과 이들의 소비에 대한 영향을 설명한다.
- **L02** 가구수명주기의 다양한 단계와 마케팅 의미를 정리한다.
- **L03** 가족의사결정과정을 이해한다.
- **L04** 어린이 사회화에서 가구의 역할을 설명한다.
- **L05** 어린이에 대한 마케팅과 관련된 윤리적 관심의 원천을 설명한다.

어린이 시장의 규모가 성장하고, 고급화됨에 따라 놀라운 전환이 일어나고 있다.[1] Packaged Facts*는 3–12세의 어린이에 대한 지출이 연간 약 1,780 억 달러에 이르고, 이 연령대 어린이에 의한 지출은 연간 약 260억 달러에 이르러, 집단과 관련된 총 소비는 연간 2,000억 달러를 넘는 것으로 추정하였다. 식품(집 안팎에서), 의류, 장난감 그리고 비디오 게임 등과 같은 다양한 범주에서 지출이 이루어지고 있다.

NPD Group**에 의해 실시된 새로운 조사결과는 이 시장과 관련된 몇 가지 중요한 사실을 밝혀냈다:

- 상위지출 범주는 의류(엄마 재량 소득의 23%)와 장난감, 비디오 게임, 책과 같은 오락 제품(48%)이다. 패스트푸드에 대한 소비는 12%에 불과하다. 이는 건강 관련 측면에서 올바른 방향으로 분명히 이동하고 있는 것이다.
- 어린이에 대한 지출의 주요 동인은 가계 소득이 아니라 오히려 어린이의 연령이다. 5세 이하의 어린이가 있는 가구 보다 5세가 넘는 어린이가 있는 가구가 35% 더 소비한다.
- 어린이의 구매 영향력은 60% 어머니들에게 강하게 미친다. 이 영향력은 비디오 게임에서 가장 강하고 의류에서 가장 약하다.
- 성별은 남자아이에게는 비디오 게임 구매에 그리고 여자아이에게는 의상구매에 영향을 주지만 그외 지출규모에는 영향을 주지 않는다.
- 브랜드는 일부 범주들에서 중요하다. 그러나 스타일과 외관은 모든 카테고리에서 중요하다.

이 모든 점들이 중요한 사실이지만, 마지막으로 관심을 가지고 보아야 할 것은 스타일과 외관은 심지어 어린 아이들에게도 중요하다는 것이다. 이것은 특히 어린 여자아이들을 표적으로 하는 많은 기업들이 절대로 잊어서는 안되는 것이다. 어러 예가 있지만 특히 온천, 피디 그리고 헤이 서비스 분야에서 중요하다. 이 기업들은 어린 여자아이들에게 "snip, style 그리고 sparkle"한 헤어스타일, Tutti Frutti 매니큐어와 초콜릿 페디큐어 등과 같은 고급 서비스를 제공한다. 그 결과 Sweet & Sassy, Monkey Dooz 그리고 Club Libby Lu. 기업에서 매장 수와 수익에서 두 자리 수의 성장을 이루었다. 이러한 추세는 분명히 염려스러운 것이기는 하지만 마케터는 이것이 재미있고 환상적인 것이고 아이들을 아이들답지 않게 만드는 것이 아니라고 반박한다. 또한, 마케터는 이것이 세 가지 면에서 이점이 있다고 보고 있다. 첫째는 이 시장으로부터 지금 벌어들이는 수익이다. 둘째는 미래에 기대할 수 있는 애호도의 구축이다. 이것은 특히 Saks의 이름으로 운영하는 Club Libby Lu와 같은 곳에 매우 적합하다. 끝으로, 아이들과 매장에 가는 엄마들로부터 추가적인 수익을 얻을 수 있다. 결국 엄마들도 자신의 물건을 사게 된다.

* 미국의 시장조사 기관, 역자 주
** 미국의 시장조사 기관, 역자 주

도입사례에서 지적했듯이, 어린이는 가구(household)의 일부이고, 이들은 가구의 구매와 소비에 상당한 영향을 미친다. 이 장에서는 미국사회에서 가구의 특성과 영향, 가구수명주기, 가족의사결정과정, 소비자 사회화 그리고 어린이에 대한 마케팅을 알아본다.

6.1 미국 가구의 특성 및 영향

LO1 가구의 영향

가구(household)는 대부분의 소비재의 기본적인 소비단위이다. 주택, 자동차 그리고 가전제품과 같은 품목들은 개인보다는 가구단위로 소비된다. 더구나, 개별가구 구성원들의 소비패턴은 다른 가구 구성원들의 소비 패턴과 연관되어 있다. 예를 들면, 자전거를 사달라고 하는 어린아이의 요청을 들어 주기로 결정하는 것은 부모의 주말여행이나 형제자매의 새 옷을 구입하는 것을 포기하거나 다른 식구가 사용할 여유자금을 지출하는 것을 의미한다. 그러므로 <그림 6-1>에서 보듯이, 마케터는 소비단위로서 가구를 이해하는 것이 필수적이다.

가구의 중요성은 소비과정에서의 직접적인 역할뿐만 아니라 가구가 수행하는 아이들의 사회화 역할에도 있다. 가족 가구(family household)는 문화 가치와 하위문화 가치 그리고

그림 6-1 소비에 대한 가구의 영향

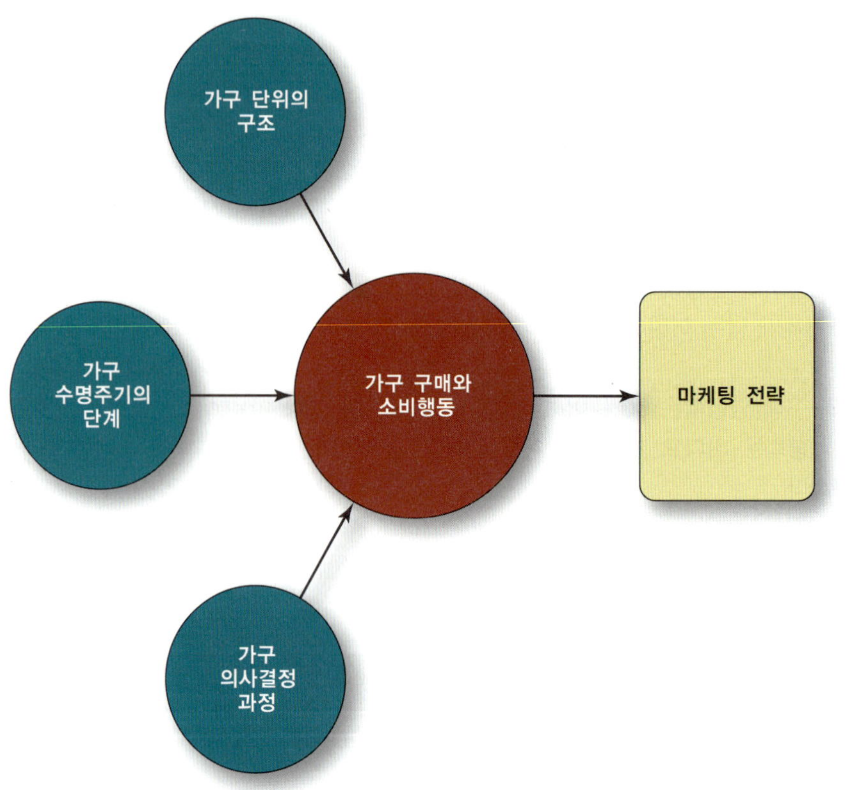

가족 가구와 비가족가구 (2009)  표

가구 형태	가구수(단위: 1,000)	비율
전체 가구	**114,384**	**100.0%**
가족 가구	**78,850**	**67.3**
결혼한 커플	59,118	50.5
함께 사는 18세 이하 자녀	25,129	21.4
18세 이하 자녀 없음	33,989	29.0
편부(함께 사는 18세 이하 자녀)	2,111	1.8
편모(함께 사는 18세 이하 자녀)	8,394	7.2
기타 가족	9,227	7.9
비가족 가구	**38,331**	**32.7**
남자 세대주	17,694	15.1
혼자 거주	13,758	11.7
여자 세대주	20,637	17.6
혼자 거주	17,899	15.3

Source: *Households, Families, Subfamilies, and Married Couples; 1980—2009* (Washington D:U.S. Census Bureau. 2011). Table 5.

행동패턴이 다음 세대로 전해지게 하는 일차적인 메커니즘이다. 구매와 소비패턴은 가족 가구단위에 의해서 강하게 영향을 받는 태도와 기술(skill)에 있다.

가구의 유형

가구에는 다양한 형태가 있다. 통계청(Census Bureau)은 **가구(household)**를 주거단위(단독주택, 아파트, 독립적인 거주지로서 설계된 원룸 또는 여러 개의 방)에 거주하는 모든 사람으로 정의한다. **가족가구(family household)**는 출생, 결혼 또는 입양으로 관계가 이루어진 적어도 2명의 구성원들으로 이루어져있고, 이들 중 한 사람이 가구주(세대주가 거주지를 소유하거나 임대)가 되는 것으로 정의된다. **비가족가구(nonfamily household)**는 혼자 살거나 또 자신과 관계가 없는 다른 사람들과 동거하고 있는 가구주이다. <표 6-1>은 미국에서 가구 유형들의 현재 분포를 나타낸다.[2]

역사적으로 가족, 가구 그리고 특히 전통가족 가구는 마케터에게 중요한 주안점이다. **전통가족(traditional family)**이란 용어는 결혼한 이성의 부부와 한집에서 함께 사는 그들의 자녀 혹은 입양자들을 말한다. 그러나 특히 만약 전통가족이 결코 이혼하지 않는 부부에 의해서 주도된다면, 이런 가족의 유형은 시간이 지나가면서 확실히 줄어들고 있다. 오늘날, 모든 가구의 약 20%가 자녀를 둔 결혼한 부부인데, 이 비율은 1970년에는 40%였다.[3] 이런 감소의 일부 원인은 편부모 가구가 늘어났기 때문이다. 감소의 큰 원인은 1인 가구의 수가 증가이다. 1인 가구는 (a) (1970년에는 20대 초반에 결혼한 반면에) 결혼을 20대 후반으로 미루는 젊은이와 (b) 인구의 고령화에 따른 독신생존자의 증가의 함수이다.

재혼가족 또한 중요하며, 그 수가 증가하고 있다. U.S Census는 **재혼가족(stepfamily)**을 적어도 18세 이하의 의붓 자녀 한 명과 함께 사는 결혼한 부부 가족으로 정의한다. 높은 이혼율과 재혼율은 미국 어린이의 상당수가 의붓 부모와 의붓 형제자매와 함께 커 왔고 종

소비자 통찰력 6-1

다세대 가족의 증가

다세대 가족(multigenerational family)은 (a) **적어도 두 성인 세대 혹은** (b) **조부모와 적어도 하나의 다른 세대**를 포함하는 가족 가구이다. 거의 5,000만 미국인들이 다세대 가족으로 살고 있는데, 이 비율은 1980년 이후 33% 증가하였다. 이러한 추세를 설명하는 요소들은 아래와 같다;[5]

- 증가하는 이민 인구-이 인구는 다세대 가족으로 더 많이 살고 있다. 실제로 모든 히스패닉과 아시아계 미국인의 거의 1/4이 이런 가구형태로 살고 있다.
- 젊은이들의 결혼 지연과 경기 침체-젊은이들이 결혼을 20대 후반으로 미루기 때문에, 20대 초반의 젊은이들은 종종 부모에게로 되돌아올 가능성이 높고, 어려운 경제 시기가 이러한 추세를 가속화시켰다.
- 건강보험 삭감과 나이 든 부모 부양에 대한 문화적 신념-자녀들과 사는 65세 이상 인구의 비율이 증가하고 있다. 경제적 이슈가 하나의 요소가 될 수 있다. 그러나 미국인의 절반 이상은 나이 든 부모가 자식들과 함께 살기를 원한다면, 집에서 모시고 살 책임이 있다고 생각한다.

다세대 가구의 다양한 형태가 있다. 첫 번째 형태(47%)는 가장 젊은 성인이 25세 혹은 그 이상인 두 성인 세대를 포함한다. 두 번째 형태(47%)는 셋 혹은 그 이상 세대를 포함한다. 세 번째 형태는 조부모와 현재 부모가 없는 손자를 포함한다. 이 마지막 형태, 조부모 가정(skipped generation)이라고 하는데, 모든 다세대 가족의 6%를 차지하고 있다. 이들은 다세대 가구의 어린이들을 양육하고 영향을 미치며, 이는 미국 노년인구의 능력을 보여준다. 이는 여행과 다른 여가활동에 초점을 맞추는 빈 둥지 세대로서 전통적인 나이든 베이비부머와는 상당히 다르다.

마케터는 이런 가족 형태에서 기회와 도전을 찾고 있다. 예를 들어:

- Ameriprise 투자상담사는 가족구성원이나 친구를 돌보는 여성들이 계획적인 재무설계를 할 수 있도록 도움을 준다.
- Caldwell Banker's Real Estate Agetns는 다세대 가족을 위한 주택을 광고한다. 그래서 예를 들어, 5번째 방은 "인척 방(in-law quarters)'으로 사용될 수 있다는 장점을 부각시킨다.
- Presto는 비록 나이 든 가족구성들이 테크놀로지에 덜 능숙하더라도 버튼을 누르면 이메일과 사진이 전송되고, 직접 프린트가 되는 프린터기기를 개발하였다. 이것은 나이 든 가족 구성원들과 온라인 커뮤니케이션 할 수 있도록 해준다.
- 손자를 키우는 조부모를 위한 선물의 기회는 기저귀, 유아식품 그리고 다른 기본 필수품과 같은 통상적 선물을 넘어서 풍부해진다.

생각해 볼 문제

1. 다세대 가족의 증가는 경제적 침체기가 끝난 후에도 계속 증가할 것으로 생각하는가?
2. 다세대 가족을 위해서 어떤 추가적인 마케팅 기회들이 존재할 수 있는가?
3. 다세대 가족을 표적으로 할 때 마케터가 직면하게 되는 도전 과제는 어떤 것들이 있는가?

종 이런 두 가족 즉, 하나는 엄마에 의해서 형성된 가족과 다른 하나는 아버지에 의해서 형성된 가족으로 구성되어 있다는 것을 의미한다. 한 연구는 모든 젊은 성인들의 절반은 적어도 하나의 의붓 친척들을 갖고 있다고 하였다.[4] 관계 정체성을 만들고 변경하는 것은 중요하고도 어렵다. 그리고 이것은 소비활동을 중심주제로 다룰 수 있다. 재혼가족 관계의 과제에 대한 다음 주장을 생각해보자:

> 아빠와 엄마가 이혼하고, 엄마가 재혼했을 때 모든 것들이 변했다. 우리, 즉 내 아버지와 나는 지금 엄마가 없다는 것을 현실적으로 인정하는 방법을 찾아야 했다. 우리는 모험에 대한 열정이 우리가 공유하는 어떤 것-즉 엄마와 누이가 하지 않는-이라는 것을 알았다. 그래서 우리는 스쿠버 다이빙을 시작하였다. 비록 내 의붓아버지가 분명히 우리 가족의 일부이지만, 내 엄마, 누이 그리고 나는 이야기할 많은 다른 추억과 경험을 공유하는 다른 가족사를 갖고 있는 다른 "우리"이다.[6]

재혼가족의 어려운 역할관계를 확인한 Café Press는 재혼가족을 축하하는 카드, T셔츠, 머그 잔 등 다양한 제품들을 제공하고 있다. 어떤 카드에는 "가족을 영원하게 만드는 것은 혈육이 아니고 사랑이다."라고 적고 있기도 하다.

<소비자 통찰력 6-1>은 증가하고 있는 다른 가족 추세, 즉 다세대 가족을 설명하고 있다.

또한, 센서스(Census)는 가족을 결혼, 출산 혹은 입양의 관점에서 정의하는 반면, 많은 결혼하지 않은 동거 커플은 분명히 자신들을 가족으로 본다. 미국에는 약 620만 가구의 결혼하지 않은 **동거 커플**(이성 및 동성 커플)이 있다. 많은 면에서, 이들의 욕구는 결혼한 부부와 비슷한 인구통계적 특성을 갖고 있다. 그러나 주택공동소유, 재산 계획 등 이들 가구에만 특유한 법적이고 금융적인 이슈에 필요한 조언은 예외적인 것이다. 동성 커플은 전문화된 매체를 통해서 표적이 될 수 있는 반면 (제3장 참조), 이성 커플은 표적화된 매체가 부족하기 때문에 도달하기가 더 어려울 수 있다.

미국 가구와 가족은 전통가족모델과 다르게 변하고 있기 때문에, 마케터들은 이에 적응해야 한다. Kraft는 음식을 중심으로 하는 광고에서 다양한 가족 유형을 묘사함으로써 가족의 중요성과 다양성을 표현하고 있다. 최근의 광고는 조용하게 대화를 즐기고 있는 아버지와 딸을 등장시키고 있다.

다양한 형태의 가족이 가진 서로 다른 욕구나 같은 가족 내 구성원들의 각기 다른 욕구를 인정하고 적응하는 것은 중요한 성공요인이 될 수 있다(<사진 6-1> 참조).

사진 6-1

마케터는 다른 가족구성원들의 욕구와 그들이 거주하는 다른 가구형태에 소구해야 한다.

6.2 가구수명주기

LO1

미국 가구수명주기의 전통적인 관점은 아주 단순하였다. 사람들은 20대 초반에 결혼한다. 그들은 몇 명의 아이들이 있다. 이 아이들이 성장해서 자신의 가정을 시작한다. 이들의 부모는 은퇴한다. 그리고 남편은 결국 세상을 떠나고 그로부터 몇 년 후 부인도 세상을 뜨게 된다. 이것은 **가족수명주기(family life cycle)**로 알려져 있고, 시장을 세분화하고 마케팅 전략을 개발하는 데 유용한 수단이다. 가족수명주기 접근방법의 기본적 가정은 대부분의 가족들은 차례로 진행 단계를 거친다는 것이다. 각 단계는 나름대로의 특성, 재무적 상황 그리고 구매패턴을 갖고 있다.

그러나 앞서 설명한 것처럼, 미국 가구들은 오늘날 훨씬 더 복잡하고 다양한 주기를 따른다. 그러므로 연구자들은 **가구수명주기(household life cycle: HLC)**[7]에 대한 몇 가지 모델들을 개발하였다. 모든 모델들은 가구의 성인 구성원의 연령과 결혼 여부 그리고 자녀의 유무 및 나이에 근거하고 있다. 이에 대한 유용한 버전의 설명이 <그림 6-2>에 제시되어 있다.

가구수명주기는 가구들이 시간에 지나면서 비교적 독특하면서 잘 정의된 범주로 이동해 간다고 가정한다. <그림 6-2>에 제시되어있는 대부분의 범주로 옮겨가는 다양한 경로가 있고, 한 범주에서 다른 범주로 수시로 이동한다. 예를 들면, 독신이 결혼하고 그 후 몇 년 뒤에 자녀 없이 이혼하는 것이 흔하다(독신이 젊어서 결혼해서 살다가 다시 이혼하여 독신으로 되돌아온다). 또는 이혼이나 출생 혹은 동거 파트너 없이 입양을 통해서 편부모가 될 수 있다.

그림 6-2 가구수명주기의 단계

단계	결혼 상태		동거 자녀		
	미혼	결혼	없음	6세 미만	6세 이상
젊은 가구 (<35)					
독신 I	×		×		
젊은 부부		×	×		
꽉찬 둥지 I		×		×	
편부모 I	×			×	
중년 가구 (35–64)					
독신 II	×		×		
늦게 꽉찬 둥지 I		×		×	
꽉찬 둥지 II		×			×
편부모 II	×				×
빈 둥지 I		×	×		
노년 가구 (>64)					
빈 둥지 II		×	×		
독신 III	×		×		

가구수명주기의 각 단계는 가구 의사결정자들이 해결해야 하는 일련의 문제들을 갖고 있다. 이런 문제들에 대한 해결책은 라이프 스타일의 선택과 유지 그리고 소비와 밀접하게 관련이 되어있다. 예를 들면, 아이들이 없는 젊은 부부들은 휴양이나 여가에 대한 욕구에 직면한다. 이 공통된 문제에 대한 해결책은 다르다. 어떤 부부는 야외활동지향적인 라이프 스타일을 선택하고, 다른 부부는 세련된 도시 라이프 스타일을 선택한다. 이런 가족들이 가구수명주기의 다른 단계, 예를 들어 "꽉찬 둥지 I (full nest I)" 단계로 이동함에 따라 새롭게 직면한 문제들도 변한다. 여가에 이용가능한 자원과 시간은 일반적으로 감소되고 아이를 키우는 것과 관련된 새로운 문제들이 더욱 긴급해진다.

각 단계는 재정적 상태와 경험뿐만이 아니라 독특한 욕구와 필요를 나타낸다. 따라서 가구수명주기는 마케터들에게 가구와 관련된 문제와 구매에 대해서 유사한 욕구를 공유하는 상대적으로 동질적인 세분시장을 제공한다.

<그림 6-2>는 가구를 기혼자와 미혼자로 분류하지만, 가구의 대부분 행동을 주도하는 것은 관계의 법률적 지위라기보다는 "커플(coupleness)"을 의미한다. 동성커플이나 이성커플은 결혼여부에 따라 해당 범주의 특정 행동이 많이 나타나는 경향이 있다.

독신 I(Single I) 이 집단은 18~34세의 젊은 미혼자로 구성된다. 2006년에 이 연령 집단은 약 6,740만 명이었는데, 남성의 68% 그리고 여성의 60%가 독신이다. 독신 I은 기본적으로 Y세대의 미혼구성원이다. 이 거대한 Y세대 연령층이 나이가 들어도 결혼을 하지 않는 바람에 이 시장의 성장을 부추기고 있다.[8] 일반적으로 이 기간 동안 사람들은 집을 떠나 자신들의 고유한 정체성을 확립한다. 이 때는 신나고 긍정적이기도 하고, 놀라기도 하고, 아픔도 겪는 성장과 변화의 시간이다.

이 집단은 편부모 혹은 친부모와 함께 사는 사람과 혼자 혹은 다른 사람과 함께 사는 사람으로 다시 구분될 수 있다. 이 연령층에는 약 4,400만의 독신자들이 아래와 같이 구분된다:

	남자(%)	여자(%)	전체(%)
혼자 거주	14	12	13
부모와 거주	46	40	43
다른 사람과 거주	39	48	43

부모와 함께 사는 사람들은 주로 젊은 층이다; 약 75%가 25세 미만이다. 이들의 상당수가 학생이거나 최근에 고등학교나 대학교를 졸업하고, 직장생활을 시작하고 있다. 이 집단의 사람들은 상대적으로 낮은 소득을 가지고 있지만 거의 고정적인 지출비용 또한 없다. 그들은 적극적으로 사회활동을 선도한다. 그들은 바(bars), 영화관 그리고 콘서트에 가고, 스포츠용품, 의류 그리고 개인 위생 관리용품을 구매한다.

다른 사람들과 동거하는 일부 사람은 파트너와 살지만, 대부분은 한 사람 혹은 그 이상의 사람과 단지 집만을 공유한다. 이런 사람들은 부모님과 함께 생활하는 사람들보다 더 많은 고정 생활비를 부담한다. 그러나 그들은 임대료와 다른 고정 주거비용들을 함께 분담하기 때문에, 일반적으로 충분한 가처분 소득을 가지고 있다.

사진 6-2

젊은 독신자들은 활동적이고 종종 상당한 재량 소득을 갖고 있다.

이런 독신자들은 편의지향적 가구용품 뿐만 아니라 독립하지 않고 부모님과 같이 집에서 사는 사람들과 동일한 유형의 제품들을 위한 좋은 시장이다. 또한 그들은 좋은 아파트, 스포츠카, Club Med 휴가 그리고 유사한 활동들의 중요한 시장이다. 예를 들면, 그들은 생명보험, 저금, 주식 또는 뮤추얼펀드와 같은 재정적 포트폴리오를 개발하기 시작하고 있다. <사진 6-2>의 광고는 양쪽 집단 모두에 소구할 수 있다.

홀로 사는 독신자들은 좀 더 나이가 많다; 70%정도가 25세 이상이다. 일반적으로 그들은 다른 사람들보다 소득이 높다. 그러나 집 또는 아파트에 들어가는 고정비용을 함께 분담하는 사람이 없기 때문에 높은 비용을 지불한다. 그들은 다른 독신자들과 마찬가지로 대부분 같은 제품과 서비스에 있어서 좋은 시장이다.

자녀가 없는 젊은 부부(Young Couples: No Children) 결혼 혹은 함께 사는 결정은 가구수명주기의 새로운 단계에 접어드는 것이다. 결혼은 25세 이하(8%)보다는 25-34세(50%)에 하는 경우가 훨씬 많다. 두 젊은 독신의 라이프 스타일은 그들이 결혼해서 같이 공유하는 라이프 스타일을 개발함에 따라 상당히 변한다. 많은 경우에 이 부부에게 있어서 공동의 사결정과 가구의 공유역할에 대한 책임은 새로운 경험이다.[9] 저축, 가정용 가구, 주요 가전제품 그리고 종합책임보험은 젊은 부부가 상당히 고려해야 하는 문제 인식 및 의사결정의 새로운 영역에 해당된다.

젊은 독신자 단계처럼, 젊은 커플들이 아이를 갖지 않거나 늦게 가지려고 하기 때문에

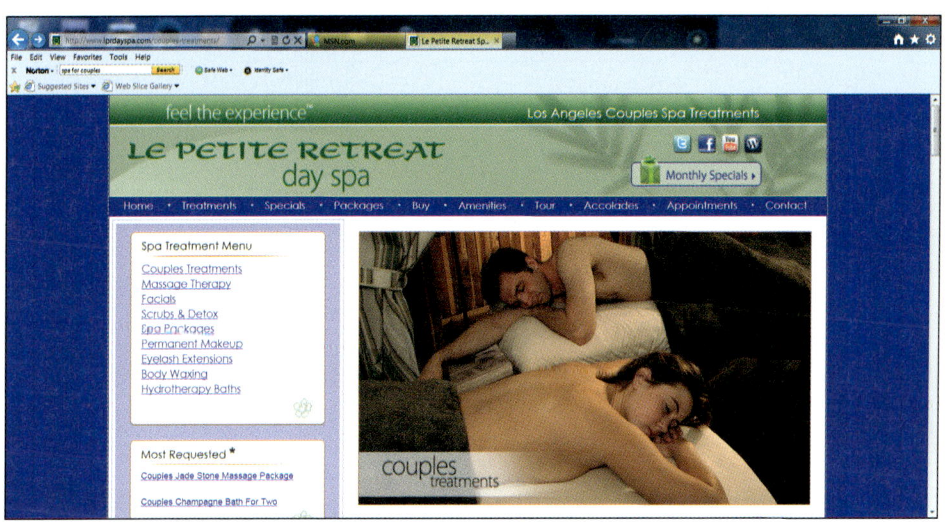

사진 6-3

이 리조트는 바쁜 업무 스케줄의 압박을 벗어나 휴식과 낭만을 즐기고 싶은 커플들의 이상향으로 포지셔닝을 하고 있다.

젊은 부부가 가구수명주기의 이 단계에 머무는 시간이 증가하고 있다.

이 집단의 대부분 가구들은 맞벌이하기 때문에 상대적으로 경제적으로 윤택하다. 꽉찬 둥지 I 가족과 비교해서, 이 집단은 영화티켓, 값비싼 옷, 고급 휴가, 레스토랑 식사 그리고 알코올 음료와 같은 것들에 많이 지출한다. 그들은 멋있는 자동차, 현대식 아파트 그리고 높은 품질의 가전제품을 구입할 수 있다.

<사진 6-3>의 광고는 독신자 I과 꽉찬 둥시 I의 일부 구성원뿐만 아니라 이 집단에도 소구한다. 이 광고에서 로맨스가 중요한 역할을 한다는 점을 주의하라. 또한 그것은 긱정과 일상적인 책임으로부터 벗어나고 싶은 욕망을 부추긴다.

꽉찬 둥지 I(Full Nest I): 자녀가 있는 젊은 부부 약 6%의 가구들이 자녀가 있는 젊은 부부이다. 첫 번째 아이가 태어나게 되면 라이프 스타일과 소비에 있어서 가족에 많은 변화가 일어난다. 당연히 이 단계에서 아기옷, 가구, 음식 그리고 건강관리용품의 영역에서 새로운 구매가 발생한다. 라이프 스타일도 매우 많이 바뀌게 된다. 아내는 몇 달에서부터 몇 년 동안은 일을 전혀 할 수 없거나, 부분적으로 일을 떠날 수 밖에 없어서(6세 미만의 어린이가 있는 부부 중 약 62%의 아내가 직업을 갖고 있다)[10] 결국 가구소득이 줄어든다. 현재 아파트가 아이에게 적합하지 않다면, 부부는 주거지를 다른 곳으로 이사해야 할지도 모른다. 마찬가지로 휴가, 레스토랑 그리고 자동차의 선택도 어린 아이를 위해서 바꾸어야 한다.

자녀가 없다가 어린 자녀가 있는 20대 후반과 30대 초반으로 옮겨가면서 발생하는 소득과 연간 지출의 변화 중 일부는 다음과 같다:[11]

지출	비율 변화
소득	−9.4%
집에서 식사	24.3
외식	−9.6
알코올 음료	−25.0
성인 옷	−8.3
아이들 옷	215.7
건강 관리	16.1
교육	−28.8
개인 위생 제품	−2.6

위에서 보듯이, 예를 들면 식품, 보건, 아이들 옷처럼 아이들에 관련한 제품에 대한 지출이 증가하기 때문에 소득 감소를 상쇄시키기 위해서 자유재량 지출과 성인을 위한 지출은 감소된다.

유능한 유아 돌보미를 구하는 것은 이 단계에서 주요 이슈가 되고, 이는 모든 가구수명주기에서 부모의 주된 관심사로 남게 된다. 전업주부 가구는 주로 저녁이나 주말에 이 이슈에 직면한다. 편부모와 맞벌이 가구는 일반적으로 낮 시간의 유아 돌보미를 필요로 하는데, 이는 비싸고 종종 부모로 하여금 이상적인 상황과 상충되게 만든다.

가구수명주기의 전 단계에 걸쳐서 엄마는 1조 7000억 달러 규모의 지출능력을 갖고 있다. '꽉찬 둥지 I'의 엄마들을 따르는 기업들의 예는 다음과 같다.

- Kraft는 Big Fork, Little Fork라고 하는 iPad 앱을 출시해서 부모들에게 어린이와 가족을 위한 건강식품에 관한 정보를 제공한다.[12]
- ClubMom은 온라인 애호도 프로그램이다. 이 프로그램은 Chrysler와 같은 후원사와 함께 쇼핑하는 엄마에게 조언, 자원 그리고 할인을 제공한다.[13]
- McDonald s는 주로 어린 아이들이 있는 가족들에게 레크리에이션용품을 제공해서 이 세분시장을 유인하려고 한다.

<사진 6-4>는 이런 세분 시장을 표적으로 하는 광고이다. 이것은 어린이가 생기면서 어떻게 여가활동의 선택이 변하는지를 보여준다.

편부모 I(Single Parent I): 젊은 편부모 독신자에 의한 출생 또는 입양은 점차 흔해지고 있다. 약 40%의 아이들이 미혼모에게서 태어나고 있으며, 이는 1990년 이후 13%가 증가하였다. 그러나 이런 아이들의 40%나 되는 많은 수가 실제로는 동거하는 미혼 부모에게서 태어나고 있다.[14] 이혼은 1980년 이후로 감소 중이지만 미국사회에서 여전히 큰 부분으로 첫 번째 결혼의 40%가 이혼한다.[15] 대부분의 이혼한 사람들은 재혼을 한다. 그리고 결혼하지 않고 아이를 출산한 대부분의 여성들이 결국 결혼을 하지만, 미국 가구의 9%는 편부모 가족들이다. 그리고 편부모의 80%는 여성이 가구를 책임지고 있다.

이 집단의 젊은 구성원, 특히 결혼을 아직 하지 않은 사람들은 제한된 교육과 매우 낮은 소득을 갖는 경향이 있다. 제4장에서 설명한 것처럼, 이런 사람들은 종종 하류 사회계층의 구성원이다. 이 세분시장의 나이가 든 구성원과 이전 배우자로부터 지원을 받는 이혼한 사람들은 경제적으로 어느 정도 형편이 나은 편이지만, 대부분은 이전 배우자로부터 지원도 없이 어린아이를 키우느라 상당한 스트레스를 받고 있다.

이런 유형의 가족 상황은 조리하기 쉬운 음식, 여가, 육아의 분야에서 독특한 욕구를 만들어 낸다. 일을 하면서 어린 아이를 키우는 것은 막대한 시간적 압박을 주게 되고, 이는 부모들에게 엄청난 에너지를 요구한다. 대부분이 임차인이기 때문에 가전제품과 주택개량에 대한 주요 시장은 아니다. 그들은 비싸지 않으면서 시간과 에너지를 절약할 수 있는 제품과 서비스들을 구입하는 데 집중한다.

사진 6-4

부모와 자식의 관계는 양쪽 모두에게 엄청난 기쁨과 엄청난 책임들을 가져 온다. 이 광고는 가족 활동의 기쁨을 강조한다.

중년 독신자(Middle-Aged Single) 중년 독신자 범주는 한 번도 결혼하지 않은 사람들과 이혼하고 나서 아이 양육 책임이 없는 사람들로 구성된다. 이런 사람들은 35~64세의 연령대로서 X세대와 베이비붐세대들이 해당된다.

중년 독신자들은 대개 홀로 산다. 추구하는 라이프스타일로 독신생활이 증가하는 것으로 보인다. 혼자 산다는 것은 소득이 충분하다면 많은 사람들이 해보고 싶어하고, 할 수 있는 라이프 스타일이다. 홀로 살아가는 중년 독신자는 약 1,500만 가구인 것으로 나타났는데, 이것은 모든 독신 가구의 약 47%에 해당한다. 중년독신자들은 젊은 독신자들보다 소득이 많다. 그러나 홀로 사는 모든 독신자는 규모의 경제가 되지 않기 때문에 손해를 본다. 즉 부부나 가족은 가구의 모든 구성원을 위해서 단지 하나의 식기세척기, 건조기 등이 필요하다. 그러나 독신 가구는 비록 한 사람만이 그것을 사용한다고 해도 똑같은 기본 가구 설비들을 필요로 한다. 마찬가지로 많은 음식들과 다른 품목들도 독신자에게는 부적합한 크기에 해당하거나, 작은 크기는 그 크기에 맞지 않게 비싸다. 따라서 이 성장하고 있는 중요한 시장의 욕구를 채워 줄 기회가 나타나고 있다.[16]

중년 독신자의 욕구는 많은 측면에서 젊은 독신자의 욕구들을 반영한다. 그러나 중년 독신자들은 그들의 라이프 스타일에 지출할 수 있는 많은 돈을 가지고 있고, 기꺼이 자기 자신의 라이프 스타일을 즐기려고 한다. 따라서 그들은 멋진 콘도에 살면서, 비싼 레스토랑에 자주 가고, 고급 자동차를 소유하고 그리고 자주 여행을 다닐 수 있다. 그들은 선물에 대한 주요한 시장이며, 남성 독신자들은 선물로 상당한 양의 보석을 구입한다.

빈 둥지 I(Empty Nest I): 자녀가 없는 중년 부부 1980년대와 1990년대의 라이프 스타일의 변화들은 많은 젊은 부부들이 아이를 갖지 않도록 영향을 주었다.[17] 또 다른 경우에 이 가구들은 첫 번째 결혼해서 낳은 자녀들이 부모들과 살지 않는 두 번째 결혼을 나타낸다. 또한 이 집단은 아이들이 성장해서 집을 떠난 중년 부부들도 포함한다. 이 세 가지 범주는 동거하는 자녀가 없는 중년 부부로 구성된 거대한 시장을 형성한다. 이 연령대 집

사진 6-5

이 서비스와 광고는 '빈 둥지 I' 소비자들에 소구한다. 그들은 이런 여행을 할만한 경제적 여유가 있고, 이 광고가 약속하는 현실로부터의 탈출과 휴양을 환영한다.

단(35~64세) 부부의 약 55%가 18세 이하의 자녀가 없다. 이 세분시장은 베이비붐세대들이 중년 후반 단계를 지나서 은퇴단계로 이동하면서 계속 규모가 커지고 중요해질 것이다.

일반적으로 부부 모두가 직업을 갖고 있어 그들은 매우 바쁘다. 그러나 아이들에 대한 책임이 없기 때문에 그들이 젊었을 때 즐겼던 것보다 더 많은 자유로운 시간을 가질 수 있다. 또한 그들은 외식, 값비싼 휴가, 별장, 고급자동차 그리고 집안청소, 세탁소, 쇼핑들과 같은 시간절약 서비스들에 지출을 한다. 그들은 금융서비스에 대한 중요한 시장이다. 명확하지는 않지만, 또한 그들은 조카들, 손자들 그리고 친구 아이들의 선물을 구입하는, 고급 어린이 제품의 대량 구매자들이다.

<사진 6-5>의 광고와 제품은 이런 집단에 소구하는 것이다.

늦게 꽉찬 둥지 I(Delayed Full Nest I): 어린 자녀가 있는 중년 부부 베이비붐세대와 X세대의 많은 구성원들이 첫 번째 아이를 갖는 것을 30대 중반까지 미루었다. 이는 많은 중년의 정착된 가족이 부모와 자식 간의 관계가 처음 시작되도록하는 새로운 현상을 만들었다. 18세 미만의 자녀가 있는 부부가 전체 가구의 21.4%라고 제시된 <표 6-1>을 기억하라. 결혼한 젊은 부부는 전체 가구의 단지 6%에 해당한다. 그러나 자녀들과 함께 사는 결혼한 중년 부부들(35-64세의 늦게 꽉찬 둥지 I과 꽉찬 둥지 II)은 전체 가구의 약 15%에 해당하고, 18세 미만의 자녀가 있는 전체 결혼 부부의 71%를 나타낸다.[18]

늦게 꽉찬 둥지 I과 젊은 부모들 사이에 중요한 차이점은 소득이다. 중년에 부모가 된 가구의 소득은 젊은 부모의 소득보다 훨씬 많다. 그들은 고소득을 오랫동안 유지해 오고 있어서 더 많은 자본과 재산을 소유하고 있다. 그들은 육아, 융자금 지불, 주택 유지관리, 잔디관리 그리고 가정용 가구집기에 상당히 많이 지출한다. 추가적으로 그들은 아이들을 위한 최고의 제품만을 원하고, 기꺼이 그들에게 지출할 용의도 있고 지불할 수도 있다. 예를 들어, 특제 기저귀와 세안 화장품 시장은 두 자리 수 성장을 기록할 것으로 예상되고 있다. 그리고 Kimberly-Clark와 같은 전통적인 대중 마케터들은 야광 애니메이션 캐릭터를 이용한 "풀업(pull-up)" 기저귀(팬티형 기저귀)와 같은 최고급 제품에 노력을 기울이고 있다.[19] 또한 '늦게 꽉찬 둥지 I'은 음식, 술 그리고 오락과 같이 자녀와 관련없는 경비에도 더 지출을 할 수 있고, 젊은 부모들보다 저축과 퇴직보험에 더 지출을 할 수 있다.

꽉찬 둥지 II(Full Nest II): 집에 자녀가 있는 중년 부부 이 집단과 '늦게 꽉찬 둥지 I'의 중요한 차이점은 자녀의 나이이다. '꽉찬 둥지 II'의 자녀들은 일반적으로 6세 이상이고 점차 독립적이 된다. 그러나 자녀가 커가면서 이들로 인한 독특한 소비욕구들이 만들어진다. 6세 이상의 자녀가 있는 가족들은 모든 유형의 교육(피아노, 댄스, 체조 등), 치과치료, 청량음료, 무가당 시리얼 그리고 각종 스낵 식품에 대한 주요 소비자이다.

공간에 대한 많은 수요는 더 큰 집과 더 큰 자동차들에 대한 욕구를 창출한다. 아이들의 다양한 행사에 자녀들을 차로 태워주어야 하기 때문에 부모에게 시간이 필요하고 교통관련 비용들이 증가한다. 이러한 요인들은 옷에 대한 많은 수요와 대학을 보내기 위한 저축의 필요성과 함께 가구수명주기의 이 단계에서 상당한 자금 부담을 야기한다. 아이들이 학교에 다니기 시작하면서 아내가 다시 일을 하게 되면 어느 정도 경제적 부담을 덜어 주는 경향이 있다. 일반적으로 아내가 일을 다시 하게 됨에 따라 더욱 시간적 압박을 갖게 된다. ConAgra Foods는 쉽게 준비할 수 있는 Banquet Crock-Pot Classics로 식사시간을 단순화하고자 하는 부모들의 바람을 충족시킴으로써 엄청난 성공을 거두었다. Banquet Crock-Pot Classics는 필요한 모든 영양분을 가지고 있고, 언제든지 요리할 수 있고, 간단히 저녁 식사로 먹을 수 있도록 준비하였다.[20]

편부모 II 세분시장의 10대뿐만 아니라 이 세분시장의 10대들(Z세대의 나이 든 구성원들)도 가구 소비 의사결정에 중요한 영향력을 미칠 뿐만 아니라 그들 자신이 의사결정을 할 수 있는 중요한 소비자이다.

편부모 II(Single Parent II): 가정에 자녀가 있는 중년 독신자 자녀가 있는 35~64세 독신자 집단은 종종 심각한 재정적 압박에 직면한다. 자녀가 있는 중년 부부에게 필요한 동일한 형태의 수요가 자녀가 있는 중년 독신자의 생활에서도 나타난다. 그러나 흔히 편부모는 일반적으로 배우자가 제공하게 되는 재정적 지원, 정서적 지원 그리고 시간적 지원의 모두 또는 일부가 부족하다. 따라서 이런 상태에 있는 많은 사람들은 이미 만들어진 음식과 같은 시간절약 대체 제품을 사용하는 경향이 있고, 패스트푸드점에서 식사를 하게 된다. 이 세분시장의 아이들은 가구에 대한 큰 책임감이 주어진다.

경제적으로 여유가 있는 나이 든 여성이 입양이나 임신으로 인해 편부모가 되는 것은 미래의 결혼과 관계없이 선택하는 라이프 스타일로 보는 것이 중요하다. Single Mothers by Choice(http://mattes.home.pipeline.com)는 이를 인식하고 지원과 도움을 제공하는 조직이다. 이 조직에 의하면, 독신을 선택한 여성은 교육을 잘 받았고 30대 및 40대의 직장지향적 여성들이다. 결과적으로 그들은 많은 편부모보다 일반적으로 높은 소득과 경제적 안정을 갖고 있다.[21]

빈 둥지 II(Empty Nest II): 노부부 이 세분시장에는 약 1,100만 가구들이 있다. 이 시장은 베이비붐세대들이 나이가 들면서 향후 10년 이후 빠르게 성장할 것으로 예상된다. 64세 이상 집단의 많은 부부들은 완전히 또는 부분적으로 은퇴했다. 그러나 건강향상과 장수, 적극적 활동에 대한 욕구 그리고 사회 보장의 변화는 향후 수십 년 간 은퇴연령을 늦추게 할 가능성이 높다. 이 집단의 젊은 구성원들은 건강하고, 활동적이고 종종 경제적으로 유복하다. 그들은 충분한 시간이 있다. 그들은 RV, 크루즈 여행, 별장의 큰 시장이다. 또한 그들은 손자들에게 많은 시간과 돈을 지출한다. 점차, 그들은 손자들을 챙기고 이따금 아이들을 데리고 휴가를 가기도 한다. 그들은 나이가 들면서 건강관리와 가사도움이 더욱 중요하게 되었다.[22] <사진 6-6>은 이 세분시장의 욕구들 중의 하나를 충족시키도록 설계

사진 6-6

소비자들이 성숙하면서, 재정적 상황, 자유 시간 그리고 물리적 욕구와 사회적 욕구가 변화한다. 이 광고는 '빈 둥지 II' 세분시장의 많은 구성원들에게 소구한다.

된 제품에 대한 광고를 보여준다.

노인 독신자(Older Single) 미국에서 1,700만 이상의 노인 독신자가 있고, 이 집단은 베이비붐세대들이 나이가 들면서 계속 성장할 것이다. 전체 노인 독신자의 거의 70%는 여자이고, 전체 노인 독신자의 2/3가 혼자서 산다. 나이가 들고, 독신이며, 일반적으로 은퇴한 상황은 주거, 사회화, 여행 그리고 여가에 대해서 많은 독특한 욕구를 갖게 한다. 그들은 대체로 배우자의 죽음을 경험하고 많은 재정적 책임을 다른 사람에게 신세를 지고 있다. 최근의 한 연구는 배우자의 사망으로 독신자가 된 소비자를 "선택에 의한 독신자"라기보다는 "상황에 의한 독신자"라고 명명하였다. 많은 노인 독신자들은 상황에 의한 독신자 범주에 해당된다. 이 조사결과는 상황에 의한 노인 독신자는 선택에 의한 독신자보다는 덜 혁신적이고, 더 위험 회피적이고, 더 가격에 민감하고 그리고 더 많은 시간을 TV를 보면서 어려움을 극복하는 것으로 보고하였다.[23] 상황에 의한 독신자인 노인 소비자들에 대한 마케팅과 관련해서 어떤 사회적 및 윤리적인 이슈들이 있는가?

6.3 가구수명주기에 근거한 마케팅 전략

가구수명주기는 필요, 욕구, 제약의 차이와 각 단계마다 독득한 소비패턴과 관련된 중요한 세분화 도구이다. 그러나 각 단계에 있는 개인들은 교육이나 소득과 같은 많은 다른 중요한 요소들에서 다를 수 있기 때문에, 가구수명주기는 이러한 요소들이 결합될 때 시장 세분화와 전략 수립에서 더욱 강력해진다.

예를 들면, 어떻게 휴가에 대한 욕구가 가구수명주기 단계를 거치면서 다른가를 생각해 보라. 젊은 독신자들은 흔히 활동, 모험 그리고 로맨스에 대한 기회에 초점을 맞춘 휴가들을 바란다. 자녀가 없는 결혼한 젊은 부부는 미래의 로맨틱한 애인을 만나고 싶은 바람만 제외하고 유사한 욕구를 가지고 있다. '꽉찬 둥지 I'과 '편부모 I'의 가족들은 부모와 어린 자녀 모두가 즐길 수 있는 휴가를 필요로 한다. 이런 욕구들이 충족되는 방법은 직업, 소득 그리고 교육적 범주에 따라서 상당히 다를 것이다. 예를 들면, 젊은 전문직 커플들은 열대 지방의 리조트에 가거나 파리(Paris)에서 휴가를 보낼 것이다. 사무직 커플은 국내 스키 리조트로 가거나 패키지여행으로 하와이(Hawaii)를 방문할 수 있다. 젊은 노동직 커플은 캠핑을 가거나 가족을 방문할 수 있다.

<표 6-2>는 **가구수명주기/직업 범주 매트릭스(HLC/occupational category matrix)**를 보여준다. 세로 축은 가구수명주기의 각 단계인데, 이것은 가구가 직면할 문제들을 결정한다. 가로 축은 일련의 직업 범주인데, 이것은 수용가능한 해결책의 범위를 제공한다. 이 매트릭스는 일정 범위의 제품에 있어서 시장을 세분하고 표적화된 세분시장에 적합한 마케팅 전략(필요할 때는 다른 변수나 추가적으로 직업 변수가 사용되어야 한다)을 개발하는데 유용한 것으로 알려져 있다.

매트릭스의 효과적인 사용은 저녁 식사를 준비하거나 영양가있는 스낵을 제공하거나, 주말휴가나 여름휴가를 계획하는 것과 같이 기업에 관심있는 활동이나 문제를 분리시키는 것이다. 종종 표적집단면접의 형태로 이루어지는 조사는 매트릭스의 각 셀에 해당되는 아래와 같은 정보를 결정하는데 사용된다:

가구수명주기/직업 범주 매트릭스 

가구수명주기 단계	직업 범주				
	임원/엘리트 전문가	관리자/ 전문가	기술자/판매원 종업원	숙련공	비숙련공
독신 I					
젊은 부부					
꽉찬 둥지 I					
편부모 I					
독신 II					
늦게 꽉찬 둥지 I					
꽉찬 둥지 II					
편부모 II					
빈 둥지 I					
빈 둥지 II					
독신 III					

1. 어떤 제품이나 서비스가 욕구를 충족시키거나 활동을 하는데 사용되고 있는가?
2. 어떤 상징적 의미나 사회적인 의미가 욕구를 충족시키거나 기존 제품을 사용하는 것과 연관되는가?
3. 정확히 어떻게 현재 제품이나 서비스가 사용되고 있는가?
4. 이 세분시장 구성원들이 현재의 해결책에 얼마나 만족하는가? 그리고 어떠한 개선을 바라는가?

매력적인 세분시장이란 기업의 목표들을 충족시킬 만큼 충분히 크고, 기존 제품이 충분히 만족시키지 못하는 욕구를 갖고 있는 세분시장이다. 이런 접근법은 영화, 제과점 그리고 재무적 서비스에서 성공적으로 사용되고 있다.[24] **어떤 유형의 자동차가 각 셀에 가장 적합하고, 어떤 유형의 광고가 이것을 프로모션할 수 있는가?**

6.4 가족의사결정

LO3

가족의사결정(family decision making)은 직접적 또는 간접적으로 적어도 2명 이상의 가족구성원들이 관여해서 이루어지는 의사결정과정이다. 가족과 같이 집단에 의한 의사결정은 개인에 의한 의사결정과 많은 면에서 다르다. 자녀 그리고 혹은 어른이 소비할 아침 시리얼의 구입을 생각해 보자. 누가 이 시리얼에 대한 욕구를 인지하는가? 제품 유형과 브랜드는 어떻게 선택되는가? 모든 사람이 같은 속성들을 고려하는가? 일반적으로 부모가 실질적인 구매를 한다. 부모들도 선택을 한다는 것을 의미하는가? 또는 아이, 다른 부모 또는 몇몇이 같이 선택하는 것인가? 어떤 부모가 의사결정에 관여하고, 제품에 따라 시간이 지나면서 이것은 어떻게 변하는가? 이것은 가구수명주기의 단계별로 어떻게 다른가?

가족구매는 종종 조직 구매의사결정과 비교된다. 비록 이런 비교가 유용한 통찰력을 제시할 수 있지만, 이는 가족의사결정의 본질을 파악하는데 실패한다. 조직들은 구매를 유도하는 이익 극대화와 같은 비교적 객관적인 기준을 갖고 있다. 그러나 가족들은 일반적으로 이런 명시적이고 중요한 목적이 별로 없다. 대부분의 산업 구매는 외부사람에 의해 이루어지거나 구매에 관련되지 않은 사람에게 거의 영향을 미치지 않는다. 대부분의 가족구매는 가족의 다른 구성원들에게 직접적인 영향을 준다.

가장 중요한 것은, 많은 가족구매는 원래 감성적이고, 가족구성원들 간의 관계에 영향을 준다는 것이다.[25] 아이들이 원하는 장난감 또는 새로운 교복을 구매하는 의사결정은 단순한 구매이상의 의미를 갖는다. 이것은 아이에 대한 사랑과 관여를 상징하는 것이기 때문이다. 가족이 식사하기 위해서 레스토랑에 가려고 하거나, 새로운 TV를 구입하려는 의사결정은 가족구성원들에게 정서적 의미를 갖는다. 돈을 어떻게 사용하는가에 대한 가족 간의 불일치는 결혼불화의 주요 원인이다. 가족이 구매하려고 할 때 행하는 의사결정과정과 이러한 과정의 결과들은 그 가족과 가족구성원들의 행복에 중요한 영향을 준다. 따라서 비록 가족의사결정이 조직의사결정과 공통점이 있기는 하지만 똑같은 것은 아니다.

자녀 제품에 대한 가구의사결정과정 그림 

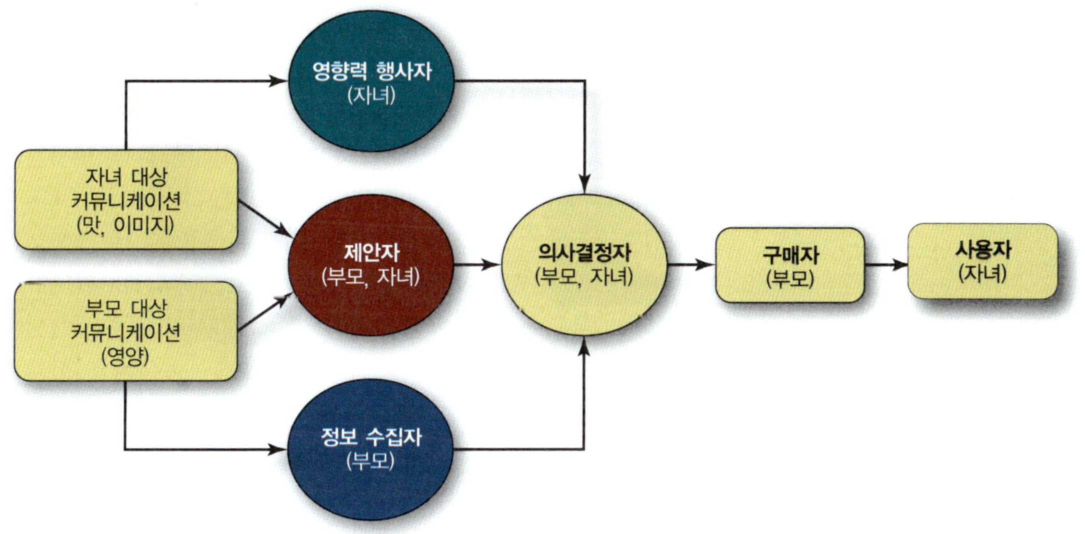

1. 가족 구매 역할의 특성

<그림 6-3>은 가족의사결정에서 자주 발생하는 여섯 가지 역할들을 시리얼 구매의 예를 사용해서 설명하고 있다.[26] 이 그림에서 중요한 것은 사람들이 의사결정과정에서 다양한 역할들을 담당한다는 것이다.

- 제안자 initiator(s): 처음으로 필요성을 인지하거나 구매 과정을 시작하는 가족구성원.
- 정보수집자 information gatherer(s): 특정 구매에 대해서 잘 알고 관심이 있는 가족구성원. 각각의 가족구성원들은 서로 다른 시간에 혹은 구매의 다른 측면에서 정보를 찾을 수도 있다.
- 영향력 행사자 influencer(s): 평가하려는 대안들, 고려하는 기준들 그리고 최종 선택에 영향을 주는 가족구성원.
- 의사결정자 decision maker(s): 최종 의사결정을 하는 가족구성원. 물론 공동의사결정도 이루어질 수 있다.
- 구매자 purchaser(s): 실제로 제품을 구입하는 가족구성원. 이 역할은 일반적으로 성인 또는 10대가 맡는다.
- 사용자 user(s): 제품의 사용자. 많은 제품들의 경우 복수의 사용자들이 있다.

마케터는 가족의사결정과정에서 가족 중 누가 어떤 역할을 맡는가를 먼저 결정해야 한다. Cranial은 충분한 조사를 한 후에 광고예산 배정을 아이들 TV프로에서 여성잡지로 변경하였다. 그 이유는 자사의 조사에서 아이들보다 오히려 엄마들이 더욱 그 문제를 인지하고, 대안들을 평가하고, 구매한다는 것을 발견하였기 때문이다. <사진 6-7>은 아이가 사

사진 6-7

아이들은 종종 그들이 사용하는 제품들과 브랜드를 결정한다. 또 다른 경우에, 그들은 이 선택들에 영향을 주지만 부모가 지배적인 역할을 담당한다. 그런 경우 마케터는 아이와 부모의 욕구를 모두 충족시켜야 한다.

용할 제품을 아이와 부모가 함께 선택하고, 실제구매는 부모가 하는 것을 보여준다.

가족의사결정은 **남편 주도, 아내 주도, 공동 또는 개별적인** 것으로 범주화된다. 잠깐만 생각해 보면 앞의 네 가지 범주는 많은 가족의사결정들의 중요한 참여자를 빠뜨리고 있다는 것을 알 수 있다. 최근까지, 대부분의 연구는 아이들의 영향을 무시했다.[27] 이미 아이들(특히 10대들)은 가족 구매의사결정에서 종종 상당한 영향력을 발휘하고 있다.[28] 따라서, **아이주도** 의사결정과 **남편, 아내** 그리고 **아이와의 공동의사결정**의 다양한 조합이 일반적이란 것을 인지할 필요가 있다.

남편주도의 의사결정들은 전통적으로 자동차, 술 그리고 생명보험과 같은 제품의 구입에서 이루어진다. 아내 주도의 의사결정들은 가구의 생활용품, 음식 그리고 주방가전제품 구매에서 더 일반적이다. 공동의사결정은 집, 거실 가구 그리고 휴가를 구매할 때 가장 잘 발생한다. 이런 패턴들이 오늘날에는 그렇게 확고하지는 않다. 여성들이 직업을 갖는 것이 확산됨에 따라서, 여성들이 참여하거나 주도하는 가족의사결정의 범위가 넓어지고 있다.[29]

실제로 최근 연구는 남편주도의 의사결정 심지어 전통적인 남성주도적 범주의 의사결정에서 균형이 깨지고 있다고 하였다. 일련의 네 가지 범주에 걸쳐서 전형적으로 이루어지는 의사결정의 결과들은 아래 표와 같이 나타났다.[30]

	가족 주말 활동	가족의 대량 구입	가족 금융	TV리모콘
부인	28%	30%	38%	27%
남편	16	19	30	26
공동	48	46	28	25

*수치는 합해서 100이 되지 않는다. 왜냐하면 커플이 "모른다." 혹은 "상황에 따라서"라고 반응할 수 있기 때문이다.

직접적 영향과 간접적 영향을 모두 인정하는 것이 중요하다. 부모는 어린 자녀들과 직접 상의하지 않고 Disney에서의 휴가를 선택할 수 있다. 그러나 분명히 어린아이들의 바람에 대한 부모들의 인식에 의해서 영향을 받는다. 가족 구성원 각각이 의사결정과정의 다른 단계에 관여하게 된다. 예를 들어, 한 어린이가 McDonald에 가자는 의사결정의 주된 제안자가 될 수 있는 반면, 부모는 이런 외출의 시점에 관여할 수 있고, 구매활동 자체를 할 수 있다.

끝으로, 가족의사결정에 있어, 종종 가족구성원들마다 특정 속성에 집중한다. 예를 들면, 어린이는 자전거의 색상과 스타일을 평가하는 반면 부모는 가격, 보증과 안전성을 평가할 수 있다.

2. 가족 구매 역할의 결정요인

가족 구성원들이 구매의사결정에서 어떻게 상호작용하는가는 그 가족의 문화와 하위문화, 각 구성원의 전문 역할, 관심제품 영역에 대한 관여 정도 그리고 개인적 특성에 주로 의존한다.[31]

오늘날, 미국은 다른 많은 문화들보다 남성 지향성이 비교적 적다. 예상하는 것처럼 미국 부인들은 남성 중심의 다른 문화권보다는 미국에서 의사결정들의 폭넓은 범위에서 더 관여하고 있다.[32] 그러나, 미국의 하위문화들 및 다른 집단에서는 이 가치관이 다르다. 제5장에서 보았듯이, 히스패닉 하위문화는 일반적인 문화보다 더 남성지향적이다. 한 연구는 히스패닉 문화를 강하게 갖고 있는 히스패닉은 다른 사람들보다 남편주도적인 의사결정을 하는 경향이 강하다는 것을 확인하였다.

시간이 지나면서, 각 배우자는 가족 라이프스타일과 가족 책임들의 일부로서 더욱 전문적인 역할들을 발전시킨다. 채택된 역할이 전통적이든지 혹은 현대적이든지 간에, 역할 전문화는 훨씬 더 효율적이기 때문에 시간이 지나면서 여전히 진화하는 경향이 있다.

한 제품분야의 전문적 지식 또는 관여도는 어떻게 가족 구매의사결정이 이루어지는가에 영향을 주는 또 다른 주요 요인이다. 당연히, 배우자나 다른 가족구성원이 제품영역에 더 관여하면 할수록, 더 많은 영향력을 갖는다. 예를 들어, 아이들이 어떤 제품(예: 장난감, 스낵, 시리얼)의 주요 사용자들일 경우, 그들은 더욱 많은 영향력을 갖는 경향이 있다. 컴퓨터에 관여도가 높은 10대들은 가족용 컴퓨터에 대한 의사결정 또는 인터넷 접속 서비스의 선택에 종종 강하게 영향을 준다.[33]

<소비자 통찰력 6-2>에서 보는 것처럼, 10대들은 가족 내에서 그들의 테크놀로지에 능통한 지위를 이용해서 테크놀로지와 관련없는 구매에 대해서도 영향력을 증가시키고 있다.

소비자 통찰력 6-2

가족 영향자로서 10대 인터넷 전문가

10대들의 구매력과 영향력이 충분히 입증되었다. 10대들의 온라인과 테크놀로지의 상당한 사용도 마찬가지이다. 그래서 10대들이 가족의사결정에서 영향력을 발휘하는 영역이 컴퓨터와 인터넷과 같은 테크놀로지 관련 범주라는 것이 놀라운 것이 아니다.

그러나 한 연구는 가족 휴가와 같이 테크놀로지와 직접적으로 관련이 없는 가족의사결정에서 테크놀로지가 10대들에게 더 많은 영향력을 주고 있다는 것을 발견하였다.[34] 핵심은 인터넷이 모든 종류의 가족의사결정을 하는데 사용될 수 있는 풍부한 정보접근을 제공한다는 것이다. 가족들에게 이러한 세계에 대한 접근을 제공할 수 있는 테크놀로지에 능통한 10대는 의사결정과정에 상당한 영향력을 갖고 있다. 이런 10대들은 인터넷 전문가(internet maven)라고 불리우며 다음과 같은 특징들을 갖고 있다:

- 일반적으로 인터넷에 대한 보다 많은 즐거움과 관심.
- 웹기반 시장(예: 거래를 할 수 있는 새로운 사이트)에 대한 보다 많은 지식.
- 웹상에서 정보와 자원을 검색하고 찾아낼 수 있는 보다 전문적인 지식.
- 웹에서 발견한 정보를 제공하여 다른 사람들을 돕는 것에 대한 보다 많은 즐거움과 욕망.

모든 10대들이 인터넷 전문가는 아니다. 10대 인터넷 전문가들은 그렇지 않은 사람보다 인터넷을 더 많이 사용하고 즐거움을 위해서 인터넷을 사용하는 경향이 있다. 흥미롭게도, 자신을 인터넷 전문가로 지각하는 10대들은 부모에게 전문가로 보이고, 그래서 부모가 인터넷 시장에 들어가는 통로로서 10대들을 찾는다.

가족 휴가 의사결정들에 관한 연구는 10대 인터넷 전문가들이 의사결정과정의 초기 단계(제안 및 탐색)와 후기 단계(평가와 선택) 모두에서 전문가가 아닌 사람보다 더 큰 영향력을 갖고 있음을 알아냈다. 10대의 영향력은 심지어 인터넷 전문가조차도 의사결정 후반부에는 약해졌다. 그 이유는 인터넷 전문가의 주요 역할이 정보탐색과 접근에 있기 때문이라고 설명하였다. 그러나 인터넷 전문가들은 전문가가 아닌 사람들보다 의사결정과정의 후반 단계에서도 강한 영향력을 유지했다. 이는 아마도 의사결정과정의 초기단계에 관여함으로써 나타나는 이월효과일 것이다.

분명히 가족의사결정은 마케터에게 가족의 다양한 구성원들과 어떻게 동시에 그리고 어떻게 효과적으로 커뮤니케이션하는가에 관한 독특한 과제를 제시한다.

생각해 볼 문제

1. 당신이나 당신 형제 중 누가 인터넷 전문가인가?
2. 가족의사결정과정에서 10대 인터넷 전문가들의 영향력의 관점에서 부모의 온라인 전문지식은 어떤 역할을 하는가?
3. 10대 인터넷 전문가들의 존재는 마케터들에게 어떤 독특한 도전을 주는가?

몇몇 개인적 특성들은 개인의 구매의사결정 영향력에 영향을 미친다.[35] 교육과 소득은 그러한 두 가지 개인적 특성이다. 아내의 교육수준과 소득이 높으면 높을수록, 그녀는 주요 의사결정에 더 많이 참여하게 될 것이다.[36] <그림 6-4>는 남편이 아내보다 더 소득이 높으면, 집안의 중요한 금융 의사결정은 아내 주도적, 남편 주도적 그리고 공동의사결정에 관계없이 균형있게 이루어진다는 것을 보여준다. 그러나 아내가 남편보다 소득이 높을 경

의사결정 영향력과 상대적 소득

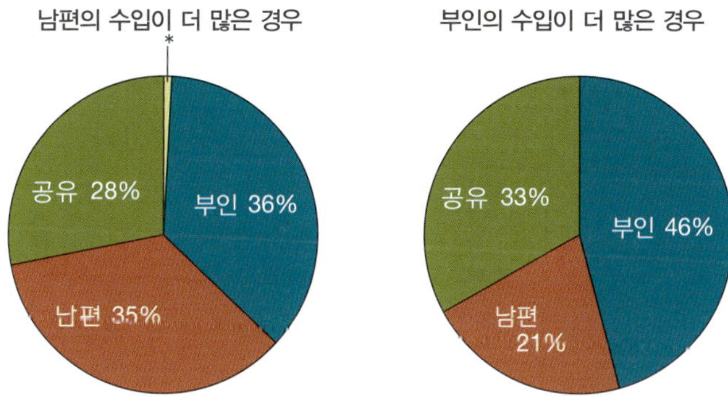

*1%는 "모르겠다"를 나타냄.

우(이런 상황이 점차 보편화 되고 있음)에는 아내 주도적인 의사결정이 훨씬 더 많다.

개성은 가족의사결정 역할의 중요한 결정요소이다. 공격성, 통제 위치(locus of control: 자신의 상황을 통제할 수 있다는 신념), 이탈 그리고 순응과 같은 특성들은 가족의사결정력에 영향을 준다.[37] 아이들의 경우, 나이가 중요한데 나이가 든 아이나 10대들은 점차 더 영향력 있는 역할을 맡는다. 그래서 마케터는 Pottery Barn과 PBteen처럼 이들과 직접 커뮤니케이션을 하고 있다. 마지막으로, 의사결정과정의 단계는 의사결정역할에 영향을 준다. 구매의사결정들은 문제 인식이라는 초기단계로부터 정보탐색을 거쳐서 선택 및 구매로 진행된다. 아이들과 10대들은 의사결정의 후반 단계보다는 초기단계에서 더 영향을 미치는 경향이 있다.[38]

3. 갈등 해결

가족이 매일 수행하는 의사결정의 수를 고려한다면, 의견의 불일치는 필연적이다. 이러한 불일치가 어떻게 해결되는가 하는 것이 가족구성원 간의 화목뿐만 아니라 마케터에게도 중요하다. 한 연구는 개인이 구매갈등을 느낄 때(대부분의 커플은 일반적으로 공개적인 갈등을 피하려고 한다.) 이것을 해결하기 위해서 사용하는 6가지 기본적 접근방법을 밝혀냈다:[39]

- 교섭(bargaining): 타협에 도달하려고 시도.
- 인상관리(impression management): 이기기 위해서 사실을 허위로 말함.
- 권위(authority)의 사용: 뛰어난 전문적 지식 또는 역할 적합성 주장.
- 논증(reasoning): 이기기 위해서 논리적 주장 사용.
- 감성 활용(playing on emotion): 침묵을 사용하거나 토의 철회.
- 추가적 정보(additional information): 제3자의 의견이나 추가적인 자료 수집.

다른 연구는 배우자는 의사결정과정에 따라 자기의 전략을 변화시킨다는 것을 발견하

표 6-3 가족의사결정과정에 기반을 둔 마케팅전략

세분시장 ______

의사결정과정의 단계	관여하는 가족구성원	가족구성원의 동기와 관심	마케팅 전략과 전술
문제인식			
정보탐색			
대안평가			
구매			
사용자/소비			
처분			
평가			

였다. 또한 배우자가 자기주장을 하기 위해서 강압적 수단(예: 침묵)을 사용하게 되면 의사결정 결과에는 만족하지만 의사결정과정에는 불만족한다는 사실도 발견하였다.[40] 비록 위의 어떤 연구도 아이들을 포함하지 않았지만, 어떻게 아이와 부모가 서로 영향을 미치려고 하는가에 초점을 맞춘 어떤 연구는 유사하지만 복합적인 일련의 영향력 전략들이 사용되는 것을 발견하였다.[41]

6.5 마케팅 전략과 가족의사결정

대부분의 소비자 제품에 대한 효과적인 마케팅전략을 수립하는 것은 그 제품들에 관한 표적시장에서 이루어지는 가족의사결정에 대한 철저한 이해를 필요로 한다. <표 6-3>은 이런 분석에 대한 틀을 제공한다.

사진 6-8

이 광고는 10대들이 테크놀로지에 관련하여 가족의사결정들에 영향을 주는데 중요한 역할을 한다는 것을 인정한다.

가족의사결정 과정은 가족수명주기의 단계나 하위문화와 같은 세분시장에 따라서 종종 변한다. 그러므로 마케터는 기업이 정의한 각 표적시장 내에서 가족의사결정을 분석해야 한다. 각 표적시장 내에서 마케터는 다음과 같은 것들이 필요하다:

- 어떤 가족구성원들이 의사결정과정의 각 단계에 관여하고 있는지를 발견할 필요가 있다.
- 그들의 동기부여들과 관심들이 무엇인지 결정할 필요가 있다.
- 각각의 참여자 욕구를 충족시킬 마케팅 전략을 개발할 필요가 있다.

예를 들면, 나이 어린 아이는 종종 아침식사와 관련된 문제인식 단계에 관여한다. 그들은 새 만화 캐릭터가 있는 시리얼에 주의를 기울이거나 친구들이 새로운 시리얼을 먹는 것을 발견할 수도 있다. 그들은 만화 캐릭터를 자신과 동일시하거나 친구처럼 대하는 것에 관심이 있다. 그들이 새로운 시리얼을 원할 때, 비로소 부모(일반적으로 엄마)는 관심을 가질 수 있다. 그러나 엄마는 영양성분과 가격에 더 초점을 맞출 것이다. 따라서 마케터는 아이에게는 재미, 맛, 흥 분을 전달할 필요가 있고 부모에게는 영양성분, 가치 그리고 맛에 대해서 전달할 필요가 있다. 아이들에게는 토요일 만화프로그램, 적합한 인터넷 사이트 그리고 이와 유사한 매체들을 이용해서 잘 도달될 수 있는 반면, 엄마들에게는 잡지광고, 패키지에 있는 정보 그리고 인터넷을 통해서 더 효과적으로 커뮤니케이션이 될 수 있다.

<사진 6-8>의 광고를 살펴보라. 가족의사결정 과정과 마케팅 전략의 관점에서 이 광고를 분석하기 위해서 <표 6-3>을 이용하라.

6.6 소비자 사회화

가족은 소비자 사회화가 이루어지는 기본적인 틀을 제공한다. **소비자 사회화(consumer socialization)**는 어린이들이 시장에서 소비자로서의 기능에 적합한 기술, 지식 그리고 태도를 획득하는 과정이다.[42] 우리는 소비자 사회화의 내용과 소비자 사회화의 과정 모두를 이해하는 데 관심이 있다. 소비자 사회화의 내용은 어린이들이 소비에 관해 배우는 것을 말한다. 즉, 소비자 사회화의 과정은 그들이 소비를 배우는 방법을 말한다. 이런 두 가지 이슈들을 설명하기 전에, 우리는 소비관련 기술들을 학습할 수 있는 다양한 연령의 아이들의 능력을 고려할 필요가 있다. LO4

1. 어린이 학습능력

유아 어린이는 특정 형태의 정보를 처리하는 능력에 한계를 가지고 있다. **Piaget의 인지발달단계(stages of cognitive development)**는 널리 수용되는 일련의 인지발단단계들이다:

단계 1: 감각운동기(the period of sensorimotor intelligence)(0–2세). 이 기간 동안, 행동은 주로 움직이는 것이다. 비록 인지발달이 나타나지만 어린이는 아직 개념적으로 '사고'를 하지 않는다.

단계 2: 전조작기(the period of pre operational thoughts)(3–7세). 이 기간은 언어 발달과 신속한 개념적 발달의 특징이 있다.

단계 3: 구체적 조작기(the period of concrete operations)(8–11세). 이 기간 동안, 아이는 논리적 사고를 구체적인 문제들에 적용하는 능력이 발달된다.

단계 4: 형식적 조작기(the period of formal operations)(12–15세). 이 기간 동안 아이의 인지구조는 가장 높은 수준의 발달 단계에 도달한다 그리고 아이는 모든 종류의 문제들에 논리를 적용하게 된다.

다른 접근방법들이 있겠지만, 유아 어린이가 추상적인 정보, 일반적인 정보, 친숙하지 않은 정보 혹은 많은 양의 정보를 다루는 능력이 다소 떨어지는 것은 모든 접근방법에서 공통적으로 나타난다.[43]

Piaget의 단계를 활용한 최근의 한 연구는 어린이의 음식섭취를 개선하도록 설계된 각기 다른 개입(intervention)을 이해할 수 있도록 해준다. 실험에 이용된 두 단계는 유아 어린이(구체적으로 전조작단계)와 어린이(구체적 조작단계)이다. 개입으로는 인센티브(상), 경쟁(경쟁 학교와의) 그리고 교실 내 포스터에 그들의 이름을 서명하도록 하는 개인적 약속 등을 이용하였다. 약속은 더 추상적이고 이해하기 어렵기 때문에, 이것들은 유아 어린이에게는 덜 효과적이다.[44]

아이가 커감에 따라 이들이 정보를 처리하는 능력이 변하는 것은 아이에게 적절한 소비행동을 가르쳐 주려는 부모에게 하나의 과제이다.[45] 간단히 논의하겠지만, 이것은 역시 마케터들에게 윤리적이고 실무적인 이슈들이 제기된다. 아이들의 제한된 학습능력때문에 아이들에 대한 광고는 상당히 규제되고 있다.

2. 소비자 사회화의 내용

소비자 학습의 내용은 세 가지 범주로 분류될 수 있다: 소비자 기술, 소비관련 선호 그리고 소비관련 태도이다.[46] **소비자 기술(consumer skills)**은 돈, 예산, 제품평가 등의 이해와 같은 구매에 필요한 능력들이다. 아이는 쇼핑하는 방법, 유사한 브랜드들을 비교하는 방법, 가능한 소득으로 예산 책정하는 방법 그리고 그와 유사한 것들을 배워야 한다. 다음의 예는 부모의 관점에서 청소년기에 적합한 쇼핑규칙들을 가르치려는 부모의 시도를 보여준다:

> 아들아, 이걸 보렴. 이것은 세탁이 더 잘 되고, 세탁물의 손상을 줄인단다. 너 혼자 많은 것을 세탁할 수 있단다. 그리고 나는 옷이 쉽게 세탁될 수 있고, 다림질 할 필요가 없고, 100% 순면 제품이 아닌 것이었으면 좋겠어. (13살 아들을 둔 엄마)[47]

소비관련 선호(consumption-related preference)는 사람들에게 제품, 브랜드 그리고 소매점에 대해서 차별적인 평가를 하게 만드는 지식, 태도 그리고 가치이다. 예를 들어, 일부 부모들은 Calvin Klein은 고급 브랜드이며, 고급 브랜드는 바람직하다는 것을 그들의 설명과 구매를 통해서 아이들에게 가르칠 수 있다. Calvin Klein의 명성에 대한 이 정보가 실제 구매를 하는데 필요하지 않지만(소비자 기술), 무엇을 구매해야 하느냐와 구매를 결정할 때 상당히 중요하다(소비관련 선호도).[48]

소비관련 태도(consumption-related attitude)는 광고, 판매원, 보증 등과 같은 시장 자극에 대한 인지적이고 감정적 지향성이다.[49] 예를 들면, 아이들은 부모나 다른 가족구성원으로부터 "너는 네가 지불한 만큼 얻을 수 있다"는 것을 학습할 수 있다. 이것은 그들에게 강한 가격-품질간의 관계를 가정하도록 알려준다. 또는 판매원은 신뢰할 수 없다는 것을 배울 수 있다. 이런 태도들은 마케터가 수행하는 여러 가지 활동에 대해서 어떠한 방법으로 반응할 것인가에 영향을 줄 것이다. 어떤 유형의 태도가 다음의 상호작용에서 형성되는가?

> 나는 항상 내 딸이 물건의 상대적인 가치, 특히 광고의 영향 그리고 구매와 바람에 대한 광고의 효과를 학습하도록 노력한다. 그래서 우리는 그것에 대해서 이야기하려고 한다. 나는 조작적 광고나 기만적 광고를 지적하고, 내 딸에게 비판적인 소비자가 되는 감각을 알려준다. (아버지가 13세 딸에게)[50]

3. 소비자 사회화 과정

소비자 사회화는 친구와 광고 등 많은 경로를 통해서 일어난다. 그러나 가족은 소비자 사회화의 주요 원천이다. 예를 들어, 식사패턴에 대한 최근 연구는 아이들이 먹는 음식들의 종류에 대해서 가장 중요한 영향을 미치는 사람으로 부모를 언급한다는 것을 알아냈다. 이는 심지어 10대들에서도 마찬 가지이다. 부모의 영향력은 가장 높았고, 친구들과 광고의 역할은 훨씬 적었다.[51] 부모는 그들의 아이들에게 소비자 기술, 소비관련 선호, 소비 관련태도를 가르친다. 그들은 수단적 훈련, 모델링, 중재를 통해 신중히 그리고 우연히 가르친다.

수단적 훈련(instrumental training)은 부모 또는 형제자매가 추론과 강화를 통해서 명확히 그리고 직접적으로 일정한 반응을 끌어내려고 할 때 발생한다. 즉, 부모는 아이에게 명확히 영양 성분을 알려주고 어떤 스낵 식품을 소비해야 하는 가를 직접적으로 가르치려고 노력할 수 있다.[52] 혹은 부모가 일부 스낵식품의 소비를 제한하고 다른 것에 대한 소비를 장려하는 규칙을 정할 수도 있다. 다음의 예는 큰 아이들에게 사용되는 접근법을 보여준다.

> 우리가 무엇인가를 찾을 때 늘 이야기하는 한 가지가 바로 그것의 가격이다. "네가 구매하는 것에 대해서 그 가격이 네가 지불하는 만큼 품질의 가치가 있다고 생각하니?" (13세 아들을 둔 엄마)[53]

종종 부모들은 마케팅 메시지가 단순히 이러한 수단적 훈련을 몰아낼지도 모른다고 걱정한다. <사진 6-9>는 기업의 일부 역할로서 부모와 함께 생활하는 어린이에게 영양성분 선택권을 제공해서 사회화 과정에 동반자가 되려는 시도를 하고 있다.

모델링(modeling)은 어린이가 다른 사람들을 관찰해서 적절하거나 부적절한 소비행동들을 학습할 때 발생한다. 모델링은 일반적으로 (비록 항상 그런 것은 아니지만) 역할 모델로부터 직접적 지시없이 발생하고, 아이들의 입장에서 의식적 사고나 노력없이 종종 발생한다.

모델링은 어린이가 관련된 기술, 지식 그리고 태도들을 배우는데 매우 중요한 방법이다. 아이들은 모델링을 통해서 긍정적이고 부정적인 소비패턴들을 모두 배운다. 예를 들면, 담배를 피우는 부모의 아이들은 담배를 피우지 않는 부모의 아이들보다 담배를 피우

사진 6-9

이 기업은 사회화 과정에서 부모의 관심을 분명하게 인지하고 있다.

기 시작할 가능성이 높다.

중재(mediation)는 부모가 마케팅 또는 다른 자극들에 대한 아이들의 최초 해석이나 반응을 변경할 때 일어난다. 이것은 다음의 예로 쉽게 알 수 있다:

아이: 저것들 중 하나를 가질 수 있나요? 봐요, 이것이 걸을 수 있어요!

부모: 아니, 저것은 단지 광고일 뿐이야. 그것이 정말로 걷는 것은 아니란다. 그들은 단지 그럴 듯하게 보이게 만들어서 아이들이 그것들을 구입하게 하려는 거야.

광고는 제품속성을 설명하고, 사고 싶은 마음을 유발시켰지만 부모는 일반적으로 광고에 대한 신뢰성과 속성에 대한 신념을 변경시켰다. 이것은 가족구성원들이 모든 광고들을 중재한다는 것을 의미하는 것은 아니다. 그러나 아이들은 종종 다른 가족구성원들과 상호작용하는 동안 제품의 사용과 구매에 대해 학습한다. 따라서 아이들에게 영향을 주고 싶어하는 기업은 나머지 가족의 가치와 일치하는 방식으로 실행해야 한다.

4. 교실로서의 슈퍼마켓

James McNeal 교수는 아이들이 부모와 슈퍼마켓과 다른 소매점들에 가서 어떻게 쇼핑하는가를 배우는 5단계 모델을 개발하였다.[54]

단계 I: 관찰 부모님은 아이들이 생후 2개월 정도부터 아이들을 소매점에 데려가기 시작한다. 이 단계 동안, 아이들은 시장을 감각적으로 접촉하고 시장의 실체와 상징에 대한 심적 이미지들을 형성하기 시작한다. 초기의 몇 달 동안 단지 보고 듣는 것만이 처리된다. 그러나 12~15개월 정도 되면 대부분의 아이들은 이런 제품들을 기억해내기 시작할 수 있다. 이 단계는 어린이들이 시장을 방문하는 것이 환경에 의해서 유발되는 자극 그 이상의 보상을 받을 수 있다는 것을 이해할 때 끝난다.

단계 II: 요청 이 단계에서는(평균나이 2세), 아이들은 부모에게 점포에 있는 제품들을 요청하기 시작한다. 어린이들은 자기들이 원하는 제품을 부모에게 알리기 위해서 말을 할 뿐만 아니라 손으로 가리키거나 몸짓을 사용한다. 이 단계의 대부분에서, 어린이들은 실제로 제품이 보일 때만 요청을 한다. 왜냐하면 어린이들은 아직 마음 속에 있는 제품의 심적 이미지를 전달하지 못하기 때문이다. 단계 II의 후반부에서는 어린이들은 집에서, 특히 TV에서 본 제품들을 요청하기 시작한다.

단계 III: 선택 도움이 없이 점포의 선반에서 제품을 집는 것이 독립된 소비자로서의 첫 행동이다(평균 나이는 3.5세). 가장 단순한 수준으로, 어린이는 직접 보이는 제품에 의해서 욕망이 발동되고 이 제품을 선택한다. 그러나 곧 아이들은 점포에서 원하는 제품의 위치를 기억하기 시작한다. 그리고 어린이들이 혼자 그 점포로 가도록 허락받거나 부모를 데리고 점포로 갈 수 있다.

단계 IV: 구매결정 지원 대부분의 아이들은 점포에서 제품을 얻기 위해서는 돈을 지불할 필요가 있다는 것을 관찰(모델링)을 통해서 학습한다. 그들은 물건들을 얻는 수단으로서 부모와 다른 사람들이 지불하는 돈에 대한 가치를 학습한다. 곧 그들은 제품을 선택하고 자신의 돈으로 지불하도록 허용된다. 그들은 지금 주요 소비자이다(평균나이는 5.5세).

단계 V: 독립적 구매 부모의 도움없이 구매하는 것은 부모없이 안전하게 점포나 점포코너를 방문하는 능력뿐만 아니라 가치에 대해서 꽤 정교한 이해를 필요로 한다. 부모가 어린이들이 단계 V로 넘어가도록 허용하기 전에 대부분의 어린이들은 단계 IV에서 오랫동안 머문다(평균 나이는 8세).

McNeal의 연구는 아이들이 쇼핑경험을 통해 구매를 학습한다고 지적하였다. 소매업자들은 이런 학습 패턴에 기반을 둔 프로그램들을 개발하고 있다. 예로는 어린이 체격에 맞는 쇼핑 카트와 어린이용 클럽이 있다.

6.7 어린이에 대한 마케팅

LO5

이 장의 도입사례에서 보았듯이, 아이들은 규모가 크고 성장하는 시장이다. 어릴 때 형성된 브랜드 선호는 오랜 기간 동안 기업에게 보답을 한다. 따라서 마케터들이 적극적으로 이런 어린 소비자들을 추구하고 있다는 것은 당연하다.

그러나, 어린이에 대한 마케팅은 윤리적 관심이 내포되어 있다. 이런 관심의 주요 원천은 어린이가 정보를 처리하고, 정보에 근거하여 구매의사결정을 내리는 능력이 제한되어 있다는 것이다. 마케팅활동들, 특히 광고는 아이들에게 바람직하지 못한 가치를 갖게 만들고, 부적절한 다이어트를 하게 하고 그리고 건강하지 않은 수준의 가족 갈등을 유발한다는 우려도 있다. 우리는 아이들에 초점을 맞춘 의심스러운 마케팅 관행들과 이 관행들을 통제하기 위한 규제들을 살펴보려고 한다.

비록 마케터들이 어린 소비자들의 제한된 정보처리기술에 민감할 필요가 있지만, 윤리적이고 효과적인 마케팅 캠페인들은 아이들과 부모의 욕구를 충족시키도록 설계될 수 있다. 마케팅 믹스의 모든 측면은 아이들의 능력들을 고려해야만 한다. 다음 광고를 보고 서로 다른 연령의 아이들로부터의 반응들을 생각해 보자:

광고에 "일산화탄소의 치사량을 흡입하면 이것은 자살이라고 한다. 소량을 흡입하면 이것은 흡연이라고 한다. 믿거나 말거나, 담배연기는 자동차에서 배출된 것과 같은 양의 유독가스를 포함하고 있다. 그래서 만약 당신이 자동차의 배기관을 빨아들이는 것을 원하지 않는다면, 왜 당신은 담배를 피우고 싶어 하는가?"라고 적혀있다. 흡연 배출가스 파이프에 대한 그림은 광고카피의 하단에 있다.

7-8세의 반응들:
"버스 뒤에 절대로 서있지 마라 왜냐하면 너는 유독한 것을 마실 수 있기 때문이다."
"사람들은 때때로 배출가스 때문에 병에 걸린다."

9-10세의 반응들:
"운전하는 사람은 흡연하고 있다."
"어떠한 흡연이든 간에 이것은 늘 병들게 할 수 있다."

11세의 반응들:
"당신은 그 성분으로 자신을 해칠 수 있다. 자동차 배기가스에 있는 같은 성분이 담배에도 있다."
"자동차의 배기관은 흡연과 똑같고 흡연은 당신을 죽일 수 있다. 이것들 모두는 당신을 죽일 수 있다."

단지 큰 아이만 광고를 완전히 이해하는데 필요한 유추적 추론을 충분히 할 수 있다. 대조적으로, 추잡한 담배꽁초가 가득한 재떨이 옆에 더러운 양말을 보여주는 간단한 광고(양말 밑에는 "역겨운"이라는 문안이, 재떨이 아래에는 "정말로 역겨운"이라는 문안이 있는)는 모든 연령의 아이들에게 이해되었다(7-11세).[55]

아이들에게 도달한다는 것은 토요일 아침 만화에 광고하는 것을 의미한다. 지금은 매우 어린 아이들에게도 많은 선택권이 존재한다. National Geographic Kids, Martha Steward Kids와 Discovery Girls는 아이들에게 매우 높은 열독률을 갖고 있는 몇 안되는 인기있는 잡지이다. 3살 정도의 어린이는 적극적인 인터넷이용자이다. 예를 들면, 4kidstv.com, Cartoonnetwork.com 그리고 Nick.com과 같은 사이트들은 2-11세의 수백만의 아이들이 방문한다. 직접우편(direct mail)은 심지어 매우 어린아이들에게도 도달할 수 있는 효과적인 수단이 될 수 있다. 많은 기업은 "kids' clubs"을 구성해서 유아가 있는 가족이 나 어린이를 표적으로 한다. 유감스럽게도, 이 클럽들은 명백히 비윤리적이지는 않지만 종종 논란의 여지가 있는 판매기법들을 활용한다. 그러나 만약 적절히 사용된다면 그것들은 책임감있는 상업적 메시지를 전달하면서도 아이들에게 재미있고 교육적일 수 있다.

요약

1. 가구형태의 개념과 이들의 소비에 대한 영향을 설명한다.

가구는 기본적인 구매 및 소비 단위이고, 그렇기 때문에 대부분 제품의 마케팅 관리자들에게 매우 중요하다. 가족가구는 한 주거단위로서 함께 생활하는 둘 또는 그 이상의 관련된 사람들로 구성된다. 비가족가구는 하나 또는 그 이상의 친족이 아닌 사람들로 구성된 주거 단위이다. 가족가구들은 문화적 및 사회계층 가치와 행동패턴들이 다음 세대에 전달되는 주요 메커니즘이다.

2. 가구수명주기의 다양한 단계와 마케팅 의미를 정리한다.

가구 수명 주기는 가구를 성인의 나이와 결혼 여부 그리고 아이의 유무 및 아이 나이에 근거해서 시간이 흐르면서 거치게 되는 단계별 분류이다. 가구 수명주기는 각 단계나 범주의 구성원들이 유사한 소비 문제들에 직면하기 때문에 가치 있는 마케팅 도구이다. 따라서 그들은 잠재적인 세분시장을 나타낸다.

가구수명주기/직업 범주 매트릭스는 마케팅 전략을 개발하기 위해 가구수명주기를 사용하는 유용한 방법이다. 한 축은 가족수명주기의 단계들인데, 이것은 가구가 직면할 문제들을 결정한다. 다른 축은 일련의 직업 범주인데, 이것은 많은 수용가능한 해결책을 제공한다. 각 칸은 세분시장을 나타낸다.

3. 가족의사결정과정을 이해한다.

가족의사결정은 누가 구매하고, 누가 결정하고, 누가 사용하는가와 같은 질문들을 고려하는 것을 포함한다.

가족의사결정은 복잡하며, 제품 평가와 획득, 감성과 개인 간의 관계를 포함한다. 의사결정과정에서 가구 구성원의 참여는 특정한 제품에 대한 관여도, 역할 전문화, 개인적 특성 그리고 문화와 하위문화에 따라서 변한다. 또한 참여도 의사결정과정의 단계마다 변한다. 대부분 의사결정들은 합의에 의해 이루어진다. 만약 그렇지 않다면, 다양한 갈등 해결 전략들이 채택될 수 있다. 마케팅 관리자는 각 표적 시장 내에서 각 제품 범주별로 별도로 가구의사결정과정을 분석하여야 한다.

4. 어린이 사회화에서 가구의 역할을 서술한다.

소비자 사회화는 젊은 사람들(출생에서 18세까지)이 소비자가 되는 방법을 학습하는 과정을 다룬다. 아이들의 학습능력들은 태어났을 때는 제한적이다, 그 후 시간이 지남에 따라 경험과 함께 서서히 발달한다. 소비자 사회화는 소비자 기술, 소비관련 선호도, 소비관련 태도를 학습하는 것을 다룬다. 가족들은 직접적인 수단적 훈련, 모델링 그리고 중재를 통해서 소비자 사회화에 영향을 준다. 젊은 소비자들은 쇼핑하는 방법을 배우는 다섯 단계들을 거치게 된다. 이 학습은 부모와 상호작용하며 소매점에서 주로 일어난다.

5. 어린이에 대한 마케팅과 관련된 윤리적 우려의 원천을 설명한다.

아이들에 대한 마케팅은 윤리적인 이슈들을 내포한다. 윤리적 관심의 주요 원천은 어린이들이 정보를 처리하고 건전한 구매의사결정이나 요청을 하는 능력이 제한되어 있다는 것이다. 광고가 어린이의 가치관을 형성하고, 다이어트에 영향을 주고 그리고 가족 갈등을 유발하는데 역할을 할 우려도 있다. 그러나 윤리적이고 효과적인 마케팅 프로그램들은 어린이들을 위해 서 잘 개발될 수 있다.

주요 용어

혼합 가족(Blended family)
소비자 기술(Consumer skills)
소비자 사회화 (Consumer socialization)
소비관련 태도 (Consumption-related attitudes)
소비관련 선호 (Consumption-related preferences)
가족의사결정 (Family decision making)
가족가구(Family household)
HLC/직업범주 매트릭스 (HLC/occupational category matrix)
가구(Household)
가구수명주기 (Household life cycle, HLC)
수단적 훈련(Instrumental training)
중재(Mediation)
모델링(Modeling)
비가족가구(Nonfamily household)
Piaget의 인지 발달 단계 (Piaget s stages of cognitive development)
전통 가족(Traditional family)

참고 문헌

1. The Chapter 6 opener is based on *The U.S. Kids Market* (New York: Packaged Facts, April 2004); L. Lee, Pretty Babies, BusinessWeek, July 2, 2007, p. 18; *Apparel and Entertainment Make Up Bulk of a Mom s Discretionary Spending on Her Kids* (Port Washington, NY: NPD Group, May 27, 2008), press release; US: Apparel Makes Up Bulk of Spending on Kids Research, *just-style.com*, May 28, 2008, www.just-style.com, accessed June 11, 2008.
2. For more detailed information, see *America s Families and Living Arrangements*: 2007 (Washington, DC: U.S. Census Bureau, 2009).
3. Statistics in this section are drawn primarily from relevant U.S. Census Bureau reports and updates.
4. For more information see *A Portrait of Stepfamilies* (Washington, DC: Pew Research Center, January 2011).
5. This insight based on *The Return of the Multi-Generational Family* (Washington, DC: Pew Research Center, March 2010); B. S. Bulik, We Are Family, *Advertising Age*, August 23, 2010, pp. 1, 20; and H. El Nasser and P. Overberg, Census: Households Get Fuller, *USA Today*, September 30, 2010, p. 3A.
6. A. M. Epp and L. L. Price, Family Identity, *Journal of Consumer Research*, June 2008, pp. 50—70.
7. See C. M. Schaninger and W. D. Danko, A Conceptual and Empirical Comparison of Alternative Household Life Cycle Models, *Journal of Consumer Research*, March 1993, pp. 580—94; R. E. Wilkes, Household Life-Cycle Stages, Transitions, and Product Expenditures, *Journal of Consumer Research*, June 1995, pp. 27—42; and C. M. Schaninger and D. H. Lee, A New Full-Nest Classification Approach, *Psychology & Marketing*, January 2002, pp. 25—58.
8. See, e.g., N. Donthu and D. I. Gilliland, The Single Consumer, *Journal of Advertising Research*, November—December 2002, pp. 77—84.
9. See J. Raymond, For Richer or Poorer, *American Demographics*, July 2000, pp. 59—64.
10. Employment Status of Women by Marital Status and Presence and Age of Children: 1970 to 2009, *Statistical Abstract of the United States 2011* (Washington, DC: U.S. Bureau of the Census, 2011).
11. Estimates based on *Consumer Expenditure Survey* (Washington, DC: U.S. Bureau of Labor Statistics, 2005—2006).
12. K. Pantel, Kraft Unveils App for Apple s iPad, *Advertising Age*, July 12, 2010.
13. S. Thompson, ClubMom Prepares National Rollout, *Advertising Age*, May 3, 2004, p. 24.
14. R. Gardyn, Unmarried Bliss, *American Demographics*, December 2000, pp. 56—61.
15. For a discussion, including differences across groups, see www divorcereform.org; and D. Hurley, Divorce Rate, *The New York Times*, April 19, 2005, p. F7.
16. See, e.g., J. Morrow, A Place for One, *American Demographics*, November 2003, pp. 25—29; and P. Francese, Well Enough Alone, *American Demographics*, November 2003, pp. 32—33.
17. P. Paul, Childless by Choice, *American Demographics*, November 2001, pp. 45—50.
18. For additional information see *The New Demography of American Motherhood* (Washington, DC: Pew Research Center, August 2010).
19. J. Fetto, The Baby Business, *American Demographics*, May 2003,

p. 40; and J. Neff, P&G Challenges Rival K-C in Trainers Battle, *Advertising Age*, May 17, 2004, p. 10.

20. New Survey Finds Parents and Children Alike Crave More Time to Talk and Relax Together, ConAgra, press release, January 17, 2005.
21. Information is from the organization s website, http://www.singlemothersbychoice.org.
22. T. W. Bradford, Intergenerational Gifted Asset Dispositions, *Journal of Consumer Research*, June 2009, pp. 93—111.
23. Donthu and Gilliland, The Single Consumer.
24. For a different approach, see L. G. Pol and S. Pak, Consumer Unit Types and Expenditures on Food Away from Home, *Journal of Consumer Affairs*, Winter 1995, pp. 403 -28.
25. See J. Park, P. Tansuhaj, and E. R. Spangenberg, An Emotion-Based Perspective of Family Purchase Decisions, *Advances in Consumer Research*, vol. 22, ed. F. R. Kardes and M. Sujan (Provo, UT: Association for Consumer Research, 1995), pp. 723—28.
26. C. Lackman and J. M. Lanasa, Family Decision-Making Theory, *Psychology & Marketing*, March—April 1993, pp. 81—113.
27. An exception is S. E. Beatty and S. Talpade, Adolescent Infuence in Family Decision Making, *Journal of Consumer Research*, September 1994, pp. 332—41.
28. See J. Cotte and S. L. Wood, Families and Innovative Consumer Behavior, *Journal of Consumer Research*, June 2004, pp. 78—86; A. Shoham and V. Dalakas, He Said, She Said . . . They Said, *Journal of Consumer Marketing* 22, no. 3 (2005), pp. 152—60; and E. Bridges and R. A. Briesch, The Nag Factor and Children s Product Categories, *International Journal of Advertising* 25, no. 2 (2006), pp. 157—87.
29. See, e.g., M. A. Belch and L. A. Willis, Family Decision at the Turn of the Century, *Journal of Consumer Behaviour* 2, no. 2 (2002), pp. 111—24; and N. Razzouk, V. Seitz, and K. P. Capo, A Comparison of Consumer Decision-Making Behavior of Married and Cohabiting Couples, *Journal of Consumer Marketing* 24, no. 5 (2007), pp. 264—74.
30. *Women Call the Shots at Home* (Washington, DC: Pew Research Center, September 2008).
31. See C.-N. Chen, M. Lai, and D. D. C. Tarn, Feminism Orientation, Product Attributes and Husband—Wife Decision Dominance, *Journal of Global Marketing* 12, no. 3 (1999), pp. 23—39; and C. Webster and M. C. Reiss, Do Established Antecedents of Purchase Decision-Making Power Apply to Contemporary Couples? *Psychology & Marketing*, September 2001, pp. 951—72.
32. J. B. Ford, L. E. Pelton, and J. R. Lumpkin, Perception of Marital Roles in Purchase Decision Processes, *Journal of the Academy of Marketing Science*, Spring 1995, pp. 120—31.
33. See C. K. C. Lee and S. E. Beatty, Family Structure and Infuence in Family Decision Making, *Journal of Consumer Marketing* 19, no. 1 (2002), pp. 24—41; and G. Slattery and J.Butler, Teens Are Primary Infuencer on Holiday Technology Purchases, *Business Wire*, November 23, 2004, p. 1.
34. Consumer Insight 6-2 is based on M. A. Belch, K. A. Krentler, and L. A. Willis-Flurry, Teen Internet Mavens, *Journal of Business Research* 58 (2005), pp. 569—75.
35. See M. C. Reiss and C. Webster, Relative Infuence in Purchase Decision Making, *Advances in Consumer Research*, vol. 24, ed. M. Bruck and D. J. MacInnis (Provo, UT: Association for Consumer Research, 1997), pp. 42—47; and C. Webster, The Meaningand Measurement of Marital Power, *Advances in Consumer Research*, vol. 25, ed. J. W. Alba and J. W. Hutchinson (Provo, UT: Association for Consumer Research, 1998), pp. 395—99.
36. *Women, Men, and the New Economics of Marriage* (Washington, DC: Pew Research Center, January 2010).
37. C. Webster, Is Spousal Decision Making a Culturally Situated Phenomenon? *Psychology & Marketing*, December 2000, pp.1035—58.
38. See, e.g., Belch, Krentler, and Willis-Flurry, Teen Internet Mavens.
39. C. Kim and H. Lee, A Taxonomy of Couples Based on Infuence Strategies, *Journal of Business Research*, June 1996, pp. 157—68.
40. C. Su, E. F. Fern, and K. Ye, A Temporal Dynamic Model of Spousal Family Purchase-Decision Behavior, *Journal of Marketing Research*, August 2003, pp. 268—81. See also C. Su, et al. Harmonizing Conflict in Husband-Wife Purchase Decision Making, *Journal of the Academy of Marketing Science* 36 (2008), pp. 378—94.
41. K. M. Palan and R. E. Wilkes, Adolescent—Parent Interaction in Family Decision Making, *Journal of Consumer Research*, September 1997, pp. 159—69; see also A. Aribarg, N. Arora, and H. O. Bodur, Understanding the Role of Preference Revision and Concession in Group Decisions, *Journal of Marketing Research*, August 2002, pp. 336—49.
42. For a thorough review, see D. R. John, Consumer Socialization of Children, *Journal of Consumer Research*, December 1999, pp. 183—209. See also M. J. Dotson and E. M. Hyatt, Major Infuence Factors in Children s Consumer Socialization, *Journal of Consumer Marketing* 22, no. 1 (2005), pp. 35—42.
43. See J. Gregan-Paxton and D. R. John, The Emergence of Adaptive Decision Making in Children, *Journal of Consumer Research*, June 1997, pp. 43—56; T. Davis, What Children Understand about Consumption Constellations, *Advances in Consumer Research*, vol. 27, ed. Hoch and Meyer, pp. 72—78; and E. S. Moore and R. J. Lutz, Children, Advertising, and Product Experiences, *Journal of Consumer Research*, June 2000, pp. 31—47.
44. S. Raju, P. Rajagopal, and T. J. Gilbride, Marketing Healthful Eating to Children, *Journal of Marketing*, May 2010, pp. 93—106.
45. Parental responses differ across cultures; see G. M. Rose, Consumer Socialization, Parental Style, and Developmental Timetables in the United States and Japan, *Journal of Marketing*, July 1999, pp. 105—19.
46. M. Viswanathan, T. L. Childers, and E. S. Moore, The Measurement of Intergenerational Communication and Infuence on Consumption, *Journal of the Academy of Marketing Science*, Summer 2000, pp. 406—24.
47. Palan and Wilkes, Adolescent—Parent Interaction in Family Decision Making.
48. M. F. Ji, Children s Relationships with Brands, *Psychology & Marketing*, April 2002, pp. 369—87; and E. S. Moore, W. L. Wilkie, and R. J. Lutz, Passing the Torch, *Journal of Marketing*, April 2002, pp. 17—37.
49. See T. F. Mangleburg and T. Bristol, Socialization and Adolescents Skepticism toward Advertising, *Journal of Advertising*, Fall 1998,

pp. 11—20; L. Carlson, R. N. Laczniak, and J. E. Keith, Socializing Children about Television, *Journal of the Academy of Marketing Science*, Summer 2001, pp. 276—88; and P. Wright, M. Friestad, and D. M. Boush, The Development of Marketplace Persuasion Knowledge in Children, Adolescents, and Young Adults, *Journal of Public Policy and Marketing*, Fall 2005, pp. 222—33.

50. Palan and Wilkes, Adolescent—Parent Interaction in Family Decision Making.
51. P. Dando, Healthier Fast-Food a Reality, *Advertising Age*, March 29, 2004, p. S-7.
52. See, e.g., C. Kim, H. Lee, and M. A. Tomiuk, Adolescents Perceptions of Family Communication Patterns and Some Aspects of Their Consumer Socialization, *Psychology & Marketing*, October 2009, pp. 888—907.
53. Palan and Wilkes, Adolescent—Parent Interaction in Family Decision Making.
54. J. U. McNeal, *Kids as Consumers* (New York: Lexington Books, 1992); and J. U. McNeal and C. Yeh, Born to Shop, *American Demographics*, June 1993, pp. 34—39. See also J. B. Schor, *Born to Buy* (New York: Scribner, 2004).
55. L. A. Peracchio and D. Luna, The Development of an Advertising Campaign to Discourage Smoking Initiation among Children and Youth, *Journal of Advertising*, Fall 1998, pp.49—56.

Chapter Seven

7 소비자행동에 대한 집단의 영향

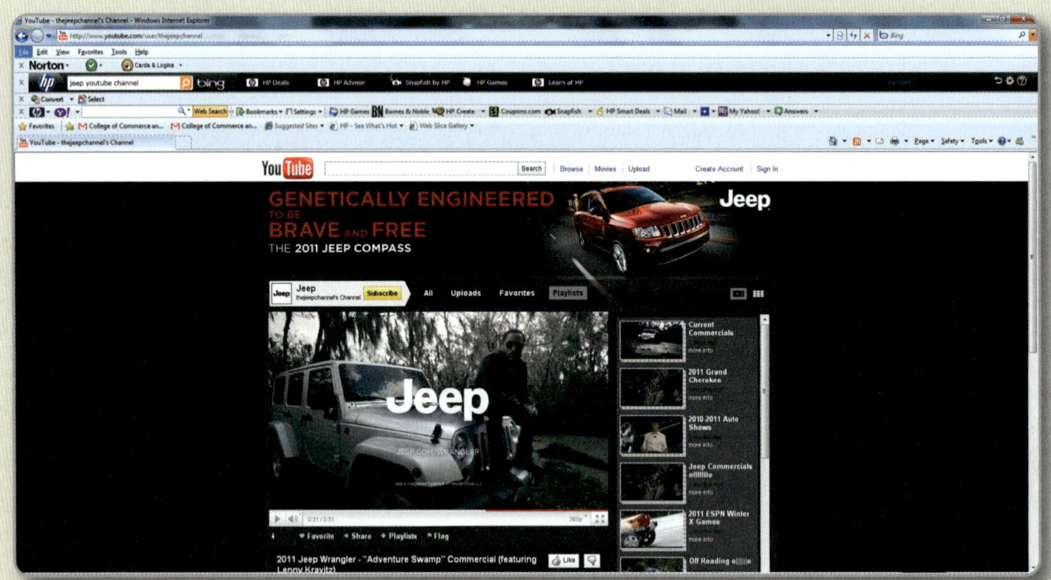

학습목표

- **LO1** 준거집단과 이들을 분류하는데 사용되는 기준들을 설명한다.
- **LO2** 브랜드 및 온라인 커뮤니티를 포함한 소비 하위문화와 이들이 갖는 마케팅에 대한 중요성을 논의한다
- **LO3** 준거집단 영향의 형태와 정도를 정리한다
- **LO4** 집단내 커뮤니케이션과 마케터에 대한 구전 커뮤니케이션의 중요성을 논의한다.
- **LO5** 의견선도자(온라인과 오프라인 모두)와 마케터에 대한 이들의 중요성을 이해한다.
- **LO6** 혁신의 확산을 논의하고 마케팅 전략을 개발하기 위해 혁신분석을 이용한다.

대부분의 제품과 브랜드의 경우, 기본적인 구매동기는 소비자의 욕구를 충족시킬 수 있는 제품이나 서비스 자체의 능력과 관련이 있다. 어떤 구매의 경우에는 소비자들이 집단에 속하기 위해서 멤버십을 구매한다는 점에서 근본적으로 다르다. 대표적인 예로 Jeep 브랜드를 들 수 있다.[1] 많은 Jeep 소유자들은 "Jeep community"의 회원이 되는 것을 선택한다. 이 소유자들은 Jeep Jamborees, Jeep 101, and Camp Jeep과 같은 "브랜드 축제"에 참석한다. 이 이벤트에서, 그들은 지리적으로 흩어져 있던 다른 Jeep소유자들을 만나고 그들과 관계를 구축하고, Jeep 자동차에 대한 그들의 관여도를 더 높이고, 커뮤니티의 의식과 전통에 적응하게 된다. 다음 인용문은 처음으로 Jeep 소유자가 된 Susan이 어떻게 이 커뮤니티의 멤버가 되기 시작했는지를 설명한다:

> 나는 매우 행복했다. 나는 Jeep과 많은 교류를 하는데, Jeep은 그동안 나에게 많은 감동을 주었다. 보통 당신이 자동차를 구입하고 나면 당신은 잊혀지는 사람이다. 이는 그들이 당신이 가족의 일부가 되길 원하는 것과 비슷한 것이다. 나는 Jeep 101에 초대를 받자마자 등록했다. 나는 매우 흥분했었다. 하지만 나는 또한 한편으로 불안했다. 나는 내가 드라이빙을 마칠 수 있을 것이라고 생각지 않았다. 나는 차 안에 함께 누군가가 있는 것을 보고 매우 안심했다. 왜냐하면 그것은 하려고 하는 것에 자신감을 주었기 때문이다. 만약 그렇지 않았다면, 나는 언덕에 트럭을 버리고, "나는 할 수 없다"라고 말하는 상상을 했다. 나는 겁쟁이처럼 행동했을 것이라고 생각했으나, 그렇게 하지 않았다(웃음).

Jeep 브랜드는 지속적이고 광범위한 노력으로 커뮤니티 정신을 키우는 오랜 전통을 갖고 있다. 그것은 일반대중의 조직화와 기업의 노력간에 균형을 이루기 위해 노력한다. Jeep 브랜드는 열성 팬을 위한 이벤트 그리고 회원들이 커뮤니티 정신을 키울 수 있는 장소 등을 만든다. 또한 Jeep 소유자들은 기업들과는 아무 관련이 없는 그들만의 이벤트들과 클럽들을 만들었다. Jeep 커뮤니티는 오프라인에서 시작했다. 그들의 이벤트, 단체, 활동들에는 다음과 같은 것들이 있다:

- **Camp Jeep** 매년 Jeep이 주관하는 이 행사는 캠핑, 공예, Tim McGraw의 콘서트 그리고 Jeep 소유자들이 자기의 운전기술과 자동차를 테스트할 수 있도록 특별히 설계된 오프로드 드라이빙(off-road driving)과 같은 활동들이 있는 가족 이벤트이다.
- **Jeep Jamboree** 이것들은 전적으로 오프로드 드라이빙 경험에 초점을 맞춘 Jeep이 후원하는 오프로드 여행이며, Utah주의 Moab와 같은 전국의 4륜구동 자동차 종착지에서 개최된다.
- **Local Jeep Clubs** 이것은 회원들이 자신들의 규칙, 규제, 문화 그리고 리더십으로 만든 클럽이다. 오래된 이러한 클럽 중 하나가 1957년에 만들어진 Sacramento Jeepers 클럽이다. 이 집단에 가입하기 위해서는 4륜구동 Jeep차를 소유하고 1년에 3번 미팅에 참석하고, 1년에 3번의 클럽 여행 드라이빙이 요구된다.

커뮤니티는 오프라인에서 시작이 되었지만, 다음과 같이 다양한 방법으로 온라인으로 옮겨갔다.

- **Jeep's Facebook Fan Page** 페이스 북에는 Jeep에 "좋아요"를 나타낸 백만명이 넘는 회원을 가진 팬페이지가 있다. 팬들은 Jeep과 Jeep에 대한 경험과 관련된 질문, 비디오, 사진등을 게시할 수 있다. Jeep은 Jeep의 라이프 스타일과 같은 페이스북 이용자들을 찾아내 그들을 마케팅의 표적으로 할 수 있다. Jeep은 보다 정교한 마케팅 메시지, 정보 그리고 제품으로 팬들을 표적으로 삼을 수 있는 것이다.
- **Jeep's YouTube Channel** Jeep 브랜드는 YouTube Channel도 갖고 있어서 YouTube Channel은 Jeep과 커뮤니티 회원들이 동영상을 게시하는 YouTube 분야를 후원한다. 일부 동영상들은 Jeep이 올린 Jeep 광고이고 다른 일부는 Jeep Jamborees와 다른 오프로드 행사 때 회원들이 촬영한 동영상들이다.
- **Local Club Web sites** 지역 클럽들도 자신들의 웹사이트를 갖고 있으면서 정보, 뉴스, 선별된 광고, 토론 포럼들, 기타 등을 제공한다. 이 사이트들은 그 집단의 문화, 가치, 목적에 따라 단순한 것에서부터 정교한 것까지 다양하다.

이 Jeep 브랜드는 몇 십년간 이 커뮤니티를 관리 해오고 있는데, 어떤 때는 선도하고, 어떤 때는 따라가며, 또 어떤 때는 도와주고 있다. 일부 Jeep 소유자들은 이 커뮤니티에 합류하지 않지만, 회원들은 열렬하고 활동적이고 헌신적인 편이었다. 그들은 Jeep 브랜드, Jeep 커뮤니티 그리고 커뮤니티가 매우 깊게 반영하는 라이프스타일과 연계되어 있으며, 이 라이프 스타일은 그들의 삶에 스며들어 있고, 그들이 누구인지 알게 해준다.

위의 도입 사례에서 보는 것처럼, 미국과 같은 개인주의 사회조차도 집단 멤버십과 동일시가 매우 중요하다. 그리고 우리는 자신을 순응자로 생각하는 것을 좋아하지 않으면서도 대부분의 시간을 집단의 기대에 맞추고 있다. 예를 들어, 당신이 참석했던 지난 파티에 어떤 옷을 입을지 결정할 때, 아마도 당신은 다른 사람들의 예상되는 반응들을 고려하여 결정했을 것이다. 이것은 집단 영향과 기대에 대한 반응을 나타내는 것이다.

7.1 집단의 형태

집단과 준거집단이란 용어는 구분할 필요가 있다. **집단(group)**은 둘 혹은 그 이상의 개인으로 구성되어서 일련의 규범, 가치관 혹은 신념을 공유하고 그들의 상호의존적인 행동들을 서로간에 명시적으로 혹은 묵시적으로 정의된 관계를 갖고 있는 것으로 정의된다. **준거집단(reference group)**은 자신의 현재 행동의 기준으로서 한 개인에 의해서 사용되고 있는 관점이나 가치를 제공하는 집단을 말한다. 따라서 준거집단은 단순히 개인이 특정 상황에서 행동의 지침으로 사용하는 집단이다.

우리 대부분은 이미 다른 많은 집단에 속해있고 아마도 일부 다른 집단에도 속하고 싶어 한다. 우리가 특정 집단에 적극적으로 참여할 때, 이 집단이 일반적으로 준거집단으로서의 기능을 한다. 상황이 변함에 따라, 우리는 전혀 다른 집단에 우리 행동의 기준을 둘 수 있다. 그러면 이 집단이 준거집단이 되는 것이다. 우리는 동시에 많은 집단에 속할 수 있지만 일반적으로 어떤 주어진 상황에서 주요 준거점으로 오직 하나의 집단만을 사용한다. 이러한 경향은 <그림 7-1>에서 설명된다.

집단은 많은 변수들을 이용해서 분류될 수 있다. 특히 다음의 4개 변수가 유용하다: (1)

상황변화에 따른 준거집단의 변화 그림 

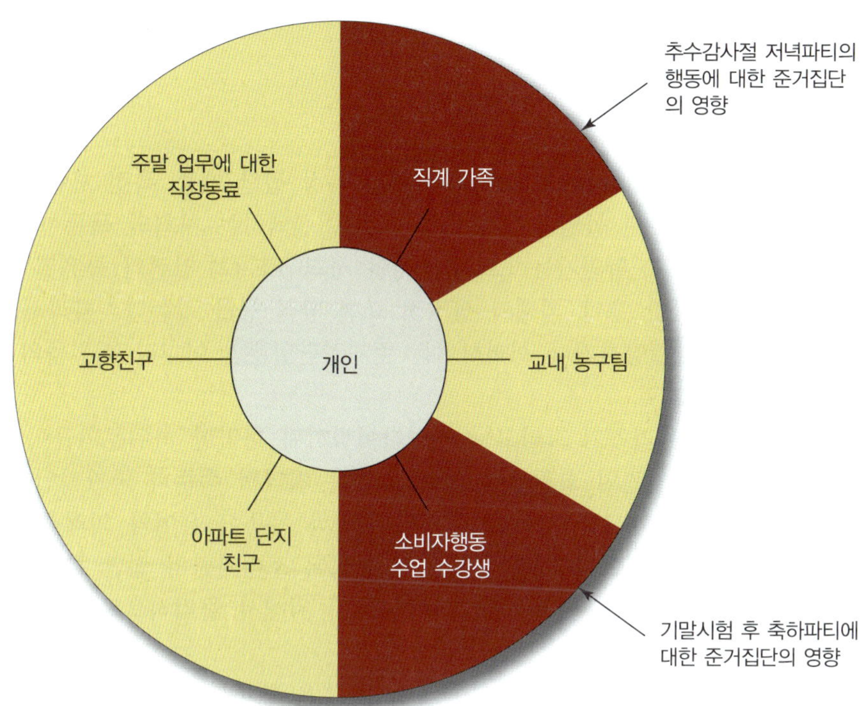

멤버십 (2) 사회적 유대의 강도 (3) 접촉의 유형 그리고 (4) 매력이다.

멤버십 기준은 두 가지로 나뉜다: 특정 집단의 구성원이거나 또는 그 집단의 구성원이 아닌 것으로 구분된다. 물론 일부 구성원들은 다른 구성원들보다 그들의 멤버십이 더 확고하다. 즉, 일부 구성원들은 그 집단에 정말로 속해 있다고 느끼는 반면 다른 구성원들은 이러한 자신감이 부족하다.

사회적 유대의 강도는 집단 연계의 근접성과 친밀성을 말한다. 가족과 친구와 같은 1차 집단(primary groups)은 강한 유대감과 빈번한 상호작용을 한다. 종종 1차 집단은 상당한 영향력을 행사한다. 전문직 모임과 이웃 모임과 같은 **2차 집단(secondary groups)**은 상대적으로 약한 유대감과 덜 빈번한 상호작용을 한다.

접촉의 유형은 상호작용이 직접적인지 간접적인지를 말한다. 직접적 접촉은 대면적 상호작용이 포함되고 간접적 접촉은 그렇지 못한다. 특히 인터넷은 온라인 커뮤니티의 형태로 간접 준거집단의 중요성을 증가시킨다. 이것은 본 장의 후반부에 더 자세히 논의된다.

매력은 특정 집단의 멤버십이 개인에 대해 갖는 바람직함을 말한다. 매력의 범위는 부정적인 것부터 긍정적인 것까지 분포할 수 있다. 부정적인 바람직함을 갖고 있는 집단 – **회피준거집단(dissociative reference groups)**– 은 긍정적인 바람직함을 갖고 있는 집단과 마찬가지로 행동에 영향을 줄수 있다.[2] 예를 들어, 10대들은 나이든 소비자들과 관련한 옷 스타일을 피하려는 경향이 있다. 긍정적 매력을 갖고 있는 비회원 집단 –**선망준거집단**

(aspiration reference groups)– 도 강력한 영향력을 행사한다. 개인들은 집단 내에 실제적 멤버십 혹은 상징적 멤버십을 얻기 위해서 선망집단이 사용한다고 생각되는 제품들을 자주 구매한다

1. 소비 하위문화

소비 하위문화(consumption subculture)는 특정 집단 계층, 특정 브랜드 혹은 특정 소비 활동에 대한 공유된 몰입을 기반으로 스스로 선택하는 사회의 독특한 하위집단이다. 이러한 집단들은 (1) 확인가능하고 위계적인 사회구조 (2) 일련의 공유된 신념이나 가치관 그리고 (3) 독특한 은어, 의례와 상징적 표현 방식 등을 갖는다.[3] 따라서 그들은 그 집단에 가입하기를 열망하거나 회피하려는 준거집단일뿐만 아니라 회원들의 준거집단이기도 하다.

힙합에서 정원가꾸기 그리고 스카이다이빙까지 다양한 하위문화들이 있다. 각각은 스스로 가입하는 일련의 회원들이 있다. 그들은 지역적 수준과 국가적인 수준에서 위계를 갖고 있다. 그리고 그들은 또한 공유된 신념과 독특한 은어와 의례를 갖는다. 대부분의 취미들과 참여 스포츠는 그들 주변에서 형성된 소비기반의 집단 하위문화를 갖고 있다. 집단을 만들고 유지하는 공유된 의례가 되기 위해서 물리적으로 소비를 공유할 필요는 없다.[4]

제품소유자들이나 활동 참가자들 모두가 혹은 대부분이 이와 관련된 소비 하위문화의 회원이 되는 것은 아니라는 것을 주목하라. 예를 들어, 어떤 사람은 Star Trek TV 쇼를 즐겨 볼 수 있지만 이와 관련된 하위문화의 회원은 되지 않는다. 소비 하위문화에 스스로 가입하는 것은 관여, 집단의 신념과 가치관의 습득, 활동 참여 그리고 이들의 은어나 의례의 사용을 요구한다. 한정판 고급 스니키즈를 중심으로하는 소비 하위문화(여기서는 가장 헌신적인 구성원을 "스니커헤즈(sneakerheads)"라고 한다)에 관한 아래의 내용을 보자.

> 최근 금요일저녁 9:35까지, Dominique Thomas는 South Miami에 있는 Niketown점포 밖에서 이틀 동안 야영을 하였다. DK the Line Pimp라는 이름의 거리를 들르게 된 Thomas는 Denver에서 비행기를 타고 와서 100달러짜리 Cowboy Air Max 180S를 구입하려는 줄에 첫 번째로 섰다. 그런데 이 제품은 그날 밤 10시부터 판매하게 계획되어 있었다. 단지 140결레의 한정판 스니키즈만 제조되었고, Miami점포에서만 그날 밤에 구입할수 있었다. 21세의 Thomas에게 이 신발이 그에게 얼마나 많은 의미를 갖는지를 나타내 준다. 그는 "Sneakers는 나의 인생을 움직인다"라고 말했다". "스니커즈가 없다면 나는 존재하지않는다."[5]

다른 형태의 집단에서와 마찬가지로 소비 하위문화의 구성원들은 그 집단의 가치관과 규범에 대한 관여와 해석이 다양하다. 스니커즈를 실제로 신어야 하는지 여부에 관해서 스니커헤즈가 하는 아래의 이야기를 생각해보자.[6]

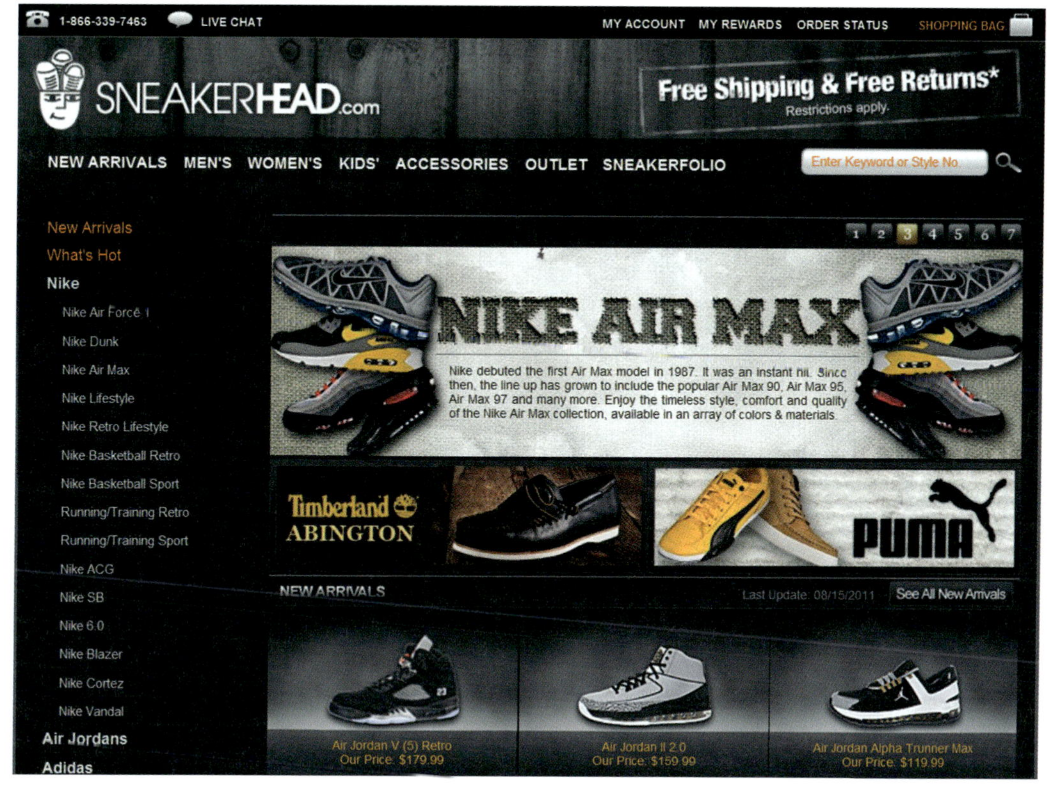

사진 7-1

브랜드는 더 많은 오디언스에게 소구하기 위해서 소비하위문화의 은어와 상징을 사용한다.

> 이것은 마치 Prosche를 소유하는 것과 같다. 당신이 그것을 타고 나갈 때마다 모든 사람들이 당신을 쳐다본다. 자, 만일 당신이 진귀하고 인기높은 스니커즈를 갖고 있다면, 모든 사람들이 당신을 쳐다볼 것이다.
>
> 대부분의 수집가들인 당신은 그들이 스니커헤즈라고 말할 수 없다. 그들은 통상적으로 실제로 평범한 스니커즈를 신지 않는다. 진정한 수집가는 스니커즈를 때가 타게 하거나 먼지가 앉게 하거나 닳게 만드는 것을 원하지 않는다.

마케팅과 소비 하위문화 명백히 활동에 기초한 소비 하위문화는 골퍼를 위한 골프 클럽과 같이 활동자체를 요구하는 시장이다. 그러나 이러한 집단들은 종종 다른 제품이나 서비스와 같은 상징적 커뮤니케이션의 의례와 방식을 개발한다. 골프는 많은 골프애호자들이 즐겨 입는 "유니폼"으로 유명하다. 골퍼를 위해 설계된 옷, 모자 그리고 다른 제품들은 기능적 편익만큼이나 상징적 의미에 상당히 근거하고 있다.

이러한 하위문화는 주로 그들의 독특한 실체를 확인하기 위해서 소비패턴을 채택하지만, 더 큰 시장은 종종 그들의 상징들의 전부 혹은 일부를 적어도 일정시간동안 자신의 목적을 위하여 사용한다. 따라서 처음에는 기능적 혹은 상징적 이유 때문에 스노우 보더나 서퍼와 같은 소비 하위문화에서 입었던 복장이 상당히 큰 문화권에서 하나의 스타일로 나타날 수 있다. 앞에서 언급된 스니커즈 문화는 새롭고 멋진 스타일에 프리미엄을 부가하는 글로벌 시장을 불러 일으켰다. 하나의 브랜드인 Boxfresh는 박스(box)로 스니커즈를 새롭게 한다는 의미의 힙합 은어이다. <사진 7-1>의 광고는 스니커헤즈에 직접적으로 소구하는 것이라기보다는 더 넓은 스니커즈 문화에 소구하려고 노력한다.

마케터는 트렌드를 파악하고 대중시장의 소비자에 영향을 미치는 수단으로서 소비 하위문화 내에서 가장 존경받는 구성원을 이용하려고 노력해야 한다. 또한, 스니커즈 문화는 Adidas's Sports Style Devision의 임원이 아래와 같이 지적한 것처럼 교훈적이다:

> 우리는 스니커즈 문화가 지난 몇 년 동안에 걸쳐서 지금까지 뜨는 것을 보았는데, 오늘날 블로거(전통적으로 스니커헤즈)는 제품이 출현한다는 말을 퍼뜨리는데 도움을 주는 중요한 파트너이다. 우리는 이런 유형의 소비자들에게 많은 노력을 기울이고 있고 이들에게 많은 시간을 투자하고 있다.[7]

2. 브랜드 커뮤니티

소비 하위문화는 활동, 제품 범주 혹은 브랜드를 중심으로 한 개인들의 상호 작용에 초점을 둔다. **브랜드 커뮤니티(brand community)**는 지역적 경계가 없는 커뮤니티로서 브랜드 소유자들 간의 구조화된 일련의 사회적 관계 그리고 브랜드 자체, 사용 중인 제품 그리고 기업에 대해서 갖고 있는 심리적 관계에 근거하고 있다.[8] **커뮤니티**는 동류의식, 공유된 의례와 전통 그리고 도덕적 책임감으로 특징화된다.[9]

이 장의 도입사례에서 설명된 것처럼 Harley-Davidson, Saab, Ford Bronco 그리고 MG(영국 스포츠카)가 했던 것과 같이 Jeep은 Jeep을 소유한 열성팬과 함께 브랜드 커뮤니티를 만들었다. 다음의 예는 브랜드 커뮤니티의 특성이다.[10]

동류의식(consciousness of kind)
단지 Harley-Davidson을 소유하는 것만로도 그들을 오토바이 운전자가 될 것이라는 오해를 하는, 흐름을 역행하는 일부의 새로운 오토바이 운전자 부류가 있다. 이는 개에게 아티초크(열대 고급 식용야채, 역자주)을 주면 맛있게 먹을 것이라고 제안하는 위험스러운 무지와 똑같은 유형이다.

의례와 전통(rituals and traditions)
지난 7년 동안 우리는 가을 여행을 후원했다. 우리는 매년 10월 첫째 주에 간다. 우리는 당신도 알고 있듯이 MG를 위해 만들어진 높은 산길, 커브, 언덕의 Blue Ridge Parkway를 운전했다. 첫해에는 일곱 또는 여덟대였고, 지난해에는 스물세대의 차가 참가했다.

도덕적 책임감(moral responsibility)
MG 소유자와 열성팬들은 다른 MG 소유자, 심지어 낯선 사람(결국에는 친구가 된다)일지라도 자동차를 수리하는 동안 무료로 자기 집에서 머물도록 도와주는 봉사정신을 보여준다. "나는 그것을 좋아합니다. 왜냐하면 MG를 소유한 누구라도 즉시 받아들여지기 때문입니다…. 나는 영국 차에 관심을 갖고 있는 누구라도 도울 겁니다."

MINI브랜드 커뮤니티에서의 가치 창출 활동  표

소셜 네트워킹 – 환영, 감정이입 그리고 관리로 회원들간의 유대를 형성하고, 강화하고 그리고 유지.
- **감정이입** – 회원들에게 대한 감성적 혹은 다른 지지를 제공함
- **예**(회원들의 MINI 출고(출생)의례와 관련): 잘 했어 Birdman! 나도 당신과 비슷해. 나는 카메라를 통해 배송경로를 확인했어…. 당신은 "스크랩 북"에 이것들을 수록하게되는 것을 소중하게 여기게 될거야. 또는 내가 이것들을 MINIbird의 "아기수첩"이라고 말해야 하나? Jack(자동차)은 WWship(배송업체의 이름, 역자 주)에 없어서, 배송과정을 볼 수 있는 방법이 훨씬 적었어. 조금만 참아. MINIbird가 거의 집에 왔으니까! (미니잭를 먼저 구매한 적이 있는 기존의 구매자가 새로운 미니(미니버드)를 구입한 사람(버드맨)에게 커뮤니티에서 차의 주문 후 전과정에 대하여 커뮤니티에서 이야기하는 것을 생각해보라, 역자 주)

커뮤니티 참여 – 문서화, 배지 제공, 이정표화(milestoning) 그리고 자기 몫을 소유하게 해서 커뮤니티에 대한 회원의 참여 증대를 강화.
- **이정표화** – 브랜드 소유와 소비에서 중요한 이벤트를 언급
- **예**(MINI와 관계하는 기간과 관련하여) : 주행 계기판이 10만 마일을 나타내지만 나는 그 어느 때보다도 나의 MINI를 더 사랑한다.

브랜드 사용 – 고객에게 맞춤화, 치장, 생필품화해서 브랜드사용을 개선하고 향상시킴.
- **치장** – 브랜드를 돌봄
- **예**(MINI의 적절한 세차와 관련하여): 나는 나의 Zaino가 늘 반짝반짝 빛나게 하기 위해 순간 강력 분사기로 적어도 일주일에 한 번은 세차하려고 노력한다. Newt(공동제안자)는 당신이 당신의 차를 다르게 세차해야 한다는 게시물의 맹렬한 공격에 대비해야 한다.

인상 관리 – 열렬히 변호하고 정당화함으로써 비회원들에게 브랜드 커뮤니티에 대한 긍정적 견해를 창출.
- **열렬한 변호** – 브랜드를 공유하고 다른 사람들이 그 브랜드를 사용하도록 권유.
- **예**(MINI의 안정성과 관련하여): 내가 자주 참가했던 다른 MINI포럼에서, MINI로 큰 사고를 겪은 몇몇 사람들이 있었다. 그래서 나는 이 작은 차들이 얼마나 튼튼하고 안전한 가에 대해서 충격을 받았다. 그들은 MINI가 대부분의 소형차보다 우수하며, 내가 생각한 것 보다 강하고 보호적이다.

Source: Adapted from H. J. Schau, A. Muniz, Jr., and E. J. Arnould, "How Brand Community Practices Create Value," *Journal of Consumer Research,* September 2009, 30–51.

마케팅과 브랜드 커뮤니티 브랜드 커뮤니티는 제품의 소유에 가치를 부여할 수 있고, 강력한 애호도를 구축할 수 있다. "단순한" Jeep 소유자라도 Jeep의 소유와 관련하여 기능적이고 상징적인 편익을 끌어낸다. Jeep 커뮤니티의 회원은 이러한 편익뿐만 아니라 Jeep의 오프로드 운전기술 습득으로 인한 자아존중 향상, 다양한 상황에서 Jeep의 사용 능력과 자신감, 새로운 우정과 사회적 상호작용, 소속감, Chrysler LLC에 관한 긍정적 연상 그리고 자신의 Jeep에 대한 심도 있는 관계를 추가적으로 끌어낸다.

Jeep의 예가 보여주듯이, 브랜드 커뮤니티는 브랜드 참여를 만들어내는 일련의 활동이나 "관행"을 통해서 가치를 창출한다. MINI Cooper와 관련된 네 개 범주의 활동과 각각의 예를 <표 7-1>에서 볼 수 있다.

기업의 관점에서, 브랜드 커뮤니티의 구축은 소유자와의 관계를 확립하고 소유자가 다른 사람들과의 관계를 확립하도록 해준다. 또한 <표 7-1>은 브랜드 가치와 충성도를 높이기 위해서 브랜드와 브랜드 소유자 모두가 권장하고 촉진하는 많은 활동들을 제시하고 있다. 예를 들어, MINI는 개인들이 주문과정에서 자신의 차를 고객의 욕구에 맞출 수 있도록 해주고(고객화 제작을 통해서 브랜드 사용의 향상), 출생 의식(이정표로 커뮤니티에 참여)의 한 부분으로 자동차의 생산과 배달을 추적할 수 있도록 해준다. MINI 웹사이트도 소유자만의 공간인 MINI Owners' Lounge에서 회원들이 향후 이벤트와 기타(환영을 통한 소셜 네트워킹) 정보를 공유한다. 이런 하나의 이벤트가 MINI Getaway Tour이다. 브랜드 관련 행사는 종종 "브랜드 페스티벌"이라고 불린다. 이것은 브랜드 소유자와 다른 사

람들이 모여서 브랜드를 배우고 사용하는 상황에서 상호작용을 하게된다.

3. 온라인 커뮤니티와 소셜 네트워크

온라인 커뮤니티(online community)는 인터넷에서 관심 있는 주제에 관해서 오랜 시간에 걸쳐서 상호작용하는 커뮤니티이다.[11] 이러한 상호작용은 온라인 메시지 게시판, 토론 그룹, 블로그 뿐만 아니라 기업 웹사이트 그리고 비영리 웹사이트들을 포함한 다양한 형태에서 발생한다. 한 연구는 온라인 커뮤니티가 많은 참여자들을 위해서 존재하고 온라인 그룹에 대한 감정적 혹은 감성적 애착과 같은 단순한 상호작용 이상의 온라인상에 커뮤니티 의식이 있다고 하였다. 연구들은 이 흥미로운 집단들간에 지속적인 커뮤니케이션이 있다는 것을 발견했다. 또한 커뮤니케이션의 패턴은 더 많은 경험을 갖고 있는 회원이 전문가와 리더로서 활동하고, 새로운 회원은 조언과 정보를 찾는 집단 구조를 보여준다. 이러한 집단들은 독특한 언어와 네티켓(netiquette) 그리고 부적절한 행동들을 처리하는 방법을 개발하기도 한다.

접속의 범위는 회원들에 따라 매우 다르다. 많은 회원들은 참여없이 그룹 토론을 관찰할 수 있다. 다른 회원들은 오직 제한된 수준에서만 참여한다. 어떤 회원들은 집단을 위해서 내용을 관리하고 만들기도 한다.[12]

온라인 커뮤니티들과 관련해서 가장 최근의 지속적인 진화는 온라인 소셜 네트워크 사이트들이다. **온라인 소셜 네트워크 사이트(online social network site)**는 웹기반 서비스로서 사람들이 (1) 제한된 시스템 내에 공개 혹은 반공개 프로필을 구축하고 (2) 이들이 연결하고 있는 다른 사용자 목록을 보여주고 (3) 시스템 내에 다른 사람들이 만든 연결 목록을 자세히 살펴볼 수 있도록 해준다.[13] 온라인 소셜 네트워크는 우정(Facebook과 MySpace), 매체공유(Flickr와 YouTube), 이벤트(NASCAR Hookup) 그리고 기업 혹은 브랜드(Toyota

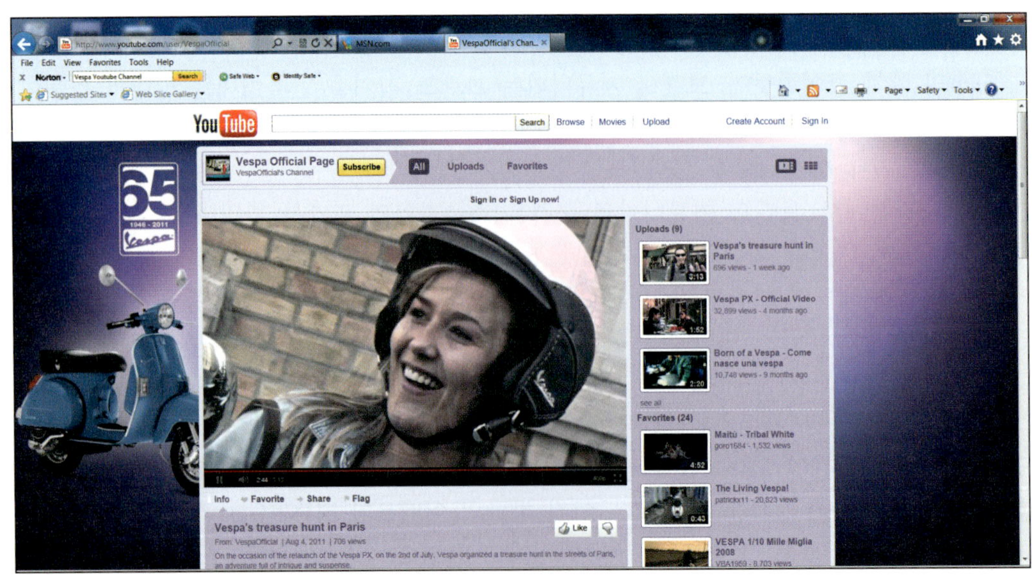

사진 7-2

온라인 소셜 네트워크가 유사한 라이프스타일, 가치관 그리고 관심으로 커뮤니티를 조성하고 연결함으로써 소비자와 브랜드 모두에서 점차 인기를 끌고있다.

Friend) 그리고 마이크로 블로그(Twitter)를 포함하는 많은 형태가 존재한다.

<사진 7-2>는 기업이 온라인 커뮤니티 그리고 나아가 브랜드 충성도를 강화하기 위해서 자신의 YouTube를 어떻게 사용하는가를 보여준다.

마케팅, 온라인 커뮤니티 그리고 소셜 네트워크 온라인 커뮤니티와 소셜 네트워크는 마케터에게 매력적이다. 마케터는 소셜 네트워크 사이트 하나에만도 광고비로 40억 달러 이상을 지출하는데, 이것은 전체 온라인 광고의 10%에 달한다.[14] 온라인광고에는 표준 배너 광고와 팝업 광고에서 후원받는 Tweets, 브랜드형 YouTube채널 혹은 Facebook에 있는 브랜드형 팬페이지와 같이 사이트의 구체적 특성을 극대화시킬 수 있는 맞춤형 접근법까지 다양한 방법이 있다.

온라인 커뮤니티와 소셜 네트워크는 아래와 같은 많은 이유들 때문에 매력적이다:

- 온라인 성인의 절반 정도와 온라인 10대의 3/4은 자신들이 SNS를 사용한다고 말할 정도로 소비자 사용은 많고 또한 증가하고 있다.[15]
- SNS를 사용하는 대부분의 소비자들은 브랜드와 제품에 관한 정보를 공유하는데 이들을 사용한다.[16]
- 기업의 51%가 Twitter에서 그리고 기업의 68%가 Facebook에서 고객을 확보하였다고 지적할 만큼 고객 획득 잠재력은 높은 것 같다.[17]
- 소셜미디어를 통해서 브랜드와 상호작용하는 소비자들의 약 2/3가 그 브랜드를 다시 찾고, 다른 사람들과 브랜드에 관한 정보를 공유하고, 브랜드와의 연계를 느끼고 그리고 그 브랜드를 구입한다.[18]

그러나 소비자들은 단지 오락과 마케팅만을 원하지는 않는다. 그들은 자신들에게 적합하고 유용한 내용을 원한다. 최근의 연구는 기업과 소셜미디어 상호작용에 관해서 아래와 같은 선호를 발견하였다:

소셜 미디어 상호작용의 형태	선호도(%)
무료제품과 쿠폰과 같은 인센티브제공	77%
문제에 대한 정보나 해결책 제공	46
제품과 서비스에 대한 피드백 요청	39
나를 즐겁게 함	28
나와 상호작용하는 새로운 방법 모색	26
나에 대한 마케팅	21

자료원: *2010 Cone Consumer New Media Study Fact Sheet* (Boston, MA: Cone LLC, 2010).

마케터들이 소셜미디어를 가장 효과적으로 활용하는 방법에 대해서 여전히 배우고 있는 동안 몇몇 지침이 되는 원리들이 나타났다.[19] 첫 번째 지침 원리는 **투명성**이다. 온라인 커뮤니티 상에서 기업들이 자신들과 게시 내용들을 식별하게 하는 것이 중요하다. 그렇게 하지 못하는 마케터는 위험에 빠지게 되고, 커뮤니티로부터 많은 비난을 받게 된다. The Consumerist 블로그에 보고된 Sony의 PSP "Flog," 혹은 fake blog의 사례를 보자.[20]

인터넷 집단은 Sony를 위해 일하는 마케팅 기업이 위조 PSP 블로그를 만들었다고 폭로했다. ps3do 사이트에 의하면, 이것을 "Charlie"가 작성을 했는데, "Charlie"는 그의 친구인 "Jeremy"의 부모가 크리스마스 선물로 "Jeremy"에게 PSP를 사주기를 원한다고 블로그에 작성한 것이다. 이도메인 이름은 Zipatoni 마케팅 기업에 등록되어 있다.

실제로 투명성에 대하여 소비자가 우려하는 것처럼, 허위광고와 오해 광고를 규제하는 업무를 담당하는 정부기관인 FTC(공정거래위원회)도 마찬가지로 우려하고 있다. Ann Taylor가 최근에 새로이 출시하는 상품라인에 대한 글을 게시한 블로거에게 특별한 선물을 제공했을 때, FTC는 조사를 하였다. FTC는 블로거에게 보증과 무료 제품에 대한 지불 등 광고주에 대한 모든 '물질적 연계를 "명확히 공개"할 것'을 요구하는 새로운 지침을 공포하였다.[21] 블로그가 SNS의 일부가 될 수 있고, 종종 일부이기 때문에, 그러한 이슈들은 직접적인 관련이 있다. 더 일반적으로 이것은 기업들이 온라인 집단들과 상호작용할 때 투명성이 얼마나 중요한가를 보여준다.

두 번째 원리는 **커뮤니티의 일부가 되는 것이다.** 종종 온라인 커뮤니티는 기업이 커뮤니티의 일부가 될 수는 있지만 여기서 자사의 마케팅을 하지 않기를 기대한다. 아래의 인용을 생각해보자:

관리자는 소셜미디어를 최고의 마케팅 도구로 보는 경향이 있고 실제로 그렇다. 그러나 소비자들은 마케팅이 아닌 더 많은 도움을 찾고 있다. 미국 소비자의 약 2/3는 기업이 "서비스/지원 이슈를 파악하고, 이 이슈들을 해결하기 위한 소비자의 접촉수단으로서 소셜미디어 사용을 높여야 한다"고 믿고 있다.[22]

Twitter를 검색하여 관심있는 기업을 찾아서, 고객 서비스 대비 프로모션의 비율을 측정해 보라. 더 나은 기업들은 제품/서비스-실패 회복 노력에 관여하지만, 당신은 그들이 프로모션에 치우쳐 있다는 것을 발견할 것이다. Target과 같은 기업들은 Twitter를 통해서 전달된 고객의 불평과 이슈에 반응하고, 이에 대해서 실시간으로 대응하고 있다.

세 번째 원리는 **각 사이트의 독특한 특성의 이점을 이용하는 것이다.** 대부분의 소셜 네트워크 사이트는 전통적인 배너와 팝업 광고를 넘어서는 기업 광고와 활동들을 위한 특별한 공간을 갖고 있다. 예를 들어, 기업은 YouTube에 자신들의 채널을 갖고 있으면서, Jeep이 하는 것처럼 이 채널을 관리하고, 모니터하고 그리고 이용하게 만든다. 또 다른 예는 Facebook의 "좋아요(like)"이다. [23]

일부 기업들은 '좋아요' 버튼을 클릭하게 하는 것이 게임의 끝이라고 생각하지만, 실제로는 이것은 시작에 불과하다. Adobe Photoshop의 사례를 보자. 기업의 개입이 거의 없이도, 24만명의 facebook팬을 확보할수 있었다. 많은 기업들은 이것을 성공이라고 부를 수 있다. 그러나 Adobe는 그 이상 하기를 원한다. 그래서 이 기업은 Facebook페이지를 운영하기 위해 제품관리팀과 협력하여, 팬들에게 그들이 원하는 것을 물어보고 그들과 공감할수 있는 주제와 아이디어가 무엇인지를 배운다. 현재 이 페이지는 2백만 이상의 '좋아요'를 확보하고 있고,

그래서 팬들은 Adobe가 페이지에 게시할 때 3000 개의 많은 댓글을 추가해서 이들의 참여를 보여준다.

Adobe가 Facebook의 특별한 특성('좋아요' 기능)을 활용할 뿐만 아니라 이 기업은 고객이 참여하는 의미있는 방법으로 그것을 관리하였고, 그래서 기업을 위해 새로운 제품 아이디어의 형태로 실제적 가치를 창출하였다.

7.2 소비 과정에 대한 준거집단의 영향

우리 모두는 다양한 방법으로 많은 집단에 순응하고 있다. 우리는 때로 이러한 영향을 알고 있지만, 많은 경우에는 그렇지 못하다. 준거집단의 마케팅 의미를 알아보기 전에 준거집단영향의 특성을 좀 더 자세히 알아볼 필요가 있다.

1. 준거집단 영향의 특성

준거집단 영향은 세 가지의 형태 즉, **정보 제공적 영향**, **규범적 영향**, **동일시 영향**이 있다. 이 세 가지 유형을 구분하는 것이 중요하다. 왜냐하면 해당 마케팅 전략은 관련된 영향의 형

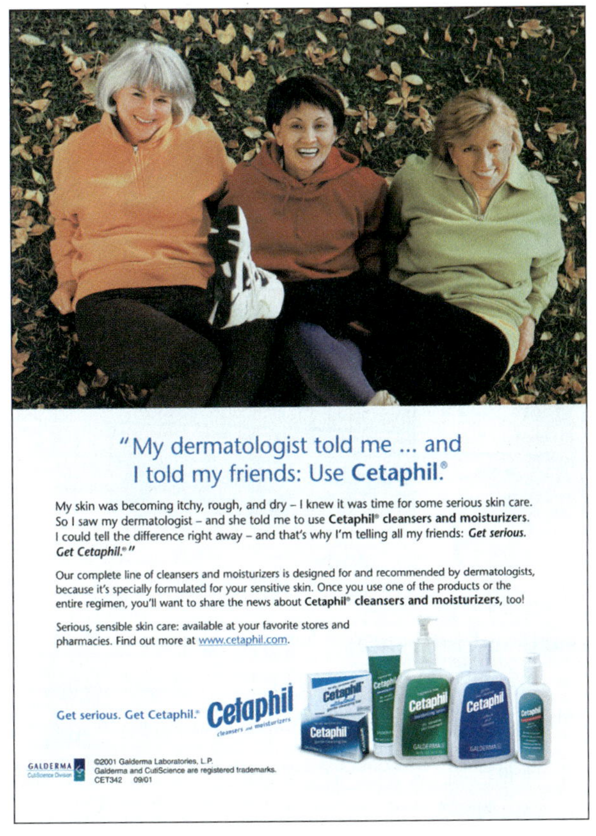

사진 7-3

소비자는 종종 구매의사 결정을 위한 정보원천으로 비회원 전문가 준거집단을 이용한다.

그림 7-2 소비상황과 준거집단의 영향

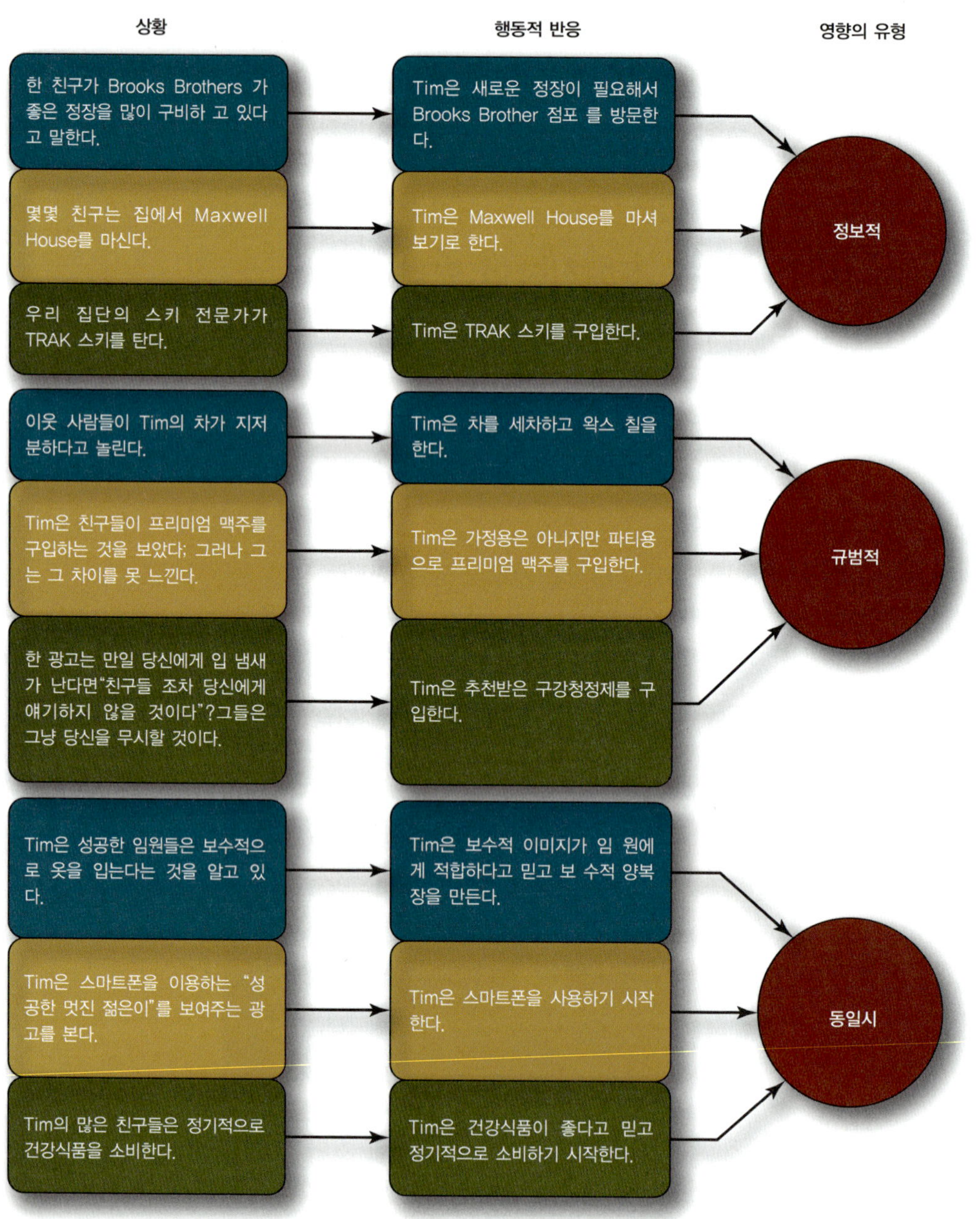

태에 따라 달라지기 때문이다.

정보적 영향(informational influence)은 개인이 잠재적으로 유용한 정보의 일부로서 준거집단회원들의 행동이나 의견을 사용할 때 발생한다. 이 영향은 집단 구성원과 개인과의 유사성 혹은 집단 구성원에 영향을 주는 전문지식에 근거한다.[24] 따라서, 어떤 사람이 육상경기 팀의 주자가 특정 브랜드의 영양스낵바(nutrition bar)를 먹는 것을 볼 수 있다. 그러면 이 사람도 건강하고 활기찬 주자가 그 브랜드를 사용하기 때문에 같은 브랜드를 사용하기로 결정할 수 있다. 따라서 육상 경기팀 선수가 사용하고 있는 것 자체가 브랜드에 대한 정보를 제공한다. <사진 7-3>은 정보 제공적 영향의 다른 형태를 보여주는데, 여기서는 긍정적 비회원 전문가 준거집단이 그 브랜드를 보증하거나 추천한다.

규범적 영향(normative influence)은 종종 실용주의적인 영향이라고 불리는데, 이는 직접적인 보상을 받거나, 제재를 피하기 위해 개인이 집단의 기대를 달성할 때 일어난다.[25] 당신은 동료로부터 승인을 얻기 위해서 특정 브랜드의 와인을 살 수 있다. 혹은 당신은 친구들이 놀리는 것이 두려워서 혹은 그들과 어울리거나 인정받기 위해서 최첨단 패션의 옷을 입는 것을 피할 수 있다. 당신이 예상할 수 있듯이, 규범적 영향은 개인들이 그 집단에 강한 유대를 갖고 있고 관련제품이 사회적으로 이목을 끌 때 가장 강력하다.[26] 어떤 제품을 사용하게되면 사회적 수용과 승인을 약속한다는 광고는 규범적 영향에 의존하고 있다. 마찬가지로, 구강청정제나 방취제와 같은 제품들을 사용하지 않는다면 집단으로부터 비난을 받는다고 제안하는 광고도 규범적 영향에 근거하고 있다.

동일시 영향(identification influence)은 가치 표현적 영향이라고도 하는데, 개인이 집단의 가치와 규범을 내면화할 때 발생한다. 그러면 이 가치와 규범이 준거집단의 제재나 보상에 대한 아무 생각 없이도 개인의 행동을 이끌어준다. 개인은 집단의 가치를 자신의 가치로 받아들인다. 왜냐하면 그 사람의 가치와 집단의 가치가 동일하기 때문에 개인은 집단의 가치와 일치하는 방법으로 행동한다.

<그림 7-2>는 각 사례에서 작용하는 일련의 소비 상황들과 준거집단 영향의 형태를 설명한다.

2. 준거집단의 영향 정도

준거집단은 특정 상황에서 영향을 미치지 못할 수도 있고, 때로는 제품범주의 사용, 사용되는 제품유형 혹은 사용되는 브랜드에 영향을 미칠 수도 있다. <표 7-1>는 소비상황의 두 특징–필수품/비필수품 및 가시적/사적 소비–이 결합되어서 어떻게 특정 상황에서 준거집단의 영향정도에 작용하는가를 보여준다. <표 7-1>에 근거해서, 다음과 같은 준거집단영향의 두 가지 결정요인이 있다.

- 집단영향은 제품 또는 **브랜드의 사용이 집단에 가시적일** 때 가장 강하게 나타난다. 운동화와 같은 제품은 매우 가시적이다. 비타민과 같은 제품들은 일반적으로 그렇지 않다. 전형적으로 준거집단의 영향은 집단의 가시적인 측면(예: 제품범주나 브랜드)에 영향을 미친다.[27]
- 준거집단 영향은 덜 **필수적인 제품**에 대해서 더 높다. 따라서 준거집단은 스노보드나 디자이너 옷과 같은 제품의 소유에 강한 영향을 미치지만 냉장고와 같은 필수품에는 영향을 덜 미친다.

준거집단 영향의 추가적인 세 가지 결정 요인은 다음과 같은 것을 포함한다:

표 7-1 두 가지 소비상황 특성과 제품/브랜드 선택

	필요 정도	
	필수품	비필수품
소비	제품에 대한 약한 준거집단 영향	제품에 대한 강한 준거 집단 영향
가시적 브랜드에 대한 강한 준거집단영향	공공 필수품 영향: 약한 제품과 강한 브랜드 예: 신발 자동차	공공 사치품 영향: 강한 제품과 강한 브랜드 예: 스노우보드 헬스클럽
사적 브랜드에 대한 약한 준거집단영향	사적 필수품 영향: 약한 제품과 약한 브랜드 예: 세탁기 보험	사적 사치품 영향: 강한 제품과 약한 브랜드 예: 온수 욕조 홈씨어터

- 일반적으로 개인이 집단에 느끼는 개인의 몰입도가 높을수록, 개인은 집단 규범을 더 따르려고 할 것이다.
- 특정 활동이 그 집단의 기능에 더 관련될수록, 그 활동에 대해서 집단규범을 따르도록 하는 부담이 더 강하다. 따라서 복장 스타일은 멋진 레스토랑에서 저녁을 자주 함께 하는 사회적 집단에게는 중요할 수 있고, 목요일 밤에 농구를 하기 위해 만나는 집단에게는 중요하지 않을 수 있다.
- 준거집단의 영향 정도에 영향을 미치는 마지막 요인은 **구매상황에서 개인의 자신감이다.** 비록 제품이 가시적이지 않거나 개인적 의사결정의 자신감이 부족하고 의사결정이 중요하기 때문에 집단의 기능이 중요할 때도 발생할 수 있다. 개성 특성은 자신감에 영향을 줄 수 있고 결국 준거집단의 영향을 받기 쉽다.[28]

<그림 7-3>은 마케터가 제품범주와 브랜드에 대한 집단영향의 정도를 평가하기 위해서 사용할 수 있는 이러한 결정요인들을 요약하고 있다.

7.3 준거집단의 영향에 근거한 마케팅 전략

마케터는 우선적으로 해당 제품에 존재하거나 만들어 질 수 있는 준거집단의 영향 정도와 특성을 결정해야 한다. <그림 7-3>은 이 분석을 위한 출발점을 제공한다.

1. 인적 판매전략

집단의 힘은 초기에는 일련의 고전적인 연구에서 설명되었다. 여덟 명의 응답자에게 보드 위에 네 개의 직선 (세 개의 직선은 가까이 있고, 나머지 하나는 이들과 어느 정도 떨어져 있다)을 보여주었다. 응답자들에게 세 개 직선들 중 어느 것이 약간 떨어져있는 네 번째 직선과 가장 가까운가를 질문하였다. 응답자는 자신의 판단을 공개적으로 밝힌다.

준거집단 영향에 대한 소비상황 결정요인 그림 

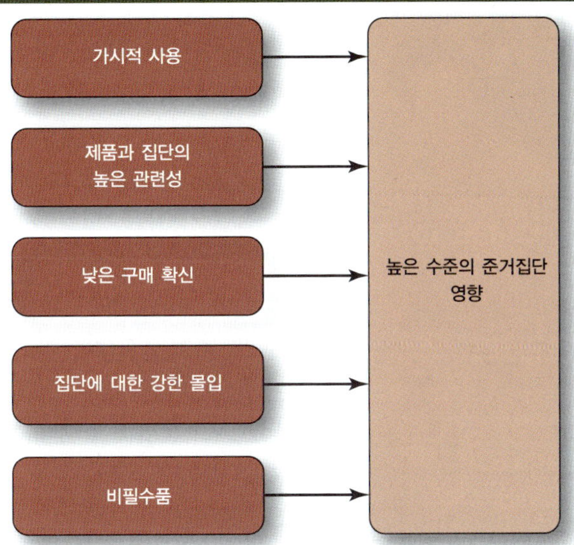

일곱 명의 응답자는 이 실험의 실험자 (바람잡이)로서 의도적으로 잘못된 선택을 공표한다. '순진한' 응답자는 마지막에 응답하도록 순서를 정했다. 그러면 이 순진한 응답자는 나머지 바람잡이 일곱 명의 틀린 판단과 거의 일치하게 응답한다. 이것을 **애쉬 현상(Asch phenomenon)**이라고 한다. 친구들 사이에서 다른 브랜드보다 특정 브랜드나 스타일의 선호 혹은 과업이 잘 정의되어 있지 않을 때에 서로 따르도록 하는 압력이 얼마나 강한지를 상상해 보라.

인적 판매에서 애쉬 현상(Asch phenomenon)의 직접적인 응용을 생각해보자. 잠재 고객들이 판매 프리젠테이션하는 데 모여 있다. 각 디자인이 제시되는 동안, 판매원은 그 디자인에 동의(예: 고개를 끄덕거림)한다는 것을 보여주는 사람을 찾기 위해서 그 집단 사람의 표정을 자세히 본다. 그리고 나서 판매원은 그 사람에게 디자인에 대한 의견을 묻는다. 왜냐하면 그 의견은 호의적일 것이 확실하기 때문이다. 그 사람에게는 디자인에 대한 상세히 질문을 한다. 그 동안에 판매원은 지지를 하는 더 많은 사람을 찾아내기 위해서 다른 사람의 얼굴을 자세히 살펴본다. 그런 후 상당한 동의를 표시해주는 다른 사람에게 의견을 묻는다. 판매원은 이런 과정을 가장 동의하지 않는 사람에게 도달할 때까지 계속한다. 이러한 방법으로, 이 첫 번째 사람을 모델로 사용하고, 마지막 사람에게 사회집단의 압력을 줌으로써 판매원은 그 집단의 모든 또는 대부분의 사람들이 그 디자인에 대해서 긍정적으로 공표하도록 만든다. 당신은 이런 방법으로 집단영향을 이용할 때 어떤 윤리적 이슈를 발견하는가?

2. 광고전략

마케터들은 종종 집단 활동에 적합하게 제품을 포지셔닝시킨다. 프랑스 와인은 다소 비싸고 신사적인 이미지를 갖고 있다. 많은 소비자들은 이 와인을 매우 특별한 경우에만 적합

사진 7-4

많은 사람들이 프랑스 샴페인을 매우 특별한 상황에서만 적합하다고 생각한다. 이 광고는 즐겁고 일상적 집단 활동에 적합함을 보여준다.

한 것으로 보고 있다. 무역회사인 Food and wines from France는 폭넓은 소구를 위한 캠페인을 실시하였다. <사진 7-4>는 일상적 집단 파티에 프랑스 샴페인이 적합하도록 포지셔닝하는 광고를 보여주고 있다.

광고를 제작할 때 마케터들은 3가지 유형의 준거집단 영향을 모두 사용한다. 광고의 정보제공적 영향은 앞에 있는 <사진 7-3>에서 보여주었다. 이 유형의 광고는 정보 대리인으로 전문가 준거집단(예: 치과의사, 박사, 교사)을 사용한다. 다른 접근방식은 제품을 사용하고 있는 집단 구성원을 보여준다. 이렇게 해서 전달되는 묵시적 메시지는 "이런 유형의 사람들은 이 브랜드가 최고라고 생각한다; 만약 당신이 그들과 비슷하다면, 당신도 역시 그럴 것이다."

규범적 집단 영향은 과거만큼 광고에서 많이 묘사되지는 않는다. 이것은 다음과 같은 명시적 혹은 묵시적 제안을 포함하고 있다: 즉 브랜드를 사용하거나 사용하지 않는다는 것은 당신이 속해 있거나 속하기를 원하는 집단의 구성원들이 당신에게 보상해 줄 수도 있고 처벌할 수도 있다. 이 기법의 사용이 줄어드는 하나의 이유는 한 구매자의 친구들이 그 사람의 구매에 따라서 그 사람에게 반응한다는 점에서 제기된 윤리적 문제 때문이다. 어떤 사람이 대접한 커피가 별 볼일 없었다고 그 친구들이 뒤에서 안 좋은 얘기를 하고 있는 광고는 사람들의 불안과 두려움을 이용한다고 비판을 받았다.

동일시 영향은 개인이 집단의 가치와 태도를 내면화해 왔다는 사실에 근거한다. 따라서 광고의 과제는 제품이 집단의 신념 즉, 개인적 신념과 일치한다는 것을 설명하는 것이다. 이는 종종 사회적으로 활동적인 젊은 싱글들 혹은 어린 아이가 있는 부모들과 같은 특정한 유형의 집단이 사용하고 있는 브랜드를 보여주는 것과 관련있다.

7.4 집단내 커뮤니케이션과 의견선도자

사람들은 소매 및 정보 아울렛뿐만 아니라 신제품, 서비스 그리고 브랜드에 대해서 친구와 준거집단으로부터 두 가지 기본적 방법으로 학습한다. 첫 번째 방법은 제품 및 서비스를 이용하면서 관찰하거나 참여하는 것이다. 두 번째 방법은 **구전 커뮤니케이션(word-of-mouth communications)**의 형태로 사람들로부터 조언과 정보를 찾거나 받는 것이다. WOM(word-of-mouth)은 대면, 전화 그리고 인터넷을 포함해서 언어적 형태로 다른 이들과 함께 정보를 공유하는 개인들을 포함한다. <소비자 통찰력 7-1> 에서 제시한 것처럼, 온라인 소셜미디어와 인터넷은 대인 커뮤니케이션과 WOM을 계속해서 변화시키고 있다.

일반적으로 소비자는 마케팅 커뮤니케이션보다 가족, 친구, 지인 같은 사람들의 의견을 신뢰한다. 왜냐하면, 마케팅 커뮤니케이션과 달리 이러한 인적 원천은 그들의 진실한 의견이나 느낌을 표현하기 때문이다. 결국 가족과 친구같은 인적 원천을 통한 구전은 소비자의 의사결정과 사업 성공에 결정적인 영향을 줄 수 있다. 실제로 모든 소비자 제품 결정의 2/3 정도가 구전의 영향을 받는다고 추정된다.[29] 최근의 한 연구는 소비자들이 제품과 서비스에 대해서 구전 대 광고에 대해서 어느 것을 얼마나 신뢰하는가를 보여주고 있다. 아래의 정보는 광고와 비교해서 사람(친구, 가족 혹은 다른 사람으로부터의 구전)을 정보원천 목록의 첫 번째로 꼽는 성인의 비율을 보여준다.

	구전	광고
레스토랑	83%	35%
장소	71	33
처방약	71	21
호텔	63	27
건강 조언	61	19
영화	61	67
고급 브랜드	60	33
은퇴 계획	58	9
자동차	58	36
컴퓨터 기기	50	59
방문 웹사이트	40	18
	37	12

Source: Adapted with the permission of The Free Press, a Division of Simon & Schuster, Inc., from *The Influentials: One American in Ten Tells the Other Nine How to Vote, Where to Eat, and What to Buy,* by Edward Keller and Jonathan Berry. Copyright © 2003 by Roper ASW, LLC. All rights reserved.

이 정보가 제시하는 것처럼, 일반적으로 구전의 중요성은 높으며, 그 광고에 대비한 구전의 중요성은 제품 유형에 따라서 조금씩 다르다. 또한 전통적인 대중 매체 광고는 브랜드 인지도의 형성을 포함해 의사결정 과정의 초기 단계에서 여전히 역할을 한다.

부정적인 경험은 구전의 강력한 동기유발요인이기 때문에 마케터가 반드시 고려해야 할 요소이다. 왜냐하면 부정적 구전은 수용자의 태도와 행동에 강력한 영향을 줄 수 있기 때문이다.[30] 부정적인 경험은 매우 감정적이고 기억에 남기 때문에, 소비자들로 하여금 주변 사람들에게 말하도록 동기유발을 시킨다. 상황과 제품에 따라서 그 빈도가 다를 수 있지만, 제품에 만족했던 소비자보다 불만족한 소비자가 그들의 경험을 두 배 이상 더 많은 사람들에게 말한다는 것은 전혀 드문 일이 아니다.[31] 즉, 자신의 기대만큼 만족한 소비자들은 구전에 대하여 동기 유발되는 것이 아니지만, 기대 이상으로 만족하는 소비자는 상당한 구전을 유발시킬 잠재력을 갖고 있다. 따라서 기업들은 소비자를 "큰 기쁨을 주는(delighting)" 전략들을 고려할 수 있거나, 그렇지 않다면 소비자들이 긍정적 형태의 구전을 전달하도록 동기유발시킬 수 있는 긍정적 감정 경험을 만드는 전략을 고려할 수 있다(제18장 참조).[32] 분명히, 기업이 일관된 제품과 서비스 품질 그리고 소비자 불평에 대한 빠르고 긍정적인 응답을 제공하는 것은 필수적이다.

게다가, 모든 인적 원천이 동일한 가치를 가지고 있지 않다는 것을 알아야 한다. 어떤 사람들은 그 집단내에서 특정 형태의 정보를 찾는 사람으로 알려져 있다. 이러한 개인들

소비자 통찰력 7-1

온라인 소셜미디어, 소비자 제작 콘텐츠 그리고 구전

소셜미디어는 지속되고 있는 온라인 혁명의 일부분이고, 때때로 Web 2.0로 언급된다. 이것은 사용자가 인터넷의 독특한 상호작용 그리고 협력적인 능력을 활용하도록 하는 테크놀로지를 포함한다. 이러한 테크놀로지와 형식에는 온라인 커뮤니티, 모든 형태의 SNS, 소비자 리뷰 사이트 그리고 블로그 등이 있다. 온라인 소셜미디어는 사용자가 온라인으로 개인과 집단을 형성, 합류, 커뮤니케이션하도록 할 뿐만 아니라 과거에는 불가능했던 방법으로 내용을 제작하여 전달하도록 만들었다. 그렇게 소비자가 직접 만드는 콘텐츠가 마케팅의 전체적인 모습을 바꾸고 있다. 마케터가 커뮤니케이션 과정을 더 이상 완전히 통제하지 못하지만, 지금은 종종 소비자들이 주도하는 지속적인 대화의 관찰자이자 합류자가 된다.[33]

온라인 SNS에서의 소비자 제작 콘텐츠의 예는 "Fully Submerged Jeep"이란 제목의 비디오이다. 그것은 누군가 자기 Jeep을 완전히 잠기게하는 물구덩이 속으로 집어넣고 반대쪽으로 멀쩡한 상태로 나오는 Jeep 이벤트가 Metacafe에 게시된 아마추어 비디오이다. 그 비디오는 350,000명이 넘게 보았다. Jeep 회사는 이러한 내용을 통제하지 않는다. 반면에, 이 Jeep 추종자는 Jeep에 대한 대리학습뿐만 아니라, Jeep의 품질에 대한 묵시적인 긍정적 구전을 했다. 그러면 다른 사람들이 참여해서 이 비디오에 대한 코멘트를 게시하면, 이것들이 "대화"를 지속시키게 만든다. 이것은 긍정적인 면이고, Jeep을 위한 브랜드 커뮤니티의 헌신적인 회원들로부터 온 것이다.

부정적인 면은 Chevy Apprentice Challenge의 경우이다. Chevy Apprentice Challenge는 온라인 요소들과 기업에 의해 제공된 도구를 이용해서 소비자 자신만의 Tahoe 광고를 만들 수 있도록 소비자들을 초대했다. 문제는 5개 광고 중 하나가 과다한 에너지 소비 측면에 초점을 맞추고 환경론자로부터 문제를 제기하는 부정적인 것이다. 한 전문가가 언급했듯이, 잘못은 새로운 매체의 사용이 아니라 기업이 채택한 대중적 접근방법에 있다.[34]

> 더 나은 접근방법은 GM이 Tahoe의 모든 소유자에게 즉, 축구를 즐기는 엄마부터 힙합 아티스트까지 접근하는 것이었다. 그들은 이러한 열성 팬들에게 Chevy가 제공하는 것과 같은 소재를 이용해서 광고를 만들도록 요청할 수 있었다. 혹은 GM이 개인들로 하여금 정말로 개별화된 광고를 만들 수 있도록 그들 자신의 비디오, 이미지 그리고 음악을 사용하도록 할 수 있었다.

기업이 소비자 입력을 온라인으로 요청할 때 이것을 클라우드 소싱(crowdspurcing)이라고 한다.[35] 그러나 클라우드 소싱은 소비자 제작 광고 이상인데, 이것은 Chevy

은 그들의 가족, 친구 그리고 동료에게 제품 및 브랜드 관련 정보를 적극적으로 걸러 내거나, 해석하거나 혹은 제공한다. 이렇게 하는 개인은 **의견선도자(opinion leader)**라고 한다. 사람이 대중 매체나 다른 원천으로부터 정보를 받아서 이것을 다른 사람에게 전달하는 과정을 **커뮤니케이션의 2단계 흐름(two-step flow of communication)**라고 한다. 이 2단계 흐름은 집단 내 커뮤니케이션의 일부 측면을 설명한다. 그러나 이것은 너무 단순해서 대부분의 커뮤니케이션 흐름을 설명하지 못한다. 일반적인 커뮤니케이션의 발생은 다단계 커뮤니케이션 흐름이다. <그림 7-4>는 기업으로부터 고객까지 정보의 직접적 흐름을 대중 커뮤니케이션의 보다 현실적인 다단계 흐름과 대비시키고 있다.

Apprentice Challenge에 초점을 맞추었다. Dell과 Microsoft 모두가 이미 해왔던 것처럼, 클라우드 소싱은 고객들이 문제를 가진 다른 고객들을 도와줄 수 있는 포럼을 만들 수 있다. 이것은 기업이 제품과 서비스 디자인 의사결정에 소비자의 정보 입력을 구체적으로 요청하는 것도 포함할 수 있다. 앞에서 언급된 Adobe Photoshop는 그러한 노력의 한 예이다 (〈사진 7-5〉 참조).

앞에서 제시된 통계치는 소셜미디어 사용자의 거의 40%가 그러한 의사결정에 정보입력을 요청하는 기업을 좋아한다는 것을 보여준다. 그러나 모든 사람이 온라인으로 제작된 콘텐츠에 깊이 관여하는 것은 아니라는 점을 주목할 필요가 있다. 서로 다른 유형의 소비자들은 각기 다른 수준에서 다음과 같은 다른 유형의 콘텐츠를 만들어낸다.:[36]

- 제작자(creators) – 이들은 자신의 웹 페이지, blogs, 비디오 의 내용을 제작해서 YouTube와 같은 장소에 올린다. 제작자는 10대와 20대 초반인 경향이 있다.
- 비평자(critics) – 이들은 블로거이고 평가와 리뷰를 게시한다. 비평자는 제작자보다 약간 나이가 많은 10대 후반과 20대 중반인 경향이 있다.
- 합류자(Joiners) – 이들은 SNS를 활용한다. 참여자는 대부분 10대에서 20대 후반의 사람들이다. 참여자는 제작자와 비평자보다 더 많은 인구 비율을 차지한다.
- 관망자(Spectators) – 이들은 블로그를 읽고, 비디오를 보는 등 다른 사람의 내용을 즐긴다. 관망자는 어린 사람뿐만 아니라 나이든 세대의 많은 회원들로 구성되어 있다.
- 비활동자(Inactives) – 이들은 온라인에 있지만 소셜미디어에 참여하지는 않는다. 비활동자는 나이든 사람인 경우가 많다.

제작자와 비평자가 Web2.0에서 대화와 의견의 진정한 리더이다. 본질적으로 그들은 의견선도자이고 인터넷 시대의 영향력 발휘자이다. 그들의 영향력은 과소평가될 수 없다. 마케터들은 소셜미디어의 이러한 새로운 세계에서 그들의 대화를 주도하고 통제하기보다는 대화에 합류하고 참여한다는 관점에서 더 많이 생각해야 한다는 것을 발견하고 있다.

생각해 볼 문제

1. 어떻게 온라인 소셜미디어가 마케터를 커뮤니케이션 통제에서부터 참여와 관찰로 변화시키는가?
2. 당신은 나이 이외에 제작자와 비평자의 전형적인 특성에 무엇이 있다고 생각하는가?
3. 마케터는 제작자와 비평자와 협력해서 일을 하기 위해서 무슨 전략들을 사용할 수 있는가? 당신은 어떤 위험을 발견하는가?

커뮤니케이션의 다단계 흐름(multistep flow of communication)은 대중 매체뿐만 아니라 다른 원천으로부터 적절한 정보를 적극적으로 추구하는 특정 제품 영역의 의견선도자를 포함한다. 이러한 의견선도자들은 이 정보를 처리해서 이에 대한 결과해석을 집단의 일부 회원들에게 전달한다. 이 집단의 회원도 의견선도자 외에 다른 회원뿐만 아니라 대중 매체로부터 정보를 받는다. <그림 7-4>도 의견선도자가 아닌 사람이 종종 정보 요청을 제안하고 이것에 대한 피드백을 의견선도자에게 제공한다. 마찬가지로 의견선도자는 다른 의견선도자뿐만 아니라 추종자로부터 정보를 받는다. 어떻게 소셜미디어가 이 온라인 다단계 흐름 과정을 조성하는지를 주목하라.

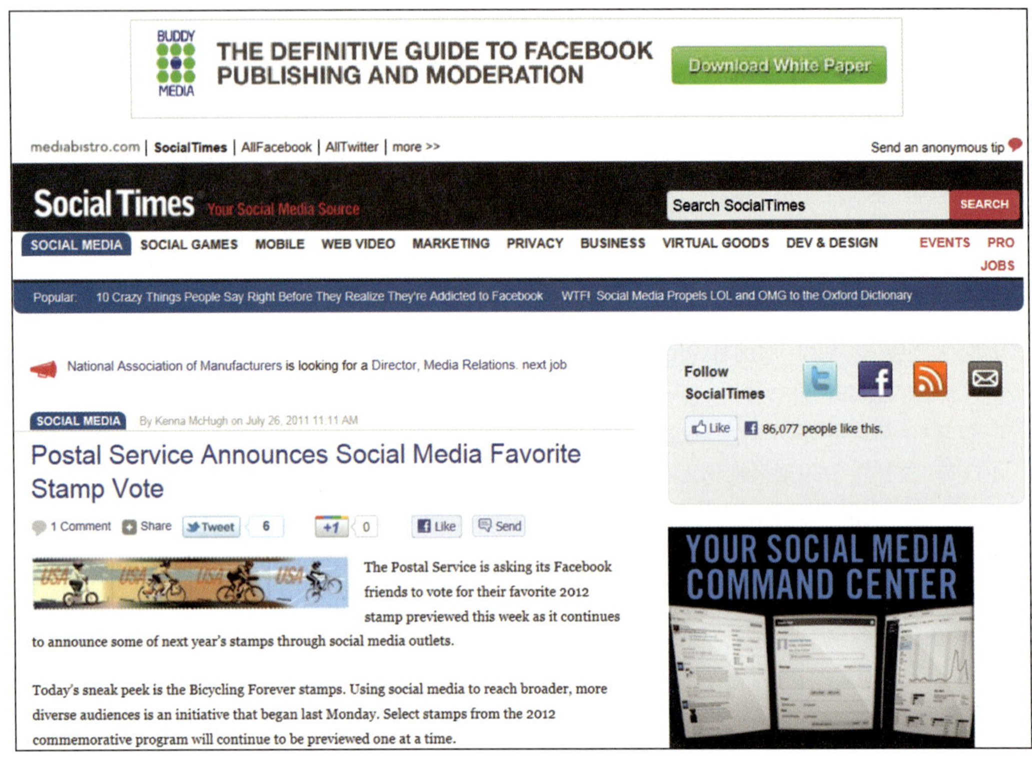

사진 7-5

기업들은 제품과 서비스 설계와 의사결정에 소비자의 정보 입력을 요청하기 위해서 점차 소셜미디어를 사용하고 있다.

그림 7-4 대중 커뮤니케이션 정보 흐름

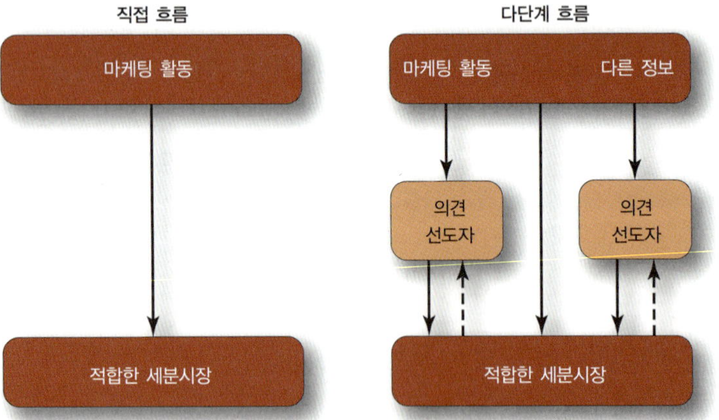

1. 구전과 의견선도력이 발생하는 상황

LO5

집단의 회원들 간 조언과 정보의 교환은 (1) 한 개인이 다른 사람으로부터 정보를 찾을 때 혹은 (2) 한 개인이 정보를 자발적으로 제공할 때에는 구전 형태로 직접적으로 발생할 수 있다. 또한 이는 정상적인 집단 상호작용의 부산물로서 관찰을 통하여 간접적으로 발생할 수 있다.

의견선도자 추구 가능성 **그림 7-5**

제품/구매 관여도	제품 지식	
	고	저
고	중간 가능성	높은 가능성
저	낮은 가능성	중간 가능성

당신이 별로 친숙하지 않은 제품을 구매하는 경우를 생각해 보자. 더 나아가서 이 구매(예: 새 음향기기, 스키 혹은 자전거)가 당신에게 중요하다고 상상해 보자. 당신은 어떤 유형과 어떤 브랜드를 사기 위해 어떻게 의사결정을 시작할 것인가? 방법은 아는 사람에게 내가 알고 싶어하는 제품범주에 대해서 누가 많이 알고 있는지를 물어보는 것이다. 그 사람이 바로 당신의 의견선도자가 될 수 있다. 이 때 구매자가 중요한 결정을 해야 하는데 제한된 제품지식을 가진 고관여 구매상황이라는 것을 주목하라. <그림 7-5>는 어떻게 이러한 요소들이 의견선도력의 수준을 변화시키도록 만드는가를 설명하고 있다.[37]

정보를 명시적으로 찾거나 자발적으로 정보를 제공하는 것뿐만 아니라, 집단의 회원들은 관찰 가능한 행동을 통해서 서로에게 정보를 제공한다. Hard Candy의 매니큐어를 보자:

> Dinah Mohajer는 University of Southern California의 학생인데, 샌들 신발에 맞추기 위해서 특이한 색깔의 발톱매니큐어를 만들었다. 다른 학생들이 그녀를 보고 비슷한 매니큐어를 원했다. 곧 그녀와 남자 친구는 욕조에서 매니큐어를 만들기 시작했다. 다음으로 최신유행의 지역 뷰티샵에서 그녀는 매니큐어(지금은 Hard Candy라고 함)의 유통망을 확보했다. 그리고 그 매니큐어를 바른 Quentin Tarantin과 Drew Barrymore를 보여주는 뉴스 사진은 더 많은 관심을 불러 일으켰다. 여자 배우 Alicia Silverstone은 David Letterman 쇼에서 그 매니큐어를 바르고 출연해서 그 제품을 칭찬했다. 3년 후 매출은 3000만 달러로 성장했다.[38]

Hard Candy는 주로 관찰을 통하여 성공했다. 스타일이 멋진 사람들(Dinah와 친구들)이 캠퍼스에서 그 제품을 사용하고 있는 것을 볼 수 있다. 그 다음 다른 개인 스타일 선도자가 그 제품을 사용했다(최신 유행 뷰티샵을 통해서 유통시킴으로써 유행 의식적인 사람들이 보고 구매하게 된다). 끝으로, 유명 인사들이 Hard Candy를 바르고 대중 매체에 출연하게 되었다.

분명히, 종종 관찰과 직접적 구전은 함께 작용한다. 예를 들면, 당신은 디지털 카메라를 사려고 하는데 친구가 Olympus를 사용하고 있는 것을 알고 있다. 이로 인하여 디지털 카메라와 Olympus 브랜드 그리고 어디서 가장 좋은 조건으로 구매할 수 있는 지를 대화하기 시작할 수 있다. 그리고 Hard Candy의 성공이 관찰에 상당히 의존하지만, 친구가 다른 친구들에게 얘기했기 때문에 구전도 관여된다.

2. 의견선도자의 특성

의견선도자의 가장 두드러진 특성은 제품범주에 대해서 상당히 장기간 관여되어 있다는 것이다. 이것은 **지속적 관여(enduring involvement)**라고 하는데, 이는 제품범주나 활동에 관한 상당한 지식과 경험으로 이어진다.[39] 이러한 지식과 경험은 의견선도력을 가능하게 만들어 준다.[40] 따라서, 개인은 단지 특정 제품 또는 특정 활동군에 대해서만 의견선도자가 되는 경향이 있다.

의견선도력은 주로 대인 커뮤니케이션과 관찰을 통해 기능을 한다. 이러한 활동들은 유사한 인구 통계적 특성을 갖고 있는 사람들 사이에서 가장 자주 발생한다. 따라서 의견선도자들은 전체인구의 모든 인구통계적 세분시장에서 발견되는데, 그들이 영향을 미치는 사람들과 인구통계적 변수들 측면에서 크게 다르지 않다는 것이다. 의견선도자는 다른 사람보다 더 사교적인 경향이 있는데, 이는 다른 사람에게 정보를 제공하는 자신들의 성향을 설명할 수 있다. 또한 그들은 의견선도자가 아닌 사람들보다 관련 매체에 더 자주 노출된다. 그리고 전 세계의 의견선도자들은 유사한 특성을 소유하고 있다.[41]

의견선도자를 파악하고 표적화하는 것이 중요하다. 오프라인 의견선도자는 전문화된 매체원을 통해서 표적화될 수 있다. 예를 들면, Nike는 Runner's World의 많은 구독자들이 조깅화와 운동화에 대한 의견선도자의 역할을 하고 있다고 생각할 수 있다.[42] 온라인 의견선도자는 주어진 영역에서 이들의 활동과 영향에 의해서 종종 확인될 수 있다.[43] 스니커헤즈에서 블로거(그의 블로그는 NiceKicks)로 전환한 Matt Halfill은 스니커즈 문화에서 의견선도자로 볼 수 있고 그리고 Nike와 같은 기업들은 그의 블로그에 광고를 한다.

시장전문가, 영향자 그리고 e-영향자 의견선도자는 전문가이다. 그들의 지식과 관여는 특정 제품 또는 특정 활동에 관련되는 경향이 있다. 그러므로 어떤 사람은 모터사이클에 대한 의견선도자가 될 수 있는 한편, 그(녀)는 휴대폰과 같은 다른 제품의 경우 의견추구자가 될 수도 있다. 그러나 일부 사람들은 많은 다양한 종류의 제품, 쇼핑할 장소 그리고 시장의 다른 측면에 대한 정보를 갖고 있다. 그들은 제품과 쇼핑에 관해 다른 사람들과의 토론을 주도할 뿐만 아니라 시장 정보의 요구에도 대응한다. 이러한 일반화된 시장 영향자가 시장전문가(market maven)이다. 또한 본질적으로 시장전문가는 의견선도자의 특별한 형태이다.

시장전문가는 내구재와 비내구재, 서비스 그리고 점포 형태를 포함한 광범위한 제품들에 대한 상당한 양의 정보를 다른 사람에게 제공한다. 그들은 제품 품질, 판매, 평상시 가격, 제품 구입가능성, 점원의 특징 그리고 소비자에게 관련된 다른 특징을 제공한다. 시장

전문가는 매체의 광범위한 사용자이다.[44] 또한 그들은 더 외향적이고 양심적이고, 이것은 다른 사람들과 정보를 공유하는 성향을 추구한다.[45] 인구통계적으로 시장전문가는 그들이 영향을 주는 집단들과 유사한 경향이 있다.

Roper Starch(시장 조사 기업)는 30년 이상 동안 시장 영향자 집단을 추적해 오고 있다. 이들은 특성면에서 시장전문가와 매우 유사하다. Roper Starch가 이러한 소비자들을 시장영향자(market influencer)라고 부르는데 인구의 10%를 차지하고 나머지 90%의 태도와 행동에 영향을 미치게 하는 광범위한 소셜 네트워크를 갖고 있다. 영향자는 인터넷뿐만 아니라 뉴스, 잡지 같은 인쇄 매체를 많이 사용하고, 일반 사람들보다 제품, 서비스, 브랜드 그리고 방문할 새로운 웹사이트에 대하여 구전적인 추천에 더 몰두한다.[46]

인터넷 전문가(internet maven)도 또한 존재한다. 우리가 제6장에서 본 것처럼, 10대의 인터넷 전문가도 존재한다. 이들 10대 인터넷 전문가는 웹상에 있는 정보의 중요한 통제자로 활동함으로써 부모가 행하는 가족 의사결정에 영향을 미칠 수 있다.[47] Roper Starch와 Burston-Marsteller는 소위 e-영향자라고 하는 관련 집단의 소비자를 확인하였다. e-영향자(e-influentials)는 성인 온라인 커뮤니티의 약 10%를 차지하지만, 이들이 뉴스, 정보 그리고 온라인과 오프라인으로 다양한 사람들에 대한 경험을 커뮤니케이션하면서 이들의 영향은 널리 확대된다. 이러한 e-영향자들은 소셜미디어 등과 같은 많은 온라인 통로를 이용하여 정보를 수집하고 퍼뜨린다. 원치 않는 e-메일을 열어보게 만드는 첫 번째 요소가 바로 브랜드 친숙도이다. 믿을 수 있는 브랜드와 확고한 온라인의 존재가 e-영향자를 표적화하는 데 결정적이다.[48]

3. 마케팅 전략, 구전 및 의견선도력

마케터들은 마케팅 전략의 일부로서 구전과 영향력 있는 소비자들에 점차 의존하고 있다. 이렇게 만드는 요인으로 전통적 매체로 도달하기에는 점점 더 어려운 작게 나누어진 시장들, 광고에 대한 소비자들의 심한 회의 그리고 의견선도자들이 R&D 과정에서 유용한 통찰력을 제공할 수 있다는 사실이 포함되어 있다.

그렇다고 해서 마케터들이 전통적 광고와 대중 매체 접근방법을 포기했다는 의미는 아니다. 만일 마케터들이 관찰을 통한 간접적인 방법으로 또는 구전을 통한 직접적인 방법으로 말을 퍼뜨릴 영향력 있는 소비자를 활용할 수 있다면, 많은 경우에 그들은 훨씬 더 많이 전통적인 매체에 비용을 지출할 수 있다. 이어서 구전을 유발시켜 의견선도력을 장려하도록 설계된 일부 마케팅 전략을 살펴보자.

광고 광고는 구전과 의견선도력을 자극하고(stimulating) 가장하게(simulating) 할 수 있다. **자극(stimulation)**은 현재 브랜드 소유자가 자기 브랜드에 대해서 이야기하거나(친구에게 이야기함), 잠재소유자가 기존 소유자에게 느낌을 물어보도록(소유하고 있는 누군가에게 문의) 설계된 주제를 포함할 수 있다.[49] 광고는 흥미와 흥분을 불러일으켜서 구전을 자극하려는 시도이다. Dove는 구전을 자극하기 위해서 광고와 소위 '전달도구(pass-it-on tools)'를 결합해서 흥미를 유발시켰다. 그들은 세 명의 친구를 추천하는 사람에게 무료로 Dove 비누 2개를 제공하는 광고를 실시하였는데, 추천받은 친구도 무료로 한 개의

사진 7-6

소비자는 종종 주요 의견선도자로서 인적 원천을 이용한다. 그러나 마치 전문가나 전통적인 소비자들이 이 브랜드를 추천 한다는 서베이 결과처럼 만들어 소비자들이 개인적으로 잘 모르는 전문가도 의견선도자의 역할을 할 수 있다.

Dove를 받는데, 이 선물의 겉 포장에는 추천받은 친구의 이름이 적혀 있다. 그래서 대기업으로부터 받은 견본이 아니라 친구로부터 받는 선물처럼 느끼게 한다.[50]

의견 선도력을 가장하게 하는 것은 인정받는 의견선도자(예: 골프용품에 대한 Phil Mickelson)로 하여금 특정 브랜드를 보증하도록 하는 것과 같은 것이다. <사진 7-6>은 조리도구에 대한 이러한 접근방법의 예이다. 혹은 확실한 의견선도자가 "생활의 단면" 광고에 나오는 제품을 추천하도록 하는 것도 포함할 수 있다. 이러한 광고에는 한 사람이 다른 사람에게 브랜드에 관한 조언을 하는 두 사람간의 대화가 어깨너머로 들리는 내용이 되기도 한다. 끝으로 광고는 높은 비율의 지식이 많은 사람(예: "치과의사 10명중 9명이 …를 추천한다")이나 전형적인 사용자가 브랜드를 추천한다는 서베이 결과를 제시할 수 있다.[51]

제품 견본 제공 때때로 "씨 뿌리기"라고 하는 견본제공은 한 제품의 견본을 잠재소비자 집단에게 제공하는 것이다. 견본은 의견선도자가 될 가능성이 높은 사람들이 포함되어 있을 경우에는 특히 강력한 구전 도구가 될수 있다.

Levi Strauss는 24~35세의 주요 도시 소비자들에게 Dockers에 대한 선호도를 높이기 위해, 주요 도시에서 Dockers를 "urban networker"로 포지션을 했다. 이 networker는 이 도시들에서 새로이 떠오르는 유행선도자(trandsetters)를 확인해서 이들을 Dockers와 연계시켰다. 즉, 이들은 유행을 막 받아들인 새로운 집단을 주시하고, 그 회원들에게 Dockers

를 제공한 것이다. 목표는 떠오르는 도시의 해프닝과 영향력을 미치는 젊은 사람을 연계되도록 하는 것이었다.[52]

BzzAgent(www.BzzAgent.com)는 그들이 좋아하는 제품에 관한 구전을 적극적으로 퍼뜨리는 사람들을 매일 모집했다. BzzAgent는 이러한 "대리인(구전하는 사람)들" 이 BzzAgent와의 제휴를 받아들이고 정직한 의견을 제공한다고 확신한다. 구전의 대부분은 오프라인의 정상적인 대화에서 발생한다. 대리인은 무료 제품 견본을 받고 다양한 구전 방법에 대해서 지도를 받는다. 대리인은 각 구전 에피소드를 BzzAgent에 다시 보고하고 상환 가능한 포인트로 보상받는다. 그런데 대리인들의 동기는 포인트가 아니다. 왜냐하면 많은 대리인들이 포인트를 상환받지 않기 때문이다. BzzAgent의 고객명단은 길고 계속 늘어나고 있는데 이 명단에는 Kraft Foods, Goodyear 그리고 Wharton School Publishing이 포함되어 있다. 기업들은 구전 캠페인을 만들고 운영하기 위해서 BzzAgent를 고용한다. 비용은 다양하지만, 1,000명의 대리인(구전자)을 이용한 12주 캠페인의 비용은 10만 달러가 된다.[53]

소매/인적 판매(Retailing/Personal Selling) 소매업자와 판매원에게 의견 선도력을 이용할 수 있는 수많은 기회가 존재한다. 의류 점포는 표적시장으로 부터 스타일 리더들로 구성된 "패션 자문위원회"를 만들 수 있다. 한 예가 바로 Abercrombie & Fitch와 같은 점포의 치어리더와 학급임원이며, 이 기업의 주고객은 10대 후반과 대학생이다.

소매업자와 판매원은 기존 고객들이 새로운 잠재 고객들에게 정보를 알려주도록 장려할 수 있다. 이러한 소비자들에게 할인과 같은 보상이 주어질 때, 이것을 추천자 보상 프로그램이라고 한다. 예를 들어, 자동차 판매원 또는 판매 대리점은 기존고객이 친구들에게 새 차를 보러 오도록 만들면 기존고객에게 무료세차 혹은 무료 엔진오일 교체를 제공할 수 있다. 이러한 프로그램들이 인기를 얻어서 성장하고 있고, United Airlines, Cingular 그리고 RE/MAX와 같은 기업들은 이 프로그램들을 사용하고 있다. 한 연구에 의하면, 이 프로그램들은 효과적이고 특히 강한 유대보다는 약한 유대를 가지고 있는 소비자에게 긍정적 구전을 장려하는데 효과적이다.[54]

버즈(Buzz) 창출 **버즈**는 구전의 기하급수적 확산으로 정의된다. 이것은 말이 대중 매체 광고의 지지를 전혀 받지 않거나 제한적으로 받으면서 "도깨비불"처럼 퍼져나갈 때 일어난다. "버즈"는 앞에서 언급했던 Hard Candy 매니큐어의 수요를 유발했다. 이것은 또한 Pokemon, Beanie Babies, Blair Witch Project, Harry Potter 책 그리고 Toy Story3과 같은 대단한 성공도 만들었다.[55] 마케터들은 의견선도자에게 미리 정보와 제품 견본을 제공하고, 유명인이 그 제품을 사용하게 하고, 제품을 영화에서 간접광고를 하고, 제품과 연계된 행사를 후원하고, 공급을 제한하고, 자기선전을 하고 그리고 그 이외에 브랜드에 대한 흥분과 신비주의를 창출함으로써 버즈를 만들어 낸다.

일반적으로 버즈에는 대규모 광고예산이 지원되지 않지만, 종종 버즈는 마케팅 활동에 의해서 만들어진다. 사실, 버즈를 만드는 것은 **게릴라 마케팅**의 주요 측면이다. 게릴라 마케팅은 제한된 예산으로 비전통적인 커뮤니케이션 전략을 사용한다. 게릴라 마케팅은 "사람들과 강렬한 밀착관계를 만들어서 자연스러운 구전과정을 가속화시키는 것이다."[56] 게

소비자 통찰력 7-2

버즈와 구전의 지렛대 역할을 해주는 온라인 전략들

우리가 알고 있는 바와 같이, 인터넷은 대인간 커뮤니케이션의 특성을 지속적으로 변화시키고 있다. 새로운 수단들이 급속히 진화하고 있고, 인터넷이 허용하는 상호접속의 속도와 수월성을 이용하는 기업에게는 그 보상이 매우 클 수 있다. 여기에 몇 가지 예가 있다:

- **바이러스 마케팅(viral marketing)**은 온라인 "전달(pass-it-on)" 전략이다. 이것은 "구매자의 방대한 네트워크를 통해 브랜드 메시지를 전달하기 위해 전자적 커뮤니케이션을 이용한다." 바이러스 마케팅은 많은 형태로 이용되는데 종종 이메일을 포함한다. Honda U.K.는 "The Cog" 라고 불리는 2분짜리 광고물 형태의 최첨단 크리에이티브로 시작되는 성공적인 바이러스 마케팅 캠페인을 개발하였다. 이 광고는 아마도 의견선도자일 것 같은 사람들에게 도달하기 위해서 영국에서 Brazilian Formula 1 Grand Prix 동안에 방송되었고 Honda 웹사이트에서 접속 가능했다. 광고에 대하여 감탄한 사람이 전 세계에 있는 친구와 아는 사람들에게 이메일을 보내면서 바이러스 양상이 시작되었을 때가 바로 그 때이다. Honda는 영국에서 최고의 판매기록을 갖고 있고, 이 버즈는 미국까지 퍼졌다. 미국에서 웹 접속과 판매가 뛰어 올랐다. Honda, Volvo 그리고 Gillette이 바이러스 마케팅 기법을 사용하고 있는 기업목록에 포함되어 있다.[61]
- **블로그(Blog)**는 사람과 조직이 대화를 지속적으로 유지할 수 있는 개인화된 일지(journal)이다. 사람들은 상대방의 블로그를 읽고, 비평하고 접속하면서 다른 화제의 블로그와 뉴스 블로그를 포함하는 강력한 네트워크를 구축한다. 블로그는 마케터에 의해서 여러 가지 방법으로 사용될 수 있다. 첫째, 기업들은 블로그에 배너광고를 게재할 수 있고, 블로그 정보와 광고를 묶는다. 둘째, 그들이 제품견본을 그 제품범주에서 잘 알려져 있는 블로거들에게 제공하면 이들이 자신의 블로그에서 이 제품에 대해서 바이러스 역할을 할 것으로 생각한다. 이 전략은 와인잡지를 통해 전달하는 전통적인 출시방법을 벗어난 새로운 와인 기업에 의해서 성공적으로 사용되었다. 그 결과 한 해에 매출이 두 배가 되었다. 마케터가 블로그를 사용할 수 있는 셋째 방법은 마케팅 정보를 위해 중요한 블로그 사이트를 관찰하는 것이다. 한 전문가가 지적했듯이: "웹사이트, 대화방 그리고 블로그에 관심이 없는 제조업자는 무지하거나 무관심한 것이다." 네 번째 방법은 기업이 직접 자신의 블로그를 만들어서 블로깅을 담당하는 기업

릴라 기법의 예들을 보자:

- Sony Ericsson은 다양한 도시지역에서 관광객의 역할을 하기 위해서 매력적인 배우들을 고용했다. 그들은 현지인들에게 휴대폰과 디지털 카메라를 건네주고 사진을 찍어줄 것을 요청하면서. 현지인이 그 제품을 만져보게 하고 그 제품에 대해서 얘기하도록 시도하였다.
- Blue Cross Blue Shield (BC/BS)는 사람을 고용하여 그 사람들을 파란색으로 색칠을 해서 Pittsburgh 주변을 걸어 다니도록 요청했다. 아무도 "Blue Crew" 캠페인이라는 것을 몰랐고, 이것은 거대한 버즈를 일으켰다. 이 캠페인이 BC/BS와 관련되어 있다는 것이 밝혀졌을 때, 웹사이트 접속이 증가했다.[57]

의 직원을 두는 것이다. Dell은 Direct2Dell과 블로거 책임자인 Lionel Menchaca와 함께 이 일을 하고 있다. 다섯째 방법은 블로그를 만들고 소비자 선전자를 채용하여 그것을 운영하도록 하는 것이다. 이것이 바로 Vespa가 몇 년 전에 시작했던 것이다. 하지만, 기업이 블로그를 시작한 후 충분한 자원을 투입하지 않아서 이 사이트는 방치되었다는 점에서 Vespa 이야기는 교훈적인 기록을 제공한다.[62]

- **Twitter**는 마이크로 블로그 도구이다. 게시할수 있는 글자 수가 140자로 제한되어 있다. 이것은 짧은 시간 내에 가장 큰 소셜미디어의 하나로 진화되었다. 미국 소비자들은 Twitter로 한 달에 2시간 이상을 보내는데 훨씬 더 늘어날 것으로 예상된다. 가장 최근 자료에 의하면, 성인 온라인 사용자의 19%가 Twitter 사용자이고, 젊은 인터넷 사용자들은 이보다 더 많이 Twitter 사용자라고 한다. 마케터의 입장에서 Twitter를 많이 사용한다. 첫째, 앞에서 보았듯이, 소비자들은 브랜드의 Twitter에 불평이나 정보 요청을 게시할 수 있고 그러면 기업은 이에 대해서 대응할 수 있다. 둘째, 기업들은 Promoted Tweets이라고 하는 Twitter의 특성을 활용할 수 있다. 이것은 광고 프로그램으로서 기업들이 그들의 팔로어(follower)들에게 트윗하고 그 다음에 Tweet을 프로모션한다. 프로모션 지표(광고물처럼)가 트윗에 보여지고, 그러면 심지어 트윗에서 브랜드의 팔로어도 아닌 사람들까지의 탐색결과에 트윗 자체가 나타난다.

  끝으로, Sponsored Tweets과 Ad.ly와 같은 기업들은 브랜드를 영향력이 있는 트윗터와 연계시킨다. 이런 트위터는 종종 Charlie Sheen과 Kim Kardashian처럼 수백만명의 팔로어를 확보하고 있는 유명인이 특정 브랜느에 대한 드윗팅에 대해서 트윗당 1,000달러 이상의 댓가를 받는다. 일반적인 블로그와 마찬가지로, 완전한 공개는 이 모델의 중요한 한 모습이다.[63]

분명히 마케터들은 어떻게 인터넷의 구전 잠재력을 활용하는가를 배우고 있다. 미래에 어떻게 될지를 보는 것은 흥미로울 것이다.

생각해 볼 문제

1. 대인간 커뮤니케이션을 위해서 다른 어떤 인터넷 대안들이 존재하는가?
2. 당신은 정확한 정보를 제공하기 위해 온라인 원천을 믿는가? 마케터는 온라인 원천에서 소비자의 신뢰도를 증가시키기 위해 무엇을 할 수 있는가?
3. 주요 블로거들의 전형적인 특징은 무엇이라고 생각하는가?

버즈는 단순히 게릴라 마케팅이 아니라서 게릴라 전술은 조심스럽게 사용되어야 한다. 소비자 옹호론자는 특정 게릴라 전술에 대해서 점차 관심을 높이고 있다. 은밀하거나 비밀스러운 마케팅 노력에 관한 (a) 소비자 이슈, (b) 윤리적 이슈 그리고 (c) 법적 이슈들이 있을 수 있다. 다음의 예를 살펴보자:

Gillette는 NoScruf.org라고 하는 무명의 웹사이트를 후원하였다. NoScruf는 National Organization of Social Crusaders Repulsed by Unshaven Faces(면도 안한 얼굴 때문에 비위상한 전국 사회운동가조직)을 의미한다. 이 사이트는 Gillette을 대신하여 PR목적으로 Porter Novelli에 의해서 만들어졌고 .org로 끝나는 도메인은 Gillette의 역할을 더 혼란시키는 것이었다.

소비자 관점에서 한 연구는 소비자가 그러한 은밀한 마케팅 노력을 알게 될 때 소비자 신뢰, 관여 그리고 구매의도는 손상을 입는다는 것을 보여준다. 윤리적 관점에서 마케팅 노력에 브랜드 참여를 숨기는 것은 소비자들을 불리하게 만드는데, 이는 그들이 알게되면 영향을 미치려는 시도를 더 경계하는 경향이 있기 때문이다. 법적 관점에서 그러한 은밀한 마케팅에 대처하는 지침들이 더 엄격한 방향으로 옮겨가고 있다. 그 예로 블로거와 이들의 마케터와의 연계에 관한 FTC의 새로운 지침을 들 수 있다.[58] 당신은 "은밀한 마케팅" 이나 "게릴라 마케팅"을 둘러싼 추가적인 윤리적 우려를 발견할 수 있는가? BzzAgent의 방법은 Sony Ericsson의 그것과 어떻게 다른가?

종종 버즈의 창출은 주요한 대중매체 광고를 포함한 대규모 전략의 한 부분이다. Clairol는 온라인 샘플링 프로그램을 통해서 True Intense Color 제품라인을 위한 구전창출을 시도하였다. 또한 "Be the Attraction"라는 경품도 시작하였다. 이 경품은 Legally Blonde의 시사회에서 버즈를 촉발시키기 위해서 대상의 상품으로 4명에게 무료 여행권을 제공하는 것이다. 그러나 이러한 노력에 곧 주요 대중 매체 광고 캠페인이 보충되었다.[59]

버즈와 구전은 전통적인 오프라인 전략으로 국한되지 않는다. <소비자 통찰력 7-2>에서 설명된 것처럼, 마케터들은 온라인 전략들의 활용을 증가시키고 있다.

7.5 혁신의 확산

LO6 **혁신(innovation)**이란 관련된 사람이나 집단이 새로운 것으로 지각하는 아이디어, 관행 혹은 제품이다. 주어진 제품이 혁신인지의 여부는 기술적 변화에 대한 객관적 측정뿐만 아니라 잠재 시장의 지각에 의해서 결정된다. 신제품이 시장에서 수용되거나 확산되는 방법은 기본적으로 집단 현상이다. 지금부터 이 과정을 좀 자세히 살펴 보자.[60]

1. 혁신의 범주

당신이 지난 2~3년 동안에 마주쳤던 신제품들을 기억해 보라. 당신이 이것들을 떠올릴 때, 여기에는 혁신의 정도가 있다는 것을 알게 될 것이다. 예를 들어, Apple의 iPad는 새로운 무지방 스낵보다 더 혁신적이다. 만일 어떤 사람이 신제품이나 신서비스를 수용한다면, 제품의 기술적 혹은 기능적 변화가 아니라 그 사람의 태도와 신념을 포함한 행동 혹은 라이프스타일에서 요구되는 변화가 혁신의 정도를 결정한다.

제품에 대한 표적시장의 지각에 근거해서, 신제품은 변화가 없는 것에서부터 급격한 변화가 있는 것까지 연속선 상의 어느 곳에 위치할 수 있다. 종종 이러한 연속선은 다음과 같은 혁신의 3가지 범주나 형태로 구분된다.

연속적 혁신(Continuous Innovation) 이 형태의 혁신을 수용하는 것은 상대적으로 행동의 작은 변화나 소비자에게 중요하지 않은 행동변화를 요구한다. 그 예로는 Crest Vivid White Night 치약, Wheaties Energy Crunch 시리얼 그리고 Purex 3-in-1 세탁 시트가 있다. 이러한 일부 제품은 복잡한 기술적 발전이라는 것을 주목하라. 그러나 그러한 제품의 사용은 소유자의 행동이나 태도의 변화를 거의 요구하지 않는다. <사진 7-7>은 연속적 혁

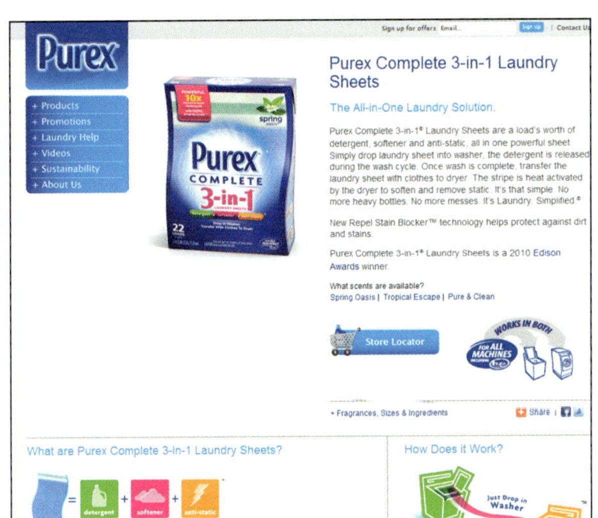

사진 7-7

이 신제품은 일부 사람들의 중요한 욕구를 충족시킨다는 점에도 불구하고 연속적 혁신으로 간주된다.

신의 다른 예이다.

동적인 연속적 혁신(Dynamically Continuous Innovation) 이 형태의 혁신은 중요한 행동의 중간 정도의 변화나 개인적으로 낮거나 중간 정도의 중요성을 갖는 행동의 큰 변화를 요구한다. 그 예로는 디지털 카메라, 네비게이션, 모바일 앱 그리고 접착제 없이 벽지처럼 활용할 수 있는 Bella and Birch 페인트가 있다. <사진 7-8>은 대부분의 소비자 집단에게 동적인 연속적 혁신 제품을 보여준다.

비연속적 혁신(Discontinuous Innovation) 이 형태의 혁신 수용은 개인 또는 집단에 상당히 중요한 행동의 큰 변화를 요구한다. 그 예들로는 Norplant 피임약, 채식주의자가 되는 것 그리고 Honda FCX Clarity 수소 자동차를 들 수 있다(<사진 7-9>참조).

매년 소개되는 대부분의 새로운 제품이나 변경은 변화의 연속선 상에서 맨 끝에 해당되는 '변화가 거의 없는' 경향이 있다. 그러나 대부분의 이론적이고 실증적인 연구는 비연속적인 혁신을 기반으로 한다. 예를 들어, 개인 소비자들은 혁신을 구매할 때 **수용과정(adoption process)**으로 알려진 단계들을 거치게 된다. <그림 7-6>이 이런 단계들을 보여준다.

<그림 7-6>은 또한 제1장에서 설명했던 확장된 의사결정(extended decision making)의 단계를 보여준다. 보는 바와 같이, **수용과정**은 기본적으로 한 신제품과 관련해서 확장된 의사결정을 설명하는데 사용되는 용어이다. 제14장에서 자세하게 다루겠지만, 확장된 의사결정은 소비자가 **고관여**일 경우 발생한다. 고관여 구매는 하이브리드 자동차를 구매하기 위한 의사결정처럼 비연속적인 혁신일 것이다. 그리고 이런 특성의 혁신에 대한 대부분의 연구들은 소비자가 확장된 의사결정을 이용한다는 것을 발견하였다.

그러나 모든 혁신이 확장된 의사결정(수용 과정)을 이용해서 평가된다고 추정하는 것은 잘못일 수 있다. 사실 대부분의 연속적 혁신은 아마도 제한적 의사결정을 유발한다. 일반적으로 소비자는 Jolt의 새로운 Wild Grape 향 음료수 혹은 새로운 Glad(전자렌지용 백)와 같은 혁신품의 구입 결정에 크게 노력을 기울이지 않는다.

사진 7-8

이 제품을 이용하는 것은 대부분의 사람들에게 중간 정도의 중요성에서 큰 변화를 요구한다. 이 사람들에게 이것은 동적인 연속적 혁신이다.

그림 7-6 수용과정과 확장된 의사결정

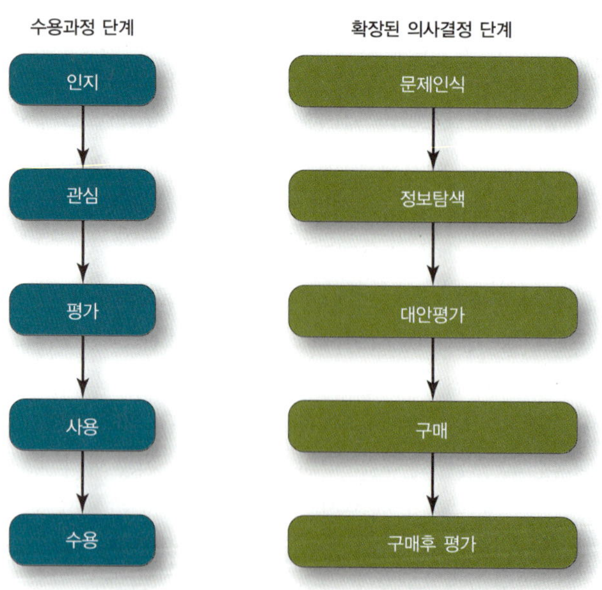

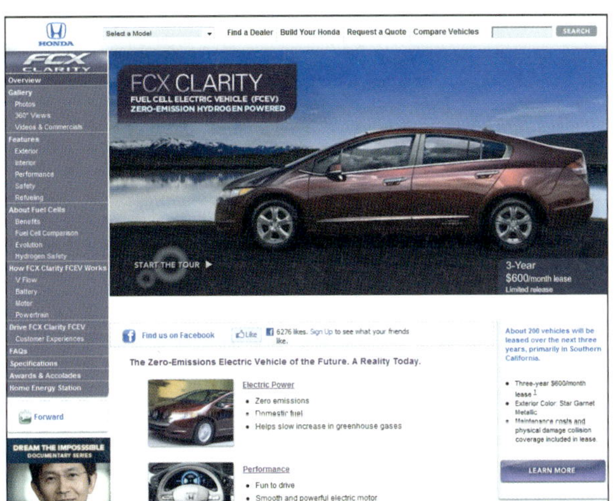

사진 7-9

대부분의 소비자들은 이 차를 불연속적 혁신으로 반응한다.

2. 확산과정

확산과정(diffusion process)은 혁신이 시장 전반에 퍼뜨려지는 방식이다. 퍼뜨려진다는 말은 어느 정도의 규칙성을 갖고 구매가 되는 구매행동을 말한다.[64] 시장은 사실상 사회 전체(아마도 새로운 청량음료)에서부터 특정 고등학교 학생들(자동 패스트 푸드와 스낵 점포)까지 다양할 수 있다.

대부분의 혁신에서, 확산 과정은 시간의 경과에 따라 '상대적으로 느린 성장 기간 → 급격한 성장 기간 → 좀 느린 성장의 마지막 기간' 이라는 거의 유사한 패턴을 따른다. 이 패턴은 <그림 7-7>에서 볼수 있다. 그러나 이 패턴에도 예외가 있다. 특히 새로운 즉석 시리얼과 같은 연속적 혁신의 경우에 초기의 느린 성장 단계는 생략될 수 있다.

혁신 연구의 전체적인 특징은 도입에서부터 세분시장이 포화상태(판매성장이 느려지거나 멈춤)까지 관련되는 시간은 며칠이나 몇 주에서부터 몇 년까지 다양하다는 것을 나타낸다. 이는 흥미로운 질문들을 이끌어낸다. (1) 특정의 혁신이 세분시장에서 얼마나 급속히 퍼지는가를 결정하는것은 무엇인가? (2) 혁신을 상대적으로 빨리 구매하는 사람들은 늦게 구매하는 사람들과는 어떤 면에서 다른가?

혁신 확산(the Spread of Innovations)의 영향 요인 혁신의 확산 비율(속도)은 다음 10가지 요인의 함수이다.

1) 집단의 형태 일부 집단은 다른 집단보다 변화를 더 수용한다. 일반적으로 젊고, 부유하고 그리고 고학력의 집단이 신제품을 포함한 변화를 쉽게 수용한다. 따라서 혁신의 표적시장은 확산 비율의 중요한 결정요인이다.[65]
2) 의사결정 형태 의사결정 형태는 개인 대 집단의 의사결정을 말한다. 구매 결정에 관여하는 사람의 수가 적으면 적을수록 혁신은 더 급속히 확산될 것이다.
3) 마케팅 노력 확산의 비율은 관련된 마케팅 노력의 정도에 의해서 강하게 영향 받는다. 따라서 확산의 비율은 완전히 기업의 통제밖에 있는 것은 아니다.[66]

그림 7-7 시간경과에 따른 혁신의 확산율

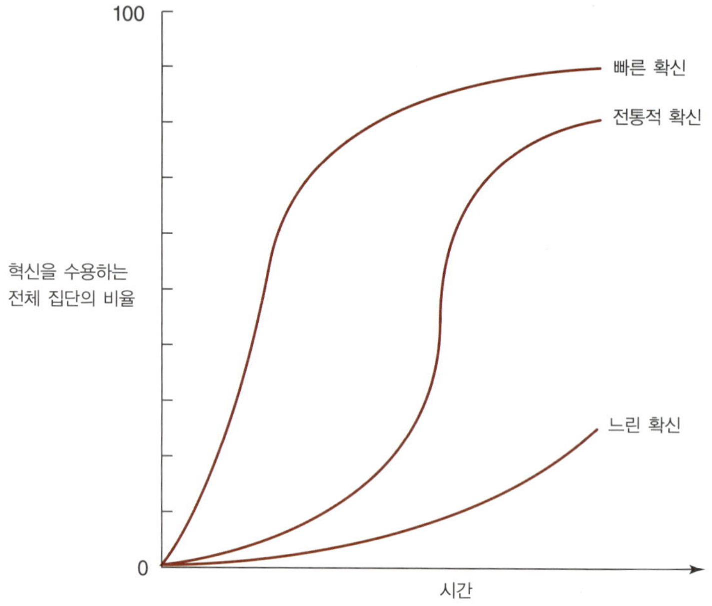

4) **욕구의 충족** 혁신이 만족시키는 욕구가 더욱 명백하고 분명할수록, 확산은 더 빠르다. 몇 가지 형태의 탈모에 대한 치료인 Rogaine는 성긴 모발이나 대머리로 불편함을 갖고 있는 사람들 사이에서 급속한 구매시도가 이루어졌다.
5) **부합성** 혁신의 구입과 사용이 개인과 집단의 가치나 믿음 혹은 신념과 더 일치하면 할수록 확산은 더 급속하다.[67]
6) **상대적 이점** 혁신이 기존방법과 비교해서 관련된 욕구를 더 잘 충족시킨다고 느낄수록 혁신은 더 빠르다. 제품의 성과와 비용 모두 상대적인 이점에 포함된다. 디지털 오디오 테이프(DAT)는 CD와 DVD와 비교해서 어느 쪽의 이점도 없어서 전혀 확산되지 않았다.
7) **복잡성** 혁신을 이해하고 사용하는데 어려움이 있을수록 확산은 더욱 느리다. 이런 차원의 열쇠는 제품의 복잡성이 아니라 사용 용이성이다. 전문화된 블로그 소프트웨어는 다른 복잡한 과제를 쉽고 즐겁게 만든다.[68]
8) **관찰가능성** 소비자들이 혁신을 수용하는 긍정적 효과를 더 쉽게 관찰할 수 있을수록 확산은 더 빠를 것이다. 휴대전화는 상대적으로 가시적이다. 반면 덜 가시적인 레이저 눈 수술도 대화의 빈번한 주제가 될 수도 있다. 한편 새로운 두통약은 덜 명확하고 일반적으로 덜 논의된다.
9) **시용가능성** 혁신의 저비용이나 저위험 시용이 쉬울수록 확산은 더 빠르다. 레이저 눈 수술과 같은 제품의 확산은 현실적으로 이 제품을 시용하기 어려움 때문에 방해를 받아왔다. 두통약과 같은 저비용 제품 혹은 카메라폰과 같은 제품은 빌리거나 소매점에서 시용해 볼 수 있어서 문제가 별로 없다.

소비자 전자제품의 확산율 그림 7-8

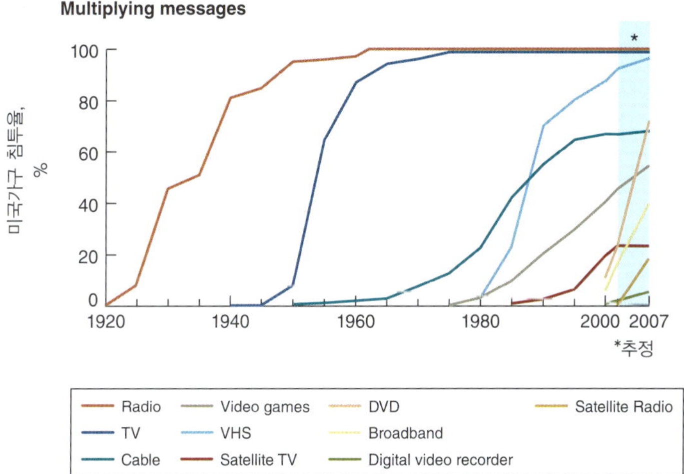

Source: *ECONOMIST* by *Economist*. Copyright 2005 by Economist Newspaper Group. Reproduced with permission of Economist Newspaper Group in the format Textbook via Copyright Clearance Center.

10) 지각된 위험 혁신을 시용하는 것과 관련된 위험이 클수록 확산은 느리다. 위험은 재무적, 신체적 또는 사회적일 수 있다. 지각된 위험은 3가지 차원의 함수이다. (1) 혁신이 원하는 대로 수행하지 않을 확률 (2) 원하는 대로 수행하지 않은 결과 (3) 이떠한 부정적인 결과를 역전시킬 수 있는 능력과 비용.[69] 따라서 많은 소비자는 레이저 눈 수술이 제공하는 편익에 대한 필요를 느낄 수 있고 이 수술 결과가 성공할 확률이 매우 높다고 본다. 그러나 그들은 실패의 결과를 극단적이고, 철회할 수 없는 것으로 지각해서 이 혁신을 더 이상 수용하지 않는다.

<그림 7-8>은 다양한 소비자 전자 제품의 확산 곡선을 보여준다. 미국가정에서 이러한 제품들에 따라서 확산률이 다르다는 것을 어떻게 설명할 것인가?

다양한 시점에서 혁신을 수용하는 개인의 특성 <그림 7-7>과 <그림 7-8>에서 보여주는 곡선은 시간이 지나면서 수용자들의 비율이 증가하는 것을 보여주는 누적 곡선이다. 만약 우리가 누적곡선으로부터 어떤 주어진 시점에서 혁신을 수용하는 시장의 비율을 보여주는 곡선으로 변화시킨다면, <그림 7-9>에서 보듯이 친숙한 종모양의 곡선을 가질 것이다.

<그림 7-9>는 소수의 개인들은 혁신을 매우 빠르게 채택하며, 제한된 일부 집단은 혁신을 수용하는 것을 망설이고 그리고 집단의 대다수는 이 두 극단적 수용자 사이에서 어느 시점에 수용한다는 것을 재강조한다. 연구자들은 특정혁신의 수용자들을 그들이 수용하는 상대적 시간에 근거해서 5개의 집단으로 구분하는 것이 유용하다는 것을 발견하였다. 이러한 집단은 **수용자 범주(adopter categories)**라고 하는데 <그림 7-9>에 제시되어 있으며, 다음과 같이 정의된다:

그림 7-9 시간경과에 따른 혁신의 확산

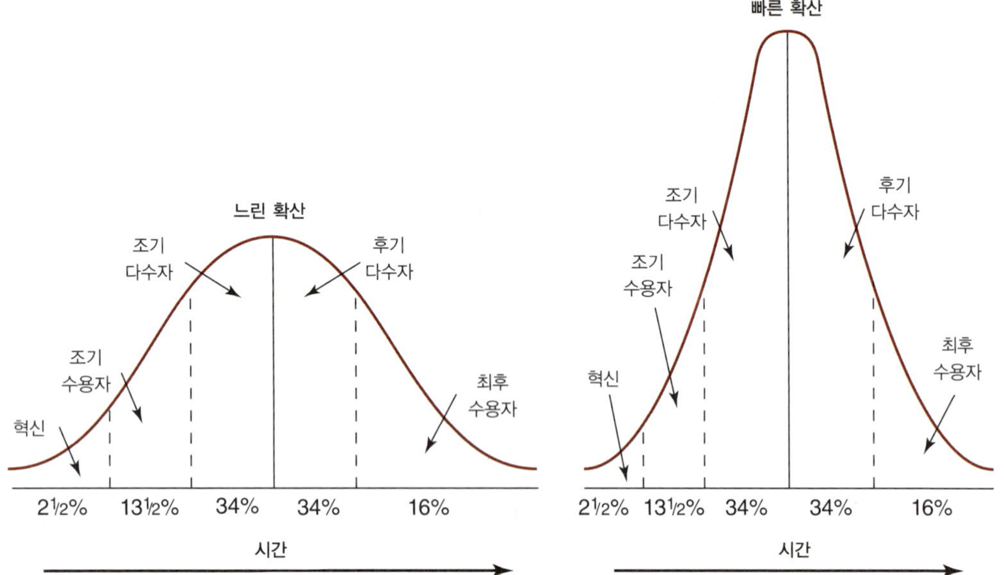

혁신자: 혁신을 수용하는 첫 2.5 %.
조기수용자: 수용하는 다음 13.5%.
조기다수자: 수용하는 다음 34%.
후기다수자: 수용하는 다음 34%.
최후수용자: 수용하는 마지막 16%.

이 집단들이 어떻게 다른가? 아래 설명이 비록 일반적이기는 하지만 좋은 출발점을 제공한다. 그러나 제품 범주별 조사는 특정 마케팅 상황을 충분히 이해하는데 분명히 필요하다.

혁신자(innovators)는 모험을 좋아하는 위험 추구자이다. 그들은 성공을 확신할 수 없는 제품을 채택하는데 소요되는 재무적 및 사회적 비용을 감당할 능력이 있다. 그들은 세계주의적인 견해를 갖고 있고 현지 동년배보다는 다른 혁신자들을 준거집단으로 이용한다. 그들은 동년배보다 젊고, 좀 더 교육받고, 좀 더 사회적 활동을 하는 경향이 있다. 혁신자는 신제품을 학습하기 위해서 상업적 매체, 판매원, 전문적인 원천을 폭넓게 사용한다.

조기수용자(early adopters)는 지역 준거집단 내에서 의견선도자가 되는 경향이 있다. 그들은 성공했고, 교육을 잘 받았고, 그들의 동년배보다 다소 젊다. 그들은 혁신에 대한 예상된 위험을 기꺼이 감수하려고 하지만 실패를 걱정한다. 조기수용자도 상업적, 전문적, 대인간 정보원천을 사용하며, 그들은 정보를 다른 사람들에게 제공한다.

조기다수자(early majority) 소비자들은 혁신에 관해서 조심하는 경향이 있다. 그들은 대부분의 사회집단보다 더 빨리 수용하지만 혁신이 다른 사람으로 부터 성공적이라고 증명된 후에 수용한다. 그들은 사회적으로 활동적이지만 리더는 아니다. 그들은 조기수요자

혁신 분석과 확산증대전략 7-3 표

확산결정요인	확산장애요인	확산증대전략
1. 집단의 특성	보수적	다른 시장 탐색 집단내 혁신자 표적
2. 의사결정 유형	집단	모든 의사결정자에 도달할 매체선정 갈등 감소 주제 제공
3. 마케팅 노력	제한적	집단내 혁신자 표적 지역적 출시 사용 버즈 이용
4. 느껴진 욕구	약함	편익의 중요성을 보여주는 확장적 광고
5. 부합성	갈등	규범적 가치관과 일관되는 속성 강조
6. 상대적 이점	낮음	더 낮은 가격 제품 재설계
7. 복잡성	높음	고급 서비스 점포를 통한 유통 숙련된 판매원 이용 제품시연 이용 확장된 마케팅 노력
8. 관찰성	낮음	확장적 광고 이용 적절할 때 가시적 이벤트 표적
9. 시용 가능성	어려움	조기 수용자들에게 무료 샘플제공 렌탈대행사에게 특별가격 제공 고품질 서비스 점포사용
10. 지각된 위험	높음	성공의 문서화 신뢰할 수 있는 원천에 의한 지지 보장

보다 나이가 약간 많고, 교육수준이 낮고, 사회적 활동이 적은 경향이 있다. 조기다수자는 정보를 대인관계 원천에 상당히 의존한다.

후기다수자(late majority) 구성원은 혁신에 관해서 의심이 많다. 그들은 종종 혁신에 대한 긍정적 평가보다는 사회적 압박이나 기존제품의 구입가능성의 감소 때문에 혁신을 수용했다. 그들은 다른 수용자들보다 나이가 많고 사회적 지위와 활동이 낮은 경향이 있다.

최후수용자(laggards)는 현지 지향적이고 제한된 사회적 상호작용에 관계한다. 그들은 상대적으로 독선적이고 과거지향적인 경향이 있다. 최후수용자는 단지 마지못해서 혁신을 수용한다.

3. 마케팅 전략과 확산 과정

시장 세분화(Market Segmentation) 혁신의 조기 구매자는 후기 구매자와 다르기 때문에 기업들은 "이동 표적 시장(moving target market)" 접근방법을 고려해야 한다. 즉, 기업은 일반적인 표적시장을 정한 뒤, 초기에 표적시장에서 혁신자와 조기수용자가 될 수 있는 사람들에 초점을 맞추어야 한다.[70] 종종 이 집단에 대한 메시지는 제품의 기능적 특성뿐만 아니라 제품의 새로움과 혁신적 특징을 강조할 수 있다. 이 집단은 빈번히 제품 범주에 대해서 매우 관여하고 박식하기 때문에, 마케팅 커뮤니케이션은 제품의 새로운 기술적 특징에 초점을 맞출 수 있고 이런 특성들이 제공하는 편익을 이해하는 오디언스에 초점을 맞출 수도 있다.[71]

사진 7-10

10개 요인이 혁신의 성공을 결정한다. 당신은 이 혁신이 이러한 10개 요인에 근거해서 어떻게 될것이라고 생각하는가?

혁신이 수용되면, 관심의 초점은 조기다수자와 후기다수자로 옮겨가야한다. 이는 자주 다른 매체를 요구할 것이다. 또한 메시지 주제는 일반적으로 상당히 새롭다는 것에 대한 초점을 피해야 한다. 대신 그들은 그 제품의 성공적 수용과 입증된 성과기록을 강조해야 한다.

확산증대전략(Diffusion Enhancement Strategies) <표 7-3>는 혁신에 대한 시장 수용을 증대시키는 전략을 개발하는 틀을 제공한다. 이 과정의 중요한 측면은 **표적시장의 관점**에서 혁신을 분석하는 것이다. 이 분석은 빠른 시장 수용에 대한 잠재적 장애물-**확산억제요인**-을 나타낼 것이다. 이럴 때 관리자의 업무는 확산증대전략에 대한 억제요인을 극복하는 것이다. <표 7-3>는 여러 잠재적 증대전략에 대한 목록을 만들었지만 그 외에 많은 다른 전략도 가능하다.

<사진 7-10>에서 보여준 혁신을 고려해 보라. 어떤 요인들이 확산을 억제하고, 어떤 전략들이 이것들을 극복하는데 사용될 수 있는가?

요약

1. 준거집단과 이들을 분류하는데 사용되는 기준들을 설명한다.

준거집단은 한 개인에 의해서 자신들의 현재 행동의 근거로 그 집단에서 당연히 받아들이는 견해나 가치관이 사용되는 집단이다. 따라서 준거집단은 단순히 한 개인이 특정 상황에서 행동의 지침으로 사용되는 집단이다. 준거집단은 일반적인 집단과 마찬가지로 멤버십, 사회적 유대의 강도, 접촉의 형태 그리고 매력도를 포함한 많은 변수들에 의해서 분류된다.

2. 브랜드 및 온라인 커뮤니티를 포함한 소비 하위문화와 이들이 갖는 마케팅에 대한 중요성을 논의한다

소비 하위문화는 특정제품이나 소비활동에 대한 공유된 관여에 근거해서 스스로 선택하는 집단이다. 이러한 하위문화는 (1) 확인가능하고, 위계적인 사회구조 (2) 일련의 공유된 신념이나 가치 (3) 독특한 은어(용어), 의례 그리고 상징적 표현의 형태 등을 갖고 있다. 브랜드 커뮤니티는 지역적 경계가 없는 커뮤니티인데 브랜드 소유자들 간의 구조화된 일련의 사회적 관계와 그들이 브랜드자체, 사용 중인 제품 그리고 기업과 맺고 있는 심리적 관계에 기반하고 있다. 브랜드 커뮤니티는 제품 소유에 가치를 부가시키고 강한 애호도를 구축한다. 온라인 커뮤니티는 인터넷상에서 관심있는 주제에 대해서 오랜 시간에 걸쳐서 상호작용하는 커뮤니티이다. 온라인 커뮤니티는 시간이 지나면서 진화하는데 여기에는 소셜 네트워크 사이트가 포함되는데 이 사이트는 웹 기반 서비스로서 개인으로 하여금 (1) 제한된 시스템 내에 공개적 또는 반공개적인 프로필을 구축하고 (2) 이들이 연계를 공유하는 다른 사용자의 목록을 명확하게 만들고 (3) 연계 목록과 시스템 내 다른 사람들에 의해서 만든 연계 목록들을 자세히 살펴보도록 한다.

3. 준거집단 영향의 형태와 정도를 정리한다

정보제공적 영향은 개인이 준거집단 회원의 행동과 의견을 잠재적으로 유용한 정보로 사용할 때 발생한다. 규범적 영향은 종종 실용적 영향이라고도 하는데, 개인이 직접적인 보상을 받거나 제재를 피하기 위해서 집단의 기대에 부응하려고 할 때 발생한다. 동일시 영향은 종종 가치표현적 영향이라고도 하는데, 개인이 집단의 가치와 규범을 내면화했을 때 발생한다.

집단에 대한 일치화의 정도는 (1) 사용 상황의 가시성 (2) 개인이 집단에 내해서 느끼는 참여의 수준 (3) 집단기능에 대한 행동의 적합성 (4) 영역내에서 자신의 판단에 대한 개인의 확신 (5) 제품 특성에 반영된 필요성 수준의 함수이다.

4. 집단 내 커뮤니케이션과 마케터에 대한 구전 커뮤니케이션의 중요성을 논의한다

집단 내 커뮤니케이션은 제품에 대한 정보의 주요 원천이다. 정보는 구전커뮤니케이션을 통해서 직접적으로 혹은 관찰을 통해서 간접적으로 집단내에서 커뮤니케이션된다. 가족과 친구와 같은 인적 원천을 통한 구전은 마케터에 근거한 메시지보다 더 신뢰를 받기 때문에 소비자 의사결정과 사업 성공에 중요한 영향을 미칠 수 있다. 모든 소비자 제품 의사결정의 2/3는 구전에 의해서 영향을 받는다고 생각된다. 부정적 경험은 모든 소비자에게 부정적 구전의 강력한 원인이다.

5. 의견선도자(온라인과 오프라인 모두)와 마케터에 대한 이들의 중요성을 이해한다.

의견선도자는 특정 제품이나 활동에 관해서 많이 알고 있으며 특정 형태의 정보를 얻기 위해서 "찾아가는 사람"으로 볼 수 있다. 이러한 사람들은 가족, 친구 그리고 동료에게 제품과 브랜드와 관련된 적합한 정보를 적극적으로 걸러주거나, 해석해주거나 혹은 제공해준다. 의견선도자에 대해서 정의된 특성은 제품범주에 대한 지속적 관여인데, 이는 사람들로 하여금 전문성을 갖게해주고 그들의 의견에 신뢰를 갖도록 해준다.

의견선도자의 특별한 형태가 시장전문가(market

Mavens)이다. 이들은 일반적인 시장 영향자이다. 그들은 많은 다른 종류의 제품, 쇼핑할 장소 그리고 시장의 다른 측면에 대해서 정보를 갖고 있다. **인터넷 전문가**(internet mavens)는 온라인에서 일반적 시장영향자를 의미한다.

마케터는 의견선도자들을 주로 그들의 매체 습관과 사회 활동을 통해서 파악하려고 한다. 이렇게 파악된 의견선도자는 마케팅조사, 견본제품, 소매/인적 판매, 광고 그리고 버즈 창출에 이용될 수 있다. 구전, 의견선도력 그리고 버즈를 자극하는 다양한 온라인과 오프라인 전략들이 존재한다. 온라인 전략에는 바이러스 마케팅, 블로그 그리고 Twitter가 포함된다.

6. **혁신 확산을 논의하고 마케팅 전략을 개발하기 위해서 혁신분석을 이용한다.**

집단은 혁신의 확산에 많이 영향을 준다. 혁신은 행동 변화의 정도와 확신비율이 다양하다. 혁신적 제품이나 서비스의 첫 구매자들을 **혁신자**라고 한다; 시간이 경과하면서 뒤이어서 구매하는 사람들을 **조기수용자, 조기다수자, 후기다수자** 그리고 **최후수용자**라고 한다. 이러한 집단별로 개성, 나이, 교육 그리고 준거집단 멤버십이 다르다. 이러한 특징은 마케터가 혁신의 확산 단계별로 다른 계층의 수용자를 파악하고 소구하는 데 도움을 준다.

혁신이 혁신자로부터 최후수용자까지 확산되는데 걸리는 시간은 다음과 같은 요소들에 의해서 영향을 받는다: (1) 관여 집단의 특성 (2) 혁신의사결정의 형태 (3) 마케팅 노력의 정도 (4) 욕구의 강도 (5) 기존가치와 혁신의 부합성 (6) 상대적 이점 (7) 혁신의 복잡성 (8) 혁신사용의 관찰 용이성 (9) 혁신시용의 용이성 (10) 혁신시용의 지각된 위험.

주요 용어

수용자 범주(adopter categories)
수용 과정(adoption process)
애쉬 현상(asch phenomenon)
선망 준거집단(aspiration reference groups)
조기다수자(early majority)
지속적 관여(enduring involvement)
집단(group)
규범적 영향(normative influence)
온라인 커뮤니티(online community)
온라인 소셜 네트워크 사이트(online social network site)
의견선도자(opinion leader)
브랜드 커뮤니티(brand community)
버즈(buzz)
커뮤니티(community)
소비 하위문화(consumption subculture)
확산과정(diffusion process)
회피준거집단(dissociative reference groups)
조기수용자(early adopters)
동일시 영향(identification influence)
정보적 영향(informational influence)
혁신(innovation)
혁신자(innovators)
최후수용자(laggards)
후기다수자(late majority)
시장전문가(market mavens)
커뮤니케이션의 다단계 흐름(multistep flow of communication)
일차집단(primary groups)
준거집단(reference group)
이차집단(secondary groups)
커뮤니케이션의 2단계 흐름(two-step flow of communication)
바이러스 마케팅(viral marketing)
구전 커뮤니케이션(word-of-mouth (WOM) communications)

참고 문헌

1. The Chapter 7 opener is based on J. H. McAlexander, J. W. Schouten, and H. F. Koenig, "Building Brand Community," *Journal of Marketing,* January 2002, pp. 38–54, as well as information from various websites, including www.jeep.com, www.youtube.com/user/thejeepchannel, and www.facebook.com/jeep.
2. K. White and D. W. Dahl, "To Be or *Not* Be?" *Journal of Consumer Psychology* 16, no. 4 (2006), pp. 404–14.
3. J. W. Schouten and J. H. McAlexander, "Subcultures of Consumption," *Journal of Consumer Research,* June 1995, p. 43.
4. B. Gainer, "Ritual and Relationships," *Journal of Business Research,* March 1995, pp. 253–60. See also E. J. Arnould and P. L. Price, "River Magic," *Journal of Consumer Research,* June 1993, pp. 24–45.
5. A. Hamilton and J. DeQuine, "Freaking for Sneakers," *Time,* March 13, 2006.
6. Excerpts from L. Beward, "Sneakerheads Share a Passion for Rare Soles," *McClatchy-Tribune Business News,* July 10, 2009.
7. T. Wasserman, "Sneakerheads Rule," *Adweek,* October 19, 2009, pp. 10–14.
8. Based on McAlexander, Schouten, and Koenig, "Building Brand Community."
9. A. M. Muniz Jr. and T. C. O'Guinn, "Brand Community," *Journal of Consumer Research,* March 2001, p. 413. See also R. P. Bagozzi, "On the Concept of Intentional Social Action in Consumer Behavior," *Journal of Consumer Research,* December 2000, pp. 388–96; and A. M. Muniz Jr. and H. J. Schau, "Religiosity in the Abandoned Apple Newton Brand Community," *Journal of Consumer Research,* March 2005, pp. 737–47.
10. Harley example from Schouten and McAlexander, "Subcultures of Consumption." MG examples from T. W. Leigh, C. Peters, and J. Shelton, "The Consumer Quest for Authenticity," *Journal of the Academy of Marketing Science* 34, no. 4 (2006), pp. 481–93.
11. Q. Jones, "Virtual Communities, Virtual Settlements, and Cyber-Archaeology," *Journal of Computer-Mediated Communication* 3, no. 3 (1997), www.ascusc.org/jcmc/vol3/issue3/jones.html; C. Okleshen and S. Grossbart, "Usenet Groups, Virtual Community and Consumer Behaviors," and S. Dann and S. Dann, "Cybercommuning," both in *Advances in Consumer Research,* vol. 25, ed. Alba and Hutchinson, pp. 276–82 and 379–85, respectively; C. L. Beau, "Cracking the Niche," *American Demographics,* June 2000, pp. 38–40; and P. Maclaran and M. Catterall, "Researching the Social Web," *Marketing Intelligence and Planning* 20, no. 6 (2002), pp. 319–26.
12. A. L. Blanchard and M. L. Markus, "The Experienced 'Sense' of a Virtual Community," *Database for Advances in Information Systems,* Winter 2004, pp. 65–79.
13. D. M. Boyd and N. B. Ellison, "Social Network Sites," *Journal of Computer-Mediated Communication* 13, no. 1 (2007), http://jcmc.indiana.edu, accessed June 17, 2008.
14. Statistics are estimates for 2012 from eMarketer.com.
15. A. Lenhart et al., *Social Media & Mobile Internet Use Among Teens and Young Adults* (Washington, DC: Pew Research Center, February 3, 2010).
16. B. Thompson, *How to Use Social Media to Improve Customer Service and Cut Costs* (Burlingame, CA: Customer Think, March 2010).
17. *State of Inbound Marketing Report* (Cambridge, MA: HubSpot, 2010).
18. *2010 Cone Consumer New Media Study Fact Sheet* (Boston, MA: Cone LLC, 2010).
19. For additional information and expertise, visit *Site Logic Marketing* at www.sitelogicmarketing.com and the online marketing blog *Marketing Logic,* written by Matt Bailey, Site Logic's president.
20. Excerpt from http://consumerist.com/consumer/blogs/sonys-pspblog-flog-revealed-221384.php.
21. N. Zmuda, "Ann Taylor Investigation Shows FTC Keeping Close Eye on Blogging," *Advertising Age,* April 28, 2010.
22. B. Thompson, *Voice of Customer 2.0* (Burlingame, CA: Customer Think, March 2010).
23. D. A. Williamson, "So You Like My Brand on Facebook. Now What?" *Advertising Age,* May 18, 2011.
24. See T. F. Mangleburg and T. Bristol, "Socialization and Adolescents' Skepticism toward Advertising," *Journal of Advertising,* Fall 1998, pp. 11–20. See also T. F. Mangleburg, P. M. Doney, and T. Bristol, "Shopping with Friends and Teens' Susceptibility to Peer Influence," *Journal of Retailing* 80 (2004), pp. 101–16.
25. See R. J. Fisher and D. Ackerman, "The Effects of Recognition and Group Need on Volunteerism," *Journal of Consumer Research,* December 1998, pp. 262–77.
26. See K. R. Lord, M.-S. Lee, and P. Choong, "Differences in Normative and Informational Social Influence," *Advances in Consumer Research,* vol. 28, ed. M. C. Gilly and J. Meyers-Levy (Provo, UT: Association for Consumer Research, 2001), pp. 280–85.
27. See W. Amaldoss and S. Jain, "Pricing and Conspicuous Goods," *Journal of Marketing Research,* February 2005, pp. 30–42.
28. See, e.g., M. Mourali, M. Laroche, and F. Pons, "Individualistic Orientation and Consumer Susceptibility to Interpersonal Influence," *Journal of Services Marketing* 19, no. 3 (2005), pp. 164–73.
29. M. Gladwell, "Alternative Marketing Vehicles," *Consumer Insight Magazine* (an ACNielsen Publication), Spring 2003, pp. 6–11, www2.acnielsen.com.
30. See e.g., R. N. Laczniak, T. E. DeCarlo, and S. N. Ramaswami, "Consumers' Responses to Negative Word-of-Mouth Communication," *Journal of Consumer Psychology* 11, no. 1 (2001), pp. 57–73.

31. E. Rosen, *The Anatomy of Buzz* (New York: Doubleday, 2000); see also D. S. Sundaram, K. Mitra, and C. Webster, "Word-of-Mouth Communications," *Advances in Consumer Research,* vol. 25, ed. Alba and Hutchinson, pp. 527–31; and A. A. Bailey, "The Interplay of Social Influence and Nature of Fulfillment," *Psychology & Marketing,* April 2004, pp. 263–78.

32. M. Johnson, G. M. Zinkhan, and G. S. Ayala, "The Impact of Outcome, Competency, and Affect on Service Referral," *Journal of Services Marketing* 5 (1998), pp. 397–415.

33. M. Creamer, "How to Win Web 2.0," *Advertising Age,* November 13, 2006, pp. 3, 57; and "How Businesses Are Using Web 2.0," *McKinsey Quarterly,* March 2007, www.mckinseyquarterly .com, accessed January 18, 2008.

34. "New Media Marketing Plays," *AdvancedBusinessBlogging. com,* May 15, 2006.

35. T. Bunzel, *The Best of Both Worlds,* ebook available at www .professorppt.com.

36. J. Hempel, "Web Strategies That Cater to Customers," *Inside Innovation* (a *BusinessWeek* publication), June 2007, p. 6.

37. For a thorough discussion, see D. F. Duhan, S. D. Johnson, J. B. Wilcox, and G. D. Harrell, "Influences on Consumer Use of Word-of-Mouth Recommendation Sources," *Journal of the Academy of Marketing Science,* Fall 1997, pp. 283–95; and C. Pornpitakpan, "Factors Associated with Opinion Seeking," *Journal of Global Marketing* 17, no. 2/3 (2004), pp. 91–113.

38. R. Dye, "The Buzz on Buzz," *Harvard Business Review,* November 2000, p. 145.

39. G. M. Rose, L. R. Kahle, and A. Shoham, "The Influence of Employment-Status and Personal Values on Time-Related Food Consumption Behavior and Opinion Leadership," in *Advances in Consumer Research,* vol. 22, ed. F. R. Kardes and M. Sujan (Provo, UT: Association for Consumer Research, 1995), pp. 367–72; and U. M. Dholakia, "Involvement-Response Models of Joint Effects," *Advances in Consumer Research,* vol. 25, ed. Alba and Hutchinson, pp. 499–506.

40. See M. C. Gilly, J. L. Graham, M. F. Wolfinbarger, and L. J. Yale, "A Dyadic Study of Interpersonal Information Search," *Journal of the Academy of Marketing Science,* Spring 1998, pp. 83–100.

41. R. Marshall and I. Gitosudarmo, "Variation in the Characteristics of Opinion Leaders across Borders," *Journal of International Consumer Marketing* 8, no. 1 (1995), pp. 5–22.

42. See I. M. Chaney, "Opinion Leaders as a Segment for Marketing Communications," *Marketing Intelligence and Planning* 19, no. 5 (2001), pp. 302–8.

43. Methods for understanding network influences online are still being developed. For one approach see M. Trusov, A. V. Bodapati, and R. E. Bucklin, "Determining Influential Users in Internet Social Networks," *Journal of Marketing Research,* August 2010, pp. 643–58.

44. L. F. Feick and L. L. Price, "The Market Maven," *Journal of Marketing,* January 1987, pp. 83–97. See also R. A. Higie, L. F. Feick, and L. L. Price, "Types and Amount of Word-of-Mouth Communications about Retailers," *Journal of Retailing,* Fall 1987, pp. 260–78; K. C. Schneider and W. C. Rodgers, "Generalized Marketplace Influencers' Attitudes toward Direct Mail as a Source of Information," *Journal of Direct Marketing,* Autumn 1993, pp. 20–28; and J. E. Urbany, P. R. Dickson, and R. Kalapurakal, "Price Search in the Retail Grocery Market," *Journal of Marketing,* April 1996, pp. 91–104.

45. T. A. Mooradian, "The Five Factor Model and Market Mavenism," *Advances in Consumer Research,* vol. 23, ed. K. P. Corfman and J. G. Lynch (Provo, UT: Association for Consumer Research, 1996), pp. 260–63. For additional motivations driving mavens, see G. Walsh, K. P. Gwinner, and S. R. Swanson, "What Makes Mavens Tick?" *Journal of Consumer Marketing* 21, no. 2 (2004), pp. 109–22.

46. E. Keller and J. Berry, *The Influentials* (New York: Free Press, 2003). See also D. Godes and D. Mayzlin, "Firm-Created Word-of-Mouth Communication," *Harvard Business School Marketing Research Papers,* no. 04-03 (July 2004).

47. M. A. Belch, K. A. Krentler, and L. A. Willis-Flurry, "Teen Internet Mavens," *Journal of Business Research* 58 (2005), pp. 569–75.

48. I. Cakim, "E-Fluentials Expand Viral Marketing," *iMedia Connection,* October 28, 2002, www.imediaconnection.com; see also information on Burson-Marsteller's website, www .efluentials.com.

49. See also E. Keller and B. Fay, "The Role of Advertising in Word of Mouth," *Journal of Advertising Research,* June 2009, pp. 154–58.

50. Rosen, *The Anatomy of Buzz.*

51. See C. S. Areni, M. E. Ferrell, and J. B. Wilcox, "The Persuasive Impact of Reported Group Opinions on Individuals Low vs. High in Need for Cognition," *Psychology & Marketing,* October 2000, pp. 855–75.

52. A. Z. Cuneo, "Dockers Strives for Urban Credibility," *Advertising Age,* May 25, 1998, p. 6.

53. See R. Walker, "The Hidden (In Plain Sight) Persuaders," *New York Times Magazine,* December 5, 2004; and materials on BzzAgent's website, www.BzzAgent.com.

54. See E. Biyalogorsky, E. Gerstner, and B. Libai, "Customer Referral Management," *Marketing Science,* Winter 2001, pp. 82–95; and G. Ryu and L. Feick, "A Penny for Your Thoughts," *Journal of Marketing,* January 2007, pp. 84–94.

55. Dye, "The Buzz on Buzz," p. 140; and J. Lehrer, "Head Case: The Buzz on Buzz," *The Wall Street Journal,* October 16, 2010, p. C12.

56. T. F. Lindeman, "More Firms Use Unique 'Guerrilla Marketing' Techniques to Garner Attention," *Knight Ridder Tribune Business News,* January 18, 2004, p. 1.

57. Ibid.

58. C. Ashley and H. A. Leonard, "Betrayed by the Buzz?" *Journal of Public Policy and Marketing,* Fall 2009, pp. 212–20.

59. K. Fitzgerald, "Bristol-Meyers Builds Buzz," *Advertising Age,* April 23, 2001, p. 18.

60. See also V. Mahajan, E. Muller, and F. M. Bass, "New Product Diffusion Models in Marketing," *Journal of Marketing,* January 1990, pp. 1–26; E. M. Rogers, *Diffusion of Innovations,* 4th ed. (New York: Free Press, 1995). For an alternative to the traditional adoption diffusion model, see C.-F. Shih and A. Venkatesh, "Beyond Adoption," *Journal of Marketing,* January 2004, pp. 59–72.

61. A. Dobele, D. Toleman, M. Beverland, "Controlled Infection!" *Business Horizons* 48 (2005), pp. 143–49.

62. "Two Years After Launching Brand Blogs, Vespa Forgets Them," http://blog.clickz.com, January 2, 2007; R. Ford, "No Wrench Required," *Knight Ridder Tribune Business News,* January 8, 2007, p. 1; J. Jarvis, "Dell Learns to Listen," *BusinessWeek,* October 29, 2007, pp. 118, 120; and presentation by Matt Bailey, president of Site Logic Marketing, November 27, 2007.

63. *Who Tweets?* (Washington, DC: Pew Internet, 2009); J. Van Grove, "Sponsored Tweets Launches," *mashable.com,* August 3, 2009, accessed May 23, 2011; "Americans Spend 2 Hours, 12 Minutes per Month on Twitter," *Blog.searchenginewatch.*com, January 26, 2011, accessed March 17, 2011; "How Charlie Sheen and Other Stars Get Paid to Tweet," *blogs.wsj.com,* March 6, 2011, accessed May 25, 2011; and "How Does Twitter Make Money," *Buzzle.com,* accessed May 23, 2011.

64. See M. I. Nabith, S. G. Bloem, and T. B. C. Poiesz, "Conceptual Issues in the Study of Innovation Adoption Behavior," *Advances in Consumer Research,* vol. 24, ed. M. Bruck and D. J. MacInnis (Provo, UT: Association for Consumer Research, 1997), pp. 190–96.

65. See, e.g., S. L. Wood and J. Swait, "Psychological Indicators of Innovation Adoption," *Journal of Consumer Psychology* 12, no. 1 (2002), pp. 1–13.

66. See, e.g., E.-J. Lee, J. Lee, and D. W. Schumann, "The Influence of Communication Source and Mode on Consumer Adoption of Technological Innovations," *Journal of Consumer Affairs,* Summer 2002, pp. 1–27.

67. See N. Y.-M. Siu and M. M.-S. Cheng, "A Study of the Expected Adoption of Online Shopping," *Journal of International Consumer Marketing* 13, no. 3 (2001), pp. 87–106.

68. For a discussion of how type of innovation and consumer expertise interact, see C. P. Moreau, D. R. Lehmann, and A. B. Markman, "Entrenched Knowledge Structures and Consumer Response to New Products," *Journal of Marketing Research,* February 2001, pp. 14–29.

69. For a more complete analysis, see U. M. Dholakia, "An Investigation of the Relationship between Perceived Risk and Product Involvement," *Advances in Consumer Research,* vol. 24, ed. Bruck and MacInnis, pp. 159–67; and M. Herzenstein, S. S. Posavac, and J. J. Brakus, "Adoption of New and Really New Products," *Journal of Marketing Research,* May 2007, pp. 251–60.

70. For a discussion of when this is not appropriate, see V. Mahajan and E. Muller, "When Is It Worthwhile Targeting the Majority Instead of the Innovators in a New Product Launch?" *Journal of Marketing Research,* November 1998, pp. 488–95.

71. See, e.g., Chaney, "Opinion Leaders as a Segment for Marketing Communications."

Part Three

III

내부적 영향

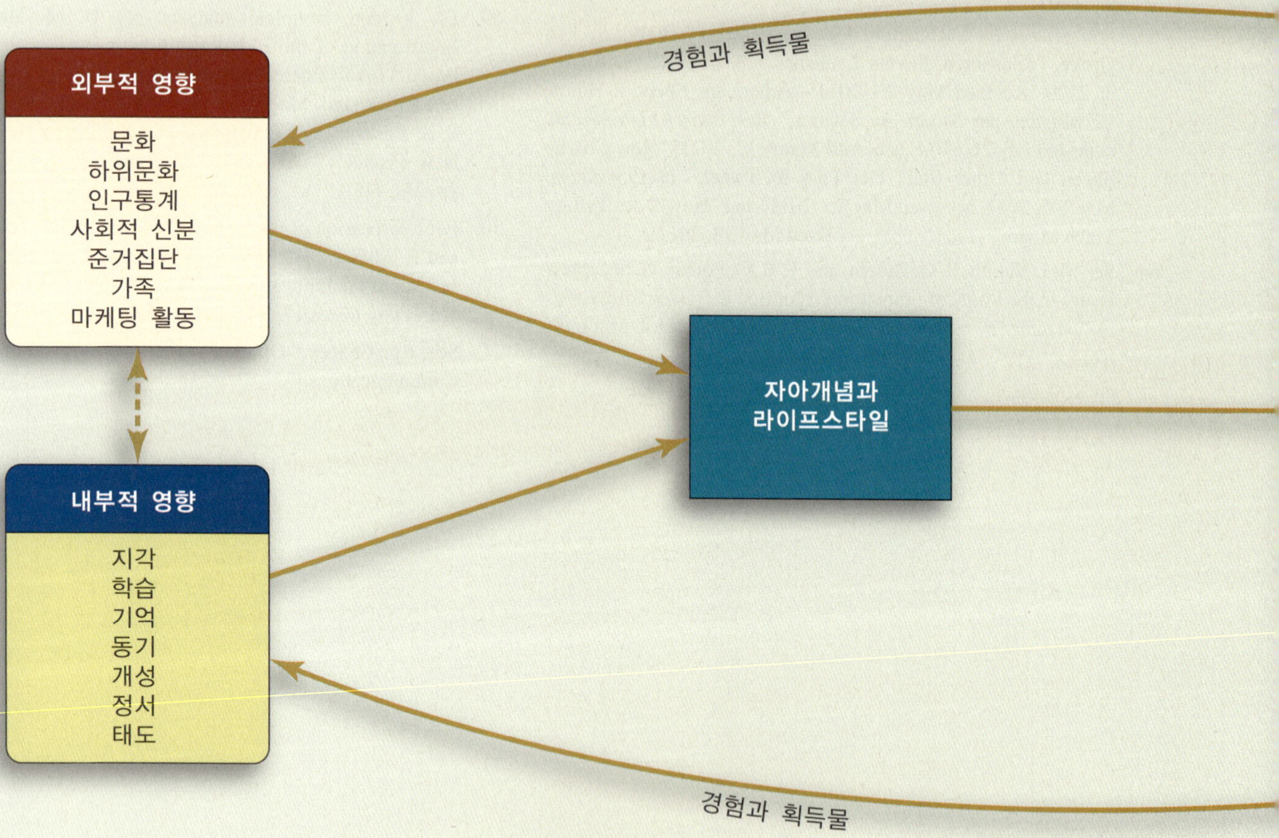

경험과 획득물

외부적 영향

문화
하위문화
인구통계
사회적 신분
준거집단
가족
마케팅 활동

자아개념과
라이프스타일

내부적 영향

지각
학습
기억
동기
개성
정서
태도

경험과 획득물

제3부에서는 내적 영향요인과 자아개념 및 라이프 스타일을 다룬다. 우리의 관심영역이 소비자의 외부적인 요인에서 주로 소비자 내부에서 발생하는 과정으로 옮겨진다.

제3부는 지각에 대한 논의로 시작한다. 지각은 환경에 있는 자극을 받아들여 의미를 부여하는 과정이다. 제9장은 학습과 기억을 고찰할 것이다. 제10장은 동기, 개성 및 정서를 다룬다. 제11장은 태도라는 중요한 개념과 태도가 형성되고 변화되는 다양한 방법에 초점을 맞추고 있다.

제2부에서 살펴보았던 외부 영향요인들과 제3부에서 검토할 내부 과정들의 상호작용의 결과로, 개별 소비자는 자아개념과 원하는 라이프스타일을 형성하게 된다. 자아개념은 개별 소비자가 다른 사람들에 대해서 생각하고 느끼는 방법뿐만 아니라 자신들에 대해서 생각하고 느끼는 방식을 지칭한다. 그들의 실제 및 원하는 라이프스타일은 자신의 자아개념을 소비행동을 포함한 일상생활로 전환시키는 방법이다.

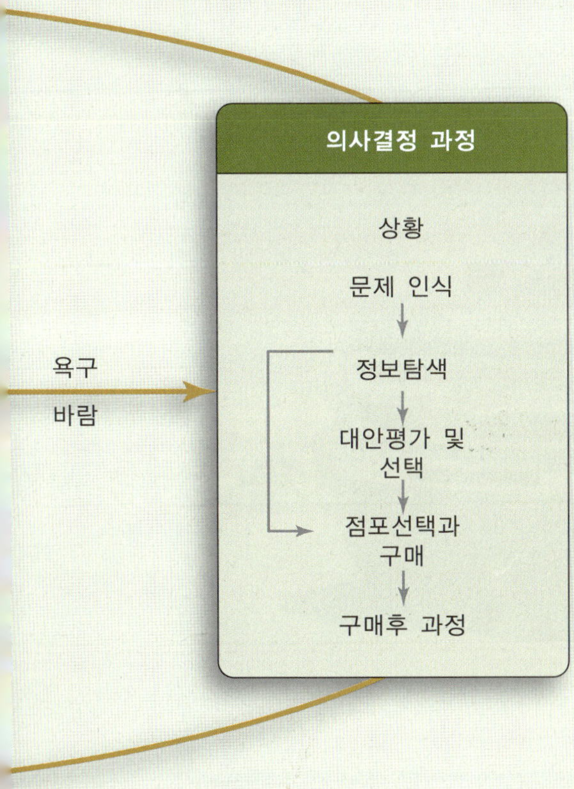

욕구
바람

의사결정 과정

상황

문제 인식

정보탐색

대안평가 및 선택

점포선택과 구매

구매후 과정

Chapter Eight

8 지각

학습목표

- **L01** 지각의 특성 그리고 소비자 기억 및 의사결정에 대한 이의 관계를 설명한다
- **L02** 노출과 노출의 유형을 설명하고 그리고 이에 따른 마케팅전략을 살펴본다.
- **L03** 주의와 이에 영향을 미치는 요인들을 설명하고 그리고 이에 따른 마케팅전략을 살펴본다.
- **L04** 해석과 이에 영향을 미치는 요인들을 설명하고 그리고 이에 따른 마케팅전략을 살펴본다.
- **L05** 어떻게 지각이 소매, 브랜딩, 광고 및 패키징 전략을 향상시켜줄 수 있는지를 논의한다.

우리가 즐겨 보는 TV프로그램, 영화, 뮤직비디오 및 비디오게임에서 브랜드들이 점점 더 눈에 띄고 있다. 이러한 현상은 우연히 이루어진 것이 아니라 소위 간접광고(product placement)의 산물이다. 미국에서 간접광고에 대한 지출은 40억 달러에 이르며, 연간 30% 이상 성장하고 있다. 브랜드 메시지를 특정 집단에 전달할 수 있도록 브랜드들을 TV프로그램들과 연결시키는데 특화된 매체와 PR비즈니스가 생겨나고 있다. 간접광고에 상당한 자원을 투입하고 있는 회사들 중 하나는 General Motors의 Chevy 브랜드이다. 몇 가지 사례는 다음과 같다.[1]

- Glee 절찬리에 방영중인 이 프로그램은 젊은 여성 중심의 시청자를 갖고 있다. 이 프로그램에서 선생님인 Schuester씨가 노란 컨버터블 Corvette를 운전하는 장면에서 Chevy가 방송을 탔다. 이 프로그램을 후원하면서 광고를 하고 있는 Chevy는 이러한 간접광고가 계속될 것이라고 하였다.
- Men of a Certain Age 이 프로그램은 나이든 남성을 대상으로 하고 있으며, 한 주인공은 Chevrolet 대리점을 운영하고 있고, 다른 주인공도 그 곳에서 일을 하고 있어서 Chevy를 중심으로 전개되고 있다. 이 프로그램은 많은 장면들이 대리점에서 전개되고 있어서 전형적인 간접광고를 훌쩍 뛰어넘고 있다. 이 간접광고가 다른 간접광고보다 훨씬 더 높은 75%의 회상률과 65%라는 경이적인 구매고려율을 가져다 준 사실에서 바로 이러한 점들을 설명할 수 있다. 그러나 이와 같은 높은 성과는 GM의 종업원들, 프로그램 제작진 및 광고회사가 자신들의 역할에 최선을 다하여 다른 간접광고보다 훨씬 더 철저히 노력한 결과라는 점을 GM은 지적하고 있다.
- Hawaii Five-O 이 TV 프로그램은 다양한 계층에서 인기를 끌고 있으며 Chevy 브랜드들이 이 프로그램과 잘 통합되고 있다. 주인공인 Steve McGarrett는 Chevy Silverrado를 몰고 그의 파트너인 Danny "Danno" Williams는 Camaro를 몰고 있다. 형사들이 범죄와 싸우면서 이 섬을 휩쓸고 다니는 장면에서 이 자동차들이 여러 면에서 두드러지게 다루어지고 있다.

간접광고는 몇 가지 이유로 성장해 왔다. 주요 요인은 소비자들이 빨리감기 버튼으로 광고를 피할 수 있게 해주는 DVR의 성장에 있다. 간접광고는 줄거리의 자연스러운 흐름에 브랜드를 끼워 넣어서 긍정적인 브랜드메시지를 만들어 내는데, 소비자들이 이 메시지를 피하는 것은 거의 불가능하다. Nielsen에 따르면, 브랜드와 프로그램이 잘 맞을 때(Hawaii Five-O에서 스포츠카와 범죄수사를 생각해보라), 등장인물이 브랜드의 특징을 칭찬할 때(이런 유형의 대화는 Men of a Certain Age에 자주 있지만 등장인물이 그 브랜드를 사용하는 것은 암묵적인 지지가 된다) 그리고 중간광고시간에 그 제품에 대한 광고를 할 때(Chevy는 이것을 잘 하고 있다) 간접광고는 가장 큰 효과를 가져다 준다.

지각은 마케팅자극에 대한 소비자의 노출과 주의로 시작하여 해석으로 끝나는 과정이다. 노출과 주의는 매우 선택적이다. 즉, 소비자들은 이용할 수 있는 정보의 극히 일부만을 처리한다. 이 장에서 살펴보겠지만, 해석은 매우 주관적인 과정이다. 따라서 실제 현실과 그 현실에 대한 소비자 지각이 완전히 달라지는 경우도 있다. 소비자들에게 브랜드 메시지를 효과적으로 전달하고 싶어하는 마케터는 지각의 특성과 이에 영향을 미치는 요인들을 이해해야 한다.

8.1 지각의 특성

LO1 **정보처리(information processing)**는 자극이 지각되어 정보로 전환되고, 저장되는 일련의 활동들이다. <그림 8-1>은 노출, 주의, 해석 및 기억의 4개 주요단계를 갖는 정보처리모형을 보여준다. 처음 세 단계가 **지각(perception)**을 구성한다.

그림 8-1 소비자 의사결정을 위한 정보처리

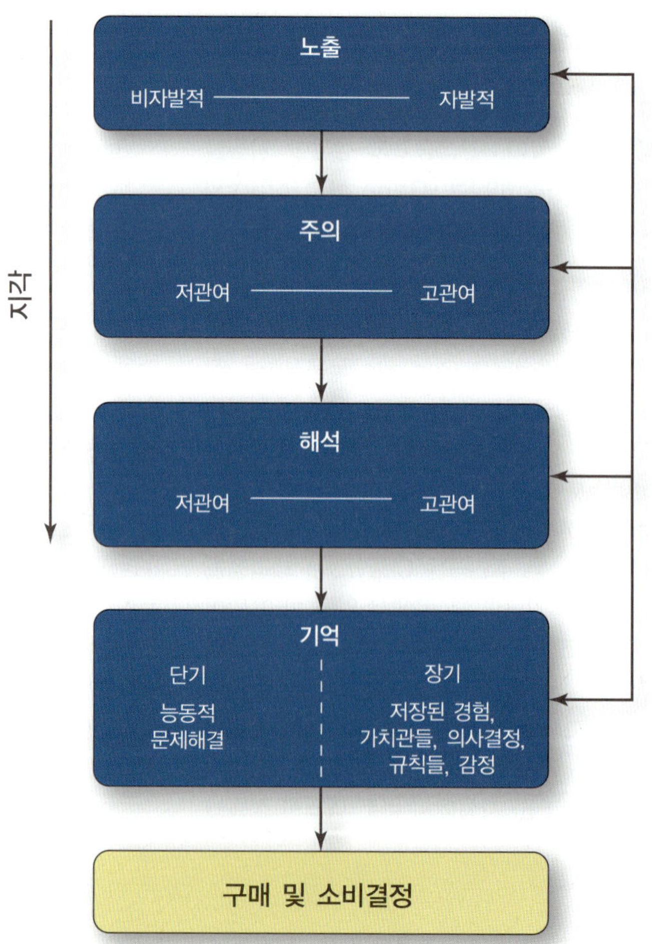

배너광고와 같은 자극이 소비자의 감각기관(이 경우에는, 시각) 신경의 범위 내에 들어오면 **노출**이 발생한다. 이 자극(배너광고)을 "보게 되었을 때" (감각기관 신경이 감각물을 처리하기 위해 대뇌에 전달하였을 때) **주의가 발생**한다. **해석**은 받아들여진 감각물에 의미를 부여하는 것이다. **기억**은 당장의 의사결정을 위한 의미의 단기적인 활용이나 그 의미의 장기적인 보존과 관련된다.

<그림 8-1>과 위의 논의는 노출에서 기억까지 일직선적인 흐름을 시사한다. 그러나 이 과정들은 사실상 동시적으로 발생하며 의심할 여지없이 상호작용적이다. 예를 들어, 어떤 소비자의 기억은 노출하게 될 정보 그리고 주의를 기울이게 될 정보에 영향을 미치며 그 정보에 부여하게 되는 해석에 영향을 미친다. 동시에 받아들인 정보에 의해서 기억 그 자체가 만들어진다.

지각과 기억은 모두 매우 선택적이다. 이용할 수 있는 정보들 중에서 극히 제한된 양의 정보에 노출되고 주의를 기울이게 된다. 어떤 자극에 부여된 의미는 자극 자체의 함수이자 개인의 함수이다. 또한, 막상 소비자가 구매 결정을 할 때, 해석된 정보의 많은 부분이 기억을 활성화시키는데 활용되지 않을 수도 있다.

지각적 방어(perceptual defenses)라고도 하는 이러한 선택성은 소비자들이 마케팅메시지의 수동적인 수용자가 아님을 의미한다. 오히려 소비자들은 메시지에 부여하는 의미뿐 아니라 접하고 주목하는 메시지를 대부분 결정한다. 분명히 소비자들과 커뮤니케이션할 때 마케터들은 도전적인 과제에 직면한다.

8.2 노출

LO2

어떤 자극이 소비자와 관련된 환경 내에 놓여져서 감각기관 신경의 범위 내에 들어오면 **노출(exposure)**이 발생한다. 노출은 소비자가 이용할 수 있는 정보에 주의를 기울일 수 있는 기회를 제공하지만 결코 이를 보장하지는 않는다. 예를 들어, 당신은 TV를 시청하면서 방송중인 광고에 주의를 기울이지 않음을 느낀 적이 있는가? 이 경우에 노출이 발생하였지만, 그 광고는 당신이 주의를 기울이지 않았기 때문에 영향을 미칠 가능성이 거의 없다.

개인 소비자는 이용할 수 있는 자극의 아주 작은 일부에만 노출될 수 있다. 수백 개의 TV 방송국, 수천 개의 라디오 방송국, 셀 수 없이 많은 잡지와 웹 사이트가 있다. 점포내 환경도 수만 개의 제품들과 점내 광고로 어지럽다. 현대와 같은 멀티태스킹(multitasking) 사회에서도 제한되는 것이 있다.[2]

그렇다면 무엇이 노출을 결정하는가? 노출은 무작위적 과정인가 아니면 의도적 과정인가? 어떤 소비자들에게 노출되는 대부분의 자극은 자극 그 자체의 특성에 따라 결정된다. 즉, 사람들은 어떤 자극들에 대한 노출을 일부러 찾아나서고 다른 자극들에 도움이 된다고 여겨지는 정보를 찾는다. 일반적으로, 사람들은 **목표 성취를 도울 수 있을 것이라고 생각되는 정보**에 약하다. 개인의 목표와 그 목표를 성취하는데 필요한 정보의 유형은 개인의 기존 라이프스타일과 원하는 라이프스타일 그리고 배고픔이나 호기심과 같은 단기적인 동기의 함수이다.

물론, 사람들은 일상적인 활동 도중에 자신의 의도와 관계없이 많은 자극에 노출되기도 한다. 운전 도중에 사람들은 의도적으로는 찾지 않는 빌보드 및 디스플레이 광고 등을 보게 된다.

1. 선택적 노출

노출을 획득하는데 실패하는 것은 커뮤니케이션과 판매기회의 상실로 이어지기 때문에 소비자 노출의 선택적 특성이 마케터들의 주요 관심사항이 된다. 예를 들어, 소비자들이 상점에 들어섰을 때 쇼핑하는 방식은 아주 선택적이다. 한 연구에 의하면 미국쇼핑객의 21%만이 상점의 각 통로를 돌아본다고 한다. 나머지 사람들은 쇼핑하지 않는 통로에 있는 제품에 대한 노출은 회피한다. 프랑스, 벨기에, 네덜란드의 소비자들이 매우 선택적인 반면에, 브라질과 영국의 소비자들은 모든 통로를 돌아다니기를 좋아한다.[3]

매체노출도 마케터들의 큰 관심사이다. 매체는 마케터들이 광고메시지를 끼워 넣는 곳으로, TV, 라디오, 잡지, DM, 빌보드 및 인터넷을 포함한다. 능동적이고 자기 선택적인 특성이 있는 매체 노출의 영향은 TV광고의 지핑(zipping), 재핑(zapping) 및 소리제거(muting)에서 볼 수 있다. 미리 녹화된 프로그램에서 광고부분을 빨리감기로 넘어갈 때 **지핑(zipping)**이 발생한다. **재핑(zapping)**은 광고가 나오면 다른 채널로 돌리는 것이며, **소리제거(muting)**는 광고가 나오면 소리를 없애는 것이다. 이는 소비자가 광고메시지에 대한 노출을 선택적으로 회피하는 기계적인 방법으로, 흔히 **광고회피(ad avoidance)**라고 한다.

리모컨의 보편화가 지핑, 재핑, 및 소리 제거를 매우 쉽게 해준다. 사실, 기존 및 첨단기술은 소비자가 TV광고에 대한 노출을 점점 더 통제할 수 있게 해주는 것이다. 그러한 기술 중 하나는 TiVo와 같은 회사가 제공하는 DVR(Digital Video Recorder)이다. <소비자 통찰력 8-1>은 DVR이 매체환경을 어떻게 재편하고 마케터들이 어떻게 반응하는지를 보여준다.

광고 회피는 TV뿐만 아니라 라디오, 인터넷, 잡지 및 신문에 걸쳐서 일어나는 전 세계적인 현상이다. 광고회피는 다수의 심리적 및 인구통계적 요인에 달려있다. Initiative에 의한 조사는 전 세계적으로 그리고 여러 매체에서 광고회피를 조사한다. 그 조사는 광고회피는 라이프스타일(눈코 뜰 새 없이 바쁜 라이프스타일), 사회계층(상류 계층) 및 인구통계적 특성(남성 그리고 젊은 소비자)에 따라 증가하는 것을 발견하였다.[4]

또한 광고혼잡(advertising clutter)이 증가할수록 그리고 광고에 대한 소비자 태도가 부정적일수록 광고회피는 증가하는 경향이 있다. 광고가 따분하고, 정보내용이 없고, 강요하는 것으로 지각될 때 소비자들은 광고를 싫어하고 적극적으로 회피하는 경향이 있다.[5] 예를 들어, 중국에서 광고의 참신성과 제품다양성이 줄어들수록 광고회피는 증가하고 광고에 대한 감정은 더 부정적인 경향이 있다.[6] 온라인 상황에서 마케터들은 누리꾼들이 제거하는 것이 불가능하거나 어려운 팝업 광고를 고안해냈다. 극단적으로 극장들은 영화를 상영하기 전에 광고를 해왔는데, 그 이유는 극장은 관객을 붙잡아 놓을 수 있고, 극장 광고의 회상이 TV광고를 능가하기 때문이다.[7] 그러나 이러한 기법들은 신중하게 사용해야 하는데, 왜냐하면 소비자들은 그러한 강압적인 노출에 매우 부정적으로 반응을 보일 수도 있기 때문이다.[8] 한 연구에 의하면 온라인 사용자의 20-37%가 팝업광고는 자신들을 짜증

소비자 통찰력 8-1

DVR 세상의 삶

DVR은 프로그램을 디지털로 녹화하여 다른 시간에 시청할 수 있게 해준다. 현재는 미국가구의 40%가 DVR을 보유하고 있고 계속 증가할 것으로 예상된다.[12] 마케터들의 큰 우려는 증가된 광고회피이다. 미리 녹화된 콘텐츠의 DVR 시청자들은 동일 콘텐츠를 라이브로 보는 시청자들보다 2배 이상으로 광고를 건너뛴다. 그리고 DVR 사용자들의 50-90%가 최소한 몇 개의 광고를 빨리감기로 넘어간다.[13]

다른 조사는 다소 낙관적이다. DVR에서 광고를 빠르게 건너뛴 대부분의 시청자들이 그 광고를 알아보며, 실제로 그들이 관심이 있는 광고는 멈춰서 본다는 점을 몇몇 연구들이 지적하였다.[14] 그리고 Interscope Research는 최근에 TV광고를 빨리감기로 넘기는 DVR 사용자들은 그렇지 않은 사용자들보다 광고에 더 매혹된다는 점을 알아냈다.[15]

확실히 DVR기술이 소비자들의 TV 시청 방식을 변화시킴에 따라 마케터들은 전통적인 모델들을 뛰어넘는 생각을 할 필요가 있다. 검증된 한 가지 전략은 광고를 요약해서 소비자들이 그 광고의 요약본을 보게 하는 것인데, 이 요약본은 빨리감기 도중에 실시간으로 재생된다.[16] 지금 사용되는 다른 전략들은 다음과 같다.[17]

- **스틸프레임(Still-frame) 광고** 이 전략은 비주얼을 30초 동안 어느 정도 정지된 상태로 유지시켜서 마케터들에게 패키지, 브랜드, 로고를 제공할 수 있게 해주며, 빨리감기 도중에도 볼 수 있게 해준다. Rhode Island의 Providence에 있는 쇼의 세트인 Brotherhood는 도시풍경을 중심 비주얼로 사용하였다. 빨리감기가 진행될 때 구름의 이동과 오디오가 매우 극적으로 전개된다.
- **하이브리드 광고** 하이브리드광고는 오디언스가 시청하고 있는 프로그램을 흉내낸다. 프로그램에 연결된 연계물은 광고 뛰어넘기를 차단시키는데 특히 효과가 있다. Guinness는 광고가 방영되었던 프로그램인 Mythbusters를 흉내낸 하이브리드를 이용하였다. 이 광고는 일상적인 Guinness 광고보다 41% 더 높은 회상을 가져다주었다.
- **양방향 광고** TiVo는 광고가 재현되는 동안에 나타나는 대화식 버튼을 추가시켰는데, 이것은 소비자들을 더 자세한 브랜드 정보나 다른 광고로 안내해 준다. Sony는 시청자들이 리모컨으로 선택할 수 있는 여러 결론을 갖는 광고를 제작하였다. 양방향성은 DVR상황에서 원하는 소비자에게 관련 브랜드 정보와 콘텐츠를 제공할 수 있는 자유를 마케터들에게 제공해준다.
- **동적 간접광고(Dydamic Ad placement)** DirecTV는 "DCR 하드드라이브에서 생방송 또는 녹화 비디오 컨텐츠에서 가정연계광고(household addressable ads)를 계속해서 삽입할 수 있게 하는" 기술을 사용하고 있다. 그러한 마이크로타겟팅은 소비자들에게 그들의 목표와 욕구에 훨씬 적합한 광고를 제공할 수 있다. 이는 보통 광고에 대한 태도와 특정 광고에 대한 주의를 높일 수 있다.[19]

그러한 적응을 넘어, 네트워크(방송국)들은 DVR을 관여시키지 않는 대안적 전달 플랫폼을 주시하고 있다. 목표는 DVR을 대체할 수 있는 플랫폼을 가지는 것이다. CBS는 조사를 통해 소비자들이 그들의 DVR에 대해 월 10달러를 지불하지 않게 되면 광고를 기꺼이 수용하리라는 것을 발견하였다. 이것은 인기있는 쇼를 "언제든지" 볼 수 있어야 가능할 것처럼 보이며, 검토되는 전략에 따라 달라질 것이다. CBS 대표에 따르면:

> 나는 DVR을 과도적인 기술이라고 본다. DVR은 스트리밍과 VOD에 의해 대체될 것이며, 이것들은 소비자들이 원하는 쇼를 원하는 방법으로 볼 수 있는 능력을 제공할 것이며, 더욱 광고주 친화적인 방법이 될 것이다.

생각해 볼 문제

1. DVR의 후기 수용자들이 "광고회피" 성능에 관심을 덜 보일 것이라고 당신은 생각하는가? 그들이 DVR 사용법을 익히면서 이러한 성향은 변화할 것인가?
2. DVR에 있어서도 광고를 건너뛰려는 소비자들의 성향을 완화시키는데 사용될 수 있는 전략으로 위에서 논의된 것 이외의 전략을 당신은 생각해낼 수 있는가?
3. 당신은 DVR이 과도기적인 기술이라는 CBS의 의견에 동의하는가?

사진 8-1

마케터들은 자신의 메시지에 대한 노출을 확보하기 위해서 비전통적인 매체 접근방법을 점차 더 많이 이용하고 있다.

나게 만드는 것으로 받아들여 팝업광고를 완벽하게 회피할 수 있는 안티팝업 소프트웨어를 다운받는다고 한다![9]

도입사례에서 보았듯이 광고를 회피하려는 소비자들의 성향에 대한 대응으로, 마케터들은 비용을 지급하거나 협찬하여 영화나 TV프로그램과 같은 오락매체 내에 자신들의 브랜드를 포함시킴으로써 노출을 획득하려고 한다. 이러한 **간접 광고(product placement)**은 소비자들이 회피하려고 시도하지 않는 노출을 제공하고, 그 제품을 언제 어떻게 사용하는지를 보여주며 제품이미지를 향상시켜준다. 간접광고 대행사들은 대본을 면밀하게 검토하고 무대장치 디자이너들과 토론을 통해서 제품을 끼워 넣을 최적 기회를 찾게 된다.[10] 반면에 미국에서 간접광고는 평범한 일이지만, 전세계적으로 수용되지는 않는다. 예를 들어, 영국에서는 최근까지도 불법이었다. 더욱이 현재 간접광고가 허용되고 있기는 하지만 유료로 브랜드를 등장시켰을 때는 시작과 끝 그리고 광고시간 후에 "P"로고를 덧붙여야 한다. 이러한 공지의 이면에 있는 논리는 간접광고도 본질적으로 광고라는 점을 소비자들에게 알려야 한다는 것이다.[11] 당신은 그러한 공지가 간접광고 유효성에 어떤 효과가 있다고 생각하는가? 이러한 요건이 미국에서도 시행되어야 한다고 생각하는가?

영화와 TV는 다양한 방법 중 일부에 불과하다. 마케터들은 트럭과 택시의 옆면에, 항공기의 표면에 그리고 비디오게임에 부착된 광고와 같이 점점 더 독특한 매체에 자신들의 메시지를 끼워 넣어 노출을 확보하려고 한다. 이러한 점에서 옥외광고와 비디오게임은 광고주 입장에서 주요한 성장분야이다. 옥외 광고는 전통적인 빌보드를 넘어서 새로운 방식으로 확대되고 있다. Adidas는 Amsterdam에 신규점포를 출시하기 위해서 6피트 높이,

6피트 깊이 그리고 24피트의 폭을 갖는 구두 상자를 모방한 옥외진열품을 만들어냈다. 그리고 독일 월드컵 기간 동안 Adidas는 아우토반을 건너질러 축구공을 붙잡는 Oliver Kahn(독일의 유명한 골키퍼)의 215피트 길이의 컷아웃 이미지를 사용하였다(<사진 8-1> 참조).[20] 이러한 옥외광고 노력은 시선을 끄는 비주얼을 제공하는데, 이 비주얼을 무시하는 것은 거의 불가능하다.

비디오게임 광고는 가장 빠르게 성장하고 있는 대안적인 매체인 것 같다. 이것은 게이머(gamer)이면서 전통적인 매체를 회피하는 경향이 있는 젊은 남성들에 대한 노출을 가능하게 해준다. 한 전문가는 다음과 같이 언급하였다:

> 특히 18세에서 24세의 젊은 남성들은 비디오게임과 인터넷을 즐기면서 TV와 극장에 점점 더 등을 돌리고 있다는 점을 광고주들은 알고 있다. 이 영역(비디오게임에서 광고)을 더 매력적이게 만드는 것은 Nielsen과 게임출판자인 Activision의 한 조사결과이다. 이 조사는 게이머들은 게임에 끼워 넣어진 브랜드를 수용할 뿐만 아니라 그 통합이 적절하고 실제적이라면 그 제품을 사도록 설득될 수 있다는 점을 보이고 있다.[21]

그 결과로, 일부 매체에서 광고 지출은 4-5% 범위에서 성장하고 있으며(TV와 잡지), 일부는 줄어들고 있는 반면(신문), 비디오게임에서 광고 지출은 연 30% 이상으로 성장하고 있으며 10억 달러 수준에 이르고 있다고 Yankee Group이 추정하였다.[22]

2. 자발적 노출

흔히 소비자들은 광고 및 기타 마케팅자극을 회피하지만, 경우에 따라서 그들은 구매목적, 오락 및 정보 등과 같은 다양한 이유로 그것들을 적극적으로 찾기도 한다. 앞에서 살펴본 바와 같이, 소비자들은 자신들이 사고 싶은 품목이 있는 매장 통로를 적극적으로 찾아낸다.[23] 그리고 많은 시청자들이 Super Bowl에 맞춰서 제작된 광고를 기대하고 있다. 소비자들이 **정보광고(informercial**: 주문이나 추가정보를 요청할 수 있는 무료 전화번호와 웹주소가 있으며 프로그램만큼 긴 TV 광고)에 대해서 갖는 긍정적인 반응은 훨씬 더 인상적이다. 정보광고는 브랜드 태도와 구매 의도에 긍정적으로 영향을 미친다.[24] 그리고 조기수용자들과 의견선도자들이 정보광고를 시청할 가능성이 훨씬 더 크며[25] 이 효과는 구전 커뮤니케이션을 통한 정보광고의 중요한 간접효과를 함축하고 있다. 이는 또한 마케팅메시지에 대한 자발적 노출을 이끄는데서 정보와 관련성이 수행하는 역할을 부각시킨다.

온라인 메시지와 광고에 대한 노출은 자발적일 수도 있고 비자발적일 수도 있다. 앞에서 살펴보았던 바와 같이, 소비자들이 다른 정보나 오락을 추구하는 동안에 광고를 접하게 되기 때문에 배너광고와 팝업에 대한 노출은 대체로 비자발적이다. 그러나 배너나 팝업을 클릭하는 소비자들은 표적사이트나 마케팅 메시지에 자발적으로 노출되게 된다.

소비자들은 기업의 홈페이지나 다른 마케터 사이트를 일부러 방문함으로써 마케팅 메시지에 자발적으로 노출되기도 한다. 예를 들어, 만일 당신이 새로운 승용차를 구입한다면, 당신은 같은 제조업체 사이트와 같은 독립 사이트를 방문할 수도 있다. 실제로 웹을 이용해서 승용차를 최근에 구입한 사람들은 일곱 개의 사이트를 방문하고 온라인에서 거의 다섯 시간을 보냈다. 당신은 쿠폰이나 주기적인 업데이트 또는 기업의 제품과 서비스에 대한 뉴스레터를 받기 위해서 온라인에 등록할 수도 있다. 당신이 등록하면 이 사이트는 당신에게 쿠폰과 Proctor & Gamble과 같은 다양한 소비재 마케터들의 뉴스레터를 제공해 준다. 소비자들이 이메일 기반의 촉진물을 받기 위해서 가입한 온라인 제공물에 대한 자발적이고 스스로 선택하는 특성을 흔히 **허락 기반 마케팅(permission-based marketing)**이라고 한다.[26] 허락 기반 마케팅 개념은 휴대전화에 대한 모바일 마케팅의 유효성을 향상시키는데 사용되기도 한다.[27] 소비자들은 자신들이 노출될 메시지를 통제하고 이에 따라 이들 메시지를 더 잘 받아들이고 민감하게 반응한다.

8.3 주의

LO3 자극이 하나 이상의 감각기관 신경을 활성화시키고 이에 따른 감각물 처리를 위해서 대뇌에 전달될 때 **주의(attention)**가 발생한다. 주의는 소비자들이 상점의 진열대에서 본 포장이나 웹에 있는 배너광고와 같은 유입자극의 처리 활동에 대해서 제한된 정신적 역량을 할당할 것을 요구한다. 앞에서 논의한 바와 같이 마케팅환경은 매우 혼란스럽고 소비자들이 처리할 수 있는 것보다 엄청나게 더 많은 자극이 소비자들에게 쏟아지고 있다. 따라서 소비자의 주의는 선택적이다. 광고대행사의 한 임원은 다음과 같이 언급하였다.

> 눈에 띄고, 주목받고, 관심을 받고, 단순하지만 야단스럽고, 적절하면서도 설득력있는 것을 말하는 것이 매년 중요해지고 있다. 왜냐하면 소비자에게 말할 기회가 적어지고 있고, 그 기회조차도 낭비할 수 없기 때문이다.[28]

<사진 8-2>는 주의를 끌 가능성이 매우 높다. 어떤 요인들이 주의를 결정하고 영향을 미치는가? 당신이 DVD 플레이어 매장에 있다고 하자. 일단 DVD 통로에서 당신이 구매할 여러 브랜드들에 주의를 집중하고 있다. 그런데 큰 소리의 안내방송이 순간적으로 당신의 주의를 진열대에서 떼어 놓는다. 그 결과 조금 전에는 알아보지 못했던 주변의 제품들에 주의를 기울이기 시작한다. 이 제품들은 여전히 그 곳에 있었지만 살펴보려는 의도적인 노력이 있기 전에는 알아보지 못했다. 이 예처럼, 주의는 항상 상황의 전후관계에서 발생한다. 같은 사람이 여러 상황에서 같은 자극에 기울인 주의의 정도가 달라질 수도 있다. 주의는 자극, 소비자 및 상황이라는 세 가지 요인에 의해서 결정된다.

1. 자극요인

자극요인은 자극 자체의 물리적 특성이다. 크기 및 컬러와 같은 자극특성은 마케터의 통제하에 있으며 개인과 상황의 특성과 무관하게 주의를 끌 수 있다. 자극요인에 의해서 획득된 주의는 비교적 무의식적인 경향이 있다. 당신이 승용차에 관심이 없다고 생각하더라도 (개인특성) 크고 화려한 승용차 광고(자극 특성)는 무시하기 어렵다.

사진 8-2

이 광고는 주의를 획득하기 위해서 컬러와 흥미로움을 포함하는 자극 요인을 이용하고 있다.

크기(Size) 크기가 큰 자극이 작은 자극보다 주의를 끌 가능성이 크다. 이것은 진열공간이 부족하여 더 많은 진열공간을 확보하는 것이 더 많은 주의를 끌고 더 많은 매출을 실현해 주는 상점 진열대의 경우에는 더욱 그렇다.[29] 그 결과 소비재 기업들은 진열공간을 확보하기 위해서 소위 **진열지원금(slotting allowance)**을 지급하는 경우가 많다. 연방공정거래위원

그림 8-2 광고 열독률에 대한 크기의 영향

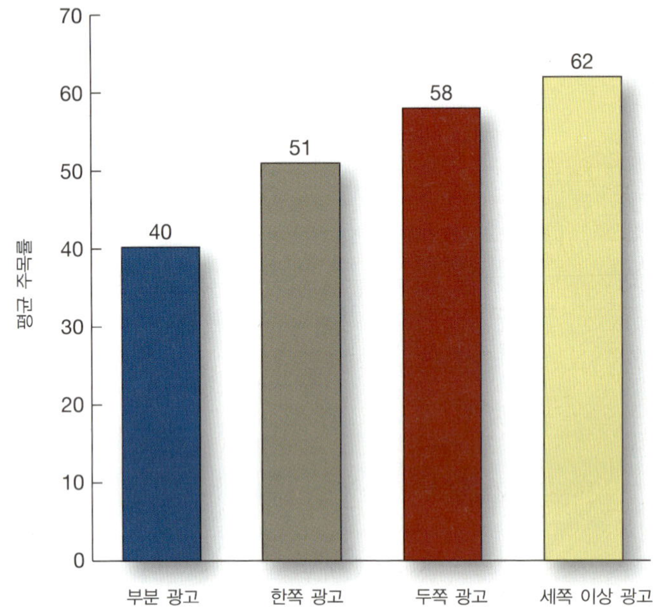

© Mothersbaugh, Franke, and Huhmann 2008.

회는 기업들이 진열지원금으로 연간 90억 달러를 지급하는 것으로 추정하고 있다.[30]

크기는 광고에 대한 주의에도 영향을 미친다. <그림 8-2>는 잡지광고에서 다양한 크기에 따른 상대적인 주의 획득력을 보여주고 있다. 크기가 큰 광고는 작은 광고보다 더 많은 주의를 획득해준다. 크기가 큰 배너광고도 더 많은 주의를 끌 수 있으며, 바로 이 점이 배너 및 온라인 광고의 크기가 커지는 것을 설명하는데 도움이 될 수 있다.[31] 크기가 큰 전화번호부 광고는 더 많은 주의를 끌어서 더 높은 통화율을 갖게 된다. 한 연구에 따르면, 전화번호부를 활용하는 소비자들은 1/4페이지 크기 광고는 90% 이상에 주의를 기울이지만 작은 리스트는 1/4에만 주의를 기울인다.[32]

강도(Intensity) 자극의 강도(예: 소리, 밝기, 길이)는 주의를 증대시킬 수 있다. 예를 들어, 광고물의 한 장면이 화면에 오래 지속될수록 알아보고 회상할 가능성이 더 커진다.[33] 온라인 상황에서 강도의 한 측면은 **강요성(intrusiveness)**인데, 이것은 원하는 콘텐츠를 보기 위해서는 배너광고나 팝업과 상호작용하도록 강요하는 정도이다. 한 연구에 의하면, 인기 있는 사이트에 연결되기 전에 잠깐 동안 화면에 유일하게 뜨는 배너광고는 표준적인 배너광고보다 그 광고를 알아보는 수준이 3배 이상이 되며, 사용자 클릭률은 거의 25배가 높다.[34] 그러나 앞에서 살펴 본 것과 같이, 부정적인 태도와 광고회피 때문에 강요성을 사용하는 데는 신중을 기해야 한다.

반복도 강도와 관련된다. 반복은 일정 기간 동안에 광고나 브랜드 로고와 같은 특정 자극이 한 개인에 노출되는 횟수이다. 특히 짧은 기간 동안 반복적인 노출이 이루어질(강도가 높은) 때는 일반적으로 반복될수록 주의가 감소된다. 예를 들어, 동일한 인쇄광고를 잡지의 여러 곳에 싣는 경우에 주의가 세 번째 노출에서는 첫 번째 노출보다 50%가 떨어지는 것으로 알려졌다.[35]

그러나 반복에 따른 전반적인 주의의 감소는 두 가지 요인을 고려하여 해석할 필요가 있다. 첫째, 소비자들은 노출이 반복되면서 주의의 초점을 광고물의 한 부분에서 다른 부분으로 옮길 수도 있다. 당신은 광고를 몇 번 본 후에 그 광고에서 새로운 것을 알아본 적이 있는가? 이것은 당신이 어떤 광고에 친숙해지면서 주의의 초점을 이동시킨 결과이다. 소비자들은 광고의 브랜드 부분 (명칭, 로고 등)에서 본문 부분으로 주의를 이동시켜 간다고 한다.[36] 많은 브랜드 특징이 광고 본문을 통해서 전달될 수 있지만 소비자들이 확실히 읽게 만드는 것은 어렵기 때문에 이러한 주의의 재할당이 중요하다. 두 번째 요인은 반복은 회상을 증대시킬 때도 많다는 것이다.[37] 제9장에서 살펴보는 것처럼, 연속적인 노출이 주의를 감소시킬 수 있을지라도 첫 번째 노출에서 이루어진 학습을 강화시킬 수도 있다.

매력적인 비주얼(Attractive Visuals) 사람들은 즐거운 자극에는 끌리고 불쾌한 자극은 배척하는 경향이 있다. 이는 광고물에 대한 소비자의 주의를 끌 수 있는 풍경이나 매력적인 모델과 같은 매력적인 비주얼의 능력을 설명해준다. 실제로 광고의 시각적 또는 그림 구성요소는 다른 특성과 무관하게 주의에 강력한 영향을 미칠 수 있다. 한 연구는 그래픽 콘텐츠가 좋을수록 소비자들이 온라인 소매점의 웹사이트에 머무는 시간을 증대시킨다는 점을 밝혔다.[38] 1,300개 인쇄 광고물에 대한 다른 연구는 광고물의 그림이 크기에 관계없이 여타의 다른 구성요소들(예: 브랜드, 본문) 보다 더 많은 주의를 획득했다는 점을 알아냈다. 주의에 대한 **그림 우월성(picture superiority)** 효과는 광고의 시각적 요소의 중요성을 설명해 주고 현대 인쇄광고에서 압도적인 그림의 활용이 어떻게 정당화될 수 있는지를 시사해준다. 그러나 주의는 한정되어 있기 때문에 광고의 한 구성요소에 주의를 집중하는 것은 다른 요소들의 주의를 감소시킬 수 있다. 예를 들어, 인쇄광고에서 그림의 크기를 확대시키는 것은 소비자들이 브랜드에 기울일 수 있는 주의의 양을 축소시키게 된다.[39]

요인 그 자체에 대한 주의를 집중시켜서 브랜드와 브랜드의 판매강조점에 대한 주의를 분산시킬 수 있는 요인들은 신중하게 사용해야 한다. 광고의 시각적 부분이 이러한 요인에 속한다. 매력적인 모델은 또 다른 요인이다. 한 기업은 도발적인 의상의 모델은 제품에 대한 주의를 흩뜨려서 모델에 집중하게 만든다는 점을 알게 되었다. 그 결과 광고물에 노출되고 72시간이 지난 후 소비자들의 브랜드명 회상이 27%나 감소하였다.[40]

색상(Color)과 움직임(Movement) 색상과 움직임은 주의를 끄는데 도움이 된다. 즉, 밝은 색과 움직이는 아이템이 더 쉽게 주의를 끈다. 일부 색상과 색상특성은 흥분과 환기를 불러일으키는데, 이것은 주의와 연결된다. 밝은 색이 어두운 색보다 더 자극적이다. 빨강과 노랑 같은 **따뜻한** 컬러는 파랑과 회색 같은 **차가운** 컬러보다 더 자극적이다.[41]

상점 내에서 밝은 색상의 포장과 진열이 주의를 끌 가능성이 더 크다. 충동 구매를 조장하는데 관심을 갖는 소매업체들은 주의를 끌고 흥분을 조성할 수 있는 능력을 감안하여 진열에 빨간색을 활용할 수도 있다.[42] 움직이는 판촉물과 표지를 갖는 POP진열이 주

사진 8-3

컬러는 광고에 대한 주의를 끌 수 있다. 이러한 경우에, 컬러광고는 동일한 흑백광고(44%)와 비교되는 주목율(62%)을 보였다.

의를 끌고 매출을 늘릴 가능성이 더 크다. 그래서 Eddi Bauer와 같은 기업들은 정적인 진열보다는 동적인 디지털 표지를 선택하고 있다.[43]

색상과 움직임은 광고에서도 중요하다. 움직이는 애니메이션을 갖는 배너 광고는 그렇지 않은 비슷한 광고보다 더 많은 주의를 끈다.[44] 전화번호부 광고에 대한 연구에서 컬러광고는 흑백광고보다 더 빠르게, 더 자주 그리고 더 오랫동안 주의를 끄는 것으로 알려졌다.[45] <그림 8-3>은 다양한 크기의 흑백 및 네 가지 색상의 잡지광고에 대한 상대적인 주의 획득력을 보여주고 있다.

<사진 8-3>은 컬러를 활용한 점을 제외하고는 동일한 2개 광고를 나타내고 있다. 독자들은 컬러로 된 광고를 흑백광고보다 훨씬 더 많이 알아보았다.

위치(Position) 위치는 물리적 공간이나 시간에서 대상물의 위치를 지칭한다. 소매점에서, 찾기 쉽거나 튀는 항목들이 주의를 끌 가능성이 더 크다. 바로 이러한 이유에서 엔드 캡(end caps)*과 키오스크(kiosk)가 이용된다. 또한, 소비자 시각영역의 중심에 가까이 있는 아이템들이 주변에 위치한 것들보다 주의가 기울여질 가능성이 더 커서, 소비재 제조업체들은 식료품점에서 눈높이의 진열공간을 확보하기 위해서 치열하게 경쟁하고 있다.[46]

광고에서 위치효과는 매체 그리고 이 매체와 소비자가 상호작용하는 방식에 따라 달라지곤 한다.[47] 인쇄물에서, 신문과 잡지를 정독할 때는 오른쪽에 위치한 광고가 왼쪽에 위치한 광고보다 더 많은 주의를 끌게 된다. 특정의 광고물 내에서 주의는 광고 요소들의

* 주된 동선에서 보이는 코너부분에 있는 진열대의 끝, 역자 주

주의에 대한 색깔과 크기의 영향 그림 8-3

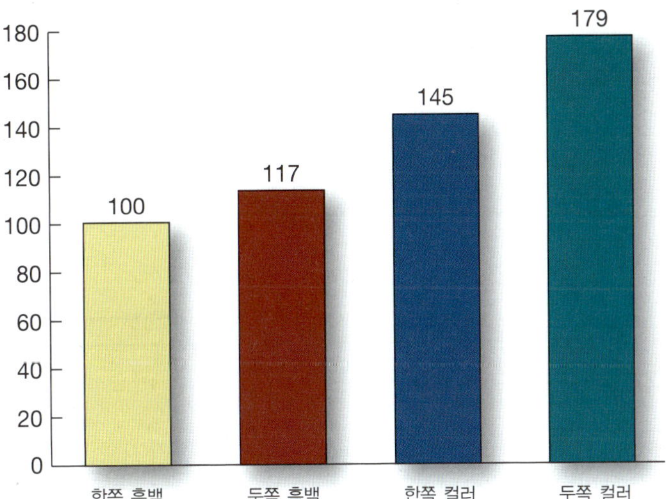

*Readership of a one-page black-and-white ad was set at 100.
Source: "How Important Is Color to an Ad?" *Starch Tested Copy,* February 1989, p. 1, Roper Starch Worldwide, Inc.

위치와 읽는 방식에 의해서 영향을 받는다. 미국 독자들은 독서를 할 때와 마찬가지로 인쇄광고를 왼쪽 위에서 오른쪽 아래로 훑어본다. 이에 따라 인쇄광고와 여타 인쇄물에서 소위 고강도영역(high-impact zone)은 광고물의 왼쪽 위가 되는 경향이 있다. 온라인 상황에서, 수평 방향의 인쇄물 커뮤니케이션이 일반적인 상황이기 때문에 수직적 배너가 수평적 배너보다 더 주의를 끌게 된다.[48] TV에서 소비자들은 광고가 나올 때 다른 행동을 하곤 하기 때문에 TV프로가 끝난 직후의 광고가 앞에서 하는 광고 보다 더 기억하게 될 확률이 급격하게 떨어진다.[49]

격리(Isolation) 격리는 자극물을 다른 물체와 분리시키는 것이다. 점포에서 독립형 키오스크의 활용은 이 원리에 토대를 두고 있다. 광고에서, "white space"(빈 공간 또는 흰 공간의 중심에 간단한 메시지를 두는 방법의 활용이 바로 이 원리에 근거하고 있다. 라디오 광고에서 핵심 메시지 앞뒤에 순간적으로 정적이 흐르는 것도 마찬가지이다.[50] <사진 8-4>는 고립을 활용한 효과적인 인쇄광고를 보여준다.

포맷(Format) 페이지마다 여러 아이템을 진열하고 싶어하는 카탈로그 상인들은 아이템들 간에 주의획득을 위한 경쟁이 오히려 모든 아이템에 대한 주의를 감소시키는 상황에 빠지게 된다. 그런데 적절한 배열과 포맷을 이용하면 주의를 끌기 위한 이러한 경쟁이 완화되고 매출이 개선될 수 있다.[51] 포맷은 메시지가 제시되는 방식을 말한다. 일반적으로 간단한 제시가 복잡한 제시보다 더 많은 주의를 끌게 된다. 메시지를 처리하는데 필요한 노력을 증대시키는 메시지요소들은 주의를 감소시키는 경향이 있다. 명확한 시각적 기준점이 없거나 부적절한 움직임(너무 빠르거나 느리거나 또는 급격하게 변화하는)을 갖는 광

사진 8-4

이 인쇄광고는 주의를 끌고 유지하기 위해서 격리를 효과적으로 활용하고 있다.

고물은 처리노력을 증가시키고 주의를 감소시킨다. 마찬가지로, 이상한 악센트, 부적절한 음량 또는 말이 너무 빨라서 이해하기 힘든 음성 메시지도 주의를 감소시킨다.[52]

대조(Contrast)와 기대(Expectations) 소비자들은 배경과 조화를 이루는 자극보다는 배경과 대비되는 자극에 더 많은 주의를 기울인다. Nissan Infinity G35의 컬러신문광고는 대비의 효과적 활용을 예시해준다.[53]

대조는 기대라는 개념과 관련된다. 기대는 대조에 대한 우리의 지각을 이끈다. 우리의 기대와 다른 포장, 점내진열, 광고는 쉽게 파악되는 경향이 있다. 예를 들어, 소비자들이 어떤 제품범주에 대해서 기대하는 광고유형과 다른 광고는 그 제품범주의 전형적인 광고보다 더 많은 주의를 불러일으키는 경우가 많다.[54]

마케터의 한 가지 관심사항은 어떤 촉진이 소비자들에게 익숙해지면 주의를 끄는 능력이 떨어진다는 것이다. **적응수준이론(adaption level theory)**은 만일 어떤 자극이 변하지 않는다면 시간이 지날수록 그 자극에 적응이 되거나 익숙해지게 되어 그 자극에 주의를 덜 기울이게 된다는 점을 시사한다. 이렇듯 어떤 광고가 새로웠을 때는 주의를 기울였던 광고도 익숙해지면서 주의를 획득하는 능력을 잃게 된다. 이러한 친숙도 효과는 드문 일이 아니다. 그러나 한 연구는 광고가 독창적(즉, 의외이고, 놀랍고, 독특한)이면 소비자들이 그것에 익숙해진 후에도 계속해서 주의를 끌 수 있음을 밝혀냈다.[55] <사진 8-5>는 이러한 제품의 전형적인 광고와 비교할 때 독특하고 독창적인 인쇄광고를 보여주고 있다.

흥미로움(Interestingness) 무엇에 흥미를 느끼는가는 일반적으로 개인적 특성이다. 스노우보드를 즐기는 사람은 그렇지 않은 사람보다 그 활동과 관련된 광고에 주의를 기울이고, 관련 점포에서 쇼핑할 가능성이 높다. 그런데 다수의 일반대중이 흥미를 느끼게 만드는 메시지, 상점 및 점내진열의 특성이 있다. 예를 들어, 스포츠행사나 영화와 연결된 "연계물(tie-ins)"을 활용한 점내진열은 단순히 브랜드만을 이용한 것보다 상당히 더 많은 흥미, 주의 및 매출을 실현시켜준다.[56]

광고에서 줄거리나 의외의 결말 가능성 그리고 메시지의 요점에 관한 불확실성과 같이 호기심을 자극하는 요인은 그 광고에 대한 흥미와 주의를 증대시켜준다. 실제로 많은

사진 8-5

이 인쇄광고는 독창적인 접근방법 때문에 상당한 주의를 유발시킬 가능성이 크다.

DVR 사용자들이 광고를 건너뛰지만 흥미롭다고 여기게 되면 90% 이상이 그 광고를 본다는 연구도 있다.[57] 또 다른 연구는 오락가치가 큰 광고는 계속해서 시청할 가능성이 더 커진다고 한다.[58]

정보량(Information Quantity) 끝으로, 정보량은 자극영역에 있는 단서의 수를 나타낸다. 단서는 브랜드 그 자체의 특징, 그 브랜드의 전형적인 사용자들, 전형적인 사용 상황 등과 연결될 수 있다. 이러한 정보는 포장, 진열, 웹 사이트 및 광고에서 제시될 수 있다.

정보는 소비자의 의사결정에 도움을 준다. 그런데 정보가 더 많으면 더 좋은가? 광고에서 이에 대한 답은 사용된 매체를 포함해서 몇 가지 요인에 따라 달라진다. 인쇄광고에서 정보는 주의를 끄는 것처럼 보이는데 반해서 TV광고에서 정보는 주의를 감소시키는 것처럼 보인다. 이에 대한 한 가지 설명은(인쇄광고와는 달리) 소비자들은 노출의 속도에 대한 통제가 없기 때문에 TV광고에서 정보량의 증가는 곧바로 **정보과부하(information overload)**로 이어진다.[59] 소비자들이 너무 많은 정보에 직면해서 모든 면에 주의를 기울일 수 없거나 주의를 기울이려고 하지 않을 때 정보과부하가 발생한다. 이렇게 되면 최선이 아닌 결정을 하게 된다.[60]

2. 개인적 요인

개인적 요인은 사람들을 구별해주는 특성이다. 일반적으로 소비자 동기와 능력이 주의에 영향을 미치는 주요 개인적 요인이다.

동기(Motivation) 동기는 소비자 흥미와 필요에 의해서 야기된 동인상태이다. 흥미는 목적(예: 세련된 기타연주자가 되는 것)과 필요(예: 배고픔)의 산물이자 전반적인 라이프스타일이 투영되어 있다. **제품관여(product involvement)**는 특정 제품범주에 대한 동기나 흥미를 나타낸다. 식기세척기가 고장난 경우 일시적으로 식기세척기에 대한 관여수준이 높아지게 될 수 있지만, 통상적인 생활에서는 기타와 음악에 높게 관여될 수 있다. 어느 경우든지 제품관여는 주의를 자극한다. 예를 들어, 몇몇 연구에 의하면 제품관여가 인쇄광고, 특히 그 광고의 그림보다는 본문카피에 대한 주의를 증대시킨다는 것을 보여준다.[61] 광고된 제품에 높게 관여되었을 때는 앞에서 논의하였던 그림 우월성효과는 그 역할이 줄어들 수도 있다. 또 다른 연구는 소비자들이 깊게 관여된 제품에 대한 배너를 클릭할 가능성이 더 크다고 한다. 애니메이션과 같은 외적 자극의 특성은 소비자들이 이미 내적으로 휩쓸려 있기 때문에 영향력이 떨어지게 된다.[62]

마케터들이 소비자 흥미와 관여에 반응하는 한 가지 방식은 인터넷에서 스마트 배너를 개발함으로써 가능해진다. **스마트 배너(smart banner)**는 검색엔진에서 사용되는 조건을 토대로 활성화되는 배너광고이다.[63] 이처럼 행동을 겨냥하는 전략은 일반적인 웹사이트에서도 활용할 수 있으며 매우 효과적인 것처럼 보인다. 예를 들어, 여행관련 칼럼을 방문한 서퍼는 wsj.com의 어느 섹션을 읽는지에 관계없이, 잠재적 여행자로 표적이 되어 이 사이트에 뒤 이어서 American Airlines 광고를 보게 해준다.[64] 이처럼 표적화된 광고는 주의가 더 높고, 브랜드와 메시지 회상도 더 높다.

능력(Ability) 능력은 정보에 주의를 기울여 처리할 수 있는 개인의 역량을 지칭한다. 능력은 제품, 브랜드 또는 촉진에 관련된 지식 및 친숙도와 관련된다. 예를 들어, 오디오광은 입체음향설비에 대한 아주 세세한 제품정보를 처리할 수 있는 역량이 일반인보다 더 있다. 이에 따라, 전문가들은 일반인보다 더 많은 정보에 주의를 기울이고 더 신속하고 더 효과적으로 처리하며 정보과부하가 걸릴 가능성이 더 낮다. 교육수준이 높고 건강과 관련된 경험이 많은 소비자들은 소비자에게 직접 전달되는 약품광고의 매우 기술적인 정보에 주의를 기울일 가능성이 더 크다는 연구가 있다.[65]

브랜드 친숙도(Brand Familiarity)는 주의와 관련된 능력요인이다. 브랜드친숙도가 높은 소비자들은 많은 기존 지식때문에 더 적은 양의 주의로 그 브랜드의 광고를 처리할 수 있게 된다. 예를 들어, 브랜드 친숙도가 높을 때 배너광고에 주의를 끌어 사용자 클릭을 실현하는데 필요한 노출은 한번으로 충분하다. 반면, 브랜드 친숙도가 낮을 때 첫 번째 노출에 따른 사용자 클릭율은 매우 낮지만 다섯 번째 노출에서는 극적으로 증가하였다.[66] 낮은 브랜드 친숙도를 갖는 소비자들은 그 사이트에 대한 사용자 클릭에 필요한 지식과 신뢰를 쌓는데 배너에 대한 더 많은 주의를 필요로 하는 것 같다.

3. 상황 요인

상황요인은 주된 자극물(예: 광고나 포장)보다는 환경적 자극물 그리고 시간압박이나 붐비는 상점과 같이 환경에 따른 개인의 일시적 특성을 포함한다. 정보 혼잡과 프로그램관여가 주의에 영향을 미치는 2가지 주요 상황요인이다.

정보혼잡(Clutter) 정보혼잡은 환경에 있는 자극의 밀도를 나타낸다. 점포내 행동에 대한 연구는 너무 많은 POP 진열로 환경을 혼잡하게 하는 것은 소비자들이 특정 진열에 기울이는 주의를 감소시킨다는 점을 시사한다. 바로 이점이 Walmart와 같은 기업들이 점포 내에서 진열의 숫자를 줄이려고 노력하는 이유이다.[67] 광고에서 적은 무리에 섞여 있는 광고보다 많은 무리의 광고들 속에 있는 광고에 주의를 덜 기울인다.[68] 케이블채널들은 점차 단일 스폰서 형식으로 옮겨가고 있어서 자신들의 프로그램은 소수의 광고만을 한다는 점을 강조하고 있다.

프로그램 관여(Program Involvement) 프로그램 관여는 시청자들이 (광고나 브랜드에 대한 관여와는 달리) 광고물을 에워싸고 있는 프로그램이나 논설 콘텐츠(editorial contents)에 얼마나 관심을 보이는지를 말한다. 일반적으로 오디언스는 광고물 때문이 아니라 프로그램이나 논설 콘텐츠 때문에 매체에 주의를 기울이고 있다. 그렇다면, 프로그램이나 논설 콘텐츠의 관여수준이 광고에 대한 주의에 영향을 미치는가? 이에 대한 답은 명백히 '예'이다. <그림 8-4>에 예시되어 있는 바와 같이 긍정적인 방향으로 영향을 미치고 있다.

잡지관여와 광고 효과성 그림 8-4

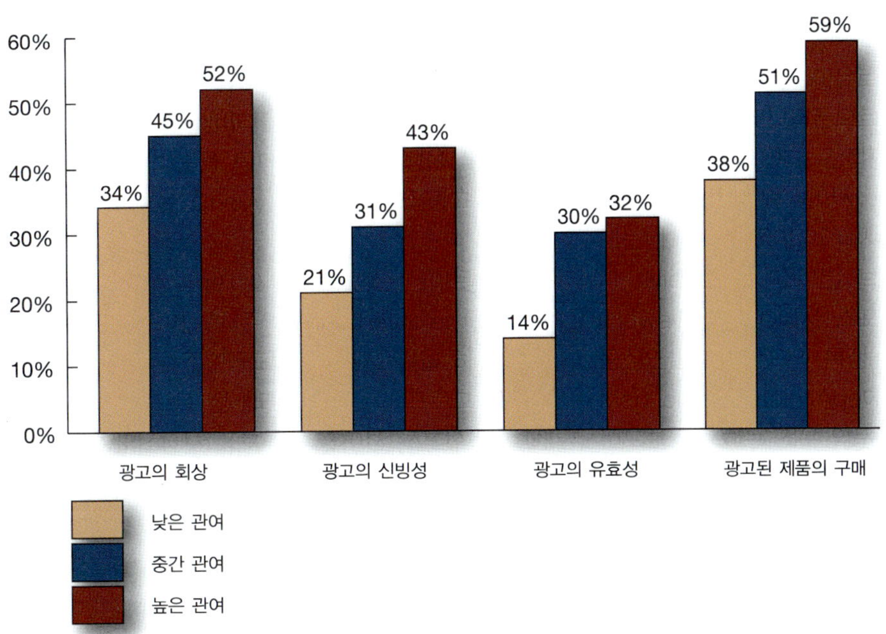

Source: *Cahners Advertising Research Report 120.1 and 120.12* (Boston: Cahners Publishing, undated).

그런데, 프로그램관여가 낮을 때에도 마케터들은 광고 자체의 품질을 향상시킴으로써 주의를 증가시킬 수 있다. **광고 품질**(ad quality)은 믿을 수 있고 호소력 있다는 점에서 그리고 핵심 메시지를 효과적으로 전달한다는 점에서 메시지를 얼마나 잘 꾸몄는지를 나타낸다.[69]

4. 집중하지 않은 주의

지금까지 우리는 소비자들이 자극 요인, 개인적 요인 및 상황 요인의 산물로 환경의 어떤 측면에 주의를 집중한 고관여 주의과정을 논의해 왔다. 그런데 의도적 또는 의식적으로 주의를 집중하지 않고도 자극에 주의가 기울여질 수 있다. 고전적인 예는 **칵테일파티 효과**(cocktail party effect)이다. 붐비는 연회장에서 한 친구와 대화를 나누고 있는 사람은 옆에서 대화를 하고 있는 다른 친구들이 자신의 이름을 거명하는 것과 같이 개인적인 관련성이 있는 것을 말하지 않는 한 그들의 대화를 의식적으로 알아채지 않는다. 이 예는 우리가 잠재의식수준에서 많은 자극을 처리하고 있으며 두뇌의 메커니즘은 계획적이고 의식적인 주의를 필요로 하는 것을 결정하기 위해서 정보를 평가하고 있음을 시사한다.[70] 실제로 **반구 전문화**의 이면에 있는 아이디어는 우리 두뇌의 서로 다른 부위가 각기 집중된 주의와 집중하지 않은 주의에 적합하다는 것이다.

반구전문화(Hemisphere Lateralization) 반구전문화는 두뇌의 각 측면에서 이루어지는 활동들에 사용되는 용어이다. 두뇌의 좌측은 주로 언어적 정보, 상징적 표현, 순차적 분석 그리고 일어나고 있는 것을 인식하고 보고하는 능력에 대해서 책임을 맡고 있다. 이것은 일반적으로 우리가 **이성적 생각**(rational thought)이라고 하는 활동을 통제한다. 두뇌의 우측은 그림, 기하학적, 초시간적인 그리고 비언어적인 정보를 다루며 언어적으로 그것들을 보고할 수 없다. 그것은 이미지와 인상으로 작용한다.

좌뇌는 상당히 잦은 휴식을 필요로 한다. 그러나 우뇌는 장기간에 걸쳐서 많은 양의 정보를 쉽게 살펴볼 수 있다. 이점을 토대로 Krugman은 좌뇌가 무엇에 집중해야 하는지를 결정하기 위해서 환경의 신속한 검열을 가능하게 하는 것이 바로 우뇌의 상황파악력이라고 주장하였다.[71] 배너광고에 대한 한 연구는 전의식적인 검열(preconscious screening)의 증거를 찾았다. 웹서퍼는 배너광고를 실제로 직접 보지 않고도 그 배너광고를 간파할 수 있는 것처럼 보인다. 그 결과로, 배너광고에 대한 직접적인 주의는 단지 49%만이 발생했다. 웹에 대한 경험으로 소비자들은 직접적인 주의를 회피하는데 사용된 배너특성(전형적인 크기와 위치)에 대한 지식을 구축할 수 있었던 것 같다.[72]

그러나 어떤 광고물에 직접적인 주의를 기울이지 않았기 때문에 영향을 미칠 수 없다는 것을 의미하지는 않는다. 예를 들어, 피조사자들에게 노출되었지만 주의가 거의 이루어지지 않았음(우연적인 노출)에도 불구하고 광고된 브랜드들의 구매를 고려할 가능성이 더 클 것 같다.[73]

식역하 자극(Subliminal Stimulus) 보거나 들은 것을 의식하지 못할 정도로 매우 빠르거나 아주 낮은 소리로 또는 가려진 채 제시된 메시지를 식역하 자극이라고 한다. 식역하 광고는 그 광고의 핵심적인 설득정보를 개인이 물리적으로 인지하기 어렵거나 불가능할 정도로 약하게 만들어서 숨긴다는 점에서 정상적인 광고와 다르다. 정상적인 광고는 쉽게 지각될 수 있도록 소비자들에게 핵심적인 설득정보를 제시한다.

식역하 광고는 집중적인 연구가 이루어졌고 일반대중의 관심을 끌어왔다. 소비자들이 어떤 광고에 주의를 기울이지 않으려고 하는 것과 광고주가 식역하 자극을 활용해서 소비자들의 지각적 방어를 우회하려고 노력하는 것은 전혀 별개의 문제이다.

Keg가 쓴 두 권의 책이 알려지지 않았던 식역하 광고에 대한 대중의 관심을 불러일으켰다.[74] 저자는 일단 사람들이 언제 보았고 그것이 무엇인지를 듣고나면 얼음조각들 사이에 있는 sex라는 단어, 칵테일음료에 담긴 음경, 그림자 속에 있는 나체를 포함하고 있는 것처럼 보이는 많은 광고물들을 상세하게 기록하고 있다. 의도적이든 우연이든 이처럼 가려진 상징들은 표준적인 광고 효과 기준에 영향을 미치지 않고 소비자행동에도 영향을 미치지 않는 것처럼 보인다. 마찬가지로, 너무 빠르게 제시되어서 알아 볼 수 없는 메시지에 대한 연구는 그러한 메시지가 거의 효과가 없다고 지적하고 있다.[75] 또한, 마케터들이 식역하 메시지를 사용하고 있다는 증거도 없다.[76]

8.4 해석

LO4

해석(interpretation)은 감각물에 의미를 부여하는 것이다. 해석은 자극, 개인 및 상황의 특성을 토대로 유입자극의 의미를 찾고 이해하는 방법과 관련있다.

해석은 몇 가지 측면을 중요하게 고려하여야 한다. 첫째, 지각은 일반적으로 절대적이라기보다는 상대적인 과정인데, 이를 흔히 **지각의 상대성(perceptual relativity)**이라고도 한다. 어떤 준거점이 없이 해석하는 것은 어려운 경우가 많기 때문이다. 아래의 실제 시나리오를 살펴보자.

> QVC 네트워크의 Extreme Shopping 프로그램의 한 에피소드는 Muhammad Ali의 복싱옷(12,000 달러 이상으로 가격이 매겨져있음)을 내놓고, 이어서 Jane Mansfield가 살던 맨션(거의 350만 달러) 그리고 Peter Max의 그림이 그려진 Volkswagen의 Beetle(10만 달러)을 뒤따라 보여주었다. 그런 후에, 낙관이 찍힌 Peter Max의 그림 가격으로 약 200달러가 제시되었다.

상대성이라는 개념에서 보면 소비자들은 그림이 비싼 품목 뒤에 오게 되면 그림 가격이 더 싸다고 해석한다.[77]

두 번째 측면은 해석이 주관적인 경향이 있다는 것이며, 많은 심리적 편향이 발생할 수 있다. 사전에서 찾아볼 수 있는 것처럼 어떤 단어에 부여된 전통적인 의미인 어의적 의미(semantic meaning)와 개인이나 집단이 자신들의 경험, 기대 그리고 어떤 단어가 사용된 맥락을 토대로 그 단어에 부여된 특수한 의미인 심리적 의미(psychological meaning)의 차이에서 해석의 주관적 특성을 볼 수 있다.

마케터들은 소비자행동을 이끄는 것은 객관적인 현실이 아니라 주관적인 경험이라는

사진 8-6

소비자들은 광고물에 인지적 해석뿐만 아니라 정서적 반응 내지 해석도 갖는다. 이 광고물은 표적 청중의 다수에서 정서적 또는 느낌 반응을 불러일으킬 가능성이 크다.

점에서 심리적 의미에 관심을 더 갖는다. 어떤 기업이 더 효율적인 방법으로 우수한 품질의 신제품을 경쟁자보다 낮은 가격에 출시할 수 있다고 생각해보자. 이때 만일 소비자들이 낮은 가격이 낮은 품질을 의미하는 것으로 해석한다면, 그 신제품은 객관적인 현실에도 불구하고 성공하지 못하게 된다.[78]

해석의 마지막 측면은 인지적 "사고" 과정이나 또는 감정적인 "정서적" 과정이 될 수 있다는 것이다. **인지적 해석(cognitive interpretation)**은 자극이 의미의 기존 범주 내에 배치되는 과정이다.[79] 앞에서 살펴본 것과 같이, 광고는 기대했던 것이나 기대하지 않았던 것으로 범주화되는데, 이 과정은 문화와 개인에 따라 달라질 수 있다.[80] 광고가 성적으로 더 노골적인 프랑스같은 나라에서 나체상은 미국에서보다는 더 적절한 것으로 여겨질 수도 있다. 제품도 이와 같게 범주화된다. DVD 플레이어가 처음 나왔을 때 대부분의 소비자들은 VCR과 같은 범주로 분류하였을 것이다. 그러나 경험이 축적됨에 따라 VCR과 다른 범주로 나뉘게 될 것이다. 아주 새로운 제품(불연속적인 혁신)은 분류되기가 매우 까다롭기 때문에 마케터들은 소비자들이 이해하고 받아들이는데 도움이 될 수 있는 무엇인가를 제공해야 한다.[81]

감정적 해석(affective interpretation)은 광고와 같은 자극이 불러일으킨 정서적(emotional) 반응이나 느낌(feeling) 반응이다. 정서적 반응은 긍정적인 것(경쾌한, 활기찬, 온화한)에서부터 중립적인 것(무관심한) 그리고 부정적인 것(노여움, 두려움, 좌절)에 이르기까지 다양하다. 인지적 해석과 마찬가지로, 자극에 대한 많은 정상적인(문화 내에서) 정서적 반응이 있다(예: 대부분의 미국사람들은 새끼고양이와 함께 있는 어린이 그림을 볼 때 온정을 느낄 수 있다). 마찬가지로 이 반응에도 개인차이가 있다. (고양이를 싫어하는 사람은 그러한 그림에 부정적인 정서적 반응을 갖게 될 것이다) 새로운 제품이나 브랜드를 본 소비자들은 그것들에 인지적 범주뿐만 아니라 감정적 범주도 부여한다.[82] <사진 8-6>에 있는 광고물은 인지적 해석뿐만 아니라 정서적 해석도 불러일으킬 가능성이 크다.

1. 개인적 특징

마케팅자극들은 소비자들이 그것들을 해석하는 단 하나의 의미를 갖게 된다.[83] 사람들은 마케팅 메시지와 다른 메시지들을 수동적으로 해석하는 것이 아니라 자신들의 욕구, 욕망, 경험 및 기대를 토대로 능동적으로 의미를 부여한다.

특성(Traits) 사람들의 욕구와 욕망을 이끄는 것으로서 개인에게 고유한 생리적 및 심리적 특성은 어떤 자극을 어떻게 해석하느냐에 영향을 미친다. 생리적 관점에서 소비자들은 자극에 대한 민감성이 다르다. 어떤 어린이들은 시금치와 같은 녹색 잎줄기채소에 있는 특정의 화학성분의 쓴맛에 더 민감하다.[84] Tab(사카린을 함유한 다이어트콜라)은 소규모이지만 극단적으로 애호적인 고객기반을 갖고 있는데, 이들은 거의가(대부분의 소비자들과는 달리) 생리적으로 사카린을 쓰다고 지각하지 않는다.

심리적 관점에서 소비자들은 자연스러운 인지적, 정서적 및 행동적 성향을 갖는다. 한 가지 예로, 일부 사람들은 다른 사람들보다 더 강렬하게 정서를 경험하는데, 이는 감정강도(affect intensity)라는 특성으로 알려져 있다. 많은 연구들이 감정강도가 높은 소비자들은 특정 광고물에 대해서도 더 강렬한 정서적 반응을 경험한다는 점을 알아냈다.[85] 개성의 다른 차이는 제10장에서 살펴 볼 것이다.

학습(Learning)과 지식(Knowledge) 제2장에서 살펴 본 바와 같이 시간, 공간, 관계 및 색채와 같은 "자연적인 사물"에 부여된 의미는 학습되며 문화에 따라 크게 달라진다. 소비자들은 또한 자신들의 경험을 통해서 같은 마케터가 창출한 브랜드나 프로모션과 같은 자극에 대하여 학습하게 된다. 이러한 경험과 지식은 해석에 영향을 미친다. 한 가지 일반적인 연구결과는 소비자들이 자신들이 선호하는 브랜드에 대하여 유리하게 정보를 해석하는 경향이 있다는 것이다. 한 연구에서 기업에 대한 애호도가 높은 사람들은 그 기업에 대한 부정적인 홍보물을 믿지 않을 정도로 영향을 덜 받는 것으로 알려졌다.[86] 마찬가지로 다른 연구도 만일 어떤 기업이 강력한 명성을 갖고 있다면 그 기업의 가격인상에서 더 긍정적인 동기를 추론한다는 점을 알아냈다.[87]

<사진 8-7>은 소비자들이 학습한 해석을 강화시키기 위해서 컬러를 이용하고 있는데, 이 컬러는 어떤 의미를 연상시키는가?

사진 8-7

컬러는 제품의 특징과 의미를 전달하기 위해서 사용되는 학습된 연상들을 가지고 있다.

기대(Expectation) 자극에 대한 개별 소비자의 해석은 자신의 기대와 일치되는 경향이 있는데, 이러한 효과를 기대편향(expectation bias)이라고 한다. 짙은 색의 푸딩은 일반적으로 초콜릿 맛이 나며, 바닐라 푸딩은 일반적으로 크림색을 띠기 때문에, 대부분의 소비자들은 짙은 갈색푸딩에서는 바닐라가 아니라 초콜릿 맛을 기대한다. 어떤 맛 테스트에서 대학생 표본의 100%가 짙은 갈색 바닐라 푸딩을 초콜릿으로 받아들였다.[88] 이렇게 컬러에 의해 단서화된 기대는 객관적인 현실과 일치되지 않은 해석으로 이어진다.

소비자들의 기대는 학습의 산물이며 첫인상이 중요하다는 격언이 시사하는 바와 같이, 매우 신속하게 생겨날 수도 있다. 기대는 일단 생겨나면 엄청난 영향을 미치며[89] 변화시키는 것은 매우 어려울 수 있다. 예를 들어 많은 소비자들은 유명한 브랜드는 품질이 좋을 것이라고 기대한다. 그 결과로 소비자들은 흔히 유명브랜드의 성능을 동등한 성능의 잘 알려지지 않은 브랜드보다 더 우수한 것으로 평가한다. 많은 소비자들이 점내 안내표지가 붙은 브랜드는 특가 판매중일 것이라는 기대를 갖게 된다. 그 결과로 소매점에서 특가 행사 표지가 있는 브랜드는 가격이 실제로 할인되지 않음에도 불구하고 가격이 할인되고 있는 것으로 해석된다는 점이 한 연구에서 밝혀졌다.[90]

2. 상황적 특징

다양한 상황적 특징도 해석에 영향을 미친다. 상황적 특징에는 시간압박이나 무드[91]와 같은 개인의 일시적 특징, 곁에 있는 다른 사람의 수와 그 사람들의 특성과 같은 상황의 물리적 특징 그리고 해당 메시지를 둘러싸고 있는 소재의 특징이 포함된다.

기본적으로 상황은 해당 자극이 해석되는 맥락을 제공한다. 상황에 관계된 **맥락적 단서(contextual cues)**는 실제 자극과 관계없이 소비자해석에서 독자적 역할을 수행한다. 특정 마케팅상황에는 무수히 많은 맥락적 단서가 있다. 몇 가지 예를 들면 다음과 같다. 컬러는 맥락적 단서가 될 수 있다. 온라인 광고에 대한 최근의 한 연구는 웹페이지가 로딩되는 도중에 나타나는 배경색의 여러 측면들을 검토하였다. 어떤 컬러특징은 이완감을 불러일으키며(청색이 붉은색보다 더 편한 느낌을 준다) 실제속도가 같을 때에도 더 빠르게 로딩되는 것으로 지각된다고 한다.[92]

브랜드의 광고물이 제시되는 프로그램의 특성도 맥락적 단서가 될 수 있다. Coca Cola와 General Foods는 좋지 않은 뉴스가 자사 제품의 해석에 영향을 미칠 수도 있기 때문에 뉴스방송에서는 광고를 하려고 하지 않는다. Coca-Cola의 대변인은 다음과 같이 설명하였다.

> TV뉴스에 광고하지 않는 것은 Coca-Cola의 기업정책이다. 왜냐하면, TV뉴스에는 약간의 좋지 않은 뉴스가 있기 때문이다. 반면 Coke는 경쾌하고 즐겁게 해주는 제품이다.[93]

위의 예는 광고물을 에워싸고 있는 소재의 콘텐츠가 그 광고물의 해석에 미칠 수 있는 영향에 대한 관심을 설명하는 것이다. Coca-Cola가 짐작하듯이, 긍정적인 프로그램에 둘러싸였을 때 광고물은 더 긍정적으로 평가되는 것 같다.[94] 또한, 이러한 효과는 글로벌 마케팅에서 훨씬 더 명백하며 상당한 의미를 갖는다. 연구에 따르면 뉴스 프로그램에서 자주 접하게 되는 사망에 관련된 콘텐츠는 소비자들이 애국심을 생각하게 하는 실마리를 제공하여 외국 브랜드 대비 국내 브랜드에 대한 선호도를 높여준다. 그러나 외국 브랜드들은 현지국가 친화적인 주장으로 이러한 선호를 극복할 수 있다.[95]

3. 자극 특징

자극은 소비자가 반응을 하는 기본 실체로 제품, 포장, 광고물, 점내진열 등을 포함한다. 소비자들은 자극의 기본 특성(크기, 형태, 컬러), 그 자극이 구성되는 방식 그리고 그 자극의 변화를 해석하고, 그에 대해 반응한다. 이미 살펴 본 바와 같이 이 모든 과정은 개인과 상황에 의해서 크게 영향을 받는다.

특성(Traits) 크기, 형태 및 컬러와 같은 자극의 고유한 특성은 해석에 영향을 미친다. 많은 자극의 특성에 대한 의미는 학습된다. 컬러는 학습이 의미에 영향을 미치는 한 특성이다. Canada Dry의 무설탕 진저 에일은 캔의 색을 붉은색에서 녹색과 흰색으로 바꾼 후에 매출이 극적으로 증가하였다.[96] 붉은색은 콜라의 색깔로 해석되기 때문에 진저 메일의 맛과는 상반되는 것이다. 광고에서 흰 여백은 학습된 의미와 관련된 또 다른 특성이다. 즉, 시간이 흐를수록 소비자들은 광고에서 흰 여백이 긍지, 고가격 및 고품질을 의미한다고 믿게 된다는 것이다. 이에 따라 마케터들은 광고에서 자신들이 언급하지 않더라도 제품 지각에 긍정적으로 영향을 미칠 수 있다.[97]

또 다른 일반적인 특성은 자극의 예상치 않은 정도를 의미하는, **불일치성(incongruity)**이다. 앞에서 살펴 본 바와 같이 불일치성은 주의를 증대시켜준다. 그러나 불일치성에 의해서 제기된 문제를 해결하는데서 얻게 되는 즐거움 때문에 불일치성은 호감을 증대시켜준다. 이에 따라 기존의 규범에서 벗어난(너무 심하지 않은 경우에는) 제품과 광고를 소비자들은 더 좋아할 수도 있다. 불일치성은 소비자로 하여금 직접적으로 언급되거나 제시된 것 이상으로 의미를 찾게 하기도 한다. 이 장의 뒷부분에서 살펴보게 될 이러한 추론은 해석의 중요한 부분이 된다. 압운, 익살 및 은유와 같은 수사적 비유는 소비자들의 주의를 끄는데 도움이 되고 브랜드에 대한 그들의 느낌과 지각에 영향을 미치는 것으로 알려져 있다. **수사적 비유(rhetorical figures)**는 광고의 그림에서 시각적으로 또는 본문이나 헤드라인에서 언어적으로 메시지가 전달되는 방식에서 뜻밖의 전개나 현란한 기교와 관련된다.

구성(Organization) **자극 구성(stimulus organization)**은 자극 대상물의 물리적 배열을 지칭한다. 구성은 소비자해석과 범주화에 영향을 미친다. 예를 들어, 당신이 읽고 있는 단어를 구성하는 문자들을 개별 문자로 보다는 단어로 더 지각할 것 같다. 이러한 효과는 각 단어는 문자들이 붙여 써 있고 각 단어들은 공간으로 구분된다는 사실에 의해서 강화되는데, 이를 근접성 원리라고 한다. 우리는 이 원리와 다른 몇 가지 원리를 살펴 볼 것이다.

근접성(proximity)은 가깝게 위치한 자극들은 동일 범주에 속한 것으로 지각되는 사실을 지칭한다. 근접성은 자극 그 자체에서 생기기도 한다. 예를 들어, 소비자들이 "Have a safe winter. Drive Bridgestone Tires."라는 헤드라인을 읽었을 때, 이 광고는 Bridgestone Tires가 자신들의 겨울을 안전하게 하는 데 도움이 된다는 것을 전달하려고 한다는 점을 2개 문장의 근접성에서 추론하는 경향이 있다. 물론 이 헤드라인이 명시적으로 그러한 주장을 펼치고 있지는 않다. 여기에는 어떤 윤리적 의미가 존재하는가?

매복마케팅에서처럼 자극과 맥락의 관계에서 근접성이 생길 수도 있다. **매복마케팅(ambush marketing)**은 어떤 조직이 실제로는 아무런 관계가 없는 어떤 이벤트와 연결되어 있다는 점을 의미하거나 정당하게 추론할 수 있게 해주는 커뮤니케이션이나 활동이다. 매복마케팅의 일반적인 형식은 그 이벤트 도중에 집중적으로 광고하는 것이다. 근접성으로 인해서 많은 사람들이 그 기업이 실제로는 아무런 관계가 없음에도 불구하고 그 이벤트의 후원자라고 믿게 된다.[99]

완결(closure)은 불완전한 자극을 완전한 것으로 만들게하고 이에 따라 그 자극에 더 빠져들게 만들 목적으로 불완전한 자극을 제시하는 것과 관련있다. 광고주들은 이러한 방식으로 불완전한 자극을 이용하곤 하는데, 완결은 메시지 의미를 해석하기 위해서 소비자들이 수행하는 자동적인 반응이기 때문이다. 제9장에서 살펴보게 되겠지만 소비자들의 광고 관여 수준을 높이면 회상도 증가한다.[100]

형상-배경(figure-ground)은 핵심 대상물은 관심을 집중해서 지각하고, 나머지 자극들은 배경으로 지각하도록 자극을 제시하는 것이다. 이러한 전략은 광고에서 종종 이용되는데, 여기에서의 목적은 브랜드를 소비자들이 주의를 기울이는 핵심 대상물로 두드러지게 하는 것이다. Sweden의 보드카인 Absolut는 형상-배경을 매우 효과적으로 활용하고 있다. 각 광고물은 오렌지 껍질 조각이 모여서 한 병의 보드카가 되는 Absolut Mandarin처럼, 병의 그림을 만들기 위해서 광고에서 자연요소를 이용한다. <사진 8-9>는 이와 관련된 또 다른 사례를 제시하고 있다.

사진 8-9

이 광고는 문제의 이미지가 배경보다 돋보이게 하기 위해서 형상-배경을 이용하고 있다.

변화(Changes) 자극의 변화를 해석하기 위해서 소비자들은 기존 자극에 새로운 자극을 대비시켜 분류하고 해석할 수 있어야 한다. 변화를 해석하기 위해서는 변화를 감지할 수 있는 능력과 그 변화에 의미를 부여가 필요하다. 소비자들은 경우에 따라 변화를 감지하지 못할 수도 있다. 그들은 경우에 따라서는 변화를 감지할 수 있지만 그것을 중요하지 않은 것으로 해석할 수도 있다. 유사한 자극을 구별힐 수 있는 개인의 생리적 능력은 **감각적 변별(sensory discrimination)**이라고 한다. 이것은 스테레오 시스템의 음향, 음식의 맛, 디스 플레이 스크린의 선명도와 같은 변수들을 포함하고 있다. 한 브랜드와 다른 브랜드의 차이가 감지될 수 있는 최소한의 차이를 **최소식별 차이(just noticeable difference; JND)**라고 한다. 어떤 속성의 최초 수준이 높을수록 그 속성이 크게 변해야 그 변화가 감지될 수 있다. 이러한 관점에서 프레첼(pretzel)에 미량의 소금을 첨가한다고 해도 그 프레첼이 애초에 극히 소량의 소금을 함유하고 있지 않았다면 소비자들이 알아챌 가능성은 거의 없다.

일반적으로 소비자들은 브랜드 간의 미세한 차이나 브랜드 속성의 미세한 변화는 잘 감지하지 못한다. 캔디바의 제조업체들은 이 원리를 오랫동안 이용해 왔다. 코코아의 가격이 크게 변동하기 때문에 그들은 가격을 변화시키기 보다는 캔디바의 크기를 조절한다. 제조업체들은 크기의 축소와 같은 변화가 감지되지 않으면서 제품에 변화를 주려고 하기 때문에 최소식별차이(JND)보다 작은 변화를 주려고 한다. 때로 무게를 줄이는 것으로 언급되는 이 전략은 증가추세에 있는 것 같다. 그러나 만일 소비자들이 알게 되면 잠재적 반발이 아주 심각해질 수도 있다.[101] 이러한 관행의 도덕성은 어떻게 평가될 수 있는가?

변화나 차이를 감지한 후에 소비자들은 그것을 해석하게 된다. 어떤 변화는 의미가 있지만 또 어떤 변화는 의미가 없을 수 있다. 변화와 그 변화에 대한 소비자들의 평가 사이의 관계는 최소식별차이(JND)에서 논의된 패턴을 따르는 것 같다. 어떤 속성의 초기 수준이 높을수록 그 변화가 의미를 갖기 위해서는 변화가 커져야 한다. 예를 들어 소비자들은 한 끼 식사의 분량이 증가할수록 한 끼 식사의 칼로리를 과소 추정한다. 이러한 오해는 비만과 식사량 조절에 중대한 개인적 및 사회적 영향을 끼치게 된다.[102]

변화는 **기준상태**와 연관지어 해석되곤 한다. 기준상태는 그 브랜드의 이전 모델이나 경쟁자의 모델이 될 수 있다. **준거가격**(reference price)도 기준상태이다. 소비자들은 이전 경험에 기초한 **내부** 준거가격을 끌어올 수 있다. 마케터들도 제조업체 **권장소비자가격**(MSRP: manufacturer suggested retail price)의 형태로 기준점을 제공할 수 있다. 소비자들은 권장소비자가격(MSRP)와 연관지어 세일가격을 해석하기 쉬우며, 만일 조건이 좋다면 그 제안의 지각된 가치와 구매가능성은 증가하게 된다.[103]

4. 소비자 추론

마케팅에서는 "당신이 본 것이 당신이 이해하는 것이 아니다."라고 할 때, 이유는 소비자들은 종종 추론을 통해 해석하기 때문에 그렇다. **추론(inference)**은 직접적으로 언급되거나 제시된 것 이상의 의미를 말한다. 소비자들은 제시되지 않은 정보에 대한 결론을 도출하기 위해 활용할 수 있는 자료와 자신들의 아이디어를 이용한다.

품질신호(Quality Signals) 추론은 소비자들만큼이나 많고 다양하다. 그러나 제품품질에 관련된 일부 추론은 소비자들간에 비교적 일관되게 이루어진다. 이 때에 소비자들은 비품질 단서를 토대로 제품품질에 대한 추론을 하는데 자기 자신의 경험과 지식을 이용한다.

가격-지각된 품질(price-perceived quality)은 "당신이 대금을 치른 만큼 당신은 얻는다"는 격언에 토대를 둔 추론이다. 소비자들은 가격이 비싼 브랜드는 가격이 싼 브랜드보다 좋은 품질을 갖는 것으로 추론하곤 한다.[104] 소비자들은 가격할인을 낮은 품질의 신호로 받아들이는 경우가 많은데, 이러한 경향은 그런 전술에 크게 의존하고 있는 General Motors와 같은 기업들에게 주요 관심사가 된다.[105]

광고강도(advertising intensity)도 품질신호가 된다. 소비자들은 광고를 많이 한 브랜드가 품질이 좋다고 추론한다.[106] 한 가지 이유는 노력이 성공을 예고해주며 광고지출은 노력의 한 지표로 받아들여진다는 것이다. 매체, 컬러의 활용 및 반복과 같은 광고지출에 관련된 모든 요인이 품질지각과 선택을 증가시킬 수 있다.[107]

보증(warranty)은 또 다른 품질신호인데, 보증기간이 길수록 품질이 좋다는 것을 나타낸다. 보증을 이행하는 것은 비용이 많이 들기 때문에 자사 제품의 품질에 자신감이 없는 기업들은 긴 보증을 제공하지 않는다고 소비자들은 추론한다.[108]

가격, 광고, 보증은 단지 몇 가지 품질 단서일 뿐이다. 다른 단서에는 유명 브랜드가 잘 알려지지 않은 브랜드보다 품질이 우수한 것으로 지각되는 **브랜드 효과**(brand effects) 뿐만 아니라 **원산지**(country of origin: COO)가 포함되는데, 소비자들은 더 긍정적으로 지각하는 국가에서 제조되었을 때 제품을 더 긍정적으로 해석한다.[109]

일반적으로, 소비자들이 스스로 세세한 정보에 근거한 판단을 할 수 있는 전문성이 없을 때, 의사결정에 대한 관심이나 동기가 낮을 때, 다른 품질 관련 정보가 부족할 때, 품질신호들이 더 강하게 작용한다.

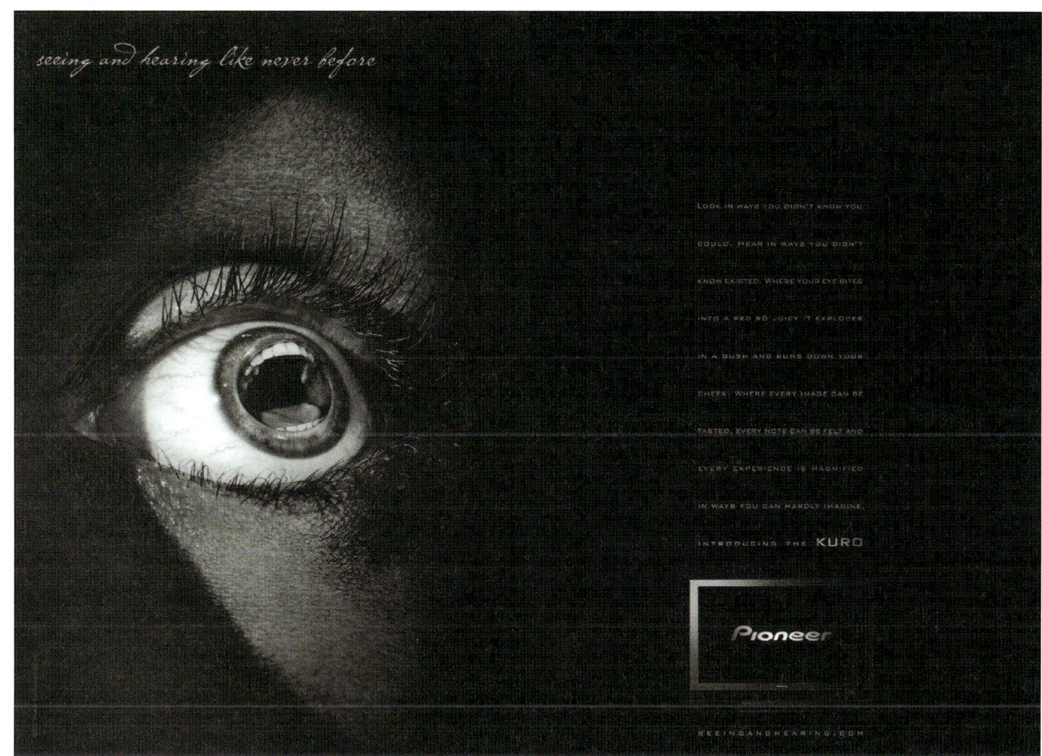

사진 8-10

그림과 심상은 단지 현실을 묘사하는 것 이상을 수행한다. 그것들은 말로는 표현이 쉽지 않은 느낌과 의미를 전달해 준다.

이미지의 해석(Interpreting Images) 광고주들이 시각적 심상의 활용을 증대시킴에 따라 시각적 이미지에서 이루어지는 소비자 추론이 점점 더 중요해지고 있다.[110] 어떻게 비주얼이 많은 인쇄광고물에서 지배적인지에 주목하라. 예를 들어, Clinique는 광천수와 아이스 큐브의 크고 투명한 유리잔을 그린 광고를 했다. 큰 라임조각이 이 유리잔의 입술에 있다. 아이스큐브와 광천수가 있는 유리잔에는 립스틱과 파운데이션 용기가 있다. 이 광고에서 다른 것은 아무것도 보이지 않는다. 이것은 무엇을 의미하는가?

명백하게, Clinique 광고를 해석하기 위해서 소비자들은 의미를 추론해야 한다. 최근까지도 광고에 있는 그림은 현실을 전달해주는 것으로 생각되었다. 만일 그렇다면 Clinique의 광고물은 터무니없는 것이다. Clinique는 비효과적인 광고에 대해 잘못이 있는가? 아니다. 우리 모두는 그림이 현실을 나타내는 것 그 이상을 하고 있다는 것을 직관적으로 인식하고 있다. 그것들은 의미를 전달하고 있다. 이렇듯 Clinique 광고물에 대한 한 가지 해석은 "Clinique 메이크업의 여름용 제품라인은 청량음료와 같이 시원하다"는 것이다.

이미지에 의해서 전달된 의미의 언어적 해석은 일반적으로 불완전하고 불충분하다. 그림은 말보다 더 효율적으로 현실을 전달해줄 수 있으며, 말로는 적절하게 표현할 수 없는 의미도 전달해줄 수도 있기 때문에 하나의 그림은 천마디 말의 가치가 있다.

마케터들은 자신들의 청중이 다양한 이미지와 말에 부여하는 의미를 이해하고 적절하게 배합해서 사용함으로써 원하는 의미를 전달해주는 메시지를 구성할수 있게 된다. 해석은 공유된 문화적 경험에 따라 크게 달라지기 때문에 문화적 차이를 섬세하게 반영해야 한다. 예를 들어, 어떤 문화(고맥락 문화, high-context culture)의 소비자들은 행간을 읽는 경향이 있다. 이러한 소비자들은 어조와 같은 커뮤니케이션 상황의 실마리에 매우 민감하다. 반면에 저맥락 문화(low-context culture)의 소비자들은 그러한 실마리는 무시하고 메시지의 문자로 표현되거나 솔직한 표현에 더 집중한다. 최근의 한 연구는 필리핀과 같은 고맥락 문화의 소비자들은 미국과 같은 저맥락 문화의 소비자들보다 광고 비주얼에서 함축적인 의미를 추론할 가능성이 더 높다고 한다.[111] <사진 8-10>은 심상에 크게 의존하는 광고의 예이다. 이 광고는 당신에게 무엇을 의미하는가? 나이든 소비자들에게도 같은 것을 의미하는가? 다른 문화의 소비자들에게는 어떤 의미를 갖는가?

누락된 정보(Missing Information)와 윤리적 문제(Ethical Concerns) 어떤 속성에 대한 자료가 누락되었을 때, 소비자들은 그 속성과 자료를 활용할 수 있는 속성 사이의 추측된 관계를 토대로 그 속성에 숫자를 부여할 수도 있다. 그들은 활용할 수 있는 속성들을 평가한 평균을 그 속성에 부여할 수도 있다. 그들은 자료가 주어진 속성들보다 약하다고 추정할 수도 있다. 또는 다른 많은 전략이 사용될 수도 있다.[112]

다음의 가상의 광고카피를 생각해보자.

- Subaru Outback은 Toyota Camry보다 연비가 좋다.
- 그 차는 Chevy Volt보다 화물적재공간이 더 넓다.
- 그 차는 Toyota RAV4보다 파워가 좋다.

일부 소비자들은 이것에서 Subaru는 Volt 및 RAV4보다 연비가 좋으며, Camry과 RAV4보다 화물적재공간이 더 넓으며, Volt 및 Camry보다 파워가 더 좋다고 추론할 것이다.[113] 이러한 주장들은 광고에서 언급되지 않았으며, 정보묘사의 일부 형태는 부정확한 추론에 이어져서 올바른 결정을 내리지 못하게 될 수도 있다. 이런 식으로 사실적으로 올바른 광고도 일부 소비자들의 판단을 그르치게 할 수 있다. 그러한 광고가 윤리적인가?

소비자들은 몇 가지 방식으로 속을 수 있다. 한 가지 방식은 기업들이 부정확한 주장을 **직접 펼치는** 것이다. 실제로는 식품 또는 식품성분이 균류이거나 균류모양인데도 불구하고 버섯에서 유래되었다고 주장하는 것이 이 범주에 속하는 것 같다. 이것은 가장 찾아내기 쉬운 속임수이며, 법률에 의해 기소될 수 있다. 그러나 다른 형태의 속임수는 다소 미묘하다. 이것들은 광범위한 **주장-신념 불일치**(claim-belief discrepancy)의 범주에 속하는데, 여기에서는 직접 부정확한 주장을 제시하지는 않았다고 하더라도 커뮤니케이션으로 인해서 소비자들이 제품에 대한 사실이 아닌 어떤 것을 믿게 된다. 예를 들어 연방공정거래위원회(Federal Trade Commission: FTC)는 Kraft Cheese Single에 대한 Kraft Food의 초기광고는 주장-신념 불일치를 토대로 오도될 수 있다고 생각하였다. 그것은 이 광고가 칼슘의 중요성과 한 장의 치즈는 5온스의 우유로 만들어진다는 사실에 초점을 맞추고 있기 때문이다. FTC의 관심사는 비록 Kraft 푸드의 광고에서 Kraft Cheese Single은 5온스 우유와 같은 양의 칼슘을 포함하고 있다는 주장이 직접 펼쳐지지는 않았을지라도 분별 있는 소비자들이 그렇다고 추론할 수 있는지에 있다. 우유를 치즈로 가공하면 칼슘 용량이 줄어들기 때문에 이러한 추론은 잘못된 것이다. 부모들은 자녀들의 칼슘원으로 Kraft Cheese Single을 사용할 수도 있기 때문에, 이것은 특별한 관심사가 된다. 법률적 관점에서는 더 어렵지만, Kraft 사례에서 볼 수 있는 바와 같이 기업들이 주장-신념 불일치에 책임이 있다고 FTC는 주장할 수 있고, 그리고 그렇게 주장한다.[114] 우리가 소비자정보처리에 대한 이해를 더해갈수록 속임수에 대한 우리의 이해와 규제는 계속 진화하게 된다.

이것은 20장에서 더 자세히 검토된다.

8.5 지각과 마케팅전략

LO5

지각은 몇 가지 영역에서 마케팅전략에 중요한 시사점을 갖고 있다.

1. 소매전략

소매업체들은 노출을 매우 효과적으로 이용하곤 한다. 상점 인테리어를 자주 구매되는 품목들(통조림 제품들, 신선한 과일과 야채, 고기)을 분리해서 설계함으로써 평균적인 소비자가 상점의 더 많은 부분을 돌게 만든다. 이것은 총 노출을 증가시켜준다. 마진이 큰 품목은 증가된 노출을 활용하기 위해 붐비는 지역에 놓여진다. 진열대의 위치와 진열공간의 크기가 상품과 브랜드의 주의에 영향을 미친다. POP 진열도 주의를 끌고 매출을 높여준다.[115] 상점의 한 구역에 있는 표시판이 다른 구역에 있는 보완적인 제품에 대한 정보를 제공해주는(쿠키 통로에 있는 우유 표지판) **교차촉진(cross-promotion)**이 효과적일 수 있다. 최근에는 소매업체들이 한 범주 내에 있는 이차적이고 중요하지 않으며 중복되는 재고유지 단위 (sku, 브랜드, 크기와 같은 개별 품목들)를 축소시킴으로써 혼잡을 줄이기 시작하였다. 혼잡도의 완화가 소비자들의 다양성과 선택 대안을 축소시키지 않는다면 소비자 지각과 매출은 증가되는 경향이 있다.[116]

소매환경의 또 다른 중요한 측면은 **주변의 향기**이다. 소매점의 유쾌하게 만드는 향기는 정서를 부추겨서 제품평가를 증가시킬 수 있다. 어떤 경우에는 향기가 평가되는 제품과 일치하지 않아도 이러한 현상이 발생할 수 있다(예: 솔향기와 오렌지 주스).

2. 브랜드명과 로고개발

Shakespears의 말이기는 하지만 마케터들은 "장미꽃은 다른 어떤 이름으로 불리워도 똑같이 향기롭다"라는 말을 믿지 않는다. Mountain Dew의 마케팅 이사는 Code Red 성공의 일부는 이름 때문이었다고 하였다. "'Mountain Dew Cherry"라고 불렀었다면 매우 다른 결과가 나왔을 것이다."[117] 브랜드명은 컬러선호에서 식품 맛에 이르기까지 모든 것에 영향을 미칠 수 있다. 한 연구에 의하면 실제 컬러가 정확하게 같을지라도 사람들은 옅은 녹색보다 아보카도색을 더 선호한다고 한다. 어린아이들은 McDonald 포장이 되어 있을 때 당근, 우유 및 사과 주스 등과 같은 음식의 맛을 더 좋아한다고 한다.[118] 이와 같은 효과는 기대편향과 역으로 연결될 수 있다. 즉, 이름이 기대를 갖게 하고, 이 기대가 다시 실제 경험에 대한 사람들의 지각을 치우치게 만드는 것이다. 글로벌 브랜드를 향한 추세를 고려하면 적절한 이름을 지어내는 것이 얼마나 복잡한지를 쉽게 상상할 수 있다.[119]

언어학적 고려(Linguistic Considerations) 때로 브랜드명은 본래의 의미를 갖지 않고 출발해도 소비자들의 경험이 쌓이면서 시간이 흐름에 따라 연상을 얻게 되는 경우도 있다. Ford와 Toyota가 구체적인 예이다. 그러나 마케터들은 처음부터 곧 바로 본래의 의미를 갖는 브랜드명을 짓기 위해서 단어의 언어학적 특성을 점점 개척하고 있다. 한 가지 측면은 본래의 어의적 의미 또는 **형태소(morpheme)**이다. NutraSweet는 영양분이 많고 감미롭다는 것을 함축하는 형태소를 활용하였다. Dodge는 높은 성능과 연상된 이름인 "Hemi" 엔진을 부활시켰다.[120] 두 번째 측면은 음향(sound) 또는 **음소(phonemes)**이다. 문자와 단어의 음향이 제품속성을 상징할 수 있다. 예를 들어, 강렬한 소리를 내는 모음들(Frosh)이 맑은 소리가 나는 모음들(Frish)보다 풍부한 크림이 있는 아이스크림을 암시하는데 더 잘 이용될 수 있다.[121]

Lexicon 및 NameLab과 같은 다른 작명기업들은 적절한 의미를 전달해 주는 이름을 짓기 위해서 이러한 개념들을 활용하고 있다. Lexicon은 Research in Motion의 휴대용 기기의 이름으로 Blackberry를 선택하였는데, berry는 소형을 암시하고, "b" 음은 휴양과 강하게 연결되며 Black과 berry의 시작음인 2개의 "b" 음은 가볍고 상쾌해서 속도를 암시하게 된다. 이렇게 하여 모든 소비자들의 꿈인 작고, 사용이 쉬우며 빠른 휴대기기를 암시하는 이름이 탄생하였다.[122]

브랜딩 전략(Branding Strategies) 마케터들은 강력한 기존 브랜드명을 활용하기 위해서 많은 전략을 구사한다. 하나는 브랜드확장(brand extension)인데, 고급 남성 슈트의 제품라인에 Levi 이름을 붙인 Levi Strauss와 같이 기존의 브랜드를 새로운 범주에 같은 이름으로 확장시키는 것이다. 또 다른 것은 공동 브랜딩(co-branding)인데, 여기에서는 2개의 브랜드가 하나의 제품에 함께 붙여지는 제휴가 이루어진다. 한 가지 예는 "Intel Inside" compaq 컴퓨터이다. 브랜드확장과 공동브랜딩은 제9장에서 살펴보겠지만 긍정적일 수도 있고 부정적일 수도 있다. 핵심 쟁점은 핵심 브랜드와 확장제품 또는 두 개의 공동 브랜드사이의 **적합성**이다. 적합도가 너무 낮은 것은 좋지 않은데, 사람들이 새로운 브랜드를 분류하여 의미를 찾는데 어려움이 있기 때문이다. 예를 들어 Levi의 남성용 슈트는 실패작인데, 편하고 캐주얼한 Levi의 핵심 이미지는 격식을 갖춘 고급 슈트에는 어울리지 않기 때문이었다.[123]

로고 디자인(Logo Design)과 활자체(Typographics) 제품이나 서비스의 이름이 제시되는 방식인 로고도 중요하다.[124] <그림 8-5>는 시간의 흐름에 따라 자신들의 로고를 변화시킨 수많은 브랜드들을 보여준다. 당신은 새로운 로고가 더 좋다고 또는 더 나쁘다고 생각하는가? 어떤 점에서 더 좋거나 나쁜가?

이러한 질문에 답을 하면서, 당신은 제안을 하기 위한 어떠한 기준도 갖고 있지 않다는 것을 깨닫게 된다. 그러한 기준은 얻기 어려우며 우리는 어떤 로고가 다른 로고보다 왜 더 효과가 있는지를 이제 겨우 이해하기 시작하였다. 한 연구는 이에 관한 지침을 제

최근의 로고 재디자인 그림 8-5

브랜드	원래의 로고	변경된 로고
Pepsi		
Reebok	Reebok® TM	RbK
BP	BP	bp
Belk	Belk	belk MODERN. SOUTHERN. STYLE.

공하고 있는데, 이 지침에 의하면 자연스럽고 적당히 정교하며 대칭적으로 균형을 이룬 로고 심벌(Prudential의 암반과 같은)이 높은 로고 호감으로 이어진다고 한다. 자연스러운 로고는 평범하게 경험되는 대상물을 묘사해주며, 정교한 로고는 복잡성을 수반하고, 대칭적인 로고는 시각적인 균형감을 준다.

이름에 사용되는 글자의 모양과 형태는 로고 심볼을 뛰어넘는 것으로 서체 및 폰트와 연결된다. 예를 들어, 당신은 팬시글자체의 폰트는 간결함을 전달해주기 때문에 산악자전거보다는 만년필에 적합하다고 직관적으로 생각할 수도 있다. 이런 당신의 생각은 옳다. 여러 가지 폰트는 여러 가지 의미를 불러일으키며 그리고 폰트와 제품이 어울리는 적합성은 이름과는 무관하게 그 브랜드의 선택 가능성을 증가시켜줄 수 있다.[125] 이처럼 다양한 기준을 고려하면, 새로운 로고 디자인을 평가할 수 있게 된다.[126]

3. 매체전략

매체의 폭발적 증가로 핵심 표적청중에 대한 노출을 확보하는 것이 어려워지고 비용이 많이 들게 되고 있다.[127] 그러나 노출과정은 무작위적이라기보다는 선택적인 경우가 많다는 것이 효과적인 매체전략의 근간이다. 즉, 기업들은 표적시장의 소비자들이 어느 매체에 가장 자주 노출되는지를 파악하여 그러한 매체에 광고를 실어야 한다. 한 중역은 다음과 같이 언급하였다.

> 우리는 신중하게 표적으로 선정된 신흥시장에 가장 잘 도달할 수 있게 해주는 올바른 매체를 점점 더 찾아야 한다. 옛날 방식의 산탄총 접근방법보다는 소총 접근방법이 그것이다.[128]

소비자관여가 매체노출과 전략을 이끌 수 있다. 고관여 제품에 대해서는 그 제품과 관련된 콘텐츠가 있는 매체에 광고를 실어야 한다. Runner's World와 Vogue와 같이 특화된 매체는 관련제품에 관심을 갖고 광고를 잘 받아 들이는 독자들을 끌어들이는 경향이 있다. 반면에 저관여 제품에 대한 광고는 표적시장의 소비자들이 빈번히 보는 한 콘텐츠와 관계없이 평판이 좋은 매체에 실어져야 한다.[129] 이러한 상황에서 마케터는 표적시장의 소비자들이 관심을 보이는 매체를 찾아내고 그러한 매체에 광고를 실어야 한다. 연령, 민족, 사회계층 또는 가족수명주기의 단계에 의해서 규정된 표적시장은 매체선호도가 다르

표 8-1 인구 통계적 특성을 토대로 한 몇몇 잡지에 대한 선택적인 노출

인구통계적 특성	*Better Homes & Gardens*	*Cosmopolitan*	*Maxim*	*National Geographic*	*Family Circle*
성별					
남	24	20	186	120	11
여	152	154	42	86	161
나이					
18–24	36	296	274	52	32
25–34	60	149	223	58	55
35–44	76	113	113	77	76
45–54	104	83	62	112	93
55–64	145	45	25	120	131
65+	142	26	10	149	129
학력					
고졸	94	105	118	116	73
대졸	107	94	100	81	118
가구소득 미만					
Less than $25,000	90	97	61	94	112
$25,000–$49,999	105	99	96	100	109
$50,000–$59,999	100	103	122	104	105
$60,000–$74,999	101	96	146	104	90
$75,000 or more	105	104	121	103	80

주: 100 = 사용, 구매 혹은 소비의 평균수준.
Source: *SMRB*. 2006.

게 나타나게 되는데, 이것은 매체를 선정하는데 활용될 수 있다. <표 8-1>은 인구 통계적 특성을 토대로 한 몇몇 잡지에 대한 선택적인 노출을 설명해주고 있다.

앞에서 살펴본 것처럼, 비디오게임 플레이어의 인구 통계적 특성은 젊은 남성에 치우쳐있다(컨솔게임의 경우 평균나이는 26세이고 68%가 남성이다). 이러한 인구 통계적 특성을 갖는 집단에서 매체노출을 획득하고 싶어하는 Burger King과 같은 기업들은 비디오게임 중간에 삽입된 광고와 간접광고(product placement) 쪽으로 광고 지출을 돌리고 있다.[130]

기술은 매체선택전략을 급격하게 변화시키고 있다. 옥외모바일 광고에 대한 GPS 기술의 영향을 살펴보자.

택시를 타고 도시의 한 곳에서 다른 곳으로 이동할 때, 택시의 지붕에 있는 전자식 광고게시판이 지역과 시간대에 따라 변화한다. 위성의 지원과 GPS(Global Positioning System) 덕분에 택시의 지붕에 있는 반짝반짝 빛나고 주의를 끄는 광고가 계속 변하고 있다. 택시가 대학교 옆을 지날 때는 서점에 대한 광고가 나타난다. 택시가 정오에 상업지역을 지나가는 동안에는 그 지역의 조제식품 판매점에 대한 광고가 스크린을 채운다. 택시가 Hispanic 사람들이 사는 지역을 지날 때는, 스낵식품에 대한 스페인어로 된 광고가 나타난다.[131]

4. 광고물

광고물은 주의를 획득하고 의미를 전달하는 2가지 중요한 과제를 수행해야 한다. 불행하게도, 어느 한 과제를 수행하는데 적합한 기술은 다른 과제에 대해서는 역효과가 나는 경우가 많다.

당신은 변기 세정기에 대한 사용자를 증대시키는 캠페인을 설계해야 하는데 표적시장의 소비자들은 그 제품에 대해 본래 관심이 거의 없다는 조사결과가 있다면 당신은 어떻게 할 것인가. 당신은 무엇을 할 수 있는가? 2가지 전략이 적당한 것 같다. 하나는 주의를 끌기 위해서 밝은 컬러나 초현실주의와 같은 **자극특성을 활용**하는 것이다. 두 번째는 **메시지를 표적시장의 소비자들이 관심을 보이는 화제에 연동시키는 것이다.**

그런데, 주의를 끌기 위해서 제품범주와 관련이 없는 요인을 사용할 때는 조심해서 이루어져야 한다. 첫째, 자극들이 한정된 주의를 서로 받기 위해서 경쟁하기 때문에 그러한 사용은 핵심적인 브랜드메시지에 대한 주의를 떨어뜨릴 수도 있다. 기업들이 제품이나 메시지와 관련된 방식으로 유머, 섹스어필, 유명 인사를 활용하려고 종종 노력하는 것은 바로 이 때문이다. 둘째, 그것은 **해석**에 부정적으로 영향을 미칠 수도 있다. 예를 들어 보험광고에서 유머는 브랜드를 신뢰할 수 없는 것으로 해석하는 결과를 낳을 수도 있다.

5. 포장 디자인과 라벨링

포장은 주의를 끌고 정보를 전달해야 하며, 컬러에서 형태와 활자체에 이르는 여러 가지 측면들이 소비자 지각에 미치는 영향에서 복잡하게 상호작용을 일으킬 수 있다[132] 포장디

사진 8-11

포장디자인이 지각된 양과 소비수준에 강력하게 영향을 미칠 수 있다. 당신은 어느 포장이 더 많은 음료를 담고 있다고 생각하는가?

자인은 기능적인 요소와 지각적 요소를 갖는다. M&M's의 캔디코팅을 생각해보자. 초콜릿이 손에서 녹지 않게 하는 것은 기능적 요소이다. 그러나 이는 또한 지각적인 요소이기도 하다. 밝은 색채들은 맛이 다르지 않을지라도 관심을 불러일으키고 독특해 보인다. 한 연구에서 M&M's의 한 그릇에서 컬러다양성(7대 10가지 컬러)을 변화시켜서 다양성이 커질수록 소비자들은 더 많이 먹는다는 점을 발견하였다.[133] M&M's은 화려한 컬러를 도입하고 이 제품 광고에서 컬러를 강조함으로써 컬러에 다시 집중하였다. 한 임원은 다음과 같이 언급하였다. "우리는 항상 컬러를 독특한 차이점으로 사용해왔는데, 우리는 그 메시지를 신선하고 현대적인 방식으로 강화시키려고 하였다."[134] 선명한 색, 긴 포장 및 색다른 모양은 주의를 끌고, 의미를 전달하며 그리고 소비에 영향을 미치는데 사용될 수 있다.[135] 예를 들어, 소비자들은 더 긴 포장이 같은 양(한 캔의 청량음료)의 짧은 포장보다 더 많은 양을 담고 있다고 믿는 경향이 있다. 이에 따라, 최근의 한 연구는 음료 소비자들은 캔보다 병을 적게 구입하지만 그들이 구입한 양은 같다고 지각한다고 주장한다. 가늘고 긴 병과 같은 포장 디자인이 제품 매출과 이익을 축소시키는 방식으로 소비자 지각에 영향을 미친다는 것을 주목하라.[136] <사진 8-11>을 살펴보자. 어느 것이 더 많은 양을 담고 있는 것처럼 보이는가? 만일 당신이 Acqua Panna라고 답했다면, 당신은 연장편향(elongation bias)의 영향을 받았다(세 병은 정확하게 같은 양의 액체 1리터를 담고 있다).

포장은 제품정보와 경고를 담고 있다. 윤리적 및 법률적 측면에서 마케터들은 담배, 알코올 음료 및 다수의 일반약품과 같은 많은 제품에 경고문을 붙이도록 강요받고 있다. 한편으로는, 사용자들에게 잠재적 위험을 효과적으로 경고하려는 바람이 있다. 다른 한편에서는, 제품이미지로부터 과도하게 주의가 다른 곳으로 분산되는 것을 피하고 싶은 바람도 있다. 윤리적 및 법률적 측면에서 핵심은 소비자를 희생시키면서 이미지를 쌓는 오류를 범하지 않는 것이다. 잘 설계된 경고들은 적어도 어느 정도는 효과적인 것처럼 보인다. 이것들의 효과성을 떨어뜨리는 요인에는 지나치게 기술적이거나 복잡한 언어와 잘 따랐을 때 얻게 되는 긍정적인 결과를 표기하지 않는 오류가 있다.[137]

요약

1. 지각의 특성 그리고 소비자 기억과 및 의사결정에 대한 지각의 관계를 설명한다.

지각은 개인이 자극에 의미를 부여하는 활동들로 구성되어 있다. 지각은 노출, 주의 및 해석의 3단계로 일어난다. 지각이 발생하게 되면, 자극에서 도출된 의미는 대체로 기억에 이전된다. 기억은 정보를 저장하고 있다가 소비자들이 의사결정을 할 때 그 정보를 인출할 수 있게 한다.

2. 노출의 의미와 및 유형을 설명하고 그리고 이에 따른 마케팅전략을 살펴본다.

자극이 일차적인 감각기관들 중 한 기관의 범위 내에 들어오면 노출이 발생한다. 사람들은 활용할 수 있는 자극들의 극히 일부에만 노출된다. 그리고 소비자들이 어떤 마케팅자극을 적극적으로 회피할 때, 이것을 **선택적 노출**이라고 한다. 광고영역에서 선택적 노출은 **광고회피**라고 한다. 마케터들은 **간접광고** 및 **하이브리드 광고**와 같은 전술을 이용하여 회피를 극복하려고 한다. 그러나 소비자들은 일부 마케팅 자극을 자발적으로 찾아 나선다는 점을 언급할 필요가 있다. 예로는 Super Bowl 광고들, 온라인에서 바이러스처럼 확산되는 광고들 그리고 소비자들이 허락 기반 마케팅을 통해서 정보를 수신하기로 한 기업 기반의 이메일들을 들 수 있다.

3. 주의의 의의 및 이에 영향을 미치는 요인들을 설명하고 그리고 이에 따른 마케팅전략을 살펴본다.

자극이 하나 이상의 감각기관을 활성화시키고 그 결과로 생기는 감각물이 처리를 위해서 대뇌에 들어가면 주의가 발생한다. 사람들은 자극, 개인 및 상황 요인의 함수로 자극에 **선택적으로 주의**를 기울인다. **자극 요인**은 대조, 규모, 강도, 매력, 컬러, 움직임, 위치, 격리, 포맷 및 정보량과 같은 자극 그 자체의 특성이다. **개인 요인**은 동기 및 능력과 같은 그 개인의 특성이다. **상황요인**은 문제의 자극과 한경에 따른 개인의 일시적 특성 이외에 환경에 있는 자극을 포함한다. 정보혼잡과 프로그램관여는 마케터들이 특별히 관심을 갖는 상황요인이다.

의도적 노력을 기울이지 않고 개인이 정보를 받아들일 때 **집중하지 않은 주의**가 발생한다. **반구전문화**는 대뇌의 양쪽에서 이루어지는 활동들에 적용되는 용어이다. 대뇌의 왼쪽은 주로 일반적으로 이성적이라고 하는 활동과 지금 발생하고 있는 것을 의식하고 보고하는 능력과 관계된다. 대뇌의 오른쪽은 개인이 언어적으로 보고할 수 있는 능력이 없이 그림, 기하학적, 초시간적인, 비언어적 정보를 처리한다. 보거나 듣고 있음을 알지 못할 정도로 빠르게 또는 약하게 또는 다른 메시지에 가려진 채로 제시되는 메시지는 **식역하 메시지**라고 한다. 식역하 메시지는 많은 관심을 불러일으켰지만 브랜드선택이나 소비자 행동의 다른 측면에 의미 있는 방식으로 영향을 미친다고 일반적으로 생각되지 않는다.

4. 해석과 이에 영향을 미치는 요인들을 설명하고 그리고 이에 따른 마케팅전략을 살펴본다.

해석은 이미 주의가 기울여진 자극에 대한 의미의 부여이다. 해석은 절대적이라기보다는 상대적이고(지각적 상대성) 객관적이라기보다는 주관적이다. 해석의 2가지 일반적인 형태는 인지적 및 감정적 해석이다. 인지적 해석은 새로운 자극이 의미의 기존 범주에 배치되는 과정을 수반하는 것 같다. 감성적 해석은 자극에 의해서 유발된 정서적 또는 감정 반응이다.

해석은 주로 개인적 특징, 학습 그리고 기대의 함수인데. 기대는 자극에 의해서 촉발되고 상황에 의해서 조절된다. 자극특징은 매우 중요하다. 자극구성은 자극 대상물의 물리적 배열이며 근접성, 완결 및 형상-배경이라는 지각적 원리와 관련된다. 마케터들은 효과적인 커뮤니케이션전략을 구사하는데 이 원리들을 활용할 수 있다. 자극변화와 이 변화에 대한 소비자 반응도 관심을 끌고 있는데 "무게를 줄이는" 전략과 관련해서 중요성이 커진다. 이 전략은 소비자들이 알아채지 못하도록 제공되는 양을 조금씩 줄여나간다.

해석이 소비자추론을 포함할 때도 있다. 추론은 직접적으로 언급되거나 제시된 것을 능가하는 것이며 소비자가 품질표지를 활용하는 것(예: 가격이 비싸면 품질이 좋을 것이다), 이미지를 해석하는 것, 누락된 정보를 처리하는 방식을 설명하는데 도움이 된다. 마케팅 메시지가 글자 그대로 옳은 경우에도 어떻게 소비자들이 그 메시지에 의해서 판단을 잘못하게 되는지를 설명하는데 추론이 도움이 되기도 한다.

5. 어떻게 지각이 소매, 브랜딩, 광고 및 패키징 전략을 향상시켜줄 수 있는지를 논의한다.

마케터들은 소매, 브랜딩, 광고 및 패키징을 포함한 많은 분야에서 전략의 질을 향상시키기 위해서 지각에 대한 지식을 활용한다. 소매분야에서 상점 및 진열대 위치에 관련된 이슈들은 지각의 중요한 결정요인이다. 브랜딩분야에서 브랜드 이름의 선택, 확장 및 적절한 로고에 관련된 이슈들은 지각과 밀접한 관계가 있다. 광고전략과 매체선정은 노출과 주의를 향상시켜주는 요인들을 고려함으로써 크게 영향을 받게 된다. 패키징은 제품의 기능적 측면이지만, 소비자의 주의를 끌 수 있으며, 브랜드 해석에 영향을 미칠 수 있다는 점에서 지각적 측면도 있다.

주요 용어

광고회피(ad avoidance)
적응수준이론(adaptation level theory)
감성적 해석(affective interpretation)
매복마케팅(ambush marketing)
주의(attention)
브랜드확장(brand extension)
브랜드친숙도(brand familiarity)
완결(closure)
공동브랜딩(co-branding)
인지적 해석(cognitive interpretation)
맥락적 단서(contextual cues)
교차촉진(cross-promotions)
지각적 방어(perceptual defenses)
노출(exposure)
형상-배경(figure-ground)
반구전문화(hemispheric lateralization)
추론(inference)
정보광고(infomercials)
정보과부하(information overload)
정보처리(information processing)
해석(interpretation)
최소식별 차이(j.n.d.)(just noticeable difference)
소리제거(muting)
지각(perception)

참고 문헌

1. This insight is based on E. Nussbaum, "What Tina Fey Would Do for a SoyJoy: Product Integration, *30 Rock,* and the Trouble with Using Brands to Write TV," *New York Magazine,* October 13, 2008, pp. 32–37, 90; J. Plambeck, "Product Placement Grows in Music Videos," *The New York Times,* July 5, 2010; "Corvette Placement on 'Glee' Hits Right Note for Chevy," *Los Angeles Times,* September 30, 2010; B. Steinberg, "Chevy Takes on Ambitious Role in TNT's 'Men' Program," *Advertising Age,* January 17, 2011, p. 3.
2. For an interesting discussion, see J. J. Pilotta and D. Schultz, "Simultaneous Media Experience and Synesthesia," *Journal of Advertising Research,* March 2005, pp. 19–26.
3. R. Liljenwall, "Global Trends in Point-of-Purchase Advertising," in *The Power of Point-of-Purchase Advertising,* ed. R. Liljenwall (Washington, DC: Point-of-Purchase Advertising International, 2004), chap. 10.
4. "Ad Avoidance Highest among Key Target Groups, Says Study," *Businessline,* October 21, 2004, p. 1. See also J. Rojas-Mendez, G. Davies, and C. Madran, "Universal Differences in Advertising Avoidance Behavior," *Journal of Business Research* 62 (2009), pp. 947–54.
5. S. M. Edwards, H. Li, and J.-H. Lee, "Forced Exposure and Psychological Reactance," *Journal of Advertising,* Fall 2002, pp. 83–95; H. Li, S. M. Edwards, and J.-H. Lee, "Measuring the Intrusiveness of Advertisements," *Journal of Advertising,* Summer 2002, pp. 37–47; S. Shavitt, P. Vargas, and P. Lowrey, "Exploring the Pole of Memory for Self-Selected Ad Experiences," *Psychology & Marketing,* December 2004, pp. 1011–32; and C. H. Cho and H. J. Cheon, "Why Do People Avoid Advertising on the Internet?" *Journal of Advertising,* Winter 2004, pp. 89–97.
6. A. C. B. Tse and R. P. W. Lee, "Zapping Behavior during Commercial Breaks," *Journal of Advertising Research,* May 2001, pp. 25–28; M. Savage, "China Turning On, but Tuning Out," *Media,* May 7, 2004, p. 19.
7. P. Paul, "Coming Soon: More Ads Tailored to Your Tastes," *American Demographics,* August 2001, pp. 28–31.
8. Edwards, Li, and Lee, "Forced Exposure and Psychological Reactance."
9. "Pop-Ups—End of an Era?" *NOP World United Business Media,* www.unitedbusinessmedia.com, September 29, 2003.
10. C. A. Russell, "Investigating the Effectiveness of Product Placements in Television Shows," *Journal of Consumer Research,* December 2002, pp. 306–18; S. A. McKechnie and J. Zhou, "Product Placement in Movies," *International Journal of Advertising* 22, no. 3 (2003), pp. 349–74; M. Wiles and A. Danielova, "The Worth of Product Placement in Successful Films," *Journal of Marketing,* July 2009, pp. 44–63; P. M. Homer, "Product Placements," Journal of Advertising, Fall 2009, pp. 21–31. For examples when negative effects can occur, see E. Cowley and C. Barron, "When Product Placement Goes Wrong," *Journal of Advertising,* Spring 2008, pp. 89–98.
11. "Nestle Breaks First Product–Placement TV Buy in U.K.," *Advertising Age,* March 3, 2011.
12. "No More Skipping Ads?," *Los Angeles Times,* October 11, 2010.
13. R. Greenspan, "DVRs Not Necessarily Ad-Killers," *ClickZ.com,* May 24, 2004; "Jupiter: DVR Ad Skipping Threatens $8B in Advertising," *MarketingVOX.com,* May 4, 2006; "Ad Spots in the DVD Era; and R. Dana and S. Kang, "Answer to Vexing Question: Who's Not Watching Ads," *The Wall Street Journal,* October 17, 2007, p. B2.
14. J. Mandese, "Study: DVRs 'Recapture' 96% of TV Ad Zapping," *MediaPost's Media Daily News,* May 25, 2004, www.mediapost.com; "New Age for Ads," *Cablefax Daily,* December 6, 2007, www.cablefax.com H. Dawley, "As to Worries Over Ad-Skipping, Skip It," *Media Life Research,* www.medialifemagazine.com, May 18, 2006.
15. A. Ambruster, "Don't Give Up on TV Ads Just Yet," *TelevisionWeek,* July 23–30, 2007, p. 16.
16. B. A. S. Martin, V. T. L. Nguyen, and J.-Y. Wi, "Remote Control Marketing," *Marketing Intelligence and Planning* 20, no. 1 (2002), pp. 44–48.
17. S. A. Brasel and J. Gips, "Breaking Through Fast-Forwarding," *Journal of Marketing,* November 2008, pp. 31–48.
18. See D. Kiley, "Learning to Love the Dreaded TiVo," *BusinessWeek,* April 17, 2006, p. 88; C. Limbardi, "TV Advertising's DVR Challenge," *News.com,* May 23, 2006; K Ritchi, "Fast-Forwarding Is So Passe Advertisers Want in on DVR and Providers Are Finally Listening," *Boards,* January 2007, p. 13; B. Steinberg, "In the End, It's the Last Ad in a Pod They Recall," *Television Week,* June 11, 2007, p. 13; and S. Vranica, "New Ads Take on TiVo," *The Wall Street Journal,* October 5, 2007, p. B4.
19. "DirecTV Chooses NDS Dynamic to Support Addressable Advertising," *www.nds.com,* press release, March 22, 2011, accessed May 27, 2011.
20. The Adidas outdoor efforts found in the following: "Adidas and Guerrilla Marketing," *Outdoor Advertising Blog,* 1outdoor advertising.blogspot.com, August 13, 2007; and "Giant Adidas Ad," *Advertising Age,* June 5, 2006, p. 15.
21. T. L. Stanley, "Advergames, Content Role Juice up Marketer's Game," *Advertising Age,* February 6, 2006, p. S-3; see also L. Schneider and T. Cornwell, "Cashing in on Crashes via Brand Placement in Computer Games," *International Journal of Advertising* 24, no. 3 (2005), pp. 321–43.
22. P. Lehman, "Mad Ave Clicks with the Gamers," IN, November 2007, p. 28; and "Interactive Marketing and Media Fact Pack," *Advertising Age*, 2006, p. 46.
23. Liljenwall, "Global Trends in Point-of-Purchase Advertising."
24. M. Singh, S. K. Balasubramanian, and G. Chakraborty, "A Comparative Analysis of Three Communication Formats,"

Journal of Advertising, Winter 2000, pp. 59–75.

25. M. T. Elliot and P. S. Speck, "Antecedents and Consequences of Infomercials," *Journal of Direct Marketing,* Spring 1995, pp. 39–51.
26. "DoubleClick's 2004 Consumer Email Study," October 2004, www.doubleclick.com.
27. A. Z. Cuneo, "Wireless Giants Leap into Third-Screen Marketing," *Advertising Age,* September 11, 2006, p. 39.
28. S. Thompson, "Media Recipe," *Advertising Age,* October 23, 2000, p. 42.
29. K. Bouffard, "Analyst Says Grocers' Cut in Shelf Space for Orange Juice Hurts Citrus Sales," *Knight Ridder Tribune Business News,* July 22, 2004, p. 1.
30. M. Rappaport, "Food Product Makers Secure Supermarket Shelf Space by Paying Slotting Fees," *Knight Ridder Tribune Business News,* January 14, 2004, p. 1.
31. X. Drèze and F. Xavier Hussherr, "Internet Advertising," *Journal of Interactive Marketing,* Autumn 2003, pp. 8–23; "A NotSo-Banner Year," *Marketing News,* April 29, 2002, p. 3; and H. Robinson, A. Wysocka, and C. Hand, "Internet Advertising Effectiveness," *International Journal of Advertising* 26, no. 4 (2007), pp. 527–41.
32. G. L. Lohse, "Consumer Eye Movement Patterns on Yellow Pages Advertising," *Journal of Advertising,* Spring 1997, pp. 61–73; A. M. Abernethy and D. N. Laband, "The Customer Pulling Power of Different-Sized Yellow Pages Advertisements," *Journal of Advertising Research,* May–June 2002, pp. 66–72; and A. M. Abernethy and D. N. Laband, "The Impact of Trademarks and Advertising Size on Yellow Page Call Rates," *Journal of Advertising Research,* March 20004, pp. 119–25.
33. J. R. Rossiter and R. B. Silberstein, "Brain-Imaging Detection of Visual Scene Encoding in Long-Term Memory for TV Commercials," *Journal of Advertising Research,* March 2001, pp. 13–21. See also S. L. Crites Jr., and S. N. Aikman-Eckenrode, "Making Inferences Concerning Physiological Responses," *Journal of Advertising Research,* March 2001, p. 25; and J. R. Rossiter et al., "So What?" *Journal of Advertising Research,* May 2001, pp. 59–61.
34. C.-H. Cho, J.-G. Lee, and M. Tharp, "Different Forced-Exposure Levels to Banner Ads," *Journal of Advertising Research,* July 2001, pp. 45–54; and W. W. Moe, "A Field Experiment to Assess the Interruption Effect of Pop-Up Promotions," *Journal of Interactive Marketing,* Winter 2006, pp. 34–44.
35. R. Pieters, E. Rosbergen, and M. Wedel, "Visual Attention to Repeated Print Advertising," *Journal of Marketing Research,* November 1999, pp. 424–38.
36. R. Pieters and M. Wedel, "Attention Capture and Transfer in Advertising," *Journal of Marketing,* April 2004, pp. 36–50.
37. S. N. Singh et al., "Does Your Ad Have Too Many Pictures?" *Journal of Advertising Research,* January 2000, pp. 11–27.
38. P. J. Danaher, G. W. Mullarkey, and S. Essegaier, "Factors Affecting Web Site Visit Duration," *Journal of Marketing Research,* May 2006, pp. 182–94.
39. Pieters and Wedel, "Attention Capture and Transfer in Advertising."
40. *What the Eye Does Not See, the Mind Does Not Remember,* Telecom Research, Inc., undated.
41. G. J. Gorn, A. Chattopadhyay, T. Yi, and D. W. Dahl, "Effects of Color as an Executional Cue in Advertising," *Management Science,* October 1997, pp. 1387–99.
42. L. Haugen and C. Weems, "P-O-P Advertising Design and Creativity," in *The Power of Point-of-Purchase Advertising,* chap. 6.
43. L. Rostoks, "Sales from POP Advertising Are Measureable," *Canadian Grocer,* July–August 2001, p. 19; and J. McCarthy, "Point of Purchase Last Chance to Dance," *Marketing Magazine,* March 2004, p. 33.
44. C.-H. Cho, "How Advertising Works on the WWW," *Journal of Current Issues and Research in Advertising,* Spring 1999, pp. 33–49; see also S. S. Sunder and S. Kalyanaraman, "Arousal, Memory, and Impression-Formation Effects of Animation Speed in Web Advertising," Journal of Advertising, Spring 2004, pp. 7–17.
45. Lohse, "Consumer Eye Movement Patterns on Yellow Pages Advertising." See also K. V. Fernandez and D. L. Rosen, "The Effectiveness of Information and Color in Yellow Pages Advertising," *Journal of Advertising,* Summer 2000, pp. 62–73.
46. D. Alexander, "Food Industry Giants Spend Big Money for Prime Supermarket Shelf Space," *Knight Ridder Tribune Business News,* December 14, 2003, p. 1.
47. C. Garcia, V. Ponsoda, and H. Estebaranz, "Scanning Ads," *Advances in Consumer Research,* vol. 27, ed. S. J. Hoch and R. J. Meyer (Provo, UT: Association for Consumer Research, 2000), pp. 104–9.
48. Drèze and Hussherr, "Internet Advertising."
49. D. D. McAdams, "Is Anybody Paying Attention?" *Broadcasting and Cable,* August 7, 2000, p. 38.
50. See G. D. Olsen, "Creating the Contrast," *Journal of Advertising,* Winter 1995, pp. 29–44.
51. C. Janiszewski, "The Influence of Display Characteristics on Visual Exploratory Search Behavior," *Journal of Consumer Research,* December 1998, pp. 290–301.
52. A. Chattopadhyay, D. W. Dahl, R. J. B. Ritchie, and K. N. Shahin, "Hearing Voices," *Journal of Consumer Psychology* 13, no. 3 (2003), pp. 198–204.
53. J. Roumelis, "How to Get Noticed . . . Fast," *Marketing Magazine,* May 6, 2002, p. 26.
54. R. C. Goodstein, "Category-Based Applications and Extensions in Advertising," *Journal of Consumer Research,* June 1993, pp. 87–99; see also Y. H. Lee, "Manipulating Ad Message," *Journal of Advertising,* Summer 2000, pp. 29–43.
55. R. Pieters, L. Warlop, and M. Wedel, "Breaking through the Clutter," *Management Science,* June 2002, pp. 765–81.
56. "Signposts," *Advertising Age,* May 21, 2001, p. 3.
57. T. Elkin, "PVR Not Yet a Big Threat," *Advertising Age,* May 6, 2002, p. 55. See also L. F. Allwitt, "Effects of Interestingness on Evaluations of TV Commercials," *Journal of Current Issues and Research in Advertising,* Spring 2000, pp. 41–53; and

W. Friedman, "72.3% of PVR Viewers Skip Commercials," AdAge.com, July 2, 2002, www.adage.com.

58. J. W. Elpers, M. Wedel, and R. Pieters, "Why Do Consumers Stop Viewing Television Commercials?" *Journal of Marketing Research,* November 2003, pp. 437–53.

59. Pieters, Warlop, and Wedel, "Breaking through the Clutter"; and Elpers, Wedel, and Pieters, "Why Do Consumers Stop Viewing Television Commercials?"

60. B. Lee and W. Lee, "The Effect of Information Overload on Consumer Choice Quality in an On-Line Environment," *Psychology & Marketing,* March 2004, pp. 159–83.

61. Pieters and Wedel, "Attention Capture and Transfer in Advertising"; and R. Pieters and M. Wedel, "Goal Control of Attention to Advertising," *Journal of Consumer Research,* August 2007, pp. 224–33.

62. C.-H. Cho, "The Effectiveness of Banner Advertisements," *Journalism and Mass Communication Quarterly,* Autumn 2003, pp. 623–45.

63. See W. Dou, R. Linn, and S. Yang, "How Smart Are 'Smart Banners'?" *Journal of Advertising Research,* July 2001, pp. 31–43.

64. K. Oser, "Targeting Web Behavior Pays, American Airlines Study Says," *Advertising Age,* May 17, 2004, p. 8; see also L. Sherman and J. Deighton, "Banner Advertising," *Journal of Interactive Marketing,* Spring 2001, pp. 60–64.

65. A. M. Menon, A. D. Deshpande, M. Perri III, and G. M. Zinkhan, "Consumers' Attention to the Brief Summary in Print Direct-to-Consumer Advertisements," *Journal of Public Policy and Marketing,* Fall 2003, pp. 181–91.

66. M. Dahlen, "Banner Advertisements through a New Lens," *Journal of Advertising Research,* July 2001, pp. 23–30.

67. J. Spaeth, "Post-Promotion Evaluation," chap. 6, and Liljenwall, "Global Trends in Point-of-Purchase Advertising," chap. 10, both in *The Power of Point-of-Purchase Advertising.*

68. R. G. M. Pieters and T. H. A. Bijmolt, "Consumer Memory for Television Advertising," *Journal of Consumer Research,* March 1997, pp. 362–72; see also E. Riebe and J. Dawes, "Recall of Radio Advertising in Low and High Advertising Clutter Formats," *International Journal of Advertising* 25, no. 1 (2006), pp. 71–86.

69. "The Involvement Index," *Magazine Involvement Alliance,* 2004.

70. For more detail, see T. L. Chartrand, "The Role of Conscious Awareness in Consumer Behavior," *Journal of Consumer Psychology* 15, no. 3 (2005), pp. 203–10; A. Dijksterhuis and P. K. Smith, "What Do We Do Unconsciously?" *Journal of Consumer Psychology* 15, no. 3 (2005), pp. 225–29; L. A. Peracchio and D. Luna, "The Role of Thin-Slice Judgments in Consumer Psychology," *Journal of Consumer Psychology* 16, no. 1 (2006), pp. 25–32; and T. L. Chartrand et al., "Nonconscious Goals and Consumer Choice," *Journal of Consumer Research,* August 2008, pp. 189–201.

71. H. E. Krugman, "Sustained Viewing of Television," *Journal of Advertising Research,* June 1980, p. 65; and H. E. Krugman, "Low Recall and High Recognition of Advertising," *Journal of Advertising Research,* February–March 1986, pp. 79–86.

72. Drèze and Hussherr, "Internet Advertising."

73. S. Shapiro, D. J. MacInnis, and S. E. Heckler, "The Effects of Incidental Ad Exposure on the Formation of Consideration Sets," *Journal of Consumer Research,* June 1997, pp. 94–104; and S. Shapiro, "When an Ad's Influence Is beyond Our Conscious Control," *Journal of Consumer Research,* June 1999, pp. 16–36.

74. W. B. Key, *Subliminal Seduction* (Englewood Cliffs, NJ: Prentice Hall, 1973); and W. B. Key, *Media Sexploitation* (Englewood Cliffs, NJ: Prentice Hall, 1976).

75. C. Trappey, "A Meta-Analysis of Consumer Choice and Subliminal Advertising," *Psychology & Marketing,* August 1996, pp. 517–30; S. J. Broyles, "Subliminal Advertising and the Perpetual Popularity of Playing to People's Paranoia," *Journal of Consumer Affairs* 40, no. 2 (2006), pp. 392–406. In contrast, see A. B. Aylesworth, R. C. Goodstein, and A. Kalra, "Effect of Archetypical Embeds on Feelings," *Journal of Advertising,* Fall 1999, pp. 73–81.

76. M. Rogers and C. A. Seiler, "The Answer Is No," *Journal of Advertising Research,* March 1994, pp. 36–45.

77. T. F. Stafford, "Alert or Oblivious?" *Psychology & Marketing,* September 2000, pp. 745–60.

78. See D. Grewal, K. B. Monroe, and R. Krishnan, "The Effects of Price-Comparison Advertising," *Journal of Marketing*, April 1998, pp. 46–59; and D. Grewal, R. Krishnan, J. Baker, and N. Borin, "The Effects of Store Name, Brand Name, and Price Discounts," *Journal of Retailing* 3 (1998), pp. 331–52.

79. M. Viswanathan and T. L. Childers, "Understanding How Product Attributes Influence Product Categorization," *Journal of Marketing Research,* February 1999, pp. 75–94; and J. Gregan-Paxton, S. Hoeffler, and M. Zhao, "When Categorization Is Ambiguous," *Journal of Consumer Psychology* 15, no. 2 (2005), pp. 127–40.

80. Goodstein, "Category-Based Applications and Extensions in Advertising."

81. G. P. Moreau, D. R. Lehmann, and A. B. Markman, "Entrenched Knowledge Structures and Consumer Responses to New Products," *Journal of Marketing Research,* February 2001, pp. 14–29; and G. Page Moreau, A. B. Markham, and D. R. Lehmann, "'What Is It?' Categorization Flexibility and Consumers' Responses to Really New Products," *Journal of Consumer Research,* March 2001, pp. 489–98.

82. J. Z. Sojka and J. L. Giese, "Thinking and/or Feeling," *Advances in Consumer Research,* vol. 24, ed. M. Bruck and D. J. MacInnis (Provo, UT: Association for Consumer Research, 1997), pp. 438–42; and J. A. Ruth, "Promoting a Brand's Emotional Benefits," *Journal of Consumer Psychology* 11, no. 2 (2001), pp. 99–113.

83. See S. Ratneshwar, "Goal-Derived Categories," *Journal of Consumer Psychology* 10, no. 3 (2001), pp. 147–57.

84. B. Turnbull and E. Matisoo-Smith, "Taste Sensitivity to 6-n propylthiouracil Predicts Acceptance of Bitter-Tasting Spinach in 3–6-y-Old Children," *American Journal of Clinical Nutrition*

Goals and Consumer Choice," *Journal of Consumer Research,*

85. For a discussion, see J. E. Escalas, M. C. Moore, and J. E. Britton, "Fishing for Feelings?" *Journal of Consumer Psychology* 14, nos. 1 & 2 (2004), pp. 105–14.

86. R. Ahluwalia, R. E. Burnkrant, and H. R. Unnava, "Consumer Response to Negative Publicity," *Journal of Marketing Research,* May 2000, pp. 203–14.

87. M. C. Campbell, "Perceptions of Price Unfairness," *Journal of Marketing Research,* May 1999, pp. 187–99; see also L. Xia, K. B. Monroe, and J. L. Cox, "The Price Is Unfair!" *Journal of Marketing,* October 2004, pp. 1–15.

88. G. Tom et al., "Cueing the Consumer," *Journal of Consumer Marketing,* Spring 1987, pp. 23–27. See also D. S. Kempf and R. N. Laczniak, "Advertising's Influence on Subsequent Product Trial Processing," *Journal of Advertising,* Fall 2001, pp. 27–40.

89. See K. R. Evans et al., "How First Impressions of a Customer Impact Effectiveness in an Initial Sales Encounter," *Journal of the Academy of Marketing Science,* Fall 2000, pp. 512–26.

90. J. J. Inman, L. McAlister, and W. D. Hoyer, "Promotion Signal," *Journal of Consumer Research*, June 1990, pp. 74–81.

91. See M. G. Meloy, "Mood-Driven Distortion of Product Information," *Journal of Consumer Research,* December 2000, pp. 345–58.

92. G. J. Gorn, A. Chattopadhyay, J. Sengupta, and S. Tripathi, "Waiting for the Web," *Journal of Marketing Research,* May 2004, pp. 215–25.

93. "GF, Coke Tell Why They Shun TV News," *Advertising Age,* January 28, 1980, p. 39.

94. A. B. Aylesworth and S. B. MacKenzie, "Context Is Key," *Journal of Advertising,* Summer 1998, pp. 17–31; Q. Chen and W. D. Wells, "Attitude toward the Site," *Journal of Advertising Research*, September 1999, pp. 27–37; and B. M. Tennis and A. B. Bakker, "Stay Tuned," *Journal of Advertising,* Fall 2001, pp. 15–25. See also S. Shapiro, D. J. MacInnis, and C.W. Park, "Understanding Program-Induced Mood Effects," *Journal of Advertising,* Winter 2002, pp. 15–26.

95. J. Liu and D. Smeesters, "Have You Seen the News Today?" *Journal of Marketing Research,* April 2010, pp. 251–62.

96. R. Alsop, "Color Grows More Important in Catching Consumers' Eyes," *The Wall Street Journal,* November 29, 1989, p. B1.

97. J. W. Pracejus, G. D. Olsen, and T. C. O'Guinn, "How Nothing Became Something," *Journal of Consumer Research,* June 2006, pp. 82–90.

98. D. L. Mothersbaugh, B. A. Huhmann, and G. R. Franke, "Combinatory and Separative Effects of Rhetorical Figures on Consumers' Effort and Focus in Ad Processing," *Journal of Consumer Research,* March 2002, pp. 589–602; E. F. McQuarrie and D. Glenn Mick, "Visual and Verbal Rhetorical Figures under Directed Processing versus Incidental Exposure to Advertising," *Journal of Consumer Research,* March 2003, pp. 579–87; S. Bulmer and M. Buchanan-Oliver, "Advertising Across Cultures," *Journal of Current Issues and Research in Advertising,* Spring 2006, pp. 57–71; and J. Argo, M. Popa, and M. C. Smith, "The Sound of Brands," *Journal of Marketing,* July 2010, pp. 97–109.

99. T. Meenaghan, ed., "Ambush Marketing," special issue, *Psychology & Marketing,* July 1998.

100. J. Sengupta and G. J. Gorn, "Absence Makes the Mind Grow Sharper," *Journal of Marketing Research,* May 2002, pp. 186–201.

101. T. Howard, "Pay the Same, Get Less as Package Volume Falls," *USA Today,* March 17, 2003, p. 3b.

102. R. Bryant and L. Dundes, "Portion Distortion," *The Journal of Consumer Affairs,* Winter 2005, pp. 399–408; and P. Chandon and B. Wansink, "Is Obesity Caused by Calorie Underestimation?" *Journal of Marketing Research*, February 2007, pp. 84–99.

103. A. Krishna, R. Briesch, D. R. Lehmann, and H. Yuan, "A Meta-Analysis of the Impact of Price Presentation on Perceived Savings," *Journal of Retailing* 78 (2002), pp. 101–18; L. D. Compeau, J. Lindsey-Mullikin, D. Grewal, and R. D. Petty, "Consumers' Interpretations of the Semantic Phrases Found in Reference Price Advertisements," *Journal of Consumer Affairs,* Summer 2004, pp. 178–87; and T. Mazumdar, S. P. Raj, and I. Sinha, "Reference Price Research," *Journal of Marketing,* October 2005, pp. 84–102.

104. P. Raghubir, "Free Gift with Purchase," *Journal of Consumer Psychology* 14, nos. 1 & 2 (2004), pp. 181–86.

105. S. Chatterjee, T. B. Heath, and S. Basuroy, "Failing to Suspect Collusion in Price-Matching Guarantees," *Journal of Consumer Psychology* 13, no. 3 (2003), pp. 255–67; and J. Halliday, "GM Incentive Plans Could Damage Brand," *Advertising Age,* September 27, 2004, p. 1.

106. A. Kirmani, "Advertising Repetition as a Signal of Quality," *Journal of Advertising,* Fall 1997, pp. 77–86.

107. G. L. Lohse and D. L. Rosen, "Signaling Quality and Credibility in Yellow Pages Advertising," *Journal of Advertising,* Summer 2001, pp. 73–85.

108. A. Kirmani and A. R. Rao, "No Pain, No Gain," *Journal of Marketing,* April 2000, pp. 66–79; and D. Soberman, "Simultaneous Signaling and Screening with Warranties," *Journal of Marketing Research,* May 2003, pp. 176–92.

109. Z. Gurhan-Canli and D. Maheswaran, "Cultural Variations in Country of Origin Effects," *Journal of Marketing Research,* August 2000, pp. 309–17; Z. Gurhan-Canli and D. Maheswaran, "Determinants of Country-of-Origin Effects," *Journal of Consumer Research,* June 2000, pp. 96–108; and P. Chao, G. Wuhrer, and T. Werani, "Celebrity and Foreign Brand Name as Moderators of Country-of-Origin Effects," *International Journal of Advertising* 24, no. 2 (2005), pp. 173–92.

110. B. J. Phillips and E. F. McQuarrie, "The Development, Change, and Transformation of Rhetorical Style in Magazine Advertisements 1954–1999," *Journal of Advertising* 31, no. 4 (2003), pp. 1–13; L. A. Peracchio and J. Meyers-Levy, "Using Stylistic Properties of Ad Pictures to Communicate with

Consumers," *Journal of Consumer Research,* June 2005, pp. 29–40; J. Z. Sojka and J. L. Giese, "Communicating Through Pictures and Words," *Psychology & Marketing,* December 2006, pp. 995–1014.

111. B. J. Phillips, "The Impact of Verbal Anchoring on Consumer Response to Image Ads," *Journal of Advertising,* Spring 2000, pp. 15–24; E. F. McQuarrie and D. G. Mick, "Visual Rhetoric in Advertising," *Journal of Consumer Research,* June 1999, pp. 37–54; and M. Callow and L. Schiffman, "Implicit Meaning in Visual Print Advertisements," *International Journal of Advertising,* 21, 2002, pp. 259–77.

112. See R. Kivetz and I. Simonson, "The Effects of Incomplete Information on Consumer Choice," *Journal of Marketing Research,* November 2000, pp. 427–48.

113. M. J. Barone and P. J. Miniard, "How and When Factual Ad Claims Mislead Consumers," *Journal of Marketing Research,* February 1999, pp. 58–74; M. J. Barone, K. M. Palan, and P. W. Miniard, "Brand Usage and Gender as Moderators of the Potential Deception Associated with Partial Comparative Advertising," *Journal of Advertising,* Spring 2004, pp. 19–28; and M. J. Barone, K. C. Manning, and P. W. Miniard, "Consumer Response to Retailers' Use of Partially Comparative Pricing," *Journal of Marketing,* July 2004, pp. 37–47.

114. For an excellent discussion, see I. L. Preston, *The Tangled Web They Weave* (Madison, WI: University of Madison Press, 1994).

115. L. Petrak, "Capturing Consumer Attention," *National Provisioner,* October 2003, pp. 52–53.

116. P. Boatwright and J. C. Nunes, "Reducing Assortment," *Journal of Marketing,* July 2001, pp. 50–63. See also E. van Herpen and R. Pieters, "The Variety of an Assortment," and S. J. Hoch, E. T. Bradlow, and B. Wansink, "Rejoinder to 'The Variety of an Assortment,'" both in *Marketing Science,* Summer 2002, pp. 331–41 and pp. 342–46, respectively; A. Chernev, "When More Is Less and Less Is More," *Journal of Consumer Research,* September 2003, pp. 170–83; and S. Thompson, "Kraft Vows to Kick Addiction to Extensions," *Advertising Age,* August 23, 2004, p. 1.

117. H. Chura, "Pepsi-Cola's Code Red Is White Hot," *Advertising Age,* August 27, 2001, p. 24.

118. "What's in a Name?" *Global Cosmetics Industry,* August 2002, p. 42. See also E. G. Miller and B. E. Kahn, "Shades of Meaning," *Journal of Consumer Research,* June 2005, pp. 86–92; J. L. Skorinko et al., "A Rose by Any Other Name . . . ," *Psychology and Marketing,* December 2006, pp. 975–93; and "Study: Food in McDonald's Wrapper Tastes Better to Kids," *CNN.com,* accessed August 7, 2007. See also R. Raghunathan, R. W. Naylor, and W. D. Hoyer, "The Unhealthy = Tasty Intuition," *Journal of Marketing*, October 2006, pp. 170–84.

119. S. Zhang and B. H. Schmitt, "Creating Local Brands in Multilingual International Markets," *Journal of Marketing Research,* August 2001, pp. 313–25.

120. S. Freeman, "Revived 'Hemi' Engine Helps Chrysler Juice Up Its Sales," *The Wall Street Journal,* April 30, 2004, p. B1.

121. R. R. Klink, "Creating Brand Names with Meaning," *Marketing Letters* 11, no. 1 (2000), pp. 5–20; and E. Yorkston and G. Menon, "A Sound Idea," *Journal of Consumer Research,* June 2004, pp. 43–51.

122. S. Begley, "New ABCs of Branding," *The Wall Street Journal,* August 26, 2002, p. B1.

123. I. P. Levin and A. M. Levin, "Modeling the Role of Brand Alliances in the Assimilation of Product Evaluations," *Journal of Consumer Psychology* 9, no. 1 (2000), pp. 43–52; and K. K. Desai and K. I. Keller, "The Effects of Ingredient Branding Strategies on Host Brand Extendibility," *Journal of Marketing,* January 2002, pp. 73–93.

124. See J. Tantillo, J. D. Lorenzo-Aiss, and R. E. Mathisen, "Quantifying Perceived Differences in Type Styles," *Psychology & Marketing,* August 1995, pp. 447–57; and C. Janiszewski and T. Meyvis, "Effects of Brand Logo Complexity, Repetition, and Spacing on Processing Fluency and Judgment," *Journal of Marketing Research,* June 2001, pp. 18–32.

125. T. L. Childers and J. Jass, "All Dressed Up with Something to Say," *Journal of Consumer Psychology* 12, no. 2 (2002), pp. 93–106; J. R. Doyle and P. A. Bottomley, "Font Appropriateness and Brand Choice," *Journal of Business Research* 57 (2004), pp. 873–80; and J. R. Doyle and P. A. Bottomley, "Dressed for the Occasion," *Journal of Consumer Psychology* 16, no. 2 (2006), pp. 112–23. See also P. W. Henderson, J. L. Giese, and J. A. Cote, "Impression Management Using Typeface Design," *Journal of Marketing,* October 2004, pp. 60–72.

126. P. W. Henderson and J. A. Cote, "Guidelines for Selecting or Modifying Logos," *Journal of Marketing,* April 1998, pp. 14–30; and J. T. Landry, "Making Logos Matter," *Harvard Business Review,* March–April 1998, pp. 16–17.

127. M. Peers, "Buddy, Can You Spare Some Time?" *The Wall Street Journal,* January 26, 2004, p. B1; and B. Frank, "'Missing' Men Prove Prescient," *Advertising Age,* August 23, 2004, p. 16.

128. "Ford Boss Outlines Shift to 'Rifle' Media," *Advertising Age,* October 26, 1981, p. 89. See also P. J. Danaher, "Wearout Effects in Target Marketing," *Marketing Letters* 3 (1996), pp. 275–87.

129. P. N. Shamdasani, A. J. S. Stanaland, and J. Tan, "Location, Location, Location," *Journal of Advertising Research,* July 2001, pp. 7–20.

130. P. Lehman, "Mad Ave Clicks with the Gamers."

131. J. Guterman, "Outdoor Interactive," *American Demographics,* August 2001, p. 32.

132. O. Ampuero and N. Vila, "Consumer Perceptions of Product Packaging," *Journal of Consumer Marketing* 23, no. 2 (2006), pp. 100–112.

133. B. E. Kahn and B. Wansink, "The Influence of Assortment Structure on Perceived Variety and Consumption Quantities," *Journal of Consumer Research,* March 2004, pp. 519–33.

134. S. Thompson, "M&M's Wraps Up Promo with Color," *Advertising Age,* March 8, 2004, p. 4.

135. B. Wansink and K. Van Ittersum, "Bottoms Up!" *Journal of Consumer Research,* December 2003, pp. 455–63; V. Folkes and S. Matta, "The Effect of Package Shape on Consumers'

Judgments of Product Volume," *Journal of Consumer Research,* September 2004, pp. 390–401; and J. Hoegg and J. W. Alba, "Taste Perception," *Journal of Consumer Research,* March 2007, pp. 490–498.

136. S. Yang and P. Raghubir, "Can Bottles Speak Volumes?" *Journal of Retailing* 81, no. 4 (2005), pp. 269–81.

137. E. Lepkowska-White and A. L. Parsons, *Journal of Consumer Affairs,* Winter 2001, pp. 278–94; and V. A. Taylor and A. B. Bower, "Improving Product Instruction Compliance," *Psychology & Marketing,* March 2004, pp. 229–45; see also J. J. Argo and K. J. Main, "Meta-Analyses of the Effectiveness of Warning Labels," *Journal of Public Policy and Marketing,* Fall 2004, pp. 193–208.

Chapter Nine

9 학습, 기억 및 제품 포지셔닝

학습목표

LO1 학습과 기억의 특성을 설명한다

LO2 기억의 유형과 학습에서 기억의 역할을 설명한다

LO3 고관여 및 저관여 학습의 과정이 어떻게 다른가를 설명한다

LO4 기억으로부터의 정보인출에 영향을 미치는 요인들을 설명한다.

LO5 브랜드 포지셔닝, 브랜드 자산 및 브랜드 레버리지에 대한 학습의 활용을 이해한다.

스시(Sushi)는 약 천년 전에 일본에 도입되어 유구한 역사를 갖고 있다. 스시 그 자체는 일본의 능숙한 요리사들 손에서 많은 변형을 겪어 왔으며, 이 요리사들의 전문성과 창의성은 오랫동안 칭찬받아 왔다. 소비자들과 스시 요리사들이 매우 부정적으로 생각해 왔던 생선을 시장에 도입해서 맛있는 음식으로 바꿔 놓은 노력을 생각해 보자.

그것은 바로 일본 오이타 현 어업협동조합의 조합장인 키시치로 오카모토가 고등어(일본어로 사바)라는 생선으로 한 것이다. 고등어는 씬 가격, 기름진 조직, 빨리 상하는 특징 때문에 비교적 평범한 생선이며 "가난한 사람들의 생선"으로 여겨졌다. 이 생선에 대한 부정적인 인식(perception)은 지방 전설에 매우 확고하게 굳어져 있어서 일본사람들은 고등어가 살아 헤엄칠 때도 악취를 풍긴다고 말한다.

오카모토는 제품 그 자체에서 시작하였다. 그는 사가노세키 지역의 고등어는 맛이 좋고 그 지역의 강한 조류가 기름기를 감소시키기 때문에 천천히 상한다는 것을 알고 있었다. 그는 이케지메라는 생선손질 기법이 품질을 향상시키는데 도움이 된다는 것도 알고 있었다. 여기에서 오카모트는 그 지역을 연결시켜 세키라는 브랜드명을 개발하고, 이 고급 브랜드의 특징이 된 일련의 엄격한 지침을 만들었다. 구체적으로 세키사바는 (a) 그물은 생선에 손상을 입힐 수 있기 때문에 낚시로 잡아야 되며, (b) 이케지메라는 방법으로 손질해야 하며, (c) 무게를 재게 되면 손이 더 가고 쉽게 상하기 때문에 무게를 재지 않아야 된다.

우수한 제품을 갖는 것과 그 제품에 대하여 소비자들에게 교육시키는 것은 아주 다른 일이다. 오카모토의 전략은 주요 생선시장에 세키 브랜드를 전시해서 구매자들이 직접 경험함으로써 그의 제품을 알아가게 하는 것이었다. 그러나 이 직접적인 접근방법은 수년이 걸렸다. 그는 의견선두자들로 알려진 특정 구매자들에게 초점을 맞추기도 하였는데, 이들의 행동을 다른 사람들이 따라 하게 되었다. 그의 전략은 마침내 성과를 올리게 되었다. 유명한 오타니 호텔이 세키사바를 손님들에게 내놓기 시작하였을 때 다른 고급 식당과 스시 전문점들이 곧바로 뒤따랐다.

오카모토가 지적한 바와 같이, 세키사바를 통해서 브랜드란 실제로 신뢰를 쌓아나가는 것이라는 것을 입증하였다. 그러한 신뢰는 쌓기 어렵고 소비자 학습을 필요로 한다. 그러나 오늘날 세키사바는 일본에서 그리고 세계적으로 맛있는 음식으로 여겨지고 있다. 인정받는 식당주인들이 세키사바의 단단한 육질과 우수한 품질을 칭찬하고 있다. 약 9달러에 팔리는 보통의 고등어에 비해 이 고등어는 한 마리에 약 58달러에 팔리고 있다. 까다로운 소비자들이 거의 가치가 없는 것으로 보았던 평범한 생선치고는 상당히 잘 나가고 있다.[1]

세키사바 예처럼, 브랜드들은 기존의 부정적인 연상(예: 평범한, 불쾌한 냄새가 나는)을 완화시키려고 하며 새로운 긍정적인 연상(예: 단단한 육질, 고품질, 고급)을 만들어내려고 한다. 비록 사바는 역사적으로 일본 시장에서 별볼일 없는 것처럼 보였지만, 가능하다면 브랜드들은 종종 기존의 긍정적인 연상을 강화시키려고 한다. 이러한 연상은 학습의 핵심이 된다. 그것들은 성공적인 브랜드 이미지개발, 포지셔닝 및 리포지셔닝에 관건이 된다.

이 장에서 우리는 학습과 기억의 특성, 학습의 조건화와 인지적 이론들 그리고 인출에 영향을 미치는 요인들을 살펴 볼 것이다. 마케팅관리자들을 위한 시사점도 전체적으로 논의될 것이며, 마지막 절에서는 제품의 포지셔닝과 브랜드자산의 검토로 마무리할 것이다.

9.1 학습과 기억의 특성

LO1 학습은 소비과정에서 필수적이다. 사실 소비자행동은 대부분 **학습된 행동**이다. 사람들은 태도, 가치, 기호, 행동, 선호, 상징적 의미 및 느낌의 대부분을 학습을 통해서 획득한다. 문화, 가족, 친구, 대중매체 그리고 광고가 학습경험을 제공하며, 이 경험은 사람들이 추구하는 라이프스타일과 그들이 소비하는 제품에 영향을 미친다. 예를 들어, 온라인에서 당신이 읽은 것 그리고 친구들과 나눈 이야기가 영화 선택에 얼마나 자주 영향을 받는지 생각해 보라.

학습(learning)은 장기기억의 콘텐츠나 구성 또는 행동의 변화로서[2] 정보처리의 산물이다. 앞 장에서 우리는 정보처리를 자극을 지각하여 정보로 전환하고, 저장하는 일련의 활동으로 설명하였다. 이 과정의 네 가지 활동은 노출, 주의, 해석 및 기억이다.

<그림 9-1>과 같이 다양한 정보처리 시스템은 학습의 여러 가지 측면을 다룬다. 제8장

그림 9-1 정보처리, 학습 및 기억

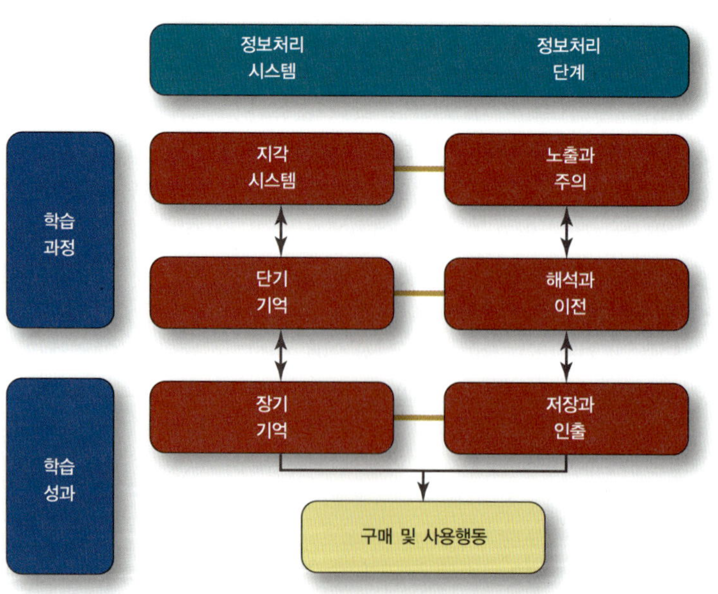

에서 논의한 것처럼 지각 시스템은 노출과 주의를 통한 정보유입을 다루며, 의식적일 수도 있고 무의식적일 수도 있다. 단기기억(STM)은 정보가 해석되고 장기기억으로 이전되는 동안 일시적으로 정보를 유지해주는 일을 한다. 장기기억(LTM)은 의사결정에 사용될 정보를 저장하고 인출하는 일을 한다.

이러한 과정은 서로 밀접하게 연결되어 있다. 예를 들어 소비자는 장기기억에 저장되어 있는 구매목적 때문에 상점진열대에 있는 자신이 좋아하는 청량음료의 브랜드를 알아보게 될 것이다. 이 청량음료의 현재 가격이 지각시스템을 통해서 처리를 위해 단기기억에 들어가게 된다. 이 때 준거가격이 비교기준으로 장기기억에서 인출될 것이다. 끝으로 좋아하는 브랜드와 관련된 가격지각이 비교과정의 산물로 갱신되어 장기기억에 저장될 것이다.

9.2 학습에서 기억의 역할

LO2

기억은 이전 학습경험의 총체적인 집적이다. <그림 9-1>처럼, 기억은 학습에 필수적이다. 기억은 단기기억과 장기기억이라는 2개의 서로 연결된 요소로 구성되어 있다.[3] 이것들은 별개의 생리적 실체가 아니다. **단기기억(short-term memory: STM)** 또는 운영기억(working memory)은 전체 기억 중에서 현재 활성화되거나 사용되고 있는 부분이다. **장기기억(long-term memory: LTM)**은 전체 기억 중에서 영구적인 정보저장에 할당된 부분이다.

1. 단기기억

단기기억은 정보와 감각물을 저장할 수 있는 제한된 용량을 갖고 있다. 사실, 단기기억은 이 용어의 일상적인 의미와 같이 저장을 위해서 사용되지는 않는다. 단기기억은 현재 사용 중인 컴퓨터 파일과 더 가깝다. 작동하고 있는 파일(active files)은 정보가 처리되는 동안에 그 정보를 유지해준다. 처리가 끝난 후에는, 바뀐 내용이 하드드라이브와 같은 더욱 영구적인 저장장치에 보내진다. 이와 유사한 과정이 단기기억에서 발생한다. 개인들은 정보를 분석하고 해석하는 동안에 그 정보를 유지하기 위해서 단기기억을 이용한다. 그런 후에 그들은 그 정보를 다른 시스템으로 옮기거나(그 정보를 적거나 쳐서) 장기기억에 이전하거나, 둘 다 할 수 있다. 이렇게 단기기억은 우리가 평소에 사고라고 부르는 것과 매우 유사하다. 단기기억은 작동하고 있는 동적인 과정이지, 정적인 구조가 아니다.

단기기억은 일시적이다 운영기억에 있는 정보는 빠르게 소멸한다. 예를 들어, 가격에 대한 기억시간은 약 3.7초에 불과하다.[4] 단기기억의 오래가지 못하는 특성은 소비자들이 유지시연을 통해서 정보를 지속적으로 새롭게 해야 한다는 것을 의미한다. 시연이 이루어지지 않으면 그 정보는 곧 사라진다. **유지시연(maintenance rehearsal)**은 문제해결에서 사용하거나 장기기억으로 이전시키기 위해서 현재의 기억에서 정보를 유지시킬 수 있도록 정보를 계속해서 반복하는 것이다. 학생들이 시험보기 전에 같은 공식이나 정의를 여러 번 반복하는 것과 같은 원리이다. 마케터들은 광고에서 브랜드명이나 핵심 편익을 두드러진 방식으로 여러 번 반복함으로써 이것을 자주 활용한다.

단기기억은 제한된 용량을 갖는다 단기기억의 제한된 용량은 현재기억(current memory)* 에서 제한된 양의 정보만을 유지할 수 있다는 것을 의미한다. 단기기억의 용량은 5개 내지 9개 단위의 정보라고 알려져 있다. 여기에서 정보의 단위는 개별 항목이 될 수도 있고 관련된 항목들의 집합이 될 수도 있다. 개별항목들을 단일 단위로 처리될 수 있는 관련된 항목들의 집단으로 조직하는 것을 정보묶음(chunking)이라고 한다. 정보묶음은 기억에서 정보의 이전(그리고 회상)에 크게 도움이 될 수 있다. 무료 장거리전화의 기억용이성 전화번호(vanity number)에 대한 최근의 연구는 정보묶음이 얼마나 효과적인지를 보여주고 있다. 즉 완전히 숫자로 된 전화번호에 대한 기억은 8%이며, 숫자와 단어가 혼용된 전화번호(800-555-HOME)에 대한 기억은 44%이고, 전부 단어로 된 전화번호(800-NEW-HOME)에 대한 기억은 58% 였다. 단어들이 무의미한 숫자를 대신해서 의미있는 정보묶음이 됨에 따라 정보단위의 숫자는 줄어 들게 된다.[5]

마케터들은 메시지에 담긴 세세한 속성 정보를, 그들이 창출한 보다 일반적인 편익을 중심으로 구성함으로써 소비자들이 제품정보를 묶는데 도움을 줄 수 있다. 흥미로운 것은, 제품에 숙달된 소비자들은 고도로 체계화된 기억구조 덕분에 정보묶음을 더 잘 만들어낸다. 이에 따라 전문가들은 정보를 더 잘 학습할 수 있고 정보과부하를 피할 수 있다.[6]

정교화 활동은 단기기억에서 이루어진다 단기기억은 정보가 분석되고, 분류되며, 해석되는 곳이기 때문에 운영기억(working memory)이라고도 한다. 즉, 단기기억은 정교화 활동이 이루어지는 곳이다. **정교화 활동(elaborative activities)**이란 이전에 저장해 둔 관련 정보를 덧붙이는 것뿐만 아니라 운영기억에서 정보를 해석하고 평가하기 위해서 이전에 저장해둔 경험, 가치, 태도, 신념 및 느낌을 활용하는 것을 의미한다. 정교화 활동은 기억에 새로운 요소들을 덧붙이거나 다시 정의하는 역할을 한다.

당신 기업이 운전 중에 전자제품을 안전하게 사용하고 싶어하는 소비자들을 위한 신제품을 개발했다고 하자. 이 제품은 당신의 MP3 플레이어와 휴대전화에 손을 쓰지 않고 작동명령을 내릴 수 있는 음성인식프로그램을 갖고 있다. 이 제품은 어떻게 분류될 것인가? 답은 대체로 제품이 어떻게 제시되는지에 달려있다. 제품이 제시되는 방식은 정교화 활동의 특성에 영향을 미치고, 이것은 다시 그 제품이 기억되는 방식을 결정할 것이다.

<사진 9-1>은 Ford가 Microsoft와 함께 그러한 제품을 어떻게 출시하였는지를 보여주고 있다. 첫째, Ford는 제품 기능의 대부분을 전달해주는 이미지가 풍부한 이름을 사용하고 있다. SYNC는 동시화시키다(synchronize)의 약자인데, 이것은 이 제품이 차내의 기술활동을 조직하고 조정하는데 어떻게 도움이 되는지를 암시해주고 있다. 이 광고에서 비주얼은 비록 상징적이기는 하지만, 평일 통근과 결부될 때 다양한 기술의 편한 흐름과 상호작용을 분명하게 암시해준다. 본문은 이러한 테마를 더 자세하게 설명하고 핵심편익을 전달하는데 도움을 준다. 따라서 이 광고는 소비자들이 휴대전화와 MP3 플레이어를 운전

---

* 역주. 현재기억(current memory)은 다중기억장치 모형의 단기기억에 해당되며, 심리적 현재를 다루는 기억의 활성화된 부분으로 일차기억(primary memory)이라고도 한다. 반면 심리적 과거에 해당하고 이미 처리가 끝난 정보의 저장이 주기능인 기억을 이차기억(secondary memory)이라고 한다.

사진 9-1

성공적인 신제품과 브랜드는 호의적인 방식으로 기억에 남겨지고 필요할 때 회상되어야 한다. 이 광고에서 브랜드명, 비주얼 그리고 본문은 이 제품에 적절한 정교화 활동을 강화해 주고 있다.

중에 안전하게 사용할 수 있게 해주는 새롭고 유용한 제품으로 규정할 수 있게 해주는 정교화 활동을 촉발하는데 도움을 줄 것이다. 쉽게 상상할 수 있게 해 주는 이름은 이 제품의 핵심편익을 기억하고 회상하는데 도움을 준다.

정교화 활동은 개념과 심상 모두를 포함한다. **개념(concepts)**은 현실의 추상화인데, 이것은 다른 개념을 이용해서 어떤 항목의 의미를 포착한다. 그것들은 단어의 사전적 정의와 유사하다. 이렇듯 SYNC라는 새로운 개념을 처음으로 처리할 때 어떤 소비자는 조화시키다, 조정하다, 모으다 등과 같은 개념들을 생각해 낼 수도 있다.

심상(imagery)은 아이디어, 감정 및 대상물의 구체적인 감각적 표상과 관련된다. 이것은 과거 경험들을 바로 끌어낼 수 있게 한다. 이렇듯 심상처리는 시각, 후각, 미각, 촉각을 포함하는 감각적 이미지의 회상과 마음속의 조작을 포함한다.

그림은 특히 생생할 때 심상을 증대시킬 수 있는데, 그림은 현실의 추상적인 표상이 아니라 현실의 상대적으로 더 구체적인 표상이라는 의미를 갖는다. 예를 들면, SYNC 광고에서 비주얼은 도시를 향해서 가고 있는 승용차를 그리고 있다. 이러한 구체적인 이미지는 일부 소비자들이 아침 출근, 라디오와 휴대전화를 어렵게 작동시키려고 했던 이전의 경험을 회상하게 하고, 손을 쓰지 않고 사용할 수 있는 기기를 갖는 것이 얼마나 즐거운지를 상상하게 한다. 그러나 그림이 심상을 증대시키는 유일한 요인은 아니다. 광고에서 사용되는 표현들도 소비자들이 자신들의 이미지를 그려내도록 할 수 있다(예: "그것을 그려보라", "그것을 느껴보라", "상상해보라").

그림과 단어가 함께 작용한다는 것을 확실하게 할 필요가 있다. 예를 들어, 만일 광고 본문이 소비자들이 심상처리를 하도록 했지만, 그들에게 지루한 그림을 제공한다면 소비자들은 메시지에 흥미를 잃게 되고 그 브랜드를 살 가능성이 낮아진다.[7]

소비자들이 개념을 처리하든 이미지를 처리하든 간에 학습과 기억에서 주요 쟁점은 **정교화의 정도**이다. 정교화의 주요 결정요인은 소비자 동기 내지 관여이다. 소비자들이 문제의 브랜드, 제품 또는 메시지에 깊게 관여되거나 관심이 클 때(앞에서 살펴본 바와 같이, 소비자 전문성에 의해서도 높아진다) 정교화가 높아진다. 정교화는 그 정보에 기울여진 주의를 증대시키거나 새로운 정보와 기존 정보 사이에 의미 있는 연결고리를 구축함으로써 그 정보가 장기기억에 이전되고 나중에 인출될 가능성을 증가시켜준다. 다음에 살펴보겠지만, 이러한 연결고리 또는 연상은 장기기억의 중요한 부분이 된다.

2. 장기기억

장기기억(long-term memory)은 무제한적인 것이고, 영구적인 저장소이다. 장기기억은 개념들, 결정규칙들, 과정들 및 감성적(정서적) 상태와 같은 수많은 유형의 정보를 저장한다. 마케터들은 특히 **의미적 기억(semantic memory)**에 관심을 갖는데, 이것은 한 개념에 대해서 개인이 갖는 기본 지식과 감정이다. 의미적 기억은 가장 단순한 수준에서 어떤 대상이나 사건에 대한 개인의 이해를 나타낸다. Acura 같은 브랜드는 이 수준에서 "고급 승용차"로 분류될 수도 있다. 마케터들의 관심을 끄는 다른 유형의 기억은 **사건적 기억(episodic memory)**이다. 이것은 개인이 참여한 일련의 사건들에 대한 기억이다. 첫 데이트, 졸업식, 또는 운전교습과 같은 사건들에 대한 개인의 기억은 아주 강렬할 수 있다. 그것들은 심상과 감정을 불러일으키곤 한다. 마케터들은 브랜드가 그러한 기억에 포함되기 때문에 사건적 기억을 불러일으키거나, 불러일으킨 긍정적인 감정을 브랜드와 연결시키려고 한다. <소비자 통찰력 9-1>은 사건적 기억의 특수 형태인 섬광전구(flashbulb) 기억에 대해서 논의한다.

마케터들은 어떤 정보가 장기기억에 저장되는지 뿐만 아니라 이 정보가 어떻게 조직되는지에 대해서도 신경을 쓴다. 2가지 중요한 기억구조는 스키마와 스크립트이다.

스키마(Schema) 개념들과 사건들은 다른 개념들 및 사건들과 연결시킴으로써 의미의 깊이를 더해 갈 수 있다. 특정 개념을 중심으로 한 그러한 연상의 패턴을 **스키마** 또는 **스키마적 기억(schematic memory)**이라고 하며, 경우에 따라서는 지식구조(knowledge structure) 라고도 한다.

스키마 기억은 연상의 복잡한 망이다. <그림 9-2>는 Mountain Dew에 대한 의미의 네트워크를 구축하기 위해서 이 브랜드와 다양한 개념들이 어떻게 연결되는지를 보여주는 스키마의 단순화된 예이다. 우리의 가상적인 스키마는 제품특성, 사용 상황, 사건 및 감성적 반응을 담고 있음에 주목하라. 이 스키마의 일부 원천은 개인적 경험이지만, 다른 측면들은 전적으로 또는 부분적으로 마케팅활동에 기초를 두고 있다.[9] 한 브랜드의 스키마 기억은 이 장의 후반부에서 논의할 브랜드 이미지와 같은 것이다.

소비자 통찰력 9-1

뇌에 깊게 새겨지게 하라: 브랜드를 위한 "섬광전구" 기억 만들기

혼잡한 마케팅 풍경을 생각하면, 브랜드들은 주의를 끌기 위해서 뿐만 아니라 잘 기억되기 위해서 서로 치열하게 경쟁한다. 그런데, 학자들은 브랜드와의 어떤 만남은 섬광전구 기억(flashbulb memory)이라고 하는 아주 생생하고 오래 지속되는 삽화적 기억을 만들어낸다는 사실을 최근에 알게 되었다. 섬광전구 기억은 불가사의하고 참신한 사건을 에워싼 상황에 대한 선명한 기억이다.[8] 섬광전구기억의 주요 측면은 다음과 같다.

- 눈에 보이는 것처럼 자세해서 아주 오래 지속된다.
- 위치, 사람, 활동들 및 느낌에 대해서 구체적인 상황의 세부적인 내용을 담고 있다.
- 일반적인 경험에 대한 기억과는 다른 특별한 것으로 지각된다.

37세의 한 소비자는 Krispy Kreme에 대한 다음과 같은 섬광전구 기억을 보고하였다.

> 나는 어제 일어난 것처럼 그것을 기억하고 있다. 나는 열한 살로, 우리는 당시에 남부지방에 살고 있던 사촌을 방문하고 있었다. 특별한 대접으로, 아주머니와 사촌 그리고 나는 어느날 아침 Krispy Kreme 도넛점에 갔다. 갓 구워낸 따뜻한 도넛이 있었으며, 우리는 갓 구워낸 도넛을 받아들었다. 나는 그 도넛의 냄새와 맛을 기억한다. 나는 아주 빠르게 내 것을 먹어서 얼굴과 손에 도넛가루가 뒤범벅이 되었기 때문에 사촌이 놀렸던 것을 기억한다.

그 경험 후 25년이 넘은 세월이 흐른 상태에서 그 상황의 자세한 내용이 얼마나 회상되었으며, 그 회상이 얼마나 생생하고 긍정적인지에 주목하라.

분명한 것은, 브랜드관리자들은 소비자들의 마음속에 각인되는 그러한 경험을 갖기를 희망하는데, 그 이유는 그러한 경험이 브랜드회상, 태도 및 구매를 높여주기 때문이다. 문제는 "모든 브랜드 대면이 그러한 섬광전구 기억을 만들어낼 것이라고 기대되는가?"에 있다. 답은 "아니요"인 것 같다. 차별화되지 않고, 지루하며, 독특하지 않은 브랜드는 섬광전구 기억에 매우 중요한 놀람(surprise)이라는 정서적 반응을 만들어 낼 가능성이 낮다. 예를 들어, 한 연구는 Krispy Kreme 도넛과 Build-A-Bear가 Dunkin' Donuts과 KB Toys보다 더 많은 섬광전구 기억을 창출해 낸다는 점을 알게 되었다. 또한, 어떤 브랜드의 첫 번째 경험이 당연히 더 참신하고 놀라게 하기 때문에 섬광전구 기억을 만들어낼 가능성이 더 크다. 따라서 Krispy Kreme과 Build-A-Bear에서도 차후의 방문은 섬광전구 기억을 만들어내지 못한다.

이 장의 후반부에서 우리는 브랜드자산과 포지셔닝을 논의할 것이다. 시장에서 독특하고 긍정적인 포지션이 그 브랜드의 첫번째 대면자들에게 생생하고 오래 지속되는 섬광전구같은 기억에 필수불가결하다. 이러한 기억은 평생 지속될 수 있다.

생각해 볼 문제

1. 사건적 기억은 섬광전구 기억과 어떻게 연결되는가?
2. 당신은 섬광전구 기억을 가져다 줄 것이라고 생각되는 다른 브랜드들을 생각해 볼 수 있는가? 왜?
3. 당신은 첫 번째 브랜드 대면에서 섬광전구 기억을 갖고 있는가? 그 기억이 브랜드 구매행동에 영향을 미친다고 생각하는가?

<그림 9-2>에 있는 부분적인 스키마에서 개념들, 사건들 그리고 감정은 기억에서 마디(nodes)들로 저장된다. 이렇게 "cool"이라는 개념은 "music", "fun", "Halloween"과 마찬가지로 하나의 마디에 저장된다. 이들 각각은 Mountain Dew와 직접적이거나 간접적으로 연

그림 9-2 Mountain Dew에 대한 부분적인 스키마 기억

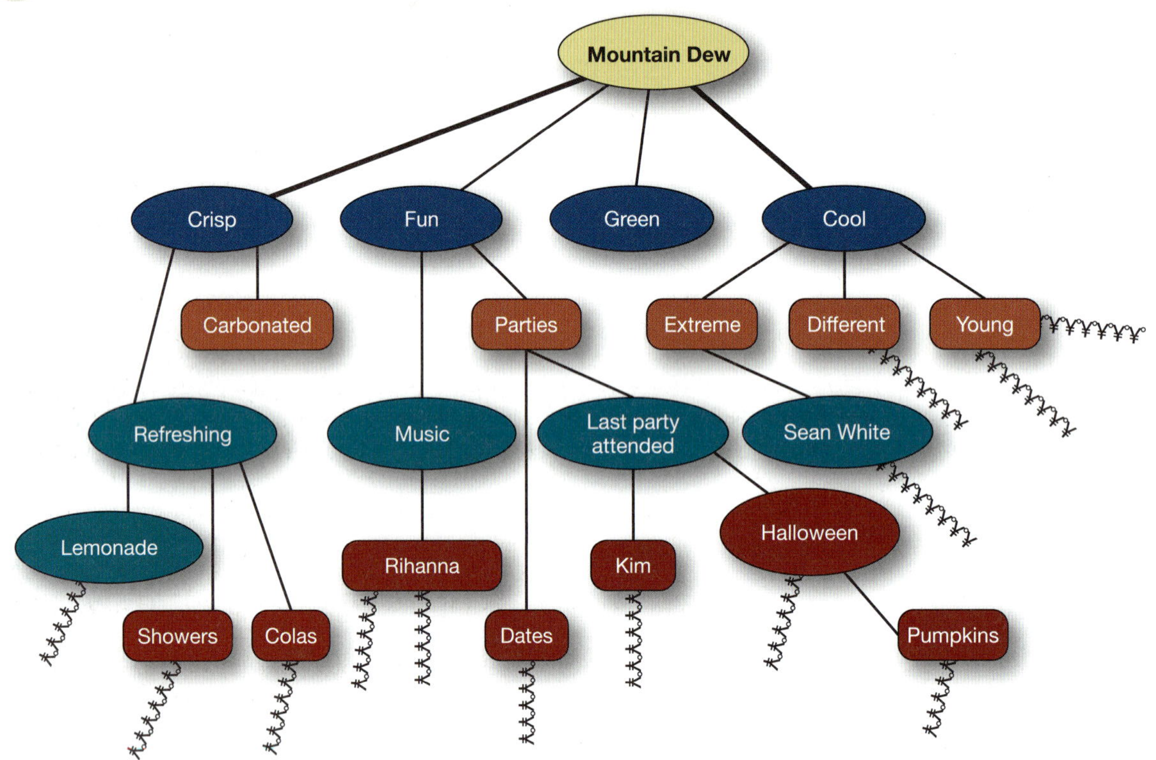

결된다. 각 항목에 부여된 완벽한 의미를 만들어내기 위해서 **연합적 연결고리**(associative links)들이 여러가지 개념들을 연결시키고 있다.

연합적 연결고리들은 어떤 마디와 얼마나 강하게 그리고 얼마나 직접적으로 연결되느냐의 관점에서 다르다. 위의 예에서, crisp(파삭파삭한), fun(재미있는), green(녹색의) 및 cool(시원스럽게 멋진)은 Mountain Dew와 직접적으로 연결되어 있다. 그러나 이들 중 한두 개는 그 브랜드와 강하게 연결될 수도 있는데, 예에서는 crisp와 cool가 굵은 선으로 Mountain Dew와 연결된 것으로 표현되고 있다. fun과 green 같은 다른 마디들은 다소 약한 연결고리를 갖고 있다. 만일 강화가 없다면, 약한 연결고리들은 시간이 흐름에 따라 소실되거나 흐릿해진다(예: Halloween 파티 연결고리). 시간이 더 흘러가면 보다 강한 연결고리들도 그렇게 될 것이다(예: 쿨 연결고리). 마케터들은 자신의 브랜드와 바람직한 제품편익 사이에 강력하고 쉽게 활성화되는 연결고리를 구축하려고 엄청난 노력을 기울이고 있다.[10] 이러한 연결고리들이 구축되고 강화되는 다양한 방법은 다음 절의 학습에서 논의할 것이다.

<그림 9-2>에 있는 기억 활성화는 특정 브랜드의 이름에서 시작한다. 만일 그 활성화가 "cool"이라는 개념에서 시작되었다면, Mountain Dew는 cool과 직접 연결된 마디로 떠오르는가? 그것은 기억이 활성화되는 전체적인 맥락에 따라 달라진다. 일반적으로, 다중

기억 마디들이 동시에 활성화된다. 이렇게 "무엇이 쿨한 청량음료인가?"와 같은 질문은 쿨과 Mountain Dew를 직접 연결시키고 있는 기억 스키마를 활성화시킨다. 그러나 "무엇이 쿨한가?"와 같은 다소 추상적인 질문은 음료와 청량음료 사이의 비교적 약하고 간접적인 연결 때문에 그렇지 않을 것 같다.[11] 마케터들은 소비자들이 자신들의 브랜드에 대해서 갖고 있는 스키마에 영향을 미치려고 상당히 많은 노력을 기울이고 있다. 우리는 이 장의 후반부에서 이 과정을 자세하게 논의할 것이다.

마케터들은 소비자들이 소비상황에 대해서 갖고 있는 스키마에도 영향을 미치려고 한다. 예를 들어, 소비자들은 사교적이고 휴식을 취하는 특성이 주요 요소가 되는 파티상황과는 달리, 갈증이 주요 요소가 되는 조깅과 같은 상황에 대해서는 매우 다른 음료 스키마를 갖게 될 것이다. 조깅에 대한 음료 스키마는 광천수 및 청량음료와 같은 제품과 Dasani나 Pepsi와 같은 브랜드를 포함하고 있을 것이다. 파티에 대한 음료 스키마는 와인 및 맥주 같은 제품과 Yellow Tail이나 Budweiser와 같은 브랜드를 포함할 것이다. 갈증과 같은 특정 문제나 상황에 대해서 마음 속에 떠오르는(회상되는) 스키마 기억에 있는 브랜드들은 **환기집합**(evoked set)으로 알려져 있다.

브랜드의 사용 상황 스키마는 상황과 관견되어 중요한 파생효과를 갖는다. 예를 들어, 만일 Canada Dry Ginger Ale이 칵테일용 음료로 파티상황과 강하게 연결되어 있다면, 소비자들이 갈증이 포함되는 것과 같은 다른 사용 상황에 대해서 생각할 때 환기집합의 일부로 인출될 가능성이 훨씬 낮아진다.[12] 우리는 환기집합이 소비자 의사결정에 어떻게 영향을 미치는지는 제15장에서 논의할 것이다.

스크립트(Script) 갈증을 해소하기 위해서 청량음료를 사서 마시는 것과 같은 행위의 절차가 어떻게 진행되는지에 대한 기억을 스크립트라고 하며, 이는 스키마의 특수한 형태이다. 소비자들이 효과적으로 쇼핑하기 위해서 스크립트가 필요하다. 새로운 형태의 소매가 직면하는 어려움 중 하나는 새로운 방식으로 품목을 획득하는데 적합한 스크립트를 소비자들에게 교육시키는 것이다. 이것은 인터넷을 통해서 제품을 판매하려고 하는 기업들이 직면하는 문제이다. 이 기업들이 목적을 달성할 수 있기 위해서는, 표적시장의 소비자들이 인터넷쇼핑에 적합한 스크립트를 배워야 한다. 그린(Green) 마케팅활동은 재활용을 포함하여 제품의 처분에 적합한 스크립트를 소비자들에게 교육시키는 것과 부분적으로 관련 있다.

장기기억에서의 인출(Retrieval from LTM) 장기기억에서 정보를 회상해낼 수 있는 가능성과 용이성을 **접근가능성(accessibility)**이라고 한다. 어떤 정보의 마디 또는 마디들 사이의 연결고리는 기억에서 활성화될(접근될) 때마다 강화된다. 이렇듯 접근가능성은 시연, 반복 및 정교화에 의해서 높아진다. 예를 들어, Coca-Cola는 당신이 이 브랜드에 대한 많은 광고를 보아왔기 때문에 당신이 탄산음료에 대해서 생각할 때 항상 마음속에 떠오르는(인출되는) 브랜드들 중 하나가 될 수도 있다. 브랜드들에 이러한 접근가능성 효과는 **최초상기 인지도**(top-of-mind awareness)라고 한다. 또한, 접근가능성은 유입되는 연결고리의 강도 및 수와 연결된다. 본질적으로 기억에서 어떤 개념이 다른 개념들과 연결될 때, 이의 접근가능성은 다중 인출경로의 결과로 높아진다. 이렇게 정교화는 풍부한 연합적 네트워크를 구축함으로써 인출을 향상시켜 준다. 끝으로 접근가능성은 마디들에 대한 연결고리들의 강도와 직접성과 관련이 있기 때문에 연결고리가 강할수록 그리고 직접적일수록 접근가능성이 더 커진다. 이렇게 cool과 crisp는 Mountain Dew에 연결된 접근가능성이 큰 연상인 반면에 파티와 상쾌함에서는 접근가능성이 낮아진다. 분명히 마케터들은 자신들의 브랜드와 극히 중요한 제품 특징들 사이에 강력하고 직접적인 연결고리들이 생성되기를 바라고 있다.

장기기억으로부터의 정보 인출은 완전히 객관적이거나 기계적인 과제는 아니다. 만일 최근에 개최되었던 하계올림픽의 스폰서를 회상하라는 요청을 받았다면, 일부 소비자들은 곧바로 그리고 확실하게 생각해내지 못할 것이다. 이 사람들은 제한된 회상과 일련의 판단 내지 추론을 토대로 기억을 **구성**해낼 수도 있다. 예를 들어, 많은 사람들이 Nike가 스포츠장비와 의류의 지배적인 기업이기 때문에 Nike를 회상할 수 있다. 이렇듯 Nike가 스폰서가 되는 것은 이치에 맞는 것이므로, 이로 인해 일부 소비자들은 Nike가 스폰서가 아니었음에도 불구하고 실제 스폰서였던 것으로 믿게 된다.[13] 그러므로 기억은 접근되었을 때 형성되기도 하고 변경되기도 한다.

끝으로, 인출은 **명시적** 또는 **암묵적** 기억을 포함할 수 있다. 전통적으로 기억을 특정 항목들이나 사건들을 회상해내는 능력으로서 생각해 왔다. 만일 당신이 이 장을 읽고 책의 내용을 다시 보지 않고 이 장의 연습문제에 답을 하려고 한다면, 당신은 전통적인 기억회상을 수행하고 있다. 이것은 **명시적 기억(explicit memory)**이라고 하며, **노출사건의 의식적인 상기**라는 특징을 갖고 있다. 반면에, **암묵적 기억(implicit memory)**은 **이전에 대면하였던 자극의 무의식적인 인출**이다. 암묵적 기억은 언제 어떻게 획득되었는지에 대한 의식적인 자각이 없는 친숙감, 감정 또는 일련의 신념이다. 암묵적 기억의 한 예는 브랜드의 간접광고와 관련된다. 한 연구는 소비자들이 브랜드의 간접광고를 생각해내지 못할 때에도 시간이 흐르면서 그 브랜드의 이미지는 TV 프로그램과 점점 비슷해 진다는 것을 발견하였다.[14]

9.3 고관여 및 저관여 학습

LO3 우리는 학습을 장기기억이나 행동에 있어서 발생되는 콘텐츠와 조직의 어떤 변화로 설명해 왔다. 또한 우리는 스키마나 연합적 네트워크를 이용하여 설명해왔다. 그렇다면 소비자들은 이러한 연상을 어떻게 배우는가? 예를 들어, 소비자들은 Mountain Dew가 쿨하고 Wal-Mart의 가격이 싸다는 것을 어떻게 배우는가?

잠깐만 생각해보면 사람들은 여러가지 방식으로 사물을 학습한다는 것을 곧 바로 알게 된다. 예를 들어, 승용차나 음향장비를 사는 것은 일반적으로 진지하고 집중된 주의와 처리를 수반한다. 이러한 노력의 결과는 더 좋은 선택으로 보상을 받는다. 그러나 대부분의 학습은 이것과는 크게 다르다. 야구에 별로 관심이 없을지라도 대부분의 사람들은 월드시리즈에 출전하는 선수들을 알고 있는데, 그 이유는 그들에 대해서 자주 듣기 때문이다. 옷스타일에 대해서 실제로 많이 생각하지 않는다고 하더라도 사람들은 유행하는 옷을 알아본다.

사진 9-2

광고를 설계하는데 중요한 판단은 오디언스의 관여 수준이다. 관여는 표적시장, 상황 그리고 광고 내지 다른 마케팅 자극의 특성들의 상호작용으로 결정된다.

이미 설명한 바와 같이, 학습은 고관여 또는 저관여 상황에서 이루어질 수 있다. 고관여 상황에서의 정보처리(이에 따른 학습)는 의식적이고 신중하다는 점을 제8장에서 설명하였다. 저관여 상황에서의 정보처리는 집중하지 않고 무의식적일 수도 있다. **고관여 학습(high-involvement learning)** 상황은 소비자가 그 자료를 처리하거나 배우려는 동기가 부여된 상황이다. 예를 들어, 컴퓨터를 구입하기 전에 PC Magazine을 읽은 사람은 다양한 컴퓨터 브랜드들을 다룬 관련 정보를 학습할 동기가 높게 부여되어 있을 것이다. **저관여 학습(low-involvement learning)** 상황은 그 정보를 처리하거나 배우려는 동기가 거의 없는 상황이다. 자신이 현재 사용하지 않거나 갖고 싶은 생각이 없는 제품에 대한 광고가 보고 있는 TV 프로그램에 끼어들었을 때 많은 사람들은 그 광고에서 제시된 내용을 배우려는 동기가 거의 없다. 비록 대다수는 아닐지라도 많은 소비자학습은 비교적 낮은 관여 상황에서 발생한다.[15]

다음 절에서 설명하겠지만, 커뮤니케이션의 구조는 오디언스의 예상 관여수준에 따라 달라진다. <사진 9-2>는 고관여 학습을 가정한 광고와 저관여 학습에 토대를 둔 광고를 보여주고 있다. 왜 한 광고는 높게 관여된 시청자들을 가정하고 다른 광고는 저관여 시청자들을 가정하는가? 이 두 광고에는 어떤 차이가 있는가? 이 차이점이 이해되는가?

<그림 9-3>은 2가지 상황과 우리가 다룰 다섯 가지 구체적인 학습이론을 보여 준다. 관여의 수준이 정보가 학습되는 방식의 주요 결정요인이다. 이 그림에서 실선은 조작적 조건

그림 9-3 고관여 및 저관여 상황에서의 학습이론들

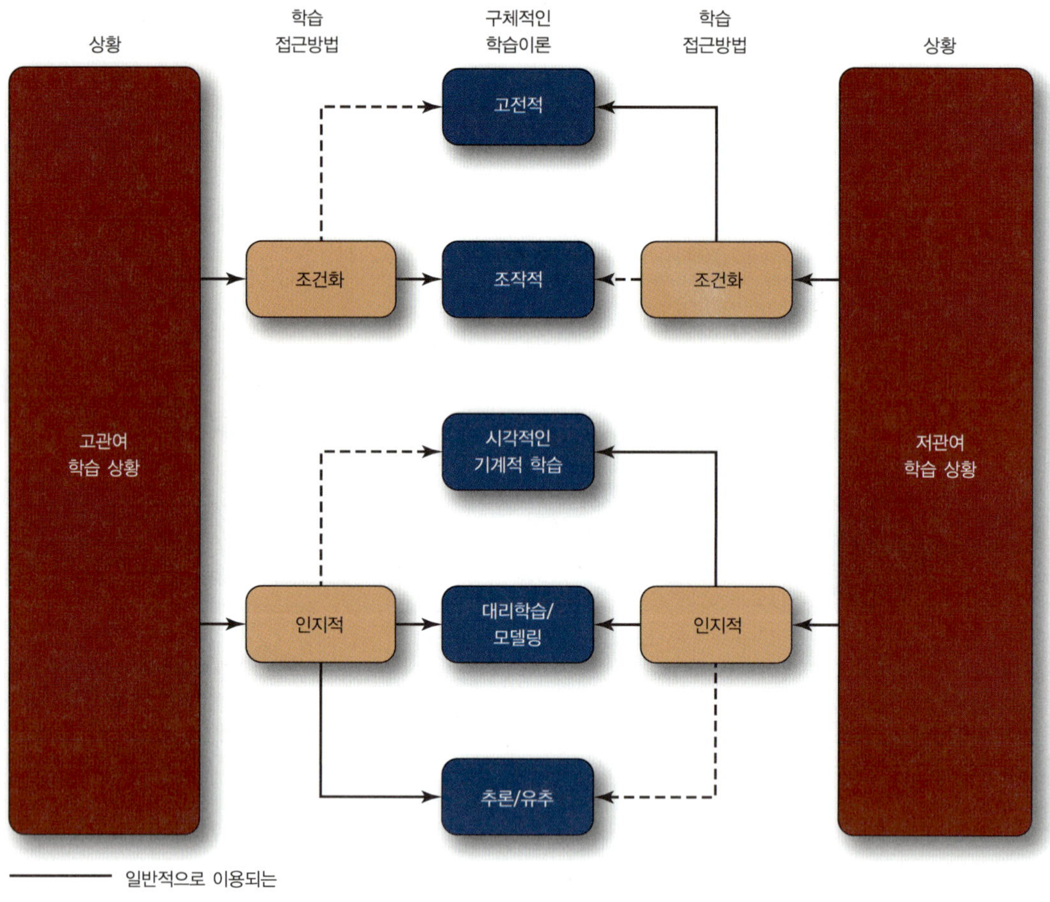

화와 분석적 추론이 고관여 상황에서는 일반적인 학습과정임을 나타낸다. 고전적 조건화와 시각적인 기계적 학습은 저관여 상황에서 발생하는 경향이 있다. 그리고 대리학습/모델링은 저관여 및 고관여 상황에 공통적으로 활용된다. 우리는 다음에서 이 이론들을 각각 설명할 것이다.

1. 조건화

조건화(conditioning)는 두 자극 사이의 연상이 구축되거나 학습될 가능성을 증가시키기 위해서 마케터들이 활용할 수 있는 일련의 절차에 의해서 가장 적절하게 설명할 수 있는 것 같다. 조건화라는 단어는 많은 사람들에게 부정적인 뉘앙스를 갖고 있어서 로봇인간의 이미지를 쏟아내고 있다. 그러나 일반적인 절차는 단지 두 개 자극을 아주 근접해서 제시하는 것인데, 이로써 두 개 자극은 결국 관련되거나 연관된 것으로(의식적으로 또는 무의식적으로) 지각된다. 즉, 소비자는 그 자극들이 서로 붙어 다니거나 붙어 다니지 않는다는

고전적 조건화를 통한 소비자학습 그림 9-4

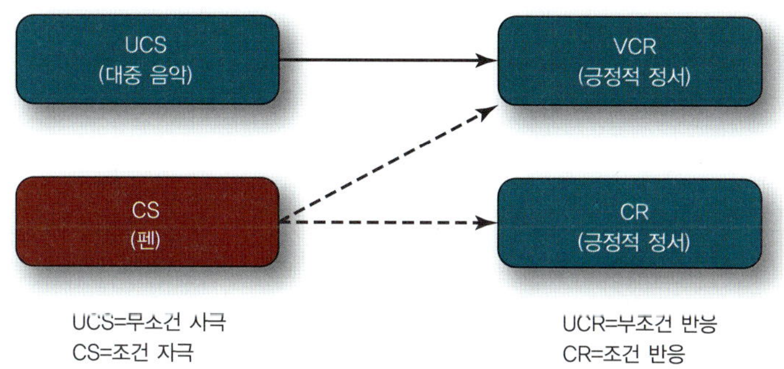

것을 배운다.

고전적 및 조작적 조건화라는 두 가지 형식이 있다. **고전적 조건화**는 어떤 자극(예: 브랜드명)과 어떤 반응(예: 행동이나 감정) 사이의 연상을 만들어 내려고 한다. **조작적 조건화**는 어떤 반응(예: 어떤 브랜드를 사는 것)과 그 반응을 강화시키는 역할을 하는 어떤 결과(예: 만족) 사이에 연상을 만들려고 한다.

고전적 조건화(Classical Conditioning) 당신이 새로운 브랜드의 펜을 마케팅하고 있고 소비자들로 하여금 그 펜에 대해서 긍정적인 감정을 갖게되기를 원하고 있다고 하자. 익숙하지 않은 브랜드에서 긍정적인 감정을 연상시키는데 고전적 조건화는 어떻게 도움이 되는가? 고전적 조건화 절차는 광고에서 잘 알려지지 않은 브랜드를 대중음악과 같이 긍정적인 느낌이나 정서를 거의 **자동적**으로 이끌어내는 어떤 다른 자극과 반복적으로 짝을 짓게 한다. 여기에서 목적은 브랜드명과 음악을 반복적으로 짝을 짓게 함으로써 결국은 음악을 듣고 생겨나는 것과 똑같은 긍정적 느낌을 그 브랜드에서 독자적으로 이끌어내게 하는 것이다.

한 자극(브랜드)이 다른 자극이 이끌어낸 반응(유쾌한 느낌)을 연상시킬 수 있게 만들기 위해서 어떤 자극(음악)과 반응(유쾌한 느낌) 사이의 확립된 관련성을 활용하는 과정을 **고전적 조건화**라고 한다. <그림 9-4>는 이러한 유형의 학습을 설명해준다. 대중음악(무조건 자극: unconditioned stimulus UCS)을 듣는 것은 많은 사람들에서 긍정적인 정서(무조건 반응: unconditioned response UCR)를 자동적으로 이끌어낸다. 만일 이 대중음악을 특정 브랜드의 펜이나 다른 제품(조건자극: conditioned stimulus CS)과 계속해서 짝을 지운다면, 이 브랜드는 똑같은 긍정적인 정서(조건반응: conditioned response CR)를 불러일으킬 수 있게 된다.[16] 또한, 무조건자극의 남성다움/여성스러움과 같은 특징도 조건자극을 연상시키게 할 수도 있다. 즉, 긍정적인 정서를 불러일으키는 어떤 활동에서 남성이나 여성이 등장하는 장면을 이용하는 것은 그 장면과 계속해서 짝지어진 어떤 브랜드에 대해서 긍정적인 정서적 반응을 일으켜 줄 뿐만 아니라 그 브랜드가 남성답거나 여성스러운 이미지를 갖게 할 수도 있다.[17] 이렇게 고전적 조건화는 브랜드 감정과 신념에 영향을 미침으로써 긍정적인 태도를 만들어낼 수 있다. 뒤의 몇 개 장에서 보게 되겠지만, 이것은 정보탐색, 시용 및 브랜드선택에 영향을 미칠 수 있기 때문에 중요하다.

그림 9-5 조작적 조건화에 의한 소비자학습

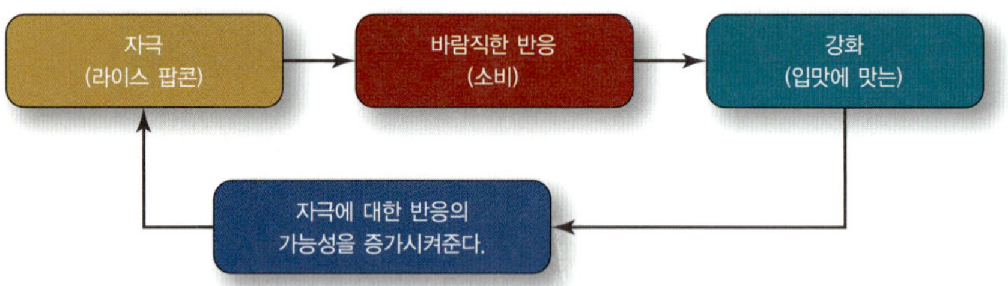

고전적 조건화를 활용한 다른 마케팅활동에는 다음과 같은 것들이 있다.

- 어떤 제품을 자극적인 스포츠 프로그램에서 일관되게 광고함으로써 그 제품이 스스로 흥분반응을 생성시킬 수 있다.
- 잘 알려지지 않은 정치후보가 자신의 광고 및 집회상황에서 애국적인 음악을 일관되게 들려줌으로써 애국의 느낌을 이끌어낼 수도 있다.
- 상점에서 들려주는 크리스마스 음악은 자선과 공유와 관련된 정서적 반응을 이끌어내고, 이것이 다시 구매성향을 높일 수도 있다.

고전적 조건화를 통한 학습은 낮은 수준의 처리노력과 인식(awareness)이 수반되는 저관여 상황에서 가장 보편적이다.[18] 그러나 충분한 횟수의 저관여 스캐닝이나 피상적 관찰 후에 이 연상이 만들어질 수 있다.

조작적 조건화(Operant Conditioning) **조작적 조건화** 또는 수단적 학습 (instrumental learning)은 브랜드구매와 같은 바람직한 행동에 대하여 그 행동을 강화시켜주는 긍정적인 결과로 보상하는 것을 의미한다.[19] 어떤 반응이 자주 강화가 될수록, 그 반응이 긍정적인 결과를 연상시킨다는 점을 소비자들이 알게 되기 때문에 그 반응이 반복될 가능성이 더 높아진다.

당신이 Pacific Snax의 Rice Popcorn이라는 스낵을 마케팅하고 있다고 하자. 소비자들이 좋아하는 부드럽고 바삭바삭한 맛을 당신 제품이 갖고 있다고 당신은 믿고 있다. 소비자들이 당신 브랜드를 소비하는 것을 배우는데 당신은 어떻게 영향을 미칠 수 있는가? 한 방법은 조작적 조건화 절차를 토대로 우편을 통해서 또는 쇼핑몰이나 길거리에서 많은 양의 무료 샘플을 제공하는 것이다. 많은 소비자들이 무료 샘플을 시용할 것이다(원하는 반응). Rice Popcorn의 맛이 정말로 소비자들의 맘에 드는 한(강화의 역할을 하는 긍정적인 결과) 계속적인 소비의 가능성은 증가한다. <그림 9-5>는 이 과정을 설명하고 있다.

고전적 조건화가 만들어내는 비교적 자동적인 연상과는 달리 조작적 조건화는 소비자들이 먼저 의도적인 행동을 수행하고, 강화로 작용하는 긍정적인 결과를 예측하는데 이 행동이 도움이 되는 것을 이해하게 된다. <그림 9-3>에 제시된 바와 같이, 이러한 학습은 고관여 조건에서 일반적이다. 조작적 조건화는 특정 브랜드나 제품을 구입하도록(원하는

구매행동을 조형화하는 과정 그림 9-6

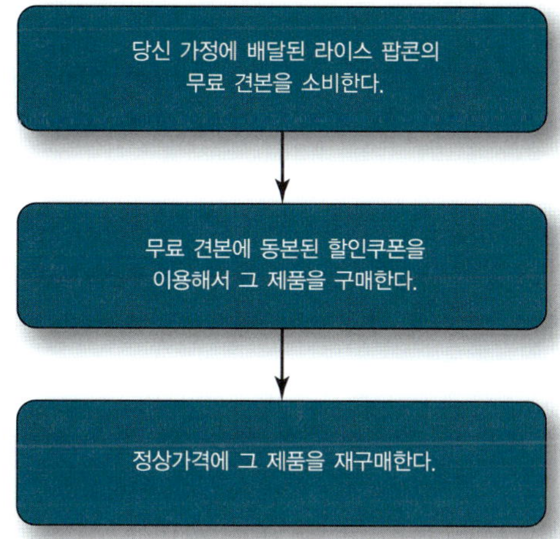

반응) 소비자들에게 영향을 미칠 수 있게 해주곤 한다. 이런 이유에서 많은 마케팅전략이 최초의 사용을 확보하려는 목표를 갖고 있다. 무료 샘플(가정이나 상점에서 배부되는), 신제품에 대한 특별한 가격할인 및 경연경품*은 모두가 특정 제품이나 브랜드를 시용한 소비자들에게 제공되는 보상을 나타낸다. 만일 그들이 이러한 조건에 있는 브랜드를 시용하고 그것을 좋아하게 되면(강화), 다음 단계로 넘어가 그들이 앞으로 그 제품을 구입할 가능성이 더 커진다. 원하는 최종적인 반응에 이어지는 부분적인 반응을 권장하는 이러한 과정(무료 샘플을 써본다, 할인된 가격에 구입한다, 정상가격에 구입한다)을 **조형화(shaping)**라고 하며, <그림 9-6>은 이를 설명하고 있다.

한 연구에서 캔디상점에 있는 동안에 초콜릿의 무료 샘플을 준 사람들의 84%가 구매한 반면, 샘플을 주지 않은 사람들은 59%만이 구매하였다. 이렇게 조형화는 매우 효과적이다. <사진 9-3>은 조형화의 첫 번째 단계인 시용을 이끌어내도록 설계된 광고이다.

강화는 구매가 반복되는 것과 같은 행동의 가능성을 증가시키는 반면에, 부정적인 결과(처벌)는 정확하게 이의 반대효과를 갖는다. 이렇듯 잘 기능을 하지 않는 브랜드의 구매는 그 브랜드의 미래 구매 가능성을 크게 감소시킨다. 이것은 일관된 제품품질의 중요성을 강조한다.

마케터들은 조작적 조건화를 널리 이용하고 있다. 가장 보편적인 활동은 소비자욕구를 충족시키기 위해서 제품을 사용하는 것이 강화가 되도록 일관된 품질의 제품을 제공하는 것이다. 다른 활용은 다음과 같다.

* 역자 주. 운에 의해서 경품을 받는 사람이 결정되는 현상경품(sweepstakes)과는 달리, 경연경품(contest)은 제품을 산 소비자들이 기량과 능력에 따라 겨루게 하는 촉진수단이다. 예를 들면 자사브랜드를 사고 응모한 소비자들 중에서 코리언시리즈 우승을 맞춘 소비자에게 경품을 제공한다.

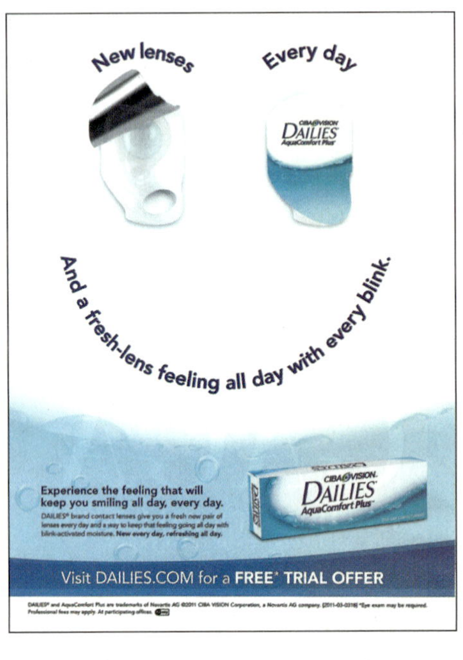

사진 9-3

마케터들은 소비자욕구를 충족시켜줄 것으로 생각되는 제품을 디자인한다. 어떤 욕구가 한 제품에 의해서 충족될 때, 구매된 제품의 구입 확률은 향후에 높아진다. 이 과정에서 중요한 단계는 그 제품의 최초 구매 내지 시용이다. 이 광고는 그러한 시용을 장려하고 있다.

- 현명한 구매결정을 한 고객을 축하해주는 DM이나 개인적인 접촉.
- 리베이트, 시리얼상자에 든 인형 또는 할인쿠폰과 같이 특정 브랜드 구매에 대해 추가적인 강화를 제공하는 것.
- 제품의 시용을 권장하기 위해서 무표 샘플이나 할인쿠폰을 제공하는 것(조형화).
- 상점내부, 쇼핑몰 또는 상가에 오락, 쾌적한 온도, 재미있는 전시 등을 제공함으로써 쇼핑하기에 즐거운 장소로 만드는 것.

조작적 조건화의 효과는 한 보험회사의 실험에 의해서 입증될 수 있었다. 한달 동안에 생명보험을 구입한 2,000명이 넘는 소비자들을 무작위로 세 개 집단으로 나누었다. 이들 중에서 두 개 집단은 매달 결제 후에 고맙다는 편지나 전화의 형태로 강화를 받았다. 세 번째 집단은 그러한 강화를 받지 않았다. 6개월 후에 강화를 받은 두 집단은 구성원의 10%가 보험을 해약한 반면에, 강화를 받지 않은 집단은 사람들의 23%가 해약하였다. 강화(고맙다는 인사)는 지속적인 행동(월 보험료의 납입)으로 이어진 것이다.[20]

2. 인지적 학습

인지적 학습(cognitive learning)은 문제를 해결하거나 상황에 대처하기 위해서 수행되는 모든 정신적 활동을 포함한다. 이것은 직접적인 경험이나 강화없이 추론하고, 문제를 해결하고, 관계를 학습할 수 있는 우리들의 능력에 도움을 주는 아이디어, 개념, 태도 및 사실을 학습하는 것이다. 인지적 학습은 매우 단순한 정보획득(시각적인 기계적 학습에서와 같이)에서 복잡하고 창의적인 문제해결(분석적 추론에서와 같이)까지 다양하다. 인지적 학습의 세 가지 유형이 마케터들에게 중요하다.

시각적인 기계적 학습(Iconic Rote Learning) 조건화가 없을 때 어떤 개념이든 두 개 이상의 개념들 사이의 연상을 학습하는 것을 **시각적인 기계적 학습**이라고 한다. 예를 들어, 어떤 소비자가 "Ketoprofin은 두통약이라는 광고를 보고 새로운 개념인 "Ketoprofin"을 기존 개념인 "두통약"에 연결시킬 수도 있다. 무조건적 자극(고전적)도 없고 직접 보상이나 강화(조작적)가 없다는 점에서 조건화와 구별된다는 점을 주목하라.

또한, 인지적 학습의 보다 복잡한 형태와는 달리, 시각적인 기계적 학습은 일반적으로 상당히 적은 인지적 노력과 정교화를 수반한다.[21] 저관여 학습의 많은 부분이 시각적인 기계적 학습을 수반한다. 소비자가 환경을 훑어볼 때 발생하는 단순한 메시지의 많은 반복으로 그 메시지의 요점이 학습될 수도 있다. 시각적인 기계적 학습을 통해서 소비자들은 정보의 원천을 알지 못한 채 제품의 특징이나 속성들에 대한 신념을 갖게 될 수도 있다. 욕구가 생겨날 때 신념을 토대로 구매가 이루어질 수도 있다.[22]

사진 9-4

광고는 정보를 전달하고 느낌을 이끌어낸다. 즉 광고는 전제, 암묵적인 전제에까지도 의문을 제기하여 독자들이 자신들의 신념을 다시 검토하게 할 수 있다.

대리학습(Vicarious Learning) 또는 모델링(Modeling) 학습이 이루어지기 위해서 소비자가 보상이나 처벌을 직접 경험할 필요는 없다. 대신에, 소비자들은 다른 사람 행동의 결과를 관찰하고 이에 따라서 자신의 행동을 조정해나갈 수 있다.[23] 마찬가지로, 소비자들은 다양한 행동대안의 결과를 예견하기 위해서 심상을 이용할 수 있다. 이것이 **대리학습** 또는 **모델링**이다.

이 유형의 학습은 저관여와 고관여 상황 모두에서 활용될 수 있다. 고관여 상황에서 취직한 후에 양복을 구입하는 경우에 소비자들은 직장동료들이나 광고를 포함해서 다른 환경에 있는 역할모델이 입고 있는 스타일을 신중하게 관찰할 수도 있다. 많은 광고에서 소비자들에게 제품을 사용해서 얻게 되는 느낌과 경험을 상상해보도록 권장하고 있다.[24] 그러한 이미지는 그 제품에 대한 학습을 향상시킬 뿐만 아니라 사용 후에 그 제품이 평가되는 방식에도 영향을 미칠 수도 있다.

많은 모델링이 저관여 상황에서도 발생한다. 평생 동안 사람들은 다른 사람들이 제품을 사용하고 다양한 상황에서 행동하는 것을 관찰한다. 대부분의 경우에 그들은 이들의 행동에 별로 주의를 기울이지 않는다. 그러나 시간이 흐르면서 그들은 어떤 행동과 제품이 어떤 상황에서 적절하고 적절하지 않은지를 배우게 된다.

분석적 추론(Analytical Reasoning) 인지적 학습의 가장 복잡한 형태는 **분석적 추론**이다. 추론을 하는데서 사람들은 새로운 연상과 개념을 만들기 위해서 새로운 정보뿐만 아니라 기존 정보도 재구성하고 다시 결합시키는 창의적인 사고를 하게 된다. 자신의 기존 신념과 상충되거나 기존 신념에 의문을 제기하는 믿을 수 있는 원천에서의 정보는 추론을 촉발한다.[25] <사진 9-4>의 광고는 소비자의 암묵적인 신념에 의문을 제기하고 있다.

분석적 추론의 한 가지 형태는 유추의 사용이다. **유추적 추론(analogical reasoning)**은 소비자들이 새로운 상황이나 대상을 이해하기 위해서 기존 지식기반을 활용할 수 있게 해주는 추론과정이다. 즉, 소비자들이 익숙하지 않은 것을 이해하기 위해서 익숙한 것에 대한 지식을 활용할 수 있게 해준다. 만일 당신이 e-Reader를 사용하지 않았거나 수용하지 않았다면, 당신은 다음과 같은 방식으로 그것에 대해서 배우게 된다.

당신은 e-Reader를 PC 및 워드문서와 연결시킨다. 화면에서 당신이 "열기"와 "읽기"를 선택하면 문서들을 내려받아(다운로드) 디지털 저장장치에 저장할 수 있다. 이 기기가 모든 디지털 기기에서 디지털 콘텐츠를 내려받아 열어서 읽는 것과 흡사하다고 당신은 추론할 수도 있다. 이러한 유사성을 생각하면, 당신은 e-Reader가 온라인 서적과 잡지에 대한 편리한 모바일 접속을 할 수 있게 해준다고 옳게 추론할 수도 있다. 또한 당신은 책장을 획 넘겨서 원하는 페이지를 찾는 것이 어렵고 그러한 기기에서 읽기는 "눈에 부담이 된다"고 잘못 추론할 수도 있다. 이렇듯, 유추에 의한 비교에서, 당신이 이미 사용하고 있는 PC 및 워드문서와의 유사성에 토대를 둔 e-Reader에 대한 비교적 완벽한 일련의 신념(일부는 부정확할 수 있음)을 갖게 될 것이다.[26]

3. 일반화 학습과 차별화 학습

특정 상황에서 학습에 대한 어떤 접근방법이 적용가능한지에 관계없이, 한 자극에서 다른 자극으로 일반화하고 차별화할 수 있는 소비자들의 능력이 마케터들에게 극히 중요하다.

자극 변별(stimulus discrimination) 또는 차별(differentiation)은 비슷하지만 별개인 자극에 다르게 반응하는 학습과정을 지칭한다. 이 과정은 자신들의 브랜드를 다른 브랜드들에 비해서 독특하고 중요한 특징을 갖는 브랜드로 지각해주기를 바라는 마케터들에게 특히 중요하다. 예를 들어, Bayer 아스피린의 경영자는 소비자들이 자신들의 아스피린을 다른 브

표 9-1 학습이론들의 요약과 관여수준별 예

이론	설명	고관여 예	저관여 예
고전적 조건화	만일 두 대상이 자주 함께 발생한다면, 한 대상에 의해서 이끌어내진 어떤 반응이 두 번째 대상에 의해서 이끌어내진다.	Made in America 캠페인에 반복적으로 노출된 후에 America라는 단어가 이끌어 내는 호의적인 정서적 반응이 승용차브랜드에 의해서 이끌어내지게 된다. 이 반응은 이미 발생한 인지적 학습에 더해진다.	소비자가 광고에 거의 주의를 기울이지 않음에도 불구하고 가요와 반복적으로 짝지어진 후에 새로운 향의 박하사탕에 대한 광고에서 가요에 의해서 이끌어내진 호의적인 정서적 반응이 그 브랜드에 의해서 이끌어내지게 된다.
조작적 조건화	같거나 유사한 상황이 발생할 때 강화를 받은 반응은 반복될 가능성이 더 커진다.	광범위한 생각 후에 정장을 구입한 소비자는 그 정장이 편하고 구김이 잘 가지 않는다는 것을 알게 된다. 이 기업의 정장에 대한 긍정적인 경험 때문에 이 기업이 만든 스포츠코트를 나중에 구입한다.	의사결정의 중요성이 낮기 때문에 완두콩의 익숙한 브랜드가 구입된다. 이 완두 콩은 맛이 신선해서 그 소비자는 이 브랜드를 계속해서 구입하게 된다.
시각적인 기계적 학습	한 개념이나 두 개념 사이의 연상은 조건화가 없이도 학습된다.	CD 플레이어에 대한 전문성이 거의 없는 소비자가 브랜드 정보를 몇 차례 주의깊게 검토하여 정보를 학습하려고 열심히 노력한다. 그런데 전문성이 없어서, 정교화가 이루어지지 않아서 학습은 제한적이다.	어떤 기업의 가장 최근 징글(jingle)이 사람들의 마음을 끌고 머릿속에서 재생되는 것을 막을 수 없어서 어떤 소비자가 그 징글을 배우게 된다.
대리학습/모델링	다른 사람 행동의 결과를 관찰하거나 잠재적 행동의 결과를 상상함으로써 행동이 학습된다.	한 소비자가 서류가방을 구입하기 전에 다른 동료들이 그 친구의 서류가방에 대해서 갖게 되는 반응을 주의 깊게 관찰한다.	사람들은 새로운 연상과 개념을 만들기 위해서 기존 및 새로운 정보를 재구성하고 다시 결합시키기 위해서 사고를 활용한다.
분식적 추론	사람들은 새로운 연상과 개념을 만들기 위해서 기존 및 새로운 정보를 재구성하고 다시 결합시키기 위해서 사고를 활용한다.	승용차를 산 소비자는 태양에너지를 이용하는 주택의 유추를 이용해서 휘발유/ 전기 하이브리드 승용차에 대한 정보를 주의깊게 처리한다.	어떤 상점에서 후춧가루의 재고가 동났을 때, 한 소비자는 후추는 후추라는 신속한 추론을 토대로 대신에 흰 후추를 산다.

랜드들과 같은 것으로 지각하지 않아야 한다고 생각하고 있다. 프리미엄가격이나 큰 시장 점유율을 확보하기 위해서 Bayer은 자사의 아스피린은 다른 브랜드들과는 완전히 구별된다는 점을 소비자들에게 교육시켜야 한다. 자극 변별은 이 장의 후반부에서 논의할 브랜드 이미지와 포지셔닝에서 중요한 고려사항이다.[27]

브랜드에 대한 추문(brand scandal)이 발생했을 때 자극 변별이 중요해진다. 추문은 항상 추문을 일으킨 브랜드에만 나쁜 영향을 미치는 것이 아니라 그 산업의 다른 경쟁브랜드들에도 손해를 입히는데, 이것을 여파효과(spillover effect)라고 한다. 경쟁자들이 추문의 여파에서 자신들을 보호하는 최선의 방법들 중 하나는 추문을 일으킨 브랜드와 완전히 구별되게 하는 것이다.[28]

한 자극에 대한 어떤 반응이 유사하지만 별개인 자극에 의해서 이끌어내질 때 **자극 일반화(stimulus generalization)**가 발생하는데 이것을 감염효과(rub-off effect)라고도 한다.[29] Nabisco의 Oreo쿠키는 맛이 좋다는 것을 알게 된 소비자가 그로 인해서 이 기업의 신제품인 Oreo 초콜릿콘도 맛이 좋을 것이라고 추정하는 것은 자극 일반화라고 한다. 자극 일반화는 일반적이며 브랜드자산의 주요 원천을 제공하고 브랜드확장을 위한 기회를 제공해주는데, 이는 이 장의 후반부에서 논의할 것이다.

4. 학습이론들의 요약

학습의 이론들은 소비자들이 다양한 상황에서 어떻게 학습하는지를 우리가 이해하는데 도움을 준다. 우리는 고전적 조건화, 조작적 조건화, 시각적인 기계적 학습, 대리학습/모델링, 분석적 추론 등 다섯가지 구체적인 학습이론들을 검토했다. 이들 학습이론들의 각각은 고관여나 저관여 상황에서 작용할 수 있지만 일부는 어느 한 상황에서 더 일반적이다. <표 9-1>은 이들 이론들을 요약하고 고관여 및 저관여 상황에서의 예를 제시하고 있다.

9.4 학습, 기억 및 인출

Chrysler의 성장이 2000년대 후반에 상당히 둔화되었는데[30], 이것은 2000년대 초반에 Gillette이[31], 1990년대 초반에 Saturn이[32] 그리고 1980년대에 L&M 담배가[33] 경험하였던 것과 같다. L04

> 우리 기업이 광고와 마케팅에서 손을 뗀 한참 후에 만일 시장에 우리 제품을 지원하지 않는다면 사람들은 우리 제품을 곧 잊어버린다는 것이 분명해진다.[34]

이 예들은 소비자들이 자신들의 브랜드와 연합된 긍정적 특징, 감정 및 행동을 학습하고 기억해주기를 마케터들이 바란다는 점을 강조한다. 그런데 소비자들은 잊어버린다. 조건화가 이루어진 학습에서 망각은 **소거(extinction)**라고 하는데, 만일 학습이 반복되지 않거나 강화되지 않으면 원하는 반응(예: 유쾌한 감정이나 브랜드구매)은 쇠퇴하거나 소멸되기 때문이다. 인지적 학습에서 망각은 **인출실패(retrieval failure)**라고 하는데, 그 이유는

그림 9-7 시간에 따른 망각: 잡지광고물

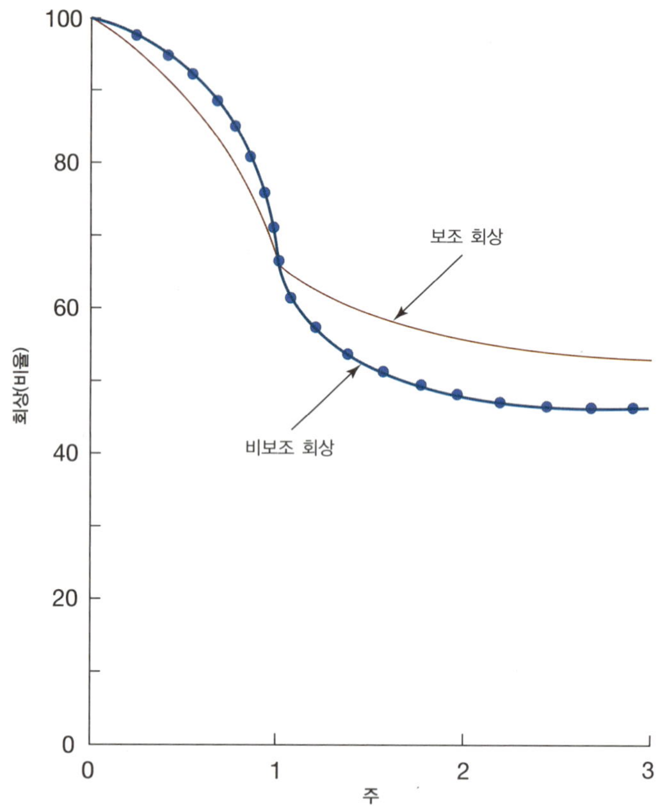

Source: LAP Report #5260.1 (New York: Weeks McGraw-Hill, undated). Reprinted with permission from McGraw-Hill Companies, Inc.

장기기억에 있는 정보에 접근할 수 없기 때문에 즉, 장기기억에서 단기기억으로 인출할 수 없기 때문이다.

마케터들의 관심을 끄는 망각의 2가지 측면은 어느 특정 상황에서 망각의 가능성과 망각률이다. <그림 9-7>은 광고에서 일반적으로 관찰되는 망각률을 보여주고 있다. 이 연구에서 American Machinist 잡지에서 4개 광고물의 보조 및 비보조 회상을 측정하였다. 그림에 나타난 것과 같이, 광고회상의 확률(가능성)은 처음 5일 동안을 급격하게 떨어지고 그 이후에는 비율이 안정이 된다. 때때로 마케터들이나 규제기관들은 망각 내지 소거가 가속화되기를 바란다. 예를 들어, 미국암협회(American Cancer Society)와 다른 조직들은 사람들이 흡연행동을 잊도록 설계된 프로그램을 권하고 있다. 제조업체들은 소비자들이 비호의적인 홍보나 시대에 뒤떨어진 이미지를 잊어버렸으면 한다.

소비자들은 다양한 이유로 브랜드, 브랜드연상 및 다른 정보를 잊어버린다. 그 이유는 첫째, 학습이 처음부터 약했을 수 있다. 둘째, 경쟁브랜드들과 광고들의 정보가 기억간섭을 일으켰을 수 있다. 셋째, 반응환경(예: 소매점)이 이전에 학습된 정보(예: 광고에서)의 인출을 장려하도록 설정되지 않았을 수 있다. 우리는 이제 이러한 논의들을 다룰 것이다.

1. 학습의 강도

HIV(인간면역결핍바이러스) 연맹은 어떻게 에이즈(AIDS)위험을 최소화하도록 당신을 교육해서 잊지 않도록 할 수 있는가? 또는 Neutrogena는 어떻게 CVS에서 쇼핑할 때 당신이 주요 특징을 기억할 수 있도록 선탠(sunless tanning)제품라인에 대해서 당신을 교육시킬 수 있는가? 즉, 학습된 반응이 오랫동안 지속되기 위해서 무엇이 요구되는가?

한 가지 요인은 학습의 강도이다. 최초의 학습(예: 마디들과 마디들 사이의 연결고리)이 강할수록, 필요할 때 관련정보가 인출될 가능성이 커진다. 학습의 강도는 중요성, 메시지관여, 무드, 강화, 반복 및 이중부호의 여섯 가지 요인에 의해서 높아진다.

중요성(Importance) 중요성은 소비자가 학습할 정보에 부여하는 가치를 말한다. 중요성은 제품이나 브랜드의 내재적인 관심이나 가까운 장래에 의사결정을 할 필요성에 의해서 주도될 수 있다. 개인이 특정 행동이나 정보를 학습하는 것이 중요할수록 그가 참여하는 학습과정은 더 효과적이고 효율적이게 된다. 이것은 그 자료를 충분히 처리하고 분류하면서 정교화 활동이 더 커지기 때문이다.

마케터들의 새로운 관심분야 중 하나는 2개 국어를 사용하는 소비자들이 제2의 언어 광고를 어떻게 처리하고 회상하느냐이다. 예를 들어, 라틴 아메리카계 소비자들이 영어로 된 광고를 처리한다면, 스페인어로 된 동일광고를 처리할 때와 같이 효과적일 수 있는가? 일반적으로 제2의 언어로 된 광고의 처리가 더 어렵다. 이러한 현상은 소비자들의 제2의 언어로 된 광고의 학습과 회상을 축소시키는 경향이 있다. 이는 제2의 언어로 된 광고는 효과적일 수 없다는 것을 의미하는가? 이에 대한 답은 중요성에 따라 달라지는 것 같다. 중요성이 클 때는 2개 국어를 쓰는 소비자들은 제2의 언어로 된 광고를 이해하기 위해서 더 많은 노력을 기울여서 더 큰 학습과 회상에 이른다.[35]

중요성은 고관여 상황과 저관여 상황을 분리하는 한 차원이다. 따라서 고관여 학습이 저관여 학습보다 더 완전하기 쉽다.[36] 유감스럽게도 마케터들은 자주 저관여 학습 상황에 있는 소비자들을 직면한다.

메시지 관여(Message Involvement) 어떤 소비자가 그 자료를 학습하도록 충분히 동기가 부여되지 않았을 때, 그 소비자가 메시지 자체에 관여되게 함으로써 처리는 증가될 수 있다. 예를 들어, 제품 속성과 관련된 서정적인 요소를 갖는 가요의 경음악을 연주하는 것(Chevrolet 픽업 광고에서 "Like a rock")은 사람들이 소리내서 또는 마음속으로 그 노래를 따라 부르게 할 수도 있다. 이처럼 고조된 메시지관여는 연주되는 경음악을 그저 듣는 것과는 달리, 그 메시지의 처리의 정도와 관련된 특징이나 테마의 기억을 증가시킨다.[37]

제8장에서 우리는 부적합, 수사적 표현, 불완전한 메시지 그리고 줄거리와 반전이 있는 흥미로운 광고 등과 같은 소비자 주의를 증가시키는 다양한 전략을 살펴보았다. 이러한 전략들은 메시지 관여를 높여서 더 강력한 학습과 기억에 이어지기 쉽게 한다.[38]

메시지관여에 관한 몇 가지 쟁점이 중요하다. 첫째, 향기가 기억에 중요할 수 있다는 증거가 있다. 한 연구에서 광고에 노출 도중에 주어진 긍정적인 향기는 그 광고에 대한 주의를 증대시켜서 더 높은 브랜드회상을 가져다 주었다는 점을 알아냈다. 마케터들이 현재 인터넷 어플리케이션이나 매장 내 키오스크에서 향기를 방출하는 것을 가능하게 해주는 기술을 개발하는 초기단계에 있다는 것은 놀라운 일이 아니다.[39]

두 번째 쟁점은 긴장감의 역할이다. 가끔 마케터들은 관심과 주의를 끌려는 시도로 브랜드명을 메시지의 끝에 드러낸다. 그런데 이러한 전략은 조심해서 사용해야 하는데, 브랜드를 드러내는 것을 광고의 끝까지 미루는 것은 새로운 정보를 기존 브랜드 스키마에 통합시킬 기회를 소비자들에게 거의 제공하지 못하기 때문이다. 이에 따라 연합적 연결고리가 약해지고 기억이 감소된다. 이러한 결과는 마케터들이 모든 마케팅메시지에서 비교적 초기에 브랜드를 언급하는 것을 강력하게 고려해야 한다는 것을 암시해준다.[40]

마지막 쟁점은 소비자와 브랜드의 개인적 관련성을 강조하는 전략과 관련있다. 그러한 전략 중 하나는 자기연결이다. **자기연결(self-referencing)**은 소비자들이 자신들과 브랜드 정보를 연결시키는 것을 나타낸다. "자기"는 강력한 기억 스키마로 브랜드 정보를 이 스키마에 통합시키는 것은 학습과 기억을 향상시켜준다. 향수 소구를 통해 광고에서 자기연결을 만들어 낼 수 있는데, 향수 소구는 소비자들이 자신들의 과거 경험을 생각해 내도록 한다.[41] "당신"과 "당신의"와 같은 언어(2인칭 대명사)를 사용하는 것도 자기연결을 만들어준다. <사진 9-1>의 SYNC 광고는 자기연결을 효과적으로 사용하고 있다. 이 광고는 "당신은 목소리로 당신의 MP3 플레이어를 작동시켜보세요"와 "당신은 말하고 SYNC가 듣습니다"와 같은 표현으로 자아-브랜드 연결을 조장한다.

무드(Mood) 행복해지면 더 많이 배우게 되는가? 이것이 옳다고 주장하는 연구결과가 있다. 브랜드명과 같은 정보를 제시하는 동안 긍정적 무드는 학습을 향상시켜준다. 정보를 수용하는 동안의 긍정적 무드는 그 정보와 관련된 정교화를 향상시키는 것 같다. 즉 더 많은 범주와 비교되고 평가가 이루어진다. 이것은 다양한 다른 브랜드 및 개념들 사이에 더 완전하고 더 강력한 일련의 연결고리들을 만들어주고 이는 다시 인출(그 정보에의 접근)을 향상시켜준다.[42]

긍정적 무드가 학습을 향상시킨다는 사실은 소비자학습을 향상시키려고하는 마케터들에게 어떤 프로그램에 광고를 실어야 하는가를 제시해준다. 마찬가지로 소비자의 무드를 강화시켜주는 광고도 학습을 향상시켜준다.[43]

강화(Reinforcement) 특정 반응이 미래에 반복될 가능성을 높여주는 모든 것이 강화로 간주된다. 강화가 없이 학습이 자주 발생한다고 해도, **강화**는 학습이 발생하는 속도와 학습효과의 지속에 상당한 영향을 미친다.

긍정적 강화란 유쾌한 결과 또는 원하는 결과이다. 멕시코 음식을 좋아하는 부부가 자신들의 거주 지역에서 새로운 Chipotle Mexican Grill의 광고를 보고 그 곳에 들려보기로 결정한다. 그들은 음식, 서비스 및 분위기를 즐긴다. 그들은 다음 외식에도 Chipotle Mexican Grill을 선택할 가능성이 더 커진다.

부정적 강화는 불쾌한 결과의 회피나 제거와 관련된다. Vicks 광고는 두통의 완화를 약속한다. 만일 그들이 한 소비자가 이 두통약을 사용하도록 설득시키고 성과가 좋았다면, 이 소비자는 앞으로도 이 두통약을 사서 사용할 가능성이 높아지며, 자극일반화를 토대로 Vicks의 다른 제품들도 시용하게 될 것이다.

〈사진 9-5〉는 강화의 또 다른 예를 보여주고 있다.

처벌(punishment)은 강화의 반대이다. 특정 행동이 앞으로 반복될 가능성을 감소시켜주는 모든 결과이다. 만일 앞에서 언급하였던 Chipotle Mexican Grill을 시용한 부부가 서비스가 좋지 않다거나 음식이 맘에 들지 않았다고 생각했다면, 명백히 그 음식점의 단골손님이 될 가능성은 거의 없게 된다.

분명히 마케터들이 무엇이 소비자구매를 강화시키는지를 정확하게 파악해서 최초 및 반복구매를 조장하는 촉진메시지와 제품을 설계하는 것이 중요하다.

사진 9-5

강화는 어떤 반응이 미래에 반복될 가능성을 증가시켜 주는 모든 것이다. 그것은 쾌감을 제공해주는 것과 같은 긍정적 결과, 또는 두통과 같은 부정적 결과의 제거나 회피를 포함한다.

반복(Repetition) 반복은 기억에서 정보의 접근가능성을 증가시키거나 개념들 사이의 연합적 네트워크를 강화시킴으로써 학습과 기억을 향상시켜준다.[44] 아주 간단하게, 소비자들이 정보에 더 많이 노출될수록 또는 어떤 행동을 더 많이 수행할수록, 그들이 그것을 학습하고 기억할 가능성은 더 커진다. 예를 들어, 야구결승전 도중에 Miller Lite 맥주광고를 한 번 보여주는 것에 비히여 세 빈 보여주는 것은 $2\frac{1}{3}$배 더 많은 회상을 가져다주었다.[45]

물론 반복의 효과는 중요성과 강화에 따라 달라진다. 만일 주제가 중요하거나, 대단히 많은 관련된 강화가 있다면 그 메시지를 학습하는데 필요한 광고메시지의 반복회수는 줄어든다. 많은 광고물은 소비자에게 현재 중요한 정보나 학습에 대한 직접 보상을 담고 있지 않기 때문에, 반복은 많은 제품의 촉진과정에서 결정적인 역할을 수행한다.[46] 앞에서 살펴보았던 것처럼 고전적 조건화와 시각적인 기계적 학습(저관여 학습)은 주로 반복에 의존하고 있다.

16,500명의 응답자들에 대한 조사를 토대로 <그림 9-8>은 높은 수준 또는 낮은 수준의 초기 인지도를 갖는 브랜드들에 대해 48주에 걸쳐 진행된 다양한 수준의 광고반복의 효과를 보여준다. 몇 가지 특징이 눈에 띈다. 첫째, 첫 번째 노출이 가장 큰 효과를 갖는다.[47] 둘째, 잦은 반복(일주일에 한 번)이 제한된 반복(매 2주마다 1번 또는 4주에 1번)보다 효과가 좋았다. 캠페인이 더 오래 지속될수록 이러한 이점은 더 커진다. 끝으로, 잘 알려지지 않은 브랜드에서 상대적인 효과가 더 컸다.

메시지가 반복되는 횟수와 이러한 반복의 타이밍이 학습과 기억의 정도 및 지속기간에 영향을 미친다.[48] <그림 9-9>는 반복타이밍과 어떤 음식의 제품회상 사이의 관계를 보여준다. 그림에서 곡선으로 표현된 가정주부의 한 집단은 13주 동안 연속해서 1주일에 한 번씩 식품광고물에 노출되었다. 이 집단에서 제품회상은 급속하게 증가해서 13주째에 최고수준에 도달했다. 광고를 멈추었을 때 망각이 급속하게 발행했으며 회상은 연말에 거의

그림 9-8 높은 인지도와 낮은 인지도 브랜드의 브랜드인지도에 대한 반복의 효과

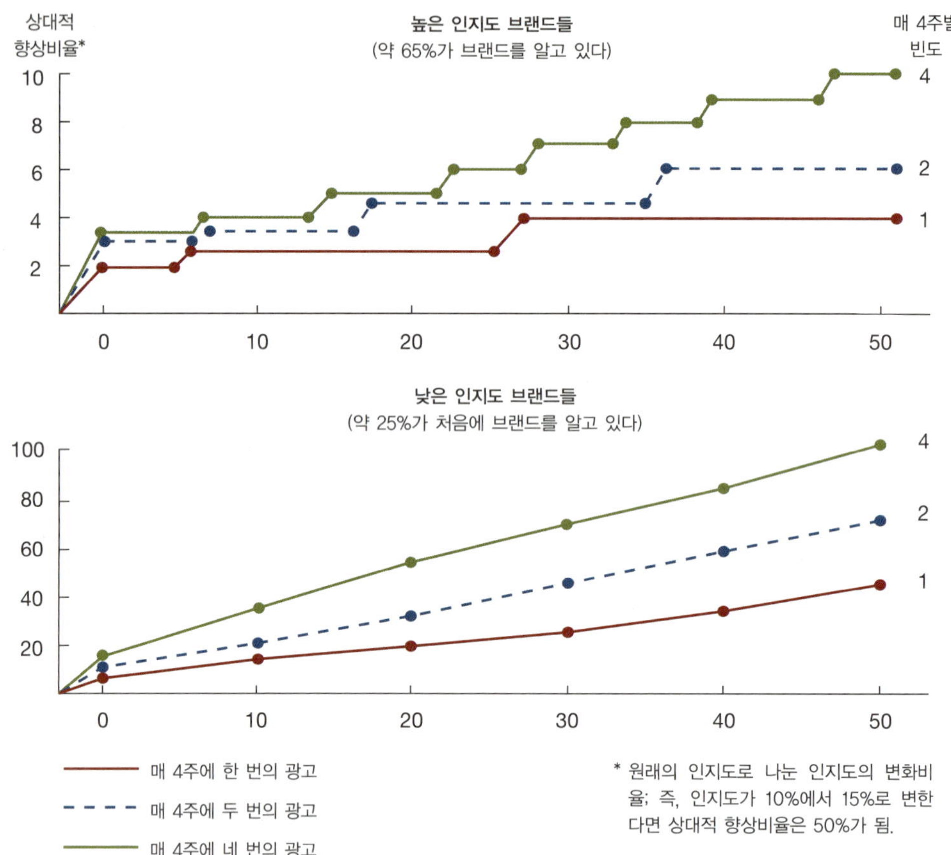

0이 되었다.

가정주부의 두 번째 집단은 동일한 내용의 DM 광고물에 13번 노출되었다. 그러나 그들은 매 4주마다 하나의 광고물을 받았다. 지그재그 선이 이 집단의 회상패턴을 보여준다. 이러한 경우 학습은 일년 내내 증가하였지만 메시지 노출 사이에 상당한 수준의 망각이 발생했다.

제한된 예산을 고려했을 때, 기업은 예산주기에 걸쳐서 광고를 어떻게 할당해야 하는가? 한 번에 모든 것을 집중해야 하는가 아니면 기간 내내 펼쳐야 하는가? 답은 과제에 따라 달라진다. 신제품 도입기와 같이 광범위한 계층의 제품지식을 급속하게 보급하는 것이 중요할 때는 잦은 반복이 사용되어야 한다. 이러한 패턴은 **파동형(pulsing)**이라고 한다. 이렇게 정치후보자들은 상당한 양의 매체예산을 선거 직전까지 아껴 두었다가 자신들의 바람직한 속성을 널리 알리기 위해서 대대적인 캠페인을 펼친다. 상점이나 브랜드 이미지 개발과 같이 더 장기적인 프로그램은 훨씬 긴 간격을 두고 반복해야 한다.[49]

마케터들은 반복에 관해서는 적정하게 해야 한다. 너무 많은 반복은 소비자들이 그 메시지를 적극적으로 차단하거나, 부정적으로 평가하거나 또는 무시하게 만드는데, 이러한

반복타이밍과 광고회상 그림 9-9

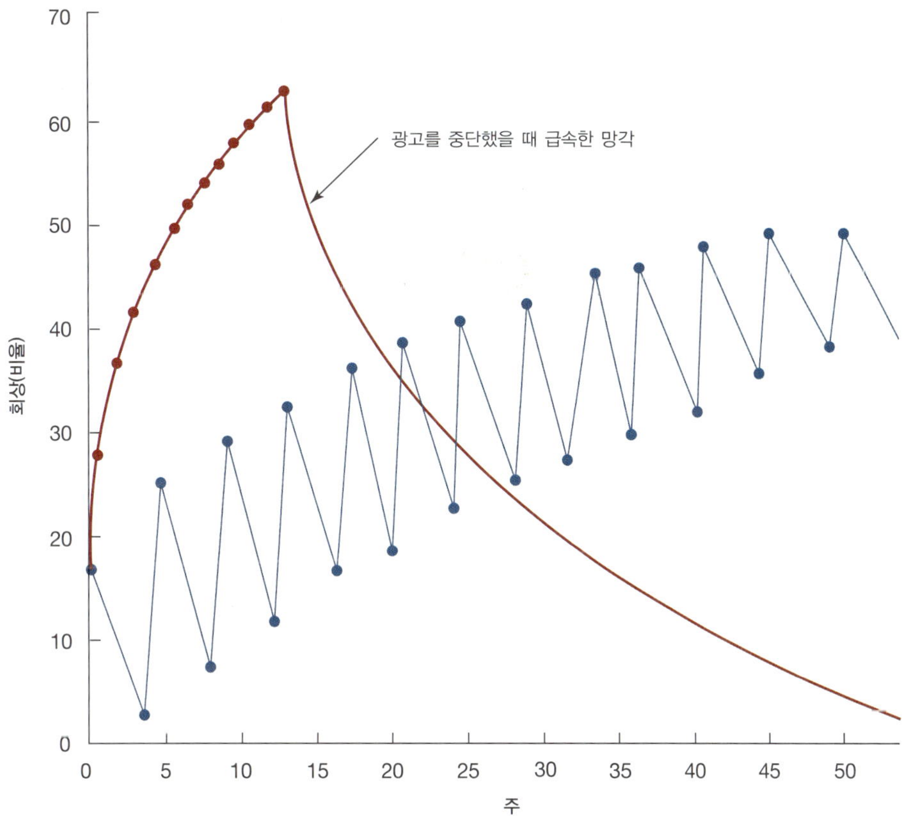

Source: Reprinted from H. J. Zielski, "The Remembering and Forgetting of Advertising," *Journal of Marketing,* January 1959, p. 240, with permission from The American Marketing Association. The actual data and a refined analysis were presented in J. L. Simon. "What Do Zielski's Data Really Show about Pulsing?" *Journal of Marketing Research,* August 1979, pp. 415–20.

효과를 **광고감퇴(advertising wearout)**라고 한다.[50] 감퇴를 피하기 위한 한 가지 전략은 공통적인 테마를 갖는 변형광고들을 활용하는 것이다.[51] 예를 들어, Target의 광고는 브랜드의 핵심 테마와 "붉은 점" 상징을 지속적으로 강조한다. 그러나 그들은 애니메이션 마스코트(spokescharcter)인 한 쪽 눈 근처에 붉은 점 등이 있는 흰 개가 어슬렁거리는 것을 포함해서 다양하고 흥미로운 방식으로 오랫동안 실행해왔다. 비교문화 연구는 다양하게 실행된 일관된 테마가 동남아지역에서도 광고감퇴를 완화시켜주는 효과적인 전략임을 보여주고 있다.[52]

이중 부호화(Dual Coding) 소비자들은 정보를 다양한 방식으로 저장(부호화)할 수 있다. 동일 정보를 다양한 방식(이중 부호로)으로 저장하는 것은 정보를 인출하기 위한 더 많은 내부경로(연합적 네트워크)를 낳게 된다. 이것은 다시 학습과 기억을 증가시킬 수 있다.

이중부호화의 한 예는 소비자들이 두 가지 다른 맥락에서 정보를 학습할 때이다. 예컨대, 어떤 소비자는 비듬샴푸의 동일 브랜드에 대한 2개의 광고물, 사무실 테마와 사교적

사진 9-6

광고물에서 다양한 테마를 활용하는 것은 이중부호화에 도움이 되어 기억을 향상시켜준다. Clorox의 이 광고물과 〈사진 3-3〉의 광고와의 차이점을 주목하라.

테마를 갖는 광고물을 볼 수 있다. 다양한 테마(맥락)는 그 브랜드에 대한 다중 경로를 제공해주기 때문에 이후의 회상을 향상시켜준다. <사진 9-6>은 Clorox가 살균제품에 사용하는 한 가지 테마를 보여준다(제3장의 <사진 3-3>은 다른 테마를 보여준다). 살균제품에 대해서 다중 테마를 이용함으로써 Clorox는 자신의 전통적 표백제보다 높게 소비자기억을 향상시킬 수 있다.

이중부호화의 또 다른 예는 언어 대 시각과 같이 다양한 기억양식에 정보를 저장시키는 것과 관련있다.[53] 이중부호화는 왜 **심상**(imagery)이 기억을 향상시켜주는 이유를 설명해준다. 고심상 자극은 기억에서 언어적 및 시각적 차원 모두에서 저장되기 때문에 이중부호를 남기는데 반해서, 저심상 자극은 언어적으로만 부호화된다. 이에 따라 Jolt 및 Mustang과 같이 고심상 브랜드명은 저심상 브랜드명보다 훨씬 더 쉽게 학습하고 기억하게 된다.

낱말을 포함하는 소리의 기억인 **음성기억**(echoic memory)은 시각적 및 언어적 기억과 다른 특성을 갖는 것처럼 보이는 또 다른 기억양식이다.[54] 어떤 메시지의 소리부분(예: 배경음악)이 언어적 메시지에 의해서 전달되는 것과 유사한 의미를 전달할 때, 이중부호화의 기회를 제공해준다.[55]

어느 한 기억양식을 통해서 전달된 핵심 아이디어가 다른 양식을 통해서 전달된 것과 일치할 때 기억과 학습이 향상되는 것 같다.[56] 예를 들어, 한 연구에서 그림과 본문이 일치된 아이디어를 전달하게 하는 것은 2개 국어를 사용하는 소비자들이 제2의 언어로 된 광고의 처리를 더 쉽게 하게 한다는 점을 알아냈다. 결과적으로 제2의 언어로 된 광고에 대한 학습과 기억이 향상되었다.[57]

2. 기억방해

소비자들은 기억에서 다른 관련된 정보가 방해가 되기 때문에 특정 정보를 인출하는데 어려움을 겪곤 한다. 이러한 효과를 **기억방해(memory interference)**라고 한다. 마케팅에서 방해는 일반적으로 경쟁광고 때문에 생긴다. 예를 들어, Canada Dry Ginger Ale의 광고를 보는 것은 Mountain Dew에 대한 당신의 기억을 방해할 수도 있다. 경쟁적인 광고는 소비자들이 어느 특정 광고물과 그 내용을 회상하기 어렵게 만든다. 그리고 그들이 특정 광고물의 내용을 회상할 수 있을지라도, 그 광고물을 특정 브랜드와 연합시키는데 어려움을 겪곤 한다. 이에 따라, 경쟁적인 광고는 특정 광고물에서 펼쳐진 브랜드 주장에 대한 기억을 축소시키거나 경쟁하는 브랜드들의 광고물 간에 브랜드-주장 혼동을 일으킬 수 있다.[58]

동일 제품범주에 속하는 경쟁적인 광고물의 수가 증가할수록 그리고 이 광고물들 사이의 유사성이 커질수록 경쟁적인 광고방해가 증가한다. 높은 수준의 광고혼잡을 인정하면, 광고방해가 마케터들과 광고주들의 관심영역이라는 것은 놀라운 일이 아니다. 주요 문제는 다음과 같다. 경쟁하는 광고물이 방해를 감소시키기 위해서 마케터들은 무엇을 할 수 있는가? 여러 전략이 있는데, 일부는 우리가 논의해 온 학습 및 기억 개념들과 관련이 있다.

경쟁적인 광고를 피하라 한 가지 전략은 당신의 광고가 경쟁자들의 광고와 같은 곳(TV 포맷에서 동일 깍지)에 실리는 것을 피하는 것이다. 이러한 배타성을 확보하기 위해서 일부기업들은 추가비용을 실제로 부담하고 있다. 최근성 기획(recency planning)이라고 하는 다른 전략은 소비자 구매시점과 가능한 한 근접해서 광고노출이 이루어지도록 광고노출을 기획하는 것과 관련있다. 이 개념의 아이디어는 구매까지의 시간을 단축함으로써 경쟁 브랜드에 대한 광고가 구매 이전에 끼어들 가능성을 줄이는 것이다.[59]

초기학습을 강화하라 다른 전략은 강력한 학습일수록 기억방해를 받을 가능성이 낮아지기 때문에 최초 학습의 강도를 강화시키는 것이다. 이러한 전략의 가치에 대한 증거는 고관여 상황에서 그리고 익숙한 브랜드에 대해서는 기억 방해가 덜 발생한다는 사실에서 찾을 수 있다. 고관여 학습은 더 강력한 브랜드 스키마에 귀착된다는 점과 익숙한 브랜드에 대한 브랜드 스키마는 익숙하지 않은 브랜드에 대한 브랜드 스키마보다 더 강하다는 점을 고려할 때 이것은 놀라운 일은 아니다.[60]

학습의 역할에 대한 추가적인 증거는 이중부호화를 권장하는 광고 전략에서 찾을 수 있다. 구체적으로, 같은 브랜드에 대한 광고의 여러 가지 버전을 보여주거나(사무실 상황과 사교적인 상황에서의 샴푸광고) 노출 간에 양식을 변화시킴으로써(라디오광고 다음에 인쇄광고) 경쟁브랜드들의 기억방해를 줄일 수 있다.[61]

흥미롭게도, 어떤 브랜드의 주요 속성에 대한 강력한 초기학습은 긍정적인 기억효과를 낳을 수 있는 반면에, 그 브랜드에 새로운 속성을 추가시키거나 기존 속성을 변화시키는 것을 어렵게 만들 수 있다. 즉, 강력한 초기학습이 새로운 브랜드 정보에 대한 소비자의 학습과 기억을 방해한다.[62] 이러한 점으로 인해서 브랜드의 포지션을 다시 심는 것이 도전적인 과제가 되기도 한다. 리포지셔닝은 이 장의 후반부에서 논의될 것이다.

경쟁적인 광고들과의 유사성을 줄여라 동일 제품계층에 속한 광고들(예: 이동 전화 단말기의 여러 브랜드에 대한 광고들)은 유사하기 때문에 기억방해를 증가시킬 수 있다. 광고주장, 정서의 정도(emotional valence) 그리고 배경음악이나 그림과 같은 광고실행요인들에서 유사성을 볼 수 있다. 흥미로운 점은, 광고실행요인들 사이의 유사성은 다른 제품범주에 속한 브랜드에 대한 광고일 때(각각이 산악장면을 묘사한 표백제와 탄산음료의 인쇄광고)에도 기억방해를 일으킬 수 있다. 독특한 광고가 광고혼잡을 뚫고 주의를 더 끄는 것과 같이, 독특한 광고는 경쟁브랜드의 기억방해에 더 큰 저항력을 갖고 있다.[63]

외재적인 인출 단서를 제공하라 인출 단서는 기억에 저장되어 있는 정보에 대한 외재적인 경로를 제공해준다. 브랜드명이 중요한 이유는 브랜드명이 인출 단서로 작용한다는 점이다. 어떤 브랜드명을 보는 것은 그 브랜드에 대한 이전의 광고들과 연합된 이미지와 정서의 인출뿐만 아니라 기억에 저장되어 있는 브랜드 정보에 대한 회상의 계기가 될 수 있다.

그러나 어떤 브랜드의 이전 광고에 대한 회상의 계기가 되는데 브랜드명이 항상 충분한 것은 아니다. 예를 들어, 상점의 진열대에 있는 브랜드를 보는 것은 이전 광고에 대한 소비자 기억에 신호를 제공해주지 못할 수도 있다. 구매 도중에 이전 광고정보와 정서를 생각해내지 못하는 것은 광고의 효과성을 감소시키기 때문에 이 점은 중요하다. 이러한 경우 마케터들은 그 브랜드에 대한 광고에 직접적으로 결부시켜주는 구매시점 진열 또는 포장 단서를 이용할 수 있다.[64] 예를 들어, "Got Milk?" 캠페인에서 "Got Milk?" 슬로건이 있는 매장내 표지는 우유가 떨어지면 얼마나 끔찍할지를 강조한 TV광고를 소비자들이 생각나게 하는데 사용되었다. Quaker Oats는 Life 시리얼 TV광고의 한 장면을 그 시리얼 상자에 부착시켜서 이 개념을 활용하고 있다. 이것은 그 TV광고에서 생긴 정서와 정보를 소비자들이 생각해낼 수 있는 능력을 향상시켜 주었으며, 이는 매우 성공적이었다.

3. 반응환경

인출은 원래의 학습 환경과 학습형태에 대한 인출(반응) 환경의 유사성 및 학습형태에 의해서도 영향을 받는다.[65] 이렇듯 인출상황이 학습도중에 있었던 단서와 유사한 단서를 더 많이 제공할수록 효과적인 인출이 생길 가능성은 더 커진다. 한 가지 전략은 원래의 학습 환경과 유사하게 인출환경을 구성하는 것이다. 위에서 살펴보았던 "Got Milk?"와 Life 시리얼 예는 인출 단서를 제공함으로써 학습 환경에 매장내 인출환경이 어울리게 만들려는 마케터들의 시도를 나타낸다.

또 다른 전략은 가장 가능성이 큰 인출환경과 닮게 학습 환경을 구성하는 것이다. 껌 브랜드의 마케터가 브랜드의 인출환경이 소매점 내에서 조성된다는 점을 알고 있다고 생각해보자. 이 경우, 포장의 시각적 이미지를 유쾌한 음악과 일관되게 짝지움으로써 그 브랜드와 포장에 대해서 긍정적인 감정을 일으키도록 습관화시키는 것이 가장 적절할 수 있다. 그 이유는 반응환경(상점 진열대)이 브랜드포장을 소비자들에게 시각적으로 제시하기 때문이다. 학습은 그 브랜드포장의 비주얼에 대해서 소비자들이 조건화되기 때문에(인출환경에 어울리도록 구성된 학습환경), 진열대에 있는 포장을 보는 것으로 소비자들이 학습된 반응을 보일 가능성이 커진다.

9.5 브랜드 이미지와 제품 포지셔닝

LO5

1. 브랜드 이미지

브랜드 이미지(brand image)는 브랜드의 기억스키마이다. 그것은 제품의 속성, 편익, 사용상황, 사용자 그리고 제조업체/마케터의 특성에 대한 표적시장 소비자들의 해석을 담고 있다. 그것은 소비자들이 어떤 브랜드명을 보거나 들었을 때 그들이 생각하고 느끼는 것이다. 본질적으로 그것은 브랜드에 대해서 소비자들이 학습한 일련의 연상이다.[66] **기업이미지**와 **점포이미지**는 브렌드가 아니라 기업과 상점에 적용된다는 점을 제외하고는 비슷하다.

브랜딩과 브랜드 이미지의 중요성은 물, 사과 및 고기와 같이 전통적으로 브랜드를 붙이지 않았던 제품들에 점점 더 많은 브랜드들이 붙여지고 있다는 사실에서 알 수 있다. 육류산업을 생각해보자. 이 산업은 많은 이슈들을 다루어야 하지만, 결코 적지 않은 이슈 중 하나는 많은 소비자들이 고기를 순비하는 것은 어렵고 시간이 많이 드는 것으로 보고 있다는 것이다. 어느 전문가는 다음과 같이 언급하였다.

> 많은 소비자들은 생고기를 가져다가 여섯 내지 여덟 시간을 들여서 요리할 수 있을 정도의 시간과 전문성을 갖고 있지 않기 때문에, 우리가 이 산업에서 해야 할 일은 그러한 점을 이해하고 그것에 대해서 뭔가를 해야 한다는 것이다.[67]

Tyson은 빠르고 쉽게 그리고 안전하게 준비할 수 있는 가공된 닭고기, 돼지 고기 및 쇠고기의 제품라인을 제공함으로써 이에 대응하였다. 이러한 움직임은 고품질의 신선한 고기제품과 포장된 고기제품에서 Tyson이 강력한 명성을 쌓게 해주었다. 편리성과 식품안전성에 대한 오늘날 소비자들의 이중적인 관심을 고려할 때, Tyson은 소비자들이 믿고 연결시키는 강력하고 일관된 이미지로 포지션을 잘 심었다(<사진 9-7> 참조). 어떤 브랜드 이미지에서 이득을 얻을 수 있는 능력을 **브랜드자산**이라고 하며, 다음 절에서 논의할 것이다.

브랜드 이미지는 산업재 및 소비재 마케터들 모두의 관심사이다. 최근 마케팅 간행물의 다음과 같은 헤드라인을 생각해보자.

Buick은 GM의 개혁노력을 주도한다.
Microsoft가 우위에 섰는가.
Moto(Motolora)는 소비자를 최우선으로 여김으로써 마력을 회복하고 있다.

사진 9-7

브랜드명은 소비자들이 의미를 부여할 수 있는 기준점을 제공한다. 이 때문에 마케터는 제품개선과 커뮤니케이션에 투자하고, 그 투자로부터 어느 정도의 이익가능성을 기대한다.

Pepsi는 광고메시지에서 '다이어트'를 빼고 새로운 콜라전쟁을 시작한다.

브랜드 이미지는 얼마나 강력한가? Nike, McDonald's, Kate Spade, Hershey's, Coke, Discovery Channel, Amazon.com 및 Midas를 생각해보자. 많은 소비자들에게 이들 각각의 명칭은 풍부한 의미와 느낌의 형태를 만들어 낸다. 이러한 의미와 심상은 소비자 의사결정의 강력한 동인이 되는데 바로 이점이 강력한 브랜드는 매출과 이익에서 시장선도자가 되는 이유를 설명해준다. <사진 9-7>를 살펴보자. 이 브랜드는 어떤 의미와 이미지를 이끌어내는가? 이 브랜드는 강력한 이미지를 갖고 있는가?

브랜드 이미지는 제품에 도움이 될 뿐만 아니라 방해가 될 수도 있다.[68] Hershey's는 Cacao Reserve by Hershey's라는 이름으로 고급초콜릿 시장에 최근에 진출하려고 하였다. 이 제품은 성공을 거두지 못하였는데, 아마도 소비자들이 Hershey's를 고급품이라고 생각하지 않았기 때문일 것이다. Hershey's 는 강력한 이미지를 갖고 있다. 그러나 평범한 초콜릿의 Hershey's 이미지는 고급제품시장으로의 진입을 막았다. 이경우 Hershey's가 Hershey's라는 이름과 아무런 연결고리도 없는 새로운 브랜드전략을 사용하였다면 Hershey's는 더 좋은 성과를 거두었을 수도 있다. 이러한 전략은 이 장의 마지막 부분에서 토의될 것이다.

2. 제품 포지셔닝

제품 포지셔닝(product positioning)은 어떤 세분시장 내에서 경쟁자들에 대비되는 명확한 브랜드 이미지를 얻기 위해서 마케터들이 한 일련의 의사결정이다. 즉, 마케터들은 세분시장의 소비자들이 경쟁브랜드들에 대비하여 자기 브랜드를 특정한 방식으로 생각하고 느끼기를 결정한다. 브랜드에 관련된 일련의 의사결정에 대해서 제품 포지셔닝이라는 용어가 가장 일반적으로 사용되지만, 상점, 기업 및 제품범주에 대해서도 사용될 수 있다.

기업은 소비자들의 마음속에서 원하는 포지션을 창출할 수 있음을 가정할 때, 제품 포지셔닝은 브랜드의 장기적인 성공에 커다란 영향을 미친다. 포지셔닝에서의 핵심 쟁점은 소비자들에게 의미있는 방식으로 경쟁제품들과 구별할 수 있게 해주는 제품포지션을 브랜드가 창출할 수 있는가이다.[69] 경쟁자와의 차별화(자극 변별)에서 실패한 브랜드는 소비자의 관심과 매출을 발생시키기 어려워진다.

Saturn을 생각해보자. 원래의 포지셔닝은 고객서비스와 소매경험을 강조했다. 이는 Saturn을 경쟁제품과 차별화시켜서 높은 매출을 가능하게 해주었다. 그런데 2002년의 광고에서 고객서비스에 집중하는 것을 중단했고 그 이후로 매출은 침체하였다. 이에 따라 Saturn은 고객서비스에 다시 집중함으로써 소비자들의 마음속에서 브랜드의 포지션을 다시 심으려는 희망을 갖고 광고회사를 교체하였다.[70] 이러한 노력은 결국 실패로 끝나서 Saturn라인은 종말을 고하게 되었다.

브랜드 이미지의 중요한 구성요소는 제품이나 브랜드의 적절한 사용 상황이다. 마케터들이 제품이나 브랜드가 적절하다고 여겨지는 사용 상황에 영향을 미칠 수 있는 기회를 갖곤 한다. 당신이 Cranberry 소스를 생각할 때 무엇이 생각나는가? 아마도 추수감사절과 크리스마스가 Cranberry 소스에 대한 당신의 이미지의 일부일 것이다. 사실, 이것들이 마음속에 떠오르는 유일한 사용 상황일 것이다. 그런데 한 연구에서 소비자들이 비전통적인 사용을 알리는 광고물을 본 후 3개월 동안에 Cranberry 소스의 매출은 거의 150%가 늘었다. 이렇게 Cranberry 소스의 제품포지션에서 사용 상황 구성요소를 확대시킴으로써 매출이 극적으로 늘었다.[71]

제품 포지션과 **브랜드 이미지**라는 용어는 서로 바꿔서 사용되기도 한다. 그러나 일반적으로, 제품포지션은 다른 브랜드나 전체 산업에 대비되는 브랜드 이미지를 명시적으로 지칭한다. "HP 프린터는 모든 프린터 중에서 가장 믿을 수 있는 프린터이다"와 같은 표현에 제품포지션의 특징이 있다. 브랜드 이미지는 일반적으로 경쟁자와 직접적인 비교가 없이 그 기업만의 이미지를 고려한다. "HP 프린터는 아주 믿을 수 있다"와 같은 표현에 브랜드 이미지의 특징이 있다.

마케터가 적절한 제품포지션을 결정하면, 곧 바로 표적시장에서 그 포지션을 성취할 수 있도록 마케팅믹스를 조정하게 된다.[72] 예를 들어, Sunkist Growers는 다양한 과일향을 갖는 Sunkist Fruit Gems이라는 과일젤리캔디를 시장에 내놓았다. 이 제품은 어른들과 어린이들을 위한 "건강에 좋고, 천연성분의" 스낵으로 포지션이 결정되었다. 제품관점에서 이 캔디는 펙틴(감귤류의 껍질에서 추출한 천연 성분)으로 만들며 방부제가 없고 대부분의 과일젤리캔디보다 더 적은 설탕을 함유하고 있다. 이렇게 제품 그 자체가 원하는 포지션을 전달하고 있다.

그러나 마케팅믹스의 다른 측면들도 이의 포지션에 기여할 수 있다. 예를 들어, Sunkist는 슈퍼마켓의 농산물 매장을 통해서 이 캔디를 유통시킬 수 있다. 이 경우에 유통이 원하는 제품포지션이나 이미지를 어떻게 지원하는지에 주목하라. 건강에 좋은 천연성분의 제품이라는 메시지를 받는 소비자는 사과나 오렌지와 같은 다른 건강에 좋은 천연제품들 가까이에서 이 제품을 보았을 때 훨씬 더 잘 받아들일 것이다.

마케터들은 소비자반응을 예견하지 못하거나 검증하지 못하기 때문에 자신들이 원하는 제품이미지나 포지션을 얻지 못하는 경우가 많다. Toro의 초기 경량 제설기는 성공을 거두지 못했다. 왜냐하면, 이 제품에 Snowpup라는 이름을 붙였는데, 소비자들이 이것을 장난감으로 파워가 충분하지 않는 것으로 해석하였기 때문이다. 더 강력하고 파워에 토대를 둔 이름으로 바꾸고(처음에는 Snowmaster, 나중에는 Toro) 매출이 성공을 거두었다.

지각도(perceptual mapping)의 작성은 제품포지션을 측정하고 개발하는데 유용한 기법으로 활용된다. 지각도는 다양한 브랜드나 제품이 서로 얼마나 비슷한지에 대한 소비자 지각을 파악하고 이러한 지각을 제품속성에 관련시킨다. <그림 9-10>은 다양한 초콜릿 캔

그림 9-10 초콜릿 캔디의 지각도

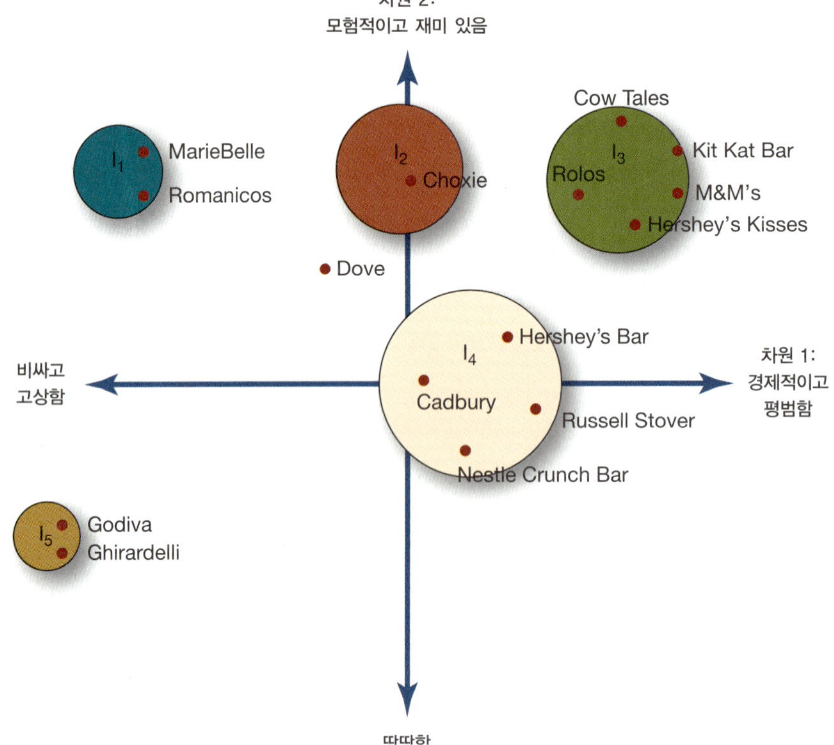

디 브랜드들에 대한 지각도 이다. 이 지각도는 I_1, I_2, I_3, I_4, I_5의 다섯 개 세분시장의 이상점(ideal points)도 제공해준다. 이상점 주변 원의 크기는 세분시장의 상대적 규모를 나타내주는데, 여기에서는 세분시장4(I_4)가 가장 크며 세분시장5(I_5)가 가장 작다. 이러한 이상점들은 각 세분시장의 소비자들이 초콜릿 캔디에서 원하는 이미지나 특징을 나타낸다. 만일 이 지도에 있는 캔디들이 존재하는 모든 것이라면, 세분시장2의 소비자들에게는 그들이 원하는 제품들이 많이 제공되지 않고 있음을 나타낸다. Target은 Choxie "(Choxie는 활력이 넘치는 초콜릿이다"라는 캐치프레이즈)라는 자체 브랜드를 최근에 이 세분시장에 포지션시켰다. 세분시장2를 표적으로 삼을 수 있는 기회는 여전히 남아있다. Dove의 포지션은 적절한가? 적절하지 않은 것 같다. 즉, Dove는 세분시장2로 리포지셔닝(repositioning)함으로써 이득을 볼 수 있다. 포지션의 재정립은 다음 절에서 고찰할 것이다. 세분시장3은 비교적 클지라도 새로운 브랜드의 표적시장으로 삼는 결정에서 중요한 요인인 상당한 경쟁이 있음을 주목하라. 세분시장2보다는 세분시장5에 진출하는 것을 어렵게 하는 세분시장 및 경쟁자 요인에는 어떤 것들이 있는가?

사진 9-8

제품 리포지셔닝은 제품의 모든 측면을 새로운 포지션에 일치하도록 만드는 것을 포함한다. 이것은 제품특징, 가격, 커뮤니케이션 및 유통경로를 포함한다.

3. 제품 리포지셔닝

소비자들이 브랜드에 대해서 갖고 있는 이미지들은 시간이 지남에 따라 소비자들의 변화하는 필요, 경쟁자들의 변화 그리고 그 브랜드 자체의 변화로 인해서 바뀌게 된다. Buick에 대한 GM의 최근 노력과 어려움을 생각해보자.

> General Motors가 2010년 여름에 Buick LaCrosse를 출시한 것은 구조조정 이후에 자동회사들이 취한 가장 중요한 조치들 중 하나이다. GM은 더 정교한 자동차 디자인과 철저하게 검토된 이미지로 더 젊은 소비자들을 끌어들이려고 하였다. 2010년 모델은 좋은 평을 받고 있다. 그런데, 이 브랜드는 은퇴자들이 선호하는 호화롭고 운전이 쉬운 세단과 연합이 됨에도 불구하고 표적소비자들(현재 Buick 구매자들보다 약 10년이 더 젊은 46-55세의 소비자들)은 Buick 전시장을 방문하려고도 하지 않았다. 한 임원이 언급한 바와 같이, "많은 사람들이 Buick이 무엇을 의미하는지를 모르기 때문에 우리는 Buick에서 거대한 도전에 직면하고 있다."[73]

Buick 이미지가 명쾌하지 않다는 점 그리고 이 브랜드에 대한 표적시장의 지각과 자동차에서 그들이 원하는 것 사이의 적합성이 부족하는 점은 Buick의 성공적인 리포지셔닝이 장기적인 성공에 매우 중요함을 의미한다. **제품 리포지셔닝(product repositioning)**은 시장이 제품을 보는 방식을 상당히 바꾸려는 신중한 결정들을 의미한다. 이 결정에는 브랜드 성

사진 9-9

새로운 제품이 기존 제품과 가까울 때 브랜드 확장이 성공할 가능성이 가장 높다. 그러나 아예 다른 제품 범주로의 확장과 연결될 때 가장 성공할 수도 있다.

능의 수준, 그 브랜드가 불러일으키는 감정, 그 브랜드가 사용되는 상황 또는 그 브랜드를 사용하는 사람들이 포함될 수 있다.[74]

몇 년 전에 PepsiCo는 Mug Root Beer를 더 젊은 오디언스쪽으로 리포지션닝을 시작하였다. 이를 실현하기 위해서, 이 브랜드는 MTV뿐만 아니라 젊은 성인들을 사로잡으려는 TV프로그램에도 광고를 실었다. 한 광고에서 젊은 남성이 록음악의 장단에 맞춰 가로등의 마스터 스위치를 올렸다 내렸다 하면서 Mug를 마신다. 광고에 더해서, 젊은 오디언스들 사이에서 이 브랜드의 포지션을 더욱 강화시키기 위해서 수년에 걸쳐서 다른 변화도 이루어졌다. 첫째, 포장색이 젊은이 시장에 더 잘 어울리는 컬러로 바뀌었다. 나중에 익살맞고 사랑스러운 "Dog"라는 이름의 불독 캐릭터가 젊음과 재미를 강조하기 위해서 포장과 촉진용품에 붙여졌다. Mug의 웹사이트는 Dog의 배경 스토리를 말해주고, 방문자들이 자신의 Dog 스토리를 만들고, 다운로드받아서 배경화면으로 이용하도록 하는 등 Dog를 눈에 띄게 묘사하고 있다. <사진 9-8>은 Mug의 홈페이지를 보여준다. 그것이 젊은이를 향한 Mug의 지속적인 리포지셔닝 노력을 어떻게 강화시키고 있는지에 주목하라.

포지션을 다시 심으려는 최근의 다른 노력들은 다음과 같다.

- H&R은 세금보고전문가에서 미국 중산층에게 쉽게 다가갈 수 있는 재무적 서비스의 제공자로 옮겨가고 있다.[75]
- Infiniti는 짜임새 없는 고급승용차에서 "성능을 강조하는 새로운 브랜드 이미지"로 옮겨가려고 노력하고 있다.[76]
- Hyundai는 저가 이미지에서 "세련되고 우아한" 이미지로 옮겨가려고 노력하고 있다.[77]

리포지셔닝은 매우 어렵고 비용이 많이 소요되며, 소비자들이 과거의 연상을 버리고 새로운 것으로 대체시키게 해야 한다.[78] 이것을 성취하는데 수년이 걸릴 수 있다. 자동차산업에서 리포지셔닝은 십 년이 걸릴 수도 있다고 추정하고 있다. 한 전문가에 의하면, "사람들의 지각은 매우 천천히 변한다."[79]

리포지셔닝은 극단적 조치를 필요로 할 수도 있다. 예를 들어, Hardee' s는 패스트푸드 햄버거에 보편적인 얇은 패티(햄버거의 고기) 사용을 중단하고 Black Angus 쇠고기로 만든 지금은 그들의 대표 메뉴가 된 Thickburger에 전적으로 집중한 후에서야 급격하게 떨어지는 매출을 반전시킬 수 있었다.[80] 경우에 따라서 기업들은 새로운 출발을 하기 위해서 브랜드명을 바꾸기도 한다. 예를 들어, Bell Atlantic과 GTE Wireless가 합병되었을 때 그들은 기업명을 Verizon으로 바꾸었다.

9.6 브랜드자산과 브랜드 레버리지

브랜드자산(brand equity)은 제품의 기능적 특징 이상으로 소비자들이 브랜드에 부여하는 가치이다.[81] 예를 들어, Bayer 아스피린과 소매점브랜드의 아스피린은 화학적으로 같을 수 있지만 많은 사람들이 소매점 브랜드에 비해서 Bayer 아스피린에 상당한 프리미엄을 지불한다.

브랜드자산은 브랜드의 명성과 거의 같은 뜻이다. 그러나 자산이라는 용어는 경제적 가치를 함축하고 있다.[82] 따라서 "훌륭한" 명성을 갖는 브랜드들은 높은 수준의 브랜드자산의 잠재력을 갖고 있는 반면에, 잘 알려지지 않은 브랜드들이나 약하거나 부정적인 명성을 갖는 브랜드들은 그러한 잠재력이 없다. 브랜드자산의 결과는 확대된 시장점유율, 낮아진 가격민감도 및 향상된 마케팅효율성 등을 포함한다.[83]

브랜드자산은 그 브랜드의 포지션에 토대를 두고 있다. 어떤 브랜드가 우수한 성능을 제공하고, 사용하는 것이 신나며 적절한 사회적 가치를 갖는 기업이 생산한다고 믿는 소비자는 기꺼이 그 브랜드에 프리미엄을 지불하고, 그 브랜드를 찾아서 구매하는데 다소간의 어려움을 감내하고, 다른 사람들에게 추천하고, 실수나 제품결함을 용서하며, 그 브랜드를 마케팅하는 기업에 이득이 되는 행동을 수행할 가능성이 더 높다. 긍정적인 브랜드 이미지에서 오는 경제적 가치의 한 원천은 그 브랜드명을 갖는 기존 품목에 대한 소비자들의 행동에서 찾을 수 있다.[84]

브랜드 이미지에 대한 가치의 다른 원천은 기존 제품에 연상된 이미지의 호의적인 측면이 동일 브랜드명을 갖는 새로운 제품에도 적용된다고 소비자들이 가정할 수 있다는 점이다. 이것은 이 장의 앞 부분에서 설명한 자극일반화의 원리에 기초를 두고 있다. **브랜드 레버리지(brand leverage)**는 공동브랜드, 브랜드확장, 브랜드우산이라고도 하며, 기존 브랜드명을 새로운 제품에 사용함으로써 마케터들이 브랜드자산을 이용하는 것을 말한다.[85] 만일 올바르게 실행된다면, 소비자들은 기존 브랜드의 특징 중 일부를 그 브랜드를 달고 있는 새로운 제품에 부여해준다. 비교적 최근의 브랜드확장으로 Starbucks의 아이스 크림, Listerine의 구강청정제 및 Campbell의 토마토 주스를 들 수 있다.

그러나 두 개 제품이 동일 브랜드명을 갖는다고 해서 자극일반화가 발생하지는 않는다.

그 제품들 사이에 관련성이 있어야 한다. Pace는 자기 이름을 볶은 콩, 타코소스 및 절인 콩과 같이 관련된 제품으로 확장시킴으로써 살사(salsa) 이외에도 브랜드자산을 잘 활용하고 있다. Pace의 브랜드관리자는 다음과 같이 말했다.

> 우리는 멕시코음식으로 확장할 수 있는 능력을 갖고 있다고 생각한다. 지금 바로 올바른 제품을 선택하고 소비자들이 만들고 있는 것에 맞추고 있을 뿐 이다.[86]

반면에, Campbell은 Campbell이라는 이름으로 스파게티 소스를 도입할 수 없었다(대신에 그들은 Prego를 이용하였다). 소비자 조사의 결과는 다음과 같다.

> 소비자들에게 Campbell은 그 제품이 정통 이탈리아식이 아니다라는 것을 의미한다. 소비자들은 그것은 우리의 토마토 수프와 같이 주황색의 줄줄 흐르는 것이라고 생각한다.[87]

성공적인 브랜드 레버리지는 일반적으로 원래의 브랜드가 강력하고 긍정적인 이미지를 가져야 하고 새로운 제품은 네 개의 차원 중 최소한 한 차원에서 원래의 제품과 부합(fit)해야 한다는 것을 필요로 한다.[88]

1) **보완재** 두 제품이 함께 사용된다.
2) **대체재** 새로운 제품이 원래의 제품 대신에 사용될 수 있다.
3) **이전(transfer)** 소비자들이 새로운 제품이 원래의 제품과 같은 제조기술을 요구하는 것으로 본다.
4) **이미지** 새로운 제품이 원래의 제품과 핵심적인 이미지 구성요소를 공유한다.

핵심적인 부합성 기준이 소비자들에게 무엇인지를 마케터들이 이해하는 것이 중요하다. 예를 들어, 한 연구에서 소비자들은 Froot Loops hot cereal 보다 Froot Loops lollipops를 더 선호하는 것으로 알려졌다. 분명히 문제의 핵심적인 부합성 기준은 제조능력의 이전이 아니라 그보다는 맛이라는 이미지 구성요소에 있다.[89]

새로운 제품이 그 브랜드에서 더 멀리 "확장"될수록, 광고메시지는 그 제품들이 어떻게 서로 부합되는지를 설명하는 것이 중요하다. 예를 들어, Revlon은 "Now, Revlon beauty begins from the inside-out."라는 슬로건으로 비타민제품을 출시하려고 하였다. 이 슬로건이 미의 관점에서 화장품과 비타민을 어떻게 연결시키는지에 주목하라.

끝으로, 마케터들이 브랜드를 광고하는 방식이 부합성에 대한 지각을 향상시켜주고 그 브랜드를 더 광범위한 제품범주로 확장시킬 수 있게 해준다는 점을 마케터들이 이해하는 것도 중요하다. 그러한 접근방법들 중 한가지는 소비자 통찰력 9-2에서 논의되는 비주얼 아트의 활용이다.

성공하거나 성공하지 못한 브랜드확장의 예로는 다음과 같은 것들이 있다.

- Harley-Davidson은 이름을 광범위한 제품에 사용하였는데, Harley-Davidson 와인 냉장고는 성공하지 못하였다.

소비자 통찰력 9-2

아트 혼입: 브랜드 확장가능성을 높여주는 한 방식

브랜드확장은 기존 브랜드자산을 활용할 수 있는 선택폭을 넓혀주기 때문에 마케터들은 많은 경우에 자신들의 브랜드의 확장가능성이 커지는 것을 좋아한다. 브랜드확장 가능성을 높여주는 한 가지 방식은 브랜드 광고에서 비주얼 아트의 활용이라는 점이 연구를 통해 알려졌다. 예를 들어, Vincent van Gogh의 그림 '별이 빛나는 밤'이 Consul(이것은 핵심 제품이자 브랜드이다)이라는 MP3 플레이어의 한 브랜드에 대한 광고물에서 "아트(art)" 비주얼로 사용되었다. "넌아트(nonart)" 비주얼은 밤 하늘의 그림이다. Consul MP3 플레이어를 광고하는데 이 두 개 광고물이 사용되었다. 광고물을 보여준 후에 Consul MP3 플레이어에 대해서 그리고 Consul 의류(MP3 플레이어와 부합성이 낮은 확장)와 Consul 디지털 라디오(MP3 플레이어와 부합성이 높은 확장)라는 2가지 확장대안에 대한 지각에 대해서 소비자들에게 질문하였다. 넌아트 비주얼(nonart visual) 광고물에 대비되는 아트 비주얼(art visual) 광고물의 효과를 비교하였을 때 다음과 같은 효과가 있음을 알게 되었다.[91]

- 광고물의 아트 비주얼은 Consul MP3 플레이어에 대한 브랜드 이미지를 향상시켰다.
- 광고물의 아트 비주얼은 확장의 지각된 부합성을 증가시켰다.
- 아트 비주얼은 MP3 플레이어에서 의류 및 디지털 라디오로의 지각된 확장가능성을 높여주었다.

이러한 효과는 좀 더 살펴 볼 필요가 있다. 첫째, 비주얼 아트는 비교적 자동적인 방식으로 브랜드에 녹아든(즉 일반화된) 호화로움과 배타성에 대한 지각을 이끌어내는 것으로 밝혀졌다. 이 점이 왜 비주얼 아트가 Consul MP3 플레이어 브랜드의 이미지를 향상시켜주는지를 설명해준다. 둘째, 광고물의 비주얼 아트는 소비자들의 지각적 유연성을 향상시켜서, 비주얼 아트가 사용되지 않은 상황에서는 다르게 보았을 대상물들 사이의 연결관계를 파악할 수 있게 해준다. 이 점이 Consul이 MP3 플레이어에서 의류로 옮겨갈 때와 같이 부합성이 낮은 확장에서도 지각된 부합성을 높여주었다. 이러한 효과의 두 가지 모두는 광고물에서 비주얼 아트를 활용하는 것은 소비자의 마음에서 MP3 플레이어로부터 디지털 라디오 및 의류로의 브랜드 확장가능성을 향상시켜주는 방식으로 작용한다.

비주얼 아트의 긍정적 효과는 소비자들이 문제의 비주얼에 익숙하지 않았을 때(이 사례에서는 Vincent van Gogh의 '별이 빛나는 밤')에도 발생한다. 이것은 광고에서 비주얼 아트의 사용은 표적 대상이 아트에 밝은 사람일 필요가 없음을 의미한다.

생각해 볼 문제

1. 왜 비주얼 아트는 브랜드 이미지를 향상시켜주는가?
2. 왜 비주얼 아트는 인지적 유연성을 향상시켜주는가?
3. 아트 혼입이 작용하지 않게 되는 제품범주가 있는가? 왜 그렇게 되는가?

- Levi Strauss의 Levi's 맞춤형 남성정장을 마케팅하려는 시도는 실패하였다.
- Country Time은 레몬에이드에서 사과술로 확장할 수 없었다.
- LifeSavers 껌은 성공하지 못하였다.
- Coleman은 캠핑용 난로와 랜턴에서 캠핑장비의 모든 라인으로 성공적으로 확장시켰다.
- Oil of Olay 비누는 주로 Oil of Olay 로션의 확고한 이미지 덕에 성공하였다.

<사진 9-9>는 브랜드확장의 개념을 실제로 보여주고 있는 2가지 다른 제품범주에 대한 광고를 보여주고 있다.

브랜드확장을 실행할 수 없는 경우도 있다. 마케터들이 원래 브랜드와 완전히 다른 이미지로 완전히 다른 세분시장을 표적으로 삼고자 할 때, 일반적으로 그들은 기존 브랜드를 확장시키는 것보다는 새로운 브랜드를 만들어내는 것이 더 좋을 수 있다. Honda가 새 브랜드인 Acura로 한 것처럼 Toyota도 새 브랜드인 Lexus로 고급 자동차 시장에 진출하였을 때 이렇게 하였다. 이들 새로운 브랜드들은 원래의 브랜드들과는 완전히 다른 이미지를 갖게 된다. 이러한 목적에서 독특한 브랜드명을 사용함으로써 원래 브랜드의 이미지를 흐리거나 혼란스럽게 만드는 것을 피할 수 있다.

브랜드확장에는 위험도 따른다. 같은 브랜드명을 사용하는 어떤 제품의 실패는 그 브랜드를 사용하는 모든 제품에 해를 줄 수 있다(소비자들은 좋은 결과와 나쁜 결과 모두를 일반화시킨다).[92] 다른 위험은 원래 브랜드의 이미지를 흐리게 하는 것이다.[93] 강력한 이미지는 일반적으로 극히 소수의 특징에 집중되어 있다. 그 제품이름에 추가되는 각 제품이 이미지를 조금씩 바꾸게 된다. 만일 브랜드명에 너무 많은 제품 또는 전혀 유사하지 않은 제품이 추가되면, 그 브랜드 이미지는 산만하거나 혼란스러워진다.[94] 예를 들어, 만일 Porsche가 성능이 아니라 가격으로 경쟁하는 스키보트를 제공한다면, 그것은 특히 기존의 소유자들 사이에서 핵심 이미지를 손상시킬 것이다.[95] 일부 전문가들은 Nike가 아주 광범위한 제품에 그 이름을 붙이면서 브랜드 희석의 위험에 빠진다고 생각한다.

요약

1. 학습과 기억의 특성을 설명한다.

학습은 장기기억의 콘텐츠나 구성 또는 행동의 변화로, 정보처리의 산물이다. 정보처리는 자극이 지각되고, 정보로 전환 및 저장에 수반되는 일련의 활동들이다. 4가지 활동은 노출, 주의, 해석 및 기억이다. 이렇듯 기억은 학습의 산물이자 학습과정의 일부가 된다. 예를 들어서 어떤 브랜드의 가격을 해석할 때 소비자들은 경쟁자들의 가격(이전 학습)에 대한 정보를 인출할 수도 있으며, 일단 비교가 이루어지면 새로운 브랜드에 대한 자신들의 가격지각을 기억에 저장하게 된다.

2. 기억의 유형을 설명하고 학습에서 기억의 역할을 설명한다.

기억은 학습의 결과인데, 여기에는 정보처리가 포함된다. 가장 보편적으로 정보는 처리를 위해 단기기억에 곧 바로 들어가는데, 여기에서는 유지시연과 정교화 활동이라는 두 가지 기본적인 활동이 이루어진다. 유지시연은 현재 기억에 정보를 유지하기 위해서 그 정보의 지속적인 반복을 말한다. 정교화활동은 현재기억에서 정보를 해석하고 평가하기 위해서 저장된 경험, 가치, 태도 및 감정을 활용하는 것이다.

장기기억은 이전의 정보처리에서 온 정보인데, 미래

에 사용하기 위해서 저장되고 있다. 새로운 정보가 획득되면서 장기기억은 지속적으로 재편된다. 정보는 연합적 네트워크 또는 스키마로 장기기억에 저장된다. 소비자들은 브랜드 스키마의 형태로 브랜드를 중심으로 장기기억에서 정보를 조직하곤 한다. 이 스키마는 핵심 속성, 느낌, 경험 등의 관점에서 브랜드 이미지를 나타낸다.

3. 고관여 및 저관여 학습의 토대가 되는 과정의 차이점을 설명한다.

소비자들은 다양한 방식으로 학습하는데, 고관여 및 저관여 학습으로 크게 분류할 수 있다. 개별 소비자가 정보를 획득하도록 동기가 부여될 때 고관여 학습이 발생한다. 개별 소비자가 광고물이나 다른 메시지에 제한된 또는 간접적인 주의를 기울일 때 저관여 학습이 발생한다. 저관여 학습은 정교화활동이 거의 없기 때문에 제한적인 경향이 있다.

학습은 조건화 또는 인지적 학습으로 분류되기도 한다. 고전적 및 조작적 조건화라는 두 가지 형태의 조건화 학습이 있다. 고전적 조건화는 자극(예: 브랜드명)과 어떤 반응(예: 행동이나 느낌) 사이에 연상을 창출하려고 하며, 일반적으로 저관여적 특성을 갖는다. 조작적 조건화는 반응(예: 어떤 브랜드를 구입하는 것)과 어떤결과(예: 만족) 사이의 연상을 창출하려고 하는데, 이 결과는 그 반응을 강화시켜주는 역할을 하며, 이 학습은 고관여적 특성을 갖는다.

학습에 대한 인지적 접근방법은 사람들이 문제를 해결하고, 복잡한 상황에 대처하거나, 자신의 환경에서 효과적으로 역할을 수행하는데서 발생하는 정신적 활동을 포괄한다. 인지적 학습은 시각적 기계적인 학습(일반적으로 저관여), 대리학습/모델링(저 또는 고관여) 그리고 분석적 추론(일반적으로 고관여)을 포함한다.

자극일반화는 한 자극상황에서 다른 유사한 자극상황으로 일반화시킴으로써 학습을 전이시키는 한 방법이다. 자극 변별은 다소 유사한 자극에 다르게 반응하는 것과 같이 학습의 반대과정을 말한다. 구별하고 일반화시킬 수 있는 소비자의 능력은 성공적인 브랜드 포지셔닝과 레버리지에 극히 중요하다.

4. 기억에서의 정보인출에 영향을 미치는 요인들을 설명한다.

일단 학습되고 나면, 정보는 평가와 의사결정에 사용하기 위해서 장기기억에서 인출된다. 학습된 반응의 인출실패나 소거는 마케팅효과성의 감소를 나타낸다. 인출은 최초 학습의 강도, 기억방해 및 반응환경에 따라 달라진다. 학습의 강도는 여섯 가지 기본적인 요인에 좌우되며, 이는 중요성, 메시지관여, 강화, 무드, 반복 및 이중부호화이다. 중요성은 소비자가 학습할 정보에 부여하는 가치를 말한다. 중요성이 커질수록 학습과 인출은 증가한다. 메시지관여는 소비자가 메시지 그 자체에 관심을 갖는 정도이다. 메시지관여가 클수록, 학습과 인출도 커진다. 강화는 어떤 반응이 미래에 반복될 가능성을 증가시켜주는 모든 것이다. 강화가 클수록, 학습과 인출도 커진다. 무드는 소비자의 일시적인 정신적 상태 내지 감정이다. 학습과 기억은 긍정적인 무드 조건에서 더 커지는 것 같다. 반복은 우리가 그 정보에 노출되거나 우리가 어떤 행동을 수행한 횟수을 말한다. 반복은 학습과 기억을 증기시기지만, 감퇴효과를 가져올 수 있다. 이중부호화는 장기기억에서 보완적인 다중 경로를 만드는 것과 관련된다. 이중부호화는 학습과 기억을 증가시켜준다.

기억에 있는 다른 관련 정보가 방해가 되어서 소비자가 특정 정보를 인출하는데 어려움을 겪을 때 기억방해가 발생한다. 기억방해의 가장 일반적인 형태는 경쟁적인 광고 때문에 생긴다. 경쟁적인 혼잡을 피하고, 학습을 강화시키고, 경쟁자 광고와 유사성을 줄이고, 인출단서를 제공함으로써 기억방해를 완화시킬 수 있다.

반응환경도 인출에 매우 중요할 수 있다. 학습환경에 반응환경을 맞추거나 또는 반응환경에 학습환경을 맞춤으로써 인출의 용이성과 가능성을 향상시킬 수 있다.

5. 브랜드 포지셔닝, 자산 및 레버리지에 대한 학습의 활용을 이해한다.

브랜드에 대한 세분시장이나 개별 소비자의 스키마 기억인 브랜드 이미지는 마케팅활동의 주요 목표이다. 제품 포지셔닝은 특정 경쟁자와 전반적으로 대비되는 한정되고 차별화된 브랜드 이미지를 얻으려는 시도에서 마케터들이 행하는 의사결정이다. 표적시장의 필요와 욕구에 부합하는 브랜드 이미지는 그 세분시장에서 높게 평가될 것이다. 그러한 브랜드는 **브랜드자산**을 갖는다고 말하는데, 소비자들이 시장에서 그 브랜드에 호의적으로 반응하기 때문이다. 또한, 이러한 소비자들은 같은 브랜드명을 갖는 다른 제품도 일부 같은 특징을 가질 것이라고 기꺼이 가정할 것이다. 기존제품과 같은 이름 하에 새로운 제품을 도입하는 것을 **브랜드 레버리지** 또는 **브랜드확장**이라고 한다.

주요 용어

접근가능성(accessibility)
광고감퇴(advertising wearout)
유추적 추론(analogical reasoning)
분석적 추론(analytical reasoning)
브랜드자산(brand equity)
브랜드 이미지(brand image)
브랜드 레버리지(brand leverage)
고전적 조건화(classical conditioning)
인지적 학습(cognitive learning)
개념(concepts)
조건화(conditioning)
정교화 활동(elaborative activities)
사건적 기억(episodic memory)
명시적 기억(explicit memory)
소거(extinction)
섬광전구 기억(flashbulb memory)
고관여 학습(high-involvement learning)
시각적인 기계적 학습(iconic rote learning)
심상(imagery)
암묵적 기억(implicit memory)
학습(learning)
장기기억(long-term memory, LTM)
저관여 학습(low-involvement learning)
유지시연(maintenance rehearsal)
기억방해(memory interference)
모델링(modeling)
조작적 조건화(operant conditioning)
지각도(perceptual mapping)
제품 포지셔닝(product positioning)
제품 리포지셔닝(product repositioning)
파동형(pulsing)
처벌(punishment)
강화(reinforcement)
인출실패(retrieval failure)
스키마(schema)
스크립트(script)
자기연결(self-referencing)
의미적 기억(semantic memory)
조형화(shaping)
단기기억(short-term memory, STM)
자극 변별(stimulus discrimination)
자극 일반화(stimulus generalization)
대리학습(vicarious learning)

참고 문헌

1. The Chapter 9 opener is based on M. Mikami, "The Möet of Mackerel," *Business 2.0,* May 2006, p. 84; "The History of Sushi," *www.Sushi-master.com,* accessed January 24, 2008; and information found at the Oita City Tourist Association website, www.oishiimati-oita.jp/english/aji.html, accessed January 24, 2008.
2. A. A. Mitchell, "Cognitive Processes Initiated by Exposure to Advertising," in *Information Processing Research in Advertising,* ed. R. Harris (New York: Erlbaum, 1983), pp. 13–42.
3. For differing views, see A. J. Malter, "An Introduction to Embodied Cognition," *Advances in Consumer Research,* vol. 23, ed. K. P. Corfman and J. G. Lynch (Provo, UT: Association for Consumer Research, 1996), pp. 272–76; and M. E. Hill, R. Radtke, and M. King, "A Transfer Appropriate Processing View of Consumer Memory," *Journal of Current Issues and Research in Advertising,* Spring 1997, pp. 1–21.
4. M. Vanhuele, G. Laurent, and X. Drèze, "Consumers' Immediate Memory for Prices," *Journal of Consumer Research,* September 2006, pp. 163–72.
5. J. Fetto, "Call Me Vain," *American Demographics,* November 2002, p. 15.
6. See K. Mason, T. Jensen, S. Burton, and D. Roach, "The Accuracy of Brand and Attribute Judgments," *Journal of the Academy of Marketing Science,* Summer 2001, pp. 307–17; and S. Putrevu, J. Tan, and K. R. Lord, "Consumer Responses to Complex Advertisements," *Journal of Current Issues and Research in Advertising,* Spring 2004, pp. 9-24.
7. P. K. Petrova and R. B. Cialdini, "Fluency of Consumption Imagery and the Backfire Effects of Imagery Appeals," *Journal of Consumer Research,* December 2005, pp. 442–52.
8. Consumer Insight 9-1 is based on G. Wolters and J. J. Goodsmit, "Flashbulb and Event Memory of September 11, 2001," *Psychological Reports,* June 2005, pp. 605–19; H. A. Roehm Jr. and M. L. Roehm, "Can Brand Encounters Inspire Flashbulb Memories?" *Psychology & Marketing,* January 2007, pp. 25–40; and A. Bohn and D. Bernsten, "Pleasantness Bias in Flashbulb Memories," *Memory and Cognition,* April 2007, pp. 565–77. See also, H. Ahn, M. W. Liu, D. Soman, "Memory Markers," *Journal of Consumer Psychology* 19 (2009), pp. 508–16.
9. K. A. Braun, "Postexperience Advertising Effects on Consumer Memory," *Journal of Consumer Research,* March 1999, pp. 319–34; and M. Supphellen, O. Eismann, and L. E. Hem, "Can Advertisements for Brand Extensions Revitalize Flagship Products?" *International Journal of Advertising* 23 (2004), pp. 173–96.
10. M. Morrin, J. Lee, and G. M. Allenby, "Determinants of Trademark Dilution," *Journal of Consumer Research,* September 2006, pp. 248–57.
11. See E. J. Cowley, "Recovering Forgotten Information," in *Advances in Consumer Research,* vol. 21, ed. C. T. Allen and D. R. John (Provo, UT: Association for Consumer Research, 1994), pp. 58–63.
12. K. K. Desai and W. Hoyer, "Descriptive Characteristics of Memory-Based Consideration Sets," *Journal of Consumer Research,* December 2000, pp. 309–23. See also P. Nedungadi, A. Chattopadyay, and A.V. Muthukrishnan, "Category Structure, Brand Recall, and Choice," *International Journal of Research in Marketing* 18 (2001), pp. 191–202; and E. Cowley and A. A. Mitchell, "The Moderating Effect of Product Knowledge on the Learning and Organization of Product Information," *Journal of Consumer Research,* December 2003, pp. 443–54.
13. G. Venkataramani and M. T. Pham, "Relatedness, Prominence, and Constructive Sponsor Identification," *Journal of Marketing Research,* August 1999, pp. 299–312.
14. K. B. Monroe and A. Y. Lee, "Remembering versus Knowing," *Journal of the Academy of Marketing Science,* Spring 1999, pp. 207–25; and E. A. van Reijmersdal, P. C. Neijens, and E. G. Smit, "Effects of Television Brand Placement on Brand Image," *Psychology & Marketing,* May 2007, pp. 403–20.
15. S. A. Hawkins, S. J. Hoch, and J. Meyers-Levy, "Low-Involvement Learning," *Journal of Consumer Psychology* 11, no. 1 (2001), pp. 1–11.
16. See R. P. Grossman and B. D. Till, "The Persistence of Classically Conditioned Brand Attitudes," *Journal of Advertising,* Spring 1998, pp. 23–31; J. Kim, J.-S. Lim, and M. Bhargava, "The Role of Affect in Attitude Formation," *Journal of the Academy of Marketing Science,* Spring 1998, pp. 143–52; W. E. Baker, "When Can Affective Conditioning and Mere Exposure Directly Influence Brand Choice?" *Journal of Advertising,* Winter 1999, pp. 31–46; B. D. Till and R. L. Priluck, "Stimulus Generalization in Classical Conditioning," *Psychology & Marketing,* January 2000, pp. 55–72; and B. D. Till, S. M. Stanley, and R. Priluck, "Classical Conditioning and Celebrity Endorsers," *Psychology and Marketing,* February 2008, pp. 179–96.
17. B. D. Till and R. L. Priluck, "Conditioning of Meaning in Advertising," *Journal of Current Issues and Research in Advertising,* Fall 2001, pp. 1–8.
18. For discussions of the role of awareness in classical conditioning, see C. Janiszewski and L. Warlop, "The Influence of Classical Conditioning Procedures on Subsequent Attention to the Conditioned Brand," *Journal of Consumer Research,* September 1993, pp. 171–89; R. Priluck and B. D. Till, "The Role of Contingency Awareness, Involvement, and Need for Cognition in Attitude Formation," *Journal of the Academy of Marketing Science* 32, no. 3 (2004), pp. 329–44; and I. Kirsch et al., "The Role of Cognition in Classical and Operant Conditioning," *Journal of Clinical Psychology,* April 2004, pp. 369–92.
19. See, e.g., W. H. Motes and A. G. Woodside, "Purchase Experiments of Extra-ordinary and Regular Influence Strategies Using Artificial and Real Brands," *Journal of Business Research* 53 (2001), pp. 15–35; and Kirsch et al., "The Role of Cognition in Classical and Operant Conditioning."
20. B. J. Bergiel and C. Trosclair, "Instrumental Learning," *Journal of Consumer Marketing,* Fall 1985, pp. 23–28. See also W. Gaidis and J. Cross, "Behavior Modification as a Framework for Sales Promotion Management," *Journal of Consumer*

Marketing, Spring 1987, pp. 65–74.

21. E. Heit, J. Briggs, and L. Bott, "Modeling the Effects of Prior Knowledge on Learning Incongruent Features of Category Members," *Journal of Experimental Psychology: Learning, Memory, and Cognition,* September 2004, pp. 1065–81.
22. See J. W. Pracejus, "Is More Always Better?" in *Advances in Consumer Research,* vol. 22, ed. F. R. Kardes and M. Sujan (Provo, UT: Association for Consumer Research, 1995), pp. 319–22; and K. P. Gwinner and J. Eaton, "Building Brand Image through Event Sponsorship," *Journal of Advertising,* Winter 1999, pp. 47–57.
23. T. P. Ballinger, M. G. Palumbo, and N. T. Wilcox, "Precautionary Saving and Social Learning across Generations," *The Economic Journal,* October 2003, pp. 920–47.
24. For a way to measure such images, see L. A. Babin and A. C. Burns, *Psychology & Marketing,* May 1998, pp. 261–78.
25. S. P. Jain and D. Maheswaran, "Motivated Reasoning," *Journal of Consumer Research,* March 2000, pp. 358–71.
26. J. Gregan-Paxton, J. D. Hibbard, F. F. Brunel, and P. Azar, "So That's What That Is," *Psychology & Marketing,* June 2002, pp. 533–50; and J. Gregan-Paxton and P. Moreau, "How Do Consumers Transfer Existing Knowledge?" *Journal of Consumer Psychology* 13, no. 4 (2003), pp. 422–30. See also, M. R. Goode, D. W. Dahl, and C. P. Moreau, "The Effect of Experiential Analogies on Consumer Perceptions and Attitudes," *Journal of Marketing Research,* April 2010, pp. 274–86.
27. For an application to trademark infringement, see C. Pullig, C. J. Simmons, and R. G. Netemeyer, "Brand Dilution," *Journal of Marketing,* April 2006, pp. 52–66.
28. M. L. Roehm and A. M. Tybout, "When Will a Brand Scandal Spill Over, and How Should Competitors Respond?" *Journal of Marketing Research,* August 2006, pp. 366–73.
29. See Till and Priluck, "Stimulus Generalization in Classical Conditioning."
30. J. Halliday, "Chrysler Hikes Spending to 'Re-establish' Three Brands," *Advertising Age,* November 9, 2009, p. 4.
31. M. Maremont, "Gillette Chief Says Cost-Cutting Plan Will Take Time," *The Wall Street Journal,* June 7, 2001, p. B2.
32. "Behind Saturn's Stumble," *Advertising Age,* January 24, 1994, p. 22.
33. "L&M Lights Up Again," *Marketing & Media Decisions,* February 1984, p. 69.
34. Ibid.
35. D. Luna and L. A. Peracchio, "Where There Is a Will . . ." *Psychology & Marketing,* July–August 2002, pp. 573–93; see also R. S. Wyer Jr., "Language and Advertising Effectiveness," *Psychology & Marketing,* July–August 2002, pp. 693–712.
36. See R. G. M. Pieters, E. Rosbergen, and M. Hartog, "Visual Attention to Advertising," *Advances in Consumer Research,* vol. 23, ed. Corfman and Lynch, pp. 242–48; and S. M. Leong, S. H. Ang, and L. L. Tham, "Increasing Brand Name Recall in Print Advertising among Asian Consumers," *Journal of Advertising,* Summer 1996, pp. 65–81.
37. M. L. Roehm, "Instrumental vs. Vocal Versions of Popular Music in Advertising," *Journal of Advertising Research,* May 2001, pp. 49–58. See also W. E. Baker and R. J. Lutz, "An Empirical Test of an Updated Relevance–Accessibility Model," *Journal of Advertising,* Spring 2000, pp. 1–13.
38. See, e.g., M. Wedel and R. Pieters, "Eye Fixations on Advertisements and Memory for Brands," *Marketing Science,* Fall 2000, pp. 297–312.
39. M. Morrin and S. Ratneshwar, "Does It Make Sense to Use Scents to Enhance Brand Memory?" *Journal of Marketing Research,* February 2003, pp. 10–25.
40. W. E. Baker, H. Honea, and C. A. Russell, "Do Not Wait to Reveal the Brand Name," *Journal of Advertising,* Fall 2004, pp. 77–85; see also W. E. Baker, "Does Brand Name Imprinting in Memory Increase Brand Information Retention?" *Psychology & Marketing,* December 2003, pp. 1119–35.
41. See R. E. Burnkrant and H. R. Unnava, "Effects of Self-Referencing on Persuasion," *Journal of Consumer Research,* June 1995, pp. 17–26; and P. Krishnamurthy and M. Sujan, "Retrospection versus Anticipation," *Journal of Consumer Research,* June 1999, pp. 55–69.
42. K. R. Lord, R. E. Burnkrant, and H. R. Unnava, "The Effects of Program-Induced Mood States on Memory for Commercial Information," *Journal of Current Issues and Research in Advertising,* Spring 2001, pp. 1–14; and S. J. Newell, K. V. Henderson, and B. T. Wu, "The Effects of Pleasure and Arousal on Recall of Advertisements during the Super Bowl," *Psychology & Marketing,* November 2001, pp. 1135–53.
43. T. Ambler and T. Burne, "The Impact of Affect on Memory of Advertising," *Journal of Advertising Research,* March 1999, pp. 25–39; and S. Youn et al., "Commercial Liking and Memory," *Journal of Advertising Research,* May 2001, pp. 7–13.
44. See P. Malaviya, J. Meyers-Levy, and B. Sternthal, "Ad Repetition in a Cluttered Environment," *Psychology & Marketing,* March 1999, pp. 99-118.
45. J. O. Eastlack, Jr., "How to Get More Bang from Your Television Bucks," *Journal of Consumer Marketing,* Third Quarter 1984, pp. 25–34. See also L. W. Turley and J. R. Shannon, "The Impact and Effectiveness of Advertisements in a Sports Arena," *Journal of Services Marketing* 14, no. 4 (2000), pp. 323–36.
46. See Hawkins, Hoch, and Meyers-Levy, "Low-Involvement Learning."
47. See also J. P. Jones, "Single-Source Research Begins to Fulfill Its Promise," *Journal of Advertising Research,* May 1995, pp. 9-16.
48. See S. N. Singh, S. Mishra, N. Bendapudi, and D. Linville, "Enhancing Memory of Television Commercials through Message Spacing," *Journal of Marketing Research,* August 1994, pp. 384–92; E. Ephron, "More Weeks, Less Weight," *Journal of Advertising Research,* May 1995, pp. 18–23; and H. Noel, "The Spacing Effect," *Journal of Consumer Psychology* 16, no. 3 (2006), pp. 306–20.
49. For more on spacing effects, see C. Janiszewski, H. Noel, and A. G. Sawyer, "A Meta-analysis of the Spacing Effect in Verbal Learning," *Journal of Consumer Research,* June 2003, pp. 138–49; S. L. Appleton-Knapp, R. A. Bjork, and T. D. Wickens, "Examining the Spacing Effect in Advertising," *Journal of Consumer Research,* September 2005, pp. 266–76; and A. G. Sawyer, H. Noel,

C. Janiszewski, "The Spacing Effects of Multiple Exposures on Memory," *Journal of Advertising Research,* June 2009, pp. 193–97.

50. See M. H. Blair and M. J. Rabuck, "Advertising Wearin and Wearout," *Journal of Advertising Research,* September 1998, pp. 7–25; D. W. Stewart, "Advertising Wearout," *Journal of Advertising Research,* September 1999, pp. 39–42; M. C. Campbell and K. L. Keller, "Brand Familiarity and Advertising Repetition Effects," *Journal of Consumer Research,* September 2003, pp. 292–304.

51. D. Schumann, R. E. Petty, and D. S. Clemons, "Predicting the Effectiveness of Different Strategies of Advertising Variation," *Journal of Consumer Research,* September 1990, pp. 192–202.

52. C. Yoo, H. Bang, and Y. Kim, "The Effects of a Consistent Ad Series on Consumer Evaluations," *International Journal of Advertising* 28, no. 1 (2008), pp. 105–23.

53. W. J. Bryce and R. F. Yalch, "Hearing versus Seeing," *Journal of Current Issues and Research in Advertising,* Spring 1993, pp. 1–20; and A. C. Burns, A. Biswas, and L. A. Babin, "The Operation of Visual Imagery as a Mediator of Advertising Effects," *Journal of Advertising,* June 1993, pp. 71–85.

54. T. Clark, "Echoic Memory Explored and Applied," *Journal of Consumer Marketing,* Winter 1987, pp. 39-46. See also C. E. Young and M. Robinson, "Video Rhythms and Recall," *Journal of Advertising Research,* July 1989, pp. 22–25.

55. J. J. Kellaris, A. D. Cox, and D. Cox, "The Effect of Background Music on Ad Processing," *Journal of Marketing,* October 1993, pp. 114–25. See also M. Hahn and I. Hwang, "Effects of Tempo and Familiarity of Background Music on Message Processing in TV Advertising," *Psychology & Marketing,* December 1999, pp. 659–75.

56. K. R. Lord and S. Putrevu, "Communicating in Print," *Journal of Current Issues and Research in Advertising,* Fall 1998, pp. 1–18.

57. D. Luna and L. A. Peracchio, "Moderators of Language Effects in Advertising to Bilinguals," *Journal of Consumer Research,* September 2001, pp. 284–95.

58. See R. D. Jewell and H. R. Unnava, "When Competitive Interference Can Be Beneficial," *Journal of Consumer Research,* September 2003, pp. 283–91; and A. Kumar and S. Krishnan, "Memory Interference in Advertising," *Journal of Consumer Research,* March 2004, pp. 602–11.

59. M. Dahlen and J. Nordfalt, "Interference Effects of a Purchase on Subsequent Advertising within the Category," *Journal of Current Issues and Research in Advertising,* Spring 2004, pp. 1–8.

60. R. J. Kent and C. T. Allen, "Competitive Interference Effects in Consumer Memory for Advertising," *Journal of Marketing,* July 1994, pp. 97–105; A. Kumar, "Interference Effects of Contextual Cues in Advertisements on Memory for Ad Content," *Journal of Consumer Psychology* 9, no. 3 (2000), 155–66; S. Law, "Can Repeating a Brand Claim Lead to Memory Confusion?" *Journal of Marketing Research,* August 2002, pp. 366–78; K. A. Braun-LaTour and M. S. LaTour, "Assessing the Long-Term Impact of a Consistent Advertising Campaign on Consumer Memory," *Journal of Advertising,* Summer 2004, pp. 49–61; and M. Laroche, M. Cleveland, and I. Maravelakis, "Competitive Advertising Interference and Ad Repetition Effects," *International Journal of Advertising* 25, no. 3 (2006), pp. 271–307.

61. H. R. Unnava and D. Sirdeshmukh, "Reducing Competitive Ad Interference," *Journal of Marketing Research,* August 1994, pp. 403–11.

62. Jewell and Unnava, "When Competitive Interference Can Be Beneficial"; and K. L. Keller, S. E. Heckler, and M. J. Houston, "The Effects of Brand Name Suggestiveness on Advertising Recall," *Journal of Marketing,* January 1998, pp. 48–57.

63. Kumar, "Interference Effects of Contextual Cues in Advertisements on Memory for Ad Content."

64. M. C. Macklin, "The Effects of an Advertising Retrieval Cue on Young Children's Memory and Brand Evaluations," *Psychology & Marketing,* May 1994, pp. 291–311; Keller, Heckler, and Houston, "The Effects of Brand Name Suggestiveness on Advertising Recall"; and N. T. Tavassoli and Y. H. Lee, "The Differential Interaction of Auditory and Visual Advertising Elements with Chinese and English," *Journal of Marketing Research,* November 2003, pp. 468–80.

65. See J. W. Park, "Memory-Based Product Judgments," and E. J. Cowley, "Altering Retrieval Sets," both in *Advances in Consumer Research,* vol. 22, ed. Kardes and Sujan, pp. 159–64 and 323–27, respectively; and M. E. Hill and M. King, "Comparative vs. Noncomparative Advertising," *Journal of Current Issues and Research in Advertising,* Fall 2001, pp. 33–52.

66. S. M. J. Van Osselaer and J. W. Alba, "Consumer Learning and Brand Equity," *Journal of Consumer Research,* June 2000, pp. 1–16; W. R. Dillon et al., "Understanding What's in a Brand Rating," *Journal of Marketing Research,* November 2001, pp. 415–29; and K. L. Keller, "Brand Synthesis," *Journal of Consumer Research,* March 2003, pp. 595–600.

67. S. Thompson, "Meat Gets Branded," *Advertising Age,* September 24, 2001, p. 6.

68. S. M. J. Van Osselear and J. W. Alba, "Locus of Equity and Brand Extension," *Journal of Consumer Research,* March 2003, pp. 539–50.

69. For a discussion of perceived differences generated by trivial attributes, see S. M. Broniarczyk and A. D. Gershoff, "The Reciprocal Effects of Brand Equity and Trivial Attributes," *Journal of Marketing Research,* May 2003, pp. 161–75.

70. J. Halliday, "Losing Its Brand Soul," *Advertising Age,* February 5, 2007, pp. 4, 35.

71. B. Wansink, "Making Old Brands New," *American Demographics,* December 1998, pp. 53–58.

72. See, e.g., C. Young, "Brain Waves, Picture Sorts®, and Branding Moments," *Journal of Advertising Research,* August 2002, pp. 42–53. *Journal of Consumer Psychology* 12, no. 2 (2002), pp. 119–31; F. Völckner and H. Sattler, "Drivers of Brand Extension Success," *Journal of Marketing,* April 2006, 18–34; and H. Mao and H. S. Krishnan, "Effects of Prototype and Exemplar Fit on Brand Extension Evaluations," *Journal of Consumer Research,* June 2006, pp. 41–49.

73. N. O'Leary, "Buick Leads GM's Efforts at Reinvention," *Adweek,* July 20, 2009, p. 4.

74. See V. Gerson, "Showing Customers Your Best Face," *Bank Marketing,* January 1999, pp. 26–30; and D. James, "Image Makeovers

Require Gentle Touch," *Marketing News,* July 2, 2001, p. 4.

75. M. Cardona, "Block's Less Taxing Future," *Advertising Age,* January 15, 2001, p. 6.
76. J. Halliday, "New Q45 Effort," *Advertising Age,* March 2001, p. 8.
77. J. Halliday, "Hyundai and Kia Head Upscale via Different Routes," *Advertising Age,* November 1, 2004, p. 12.
78. Jewell and Unnava, "When Competitive Interference Can Be Beneficial"; and K. K. Desai and S. Ratneshwar, "Consumer Perceptions of Product Variants Positioned on Atypical Attributes," *Journal of the Academy of Marketing Science,* Winter 2003, pp. 22–35.
79. J. Halliday, "Little Else Matters," *Advertising Age,* August 16, 2004, p. 6.
80. K. Macarthur, "Hardee's," *Advertising Age,* November 1, 2004, p. S-18.
81. M. Supphellen, "Understanding Core Brand Equity," *International Journal of Marketing Research* 42, no. 3 (2000), pp. 319–38; M. M. Mackay, "Application of Brand Equity Service Measures in Service Markets," *Journal of Services Marketing* 15, no. 3 (2001), pp. 21–29; D. A. Aaker and R. Jacobson, "The Value of Brand Attitude in High-Technology Markets," *Journal of Marketing Research,* November 2001, pp. 485–93; and S. Brown, R. V. Kozinets, and J. F. Sherry Jr., "Teaching Old Brands New Tricks," *Journal of Marketing,* July 2003, pp. 19–33.
82. A. Chaudhuri, "How Brand Reputation Affects the Advertising–Brand Equity Link," *Journal of Advertising Research,* June 2002, pp. 33–43.
83. P. Chandon, B. Wansink, and G. Laurent, "A Benefit Congruency Framework of Sales Promotion Effectiveness," *Journal of Marketing,* October 2000, pp. 65–81.
84. N. Dawar and M. M. Pillutla, "Impact of Product-Harm Crises on Brand Equity," *Journal of Marketing Research,* May 2000, pp. 215–26; H. Kim, W. G. Kim, and J. A. An, "The Effect of Consumer-based Brand Equity on Firms' Financial Performance," *Journal of Consumer Marketing* 20, no. 4 (2003), pp. 335–51; and D. DelVecchio and D. C. Smith, "Brand-Extension Price Premiums," *Journal of the Academy of Marketing Science,* Spring 2005, pp. 184–96.
85. See T. Erdem and B. Sun, "An Empirical Investigation of the Spillover Effects of Advertising and Sales Promotions in Umbrella Branding," *Journal of Marketing Research,* November 2002, pp. 408–20; and J. H. Washburn, B. D. Till, and R. Priluck, "Brand Alliance and Customer-Based Brand-Equity Effects," *Psychology & Marketing,* July 2004, pp. 487–508.
86. S. Thompson, "Campbell Extends Pace beyond Salsa," *Advertising Age,* August 30, 2004, p. 10.
87. H. Schlossberg, "Slashing through Market Clutter," *Marketing News,* March 5, 1990, p. 6.
88. E. Maoz and A. M. Tybout, "The Moderating Role of Involvement and Differentiation in the Evaluation of Brand Extensions," *Journal of Consumer Psychology* 12, no. 2 (2002), pp. 119–31. F. Volckner and H. Sattler, "Drivers of Brand Extension Success," *Journal of Marketing,* April 2006, 18-34; and H. Mao and H. S. Krishnan, "Effects of Prototype and Exemplar Fit on Brnd Extension Evaluations," *Journal of Consumer Research,* June 2006, pp. 41–49.
89. S. M. Broniarczyk and J. W. Alba, "The Importance of the Brand in Brand Extension," *Journal of Marketing Research,* May 1994, pp. 214–28; see also T. Meyvis and C. Janiszewski, "When Are Broader Brands Stronger Brands?" *Journal of Consumer Research,* pp. 346–57.
90. S. Bridges, K. L. Keller, and S. Sood, "Communication Strategies for Brand Extensions," *Journal of Advertising,* Winter 2000, pp. 1–12; and R. Klink and D. C. Smith, "Threats to the External Validity of Brand Extension Research," *Journal of Marketing Research,* August 2001, pp. 326–35; see also F. Völckner and H. Sattler, "Drivers of Brand Extension Success"; and C. Blankson and S. P. Kalafatis, "Congruence between Positioning and Brand Advertising," *Journal of Advertising Research,* March 2007, pp. 79–94.
91. This insight is based on H. Hagtvedt and V. M. Patrick, "Art and the Brand," *Journal of Consumer Psychology* 18 (2008), pp. 212–22; H. Hagtvedt and V. M. Patrick, "Art Infusion," *Journal of Marketing Research,* June 2008, pp. 379–89; and H. Hagtvedt and V. M. Patrick, "The Broad Embrace of Luxury," *Journal of Consumer Psychology* 19 (2009), pp. 608–18.
92. V. Swarminathan, R. J. Fox, and S. K. Reddy, "The Impact of Brand Extension Introduction on Choice," *Journal of Marketing,* October 2001, pp. 1–15.
93. Effects can be negative or positive. See, e.g., D. R. John, B. Loken, and C. Joiner, "The Negative Impact of Extensions," *Journal of Marketing,* January 1998, pp. 19–32; Z. Gurhan-Canli and D. Maheswaran, "The Effects of Extensions on Brand Name Dilution and Enhancement," *Journal of Marketing Research,* November 1998, pp. 464–73; S. Balachander and S. Ghose, "Reciprocal Spillover Effects," *Journal of Marketing,* January 2003, pp. 4–13.
94. For exceptions, see Meyvis and Janiszewski, "When Are Broader Brands Stronger Brands?"
95. A. Kirmani, S. Sood, and S. Bridges, "The Ownership Effect in Consumer Response to Brand Line Stretches," *Journal of Marketing,* January 1999, pp. 88–101.

Chapter Ten

10 동기, 개성 및 정서

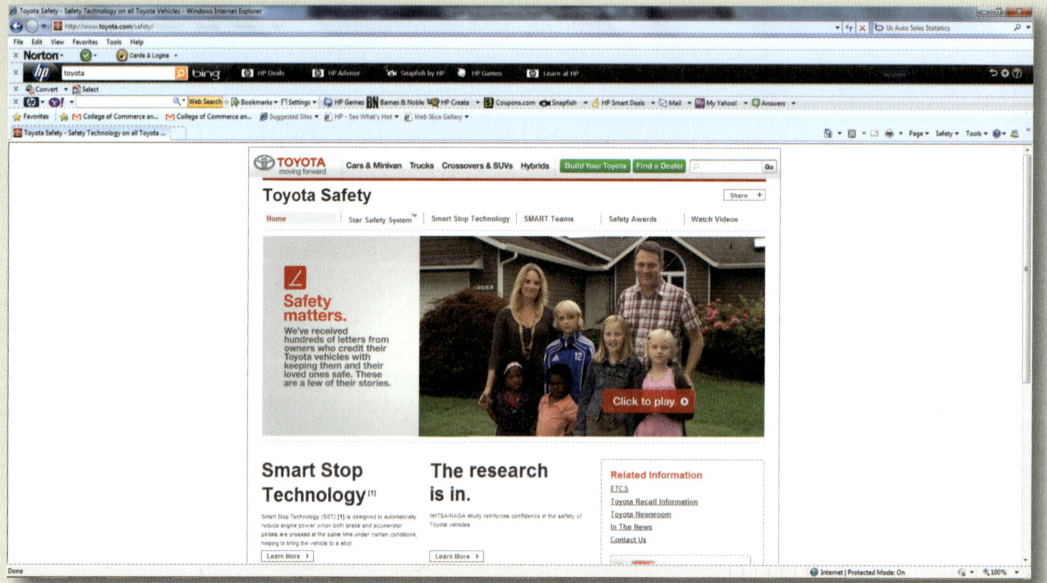

학습목표

L01 동기를 정의하고 Maslow 및 McGuire가 제안한 동기집합을 요약한다.

L02 소비자행동과 마케팅에서 동기의 역할을 논의한다.

L03 개성을 정의하고 개성의 여러가지 이론들을 살펴본다.

L04 브랜드개성이 마케팅전략을 개발하는데 어떻게 활용되는지를 논의한다.

L05 정서를 정의하고 정서의 주요 차원들을 살펴본다.

L06 정서가 마케팅전략을 개발하는데 어떻게 활용되는지를 논의한다.

사람과 마찬가지로 브랜드도 개성을 갖는다. 이 장의 후반부에서 살펴 보겠지만, 브랜드개성은 브랜드와 연합되는 일련의 인간 특성이다. 이러한 특성은 브랜드의 이미지에 도움이 된다. 개성특성 및 기타 브랜드 연상은 광고, 구전, 제품의 직접경험 등을 포함한 수 많은 요인들에 의해서 영향을 받는다. 미국에서 놀라운 성공을 누려온 도요타는 가속페달 및 시스템과 관련된 안전문제로 거의 6백만 대 차량의 리콜을 초래하여 브랜드 이미지때문에 어려움을 겪고 있다. 그 결과는 아래와 같은 도요타 인식의 대대적인 추락이었다.[1]

소유자들과 비소유자들 모두에서 신뢰성과 품질에 대한 지각이 리콜 후에 악화되었으며, 이러한 효과는 비소유자들에게서 더 크게 나타났다. 소유자들의 인식도 상당히 악화되긴 했지만 그래도, 도요타를 다소 좋게 생각하는 것 같다. 구체적으로 도요타 소유자들의 신뢰성은 23% 포인트가 하락하였으며, 도요타가 국산보다 높은 품질이라고 생각한 사람들의 경우에는 44%가 하락하였다. 신뢰성은 경쟁력과 연결된 브랜드 개성의 특성이다. 향후에도 도요타의 구입을 생각 중인 도요타의 소유자들의 비율이 리콜 후에 16%가 떨어진 것처럼, 의심할 여지없이 도요타의 이미지는 고전을 면치 못하고 있으며, 이는 품질지각과 구매의도의 감소로 나타났다.

도요타는 이미지문제를 해결하기 위하여 최선을 다하고 있다. 그 중에서도 웹사이트에 "리콜 정보" 페이지를 만들었으며 "안전이 최우선(Safety First)"이라는 광고캠페인을 펼치고 있는데, 여기에는 다음과 같은 내용이 포함되어 있다:

> 우리 도요타는 안전하고 신뢰할 수 있는 자동차를 고객들에게 제공하는데 전념하고 있다. 그것이 바로 우리가 현재 기술과 차량의 안전을 향상시키기 위해서 시간당 1백만 달러를 지출하는 이유이다. 그리고 우리가 제조하는 모든 차량에 대해서 최고의 포괄적인 안전시스템 표준을 만들어 왔다.

도요타가 회복되고 있다는 징후가 있다. 비록 그들이 리콜 후에 미국판매에서 4위로 추락했지만, 최근의 매출수치는 GM과 Ford에 이어서 3위를 기록하고 있다.

	도요타 소유자들		도요타 비 소유자들	
	리콜 전	리콜 후	리콜 전	리콜 후
신뢰할 수 있는 브랜드	95%	72%	89%	61%
신뢰할 수 없는 브랜드	5	28	6	39
국산보다 낮은 품질	4	18	5	34
국산과 대등한 품질	25	49	43	53
국산보다 높은 품질	70	33	47	13

Source: Adapted from B. Steinberg, "Lightspeed Survey: Toyota's Loss of Consumer Trust is Domestic Rivals' Gain," *Advertising Age,* February 8, 2010, p. 2.

도입 사례가 시사하듯이, 브랜드개성은 브랜드이미지와 소비자행동에 매우 중요하다. 그것은 소비자행동의 서로 밀접하게 연결된 세 가지 측면 즉, 동기, 개성 및 정서의 일부이다. **동기**는 행동을 활성화시켜주는 활력적 힘으로 그 행동에 목적과 방향을 제공해 준다. 동기는 왜 소비자들이 특정 행동을 수행하는가라는 질문에 답을 하는데 도움을 준다. **개성**은 사람들이 다양한 상황에 걸쳐서 드러내는 비교적 안정적인 행동성향을 나타낸다. 그것은 소비자들이 자신의 목적을 성취하기 위해서 "어떤" 행동을 수행하기로 결심하였는가라는 질문에 답을 하는데 도움을 준다. **정서**는 우리의 행동에 영향을 미치는 강력하고 비교적 통제할 수 없는 느낌이다. 정서는 동기, 개성 그리고 외부적 요인 사이의 복잡한 상호작용에 의해서 불러 일으켜진다. 사실, 이들 세 개의 개념은 서로 밀접하게 연결되어 있어서 분리하기 어려운 경우가 많다.

10.1 동기의 특성

LO1 **동기(motivation)**는 행동의 이유이다. **동기**는 행동반응을 자극하고 끌어내며 그 반응에 특정 방향을 제공해주는 관찰할 수 없는 내적인 힘을 나타내는 연구개념이다. 동기는 개인이 어떤 것을 하는 이유이다. **욕구**(need)와 **동기**(motive)는 서로 바꿔서 사용되곤 한다. 이것은 어떤 소비자가 원하는 상태와 자신의 실제 현재 상태 사이에 차이가 있다고 느낄 때, 욕구가 인식되며 동기(motivation)라고 하는 동인상태(drive state)로 경험되기 때문이다. 욕구와 동기는 소비자들이 관련된 것으로 지각하는 것에 영향을 미치고 그들의 느낌과 정서에도 영향을 미친다. 예를 들어, 배고픔을 느낀 소비자는 그 욕구를 충족시키려고 동기가 부여되며, 음식과 음식광고를 개인적으로 관련된 것으로 보며 그리고 먹기 전에는 부정적인 정서를, 먹은 후에는 긍정적인 정서를 경험하게 될 것이다.

매우 많은 동기 이론들이 있다. 이 절에서는 그 중에서도 유용한 두 가지 접근방법을 설명할 것이다. 첫 번째 접근방법, Maslow의 **욕구계층**은 일반적인 관점에서 대부분의 인간행동을 설명하려는 거시적이론이다. Maslow의 연구에 토대를 둔 두 번째 접근방법은 소비자행동의 추가적인 측면들을 설명하기 위해서 자세한 일련의 동기들을 활용하고 있다.

1. Maslow의 욕구 계층

Maslow의 욕구 계층(hierarchy of needs)은 네 가지 전제에 기초하고 있다.[2]

1) 모든 인간은 유전과 사회적 상호작용을 통해서 비슷한 일련의 동기를 획득한다.
2) 일부 동기는 다른 동기보다 더 기본적이거나 중요하다.
3) 더욱 기본적인 동기들은 다른 동기들이 활성화되기 이전에 최저수준에서 충족되어야 한다.
4) 기본적인 동기들이 충족되면 더 상위의 동기들이 작동하기 시작한다.

표 10-1 Maslow의 욕구계층과 마케팅전략

I. **생리적 욕구: 음식, 물, 수면 그리고 어느 정도는 섹스도 생리적 동기이다.**

제품 건강식품, 약품, 스포츠드링크, 저콜레스테롤식품 및 운동기구

테마 BAND-AID –"Blister-proof your feet."
Quaker Oats –"Eating oatmeal is good for your heart."
Nordic Track–"Only NordicTrack gives you a total-body workout"

II. **안전 욕구:** 물리적 안전과 보안, 안정성 및 익숙한 환경 등을 추구하는 것은 안전욕구의 표현이다.

제품 연기 감지기, 예방의약품, 보험, 은퇴용 투자, 안전벨트, 도난 경보기 및 썬크림

테마 Sleep Safe –"We've designed a travel alarm that just might wake you in the middle of night – because a fire is sending smoke into your room. You see, ours is a smoke alarm as well as an alarm clock."
PDFA(Partnership for a Drug-Free America) –"Heroin: Dying's the Easy Part."
State Street Investing? "Precise in a world that isn't."

III. **소속 욕구:** 소속 동기는 사랑, 우정, 우호관계 및 집단수용에 대한 욕망에 반영된다.

제품 개인치장, 음식, 오락, 의류 등.

테마 Olive Garden Restaurants –"When you're here, You're – Family."
Tums – "You are important. You are loved. You should take your calcium."
Grand Marnier – "Add flavor to good company."

IV. **존경 욕구:** 지위, 우월감, 자존심 및 긍지에 대한 욕망은 존경욕구의 예들이다. 이러한 욕구들은 개인의 유용성 및 성취감에 관련된다.

제품 의류, 가구, 주류, 취미, 백화점, 승용차 등.

테마 Sheaffer – "Your hand should look as contemporary as the rest of you."
New Balance – "One more woman chasing a sunset. One more woman going a little farther. One more woman simply feeling alive. One less woman relying on someone else."
BMW – "The Ultimate Driving Machine."

V. **자아실현욕구:** 이것은 개인이 달성할 수 있는 모든 것을 실현하고자 하는 자아 성취 욕구와 관련된다.

제품 교육, 취미, 스포츠, 일부 휴가, 고급식료품, 박물관

테마 U.S. Navy – "Accelerate Your Life."
Gatorade – "Is it in you?"
Outward Bound School – "Minds in Motion."

이렇게 Maslow는 모든 사람들이 공유한 욕구계층을 제안하였다. <표 10-1>은 이 욕구계층과 각 수준을 간략하게 서술하고, 마케팅사례를 제공하고 있다.

Maslow의 이론은 일반적인 행동에 좋은 지침이 된다. 그러나 그것이 결코 철칙은 아니다. 친구나 아이디어를 위해서 자신의 삶을 희생하거나 또는 자아실현을 추구하기 위해서 음식과 주거를 포기한 사람들의 많은 예가 있다. 그러나 우리는 그러한 행동을 예외적인 것으로 다루는 경향이 있는데, 이는 Maslow의 전반적인 접근방법에 대한 일반적인 타당성을 나타낸다.[3] 어느 특정 소비행동은 하나 이상의 욕구를 충족시킬 수 있다는 점을 기억하는 것이 중요하다. 마찬가지로, 동일한 소비행동이 다른 시기에는 다른 욕구를 충족시킬 수도 있다. 예를 들어, 여러 가지 동기로 어떤 개인이 U.S. Army에 합류하게 될 수 있다. <사진 10-1>의 광고는 자아실현으로 지원자들의 마음을 사려고 한다.

2. McGuire의 심리적 동기

Maslow는 다섯 가지 동기의 계층적 집합을 제시하였으며, 다른 학자들은 매우 구체적인

사진 10-1

자아실현에의 소구는 스스로에게 도전하여 자신들의 잠재력을 완전히 실현한 개인들에 초점을 맞추고 있다.

수백 가지의 동기를 제안해 왔다. McGuire는 이들 다양한 이론들을 16가지 범주로 체계화시켜 주는 분류시스템을 개발하였다.[4] 이 시스템은 마케터들이 다양한 소비상황에 포함될 가능성이 큰 동기들을 분리하는데 도움이 된다. McGuire는 우선 2가지 기준을 이용해서 동기를 4가지 주요 범주로 나누었다.

1) 동기의 양식이 인지적인가 감정적인가?
2) 동기가 현재상태의 보존 또는 성장에 초점을 맞추고 있는가?

인지적 동기는 환경에 적응해 나가고 의미감을 성취하려는 개인의 욕구에 초점을 맞춘다. **감정적** 동기는 만족스러운 느낌상태에 도달하고 개인적인 목적을 달성하려는 욕구를 다룬다. **보존 지향적** 동기는 균형을 유지하려고 노력하는 개인을 강조한 반면, **성장** 동기는 발전을 강조한다. 이들 네 가지 주요 범주는 동기의 원천과 목표를 토대로 다시 나뉜다.

3) 이 행동은 능동적으로 시작되었는가 또는 환경에 대한 반응으로 시작되었는가?
4) 이 행동은 환경에 대하여 개인이 새로운 내부적 또는 외부적 관계를 실현하는데 도움이 되는가?

세 번째 기준은 능동적으로 또는 내부적으로 각성된 동기들과 환경에 대한 수동적 동기들을 구별해준다. 마지막 기준은 개인의 내부적인 결과와 환경과의 관계에 초점을 맞춘 결과들을 분류하는데 사용된다.

McGuire의 16가지 동기와 마케팅에 대한 시사점을 아래에서 간략하게 설명할 것이다.

인지적 보존 동기들(Cognitive Preservation Motives) 일관성 욕구(Need for Consistency) **(능동적, 내적)** 개인의 모든 측면들이 서로 일관성을 유지해야 한다는 점은 기본적인 욕망이다.[5] 이러한 측면들은 태도, 행동, 의견, 자아 이미지, 다른 사람에 대한 관점 등을 포함한다. 인지적 부조화(cognitive dissonance)는 이러한 유형의 보편적인 동기이다. 이러한 비일관성은 개인이 그 비일관성을 축소시키도록 동기를 부여한다(제18장 참조).

태도를 변화시키기 위한 광고메시지의 구조를 결정하는데 일관성 욕구를 이해하는 것이 매우 중요하다. 내부적 일관성에 대한 욕구는 소비자들이 기존 신념과 다른 정보를 수용하려고 하지 않는다는 것을 의미한다. 따라서 태도를 변화시키려는 마케터들은 이를 극복하기 위해서 신뢰성이 아주 높은 원천이나 다른 기법들을 이용해야 한다(제11장 참조).

귀인욕구(Need for Attribution)(능동적, 외부적) 여기에 속하는 동기들은 우리에게 생긴

일들을 누가 또는 무엇이 일으켰는지를 파악하려는 욕구를 다루며, **귀인이론(attribution theory)**이라는 연구영역과 연결된다.[6] 우리는 호의적이거나 비호의적인 결과의 원인을 우리 자신들에게 돌리는가 아니면 어떤 외부의 힘에 돌리는가?

귀인욕구는 촉진 메시지에 대한 소비자 반응과 깊은(신빙성의 관점에서) 관련이 있다. 소비자들은 메시지를 수동적으로 받아들이는 것이 아니라 그보다는 광고 및 판매원의 조언을 오히려 "판매" 동기와 전술로 여기기 때문에, 그들은 많은 영업메시지를 믿지 않거나 무시한다.[7] 이것을 극복하기 위해서 마케터들은 다양한 수단들을 이용하고 있다. 한 가지 접근방법은 <사진 10-2>에 나타난 바와 같이 믿을 만한 광고모델을 이용하는 것이다. 이 기법은 제11장에서 자세하게 논의할 것이다.

사진 10-2

소비자들은 일반적으로 광고에 판매동기가 있다고 생각해서 그 메시지를 믿지 않거나 무시한다. 메시지를 수용하게 하기 위한 한 가지 접근방법은 믿을만한 메시지 원천을 이용하는 것이다.

분류하려는 욕구(Need to Categorize)(수동적, 내부적) 사람들은 자신들이 직면한 아주 다양한 정보와 경험을 의미 있으면서 관리하기 쉬운 방식으로 분류하고 조직화하려는 욕구를 갖고 있다.[8] 그래서 그렇게 하는데 도움이 되는 범주나 정신적 구획을 설정한다. 가격은 가격대로 분류되어 각 가격대는 각기 다른 제품범주를 암시하곤 한다. 2만 달러 이상의 자동차와 2만 달러 미만의 자동차는 가격대에 따라 분류된 정보 때문에 각기 다른 2가지 의미를 불러일으킬 수 있다. 많은 기업들이 제품에 9달러 95센트, 19달러 95센트, 49달러 95센트 등의 가격을 매긴다. 한 가지 이유는 10달러, 20달러, 50달러 이상의 집단으로 분류되는 것을 피하는 것이다.

객관화 욕구(Need for Objectification)(수동적, 외부적) 이 동기들은 사람들이 느끼거나 아는 것을 추론할 수 있도록 관찰할 수 있는 단서나 상징에 대한 욕구를 반영한다. 자신의 행동과 다른 사람의 행동을 관찰하고 자신이 느끼거나 생각하는 것에 대한 추론을 함으로써 인상, 느낌 및 태도가 부지불식간에 굳어진다. 많은 경우에 옷은 원하는 이미지와 소비자 라이프스타일의 미묘한 의미를 전달하는데 중요한 역할을 한다. <그림 10-1>에 나타난 바와 같이 이 과정에서 브랜드가 일정한 역할을 한다.

인지적 성장 동기(Cognitive Growth Motives) 자율 욕구(Need for Autonomy)(능동적, 내부적) 제2장에서 살펴본 바와 같이, 독립성과 개별성에 대한 욕구는 미국문화의 한 가

사진 10-3

미국사람들은 독특성과 자율성을 장려하는 광고와 제품에 긍정적으로 반응한다.

지 특징이다. 모든 문화의 모든 사람들이 이 욕구를 어느 정도는 갖고 있다. 미국사람들은 이 욕구를 표현하고 실현하는데 적절하고 필요한 것을 배운다(소속에 가치를 부여하는 일본사람과 같은 동양 사람들과 대비된다).

독특한 제품과 서비스를 소유하거나 사용하는 것은 소비자들이 자율성을 표현하는 한 가지 방식이다.[9] 마케터들은 한정판의 제품을 개발하거나 광범위한 다양성과 맞춤형 선택권을 부여함으로써 이 동기에 대응해왔다. 또한, <사진 10-3>에 나타난 바와 같이, 많은 제품들이 독립성, 독특성 또는 자율성 테마로 광고를 하고 포지션을 심어왔다.

흥분 욕구(Need for Stimulation)(능동적, 외부적) 사람들은 흥분 욕구로부터 다양성과 차별성을 추구하곤 한다.[10] 이러한 다양성 추구행동이 브랜드 전환과 일부 충동구매의 일차적인 이유가 될 수 있다.[11] 흥분 욕구는 곡선적이며 시간 흐름에 따라 변한다.[12] 즉, 급격한 변화를 경험한 사람들은 이것이 충족되어서 안정성을 원하는 반면에, 안정적인 환경에 있는 사람들은 지루해서 변화를 찾는다.

합목적적 욕구(Teleological Need)(수동적, 내부적) 소비자는 그들의 현재 상태와 비교하여 원하는 결과 또는 최종상태의 이미지를 가지고 있는 패턴매체들*(pattern matcher)이다. 행동은 변화하며, 바라는 최종 목표 상태를 향한 이동의 관점에서 결과가 추적된다. 이 동기로 사람들은 세상이 어떻게 움직여야 하는지에 대한 자신의 관점(예: 선한사람이 이긴다)과 부합하는 결과를 갖는 영화, TV프로그램, 서적과 같은 대중매체를 선호하게 된다. 이것은 광고메시지에 대한 명확한 시사점을 갖는다.

실용적 욕구(Utilitarian Need)(수동적, 외부적) 이 이론들은 소비자를 유용한 정보나 새로운 기량을 습득할 수 있는 기회로써 상황에 접근하는 문제해결자로 본다. 그래서 TV에서 시트콤을 시청하는 소비자는 재미를 느낄 뿐만 아니라 옷 스타일, 라이프 스타일 등을 배우게 된다. 마찬가지로, 소비자들은 현재의 결정뿐만 아니라 미래의 결정을 위한 학습의 원천으로 광고와 영업사원들에게 접근할 수도 있다.

감정적 보존 동기(Affective Preservation Motives) **긴장완화 욕구(Need for Tension Reduction)(능동적, 내부적)** 사람들은 일상생활에서 여러 가지 상황에 직면하는데, 이는 불편한 수준의 스트레스를 일으킨다. 긴장과 스트레스를 효과적으로 관리하기 위해서 사람들은 각성을 감소시킬 수 있는 방법을 찾도록 동기가 부여된다. 레크리에이션 제품과 활동은 긴장해소의 관점에서 촉진되곤 한다. <사진 10-4>는 이러한 욕구에 초점을 맞춘 제품과 소구를 담고 있다.

* 주) 현재의 상태와 원하는 상태를 하나씩 비교하고, 자신이 원하는 상태를 향해 이동하려는 사람들.

표현 욕구(Need for Expression)(능동적, 외부적) 이 동기는 자신의 정체성을 다른 사람에게 표현하려는 욕구를 다룬다. 사람들은 자신들의 행위로 자신이 어떤 사람이고 무엇을 하는 사람인지를 다른 사람들이 알아주기를 바라는 욕구를 느끼는데, 여기에는 제품의 구매와 사용도 포함된다. 의류 및 자동차와 같은 제품의 구매로 사람들은 자신의 정체성을 다른 사람들에게 표현할 수 있는데, 그러한 제품들은 상징적 의미를 갖고 있기 때문이다. 예를 들어, Swatch와 같은 패션시계는 시간을 말해주는 기능적 욕구 이상을 충족시켜준다. 즉, 이 시계는 그 사람이 어떤 사람인지를 표현할 수 있게 해준다.

사진 10-4

오늘날의 바쁘게 돌아가는 라이프스타일은 불쾌한 수준의 긴장을 조성하곤 한다. 이러한 스트레스를 해소시켜주는 제품들은 근본적인 욕구를 충족시켜 준다

자아방어 욕구(Need for Ego Defense)(수동적, 내부적) 자기의 본모습 또는 자아를 방어하려는 욕구가 또 다른 중요한 동기이다. 개인의 본모습이 위협을 받을 때, 그 사람은 자신의 자아개념을 보호하도록 동기가 부여되어 방어적 행동과 태도를 취하게 된다. 많은 제품들이 자아방어를 제공한다. 사회적 관계에 대해 불안을 느낀 소비자는 사회적으로 올바르지 않은 구매를 할 가능성을 피하기 위해서 다른 사람들의 눈에 쉽게 띄는 제품의 유명브랜드에 의존할 수도 있다.

강화 욕구(Need for Reinforcement)(수동적, 외부적) 사람들은 과거의 어떤 상황에서 어떤 방식으로 행동해서 보상을 받았기 때문에 그 방식으로 행동하는 동기가 부여되곤 한다. 이것이 조작적 학습의 기본이다. 공개적인 상황에서 사용되게 설계된 제품들(의류, 가구 및 수공예품)은 받게 될 강화의 형태와 양을 토대로 판매되는 경우가 많다. Keepsake Diamonds는 "당신이 방에 들어가면 당신은 당신의 흥분을 공유하는 친구들에게 곧 바로 둘러싸인다" 는 내용의 광고로 이 동기를 활용하고 있다.

감정적 성장 동기들(Affective Growth Motives) **주장 욕구(Need for Assertion)(능동적, 내부적)** 많은 사람들이 성공, 칭찬 및 우월성을 추구하는 경쟁적인 성취자들이다. 파워, 성취 및 존중이 그들에게 중요하다. <사진 10-5>에서 나타난 바와 같이, 주장 욕구는 많은 광고의 기초가 된다.

귀속욕구(Need for Affiliation)(능동적, 외부적) 귀속은 다른 사람들과 서로 도움을 주고 만족스러운 관계를 구축하려는 욕구를 말한다. 이것은 대인관계에서 인정과 애정의 추구 및

사진 10-5

주장 욕구가 이 광고 전략의 기초가 된다.

이타주의와 연결된다. 제7장에서 본 바와 같이, 집단 멤버십은 대부분의 소비자들의 생활에서 중요한 부분이며 소비자들의 많은 결정들이 다른 사람들과 만족스러운 관계를 유지하려는 욕구에 토대를 두고 있다. 마케터들은 광고에서 "당신의 자녀들은 그것 때문에 당신을 사랑할 것이다"와 같은 귀속 기반의 테마를 흔히 이용한다.[13]

동일시 욕구(Need for Identification)(수동적, 내부적) 동일시 욕구는 소비자들이 수행하는 다양한 역할에 이어진다. 한 개인이 대학생, 여학생클럽, 서점 종업원, 약혼자 등의 역할을 수행할 수도 있다. 만족스러운 새로운 역할을 추가하거나 이미 받아들인 역할의 의미를 증대시킴으로써 즐거움을 얻을 수 있다. 마케터들은 소비자들이 새로운 역할(스케이트보드를 타는 사람이 되는 것)을 맡도록 권장하고 어떤 역할에 중요한 것으로 제품의 포지션을 심는다(이것을 갖지 않는 취업주부는 없다).

모방 욕구(Need for Modeling)(수동적, 외부적) 모방 욕구는 다른 사람의 행동에 자신의 행동의 토대를 두려는 성향을 반영한다. 모방은 어린이들이 소비자가 되는 것을 배워가는 주요 수단이다. 모방하는 성향은 준거집단 내에서 발생하는 동조의 일부를 설명해준다. 마케터들은 자신들의 브랜드를 사용하는 바람직한 형태의 개인들을 보여줌으로써 이 동기를 활용한다. 예를 들어, American Express는 "My Life. My Card" 캠페인에서 Laird Hamilton과 Tiger Woods를 이용하고 있다.

10.2 동기이론과 마케팅전략

소비자들은 제품을 구입하는 것이 아니라 동기의 충족 또는 문제해결을 구입한다. 예를 들어, 미국에서 Porsche 구매자들에 대한 연구에 의하면 일부는 권력과 지위(주장 욕구)에 의해서 움직이고, 다른 일부는 흥분과 모험(흥분 욕구) 또 다른 일부는 현실도피(긴장완화 욕구)에 의해서 움직인다. 그러한 욕구들은 미국에 국한된 것이 아니다. 자동차 구매자들에 대한 인도에서의 연구도 매우 유사한 동기들이 있다는 것을 알아냈다. 예를 들어, "권세(potency)" 구매자집단은 권력(주장 욕구)에 관심을 보였으며, "효용(utility)" 구매자집단은 기본적인 운송(실용적 욕구)에 관심을 보이고, "모험(adventure)" 구매자집단은 재미(흥분 욕구)에 관심을 보이고, "해방(liberation)" 구매자집단은 자유(자율 욕구)에 관심을 보였다.[14] 따라서 기업들은 자사 제품과 브랜드가 충족시킬 수 있는 동기를 알아내서 이러한 동기를 중심으로 마케팅믹스를 개발해야 한다.

"마케터들이 욕구를 창출하는가?"라는 중요한 문제가 제기되곤 한다. 답은 **욕구**라는 용어가 의미하는 것에 따라 달라진다. 만일 이 용어가 이 장에서 설명된 기본적 동기를 지칭하는 것으로 사용된다면, 마케터들이 욕구를 창출하는 것은 거의 없다는 점이 분명하다. 인간의 유전과 경험이 기본적으로 동기를 결정한다. 마케팅이나 광고가 나타나기 훨씬 이전에, 사람들은 인정을 받고 지위를 드러내기 위해서 향수, 의류 등을 사용했다. 그러나 마케터들은 **수요(demand)**를 창출한다. 수요는 **특정 제품이나 서비스를 사려는 마음이다**. 수요는 욕구나 동기에 의해서 만들어지지만, 동기 그 자체는 아니다. 예를 들어, 구강청정제 광고는 만약 구강청정제가 없다면 입냄새 때문에 사람들이 당신을 좋아하지 않는다는 점을 암시하는 테마를 이용할 수도 있다. 이러한 메시지는 자신의 브랜드에 대한 수요를 창출하기 위해서 구강청정제를 기존의 귀속욕구에 연결시킨다.

1. 구매동기의 조사

어떤 마케팅조사자가 소비자에게 왜 J. Crew 옷을 입는지 (또는 산악자전거를 갖거나 향수를 사용하는지 등) 물었다고 하자. "그 옷은 멋있다." "내 친구들이 그 옷을 입었다." "나는 그런 스타일의 옷을 좋아한다." "그 옷을 입으면 멋있어 보인다." 등과 같은 몇 가지 이유를 그 소비자가 밝힐 가능성이 크다. 그러나 그 소비자가 인정하기를 꺼리거나 아예 알지도 못하는 다른 이유들이 있을 수도 있다. "그것들은 내가 돈이 많다는 것을 보여준다." "그것들은 나를 성적으로 매력적이게 만들어준다." 또는 "그것들은 내가 최신 유행을 따르면 품위가 있다는 것을 보여준다." 이러한 동기들의 전부 또는 일부 결합이 의류 등의 구매에 영향을 미칠 수 있다.

위에서 언급된 동기들의 첫 번째 집단은 소비자가 알고 있고 조사자에게 인정된 것이다. 알고 자발적으로 인정된 동기들은 **드러난 동기(manifest motives)***라고 한다. 우리가 논의한 모든 동기들이 의식에 나타난 것일 수 있다. 그러나 사회의 지배적인 가치체계에 적합한 동기가 그러한 가치체계와 충돌하는 동기들보다 의식에 나타날 가능성이 더 크다.

위에서 서술한 동기들의 두 번째 집단은 소비자가 알지 못하고 인정하기를 꺼리는 것일 수도 있다. 이러한 동기들을 **잠재적 동기(latent motives)** 라고 한다. <그림 10-1>은 어떻게 2가지 유형의 동기들이 구매에 영향을 미치는지를 설명해주고 있다.

마케터의 첫 번째 과제는 표적시장에 영향을 미치는 동기들의 결합을 파악하는 것이다. 드러난 동기는 비교적 쉽게 파악할 수 있다. 일반적으로 직접적인 질문(왜 당신은 J. Crew 옷을 삽니까?)으로 드러난 동기들의 비교적 정확한 평가가 가능하다.

잠재적 동기들을 파악하는 것은 상당히 더 복잡하다. 잠재적 동기들에 대한 정보를 제

* 현시적(顯示的) 동기라고도 한다.

그림 10-1 구매상황에서 드러난 동기들과 잠재적 동기들

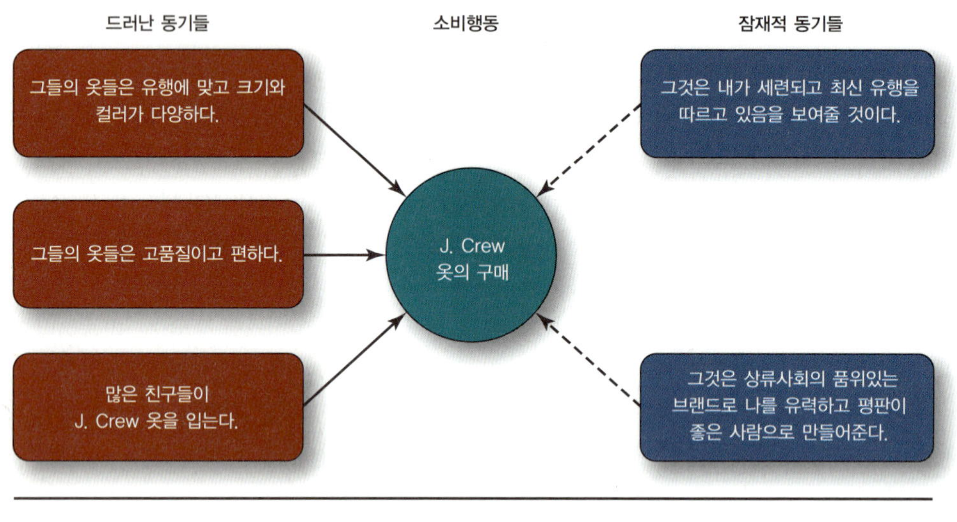

공하기 위해서 동기조사 또는 **투사법(projection method)**이 설계되었다. 제3자 기법은 소비자들에게 다른 사람들이 특정 브랜드를 구매하는 이유를 제공하게 하게 하는 것이다. Oreo는 브랜드에 대한 심층적인 이해를 얻기 위해서 표적집단면접(focus group interview) 상황에서 투사법을 이용하였다. 그들을 놀라게 한 것은 많은 사람들이 Oreo를 거의 마법적인 것으로 여기고 있다는 점이다. 이에 따라, "Oreo의 마법을 벗기는 것"이 캠페인 테마가 되었다.[15] 투사법에 대해서 더 자세한 것은 부록 A와 부록의 <표 1>을 참조하라.

동기를 식별하는데 투사법 이상으로 인기를 끄는 기법은 **사다리기법(laddering)** 또는 **수단-목적 사슬(means-end chain)**이나, **편익사슬(benefit chain)**을 구축하는 것이다.[16] 어떤 제품이나 브랜드를 소비자에게 보여주고, 그 소비자가 그 제품이 제공할 수 있는 모든 편익을 말하게 한다. 이들 편익 각각에 대해서, 또 다른 편익을 식별하도록 그 응답자에게 요청한다. 추가적인 편익이 더 이상 확인되지 않을 때까지 이것을 반복한다.

예를 들어, 비타민을 매일 복용하는 것의 편익으로 어떤 응답자가 "감기에 덜 걸리는 것"을 들 수 있다. 감기에 덜 걸리는 것의 편익에는 어떤 것들이 있는지를 물으면, "업무를 더 효율적으로 한다"거나 "더 열정적이게 된다"는 것을 들 수도 있다. 다른 사람들은 "스키를 타러 더 많이 간다"거나 "더 좋아 보인다"를 언급할 수도 있다. 두 사람은 최종적으로 다른 편익의 수단으로 감기에 덜 걸리기 위해서 비타민을 먹는다. 이들 두 소비자 각각을 표적으로 하는 비타민 광고는 어떻게 달라야 하는가?

2. 다중동기에 근거한 마케팅전략

일단 마케터들이 표적시장에 영향을 미치는 동기들의 조합을 찾아내면, 다음 과제는 적절

한 동기들의 집합을 중심으로 하는 마케팅전략을 설계하는 것이다. 이러한 결정의 특성은 커뮤니케이션 영역에서 가장 분명하다. 만일 <그림 10-1>에 나타난 동기가 원하는 표적시장을 정확하게 반영하고 있다면, 마케터는 어떤 커뮤니케이션 전략을 사용해야 하는가?

사진 10-6

대부분의 광고는 여러 동기와 바람에 소구한다. 광고 사진과 문안는 브랜드의 획득과 사용에 관련된 일련의 동기에 근거하여야 한다.

한 가지 고려사항은 하나 이상의 동기가 얼마나 중요한가이다. 만일 다중 동기가 중요하다면, 제품과 광고는 그들 각각을 제공하고 전달해야 한다. 두 번째 고려사항은 그 동기가 드러난 것인지 또는 잠재적인 것인가에 있다. 드러난 편익을 전달하는 것은 비교적 쉽다. 예를 들어, J. Crew의 웹사이트는 여러 가지 제품의 간략한 스케치를 범주별로 제공해서 소비자들이 스타일, 컬러 및 품질의 관점에서 자신들의 제품을 시각적으로 평가할 수 있게 해주고 있다. 이것은 드러난 동기에 대한 **직접적 소구**이다. 그러나 잠재적 동기는 전적으로 사회적으로 바람직한 것이 아닌 경우가 많아서, **간접적 소구**가 자주 이용된다. 그래서 J. Crew의 웹사이트는 풍요롭고 최신 유행이라는 특징을 간접적으로 시사하기 위해서 폰트, 여백, 디자이너 컬렉션 등을 활용하고 있나. 어느 특정 광고가 단 하나 또는 극히 소수의 구매동기에 초점을 맞출 수도 있다. 그러나 그 캠페인은 그 제품에 대한 드러난 및 잠재적 동기에 부합되는 방식으로 표적시장 소비자들의 스키마 기억에 제품의 포지션을 심을 수 있도록 중요한 모든 구매동기들을 다룰 필요가 있다. <사진 10-6>에 있는 광고는 어떤 동기에 소구하고 있는가?

3. 동기와 소비자관여

앞 장에서 살펴보았던 바와 같이, 관여는 소비자들이 정보를 처리하고 학습하는 방식의 중요한 결정요인이다. 관여는 소비자들이 태도를 형성하고 의사결정을 하는 방식의 중요한 결정요인이 된다는 점을 다음 장들에서 살펴 볼 것이다. **관여(involvement)**는 어떤 제품, 브랜드 또는 광고물이 관계가 있거나 관심을 끈다는 소비자 지각이 불러일으킨 동기상태이다.[17] 무엇이 소비자들에게 관계가 있거나 그들의 관심을 끄는지를 결정하는데 욕구는 강력한 역할을 수행한다. 예를 들어, 시계는 시간을 알려주기 때문에(실용적 욕구), 자아표현을 가능하게 해주기 때문에(표현적 욕구) 또는 어울리는 방식을 제공하기 때문에(귀속욕구), 시계에 대한 관여수준이 높아질 수 있다.[18] 또한, 상황 그 자체도 관여에 영향을 미칠 수 있다. 예를 들어, 일부 소비자들은 컴퓨터에 지속적으로 높은 수준의 관여(지속적 관여)를 보일 수도 있는 반면에, 다른 소비자들은 다가오는 구매와 같은 특정 상황에서 높은 수준의 관여(상황적 관여)를 보일 수도 있다.

관여는 수많은 소비자행동에 영향을 미치기 때문에 마케터들에게 중요하다. 예를 들어, 소비자 관여는 주의, 분석적 처리, 정보탐색 및 구전을 증가시킨다.[19] 관여는 마케팅전략에도 영향을 미치기 때문에 마케터들에게 중요하다. 예를 들어, 고관여 소비자들은 제품전문가들일 가능성이 높으며 자세한 제품정보를 담고 있는 광고에 의해서 더 설득된다. 반면에, 저관여 소비자들은 제품 전문성이 없어서 이미지, 감성 및 메시지 원천에 의해서 더 설득된다. 이에 따라, 때로 당신은 Car and Driver와 같은 잡지에서 고관여 소비자들을 겨냥하고 있는 자동차광고가 매우 정보제공적임을 발견하게 된다. 이와는 달리, 관여수준이 적당하거나 낮을 가능성이 큰 일반잡지에서는 이미지와 감성적 접근방법들이 주로 기본이 된다.

4. 동기갈등에 근거한 마케팅전략

소비자들은 많은 동기를 갖고 있어서 동기들 사이에 갈등이 생기는 경우가 많다. 동기갈등의 해결이 소비패턴에 영향을 미치곤 한다. 많은 경우에 마케터는 동기갈등이 발생할 가능성이 있는 상황을 분석해서, 그 갈등에 대한 해결책을 제공하여 자사 브랜드의 구매를 권장할 수 있다. 우리는 동기갈등의 세가지 주요 형태를 살펴 볼 것이다.

접근-접근 동기갈등(Approach-Approach Motivational Conflict) 2가지 매력적인 대안들 중에서 선택해야 하는 소비자는 **접근-접근 갈등**에 직면하게 된다. 대안들의 매력이 동등할수록 갈등은 더 커진다. 최근에 졸업선물로 많은 현금을 받은(상황변수) 소비자는 하와이 여행(흥분 욕구에 의해서 주도된)과 새로운 산악자전거(주장 욕구에 의해서 주도된) 사이에서 괴로워할 수도 있다. 이러한 갈등은 어느 한 행동을 권장하는 시의적절한 광고에 의해서 해결될 수 있다. "지금 사고 나중에 지불하라"와 같은 가격 조절이 해결책이 될 수 있는데, 여기에서는 두 가지 대안 모두가 선택된다.

접근-회피 동기갈등(Approach-Avoidance Motivational Conflict) 긍정적 및 부정적 결과를 갖는 구매선택에 직면한 소비자는 **접근-회피 갈등**에 직면하게 된다. 썬탠을 원하지만 피부손상의 위험과 집중적인 햇빛 노출에 따른 건강상의 위험을 감당하지 않으려는 소비자들이 이러한 상황에 빠진다. Neutrogena의 Instant Bronze 썬크림은 피부암의 위험(회피)을 피하면서 썬탠의 심미적 및 사회적 편익을 소비자들에게 제공(접근)함으로써 이 문제를 해결해준다.

회피-회피 동기갈등(Avoidance-Avoidance Motivational Conflict) 달갑지 않은 결과들만을 갖는 선택은 **회피-회피 갈등**을 가져다준다. 한 소비자의 오래 된 세탁기가 고장이 났을 때 이 갈등이 생길 수도 있다. 그 사람은 새로운 세탁기를 사는데 돈을 쓰고 싶지 않고, 오래된 세탁기를 고치기도 아깝고, 세탁기가 없는 것은 불편하게 생각할 수 있다. 신용구매가 이러한 동기갈등을 완화시켜주는 한 가지 방법이 될 수 있다. 오일필터의 교환과 같은 주기적인 차량정비의 중요성을 강조하는 광고물은 이러한 유형의 동기갈등을 이용하는 것이다. "지금 결제하든지 아니면 나중에 더 많이 결제하십시오."

5. 조절초점에 근거한 마케팅전략

원하는 결과를 획득하기 위해서 행동을 선택한다는 점에서 소비자들은 전략적이다. 이러한 선택의 일부는 개성의 함수이다. 일부는 소비자들이 자극에 반응하거나 결정을 할 때 특출해지거나 중요해진 일련의 동기들과 관계가 있다. 동기들의 특출성은 소비자들이 원하는 결과를 성취할 수 있도록 여러 가지 방법으로 자신들의 행동을 규제하는 계기가 된다. 향상초점 동기와 예방초점 동기라는 크게 두 가지 유형의 동기들이 있다. **향상초점 동기(promotion-focused motives)**는 성장과 발전에 대한 욕망을 맴돌며 희망과 열망과 관련된다. **예방초점 동기(prevention-focused motives)**는 안전 및 보호에 대한 욕망을 맴돌며 소비자의 의무감과 책임과 관계된다[20]

조절초점 이론(regulatory focus theory)은 동기들의 어떤 광의의 집합이 가장 특출한지에 따라 소비자들이 다르게 반응한다는 점을 암시한다. 향상초점 동기가 더 특출할 때, 소비자들은 긍정적인 결과를 얻으려고 하며, 더 추상적인 관점에서 생각하고, 감정과 정서에 더 의존하는 결정을 하며, 자신들의 의사결정에서 정확성보다는 속도를 더 선호한다. 예방초점 동기가 더 특출할 때, 소비자들은 부정적인 결과를 피하려고 하며, 더 구체적인 관점에서 생각하며, 사실적인 실질적 정보에 더 비중을 두고 결정하고, 의사결정에서 속도보다는 정확성을 더 선호한다. 본질에 있어서, 향상초점 동기가 가장 특출할 때, 소비자들은 열망적이고, 가능성이 있는 가장 긍정적인 결과를 손에 넣을 수 있는 확률을 극대화시키는 방법을 찾는 위험추구 의사결정자가 된다. 예방초점 동기가 가장 특출할 때, 소비자들은 부단히 경계하며, 부정적인 결과를 경험하게 될 확률을 최소하하고 실수를 범하는 것을 피할 수 있는 방법을 찾는 위험회피 의사결정자가 된다.

향상 또는 예방 동기 중 어느 동기가 가장 특출하게 되는지는 개인과 상황 모두에 따라 달라진다. 예방 및 향상 동기 모두가 각 개인에게 동시에 존재할 수 있다. 그러나 어린시절의 경험의 산물로 각 개인에서 어느 한 가지 동기가 지배하게 되는 경향이 있다. 이러한 측면을 **만성적 접근가능성(chronic accessibility)**이라고 한다. 즉, 이러한 측면들은 이들 소비자들에게 오랫동안 핵심적인 중심이 되어 왔기 때문에 자극과 의사결정에 직면하였을 때 그것들이 마음속에 떠오르는 경향이 있다. 마케터들과 시장 세분화에 중요한 시사점을 갖는 이 특성의 한 측면은 향상초점의 사람들이 더 독립적인 자아개념을 갖는 경향이 있는 반면에 예방초점의 사람들은 더 상호의존적인 자아개념을 갖는 경향이 있다는 사실이다. 제2장에서 살펴보았던 바와 같이, 이러한 차이는 동양(상호의존적)과 서양(개인주의적) 간의 차이와 연결된다. 그래서 아시아의 마케터들은 평균적으로 소비자들이 미국과 서부유럽의 소비자들보다 자연스럽게 더 예방초점일 것이라는 기대를 갖고 이에 따른 전략을 구사함으로써 이득을 볼 것이라고 생각한다. 예를 들어, 긍정적인 결과를 얻을 것이라는 관점에서 메시지를 만든 광고가 중국보다는 미국에서 더 잘 작용할 것처럼 보인다. 반면에 손실을 피한다는 관점에서 메시지를 만든 광고는 미국보다는 중국에서 더 잘 작용할 것이다.

의사결정의 특성이나 환경과 같은 상황요인들도 어느 한 지향성이 일시적으로 더 지배적이게 할 수 있다. 마케터들이 활용할 수 있는 예로는 다음과 같은 것들이 있다.

표 10-2 조절초점의 차이

차원	향상 초점	예방 초점
동기들	희망, 소원, 동경 양육욕구를 관리한다. 성장과 발전	의무, 책임감 안전욕구를 관리한다. 현상유지
특징		
• 시간	장기 지향	단기지향
• 정신적 심상	추상적	구체적
• 원하는 안정된 상태	변화	안정
• 원하는 감정	재미와 기쁨	안전과 안정
• 실패 정서	낙담	동요, 자제심, 상호의존적
• 원하는 자아-특성		
• 자아개념	창의성, 독립적	
의사 결정		
• 스타일	이득을 극대화하는 열망 스타일	손실을 극소화시키려는 경계 스타일
• 메타목적	정확성보다는 속도	속도보다는 정확성
• 광고물 단서 효과	감정과 정서	제품 정보
• 절충 브랜드의 선택	낮은 가능성	절충 브랜드가 극단적이지 않아서 위험이 크지 않았을 때는 높은 가능성
• 브랜드 확장에서 부합성의 중요성	덜 중요하다	부합성이 위험을 줄여주기 때문에 더 중요하다.

- 광고테마 – 성취(향상) 대 회피(예방)
- 메시지 프레임 – 얻게 될 편익(향상) 대 피할 수 있는 손실(예방)
- 광고 맥락 – 향상초점을 불러일으킬 가능성이 큰 프로그램, 잡지 또는 웹 사이트(예: 이상과 영감에 초점을 맞춘 O Magazine) 대 예방초점을 불러일으킬 가능성이 큰(예: 부정적인 사건들에 초점을 맞춘 The Evening News) 프로그램, 잡지 또는 웹사이트에 광고를 게재하는 것.

소비자 통찰력 10-1에서는 조절초점에 관련된 한 가지 상황 요소를 검토한다.

10.3 개성

LO3

동기는 소비자행동을 의도적이고 목적–지향적인 것으로 만들어 주는 동력을 제공하고 방향을 결정짓는 힘인 반면에, 소비자의 개성은 여러 가지 상황에서 목적을 성취하기 위해서 취한 행동에 지침을 제공하고 이끄는데 도움을 준다. **개성(personality)은 유사 상황들에서의 개인의 특징적인 반응성향이다.** 그래서 두 명의 소비자들이 긴장완화에 대해서 동등한 욕구를 갖고 있더라도, 외향성의 수준이 다르면 그 욕구를 충족시키기 위해서 매우 다른 행동을 취하게 된다.

개성에 대한 많은 이론들이 있지만, 특성이론들이 마케팅상황에서 가장 유용한 것으로 알려졌다. 특성이론은 개성을 개인차이로 검토하기 때문에 마케터들이 소비자들을 개성차

소비자 통찰력 10-1

언제 소비자들은 구매를 마지막 순간까지 미루는가?

소비자들은 구매결정을 마지막 순간까지 미룰 때도 있다. 당신은 크리스마스 이브까지 쇼핑을 계속해 본 적이 있는가? 당신을 항공권과 호텔을 예약하기 위해서 휴가 출발 직전까지 대기한 적이 있는가? 그렇다, 당신만이 그런 것은 아니며, 그 결과는 중요하다. 최근의 한 연구는 여름 휴가를 마지막 순간에 예약하거나 겨울방학 휴가를 수 개월 전에 준비할 때, 상반된 광고테마에 사람들이 어떻게 반응하는지를 검토하였다. 온라인 항공서비스에 대한 두 가지 광고테마가 만들어졌는데, 아래와 같이 상반된 캐치프레이즈를 갖고 있다.

- 예방초점의 광고: **집에 처박혀 있지 마라! 바가지를 쓰지 마라!**
- 향상초점의 광고: **기억에 남는 휴가를 즐겨라! 최고의 기회를 포착하라!**

이 광고를 보게 한 후에 소비자들에게 이 서비스의 티켓에 얼마를 지급할 것인지를 물었다. 결과는 매우 놀라웠는데, 겁먹은 사람은 항상 그런 것은 아니지만 더 많이 지불하려고 할 때도 있기 때문이다. 당신은 예방초점의 광고가 더 잘 작용할 때와 향상초점의 광고가 더 잘 작용할 때를 예측할 수 있는가? 결과는 다음과 같다.

- 마지막 순간의 휴가 (티켓에 얼마를 지불하고 싶은가?)
  - 예방초점의 광고 – $672
  - 향상초점의 광고 – $494
- 다가올 겨울방학 여행 (티켓에 얼마를 지불하고 싶은가?)
  - 예방초점의 광고 – $415
  - 향상초점의 광고 – $581

소비자들이 마지막 순간에 쇼핑하고 있을 때(위의 예에서 마지막 순간의 여름휴가) 그들의 목표는 손실이나 실수를 최소화시키는 것과 같은 예방초점적이라는 사실을 생각하기 전까지는 이러한 결과가 이상하게 보일 수도 있다. 이러한 상황에서는 예방초점의 광고가 가장 잘 작용하는데, 이러한 손실에 대한 두려움이 소비자들에게 효과적이기 때문이다. 이와는 달리, 소비자들이 충분히 시간을 두고 사전에 쇼핑하고 있을 때(위 예에서 다가올 겨울방학 휴가), 그들의 목표는 개인적 성장과 소망과 같은 향상초점적 목표이다. 향상초점의 광고는 욕망과 소망이 이러한 소비자에게 먹히기 때문에 이러한 상황에서 가장 잘 작용한다.

> 이 분야의 전문가인 Jennifer Aaker에 따르면, 그것은 어떻게 사람들이 한쪽에서는 희망과 낙천주의에 의해서 그리고 다른 한쪽에서는 두려움에 의해서 움직이는지에 대한 것이다.

휴가 마케터(holiday marketer)들에게 위의 결과는 명확해 보인다. 휴가철에 충분한 시간이 남아 있을 때는 긍정적(향상초점의) 메시지를 그리고 휴가철에 임박해서는 부정적(예방초점의) 메시지를 활용하라. 마지막 순간의 쇼핑객들은 경계하라!

생각해 볼 문제

1. 왜 두려움에 토대를 둔 소구는 항상 최고의 효과를 내지 못하는가?
2. 항공사들과 호텔들은 온라인 마케팅 노력에서 어떻게 의사결정 시점을 결정하고 활용할 수 있는가?
3. 촉진테마에 대한 결정에서 의사결정 시점에 대한 지식을 활용하는데 관련된 어떤 윤리적 쟁점이 있다고 생각하는가? 왜 그렇게 생각하는가?

이로 세분화할 수 있게 해준다. 특성이론들은 (1) 모든 개인들은 내부적인 특징 또는 행동성향과 관련된 특성을 갖고 있으며, (2) 이러한 특성에서 개인들 사이에 일관되고 측정가

표 10-3 개성의 5-요인 모형

핵심 특성	표현
외향성	혼자 있기 보다는 여러 사람들과 함께 있기를 좋아한다 다른 사람들과 함께 있을 때 수다스러워진다 대담하다
불안정성	시무룩하다 변덕스럽다 까다롭다
상냥함	마음이 잘 통한다 다른 사람에게 친절하다 다른 사람에게 예의바르다
경험에 대한 관대함	상상력이 풍부하다 예술을 감상할 줄 안다 참신한 해결책을 찾는다
세심함	꼼꼼하다 정확하다 능률적이다

능한 차이가 존재한다는 점을 가정하고 있다. 이 점을 분명하게 하기 위해서, 어떤 친구의 개성을 말해달라는 요청을 받았을 때 당신이 어떻게 반응할 것인지를 상상해보라. 한 친구는 공격적이고, 경쟁적이며, 외향적이라고 당신이 말할 수도 있다. 당신이 말한 것은 당신의 친구가 다양한 상황에서 오랜 기간에 걸쳐서 드러낸 행동성향 또는 **특성**이다. 대부분의 특성이론들은 **특성(traits)**은 유전으로 물려 받거나 유년기에 형성되며, 수년 동안 변하지 않는다고 한다. 개성이론들 사이의 차이점은 어떤 특성이 가장 중요한가에 집중되어 있다.

1. 다중특성 접근방법

일부 특성연구는 비교적 포괄적인 차원들의 집합으로 소비자의 전체 개성 프로파일을 검토하려고 한다. 구체적으로, 다중특성 개성이론(multitrait personality theory)은 몇 가지 특성들을 찾아냈는데, 이것들은 결합이 되어 어느 개인의 개성의 상당한 부분을 포착한다. 마케터들이 가장 보편적으로 이용하는 다중특성이론은 **5-요인 모형(5-factor model)**이다.[22] 이 이론은 유전과 어릴적 학습에 의해서 형성된 다섯 가지 기본적인 특성을 식별해냈다. 이들 핵심적인 특성들은 상호작용하며 상황들에 의해 야기된 행동에 나타난다. <표 10-3>은 5가지 특성과 이들의 표현의 일부를 나열하고 있다.

5-요인 모형은 교섭 및 불평행동[23] 그리고 강압적 구매[24]를 이해하는데 유용한 것으로 알려졌다. 여러 문화에 걸쳐서 타당성을 갖는다는 증거도 있다.[25] 이러한 다중특성 접근방법의 이점은 행동의 결정요인들에 대한 개괄적인 그림을 제공한다는 것이다. 예를 들어, 외향성의 단일차원에 초점을 맞춘 연구에서 불만족스러운 구매에 대해서 불평을 하는 사

람들이 외향적인 성향이 있다는 점을 알아냈다고 하자. 이것은 소비자불평을 다루는 사람들을 교육시키는데 어떤 통찰력을 제공하는가? 만일 그러한 사람들이 세심하다는 것을 알게 되었다면 어떤 훈련 통찰력이 덧붙여질 수 있는가? 분명한 것은, 우리가 더 많이 알수록 그 고객을 더 잘 만족시킬 수 있다는 것이다.

2. 단일 특성 접근방법

단일 특성 이론들(single-trait theories)은 특정한 일련의 행동을 이해하는데 특별히 관련된 단일 개성 특성을 강조한다. 그것들은 다른 특성이 존재하지 않거나 중요하지 않다는 것을 시사하지 않는다. 그보다는 오히려, 그것들은 우리의 논의에서 소비 관련 행동과 같이 일련의 행동에 적합한 단일 특성을 연구한다. 그러한 소비자 특성 3가지를 살펴 볼 것이다. 동기와 개성 사이의 강한 상호관련성을 인정한다면, 개성특성이 동기의 측면들을 밖으로 드러내준다는 점이 결코 이상하지 않다는 것을 강조한다.[26] 욕구라는 명칭을 갖는 특성들이 이러한 동기적 기반을 반영하곤 한다.

소비자 민족중심주의(Consumer Ethnocentrism) **소비자 민족중심주의**는 외국제품의 구매에 반대하는 쪽으로 기울어진 소비자들의 성향에서 개인차이를 반영한다.[27] 민족중심주의가 낮은 소비자들은 다른 문화에 더 개방적이고, 덜 보수적이고, 외국산 제품을 사는 것에 더 개방적인 경향이 있다. 민족중심주의가 높은 소비자들은 다른 문화에 덜 개방적이고, 더 보수적이며, 국내산을 위해서 외국산 제품을 물리칠 가능성이 더 크다. 이에 따라, Lexington 가구는 Bob Timberlake 라인이 미국산이라는 점을 소매점 및 소비자들에게 적극적으로 촉진함으로써 친미 감정을 파고들고 있다.[28] 소비자 민족중심주의는 세계적인 현상으로, 다른 나라에서 활동하는 미국 브랜드에 대한 지각에 영향을 미치기도 한다.[29]

인지욕구(Need for Cognition: NFC) **인지욕구**는 생각에 잠기고 그리고 생각하는 것을 즐기는 소비자들의 성향에서 개인차이를 반영한다.[30] 인지욕구가 낮은 사람들에 비해서 인지욕구가 높은 사람들이 설득커뮤니케이션을 더 많은 노력을 들여 처리하며, 시각적 정보보다 언어적 정보를 선호하고, 다른 사람들의 의견에 덜 흔들린다. 인지욕구는 마케팅 커뮤니케이션에 분명한 시사점을 갖는다. 또한, 인지욕구를 성별(예: 여성이 일반적으로 인지욕구가 더 높다)과 같은 인구통계적 특성과 연결시키는 연구들은 매체의 표적화에서 개성을 더 실행가능하게 만들어주는데 도움이 된다.[31]

소비자들의 독특성 욕구(Consumers' Need for Uniqueness) 소비자들의 독특성 욕구는 소비재의 획득, 활용 및 처분을 통해서 다른 사람들과의 차별성을 추구하려는 소비자들의 성향에서 개인차이를 반영한다.[32] 이는 소비자들의 소유와 가치, 소유 이유, 사용 방법에 영향을 미친다. 이 개념은 어떤 품목의 예측된 수요보다 더 적게 생산하는 고의적인 희소성이라는 점점 일반화되고 있는 마케팅관행과 부합된다. 이러한 전략은 그 제품의 독특성을 유지하는데 도움이 되며 그것을 소유한 사람들의 독특성과 지위를 향상시켜준다.

10.4 마케팅실무에서 개성의 활용

LO4

소비자들은 자신들의 개성에 어울리는 제품을 선택하는 경우가 많다. 예를 들어, 소심한 사람은 자신에게 어울리지 않는다고 생각하기 때문에 화려한 승용차를 경계할 수도 있다. 다른 경우에 소비자들은 자신이 취약하다고 생각하는 개성영역을 보강하기 위해서 제품을 사용한다. 그래서 더 많은 자신감을 느끼고 싶어하는 소심한 소비자가 강력하고 화려한 스포츠카를 운전할 수도 있다. 분명한 것은, 제품과 브랜드가 소비자들이 자신들의 개성을 표현하는데 도움이 된다.

브랜드이미지는 사람들이 브랜드명을 보거나 들었을 때 그들이 생각하고 느끼는 것이다 (제9장 참조). 어떤 브랜드가 획득한 특별한 유형의 이미지가 브랜드 개성이다. **브랜드 개성(brand personality)은** 어떤 브랜드에 연상이 되는 일련의 인간 특성이다. 소비자들은 <그림 10-2>에 있는 여러 가지 측면들과 연결되는 다섯 가지 기본적인 차원을 이용하여 브랜드 개성을 지각한다. 브랜드 개성을 측정하기 위한 척도가 미국에서 개발되어 러시아와 칠레 같은 나라에서도 번역되었다.[33]

학자들은 브랜드개성에 대해서 다음의 결론을 도출하였다:[34]

- 소비자들은 브랜드에 쉽게 인간 특성을 부여한다.
- 브랜드 개성은 핵심적인 브랜드 특징에 대해서 기대를 갖게 한다.
- 브랜드 개성은 그 브랜드와의 장기적인 관계의 토대가 되곤 한다.

그리 놀랄 일은 아니지만 마케터들은 구매에 영향을 미칠 수 있는 힘을 인정해서 브랜드 개성에 점점 더 많은 주의를 기울이고 있다. 핵심적인 고객집단을 표적으로 만들기 위해서 브랜드 개성을 향상시키려고 노력하고 있는 기업들로는 Jaguar, Reebok 및 Sprite를 들 수 있다. Jaguar는 덜 "초연해지기" 위해서 노력하고 있으며, Reebok은 "최신 유행이고 진취적"이 되길 바라며, Sprite는 "청소년들과 더 잘 통하는 문화"를 갖고 싶어 한다.[35]

고객관계에 영향을 미칠 수 있는 브랜드 개성의 능력은 극히 중요하며 한 연구가 핵심적인 통찰력을 제공해 주고 있다. 구체적으로, "성실한(sincere)" 브랜드들과의 고객 관계는 "우정"의 궤도를 따라서 시간이 흐를수록 심화되는 것으로 알려졌다. 이와는 달리, "자극적인" 브랜드들과의 고객관계는 "일시적인 즐기기"의 궤도를 따라서 시간이 흐를수록 약화되는 것으로 알려졌다. 그러나 성실한 브랜드들의 이러한 우위는 그 브랜드가 고품질을 지속적으로 제공해야 한다는 것을 필요로 하고 있다.[36]

비영리 조직도 브랜드 개성을 이해하고 관리함으로써 이득을 얻을 수 있다. 비영리 조직(영리조직과 대비되는)은 일반적으로 더 훈훈하지만 능력은 떨어진다는 점을 한 연구가 보여주고 있다. 따뜻함은 <그림 10-2>의 성실함 차원과 관련된다. <그림 10-2>에 나타난 바와 같이 유능함은 신뢰성 및 유효성과 관련된다. 소비자는 그 조직의 의도를 좋게 받아들임에도 불구하고 능력이 부족하다고 생각해서 그 조직에서 구입하려고(기부하려고) 하지 않는다. 그러나 믿을만한 근거의 지지같은, 신빙성을 향상시켜주는 단서들이 이러한 간격을 메워서 비영리조직에 대한 구매/기부 의도를 증대시킬 수 있다.[37]

브랜드 개성의 차원 그림 10-2

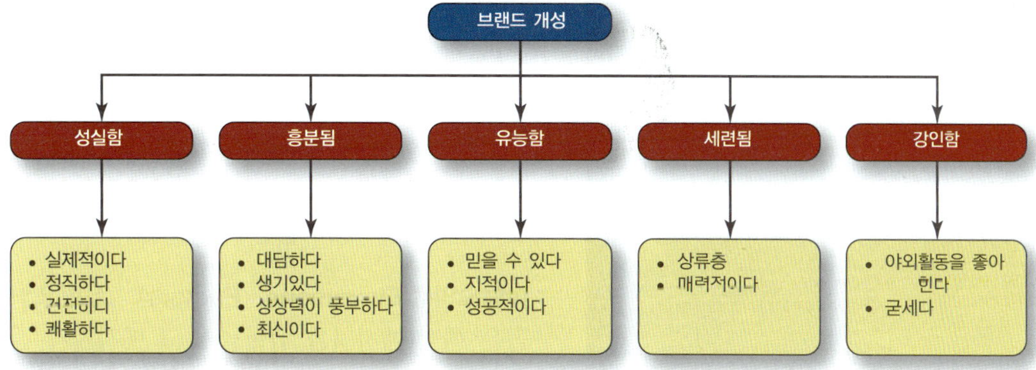

1. 브랜드 개성의 커뮤니케이션

브랜드 개성이 특정 세분시장을 표적으로 삼는 한 방법으로 작용하기 때문에, 마케터들은 브랜드 개성을 관리하고 전달할 필요가 있다. 프랑스의 화장품기업인 Bourjois는 독특한 개성을 전달해주는 유일한 메이크업 세트를 만들어 냈다. 그들은 포장에 여러가지 개성속성들을 갖는 다양한 칵테일, 휴가 목적지 그리고 패션문장을 사용하였다. 예를 들어, 한 세트는 Martini와 Fabulous Flirtini 라는 이름을 사용하였다. 브랜딩 기업인 Dragon Rouge에 따르면 이 전략은 다음과 같다.

> 가능한 한 많은 소비자들을 붙잡기 위해서 동일 테마를 갖는 몇 가지 다른 컬러 스토리를 제공하고, 다양한 소비자들과 연결시키기 위해서 다양한 개성을 전달하고 있다. 동시에, 이 (메이크업)세트는 풍부한 컬러, 삶의 기쁨, 별난 생각, 생기가 넘치는 그리고 재미있는 등 부르조아(Bourjois)의 핵심 속성들을 반영하고 있다.[38]

수많은 요소들이 브랜드 개성을 전달하는데 사용될 수 있다. 세 가지 중요한 광고전술은 유명인 권장자, 사용자 심상, 실행요인들이다.[39]

유명인 권장자(Celebrity Endorsers) 유명인 권장자들은 유명인의 특성과 의미가 브랜드에 전이될 수 있기 때문에 브랜드를 의인화시키는 유용한 방법이 되곤 한다. 그 예는 다음과 같다.[40]

- Nike와 Serena Williams – 예리하고 개인주의적인 브랜드
- Revlon과 Halle Berry – 섹시하고 자신만만한 브랜드

사용자 심상(User Imagery) 사용자 심상은 전형적인 사용자들과 그들이 브랜드를 사용하면서 수행하는 활동들에 대한 이미지를 함께 보여주는 것을 수반한다. 사용자 심상은 특성, 활동 및 정서를 이용해서 전형적인 사용자들이 어떤 사람인지를 규정하는데 도움을

사진 10-7

마케터들이 원하든 원하지 않든 간에 사람들은 브랜드에 개성을 부여한다. 이에 따라 마케터들은 자기 제품의 개성을 관리하는데 점점 더 관심을 갖는다.

준다. 활동의 정서와 분위기가 브랜드에 전이될 수 있다. 그 예는 다음과 같다.[41]

- Mountain Dew – 재미있고 신나는 활동을 수행하는 젊고 의욕적인 사용자들을 묘사한다.
- Hush Puppies – 숲이 우거진 배경에 있는 최신유행을 좇는 젊은 사람들을 묘사한다.

실행요인들(Executional Factors) 실행요인들은 핵심 메시지를 뛰어넘어 그 메시지가 전달되는 방법과 관련된다. 광고물의 "톤"(엄숙한 대 기이한), 사용된 소구(공포 대 유머), 로고와 서체 특성(스크립트 글자체는 세련미를 전달해줄 수 있다), 광고물의 템포 그리고 매체까지도 브랜드의 개성을 전달해줄 수 있다. 그 예는 다음과 같다.[42]

- **Tone** – 캐나다의 Listerine은 쾌활하고 강력한 이미지를 가질 수 있는 방법을 찾고 있어서, 널리 보급된 영화에 출연한 액션 배우를 활용하였다. Listerine은 "시대에 뒤지고 엄숙한 이미지"에서 "강력하고 감명적인 이미지"로 변신하였다.
- **매체** – Hush Puppies는 보다 최신 유행의 멋진 패션감각의 개성을 확립하기 위해서 W 및 InStyle과 같은 패션잡지에 광고를 실었다.
- **템포** – 캐나다의 Molson은 "활기차고, 모험적이며, 약간 장난기가 있는" 개성을 원했다. 그래서 "전개가 빠르고 성적으로 흥분된 파티장면"으로 흥겨운 라틴음악이 강조된 TV 광고를 제작하였다.
- **로고** – Reebok은 자신의 브랜드를 젊고 최신 유행을 좇는 이미지로 북돋기를 원했다. 그래서 이 기업은 새로운 "Rbk" 로고를 만들었다. 한 임원에 따르면, 짧은 코드를 창출함으로써 청년문화가 구습에 얽매이지 않고 그 브랜드를 다시 보기를 허락한 것이다.

<사진 10-7>의 광고에 의해서 어떤 유형의 브랜드 개성이 창출되는가? 어떤 광고요소가 사용되고 있는가?

10.5 정서

정서(emotion)는 행동에 영향을 미치는 강하고 비교적 통제되지 않는 느낌(feeling)이다.[43] LO5 정서는 욕구, 동기 및 개성과 밀접하게 연결되어 있다. 미충족 욕구는 동기를 창출하며 동기는 정서의 각성 구성요소와 연결된다. 미충족 욕구는 일반적으로 부정적인 정서를 낳으며, 충족된 욕구는 일반적으로 긍정적인 정서를 가져다준다. 이에 따라, 긍정적인 소비정서를 생성시키는 제품과 브랜드는 소비자만족과 애호도를 증가시킨다.[44] 개성도 일정한 역할을 수행한다. 예를 들어, 어떤 사람들은 다른 사람들보다 더 감성적인데, 이러한 소비자 특성을 **감정강도**(affect intensity)라고 한다. 감정강도가 높은 소비자들은 더 강렬한 정서를 경험하고 감성적 소구에 의해서 더 영향을 받는다.[45]

모든 정서적 경험은 몇 가지 공통적인 요소들을 갖고 있다. 첫째, 정서는 소비자 주변의 사건들(enviromental event)에 의해서 불러일으켜지곤 한다(예: 어떤 광고를 보는 것, 욕구를 충족시켜주는 제품을 소비하는 것). 그러나 정서는 심상과 같은 내부적인 과정에 의해서 시작될 수도 있다. 이미 살펴본 바와 같이, 광고주들은 특정 정서적 반응을 불러일으키기 위해서 심상을 자주 사용한다.

둘째, 정서는 (1) 동공확장, (2) 땀의 분비, (3) 빨라진 호흡, (4) 심장박동과 혈압의 상승, (5) 혈당의 증가 등과 같은 **생리적 변화**를 수반한다. 셋째, 반드시 그런 것은 아니지만, 정서는 일반적으로 **인지적 사고**를 수반한다.[46] 사고의 유형과 이성적으로 생각할 수 있는 능력은 정서의 유형과 정도에 따라 달라진다.[47]

넷째, 정서는 관련된 행동을 수반한다. 행동은 사람에 따라 그리고 같은 사람도 시간과 상황에 따라 달라지는 반면, 여러 가지 정서들과 특징적으로 연합된 독특한 행동이 있다. 공포는 도망가는(회피) 반응을 불러일으키며, 노여움은 때리려고 덤비는(접근) 반응을 불러일으키고, 슬픔은 우는 반응 등을 불러일으킨다.[48]

끝으로, 정서는 **주관적인 느낌**을 포함한다. 사실, 우리가 정서에 관심을 보일 때 일반적으로 지칭하는 것은 정서 구성요소이다. 슬픔, 기쁨, 노여움 및 두려움은 매우 다르게 느껴진다. 이들 주관적으로 결정된 느낌이 정서의 핵심이다. 이들 느낌들은 슬픔 또는 행복과 같이 정서라고 이름 붙인 특정 구성요소를 갖는다. 또한 정서는 호 · 불호의 평가적인 요소를 가지고 있다.

정서는 식별할 수 있는 특정 느낌을 지칭하는 것으로, **감정**(affect)은 특정 느낌의 좋아하거나 싫어하는 측면을 지칭하는 것으로 사용한다. 정서는 일반적으로 개인들에 따라 그리고 한 개인 내에서는 시간 흐름에 관계없이 일관된 방식으로 평가되지만, 문화, 개인, 상황에 따라 변하기도 한다.[49] 예를 들어, 슬프거나 두려워하고 싫어하는 사람은 거의 없지만, 때때로 사람들은 무섭게 하거나 슬프게 하는 영화나 서적을 즐긴다.

<그림 10-3>은 정서의 본질에 대한 현재의 사고를 반영하고 있다.

그림 10-3 정서의 특성

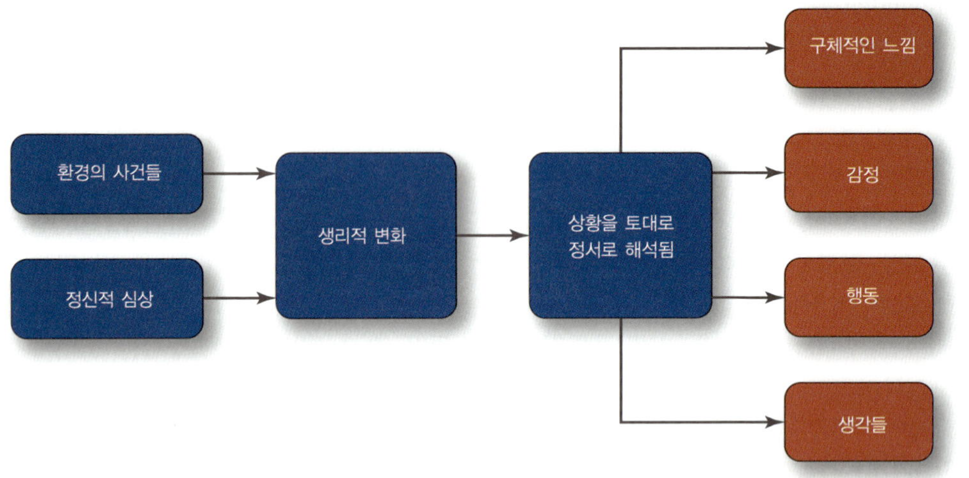

1. 정서의 유형

만일 당신이 요청받을 경우, 의문의 여지없이 당신은 수 없이 많은 정서들을 들 수 있다. 이렇게, 학자들이 정서들을 관리할 수 있는 군집으로 분류하려고 시도해 온 것은 놀라운 일이 아니다. 일부 학자들은 쾌감(pleasure), 각성(arousal) 및 지배(dominance)의 세 가지 기본적인 차원들이 모든 정서의 기초가 된다고 제안해 왔다. 특정 정서는 이들 세 가지 차원의 다양한 결합과 수준을 반영한다. <표 10-4>는 3가지 주요 PAD 차원들, 각 차원에 연관된 다양한 정서들 내지 정서적 범주들 그리고 각 차원을 측정하는데 사용될 수 있는 지표나 항목들을 나열하고 있다.

10.6 정서와 마케팅전략

LO6

정서는 제품, 소매, 소비자대응 및 광고에 관련된 광범위한 마케팅상황에서 일정한 역할을 수행한다. 우리는 다음 절에서 이들 각각을 검토할 것이다.

1. 제품과 소매 편익으로서 정서의 각성

정서들은 긍정적 또는 부정적 평가라는 특징을 갖는다. 소비자들은 일차적 또는 이차적 편익이 정서적으로 각성된 제품들을 능동적으로 찾는다.[50] 영화, 서적 및 음악이 명백한 예이며[51] Las Vegas와 같은 휴양 목적지와 모험적인 여행 프로그램도 마찬가지이다. 브랜드에 대한 소비자 정서와 흥분을 유발시키도록 설계된 최근의 광고물로는 럼(rum)주의 "Shake up your night," Pontiac G6의 "Move like a shaker," 그리고 Chevrolet의 "An American Revolution"을 들 수 있다. 제품과 브랜드 이외에도, 소매점들은 또한 흥분과 같은 자극을 일으키는 이벤트와 환경을 활용하고 있다. 예를 들어, 아바타를 이용하는 웹사

정서의 차원들, 정서들 및 정서의 지표들  표

차원	정서	지표/느낌
쾌감	의무	도덕적, 고결한, 공손한
	신념	경건한, 숭배하는, 신성한
	긍지	당당한, 우월한, 유덕한
	애정	사랑하는, 다정한, 친한
	순결	순결한, 순수한, 결백한
	감사	고마운, 감사한, 감사하는
	평온	평온한, 고요한, 편안한, 진정된
	욕망	열망하는, 원하는, 갈망하는, 희망하는
	기쁨	기쁜, 즐거운, 기뻐하는, 만족하는
	능력	자신만만한, 장악하는, 유능한
각성	관심	세심한, 호기심 있는
	활성화 감퇴	지루한, 냉담한, 나태한
	활성화	환기된, 활동적인, 흥분한
	놀람	놀란, 괴로운, 깜짝 놀란
	기시감	감명받지 않은, 알려지지 않은, 흥분되지 않은
	연루	연루된, 박식한, 교화된, 이로운
	방심	산란한, 선취된, 태만한
	격동	쾌활한, 재미있는, 명랑한
	경멸	비웃는, 모욕적인, 무시하는
지배	갈등	긴박한, 실망한, 모순되는
	죄책감	떳떳하지 못한, 양심의 가책을 받는, 유감스러운
	무력감	무능한, 난감한, 위압되는
	슬픔	슬픈, 지친, 비탄에 잠긴, 낙담한
	두려움	무서운, 걱정이 되는, 불안한
	수치	부끄러운, 난처한, 창피스러운
	노여움	화난, 동요한, 격분한, 골난
	과도활성화	공황에 빠진, 당황한, 과분한
	혐오	싫증난, 불쾌한, 괴로운, 싫어하는
	회의	회의적인, 미심쩍은, 믿기지 않은

Source: Adapted from M. B. Holbrook and R. Batra, "Assessing the Role of Emotions on Consumer Responses to Advertising," *Journal of Consumer Research,* December 1987, pp. 404–20. Copyright © 1987 by the University of Chicago. Used by permission.

이트들이 더 사교적인 것으로 지각되는데, 이는 쾌감, 각성, 지각된 쾌락적 가치 및 구매 의도를 향상시켜 준다.[52]

관계마케팅의 관점에서 점점 더 주의를 끌고 있는 특정 정서는 **감사(gratitude)**이다. 소비자 상황에서의 감사는 받은 이득에 대해서 정서적으로 고마워하는 것이다. 기업들은 시간, 노력, 특정 고객에 특유한 설비에 대한 투자 등 여러 가지 방식으로 관계개선에 투자할 수 있다. 기업 쪽에서의 이러한 관계마케팅 노력은 다음과 같은 결과들을 가져다 준다는 점이 연구에서 밝혀졌다.

- 소비자 감사의 증가
- 기업에 대한 소비자 신뢰의 증가
- 고객구매의 증가
- 감사 기반의 호혜적 행동들의 증가

감사 기반의 호혜적 행동은 (a) 관계마케팅 노력에 대한 감사에 토대를 두고 제품을 구입하는 것, (b) 그들에게 신세를 졌다는 감정으로 그 기업에게 더 많은 비즈니스를 부여하는 것, (c) 그들의 사전 마케팅노력에 대한 보상(payback)으로 그 기업에서 더 다양한 제품을 구입하는 것 그리고 긍정적인 구전을 포함한다. 감사는 강력한 정서인 것으로 밝혀졌다. 감사는 소비자들로 하여금 더 많은 매출과 긍정적인 구전을 가져오는 방식으로 그들의 관계마케팅노력에 보답하고 싶어하게 한다.[53]

정서를 추구하더라도, 슬픈 영화를 즐기는 것에서 보듯이 항상 긍정적인 정서만을 추구하는 것은 아니다. 또한, 제품은 사용하기 어려운 하이테크 제품에서 우리가 느끼는 좌절감 및 노여움과 같은 부정적 정서를 불러일으킬 수도 있다.[54]

2. 제품과 소매 편익으로서 정서의 감소

슬픔, 무력감, 굴욕감 또는 혐오감을 느끼는 것을 좋아하는 사람은 거의 없다. 이에 대한 반응으로 마케터들은 불쾌한 정서의 각성을 예방하거나 진정시켜주는 제품을 설계하고 그러한 포지션을 심으려고 한다. 이러한 제품의 가장 명백한 예로는 불안감과 우울증을 치료해주는 다양한 일반약품이다. 술과 안주는 건강에 해로움에도 불구하고 스트레스를 완화시키기 위해서 소비된다. 체중감량 제품과 다른 자아개선 제품들은 주로 죄책감, 무력감, 수치심 또는 혐오감을 완화시켜주는 편익을 이용하여 포지션 되는 경우가 많다. 개인적인 치장 제품들은 주요 편익으로 불안감 해소를 강조하곤 한다. 자선단체들은 기부의 이유로 흔히 죄책감 완화나 회피를 강조한다.[55]

3. 제품과 서비스 대면에서 소비자 대처

소비자들은 여러 가지 마케팅상황에서 경험하게 되는 부정적 정서에 대처해야 한다. **대처(coping)**는 스트레스를 해소하고 더 바람직한 긍정적 정서를 획득할 수 있게 설계된 것으로, 스트레스 유발 상황에 대한 반응으로 나타나는 소비자들의 생각과 행동을 포함한다.[56] 회피는 평범한 메커니즘이다. 예를 들어, 어떤 결정이 강렬한 부정적 정서를 일으키는 상반관계를 포함하고 있을 때(예: 가격 대 안전성), 소비자들은 결정하는 것을 회피하려고 구매를 지연시키곤 한다.[57] 소매 상황에서, 불쾌한 기분인 소비자들은 행복하게 여겨지는 영업사원들을 회피함으로써 대처하려고 한다. 그러나 그들이 행복하게 여겨지는 영업사원들과 거래를 하도록 강요를 받는다면 그들의 기분은 더 악화되며, 이는 영업사원의 효과성을 떨어뜨리게 된다.[58] 이것은 서비스직원과 관련된 훈련과 마케팅의 어떤 측면을 시사하고 있는가?

대처 전략의 유형분류 중의 하나는 좋지 않은 고객서비스나 제품실패와 같이 스트레스를 주는 사건에서 생긴 부정적 정서에 대한 반응들을 세 가지 형태로 분류한다. 세 가지 형태는 다음과 같다.[59]

- 능동적 대처 – 문제를 해결하는 방법에 대해서 생각하며, 경솔한 행동을 피하기 위해서 자제하고, 그 상황에서 최대한 잘하려고 한다.
- 표출적인 지원의 추구 – 정서를 분출하고 다른 사람들로부터 정서적 및 문제에 초점을

둔 지원을 얻으려고 한다.

- 회피–정신적으로 또는 물리적으로 그 소매점을 회피하고 그 사건에 대한 완벽한 극기를 실행한다.

각 전략은 긍정적 및 부정적인 마케팅 결과를 가질 수 있다. 능동적 대처는 그 상황을 해결하기 위해서 그 기업과 협력하거나 그 기업에 완전히 등을 돌리는 것을 포함할 수도 있다. 마찬가지로, 소비자들은 기업에 자신의 감정을 드러낼 수도 있는데(표출적인 지원의 추구), 이것은 기업에게 바람직하다. 또는 그들은 친구들에게 자신의 감정을 드러낼 수도 있는데(부정적 구전), 이것은 기업에게 손해를 입히게 된다. 끝으로, 극기(회피)는 고객을 유지시켜 줄 수도 있지만, 그 소매점의 물리적 회피는 매출손실에 이어지게 된다. 스트레스 요인을 줄이는 소매 및 서비스시설의 주도면밀한 설계뿐만 아니라 제품과 서비스 실패를 다루는 서비스 직원의 적절한 훈련이 매우 중요하다.

스트레스를 많이 받는 상황에 효과적으로 대처할 수 있는 소비자의 능력은 **소비자의 정서적 지능(consumer emotional intelligence)**이라는 개념과 연결된다. 소비자의 정서적 지능은 바람직한 성과를 성취하기 위해서 정서적 정보를 능숙하게 활용할 수 있는 개인의 능력으로 정의된다. 이것은 개성특성이 아니라 능력변수이다. 정서적 지능이 높은 소비자들은 정서적 정보를 지각하고, 조성하고, 이해하고 그리고 관리하는 것을 더 잘 한다. 예를 들어 높은 정서적 지능을 가진 소비자들은 자신들에게 바람직한 해결책을 획득하기 위해서 서비스 실패에 대한 노여운 감정을 어떻게 전달해야 하는지를 보다 잘 이해할 수도 있다.[60] 그러한 느낌을 직질하게 전달하지 못하게 되면 분노 에피소드(rage episodes)에 빠질 수 있는데, 이것은 미국에서 증가 일로에 있는 것 같다. 이에 대한 반응에서 기업들은 무엇 때문에 분노 에피소드가 발생하는지를 이해하고 (a) 이의 발생가능성을 최소화할 수 있도록 행동할 수 있고 (b) 실제로 발생했을 때 그러한 분노 에피소드를 효과적이고 안전하게 다룰 수 있도록 종업원들을 교육할 필요가 있다.[61]

4. 광고에서의 정서

정서적 각성은 브랜드의 성능과 구체적으로 관련되는가에 상관없이 광고에서 사용되곤 한다. 다음과 같은 최근의 헤드라인을 생각해보자.

- Under Amour는 노골적인 정서를 자극한다.
- TV에 재등장하면서 정서를 이용한 남성용 Kleenex
- 세제 광고에서 성능주장을 대체한 정서적 소구

<사진 10-8>은 광고에 대한 주의를 끌고 브랜드의 포지션을 심기 위해서 정서를 효과적으로 활용한 예를 제공해준다.

정서는 광고에서 다양한 역할을 수행할 수 있다. 광고물의 정서적 내용은 주의, 유인 및 유지 역량을 향상시켜준다. 기쁨, 온정 및 불안감이라는 정서적 반응[62]을 불러일으키는 광고

사진 10-8

정서적 소구는 브랜드 이미지를 개발에 강력한 역할을 할 수 있다.

메시지는 중립적인 광고보다 주의를 끌 가능성이 더 크다. 제8장에서 살펴보았던 바와 같이, 주의는 지각적 과정에서 매우 중요한 초기 단계이다.

정서는 고조된 생리적 각성상태라는 특징을 갖는다. 각성이 되면 사람들은 경계심이 높아지고 능동적이게 된다. 이와 같이 고조된 각성수준이 주어지면, 정서적 메시지는 중립적인 메시지보다 더 철저하게 처리될 수도 있다. 정서적 상태에 대한 반응으로 더 많은 노력과 증가된 정교화 활동이 발생할 수도 있다.[63] 이처럼 주의가 더 기울여지고 더 처리됨에 따라 정서적 광고는 중립적인 광고보다 잘 기억될 수도 있다.[64]

긍정적으로 평가된 정서를 불러일으키는 광고물은 광고물 그 자체에 대한 호감을 향상시킬 것이다.[65] 예를 들어, 온정은 긍정적으로 평가된 정서로, 사랑, 가족 또는 친구 관계를 직접적으로 또는 간접적으로 경험함으로써 촉발된다. 소비자들은 온정이 높은 광고는 중립적인 광고보다 더 좋아하게 된다. 광고물을 좋아하는 것은 제품을 좋아하는 것과 구매의도에 긍정적인 영향을 미친다.[66] 짐작할 수 있는 바와 같이, 소비자를 화나게 하거나 싫증나게 하는 광고물은 광고된 브랜드에 부정적인 반응을 창출할 수 있다.[67]

긍정적인 정서를 일으키는 광고물에의 반복적인 노출은 고전적 조건형성을 통해서 브랜드 선호도를 향상시킬 수도 있다.[68] 긍정적인 정서(무조건적 반응)와 브랜드명(조건 자극)의 반복적으로 짝지움으로써 브랜드명이 주어졌을 때 긍정적인 정서가 발생하게 될 수 있다. 브랜드 선호도도 직접적인, 고관여 방식으로 발생할 수도 있다. 어떤 정서적 광고물에 한 번 이상 노출된 사람은 자신이 그 제품을 좋아한다고 판단할 수 있다. 이는 고전적 조건형성이 암시하는 것보다 훨씬 더 의식적인 과정이다. 그러한 과정은 실용적 제품보다는 높은 수준의 정서적 가치를 내포한 쾌락적 제품에서 발생할 가능성이 더 크다. 쾌락적 제품에 대해서, 광고물이 불러 일으킨 정서는 제품평가의 토대가 되는 관련된 정보 단서가 된다.[69]

정서적 소구를 이용하는 광고가 꾸준히 인기를 끌고 있다. 예를 들어, Zippo는 라이터에 대한 정서 기반의 캠페인을 시작하였다. 그 캠페인은 8개의 인쇄광고물을 이용하였는데, 각 광고물은 조각된 라이터의 그림과 "참 사랑은 일회용처럼 버려지는 것이 아니다" 는 담백한 헤드라인을 갖고 있다. 한 대변인은 이 캠페인에 대해서 다음과 같이 언급하였다. "우리는 인간적이고 정서적 애착을 만들려고 하였다."[70] <사진 10-9>는 어떻게 Geico가 향수를 이용해서 정서를 자극하는지를 보여주고 있다.

사진 10-9

정서적 소구들은 주의를 끌고 광고메시지의 보유를 향상시킬 수 있다. 이것들은 브랜드를 의인화하고 감정과 브랜드를 연합시켜준다

요약

1. 동기를 정의하고 Maslow 및 McGuire가 제안한 동기집합을 요약한다.

소비자 동기는 행동을 활성화시켜주는 활력적인 힘이며, 그 행동에 표적과 방향을 제공해준다. 수많은 동기 이론들이 있다. Maslow의 욕구 계층은 더 상위 동기가 활성화되기 전에 기본적인 동기들이 최소한으로 충족되어야 한다고 주장한다. 이 이론은 5수준의 동기를 제안한다. 생리적, 안전, 소속, 존경 및 자아실현.

McGuire는 더 자세한 동기들의 집합을 개발하였다. 즉, 일관성, 귀인, 범주화, 객관화, 자율, 흥분, 합목적, 효용, 긴장완화, 표현, 자아방어, 강화, 주장, 귀속관계, 동일시 및 모방에 대한 욕구.

2. 소비자행동과 마케팅에서 동기의 역할을 논의한다.

소비자들은 자신들의 행동의 원인이 되는 동기를 알고 있으면서 인정하는 경우도 있다. 이러한 동기들은 직접적인 질문과 같은 표준적인 마케팅 조사기법에 의해서 찾아낼 수 있다. 다른 경우에는 소비자들이 자신들에게 영향을 미치고 있는 동기들을 알지 못하고 인정하려고 하지 않는다. 이러한 동기들이 **잠재적 동기**이다. 이러한 동기는 단어연상법, 문장완성법, 그림반응(부록 표 A-1 참조)과 같은 동기조사기법에 의해서 파악할 수 있다. 직접적인 광고소구가 이용될 수도 있을지라도, 간접적인 소구가 필요한 경우도 있다. 드러난 동기와 잠재적 동기 모두가 많은 구매상황에서 작용하고 있다.

관여는 제품, 브랜드 또는 광고물이 관련되거나 관심이 있는 것이라는 소비자 지각에 의해서 생긴 동기적 상태이다. 관여를 조형화 하는데 소비자 욕구는 강력한 역할을 하며 마케터들은 표적 청중들이 드러낸 관여의 수준(고관여 대 저관여)과 유형(지속적 대 상황적 관여)에 따라 자신들의 전략을 조정해야 한다.

다양한 동기들과 소비자들이 직면하는 여러가지 상황으로 인해서 동기갈등이 발생할 수 있다. **접근-접근 갈등**에서 소비자는 2개의 매력적인 대안들 사이의 선택에 직면하게 된다. **접근-회피 갈등**에서 소비자는 특정 제품의 구매에서 긍정적 및 부정적 결과 모두에 직면하게 된다. 그리고 끝으로 **회피-회피 갈등**에서 소비자는 2개의 바람직하지 않은 대안에 직면하게 된다.

조절초점 이론은 향상초점 또는 예방초점 동기들이 가장 특출하게 되느냐에 따라 소비자들이 다르게 반응을 한다는 점을 암시한다. 향상 초점 동기가 특출할 때, 소비자들은 긍정적인 결과를 얻으려고 하며, 더 추상적인 관점에서 생각하고, 감성과 정서에 더 비중을 두고 결정하며, 자신들의 의사결정에서 정확성보다는 속도를 선호한다. 예방초점 동기들이 더 특출할 때, 소비자들은 부정적인 결과를 회피하려 하며, 더 구체적인 관점에서 생각하고, 사실의 실체적 정보에 더 비중을 두고 결정하며, 자신들의 결정에서 속도보다는 정확성을 선호한다. 어떤 동기집합이 더 현저해지는가는 개인적 및 상황적 요인들에 의해서 좌우되며 여러가지 마케팅 시사점을 갖고 있다.

3. 개성을 정의하고 개성의 여러가지 이론들을 살펴본다.

소비자의 **개성**은 여러가지 상황에서 목적을 성취하기 위해서 선택한 행동에 지침을 제공하고 방향을 이끌어준다. 개성의 특성 이론들은 (1) 모든 개인들은 행위성향에 관련된 내부적 특징 내지 특성을 갖고 있으며, (2) 이러한 특성에서 개인들 사이에는 일관되고 측정가능한 차이가 존재함을 가정하고 있다. 이 이론들의 대부분은 특성이 유년기에 형성되며 수년에 걸쳐서 비교적 변하지 않는다고 가정하고 있다.

다중특성 이론들은 개성속성들의 집합을 이용해서 소비자의 전체 개성의 커다란 부분을 포착하려고 한다. 개성의 5요인 모형은 가장 광범위하게 사용되는 다중특성 접근방법이다. 단일 특성 이론들은 소비자행동의 제한된 부분을 이해하려는 시도에서 개성의 한 측면에 초점을 맞추고 있다. 소비자행동에 특별하게 관련된 다양한 특성으로는 민족중심주의, 인지욕구, 독특성 욕구 등이 있다.

4. 브랜드개성이 마케팅전략 개발에 어떻게 활용되는지를 논의한다.

개인들과 마찬가지로, 브랜드도 개성을 가지며, 소비자들은 자신들을 즐겁게 해주는 브랜드 개성을 갖는 제품을 선호하는 경향이 있다. 소비자들은 자신들이나 바람직한 개성을 묘사한 광고메시지를 더 선호한다. 브랜드 개성은 여러 가지 방법으로 전달될 수 있는데, 유명인 권장자, 사용자 심상 그리고 톤이나 템포와 같은 광고실행요인들이 많이 이용된다.

5. 정서를 정의하고 정서의 주요 차원들을 살펴본다.

정서는 우리 행동에 영향을 미치는 강렬하고 비교적 통제되지 않는 느낌이다. 환경의 사건들과 우리의 정신적 과정들이 증가된 심장박동과 같은 생리적 변화를 일으켰을 때 정서가 발생한다. 이러한 변화들은 상황에서 생겨난 특정 정서로 해석된다. 이것들은 소비자들의 생각과 행동에 영향을 미친다. 정서의 주요 차원은 쾌락, 각성 및 지배이다. 이들 주요 차원의 각각은 특정 정서 및 이에 관련된 느낌을 갖는다.

6. 정서가 마케팅전략을 개발하는데서 어떻게 활용되는지를 논의한다.

마케터들은 정서를 일으키고 완화시키도록 제품을 설계하고 포지션을 심는다. 또한, 소비자들은 서비스 및 제품 실패와 같이 스트레스를 주는 마케팅상황에 대처해야 한다. 다양한 대처메커니즘은 여러 가지 요인에 의해 기업에 도움이 되기도 하고 해가 되기도 하기 때문에 마케터들은 실패에 대한 자신들의 반응을 고려해야 할 뿐만 아니라 소비자들의 스트레스 요인을 줄일 수 있도록 서비스상황을 설계해야 한다. 광고물은 고전적 조건화나 직접적인 평가를 통해서 주의, 처리의 정도, 기억 및 브랜드선호도를 증가시키기 위해서 정서를 일으키는 소재를 담고 있다.

주요 용어

접근-접근 갈등(Approach-approach conflict)
접근-회피 갈등(Approach-avoidance conflict)
회피-회피 갈등(Avoidance-avoidance conflict)
귀인 이론(Attribution theory)
편익 사슬(Benefit chain)
브랜드 개성(Brand personality)
소비자 민족중심주의(Consumer ethnocentrism)
대처(Coping)
수요(Demand)
정서(Emotion)
5-요인 모형(Five-Factor Model)
관여(Involvement)
사다리 기법(Laddering)
잠재적 동기(Latent motives)
드러난 동기(Manifest motives)
Maslow의 욕구 계층(Maslow's hierarchy of needs)
수단-목적 사슬(Means-end chain)
동기(Motivation)
개성(Personality)
예방초점 동기(Prevention-focused motives)
투사법(Projective techniques)
향상초점 동기(Promotion-focused motives)
소설초점 이론(Regulatory focus theory)

참고 문헌

1. This insight is based on B. Ellis and P. Valdes-Dapena, "Toyota's Big Recall Halts Sales, Production of 8 Models," *CNNMoney .com,* February 10, 2010; "Toyota Announces January 2010 Recall for 2.3 Million Vehicles to Fix Sticky Accelerator Pedal," www.autos.aol.com, January 21, 2010, accessed June 6, 2011; B. Steinberg, "Lightspeed Survey," *Advertising Age,* February 2010, pp. 2 and 18; "U.S. Auto Sales by Brand—February 2011," www.goodcarbadcar.net, accessed June 6, 2011; and information from Toyota's website at www.toyota.com.
2. A. H. Maslow, *Motivation and Personality,* 2nd ed. (New York: Harper & Row, 1970).
3. See R. Yalch and F. Brunel, "Need Hierarchies in Consumer Judgments of Product Designs," *Advances in Consumer Research,* vol. 23, ed. K. P. Corfman and J. G. Lynch (Provo, UT: Association for Consumer Research, 1996), pp. 405–10.
4. W. J. McGuire, "Psychological Motives and Communication Gratification," in *The Uses of Mass Communications,* ed. J. G. Blumler and C. Katz (Newbury Park, CA: Sage, 1974), pp. 167–96; and W. J. McGuire, "Some Internal Psychological Factors Influencing Consumer Choice," *Journal of Consumer Research,* March 1976, pp. 302–19.
5. See A. G. Woodside and J.-C. Chebat, "Updating Heider's Balance Theory in Consumer Behavior," *Psychology & Marketing,* May 2001, pp. 475–95.
6. M. C. Campbell and A. Kirmani, "Consumers' Use of Persuasion Knowledge," *Journal of Consumer Research,* June 2000, pp. 69–83; and R. N. Laczniak, T. E. DeCarlo, and S. N. Ramaswami, "Consumers' Responses to Negative Word-of-Mouth Communication," *Journal of Consumer Psychology* 11, no. 31 (2001), pp. 57–73.
7. See M. Friestad and P. Wright, "Persuasion Knowledge," *Journal of Consumer Research,* June 1995, pp. 62–74.
8. See B. H. Schmit and S. Zhang, "Language Structure and Categorization," *Journal of Consumer Research,* September 1998, pp. 108–22; and J. A. Rosa and J. F. Porac, "Categorization Bases and Their Influence on Product Category Knowledge Structures," *Psychology & Marketing,* June 2002, pp. 503–32.
9. M. Lynn and J. Harris, "The Desire for Unique Consumer Products," *Psychology & Marketing,* September 1997, pp. 601–16.
10. R. K. Ratner, B. E. Kahn, and D. Kahneman, "Choosing Less-Preferred Experiences for the Sake of Variety," *Journal of Consumer Research,* June 1999, pp. 1–15; and R. K. Ratner and

B. E. Kahn, "The Impact of Private versus Public Consumption on Variety-Seeking Behavior," *Journal of Consumer Research,* September 2002, pp. 246–57.

11. M. Trivedi, "Using Variety-Seeking-Based Segmentation to Study Promotional Response," *Journal of the Academy of Marketing Science,* Winter 1999, pp. 37–49; M. Trivedi and M. S. Morgan, "Promotional Evaluation and Response among Variety Seeking Segments," *Journal of Product and Brand Management* 12, no. 6 (2003), pp. 408–25; and J. Chen and S. Paliwoda, "The Influence of Company Name in Consumer Variety Seeking," *Brand Management,* February 2004, pp. 219–31.
12. See D. Goldman, "Pain? It's a Pleasure," *American Demographics,* January 2000, pp. 60–61; and J. J. Inman, "The Role of Sensory-Specific Satiety in Attribute-Level Variety Seeking," *Journal of Consumer Research,* June 2001, pp. 105–19.
13. See G. M. Zinkhan, J. W. Hong, and R. Lawson, "Achievement and Affiliation Motivation," *Journal of Business Research,* March 1990, pp. 135–43.
14. Porsche example from A. Taylor III, "Porsche Slices Up Its Buyers," *Fortune,* January 6, 1995, p. 24. Indian car example from "New Car Buyers in India Seek Emotive Needs," *indiatelevision .com,* December 21, 2004, at www.indiatelevision.com, accessed June 7, 2011.
15. C. Rubel, "Three Firms Show That Good Research Makes Good Ads," *Marketing News,* March 13, 1995, p. 18.
16. T. J. Reynolds and J. C. Olson, *Understanding Consumer Decision Making* (Mahwah, NJ: Erlbaum, 2001); G. S. Mort and T. Rose, "The Effect of Product Type on Value Linkages in the Means-End Chain," *Journal of Consumer Behaviour,* March 2004, pp. 221–34; and F. Huber, S. C. Beckmann, and A. Herrmann, "Means-End Analysis," *Psychology & Marketing,* September 2004, pp. 715–37.
17. See J. L. Zaichkowsky, "The Personal Involvement Inventory," *Journal of Advertising,* December 1994, pp. 59–70.
18. See P. Quester and A. L. Lim, "Product Involvement/Brand Loyalty," *Journal of Product and Brand Management* 12, no. 1 (2003), pp. 22–38.
19. See U. M. Dholakia, "A Motivational Process Model of Product Involvement and Consumer Risk Perception," *European Journal of Marketing* 35, no. 11/12 (2001), pp. 1340–60; and C.-W. Park and B.-J. Moon, "The Relationship between Product Involvement and Product Knowledge," *Psychology & Marketing,* November 2003, pp. 977–97.
20. This section on regulatory focus, including Table 10-2, is based on the following: E. T. Higgins, "Beyond Pleasure and Pain," *American Psychologist,* December 1997, pp. 1280–1300; J. L. Aaker and A. Y. Lee, " 'I' Seek Pleasures and 'We' Avoid Pains," *Journal of Consumer Research,* June 2001, pp. 33–49; A. Chernev, "Goal-Attribute Compatibility in Consumer Choice," *Journal of Consumer Psychology* 14, nos. 1 & 2 (2004), pp. 141–50; M. T. Pham and T. Avnet, "Ideals and Oughts and the Reliance on Affect versus Substance in Persuasion," *Journal of Consumer Research,* March 2004, pp. 503–18; A. Bosmans and H. Baumgartner, "Goal-Relevant Emotional
Choice," *Journal of Consumer Psychology* 14, nos. 1 & 2 (2004), pp. 141–50; M. T. Pham and T. Avnet, "Ideals and Oughts and the Reliance on Affect versus Substance in Persuasion," *Journal of Consumer Research,* March 2004, pp. 503–18; A. Bosmans and H. Baumgartner, "Goal-Relevant Emotional
Information," *Journal of Consumer Research,* December 2005, pp. 424–34; J. L. Aaker and A. Y. Lee, "Understanding Regulatory Fit," *Journal of Marketing Research,* February 2006, pp. 15–19; T. Avnet and E. T. Higgins, "How Regulatory Fit Affects Value in Consumer Choices and Opinions," *Journal of Marketing Research,* February 2006, pp. 1–10; Y-J. Kim, "The Role of Regulatory Focus in Message Framing in Antismoking Advertisements for Adolescents," *Journal of Advertising,* Spring 2006, pp. 143–51; J. Yeo and J. Park, "Effects of Parent-Extension Similarity and Self Regulatory Focus on Evaluations of Brand Extensions," *Journal of Consumer Psychology* 16, no. 3 (2006), pp. 272–82; M. Mourali, U. Bockenholt, and M. Laroche, "Compromise and Attraction Effects under Prevention and Promotion Motivations," *Journal of Consumer Research,* August 2007, pp. 234–47; and A. Y. Lee, P. A. Keller, and B. Sternthal, "Value from Regulatory Construal Fit," *Journal of Consumer Research,* February 2010, pp. 735–74.
21. This insight is based on "No Time Before Valentine's Day?" *Science Daily,* January 27, 2008; C. Mogilner, J. L. Aaker, and G. L. Pennington, "Time Will Tell," *Journal of Consumer Research,* February 2008, pp. 670–81; and S. Vedantam, "Care to Know the Motivation Behind That Gift, Love?" *The Washington Post,* February 11, 2008, p A3.
22. See J. S. Wiggins, *The Five-Factor Model of Personality* (New York: Guilford Press, 1996).
23. E. G. Harris and J. C. Mowen, "The Influence of Cardinal-, Central-, and Surface-Level Personality Traits on Consumers' Bargaining and Complaint Behaviors," *Psychology & Marketing,* November 2001, pp. 1155–85.
24. J. C. Mowen and N. Spears, "Understanding Compulsive Buying among College Students," *Journal of Consumer Psychology* 8, no. 4 (1999), pp. 407–30.
25. W. Na and R. Marshall, "Validation of the 'Big Five' Personality Traits in Korea," *Journal of International Consumer Marketing* 12, no. 1 (1999), pp. 5–19.
26. See N. Brody and H. Ehrlichman, *Personality Psychology* (Englewood Cliffs, NJ: Prentice Hall, 1998); and A. Deponte, "Linking Motivation to Personality," *European Journal of Personality* 18 (2004), pp. 31–44.
27. See S. Sharma, T. A. Shimp, and J. Shin, "Consumer Ethnocentrism," *Journal of the Academy of Marketing Science,* Winter 1995, pp. 26–37; and G. Balabanis and A. Diamantopoulos, "Domestic Country Bias, Country-of-Origin Effects, and Consumer Ethnocentrism," *Journal of the Academy of Marketing Science,* Winter 2004, pp. 80–95.
28. J. Linville, "Lexington Touts Timberlake as "Made in America" Line," *Furniture Today,* October 13, 2003, p. 98.
29. M. Supphellen and K. Gronhaug, "Building Foreign Brand Personalities in Russia," *International Journal of Advertising* 22,

no. 2 (2003), pp. 203–26; and H. Kwak, A. Jaju, and T. Larsen, "Consumer Ethnocentrism Offline and Online," *Journal of the Academy of Marketing Science,* Summer 2006, pp. 367–85.

30. C. S. Areni, M. E. Ferrell, and J. B. Wilcox, "The Persuasive Impact of Reported Group Opinions on Individuals Low vs. High in Need for Cognition," *Psychology & Marketing,* October 2000, pp. 855–75; J. Z. Sojka and J. L. Giese, "The Influence of Personality Traits on the Processing of Visual and Verbal Information," *Marketing Letters,* February 2001, pp. 91–106.
31. See, e.g., L. K. Waters and T. D. Zakrajsek, "Correlates of Need for Cognition Total and Subscale Scores," *Educational and Psychological Measurement,* Spring 1990, pp. 213–17.
32. K. T. Tian, W. O. Bearden, and G. L. Hunter, "Consumers' Need for Uniqueness," *Journal of Consumer Research,* June 2001, pp. 50–66. See also K. T. Tian and K. McKenzie, "The Long-Term Predictive Validity of the Consumers' Need for Uniqueness Scale," *Journal of Consumer Psychology* 10, no. 3 (2001), pp. 171–93.
33. J. L. Aaker, "Dimensions of Brand Personality," *Journal of Marketing Research,* August 1997, pp. 347–56. For international adaptations, see Supphellen and Gronhaug, "Building Foreign Brand Personalities in Russia"; J. I. Rojas-Mendez, I. ErenchunPodlech, and E. Silva-Olave, "The Ford Brand Personality in Chile," *Corporate Reputation Review,* Fall 2004, pp. 232–51; and Y. Sung and S. F. Tinkham, "Brand Personality Structures in the United States and Korea," *Journal of Consumer Psychology* 15, no. 4, (2005), pp. 334–50.
34. Ibid. Also see T. Triplett, "Brand Personality Must Be Managed or It Will Assume a Life of Its Own," *Marketing News,* May 9, 1994, p. 9.
35. K. Greenberg, "Levinson: Jaguar Ads to Stress Quality, Youth, a Bit of Humor," *Brandweek,* April 26, 2004, p. 32; B. Russak, "Calling the Shots," *Footwear News,* October 25, 2004, p. 42; and K. MacArthur and J. Neff, "Sprite Shifts Gears in Quest for Street Cred," *Advertising Age,* January 26, 2004, p. 1.
36. J. Aaker, S. Fournier, and S. A. Brasel, "When Good Brands Do Bad," *Journal of Consumer Research,* June 2004, pp. 1–16.
37. J. Aaker, K. D. Vohs, and C. Mogilner, "Nonprofits Are Seen as Warm and For-Profits as Competent," *Journal of Consumer Research,* August 2010, pp. 224–37.
38. From http://dragonrouge-usa.com/, accessed February 24, 2008.
39. For a detailed discussion, see D. A. Aaker, R. Batra, and J. G. Meyers, *Advertising Management,* 4th ed. (Englewood Cliffs, NJ: Prentice Hall, 1992), chap. 8. See also T. T. T. Wee, "Extending Human Personality to Brands," *Brand Management,* April 2004, pp. 317–30.
40. A. Nagel and M. Prior, "Revlon Gets Ready for 2005," *WWD,* August 13, 2004, p. 8; and S. Kang, "Nike, Serena Williams Partner Up," *The Wall Street Journal,* December 12, 2003, p. B2.
41. S. O'Loughlin, "Hush Puppies Steps into a New Image," *Brandweek,* June 23, 2003, p. 14.
42. Russak, "Calling the Shots"; O'Loughlin, "Hush Puppies Steps into a New Image"; "Listerine Mouthwash and PocketPaks," *Marketing Magazine,* November 18, 2002, p. C9; and M. Warren, "Molson Debuts a Saucy Brazilian," *Marketing Magazine,* March 24, 2003, p. 2.
43. For a thorough discussion, see R. P. Bagozzi, M. Gopinath, and P. U. Nyer, "The Role of Emotions in Marketing," *Journal of the Academy of Marketing Science,* Spring 1999, pp. 184–207. See also M. E. Hill et al., "The Conjoining Influences of Affect and Arousal on Attitude Formation," *Research in Consumer Behavior* 9 (2000), pp. 129–46.
44. See, e.g., D. M. Phillips and H. Baumgartner, "The Role of Consumption Emotions in the Satisfaction Response," *Journal of Consumer Psychology* 12, no. 3 (2002), pp. 243–52; and D. Martin et al., "The Role of Emotion in Explaining Consumer Satisfaction and Future Behavioural Intention," *Journal of Services Marketing* 22, no. 3 (2008), 224–36.
45. See, e.g., Moore and Homer, "Dimensions of Temperament."
46. J. A. Ruth, F. F. Brunel, and C. C. Otnes, "Linking Thoughts to Feelings," *Journal of the Academy of Marketing Science,* Winter 2002, pp. 44–58.
47. See B. J. Babin, J. S. Boles, and W. R. Darden, "Salesperson Stereotypes, Consumer Emotions, and Their Impact on Information Processing," *Journal of the Academy of Marketing Science,* Spring 1995, pp. 94–105.
48. For a discussion of coping strategies, see S. Yi and H. Baumgartner, "Coping with Negative Emotions in Purchase-Related Situations," *Journal of Consumer Psychology* 14, no. 3 (2004), pp. 303–17.
49. See L. Dube and M. S. Morgan, "Trend Effects and Gender Differences in Retrospective Judgments of Consumption Emotions," *Journal of Consumer Research,* September 1996, pp. 156–62; J. L. Aaker and P. Williams, "Empathy versus Pride," *Journal of Consumer Research,* December 1998, pp. 241–61; and M. Geuens and P. D. Pelsmacker, "Affect Intensity Revisited," *Psychology & Marketing,* May 1999, pp. 195–209.
50. J. A. Ruth, "Promoting a Brand's Emotion Benefits," *Journal of Consumer Psychology* 11, no. 2 (2001), pp. 99–113.
51. See K. T. Lacher and R. Mizerski, "An Exploratory Study of the Responses and Relationships Involved in the Evaluation of, and in the Intention to Purchase, New Rock Music," *Journal of Consumer Research,* September 1994, pp. 366–80.
52. L. C. Wang et al., "Can a Retail Web Site Be Social?" *Journal of Marketing,* July 2007, pp. 143–57.
53. I. Soscia, "Gratitude, Delight, or Guilt," *Psychology and Marketing,* October 2007, pp. 871–94; and R. W. Palmatier et al., "The Role of Customer Gratitude in Relationship Marketing," *Journal of Marketing,* September 2009, pp. 1–18.
54. S. L. Wood and C. Page Moreau, "From Fear to Loathing?" *Journal of Marketing,* July 2006, pp. 44–57.
55. B. A. Huhmann and T. P. Brotherton, "A Content Analysis of Guilt Appeals in Popular Magazine Advertisements," *Journal of Advertising,* Summer 1997, pp. 35–45.

56. Based on A. Duhachek, "Coping," *Journal of Consumer Research,* June 2005, pp. 41–53.
57. M. F. Luce, "Choosing to Avoid," *Journal of Consumer Research,* March 1998, pp. 409–33.
58. N. M. Puccinelli, "Putting Your Best Face Forward," *Journal of Consumer Psychology* 16, no. 2, (2006), pp. 156–62.
59. A. Duhachek, "Coping."
60. B. Kidwell, D. M. Hardesty, and T. L. Childers, "Consumer Emotional Intelligence," *Journal of Consumer Research,* June 2008, pp. 154–66.
61. J. R. McColl-Kennedy et al., "Consumer Rage Episodes," *Journal of Retailing* 85, no. 2 (2009), 222–37.
62. See L. F. Alwitt, "Suspense and Advertising Responses," *Journal of Consumer Psychology* 12, no. 1 (2002), pp. 35–49.
63. H. Mano, "Affect and Persuasion," *Psychology & Marketing,* July 1997, pp. 315–35; and A. M. Isen, "An Influence of Positive Affect on Decision Making in Complex Situations," *Journal of Consumer Psychology* 11, no. 2 (2001), pp. 75–85.
64. A. Y. Lee and B. Sternthal, "The Effects of Positive Mood on Memory," *Journal of Consumer Research,* September 1999, pp. 115–27; K. R. Lord, R. E. Burnkrant, and H. R. Unnava, "The Effects of Program-Induced Mood States on Memory for Commercial Information," *Journal of Current Issues and Research in Advertising,* Spring 2001, pp. 1–14; and S. J. Newell, K. V. Henderson, and B. T. Wu, "The Effects of Pleasure and Arousal on Recall of Advertisements during the Super Bowl," *Psychology & Marketing,* November 2001, pp. 1135–53.
65. M. Royo-Vela, "Emotional and Informational Content in Commercials," *Journal of Current Issues and Research in Advertising,* Fall 2005, pp. 13–38; and C. Chang, "Context-Induced and Ad-Induced Affect," *Psychology & Marketing,* September 2006, pp. 757–82.
66. W. Janssens and P. De Pelsmacker, "Emotional or Informative?" *International Journal of Advertising* 24, no. 3 (2005), pp. 373–94; and J. Kim and J. D. Morris, "The Power of Affective Response and Cognitive Structure in Product-Trial Attitude Formation," *Journal of Advertising,* Spring 2007, pp. 95–106.
67. B. M. Fennis and A. B. Bakker, "Stay Tuned—We Will Be Right Back After These Messages," *Journal of Advertising,* Fall 2001, pp. 15–25; J. D. Morris et al., "The Power of Affect," *Journal of Advertising Research,* May–June 2002, pp. 7–17; and T. A. Shimp and E. W. Stuart, "The Role of Disgust as an Emotional Mediator of Advertising Effects," *Journal of Advertising,* Spring 2004, pp. 43–53.
68. E. Walther and S. Grigoriadis, "Why Sad People Like Shoes Better," *Psychology & Marketing,* October 2004, pp. 755–73; and P. R. Darke, A. Chattapadhyay, and L. Ashworth, "The Importance and Functional Significance of Affective Cues in Consumer Choice," *Journal of Consumer Research,* December 2006, pp. 322–28.
69. See R. Adaval, "Sometimes It Just Feels Right," *Journal of Consumer Research,* June 2001, pp. 1–17.
70. C. Beardi, "Zippo's Eternal Flame," *Advertising Age,* August 13, 2001, p. 4.

Chapter Eleven

11 태도와 태도변화

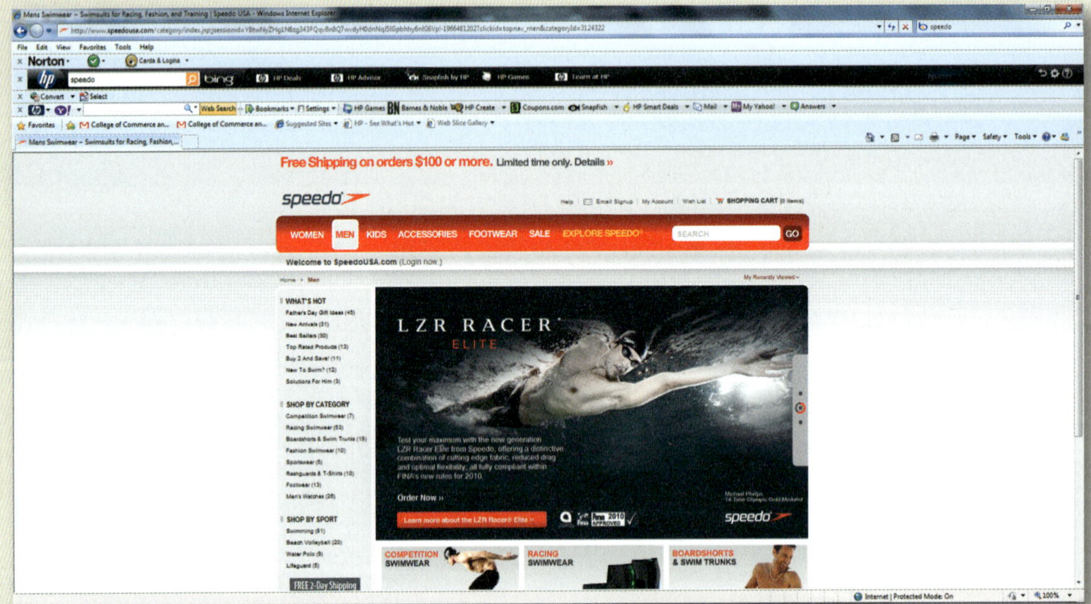

학습목표

- **L01** 태도를 정의하고 소비자행동에서 태도의 역할을 살펴본다.
- **L02** 태도의 3가지 구성요소들을 알아본다.
- **L03** 태도의 각 구성요소와 연결된 태도변화전략을 논의한다.
- **L04** 설득에 대한 정교화가능성 모형을 설명한다.
- **L05** 태도에 대한 메시지 원천, 소구 및 구조의 역할을 설명한다.
- **L06** 시장 세분화와 제품개발에서 태도의 활용을 논의한다.

Nike, Gatorade 및 American Express와 같은 기업들은 유명인 광고모델에 수십억 달러를 쓴다. 사실, 미국에서 광고들중에서 25% 이상은 유명인 광고모델을 활용하고 있으며, 유명인 광고모델에 대한 지출은 연간 약 30억 달러로 추산된다. 제품을 권장하는 사람으로서 유명인의 활용은 여러 가지 측면에서 의미가 있다. 이 장의 후반부에서 논의하겠지만, 유명인들은 그들이 광고하는 브랜드에 대한 지각과 태도를 향상시켜줄 뿐만 아니라, 광고혼잡을 극복하고 소비사늘의 주의를 끌 수 있게 해 준다. 부정적인 면은 광고모델이 미심쩍은 개인행동을 할 때이다. 그런데, 특별히 흥미로운 것은 스캔들이 발생했을 때 대부분은 유명인들과의 계약을 해지하는데 몇몇 기업들은 포기하지 않는 것이다. 최근의 세가지 사례를 살펴보자.[1]

Michael Phelps – 모든 수영기록은 아니지만 대부분의 기록을 깬 이 올림픽 수영선수는 사생활에 문제가 있었다. 가장 최근의 것은 베이징 올림픽 후에 표면화된 것으로 대마초를 피우고 있는 Phelps를 보여주는 사진이다. Kellogg는 Phelps를 버린 반면에, Speedo는 버리지 않았다. 각 기업의 입장은 다음과 같다.

> KELLOGG : Michael의 최근 행동이 Kellogg의 이미지와 일치하지 않는다.
>
> SPEEDO : 어제 Michael Phelps가 말한 것을 고려하여, Speedo는 그러한 행동을 너그럽게 봐주지 않는다는 것을 분명하게 밝히며, Michael이 자신의 행위를 진심으로 후회하고 있는 것으로 우리는 알고 있다. Michael Phelps는 Speedo팀의 소중한 멤버이자 위대한 챔피언이다. 우리는 그와 그의 가족에게 할 수 있는 모든 지원을 할 것이다.

Tiger Woods – 역사상 가장 뛰어나지는 않을지라도 그의 세대에서 가장 탁월한 재능을 가진 골프선수인 Tiger Woods는 골프코스에서 경이적인 기량을 뽐냈다. 불행하게도, 불륜과 관련된 개인적 스캐들이 치근에 터지고 말았다. Tag Heuer는 Tiger를 버렸지만, Nike는 버리지 않았다. 각 기업의 입장은 다음과 같다.

> TAG HEUER : 우리는 Tiger Woods를 위대한 챔피언으로 인정하지만, 최근의 사건과 관련해서 일부 소비자들의 감수성에 주의를 기울이지 않을 수 없다.
>
> NIKE : Tiger는 십 수년 동안 Nike의 일원이었다. 그는 세계에서 최고의 골프선수이며, 당대에 가장 위대한 운동선수들 중 한 사람이다. 우리는 그가 골프로 되돌아오기를 기대한다. 그와 그의 가족은 Nike의 전적인 지원을 받을 것이다.

왜 기업에 따라 이와 같이 상반된 반응을 보이는가? 이러한 사례들의 분석을 통해 알 수 있듯이, 어느 누구도 확실하게 알 수는 없지만, 광고모델과 스캔들에서 기업이 이득을 보느냐 손실을 보느냐에 달려 있는 것 같다. Phelps와 Woods가 자신들의 스포츠 브랜드에 가져다 준 제품성능의 신빙성 때문에 Speedo와 Nike는 아마 틀림없이 가장 큰 이득을 본 것 같다. 개인적 스캔들은 성능 신빙성 차원을 거의 손상시키지 않았을 수도 있다. 이와는 달리, Kellogg와 Tag Heuer는 전반적인 신빙성과 이미지를 위해서 Phelps와 Woods를 활용해왔던 것처럼 보이며, 스캔들이 터졌을 때 분명히 커다란 충격이 되었다.

스포츠와 관계가 없는 Subway는 자사의 주 광고모델인 Jared Fogle의 달갑지 않은 행동을 관리해오고 있다. Jared는 Subway의 저지방 샌드위치를 먹으면서 245 파운드의 살을 뺐는데, 최근에 다시 40 파운드가 쪘다. 그러나 Jared와 결별하지 않고, 오히려 Subway는 체중조절노력에서 보인 Jared의 인간미를 강조하는 기회로 활용하였다. Subway는 그를 훈련시켜서 New York시 마라톤 대회에 출전시켰다. Subway에 따르면;

> Jared는 어느 면에서 보통사람과 같다. 그는 좋아지기도 하고, 나빠지기도 한다. 비록 그가 아주 좋아진 것은 아니지만, 이 사건은 많은 주의를 끌었다.

스포츠분야의 학자들도 비슷한 결론을 내리고 있다. 즉, 스포츠 팬들은 운동선수들의 인간적인 면을 좋아하며 성대한 컴백 스토리를 좋아한다.

이 장의 도입사례가 나타내는 바와 같이, 많은 단체들이 흔히 제품, 서비스 또는 활동에 대한 소비자 태도에 영향을 줌으로써 소비자행동을 바꾸려고 한다.

태도(attitude)는 환경의 어떤 측면에 관한 동기적, 정서적, 지각적 및 인지적 과정들의 지속적인 구조이다. 태도는 어떤 대상에 관해서 일관되게 호의적이거나 비호의적인 방식으로 반응하려는 학습된 성향이다. 따라서 태도는 소매점, TV 프로그램 또는 제품과 같은 환경의 어떤 측면에 대해서 우리가 생각하고, 느끼고, 행동하는 방식이다.[2] 태도는 앞에서 논의하였던 모든 요인들의 산물로 형성되며, 태도는 개인의 라이프스타일에 대한 중요한 영향요인을 나타낸다. 이 장에서 우리는 태도의 구성요소들, 일반적인 태도변화전략 그리고 태도에 대한 마케팅 커뮤니케이션의 효과를 검토할 것이다.

11.1 태도의 구성요소

<그림 11-1>에 나타난 바와 같이, 태도가 3가지 구성요소를 갖는 것으로 보는 것이 유용하다. 즉, 인지적(신념), 감정적(느낌) 및 행동적(반응성향) 구성요소. 이들 각각을 아래에서 보다 자세하게 살펴볼 것이다.

1. 인지적 구성요소

인지적 구성요소(cognitive component)는 어떤 대상에 대한 소비자들의 신념으로 이루어진다. 대부분의 태도 대상에 대해서 사람들은 많은 신념을 갖고 있다. 예를 들면, 개인은 AMP 음료가 다음과 같다고 생각할 수 있다.

- 젊은 소비자들에게 인기가 높다.
- 소비자들에게 많은 에너지를 공급해준다.
- 많은 비타민을 함유하고 있다.
- 다른 에너지 음료에 비해서 가격이 경쟁력있다.
- 스포츠 지향적인 기업이 만든다.

태도의 구성요소 **그림 11-1**

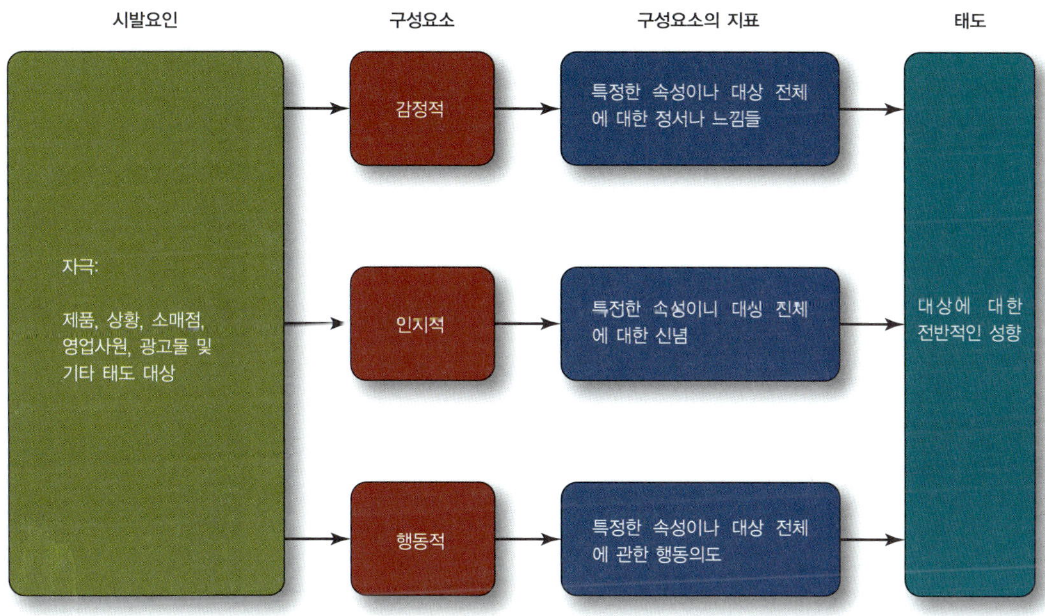

이 탄산음료 브랜드에 대한 신념의 전체 윤곽은 AMP에 대한 태도의 인지적 구성요소를 나타낸다. 신념은 제품을 소유하거나 사용하는 것의 정서적 편익에 대한 것일 수도 있고(컨버터블 승용차를 갖거나 운전하는 것은 신난다고 생각하는 사람도 있을 수 있다) 객관적인 특징에 대한 것일 수도 있다.[3] 속성에 대한 많은 신념은 본질적으로 평가적이다. 예를 들어, 고연비, 매력적인 스타일링, 믿을 수 있는 성능 등은 일반적으로 긍정적인 신념으로 여겨진다. 이것은 **특징**(feature)과 **편익**(benefit) 사이의 구분문제를 제기하는데, 이들 두 가지 모두가 신념이다. 어떤 제품이 1회분에 5mg의 소다를 함유하고 있는데(비평가적인 **특징** 신념), 이것은 소다함량이 낮으며 그리고 건강에 이롭다(둘 다 평가적인 **편익** 신념)는 것을 의미한다. 마케터들은 특히 지식이 적은 소비자들에게 그리고 복잡한 제품에 대해서는 특징보다는 편익을 촉진하여야 한다. 그렇지 않으면 소비자들은 그 주장을 어떻게 평가하고 반응해야 하는지를 알지 못하게 될 것이다.[4] 예를 들어, Quaker Oats가 "오트밀의 가용성 섬유질은 콜레스테롤을 줄이는데 도움이 된다!"와 같은 문장으로 소비자들이 포장에 있는 영양정보를 해석하는데 도움을 준다.

브랜드에 대해 더 긍정적인 신념이 연상될수록, 각 신념이 더 긍정적일수록 그리고 개인이 그 신념을 쉽게 회상할수록, 전반적인 인지적 구성요소는 더 호의적이 될 것이라고 추정된다.[5] 그리고 태도의 모든 구성요소들은 전반적으로 일관성을 갖기 때문에, 전반적인 태도가 더 호의적이게 된다. 이러한 논리가 **다속성 태도 모형**의 기초가 된다.

다속성 태도 모형(multiattribute attitude model) 이 모형에는 몇 가지 유형이 있는데, 가장 단순한 형태는 다음과 같다.

$$A_b = \sum_{i=1}^{n} X_{ib}$$

여기에서

A_b = 특정 브랜드 b에 대한 소비자의 태도
X_{ib} = 속성 i에서 브랜드 b의 성과에 대한 소비자의 신념
n = 고려되는 속성의 수

이 유형은 전반적인 평가를 할 때 모든 속성들이 동등하게 중요하다고 가정하고 있다. 그러나 잠시만 생각해보면 가격, 품질 또는 스타일과 같은 일부 속성들이 다른 속성들보다 더 중요하다는 것을 알게 된다. 이에 따라 각 속성에 중요성 가중치를 덧붙이는 것이 필요할 때가 있다.

$$A_b = \sum_{i=1}^{n} W_i X_{ib}$$

여기에서

W_i = 소비자가 속성 i에 부여하는 중요성

이 유형은 다양한 상황에서 유용하다. 그러나 이 유형은 더 많은 것(또는 더 적은 것)이 항상 좋다는 것을 가정하고 있다. 이것이 사실인 경우가 많다. 다른 조건이 같다면, 1리터의 휘발유로 갈 수 있는 거리가 긴 것은 짧은 것보다 항상 더 좋다. 이러한 상황에서는 이 유형이 적절하다.

일부 속성들의 경우, 더 많은 것(또는 더 적은 것)이 어느 점까지는 좋지만, 그 점을 넘어서 증가하는 것(감소하는 것)은 좋지 않다. 예를 들어, 간이 되지 않은 음식물에 소금을 첨가하는 것은 어느 점까지는 그 음식물에 대한 소비자의 태도를 높여 줄 것이다. 그 점을 넘어서 첨가되는 소금은 태도를 악화시킨다. 그래서 우리는 다속성 태도 모형에 이상점(ideal point)을 도입할 필요가 있다.

$$A_b = \sum_{i=1}^{n} W_i |I_i - X_{ib}|$$

여기에서

I_i = 속성 i에서 소비자가 생각하는 성과의 이상적인 수준

다속성 태도 모형은 마케팅학자들과 관리자들에 의해서 널리 이용되고 있기 때문에, 우리는 가중적인 이상점 모형을 이용해서 한 사례를 자세하게 설명하려고 한다. 더 단순한 모형도 비슷한 방식으로 작용한다.

Coca Cola가 세분시장의 소비자들로부터 Diet Coke에 대한 일련의 신념에 대한 자료를 수집한다고 상상해 보자 (여러 가지 태도구성요소들을 측정하는 것에 대한 보다 자세한 내용은 부록 A와 부록 표 A-3 참조). 이 소비자들은 Diet Coke가 네 가지 속성들에서 다음과 같은 성과수준(Xs)과 바라는 성과(Is)를 갖고 있는 것으로 생각한다.

	(1)	(2)	(3)	(4)	(5)	(6)	(7)	
낮은 가격			I	X				높은 가격
맛이 단		I				X		맛이 쓴
높은 지위			I		X			낮은 지위
낮은 칼로리	IX							높은 칼로리

이 세분시장의 소비자들은 Diet Coke는 평균적인 가격에, 맛이 매우 쓰며, 지위는 다소 낮고, 칼로리는 아주 낮은 것으로 믿고 있다(Xs). 그들의 이상적인 탄산음료(Is)는 약간 낮은 가격에, 맛이 매우 달며, 지위는 다소 높고, 칼로리는 아주 낮아야 한다. 이러한 속성들이 소비자들에게 똑같이 중요한 것은 아니기 때문에 세분시장의 소비자들이 각 속성에 부여하는 상대적인 중요성에 따라 가중치가 부여된다.

중요성 가중치를 측정하는 손쉬운 방법은 100점 **고정총합척도**(constant-sum scale)이다. 예를 들어 아래의 중요성 가중치는 합이 100점이 되도록 네 가지 청량음료속성들의 상대적 중요성을 평가한다.

속성	중요성
가격	10
맛	30
지위	20
칼로리	40
	100 점

이러한 경우에, 칼로리가 가장 중요한 속성이며, 그 다음이 맛이고 가격의 중요성이 가장 낮다.

이 정보를 이용해서 Diet Coke에 대한 이 세분시장 소비자들의 태도를 다음과 같이 계산할 수 있다.

$$
\begin{aligned}
{}^{A}\textit{Diet Coke} &= (10)(|3-4|) + (30)(|2-6|) + (20)(|3-5|) + (40)(|1-1|) \\
&= (10)(1) + (30)(4) + (20)(2) + (40)(0) \\
&= 170
\end{aligned}
$$

이 식에서 소비자의 이상적인 청량음료속성과 Diet Coke 속성에 대한 신념의 차이의 절대값을 구하고 여기에 각 속성의 중요성을 곱한다. 이 경우에 태도지수는 170이 된다. 이 수치는 좋은 것인가 나쁜 것인가? 태도지수는 상대적이기 때문에, 그것을 온전하게 평가하기 위해서 우리는 수치를 이 세분시장 소비자들의 경쟁브랜드들에 대한 태도와 비교해야 한다. 그러나 만일 Diet Coke가 이상적인 청량음료로 여겨진다면, 태도지수의 값은 0이 될 것이다. 따라서 이와 같이 계산된 태도지수가 0에 가까울수록 더 좋다. 일반적으로 다속성태도모델은 실제 모델이 의미하는 것보다는 단순히 덜 정교하고, 덜 구조화되어 있는 과정을 나타낸다는 것을 알 필요가 있다.

2. 감정적 구성요소

어떤 대상에 대한 느낌이나 정서적 반응이 태도의 **감정적 구성요소(affective component)**를 나타낸다. "나는 Diet Coke를 좋아한다" 또는 "Diet Coke는 형편없는 탄산음료이다"라고 말한 소비자는 그 제품의 정서적 또는 감정적 평가의 결과를 표현하고 있다. 이 전반적 평가는 그 제품에 대한 인지적 정보나 신념이 없이 조성된 모호한 전반적인 느낌(feeling)에 불과할 수 있다. 또는 그것은 몇 가지 속성들의 각각에서 제품 성능에 대한 반복 평가의 산물일 수도 있다. 이렇듯, "Diet Coke는 맛이 나쁘다"와 "Diet Coke는 건강에 이롭지 않다"는 표현은 그 제품의 특정 측면에 대한 부정적인 감정적 반응을 시사하는데, 이것은 다른 속성들에 대한 감정과 결합되어 그 브랜드에 대한 전반적인 반응을 결정하게 된다.

마케터들은 태도에 대한 보다 풍부한 이해를 도모하기 위해서 태도의 인지적 또는 사고적 구성요소에 전적으로 의존하기보다는 태도의 감정적 또는 느낌적 구성요소에 점점 더 많은 주의를 기울이고 있다. 이에 따라 이제 마케터들은 실용적 또는 기능적 편익 및 태도와 쾌락적 또는 정서적 편익과 태도를 일반적으로 구분하고 있다.[6] 예를 들어, 한 연구에서 휴대용(handheld) 인터넷 기기의 소비자 수용은 유용성과 같은 실용적 편익과 사용하기에 재미있는 것과 같은 쾌락적 측면 모두에 의해서 영향을 받는 것으로 알려졌다.[7] 다른 연구에서 어떤 경우에는 두려움 및 기쁨과 같은 헌혈의 쾌락적 측면이 실용적 신념

사진 11-1

심미적으로 유쾌하거나 흥미를 불러일으키는 제품디자인이 태도의 감성적 구성요소에 매우 결정적인 측면이 되는 강력한 정서적 반응을 이끌어낼 수 있다.

보다 헌혈에 대한 전반적 태도의 더 강력한 결정요인이 된다고 본다.[8]

사진 11-2

사람들은 제품특성에 대한 감정적 반응이 다르다. 마찬가지로, 같은 사람이 여러 가지 상황에서 같은 속성에 대해서 다르게 반응할 수 있다.

또한, 마케터들은 제품디자인에서 외형과 기능 모두를 고려하고 디자인의 심미적 소구(aesthetic appeal)(외관, 감각적 경험)에 상당한 주의를 집중하기 시작했다. 아이패드와 아이맥은 기능성의 인지적 연상을 뛰어넘어 소비자들의 감정적 반응을 활용한 높은 심미적 소구를 갖는 제품들의 예이다.[9] <사진 11-1>은 심미적 소구가 높은 제품에 대한 광고를 보여주고 있다.

특정 제품이나 편익에 대한 감정적 반응은 상황과 개인에 따라 변할 수 있다. 예를 들어, Diet Coke가 카페인을 함유하고 있다는 소비자의 신념은 만일 그 소비자가 잠을 쫓을 필요가 있다면 긍정적인 느낌을 가져다 줄 수도 있지만, 곧 바로 잠들기를 원한다면 부정적인 느낌을 가져다 줄 것이다. 당신은 아래의 것들을 불러일으키는 경험을 즐기겠는가? <사진 11-2>는 감정적 광고의 예이다.

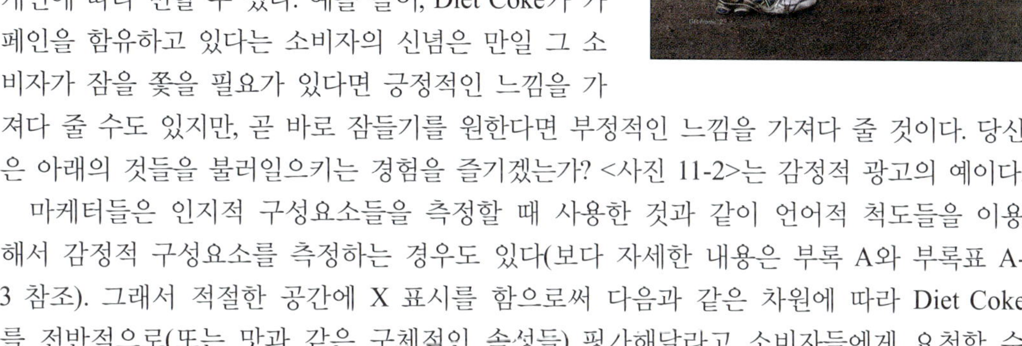

마케터들은 인지적 구성요소들을 측정할 때 사용한 것과 같이 언어적 척도들을 이용해서 감정적 구성요소를 측정하는 경우도 있다(보다 자세한 내용은 부록 A와 부록표 A-3 참조). 그래서 적절한 공간에 X 표시를 함으로써 다음과 같은 차원에 따라 Diet Coke를 전반적으로(또는 맛과 같은 구체적인 속성들) 평가해달라고 소비자들에게 요청할 수도 있다.

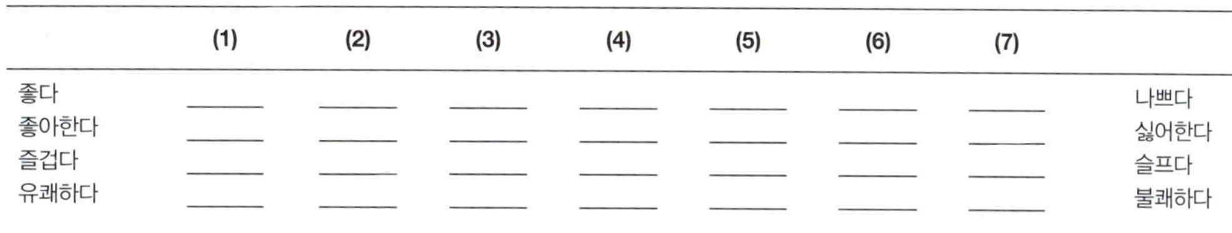

	(1)	(2)	(3)	(4)	(5)	(6)	(7)	
좋다	____	____	____	____	____	____	____	나쁘다
좋아한다	____	____	____	____	____	____	____	싫어한다
즐겁다	____	____	____	____	____	____	____	슬프다
유쾌하다	____	____	____	____	____	____	____	불쾌하다

SAM과 AdSAM® 그러나 마케터들은 언어적 척도를 주로 이용하는 인지적 과정을 무시하고 직접적으로 느낌과 정서를 조사하기를 원하는 경우도 있다. 한 가지 그러한 측정도구는 제10장에서 논의하였던 정서에 대한 쾌락-각성-지배(PAD) 접근방법에 토대를 두고 있다. SAM(Self-Assessment Manikin)이라고 하는 이 측정도구는 PAD의 토대가 되는 232개 "정서적 형용사들"의 시각적 표현을 제공하고 있다. SAM(그리고 특히 마케팅, 마케팅 커뮤니케이션 및 전략기획에 SAM을 활용하는 AdSAM®)은 정서를 묘사하고 정서적 반응을 보다 직접적으로 다룰 수 있도록 조작된 그래픽 캐릭터이다. 글로벌 관점에서 그림으로 된 표현은 번역이나 변경을 필요로 하지 않기 때문에 SAM은 다양한 문화와 언어에서 효과적이다.[10] PAD의 각 차원에 대한 AdSAM®의 예가 아래에 제시되어 있다(위-쾌락, 중간-각성, 아래-지배).

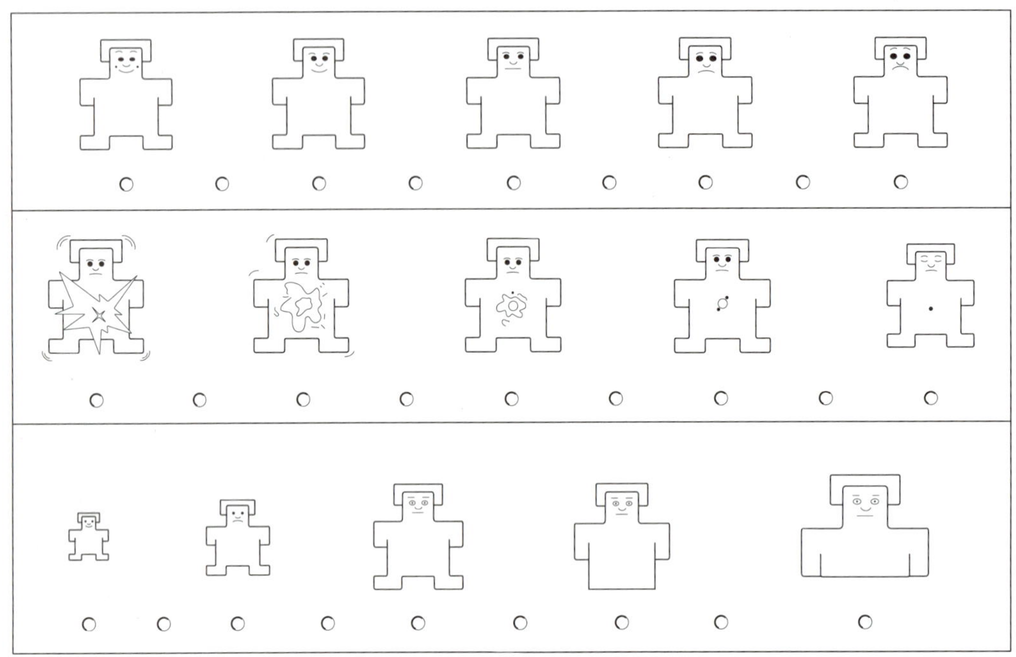

Source: Copyright 2000 AdSAM Marketing LLC.

3. 행동적 구성요소

태도의 **행동적 구성요소(behavioral component)**는 어떤 대상물이나 활동에 대해서 일정한 방식으로 반응하려는 개인의 성향이다. Diet Coke를 구매하거나 구매하지 않기로 한 또는 그 브랜드나 다른 브랜드를 친구들에게 추천해주는 일련의 결정들이 행동적 구성요소를 반영한다. 상점 진열대에서 그 브랜드를 찾거나 브랜드정보를 찾으려는 성향에 의해서 표현되는 브랜드에 대한 관심도 행동적 구성요소를 반영하고 있다. 행동적 구성요소는 반응성향이나 행동의도를 제공해준다. 실제 행동은 이러한 의도를 반영하는데, 그것들은 그 행동이 발생하는 상황에서 수정될 수도 있다.

직접적 접근방법 대 간접적 접근방법(Direct versus Indirect Approach) 실제 행동과 반응성향은 매우 직접적인 질문에 의해서 측정되곤 한다(보다 자세한 내용은 부록 A와 부록표 A-3 참조). 예를 들어, Diet Coke를 구매하려는 의도에 대해서 소비자들에게 아래와 같은 질문을 할 수도 있다.

다음 번에 청량음료를 구매할 때 Diet Coke를 구입할 가능성이 어느 정도입니까(적당한 공간에 X표를 하시오)?

꼭 사겠다	아마 살 것이다	잘 모르겠다	아마 사지 않을 것이다	절대로 사지 않을 것이다
____	____	____	____	____

태도 구성요소 일관성 그림 11-2

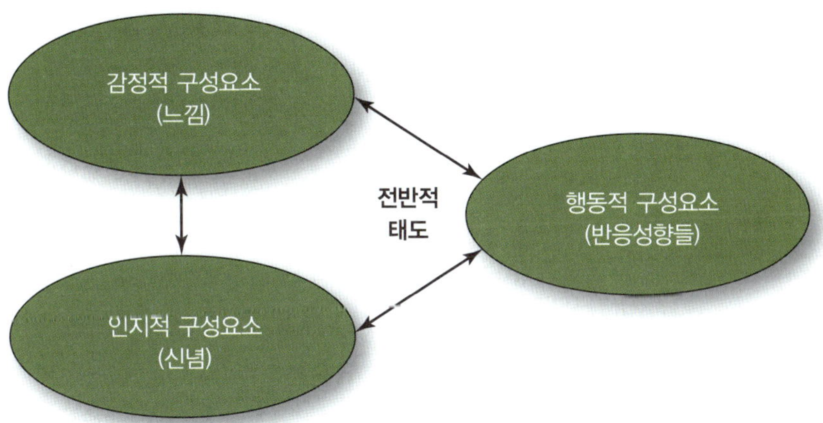

이러한 직접적인 질문은 대부분의 소비에 대해서 잘 작동할 수 있지만, 소비자들이 부정적인 행동이나 의도를 축소해서 말할 수도 있는 술, 외설물 및 식사방식과 같이 민감한 토픽에 대해서는 그렇게 잘 작동하지 않을 수 있다. 이러한 경우에는 자신들과 비슷한 다른 사람들(이웃, 비슷한 직업을 가진 사람들 등)의 행동을 추정하는 것과 같은 간접적인 질문을 묻는 것이 편향을 줄이는데 도움이 될 수 있다.

4. 구성요소 일관성

<그림 11-2>는 태도의 중요한 측면을 설명해 주고 있다. **태도의 세가지 구성요소 모두가 일치되는 경향이 있다.**[11] 이것은 한 가지 태도 구성요소의 변화는 다른 구성요소들과 관련된 변화를 가져오는 경향이 있다는 것을 의미한다. 이러한 경향은 많은 마케팅전략의 토대가 된다.

마케터들은 결국 행동에 영향을 미치는데 관심을 갖고 있다. 그러나 행동에 직접적으로 영향을 미치기 어려운 경우도 많다. 마케터들은 일반적으로 소비자들이 자사 제품을 구매, 사용 또는 추천하도록 직접적으로 영향을 미칠 능력이 없다. 그러나 소비자들은 영업사원의 얘기를 듣고, 광고물에 주의를 기울이며, 포장을 검토하곤 한다. 따라서 만일 세가지 구성요소들이 서로 정말로 일치한다면 마케터들은 자사 제품에 대한 신념이나 감정에 영향을 미치는 정보, 음악 또는 다른 자극을 제공함으로써 행동에 간접적으로 영향을 미칠 수 있다.

일부 연구에서 세가지 구성요소들 사이에는 제한된 관계만이 존재하는 것으로 알려지고 있다.[12] 한 가지 예를 통해 이러한 불일치의 원천을 검토해보자. 어떤 사람이 iPod에 대해서 긍정적인 신념과 감정을 갖고 있다고 말하고 있지만 iPod을 갖고 있지 않거나 다른 브랜드를 사는 것을 생각해보자. 최소한 여섯 가지 요인들이 신념 및 감정의 측정값과 행동의 관찰 사이의 불일치를 설명해줄 수 있다.

1. **욕구의 부족:** 호의적인 태도는 행동으로 옮겨지기 전에 욕구 내지 동기를 필요로 한다. 따라서 그 소비자는 휴대용 플레이어에 대한 욕구를 느끼지 못할 수도 있고, 비록 덜 좋아할지라도, 다른 브랜드를 이미 소유하고 있을 수도 있다.
2. **능력의 부족:** 호의적인 신념과 감정이 소유권으로 바뀌기 위해서는 능력이 있어야 한다. 그 소비자는 iPod을 구입하는 자금이 충분하지 않을 수도 있어서 덜 비싼 브랜드를 구입할 수도 있다.
3. **상대적 태도:** 앞의 예에서, iPod에 대한 태도만이 고려되었다. 그러나 구매에는 경쟁하는 브랜드들 사이의 상충관계가 있는 경우가 많다. 따라서 소비자는 iPod에 대해서 비교적 높은 태도를 갖고 있을지라도, 경쟁브랜드에 대해서 조금 더 호의적인 태도를 가질 수도 있다. 선택상황에서는 상대적인 태도가 행동의 강력한 예측변수가 된다.
4. **태도 양면성:** 소비자들은 특정 태도 대상에 대해서 일관된 신념, 느낌 및 의도를 가지려고 노력하지만, 항상 그렇게 되지는 않는다. 소비자는 가끔 양면적인 태도를 갖는데, 여기에는 태도대상에 대해서 혼합된 신념/느낌을 유지하는 것이 포함된다. 해산물을 생각해보자. 해산물에 대해서 **양면적 태도(ambivalent attitude)**를 가진 소비자는 "경우에 따라 나는 해산물의 맛이 좋을 때도 있고 나쁠 때도 있다"는 점에 동의할 것이다. 양면적 태도는 시간 흐름에 따라 덜 안정적이고 행동에 대한 예측가능성이 떨어진다. 기업들은 시간 흐름에 따라 일관된 메시지와 경험을 창출해서 양면적 태도를 피해야 한다. 기업들은 또한 경쟁적인 브랜드의 고객들에게 양면성을 창출해서 시장점유율을 얻으려 할 수 있다.[13]
5. **약한 신념과 감정:** 만일 인지적 및 감정적 구성요소들이 약하게 유지된다면 그리고 만일 그 소비자가 쇼핑 도중에 추가적인 정보를 획득한다면, 초기의 태도는 새로운 태도로 바뀌게 된다. 구체적으로, 더 강력한 태도나 더 확신을 갖는 태도는 행동의 더 강력한 예측변수가 되는 경향이 있다. 태도는 양면성 때문에 약해질 수 있다. 그 브랜드에 대한 경험의 전반적인 부족 때문에 태도가 약해질 수도 있다. 따라서 직접적인(일관되게 긍정적인) 경험은 더 강력하게 그리고 더 확신에 찬 태도를 가져다주는 경향이 있다.[14] 이에 따라 기업들은 직접적인 제품경험을 생성시키기 위해서 쿠폰과 무료 샘플에 거대한 자금을 쏟아 붓고 있다.

   직접적인 경험 이외에도, 태도는 일반적으로 학습되기 때문에 중요성, 메시지 관여도, 강화 및 반복(제9장 참조)과 같은 학습의 강도에 관련된 요인들도 태도강도와 관계가 있다.
6. **대인적 및 상황적 영향:** 개인의 태도는 앞에서 설명된 방식으로 측정되었다. 그러나 많은 구매결정이 직접적이거나 간접적으로 다른 사람들과 연관되어 있다. 이렇게 그 구매자는 전체 가족의 욕구에 보다 잘 부응하기 위해서 iPod가 아닌 다른 것을 살 수도 있다. 상황 및 그 상황에서 다른 소비자들의 기대도 일정한 역할을 한다. 예를 들어, 일부 소비자들은 (다른 브랜드를 더 좋아함에도 불구하고) iPod을 구입하여 친구들 앞에서 사용하는 것이 더 바람직하다고 생각할 수도 있는데, 이유는 자신들의 친구들이 iPod이 가장 멋진 브랜드라고 생각하기 때문이다.

요약하면, 인지적, 감정적 및 행동적인 태도 구성요소들은 일관되는 경향이 있다. 그러나 우리가 살펴 본 바와 같이, 표면적인 일관성의 정도는 다양한 요인들에 의해서 약해질 수 있다. 마케터들은 설득 메시지와 전략을 개발할 때 이러한 요인들을 반영해야 한다.

11.2 태도변화 전략

LO3

마케터들은 하나 이상의 근원적인 태도 구성요소들을 변화시킴으로써 소비자 행동에 영향을 미치려고 시도하곤 한다. 이 장의 도입 사례에서 보았던 것과 같이, 그러한 영향이 긍정적일 수 있다. 그러나 해로울 수도 있는 소비행동을 촉진시키려 시도할 때 또는 설득 시도가 기만적인 것으로 간주되었을 때는 사회적, 윤리적 및 규제적 문제가 제기된다.

1. 인지적 구성요소의 변화

태도를 변화시키는데 대한 일반적이고 효과적인 접근방법은 인지적 구성요소에 초점을 맞추는 것이다.[15] 소비자 태도의 인지적 구성요소를 바꾸기 위해서 네 가지 기본적인 마케팅전략이 사용되고 있다.

신념의 변화(Change Beliefs) 이 전략은 하나 이상의 속성에서 그 브랜드의 성능에 대한 신념을 바꾸는 것과 관련있다.[16] <사진 11-3>이 한 사례를 보여주고 있다. 다른 사례로는 보다 현대적이고 시대의 흐름에 맞는 소매점으로 포지션을 다시 심은 Radio Shack을 들 수 있다. 그들은 자신들의 상점에 "The Shark"라는 애칭을 붙이고 기존 상품신념을 다음과 같이 바꾸려고 노력하고 있다:[17]

> 사실 우리가 모든 제품범주에 걸쳐서 일류인 전국브랜드를 취급하고 있을 때도 소비자들은 이곳은 유통업체 브랜드(private label)와 싸구려 브랜드를 취급하는 곳이라고 생각했다. 그래서 처음부터 목표는 브랜드 지각(신념)과 비즈니스 현실에서의 이러한 갭을 메우는 것에 있었다.

신념을 변화시키려는 시도는 일반적으로 성능에 대한 사실이나 주장의 제공을 포함하고 있다. 어떤 신념은 강하게 유지되어서 변화시키기 어렵다는 점을 인식하는 것이 중요하다. 이에 따라 마케터들은 설득되기 쉬운 보다 약한 브랜드신념을 표적으로 삼음으로써 전반적인 브랜드 태도를 변화시키는데 더 성공할 수 있다.[18]

중요성의 변화(Shift Importance) 대부분의 소비자들은 어떤 속성을 다른 속성들보다 더 중요한 것으로 생각한다. 마케터들은 자신들의 브랜드가 상대적으로 더 강한 속성들이 가장 중요하다고 소비자들에게 확신시키려고 노력한다. 예를 들어, GM은 자사의 Onstar 시스템이 제공하는 긴급커뮤니케이션과 긴급출동의 중요성을 강조하기 위해서 조난당한 운전자들의 세세한 얘기를 이용하고 있다.

때로 소비자들에게 중요하지 않았던 평가적 요소들이 종종 광고 단서로 인해서 향상될

사진 11-3

태도의 인지적 구성요소는 현재 신념을 변화시키고, 새로운 신념을 추가시키고, 신념의 중요성을 변화시키거나, 이상적인 제품에 대한 신념을 변화시킴으로써 바뀔 수 있다. 이 광고는 주로 신념을 변화시키는 데 초점을 맞추고 있다.

수 있다. 한 연구는 "민족적 자의식(ethnic self-awareness)"을 향상시키기 위해서 아시아문화(중국의 만리장성 그림)를 언급한 광고를 만들었다. 민족적 자의식이 향상되었을 때, 아시아계 소비자들은 아시아계 모델이 등장하는 광고에 더 긍정적으로 반응하였다.[19]

신념의 추가(Add Beliefs) 태도의 인지적 구성요소를 변화시키는 또 다른 접근방법은 소비자들의 신념체계에 새로운 신념을 추가하는 것이다. 예를 들어, California Pomegranate Council은 비타민과 미네랄을 함유하고 있다는 점 이외에도 최근의 연구가 석류는 "노화를 지연시키는데 도움이 되는 강력한 항산화제를 함유하고 있고, 적포도주보다 거의 두 배 그리고 녹차보다 일곱 배 활성산소를 중화시킬 수 있다"는 사실을 보여주고 있다는 것을 소비자들이 알기를 원한다.[20]

이상점의 변화(Change Ideal) 인지적 구성요소를 변화시키기 위한 마지막 전략은 이상적인 브랜드나 상황에 대한 지각을 변화시키는 것이다. 이렇게 많은 자연보호 단체들은 최소한의 포장, 무공해 제조, 재활용 자원의 광범위한 활용, 사용 후의 무공해 처분의 관점에서 이상적인 제품에 대한 우리의 신념에 영향을 미치려고 노력하고 있다.

2. 감정적 구성요소의 변화

기업들은 신념이나 행동에 직접적으로 영향을 미치지 않고 자기 브랜드에 대한 소비자들의 호감에 영향을 미치려고 점점 더 노력하고 있다. 만약 기업이 성공을 거둔다면, 증가된 호감은 증가된 긍정적 신념에 이어지는 경향이 있으며,[21] 제품에 대한 욕구가 생겨나면 구매행동으로 이어질 수 있다. 또는 어쩌면 더 보편적인 것으로, 증가된 호감은 욕구가 생겨나면 브랜드를 구매하려는 경향으로 이어질 수 있으며,[22] 구매와 사용은 증가된 긍정적 신념으로 이어질 수 있다. 마케터들은 감정을 직접적으로 자극하기 위해서 세 가지 기본적인 접근방법 즉, 고전적 조건화, 광고물 그 자체에 대한 감정 그리고 단순노출을 사용하고 있다.

사진 11-4

만약 광고물 그 자체가 긍정적인 반응을 불러일으킨다면(좋아하게 한다면), 광고물은 신념체계를 변화시키지 않고도 브랜드에 대한 태도의 감정적 구성요소를 변화시킬 수 있다. 그림 자체가 정서적 의미뿐만 아니라 인지적 의미를 전달하더라도 주로 그림을 이용하는 광고물은 이러한 목적으로 사용되곤 한다.

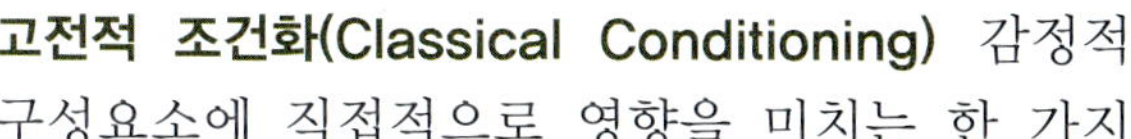
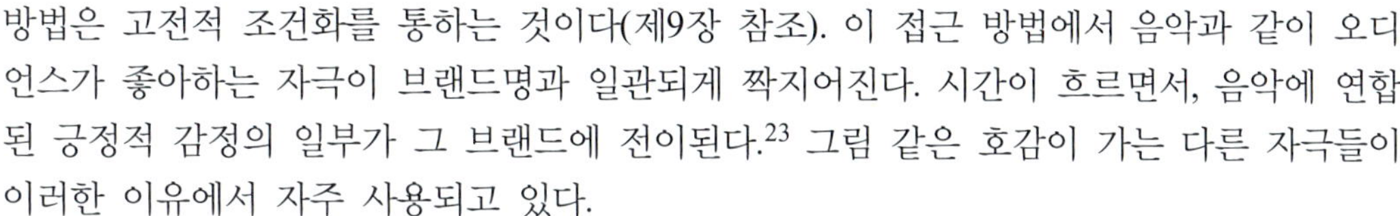

고전적 조건화(Classical Conditioning) 감정적 구성요소에 직접적으로 영향을 미치는 한 가지 방법은 고전적 조건화를 통하는 것이다(제9장 참조). 이 접근 방법에서 음악과 같이 오디언스가 좋아하는 자극이 브랜드명과 일관되게 짝지어진다. 시간이 흐르면서, 음악에 연합된 긍정적 감정의 일부가 그 브랜드에 전이된다.[23] 그림 같은 호감이 가는 다른 자극들이 이러한 이유에서 자주 사용되고 있다.

광고물이나 웹사이트에 대한 감정(Affect toward the Ad or Web Site) 제10 장에서 보았던 바와 같이, 광고물을 좋아하는 것(광고물에 대한 태도; Aad)은 일반적으로 그 브랜드를 좋아하는(브랜드에 대한 태도; Abr) 경향을 증가시켜준다.[24] 광고가 게재되는 웹사이트를 좋아하는 것(Aweb)도 비슷한 결과를 갖는다.[25] 유머, 유명인 또는 정서적 소구를 이용하는 것은 Aad와 Aweb을 증가시킨다. 예를 들어, 다중감각에 소구하는 풍부한 감각적 콘텐츠를 갖는 생생한 웹사이트는 덜 생생한 사이트보다 더 긍정적인 Aweb를 가져다 준다.[26] <사진 11-4>는 긍정적인 감정에 의존하는 광고를 담고 있다.

두려움, 죄책감 또는 슬픔과 같은 부정적인 감정이나 정서를 불러일으키는 광고물도 태도변화를 향상시킬 수 있다. 예를 들어, 난민을 돕는 자선단체에 대한 광고물은 혐오나 노여움과 같은 여러 가지 불쾌한 정서를 불러일으키는 그림을 보여주지만 여전히 효과적이다.[27]

단순노출(Mere Exposure) 논란의 여지가 있기는 하지만, 감정이나 브랜드선호도는 **단순노출(mere exposure)**에 의해서 증가될 수도 있다는 증거가 있다.[28] 즉, 많은 경우에 어떤 개인에게 브랜드를 그저 보여주기만 해도 그 브랜드에 대한 그 사람의 태도가 더 긍정적이게 된다. 단순 노출효과에 대한 일반적인 설명은 "친숙감이 호감을 낳는다"는 것이다. 이렇게 저관여 제품에 대한 광고물의 반복은 호감을 증가시키며(향상된 친숙감을 통해서) 초기의 신념구조를 변화시키지 않고도 광고된 브랜드의 차후 구매를 증가시킨다. 단순노출효과는 간접광고(PPL)뿐만 아니라 단순한 상기광고의 활용의 기초가 된다.[29]

고전적 조건화, 광고물태도 및 단순노출은 감정을 직접적으로 변화시킬 수 있고, 신념을 먼저 변화시키지 않고도 감정을 변화시킴으로써 구매행동을 변화시킬 수 있다. 이는 몇 가지 중요한 시사점을 갖는다.

- 감정을 변화시키기 위해서 디자인된 광고물은 어떤 인지적(사실적 또는 속성) 정보를 담고 있을 필요는 없다.
- 고전적 조건화 원리가 그러한 캠페인에 지침을 제공해준다.
- 단순노출이 사용되지 않는다면 광고물태도와 광고가 불러일으킨 감정이 극히 중요하다.
- 반복은 감정 기반 캠페인에 극히 중요하다.
- 인지에 기반을 둔 측정도구는 광고효과를 평가하는데 부적절할 수도 있다.

이러한 지침들이 시사하는 바와 같이, 고전적 조건화, 광고물태도 및 단순 노출은 저관여 상황에서 발생하는 경향이 있다(제9장 참조). 그러나 최소한 한 가지 중요한 예외가 있다. 정서와 느낌이 중요한 제품성능 차원일 때, 그러한 느낌과 정서는 그 평가에 관계가 있다. 이러한 상황에서 광고태도는 고관여 하에서 브랜드태도에 쉽게 영향을 미칠 수 있다. 이 장의 앞부분에서 살펴 본 바와 같이, 쾌락적(대 실용적) 제품은 감정과 정서가 관련된 성능기준이 되는 것들이다. 쾌락적 제품들에 대하여 감정, 정서 및 광고에 대한 태도가 더 의식적이고 고관여 상황에서 일정한 역할을 할 수 있다는 점은 놀라운 일이 아니다.[30]

3. 행동적 구성요소의 변화

행동, 구체적으로 구매 또는 사용행동이 인지와 감정의 발달보다 먼저 일어날 수 있다. 또는 그것은 인지적 및 감정적 구성요소와 다르게 발생할 수도 있다. 예를 들어, 어떤 소비자가 다이어트 청량음료의 맛을 싫어하고 인공감미료는 건강에 해롭다고 믿을 수 있다. 그러나 무례해 보이지 않으려고 그 소비자는 사회적 규범 때문에 친구가 권할 때 다이어트 음료를 받아들일 수도 있다. 그 음료를 마신 것이 맛에 대한 지각을 변화시켜서 호감을 이끌어낼 수 있다. 이것은 다시 향상된 학습에 이어지고, 이는 인지적 구성요소를 변화시킨다.

행동은 감정이나 인지 또는 둘 모두를 동시에 가져올 수 있다.[31] 소비자들은 사전 지식이나 감정이 없을 때 새로운 브랜드나 저가제품을 자주 시용한다. 그러한 구매는 배고픔과 같은 일부 근원적인 욕구의 충족뿐 아니라 정보(내가 그 브랜드를 좋아할 것인가)도 제공한다.

인터넷마케터들은 가상 상황에서 제품에 대한 직접적인 경험을 흉내낼 수 있는 능력에 특히 관심을 갖는다. 최근의 연구에서 선글라스와 같은 경험적 제품에 대해서 가상의 직접적인 경험을 창출하는 것(이 경우에는 선글라스를 끼고 또는 끼지 않고 콘텐츠를 보는 것을 모의실험한 비디오)은 더 긍정적인 신념, 감정 및 구매의도로 이어진다는 점이 알려졌다.[32] 온라인 상황에서 제품에 대한 경험을 흉내낼 수 있는 능력은 주요 온라인 구매요인인 "촉감(touch)"이라는 이슈와 관련되는데, 이것은 제17장에서 논의할 것이다..

감정이나 인지를 변화시키기 전에 행동을 변화시키는 것은 주로 조작적 조건화에 토대를 두고 있다(제9장 참조). 이렇게 주요 마케팅과제는 구매나 소비가 정말로 보상을 해준다는 점을 확실하게 하면서 사람들이 그 제품을 구매하거나 소비하도록 유도하는 것이다.[33] 쿠폰, 무료샘플, 구매시점 진열, 끼워팔기 및 가격할인이 시용행동을 일으키는 일반적인 기법들이다. 행동은 소비된 브랜드에 대한 강력한 긍정적인 태도로 이어지곤 하기 때문에, 철저한 유통시스템(품절의 최소화)으로 현재 고객들이 경쟁브랜드를 시용하지 못하게 하는데 중요하다.

11.3 태도변화에 영향을 미치는 개인적 및 상황적 특성

LO4

태도변화는 마케팅활동뿐만 아니라 개인적 및 상황적 요인들에 의해서 결정된다.[34] 개인적 요인은 성별, 인지욕구, 소비자지식, 민족성 그리고 제10장에서 살펴본 조절초점을 포함하고 있다. 상황적 요인은 프로그램 맥락, 시청자의 주의 분산 수준 및 구매결정의 단계를 포함한다.

마케터들은 계속해서 소비자 관여에 상당한 주의를 기울이고 있는데, 소비자 관여는 개인적(내재적 관심) 및 상황적(구매결정을 하려는 현재의 욕구) 구성요소 모두를 갖고 있다. 소비자 관여는 정교화된 처리, 학습 및 태도에 영향을 미치는 중요한 동기적 요인이다. **정교화 가능성 모형(elaboration likelihood model: ELM)**은 관여의 다양한 조건하에서 어떻게 태도가 형성되고 변화되는지를 설명하는 이론이다. 따라서 ELM은 태도를 이해하기 위해서 선정된 개인적, 상황적 및 마케팅 요인들을 통합해준다.[35]

ELM은 관여가 어떻게 정보가 처리되고 태도가 변하는지에 영향을 미치는 주요 결정요인임을 시사한다. 고관여는 태도변화에 대한 중심경로에 이어지는데, 여기에서 소비자들은 브랜드의 의미있고 논리적인 평가에 관련되는 것으로 믿는 메시지 요소들을 신중하고 의식적으로 처리한다(<그림 11-3> 참조). 이러한 요소들은 정교화되어 전반적인 평가에 반영된다. 다속성 태도모형은 태도변화에 대한 고관여 관점을 나타낸다.

이와는 대조적으로, 저관여는 태도변화에 대한 주변경로에 이어지는데, 여기에서 소비자들은 브랜드나 의사결정에의 관련성과 관련 없이 메시지에서 쉽게 얻을 수 있는 단서에의 노출을 기반으로 브랜드에 대한 인상을 형성한다. 주변경로를 통해서 형성된 태도는 정교한 처리에 거의 기반을 두지 않고 있다. 고전적 조건화, 광고물에 대한 태도 및 단순노출이 태도변화에 대한 저관여 관점을 나타낸다.

ELM은 고관여 대 저관여 소비자들과 효과적으로 의사소통하는데 매우 다른 커뮤니케이션 전략이 필요함을 시사한다. 일반적으로, 자세한 사실정보(중심단서)는 고관여의 중심경로 상황에서 효과적이다. 저관여, 주변경로 상황에서는 일반적으로 제한된 정보를 필요로 하고, 광고에서의 그림, 음악, 사람들의 특징(주변단서)과 같은 단순한 감정적 및 인지적 단서에 의존한다. 〈사진 11-4〉에서는 어떤 설득경로가 사용될 가능성이 가장 큰가?

그림 11-3 정교화 가능성 모형

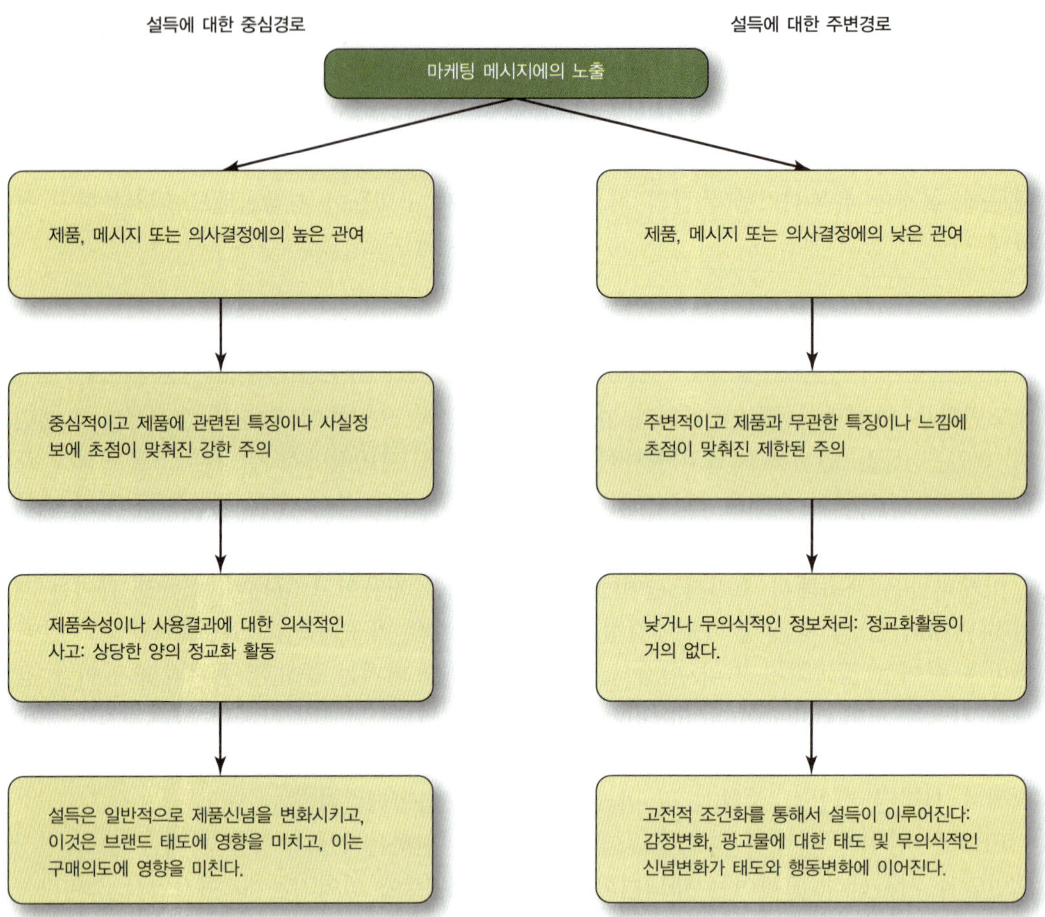

1. 단서 관련성과 경쟁 상황

일반적으로 주변경로에서 형성된 태도와는 달리, 중심적 경로에서 형성된 태도는 더 강력하고, 역설득(counterpersuasion) 시도에 저항력이 더 크며, 행동을 더 잘 예측해주는 경향이 있다.[36]

그러나 중심적 경로처리는 의사결정에 관련된 정보나 단서의 포괄적인 처리와 관련된다는 것을 이해하는 것이 중요하다. 그리고 소비자들이 관련성이 있다고 생각하는 것은 제품과 상황에 따라 달라질 수 있다. 예를 들어, 매력적인 그림은 주변적일 수도 있고 중심적일 수도 있다. 오렌지음료에 대한 광고에서 예쁜 강아지의 그림은 주변단서가 되는(저관여 하에서의 태도에 영향을 미친다).[37] 반면에, 신선하고 윤기가 도는 오렌지 조각의 그림은 중심단서가 된다(고관여 하에서의 태도에 영향을 미친다). 마찬가지로, 정서는 쾌락적 제품에서는 중심적 단서가 될 가능성이 크며, 따라서 고관여 하에서 태도에 영향을 미치게 된다.

또한, 경쟁상황은 고관여 하에서도 주변단서의 역할을 높이는 쪽으로 작용할 수 있다. 예를 들어 만일 경쟁 브랜드들이 제품특징(중심단서)에서 비슷하다면, 관여수준이 높은 소비자는 광고에서 가장 강력한 주변단서를 갖는 브랜드를 선호하게 된다.[38] 경쟁상황에서는 상대적인 태도가 극히 중요하며, 주변단서는 그렇지 않다면 대등한 브랜드들 사이의 균형을 깨는 것이 될 수 있다. 주변단서의 역할은 일부 경쟁상황에서는 저관여 상황을 넘어 확장될 수 있다.

2. 설득에 대한 소비자 저항

소비자들은 설득 시도에 수동적이지는 않다. 내심에 소비자들은 설득에 회의적이어서(개인적 특성) 저항을 하곤 한다.[39] 또한, 소비자들은 흔히 광고주의 의도를 추론하고, 그 가정된 판매의도를 반영하여 반응한다.[40] 예를 들어, 최근의 California 아몬드 광고는 다음과 같이 주장하였다. "우리가 콜레스테롤을 낮추면서도 만족을 높인 것은 신비로운 일이다." 이에 대해 소비자들은 다음과 같이 반응할 수 있다. "물론 그들은 아몬드가 건강에 이롭다는 점을 말해주려고 한다. 그들은 더 많은 아몬드를 팔려고 노력하고 있다. 나는 여전히 확신을 갖지 못하겠다." 이러한 반응의 가능성을 줄이기 위해서, 그 광고는 건강주장을 지지하는 미국심장 학회와 과학적 연구를 활용하고 있다.

강한 태도는 약한 태도보다 변화시키기 어렵다. 당신의 출신 학교나 당신이 좋아하는 스포츠팀과 같이 당신이 강하게 느끼고 있는 것을 생각해보라. 당신의 태도를 변화시키기 위해서 어떤 것이 필요한가? 분명히 그러한 태도를 변화시키는 것은 어려울 것이다. 소비자들은 자신의 태도에 상반되는 메시지는 피하는 경향이 있다(예: 골초들은 금연광고를 피하는 경향이 있다). 그리고 만일 그러한 메시지에 부딪치면 그 메시지를 평가절하한다. <소비자 통찰력 11-1>은 설득시도에 저항하기 위해서 소비자들이 사용하는 다양한 전략들을 검토하고 있다.

11.4 태도형성과 변화에 영향을 미치는 커뮤니케이션 특성

이 절에서 우리는 태도를 형성하고 변화시키기 위해서 사용할 수 있는 커뮤니케이션 기법들을 설명할 것이다. 개인적 및 상황적 특성들이 소비자행동의 모든 측면들과 상호작용하는 것과 같이 커뮤니케이션 특징과 상호작용하여 효과가 결정된다는 점은 명백하다. LO5

1. 원천 특성

커뮤니케이션의 원천은 메시지를 전달해주는 사람을 의미한다. 원천에는 사람(유명인, 전형적인 소비자), 애니메이션으로 된 메시지 캐릭터(Jolly Green Giant, Mr. Peanut) 및 조직(기업, 제3자의 권장자)을 포함한다. 메시지의 원천은 중요한데, 소비자들이 여러가지 다른 원천들이 전달한 동일 메시지에 다르게 반응하기 때문이다.

소비자 통찰력 11-1

브랜드공격에 대한 저항

어떤 브랜드의 애호적 소비자 및 대량 사용자들은 그들이 좋아하는 브랜드에 관한 잘 구축된 연상 네트워크를 가지고 있다. 이에 따라, 태도 구성요소들은 매우 일치하고 있으며, 그들의 브랜드 태도는 긍정적이고 강하게 유지되고 있다. 왜 이것이 중요한가? 한 가지 이유는 브랜드들은 경쟁자들이나 매체에 의해서 종종 공격을 받는다는 것이다. 경쟁자들은 어떤 브랜드가 특정한 면에서 약하다는 것을 의미하는 비교광고를 사용할 수 있다. 매체는 그 브랜드와 관련된 잠재적 스캔들에 관한 이야기를 찾아낼 수도 있다. 어느 쪽이든 간에, 어떤 브랜드가 공격을 받을 때, 그 브랜드에 애호적인 소비자들은 자신들의 태도를 변화시키는 것을 피하기 위해서 여러 가지 방어기제(defense mechanism)를 사용한다. 여기에는 다음과 같은 것들이 포함된다.[41]

- 불신(Discrediting) 소비자들의 좋아하는 브랜드가 공격을 받으면, 그들이 사용하는 첫 번째 전략은 그 부정적 정보를 불신하는 것이다. 이것은 반박을 통해서 이루어지는데, 여기에서 소비자들은 그 공격의 취약점을 찾는다. 예를 들어, 만일 어떤 경쟁자가 고객이 좋아하는 운동화가 충격흡수라는 점에서 열세라고 주장하고 있지만 그 증거가 신빙성이 낮은 알려지지 않은 조사기업에서 온 것이라면, 그 고객이 이 주장을 불신하는 것은 비교적 쉽다("그 경쟁자는 편향되어 있다," 또는 "그 조사는 가짜이다" 등). 부정적인 정보가 신빙성이 높은 원천에서 올 때와 같이 논박하기가 어려워져 불신이 더욱 어려워진다.
- 무시(Discounting) 불신이 작동하지 않을 때 애호적 소비자들은 무시하곤 한다. 즉, 그것을 알려고 하지 않고 그들이 해당 속성에 부여한 중요성을 축소시킴으로써 자신들의 브랜드를 보호한다. 예를 들어, 자신이 좋아하는 브랜드가 충격흡수라는 점에서 열세라는 점을 반박하기 어렵다면, 애호적 고객은 그 속성의 중요성을 축소시킬 수도 있다.
- 견제(Containment) 만일 어떤 공격에 의문을 제기 할 수 없다면, 애호적 소비자들은 견제를 할 수도 있다. 부정적인 정보를 고립시켜서 기존의 긍정적인 태도에 흘러들지 못하게 하는 방법으로 그 부정적 정보를 밀봉하는 것과 같은 것이다. 부정적인 정보가 중요한 제품특징과 밀접한 관계를 갖는 다른 속성에 대한 것이었을 때 이것이 특히 중요하다. 운동화의 경우, 충격흡수와 관련되는 것으로 생각되는 다른 속성들은 발보호와 편안함일 것이다. 애호적 고객들은 발보호와 편안함 같은 중요한 속성들에 대한 신념을 변화시키지 않음으로써 견제를 사용할 수 있다.

짐작할 수 있는 바와 같이, 애호적 고객들은 자신들의 브랜드에 대한 적극적인 방어자들이다. 만약 공격이 약하다면, 그들은 그것을 불신한다. 만일 그 공격이 강하다면, 그들은 그것을 무시하고 견제한다. 반면에, 공격을 받는 브랜드에 애호적이지 않은 소비자들은 이러한 행동을 하지 않는다. 그리하여 대부분의 마케터들은 일반적으로 경쟁브랜드에 몰입되어 있는 소비자들을 빼앗아오려고 하지 않는다. 그보다는 오히려 그들은 몰입이 덜 된 소비자들에 집중하는데, 이러한 소비자들이 그들의 메시지에 더 주의를 기울이고 민감하게 반응하기 때문이다.

생각해 볼 문제

1. 소비자들의 무시는 마케터들의 "중요성을 변화시키는" 인지적 태도변화 전략과 어떻게 연결되는가?
2. 애호적 고객들이 경쟁브랜드로 전환되는 상황을 생각할 수 있는가?
3. 불법약품의 사용과 같은 소비자들에게 위험한 행동을 그만두게 하려 할 때 이 본문의 통찰력이 마케터들이 직면하는 어려움과 어떻게 연결되는지를 논의해보라.

원천 신빙성(Source Credibility) 표적시장이 메시지 원천을 확실하게 믿을 수 있다고 볼 때 설득이 쉬워진다. **원천 신빙성(source credibility)**은 진실성(trustworthiness)과 전문성(expertise)으로 구성된다. 완벽하고 정확한 정보 이외의 그 어떠한 것도 제공하려는 저의가 없는 원천이 믿을 수 있는 원천으로 받아 들여진다. 그러나 원천이 전문성을 갖기 위해서는 제품지식이 필요하다. 이처럼 친구는 믿을 수 있지만 전문성이 없다. 반면에 영업사원들과 광고주들은 충분한 지식을 갖고 있을지라도 소비자들이 회의적으로 받아들인다.

전문성을 인정받고 오해를 살 외적 동기를 갖지 않는 사람들은 위험을 줄일 수 있는 능력 때문에 강력한 원천이 될 수 있다.[42] 예로는 1-800-PetMeds®를 들 수 있는데, 이 TV 광고에서 한 수의사가 애완동물을 위한 통증관리 방법에 관해서 얘기하고 있다. 표적시장의 소비자들과 비슷한 비교적 알려지지 않은 사람들도 다른 이유로 효과적인 메시지 전달자(spokesperson)가 될 수 있다. **증언 광고(testimonial ad)**에서 일반적으로 표적시장의 전형적인 구성원인 소비자가 제품, 서비스 또는 아이디어에 대한 자신의 성공적인 사용을 자세히 얘기한다.[43] 증언은 웹에서도 중요하다. Amazon과 기타 온라인 마케터들은 소비자논평을 제공하고 있는데, 이것은 태도와 구매행동의 중요한 결정요인으로 보인다.[44] 원천의 유사성은 이러한 증언의 믿음과 관련성을 향상시켜준다.

미국치과학회와 같은 조직의 독립적인 제3자의 권장(third-party endorsements)은 소비자들이 진실되고 전문적인 것으로 널리 받아들이고 있어서 마케터들이 적극적으로 추구하고 있다. 그러한 권장은 소비자들이 브랜드 품질 단서로 사용하는 것처럼 보인다.[45] Crest 치약의 놀라운 성공은 대체로 미국 치과학회의 권장에 기인한 것이다. 다른 예로는 다음과 같은 것들이 있다.

- The American Heart Association – Quaker Oats 및 Subway
- J. D. Power and Associates – Edward Jones
- Good Housekeeping Seal of Approval – LiftMaster 차고 문

물론, 기업 자체가 마케팅메시지 대부분의 가장 명백한 원천이다. 이것은 진실성을 위해서 기업명성이나 이미지를 개발하는 것이 그 기업의 마케팅 메시지의 영향을 크게 향상시킬 수 있음을 의미한다.[46]

원천 신빙성은 다양한 상황에서 설득에 영향을 미칠 수 있다. 첫째, 소비자들이 제품성능에 대한 직접적인 판단을 할 수 있는 능력이 없을 때 신빙성 있는 원천은 태도를 향상시킬 수 있다.[47] 이것은 저관여 과정에 더 가깝다. 둘째, 신빙성 있는 원천은 메시지처리와 수용을 향상시킬 수 있다. 사실, 전문적인 원천은 지각된 의사결정 관련성의 산물로 일부 고관여 상황에서 태도를 개선할 수 있다.[48]

문화적 차이도 일정한 역할을 할 수 있다. 예를 들어, 태국의 소비자들은 캐나다 소비자들보다 전문적인 원천에 의해서 더 크게 영향을 받는다. 태국 소비자들은 위험을 더 회피하고 권위를 따를 가능성이 더 커서, 외부원천의 영향을 받을 가능성이 더 커지게 된다.[49]

어떤 원천의 신빙성을 떨어뜨릴 수 있는 한 가지 요인은 그 기업이 권장의 대가로 원천에 비용을 지불하고 있다고 소비자들이 믿는지의 여부이다.[50] 이것은 특히 권장의 대가

사진 11-5

특정 민족의 하위문화를 표적으로 삼는 방법으로 특정 민족의 유명인들이 미국광고에서 점점 보편화되고 있다.

로 큰 금액을 받고 있는 유명인들과 운동 선수들과 관련있다.

유명인 원천(Celebrity Sources) 유명인들이 광고에서 널리 이용되고 있다. 마케터들은 민족적으로 다양한 미국인들에게 다가가기 위해서 문화적으로 다양한 유명인들을 점점 더 많이 활용하고 있다. Eva Mendes(Pantene), Kobe Bryant(Nike), Penelope Cruz(Lancome Tresor Fragrance), 및 Michelle Wie(Omega 시계)는 광고모델 계약(endorsement contract)을 맺거나 자신들의 제품라인을 갖고 있는 유명인의 일부이다.

근년에 유명인 권장자의 눈에 띄는 이용은 우유에 대한 콧수염 캠페인이었다. <사진 11-5>는 미국에서 증가하고 있는 민족시장을 분명하게 표적으로 삼고 있다. 유명인 원천은 다음과 같은 여러 가지 이유에서 효과적이다:[51]

- **주의**–명인들은 광고물에 대한 주의를 끌 수 있다. 소비자들은 유명인들에게 호기심을 갖고 있어서 그들이 출연한 광고에 주의를 기울이게 된다.
- **광고물에 대한 태도**–유명인의 호감과 인기가 더 높은 긍정적인 광고물태도(Aad)를 만들어내고, 이것이 브랜드태도를 향상시킬 수 있다.
- **진실성**–권장에 대한 대가를 받음에도 불구하고 유명인들은 소비자들이 신뢰하는 강력하고 신빙성 있는 대중적인 페르소나(성격, personas)를 만들어내곤 한다. 그리고 이러한 신뢰가 구매로 이어진다. 한 연구는 많은 소비자들에 있어서 권장자들의 사적인 행동도 본업의 성취만큼 중요하다는 것을 발견하였다. 이것은 도입사례에서 처럼 왜 개인적인 추문이 권장자를 해고하는 원인이 되는가를 설명한다.[52]
- **전문성**–일부 유명인은 전문가이기도 하다. 이것은 음악 및 스포츠와 같은 영역에서 흔히 있는 일이다. Neil Peart와 Sabian의 파트너십은 음악계에서의 예이다. 골프장비에서 Tiger Woods와 Nike의 파트너십은 스포츠계에서의 예이다.
- **선망적 측면들**–비자들은 유명인들과 동일시하거나 흉내내고 싶어한다. 그 결과로 그들은 비슷한 브랜드나 스타일의 구매를 통해서 유명인의 행동과 스타일을 모방할 수도 있다. 예를 들어, 대중적인 여배우들은 젊은 여성들의 의상과 헤어스타일의 유행을 이끌곤 한다.
- **의미 전이**–소비자들은 유명인들의 잘 알려진 특징을 자신들의 필요 및 욕구와 맞는 제품의 속성에 연합시킬 수도 있다. 예를 들어, 도시취향을 추구하는 도시의 젊은이들은 Allan Iverson과 같은 유명 운동선수를 강력한 아이콘으로 본다. 한 임원은 다음과 같이 표현하였다. "그는 도시출신이다. 그들은 그를 숭배한다."[53]

제품 및 표적 오디언스와 권장자의 조화 그림 

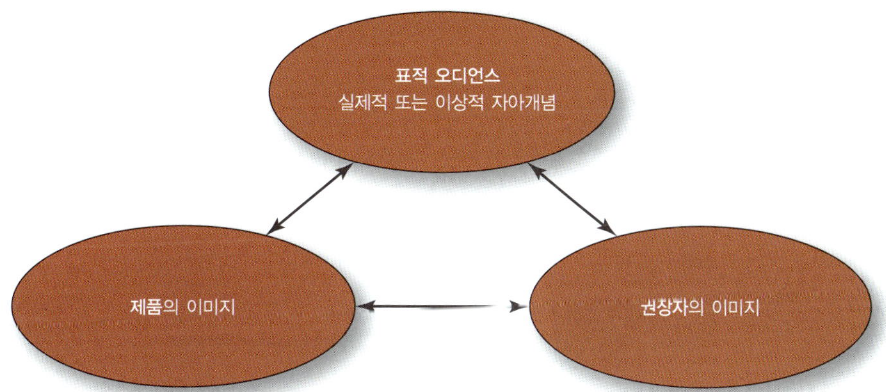

위의 마지막 설명이 시사하는 바와 같이, 유명인 권장자의 효과성은 일반적으로 제품의 개성 및 표적시장의 실제 또는 바라는 자아개념과 유명인의 이미지를 조화시킴으로써 향상시킬 수 있다.

<그림 11-4>에 있는 세 가지 구성요소들이 잘 조화를 이룰 때, 효과적인 태도 형성이나 변화가 생길 수 있다.[54] 예를 들어, "주름 장식이 달린 드레스와 전투화를 짝지어 입는 것으로 유명한 Avril Lavigne은 Kohl 백화점의 주니어매장에 그녀의 스타일을 들여보낼 것이다. 개성있는 록풍의 팝음악 스타의 의상라인 'Abbey Dawn'은 그녀의 어릴적 별명을 따서 작명되었다."[55] 이 사례에서, 유명인, 의상라인, 이 가수의 스타일과 개성을 흉내내고 싶어하는 10대 여성 소비자들 사이에 분명히 강한 조화가 있는 것이다. 어떤 경우에는 이미지가 조화를 이루지 못해서 회피되어야 한다. 예를 들어, Burger King은 Paris Hilton의 선정적인 이미지가 너무 극단적이라고 여겨 그녀와의 광고계약을 취소하였다.[56] 또한 최근의 연구는 중국에서의 스포츠 마케팅에 있어서 세 요소 간의 조화가 중요하다는 것을 지지해주고 있다.[57]

기업의 메시지 전달자로 유명인을 활용하는 것은 특별한 위험들이 따른다. 한 가지 위험은 과다노출이다. 만일 유명인이 많은 제품의 광고에 출연하면, 소비자들의 반응은 덜 긍정적이게 된다. 그래서 마케터들은 유명인이 출연하는 제품의 수를 제한하는 것을 고려할 수 있다.[58] 또 다른 위험은 그 메시지전달자와 관련된 부정적인 행동은 그 개인의 신빙성에 영향을 미치고, 이는 다시 기업의 이미지에 손상을 주는 것이다.[59] Rawlings와 Nike는 Michael Vick가 폭력으로 기소된 후에 그와의 거래를 취소하였다. NASCAR는 가족적 이미지를 보호하기 위해서 Dale Earnhardt, Jr.가 인터뷰에서 모독적인 발언을 한 것에 대해서 신속하게 처벌하였다. 그리고 Big Ben Beef Jerky를 만드는 피츠버그의 PLBS는 계약서의 도덕적 조항 을 들어 Ben Roethlisberger의 경기장 밖의 수차례 스캔들을 문제삼아 계약을 취소하였다.

많은 기업들이 유명인을 사용하는 대신에 **메시지전달 캐릭터(spokescharacters)**를 만들어내고 있다.[60] Tony the Tiger와 Green Giant가 아마 가장 유명한 캐릭터일 것이다. Geico

사진 11-6

메시지전달 캐릭터가 점점 인기를 얻고 있다. 그것들은 주의를 끌 뿐만 아니라 메시지에 신빙성을 덧붙여줄 수 있다. 일부는 제품의 상징물로 역할을 하게 된다.

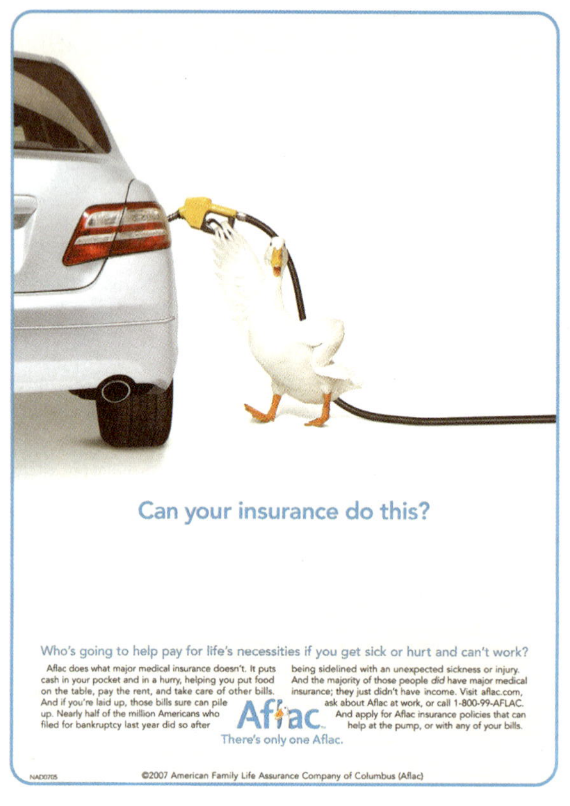

의 도마뱀과 Aflac의 오리는 곧 바로 가정제품(보험)의 이름이 되었다. 메시지전달 캐릭터는 애니메이션으로 된 동물, 사람, 제품 또는 다른 대상물이 될 수 있다. 메시지전달 캐릭터의 한 가지 장점은 완벽한 이미지 통제이다. 이것은 실존 유명인들과 관련된 많은 문제를 배제시켜준다. 이러한 캐릭터는 브랜드를 상징하게 되고 경쟁자들이 쉽게 복제할 수 없는 정체성을 심어준다. <사진 11-6>은 메시지전달 캐릭터가 제품상징물로 어떻게 활용되는 지를 보여주고 있다.

스폰서십(Sponsorship) 올림픽이나 콘서트 같은 이벤트에 기업이 재무적 지원을 제공하는 **스폰서십**은 가장 빠르게 성장하는 마케팅활동들 중 하나이며 수백 만 달러의 산업으로 성장하고 있다.[61] 북미지역에서 스폰서십은 계속해서 성장하고 있으며 총지출은 연간 160억 달러가 넘는다.[62]

주의를 끄는 한 사례는 NASCAR의 타이틀 스폰서로 Winston의 Nextel로의 교체이다.[63] 다른 예는 FIFA 월드컵에 대한 Coke의 스폰서십이다.[64] 스포츠 스폰서십에서 호의(goodwill)를 생성시킬 수 있는 잠재력은 열광적인 팬들 사이에서 특히 높다.[65] 이러한 팬들은 "Reebok이 우리 팀을 지원해서 나는 Reebok을 지원하려고 한다"와 같은 방식으로 반응을 보일 수 있다.

스폰서십은 유명인 광고모델을 활용하는 것과 같은 방식으로 작용하곤 하며, <그림 11-4>('권장자'가 스폰서로 대체됨)처럼 스폰서, 제품 이미지, 표적 오디언스 간의 조화가 중

사진 11-7

공포소구는 태도를 형성하거나 강화시키거나 변화시키는데 효과적일 수 있다. 공포소구를 사용하기 전에 그러한 소구의 윤리적 측면을 면밀하게 검토해야 한다.

요하다. 기업인 Abercrombie & Fitch의 이름을 따서 어린이 응급실과 외상센터의 이름을 지으려고 한 Ohio 병원에 대한 부정적인 반응과 같이 상충(mismatch)은 반발을 불러일으킬 수 있다. 시민단체들은 그 기업이 딱히 "어린이친화적이라고 보지 않았다."[66] 스폰서 조화는 France 및 Australia와 같은 나라에서도 중요하다.[67]

끝으로, 스폰서십은 인지도와 유효성을 극대화시키기 위해서 오프라인, 온라인 및 소셜미디어를 통하여 촉진되어야 한다는 점을 기억해야 한다.

2. 소구 특성

예상한 바와 같이, 소구의 특성 즉 "어떻게 메시지가 전달되는지"가 태도형성과 변화에 영향을 미친다.

공포소구(Fear Appeals)

한 광고의 상단에는 갑판 위에 함께 앉아있는 젊은 부부의 스냅사진이 있다. 헤드라인은 다음과 같다: "나는 병원에서 깨어났다. Patti는 결국 깨어나지 못했다." 이 광고의 본문은 일산화탄소 중독이 그 비극을 어떻게 일으켰는지를 서술하고 있다. 비슷한 광고물의 시리즈 중 하나인 이 광고는 First Alert 일산화탄소 감지기에 대한 것이다.

공포소구는 태도나 행동을 바꾸지 않게 되면 경험하게 되는 부정적인(불쾌한) 결과의 위협을 활용한다. 공포소구는 주로 물리적 공포(흡연에서 오는 신체의 손상, 위험한 운전, 유전적으로 조작된 식품의 섭취)를 이용하여 연구되어 왔으나, 광고에서는 사회적 공포(부적절한 의상, 입 냄새, 흡연에 대한 동료들의 반대)도 사용되고 있다.[68]

사람들은 극단적으로 위협적인 메시지는 회피하거나 왜곡시킨다는 일부 증거도 있다. 또한, 높은 수준의 공포가 야기될수록 공포소구는 더 효과적인 경향이 있다. 따라서 공포소구를 활용하는 사람들은 소비자들이 공포소구 메시지를 왜곡시키거나 무시하거나 회피하게 될 정도로 강렬한 위협을 주지 않으면서 야기된 공포의 수준을 극대화하려고 한다. 사람들은 위협에 다르게 반응하기 때문에 이 과업은 어렵다. 이렇듯 동일하게 위협적인 광고물도 어떤 사람이나 집단에서는 공포를 유발시키지 않지만 다른 집단에서는 높은 수준의 공포를 유발시킬 수도 있다.[69] 문제를 더욱 복잡하게 만드는 것은 공포를 조성하는 것으로 충분하지 않다는 것이다. 사람들의 죄책감이나 후회 감정을 이용하여 행할 의무를 느끼도록 하는 것(당신이 심장발작에 적절하게 대응하지 못해서 죽게 된다면 가족들이 겪게 되는 것을 보여주고 있는 심장발작 예방약에 대한 광고물)이 원하는 행동을 일으키는 데 필요할 수도 있다는 점을 최근의 연구가 시사하고 있다.[70]

<사진 11-7>을 검토해보라. 이것은 공포소구를 효과적으로 활용한 것인가? 공포소구는 비윤리적인 것으로 종종 비판을 받고 있다. 그러한 비판의 빈번한 표적은 입 냄새, 체취, 비듬 또는 지저분한 의상에 대한 사회적 불안감에 토대를 둔 공포소구이다. 이러한 불만의 요지는 이러한 소구들이 불필요한 불안감을 조성한다는 것이다. 즉, 발생가능성을 암시하는 상해나 손상이 실제로는 거의 발생하지 않거나 해롭지 않다. 마약을 피하거나 일산화탄소 중독과 같은 일반적으로 인정된 신체적 위험을 피하는 것과 같은 사회적으로 바람직한 행동을 조성하는데 사용되는 공포 소구는 비판을 훨씬 덜 받고 있다.[71]

사진 11-8

유머는 주의를 끌고 태도를 변화시키기 위해서 광고에 널리 사용되고 있다.

유머소구(Humorous Appeals) 공포 소구와 거의 반대 방향에 있는 것이 **유머소구**이다.[72] 유머를 중심으로 제작된 광고물은 특히 유머 욕구가 높은 사람들에게서 주의를 끌고[73] 광고물에 대한 호감을 증가시켜주는 것 같다.[74] 유머가 제품이나 브랜드에 의미있는 방식으로 연결되고 표적 오디언스가 그 제품에 적절한 것으로 볼 때 유머의 전반적인 유효성은 일반적으로 증대된다.[75]

<사진 11-8>은 유머를 효과적으로 활용하고 있는 광고물을 보여주고 있다.

유머를 효과적으로 사용한 다른 사례는 다음과 같다.

Snickers의 "배고플 때 당신은 결코 당신이 아니다"라는 주제의 광고는 미식축구 게임에서 친구가 주는 Snickers 바를 먹기 전에 자신을 되돌아보면서 투덜대는 Betty White를 클로즈업시켰다. 이 광고는 Super Bowl기간에 방영되었으며 USA Today의 광고상을 수상하였다.[76] 이 유머는 어떻게 배고픔이 사람을 언짢아지게 만드는지와 Snickers가 그러한 배고픔을 해결해 준다는 점을 강조하고 있다.

사진 11-9

비교광고는 덜 알려진 브랜드에 대한 태도를 변화시키는데 매우 효과적일 수 있다.

유머가 관련성이 있어야 한다고 제안되지만, 기업들은 제품에 느슨하게 연관된 유머를 사용하여 성공을 거두어왔다(예: Geico의 Gecko 광고에서 도마뱀(gecko)은 자동차보험과 아무 관계가 없지만 Gecko와 도마뱀의 혼동이 유머를 만들어내고 있다). 이러한 경우에, 유머는 주의를 끌고, 긍정적인 정서적 반응이 고전적 조건화나 광고 태도를 통해서 브랜드에 전이될 수도 있다.[77] 유머광고에도 위험은 따른다. 재미있게 여겨지는 것은 사람에 따라, 문화에 따라 그리고 상황에 따라 달라진다.[78] 천하거나 모욕적인 것으로 여겨지는 유머는 기업의 이미지와 매출에 해가 될 수 있다

비교광고(Comparative Ads) **비교광고**는 두 개 이상 브랜드의 특징이나 편익을 직접 비교한다(<사진 11-9> 참조). 주의, 메시지와 브랜드인지도, 더 많은 메시지 처리, 호의적인 스폰서 브랜드 태도 및 구매의도와 행동을 생성시키는 비교광고는 그렇지 않은 광고보다 더 효과적일 때가 많다. 그러나 비교광고는 스폰서 브랜드에 대한 낮은 믿음, 광고물과 스폰서 브랜드에 대한 약한 태도 및 경쟁브랜드에 대한 더 긍정적인 태도 등과 같은 부정적인 결과를 가져다 줄 수도 있다.[79] 비교광고는 다음과 같은 지침을 따라야 한다는 타당한 증거가 있다: [80]

- 비교광고는 연합으로 자신들의 포지션을 만들어 내거나 이미지를 업그레이드시키기 위해서 강력한 제품속성으로 새롭거나 잘 알려지지 않은 브랜드를 촉진하는데 특히 효과적일 수도 있다. 기존 브랜드들이 비교광고를 사용할 때, 그들은 방어적으로 비칠 수 있다. 만일 비교가 과다하게 경멸적인 것으로 보인다면 특히 그렇다.
- 만일 그 주장이 신빙성 있는 근거에 의해서 입증된다면 비교광고는 더 효과적일 가능성이 크다. 또한, 주장의 최적 수를 결정하기 위해서 조사가 활용되어야 한다.
- 특히 스폰서 브랜드에 관련된 브랜드 애호도와 같은 오디언스 특성이 중요하다. 유명

사진 11-10

이것과 같은 광고물은 일부 사람들에게서 강력한 정서적 반응을 끌어낸다. 이러한 정서적 반응으로 태도변화가 가능해지곤 한다.

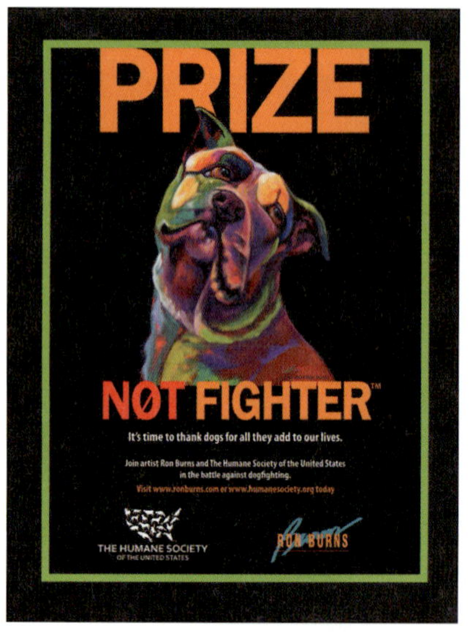

경쟁자 브랜드들의 사용자들은 비교하는 주장에 저항할 가능성이 높다.

- 비교광고는 비교를 하지 않는 광고보다 더 흥미롭기 때문에, 비교를 하지 않는 광고들이 효과적이지 않게 된 부진한 범주에서 효과적일 수도 있다.
- 더 철저한 비교가 가능하기 때문에 인쇄매체가 비교광고의 더 효과적인 수단이 될 것 같다.
- 오해의 가능성이 있기 때문에 부분적인 비교광고는 조심스럽게 활용해야 한다. 부분적인 비교광고는 비교하는 정보와 비교하지 않는 정보를 담고 있으며 스폰서 브랜드가 비교된 속성들에서 뿐만 아니라 모든 속성들에서 더 우수하다고 소비자들이 믿게 만들 수도 있다.

정서적 소구(Emotional Appeals) **정서적** 또는 **감정적 광고**가 점점 더 많이 활용되고 있다. 정서적 광고는 **정보를 제공하거나 주장을 펼치기보다는 주로 긍정적인 감정적 반응을 이끌어내도록 설계된다.** 온정을 느끼게 하는 것과 같은 정서적 광고는 생리적 반응을 일으킨다(제10장 참조). 정서적 광고는 다음과 같은 이유로 설득을 향상시킬 수도 있다.[81]

- 주의와 광고의 처리 그리고 이에 따른 광고 회상
- 광고에 대한 호감
- 고전적 조건화를 통한 제품호감
- 고관여 과정을 통한 제품호감

앞에서 논의했던 바와 같이, 정서적 광고가 고전적 조건화와 광고태도 또는 보다 분석적인 고관여 과정을 통해서 작용하는지는 제품의 주요 측면을 평가하는데 대한 정서의 관련성에 따라 달라진다.

또한, 정서적 광고는 브랜드의 다량 사용자들(대 소량사용자들)에게 그리고 시장에서 기존 브랜드들(대 새로운 브랜드들)에서 이성적 또는 정보제공적 광고보다 더 잘 작용하는 것 같다. 다량사용자들과 기존 브랜드들은 속성정보에 대한 확실한 지식기반을 갖고 있어서 정서가 더 강력한 차별화 특징이 된다는 사실 때문에 이러한 효과가 생길 수 있다.[82]

<사진 11-10>은 정서적 반응을 이끌어내도록 설계되었다.

가치 표현적 소구(Value-expressive Appeals) 대 실용적 소구(Utilitarian Appeals) **가치 표현적 소구**는 제품에 대해 개성을 구축하거나 제품 사용자들의 이미지를 만들어내려고 한다. **실용적 소구**는 표적시장에서 중요하게 여겨지는 하나 이상의 기능적 편익을 소

사진 11-11

실용적 소구는 일반적으로 기능적 제품에서 가장 잘 작용한다. 가치 표현적 소구는 자아 이미지를 향상시키거나 다른 무형적 편익을 제공하도록 설계된 제품에서 가장 잘 작용한다.

비자에게 알리는 것과 관련된다. 어떤 조건에서 어느 것이 최선인가?

기능적 제품에는 실용적 소구가 가장 효과적이며 자아 이미지를 향상시키도록 설계된 제품이나 다른 무형적 편익을 제공하는 제품에는 가치 표현적 소구가 가장 효과적임을 이론과 일부 경험적 증거 모두가 제시하고 있다.[83] 자동차의 경우처럼 많은 사람들이 그 제품을 우선적으로 실용적으로 생각하기도 하고, 또 많은 사람들이 우선적으로 가치표현적이라고 생각하는 경우에는 어느 쪽을 사용할 것인가를 결정하는 것이 매우 어렵다. 일부 마케터들은 두 가지 소구를 모두 사용함으로써 위험을 분산하기도 한다. <사진 11-11>은 각 접근방법의 예를 담고 있다.

한 연구는 웹사이트에 대한 배너광고들도 제품의 두 가지 형태별로 달라야 한다고 지적한다. 실용적 제품에 대해서 배너광고는 주로 소비자들을 더 자세한 표적 광고물이나 사이트로 이동시키는 역할을 한다. 가치 표현적 제품에 대해서, 배너광고는 표적 광고물에 대한 사용자 클릭이 아니라 배너광고 그 자체에 대한 노출을 기반으로 한 태도에 영향을 미쳐야 한다.[84]

3. 메시지 구조의 특성

일면적 메시지(One-sided Messages) 대 양면적 메시지(Two-sided Messages) 광고와 판매 프레젠테이션에서, 마케터들은 일반적으로 있을 수 있는 부정적인 특징이나 경쟁자들이 가질 수 있는 어떤 우위를 언급하지 않고 제품의 편익만을 제시한다. 이러한 것들은 한 가지 관점만이 표현되기 때문에 **일면적 메시지**라고 한다. 좋은 점과 나쁜 점 모두를 제시하는 양면적 메시지에 대한 아이디어는 반직관적이며, 대부분의 마케터들은 그러한 접근방법의 시도를 꺼려한다. 그러나 일반적으로 **양면적 메시지**는 강한 태도를 변화시키는데 일면적 메시지보다 더 효과적이다. 한 가지 이유는 그것은 예측되지 않았던 것이며, 광고주에 대한 소비자들의 믿음을 증가시켜주기 때문이다. 그것은 교육수준이 높은 소비자들에게 특히 효과적이다. 일면적 메시지는 기존 태도를 강화시키는데 가장 효과적이다. 그러나 제품형태, 상황변수들, 광고포맷이 두 가지 접근방법의 상대적인 효과성에 영향을 미친다.[85]

긍정적 프레이밍(Positive Framing) 대 부정적 프레이밍(Negative Framing) **메시지 프레이밍(message framing)**은 긍정적이거나 이득 관점(긍정적 프레이밍)에서 또는 부정적이거나 손실 관점(부정적 프레이밍)에서 두 가지 등가의 결과들 중 어느 하나를 제시하는 것을 지칭한다. 다양한 형태의 메시지 프레임이 있으며 프레임의 형태는 긍정적 또는 부정적 프레이밍이 최선인지에 영향을 미친다.[86] 가장 간단한 형태는 **속성 프레이밍(attribute framing)**인데, 여기에서는 단일 속성이 프레임의 초점이 된다. 고전적인 예는 다진 쇠고기를 80% 무지방으로(긍정적 프레이밍) 또는 20% 지방으로(부정적 프레이밍) 묘사하는 것이다. 속성 프레이밍 상황에서 긍정적 프레이밍은 특정 속성들의 바람직한 측면들을 강조하기 때문에 가장 긍정적인 평가를 가져다준다.

메시지가 어떤 행위를 한 것의 긍정적 결과 또는 어떤 행위를 하지 않은 것의 부정적 결과를 강조하는지는 **목표 프레이밍(goal framing)**이라고 한다.[87] 이 행위는 특정 브랜드를 구입하는 것, 연례적으로 유방 엑스선 사진을 찍는 것 등이 될 수 있다. 이 두 가지 경우 모두에서 행위는 유익한 것이다. 그러나 긍정적인 프레임에서 행위의 편익이 강조되는데 반해서(예: 종양을 찾을 가능성의 증가) 부정적 프레임에서는 행위를 하지 않는 것의 위험이 강조된다(예: 종양을 찾을 가능성의 감소). 목표 프레이밍 상황에서는 **부정적** 프레임이 일반적으로 더 효과적이다. 이것은 부정적 목표 프레임의 위험을 높이는 성향과 연결된 소비자들의 위험 회피적 특성 때문일 가능성이 크다.

프레이밍 효과는 제품에 따라, 소비자들에 따라 그리고 상황에 따라 달라질 수 있다. 따라서 긍정적 또는 부정적 프레이밍을 이용하려는 결정은 결국 특정 제품이나 시장에 대한 조사에 토대를 두어야 한다.[88]

비언어적 구성요소들(Nonverbal Components) 제9장에서 그림이 어떻게 심상을 향상시켜서 학습에 도움이 되는지를 논의하였다. 그림, 음악, 초현실주의 및 기타 비언어적 단서들이 태도변화에 효과적일 수도 있다. 앞에서 살펴 본 정서적 광고는 정서적 반응을 일으키기 위해서 주로 또는 전적으로 비언어적 콘텐츠에 의존하는 경우가 많다. 비언어적 광고 콘텐츠는 제품에 대한 인지에도 영향을 미칠 수 있다. 예를 들어, 운동 후에 새로운 음료를 마시는 사람을 보여주는 광고는 "운동 후에 사용하기 좋은"이라고 표현하고 있지 않을지라도 적절한 사용 상황에 대한 정보를 제공해준다. 이렇듯 비언어적 구성요소들은 감정, 인지 또는 둘 모두를 통해서 태도에 영향을 미칠 수 있다.

11.5 태도에 기초를 둔 시장 세분화와 제품개발

LO6

1. 시장 세분화

세분시장을 찾아내는 것은 마케팅의 주요 측면이다. 적절하게 설계된 마케팅 프로그램은 각 세분시장의 독특한 욕구를 중심으로 개발되어야 한다. 여러 가지 속성들의 중요성은 특정 제품에 대한 고객 욕구를 규정하는 한 가지 방법이 된다. 가장 중요한 속성이나 속성들을 기초로 하여 소비자들을 세분시장으로 나누는 것을 **편익세분화(benefit segmentation)**라고 한다.[89]

편익 세분시장을 규정하기 위해서 마케터는 제품이나 서비스의 여러 가지 특징에 소비자들이 부여하는 중요성을 알 필요가 있다. 이는 동일한 편익을 찾는 소비자들을 세분시장들로 분류할 수 있게 한다. 각 세분시장에 대한 보다 완벽한 그림을 그리기 위해서 각 세분시장 내에 있는 소비자들에 대한 추가적인 정보들이 획득될 수 있다. 이러한 정보를 토대로, 선정된 표적 세분시장별로 별개의 마케팅 프로그램들이 개발될 수 있다.

2. 제품개발

소비자들이 주요 속성들에 부여하는 중요성은 욕구를 이해하고, 편익세분시장을 찾아내는데 의미 있는 방법을 제공해주는 반면에, 성능의 이상적인 수준은 그러한 소비자들의 욕구를 충복시켜줄 수 있는, 원하는 수준의 성능을 의미한다. 이 이상적 성능 기준은 신제품을 개발하거나 기존제품을 개량하는네 귀중한 지침을 제공해줄 수 있다.

<표 11-1>은 Coca Cola가 새로운 청량음료 개발에 이 접근방법을 어떻게 활용하고 있는지를 설명해 준다.[90] 첫 단계는 청량음료의 주요 속성에서 성능에 대한 세분시장 소비자의 이상적인 수준 프로필을 작성한다. <표 11-1>에 나타난 바와 같이, 청량음료의 특정 형태별로 4가지 속성들을 찾아냈으며, A가 보여주는 것과 같이 이상적인 성능은 소비자 평가에서 얻어진다.

두 번째 단계는 이상적인 프로필에 잘 어울리는 제품개념을 만들어내는 것이다. 이 개념은 문서로 되어 있는 설명, 그림 또는 실제 시제품이 될 수 있다. <표 11-1>의 B가 보여주는 바와 같이, 소비자들은 코카콜라가 개발한 제품 개념을 4가지 속성들 각각에서 자신들의 이상에 상당히 가까운 것으로 평가하고 있다. 컬러가 약간 어두워서 이상점을 조금 빗나간 것처럼 보인다.

다음 단계는 이 개념을 실제 제품으로 바꾸는 것이다. 코카콜라가 이를 실행해서 제품을 소비자들에게 제시했을 때, 그들은 제품개념이나 자신들의 이상에 유사한 것으로 지각하지 않았다(<표 11-1>의 C참조). 실제 제품이 합당한 태도평가를 받고 있을지라도, 제품개념의 점수가 더 높다(<표 11-1>의 D참조). 이렇게, 이상적인 프로필에 잘 맞춰지도록 제품을 계속 개선함으로써 이득을 볼 수 있다. 이와 동일한 기본 절차가 광고물, 포장 및 소매점을 설계하는데 사용될 수 있다.

그림 11-1 제품개발 과정에서 다속성 태도모형의 활용

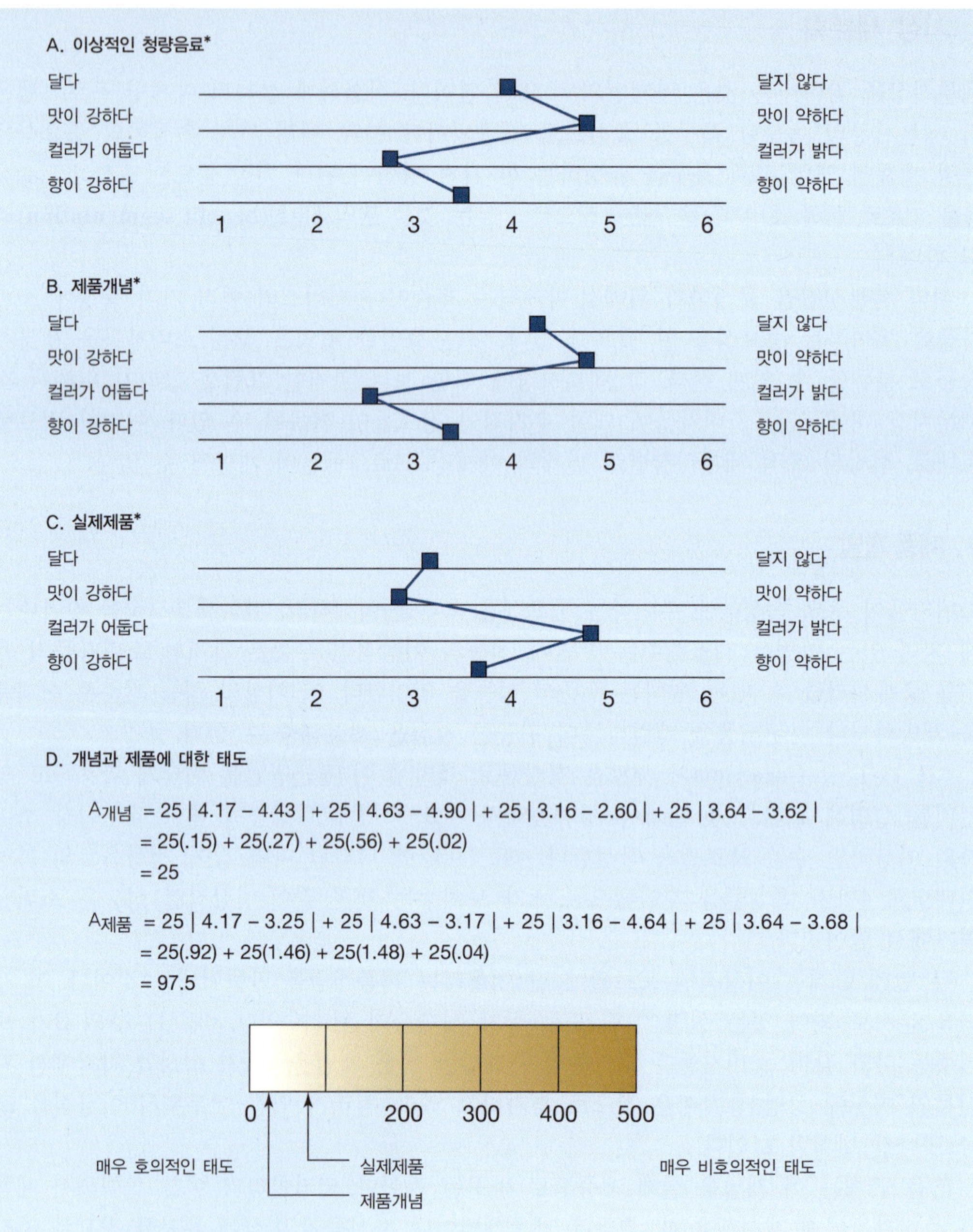

*6점 의미차이척도로 측정하였음

요약

1. **태도를 정의하고 소비자행동에 태도의 역할을 살펴본다.**

태도는 사람들이 자신들의 환경의 어떤 측면에 대해서 생각하고, 느끼고, 행동하는 방식으로 정의될 수 있다. 이 책에서 지금까지 논의되었던 모든 요인들의 산물인 태도는 개인들이 추구하는 라이프스타일을 반영하고 있을 뿐만 아니라 라이프스타일에 영향을 미친다.

2. **태도의 세 가지 구성요소들을 알아본다.**

태도는 인지적, 감정적 및 행동적 구성요소를 갖고 있다. **인지적 구성요소**는 대상에 대한 개인의 신념 내지 지식으로 이루어져있다. 대상은 다속성 태도모형의 한 유형을 이용함으로써 일반적으로 평가된다. 어떤 대상물에 대한 감정 내지 정서적 반응은 태도의 **감성적 구성요소**를 나타내며 AdSAM®을 포함한 다양한 방식으로 평가된다. **행동적 구성요소**는 대상물의 특정 속성들 또는 전반적인 대상물에 대해서 표출적 행동과 행동의도의 표현을 반영한다. 일반적으로 세 가지 구성요소들은 서로 일치하는 경향이 있다. 그러나 여러가지 요인들로 인해 불일치가 생길 수 있어서 마케터들은 마케팅조사와 커뮤니케이션 전략에서 이러한 요인들을 이해하고 반영해야 한다.

3. **태도의 각 구성요소와 연결된 태도변화전략을 논의한다.**

태도변화전략은 감정, 행동, 인지 또는 이들의 결합에 초점을 맞출 수 있다. 감정을 변화시키려는 시도는 대체로 고전적 조건화에 의존한다. 행동에 초점을 맞춘 변화전략은 조작적 조건화에 더 의존한다. 인지를 변화시키는 것은 대체로 정보처리 및 인지적 학습과 관련된다. 그것은 브랜드의 속성 수준과 같은 것에 대한 신념을 변화시키는 것, 새로운 속성에 대한 신념을 추가하는 것 또는 특정 속성이나 전반적인 브랜드 개념에 대한 지각된 이상점을 변화시키는 것을 포함한다.

4. **설득에 대한 정교화가능성 모형을 설명한다.**

정교화가능성 모형(ELM)은 다양한 관여 조건 하에서 어떻게 태도가 형성되고 변화되는지에 대한 이론이다. ELM은 관여수준에 따른 여러가지 커뮤니케이션 전략을 제안한다. 일반적으로, 고관여인 중심경로 상황에서는 자세한 사실 정보(중심적 단서)가 효과적이다. 저관여인 주변경로 상황은 대체로 제한된 정보를 필요로 하며 그 대신에 그림, 음아 및 광고모델의 특징(주변적 단서)과 같은 단순한 감정적 및 인지적 단서에 의존한다. ELM은 전반적인 지지를 받고 있다. 그러나 관련성이 있는 것으로 지각되는 것은 상황(예: 매력적인 모델과 두발은 샴푸광고에서는 중심적일 수도 있지만 자동차광고에서는 주변적일 수도 있다)에 따라 달라질 수 있고 경쟁의 특성은 고관여하에서도 주변적 단서의 역할을 강화시켜줄 수 있다.

5. **태도에 대한 메시지 원천, 소구 및 구조의 효과를 설명한다.**

세 가지 커뮤니케이션 특징이 태도에 중요하다. 그 특징은 원천 특성, 메시지소구 및 메시지의 구조적 특성이다. 원천 특성의 관점에서 **원천 신빙성**은 진실성과 전문성이라는 두 가지 차원으로 구성되어 있다. 메시지 원천이 매우 신빙성 있는 것으로 여겨질 때 설득은 훨씬 쉬워진다. 유명인들이 제품이나 기업의 메시지전달자로 널리 활용되고 있다. 유명인의 이미지가 제품의 개성 그리고 표적시장의 실제 또는 바라는 자아개념과 조화를 이룰 때 유명인들은 가장 효과적이다.

메시지 소구의 관점에서 태도를 변화시키는데 사용되는 소구는 중요하고 다양하다. **공포소구**는 만일 태도나 행동이 바뀌지 않는다면 경험하게 되는 부정적 결과의 위협을 사용한다. **유머소구**도 태도를 변화시키는데 효과적일 수 있다. 그러나 효과가 극대화 되기 위해서 유머 메시지는 브랜드나 주요 판매 소구점에 초점을 맞춰야 한다. **비교광고**는 혼합된 결과를 낳는다. 강력한 기능적 우위를 갖는 잘 알려지지 않은 브랜드에 대해서 비교광고는 가장 효과적이다. 가치 표현적 또는 실용적 소구를 이용할지에 대한 결정은 그 브랜드가 가치 **표현적** 또는 **실용적** 필요를 채워주는지에 달려있다. 그러나 브랜드가 두 가지 유형 모두의 필요를 채워줄 때 이것은 복잡해진다. 정서적 소구는 광고물과 브랜드에 대한 태도 모두에 강한 영향을 갖는 것으로 알려져 있다.

메시지 구조에는 세 가지 측면이 있다. **양면적**(대 일면적) **메시지**는 믿음과 메시지 수용을 증가시키지만, 효과는 개인과 상황의 특성에 따라 달라진다. 긍정적(긍정적 프레이밍) 또는 부정적(부정적 프레이밍) 관점에서 동등한 가치의 결과를 제시하는 **메시지 프레이밍** 효과는 프레이밍의 형태에 달려있다. 긍정적인 **속성 프레이밍**이 가장 잘 작용하는 경향이 있는 반면에 부정적인 **목표 프레이밍**이 가장 잘 작용하는 경향이 있다. 그림, 초현실주의 및 음악과 같은 광고물의 **비언어적** 측면들도 태도에 영향을 미친다.

6. 시장 세분화와 제품개발에서 태도의 활용을 논의한다. 특정 제품특징에 대한 소비자 평가, 감정 및 신념이 편익세분화와 같은 시장 세분화전략과 신제품개발전략의 토대가 된다.

주요 용어

심미적 소구(aesthetic appeal)
감정적 구성요소(affective component)
양면적 태도(ambivalent attitude)
태도(attitude)
속성 프레이밍(attribute framing)
행동적 구성요소(behavioral component)
편익 세분화(benefit segmentation)
인지적 구성요소(cognitive component)
비교광고(comparative ads)
정교화가능성모형(elaboration likelihood model, ELM)
정서적 광고(emotional ads)
공포소구(fear appeals)
목표 프레이밍(goal framing)
유머소구(humorous appeals)
단순노출(mere exposure)
메시지 프레이밍(message framing)
다속성태도모형(multiattribute attitude model)
일면적 메시지(one-sided messages)
원천 신빙성(source credibility)
메시지전달 캐릭터(spokescharacters)
스폰서십(sponsorship)
증언 광고(testimonial ad)
양면적 메시지(two-sided message)
실용적 소구(utilitarian appeals)
가치 표현적 소구(value-expressive appeals)

참고 문헌

1. This opener is based on "Michael Phelps' Sponsors Sticking with Him After Bong Photo," *Associated Press,* February 2, 2009; K. Hein, "Are Celebrity Endorsers Really Worth the Trouble?" *Brandweek,* February 9, 2009; "Nike Won't Drop Tiger Woods," www.x17online.com/celebrities, December 12, 2009, accessed June 6, 2011; Y. Upadhyay and S. K. Singh, "When Sports Celebrity Doesn't Perform," *Vision,* January–June 2010; E. B. York, "Celeb Dieters," *Advertising Age,* February 15, 2010, p. 10; D. Tilkin, "Study on Tiger," www.kval.com/news/business, February 11, 2011, accessed June 6, 2011; and L. I. Alpert, "Tag Heuer Drops Tiger," *New York Post,* June 10, 2011.
2. See R. E. Petty, D. T. Wegener, and L. R. Fabriger, "Attitudes and Attitude Change," *Annual Review of Psychology* 48 (1997), pp. 609–38.
3. J. A. Ruth, "Promoting a Brand's Emotional Benefits," *Journal of Consumer Psychology* 11, no. 2 (2001), pp. 99–113.
4. B. Wansink and M. M. Cheney, "Leveraging FDA Health Claims," *Journal of Consumer Affairs* 39, no. 2 (2005), pp., 386–98.
5. See M. Wanke, G. Bohner, and A. Jurkowitsch, "There Are Many Reasons to Drive a BMW," *Journal of Consumer Research,* September 1997, pp. 170–77.
6. K. E. Voss, E. R. Spangenberg, and B. Grohmann, "Measuring the Hedonic and Utilitarian Dimensions of Consumer Attitude," *Journal of Marketing Research,* August 2003, pp. 310–20; T. Lageat, S. Czellar, and G. Laurent, "Engineering Hedonic Attributes to Generate Perceptions of Luxury," *Marketing Letters,* July 2003, pp. 97–109; and R. Chitturi, R. Raghunathan, and V. Mahajan, "Delight by Design," *Journal of Marketing,* May 2008, pp. 48–63.
7. G. C. Bruner II and A. Kumar, "Explaining Consumer Acceptance of Handheld Internet Devices," *Journal of Business*

Research 58 (2005), pp. 553–58.

8. C. T. Allen et al., "A Place for Emotion in Attitude Models," *Journal of Business Research* 58 (2005), pp. 494–99.
9. C. Page and P. M. Herr, "An Investigation of the Processes by Which Product Design and Brand Strength Interact to Determine Initial Affect and Quality Judgments," *Journal of Consumer Psychology* 12, no. 2 (2002), pp. 133–47; and H. Hagtvedt and V. M. Patrick, "Art Infusion," *Journal of Marketing Research,* June 2008, pp. 379–89.
10. J. D. Morris et al., "The Power of Affect," *Journal of Advertising Research,* May–June 2002, pp. 7–17; and J. D. Morris, "Observations: SAM," *Journal of Advertising Research,* November–December 1995, pp. 63–68.
11. For an excellent review, see P. A. Dabholkar, "Incorporating Choice into an Attitudinal Framework," *Journal of Consumer Research,* June 1994, pp. 100–18. See also Morris et al., "The Power of Affect"; and P. E. Grimm, "A_b Components' Impact on Brand Preference," *Journal of Business Research* 58 (2005), pp. 508–17; and P. M. Homer, "Relationships among Ad-Induced Affect, Beliefs, and Attitudes," *Journal of Advertising,* Spring 2006, pp. 35–51.
12. R. E. Petty and J. A. Krosnick, *Attitude Strength* (Mahwah, NJ: Erlbaum, 1995); S. J. Kraus, "Attitudes and the Prediction of Behavior," *Personality and Social Psychology Bulletin* 21 (1995), pp. 58–75; R. Madrigal, "Social Identity Effects in a Belief-Attitude-Intentions Hierarchy," *Psychology & Marketing,* February 2001, pp. 145–65; and W. E. Baker, "The Diagnosticity of Advertising Generated Brand Attitudes in Brand Choice Contexts," *Journal of Consumer Psychology* 11, no. 2 (2001), pp. 129–39.
13. S. O. Olsen, J. Wilcox, and U. Olsson, "Consequences of Ambivalence on Satisfaction and Loyalty," *Psychology & Marketing,* March 2005, pp. 247–69; and C. Homburg, N. Koschate, and W. D. Hoyer, "The Role of Cognition and Affect in the Formation of Customer Satisfaction," *Journal of Marketing,* July 2006, pp. 21–31. See also C. A. Roster and M. L. Richins, "Ambivalence and Attitudes in Consumer Replacement Decisions," *Journal of Consumer Psychology* 19 (2009), pp. 48–61.
14. See, e.g., J. R. Priester et al., "The A^2 SC^2 Model," *Journal of Consumer Research,* March 2004, pp. 574–87; and B. Johnson, "Consumers Cite Past Experience as the No. 1 Influencer When Buying," *Advertising Age,* November 20, 2006, p. 21.
15. See S. A. Hawkins, S. J. Hoch, and J. Meyers-Levy, "Low-Involvement Learning," *Journal of Consumer Psychology* 11, no. 31 (2001), pp. 1–11.
16. For guidelines on structuring message arguments to enhance beliefs, see C. S. Areni, "The Proposition–Probability Model of Argument Structure and Message Acceptance," *Journal of Consumer Research,* September 2002, pp. 168–87.
17. N. Zmuda, "Rebranding Resuscitates 90-year-old Radio Shack," *Advertising Age,* April 12, 2010, p. 16.
18. See A. Drolet and J. Aaker, "Off-Target?" *Journal of Consumer Psychology* 12, no. 1 (2002), pp. 59–68; and A. H. Tangari et al., "How Do Antitobacco Campaign Advertising and Smoking Status Affect Beliefs and Intentions?" *Journal of Public Policy and Marketing,* Spring 2007, pp. 60–74.
19. M. R. Forehand and R. Deshpande, "What We See Makes Us Who We Are," *Journal of Marketing Research,* August 2001, 336–48. See also J. K. Maher and M. Hu, "The Priming of Material Values on Consumer Information Processing of Print Advertisements," *Journal of Current Issues and Research in Advertising,* Fall 2003, pp. 21–30.
20. From website at http://www.pomegranates.org/techinfo.html, accessed June 10, 2011.
21. For a discussion of program-induced affect and extremity of beliefs, see R. Adaval, "How Good Gets Better and Bad Gets Worse," *Journal of Consumer Research,* December 2003, pp. 352–67.
22. See M. J. J. M. Candel and J. M. E. Pennings, "Attitude-Based Models for Binary Choices," *Journal of Economic Psychology* 20 (1999), pp. 547–69; and H.-P. Erb, Antoine Bioy, and D. J. Hilton, "Choice Preferences without Inferences," *Journal of Behavioral Decision Making,* July 2002, pp. 251–62.
23. See, e.g., W. E. Baker, "When Can Affective Conditioning and Mere Exposure Directly Influence Brand Choice?" *Journal of Advertising,* Winter 1999, pp. 31–46; and B. D. Till and R. L. Priluck, "Stimulus Generalization in Classical Conditioning," *Psychology & Marketing,* January 2000, pp. 55–72.
24. See, e.g., R. E. Goldsmith, B. A. Lafferty, and S. J. Newell, "The Impact of Corporate Credibility and Celebrity Credibility on Consumer Reaction to Advertisements and Brands," *Journal of Advertising,* Fall 2000, pp. 43–54; and K. S. Coulter, "An Examination of Qualitative vs. Quantitative Elaboration Likelihood Effects," *Psychology & Marketing,* January 2005, pp. 31–49.
25. J. S. Stevenson, G. C. Bruner II, and A. Kumard, "Webpage Background and Viewer Attitudes," and G. C. Bruner II and A. Kumard, "Web Commercials and Advertising Hierarchy-of-Effects," both in *Journal of Advertising Research,* January 2000, pp. 29–34 and 35–43, respectively. See also L. Dailey, "Navigational Web Atmospherics," *Journal of Business Research* 57 (2004), 795–803.
26. J. R. Coyle and E. Thorson, "The Effects of Progressive Levels of Interactivity and Vividness in Web Marketing Sites," *Journal of Advertising,* Fall 2001, pp. 65–77.
27. See M.-H. Huang, "Is Negative Affect in Advertising General or Specific?" *Psychology Marketing,* May 1997, pp. 223–40. See also P. S. Ellen and P. F. Bone, "Does It Matter If It Smells?" *Journal of Advertising,* Winter 1998, pp. 29–39.
28. A. Rindfleisch and J. J. Inman, "Explaining the Familiarity-Liking Relationship," *Marketing Letters* 1 (1998), pp. 5–19; E. L. Olson and H. M. Thjomoe, "The Effects of Peripheral Exposure to Information on Brand Preference," *European Journal of Marketing* 37, no. 1/2 (2003), pp. 243–55; and G. Menon and P. Raghubir, "Ease-of-Retrieval as an Automatic Input in Judgments," *Journal of Consumer Research,* September 2003, pp. 230–43.
29. S. Auty and C. Lewis, "Exploring Children's Choice,"

Psychology & Marketing, September 2004, pp. 697–713.

30. See Ruth, "Promoting a Brand's Emotional Benefits"; R. Adaval, "Sometimes It Just Feels Right," *Journal of Consumer Research,* June 2001, pp. 1–17; M. T. Pham et al., "Affect Monitoring and the Primacy of Feelings in Judgment," *Journal of Consumer Research,* September 2001, pp. 167–88; and C. W. M. Yeung and R. S. Wyer Jr., "Affect, Appraisal, and Consumer Judgment," *Journal of Consumer Research,* September 2004, pp. 412–24.
31. See D. S. Kempf, "Attitude Formation from Product Trial," *Psychology & Marketing,* January 1999, pp. 35–50.
32. D. A. Griffith and Q. Chen, "The Influence of Virtual Direct Experience (VDE) on On-line Ad Message Effectiveness," *Journal of Advertising,* Spring 2004, pp. 55–68.
33. See G. J. Gaeth et al., "Consumers' Attitude Change across Sequences of Successful and Unsuccessful Product Usage," *Marketing Letters* 1 (1997), pp. 41–53; and L. A. Brannon and T. C. Brock, "Limiting Time for Response Enhances Behavior Corresponding to the Merits of Compliance Appeals," *Journal of Consumer Psychology* 10, no. 3 (2001), pp. 135–46.
34. See, e.g., M. L. Roehm and B. Sternthal, "The Moderating Effect of Knowledge and Resources on the Persuasive Impact of Analogies," *Journal of Consumer Research,* September 2001, pp. 257–72; M. Moorman, P. C. Neijens, and E. G. Smit, "The Effects of Magazine-Induced Psychological Responses and Thematic Congruence on Memory and Attitude toward the Ad in a Real-Life Setting," *Journal of Advertising,* Winter 2002, pp. 27–40; and S. Putrevu, J. Tan and K. R. Lord "Consumer Responses to Complex Advertisements," *Journal of Current Issues and Research in Advertising,* Spring 2004, pp. 9–24.
35. See R. E. Petty, J. T. Cacioppo, and D. Schumann, "Central and Peripheral Routes to Advertising Effectiveness," *Journal of Consumer Research,* September 1993, pp. 135–46; J. Meyers-Levy and P. Malaviya, "Consumers' Processing of Persuasive Advertisements," *Journal of Marketing* 63 (1999), pp. 45–60; C. S. Areni, "The Effects of Structural and Grammatical Variables on Persuasion," *Psychology & Marketing,* April 2003, pp. 349–75; and D. D. Rucker and R. E. Petty, "Increasing the Effectiveness of Communications to Consumers," *Journal of Public Policy and Marketing,* Spring 2006, 39–52. For additional perspectives, see T. P. Novak and D. L. Hoffman, "The Fit of Thinking Style and Situation," *Journal of Consumer Research,* June 2009, pp. 56–72; and M. L. Cronley, S. P. Mantel, and F. R. Kardes, "Effects of Accuracy Motivation and Need to Evaluate on Mode of Attitude Formation and Attitude-Behavior Consistency," *Journal of Consumer Psychology* 20 (2010), pp. 274–81.
36. See, e.g., Petty and Krosnick, *Attitude Strength.* For a discussion of attitude persistence under low involvement, see J. Sengupta, R. C. Goodstein, and D. S. Boninger, "All Cues Are Not Created Equal," *Journal of Consumer Research,* March 1997, pp. 351–61.
37. P. W. Miniard et al., "Picture-based Persuasion Processes and the Moderating Role of Involvement," *Journal of Consumer Research,* June 1991, pp. 92–107.
38. P. W. Miniard, D. Sirdeshmukh, and D. E. Innis, "Peripheral Persuasion and Brand Choice," *Journal of Consumer Research,* September 1992, pp. 226–39; and T. B. Heath, M. S. McCarthy, and D. L. Mothersbaugh, "Spokesperson Fame and Vividness Effects in the Context of Issue-Relevant Thinking," *Journal of Consumer Research,* March 1994, pp. 520–34; see also B. Yoo and R. Mandhachitara, "Estimating Advertising Effects on Sales in a Competitive Setting," *Journal of Advertising Research,* September 2003, pp. 310–21; and S. S. Posavac et al., "The Brand Positivity Effect," *Journal of Consumer Research,* December 2004, pp. 643–51.
39. T. F. Mangleburg and T. Bristol, "Socialization and Adolescents' Skepticism toward Advertising," *Journal of Advertising,* Fall 1998, pp. 11–21; C. Obermiller and E. R. Spangenberg, "On the Origin and Distinctiveness of Skepticism toward Advertising," *Marketing Letters,* November 2000, pp. 311–22; and D. M. Hardesty, J. P. Carlson, and W. O. Bearden, "Brand Familiarity and Invoice Price Effects on Consumer Evaluations," *Journal of Advertising,* Summer 2002, pp. 1–15.
40. M. C. Campbell and A. Kirmani, "Consumers' Use of Persuasion Knowledge," *Journal of Consumer Research,* June 2000, pp. 69–83; R. Ahluwalia and R. E. Burnkrant, "Answering Questions about Questions," *Journal of Consumer Research,* June 2004, pp. 26–42; and D. M. Hardesty, W. O. Bearden, and J. P. Carlson, "Persuasion Knowledge and Consumer Reactions to Pricing Tactics," *Journal of Retailing* 83, no. 2 (2007), pp. 199–210.
41. Consumer Insight 11-1 is based on R. Ahlusalia, "Examination of Psychological Processes Underlying Resistance to Persuasion," *Journal of Consumer Research,* September 2000, pp. 217–32; R. D. Jewell and H. R. Unnava, "Exploring Differences in Attitudes between Light and Heavy Brand Users," *Journal of Consumer Psychology* 14, nos. 1 & 2 (2004), pp. 75–80; and Z. L. Tormala and R. E. Petty, "Source Credibility and Attitude Certainty," *Journal of Consumer Psychology* 14, no. 4 (2004), pp. 427–42.
42. A. Wang, "The Effects of Expert and Consumer Endorsements on Audience Response," *Journal of Advertising Research,* December 2005, pp. 402–12; R. Arora, C. Stoner, and A. Arora, "Using Framing and Credibility to Incorporate Exercise and Fitness in Individual's Lifestyle," *Journal of Consumer Marketing* 23, no. 4 (2006), pp. 199–207; and D. Biswas, A. Biswas, and N. Das, "The Differential Effects of Celebrity and Expert Endorsements on Consumer Risk Perceptions," *Journal of Advertising,* Summer 2006, pp. 17–31.
43. R. D. Reinartz, "Testimonial Ads," *Bank Marketing,* March 1996, pp. 25–30; and J. Nicholson, "Testimonial Ads Defend Client Turf," *Editor & Publisher,* October 23, 1999, p. 33; and O. Appiah, "The Effectiveness of 'Typical-User' Testimonial Advertisements on Black and White Browsers' Evaluations of Products on Commercial Websites," *Journal of Advertising Research,* March 2007, pp. 14–27.
44. A. Wang, "The Effects of Expert and Consumer Endorsements on Audience Response."
45. D. H. Dean, "Brand Endorsement, Popularity, and Event Sponsorship as Advertising Cues Affecting Pre-Purchase Attitudes," *Journal of Advertising,* Fall 1999, pp. 1–11; and D. H. Dean and A. Biswas,

"Third-Party Organization Endorsement of Products," *Journal of Advertising,* Winter 2001, pp. 41–57.

46. Goldsmith, Lafferty, and Newell, "The Impact of Corporate Credibility and Celebrity Credibility on Consumer Reaction to Advertisements and Brands"; B. A. Lafferty, R. E. Goldsmith, and S. J. Newell, "The Dual Credibility Model," *Journal of Marketing Theory and Practice,* Summer 2002, pp. 1–12; and Z. Gurhan-Canli and R. Batra, "When Corporate Image Affects Product Evaluations," *Journal of Marketing Research,* May 2004, pp. 197–205.
47. S. P. Jain and S. S. Posavac, "Prepurchase Attribute Verifiability, Source Credibility, and Persuasion," *Journal of Consumer Psychology* 11, no. 3 (2001), pp. 169–80.
48. See P. M. Homer and L. R. Kahle, "Source Expertise, Time of Source Identification, and Involvement in Persuasion," *Journal of Advertising* 19, no. 1 (1990), pp. 30–39.
49. C. Pornpitakpan and J. N. P. Francis, "The Effect of Cultural Differences, Source Expertise, and Argument Strength on Persuasion," *Journal of International Consumer Marketing* 13, no. 1 (2001), pp. 77–101.
50. D. J. Moore, J. C. Mowen, and R. Reardon, "Multiple Sources in Advertising Appeals," *Journal of the Academy of Marketing Science,* Summer 1994, pp. 234–43. See also N. Artz and A. M. Tybout, "The Moderating Impact of Quantitative Information on the Relationship between Source Credibility and Persuasion," *Marketing Letters* 10, no. 1 (1999), pp. 51–62.
51. Sengupta, Goodstein, and Boninger, "All Cues Are Not Created Equal"; B. Z. Erdogan, M. J. Baker, and S. Tagg, "Selecting Celebrity Endorsers," *Journal of Advertising Research,* May–June 2001, pp. 39–48; M. R. Stafford, N. E. Spears, and C.-K. Hsu, "Celebrity Images in Magazine Advertisements," *Journal of Current Issues and Research in Advertising,* Fall 2003, pp. 13–20; and A. J. Bush, C. A. Martin, and V. D. Bush, "Sports Celebrity Influence on the Behavioral Intentions of Generation Y," *Journal of Advertising Research,* March 2004, pp. 108–18.
52. "Michael Jordon Trumps Tiger, Lance in Influence on Purchase Consideration," press release, Knowledge Networks, October 27, 2003, www.knowledgenetworks.com.
53. M. Tenser, "Endorser Qualities Count More than Ever," *Advertising Age,* November 8, 2004, p. S2.
54. B. D. Till and M. Busler, "The Match-Up Hypothesis," *Journal of Advertising,* Fall 2000, pp. 1–13; Erdogan, Baker, and Tagg, "Selecting Celebrity Endorsers"; A. B. Bower and S. Landreth, "Is Beauty Best?" *Journal of Advertising,* Spring 2001, pp. 1–12; and R. Batra and P. M. Homer, "The Situational Impact of Brand Image Beliefs," *Journal of Consumer Psychology* 14, no. 3 (2004), pp. 318–30.
55. "Avril Lavigne's Style Comes to Kohl's," *StarNewsOnline.com,* March 12, 2008. See also J. Chebatoris, "Avril Lavigne Is Sew Cool," *Newsweek,* March 17, 2008, p. 69.
56. K. Macarthur, "BK and Paris," *Advertising Age,* August 30, 2004, p. 6.
57. M. T. Liu, Y. Huang, and J. Minghua, "Relations Among Attractiveness of Endorsers, Match-up, and Purchase Intention in Sport Marketing in China," *Journal of Consumer Marketing* 24, no. 6 (2007), pp. 358–65.
58. C. Tripp, T. D. Jensen, and L. Carlson, "The Effects of Multiple Product Endorsements by Celebrities on Consumers' Attitudes and Intentions," *Journal of Consumer Research,* March 1994, pp. 535–47; and J. R. Priester and R. E. Petty, "The Influence of Spokesperson Trustworthiness on Message Elaboration, Attitude Strength, and Advertising Effectiveness," *Journal of Consumer Psychology* 13, no. 4 (2003), pp. 408–21.
59. B. D. Till and T. A. Shimp, "Endorsers in Advertising," *Journal of Advertising,* Spring 1998, pp. 67–82; and T. A. Louie, R. L. Kulik, and R. Jacobson, "When Bad Things Happen to the Endorsers of Good Products," *Marketing Letters,* February 2001, pp. 13–23.
60. J. A. Garretson and R. W. Niedrich, "Spokes-Characters," *Journal of Advertising,* Summer 2004, pp. 25–36; and J. A. Garretson and S. Burton, "The Role of Spokescharacters as Advertisement and Package Cues in Integrated Marketing Communications," *Journal of Marketing,* October 2005, pp. 118–32.
61. For an excellent overview, see T. Meenaghan, "Understanding Sponsorship Effects," *Psychology & Marketing,* February 2001, pp. 95–122; see also B. Walliser, "An International Review of Sponsorship Research," *International Journal of Advertising* 22 (2003), pp. 5–40.
62. "North American Sponsorship Spending Seen Up in '08," *Reuters.com,* January 22, 2008, www.reuters.com.
63. R. Thomaselli, "Nextel Sees Payoff as NASCAR Sponsor," *Advertising Age,* May 31, 2004, p. 3.
64. R. Thomaselli, "Official Sponsors Score with World Cup," *Advertising Age,* July 26, 2010, p. C-3.
65. R. Madrigal, "The Influence of Social Alliances with Sports Teams on Intentions to Purchase Corporate Sponsors' Products," *Journal of Advertising,* Winter 2000, pp. 13–24.
66. N. Zmuda, "Children's Hospital in Hot Water Over Corporate Sponsorships," *AdAge.com,* March 12, 2008, http://adage.com.
67. S. R. McDaniel, "An Investigation of Match-Up Effects in Sport Sponsorship Advertising," *Psychology & Marketing,* March 1999, pp. 163–84; N. J. Rifon et al., "Congruence Effects in Sponsorships," *Journal of Advertising,* Spring 2004, pp. 29–42; T. Bettina Cornwell, S. W. Pruitt, and J. M. Clark, "The Relationship between Major-League Sports' Official Sponsorship Announcements and the Stock Prices of Sponsoring Firms," *Journal of the Academy of Marketing Science* 33, no. 4 (2005), pp. 401–12; and N. D. Fleck and P. Quester, "Birds of a Feather Flock Together," *Psychology & Marketing,* November 2007, pp. 975–1000.
68. C. Pechmann et al., "What to Convey in Antismoking Advertisements for Adolescents," *Journal of Marketing,* April 2003, pp. 1–18; M. S. LaTour and J. F. Tanner Jr., "Randon," *Psychology & Marketing,* May 2003, 377–94; and J. P. Dillard and J. W. Anderson, "The Role of Fear in Persuasion," *Psychology & Marketing,* November 2004, pp. 909–26.
69. P. A. Keller and L. G. Block, "Increasing the Persuasiveness of

Fear Appeals," *Journal of Consumer Research,* March 1996, pp. 448–60; M. S. LaTour and H. J. Rotfeld, "There Are Threats and (Maybe) Fear-Caused Arousal," *Journal of Advertising,* Fall 1997, pp. 45–59; and M. Laroche et al., "A Cross-Cultural Study of the Persuasive Effect of Fear Appeal Messages in Cigarette Advertising," *International Journal of Advertising* 3 (2001), pp. 297–317.

70. K. Passyn and M. Sujan, "Self-Accountability Emotions in Fear Appeals," *Journal of Consumer Research,* March 2006, pp. 583–89.
71. See M. S. LaTour, R. L. Snipes, and S. J. Bliss, "Don't Be Afraid to Use Fear Appeals," *Journal of Advertising Research,* March 1996, pp. 59–66.
72. D. L. Alden, A. Mukherjee, and W. D. Hoyer, "The Effects of Incongruity, Surprise and Positive Moderators and Perceived Humor in Television Advertising," *Journal of Advertising,* Summer 2000, pp. 1–14; K. Flaherty, M. G. Weinberger, and C. S. Gulas, "The Impact of Perceived Humor, Product Type, and Humor Style in Radio Advertising," *Journal of Current Issues and Research in Advertising,* Spring 2004, pp. 25–36; and J. Elpers, A. Mukherjee, and W. D. Hoyer, "Humor in Television Advertising," *Journal of Consumer Research,* December 2004, pp. 592–98.
73. T. W. Cline, M. B. Altsech, and J. J. Kellaris, "When Does Humor Enhance or Inhibit Ad Responses?" *Journal of Advertising,* Fall 2003, pp. 31–45.
74. M. Eisend, "A Meta-analysis of Humor in Advertising," *Journal of the Academy of Marketing Science* 37 (2009), pp. 191–203.
75. See, e.g., H. S. Krishnan and D. Chakravarti, "A Process Analysis of the Effects of Humorous Advertising Executions on Brand Claims Memory," *Journal of Consumer Psychology* 13, no. 3 (2003), pp. 230–45.
76. E. B. York, "Snickers Uses Humor to Satisfy Generations of Hunger," *Advertising Age,* March 29, 2010, p. 22.
77. H. Chung and X. Zhao, "Humour Effect on Memory and Attitude," *International Journal of Advertising* 22 (2003), pp. 117–44; and Y. Zhang and G. M. Zinkhan, "Responses to Humorous Ads," *Journal of Advertising,* Winter 2006, pp. 113–27.
78. D. L. Fugate, J. B. Gotlieb, and D. Bolton, "Humorous Services Advertising," *Journal of Professional Services Marketing* 21, no. 1 (2000), pp. 9–22; M. F. Toncar, "The Use of Humour in Television Advertising," *International Journal of Advertising* 20 (2001), pp. 521–39; K. Macarthur, "Subway Cans Schtick to Focus on Food in Its Creative," *Advertising Age,* March 1, 2004, p. 4.
79. D. Grewal et al., "Comparative versus Noncomparative Advertising," *Journal of Marketing,* October 1998, pp. 1–15; M. E. Hill and M.King, "Comparative vs. Noncomparative Advertising," *Journal of Current Issues and Research in Advertising,* Fall 2001, pp. 33–52; K. C. Manning et al., "Understanding the Mental Representations Created by Comparative Advertising," *Journal of Advertising,* Summer 2001, pp. 27–39; L. D. Compeau, D. Grewal, and R. Chandrashekaran, "Bits, Briefs, and Applications," *Journal of Consumer Affairs,* Winter 2002, pp. 284–94; and J. R. Priester et al., "Brand Congruity and Comparative Advertising," *Journal of Consumer Psychology* 14, no. 1/2 (2004), pp. 115–23.
80. A. Chattopadhyay, "When Does Comparative Advertising Influence Brand Attitude?" *Psychology & Marketing,* August 1998, pp. 461–75; M. J. Barone and P. W. Miniard, "How and When Factual Ad Claims Mislead Consumers," *Journal of Marketing Research,* February 1999, pp. 58–74; S. V. Auken and A. J. Adams, "Across- versus Within-Class Comparative Advertising," *Psychology & Marketing,* August 1999, pp. 429–50; A. B. Sorescu and B. D. Gelb, "Negative Comparative Advertising," *Journal of Advertising,* Winter 2000, pp. 25–40; S. P. Jain, B. Buchanan, and D. Maheswaran, "Comparative versus Non-comparative Advertising," *Journal of Consumer Psychology* 9, no. 4 (2000), pp. 201–11; A. V. Muthukrishnan, L. Warlop, and J. W. Alba, "The Piecemeal Approach to Comparative Advertising," *Marketing Letters* 12, no. 1 (2001), pp. 63–73; S. P. Jain and S. S. Posavac, "Valenced Comparisons," *Journal of Marketing Research,* February 2004, pp. 46–58; and M. J. Barone, K. M. Palan, and P. W. Miniard, "Brand Usage and Gender as Moderators of the Potential Deception Associated with Partial Comparative Advertising," *Journal of Advertising,* Spring 2004, pp. 19–28.
81. See, e.g., M. E. Hill et al., "The Conjoining Influences of Affect and Arousal on Attitude Formation," *Research in Consumer Behavior* 9 (2000), pp. 129–46; J. D. Morris et al., "The Power of Affect," *Journal of Advertising Research,* May–June 2002, pp. 7–17; M.-H. Huang, "Romantic Love and Sex," *Psychology & Marketing,* January 2004, pp. 53–73; and D. J. MacInnis and G. E. de Mello, "The Concept of Hope and Its Relevance to Product Evaluation and Choice," *Journal of Marketing,* January 2005, pp. 1–14.
82. R. K. Chandy et al., "What to Say When," *Journal of Marketing Research,* November 2001, pp. 399–414; and R. D. Jewell and H. R. Unnava, "Exploring Differences in Attitudes between Light and Heavy Brand Users," *Journal of Consumer Psychology* 14, no. 1/2 (2004), pp. 75–80.
83. J. S. Johar and M. J. Sirgy, "Value-Expressive versus Utilitarian Advertising Appeals," *Journal of Advertising,* September 1991, pp. 23–33; S. Shavitt, "Evidence for Predicting the Effectiveness of Value-Expressive versus Utilitarian Appeals," *Journal of Advertising,* June 1992, pp. 47–51; M. E. Slama and R. B. Singley, "Self-Monitoring and Value-Expressive vs. Utilitarian Ad Effectiveness," *Journal of Current Issues and Research in Advertising,* Fall 1996, pp. 39–49; L. Dube, A. Chattopadhyay, and A. Letarte, "Should Advertising Appeals Match the Basis of Consumers' Attitudes?" *Journal of Advertising Research,* November 1996, pp. 82–89; and J.-shen Chiou, "The Effectiveness of Different Advertising Message Appeals in the Eastern Emerging Society," *International Journal of Advertising* 21 (2002), pp. 217–36.
84. M. Dahlen and J. Bergendahl, "Informing and Transforming on the Web," *International Journal of Advertising* 20, no. 2 (2001), pp. 189–205.
85. A. E. Crowley and W. D. Hoyer, "An Integrative Framework for Understanding Two-Sided Persuasion," *Journal of Consumer Research,* March 1994, pp. 561–74; G. Bohner et al., "When Small Means Comfortable," *Journal of Consumer Psychology* 13, no. 4

(2003), pp. 454–63; and M. Eisend, "Understanding Two-Sided Persuasion," *Psychology & Marketing,* July 2007, pp. 615–640.

86. I. P. Levin, S. L. Schneider, and G. J. Gaeth, "All Frames Are Not Created Equal," *Organizational Behavior and Human Decision Processes,* November 1998, pp. 149–88.

87. Ibid.

88. P. A. Keller, I. M. Lipkus, and B. K. Rimer, "Affect, Framing, and Persuasion," *Journal of Marketing Research,* February 2003, pp. 54–64; J. Meyers-Levy and D. Maheswaran, "Exploring Message Framing Outcomes When Systematic, Heuristic, or Both Types of Processing Occur," *Journal of Consumer Psychology* 14, no. 1/2 (2004), pp. 159–67; and B. Shiv, J. A. E. Britton, and J. W. Payne, "Does Elaboration Increase or Decrease the Effectiveness of Negatively versus Positively Framed Messages?" *Journal of Consumer Research,* June 2004, pp. 199–208.

89. See, e.g., J. W. Peltier and J. A. Schribrowsky, "The Use of Need-Based Segmentation for Developing Segment-Specific Direct Marketing Strategies," *Journal of Direct Marketing,* Fall 1997, pp. 53–62; and R. Ahmad, "Benefit Segmentation," *International Journal of Marketing Research* 45 (2003), pp. 373–88.

90. H. E. Bloom, "Match the Concept and the Product," *Journal of Advertising Research,* October 1977, pp. 25–27.

Chapter Twelve

12 자아개념과 라이프스타일

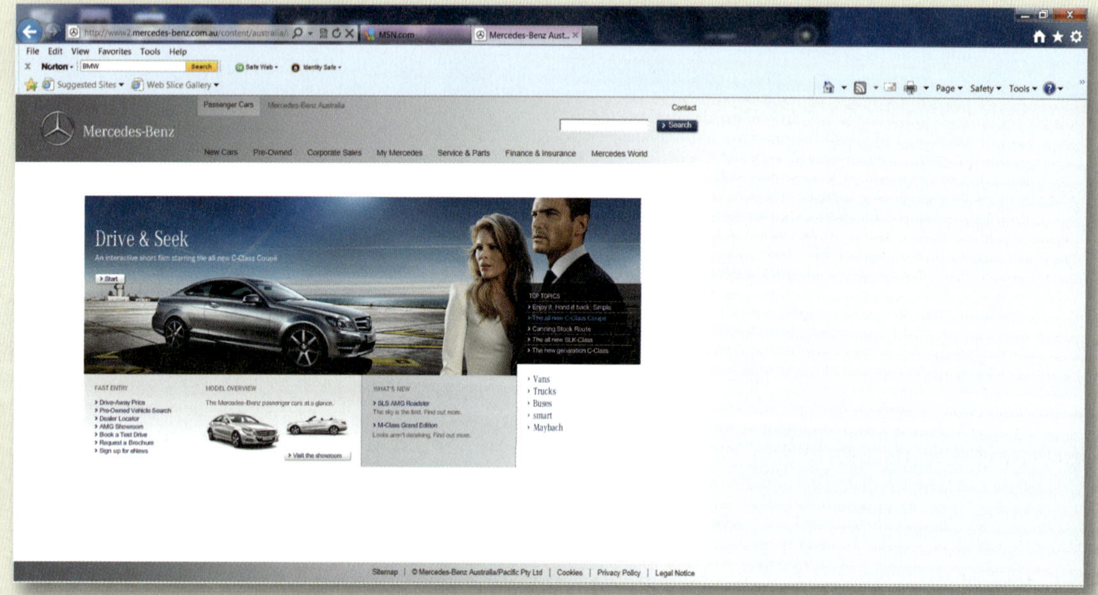

학습목표

- **LO1** 자아개념과 자아개념의 측정 그리고 제품을 포지셔닝하는데 자아개념이 어떻게 활용되는지를 설명한다.
- **LO2** 라이프스타일을 정의하고 자아개념과 사이코그래픽스와의 관계를 설명한다.
- **LO3** 특정 라이프스타일 유형들을 설명하고 고급스포츠카와 테크놀로지에 대한 라이프스타일 유형들을 살펴본다.
- **LO4** 전반적 라이프스타일 유형들을 설명하고 VALS와 PRIZM의 유형들을 살펴본다.
- **LO5** 국제적 라이프스타일과 기존의 세분화 체계 한 가지를 논의한다

제2장에서 우리는 글로벌 청년이라는 범문화적 집단을 논의하였는데, 이 집단은 문화를 넘어서 유사한 가치관과 소비패턴을 갖고 있다. 한 새로운 연구는 글로벌 엘리트라는 명품소비에 토대를 둔 또 다른 집단을 제시한다. 명품에 대한 글로벌시장은 2조 달러로 추산되며 성장하고 있다. Gucci, Armani 및 Louis Vuitton과 같은 브랜드들은 패션부문의 글로벌시장에서 시장점유율을 놓고 서로 경쟁하고 있다. 미국, 한국 및 유럽에서 여성소비자들을 검토한 연구에서 네 가지 패션 라이프스타일 세분시장이 확인되었다. 이 세분시장들과 이들의 특징은 다음과 같다.

- 과시적 소비자들(Conspicuous Consumers, 19%) – 이들은 위신 브랜드를 좋아하며 명품 브랜드가 가져다 주는 지위를 소중하게 여긴다. 그들은 다른 사람들의 의견에 신경을 쓴다. 그들은 가격을 덜 의식하고, 명품 브랜드를 갖기 위해서 희생을 기꺼이 감수하며 명품 브랜드는 품질이 우수하다고 믿는다. 그들은 모르는 브랜드는 찾지 않는다. 마케팅초점은 명성과 지위에 맞추어야 한다.
- 정보 추구자들(Information Seekers, 27%) – 이들도 명품 브랜드를 갖고 싶어하지만, 자신들이 잘 알지 못하는 브랜드를 포함해서 명품 브랜드들에 대한 정보를 찾는 데 상당한 시간을 쓴다. 그들은 그들이 관심이 매우 높은 패션과 트렌드를 쫓기 위해서 명품을 산다. 마케팅초점은 품질과 트렌드에 맞추어야 한다.
- 감동 추구자들(Sensation Seekers, 30%) – 이들은 패션의 미적 측면을 소중하게 여긴다. 컬러가 특히 중요한데, "패션에 안목을 갖고 있다"는 신념을 갖고 있기 때문이다. 이들은 자신들이 패션을 알고 있다고 믿기 때문에 정보 추구자들보다 패션정보에 영향을 덜 받는다. 마케팅초점은 시선을 끄는 것과 코디 패션에 맞추어야 한다.
- 실용적 소비자들(Utilitarian Consumers, 25%) – 이들은 의류에서 편안함과 기능성을 찾는다. 이들은 옷 쇼핑이 힘든 일이라고 생각한다. 이 점에서 다른 방식으로 패션과 명품의 쇼핑을 즐기는 다른 세분시장과 현저하게 다르다. 이들은 가격을 의식한다. 마케팅초점은 기능과 가치에 맞추어야 한다.

이 연구의 특별한 측면은 패션광고에 소비자들이 반응하는 방식은 원산지보다는 쇼핑객 라이프스타일 유형에 의해서 더 영향을 받는다는 점에 있다. 예를 들어, 과시적 소비자 세분시장의 여성들은 미국, 한국 또는 유럽 출신이든지 간에, 명품광고와 브랜드에 대한 반응에서 자국에 있는 다른 세분시장의 여성들보다 서로 더 비슷하였다. 국가에 걸친 이러한 유사성은 글로벌 엘리트라는 개념에 대한 강력한 지지를 제공하는데, 이들에 대한 마케팅은 거주하는 국가에 관계없이 유사한 방식으로 펼쳐져야 한다.

이 장에서 우리는 라이프스타일의 의미와 마케팅전략을 개발하는데서 이들의 역할을 살펴볼 것이다. 라이프스타일은 여러가지 점에서 자아개념의 외향적 표현이다. 즉, 소득과 능력의 제약 하에서 개인이 살기 위해서 선택하는 방식은 그 사람의 현재 및 원하는 자아개념에 크게 영향을 받는다. 이에 따라 우리는 자아개념에 대한 검토로 이 장을 시작할 것이다. 그런 후에 우리는 라이프스타일과 라이프스타일을 측정하는 방법 그리고 라이프스타일이 마케팅프로그램을 개발하는데 어떻게 활용되는지에 대한 예들을 설명할 것이다.

12.1 자아개념

LO1 **자아개념(self-concept)**은 자신을 대상으로 언급할 때 갖게 되는 생각과 감정의 전체이다. 그것은 자신에 대한 지각과 감정이다. 바꿔 말하면, 당신의 자아개념은 당신에 대해서 당신이 갖고 있는 태도들로 구성되어 있다.

자아개념은 <표 12-1>에 나타난 바와 같이 네 가지 기본적인 요소로 나눌 수 있다. 즉, 실제적 대 이상적 자아개념과 사적 대 사회적 자아개념이다. 실제적 대 이상적 구분은 나는 지금 어떤 사람인가(**실제적 자아개념: actual self-concept**)와 나는 어떤 사람이 되고 싶은가(**이상적 자아개념: ideal self-concept**)에 대한 개인의 지각을 지칭한다. 사적인 자아는 내 자신에게 나는 어떤 사람이며 어떤 사람이 되고 싶은가를 지칭하며(**사적 자아개념: private self-concept**) 사회적 자아는 다른 사람들에게 나는 어떻게 비춰지고 있으며 어떻게 비춰지고 싶은가를 말한다(**사회적 자아개념: social self-concept**).

1. 상호의존적/독립적 자아개념

자아개념은 모든 문화에서 중요하다. 그러나 자아에서 가장 소중하게 여겨지고, 소비 및 다른 행동에 영향을 가장 많이 미치는 측면들은 문화에 따라 다르다. 연구자들은 자아개념을 독립적 자아개념과 상호의존적 자아개념으로 또는 개인의 개별성 및 연결성으로 분류하는 것이 유용하다는 것을 발견하였다.[2]

자아의 독립적 해석은 개인들이 선천적으로 개별적이라는 서양의 지배적인 문화적 신념에 토대를 두고 있다. **독립적 자아개념(independent self-oncept)**은 개인의 목적, 특성, 성취 및 욕망을 강조한다. 독립적인 자아개념을 갖고 있는 사람들은 개인주의적이고, 자기중심적이며, 자율적이고, 자립적이며 그리고 자족적이다. 그들은 그들이 성취한 것, 그들이 갖고 있는 것 그리고 그들의 개인적인 특성에 의해서 스스로를 정의한다.[3]

표 12-1 소비자 자아개념의 차원들

자아개념의 차원들	실제적 자아개념	이상적 자아개념
사적인 자아개념	내가 실제로 나를 보는 방식	내가 나를 보고 싶은 방식
사회적 자아개념	다른 사람들이 나를 실제로 보는 방식	다른 사람들이 나를 보아주었으면 하는 방식

자아의 상호의존적 해석은 인간의 근원적인 연결성에 대한 아시아의 공통적인 문화적 신념에 토대를 두고 있다. **상호의존적 자아개념(interdependent self-concept)**은 가족, 문화적, 전문적 및 사회적 관계를 강조한다. 상호의존적 자아개념을 갖고 있는 사람들은 순종적이고, 사회중심적이고, 전체론적이고, 연고적이며, 관계 지향적이다. 그들은 사회적 역할, 가족관계 및 집단의 다른 구성원들과의 공통성에 의해서 스스로를 정의한다.

사진 12-1

광고의 소구가 표적시장이 갖는 자아개념의 지배적인 유형과 조화를 이룰 때 광고가 가장 잘 작용한다. 이 광고는 서양문화에서 보편적인 독립적 자아개념을 갖는 소비자들에게 가장 효과적일 것이다.

독립적 자아개념과 상호의존적 자아개념은 불연속적인 범주가 아니다. 그보다는 오히려, 그것들은 대부분의 문화를 분류해주는 연속체의 양 끝을 설명하는데 사용되는 개념이다. 그러나 제2장에서 강조한 바와 같이, 대부분의 문화는 이질적이다. 따라서 특정 문화 내에서 하위문화와 다른 집단들은 개인들과 마찬가지로 이 차원(독립적, 상호의존적)에 따라 다를 수 있다.[4] 예를 들어, 모든 문화에서 여성들은 남성들보다 **상호의존적**인 자아개념을 더 많이 갖는 경향이 있다.[5]

독립적 자아개념과 상호의존적 자아개념이 개인이나 문화를 특징짓는 정도의 차이는 메시지선호도, 사치품의 소비 및 선호하는 제품의 유형에 영향을 미치는 것으로 알려졌다. 예를 들어, 혼자서 하는 것과 자율을 강조하는 광고는 독립적 자아개념을 갖는 소비자들에게 더 효과적인 반면에, 집단 멤버십을 강조하는 광고는 상호의존적 자아개념을 갖는 소비자들에게 더 잘 작용할 것이다.[6] <사진 12-1>에 있는 광고는 독립적 자아개념이 지배적인 사람들에게 효과적일 것이다.

그러나 광고 그 자체가 자아개념들에 어떤 신호를 전달해 주고 최소한 일부 소비자들에게는 그 자아개념들이 더 돋보이게 만든다는 점을 언급한 필요가 있다. 중국의 X세대 소비자들에 대한 연구에서, 개인주의적 광고는 독립적 자아개념을 더 두드러지게 만든 반면에, 집단주의적 광고는 상호의존적 자아개념을 더 두드러지게 만들었다. 만일 당신이 이러한 소비자들이 전통적 및 최근에 생성된 가치관 사이를 넘나들고 있다는 점에서 이들을 더 젊고 이중문화적이라고 여긴다면 이러한 점은 일리가 있다. 그래서 광고는 특정 가치관에 부여된 가중치에 영향을 미칠 수 있다.[7]

2. 소유물과 확장된 자아

일부 제품들은 개인에게 실질적인 의미를 부여해주거나 그 개인의 자아의 특별히 중요한 측면을 다른 사람에게 알리는데 사용된다. Belk는 이것을 설명하기 위해서 **확장된 자아**라고 하는 이론을 개발하였다.[8] **확장된 자아(extended self-concept)**는 자아와 소유물로 구성되어 있다. 즉, 사람들은 자신들의 소유물에 의해서 스스로를 부분적으로 정의하는 경향이 있다. 이렇게 일부 소유물은 그 사람의 자아개념의 표현에 불과한 것이 아니다. 그것들은 그 사람의 자아정체성의 필수적인 일부이다. 사람은 어느 정도는 자신들이 소유한 것에 의해서 자신을 표현한다. 만일 어떤 사람이 주요 소유물을 잃게 된다면, 그 사람은 다소 다른 사람이 될 것이다.[9]

이러한 핵심 소유물은 집이나 자동차와 같이 주요 품목이 될 수도 있지만, 기념품, 사진, 애완동물 또는 좋아하는 쿠킹 팬과 같이 독특한 의미를 갖는 사소한 품목이 될 수도 있다. 자연재해로 자신들의 소유물을 잃고 그것들을 대체할 수 있는 충분한 보험에 가입한 소비자들의 말을 고려해보자:

> 맞습니다. 우리는 더 좋은 물건을 가지고 있었지요. 그러나 그것은 우리에게 아무런 의미도 없습니다. 그것은 단지 물건일 뿐이죠. 당신은 당신이 가졌던 것을 되돌릴 수도 대체할 수도 없습니다. 그것은 너무 개인적인 것이었고, 내게 맞추어진 것이었습니다.[10]

제품들은 다양한 이유로 확장된 자아의 일부가 된다. 기념품은 추억과 감정의 표현으로서 확장된 자아의 일부가 되곤 한다:

> 당신은 파리가 어떤 곳인지를 제대로 말할 수 없다. 그것의 많은 부분은 바로 감정이기 때문이다. 감정은 말로 표현할 수 없으며 사진으로도 포착하지 못한다. 그것들(모자와 블라우스)은 단지 생각나게 하는 것일 뿐이다. 나는 정말로 훌륭한 여행을 했으며 내 자신을 제대로 알게 되었다. 나는 스스로 독립적으로 되는 것을 배웠다. 사실 나는 이것(목걸이와 부메랑 장식물)을 살 돈이 없었지만, 정말로 영원한 어떤 것을 갖기를 바라고 있음을 알게 되었다…… 부메랑은 언젠가는 그곳에 되돌아 갈 것이라는 상징물이다.[11]

선물은 관계의 표현으로서 중요한 의미를 갖곤 한다:

> 그 선물은 우리 할아버지의 반지이다. 지금도 나는 반지를 볼 때, 나는 할아버지의 과거와 제2차 세계대전으로 되돌아가서 해군으로 세계를 돌아다닌 여정에 대해서 생각한다.
>
> 그 열쇠고리는 특별한데, 내가 그것을 나에게 준 사람에 대해서 생각할 때는 언제나, 그것이 예전의 생각과 감정으로 되돌려주기 때문이다. 그것은 우리들 사이의 우정의 상징물이며, 우리의 접촉을 유지해주고 있다.[12]

일부 제품들은 낡은 야구장갑처럼, 오랫동안 사용되면서 의미, 추억 및 가치가 새겨진다. 다른 때에는 산악자전거와 같은 제품에 대한 한번의 절정체험이 그 제품을 확장된 자아로 몰아넣을 수도 있다. **절정체험(peak experience)은 강도, 의미심장함 및 풍요로움의 통상적인 수준을 뛰어넘는 경험으로, 행복감과 자기 성취감을 가져다준다.**[13] 끝으로, 삶의 주요 변환기(예: 출가, 첫 직장, 결혼 등)에 소비자들을 돕기 위해서 획득되거나 사용되는 제품들은 확장된 자아의 일부가 될 가능성이 크다.[14]

소비자 통찰력 12-1

팬, 소비자 헌신 그리고 확장된 자아

당신은 어떤 사람을 알 수도 있고 바로 그러한 사람이 될 수도 있다. 가수그룹, 스포츠팀, 신발, TV 프로그램의 팬... 팬들은 헌신적 무리이다. 그들은 삶을 열정의 대상을 위해 소비하곤 한다.[16] Star Trek 팬들 즉 Trekkie 들은 클럽에 가입하고, 집회에 참가하며 상품을 수집한다. Packers 팬들, 즉 Cheesehead들은 Lambeau Field에서 감기에 용감하게 맞서며 치즈모양의 머리장식을 자랑스럽게 쓴다. NASCAR 팬들은 레이스에 참가하고 자신들이 좋아하는 드라이버들을 볼 수 있는 기회를 잡기 위해서 며칠씩 운전을 한다. 실제로 팬은 일시적인 팬에서 광적인 팬 및 역기능적 팬에 이르기까지 모든 유형이 있다. 팬의 열정을 주도하는 주요 측면은 "팬이 되는 것이 소비자들 스스로를 정의하고, 자신들의 자아 정체성을 다른 사람들에게 제시하는데 얼마나 필요한 부분인지"에 대한 소비자 자신들의 평가이다. 스포츠계에서 팬의 계층이 밝혀졌는데, 연속적인 각 계층은 자아, 자아표현 그리고 확장된 자아에 대한 보다 강력한 연계를 갖는다. 팬의 범주들은 다음과 같다.

- 일시적 팬(Temporary fans)들은 특정 시간적 제약이 있는 특정 이벤트가 진행되는 동안에 팬이 되고 그런 후에는 일상적인 행동으로 되돌아간다. 예로는 Boston Red Sox가 지난 80년 동안 우승한 적이 없는 World Series에 진출하였을 때 야구에 별로 관심을 갖지 않았던 사람들까지도 야구에 주의를 기울인 것을 들 수 있다. 자아개념은 이 팀이나 이 팀과의 동일시에 전혀 연결되지 않는다.
- 지역적 팬(Local fens)들은 그 팀이 가까이에 있다는 것과 같은 지역적 이유 때문에 팬이 된다. 만일 당신이 미시간주의 Langsing 근처에 살고 있다면, 당신은 Langsing Lugnuts(2부 리그의 야구팀)의 팬이 될 수도 있다. 만일 당신이 이사를 간다면, 당신은 팬을 그만 두게 될 것이다. 역시 자아개념은 그 팀과 연계되지 않는다.
- 헌신적인 그리고 광신적인 팬(Devoted and fanatical fans)들은 그 팀과의 동일시나 연상에 의해서 자아개념이 상당히 규정되는 팬들이다. 그들은 애호심이 시간이나 지역에 의해서 제한되지 않는 능동적인 참가자들이다.
- 역기능 팬(Dysfunctional fans)들은 일차적인 자기 동일시가 특정 팀의 팬이라는 점을 수반하는 팬들이다. 분명히 그러한 극단적인 동일시는 반사회적 행동 및 다른 역기능적 결과로 이어질 수 있다. 실직이나 가정 파괴와 같은 더 극단적인 결과가 관찰된다고 해도, 정서 및 욕구를 통제할 수 없어서 관리될 필요가 있는 다루기 힘든 팬들이 이 범주에 속한다.

소비자들이 스포츠팀의 팬이 될 수 있는 것과 같이, 그들은 Starbucks나 McDonald's와 같은 브랜드에 빠질 수 있다. 스포츠 팬에서와 같이, 강한 애착은 자아개념과의 동일시의 정도에 따라 낮은 단계에서 높은 단계까지 있을 수 있다. Mercedes에 빠진 소비자는 다음과 같이 언급하였다.

> 나는 Mercedes를 사기 위해서 Connecticut까지 갔는데, 그 곳의 딜러가 Miami의 현지 딜러보다 더 빨리 네비게이션을 갖춘 최신 모델을 인도할 수 있었기 때문이었다. 그렇듯, 나는 Mercedes를 위해서라면 여행하는 것도 괜찮다.

사실, 헌신적인 소비자들은 희생, 의식, 공유 및 다른 사람들의 모집과 같은 수 많은 "자기 강화적" 또는 "지원적" 행동을 하는 것으로 알려져 있는데, 이러한 행동으로 강한 애착이 지속된다. 팬들은 팀에 몰입되고 애호심을 갖는다. 지원적 행동은 구매뿐만 아니라 긍정적인 구전과 적극적인 모집과도 관련된다. 즉, 헌신적인 팬들은 자신들이 좋아하는 브랜드, 악단, 팀 등을 위한 마케팅 대리인처럼 행동한다. 그러한 애호도를 구축하는 것은 중요한 마케팅 목표이다.

생각해 볼 문제

1. 마케터들은 소비자 열성과 소비자 헌신을 조장하기 위해서 어떤 전략을 사용할 수 있는가?
2. 헌신적인 소비자들이 흥미를 잃는 것은 가능한가? 왜 이러한 현상이 발생하게 되는가?
3. 팬들이 다른 사람들에게 그 사실을 숨기고 싶은 욕구를 느끼는 경우가 있다고 당신은 생각하는가? 왜 그러한 생각을 갖게 되는가?

<소비자 통찰력 12-1>에서 명확히 밝혀진 바와 같이, 확장된 자아는 활동(골프를 즐기는 것), 다른 사람들(가장 친한 친구들), TV 프로그램(Star Trek) 그리고 스포츠팀(Green Bay Packers)과 같이 제품이 아닌 실체들과 연결될 수도 있다.

어떤 품목이 확장된 자아에 어느 정도로 결합되는지를 측정해주는 척도가 개발되었다.[15] 이 척도는 다음과 같은 문장에 소비자들이 동의하는 정도('매우 동의한다' 에서 '전혀 동의하지 않는다' 까지의 7점 척도)를 표현하는 리커트형 척도(부록 A 참조)이다.

- 내 ________은 내가 갖고 싶은 정체성을 실현하는데 도움이 된다.
- 내 ________은 현재의 나와 미래의 나 사이의 차이를 좁히는데 도움이 된다.
- 내 ________은 내 정체성에 중요하다.
- 내 ________은 내가 어떤 사람인지를 결정해주는 일부분이다.
- 만약 내 _______을 빼앗긴다면 나는 마치 내 정체성이 강탈된 것과 같이 느낄 것이다.
- 나는 내 ________으로부터 내 정체성의 일부를 끌어낸다.

어떤 제품을 소유하는 것이 개인의 확장된 자아의 중요한 부분이 되지 않는다고 하더라도 그 사람에게 영향을 미칠 수 있다. **단순 소유 효과(mere ownership effect)** 또는 보유효과(endowment effect)는 어떤 대상에 대해 소유자가 비소유자보다 더 호의적으로 평가하는 성향이다. 이것은 대상의 획득과 거의 동시에 발생하며 소유 기간에 따라 증가한다. 이렇듯, 사람들은 어떤 대상을 획득한 후에는 그 전보다 더 소중하게 여기는 경향이 있다. 사람들은 또한 다른 사람들이 소유한 비슷한 대상보다는 자신이 소유한 대상을 더 소중하게 여기는 경향이 있다.[16]

브랜드들이 확장된 자아의 일부가 되는 정도는 브랜드 포용(brand engagement)에서 개인차에 의해서 영향을 받는 것 같다. **브랜드 포용**은 개인이 중요한 브랜드들을 자신의 확장된 자아개념의 일부로 포함시키는 정도를 말한다. 브랜드 포용을 측정하는데 사용된 일부 항목들은 다음과 같다. "나는 좋아하는 브랜드와 특별한 유대감을 갖고 있다." "나는 내 브랜드와 나 자신 사이에 개인적인 연대를 느끼곤 한다." "나의 일부는 내 생활에서 중요한 브랜드들에 의해서 정의된다."[17] 브랜드 포용의 가장 강력한 예측변수는 물질주의인 것으로 연구에서 밝혀졌다. 브랜드 포용이 더 높은 소비자들은 브랜드 로고가 제품에서 눈에 잘 띄게 표시된 제품들을 더 좋아하는 것으로 알려졌다. 도입사례에서 어느 세분시장이 브랜드 포용과 물질주의에서 가장 높다고 생각하는가? 로고에 관련된 디자인의 어떤 측면이 이 집단에게 중요한가? 왜 그렇다고 생각하는가?

확장된 자아와 단순 소유 효과는 마케팅전략에 많은 시사점을 갖는다. 잠재적 소비자들이 제품소유를 상상하도록 하는 커뮤니케이션은 향상된 제품평가로 이어질 수 있다. 샘플 제공이나 시용 프로그램은 비슷한 결과를 가져올 수도 있다.

3. 자아개념의 측정

마케팅에서 자아개념을 활용할 수 있기 위해서는 자아개념을 측정할 수 있어야 한다. 가

자아개념, 인물개념 및 제품개념을 위한 측정척도 **12-2 표**

1. 투박하다	___	___	___	___	___	___	___	세련되다
2. 쉽게 흥분한다	___	___	___	___	___	___	___	침착하다
3. 불편하다	___	___	___	___	___	___	___	편안하다
4. 위압적이다	___	___	___	___	___	___	___	복종적이다
5. 검소하다	___	___	___	___	___	___	___	방탕하다
6. 유쾌하다	___	___	___	___	___	___	___	불쾌하다
7. 현대적이다	___	___	___	___	___	___	___	구식적이다
8. 체계적이다	___	___	___	___	___	___	___	비체계적이다
9. 이성적이다	___	___	___	___	___	___	___	감성적이다
10. 젊다	___	___	___	___	___	___	___	성숙하다
11. 공식적이다	___	___	___	___	___	___	___	비공식적이다
12. 정통적이다	___	___	___	___	___	___	___	개방적이다
13. 복잡하다	___	___	___	___	___	___	___	단순하다
14. 무색이다	___	___	___	___	___	___	___	다채롭다
15. 겸손하다	___	___	___	___	___	___	___	허영심이 가득하다

Source: N. K. Malhotra, "A Scale to Measure Self-Concepts, Person Concepts, and Product Concepts," *Journal of Marketing Research*, published by the American Marketing Association; reprinted with permission. November 1981, p. 462.

장 일반적인 측정 접근방법은 의미차이 척도(semantic differential scale)이다(부록 A 참조). Malhotra는 <표 12-2>에 있는 15쌍의 형용사들로 이루어진 척도를 개발하였다. 이 척도는 자동차와 유명인의 이미지뿐만 아니라 사람들의 이상적, 실제적 및 사회적 자아개념을 서술하는데 효과적인 것으로 알려졌다. 이 척도를 이용해서 당신의 실제적 그리고 바라는 사적 및 사회적 자아개념을 평가해보라.

이 측정도구는 표적시장의 자아개념(실제적이거나 이상적)과 브랜드의 이미지, 광고메시지 전달자의 특성 사이에 조화가 이루어지는지를 확인하는데 사용될 수 있다. 예를 들어, Serena Williams와 다년간 권장자 계약을 체결하기로 한 결정에서 Nike는 젊은 여성들이 바라는 자아개념, Nike의 여성용 운동복 라인의 원하는 이미지 그리고 Serena Williams의 이미지가 조화를 이룬다는 점을 확인하였다.[19]

4. 자아개념을 활용한 제품 포지셔닝

이상적인 자아개념을 획득하거나 실제적 자아개념을 유지하려는 노력에는 제품, 서비스 및 매체의 구매와 소비가 포함되곤 한다.[20] 이러한 과정은 <그림 12-1>에 설명되어 있다. 이 <그림 12-1>은 다소 의식적이고 신중한 과정을 의미하지만 그렇지 않은 경우가 많다. 예를 들어, 어떤 사람이 다이어트 콜라를 마시는데, 이는 원하는 자아개념이 날씬한 몸매에 관련되어 있기 때문에 다이어트콜라를 마실 수 있지만 그가 그 때문에 구매를 생각할 것 같지 않다. 그러나 다음의 문장에 예시된 바와 같이, 사람들은 경우에 따라 (이상적)자아개념 때문에 구매를 생각하게 된다:

> 만일 당신이 적절한 방식으로 당신을 소개한다면 사람들은 주목하기 시작할 것이라고 나는 생각한다. 그러나 이것은 이미지와 자존심에 연결되며, 이는 적절한 복장과 멋진 헤어스타일을 갖는 것으로 실현될 수 있다. 외적으로 멋진 자신의 모습을 갖는 것은 궁극적으로 정서적인 내적 안정감으로 연결될 수 있다.[21]

그림 12-1 자아개념과 브랜드 이미지 영향 사이의 관계

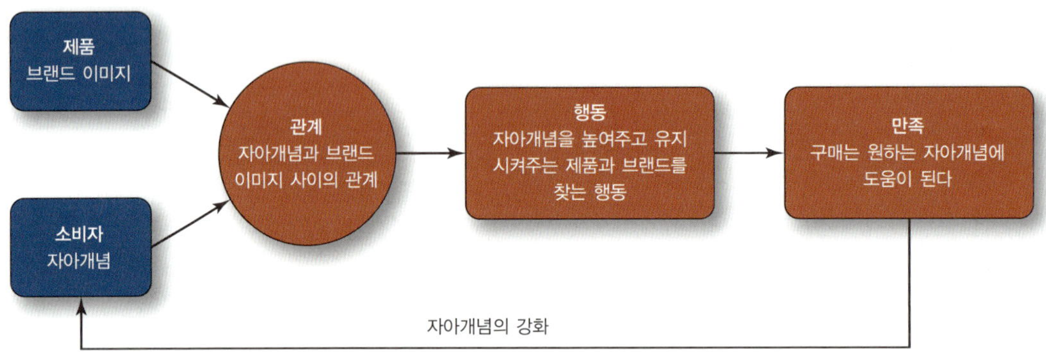

이 모든 것은 표적시장의 자아개념과 일치하는 제품이미지를 개발하도록 마케터들이 노력해야 한다는 것을 시사한다.[22] 모든 사람들의 자아개념이 독특하지만, 사람들과 집단에 따라 중복되는 부분이 상당히 크다. 바로 이 점이 시장 세분화의 토대가 된다. 예를 들어, 많은 소비자들은 자신들이 환경보호주의자라고 생각한다. 이러한 소비자들은 환경을 걱정하고 환경에 유익하다는 이미지를 창출하는 기업들과 제품들을 지지할 가능성이 크다.

소비자들은 자신들이 소비하는 것뿐만 아니라 회피하는 것으로도 자아개념을 유지하고 향상시킨다.[23] 일부 소비자들은 "자신이 어떤 사람인지"에 대한 표현의 일부로 붉은 고기와 같은 특정 제품범주나 Nike와 같은 특정브랜드를 반드시 피하려고 한다.

일반적으로, 소비자들은 자신들의 자아개념과 일치하는 브랜드를 선호한다. 그러나 그러한 자아-이미지 일치성(self-image congruity)이 브랜드선호도와 선택에 영향을 미치는 정도는 제품, 상황 및 개인 요인에 따라 달라진다. 첫째, 자아-이미지 일치성은 차고 문 손잡이와 같은 실용적인 제품보다는 가치 표현적 **상징성**이 중요한 향수와 같은 제품에서 더 중요해질 가능성이 크다. 둘째, 자아-이미지 일치성(특히 이상적인 사회적 자아)은 사적으로 소비될 때(집에서 마시는 맥주)보다는 **공개적이고 가시적인 소비상황**에서 더 중요해질 가능성이 크다.[24]

끝으로, 자아-이미지 일치성은 특히 다른 사람들이 소비행동을 관찰할 수 있는 공적 상황에서 다른 사람들의 의견과 느낌에 크게 비중을 두지 않는 소비자들(**낮은 자기감시성**)보다는 큰 비중을 두는 소비자들(**높은 자기감시성**)에게 더 중요할 가능성이 크다.[25] <사진 12-2>와 <표 12-2>에 있는 자아개념의 다양한 측면들을 고찰해보자. 이 광고는 자아개념의 어떤 측면에 소구하고 있는가?

5. 마케팅윤리와 자아개념

자아개념에는 많은 차원들이 있다. 마케터들은 아름다워지는 것의 중요성에 너무 많은 주의를 기울인다는 비판을 받아왔다. 여기에서 아름답다는 것은 작은 얼굴을 갖고, 젊고 날씬한 몸매를 갖는 것으로 정의된다. 사실상 모든 사회가 미를 정의하고 추구하지만, 오늘날 미국에서 미에 초점을 맞춘 제품과 광고물에 대한 강한 노출은 독특하다. 이러한 관심

사진 12-2

표적시장의 자아개념과 부합되는 제품의 포지션을 심어주는 광고는 일반적으로 성공적이다. 그러한 광고는 소비자들의 실제적이거나 이상적인, 사적이거나 사회적인 자아에 소구할 수 있다.

으로 인해서 사람들은 중요성이 같거나 더 높은 다른 속성들 보다도 육체적 외모에 크게 의존하는 자아개념을 개발하게 되었다고 비평가들은 주장한다.

다음과 같은 젊은 두 여성의 주장을 생각해보자:

> 나는 내가 잘 생겼다고 생각해 본 적이 없다. 내가 매우 입고 싶은 옷을 볼 수 있지만, 내가 그것들을 입을 수 없다는 것을 안다. 아마도 그것들을 입고 그럭저럭 지낼 수 있지만, 내가 그 옷을 입고 걸으면 나를 매우 의식해서 "오, 하나님"이라고 말할 것이다. 나는 날씬하게 보이려고 항상 노력하며 모든 사람들이 그러리라고 생각한다.
>
> 나는 머릿결이 좋아서 내 두발에 상당히 만족한다. 나는 시력이 좋아서 내 모습에 변화를 주는 안경 또는 어떤 것을 끼지 않아도 된다. 나쁜 점도 꽤 많은 편이다. 나는 아버지를 많이 닮았다. 나는 어머니를 많이 닮았으면 좋을 거라고 생각한다. 내 손은 상당히 촌스럽다. 나는 꽤 큰 엉덩이를 갖고 있다. 그런데, 나는 그렇게 큰 욕심은 없다.[26]

이 젊은 여성들은 매체에서 묘사되는 표준과 비교한 자신의 미에 대한 지각의 결과로 약간 부정적인 자아개념을 갖고 있다. 광고 비평가들은 대부분의 사람들, 특히 젊은 여성들은 광고에 나타난 미의 표준을 성취할 수 있는 사람들이 거의 없기 때문에 자아개념에 부정적인 요소를 갖게 된다고 주장한다. 최근의 연구는 육체적 매력과 재무적 성공 모두

에 대한 이상적인 이미지의 결과로 비슷한 부정적인 자기 평가가 남성들에게도 나타남을 보여준다.[27]

윤리적 문제는 복합적이다. 어느 한 광고물이나 기업이 이러한 영향을 만들어낸 것은 아니다. 일부 사람들로 하여금 육체적 미에 과다하게 집중하게 만든 것은 대중매체의 콘텐츠에 의해서 강화된 많은 기업의 많은 광고물의 누적효과이다. 앞에서 살펴 보았듯이, 미에 대한 관심은 광고가 나타나기 훨씬 전부터 있었다.

12.2 라이프스타일의 특성

LO2 <그림 12-2>에서 설명한 바와 같이, **라이프스타일(lifestyle)**은 기본적으로 한 개인이 살아가는 방식이다. 이것은 개인이 자신의 자아개념을 실행하는 방식으로, 과거의 경험, 타고난 특성 및 현재의 상황에 의해서 결정된다. 개인의 라이프스타일은 소비행동의 모든 측면에 영향을 미치며 그리고 개인이 생애주기를 거치면서 겪게되는 사회적 상호작용을 통하여 형성된 개인의 내재적 특성들의 함수이다.

라이프스타일에 관련된 다양한 활동, 관심 및 행동에 대하여 독립적인 자아개념 대 상호의존적인 자아개념을 가진 사람들의 비교에 관한 최근의 연구에서 **라이프스타일과 자아개념 사이의 관계**가 입증되었다. **독립형**은 여행, 스포츠 및 오락을 통해서 모험과 자극적인 것을 추구하고, 의견선도자가 되며, TV보다는 잡지를 더 선호할 가능성이 더 크다. **상호의존형**은 집에서 요리하는 것을 포함하여, 가정에 관련된 활동과 오락에 참여할 가능성이 크다. 상호의존형은 가족과 커뮤니티가 중심이 되는 사회적 활동에 참여할 가능성이 더 크다.[28]

개인과 가구 모두가 라이프스타일을 갖는다. 가구 라이프스타일이 부분적으로 가구 구

그림 12-2 라이프스타일과 소비과정

성원들의 라이프스타일에 의해서 결정되지만, 이의 반대도 성립된다.

개인들이 원하는 라이프스타일은 그들의 욕구와 욕망에 영향을 미쳐서 그들의 구매 및 사용행동에 영향을 미친다. 원하는 라이프스타일이 소비결정의 많은 부분에 영향을 미치며, 이는 다시 그 사람의 라이프스타일을 강화시키거나 변화시킨다.

마케터들은 시장을 세분화하여 특정 세분시장을 표적으로 삼는데 라이프스타일을 이용할 수 있다. 이 장의 도입사례에서 제시된 바와 같이, 명품 브랜드들은 패션 라이프스타일 세분시장에 대한 접근방법을 조정할 필요가 있다. 마찬가지로, 익스트림 스포츠 라이프스타일을 갖고 있는 사람들은 태도, 행동 및 구매에서 독특한 패턴을 갖고 있는데, 마케터들은 이러한 패턴을 파악해서 적응해야 한다. <사진 12-3>은 광신적인 스포츠 팬들을 겨냥하고 있는 광고를 보여 주고 있다.

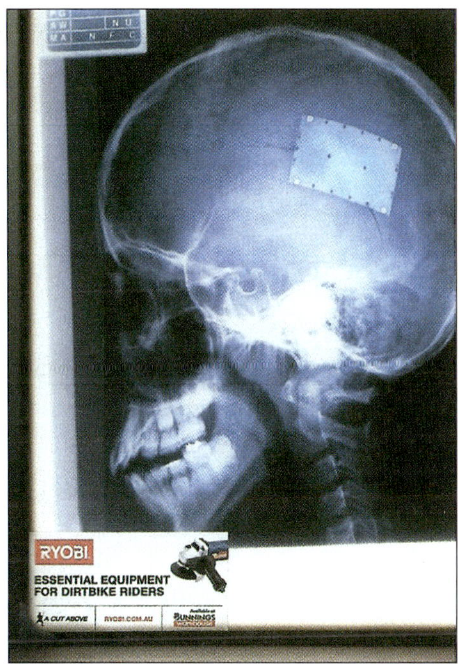

사진 12-3

이 웹사이트는 익스트림 스포츠에 대한 열성적인 팬들의 라이프스타일을 표적으로 하고있다.

소비자들은 자신들의 구매결정에서 라이프스타일의 역할을 명시적으로 거의 인식하지 못한다. 예를 들어 "나는 내 라이프스타일을 유지하기 위해서 Starbucks 매장에서 Starbucks 커피를 마신다"고 생각하는 소비자는 거의 없다. 그러나 능동적이고 사교적 라이프스타일을 추구하는 사람들은 부분적으로는 편리성, 같은 지위 "안"에 속해 있다는 것 그리고 매장에 있는 다른 사람들 때문에 Starbucks 제품을 구매할 수도 있다. 이렇게 라이프스타일은 비록 간접적인 미묘한 방식이기는 하지만 구매에 대한 기본적인 동기와 지침을 제공하는 경우가 많다.

1. 라이프스타일의 측정

라이프스타일의 계량적인 측정도구를 개발하려는 시도들을 처음에는 **사이코그래픽스(psychographics)**라고 하였다.[29] 사실, 사이코그래픽스와 라이프스타일의 용어들은 서로 혼용하여 사용되는 경우가 많다. 사이코그래픽스 또는 라이프스타일 연구는 다음과 같은 것들을 포함하고 있다:

- 태도 – 다른 사람, 장소, 아이디어, 제품 등에 대한 평가적인 진술들
- 가치 – 수용가능하거나 바람직한 것에 대해서 널리 유지되고 있는 신념들
- 활동과 관심 – 취미생활, 스포츠, 공공 서비스 및 교회 등과 같이 소비자들이 시간과 노력을 들이는 비직업적인 행동들
- 인구통계적 특성 – 나이, 교육수준, 소득, 가족구조, 민족 배경, 성별, 지리적 위치

- 매체 패턴 – 소비자들이 즐겨 이용하는 특정 매체들
- 사용율 – 특정 제품 범주 내에서 소비의 측정. 소비자들은 종종 대량, 중간, 소량 사용자 또는 비사용자로 분류되곤 한다.

많은 사람들, 대체로 500명 또는 그 이상이 위의 정보를 제공한다. 통계적 기법을 활용해서 유사한 반응패턴을 갖는 사람들을 집단으로 만든다. 대부분의 연구들은 위에서 언급하였던 처음 두 개 내지 세 개 차원(태도, 가치, 활동과 관심)을 이용해서 사람들을 집단으로 나눈다. 다른 차원들(인구통계적 특성, 매체 패턴, 사용율)은 각 집단의 특성을 묘사하는데 사용된다. 다른 연구들은 집단을 만드는 과정의 일부분으로 인구통계적 특성을 포함시키고 있다.[30]

2. 전반적 라이프스타일 체계 대 구체적 라이프스타일 체계

LO3

라이프스타일 측정은 다양한 수준의 구체성을 갖고 이루어질 수 있다. 한 극단으로 마케터들은 한 지역 모든 주민들의 전반적 라이프스타일을 연구할 수 있다. 이러한 전반적 라이프스타일 접근방법들은 어느 한 제품이나 활동에 국한되지 않아서, 광범위한 제품과 브랜드의 마케팅전략을 수립하는데 널리 활용될 수 있다. 전반적인 접근방법들은 이 장의 후반부에서 논의되는 VALS™와 PRIZM®을 포함하고 있다.

다른 극단으로, 기업들은 자기 제품이나 서비스에 가장 관련된 개인이나 가구의 특정 측면에 초점을 맞춘 매우 구체적 라이프스타일을 조사할 수 있다. 이러한 조사에서 라이프스타일 측정은 제품이나 활동에 따라 달라지게 된다. 두 가지 구체적 라이프스타일 체계를 심층적으로 고찰해보자.

고급 스포츠 카(Luxury Sports Car) Porsche는 구매자들의 라이프스타일을 조사하였다. 주요 인구통계적 특성(높은 학력과 소득)이 구매자들 간에 비슷함에도 불구하고 그들의 라이프스타일과 동기는 크게 다르다는 점에 Porsche는 다소 놀랐다. 세분시장들과 그들의 특성은 다음과 같다:[31]

- 탑건(**Top Guns, 27%**): 야심차고 노력형으로, 이 집단은 권력과 통제를 가치있게 여기며 다른 사람들이 알아주기를 기대한다.
- 엘리트주의자(**Elitists, 24%**): 명문가의 부호들은 승용차를 자기 개성의 표현으로 생각하지 않는다. 승용차는 아무리 비싸더라도 승용차일 뿐이다.
- 의기양양한 단골(**Proud Patrons, 23%**): 이 집단은 다른 사람들에게 인상을 남기기 위해서가 아니라 스스로를 만족시키기 위해서 승용차를 구입한다. 승용차는 열심히 일한 것에 대한 보상이다.
- 유쾌한 친구들(**Bon Vivants, 17%**): 모험 추구적이고 "제트족(jet setters)"인 이 집단은 승용차를 자신들의 기존의 활기찬 생활을 향상시켜주는 것으로 본다.
- 몽상가들(**Fantasists, 9%**): 이 집단은 승용차를 다른 사람들에게 인상을 남기는 수단이 아니라 현실도피로 사용한다. 사실, 그들은 Porsche를 갖는 것에 약간의 죄책감을 느낀다.

이처럼 다른 라이프스타일을 갖는 세분시장 간에 Porsche의 마케팅 접근방법을 어떻게 변화시킬 필요가 있는가?

기술(technology) 소비자들이 어떻게 기술을 활용하는지는 마케터들에게 매우 중요하다. Forrester Research의 테크노그래픽스 세분화 체계와 같은 많은 기술 및 인터넷 라이프스타일 프로필이 존재한다.[32] Experian Information Systems는 기술과 관련된 태도, 라이프스타일 그리고 수용 및 사용패턴에 대한 광범위한 분석에 기반한 또 다른 분류법을 제공하고 있다. 세분시장들과 이들의 특징은 다음과 같다:[33]

- 귀재(**Wizards, 31%**) "기술이 삶이다"라는 표현이 이들의 특징을 나타낸다. 이들은 신기술에 대하여 열광적이고 대담한 사용자들이다. 삶의 모든 측면을 개선하기 위한 수단으로 신기술을 갖고 싶은 욕심이 있다.
  - 인구통계적 특징: 이들은 청년층과 학생들(평균 42세로 가장 젊은 집단)이며 평균적인 가구소득보다 약간 낮은 79,000 달러의 가구소득을 가지고 있으며, 31%가 비백인이다. 주로 미혼 남성들이 여기에 해당된다.
  - 테크(tech) 라이프스타일: 새로운 전자제품을 가장 먼저 구입하고, 이동전화에 광고된 제품을 구입하는 경향이 있으며, 게임과 사교적 용도로 많이 사용한다. 가장 최근의 기술로는 iPhone, Blu-ray, 및 인터넷 TV를 들 수 있다.
- 장인(**Journeyman, 13%**) "기술은 내 삶의 중요한 부분이다"는 표현이 이들의 특징을 나타낸다. 열정이 귀재들보다 한 단계 낮지만 이들은 신기술에 해박하며 확신을 갖고 사용한다.
  - 인구통계적 특징: 청년 및 장년층(평균연령이 43세임)이 여기에 해당하며, 평균소득보다 높은 104,000 달러의 가구소득을 가지고 있으며, 27%가 비백인이며, 주로 자녀가 있는 기혼자들이다.
  - 테크 라이프스타일: 온라인에서 쇼핑하며, 이메일이 쇼핑에 주요 영향을 미치고, 기술은 일을 하고 레저시간을 쓰는 방식을 자주 바꿔준다. 가장 최근의 기술로는 BlackBerry와 DVR을 들 수 있다.
- 도제(**Apprentices, 31%**) "기술이 내 삶을 바꾸고 있다"는 표현이 이들의 특징을 나타낸다. 기술을 이용하지만, 성장의 여지가 있고, 성장을 위해서 기꺼이 배우려고 한다. 태도가 아니라 구매력이 장애물이다.
  - 인구통계적 특징: 평균보다 약간 높은 95,000 달러의 가구소득을 가지고 있으며, 17%가 비백인이고, 기혼의 여성들이다.
  - 테크 라이프스타일: 기술이 탐색에 이용되며 그들이 정보를 수입하는 방식을 변화시켰다. 기술이 정보와 쇼핑의 주요 원천이다. 가장 최근의 기술로는 컴퓨터의 DVD 드라이브, LCD TV, 위성 라디오를 들 수 있다.
- 초보자(**Novices, 25%**) "기술은 내 삶에 제한된 영향을 미친다"는 표현이 이들의 특징을 나타낸다. 이 집단은 최근에 생겨난 기술과 단절되어 있으며 변화에 저항을 보인다. 단순하고 쉽게 사용할 수 있는 제품을 원한다. 기술에 큰 의미를 두지 않는다.
  - 인구통계적 특징: 노년층과 은퇴자들(평균연령이 55세임)이 주로 여기에 해당되며,

사진 12-4

Experian Information Systems는 기술에 관련된 네 개 라이프스타일 세분시장을 확인하였다. 이 광고는 어느 세분시장에 가장 크게 소구하고 있는가?

평균보다 낮은 61,000 달러의 가구소득을 보유하고 있으고, 주로 조부모이다.

- 테크 라이프스타일: 기술을 잘 모르며, 전화용으로만 이동전화기를 사용한다. 이메일이 몇 안되는 온라인 활동 중 하나이다. 가장 최근의 기술로는 휴대용 DVD와 위성수신기의 DVR 등이다.

〈사진 12-4〉의 광고는 어느 집단에 소구하고 있는가?

구체적 라이프스타일 조사가 유용할지라도 많은 기업들은 전반적 라이프 스타일 조사가 훨씬 더 가치가 있는 것으로 여긴다. 두 가지 인기있는 전반적인 시스템을 살펴볼 것이다.[34]

12.3 VALS^{TM} SYSTEM

마케팅관리자들이 가장 많이 활용하는 사이코그래픽스 연구는 SBI(Strategic Business Insights)의 VALS^{TM} 프로그램이다. **VALS**는 미국의 성인들을 여덟 가지 독특한 소비자 세분시장으로 체계적으로 분류해준다.[35]

VALS는 구매패턴과 상관관계가 있는 지속적인 심리적 특성에 기초를 두고 있다. 응답자들은 **일차적 동기**에 따라 분류되는데, 이 동기는 VALS의 두 개 차원 중 하나로 사용된다. 제10장에서 살펴본 바와 같이, 동기는 행동의 주요 결정요인이다. 동기는 개성 및 자

VALS™의 동기유형별 내재적 특성의 차이

표

	일차적 동기		
	이상	성취	자아표현
그들은	정보추구적이다	목적지향적이다	자발적이다
그들은	원칙을 토대로 선택한다	포지션을 강화시켜주는 선택을 한다	정서적 영향을 수반한 선택을 한다
그들은	기능성 및 신뢰성을 구입한다	성공 상징물을 구입한다	경험을 구입한다
그들은	이해를 추구한다	사회적 승인을 추구한다	모험, 흥분 및 참신함을 추구한다
그들은	자기개발을 추구한다	자기향상을 추구한다	자립의존을 추구한다
그들은	충동에 저항한다	위험에 저항한다	권위에 저항한다
그들은	내가 무엇을 해야하는지를 묻는다	내가 어떤 것을 했으면 다른 사람들이 좋아하는지를 묻는다	내가 무엇을 하고 싶어하는지를 묻는다

Source: Strategic Business Insights (SBI); www.strategicbusinessinsights.com/vals.

VALS™ 체계

그림 12-3

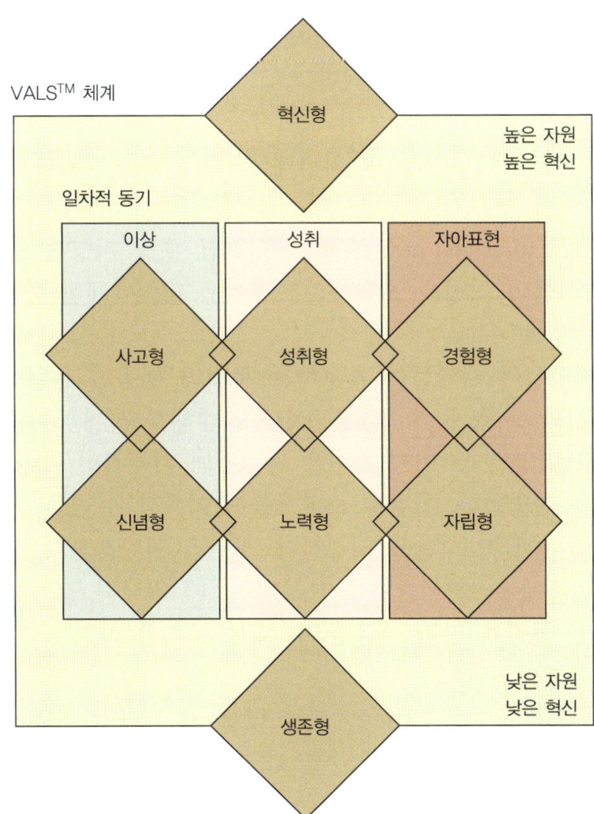

Source: Strategic Business Insights (SBI); www.strategicbusinessinsights.com/vals.

표 12-4 VALS 세분시장들: 선별적 특징들

	혁신형	사고형	신념형	성취형	노력형	경험형	자급형	생존형
비율	10	11	16.5	14	11.5	13	12	12
나이 중위수	45	56	52	41	28	24	46	70
결혼	65	75	63	72	34	25	68	45
풀타임 직업	72	55	47	70	52	55	59	13
지난 30일 전 인터넷 사용	98	88	61	93	70	85	68	29
사용중인 최근 자동차 구매	39	37	50	45	59	53	59	44
유기농 구매	26	13	6	9	5	9	6	4
운동을 위한 걷기	52	46	29	37	20	18	26	22
지난 해의 골프활동	18	16	6	15	7	10	7	3
공영방송기여	23	13	3	3	0	0	0	3
핵심매체	Intement	Newspaper	TV	Intement	Radio	Magaxine	Radio	TV
선호매체	Print	Internet	Radio	Magaxine	TV	Intement	TV	Newspaper

주) 나이와 매체를 제외하고는 숫자는 각 특징을 보유한 각 집단의 비율
Source: Strategic Business Insights (SBI); www.strategicbusinessinsights.com/vals.

아개념과 밀접하게 연결되어 있다. 사실, VALS의 핵심적인 전제는 "사람들은 특유의 동기를 충족시켜주고 자신들의 삶에 적절한 모습, 내용 및 만족을 부여해주는 제품과 서비스 및 경험을 찾는다"는 것이다. 세 가지 일차적 동기가 VALS의 기초를 이루고 있다.

- 이상 동기(Ideals motivation) – 이 소비자들은 감정이나 사회적 승인에 대한 욕망이 아니라 자신의 신념과 원칙에 따라 선택한다. 그들은 기능성과 신뢰성을 구입한다.
- 성취 동기(Achievement motivation) – 이 소비자들은 명확한 사회적 지위를 얻으려고 노력하고, 다른 사람들의 행위, 인정 및 의견에 크게 영향을 받는다. 그들은 지위 상징물을 구입한다.
- 자아 표현 동기(Self-expression motivation) – 이러한 행동 지향적 소비자들은 자신들의 선택을 통해서 자신들의 개성을 표현하려고 한다. 그들은 체험을 구입한다.

이러한 세 가지 지향성이 사람들이 추구하는 목적과 행동의 유형을 결정해 준다. <표 12-3>은 각 동기 집단의 목적, 동기 및 행동성향에 대해서 상세히 서술하고 있다.

자원(resources)으로 명명된 두 번째 차원은 자신들의 지배적인 자아지향성을 추구할 수 있는 개인들의 능력을 반영한다. 이것은 소비자들이 이용할 수 있는 모든 유형의 심리적, 육체적, 인구통계적 및 물질적 수단을 지칭한다. 자원은 일반적으로 청년기에서 중년기까지는 증가하다가 노년기에 들어서 줄어 들기 시작할 때 비교적 안정적인 경향이 있다. 자원은 자신의 일차적인 동기에 따라 행동할 수 있는 능력을 돕거나 억제할 수 있기 때문에 VALS의 중요한 부분이 된다.

이러한 두 가지 개념을 토대로, SBI는 <그림 12-3>에 나타난 바와 같이 전반적인 여덟 개 사이코그래픽스 세분시장을 찾아냈다. <표 12-4>는 각 세분 시장에 대한 선별적인 인구통계적 특성을 제공하고 있다. <표 12-5>는 각 세분시장의 선별적인 특성을 제공해준다. 이들 세분시장 각각은 아래에서 간략하게 서술할 것이다.

1. VALS™ 세분시장

사진 12-5

이 광고는 혁신형들의 성장에 대한 욕망과 보다 세련된 삶에 대한 취향에 소구한다.

혁신형(innovators)은 높은 자존심을 갖고 있는 성공하고, 세련되며, 지도자의 자질을 가진 사람들이다. 그들은 변화의 리더들이며 새로운 아이디어와 기술에 대한 이해력이 가장 높다. 그들의 구매는 부유해 보이며 특화된 제품과 서비스에 대한 세련된 취향을 반영한다. <사진 12-5>의 광고는 혁신형들에게 소구하고 있다.

사고형(thinkers)은 성숙되고, 만족스러워하며, 편안해하고, 생각이 깊은 사람들이다. 그들은 교육수준이 꽤 높고 의사결정과정에서 정보를 능동적으로 찾는 경향이 있다. 그들은 제품의 내구성, 기능성 및 가치를 선호한다.

신념형(believers)은 엄격하게 전통적이며 규칙과 권위를 존중한다. 그들은 근본적으로 보수적이기 때문에 기술을 싫어하고 서서히 변한다. 그들은 익숙한 제품과 인정된 브랜드를 선택한다.

사진 12-6

이 광고는 성공을 과시하고 자신들의 삶을 통제하는데 도움이 되는 제품에 대한 성취형들의 욕망에 소구한다.

성취형(achievers)은 가족과 일이 중심이 되는 목표-지향적인 라이프스타일을 갖는다. 그들은 많은 흥분 또는 변화를 일으키는 상황을 회피한다. 그들은 동료들에게 성공을 과시하는 프리미엄제품을 선호한다. <사진 12-6>의 광고는 성취형들에게 소구할 것이다.

노력형(strivers)은 유행을 좇으며 재미있는 것을 좋아한다. 그들은 자유재량 소득이 거의 없으며 관심분야가 좁은 경향이 있다. 그들은 물질적으로 아주 풍요로운 사람들의 구매를 모방한 멋진 제품을 좋아한다. 노력형의 많은 사람들이 인생은 공정하지 않다고 믿는다.

경험형(experiencers)은 비관습적인 것을 높게 평가한다. 그들은 활동적이고 충동적이며, 새로운 것, 색다른 것 및 위험한 것에서 흥분을 찾는다. 그들은 자신들의 소득에서 비교적

사진 12-7

경험형들은 충동적이고 사교적이다. 그들은 새롭고 색다른 것들을 좋아한다.

많은 부분을 패션, 사교 및 오락에 쓴다. <사진 12-7>의 광고는 특히 이 세분시장에 소구하고 있다.

자립형(makers)은 실용성과 자급자족을 소중하게 여긴다. 그들은 직접 수행하는 만드는 활동을 많이 하며 가족 및 가까운 친구들과 여가시간을 보낸다. 그들은 사치보다는 가치를 선호하기 때문에 기본적인 제품을 산다. 자립형들은 "미국산 제품의 구입"을 선호한다. <사진 12-8>의 제품은 이 집단에 소구할 것이다.

생존형(survivors)은 시야가 매우 좁은 삶을 영위한다. 그들은 극히 적은 자원을 갖고 있기 때문에 그들은 일차적 동기를 드러내지 않으며 무력감을 느끼곤 한다. 그들은 주로 안전과 보안에 관심을 갖고 있어서 브랜드 애호적이며, 할인된 상품을 산다. 제4장에서 언급한 것과 같이, 이러한 소비자들의 욕구에 부응하는 것은 마케터들과 공공정책 입안자들 모두에게 커다란 과제이다.

12.4 지리라이프스타일 분석(NIELSEN PRIZM®)

Nielsen의 **PRIZM®**은 미국 센서스 자료와 제품 소비 및 매체사용패턴에 대한 광대한 자료를 결합한 최첨단의 지리인구통계적 세분화 체계를 제공한다. 결과는 66개 라이프스타일 세분시장들의 집합이다. 미국의 각 가구는 이러한 라이프스타일 집단을 이용하여 분류될 수 있다. **지리인구통계적 분석**의 논리는 다음과 같다:

> 유사한 문화적 배경, 수단 및 관점을 갖는 사람들은 자연스럽게 서로에게 끌리게 된다. 그들은 알맞은 가격의 편의와 부합되는 라이프스타일을 제공하는 이웃의 동료들과 함께 살아간다. 일단 정착이 되면, 사람들은 자연스럽게 이웃들과 동화된다. 그들은 유사한 사회적 가치, 기호 및 기대를 수용한다. 그들은 제품과 서비스, 매체와 프로모션에 대하여 공유된 소비자행동을 보인다.[36]

1. PRIZM 사회적 및 생애단계 집단들

PRIZM은 66개 개별 세분시장들을 보다 큰 사회적 및 생애단계 집단으로 체계화시킨다. 가장 큰 사회적 집단화는 도시화에 토대를 두고 있다. 도시화는 인구밀도에 의해서 결정되며, 사람들이 사는 곳과 사람들의 라이프스타일과 밀접하게 연결된다. 네 가지 주요 사회적 집단은 다음과 같다:

- 도시 – 인구밀도가 높은 주요 도시들
- 교외 – 대도시 주변의 중간정도 인구 밀도의 교외 지역

- 위성도시(second city) – 인구밀도가 낮은 더 작은 도시들과 주요도시의 위성도시들
- 타운과 시골 – 저밀도의 타운과 농촌

가장 넓은 생애단계 집단은 나이와 자녀의 유무에 토대를 두고 있다. 제6장에서 살펴보았던 것과 같이, 이러한 요인들은 소비패턴과 라이프스타일에 크게 영향을 미친다. 세 가지 주요 생애단계 집단은 다음과 같다:

- 젊은층 – 자녀가 없는 35세 이하의 독신들과 부부들 또는 집에 자녀가 없는 중년
- 가족생활층 – 집에 자녀가 있는 중년(25-54) 가구
- 장년층 – 55세 이상 또는 자녀가 집에 없는 45~64세의 독신들과 부부들

사진 12-8

자급형들은 가족과 가정에 집중한다. 그들은 실용적이어서 가치중심의 기능적 제품을 좋아한다. 이 제품은 그들의 자급자족 동기를 자극한다.

풍요로움은 활동, 소비패턴 및 라이프스타일의 강력한 인구통계적 결정요인이기 때문에 PRIZM은 각 사회적 및 생애단계 집단을 풍요로운 정도에 따라 나눔으로써 보다 정교한 세부정보를 얻을 수 있게 해준다. Nielsen은 전반적인 PRIZM 정보를 이용기업의 고객데이터베이스와 결합하여 정밀도를 향상시키고 있다.

2. PRIZM 세분시장의 표본

우리는 여덟 개 구체적인 세분시장의 특성을 간략하게 살펴보고, PRIZM이 성공적인 마케팅전략을 개발하는데 어떻게 활용될 수 있는지를 살펴 볼 것이다(모든 세분시장들에 대해서는 www.MyBestSegments.com을 참조하라).

- 젊은 디지털 지식층(Young digeratti, 도시 /젊은층, PRIZM 세분시장 번호 4) 이들은 기술능통가들이며, 도시외곽의 매력적인 지역에 살고 있다. 풍족하며, 높은 수준의 교육을 받았고, 인종적으로는 섞여있다. 젊은 디지털 지식층 커뮤니티에는 전통적으로 최신아파트와 콘도, 헬스클럽, 고급의류전문점, 캐주얼 레스토랑 그리고 주스와 드립커피를 판매하는 여러 형태의 바가 많이 있다. 독립영화채널을 많이보고, Audi A3를 많이 탄다.
- 귀족영주층(Blue Blood Estates, 교외/가족, PRIZM 세분시장 번호 2) 교외에 거주하는 부자의 가족 초상이며, 백만 달러 주택과 잘 손질 된 잔디, 고급 자동차와 혼자 사용할 수 있는 개인 클럽을 보유하고 있다. 미국에서 두 번째로 부유한 라이프스타일을 가진 사람들이다. 자녀가 있는 기혼자들이며, 대학학력을 보유하고 있고, 아시아계 미국인이 상당한 비율을 차지하고 있다. 기업의 임원, 관리자, 전문가의 직업을 통하여 적어도 여섯 자리

이상(10만 달러 이상)의 소득을 가지고 있다. VOD를 많이 보고, Audi A8을 많이 탄다.

- **우물안의 거물층**(Big Fish, Small Pond, 타운/장년, PRIZM 세분시장 번호 9) 이들은 나이가 들고, 상류층이며, 대학교육을 받는 전문가들이다. 이들은 작은 타운 커뮤니티의 지도자급 시민들이다. 이들 상류계급의 빈 둥지(자녀가 출가한) 부부들은 컨트리클럽 회원, 대규모의 투자 포트폴리오 유지와 관리, 컴퓨터 기술에 대한 자유로운 소비와 같은 성공의 결과를 즐기고 있다. Tripple Crown과 같은 TV프로그램을 많이 보며, Cadillac DTS를 많이 탄다.
- **수영장과 야외테라스층**(Pools and Patios, 교외/장년, PRIZM 세분시장 번호 15) 전후 베이비붐 동안에 형성되었다. 수영장 및 야외 테라스층은 젊은 교외 가족으로부터 나이든 독신이나 빈 둥지 커플로 진화했다. 뒤뜰에 풀과 테라스가 있는 안정적인 지역에서 살고 대부분의 집은 1950년대와 1960 년대에 지어졌다. 거주자들은 화이트 칼라 관리자와 전문가로 일하고, 그들의 경력에서 최고 위치에 있다. Eddie Bauer에서 쇼핑을 하고, Subaru Forester를 주로 탄다.
- **젊고 소박한층**(Young and Rustic, 타운/젊은 층, PRIZM 세분시장 번호 48) 이들은 제대로 쉬지 못하는 중년의 독신자로 구성되어 있다. 이들은 중하소득, 고교졸업의 학력이며, 준교외지역의 작은 아파트에 살고 있다. 서비스산업에 종사하면서 벌어들이는 대단하지 않은 소득으로 스포츠, 자동차, 데이트를 중심으로 빠르게 진행되는 라이프 스타일을 시도한다. WWE 레슬링과 같은 쇼를 많이 보며, Dodge Ram 디젤을 많이 탄다.
- **황금연못층** (Golden Ponds, 타운/장년, PRIZM 세분시장 번호 55) 이들은 대부분 은퇴의 라이프트타일을 가지고 있으며, 65세 이상의 하층 독신자와 부부가 주를 이루고 있다. 시골의 전원마을에 살고있으며, 연간 35,000달러 이하의 소득으로 작은 아파트에 살고 있는 노인들이고, 이들 중 5분의 1은 요양원에 있다; 이들 노인들의 일상은 독서, TV 시청, 빙고 게임과 수공예 작업과 같은 앉아있는 활동의 연속이다. Price Is Right와 같은 쇼를 많이 보고, Mercury Sable과 같은 차를 탄다.

3. PRIZM의 활용

라스베가스 카지노의 마케팅(Marketing a Las Vagas Casino) 라스베가스의 한 카지노 업체는 핵심 소비자들과 시장을 찾아서 성장기회를 모색하는데 PRIZM을 활용하였다. 그들은 자사의 데이터베이스에 있는 각 고객을 66개 세분시장 중 하나로 분류하기 위해서 자사의 고객데이터베이스와 PRIZM 시스템을 결합시켰다. 이 자료를 이용해서 그들은 어떤 세분시장이 핵심 고객들을 나타내는지를 알아낼 수 있었다. 이 세분시장들은 **젊은 디지털 지식층**, **우물안의 거물들층** 및 **수영장과 테라스층**을 포함한다. 비록 이들 세분시장에 속한 소비자들이 여러 가지 점에서 다를지라도, 그들은 모두가 교육수준이 높고, 여행을 좋아하는 풍요로운 전문가들이다.

이 카지노는 어떤 세분시장이 자신들의 비즈니스에 가장 매력적이지 않은지도 고찰하였다. 여기에는 **젊고 소박한층** 및 **황금연못층**이 포함된다. 카지노의 핵심 고객을 고려하면, 이 두 세분시장은 교육수준이 낮고 소득이 낮은 소비자들로서 정착성의 활동과 집 근처에서 할 수 있는 활동을 한다는 점에서 이러한 결과는 타당하다고 할 수 있다.

끝으로, 이 카지노는 기회가 있지만 아직 잘 개척되지 않은 매력적인 세분시장도 찾았다. 그러한 세분시장 중 하나는 명문가의 부호들로, 교육수준, 소득과 여행의 관점에서 이 카지노의 핵심적인 고객들과 유사성을 갖고 있다. 기회가 많은 세분시장을 찾아낸 후에 이 카지노는 핵심에 충실하면서도 특별히 그러한 집단들을 표적화하여 마케팅노력을 재조정하였다. 이들과 핵심적인 고객들 및 이들과 닮은 가구들이 표적시장에서 어디에 존재하는지를 이해함으로써, 그들은 비용효율적인 방식으로 수익성 있는 새로운 고객들을 끌어 들이는데 성공을 거두었다.

12.5 국제적 라이프스타일

LO5 이 장에서 살펴본 VALS와 PRIZM체계는 미국의 문제를 다루고 있다. 또한, VALS는 일본과 영국판도 있다. 제2장에서 살펴보았던 바와 같이, 마케팅은 점점 더 지구촌 활동이 되고 있다. 문화를 초월하여 식별할 수 있는 라이프스타일 세분시장이 존재한다면, 마케터들은 이러한 세분시장을 중심으로 범문화적 전략을 개발할 수 있을 것이다. 비록 언어와 다른 차이가 존재할지라도, 각기 다른 문화에서 유사한 라이프스타일을 추구하는 사람들은 비슷한 제품특징과 커뮤니케이션 테마에 반응하게 될 것이다.

그러한 시스템을 개발하려는 많은 시도가 있었다.[38] 대형 국제적인 광고회사들과 마케팅조사기업들이 앞장서고 있다. 지구촌 마케팅조사 및 사문기업인 Roper Starch Worldwide는 아시아, 남미와 북미 및 유럽의 35개 국가에서 대략 35,000명의 소비자들을 서베이하

표 12-6 Roper Starch Worldwide가 식별한 지구촌 라이프 스타일 세분시장

노력형(Strivers, 23%) – 물질적 및 직업적 목적을 소중하게 여기며 부, 지위 및 권력을 쫓고 있다. 그들은 컴퓨터와 이동전화단말기를 좋아하지만 신문 이외의 매체에는 시간을 거의 할애하지 않는다. 중년이며, 남성에 치우쳐 있으며, 특히 아시아 (33%)에 노력형이 많다.
성실형(Devouts, 22%) – 의무, 전통, 신앙, 권위를 소중하게 여기며 연장자를 우대한다. 그들은 매체에 거의 휩쓸리지 않으며 서구의 브랜드에 별로 관심을 보이지 않는다. 여성이 더 많으며, 성실형은 아시아의 개발도상국가(예: 필리핀), 아프리카, 중동에서 가장 일반적이며, 아시아의 선진국(예: 일본)과 서유럽에서는 거의 없다.
이타주의형(Altruists, 18%) – 사회적 쟁점과 사회의 복지에 관심이 많다. 그들은 교육수준이 높고 중간 나이가 44세로 장년층이다. 여성이 더 많으며, 애타주의형은 라틴 아메리카와 러시아에서 가장 일반적이다.
친밀형(Intimotes, 15%) – 친밀한 개인적 관계와 가족을 소중하게 여긴다. 그들은 방송매체를 많이 이용하며, 요리와 정원가꾸기를 즐기고, 친숙한 소비재 브랜드의 좋은 표적이 된다. 성별로 균형을 이루고 있는 친밀형은 유럽과 미국(25%)에서 더 일반적이며 아시아의 개발도상국(7%)에서는 덜 일반적이다.
재미추구형(Fun Seekers, 12%) – 모험, 쾌락 및 흥분을 소중하게 여긴다. 그들은 전자 매체를 많이 이용하며 유행을 의식하고 레스토랑, 바 및 클럽에 가는 것을 즐긴다. 재미추구형은 가장 젊고 라이프스타일이 가장 글로벌화되어 있고 성별로 거의 균형을 이루고 아시아의 선진국에서 가장 일반적이다.
크리에이티브형(Creatives, 10%) – 지식, 교육 및 기술에 관심을 갖는다. 그들은 특히 서적, 잡지 및 신문을 많이 이용하고 있다. 그들은 컴퓨터를 소유하고 인터넷 서핑을 하는 것과 같이 기술에 앞장서기도 한다. 성별로 균형을 이루고 있는 크리에이티브형은 라틴 아메리카와 서유럽에서 더 일반적이다.

주: 100 = 사용, 구매 혹은 소비의 평균수준.

사진 12-9

이 광고는 재미추구형에게 강하게 소구하고 있다.

고 있다.[39] 그들의 목적은 핵심적인 근원적 가치에 토대를 둔 지구촌 세분화 체계이다. 한 임원에 의하면,

> 우리는 사람들의 삶에서 그들이 어떤 사람들인지를 결정해주고 그들의 행동뿐만 아니라 태도를 이끄는 근원적인 동기를 이해할 수 있게 해주는 근본적인 안정적 기반가치를 찾으려고 한다.[40]

그들의 서베이는 <표 12-5>에 서술된 것과 같은 여섯 개 지구촌 라이프스타일 세분시장을 찾아냈다. 이러한 세분시장은 조사된 모든 국가에 존재하지만, 각 집단에 속한 인구의 비율은 국가별로 다르다. 브라질은 재미추구형의 비율이 가장 높다. 언어를 제외하고, <사진 12-9>의 광고는 재미추구형에 대한 전세계적인 소구를 보여주고 있다. 이러한 유형의 광고는 비교적 표준화된 광고주제가 가능하므로 여러 문화에 걸쳐서 비슷한 라이프스타일을 갖는 집단을 표적으로 삼는 마케터들에 의해 종종 사용되어진다.

요약

1. 자아개념과 이의 측정 그리고 제품을 포지셔닝하는 데 이 개념이 어떻게 활용되는지를 설명한다.

자아개념은 자신에 대한 신념과 감정이다. 네 가지 유형의 자아개념이 있다. 실제적 자아개념, 사회적 자아개념, 사적인 자아개념, 이상적인 자아개념이다. 소비자들은 자아개념을 표현하고 유지하고 향상시키기 위해서 제

품을 구매하여 사용하기 때문에 자아개념이 중요하다. **지배적으로 독립적인 자아개념**(개인이 중요한 구성요소가 된다) 또는 **상호의존적인 자아개념**(관계가 일차적으로 중요하다)을 갖는지에 의해 개인들과 문화의 특징을 파악하는 것이 유용하다는 점을 특히 마케터, 특히 국제마케팅을 담당하는 마케터들이 알게 되었다.

자신을 규정하는 방식인 개인의 자아개념은 대체로 그 시람이 갖고 있는 수유물의 일부를 포함한다. 자신을 정의하는데 사용하는 소유물을 포함한 자아개념은 **확장된 자아**라고 한다. 마케터들은 확장된 자아의 관점에서 개인의 자아개념을 강화시켜주는 수단으로 제품과 브랜드를 포지셔닝할 수 있다. 제품과 브랜드는 이상적 및 실제적 자아개념이 일치할 때와 같이 자아개념의 유지에 도움이 되는 것으로 때때로 포지셔닝할 수 있는 경우도 있다. 다른 경우에는 제품과 브랜드는 실제적 자아개념이 이상적 자아개념보다 낮을 때와 같이 자아개념을 강화시켜주는 것으로 포지셔닝될 수 있다.

2. 라이프스타일을 정의하고 자아개념과 사이코그래픽스와의 관계를 설명한다.

라이프스타일은 단순하게 사람이 살아가는 방식으로 정의할 수 있다. 라이프스타일은 개인이 수명주기를 거치면서 겪게되는 사회적 상호작용을 통하여 형성된 개인의 내재적 특징들의 함수이다. 이는 개인의 행동을 통하여 자신의 자아개념을 표출하는 방식이다.

사이코그래픽스는 라이프스타일이 마케팅관리자에게 유용하게 조작적으로 정의되는 주요 방법이다. 이는 심리적 구성을 기술하는 방식 즉 활동, 관심, 의견, 가치 및 인구통계의 차원을 평가함으로써 라이프스타일을 기술하는 방식이다. 라이프스타일 측정은 거시적일 수 있어 개인의 전반적으로 살아가는 방식을 반영할 수 있으며 또는 미시적으로 특정 제품범주 또는 활동과 관련하여 개인의 태도 및 행동을 기술할 수 있다.

3. 특정 라이프스타일 유형들과 고급스포츠카 및 기술에 대한 라이프스타일 유형들을 살펴본다.

라이프스타일 측정은 구체성의 정도가 다르게 구축될 수 있다. 한 극단으로, 기업들은 자사 제품과 서비스에 가장 밀접한 개인이나 가구 라이프스타일의 여러가지 측면들에 초점을 맞춘 매우 구체적인 라이프스타일 조사를 실행할 수 있다. 이러한 조사에서 라이프스타일 측정은 제품이나 활동에 특유한 것이다. Porche는 자사 브랜드를 위한 라이프스타일 세분화 조사를 실행하여 매우 다양한 구매동기를 갖고 있는 많은 세분시장을 찾아냈다. Experian은 기술사용자들을 검토하여 최근에 생겨난 기술에 대한 태도, 사용 및 수용에서 집단간에 매우 큰 차이가 있음을 일게 되었디.

4. 전반적 라이프스타일 유형을 설명하고 VALS™와 PRIZM®의 유형들을 살펴본다.

다른 극단으로, 마케터들은 한 모집단의 전반적인 라이프스타일 패턴을 조사할 수 있다. 이러한 전반적인 라이프스타일 접근방법은 어느 한 제품이나 활동에 국한되지 않아서 광범위한 제품과 브랜드에 대한 마케팅전략을 개발하는데 폭넓게 활용될 수 있다. 전반적인 접근방법은 VALS와 PRIZM을 포함한다.

VALS체계는 미국국민을 여덟 개 집단으로 나눈다. 혁신형, 사고형, 신념형, 성취형, 노력형, 경험형, 자급형 및 생존형이다. 첫 번째 차원인, **일차적 동기**는 세 가지 범주가 있다: **이상**(기본적인 신념과 가치에 의한 동기), **성취**(명확한 사회적 지위를 얻으려하고 다른 사랑의 영향을 받는 동기) 그리고 **자아표현**(자아표현, 육체적 활동, 다양성 및 흥분을 추구하는 동기)이다. 두 번째 차원은 개인의 지배적인 동기를 추구하기 위한 육체적, 정신적 및 물질적 **자원**이다. **지리인구통계적** 분석은 비슷한 라이프스타일을 갖는 사람들은 서로 가까이에서 사는 경향이 있다는 전제에 토대를 두고 있다. PRIZM은 개별 가구에 이르기까지 인구통계적 특성과 소비 자료를 검토하는 체계이다. 가장 최근의 센서스 자료를 토대로, PRIZM은 사회적 집단과 생애단계를 중심으로 체계화 된 66개 라이프스타일 세분시장을 개발하였다.

5. 국제적 라이프스타일과 기존의 세분화 체계 한 가지를 논의한다.

국제마케팅의 급속한 확장에 대한 반응으로, 여러 문

화에 활용할 수 있는 라이프스타일 측정 도구를 개발하려는 많은 시도가 있었다. Roper Starch Worldwide는 대규모 다국적 서베이를 실행하여 핵심가치에 토대를 둔 여섯 개 지구촌 라이프스타일 세분시장을 찾아냈다.

주요 용어

실제적 자아개념(actual self-concept)
확장된 자아(extended self)
지리인구통계적 분석(geo-demographic analysis)
이상적 자아개념(ideal self-concept)
독립적 자아개념(independent self-concept)
상호의존적 자아개념(interdependent self-concept)
라이프스타일(lifestyle)
단순 소유 효과(mere ownership effect)
절정체험(peak experience)
사적 자아개념(private self-concept)
PRIZM
사이코그래픽스(psychographics)
자아개념(self-concept)
사회적 자아개념(social self-concept)
VALS

참고 문헌

1. The chapter-opening example is based on E. Ko et al., "Cross-National Market Segmentation in the Fashion Industry," *International Marketing Review* 24, no. 5 (2007), pp. 629–51; C. R. Taylor, "Lifestyle Matters Everywhere," *Advertising Age,* May 19, 2008, p. 24; and "Global Luxury Market Foresees Recovery," *www.fibre2fashion.com,* October 30, 2009, accessed June 11, 2011.
2. N. Y. Wong and A. C. Ahuvia, "Personal Taste and Family Face," *Psychology & Marketing,* August 1998, pp. 423–41; and T. Sun, M. Horn, and D. Merrit, "Values and Lifestyles of Individualists and Collectivists," *Journal of Consumer Marketing* 21, no. 5 (2004), pp. 318–31.
3. See, e.g., E. C. Hirschman, "Men, Dogs, Guns, and Cars: The Semiotics of Rugged Individualism," *Journal of Advertising,* Spring 2003, pp. 9–22.
4. C. L. Wang and J. C. Mowen, "The Separateness–Connectedness Self-Schema," *Psychology & Marketing,* March 1997, pp. 185–207.
5. C. L. Wang et al., "Alternative Modes of Self-Construal," *Journal of Consumer Psychology* 9, no. 2 (2000), pp. 107–15.
6. See A. Reed II, "Activating the Self-Importance of Consumer Selves," *Journal of Consumer Research,* September 2004, pp. 286–95; Sun, Horn, and Merrit, "Values and Lifestyles of Individualists and Collectivists"; N. Agrawal and D. Maheswaran, "The Effects of Self-Construal and Commitment on Persuasion," *Journal of Consumer Research,* March 2005, pp. 841–49; C. J. Torelli, "Individuality or Conformity?" *Journal of Consumer Psychology* 16, no. 3 (2006), 240–48; J. H. Leigh and Y. Choi, "The Impact of Attributions about Life Events on Perceptions of Foreign Products," *Psychology & Marketing,* January 2007, pp. 41–68; and A. B. Monga and L. Lau-Gesk, "Blending Cobrand Personalities," *Journal of Marketing Research,* August 2007, pp. 389–400.
7. M. Zhang, "The Effect of Advertising Appeals in Activating Self-Construals," *Journal of Advertising,* Spring 2009, pp. 63–81.
8. R. W. Belk, "Possessions and the Extended Self," *Journal of Consumer Research,* September 1988, pp. 139–68; and R. Belk, "Extended Self and Extending Paradigmatic Perspective," *Journal of Consumer Research,* June 1989, pp. 129–32. See also M. L. Richins, "Valuing Things" and "Special Possessions and the Expression of Material Values," both in *Journal of Consumer Research,* December 1994, pp. 504–21 and 522–31, respectively; and A. C. Ahuvia, "Beyond the Extended Self," *Journal of Consumer Research,* June 2005, pp. 171–84.
9. See S. S. Kleine, R. E. Kleine III, and C. T. Allen, "How Is a Possession 'Me' or 'Not Me'?" *Journal of Consumer Research,* December 1995, pp. 327–43.
10. S. Sayre and D. Horne, "I Shop, Therefore I Am," *Advances in Consumer Research,* vol. 23, ed. K. P. Corfman and J. G. Lynch (Provo, UT: Association for Consumer Research, 1996), pp. 323–28.
11. See L. L. Love and P. S. Sheldon, "Souvenirs," *Advances in Consumer Research,* vol. 25, ed. J. W. Alba and J. W. Hutchinson (Provo, UT: Association for Consumer Research, 1998), pp. 170–74.
12. C. S. Areni, P. Kiecker, and K. M. Palan, "Is It Better to Give Than to Receive?" *Psychology & Marketing,* January 1998, pp. 81–109. See also C. F. Curasi, L. L. Price, and E. J. Arnould, "How Individuals' Cherished Possessions Become Families' Inalienable Wealth," *Journal of Consumer Research,* December 2004, pp. 609–22.
13. K. J. Dodson, "Peak Experiences and Mountain Biking," *Advances in Consumer Research,* vol. 23, ed. Corfman and Lynch, pp. 317–22.

14. C. H. Noble and B. A. Walker, "Exploring the Relationships among Liminal Transitions, Symbolic Consumption, and the Extended Self," *Psychology & Marketing,* January 1997, pp. 29–47.

15. E. Sivadas and K. A. Machleit, "A Scale to Determine the Extent of Object Incorporation in the Extended Self," in *Marketing Theory and Applications,* vol. 5, ed. C. W. Park and D. C. Smith (Chicago: American Marketing Association, 1994).

16. S. Sen and E. J. Johnson, "Mere-Possession Effects without Possession in Consumer Choice," *Journal of Consumer Research,* June 1997, pp. 105–17; M. A. Strahilevitz and G. Loewenstein, "The Effect of Ownership History of the Valuation of Objects," *Journal of Consumer Research,* December 1998, pp. 276–89; and K. P. Nesselroade Jr., J. K. Beggan, and S. T. Allison, "Possession Enhancement in an Interpersonal Context," *Psychology & Marketing,* January 1999, pp. 21–34.

17. D. Sprott, S. Czellar, and E. Spangenberg, "The Importance of a General Measure of Brand Engagement," *Journal of Marketing Research,* February 2009, pp. 92–104. The full set of eight measurement items can be found on page 93 of their article.

18. Consumer Insight 12-1 is based on K. A. Hunt, T. Bristol, and R. E. Bashaw, "A Conceptual Approach to Classifying Sports Fans," *Journal of Services Marketing* 13, no. 6 (1999), pp. 439–52; R. V. Kozinets, "Utopian Enterprise," *Journal of Consumer Research,* June 2001, pp. 67–88; R. W. Pimentel and K. E. Reynolds, "A Model for Consumer Devotion," *Academy of Marketing Science Review,* www.amsreview.org, 5 (2004), and A. Gregory, "NASCAR Fans Are Loyal to Their Drivers," *McClatchy-Tribune Business News,* March 15, 2008, www.mcclatchy.com.

19. S. Kang, "Nike, Serena Williams Partner Up," *The Wall Street Journal,* December 12, 2003, p. B2.

20. J. G. Helgeson and M. Supphellen, "A Conceptual and Measurement Comparison of Self-Congruity and Brand Personality," *International Journal of Market Research* 46, no. 2 (2004), pp. 205–33; L. N. Chaplin and D. R. John, "The Development of Self-Brand Connections in Children and Adolescents," *Journal of Consumer Research,* June 2005, pp. 119–29; J. E. Escalas and J. R. Bettman, "Self-Construal, Reference Groups, and Brand Meaning," *Journal of Consumer Research,* December 2005, pp. 378–89; C. Yim, K. Chan, and K. Hung, "Multiple Reference Effects in Service Evaluations," *Journal of Retailing* 83, no.1 (2007), pp. 147–57; and V. Swaminathan, K. L. Page, and Z. Gurhan-Canli, " 'My' Brand or 'Our' Brand," *Journal of Consumer Research,* October 2007, pp. 248–59.

21. S. J. Gould, "An Interpretive Study of Purposeful, Mood Self-Regulating Consumption," *Psychology & Marketing,* July 1997, pp. 395–426.

22. See J. W. Hong and G. M. Zinkhan, "Self-Concept and Advertising Effectiveness," *Psychology & Marketing,* January 1995, pp. 53–77; A. Mehta, "Using Self-Concept to Assess Advertising Effectiveness, *Journal of Advertising Research,* January 1999, pp. 81–89; and M. J. Barone, T. A. Shimp, and D. E. Sprott, "Product Ownership as a Moderator of Self-Congruity Effects," *Marketing Letters,* February 1999, pp. 75–85.

23. E. N. Banister and M. K. Hogg, "Mapping the Negative Self," and A. M. Muniz and L. O. Hamer, "Us versus Them," both in *Advances in Consumer Research,* vol. 28, ed. M. C. Gilly and J. Meyers-Levy (Provo, UT: Association for Consumer Research, 2001), pp. 242–48 and 355–61, respectively.

24. For a broader discussion of situational factors, see T. R. Graeff, "Consumption Situations and the Effects of Brand Image on Consumers' Brand Evaluations," *Psychology & Marketing,* January 1997, pp. 49–70.

25. M. K. Hogg, A. J. Cox, and K. Keeling, "The Impact of Self-Monitoring on Image Congruence and Product/Brand Evaluation," *European Journal of Marketing* 34, no. 5/6 (2000), pp. 641–66.

26. J. Meyers-Levy and L. A. Peracchio, "Understanding the Socialized Body," *Journal of Consumer Research,* September 1995, p. 147.

27. C. S. Gulas and K. McKeage, "Extending Social Comparison," *Journal of Advertising,* Summer 2000, pp. 17–28; and D. Smeesters and N. Mandel, "Positive and Negative Media Image Effects on the Self," *Journal of Consumer Research,* March 2006, pp. 576–82.

28. M. J. Dutta-Bergman and W. D. Wells, "The Values and Lifestyles of Idiocentrics and Allocentrics in an Individualistic Culture," *Journal of Consumer Psychology* 12, no. 3 (2002), pp. 231–42.

29. See E. H. Demby, "Psychographics Revisited," *Marketing Research,* Spring 1994, pp. 26–30.

30. See F. W. Gilbert and W. E. Warren, "Psychographic Constructs and Demographic Segments," *Psychology & Marketing,* May 1995, pp. 223–37.

31. Based on A. Taylor III, "Porsche Slices Up Its Buyers," *Fortune,* January 16, 1995, p. 24.

32. Based on a Forrester Research report by J. Kolko, "Why Techno-Graphics *Still* Works," December 14, 2004. Used by permission of Forrester Research.

33. Segment descriptions from *2010 Technology Adoption Consumer Report* (Costa Mesa, CA: Experian, Spring 2010).

34. For a critical review and alternative approach, see D. B. Holt, "Poststructuralist Lifestyle Analysis," *Journal of Consumer Research,* March 1997, pp. 326–50. Alternative lifestyle systems are also described in C. Walker and E. Moses, "The Age of Self-Navigation," *American Demographics,* September 1996, pp. 36–42; and P. H. Ray, "The Emerging Culture," *American Demographics,* February 1997, pp. 29–56.

35. Based on material provided by Strategic Business Insights.

36. For additional information on geodemographic segmentation see T. H. Grubesic, "The Geodemographic Correlates of Broadband Access and Availability in the United States," *Telematics and Informatics,* November, 2004, pp. 335–358.

37. Information regarding PRIZM based on PRIZM Narratives (Niels-

en, 2010); and information from http://www.MyBestSegments.com, accessed June 11, 2011.

38. For example, see M. T. Ewing, "Affluent Asia," *Journal of International Consumer Marketing* 12, no. 2 (1999), pp. 25–37.

39. This material, including information in Table 12-6, is based on S. Elliott, "Research Finds Consumers Worldwide Belong to Six Basic Groups That Cross National Lines," *The New York Times,* June 25, 1998, p. D8; and T. Miller, "Global Segments from 'Strivers' to 'Creatives,'" *Marketing News,* July 20, 1998, p. 11.

40. Elliott, "Research Finds Consumers Worldwide Belong to Six Basic Groups That Cross National Lines."

Part Four

IV 소비자 의사결정 과정

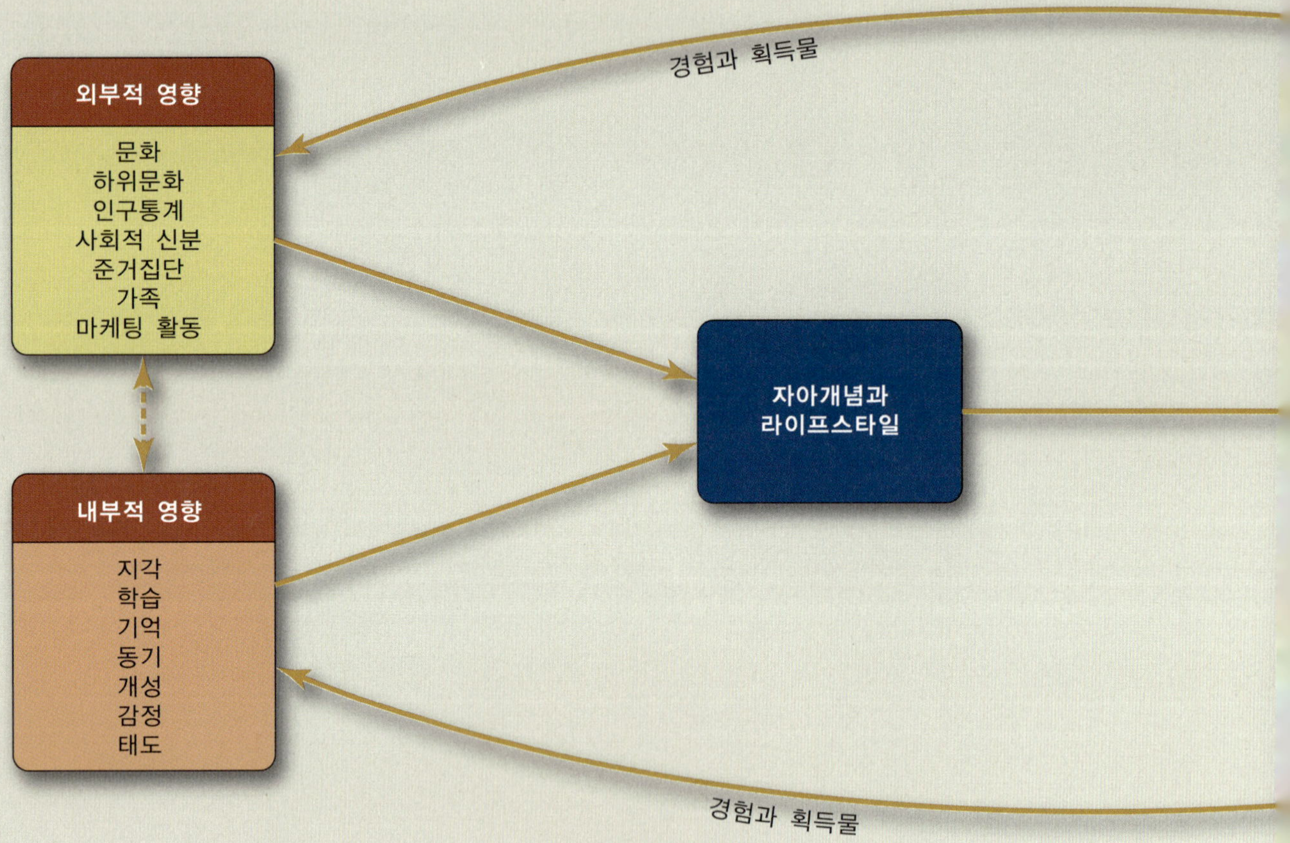

경험과 획득물

외부적 영향

문화
하위문화
인구통계
사회적 신분
준거집단
가족
마케팅 활동

내부적 영향

지각
학습
기억
동기
개성
감정
태도

자아개념과 라이프스타일

경험과 획득물

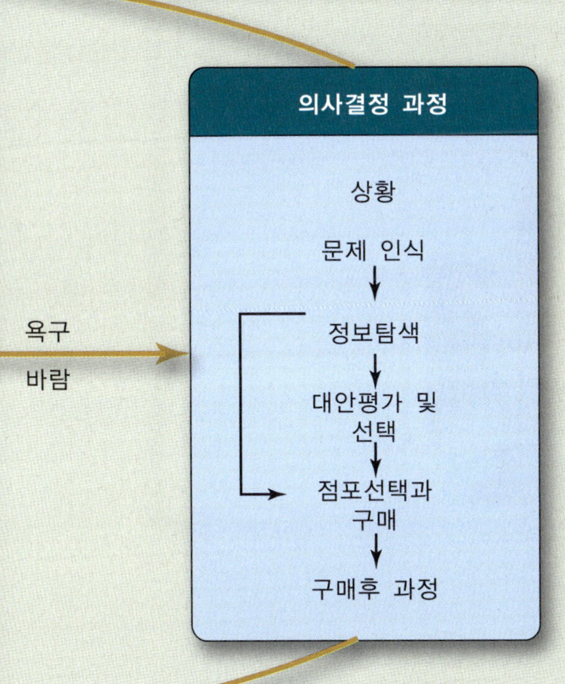

지금까지 우리는 소비자 행동의 여러 다른 형태를 가져오는 다양한 사회적 그리고 심리적 요인들에 초점을 맞추어 왔다. 이러한 다양한 영향요인들은 행동에서 중요한 역할을 담당하지만 모든 행동은 상황의 맥락 안에서 발생한다. 제13장은 상황 변수들이 소비자 행동에 미치는 영향에 대하여 논의할 것이다.

마케터에게 특히 중요한 것은 어떻게 상황 및 내적 그리고 외적 영향요인들이 구매의사결정 과정에 영향을 미치는가 하는 것이다. 이 페이지에서 보여주는 확장된 소비자 의사결정과정은 연속된 여러 활동으로 구성된다: 문제인식, 정보탐색, 브랜드의 평가 및 선택, 점포 선택 및 구매 그리고 구매 후 과정. 그러나 확장된 의사결정 과정은 소비자가 구매에 높게 관여되었을 경우로 상대적으로 드문 상황에서 발생한다. 낮은 수준의 구매관여는 제한된 또는 명목적 의사결정을 수반한다. 제14장은 이러한 형태의 여러 의사결정 및 관여도와의 관계를 설명한다. 또한 과정의 첫 번째 단계인 문제인식을 분석한다.

제15장에서 논의되는 정보탐색은 소비자 의사결정 과정의 두 번째 단계이다. 제16장은 대안 평가 및 선택 과정을 살펴본다. 제17장은 점포 선택 및 최종 브랜드 선택을 결정하는 매장 내 그리고 온라인 영향을 다룬다. 제18장에서 제시되는 소비자 의사결정 과정의 최종 단계는 구매 후 행동을 포함한다. 이는 구매 후 부조화 및 후회, 제품 사용, 만족, 처분 그리고 재구매 동기를 포함한다. 인지적(사고적) 그리고 정서적(감정적) 과정은 둘 다 의사결정 과정의 각 단계에서 중요하다.

Chapter Thirteen

13 상황적 영향

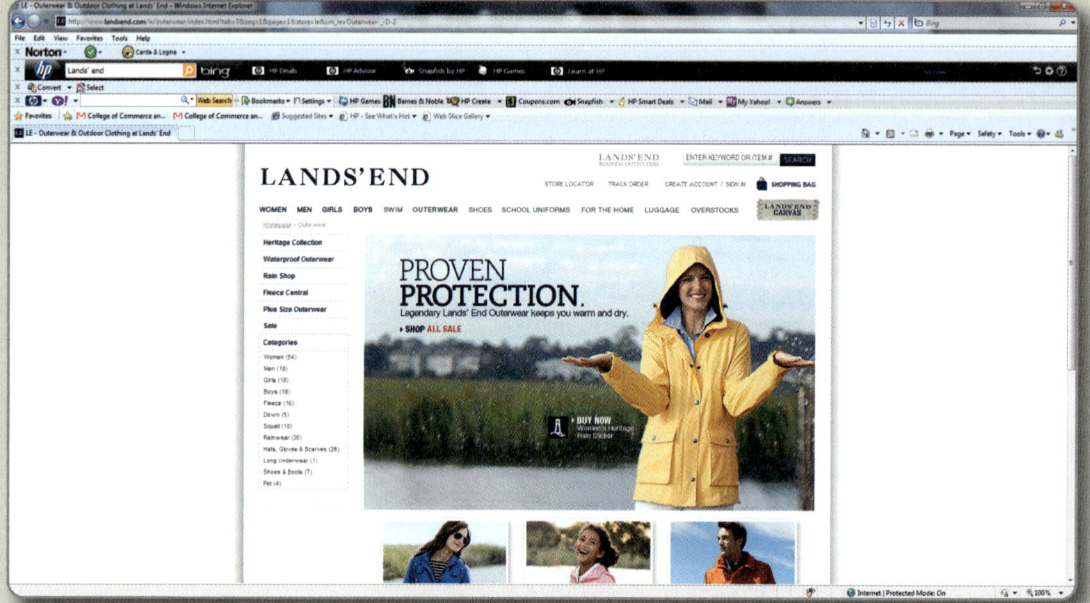

학습목표

LO1 상황적 영향을 정의한다.

LO2 상황의 네 가지 유형과 이 유형들이 마케팅전략과 갖는 관련성을 설명한다.

LO3 상황의 다섯 가지 특징과 이 특징들이 소비에 미치는 영향을 요약한다.

LO4 의례상황과 이 상황들이 소비자와 마케터에 대하여 갖는 중요성을 논의한다.

LO5 마케팅전략을 개발하는데 있어서 상황적 영향의 사용을 설명한다.

기업들이 그들의 마케팅 전술을 날씨에 따라 지리적으로 변화시킨다는 것을 알고 있는가? 그리고 어떻게 변화시키는가? 여기에서 날씨의 변화는 중요하다. 왜냐하면 날씨는 마케터가 그들의 해결책으로서 그들의 상품을 제공하는 하나의 상황을 만들기 때문이다. 예를 들어, 기온이 일시적으로 낮아질 때 소비자들은 그들의 정상적인 구매에서 벗어난다. 때로 이것은 치킨 수프와 같은 제품을 더 많이 산다는 것을 의미한다. 또 때로 이것은 좀 더 두꺼운 자켓과 같은 제품을 살 것이라는 것도 의미한다.[1] 민간 기상업체인 Planalytiocs는 마케터들이 방법을 찾아가는데 도움을 주고, 날씨변화에 대응할 수 있도록 해주는 글로벌 기업이다. 그것은 "순간상황(momentary situation)"이라고 불리는 지리 기반 시스템이다. Planalytiocs는 날씨기반수요(Weather Driven Demand)라는 접근법을 제공하고 있으며, 우리는 이것을 부분적으로 "특정시간에서 특정장소의 날씨에 대하여 지각된 변화가 만들어내는 제품과 서비스에 대한 소비자 욕구의 수치적 표현"이라고 설명할 수 있다. 특정시간에서 특정장소의 날씨에 대한 지각변화는 마케터에게 이용가치가 있는 상황을 만들어 내는 것이다. Planalytiocs의 COO는 다음과 같이 설명한다:.

> 거기에 바로 채굴해야 할 마케팅의 황금이 있는 것이다. 당신의 제품에 유리한 상황을 마케팅에 이용하는 것은 상상외의 실적을 만들어낼 수 있다.

Planalytiocs를 마케팅노력에 이용하는 예는 다음과 같다.

- **Campbell Soup** – 이 기업은 "고통지수(misery index)를 만들었는데, 이 지수는 일, 주, 년간 단위 등의 날씨의 변화의 기초한 것이며, 눈이나 비에 대하여 보너스 포인트를 주는 것이다. 이 고통지수가 일정한 수준에 도달하면, Campbell은 그 시장에 치킨 수프 광고를 하게 된다. 이러한 방법으로 추적하여 표적을 정하는 시장이 30개가 넘으며, 나아가 감기지수까지 만들고 있는 중이다.
- **Lands' End** – 이 기업은 날씨 정보를 이용하여 재고의 계획과 예측, 상품기획의 조정, 촉진물 계획 등을 하는 글로벌 소매업체이다. 이 기업은 또한 "이상(unusnal)" 날씨패턴과 과거 수요간의 관계를 검토하여, 그에 따른 미래의 예측을 조정한다. 그래서 예를 들어 만약 특정 연도에 영국에서 봄철이 비정상적으로 더워져 특정 제품(예를 들면 반바지와 같은 얇은 의류)의 매출이 높았다면, 과다재고를 피하기 위해 그 다음 해의 예측치를 줄이는 것이다.

뉴미디어도 또한 이용 가능한 하나의 대안이다. Google은 "핫 초코"와 같은 "유행하는" 날씨 관련 문안을 추적하여 수시간 내에 적절한 "새로운 검색 캠페인"을 시장에 도입한다. 그렇다면 당신의 날씨 상황은 어떠한가?

이 교재를 구성하기 위하여 우리가 사용한 모형처럼, 구매결정 및 소비과정은 항상 특정 상황의 맥락에서 발생한다. 그러므로 의사결정과정을 조사하기 전에, 우리는 상황을 심도 있게 이해하여야 한다. 이 장에서 우리는 소비가 일어나는 상황, 상황이 소비행동에 영향을 미치는 방식, 상황의 주요 특징, 의례상황의 성격 그리고 상황에 기초한 마케팅전략을 살펴본다.

13.1 상황적 영향의 특징

LO1 소비자들은 마케터에 의해 제시되는 광고와 제품 같은 자극에 독립적으로 반응하지 않는다. 대신에 그들은 마케팅 영향과 상황에 동시에 반응한다. 소비자 행동을 이해하기 위해서는 소비자 및 소비자가 반응하는 제품이나 광고의 주된 자극 대상 그리고 반응이 일어나는 상황에 대해서 알아야 한다.[2]

상황적 영향(situational influence)은 소비자 및 자극의 안정적인 속성들과 다르게 현재 행동에 영향을 미치는 시간과 장소에 특정된 모든 요인을 말한다.[3] 따라서 한 가지 예외를 제외하면 상황은 소비자 및 자극과 구분된다는 것이다. 그 예외란 상황에 특수한 또는 상황에 의해서 야기되는 소비자 또는 자극의 일시적(안정적인 것과 대조되는) 특징이다. 예를 들면 소비자는 일반적으로 명랑할(안정적인 성격적 특성) 수 있다. 그러나 기업의 광고를 보기 직전에 혼란스러운 뉴스 속보를 보고서는 슬픈 무드에 잠길 수 있다. 이러한 슬픈 무드는 그 광고가 보여지는 매체 맥락에 의하여 야기된 일시적 상태인 상황적 요소이다. 그러한 다른 일시적 조건들에는 병이라든가 시간 압박이 있다. 또한 소비자 관여도도 상황 특수적인 요소를 포함한다. 즉, 어떤 소비자는 구매를 할 때만 관여되기도 한다.

주요 마케팅 시사점은 소비자는 상황에 따라 매우 다르게 반응하고 행동한다는 것이다. 이러한 효과에 대하여 앞의 장들에서 토의하였다. 예를 들면 광고나 매장 디스플레이는 평소에는 소비자의 관심을 끌 수 있었으나, 간섭이 일어나는 상황에서는 그러지 못할 수 있다(제8장 참조). 또는 비구매상황에서는 매우 설득적이었던 광고가 소비자가 구매하려고 시장에 있을 때는 크게 설득적이지 못할 수 있다(제11장 참조). 상황, 마케팅 그리고 개인의 상호작용은 <그림 13-1>에서 볼 수 있다.

소비자 행동은 크게 커뮤니케이션 상황, 구매상황, 사용 상황 및 처분상황의 네 가지 범주의 상황유형에서 일어난다.

1. 커뮤니케이션 상황

소비자가 정보를 받아들이는 상황은 소비자 행동에 영향을 미친다. 혼자 있거나 또는 같이 있을 때, 기분이 좋을 때 또는 나쁠 때, 급할 때 또는 급하지 않을 때의 상황은 소비자가 마케팅 커뮤니케이션을 어느 정도로 보고 듣는지에 영향을 미친다. 즐거운 또는 슬픈 TV 프로그램 중 어느 쪽에 광고하는 것이 나은가? 차분한 또는 흥분시키는 프로그램 중에서는 어떠한가? 이들은 관리자가 **커뮤니케이션 상황(communication situation)**과 관련하여 답해야 하는 일부 질문들이다.[4] 마케터는 종종 광고 효과를 높이기 위해서 적절한

상황은 마케팅 활동 및 개인과 상호작용해서 행동을 결정 그림 

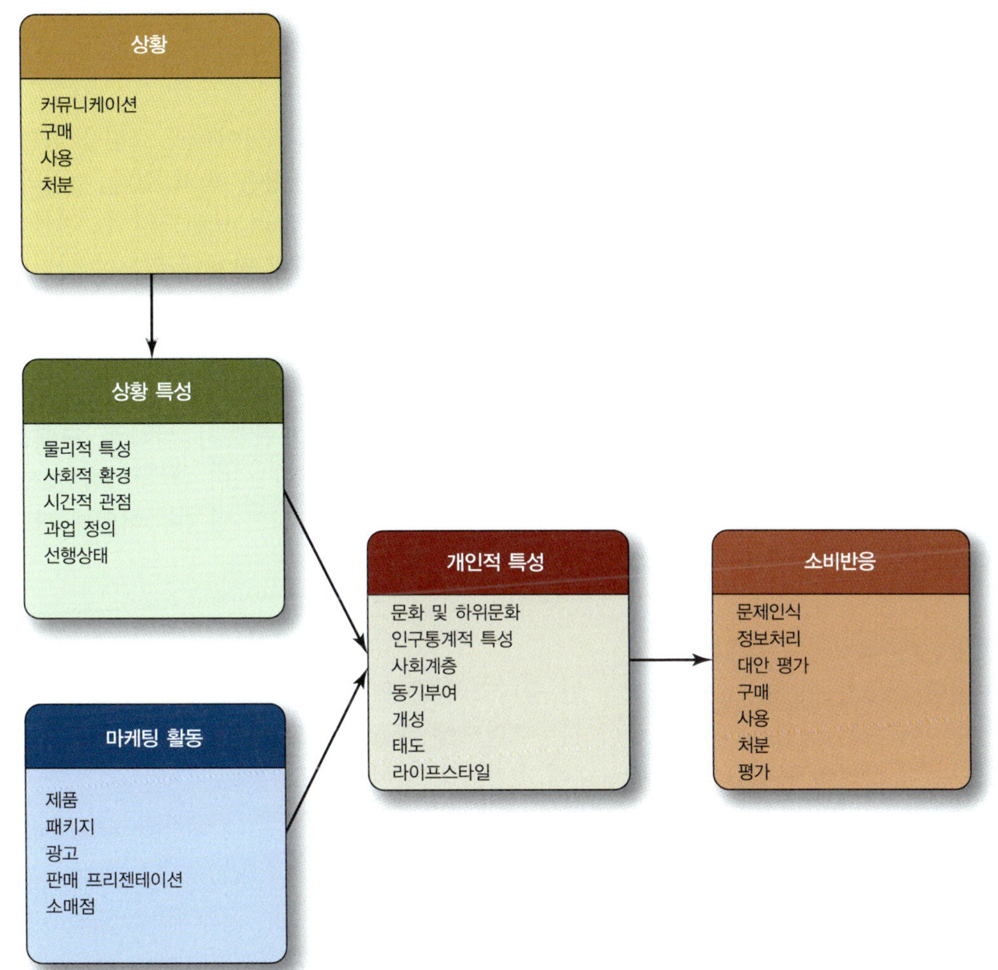

매체 맥락에서 광고를 하려고 한다. 어떤 마케터는 프로그램의 내용이 기업이나 산업에 부정적일 때 광고를 하지 말도록 요구하기까지 한다. 최근의 예는 Morgan Stanley와 BP의 사례이다. 그러한 정책의 윤리적 시사점은 무엇인가?[5]

마케터는 제품에 관심이 있고 수용적인 커뮤니케이션 상황에 있는 소비자에게 효과적인 메시지를 전달할 수 있어야 한다. 그러나 매우 관심이 많은 잠재적 구매자를 찾는 것은 어려운 일이다. 예를 들어, 다음과 같은 커뮤니케이션 상황에서 마케터가 당신에게 커뮤니케이션을 하는데 있어서의 어려움을 생각해 보라.

- 당신이 선호하는 팀이 올해 중요한 게임에서 방금 졌다.
- 기말 시험이 내일이다.
- 당신과 한 방을 쓰는 사람이 코미디 프로그램만 본다.

- 당신은 독감에 걸려 있다.
- 당신이 추운 날 밤에 운전해서 집에 가는데 히터가 작동을 하지 않는다.

2. 구매상황

구매가 이루어지는 상황은 소비자 행동에 영향을 미칠 수 있다. 아이들과 쇼핑을 하는 어머니는 아이들이 없을 때보다 아이들의 제품선호에 의해서 영향을 받기 쉽다. 수업과 수업 사이에 쇼핑을 하는 것 같은 시간부족은 상점 선택 결정, 고려 브랜드의 수, 지불하고자 하는 가격에 영향을 미칠 수 있다. 기본적으로 소비자가 구매 단계에 있느냐 아니냐는 광고에 대한 반응으로부터 쇼핑에 이르기까지 모든 소비자행동에 영향을 미친다. 예를 들어 당신이 Best Buy에서 단순히 제품을 구경할 때와 고장난 DVD 플레이어를 교체하고자 그 곳에 갔을 때 얼마나 다르게 행동하는지 생각해보라.

마케터는 제품의 구매를 높이기 위한 마케팅 전략을 개발하기 위하여 **구매상황(purchase situations)**이 어떻게 소비자에게 영향을 주는지 이해하여야 한다. 예를 들어 당신은 다음과 같은 구매상황에서 음료수를 구입하고자 하는 당신의 결정을 어떻게 변경할 것인가?

- 당신은 매우 기분이 나쁘다.
- 친한 친구가 이 제품은 당신에게 안 좋다고 말한다.
- 당신이 가는 상점은 당신이 좋아하는 브랜드를 취급하지 않는다.
- 당신이 상점에 들어갔을 때 계산대에 사람들의 줄이 길다.
- 당신은 당신이 좋은 인상을 주고 싶은 사람과 함께 있다.

3. 사용 상황

당신은 다음과 같은 사용 상황에서 어떤 음료를 마시기를 선호하는가?

- 마지막 기말고사 후의 금요일 오후
- 점심을 부모님과 함께 할 때
- 춥고 돌풍이 부는 저녁의 식사 후에
- 수년 동안 보지 못했던 친구와 저녁 식사를 하는 경우
- 기분이 안 좋고 집이 그리울 때

마케터는 그들의 제품이 어떤 **사용 상황(usage situation)**에 적절한지를 이해할 필요가 있다. 이러한 지식을 사용하여 마케터는 각각의 관련 사용 상황에서 그들의 제품이 어떻게 소비자 만족을 가져오는지를 커뮤니케이션 할 수 있다. 예를 들어 최근 연구는 하루에 오트밀 시리얼 세 컵 분량을 먹는 것은 콜레스테롤을 낮출 수 있다는 것을 발견하였다. General Mills는 자사의 오트밀 시리얼인 Cheerios의 매출을 높이기 위해 이러한 발견을

어떻게 이용할 것인가? 최근의 광고는 아빠가 회사에서 집에 늦게 들어오고 저녁식사로 Cheerios를 먹는데, 딸이 왜 Cheerios를 먹느냐는 질문을 하자, 아빠가 밤에도 맛있기 때문이라고 말하는 모습을 그리고 있다.

연구는 **확장된 사용 상황** 전략이 기존 제품에 대해서도 상당한 매출을 창출할 수 있다는 것을 보여주고 있다.[6] Coach는 핸드백에 대하여 전통적인 두 가지 경우(평소의 그리고 정장용의) 방식에서 벗어나 자신들이 "빈 용도(usage voids)"로 명명한 방식으로 옮겨갔다. 현재, Coach는 주말용 백, 동전 지갑, 손에 쥐는 백(clutch) 그리고 다양한 색과 재질의 손목 지갑 등 광범위한 제품을 제공하고 있다. 그 목적은 소비자로 하여금 악세서리를 휴대하는 가능한 다양한 사용 상황에 더 익숙해지도록 하고, 그 다음에 상황에 맞는 백을 만드는 것이다.[7] Dunkin's Donuts는 도너츠 소비의 반 이상이 아침에 이루어지고, 대략적으로 34%가 그 외의 시간에 스낵으로 소비된다는 것을 발견하였다. 이에 대한 대응으로 기업은:[8]

사진 13-1

많은 제품들은 특정 사용에 의해 정의된다. 그들의 상표에 적합한 사용 상황을 확장할 수 있는 기업은 상당한 매출 증가를 얻을 수 있다.

> Cocoa Donut 과 Strawberry Grilled Cheese처럼 단순하지만 창의적인 수제 스낵 및 디저트 요리법을 만들었으며, 소비자로 하여금 기업의 제품을 새로운 방식으로 생각하고 사용하도록 한다. 또한 발렌타인데이의 심장모양 "Cupid's Choice"처럼 한정된 기간 제품으로 특별한 경우의 시장을 탐색하고 있다.

<사진 13-1>은 자사의 상표에 대하여 사용 상황을 확대하려는 시도의 한 가지 예를 보여준다.

4. 처분상황

소비자들은 제품을 사용하기 전에 또는 사용 후에 제품포장 또는 제품을 처분해야 한다. 제18장에서 살펴보겠지만 처분상황(disposition situation)에 대하여 소비자가 내려야 하는 결정은 마케터에게 기회를 제공할 뿐 아니라 심각한 사회적 문제를 일으킬 수도 있다.

어떤 소비자는 처분의 손쉬움을 중요한 제품속성으로 간주할 수 있다. 이런 사람들은 쉽게 리사이클 될 수 있는 제품만을 구매할 수 있다. 현재 갖고 있는 제품의 처분은 새 제품을 구매하기 전에 또는 구매하면서 발생할 수 있다. 예를 들어 대부분의 소비자는 새 침대를 사기 전에 현재의 침대를 처분해야 한다. 마케터는 보다 효과적이고 윤리적인 제품과 마케팅 프로그램을 개발하기 위해서 상황적 영향들이 어떻게 처분결정에 영향을 미

치는지 이해할 필요가 있다. 정부나 환경단체도 사회적으로 책임있는 처분결정을 장려하기 위해서 동일한 지식이 필요하다.

다음 상황에서 당신의 처분 결정이 어떻게 달라지는가?

- 당신은 쇼핑몰에서 캔 음료수를 다 마셨다. 가까이에 쓰레기통이 있지만 리사이클 통이 없다.
- 당신은 수업 후에 신문을 읽는 것을 끝냈는데 농구경기에 달려가도 늦는다는 것을 안다.
- 당신과 두 친구는 음료수를 다 마셨는데 두 친구는 리사이클 음료수 캔을 가까운 쓰레기통에 던져 넣는다.
- 지역 자선단체는 중고 냉장고가 그 단체의 장소까지 배달된다면 받고 있다. 쓰레기 서비스업체는 중고 냉장고를 15달러에 쓰레기처리장까지 운반해 줄 수 있다. 당신은 방금 새 냉장고를 샀다. 당신은 픽업이나 밴을 가진 사람을 알고 있지 못하다(또는 알고 있다).

13.2 상황적 특징과 소비행동

앞에서 논의한 상황은 소비자 행동에 미치는 영향을 결정하는 여러 차원으로 설명될 수 있다. 다섯 가지 주요 차원 또는 특징이란 물리적 환경, 사회적 환경, 시간적 관점, 과업정의, 선행상태이다. 이들 특징들은 주로 미국에서 연구되었다.[9] 이러한 상황적 특징들이 다른 문화에서도 존재하지만 마케터는 이들 특징들에 대한 반응이 모든 문화에서 같다고 간주해서는 안 된다. 예를 들어 혼잡한 점포는 미국 소비자들에게는 인도 소비자들과 다른 감정적 반응을 야기시킬 수 있다.[10]

1. 물리적 환경

물리적 환경(physical surroundings)은 실내장식, 소리, 향기, 조명, 날씨, 상품이나 자극대상을 둘러싼 물건들의 배치를 포함한다. 물리적 환경은 특히 소매점의 경우 널리 이용되는 상황적 영향이다.

제1장에서 살펴본 라이프스타일 센터 <소비자 통찰력 1-1>은 소매상의 건축물, 배치, 제품구색과 같은 외적 요인이 소비자의 쇼핑 경험에 영향을 미치는데 얼마나 중요한지를 보여준다. 또한 점포 인테리어는 종종 소비자에게 중요한 구매 단서가 되거나 강화효과를 가져오는 특정 감정을 일으키도록 설계되어진다. 조명, 배치, 상품의 제시, 고정물, 복도 덮개, 색, 소리, 향기, 판매원의 의복 및 행동 등을 포함하여 점포의 모든 물리적 측면은 종합적으로 특정 감정을 창출하며 이러한 감정은 구매성향에 영향을 준다.[11] 매우 스타일 있고 현대적인 의복을 전문으로 하는 소매점은 고정물, 가구, 색깔들이 전반적으로 스타일, 감각, 새로움의 분위기를 반영하기를 원한다(<사진 13-2> 참조). 또한 점포 판매원은 자신의 외모와 행동에서 이러한 분위기를 지니고 있어야 한다. <사진 13-2>에서 보듯이 이러

사진 13-2

매장의 내부는 표적시장, 제품라인 그리고 바라는 이미지와 일치하는 물리적 환경을 제공해야 한다.

한 점포의 인테리어와 할인점의 남성복 코너와 비교하여 보라. 한 점포는 다른 점포보다 우월하지 않다는 것을 유의해야 한다. 각 점포는 표적 시장에 대하여 적절한 분위기를 만들어 내려고 한다. 소매환경의 총체적 물리적 특성들은 **점포 분위기(store atmosphere)** 또는 환경이라고 불린다(제17장 참조). 점포의 분위기는 소비자가 점포의 질과 이미지를 평가하는데 영향을 미치며, 또한 쇼핑객의 무드와 방문의도 또는 체류의도에 영향을 미치는 것으로 알려져 있다. **분위기학(atmospherics)**는 쇼핑객의 특정 무드 반응을 창출하는 물리적 소매환경을 조작하기 위하여 사용하는 과정을 의미한다.[12] 따라서 분위기는 온라인상에서도 중요하며 이에 대하여 마케터들의 관심이 증대되고 있다.[13]

분위기는 병원, 은행 또는 레스토랑 같은 서비스 산업에서는 **서비스스케이프(servicescape)**라고 불린다.[14] <그림 13-2>는 소비자가 서비스를 이용하는 이유와 서비스가 이용되는 시간에 따라 구분한 것이다. 소비목적은 세탁과 같이 전적으로 실용적인 목적부터 마사지와 같은 전적으로 쾌락적 목적까지의 연속선상에서 구분된다. 시간은 몇 분부터 며칠, 몇 주로 구분될 수 있다. 물리적 특징과 물리적 특징이 야기하는 감정과 이미지는 쾌락적 동기와 서비스와 관련된 시간이 증가함에 따라 중요성이 커지고 있다. 따라서 휴가 리조트의 물리적 특징은 제공되는 무형적 서비스와 중요성이 같거나 보다 더 중요할 수 있다.

<그림 13-2>를 정확하게 해석하는 것이 중요하다. Starbucks에서 물리적 환경은 세탁소의 물리적 특성보다 서비스경험에 있어 더 중요한 것을 나타내고 있다. 이러한 사실은 세탁소의 물리적 측면이 중요하지 않다는 것을 의미하지는 않는다. 사실상 조직화되고 전문성 있게 보이는 세탁소는 반대적 특징을 가진 업체보다 더 소비자를 만족하게 할 가능성이 있다. 그림이 의미하는 것은 사람들이 확장된, 쾌락적인 소비경험으로 나아감에 따라 유형적 물리적 특성의 상대적 중요성이 증가하고 있다는 것이다.

물리적 환경의 중요성을 명확히 하였으므로 이제 구성요소를 살펴보자.

색깔(Colors) 제8장에서 살펴보았듯이 특정 색과 색의 특징은 관심을 야기시키는 흥분과 각성의 감정을 일으킨다. 밝은 색은 어두운 색보다 더 각성적이다. 빨간색 및 노란색의 따뜻한 색들은 파란색 및 회색의 차가운 색들보다 더 각성적이다.[15] 어떤 색깔이 점포 인테

그림 13-2 서비스 환경의 분류

시설에 사용되는 시간	소비 목적: 실용적		쾌락적
적음 (분)	세탁소 은행	패스트푸드 헤어살롱	안면마사지, 스타벅스에서 커피
중간 (시간)	의료 약속 법률 상담	비즈니스 식사 운동 강습	극장 스포츠 이벤트
많음 (날)	병원 박람회	호텔회의 트레이닝 센터	크루즈 리조트

리어에 적합할 것인가? 그 답은 상황에 따라서 다를 것이다. 주된 인테리어 색깔로는 아마도 차가운 색(예: 파란색)이 매출과 소비자 만족을 증가시키므로 이용되어져야 할 것이다.[16] 그러나 따뜻한 색이 관심을 끄는 성향이 무시되어서는 안되며 소매점이 소비자의 관심을 끌고 충동구매를 유도하기 위해서 효과적으로 사용될 수 있다.[17] 차가운 색은 또한 이완된 감정을 야기하여 대기시간의 지각을 줄이는 경향이 있다.[18]

제2장에서 본 것 처럼 색깔의 의미는 문화마다 다르다. 그러므로 물리적 환경의 이러한 측면들은 관련된 문화에 맞게 설계되어야 한다.

향기(Aromas) 향기가 소비자 쇼핑에 영향을 미친다는 증거가 증가하고 있다.[19] 한 연구에 의하면 향기가 나는 환경은 그 점포를 다시 방문할 의도를 증가 시키며, 특정 품목에 대하여 구매의도를 높이고, 쇼핑에 사용한 시간에 대한 지각을 낮춘다.[20] 두 번째 연구는 또 다른 향기가 아니라, 한 가지 향기가 라스베가스 카지노에서 슬롯머신의 사용을 증가시킨다는 것을 발견하였다.[21] 세 번째 연구는 소매환경에서 특정 향기의 존재는 소매점에서의 즐거움, 각성, 쇼핑시간 그리고 소비한 돈의 증가를 가져왔다고 보고하고 있다.[22] 네 번째 연구는 좋은 향기가 나는 환경이 특히 잘 알지 못하는 상표에 대해서 브랜드 상기와 평가를 높인다는 것을 발견하였다. 좋은 향기는 브랜드를 평가(관심)하는 시간을 늘리고 이는 기억을 증가시킨다.[23]

이러한 결과로 볼 때 주변에 향기를 사용하는 것과 관련하여 10억 달러의 환경 향기 산업이 생겨난 것은 놀라운 일은 아니다.[24] 그러나 마케터는 언제 그리고 어떻게 향기가 소매환경에서 효과적으로 사용될 수 있는지에 대해서 더 배워야 한다.[25] 또한 향기의 선호는 매우 개인적이어서 어떤 사람에게 좋은 향기가 다른 사람에게는 역겨울 수 있다. 게다가 어떤 쇼핑객들은 그들이 호흡하는 공기에 의도적으로 무언가가 더해지는 것에 대해 거부감을 느낄 수 있으며 다른 사람들은 알레르기 발생에 대하여 걱정할 수도 있다.[26]

배경 음악의 레스토랑 애호도에 대한 효과 13-1 표

변수	느린 음악	빠른 음악
서비스 시간	29분	27분
식탁에서의 고객시간	56분	45분
착석하기 전에 떠나는 고객집단	10.5%	12.0%
구매하는 음식의 양	$55.81	$55.12
바의 구매 양	$30.47	$21.62
추정 총마진	$55.82	$48.62

Source: R. E. Milliman, "The Influence of Background Music on the Behavior of Restaurant Patrons," in the *Journal of Consumer Research,* September 1986, p. 289. Copyright © 1986 by the University of Chicago. Used by permission.

음악(Music) 음악은 소비자의 다양한 소비행동에 영향을 주는 소비자 무드에 영향을 미친다.[27] 느린 음악 또는 빠른 음악 중 어느 음악이 레스토랑에 더 나을 것인가? <표 13-1>은 느린 음악은 빠른 음악에 비하여 한 레스토랑에서 15%의 총 마진을 증가시킨 것을 보여주고 있다. 그러나 모든 레스토랑이 느린 음악을 사용해야 된다고 결론을 내기 전에 표를 주의하여 보라. 바(Bar)의 경우 느린 음악은 소비자를 이완시켜 레스토랑에서 더 시간을 보내도록 할 것이며 증가된 구매를 가져올 것이다. 빠른 소비자 전환에 의존하는 레스토랑의 경우는 보다 빠른 음악이 더 나을수 있다.

빠르기 이외의 음악의 측면도 또한 중요하다. 예를 들어 음악을 표적시장의 음악적 선호에 일치시키는 것은 만족, 즐거움, 구경시간, 소비, 지각된 서비스 품질 그리고 긍성적인 구전 등의 긍정적 소비 성과에 중요하다는 것이 연구에서 제시되고 있다. 또한 중간정도(극단적으로 낮거나 높은 정도가 아닌)의 각성을 유발하는 음악이 가장 높은 소매매출을 가져온다고 제시하고 있다.[28]

음악이 쇼핑행동에 미치는 영향 때문에 특정 소매점의 독특한 욕구를 충족시키기 위해 음악프로그램을 개발하는 기업들이 존재한다. 떠오르는 추세는 음악을 보다 전면에 내세워서 쇼핑 경험의 일부분이 되도록해서 음악이 점포 이미지를 유도해가도록 하는 것이다. 전면에 내세우는 음악의 주된 공급자인 AEI는 각 의뢰 점포의 고객들의 인구통계적 특성 및 심리묘사상태를 집중적으로 조사하였다. 연령 분포, 구매패턴, 하루의 각 부분별로 고객의 동선이 분석되었다. AEI는 자신들의 접근법을 다음과 같이 특징적으로 설명하고 있다:

> 브랜드에 소리를 부여하기 위해서 소리, 비디오, 조명 및 건축양식이 함께 어우러지는 환경을 조성한다. 이 환경은 소비자들이 점포에 더 오래 머물면서 구매를 더하도록 하고 재방문을 높여주는 정서적 애착을 창출해 준다.[29]

Abercrombie & Fitch, Bannana Repulic, Bath & Body Works 그리고 Eddie Bauer와 같은 기업은 자사의 체인점에 대하여 적절하고 일관성있는 쇼핑환경을 창조하기 위하여 AEI와 같은 기업을 고용한다.

혼잡성(Crowding) 혼잡성은 일반적으로 소매점과 소비자에게 부정적인 결과를 야기시킨다.[30] 많은 사람들이 점포에 들어오고, 점포의 많은 공간이 제품으로 채워짐에 따라 혼잡하거나 갇히거나 또는 밀실공포적인 감정을 느끼는 쇼핑객들이 늘어날 것이다. 대부분의 소비자에게는 이러한 감정은 불쾌하기 때문에 그들은 이러한 감정을 변화시키기 위한 조치를 취할 것이다. 주된 방법은 구매를 적게 하고 결정을 빨리하고 이용가능한 정보를 적게 이용함으로써 점포에서의 시간을 줄이는 것이다. 이 결과는 덜 만족스러운 구매, 불쾌한 쇼핑을 가져오고 그 점포를 다시 방문할 가능성을 줄일 것이다.

마케터는 소비자가 혼잡성을 덜 지각하도록 그들의 매장을 설계하여야 한다. 이는 소매쇼핑이 공휴일 주말과 같은 특정시간에 이루어지는 경향이 있기 때문에 어렵다. 소매상은 주 쇼핑 기간 동안에 불만족한 소비자를 갖는 비용과 대부분의 경우 필요 이상의 공간을 갖는 것의 비용을 비교해야 한다. 필요 이상의 종업원을 배치하는 것, 추가적인 계산대를 갖는 것 그리고 유사한 조치들을 실행하는 것은 피크 기간 동안 소비자의 흐름을 증가시킬 수 있으며 혼잡성 지각을 줄일 수 있다. 또한 최근의 연구는 음악의 빠르기가 중요하다는 것을 보여 주고 있다. 구체적으로, 느린 음악은 혼잡성으로 발생하는 부정적인 감정을 상쇄한다. 음악 빠르기의 조정은 점포확장이나 새로운 종업원의 고용보다 비용이 적게 들기 때문에 이러한 사항은 소매전략에 매우 중요한 발견이다.[31]

마케터는 개인적 공간과 이로 인한 혼잡성 지각은 문화마다 다르기 때문에 문화적 차이에 민감해야 한다. 예를 들어 한 연구에 의하면 놀이공원, 콘서트와 같이 활동이 재미있을 때는 중동의 소비자는 북미의 소비자보다 덜 혼잡성을 지각하고 혼잡성을 좋게 평가한다는 것이다.[32]

2. 사회적 환경

사회적 환경(social surroundings)은 특정 상황에서 함께 하는 다른 사람을 의미한다. 사람의 행동은 빈번히 함께 하는 다른 사람들의 영향을 받는다. 다음과 같은 상황에서 사람들은 어떤 옷을 입을 것인가?

- 기말 시험을 위해 혼자 공부하는 경우
- 데이트 상대와 도서관에서 기말시험을 함께 공부하기 위해 만나는 경우
- 데이트 상대와 멋있는 레스토랑에 가는 경우
- 잠재적 고용주와 점심을 하는 경우

<사진 13-3>은 자사상표를 공식적인 사회적 상황보다 캐주얼한 상황쪽으로 포지셔닝을 하려는 기업을 보여준다.

개인들은 특히 그들의 행동이 가시적일 때(제7장 참조), 집단의 기대에 부응하는 경향이 있기 때문에 사회적 영향은 우리들의 행동에 작용하는 중요한 힘이다. 이와 같이 매우 가시적인 활동인 쇼핑과 많은 사람들이 보는 데서 사용하는 브랜드의 사용은 사회적 영향을 받게 된다.[33] 이러한 현상은 다른 사람의 영향을 많이 받는 안정적인 개성적 특성의

사람의 경우에 더욱 그러하다.[34] 한 예로 최근 연구에 의하면, 소비자들은 그들이 싫어하는 제품이라 할지라도 개인적 소비와 대비하여 공공적 소비의 경우에는 브랜드전환과 같은 다양성추구를 하는 경향이 크다는 것을 발견하였다. 그 이유는 소비자들은 그들의 구매가 다양성을 보인다면 다른 사람들이 자신을 보다 긍정적으로(보다 재미있고 흥미있고, 활기찬) 볼 것으로 느끼기 때문이다.[34]

사진 13-3

신발 스타일은 신발을 신게 될 사회적 상황에 따라 다르다

마케터는 최근에 당황함에 대한 사회적 영향의 역할을 조사하기 시작하였다. **당황함(embarrassment)** 이란 제품과 상황에 의해서 영향을 받는 부정적인 정서이다. 어떤 제품들(콘돔, 보청기 등)은 다른 제품들에 비해서 보다 당황함을 주며, 그러한 제품을 구매하거나 사용할 때 다른 사람의 존재는 당황함을 발생시킨다. 당황함은 구매를 지연시킬 수 있기 때문에 마케터에게 이 이슈는 매우 중요한 영역이다. 한 조사에 의하면 제품을 구매하는데 친숙함은 당황함을 줄여주므로 마케터는 잠재적으로 당황함을 주는 제품의 구매가 어색함이나 당황함이 발생하지 않는 것을 보여주는 광고를 시도할 수 있다. 매우 민감한 제품(어른 기저귀)에 대해서는 사회적 요소를 완전히 회피하기 위하여 라벨을 신중히 사용하여 가정으로 배달하는 방법을 포함하는 전략을 강구할 수 있다.[35]

쇼핑은 새로운 사람을 알게 되거나, 기존의 친구를 만나거나 또는 다른 사람과 가까이 있게 되는 집 밖의 사회적 경험을 제공할 수 있다(<소비자 통찰력 10-1>은 사회적 쇼핑 동기를 토의한다). 어떤 사람들은 판매원의 일은 소비자에게 시중드는 것이기 때문에 쇼핑에서 지위와 권위를 추구한다. 이러한 방법은 그들의 삶속에서 그렇지 않으면 없었을 존중과 위신의 수단을 제공한다. 이와 같이 소비자들은 제품도 구매하지만 때때로 제품보다는 사회적 상황을 위하여 쇼핑한다. 쇼핑시 다른 사람의 존재는 <소비자 통찰력 13-1>에서 토의하였듯이 충동구매에도 영향을 미친다.

종종 마케팅관리자는 상황의 사회적 특징을 전혀 통제하지 못한다. 예를 들어 TV 광고가 가정에 보내질 때 광고관리자는 누가 그 때 광고를 보는지를 통제할 수 없다. 그러나 관리자는 어떤 프로그램이 일반적으로 혼자 보는지 (주 중, 낮 프로그램), 어떤 프로그램이 온 가족이 보는지(황금시간대 가족 코미디 프로그램), 어떤 프로그램이 친구들과 함께 보는지(Super bowl)와 같은 지식을 사용할 수 있다. 제시되는 메시지는 이러한 시청 상황

소비자 통찰력 13-1

다른 사람들과 함께 쇼핑하는 것이 충동구매를 가져오는가?

충동구매는(impulse buying)는 사고자 하는 자발적인 충동을 경험한 뒤에 발생하는 갑작스럽고 즉각적인 비계획적인 구매로 정의될 수 있다. 명백히 모든 비계획적인 구매가 충동구매는 아니다. 때로 소비자는 그들이 필요로 하는 제품의 소매점내 광고 같은 것을 보고 그들이 필요로하는 제품을 생각해 낼 수 있다(이것을 상기 구매(reminder purchase)라고 한다; 제17장을 참조하라). 어떤 사람들은 충동구매를 더하는 경향이 있고, 극단적인 상황에서 충동구매는 신용카드 빚 같은 부정적 결과를 야기할 수 있다. 한 가지 의문은 쇼핑할 때 다른 사람이 함께 있는 것이 충동구매에 영향을 미칠 수 있는가 하는 것이다. 이러한 질문에 답하기 위하여 최근 연구는 여러 가지 시나리오를 조사하였는데 아래 두 가지가 두드러진다:[36]

시나리오 1: Mary는 파트타임 일을 가지고 있는 21살의 대학생이다. 메리가 월급날을 이틀 남겨 놓고 있을 때 그녀는 식료품 이외 필수품을 위해 25달러만을 가지고 있다. 그녀는 이번 주말에 야외 파티를 위해 따뜻한 양말을 살 필요가 있다. 근무 후에 그녀는 가장 친한 친구들과 양말을 사러 쇼핑몰에 간다. 그녀는 마지막으로 들른 백화점에서 매우 멋있게 보이는 스웨터가 75달러에 세일을 하는 것을 본다.

시나리오 2: Mary는 파트타임 일을 가지고 있는 21살의 대학생이다. 메리가 월급날을 이틀 남겨 놓고 있을 때 그녀는 식료품 이외 필수품을 위해 25달러만을 가지고 있다. 그녀는 이번 주말에 야외 파티를 위해 따뜻한 양말을 살 필요가 있다. 근무 후에 그녀의 가족은 그녀와 쇼핑몰에서 만나서 양말을 사려고 한다. 그녀와 그녀의 가족은 매우 친하게 지낸다. 그녀는 마지막으로 들른 백화점에서 매우 멋있게 보이는 스웨터가 75달러에 세일하는 것을 본다.

당신은 두 시나리오를 읽었으므로 어느 경우에 충동구매(즉 양말과 스웨터를 신용카드로 사는 것)가 더 높을 것으로 생각하는가? 당신이 시나리오 1이라고 답한다면 당신은 맞는 답을 한 것이다. 사실상 혼자 쇼핑하는 것과 비교해서 친한 친구와의 쇼핑은 충동구매를 증가시키는 반면 밀접한 가족 구성원과의 쇼핑은 충동구매를 감소시킨다.

충동구매에서 다른 사람의 역할은 우리가 제7장에서 자세히 살펴본 사회적 규범에 의해 설명될 수 있다. 소비자는 일반적으로 친구들이 가족보다 충동구매를 잘 받아들일 수 있다고 믿는 것으로 나타났다. 따라서 가까운 친구와 가족은 사회적 규범에 부합하는 방식으로 충동구매에 영향을 미친다. 시나리오들에서 사회적 유대의 강도가 높았다는 것에 유의하라. 친구 및 가족과의 사회적 유대가 낮을 때에는 충동구매에 대한 다른 사람들의 영향은 사라진다.

생각해 볼 문제

1. 이 연구에서 소매업자가 어떻게 광고를 해야 되는가에 대하여 당신은 어떤 통찰을 발견할 수 있는가? 어떤 윤리적 시사점이 내포되어 있는가?
2. 이 연구를 제12장에서 토의한 다른 자아개념들과 관련시켜보라.
3. 부모들은 자녀들에게 가까운 친구의 충동구매 영향을 상쇄시키도록 하는 어떤 대처 메커니즘을 가르칠 수 있는가?

에 맞춰질 수 있다. 마케터는 소비자들이 구매결정에서 사회적 요소를 고려하는 가능성을 높이는 사회적 소비 주제를 광고에서 사용할 수 있다. 예를 들어 최근의 연구에 의하면 광고에서 유명인에 의하여 전달되는 브랜드 개성(재미와 세련됨)은 사회적 상황이 상기될 때만 구매의도를 증가시키는 것으로 나타났다.[37]

사진 13-4

미국 및 다른 나라들에서 맞벌이 부부 및 편부모들은 시간적으로 매우 부족함을 느낀다. 인터넷 쇼핑은 그러한 소비자들이 시간을 절약하게 하고 또한 언제 쇼핑할지에 대한 통제력을 제공한다.

3. 시간적 관점

시간적 관점(temporal perspectives)은 시간이 소비자행동에 미치는 영향을 다루는 상황적 특성이다. 상황적 요소로서 시간은 여러 방식으로 표출될 수 있다.[38] 구매를 위해 이용가능한 시간의 양은 소비자 구매의사결정 과정에 실질적인 영향을 미친다. 일반적으로 시간이 적을수록 (즉 시간압박이 클수록), 정보탐색이 짧아지며, 보다 적은 정보가 이용되며, 최적이 아닌 제품이 선택되게 된다.[39] 나아가 시간압박이 소배점의 서비스질 지각을 감소시킨다는 연구가 있다.[40]

제한된 구매시간은 또한 보다 적은 수의 대안을 고려하게 한다. 맞벌이 부부나 독신부모들은 시간압박 때문에 특히 전국적 브랜드에 대한 브랜드충성도를 높이는 경향이 있다. 이러한 소비자들은 특히 확장된 비교 쇼핑을 할 시간이 없을 때 명백히 전국적 브랜드 즉 알려진 제품에 대하여 안전감을 느낀다는 것이다.

상황적 영향으로서 시간은 점포 선택과 점포에서의 행동에 영향을 미친다.[41] 많은 소매점들은 시간적 관점을 전략적으로 이용하여 왔다. 아마도 가장 성공적인 기업은 7-Eleven 체인일 것이다. 그들은 바쁘거나 정규 쇼핑시간 후에 구매를 원하는 사람들에게 전적으로 소구해 왔다.

인터넷쇼핑은 두 개의 직업을 갖고 있는 많은 사람이나 편부모 가구가 느끼는 시간압박으로 인하여 급속히 성장하여 왔다. 인터넷쇼핑은 시간과 관련하여 두 가지 중요한 요인을 가지고 있다. 첫 번째 요인은 인터넷은 특정 구매를 하는데 필요한 시간을 줄여준다는 잠재성을 가지고 있는 것이다. 두 번째 요인은 소비자에게 구매시점을 거의 자유롭게 선택할 수 있다는 것이다(제17장 참조). 이러한 특성들이 인터넷쇼핑몰과 매출이 급속히 증가한 주된 이유일 것이다(<사진 13-4> 참조).

4. 과업 정의

과업 정의(task definition)는 소비활동이 일어나는 이유이다. 마케터에 의해 사용되는 주요 과업 구분은 구매가 자가사용을 위한 것인지 선물을 위한 것인지이다.

선물(Gift Giving) 같은 품목이 선물을 위한 구매인지 또는 자가사용을 위한 것인지에 따라 소비자들은 다른 쇼핑전략과 구매 기준을 갖는다.[42] 소비자들은 많은 이유로 선물을 한다. 사회적 기대와 생일과 같은 의례화된 사용 상황은 선물하는 자의 실제적 바람과 관계없이 종종 선물을 필요로 한다.[43] 또한 선물은 선물 또는 행동의 형태로 호의를 되받기 위하여 한다. 그리고 선물은 사랑과 관심의 표시로 주어지기도 한다.[44]

선물이 주어지고, 선물을 바라는 형태는 경우와 성별에 따라 다르다.[45] 한 연구에 의하면 결혼 선물은 실용적인 경향이 있는 반면 생일 선물은 재미있는 특성을 가진 경향이 있다. 이와 같이 일반적인 과업 정의(선물을 함)와 특정 과업 정의(선물을 하는 기회)는 주는 자와 받는 자의 관계가 구매행동에 영향을 미치는 것처럼 구매행동에 영향을 미치게 된다.

선물은 주는 자와 받는 자 모두에게 긴장감을 야기시킨다.[46] 선물은 여러 수준에서 상징적 의미를 전달하게 된다. 선물 품목의 가격은 알려지거나 알 수 있기 때문에 주는 자가 받는 자에 대한 존중의 척도로 해석될 수 있다. 선물의 이미지와 기능성은 받는 자의 이미지와 개성에 대한 주는 자의 인상을 나타낸다. 또한 주는 자의 이미지와 사려깊음을 반영한다.

선물의 성격은 주는 자가 받는 자와의 관계 또는 희망하는 관계를 상징할 수 있다.[47] 문구류의 선물은 향수의 선물과는 매우 다른 쌍방간에 희망되는 관계를 시사할 수 있다. 다음의 경우를 고려하라:

> 그가 나에 대해서 심각하게 생각하고 있다는 것을 알게 된 가장 중대한 때는 그가 내 딸의 선물을 가지고 나타났을 때이다. 다른 남자들은 나의 마음에 들기 위해서 내 딸에 대하여 전형적인, 거짓된 호의를 보였었다. 그렇지만 그는 내 딸에게 예의바르고, 친절하였으며 과장해서 감정을 표현하지 않았다. 어느 날 그는 내 딸에게 선물하려고 매우 멋있는 스케이트를 가지고 나타났다. 그 선물이 우리 관계에 전환점이 되었다. 나는 그때가 그가 아이가 있는 여자를 진지하게 생각하는 것이 괜찮다는 것을 결정한 순간이었다고 생각한다.[48]

위의 예가 보여주듯이 선물을 주고받는 것은 쌍방간의 관계를 변화시킬 수 있다. 또한 선물 품목은 종종 관계 또는 주는 자와 관련된 의미를 띤다. 예를 들어 어떤 선물은 중요한 우정을 상징하기 때문에 오래 간직되고 보존될 수 있다.[49]

물론, 선물증정은 문화적 특유성을 갖는다(제2장 참조).[50] 예를 들어, 미국(개인주의적)과 비교한 한국(집단주의적)에서의 선물증정에 대한 특징을 설명하면서 한 전문가는 다음과 같이 결론을 짓는다:

> 한국인은 선물을 할 경우가 더 많으며, 교환해야 하는 인적 네트워크가 더 넓으며, 실용적인 선물 품목의 증정이 더 빈번하며, 특히 현금 증정이 그러하고, 체면치레와 집단 순응 동기부여가 강하며, 보답해야 하는 사회적 압력이 높으며, 선물을 위한 예산이 더 많으며 직장 내에서 선물증정이 빈번하다고 보고되었다.[51]

5. 선행상태

사진 13-5

소비자 무드는 시간에 따라 다르다. 민감한 기업들은 소비자가 경험하는 또는 경험하기를 원하는 소비자 무드와 관련된 제품 및 서비스를 개발한다.

일시적인 무드 또는 컨디션 등과 같은 개인의 오래 지속되지 않는 특성을 **선행 상태(antecedent states)**라고 한다. 예를 들어 많은 사람들이 그들의 개인적 기질이 아닌 우울한 상태 또는 흥분상태를 경험한다.

무드(Moods) 무드는 일반적으로 특정 사건이나 대상과 관련되지 않은 일시적 감정 상태이다.[52] 무드는 정서보다는 강하지 않으며 개인이 인지하지 못한채 작동한다. 무드는 개인의 행위 전반에 영향을 미치지만 정서처럼 현재 행하여지는 행동을 완전히 중단시키지는 않는다. 개인은 무드를 표현하기 위하여 행복한, 즐거운, 평화로운, 슬픈, 우울한, 기분이 안 좋은 등의 용어를 쓴다.

무드는 소비과정에 영향을 미치기도 하며 또한 소비과정으로부터 영향을 받는다.[53] 무드는 의사결정과정, 다양한 제품의 구매와 소비 그리고 서비스의 지각에 영향을 미친다.[54] 긍정적인 무드는 탐색과 충동구매를 증가시킨다. 부정적인 무드는 또한 어떤 소비자에게 있어서는 충동구매와 강박구매를 증가시킨다. 어떤 쇼핑행위는 무드를 유지시켜주기도 하고(긍정적인 무드의 경우), 무드를 고양시키는 역할(부정적인 무드의 경우)도 하기도 한다.[55]

무느는 또한 커뮤니케이션 상황에서도 중요한 역할을 한다. 이러한 효과는 종종 **프로그램 맥락효과**라고 불리는 것으로 광고와 근접한 프로그램의 성격과 관계된다(제8장 참조). 광고에 앞서 방금 접한 TV, 라디오, 잡지의 내용은 소비자들의 정보처리 활동에 영향을 미치는 그들의 무드와 각성수준에 영향을 미친다.[56] 기본적인 발견점은 광고와 브랜드의 태도는 종종 무드와 일치하는 방식으로 영향을 받는다는 것이다. 이와 같이 소비자를 긍정적인 무드의 상태(긍정적인 호의적 상태를 이끌어내는)로 만드는 TV 쇼는 부정적인 무드의 상태로 만드는 TV 쇼에 비해서 광고와 브랜드의 태도를 증가시킨다. 그러나 소위 시청자가 좋아하는 부정적인 프로그램(시청자가 좋아하는 슬픈 영화)의 경우에 있어서, 프로그램 애호도가 광고와 브랜드 태도에 있어서 호의도를 높일 수 있다.[57] 그러한 복잡성을 고려하여 마케터는 가능한 한 예상되는 프로그램 환경과 가까운 맥락에서 광고를 미리 테스트해 보아야 한다.

소비자들은 능동적으로 그들의 무드상태를 관리한다(<사진 13-5> 참조).[58] 즉 소비자들은 종종 그들의 부정적인 무드를 줄여주거나 긍정적인 무드를 높여주는 상황, 활동, 대상을 추구한다. 제품과 서비스는 소비자들이 자신들의 무드를 관리하기 위한 한 가지 수단이다. 이와 같이 사람은 지루하거나 슬프거나 우울할 때 TV에서 코미디를 보거나, 유쾌한 영화를 보러 가거나, 즐거운 상점을 방문하거나, 유쾌한 레스토랑에서 식사하거나 또는 콤팩트 디스크, 다른 셔츠, 재미있는 제품을 살 수 있다.[59] 이와 같이 소비자들은 무의식적 수준에서 또는 의도적이고 의식적인 수준에서 무드를 조절하는 행동을 할 수 있다.

사진 13-6

이 제품은 소비자가 불편한 일시적인 상황을 대처하는데 도움을 주도록 설계되었다.

나에게는 특별히 나를 기분좋게 해 주는 구매 제품이 있다. 예를 들어 때때로 나는 담배피는 것을 즐긴다. 확실히 담배는 나를 기분좋게 해 주는 것 이외의 다른 역할은 없다. 다른 화장품, 향수, 멋있는 옷은 나를 기분좋게 하지만 매니큐어와 페디큐어처럼 내 기질을 변화시키는 힘을 가지고 있지 못한다.[60]

마케터는 무드에 영향을 주려고 하며 마케팅활동을 긍정적 무드를 가져오는 사건에 맞추려고 한다.[61] 많은 기업들이 시청자들은 가벼운 TV 프로그램을 볼 때 긍정적인 무드에 있기 때문에 그러한 프로그램에 광고하기를 선호한다. 레스토랑, 술집 바, 쇼핑몰, 많은 소매점들은 고객들의 긍정적인 무드를 창출하도록 설계된다. 앞에서 토의한 대로 음악도 이러한 이유로 종종 사용된다. 마케터는 그들의 제품과 서비스를 무드를 고양하도록 포지셔닝할 수 있다.

일시적 조건(Momentary Condition) 무드는 마음의 상태를 나타내는 반면에 일시적 조건은 피곤하거나 아프거나 여분의 돈이 있거나 돈이 없거나 등등의 일시적인 상태를 의미한다. 그러나 일시적 조건들이 무드처럼 선행상태가 되기 위해서는 선행상태의 정의처럼 일시적이어야 하며 지속적이어서는 안된다. 일시적으로 돈이 부족한 사람은 항상 돈이 부족한 사람과 다르게 행동할 것이다.[62]

개인들은 무드와 같이 종종 제품과 서비스의 구매 또는 소비를 통하여 일시적 조건을 관리하고자 한다. 예를 들어 사람들은 낮에 피곤하거나 졸릴 경우 커피나 음료수를 마시거나 캔디 바를 먹는다. 근육의 통증을 완화시키기 위하여 마사지를 받는다. 다양한 약들이 과로, 감기, 알레르기 등과 관련된 육체적 불편함을 줄이기 위하여 판매된다. 전당포는 은행이나 다른 금융기관처럼 일시적으로 돈이 필요한 사람들에게 돈을 빌려준다. 이와 같이 많은 마케팅활동들이 일시적 조건과 관련하여 이루어진다. <사진 13-6>은 일시적 조건을 완화시키기 위해 설계된 제품의 광고이다.

13.3 의례 상황

의례에 대하여 마케팅학자와 실무자들의 관심이 증대되고 있다. **의례 상황(ritual situation)**은 구조화된 형태로 발생하고 상징적 의미를 갖는 연관된 일련의 행동을 촉발하는, 사회적으로 정의된 행사라고 설명할 수 있다.[63] 의례 상황은 전적으로 사적인 것으로부터 전적으로 공적인 것까지 분포할 수 있다. 전적으로 사적인 의례 상황은 혼자 건배를 하는 것이나 자신에게 특별한 의미를 갖는 사건의 기념일에 개인적인 기도를 하는 것을 들 수 있다. 커플이 그들의 첫 번째 만남을 기념하기 위하여 매년 같은 레스토랑에 가는 것은 보다 공적인 의례이다. 결혼식은 보다 공적인 경우이다. 국가적 또는 전세계적 축제일은 보다 공적인 의례 상황이다. LO4

의례 상황은 종종 정해진 소비행동을 포함하기 때문에 마케터에게 매우 중요하다. 주요 미국 공휴일(의례 상황)에는 관련된 소비의례가 있다. 예를 들어 인형산업의 60% 이상의 매출이 크리스마스에 발생한다.

개인과 가구마다 유의한 차이가 있지만 공통된 행동들이 있어서 마케터는 매년 발생하는 공통된 의례상황에 대하여 제품과 촉진 프로그램을 개발할 수 있다. 예를 들어 캔디 마케터는 발렌타인데이와 할로윈데이를 위하여 다양한 캔디를 생산하고 촉진할 수 있다. <사진 13-7>은 온라인 소매상들이 소비의례를 어떻게 활용하는지를 보여준다.

마케터는 또한 의례 상황과 관련된 소비형태를 변화시키거나 창조하고자 한다.[64] 어머니날에 카드 증정은 주로 마케터에 의해 창조된 의례로 10억 달러의 기념일이다.[65] 할로윈 카드는 할로윈 의례의 일부로서 촉진되고 있다.[66] 그리고 많은 기업들은 그들의 제품 및 서비스를 "성년이 되는 것"과 관련된 소비패턴의 부분으로 만들고자 한다. 이 경우는 종종 종교적 의식 및 식후 파티로 기념한다. 전통적으로, 이러한 행사는 종교적 측면 및 가족과 공동체에의 책임감에 초점을 두는 경향이 있어 왔다. 예를 들면:

사진 13-7

의례상황은 일반적으로 관련된 소비형태를 갖는다. 이 브랜드는 의례상황을 활용하고 있다.

> 라틴아메리카에서 quinceanera(일종의 성인식)는 Aztecs시대로 거슬러 올라가는 의식으로 15세 여성의 정신적, 육체적 성숙을 기념하는 행사이다. 이 의식은 카톨릭 교회에서 이루어지며 가족들과 함께 뒷마당에서 축하연을 갖는다.[67]

식후 축하연의 범위는 간단하고 저렴한 것부터 세련되고 비용이 많이 드는 것까지 다양하다. 그러나 요즈음의 경향은 현대적인 테마와 값비싼 음식과 연회 그리고 수백 명의 손님을 즐겁게할 수 있는 상호적인 활동을 가지는 화려하고 비용이 많이 드는 쪽으로 나아가고 있는 것이 분명하다. 예를 들면:

> 한 히스패닉 가족은 3만 달러를 들여 딸의 quinceanera를 기념하였다. 디즈니랜드에 있는 잠자는 숲 속의 공주의 성에서 제복을 입고 분칠을 한 가발을 쓰고 은그물 가운을 걸친 시종이 말이 끄는 호박모양의 크리스탈 마차를 시중들었고 260명의 손님들이 날이 밝을 때까지 연회에서 춤을 추었다.[68]

의례 상황은 폐해적 소비를 발생시킬 수도 있다. 폭음 또는 과도한 음주는 대학가에서 줄어들고 있지만 심각한 건강상 또한 사회적 문제를 야기시킨다. 최근 연구에 의하면 이런 행동은 사회적 경우(예: 생일)에 의하여 촉발된 의식 행동으로 이해될 수 있으며 연관된 일련의 행동과 관례를 포함하고(경기일 특정한 시간에 음주를 시작하는 것), 참여에 대한 특정한 의미와 보상을 준다(예: 재미, 집단이 개인을 받아들임). 이러한 관점에서 접근할 때 이러한 행동을 줄이는 보다 효과적인 전략이 강구될 수 있을 것이다.

13.4 상황적 영향과 마케팅 전략

LO5

앞 부분에서는 상황의 영향에 기초한 다양한 마케팅전략을 기술하였다. 여기서는 그러한 전략이 개발되는 과정에 보다 구체적으로 초점을 맞출 것이다. 사람들이 무작위로 그러한 상황에 접하지 않는다는 것에 유의하는 것이 중요하다. 대신에 대부분의 사람들은 그들이 직면하는 많은 상황을 "만들어 낸다". 따라서 조깅, 테니스 또는 라켓볼과 같은 육체적으로 힘든 운동을 하려고 선택한 사람들은 간접적으로 자신을 피곤하거나 목마른 상태에 자신을 노출시키기로 선택한 것이다. 이러한 결과는 마케터로 하여금 개인들이 다양한 라이프스타일을 선택함으로써 마주치게 되는 상황에 기초하여 제품, 광고, 시장 세분화전략을 개발하게 한다.

마케터는 제품의 소비를 포함하는 다른 상황들을 찾아 낸 후에, 그러한 상황들에서 어떠한 제품 또는 브랜드가 가장 구매될 가능성이 높은지를 결정해야 한다. 이렇게 접근하는 한 가지 방법은 상황과 제품을 함께 척도화하는 것이다. 한 가지 예는 <그림 13-3>에서볼 수 있다. 집에서의 개인적인 소비로부터 집 밖에서 이루어지는 소비의 축과 당신에 대한 다른 사람들의 반응에 신경을 쓰는 것에 대한 축의 2차원에 배치되어 있는 사용 상황들이 그러한 상황에 적절한 제품과의 유사성 및 관계성에 의하여 척도화되어 있다.

사용 상황 I, 아침에 일어나서 이를 닦는 경우에 대하여 치약과 구강청정제가 가장 적절하게 여겨진다(<그림 13-3> 참조). 그러나 사용 상황 II, 오후 늦게 중요한 비즈니스 미팅을 갖기 전의 경우는 집밖에서의 소비와 다른 사람들의 반응에 대한 관심을 수반한다. 따라서 민트향의 껌 또는 캔디가 선호된다. 당신은 Listerine Breath Strips와 같은 제품이 이 지각도상의 어디에 위치해야 한다고 생각하는가?

이들 상황에서 제품들이 어떻게 사용되는지를 확인함으로써 마케터는 적절한 광고와 포지셔닝 전략을 개발할 수 있다. 한 예로 Wrigley는 집밖의 사회적 상황에서의 사용에 적절한 것으로 스피어민트 껌을 입냄새를 좋게 하는 능력을 갖고 있는 것으로 광고할 수 있

사용 상황 및 제품 포지셔닝 그림 13-3

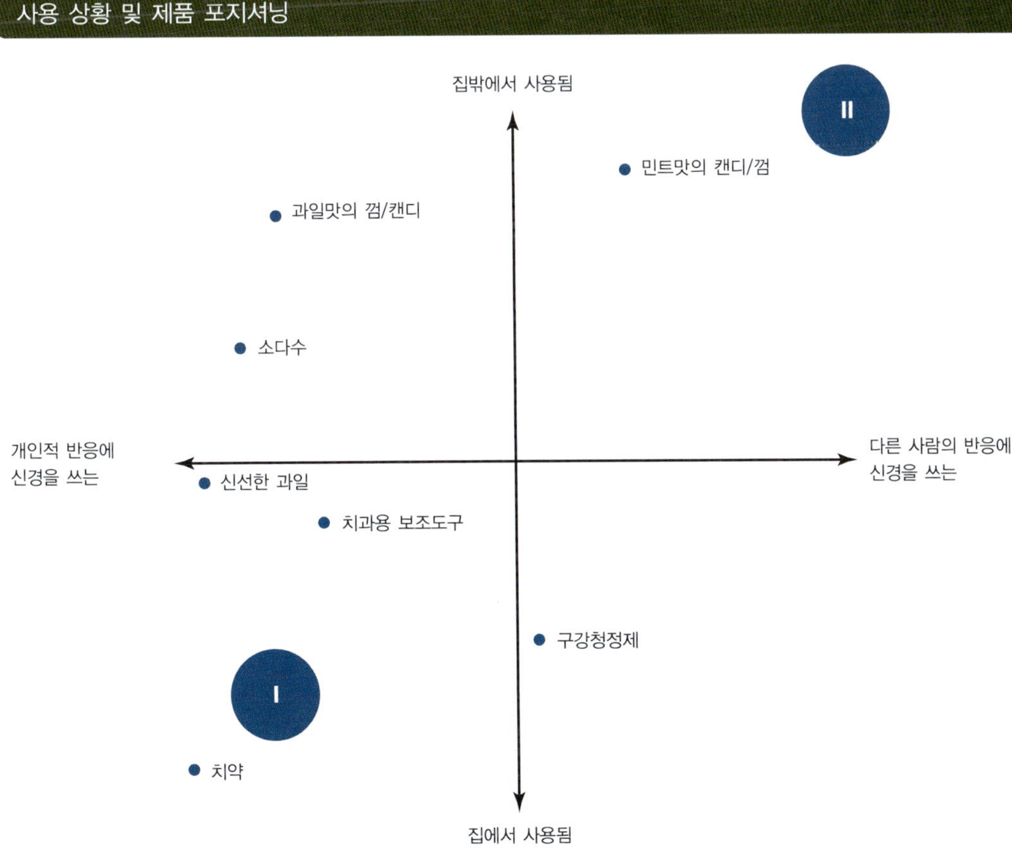

사진 13-8

이 광고는 이 소매업자를 위하여 새로운 사용 상황으로 이동되는 제품을 보여준다.

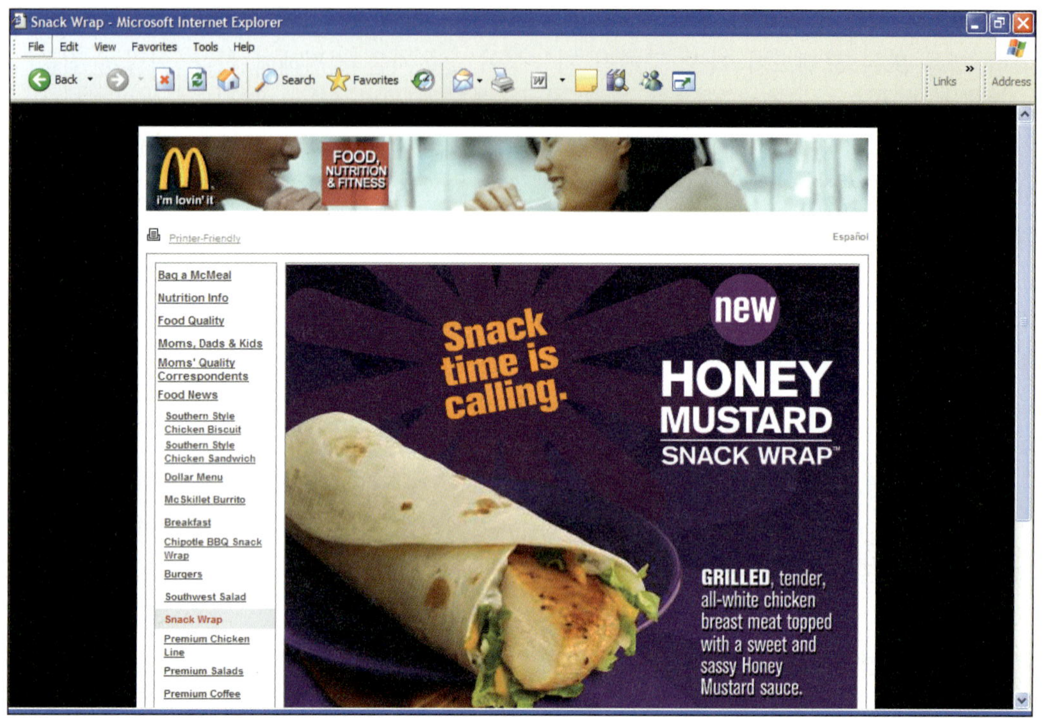

다. 또는 마케터는 제품이 사용되는 상황을 변화시킬 수 있다. <그림 13-3>에서 구강청정제는 집밖에서의 소비에는 적절하지 않는 것으로 보인다. Scope의 제품을 사용 후에 삼킨다면 어떻게 될 것인가? 어떻게 집밖에서 사용하는 것으로 성공적으로 프로모션할 수 있을 것인가? Breath Strips와 어떻게 경쟁할 수 있을 것인가? <사진 13-8>은 사용 상황의 수를 추가하기 위해서 제품들을 추가하는 기업을 보여준다.

상황에 기초한 마케팅전략을 개발하는 또 다른 접근법은 다음의 다섯 가지 단계를 따른다.[69]

1. 제품 소비에 영향을 미치는 여러 사용 상황을 발견하기 위해 관찰연구, 표적집단면접법, 심층면접법, 이차자료를 사용하라.
2. 제품이 어떻게 사용되고, 세분시장이 사용 상황에서 어떤 편익을 추구하는지를 보다 잘 이해하고 측정하기 위하여 대규모의 소비자를 서베이하라.
3. 개인과 상황의 세분시장 매트릭스를 구축하라. 행은 주요 사용 상황을 나타내고 열은 특정 욕구와 바램을 가진 사용자 집단을 나타낸다. 각 셀은 추구되는 주요 편익을 포함한다(<표 13-2>는 선탠로션의 매트릭스를 보여주고 있다.).
4. 각 셀을 잠재력으로 평가하라(매출의 크기, 가격수준, 비용, 경쟁자의 강함 등등).
5. 당신의 능력으로 충분히 이윤을 얻을 수 있는 잠재력을 가진 셀들에 대하여 마케팅전략을 개발하고 실행하라.

선탠로션의 개인-상황 세분 시장 13-2 표

선탠로션 사용 상황	선탠로션의 잠재적 사용자				
	어린이	십대	성년 여성	성년 남성	일반적 상황 편익
해변/선상활동	햇볕화상 또는 피부 손상 방지	햇볕화상 방지	햇볕화상/피부변화/피부건조 방지	햇볕화상 방지	물에 뜸
가정/풀 일광욕	햇볕화상 또는 피부 손상 방지	햇볕화상없이 선탠	피부손상 또는 피부 건조없이 선탠	햇볕화상/피부건조 없이 선탠	로션이 의복 또는 가구를 더럽히지 않음
선탠 부스		선탠	보습제로 선탠	선탠	태양램프를 위해 개발
설상 스키		햇볕화상 방지	햇볕화상/피부손상/건조피부 방지	햇볕화상 방지	동결예방 포뮬러
개인적 편익	보호	선탠	부드러운 피부의 선탠과 보호	보호 및 선탠	

Source: Adapted from P. Dickson, "Person-Situation: Segmentation's Missing Link," *Journal of Marketing*, Fall 1982, pp. 56-64. Published by the American Marketing Association. Reprinted with permission.

요약

1. 상황적 영향을 정의한다.

상황적 영향은 소비자 및 자극의 안정적인 속성들과 다르게 시간과 장소에 특정되며 현재 행동에 영향을 미치는 모든 요인을 말한다.

2. 상황의 네 가지 유형과 이 유형들이 마케팅전략과 갖는 관련성을 설명한다.

상황은 커뮤니케이션, 구매, 사용, 처분 상황의 네 가지로 구분된다. 소비자가 정보를 받아들이는 상황은 커뮤니케이션상황이다. 구매가 일어나는 상황은 구매상황이다. 제품 또는 서비스가 사용되는 상황은 사용 상황이다. 제품 또는 제품포장이 처분되는 상황은 처분상황이다. 각 상황은 어떠한 프로그램을 광고해야 하는지(커뮤니케이션상황), 매장에서 개인의 쇼핑행동에 대한 다른 사람들의 영향(구매상황), 특정 제품의 전통적 사용을 넘어서 확장하는 능력(사용 상황) 그리고 재활용 행동에 기여하는 요인들(처분상황)과 같은 마케팅 시사점을 갖는다

3. 상황의 다섯 가지 특징과 이 특징들이 소비에 미치는 영향을 요약한다.

상황의 다섯 가지 특징들이 확인되었다. **물리적 환경**은 지리적 및 기관의 위치, 실내장식, 소리, 향기, 조명, 날씨, 상품의 진열, 상품주변의 다른 물품 등등을 포함한다. 소매상은 특별히 이러한 물리적 환경의 효과에 대하여 관심을 가져야 한다. 소매환경의 물리적 특성들의 합은 **점포 분위기** 또는 상점환경으로 불린다. **분위기는** 고객에게 특정 무드의 반응을 창출하고자 관리자가 물리적 소매환경을 조작하기 위하여 사용하는 과정을 의미한다. 분위기는 병원, 은행, 레스토랑 등의 서비스산업 에서는 **서비스스케이프**라고한다.

사회적 환경은 개별적 소비자들의 행동에 영향을 미칠 수 있는 다른 사람의 존재를 의미한다. 함께 하는 다른 사람의 특징, 그들의 역할, 개인적 상호작용은 사회적으로 중요한 상황 영향이다.

시간적 관점은 하루의 시간, 이전 구매 이후 지나간

시간, 식사 이후의 시간 또는 식사까지의 시간, 월급날, 약속에 의해 부가된 시간제약 등의 효과처럼 소비자 행동에 영향을 미치는 시간적 효과를 의미한다. 편의점은 시간적 관점의 요인을 이용하여 발전하고 성공을 이루어 왔다.

과업 정의는 소비행동을 하는 목적 또는 이유를 나타낸다. 과업은 그 개인이 예상하는 여러 다른, 구매자 및 사용자 역할을 반영할 수 있다. 예를 들어 결혼 선물로 그릇을 구입하고자 하는 사람은 개인적 사용을 위해 그릇을 구매하고자 하는 사람과 다른 상황에 있다.

선행상태는 지속적이지 않는 개인적 특성을 의미한다. 무드는 우울함, 쾌활함과 같은 모든 사람들이 경험하는 일시적 상태를 의미한다. **일시적 조건**은 피곤하거나, 아프거나, 돈이 많거나(전혀 없거나) 등등의 일시적 상황을 말한다.

4. 의례상황들 및 이 상황들이 소비자와 마케터에 대하여 갖는 중요성을 논의한다.

의례상황은 구조화된 형태로 발생하고 또한 상징적 의미를 가지며 사회적으로 정의된 행사와 관련하여 발생하는 일련의 연관된 행동들로 기술될 수 있다. 의례상황은 전적으로 개인적인 것으로부터 전적으로 공적인 것까지 분포될 수 있다. 의례 상황은 정해진 소비 행동을 포함하기 때문에 마케터에게 중요한 의미를 갖는다.

5. 마케팅전략을 개발하는데 있어서 상황적 영향의 사용을 설명한다.

상황은 직접적 영향을 미치며 제품과 개인적 특성과 상호작용한다. 어떤 경우에는 개인의 특성이나 선택이 다른 모든 것을 압도하여 상황이 전혀 영향을 미치지 못 할 수도 있다. 그러나 상황은 항상 잠재적으로 중요하여서 마케팅 관리자에게 관심의 대상이 된다.

주요 용어

선행 상태(Antecedent states)
분위기학(Atmospherics)
커뮤니케이션 상황 (Communications situation)
처분 상황(Disposition situation)
당황함(Embarrassment)
무드(Moods)
물리적 환경(Physical surroundings)
구매 상황(Purchase situations)
의례 상황(Ritual situation)
서비스스케이프(Servicescape)
상황적 영향(Situational influence)
사회적 환경(Social surroundings)
점포 분위기(Store atmosphere)
과업 정의(Task definition)
시간적 관점(Temporal perspectives)
사용 상황(Usage situations)

참고 문헌

1. This opener is based on H. Kimball, "Cold Weather Means Hot Demand for Soup, Boots," *newser,* January 11, 2010, www.newser.com, accessed June 15, 2011; N. Zmuda and E. B. York, "Marketers Make Most of Falling Mercury," *Advertising Age,* January 11, 2010, pp. 1, 20; and information from Planalytics' website, www.planalytics.com, accessed June 15, 2011.
2. See K. S. Lim and M. A. Razzaque, "Brand Loyalty and Situational Effects," *Journal of International Consumer Marketing* 4 (1997), pp. 95–115.
3. R. W. Belk, "Situational Variables and Consumer Behavior," *Journal of Consumer Research,* December 1975, p. 158.
4. See K. R. Lord, R. E. Burnkrant, and H. R. Unnava, "The Effects of Program-Induced Mood States on Memory for Commercial Information," *Journal of Current Issues and Research in Advertising,* Spring 2001, pp. 1–14; S. Shapiro, D. J. MacInnis, and C. Whan Park, "Understanding Program-Induced Mood Effects," *Journal of Advertising,* Winter 2002, pp. 15–26; P. De Pelsmacker, M. Geuens, and P. Anckaert, "Media Context and Advertising Effectiveness," *Journal of Advertising,* Summer 2002, pp. 49–61; S. Jun et al., "The Influence of Editorial Context on Consumer Response to Advertisements in a Specialty Magazine," *Journal of Current Issues and Research in Advertising,* Fall 2003, pp. 1–11; and C. Yoon, M. P. Lee, and S. Danziger, "The Effects of Optimal Time of Day on Persuasion Processes in Older Adults," *Psychology and Marketing,* May 2007, pp. 475–95.
5. L. Sanders and J. Halliday, "BP Institutes 'Ad-Pull' Policy for Print Publications," *AdAge.com,* May 24, 2005.
6. B. Wansink, "Making Old Brands New," *American Demographics,* December 1997, pp. 53–58.
7. E. Byron, "Case by Case," *The Wall Street Journal,* November 17, 2004, p. A1.
8. "Glazed Still Tops Among Donuts," *Baking Management,* May 23, 2011.
9. I. Sinha, "A Conceptual Model of Situation Type on Consumer Choice Behavior and Consideration Sets," in *Advances in Consumer Research,* vol. 21, ed. C. T. Allen and D. R. John (Provo, UT: Association for Consumer Research, 1994), pp. 477–82. See also E. Byron, "Case by Case."
10. See J. A. F. Nicholls et al., "Situational Influences on Shoppers," *Journal of International Consumer Marketing* 9, no. 2 (1996), pp. 21–39; and J. A. F. Nicholls, T. Li, and S. Roslow, "Oceans Apart," *Journal of International Consumer Marketing* 12, no. 1 (1999), pp. 57–72.
11. See E. Sherman, A. Mathur, and R. B. Smith, "Store Environment and Consumer Purchase Behavior," *Psychology & Marketing,* July 1997, pp. 361–78; and J. Baker et al., "The Influence of Multiple Design Cues on Perceived Merchandise Value and Patronage Intentions," *Journal of Marketing,* April 2002, pp. 120–41.
12. For an extensive review, see L. W. Turley and R. E. Milliman, "Atmospheric Effects on Shopping Behavior," *Journal of Business Research* 49 (2000), pp. 193–211. See also A. d'Astous, "Irritating Aspects of the Shopping Environment," and A. Sharma and T. F. Stafford, "The Effect of Retail Atmospherics on Customers' Perceptions of Salespeople and Customer Persuasion," both in *Journal of Business Research* 49 (2000), pp. 149–56 and 183–91, respectively.
13. P. Sautter, M. R. Hyman, and V. Lukosius, "E-Tail Atmospherics," *Journal of Electronic Commerce Research* 5, no. 1 (2004), pp. 14–24; and E. E. Manganari, G. J. Siomkos, and A. P Vrechopoulos, "Store Atmosphere in Web Retailing," *European Journal of Marketing* 43, no. 9/10 (2009), pp. 1140–53.
14. M. J. Bitner, "Servicescapes," *Journal of Marketing,* April 1992, pp. 57–71. See also K. D. Hoffman, S. W. Kelley, and B. C. Chung, "A CIT Investigation of Servicescape Failures and Associated Recovery Strategies," *Journal of Services Marketing* 17, no. 4/5 (2003), pp. 322–40.
15. G. J. Gorn, A. Chattopadhyay, T. Yi, and D. W. Dahl, "Effects of Color as an Executional Cue in Advertising," *Management Science,* October 1997, pp. 1387–99.
16. See J. A. Bellizzi and R. E. Hite, "Environmental Color, Consumer Feelings, and Purchase Likelihood," *Psychology & Marketing,* September 1992, pp. 347–63.
17. B. E. Kahn and L. McAlister, *Grocery Revolution* (Reading, MA: Addison-Wesley, 1997).
18. G. J. Gorn, A. Chattopadhyay, J. Sengupta, and S. Tripathi, "Waiting for the Web," *Journal of Marketing Research,* May 2004, pp. 215–25.
19. D. J. Mitchell, B. E. Kahn, and S. C. Knasko, "There's Something in the Air," *Journal of Consumer Research,* September 1995, pp. 229–38.
20. E. R. Spangenberg, A. E. Crowley, and P. W. Henderson, "Improving the Store Environment," *Journal of Marketing,* April 1996, pp. 67–80.
21. A. R. Hirsch, "Effects of Ambient Odors on Slot-Machine Usage in a Las Vegas Casino," *Psychology & Marketing,* October 1995, pp. 585–94.
22. M. Morrison et al., "In-Store Music and Aroma Influences on Shopper Behavior and Satisfaction," *Journal of Business Research* 64 (2011), pp. 558–64.
23. M. Morrin and S. Ratneshwar, "The Impact of Ambient Scent on Evaluation, Attention, and Memory for Familiar and Unfamiliar Brands," *Journal of Business Research* 49 (2000), pp. 157–65.
24. See, e.g., "Environmental Fragrancing," *Labnews.co.uk,* May 26, 2011, accessed June 15, 2011.
25. P. F. Bone and P. S. Ellen, "Scents in the Marketplace," *Journal of Retailing* 75, no. 2 (1999), pp. 243–62.
26. P. Sloan, "Smelling Trouble," *Advertising Age,* September 11, 1995, p. 1.
27. See S. Oakes, "The Influence of the Musicscape within Service Environments," *Journal of Services Marketing* 4, no. 7 (2000), pp. 539–56; M. Morrison et al., "In-Store Music and Aroma Influences on Shopper Behavior and Satisfaction"; and S. Morin, L. Dube, and J. C. Chebat, "The Role of Pleasant Music in Servicescapes," *Journal of Business Research* 83, no. 1 (2007), 115–30.

28. J. C. Sweeney and F. Wyber, "The Role of Cognitions and Emotions in the Music-Approach-Avoidance Behavior Relationship," *Journal of Services Marketing* 16, no. 1 (2002), pp. 51–69; and C. Caldwell and S. A. Hibbert, "The Influence of Music Tempo and Musical Preference on Restaurant Patrons' Behavior," *Psychology & Marketing,* November 2002, pp. 895–917.
29. B. Zimmers, "Business Deals Put AEI Music CEO in Good Mood," *Puget Sound Business Journal,* June 23, 2000, p. 44; see also C. A. Olson, "Shopping to the Music Made Easy," *Billboard,* July 31, 1999, pp. 73–74.
30. See K. A. Machleit, S. A. Eroglu, and S. P. Mantel, "Perceived Retail Crowding and Shopping Satisfaction," *Journal of Consumer Psychology* 9, no. 1 (2000), pp. 29–42. For an exception, see F. Pons, M. Laroche, and M. Mourali, "Consumer Reactions to Crowded Retail Settings," *Psychology & Marketing,* July 2006, pp. 555–72.
31. S. A. Eroglu, K. A. Machleit, and J. C. Chebat, "The Interaction of Retail Density and Music Tempo," *Psychology & Marketing,* July 2005, pp. 577–89.
32. F. Pons, M. Laroche, and M. Mourali, "Consumer Reactions to Crowded Retail Settings."
33. T. R. Graeth, "Consumption Situations and the Effects of Brand Image on Consumers' Brand Evaluations," *Psychology & Marketing,* January 1997, pp. 49–70. See also S. Ramanathan and A. L. McGill, "Consuming with Others," *Journal of Consumer Research,* December 2007, pp. 506–24.
34. R. K. Ratner and B. E. Kahn, "The Impact of Private versus Public Consumption on Variety-Seeking Behavior," *Journal of Consumer Research,* September 2002, pp. 246–57.
35. See, e.g., D. W. Dahl, R. V. Manchanda, and J. J. Argo, "Embarrassment in Consumer Purchase," *Journal of Consumer Research,* December 2001, pp. 473–81. See also D. Grace, "How Embarrassing!" *Journal of Service Research,* February 2007, pp. 271–84.
36. Consumer Insight 13-1 is based on S. E. Beatty and M. E. Ferrell, "Impulse Buying," *Journal of Retailing,* Summer 1998, pp. 161–91; and X. Luo, "How Does Shopping with Others Influence Impulsive Purchasing?" *Journal of Consumer Psychology* 15, no. 4 (2005), pp. 288–94.
37. R. Batra and P. M. Homer, "The Situational Impact of Brand Image Beliefs," *Journal of Consumer Psychology* 14, no. 3 (2004), pp. 318–30.
38. L. A. Brannon and T. C. Brock, "Limiting Time for Responding Enhances Behavior Corresponding to the Merits of Compliance Appeals," *Journal of Consumer Psychology* 10, no. 3 (2001), pp. 135–46; and R. Suri and K. B. Monroe, "The Effects of Time Constraints on Consumers' Judgments of Prices and Products," *Journal of Consumer Research,* June 2003, pp. 92–104.
39. S. M. Nowlis, "The Effect of Time Pressure on the Choice of Brands That Differ in Quality, Price, and Product Features," *Marketing Letters,* October 1995, pp. 287–96; R. Dhar and S. M. Nowlis, "The Effect of Time Pressure on Consumer Choice Deferral," *Journal of Consumer Research,* March 1999, pp. 369–84; and R. Pieters and L. Warlop, "Visual Attention during Brand Choice," *International Journal of Research in Marketing,* February 1999, pp. 1–16.
40. S. D. Strombeck and K. L. Wakefield, "Situational Influences on Service Quality Evaluations," *Journal of Services Marketing* 22, no. 5 (2008), pp. 409–19.
41. P. Van Kenhove, K. De Wulf, and W. Van Waterschoot, "The Impact of Task Definition on Store-Attribute Saliences and Store Choice," *Journal of Retailing* 75, no. 1 (1999), pp. 125–37; P. Van Kenhove and K. De Wulf, "Income and Time Pressure," *International Review of Retail, Distribution and Consumer Research,* April 2000, pp. 149–66.
42. See B. H. Schmitt and C. J. Shultz II, "Situational Effects on Brand Preferences for Image Products," *Psychology & Marketing,* August 1995, pp. 433–46.
43. T. M. Lowrey, C. C. Otnes, and J. A. Ruth, "Social Influences on Dyadic Giving over Time," *Journal of Consumer Research,* March 2004, pp. 547–58.
44. For a review and framework, see D. Larsen and J. J. Watson, "A Guide Map to the Terrain of Gift Value," *Psychology & Marketing,* August 2001, pp. 889–906; see also G. Saad and T. Gill, "An Evolutionary Psychology Perspective on Gift Giving among Young Adults," *Psychology & Marketing,* September 2003, pp. 765–84.
45. M. A. McGrath, "Gender Differences in Gift Exchanges," *Psychology & Marketing,* August 1995, pp. 371–93; K. M. Palan, C. S. Areni, and P. Kiecker, "Gender Role Incongruency and Memorable Gift Exchange Experiences," J. F. Durgee and T. Sego, "Gift-Giving as a Metaphor for Understanding New Products That Delight," both in *Advances in Consumer Research,* vol. 28, ed. M. C. Gilly and J. Meyers-Levy (Provo, UT: Association for Consumer Research, 2001), pp. 51–57 and 64–69, respectively.
46. D. B. Wooten, "Qualitative Steps toward an Expanded Model of Anxiety in Gift-Giving," *Journal of Consumer Research,* June 2000, pp. 84–95.
47. See, e.g., J. A. Ruth, C. C. Otnes, and F. F. Brunel, "Gift Receipt and the Reformulation of Interpersonal Relationships," *Journal of Consumer Research,* March 1999, pp. 385–402.
48. R. W. Belk and G. S. Coon, "Gift Giving as Agapic Love," *Journal of Consumer Research,* December 1993, pp. 404–5. See also J. A. Ruth, F. F. Brunel, and C. C. Otnes, "An Investigation of the Power of Emotions in Relationship Realignment," *Psychology & Marketing,* January 2004, pp. 29–52.
49. C. S. Areni, P. Kiecker, and K. M. Palan, "Is It Better to Give Than to Receive?" *Psychology & Marketing,* January 1998, pp. 81–109.
50. A. Joy, "Gift Giving in Hong Kong and the Continuum of Social Ties," *Journal of Consumer Research,* September 2001, pp. 239–55; and S. L. Lotz, S. Shim, and K. C. Gehrt, "A Study of Japanese Consumers' Cognitive Hierarchies in Formal and Informal Gift-Giving Situations," *Psychology & Marketing,* January 2003, pp. 59–85.
51. S.-Y. Park, "A Comparison of Korean and American Gift-Giving Behaviors," *Psychology & Marketing,* September 1998, pp. 577–93.
52. See R. P. Bagozzi, M. Gopinath, and P. U. Nyer, "The Role of Emotion in Marketing," *Journal of the Academy of Marketing Science,* Spring 1999, pp. 184–206; and H. T. Luomala and

M. Laaksonen, "Contributions from Mood Research," *Psychology & Marketing,* March 2000, pp. 195–233.

53. M. B. Holbrook and M. P. Gardner, "Illustrating a Dynamic Model of the Mood-Updating Process in Consumer Behavior," *Psychology & Marketing,* March 2000, pp. 165–94.
54. J. P. Forgas and J. Ciarrochi, "On Being Happy and Possessive," *Psychology & Marketing,* March 2001, pp. 239–60; and R. Adaval, "Sometimes It Just Feels Right," *Journal of Consumer Research,* June 2001, pp. 1–17.
55. D. W. Rook and M. P. Gardner, "In the Mood," *Research in Consumer Behavior* 6 (1993), pp. 1–28; W. R. Swinyard, "The Effects of Mood, Involvement, and Quality of Store Experience on Shopping Intentions," *Journal of Consumer Research,* September 1993, pp. 271–80; and R. J. Faber and G. A. Christenson, "In the Mood to Buy," *Psychology & Marketing,* December 1996, pp. 803–19. See also N. Garg, B. Wansink, and J. J. Inman, "The Influence of Incidental Affect on Consumers' Food Intake," *Journal of Marketing,* January 2007, pp. 194–206 for an application of mood to food choice.
56. See Reference 4.
57. See, e.g., K. S. Coulter, "The Effects of Affective Responses to Media Context on Advertising Evaluations," *Journal of Advertising,* Winter 1998, pp. 41–51.
58. H. T. Luomala and M. Laaksonen, "A Qualitative Exploration of Mood-Regulatory Self-Gift Behaviors," *Journal of Economic Psychology* 20 (1999), pp. 147–82.
59. H. Mano, "The Influence of Pre-Existing Negative Affect on Store Purchase Intentions," *Journal of Retailing* 75, no. 2

34. R. K. Ratner and B. E. Kahn, "The Impact of Private versus Public Consumption on Variety-Seeking Behavior," *Journal of Consumer Research,* September 2002, pp. 246–57.
35. See, e.g., D. W. Dahl, R. V. Manchanda, and J. J. Argo, "Embarrassment
61. See M. G. Meloy, "Mood-Driven Distortion of Product Information," *Journal of Consumer Research,* December 2000, pp. 345–58.
62. See P. A. Walsh and S. Spiggle, "Consumer Spending Patterns," in *Advances in Consumer Research,* vol. 21, ed. Allen and John, pp. 35–40; and N. Karlsson, T. Garling, and M. Selart, "Explanations of Prior Income Changes on Buying Decisions," *Journal of Economic Psychology* 20 (1999), pp. 449–63.
63. See B. Gainer, "Ritual and Relationships," *Journal of Business Research,* March 1995, pp. 253–60.
64. See C. C. Otnes and L. M. Scott, "Something Old, Something New," *Journal of Advertising,* Spring 1996, pp. 33–50.
65. "$10 Billion for Mom," *CNNmoney,* April 21, 2004, http:// money .cnn.com/.
66. A. Z. Cuneo, "Using Halloween to Scare Up Sales," *Advertising Age,* October 8, 2001, p. 4.
67. A. Chozick, "Fairy-Tale Fifteenths," *The Wall Street Journal,* October 15, 2004, p. B1.
68. Ibid.
69. For a similar approach, see R. Brodie, "Segmentation and Market Structure When Both Consumer and Situational Characteristics Are Explanatory," *Psychology & Marketing,* September 1992, pp. 395–408.

Chapter Fourteen

14 소비자 의사결정 과정 및 문제의 인식

학습목표

- **LO1** 구매관여도가 의사결정 과정에 미치는 영향을 설명한다.
- **LO2** 문제인식의 개념과 문제인식이 어떻게 소비자 의사결정 과정에 포함되는지를 설명한다.
- **LO3** 문제인식의 통제불가능한 결정요인들을 요약한다.
- **LO4** 마케팅전략에서 소비자 문제와 문제인식의 역할을 설명한다.

아침식사는 240억 달러가 넘는 큰 산업이다. 그러나 아침식사 식품 범주에서 모두가 잘하고 있는 것은 아니다.[1] 아침식사의 건강상 편익에 대하여 과학계가 계속적으로 증거를 제시함에도 불구하고 많은 소비자들에게 아침식사는 최고의 우선순위가 아니다. 어떤 사람들은 아직도 아침식사의 중요성을 받아들이지 않고 있는데, 특히 젊고(18세에서 34세), 직장인이고, 고소득의 교육수준이 높은 성인들은 미국의 평균적인 성인들에 비하여 저녁식사 보다 아침식사가 덜 중요하다고 생각하는 것 같다. 다른 사람들은 단순히 시간에 쫓겨서 아침을 먹을 수 없거나 차안이나 사무실에서 아침식사를 해결해야 한다. 최근 연구에 의하면 사무실에서 아침식사를 하는 사람의 수는 세 명 중 한 명 정도가 된다

많은 미국 사람들이 아침식사에 중요성을 두지 않는 것과 아침식사의 본질에 제약을 가하는 시간압박을 고려한다면 아침식사 산업이 전체적으로 비교적 느리게 성장하고 있다는 것은 아마도 놀라운 일이 아니다. 예를 들어, 최근 통계에 의하면, 시리얼산업은 지난 4년 동안 연간 1.4% 감소하였다.

높은 수준의 성장을 보이고 있는 아침식사 두 가지 범주는 마시는 요구르트와 아침식사용 바(bar)이다. 요구르트 드링크는 거의 연간 60%의 성장을 보였으며, 아침식사용 바는 대략적으로 11%의 성장을 보였다. 요구르트 드링크와 아침식사용 바의 휴대성이 시간압박을 받는 소비자들에게 인기있는 이유는 분명하며, 또한 휴대성이 아마도 이 제품들의 성장에 큰 역할을 한 것으로 보인다. 그러나 이렇게 높은 성장에도 불구하고 이들 산업이 아직 상대적으로 작고, 이들 각 범주가 전체 아침식사 시장의 4%에도 이르지 못한 비교적 작은 시장이라는 사실을 이해하기 어렵게 하고 있다.

확실히 Quaker Oats, General Mills, Kellogg's와 같은 대규모 시리얼 마케터는 아침식사용 바(bars)와 같은 편리하고 건강한 제품들을 통하여 산업을 활성화시킬 필요가 있나. 이 제품 범주에서 신제품의 수가 기하급수적으로 증가한 것은 놀라운 일은 아니다. 그 중 하나는 "Quaker Oats의 Quaker Oatmeal to go" 바(bar)란 신제품이다. 이 바는 건강과 편리성을 결합한 개념의 제품이다. 한 건강 전문가에 의하면:

> 사람들은 아침에 활동을 시작할 때 너무 자주 도넛, 머핀 또는 케익과 같은 고지방이면서 영양가는 낮은 식품을 찾는 경향이 있다. 심장 건강의 달(Heart Health Month)에 맞추어 출시된 Quaker Oatmeal to Go는 영양가 있는 아침식사와 오트밀의 증명된 심장건강편익을 원하는 바쁜 사람들에게 좋은 선택 대안이다.

건강과 편리성을 통합한 아침식사용 바와 마시는 요구르트는 특히 젊은 전문직 직장인들에게 아침식사 범주를 확대한 제품으로 위치하고 있는 것 같다. 필요한 것은 소비자들이 문제를 인식하도록 하는 것이다. 즉 다른 끼니보다 아침 식사의 중요성을 인식하여 바쁜 하루에도 아침식사가 우선적인 것이 되도록 하는 것이다.

이 장에서는 소비자 의사결정 과정의 성격을 살펴보며 첫 번째 단계인 문제인식을 분석한다. 문제인식에서 (1) 문제인식의 과정, (2) 문제인식의 통제 불가능한 결정요인들, (3) 문제인식 과정에 기초한 마케팅전략을 집중적으로 살펴볼 것이다.

14.1 소비자 의사결정의 유형

LO1 소비자 의사결정이란 용어는 제품, 브랜드, 서비스의 속성들을 주의깊게 살펴보고 가장 적은 비용으로 명확하게 인식된 필요(욕구)를 해결해주는 대안을 이성적으로 선택하는 사람의 이미지를 떠올리게 한다. 이는 이성적이고 기능적인 의미를 가지고 있다. 소비자들은 이런 식으로 많이 의사결정을 한다. 그러나 많은 다른 결정들은 거의 의식적 노력없이 이루어진다. 게다가 많은 소비자 의사결정은 브랜드속성이 아니라 브랜드를 구매하거나 사용하는 것과 관련된 정서나 감정 그리고 제품이 구매되고 사용되는 상황에 의하여 이루어진다. 이와 같이 브랜드는 속성(가격, 스타일, 기능적 특성들) 때문이 아니라 그 제품이 나를 기쁘게 하거나 내 친구가 그것을 좋아하기 때문에 선택될 수 있다.[2]

정서적 또는 상황적 욕구에 의해 주도된 구매와 관련된 소비행동은 전통적인 속성 모형과는 구별된 특징을 갖고 있지만 의사결정 과정 모형은 모든 소비자 구매 형태에 대하여 유용한 통찰력을 제공한다. 이번 장과 다음 네 개 장에서 소비자 의사결정 과정을 기술할 때 의사결정 과정이 어떻게 정서적, 상황적 그리고 속성에 기초한 의사결정을 돕는지를 제시할 것이다.

소비자 의사결정은 빈번하게, 예를 들어 차의 휘발유가 부족한 것과 같은, 특정 문제의 결과이다. 다른 경우로는 낡은 자동차, 무능하다는 감정 증대, 낮은 자존감 등의 여러 문제들이 수렴하여 발생하기도 한다. 게다가 일단 의사결정 과정은 시작되면, 여러 목표들을 가지게 되어 복잡하게 된다. 기름을 채우려고 하는 단순한 욕구를 인지한 소비자는 가격 지불을 최소화 하기를 원하며, 환경에 대한 영향 때문에 하나 또는 몇 가지 기름은 피하기를 원하고 또 음식 서비스가 있는 주유소를 찾을 수도 있다. 이러 한 소비자는 결국 낮은 가격과 자체 음식 서비스를 가지고 있는 주유소에서 기름을 넣는 것 또는 높은 가격과 Taco Bell과 같은 유명 음식 체인을 가지고 있는 주유소에서 기름을 넣는 것 또는 시간은 좀 더 걸리지만 한 주유소에서 기름을 넣고 다른 곳에서 식사를 하는 것 중에 선택을 할 수 있다.[3]

<그림 14-1>이 제시하는 것처럼 여러 형태의 소비자 구매 의사결정 과정이 있다.[4] 소비자는 낮은 수준의 구매관여도로부터 높은 수준의 관여도까지 다를 수 있기 때문에 구매의사결정은 더욱 복잡해진다. 구매관여도는 연속적이며, 연속상에서 여러 점에 따라 발생하는 과정의 유형에 대한 일반적인 설명으로서 명목적, 제한된, 확장된 의사결정으로 구분하는 것이 유용하다. 의사결정의 형태는 명확히 구분되는 것이 아니라 서로에 다소 중복된다는 것을 명심하라.

각 의사결정 과정을 설명하기 전에 구매관여도를 명확히 해야 한다. **구매관여도 (purchase involvement)**는 특정 구매를 고려하는 욕구에 의하여 촉발된 구매 과정에 대한 관심의 수준을 말한다. 이와 같이 구매관여도는 개인이나 가구의 일시적 상태이다. 이는 개인,

관여도와 의사결정 유형 그림 14-1

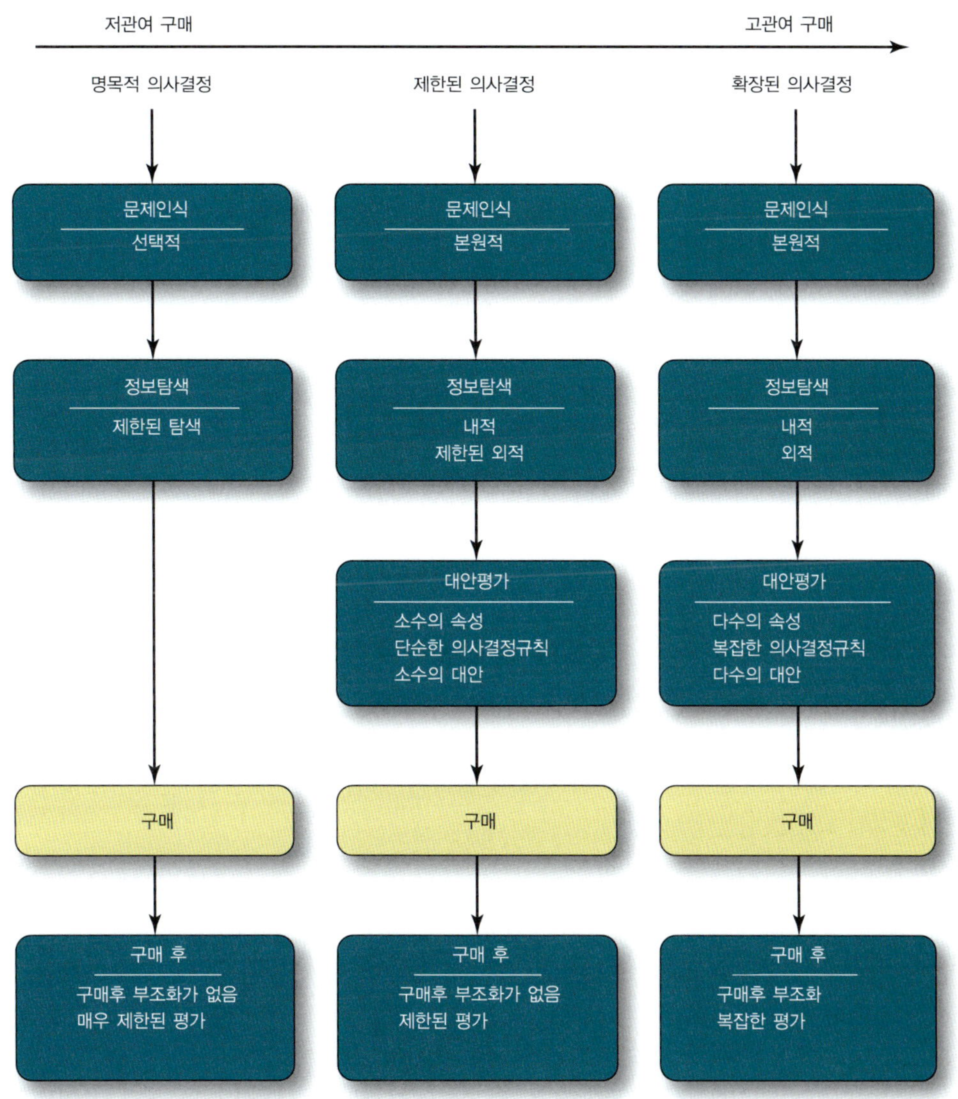

제품 그리고 상황적 특징의 상호작용에 의해서 영향을 받는다.

구매관여도는 **제품관여도(product involvement)** 즉, 지속적 관여도와 같지 않다. 소비자는 브랜드(Starbucks 또는 Saturn) 또는 제품범주(커피 또는 자동차)에 매우 관여될 수도 있고 브랜드애호도, 시간 압박 또는 다른 이유들로 인하여 제품의 구매에 대하여 매우 낮은 관여도를 가질 수도 있다. 예를 들어 당신이 제일 좋아하는 청량음료 또는 다른 음료수의 브랜드를 생각해 보라. 당신은 특정 브랜드에 대하여 매우 애호도가 높고, 그 브랜드가 다른 브랜드보다 우수하다고 생각하며, 강한 호의적 감정을 가질 수 있다. 그러나 당신은 청량음료를 원할 때 깊게 생각하지 않고 당신이 선호하는 브랜드를 아마도 구매할 것이다.

또는 어떤 소비자는 특정의 제품(학용품 또는 자동차 타이어)에 대하여 매우 낮은 관여도를 가질 수 있지만, 그(녀)가 아이에게 모범을 보여주기 위해서 또는 함께 쇼핑하는 친구에게 인상을 주기 위해서 또는 돈을 절약하기 원하기 때문에 구매에 대해서는 높은 관여도를 가질 수 있다.

다음은 구매관여도가 증가함에 따라 구매과정이 어떻게 변화하는지를 보여준다.

1. 명목적 구매의사결정

명목적 의사결정(nominal decision making)은 사실상 그 자체로 의사결정을 포함하지 않는 습관적 의사결정이라고 때때로 불리운다. <그림 14-1>이 제시하는 것처럼 문제가 인식되고, 내적 탐색(장기 기억)은 가장 선호되는 한 해결책(브랜드)을 제공하고, 그 브랜드가 구매되고 나서 그 브랜드가 기대한 만큼의 성과를 주지 못하면 평가가 발생한다. 명목적 의사결정은 매우 낮은 수준의 구매관여도에서 일어난다.

완전한 명목적 의사결정은 구매하지 않는 다른 대안을 고려조차 하지 않는다. 예를 들어 당신은 Aim 치약이 거의 떨어진 것을 발견하고 다음 번 쇼핑에서 그 브랜드를 구매할 것으로 결심한다. 당신은 전혀 그 치약을 대체하거나 다른 브랜드를 구입할 것을 고려하지도 않는다. 상점에서 당신은 선반을 살펴서 전혀 다른 브랜드, 그 브랜드의 가격, 다른 잠재적 관련 요인들을 고려하지 않고 Aim을 고른다.

명목적 의사결정은 브랜드 애호적인 의사결정 그리고 반복 구매의사결정의 두 개의 범주로 나눌 수 있다. 이들 두범주는 아래에서 간략히 기술되고 제18장에서 자세히 살펴 볼 것이다.

브랜드 애호적인 구매(Brand-Loyal Purchases) 어떤 경우에 당신은 치약 브랜드를 고르는데 매우 높게 관여되었을 수 있어 확장된 의사결정 과정을 사용할 수 있었을 것이다. 이러한 과정의 결과로 Aim을 선택했기 때문에, 당신에게 현재 구입가능한 치약 중에서 최고의 치약을 사용하는 것이 여전히 중요함에도 불구하고, 당신은 더 이상의 고려없이 지금 Aim을 구매할 것이다. 이와 같이 Aim이 당신의 전반적인 욕구를 가장 잘 충족시켜 주고 당신이 그 브랜드에 정서적 애착을 형성하였기 때문에 당신은 Aim에 몰입되어 있다. 당신은 그 브랜드에 애호적이다. 경쟁자가 당신의 호의를 얻는 것은 매우 어려운 일이 될 것이다.

이 예에서 당신은 매우 높은 제품관여도를 가지고 있지만 당신의 브랜드 애호도때문에 구매관여도는 낮을 수 있다. 예를 들어 신문 기사를 통하여 당신이 Aim의 우수성에 도전하는 경우를 만난다면 당신은 브랜드를 바꾸기 전에 고관여 의사결정 과정을 행할 수 있을 것이다.

반복 구매(Repeat Purchases) 대조적으로 당신은 모든 케찹은 똑같다고 생각해서 제품범주나 구매에 중요성을 높게 두지 않을 수 있다. 당신은 Del Monte를 사용해보고 Del Monte가 만족스럽다는 것을 발견하여 필요할 때마다 Del Monte를 구입한다. 이와 같이 당신은 Del Monte의 반복구매자이지만 Del Monte에 몰입되어 있지는 않다.

당신이 다음에 케찹이 필요할 때 Del Monte를 구입하는 현명함에 대하여 도전받는 경우를 생각해보자. 구매시점의 가격할인이 있다면 당신은 아마도 어떤 브랜드를 구입할지 결정하기 전에 제한된 의사결정 과정을 행할 수 있다.

2. 제한된 의사결정 과정

제한된 의사결정(limited decision making)은 내부적이고 제한된 외적 탐색, 소수의 대안들, 소수의 속성에 대한 단순한 의사결정 규칙 그리고 적은 구매 후 평가를 포함한다. 이는 명목적 의사결정과 확장된 의사결정의 중간이다. 단순한 형태(구매관여도가 매우 낮은 경우)에서는, 제한된 의사결정은 명목적 의사 결정과 유사하다. 예를 들면, 당신이 매장에서 Jell-O의 구매시점 진열을 발견 하고 Jell-O는 맛이 좋다거나 또는 오래 Jell-O를 먹지 않았다는 단순한 기억만으로 두 박스를 선택할 수 있다. 또한 "사지 않겠다"는 선택외에는 더 이상의 다른 대안도 고려하지 않을 수 있다. 또는 가장 싼 인스턴트 커피 브랜드를 산다는 의사결정 규칙을 가지고 있을 수 있다. 당신은 커피가 거의 떨어질 때(문제인식), 다음 번에 매장에서 단순히 커피 가격을 살펴보고 가장 싼 브랜드를 선택한다.

제한된 의사결정 과정은 또한 어떤 정서적 또는 상황적 욕구에 반응해서 발생한다. 예를 들어, 당신은 현재 브랜드에 만족하지만 싫증나서 새로운 브랜드 또는 제품을 구매하기로 결정할 수 있다. 이러한 의사결정은 가능한 대안들의 새로움 또는 진기함만으로 평가하는 것을 포함한다.[5] 또는 당신은 다른 사람들의 실제적 또는 예상되는 행동에 의하여 구메를 평가할 수 있다. 예를 들어 당신은 저녁식사 동반자의 주문을 관찰하거나 또는 기대하고서 식사와 함께 와인을 주문하거나 또는 주문하지 않을 수 있다.

일반적으로 제한된 의사결정은 가능한 여러 대안들이 있는 어떤 문제를 인식하는 것을 포함한다. 그리고 내적 탐색 또는 제한된 외적 탐색을 한다. 소수의 대안들은 단순한 선택 규칙을 사용하여 소수의 차원에 대하여 평가된다. 제품의 구매와 사용은 서비스 또는 제품에 문제가 없다면 나중에 매우 제한된 평가를 하게 한다.

3. 확장된 의사결정

<그림 14-1>이 제시하듯이, **확장된 의사결정(extended decision making)**은 확장된 내적 그리고 외적 정보탐색, 여러 대안들의 복잡한 평가 그리고 구매 후 평가를 포함한다. 이는 높은 수준의 구매관여도의 반응이다. 구매 후에 선택의 정확성에 대해서 의심이 생겨서 구매에 대한 철저한 평가가 발생한다. 이런 수준의 복잡성에 이르는 소비자 의사결정은 상대적으로 그 수가 적다. 그러나 집, 개인 컴퓨터 그리고 홈 씨어터 시스템과 같은 복잡한 레크레이션 제품은 자주 확장된 의사결정을 통하여 구매된다.

매우 정서적인 의사결정도 상당한 인지적 노력을 수반할 수 있다. 예를 들어 소비자가 스키 여행을 가거나 또는 부모를 방문하는 것과 같은 의사결정을 할 때에는, 비록 충족되는 욕구들과 평가 기준들이 속성 자체보다는 주로 감정이나 정서이기 때문에 보통 이용가능한 외적 정보도 적고, 대안의 수도 적지만 소비자는 고민할 수 있다.

<그림 14-1>이 보여주듯이 문제인식은 의사결정 과정의 첫 번째 단계이다. 이 장의 남은 부분에서는 이 단계와 단계에 관련된 마케팅적용에 대하여 설명할 것이다. 다음 네 개 장에서는 소비자 의사결정의 다음 네 단계에 대하여 설명하고 관련된 마케팅 적용이 논의될 것이다.

의사결정 과정에 관한 우리들의 논의는 주로 미국에서 행해진 연구에 기초한 것이다. 증거는 제한적이지만 다른 문화권의 소비자들도 유사한 과정을 사용한다고 보여진다.[6] 본 교재의 이 절 전체의 적절한 부분에서, 우리는 의사결정에 있어서의 문화 간 유사성과 차이점을 지적할 것이다. 가족의사결정(제6장)과 관련한 한 가지 예로서, 연구자들은 미국보다 중국에서 더 가부장적인 사회구조가 더 많은 남편지배적인 의사결정을 초래하고 또한 더 적은 남편과 아내의 공동결정을 초래한다는 것을 발견하였다. 제2장에서 논의된 것처럼 특히 동남아시아 젊은이들의 가치이동을 감안하면, 이러한 결과는 또한 부부 연령의 함수일 것 같다.

14.2 문제인식 과정

L02

개인은 제품과 서비스의 소비를 통해 문제를 해결하지 않고 지나가는 날은 거의 없다. 기름이 떨어질 때 기름을 넣어야 하거나 또는 빈번히 사용되는 식품을 채워야 할 필요성 등과 같은 제품소진의 일상적 문제는 쉽게 인식되고 정의되고 해결되어진다. 냉장고 등의 주요 기기의 예상치 못한 고장은 쉽게 인식되지만 종종 해결하기가 보다 어려운 비계획적 문제를 만든다. 카메라폰 또는 차안의 GPS시스템의 필요성 같은 문제의 인식은 미묘하고 시간적으로 서서히 발전되기 때문에 시간이 오래 걸릴 수도 있다.

지루함, 근심 또는 우울함 같은 감정은 시간적으로 급하게 또는 느리게 발생할 수 있다. 그러한 감정은 종종 문제로 인식되어져 구매행동으로 해결된다(나는 슬퍼서 쇼핑몰에 가거나 극장에 가거나 레스토랑에 갈려고 생각 한다.) 다른 경우에는 숙고하는 의사결정없이도 그러한 감정이 소비를 촉발할 수도 있다. 피곤함을 느끼는 개인은 별생각 없이 스낵을 먹을 수 있다. 이러한 경우 문제는 인식되지 않으며(의식적 수준에서), 시도된 해결책은 종종 부적절하다(먹는 것이 피곤함을 줄여주지는 않는다.) 마케터는 소비자의 문제해결을 돕는 제품을 개발한다. 또한 마케터는 소비자들이 문제의 발생 전에 문제를 인식하게 하려고 한다(<사진 14-1> 참조).

1. 문제인식의 특성

문제인식은 소비자 의사결정 과정의 첫 단계이다. **문제인식(problem recognition)**은 의사결정 과정을 자극하고 활성화시킬 정도로 충분히 큰, 바라는 상태와 실제 상태의 차이의 결과이다.[7] **실제 상태(actual state)**는 개인이 현재 지각하는 감정과 상황의 수준을 말한다. **바라는 상태(desired state)**는 개인이 현재 느끼거나 갖기를 원하는 수준을 말한다. 예를 들어 당신은 금요일 밤에 지루하지 않기를 원할 것이다. 그런데 당신이 혼자 있고 지루하다면 이러한 경우 당신의 실제 상태(지루함)와 바라는 상태(즐겁게 있기를 원함)가 다르기 때문에 당신은 이러한 상태를 문제로 인식할 것이다. 그래서 당신은 TV 프로그램을 보거나, 비디오를 빌리거나, 친구에게 전화를 하거나, 밖에 나가거나 또는 여러 다양한 행동을 할 수 있다.

인식된 문제에 반응하여 소비자가 취하는 행동은 소비자에게 문제의 중요성, 상황, 문제에 의해 야기된 불만족 또는 불편성과 직접적으로 관련된다.

문제의 인식없이는 의사결정의 필요도 없다. 그러한 조건은 <그림 14-2>에서 보이는데 소비자의 바라는 상태(소비자가 좋아하는 상태)와 실제상태 (소비자가 이미 존재하고 있는 것으로 지각하는 상태)의 차이가 없다. 이와 같이 금요일 밤에 당신이 소설에 빠져있다면 당신은 즐거운 상태(바라는 상태)에 있고 싶은 당신의 바람과 소설을 즐기고 있는 당신의 상태가 일치하기 때문에 당신이 다른 활동을 할 이유가 없다. 한편 소비자의 바람과 지각된 실제 상태간에 차이가 있을 때 문제인식이 일어난다. <그림 14-2>는 바라는 상태가 실제 상태보다 크거나 또는 작은 경우를 보여준다. 예를 들어, 즐거운 상태(바라는 상태)는 일반적으로 지루한 상태(실제 상태)보다 커서 문제 인식을 발생시키게 된다. 그러나 시끌벅적한 파티에 당신의 친구가 갑자기 나타난다면 당신은 실제로 바라는 중간 수준보다 더 큰 자극(실제 상태)을 받을 것이다. 이러한 경우 역시 문제인식이 일어난다.

사진 14-1

마케터는 종종 소비자로 하여금 잠재적 문제를 인식하도록 하게하고, 마케터가 그 해결책을 가지고 있다고 생각하게 만든다. 이 광고가 보여주듯이, 이는 때때로 소비자로 하여금 문제가 발생하기 전에 인식히게 한다.

<그림 14-2>에서 소비자 바람은 소비자가 바라는 라이프스타일(제12장에서 설명됨)과 실제 상태(제13장에서 설명된 시간압박, 물리적 환경 등등)의 결과이다. 이와 같이 자아개념과 바라는 라이프스타일이 외부활동에 초점이 맞추어져 있는 소비자는 그러한 활동에 빈번히 참여하는 것을 바랄 것이다. 산에 눈이 온 것 또는 바닷가에서 따뜻한 날씨의 현재 상황은 외부 스포츠를 하고 싶은 개인의 바람을 증가시키는 경향이 있다.

실제상태의 지각은 또한 소비자의 라이프스타일과 현재 상태에 의해서도 결정된다. 소비자의 라이프스타일은 그들의 자원이 부과하는 제약 하에서 어떻게 생활할 것인가를 선택하는 것이기 때문에 그들의 실제 상태의 주요 결정요인이다. 이와 같이 가족을 부양하기로 선택하였고, 상당한 물질적 소유를 가지고 있고, 힘든 커리어를 추구하는 소비자는 야외 활동을 위한 자유시간이 거의 없을 것이다(실제 상태). 현재 상태-하루 휴가, 중요 프로젝트의 마감일이 다가옴 또는 아픈 아이가 있는 경우-또한 소비자가 어떻게 실제 상태를 지각하는데 큰 영향을 미친다.

소비자의 문제인식을 주도하는 것은 객관적 실재가 아니라 실제 상태의 소비자 지각이라는 것을 유의할 필요가 있다. 담배를 피는 소비자는 담배를 필 때 연기를 흡입하지 않기 때문에 담배 피는 것이 자신의 건강에 해롭지 않다고 생각할 수 있다. 이러한 소비자

그림 14-2 문제인식의 과정

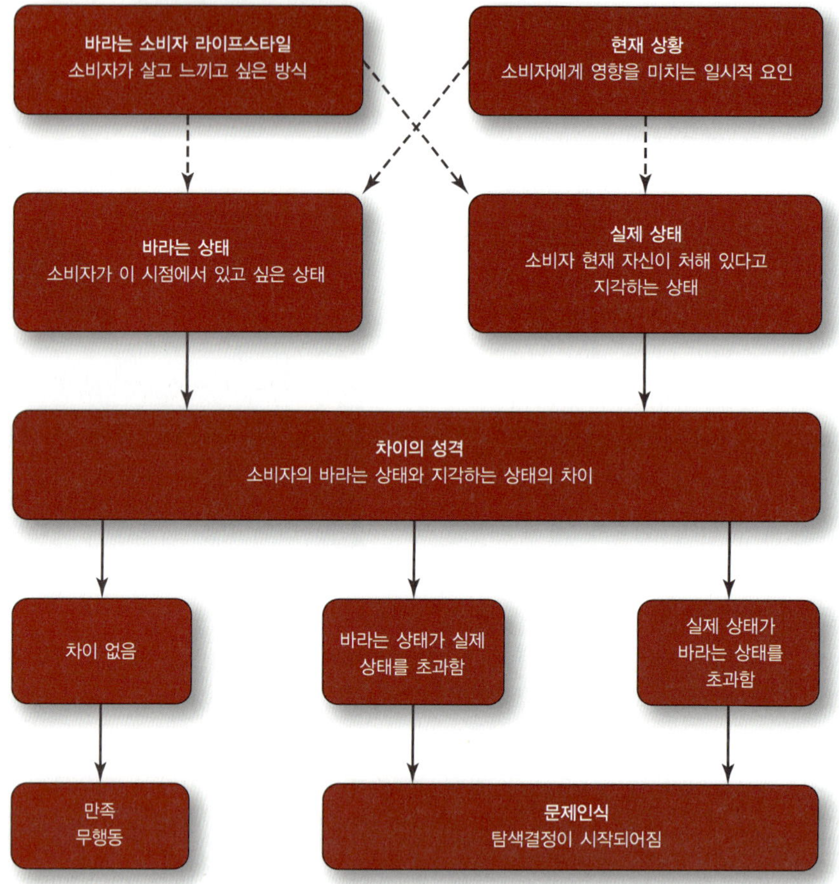

는 담배가 건강에 해롭다는 사실에도 불구하고 담배피는 것에 대하여 문제인식을 하지 않는다.

인지된 문제를 해결하고자 하는 바람 특정문제를 해결하고자 하는 바람의 수준은 두 가지 요인에 의존한다: (1) 바라는 상태와 실제상태의 차이의 크기 (2) 문제의 상대적 중요성이다. 어떤 사람은 자동차에 대하여 어느 정도의 크기와 파워를 가지면서도 갤런당 적어도 25마일의 연비를 가진 차를 원할 수 있다. 그의 현재 차가 갤런당 평균 22마일의 연비를 가지고 있다면 차이가 존재한다. 그렇지만 차이가 소비자로 하여금 의사결정의 다음 단계로 나아가게끔 동기부여할 정도로 크지 않을 수 있다.

한편 차이가 크지만 소비자가 그 문제의 상대적 중요성이 작기 때문에 정보탐색 단계로 나아가지 않을 수 있다. 어떤 소비자는 새 Volkswagen을 원하지만 15년 된 Toyota를 가지고 있을 수 있다. 이러한 차이는 크다. 그러나 이러한 차이의 상대적 중요성은 주택, 전기/수도/가스, 음식의 문제와 같은 소비문제와 비교해서 작을 수 있다. 모든 소비자들은 예산, 시간 또는 두 가지 모두의 제약을 가지고 있기 때문에 상대적 중요성은 중요한 개념이다. 상대적으로 보다 중요한 문제들만이 해결될 가능성이 있다. 일반적으로 중요성은 문제가 소비자의 바라는 라이프스타일을 유지하는데 얼마나 중요한지에 의해 결정된다.

2. 소비자 문제의 유형

소비자 문제는 활성화되거나 비활성화될 수 있다. **활성화된 문제(active problem)**는 소비자가 일상적인 사건의 흐름속에서 인지하는 또는 인지하게 되는 문제를 말한다. **비활성화된 문제(inactive problem)**는 소비자가 인지하지 못하는 문제이다(7장에서 혁신의 확산에서 논의된 느껴진 욕구의 개념과 유사하다). 다음은 활성화된 문제와 비활성화된 문제를 명확히 구별해주는 고전적 마케팅 예이다.

Timberlane 목재 기업은 온두라스의 리기다 소나무의 공급권을 획득하였다. 이 자연 제품은 젖었을 때에도 성냥으로 불이 붙고 15분에서 20분 간 탄다. 이 제품은 확 타오르지 않아 상대적으로 안전하다. 길이는 15인치 또는 18인치로, 지름은 1인치로 스틱형태로 구매될 수 있다. 이 스틱은 화로의 불을 붙이기 위해서 사용되거나 조각내어서 석탄 그릴에 불을 붙이기 위해서 사용될 수 있다.

이 제품을 마케팅 하기에 앞서 Timberlane은 수요를 추정하고 마케팅전략을 개발에 필요한 마케팅조사를 의뢰하였다. 두 대규모의 잠재적 소비자들을 면담하였다. 첫 번째 표본은 그들이 어떻게 화로의 불을 붙이고 그런 과정에서 어떤 문제점이 있는지를 물었다. 거의 모든 응답자들이 신문 또는 불쏘시개 또는 둘 다 이용하였으며 거의 문제는 경험하지 못했다. 그리고 새로운 제품이 소개되었고 응답자들에게 그 제품을 구매할 가능성을 물었다. 매우 적은 비율의 응답자만이 관심을 보였다. 그러나 여러 주 동안 신제품을 사용해 본 표본은 기존 제품에 비하여 상당한 개선이 있다고 느꼈으며 그 제품을 계속해서 사용하겠다는 강한 욕구를 표시하였다. 이와 같이 문제는 여기에(사용해 본 사람들은 기존 제품에 비하여 신제품을 강하게 선호하기 때문에) 있었으나 많은 소비자들은 그러한 문제를 인식하고 있지 못하였다. 이러한 문제는 비활성화된 문제이다. 제품이 성공적으로 팔릴 수 있기 전에 기업은 문제인식을 활성화시켜야 한다.

반대로 목탄의 불을 붙이는 것에 대하여 물어 본 사람들 중 많은 비율이 액체 목탄 불쏘시개의 안전에 대하여 강한 우려를 표시하였다. 이들은 보다 안전한 제품에 대하여 강한 관심을 표시하였다. 이는 활성화된 문제이다. Timberlane은 이러한 경우 문제인식에 대하여 걱정할 필요는 없다. 대신에 소비자들이 이미 알고 있는 문제를 그 제품이 어떻게 해결하는지를 설명하는데 집중할수 있다.

위의 예처럼 활성화된 문제와 비활성화된 문제는 다른 마케팅 전략을 요구한다. 활성화된 문제에 대하여는 마케터가 그 브랜드가 우수한 해결책이라는 것을 소비자에게 확신시킬 필요가 있다. 소비자는 이미 문제를 인지하고 있다. 대조적으로 비활성화된 문제에 대하여는 마케터가 소비자들에게 그들에게 문제가 있고 마케터의 브랜드가 그 문제의 우수한 해결책이라는 것을 설득할 필요가 있다. 이는 훨씬 더 어려운 일이다.

<사진 14-2>는 활성화된 문제와 비활성화된 문제와 관련된 두 광고를 보여 준다. 왼쪽

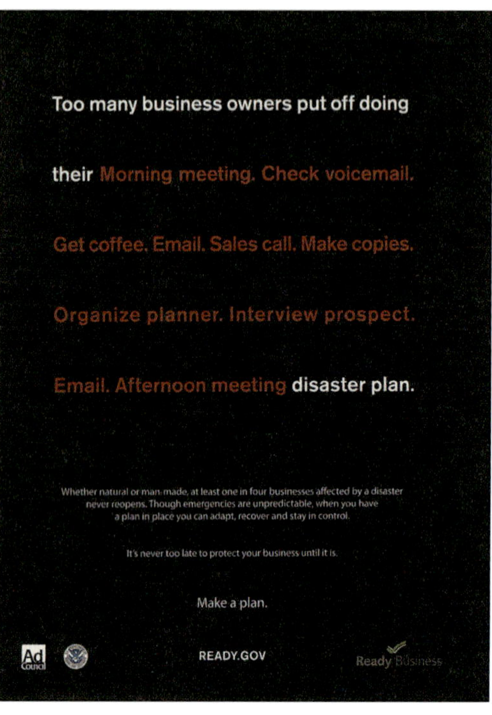

사진 14-2

종종 마케터는 세분시장에서 문제인식을 촉발할 필요가 있다. 그러나 어떤 경우에는 시장이 문제를 잘 알고 있어서 커뮤니케이션의 초점을 상표가 문제를 해결할 수 있는 능력에 둘 수 있다.

의 광고는 먼저 소비자로 하여금 그들이 알지 못하고 있는 문제(비활성화된)를 인식시켜야 한다. 오른쪽 광고는 소비자가 문제를 알고 있다고 가정하고 그 문제를 해결하는 그 제품의 독특한 능력에 단순히 초점을 두고 있다.

14.3 문제인식의 통제불가능한 결정요인

LO3 소비자가 바라는 것과 가지고 있는 것과의 차이는 문제인식의 필요조건이다. 이러한 차이는 소비자 바람, 현상태의 지각 또는 모두에 영향을 미치는 다양한 요인들의 결과이다. 이들 요인들은 가족구성원의 변화처럼 종종 마케팅관리자의 직접적인 통제 밖에 있다. <그림 14-3>은 문제인식에 영향을 미치는 주요 비마케팅 요인들을 요약하고 있다. 문제인식에 영향을 미치는 마케팅 요인들은 다음 절에서 토의될 것이다.

문제인식에 영향을 미치는 대부분의 비마케팅 요인들은 아주 명확하고 논리적이다. 이전 장에서 많은 부분이 설명되었다. 예를 들어 제2장에서 논의한대로 개인의 문화는 그의 바라는 상태의 거의 모든 측면에 영향을 미친다. 이와 같이 구별적인 행동과 소유물을 가지고 있는 독립적이고 독특한 사람으로 인식되고자 하는 바람은 미국소비자와 일본 소비자간에 문화적 영향 때문에 매우 다르다.

과거의 의사결정과 개인의 발전은 앞 장들에서는 논의되지 않았다. 자전거 또는 스키를 사고자 하는 과거 의사결정은 이들 물품을 운반하는데 이용할 자동차 캐리어를 갖고 싶은 현재의 바람을 가져올 수 있다. 집을 소유하고 싶은 욕구는 집안과 정원의 많은 물품에 대한 욕구를 촉발할 것이다. 과거의 결정은 구매력의 부족으로 문제가 보다 적게 인

문제인식에 영향을 미치는 비마케팅적 요인들 그림 

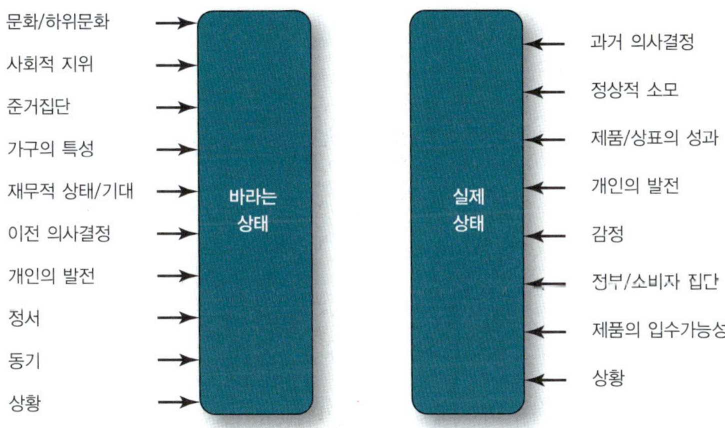

지되게 하거나 또는 행동을 촉발할 정도로 충분한 중요성을 부여할 수도 있다.[8] 과거 결정은 같은 제품범주에서도 미래 결정에 영향을 미칠 수 있다. 한 연구는 소비자가 그 상표가 싫어서가 아니라 미각적 관점에서 질려서 시리얼과 프레첼과 같은 식품에 싫증을 낸다는 것을 발견하였다. 소비자는 다양성 추구를 통하여 문제를 해결한다. 즉 다른 제품으로 전환한다. 마케터에게 좋은 소식은 싫증은 미각과 관련된 것이지 상표 자체와 관련된 것은 아니라는 것이다. 그러므로 그 상표가 소비자에게 다양성을 제공한다면, 소비자는 다른 대안으로 전환할 것이지만 같은 상표를 계속적으로 구매한다는 것이다. Kellogg's와 다른 식품 마케터들은 이러한 통제불가능요소에 대응하기 위해 매우 다양한 제품을 제공한다. 예를 들어, Kellogg's의 시리얼 몇 가지를 들면, Corn Flakes, Froot Loops 및 Special K가 있다.[9]

사진 14-3

정부 기관 및 비영리 집단은 종종 소비자들의 문제 인식을 야기하고자 한다. 이는 종종 개인 또는 사회에 해로운 행동을 변화시키려고 하는 시도에서 이루어진다.

개인의 발전은 바라는 상태와 실제 상태의 많은 변화를 야기시킨다. 예를 들면, 개인이 기술을 획득함에 따라 그 기술과 관련된 바램도 변화한다. 초보의 스키어, 음악가 그리고 정원사는 그들의 기술이 발전함에 따라 더 이상 적합하지 않은 제품과 능력을 일반적으로 더이상 원하지 않는다. 정서적 및 심리적 발전(또는 결핍)은 또한 문제인식을 촉발할 필요와 관련될 수 있다. 사이버폭력(cyberbullying)에 관한 우려는 Facebook으로 하여금 어린 소녀들이 소셜미디어에서 다른 사람들에게 대한 악의적인 단어의 심각성을 인식하게 할 노력에서 "Mean Stinks(나쁜 것은 구린내가 난다)"란 캠페인을 전개하게 하였다. 정부 기관들과 다양한 소비자집단은 종종 다양한 제품의 소비와 관련해서 문제인식을 촉발하고자 적극적으로 노력한다. 알코올과 담배의 경고문구는 금연 운동과 음주 운전의 위험을 강조하는 캠페인처럼 이런 노력의 두 가지 예이다. (<사진 14-3> 참고)

14.4 마케팅 전략과 문제인식

LO4 마케팅관리자들은 문제인식과 관련하여 네 가지 관심사항을 가지고 있다. 첫째로 그들은 소비자들이 어떠한 문제에 직면하는지 알 필요가 있다. 둘째로 그들은 소비자문제를 해결하기 위해서 마케팅믹스를 어떻게 개발하여야 하는지 알아야 한다. 셋째로 관리자는 때때로 소비자가 문제를 인식하게 하기를 원한다. 마지막으로 소비자들이 문제를 억압하는 것을 관리자들이 원할 때가 있다는 것이다. 이들 이슈들은 이 장 나머지 부분에서 논의될 것이다.

1. 소비자 문제의 발견

단순한 **직관**은 아마도 소비자문제를 발견하는 가장 흔한 방법일 것이다. 직관의 장점은 비교적 비용이 적게 들고, 빠르고 그리고 쉽다는 것이다. 단점으로 직관은 한 개인에 의해서 창출되는 경향이 있기 때문에 그릇될 수 있거나 또는 광범위한 소비자에게 적용되지 못할 수 있으며, 따라서 신제품의 경우에는 실패할 가능성이 증가된다. 따라서, 마케팅조사는 직관을 대체하거나 보완하기 위하여 종종 신제품의 성공률을 높이기 위한 수단으로서 행해진다. 소비자문제를 규명하기 위하여 다양한 조사방법들이 존재한다. 비교적 잘 확립되어진 많은 방법들이 다음에 논의된다. 추가로, <소비자 통찰력 14-1>은 소비자 온라인 및 소셜미디어의 모니터링에 기초한 새로운 온라인 방법들을 논의한다.

활동 및 제품분석(Activity and Product Analysis) **활동분석**은 저녁준비, 잔디관리,수영과 같은 특정 활동에 초점을 둔다. 서베이와 표적집단면접법(부록 A를 참조)은 그 활동을 수행하면서 소비자가 마주치는 문제가 무엇인지를 결정하려고 하는 것이다. 예를 들어, 샴푸를 생산하는 기업은 염소로 소독된 수영장에서 수영하는 것과 연관된 머리카락 관련 문제를 특별히 해결하는 제품을 개발하기 위하여 그러한 방식을 사용할 수 있다. **제품분석**은 활동분석과 비슷하지만 특정 제품 또는 브랜드의 구매 또는 사용을 조사한다. 따라서 소비자들은 산악자전거 또는 랩탑 컴퓨터의 사용과 관련된 문제에 대하여 질문을 받을 수 있다.

문제분석(Problem Analysis) 문제분석은 문제로 시작해서 응답자에게 어떤 활동, 제품 또

소비자 통찰력 14-1

온라인 및 소셜미디어를 사용하여 소비자문제를 식별하기

소비자문제를 발견하는 전통적 방법은 소비자에게 직접 질문하는 쪽으로 치우쳐 있다. 그러나 오늘날의 온라인 환경은 온라인상에서의 대화를 모니터함으로써 제품범주 및 상표 수준에서 소비자문제를 식별하기 위한 잠재적 금광으로 여겨질 수 있다. 때때로 그러한 대화는 소비자가 최근의 제품 실패에 대하여 기업에게 트윗(tweet)을 할 때처럼 상표의 자체 온라인 및 소셜미디어 매체에서 발생한다. 때때로 이러한 대화는 블로거가 특정 제품영역에서 제품실패 또는 일반적 필요에 대하여 논의할 때처럼 보다 넓은 사회적 미디어 환경에서 발생한다. 사회적 미디어 측정 분야에서 리더인 Radian6의 다음 이야기를 고려해 보라:

> 당신의 잠재적 고객으로부터 또는 경쟁자 고객으로 부터 문제점, 욕구 및 바람에 관한 목록이 항상 소셜 웹에 전달되어진다. 제품평부터 무엇이 잘못되었는지에 대한 단순한 이야기까지, 소비자는 당신이 어떤 문제를 해결할 필요가 있는지에 대한 많은 정보를 제공한다.

추적하는 것으로는 충분하지 않다. 문제와 관심에 대하여 대응하는 것이 모든 패키지의 중요한 부분이다. 다시 말해, 당신 상표의 페이스북 팬페이지의 게시물을 통해 가장 최근의 소프트웨어 제품에 대하여 문제가 있다는 것을 아는 것만으로는 충분하지 않다는 것이다. 그러한 문제가 적시에 그리고 적절하게 해결되는 것이 중요하다. 따라서 Radian6에 대한 평은 역시 유익하다:

> 이는 당신 기업이 사람들의 문제를 어떻게 해결하는지를 이해하는 것에 관한 것이며, 그들이 당신을 가장 필요로 할 때 의미있고 도움이 되는 방식으로 그들과 접촉하는 것이다. 이는 판매촉진에 관한 것이 아니다. 이는 그들이 요청하는, 누군가를 위한 해결책을 만드는 것에 관한 것이다.

단순해 보이는가? 다시 생각해 보라. 온라인 및 소셜미디어 매체(기업의 그리고 일반적인 두 가지 경우 모두)는 광범위하다. 어떤 특정 시간에 사이버 공간에서 발생하는 모든 대화 또는 채팅을 추적하고 여과하여 사용가능한 정보로 축약하고자 하는 것을 생각해 보자. Forrester Research의 한 연구는 고객포럼, 블로그, 페이스북 그리고 트위터를 포함한 다양한 매체를 주목한다. 그리고 이러한 매체는 당신이 고려하는 기업의 웹사이트나 이메일보다 우선한다. 이러한 대안은 잠재적 소비자의 피드백 및 투입의 원천으로의 사용이 증가하고 있다. 문제는 모든 온라인 채팅을 어떻게 추적하고, 통합하고, 해석하고, 반응하느냐 하는 것이다. 해석은 특히 무상표의 특정 문제에 있어서 어렵다. 소비자가 언제 당신의 소프트웨어가 특정 결함을 가지고 있다고 불평할지를 아는 것은 쉽다. 근본적 혁신을 가져오는 보다 광범위한 소비자문제를 인식하는 것은 더 어렵다. 주요 단어들의 특정 형태를 추적하는 것이 도움이 될 수 있지만, 해석과정은 여전히 어렵고, 아직 잘 이해되지 않고 있다. Radian6와 같은 기업은 소비자문제 발견과 관련된 많은 도전들을 통하여 기업들에게 도움이 되는 지적재산권 해결책을 제공한다.

생각해 볼 문제

1. 전통적 방법과 비교하여 온라인 및 소셜미디어 추적방법의 여러 장점들은 무엇인가?
2. 특정 문제의 중요성을 평가하는데 있어서 특정 주제의 전염적 특성은 어떤 면에서 마케터에게 중요한가?
3. 당신은 이러한 접근방식과 관련된 윤리적 우려가 보이는가? 설명하라.

사진 14-4

마케터들의 주요 과업은 소비자문제를 확인하고 그들의 상표를 그 문제의 해결책으로 포지셔닝 하는 것이다.

는 브랜드가 관련되어 있는지(또는 그 문제를 제거할 수 있는지)를 지적하도록 한다는 점에서 다르다. 예를 들어 패키징 문제를 다루는 한 연구는 다음과 같은 질문을 포함할 수 있다.

_________ 포장은 열기가 힘들다.
_________ 포장은 다시 봉하기가 어렵다.
_________ 포장은 선반에 맞지가 않는다.
_________ 포장은 자원을 아주 많이 낭비한다.

인적 요인 조사(Human Factors Research) 인적 요인 조사는 시각, 체력, 반응시간, 유연성, 피로 등의 인적 능력 및 이 능력에 대한 조명, 온도 및 소리의 효과를 측정한다. 많은 방법들이 이러한 조사에 사용된다. 그러나 저속도 촬영, 비디오 녹화, 녹화기 등의 관찰 방법은 특히 유용하다. 이러한 형태의 조사를 통해 소비자가 알지 못하는 기능적 문제를 확인할 수 있다. 예를 들어 진공청소기, 잔디 깎는 기계, 부엌용품, 컴퓨터의 설계에서 사용자의 피로를 줄이기 위해서 이러한 조사가 이용될 수 있다.

정서 조사(Emotion Research) 마케터는 문제인식과 해결에서 정서의 역할에 대한 조사를 증가시켜왔다. 일반적 조사기법은 특정 문제와 관련된 정서를 조사하는 표적집단 면접법과 개인 면접이다. 서베이가 또한 이용될 수 있다(구체적 측정은 <표 10-4>를 참조). 예를 들어 연구자들은 소비자들이 제품 또는 서비스 실패와 관련된 부정적인 정서에 어떻게 대처하는지를 조사하기 시작하였다. 특정 정서들(예: 화)은 특정 대처전략(예: 대결)과 관련되어진다. 이러한 조사는 마케터가 문제와 관련된 정서를 예상하도록 하고, 서비스 종업원들이 적절하게 대응하도록 훈련시키는데 도움을 줄 수 있다는 점에서 중요하다.[11] 미묘하고 민감한 문제들과 정서들에 대하여 투사기법이 필요할 수 있다(부록 A, 표 A-1참조).[12]

2. 소비자문제에 대응하기

소비자문제가 확인된 후 관리자는 그 문제를 해결하기 위한 마케팅믹스를 구축해야 한다. 이는 신제품의 개발, 기존제품의 변경, 유통경로의 조정, 가격정책의 변경, 광고전략의 수정 등을 포함할 수 있다. 예를 들어 <사진 14-4>에서 제품은 문제의 유일한 해결책으로 포지셔닝 되고 있다.

당신은 졸업이 가까워올수록 보험구매, 신용카드의 획득, 재무적 독립 및 라이프스타일의 주된 변화와 관련된 문제들을 해결할 기회들을 갖게 된다. 이러한 기회들은 당신과 같은 상황에 있는 많은 사람들이 기업의 제품이 해결하는데 도움을 줄 수 있는 문제들에 직면한다는 사실을 기업이 알고 있다는 것을 의미한다.

상점의 주말과 야간 영업시간 그리고 부분적으로는 인터넷 상점의 급속한 성장은 주중의 제한된 쇼핑기회의 소비자문제를 해결하기 위한 소매상의 대응이다. 맞벌이부부 가정에게는 이러한 문제의 해결은 매우 중요하다.

앞에서 서술한 예들은 마케터가 소비자 문제인식에 대응하는 몇 가지 방법들을 나타내고 있다. 각 기업들은 자신들이 해결할 수 있는 소비자 문제, 어느 소비자가 이러한 문제를 갖고 있는지 그리고 문제가 발생하는 상황을 알고 있어야 한다.

3. 소비자로 하여금 문제를 인식하도록 도움

마케터는 소비자가 소비자문제에 대응하기 보다는 문제인식을 야기하기를 원할 때도 있다. 앞의 예에서 Timberlane은 화로 불쏘시개로 자사의 제품을 팔기 위해 문제인식을 활성화시켜야만 했다. 인형제품의 마케터는 크리스마스가 아닌 다른 때에 문제인식을 활성화시켜서 크리스마스에 대한 의존성을 줄이려고 하고 있다. 예를 들어, Fisher-Price는 봄과 여름에 "비가 오는 날" 그리고 "화창한 날" 프로모션을 하고 있다. 앞에서 제시한 <사진 14-1>과 <사진 14-2>는 문제인식을 활성화시키기 위한 시도들을 보여주고 있다.

범주적 문제인식(Generic Problem Recognition) 대 선택적 문제인식(Selective Problem Recognition) 문제인식을 야기시키는 두 가지 기본적 방법은 **범주적 문제인식**과 **선택적 문제인식**이다. 이는 경제학에서 범주적 수요와 선택적 수요와 유사하다.

범주적 문제인식은 특정 제품 범주 내에서 여러 브랜드들이 줄일 수 있는(바라는 상태와 실제상태의) 치이와 관련이 있다. 일반적으로 문제인식이 잠재적이거나 중요성이 낮을 때 또는 다음과 같은 조건이 존재할 때 기업은 범주적 문제인식에 영향을 미치려고 한다:

- 제품이 제품수명주기의 초기에 있다.
- 기업의 시장점유율이 높다.
- 문제인식 다음의 외적 탐색이 제한되는 경향이 있다.
- 산업전체적인 공동노력이 필요하다.

전화 판매 프로그램은 판매원이 외적 탐색을 하나의 브랜드로만 할 수 있는 부분적인 이유 때문에 종종 문제인식을 야기시키려고 한다. 우유, 소고기, 돼지고기 같은 음식과 관련된 협동조합에 대한 광고는 빈번히 범주적 문제인식에 초점을 둔다. <사진 14-5>는 이러한 형태의 가장 주목받고 있는 현재 진행중인 캠페인의 한 예이다. 그 광고는 특정 브랜드를 촉진하고 있지 않다는 것을 유의하라.

특정 제품범주에서 시장점유율이 높은 기업은 어떤 매출의 증가가 있다면 아마도 자기 브랜드의 매출증가일 것이기 때문에 종종 범주적 문제인식에 초점을 둔다. 하지만 작은 기업이 제품범주에 대한 문제인식을 야기키는 경우에는 자신의 기업보다 경쟁자의 매출을 보다 증가시킬 것이다. 그러나 시장점유율이 높은 기업이라도 범주적 문제인식 캠페인이 주의 깊게 행해지지 않는다면 시장점유율을 잃을 수 있다. 1990년 초에 Broden사는 자사의 유명한 Creamette 파스타 브랜드에 대한 마케팅 노력을 상당히 기울였고, 파스타를

사진 14-5

이 광고는 어떤 상표라도 해결할 수 있는 문제인식을 야기시키고자 한다. 이는 일반적 문제인식이다.

이용한 레시피를 촉진하였다. 산업전체의 성장률 5.5%에 비하여 시장점유율은 단지 1.6%가 증가하였다.[13] 명백히 그러한 노력은 자신의 매출보다 경쟁자의 매출을 도왔다.

선택적 문제인식은 오직 한 브랜드만이 해결할 수 있는(바라는 상태와 실제상태의) 차이와 관련이 있다. <사진 14-6>에서 보여진 광고는 선택적 문제인식을 창조하는데 초점을 맞추고 있다. 기업은 시장점유율을 증가시키거나 유지시키기 위하여 **선택적 문제인식**을 야기시키려고 하는 반면 범주적 문제인식을 증가시키는 것은 일반적으로 전체 시장의 확대를 가져온다.

문제인식을 활성화시키는 방법들

어떻게 기업은 문제인식에 영향을 미칠 수 있는가? 문제인식은 (1) 중요성 (2) 바라는 상태와 실제 상태와의 차이의 함수라는 것을 기억하라. 이와 같이 기업은 바라는 상태 또는 실제 상태의 지각을 변경시킴으로써 차이의 크기에 영향을 미치고자 한다. 또는 기업은 존재하는 차이의 중요성에 대한 지각에 영향을 미치고자 할 수 있다.

사진 14-6

이 광고는 특정의 상표만이 가장 잘 해결할 수 있는 문제인식을 야기시킨다. 이는 선택적 문제인식이다.

많은 마케팅 노력은 바라는 상태에 영향을 미치고자 한다. 즉 마케터는 종종 자신의 제품이 제공하는 편익이 소비자들이 원하는 편익이기를 희망하면서 그 편익을 광고한다. <사진 14-7>의 광고는 제품이 소비자를 얼마나 멋있게 보이게 하는지를 보여줌으로써 바라는 상태에 영향을 미치고자 한다.

또한 광고를 통해서 실제 상태의 지각에 영향을 미칠 수도 있다. 많은 개인적 케어와 사회적 제품들은 이러한 방법을 택한다. "당신의 가장 친한 친구들도 당신에게 말할 수 없는 ..." 또는 "김씨는 대단한 일꾼이지만 이 커피는 ..."는 실제 상태에 대한 관심을 불러 일으키도록 고안된 메시지의 예이다. 바라는 상태는 청결한 입냄새와 맛있는 커피라고 가정을 하고

사진 14-7

이 광고는 가능한 최적의 성과를 보여줌으로써 바라는 상태에 영향을 주려고 시도하고 있다.

사진 14-8

실제 상태에 초점을 맞추는 것은 문제인식을 활성화시켜 궁극적으로 행동을 변화시키고자 하는 한 방법이다.

있다. 이러한 메시지는 개인으로 하여금 그들의 실제상태가 바라는 상태와 일치하는지를 질문하도록 설계되었다.

<사진 14-8>은 머리말에서 기술된 실제 상태의 소비자 지각을 변화시키고 그리고 실제 상태를 변화시키도록 설계되었다. 비평가들은 빈번히 문제인식을 활성화시키는데 윤리적 의문을 제기한다. 이는 지위 또는 사회적 수용과 관련된 문제에서 특히 그렇다. 이러한 논쟁은 제10장에서 논의한 마케터의 '욕구의 창조'라는 관점에서 전반적으로 토의될 것이다.

문제인식의 시점 소비자는 해결책을 구매하는 것이 어렵거나 불가능할 때 종종 문제를 인식하는데, 다음과 같은 예가 그러한 사실을 입증한다.

- 폭풍우를 당하였을 때 스노우 체인이 필요하다고 결심한다.
- 사고 후에 보험이 필요하다는 것을 인식한다.
- 봄에 튤립이 만발한 화단을 원하지만 가을에 튤립 구근을 심는 것을 잊어 버렸다.
- 아플 때 감기약을 원하지만 약국에 운전해 가고 싶지 않다.

어떤 경우에도 마케터는 문제가 발생한 후에 소비자가 그러한 문제를 해결하는 것을 돕고자 한다. 예를 들어 어떤 약국은 배달을 할 수 있다. 그러나 보다 일반적인 전략은 실제적 문제가 발생하기 전에 문제인식을 촉발하는 것이다(<사진 14-1>을 참조). 즉, 소비자가 그 문제가 실제가 되기 전에 잠재적일 때 인식하고 해결하는 것은 소비자와 마케터 모두에게 종종 도움이 된다.

특히 보험회사와 같이 어떤 기업들은 대중매체 광고를 통하여 문제인식을 촉발하려고 하며, 다른 기업들은 구매시점 진열과 매장내 영향에 더 의존한다. 제조업자뿐 아니라 소매상도 이러한 활동에 몰두한다(제17장 참조). 예를 들어, 눈이 오는 계절에 앞서 다음과 같은 간판이 큰 철물점 매장의 주 통로에 위치한 눈 삽 선반 위에 놓여져 있다:

> 당신이 눈 치우는 삽이 필요했던 작년 겨울을 기억하나요?
> 올해는 준비하세요!

4. 문제인식의 억압

앞에서 본 것 같이, 경쟁자, 소비자 조직 그리고 정부기관은 특정 마케터들이 피하고 싶은 문제인식을 촉발하는 정보를 때때로 제공한다. 미국 담배 산업은 흡연과 관련된 건강의 문제에 대한 소비자 인식을 최소화시키려고 열심히 노력해 왔다. 예를 들어, Newport 담배광고는 '즐거움이 충만한' 이라는 헤드라인하에 행복하게 웃는 부부를 보여주고 있다. 이러한 광고는 광고문 하단의 의무적인 경고문구인 "경고: 외과의사들은 흡연이 당신의 건강에 해롭다는 것을 밝혀 왔습니다."에 의해 야기된 문제인식을 최소화시키는 시도라고 해석된다.

분명히 마케터는 자신의 브랜드에 현재 고객들이 문제를 인식하기를 원하지 않는다. 효과적인 품질통제와 유통(품절상태를 낮춘)은 이러한 노력에서 중요하다. 소비자에게 그들의 구매가 현명함을 확신시켜주는 포장 및 포장 간지들이 또한 일반적이다.

요약

1. 구매관여도가 의사결정 과정에 미치는 영향을 설명한다.

소비자 의사결정은 **구매관여도**가 증가함에 따라 커지고 복잡해진다. 구매관여도가 가장 낮은 수준은 **명목적 의사결정**으로 나타난다. 문제가 인식되고, 장기기억이 선호되는 하나의 브랜드를 제공하며, 그 브랜드가 구매되고, 제한된 구매 후 평가가 일어난다. **제한된 의사결정**으로부터 복잡한 의사결정으로 옮겨감에 따라 정보탐색이 증가하고 대안 평가는 광범위해지고 복잡해지며 구매 후 평가는 보다 철저해진다.

2. 문제인식과 문제인식이 어떻게 소비자 의사결정 과정에 포함되는지를 설명한다.

문제인식은 소비자의 바라는 상태(소비자가 좋아하는)와 실제 상태(소비자가 현재 존재하는 것으로 지각하는)의 차이의 존재를 포함한다. 바라는 상태와 실제 상태는 모두 소비자의 라이프스타일과 현재 상황에 영향을 받는다. 두 상태간의 차이가 충분히 크고 중요하다면 소비자는 그 문제에 대한 해결책을 탐색하기 시작할 것이다.

3. 문제인식의 통제불가능한 결정요인들을 요약한다.

마케팅 관리자의 통제범위를 넘어서는 많은 요인들이 문제인식에 영향을 미칠 수 있다. 바라는 상태는 일반적으로 (1) 문화/하위문화 (2) 사회적 지위 (3) 준거집단 (4) 가구의 특성 (5) 재무적 상태/기대 (6) 이전 결정들 (7) 개인적 발달 단계 (8) 감정 (9) 동기 (10) 현재 상황에 의해 영향을 받는다. 실제 상태는 (1) 과거 결정들 (2) 일상적 소멸 (3) 제품/브랜드 성과 (4) 개인의 발전 (5) 감정 (6) 정부/소비자 그룹 (7) 제품의 입수가능성 (8) 현재 상황에 의해 영향을 받는다.

4. 마케팅전략에서 소비자 문제와 문제인식의 역할을 설명한다.

마케팅관리자는 외부 요인에 의해 야기된 문제인식에 대응하기 전에 소비자문제를 확인할 수 있어야 한다. **활동분석**, **제품분석** 또는 **문제분석**을 이용한 서베이와 표적집단 면접법이 일반적으로 사용된다. **인적 요인 조사방법**은 관찰의 관점에서 같은 문제를 접근한다. **감성조사**는 문제 인식과 해결에서 감정의 역할에 초점을 둔다.

관리자가 표적시장에서의 문제인식 패턴을 인식하였다면 인식된 문제를 해결하기 위하여 마케팅믹스를 설계함으로써 대응할 수 있다. 이는 제품개발, 리포지셔닝, 영업시간의 변화, 다른 가격 또는 다른 많은 마케팅전략을 포함할 수 있다.

마케팅관리자는 종종 문제인식에 대응하기 보다는 영향을 미치기를 원한다. 그들은 제품범주의 다양한 브랜드들이 그 차이를 줄일 수 있다는 **범주적 문제인식**을 야기시키거나 또는 제품범주내에서 자사 브랜드만이 그 차이를 해결할 수 있다는 **선택적 문제인식**을 야기시킬 수 있다.

문제인식을 활성화시키는 시도는 일반적으로 바라는 상태에 초점을 맞춘다. 그러나 소비자가 실제 상태의 부정적인 면을 인식하도록 하는 시도 또한 일반적이다. 게다가 마케터는 소비자로 하여금 문제가 발생하기 전에 잠재적 문제를 인식하도록 만듦으로써 문제인식의 타이밍에 영향을 미치고자 한다.

마지막으로 관리자는 그들 브랜드의 현재 사용자들의 문제인식을 최소화하거나 억압하려고 할 수 있다.

주요 용어

활성화된 문제(active problem)
실제 상태(actual state)
바라는 상태(desired state)
확장된 의사결정(extended decision making)
범주적 문제 인식(generic problem recognition)
비활성화된 문제(inactive problem)
제한된 의사결정(limited decision making)
명목적 의사결정(nominal decision making)
문제 인식(problem recognition)
제품 관여도(product involvement)
구매 관여도(purchase involvement)
선택적 문제 인식(selective problem recognition)

참고 문헌

1. *The U.S. Market for Breakfast Food and Beverages* (New York: Packaged Facts, March 2005); and "Quaker Gives People a Heart-Healthy Oatmeal to Go Just in Time for National Heart Health Month in February," *PR Newswire,* January 30, 2006, p. 1.
2. See B. Shiv and J. Huber, "The Impact of Anticipating Satisfaction on Consumer Choice," *Journal of Consumer Research,* September 2000, pp. 202–16; and M. T. Pham et al., "Affect Monitoring and the Primacy of Feelings in Judgment," *Journal of Consumer Research,* September 2001, pp. 167–88.
3. See J. R. Bettman, M. F. Luce, and J. W. Payne, "Constructive Consumer Choice," *Journal of Consumer Research,* December 1998, pp. 187–217.
4. For more complex but valuable approaches, see Bettman, Luce, and Payne, "Constructive Consumer Choice"; and R. Lawson, "Consumer Decision Making within a Goal-Driven Framework," *Psychology & Marketing,* August 1997, pp. 427–49.
5. M. Trivedi, F. M. Bass, and R. C. Rao, "A Model of Stochastic Variety-Seeking," *Marketing Science,* Summer 1994, pp. 274–97; S. Menon and B. E. Kahn, "The Impact of Context on Variety Seeking in Product Choice," *Journal of Consumer Research,* December 1995, pp. 285–95; and R. K. Ratner, B. E. Kahn, and D. Kahneman, "Choosing Less-Preferred Experiences for the Sake of Variety," *Journal of Consumer Research,* June 1999, pp. 1–15.
6. J. B. Ford, M.S. LaTour, and T. L. Henthorne, "Perception of Marital Roles in Purchase Decision Processes," *Journal of the Academy of Marketing Science* 23, no. 2 (1995), pp. 120–31.
7. See C. J. Hill, "The Nature of Problem Recognition and Search in the Extended Health Care Decision," *Journal of Services Marketing* 15, no. 6 (2001), pp. 454–79.
8. D. Soman, "Effects of Payment Mechanism on Spending Behavior," *Journal of Consumer Research,* March 2001, pp. 460–74.
9. See H. C. M. Van Trijp, W. D. Hoyer, and J. J. Inman, "Why Switch? Product Category-Level Explanations for True Variety-Seeking Behavior," *Journal of Marketing Research,* August 1996, pp. 281–92; and J. J. Inman, "The Role of Sensory-Specific Satiety in Attribute-Level Variety Seeking," *Journal of Consumer Research,* June 2001, pp. 105–20.
10. This insight is based on D. Alston, "Social Media Monitoring—Top 10 Reasons for Monitoring Brands," *TopRank,* May 2008, at www.toprankblog.com, accessed June 16, 2011; *CMOs Must Connect the Dots of the Online Brand* (Cambridge, MA: Forrester Research, Inc., June 27, 2010); *Brands Cannot Ignore Offline Conversations* (Cambridge, MA: Forrester Research, Inc., September 3, 2010); and information found at Radian6's website at www.radian6.com, accessed June 16, 2011.
11. S. Yi and H. Baumgartner, "Coping with Negative Emotions in Purchase-Related Situations," *Journal of Consumer Psychology* 14, no. 3 (2004), pp. 303–17.
12. See, e.g., G. Zaltman, "Metaphorically Speaking," *Marketing Research,* Summer 1996, pp. 13–20; and C. B. Raffel, "Vague Notions," *Marketing Research,* Summer 1996, pp. 21–23.
13. E. Lesly, "Why Things Are So Sour at Borden," *BusinessWeek,* November 22, 1993, p. 84.

Chapter Fifteen

15 정보탐색

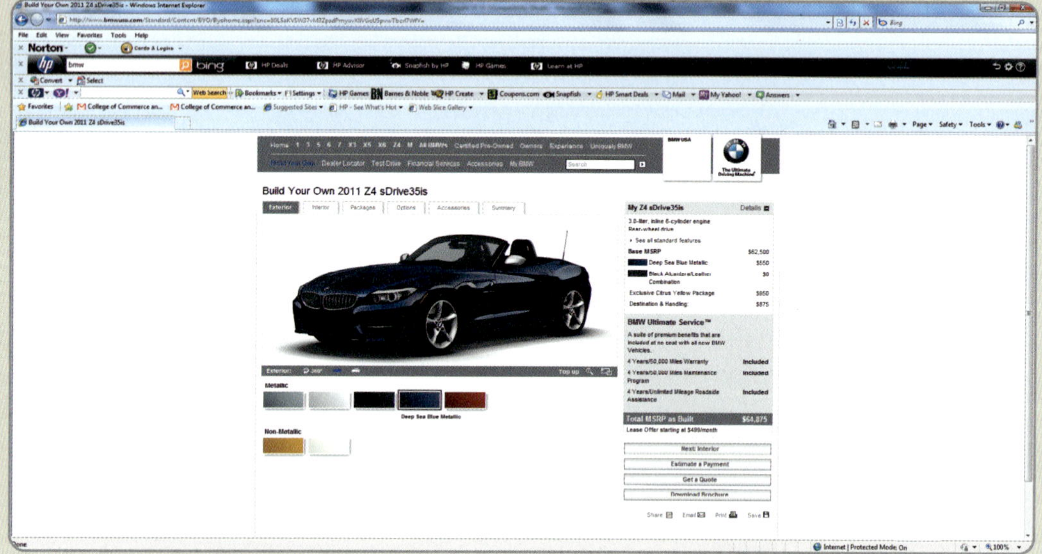

학습목표

- **LO1** 내적 및 외적 정보탐색과 여러 의사결정 유형에서 이들의 역할을 논의한다.
- **LO2** 소비자가 탐색하는 정보의 유형들을 요약한다.
- **LO3** 환기군과 관련된 의사결정 대안들의 범주를 설명한다.
- **LO4** 이용가능한 정보원천과 인터넷과 모바일 탐색의 역할을 논의한다.
- **LO5** 정보탐색의 양을 결정하는 주요 비용-편익 요인들을 논의한다.
- **LO6** 정보탐색 유형에 기초한 마케팅 전략들을 정리한다.

인터넷으로 인하여 소비자가 정보를 탐색하는 능력은 급격하게 증가하였다. 인터넷은 제조업자 웹사이트, 다른 소비자, 소비자집단과 정부기관 같은 제3의 당사자들에게 쉽게 접속할 수 있게 하였다. 또한 인터넷은 직접적으로 기업 또는 상표의 사이트를 통해 또는 간접적으로 다른 사이트에 실린 광고를 통하여 소비자에게 정보를 제공하는 마케터의 능력을 크게 확장시켰다. 인터넷 전략은 계속 진화하고 있다. 그러나 많은 기업들은 기업이나 브랜드의 정보를 전자형태로 단순 제공하는 그 이상으로 나아가고 있다. 다음을 보자:[1]

- BMW는 아마도 자사의 웹사이트를 그 다음 단계로 끌어올린 첫 번째 자동차기업이었다. BMW는 각 모델에 대한 자세한 정보를 제공할 뿐 아니라 소비자에게 모든 외부 및 내부 색깔, 패키지, 액세서리 등을 선택하게 함으로써, 자신의 자동차를 "완전히"만들어 볼 수 있게 한다. 이 과정에서는 실제같은 360° 비주얼처럼 옵션, 특징 및 가격도 비슷한 방법으로 볼 수 있다. 한 BMW 대변인에 의하면, 그들의 웹사이트는 소비자가 자동차를 탐색하고 구매하는 방식을 변화시키고 있으며, 많은 사람들이 그들의 BMW 자동차가 이미 선택된 상태에서 대리점에 간다. 그 사이트의 다른 특징으로는 BMW TV, BMW 브랜드 공동체에 접속 그리고 뉴스 제공 등이 있다.
- Nike의 웹사이트는 신발과 의복라인과 관련된 여러 페이지를 가지고 있다. 그러나 그 페이지들은 신발에 대한 정보를 찾는 단순한 장소 그 이상이다. 예를 들면 Nike+는 온라인 상호작용 도구로 주자(runner)가 달리면서 팔목밴드나 iPod으로 실시간 피드백을 받고, 데이터를 업로드하고 목적지를 추적하며 다른 사람들과 연결하고 경쟁할 수 있도록 한다. 또한 Nike+는 인기가 있어서 90% 이상의 주자들이 친구들에게 이 사이트를 추천한다고 말한다. 이는 주자블로그, 전문트레이너와의 Q&A 부분, 회원의 뉴스레터를 가지고 있다. 그리고 이는 오직 달리기만을 위한 것이다. NIke+는 농구, 축구 그리고 다른 스포츠들에 대해서도 비슷한 수준의 정교한 사이트들을 가지고 있다.

각 사이트는 특정 고객욕구에 대하여 정보를 개인에게 맞추고, 고객과 그들의 정보욕구와 관련된 다른 정보, 활동 및 응용을 추가함으로써 기본적 제품 정보의 수준을 넘어선다. 이러한 기업들은 소비자가 명시적으로 제품특정 정보를 탐색할 때뿐 아니라, 그들과 지속적인 관계를 구축하기 위한 수단으로 다양한 목적에 의해 정기적으로 그들의 사이트를 이용하기를 원한다.

이 장은 문제의 인식 이후에 일어나는 의사결정 과정에서 정보탐색 단계를 살펴본다. 정보탐색에서, 우리는 (1) 탐색의 양 및 유형, (2) 환기군과 관련된 의사결정 대안의 범주, (3) 인터넷 및 모바일을 포함한 정보 경로 및 원천, (4) 외적 탐색을 결정하는 비용-편익 요인들, (5) 정보탐색 유형에 기초한 마케팅전략들에 초점을 맞출 것이다.

15.1 정보탐색의 특성

LO1 일단 문제가 인식된 후 (1) 만족스러운 해결책을 알고 있는지, (2) 잠재적 해결책의 특징이 무엇인지, (3) 해결책을 비교하기 위한 어떤 적절한 방법이 존재하는지 등을 결정하기 위해 장기기억으로부터 관련된 정보가 사용된다. 이러한 방법은 내적 탐색이라고 한다. **내적 탐색(internal search)**을 통하여 해결책이 얻어지지 않으면 탐색과정은 문제해결과 관련된 외적정보에 초점이 맞추어진다. 이를 **외적 탐색(external search)**이라고 한다. 외적 탐색은 독립된 정보원천, 개인적 원천, 마케터 제공정보 그리고 제품경험을 포함할 수 있다.[2] 광범위한 외적 탐색을 가진 확장된 의사결정에 있어서도 최초의 내적 탐색은 일반적으로 외적 탐색을 제한하거나 안내하는 일련의 지침(예: 있어야 하는 속성들) 또는 의사결정의 한계(예: 지불할 수 있는 최대한의 가격)를 만들어 낸다는 것을 주목해야 한다. 탐색은 더 낮은 가격의 발견 또는 더 나은 품질의 발견 등과 같은 이점이 있다. 그러나 탐색은 매우 중요한 결정에 대해서도 탐색의 양을 제한하는 비용을 발생시킨다. 즉, 정보탐색은 시간, 노력 및 돈이 들어가는 소비자가 행해야 하는 육체적 활동뿐만 아니라 심리적인 활동을 수반한다.

제14장에서 논의한 것처럼, 탐색의 양은 소비자가 수행하는 의사결정 과정의 유형을 결정하는 요인인 구매관여도에 따라 달라진다. 구매관여도 및 외적 탐색의 양은 소비자가 명목적 의사결정에서 확장된 의사결정으로 이동함에 따라 증가된다. 내적 정보는 명목적 의사결정에서 중요한 역할을 하는 경향이 있으며, 이 의사결정에서 소비자는 보통 하나의 만족스러운 해결책인 제품을 상기해내고 더 이상의 탐색 또는 평가없이 그 제품을 구매한다. 외적 탐색은 확장된 의사결정에서 중요한 역할을 하는 경향이 있으며, 보통 소비자는 많은 원천으로부터의 정보를 활용하여 많은 평가기준으로 많은 대안을 조사하고 평가한다. 제한된 의사결정에서는 외적 탐색은 중간 정도의 역할을 하게 되는데, 이 때 특히 소비자들은 그들이 갖고 있는 문제에 대하여 여러 가능한 대안들을 알고 있고, 선택을 위해서 제한적으로 탐색하고 평가해야 하는 경우이다.[3]

문제인식 후의 탐색은 이전 탐색 및 학습에 의하여 제한될 수 있다. 즉, 깊이 있는 외적 탐색은 종종 문제인식이 없이도 발생한다. **계속적 탐색(ongoing search)**은 나중에 사용가능한 정보를 얻기 위해서 그리고 탐색과정 자체가 즐겁기 때문에 이루어진다. 예를 들면 테니스와 같은 특정 활동에 고관여된 소비자들은, 테니스와 관련된 제품들에 대한 정보를 현재의 테니스용품에 대해서 인식된 문제가 없이도(지속적 관여는 의견선도자의 특징임을 기억하라) 계속적으로 추구하기 쉽다. 이러한 탐색은 테니스잡지의 광고를 읽거나 테니스용품 상점을 방문하거나 테니스 관련 블로그에 참여하는 등의 오프라인과 온라인의 활동을 포함할 수 있다. 이러한 활동은 개인에게 즐거움과 미래에 대한 정보를 제공하게 된다(제9장 참조).

소비자의사결정에서 정보탐색 그림 

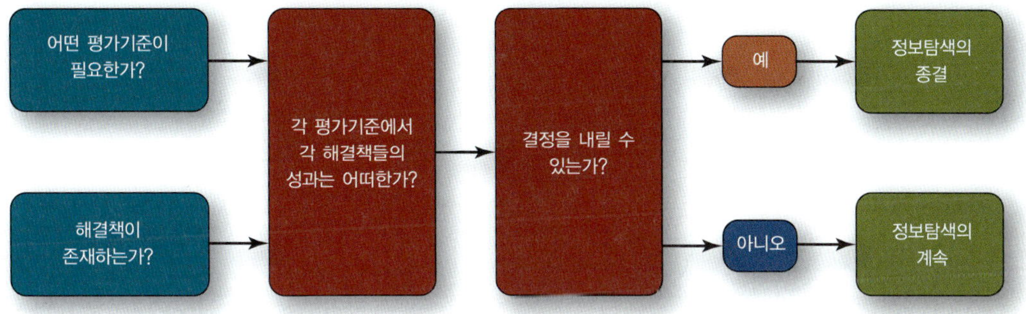

15.2 탐색정보의 유형

소비자 의사결정은 다음에 대한 정보를 요구한다:[4] LO2

1. 문제의 해결을 위한 적절한 평가기준
2. 다양한 대안 해결책의 존재
3. 각 평가기준에 대한 각 대안 해결책들의 성과 수준 또는 특징

정보탐색은 곧 <그림 15-1>에서 보듯이 세 가지 유형의 각 정보를 추구하는 것을 의미한다.

1. 평가기준

당신이 졸업선물로 노트북 컴퓨터를 사도록 돈을 받았다고 가정해보자. 최근에 당신이 컴퓨터 시장에 가보지 않았다고 가정하면, 당신의 첫 번째 생각은 아마도 "컴퓨터의 어떤 특성들을 내가 원하는가?"일 것이다. 당신은 어떤 특성 또는 특징들이 당신의 욕구를 충족시키기 위해 요구되는지 결정하기 위해 내적 탐색을 하게 될 것이다. 이러한 바람직한 특징들은 당신의 **평가기준**이다. 당신이 컴퓨터에 대하여 제한된 경험을 갖고 있다면 당신은 좋은 컴퓨터의 특징을 알기 위해서 외적 탐색을 할 수도 있을 것이다. 친구에게 물어보거나 온라인 PC 잡지의 평을 읽거나 영업사원과 이야기하거나 컴퓨터 웹사이트를 방문하거나 온라인 토론방에 질문을 게시하거나 또는 개인적으로 여러 컴퓨터를 검사할 수도 있다. <사진 15-1>은 기업이 소비자로 하여금 기업이 뛰어나지만 소비자가 브랜드를 선택할 때 자동적으로 고려하지 않는 속성에 초점을 맞추도록 시도하는 것을 보여주고 있다.

평가기준에 대한 자세한 토의는 제16장에서 다루어질 것이다.

2. 적절한 대안들

적절한 평가기준을 찾은 후나 찾는 동안에 당신은 아마도 **적절한 대안** – 여기서는 브랜드 LO3

사진 15-1

소비자들은 종종 이용할 적절한 평가기준을 찾는다. 이 광고는 사용되고 있는 평가기준에 영향을 미치고, 상표를 그에 따라 포지션하려고 시도하고 있다.

또는 가능하다면 상점을 찾을 것이다. 일반적으로 다섯 그룹의 대안들이 있다. 첫 번째가 소비자 문제를 해결할 수 있는 모든 가능한 대안들의 집합이다. 이 집합 내에 의사결정 대안들의 네 가지 범주가 있다. **인지군(awareness set)**은 소비자가 알고 있는 상표들로 구성된다. **비활성화군(inert set)**은 소비자가 알고 있고 중립적으로 보는 상표들로 구성된다. 이 상표들은 호의적 상표가 존재하지 않는다면 소비자가 수용할 것으로 여겨지는 상표들로 구성된다. 또한 이 상표들은 소비자가 적극적으로 찾지는 않지만 긍정적 정보를 접하는 상표들이다. **부적당군(inept set)**은 소비자가 알지만 부정적으로 보는 상표들로 구성된다. 이 상표들은 소비자가 긍정적 정보를 쉽게 얻을 수 있지만 일반적으로 그 정보를 처리하지 않거나 또는 받아들이지 않는 상표들이다.

환기군(evoked set 또는 **고려군(consideration set))**은 특정 소비자 문제를 해결하기 위해 소비자가 평가하는 상표 또는 제품으로 구성된다.[5] 환기군은 단일 제품범주(시리얼 또는 컴퓨터)의 상표들로 빈번히 구성되지만, 대체 제품이 그 문제를 해결할 수 있기 때문에 반드시 단일 제품범주가 될 필요는 없다.[6] 예를 들면, 한 조경기업은 소비자가 종종 조경서비스를 주택개조(home improverment) 의사결정으로 본다는 것을 발견하였다. 그에 따라 조경서비스는 다른 조경서비스에 더하거나 그 대신에 인테리어 장식과 같은 집을 개선하는 다른 제품들과 경쟁하게 된다.

추가적으로, 환기군 또는 고려군은 사용 상황에 의하여 종종 바뀐다. 예를 들면, 팬케익은 주중 아침에는 매우 간편하지 않기 때문에 주말 아침식사 상황에서 소비자의 고려군이 될 수 있을 뿐이다. 기업은 제13장에서 본 것처럼 다양한 방법으로 자사 제품의 사용 상황을 종종 확대하고자 한다. 이 예에서 이미 만들어진 토스트용 냉동 팬케익은 주중에도 아침식사로 고려군이 되게 하는 방법일 수 있다.[7]

마지막으로 소비자들이 환기군을 가지고 있지 않거나 또는 그들의 환기군이 적절한지에 대한 자신감이 없다면 그들은 추가적 대안을 알기 위하여 외적 탐색을 아마도 할 것이다. 추가로, 그들은 의사결정 과정에서 우연히 추가적 상표에 대하여 또 알 수 있다. 이와 같이 정보탐색의 중요한 성과는 완전한 환기군의 개발이다.

<그림 15-2>는 각 대안군들 간의 전반적인 관계를 보여준다. 소매점 선택에서도 유사

의사결정 대안들의 범주 그림 15-2

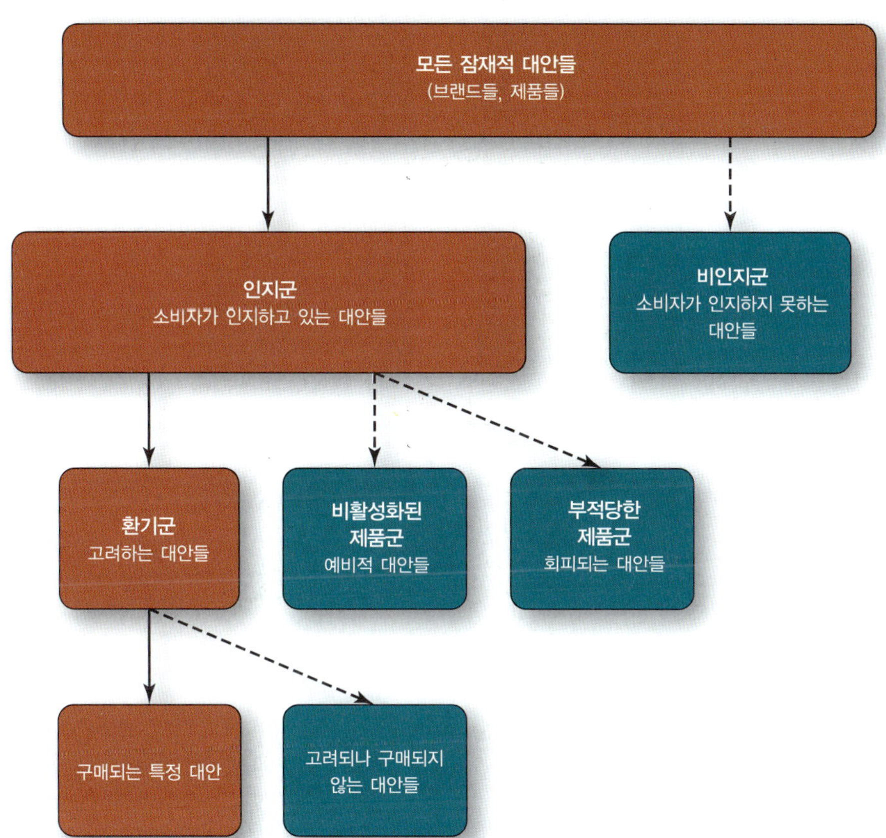

한 과정이 이루어진다.[8]

한 연구는 다수의 제품 범주에서 인지군과 환기군을 조사하였다. 이 연구의 여러 결과 및 전략적 시사점이 주목할 가치가 있다.

- 인지군은 항상 환기군보다 크다. 즉 소비자들은 그들이 진지하게 고려하는 상표들 보다 더 많은 상표들을 알고 있다. 그리고 인지군은 고려군과 일치하지 않고 그리고 고려군의 상표는 선택될 가능성이 있기 때문에, 마케터들은(일단 충분한 인지도를 구축한 다음에는) 그들의 상표를 소비자의 환기군에 포함시키는 데 매우 관심을 가져야 하며 설득력 있는 메시지 전달과 그렇게 할 다른 전략들을 수행해야 한다.
- 구강청정제 및 치약과 같은 어떤 범주의 환기군은 기본적으로 한 상표로 이루어진다. 이는 이 범주들에서는 명목적 의사결정(한 상표만 계속해서 선택됨)이 전형적 유형임을 의미한다. 이 장의 후반부에서 이 상황에서 소비자의 환기군에 포함되어 있지 않은 상표들에 대한 붕괴(disruption) 전략의 사용을 논의할 것이다.
- 어떤 범주에서는 환기군은 다소 큰데, 이는 다양성 추구 때문일 수 있다. 예를 들면, 패

그림 15-3 랩탑 컴퓨터에서 의사결정 대안의 예

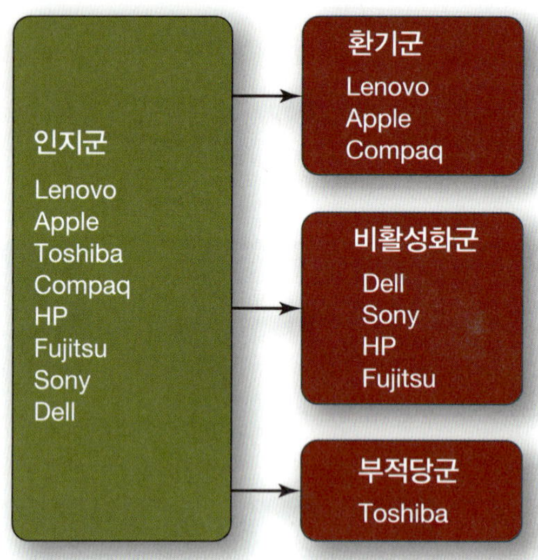

스트푸드의 환기군은 다섯 상표로 구성되었다. 그러나 소비자가 특정 유형내에서 패스트푸드 레스토랑의 상표를 애호하지만, 다양성을 추구하거나 그렇지 않으면 상황에 따라 다른 상표를 구매한다. 그러므로 McDonald's는 햄버거에서 대안, KFC는 치킨에서 대안, Pizza Hut은 피자에서 대안, Taco Bell은 멕시코 음식에서 대안이 될 수 있다.

이제 <그림 15-2>를 랩탑 컴퓨터에 적용해 보자. 당신은 다시 내적 탐색을 시작할 것이다. 당신은 다음과 같이 혼잣말을 할 수 있다. "Lenova, Compaq, Toshiba, Apple, Dell, Sony, Fujitsu 그리고 HP 모두가 노트북 컴퓨터를 만들지. 내 동생이 경험해 보았기 때문에 나는 결코 Toshiba는 안 살거야. 나는 Lenova, Apple 그리고 Compaq에 대해서 좋게 들었어. 나는 이 브랜드들을 살펴볼거야." 이와 같이 당신이 잠재적 해결책으로 고려하는 여덟 가지 브랜드들은 당신의 인지군이다. 그리고 <그림 15-3>은 이들 브랜드들이 의사결정대안들의 다른 세 개 범주로 구분되는 것을 보여준다.

3. 대안의 특성

환기군에서 브랜드를 선택하기 위해서 소비자는 관련 평가기준으로 대안들을 비교한다. 이러한 과정은 소비자로 하여금 적절한 각 평가기준에 대하여 각 브랜드들에 대한 정보를 수집하도록 한다. 컴퓨터 구매의 예에서 당신은 고려하는 브랜드에 대하여 가격, 메모리, 프로세서, 무게, 화면 선명도, 소프트웨어 패키지에 대한 정보를 수집할 수 있다. 추가적으로, 편안함, 스타일 그리고 사용의 용이성과 관련된 정서적 고려도 또한 요인이 될 수 있다.

15.3 정보의 원천

노트북 컴퓨터의 예를 다시 살펴보자. 당신은 컴퓨터에 대한 관련 정보를 얻기 위해서, 컴퓨터에 대한 당신의 지식을 상기하거나, 친구나 온라인 토론방에서 알아보거나, Consumer Reports를 참조하거나, PC Magazine에서 리뷰를 읽거나 판매원에게 물어보거나, 개인적으로 여러 컴퓨터를 확인해 볼 수 있을 것이라고 우리는 제시하였다. 이는 소비자에게 가능한 주요 다섯가지의 정보원천을 나타낸다: L04

- 이전 탐색, 개인적 경험 그리고 저관여 학습의 기억
- 친구, 가족 및 다른 사람들의 개인적 원천
- 잡지, 소비자 집단 그리고 정부기관의 독립적 원천
- 판매원, 웹사이트 그리고 광고의 마케팅 원천
- 검사 또는 제품 시용의 경험적 원천

이러한 원천은 <그림 15-4>에서 나타나 있다. 각 원천들은 오프라인, 온라인 그리고 모바일 요소를 갖는다.[9] 하나의 예를 들어보면, TV 광고와 브로슈어와 같은 오프라인 마케팅 원천은 온라인 배너와 기업의 웹사이트 그리고 모바일광고에 해당된다.

내적 탐색은 대부분의 경우에 많은 사람들이 이용하는 주요 원천이다(명목적 그리고 제한된 의사결정). 그러나 장기기억에서의 정보는 최초에는 외적 원천으로부터 얻어진다는 것을 유의하라. 이와 같이 소비자는 소비문제를 주로 또는 전적으로 저장된 정보로 해결할 수 있다. 그렇지만 소비자는 그러한 정보를 과거 어느 시점에 제품의 직접 경험, 친구 또는 저관여학습과 같은 외적 탐색으로 획득하였다.

마케팅으로부터 나온 정보는 다섯 가지 잠재적 원천 중의 하나이며 소비자 의사결정에서 제한된 직접적 가치를 가지는 것으로 자주 보고된다.[10] 그러나 마케팅활동은 다섯 가지 원천 모두에 영향을 미친다. 이와 같이 제품의 특성, 제품의 유통 그리고 제품에 대한 촉진 메시지는 시장에 존재하는 또는 기본적인 이용 가능한 정보를 제공한다. Consumer Reports 같은 독립적 원천은 친구와 같은 개인적 원천처럼 제품의 기능적 특성에 대한 평가에 토대를 두고 있다. 마케터들은 지속적으로 비마케팅 원천을 통하여 그들의 정보가 전달되는 방법을 찾고 있다. 제7장에서 논의한 것처럼, 영향력이 있는 블로거에게 제품샘플을 제공하는 것(적절한 공개와 더불어)은 비마케팅경로를 통하여 구전되도록 하는 하나의 수단일 뿐이다.

또한 소비자들이 광고나 다른 마케터가 제공하는 자료를 많은 구매 결정에 즉각적으로 이용하지는 않겠지만 광고에 대한 계속적인 노출은 제품에 대한 지각된 욕구, 인지군과 환기군의 구성, 이용되는 평가기준, 각 브랜드의 성과 수준에 대한 신념에 빈번히 영향을 미친다.[11] 그 결과, 광고와 다른 마케터가 제공하는 정보가 소비자 의사결정과 매출에 미치는 장기적 영향은 상당할 수 있다.

그림 15-4 구매의사결정을 위한 정보원천

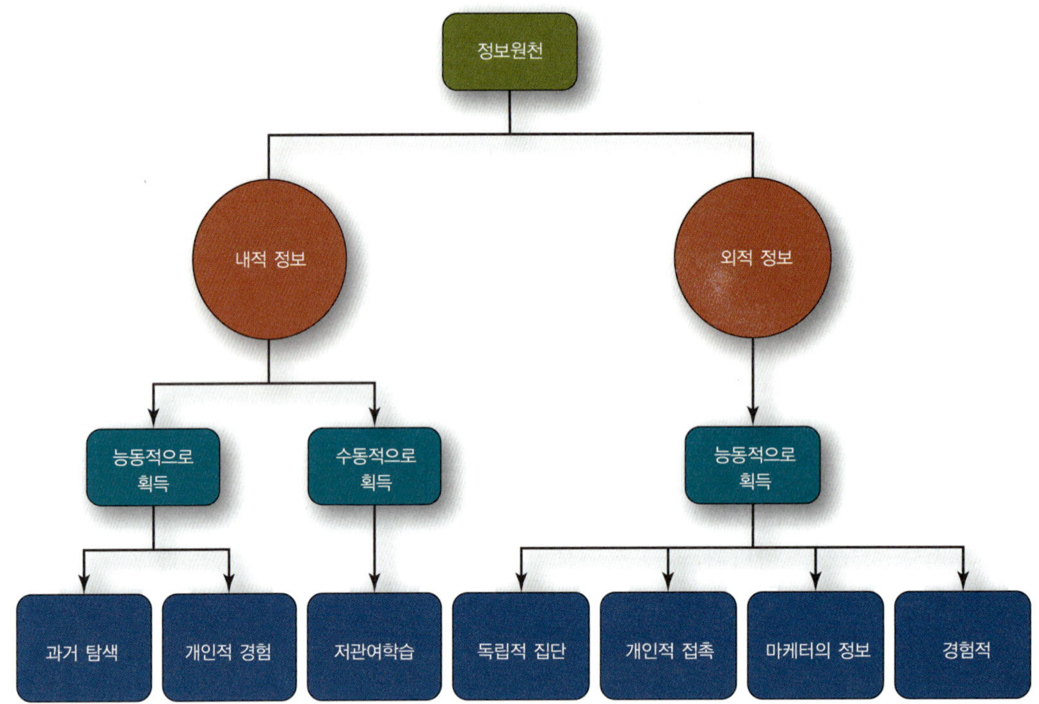

1. 인터넷 탐색

인터넷은 소비자로 하여금 전례가 없을 정도로 정보에 접할 수 있게 한다. 세계적으로 인터넷 사용은 급속하게 증가하고 있으며, 14억 이상의 사람들이 온라인에 접속하고 있다. 아시아(9억 2200만), 유럽(4억 7600만), 북아메리카(2억 7200만)는 가장 많은 인터넷 이용자들을 가지고 있다. 성장 잠재력은 전체 인구 중에서 인터넷 이용 비율이 아직 상대적으로 낮은 아프리카, 아시아, 남미와 같은 지역에서 가장 높다. 아시아는 인구 규모(39억), 중간계층의 증가 그리고 저비용 기술에 접근의 증가를 고려하면 현재 이용자 및 잠재적 성장에서 다른 지역을 압도한다.[12] **미국 기업에 그러한 국제적 추세가 주는 마케팅 시사점은 무엇인가?**

미국 성인의 거의 80%는 인터넷을 사용하고 있으며 신규 사용자의 증가는 상당히 느려졌다. 초기에 인터넷 사용자는 주로 젊고, 학력이 높고, 백인 남성이었다. 오늘날 인터넷 사용자의 인구적 특징은 몇 가지 예외가 있기 하지만 전반적 인구적 특징과 매우 유사하다. 조사회사 Pew의 조사 통계치에 의하면(자세한 내용은 www.pewinternet.org를 참조) 다음과 같은 인구적 형태가 오늘날의 인터넷 이용자의 특징이고 차별화 요소이다:[13]

- 성별–남성과 여성이 인터넷 사용율에 있어서 비슷하다.
- 인종–히스패닉 미국인과 아프리카 미국인이 백인 미국인 및 아시아계 미국인보다 사

용율이 낮다. 그러나 이러한 차이는 언어 또는 교육이 고려될 때 줄어들거나 없어진다.

- **연령**–인터넷 사용은 나이가 들면서 줄어들며, 연령은 여전히 가장 큰 인터넷 사용 요인 중의 하나이다. 그러나 기술에 정통한 베이비부머가 60대에 들어서면서 그 중요성은 급격히 줄고 있다.
- **소득**–가격의 저렴성이 증가되어 보다 낮은 소득의 집단에서 인터넷 사용자가 대략적으로 2/3 수준으로 높아졌지만, 인터넷 사용은 소득이 늘면서 증가한다.
- **교육**–인터넷 사용은 학력이 높아짐에 따라 증가된다. 이 요인은 장기간 가장 지속적인 요인인 것 같다. 고졸 미만의 학력자는 가장 낮은 40%의 인터넷 이용을 보인다.

인구통계적 정보를 감안하면, 나머지 23%의 미국인이 인터넷을 이용하지 않는 이유 중에서 상위 열 가지 중 여섯 가지가 연령, 소득 그리고 교육과 연관되어 있다는 것은 놀랍지 않을 것이다. 이들 이유들을 중요 순으로 보면 (1) 컴퓨터가 없음, (2) 너무 비쌈, (3) 너무 어려움, (4) 접속이 안되어 있음, (5) 배우기에는 나이가 너무 많음, (6) 사용법을 모름이다.[14]

인터넷은 소비자가 정보를 탐색하는 주요한 그리고 종종 선호되는 수단이다.[15] 다음을 생각해 보자:[16]

- **온라인 정보를 기대한다.** 대부분의 인터넷 사용자들은 기업의 웹사이트에서 자신들에게 흥미있는 제품이나 상표에 대한 정보를 찾을 것을 기대한다.
- **온라인 정보는 오프라인 매출을 증가시킨다.** 인터넷사용자들은 기업의 웹사이트가 제품관련 정보를 제공한다면 회사의 제품을 오프라인에서 더 구매할 가능성이 있다.
- **온라인 원천을 가치있는 것으로 여긴다.** 기업과 제삼자의 웹사이트는 많은 범주에서 정보원천으로 전통적인 TV와 인쇄광고에 필적하거나 앞선다.
- **온라인 원천은 판매원의 역할을 줄인다.** 인터넷 사용자들은 판매원에게 구매도움을 상당히 덜 요구하는 경향이 있다.

온라인에서 가장 중요한 탐색관련 활동은 정보를 찾기 위해서 **검색엔진을 사용한다는** 것은 놀라운 일이 아니다. 그리고 인터넷에서 상위 20가지 활동 중에서 일곱 가지는 다음과 같이 정보탐색 또는 구매와 연관되어 있다:[17]

정보를 찾기 위해 검색엔진을 이용	87%
건강관련 정보를 찾음	83
취미나 관심사에 대한 정보를 찾음	83
제품/서비스를 구매하기 전에 조사함	78
제품을 구매	66
여행 예약 및 구매	66
온라인 광고 또는 사이트를 이용	53

Source: Pew Internet & American Life Project, www.pewinternet.org.

그러나 <사진 15-2>에서 보듯이 전통적 매체도 소비자 정보탐색 활동을 기업의 웹사이트로 유도하는데 효과적일 수 있다는 것에 주목하는 것이 중요하다. Google, Yahoo 및

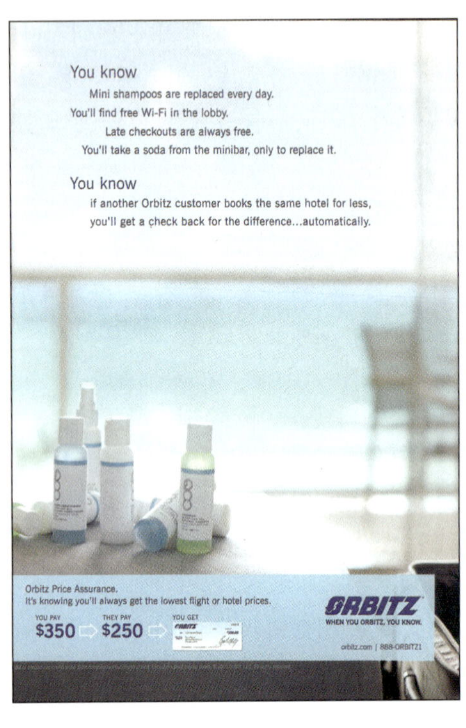

사진 15-2

인터넷은 제품 및 서비스를 구입하는 장소일 뿐 아니라 정보의 중요한 원천이다. 마케터는 종종 소비자가 그들의 웹사이트를 방문하도록 대중매체를 사용한다.

MSN과 같은 검색엔진은 소비자에게 중요한 탐색 도구이다. 구매 이전의 온라인 탐색은 대부분의 인터넷 사용자들에게서 전형적인 행태이다. 사실상 검색엔진은 가장 많이 이용되는 온라인 쇼핑 도구이며, 쿠폰 사이트, 소매상 이메일, 온라인 리뷰 그리고 쇼핑 비교 사이트가 그 뒤를 잇는다. 목록에 있는 모든 도구들이 어떤 형태의 정보의 원천이며 따라서 정보탐색 및 획득 과정에서 역할을 한다는 것을 유의하라. 온라인 탐색은 다음과 같은 이유 때문에 아무리 강조해도 지나치지 않다:[18]

- 온라인 구매의 99%에서 정보탐색이 먼저 행해진다.
- 오프라인 구매의 74%에서 온라인 탐색이 먼저 일어날 가능성이 높다.

그림 15-5 온라인 검색엔진을 이용하는 탐색의 성격

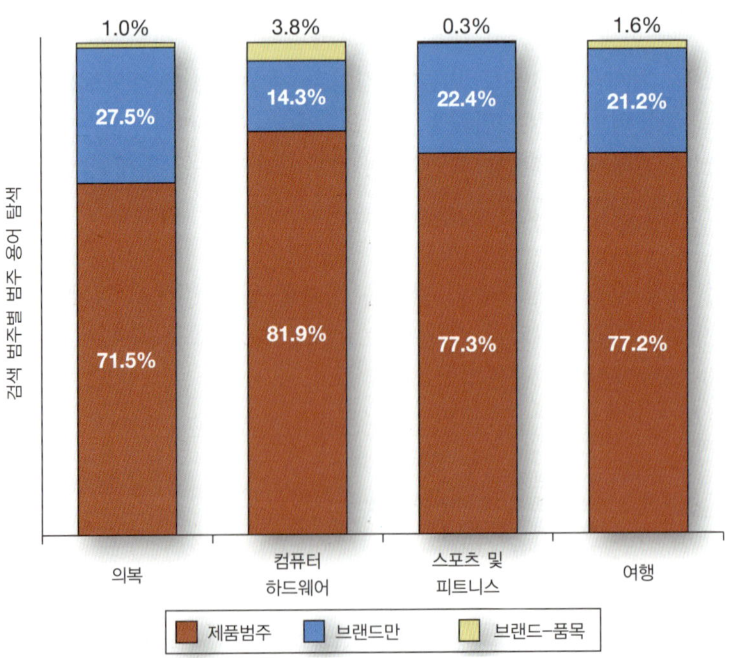

Source: "The Nature of Search Using Online Search Engines," *Search Before the Purchase* (New York: DoubleClick, February 2005), p. 2. Copyright: DoubleClick, Inc., 2005.

- 미리 탐색하고 온라인광고를 접한 소비자는 매장내에서 41%를 더 소비한다.

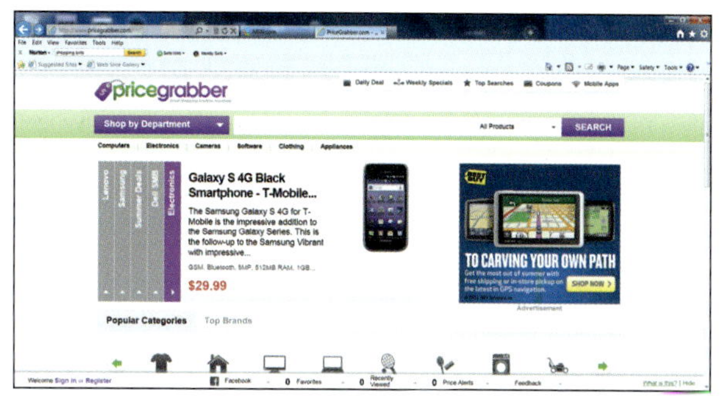

사진 15-3

온라인 쇼핑 서비스는 소비자들이 인터넷상에서 광대한 정보에 대처하는 방법으로 점점 대중화되고 있다.

소비자가 사용하는 검색 용어들의 특성은 마케터들이 이해하는데 중요해서 그들은 이 용어들을 검색 마케팅전략의 요소로 구축할 수 있다.

한 연구는 검색용어를 **브랜드**(소매상 브랜드), **제품 범주**(일반적 제품관련 용어) 그리고 **브랜드-품목**(브랜드와 제품범주)으로 분류하였다. <그림 15-5>이 보여주듯이 구매로 이어지는 대부분의 검색은 제품 범주적, 즉 연구에서 조사된 소매상의 브랜드를 포함하지 않는 일반적 제품범주 용어였다. 당신이 예상하겠지만, 제품 범주적 검색이 검색 과정의 초기(3주에서 12주)에 지배적이며 브랜드 검색은 구매에 바로 직전에 지배적이다.[19] 이러한 결과들은 온라인 마케터에게 어떠한 전략적 시사점을 가지고 있는가?

경제적 고려는 온라인 탐색의 주요 동기요인이다.[20] 예를 들면, 인터넷을 사용한 자동차 구매자는 보다 빠른 결정을 할 수 있었고 평균적으로 741달러 저렴한 더 나은 구매를 할 수 있었다.[21] 그리고 점점 인기가 높아지는 쿠폰 사이트는 소비자가 쉽게 더 나은 거래를 하도록 돕는다. 그러나 **정보과부하**(제8장 참조)는 인터넷에서 문제이다. 일반적인 검색엔진이 유용하지만 보다 전문화된 서비스와 도구들이 보다 구체적으로 탐색과 의사결정에서 소비자들을 돕도록 계속해서 발전되고 있다. 비교 쇼핑사이트는 인기있는 서비스 중 하나이다. 비교 사이트는 종종 가격에 초점을 맞추지만 소비자가 설정한 광범위한 평가기준들에 기초하여 상표들을 거르도록 설계될 수 있다. 이러한 서비스들은 이용자를 위하여 쇼핑/검색을 해주는 '로보트' 소프트웨어인 **보트(bots)**를 사용하며 이로 인해 종종 **쇼핑 보트**라고 불리운다.[22] 예로는 Bizrate.com, mySimon.com 및 NexTag.com이 있다.

마케터에 기초한 정보에 더하여 인터넷은 많은 쇼핑 서비스의 브랜드 리뷰 특성에서 뿐만 아니라 게시판 및 채팅방에 개인적 정보원천을 담고 있다.[23] 한 연구는 소비자는 성능 정보를 얻기 위하여 소비자리뷰를 소비자가 온라인 탐색 중에 매우 많이(72%) 이용한다는 것을 발견하였다.[24] 제7장에서 논의한 것처럼, 구전과 개인적 원천은 이러한 원천에 대한 소비자의 신뢰 때문에 영향력이 있다.

마케팅전략과 인터넷에서의 정보탐색 온라인 이용자들이 점점 일반 사람들과 차이가 없어짐에 따라 온라인 성공에 시장 세분화와 표적화 마케팅이 점점 중요하게 되었다. 다음을 생각해보자 :.

> 고등교육 마케팅이 달라야 하는 이유는 청중의 복잡성 때문이다. 당신이 대학의 웹사이트에 대해서 이야기한다면 대학은 졸업생, 기부자, 현 학생, 장래의 학생, 부모 그리고 매체를 만족시켜야만 한다. 이는 때로는 벅찬 일이다.

Furman 대학은 자신의 전반적 웹사이트가 입학을 위해서는 부적절하다고 결정하였다. 그래서 대학은 자신의 대학에 관심이 있는 고등학생들을 표적화하기 위하여 독립적인 웹사이트를 만들었다. 그 사이트는 가상 여행, 메시지 게시판, 온라인 학생 잡지(운영자에 의해 편집되지 않는)를 가지고 있으며 특히 기술에 정통한 집단을 표적화하도록 디자인되었다.[25]

대학만이 다양한 소비자 욕구와 특징들을 다루어야 하는 조직은 분명히 아니다. 예를 들어, 미국의 다양한 인종의 소비자들은 종종 주류에 대비하여 자기 민족의 웹사이트를 선호하며 주로 사용한다.[26] 전세계적 마케터들 또한 이에 적응해야 한다. 최근 연구는 일본의 웹사이트가 미국의 웹사이트보다 덜 개성적인 방식을 사용한다는 것을 발견하였다.[27]

마케터는 보다 구체적으로 정보탐색 및 의사결정에서 인터넷의 역할에 관하여 적어도 다음 세 가지 주요 전략적 이슈를 다루어야 한다:

1. 어떻게 소비자에게 정보를 이끌어 갈 것인가?
2. 어떻게 소비자를 정보로 이끌어 갈 것인가?
3. 어떻게 온라인 판매가 활용될 수 있고 기존 경로와 통합될 수 있을 것인가?

앞의 두 이슈는 이 절에서 다루어질 것이다. 세 번째 이슈는 17장에서 다루어질 것이다. 소비자에게 정보를 이끌어 가기 위해(예: 배너 광고) 사용하는 많은 전략들이 또한 궁극적으로 소비자를 기업에 대한 추가적 정보원천으로 이끌어 가도록(예: 기업의 웹사이트) 설계되었다는 점에서 처음 두 이슈는 서로 간에 관련성이 높다.

기업정보를 소비자에게 이끌어 가는 것은 소비자가 정보를 적극적으로 탐색하지 않기 때문에 중요하다. 한 가지 방법은 배너광고를 포함하여 웹광고를 이용하는 것이다. 인터넷 마케팅에 대한 지출(전시, 탐색, 행동배치(behavioral placement: 소비자들의 행동을 직접적으로 유발하기 위해 삽입하는 메시지-역자 주) 등을 포함)은 계속해서 급격히 증가하고 있다. 이는 2014년까지 550억 달러 수준으로 증가될 것으로 예상되며, 현재 1500억 달러 수준인 매체지출 전체의 상당 부분을 차지하는 금액이다.[28] 광대역(broadband)은 보다 많은 스트리밍 매체의 사용을 허용함으로써 온라인 광고의 성격을 바꾸고 있다. 예를 들어 신차 구매자의 반이 딜러에게 가기 전에 웹을 방문한다는 것을 보여주는 자료에 대응하여 Honda는 많은 웹사이트에서 Odyssey 미니밴의 전국 TV 광고를 실행하였다. 시청자는 그 비디오 광고를 클릭하거나 보고 나서 추가적 정보를 요청할 수 있다. 이러한 방식은 전통적인 배너 광고 방식을 넘어서는 것이며 브랜드와 정보를 소비자에게 이끌어 가는 것이다.[29]

이메일은 정보를 소비자에게 푸시해 가는데 또한 중요한 도구이다. DoubleClick의 조사에 의하면 많은 소비자들이 이메일을 직접우편의 대체물로 보고 있다. 그러나 스팸 메일은 여전히 주된 염려와 짜증거리이다. 허락 기반(permisssion-based)의 이메일은 소비자로 하여금 이메일을 받을 것인지를 선택할 수 있어 소비자들이 매우 잘 받아들이고 있는 것으로 보인다. 이러한 메일에서도 마케터는 주의가 필요한데 관련성이 없는 너무 많은 이메일은 여전히 스팸 메일로 보일 수 있다.[30]

이전에 살펴본 것처럼, Facebook 및 Twitter와 같은 소셜미디어는 많은 방법으로 기업의 정보를 소비자에게로 이끌어 가는데 사용될 수 있다. Facebook은 회원들에게 광고의 전달을 허용한다. 트위터는 트윗에 촉진 코드가 나타나면 트윗은 검색결과를 보여주는 촉진 트윗 (promoted tweet)이라고 불리는 옵션을 가지고 있다(제7장 참조).[31]

웹에서 정보와 정보원천이 폭발적으로 늘어남에 따라 **소비자를 기업의 정보로 유도하는** 것은 힘들지만 중요한 일이다. 기업들은 소비자들이 빈번히 방문하기를 원하는 웹사이트를 가지고 있다.[32] 다양한 전략이 가능하다. <사진 15-2>에서 보듯이 오프라인 매체는 웹사이트에 대한 관심을 불러일으키는 한 수단이다. 실제로 TV를 보면서 동시에 웹을 서핑하는 젊은 소비자들을 고려하여 한 연구는 소비자들을 끌어 들이는 정통적인 TV 광고에 기초하여 Google과 같은 검색엔진의 검색량이 증가한다고 밝히고 있다. 즉 소비자들은 관심있게 제품을 TV에서 보고 검색량이 증가한다고 밝히고 있다. 즉 소비자들은 관심있는 제품을 TV에서 보고 더 많은 정보를 얻기위해 Google을 이용하는 것이다. 이렇게 전통적인 광고를 온라인으로 하는 것의 행위적 결과는 소비자를 기업에 대한 정보로 이끌어 의사결정의 다음 단계로 가게하는 중요한 과정이다.[33]

배너 광고는 웹사이트에 접속하도록 하는 또 다른 방법이다. **클릭율**(기업의 웹사이트에 클릭하는 비율)이 전반적으로 낮지만 마케터는 클릭율을 넘어서 브랜드 인지, 브랜드 태도, 구매의도를 포함한 측정치를 보고 있다. 이는 인지와 태도를 높이는 것이 장기적 웹사이트 방문과 구매를 가져올 것이라 생각하기 때문이다.

온라인 광고에 대한 **노출**의 결과로 발생하지만 노출 시점에 바로 발생하지 않는 웹사이트 방문을 **뷰 효과**(view-through)라고 한다. 광고캠페인에서 광고와 관련된 웹사이트 방문의 반 이상이 직접적 클릭에 반대되는 뷰 효과라고 추정된다. 그리고 온라인 광고가 더욱 상호작용적으로 됨에 따라, 뷰 이외에 다른 측정치도 또한 가능하다. Mini Cooper는 접속자가 다양한 소유자 프로필을 보는 것을 허용하는 상호작용 배너를 사용하였다. 이런 경우 유용한 측정치는 상호작용 비율(소유자 프로필을 넘겨본 것과 같은 광고와 어떤 방식으로든 상호작용한 비율)이 될 수 있다.[34]

당신도 예상하겠지만 적절한 또는 표적화된 광고는 클릭율을 포함한 여러 온라인 광고의 성과를 높이는 데 도움이 된다. 예를 들어 Dolby는 천둥 및 야외와 관련된 상호작용 배너를 운영하였다. 그 캠페인은 전반적으로 좋았으며 National Geographic 사이트에 올려졌을 때 주제가 그 사이트의 시청자와 관련성이 높았기 때문에 훨씬 성과가 좋았다(60%의 높은 클릭율).[35]

소셜 네트워킹 사이트도 이러한 역할을 한다. MySpace와 같은 사이트는 그 들 회원의 프로필에서 포함된 표명된 관심과 특성에 기초하여 표적화된 광고를 보낸다. MySpace는 이러한 표적화된 접근방법을 사용하여 광고성과가 300%나 증가하였다고 주장하였다.[36] Facebook은 유사한 표적화 특징을 가지고 있으며 또한 회원의 팬 지위에 기초하여 표적을 선정할 수 있는데, 여기서 광고는 특정 상표에 대한 "좋아요"를 누른 한 Facebook회원에게만 전달될 뿐이다.[37] 관련성이 처리와 클릭으로 측정되는 관심, 흥미 및 몰입의 주요 영향요인이라는 것을 감안하면(제8장), 그러한 개인에 맞춘 표적화는 매우 효과적일 수 있다. Levi's는 중국에서 도시 젊은이들의 자기표현 욕구를 분출시키기 위하여 소셜미디어에 탑재된 상호작용 비디오를 사용하고 있다. 상호작용 비디오는 이용자로 하여금 다른 목적지들과 플롯(plots)들을 통하여 경험을 조정하게 하며, 궁극적으로 주요 Levi's 제품 정보 및 이미지에 이용자가 인도되도록 고안되어져 있다.[38]

행동적 표적화는 사람들이 말하는 것에 기초하지 않고 그들이 실제적으로 온라인에서 행동하는 것에 기초한 또 다른 표적화 방식이다. 구체적으로 **행동적 표적화(behavioral targeting)**는 웹사이트에서 소비자 클릭 형태를 추적해서 그러한 정보를 배너광고의 결정에 이용하는 것을 포함한다.[39] Pepsi는 건강 라이프스타일 에 관심이 있는 소비자들에게 그들 제품 Aquafina를 프로모션하기 위해 행동적 표적화를 사용하였다. 온라인 행동추적은 어떤 소비자들이 건강 라이프스타일 인가를 찾아내는데 도움을 주었고, 4,000개가 넘는 웹사이트에서 해당 소비자들에게 Aqaunafina에 대한 광고가 전달되었다. 그 결과 이전에 표적을 정하지 않고 실행한 광고캠페인에 비해 타겟을 분명히 한 이 광고캠페인은 300% 이상의 클릭율을 기록하였다. 다시 말하면, 표적오디언스에 대한 메시지의 지각된 적합성이 행동적 표적화의 핵심적인 성공요인이라는 것이다.[40] 프라이버시와 투명성에 대한 관심들이 이 산업의 자기규제에서 진행되고 있는 노력이다. 이 자기규제에는 "정보추적금지"와 개인정보수집 등이 포함되어 있다.

앞에서 이미 살펴보았듯이, 온라인 소비자들은 검색엔진의 중사용자(헤비유저)들이다. 따라서 인터넷 마케팅에서 검색관련 마케팅 노력(검색과 검색최적화 활동을 포함)에 대한 비용지출은 단일 카테고리에서 가장 많은 부분을 차지하는데, 전체 인터넷 마케팅 지출의 60% 수준이다.[41] 검색결과는 정렬되며, 소비자는 보통 검색된 정보의 첫 번째 페이지를 넘어가지 않기 때문에 특정의 검색용어에서 자신들의 웹사이트를 우선적으로 배열되도록 하기 위해서 키워드 선택과 검색엔진 최적화 관련 기법들은 매우 중요하다. **검색엔진최적화(search engine optimization: SEO)**는 기업의 웹페이지가 검색엔진에 접속될 수 있는 것을 보장하도록 설계되고 웹페이지가 발견되는 가능성을 높이는데 도움을 주는 방식에 초점을 둔 기법들을 포함한다.[42]

검색엔진최적화(SEO) 전략은 인터넷 검색의 성공에 중요하다. Google 검색에서 상위 다섯 개 자리는 산업과 기업에 따라 연간 5천만 달러에서 1억 달러의 가치가 있을 수 있다고 추정된다. 최근의 보고서는 "집수리"와 같은 일반적 키워드를 검색하면 Home Depot가 상위 10위 안에 들어가지 않는다는 것을 발견하였다. 오히려 Lowe's, This Old House 그리고 BobVila.com과 같은 브랜드 다음인 16번째에 (그리고 2번째 페이지에) Home Depot가 나온다. 한 전문가에 의하면, 문제는 Home Depot가 집수리와 같은 주요 제품범주 키워드를 자사의 URL에 수록하지 못했다는 것이다.[43] 이는 소비자 인터넷 탐색과정에서 제품범주적 용어의 중요한 특성에 대한 앞에서의 논의와 일치한다. SEO는 "자생적(organic)" 즉 자연적인 탐색 결과라고 불리는 것과 관련된다. 기업들이 특정 검색 용어의 "후원(sponsored)" 목록에 대하여 지불하는 Google's Adword 프로그램을 통하여 유료 즉 "후원" 목록 또한 이용 가능하다.

웹사이트 디자인 또한 중요하다. 제17장에서 더 자세히 논의하겠지만 웹사이트에 지속적이고 반복적인 접속을 가져오기 위해서는 콘텐츠를 지속적이고 자주 업데이트 하는 것이 필요하다. 즉 기업들은 소비자에게 그들의 웹사이트를 재방문할 지속적인 인센티브를 제공해야 한다. 방법은 제품관련 뉴스, 사용자와 관계되는 토론 포럼, 신제품과 그 특징에 대한 업데이트 등 포함할 수 있다. RSS(really smple syndication)는 그들의 사이트가 관련성이 있고 뒤쳐지지 않도록 다양한 온라인 원천으로부터 지속적으로 정보를 제공한다. 웹사이트는 사이트 방문을 유도할 수 있게 소비자가 정기적으로 이메일 업데이트를 받을 수 있는 옵션을 또한 제공할 수 있다.[44]

2. 모바일 탐색

모바일 탐색 및 마케팅은 기업들에게 다음으로 중요한 성장영역으로 보인다. 미국 성인의 약 84%가 모바일 폰을 가지고 있다(모바일 폰의 사용자 중 모바일 기기에 포함되는, iPad와 같은 태블릿 기기를 가지고 있는 사람들이 적지만 증가하고 있다).[45] 미국 모바일 광고액(디스플레이, 검색 그리고 메시징에 기반한 것을 포함하여)이 2013년에는 15억 달러에서 30억 달러에 달할 것으로 예상된다는 것은 놀랍지 않다.[46] 이는 측정된 전체 매체에 사용된 1500억 달러의 단지 작은 부분이지만, 스마트폰의 기능성이 도약하고, 사용자들이 폰을 정보, 의사결정 및 구매의 도구로 사용하는 데 더욱 편리해짐에 따라 더 늘어날 것으로 예상된다. Experian의 모바일폰 사용자에 대한 최근 연구는 다음과 같은 다섯 개의 세분집단을 발견하였다:[47]

- 모바일 지성인(Mobirati) (19%) 보다 젊고, 휴대폰과 함께 자라났고, 휴대폰이 삶의 중심이다. 매장에서 구매하는데 폰을 사용하는 서비스에 대한 관심이 높아지는 경향이 있고, 대가로 가치를 얻게 된다면 광고를 받아들이고, 어디서 식사를 할 것인지와 같은 사회적 활동을 결정하는 정보를 사용한다.
- 모바일 전문가(Mobile Professionals) (17%) – 젊은 사람들도 나이든 사람들도 있다. 사업 및 개인적 생활을 위해서 폰을 사용한다. 폰의 기능은 중요하며, 폰은 정보를 위한 도구이다. 전화를 거는 것 이상의 기능을 원하고, 그들이 필요로 하는 정보를 많은 방법으로 얻는데 폰을 사용하는 경향이 높다.
- 사회적 연결자(Social Connectors) (22%) – 보다 젊으며 커뮤니케이션이 핵심이며, 모바일 기기는 그들이 사회적으로 연결되는 것을 돕는다. 문자메시지가 "진짜" 대화만큼 의미가 있다는 느낌과 폰이 그들을 자신들의 사회적 세계로 연결시킨다는 느낌이 높은 경향이 있다.
- 실용적 수용자(Pragmatic Adopters) (22%) – 나이가 더 들었고, 휴대폰은 그들의 인생 후반부에 출시된 것이다. 단지 전화하는 것 이상으로 사용하는 것을 배우고 있다. 그들은 더 기능적이지만, 가장 높은 소득 집단중의 하나이기 때문에 여전히 매우 중요하다.
- 기본적 계획자(Basic Planners) (20%) – 나이가 더 들었고, 이동성 또는 기술이 없다. 폰을 단지 위급한 상황과 기본적 전화로만 사용하는 경향이 높다.

명확히 이러한 세분집단들 및 이들의 특징은 정보탐색 및 제품 구매와 관련하여 마케터에게 중요하다. 특히, 모바일 지성인집단과 모바일 전문가집단은 휴대폰의 탐색 및 구매

기능의 주된 사용자이며, 어느 정도는 광고에서 모바일 푸쉬 마케팅에 개방적이다. 실용적 수용자집단은 기본적인 전화하는 것 이상으로 새로운 기능들을 배울 의향이 있고 또한 소득이 높기 때문에 추구할 가치가 있다.

마케터에게 특히 중요한 한 영역은 **지역 모바일 탐색(local mobile search)**이다. 지역 모바일 탐색은 소비자의 현재(또는 계획된 미래) 지역적 위치와 관련된 모바일 기기로부터의 정보탐색으로 정의된다. Google은 이러한 검색 유형 및 관련된 마케팅 노력에 대한 유용한 설명을 제공한다. 당신의 모바일 폰에서 Google에 "이탈리안 레스토랑" 키워드를 쳐보라 그러면 당신이 얻은 결과는 지역과 관련된 결과가 될 것이다. 즉, Google은 당신의 폰의 위치에 기초하여 당신의 위치를 알고 당신에게 가까운 이탈리안 레스토랑들의 목록뿐 아니라, 거기에 어떻게 도달하는 지에 대한 지도를 제공하고, 각 레스토랑에 대한 전화번호 등을 제공한다. 당신이 휴가를 계획하고 미리 레스토랑을 검색하기를 원할 때는 또한 다른 위치를 선택할 수 있다. Google은 Adwords의 위치에 기반한 표적화 프로그램을 통하여 관련된 모바일 배너 광고를 당신에게 제공할 수 있다.[48]

당신은 모바일 집단의 설명에서 어떤 소비자들은 지역 모바일 탐색에 대하여 휴대폰을 더 많이 사용할 가능성이 높은 것을 발견할 수 있다. Pew Research는 지역 모바일 탐색의 상위 여덟 가지 범주 중 두 가지는 (1) 지역 레스토랑 및 사업체 (2) 지역 쿠폰 및 할인에 대한 검색이다. 명백히, 지역 정보에 대한 "앱(apps)"은 주요 전략적 핵심이며, 이는 나중에 살펴보게 될 것이다. <표 15-1>은 모바일 기기에서 지역 정보를 탐색하고 지역 탐색에 대한 앱을 가진 휴대폰 이용자들의 인구통계적 특성을 제공한다.

3. 마케팅 전략 및 모바일 탐색

모바일 브라우저(browsers) 및 앱은 지역 모바일 탐색의 전략에 중요한 부분으로 보인다. <그림 15-6>을 살펴보자. 지역 모바일 탐색이 소비자들의 상점 및 상표의 선택 방식 그리고 또한 정보탐색의 방식을 변화시키고 있는 것을 주목하라. 소비자는 매장에 있을 때 역사적으로 그 매장 내에서 가용한 정보를 탐색해 왔으며, 그 매장에서 탐색 이전 또는 이후에는 그 매장 외의 정보를 탐색해 왔다. 이러한 경우는 매장에서 쇼핑을 하면서 그 매장 외의 정보를 탐색하는 많은 모바일 사용자들에게는 더 이상 해당되지 않는다. 이는 소매점 및 매장 판매원에게 쇼핑경험을 다소 통제할 수 없게 하며, 소비자에게 보다 많은 권한을 제공한다. 그러나, 명백하게 소매점은 어떻게 새롭게 발생하는 이러한 탐색 유형의 일부분이 될 것인지를 구상하고 소비자들과 공유할 앱 및 프로그램을 디자인하거나 이에 참여해야 한다. Walmart는 처음에 가격 매칭 앱과 가격정보를 공유하는 것을 거부하였지만, 나중에 허용하였다.

유용한 탐색 및 쇼핑 앱이 많이 존재한다. 앱 또는 Twitter를 통하여 모바일 지역 탐색을 제공하는 RetrevoQ를 고려하라:

> RetrevoQ는 정보를 제공하기 위해 텍스트와 트윗을 사용한다. 쇼핑객들은 그들이 고려하는 전자제품의 제조업체와 모델을 포함한 문자메시지를 41411에 보내거나 @retrevoq에 트

모바일 지역탐색과 마케팅 전략 그림 

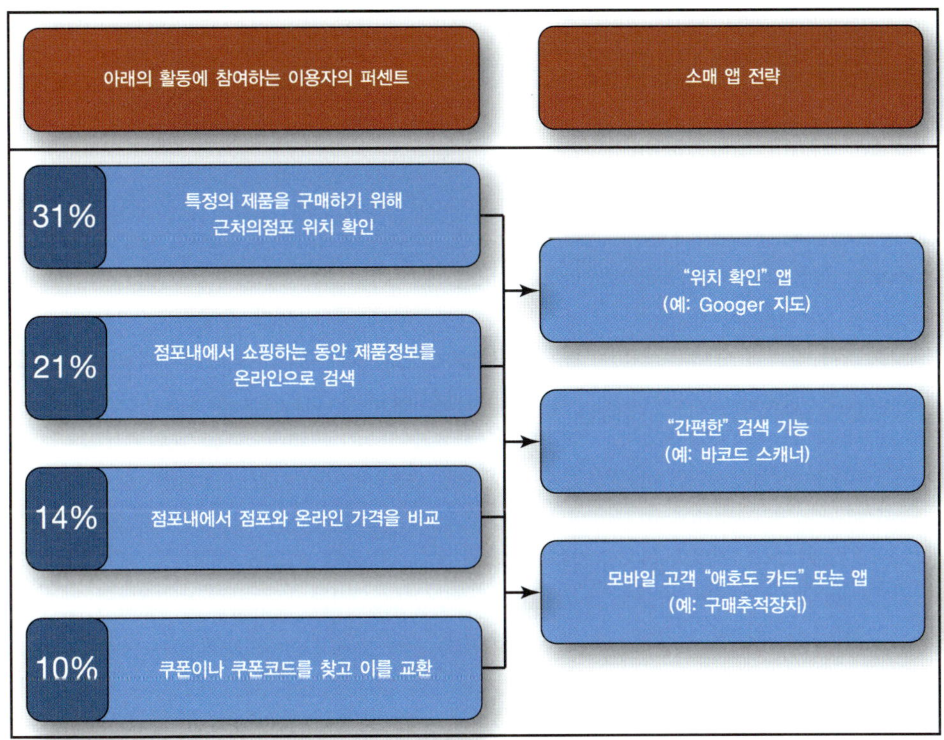

윗할 수 있으며, RetrevoQ는 그것이 좋은 구매인지, 적정한 가격, 그 제품에 대해 온라인에서 가능한 가격범위 그리고 소비자 전자제품 쇼핑 및 리뷰 사이트인 Retrevo.com에의 리뷰와의 연결 등에 관해서 조언을 제공한다.

그러한 기능성, 용이성, 가능한 탐색 편익은 이 앱과 다른 앱들이 쇼핑객들에게 왜 점점 인기가 있는지를 분명하게 해 준다. Shopsavvy가 당신이 매장에 있을 때 당신을 대신하여 모바일 폰에서 탐색을 수행하는데, 당신은 왜 직접 매장들을 다니면서 가장 저렴한 가격을 찾는가?[49] <그림 15-6>은 소비자가 원할 수 있는 지역 모바일 앱 종류에 대하여 생각하는 데 추가적인 지침을 제공한다.

<소비자 통찰력 15-1>은 모바일 마케팅 영역에서 추가적인 전략적 고려사항을 살펴본다.

15.4 외적 정보탐색의 양

LO5

마케팅 관리자들은 특히 외적 정보탐색에 관심이 있는데 이는 외적 탐색이 소비자와 직접 접촉을 가능하게 하기 때문이다. 소비자들은 얼마나 많은 외적 정보탐색을 실제적으로 행하는가? 명목적 의사결정 및 제한된 의사결정(예: 청량음료와 같은 편의품)은 외적 탐색

소비자 통찰력 15-1

모바일 마케팅에서 푸시 및 풀 전략들

모바일 마케팅 전략은 인터넷에서의 전략과 유사하게 여겨질 수 있다. 즉 소비자에게 강제로 정보를 제공하기(푸시 전략) 및 소비자를 정보로 유도하기(풀 전략)이다.[50]

모바일 푸시 소비자에게 모바일 기기로 정보를 제공하는 방법에는 다양한 전략이 있다. 더 많은 소비자들이 모바일 인터넷을 사용함에 따라 점차 증가하는 하나의 전략은 모바일 웹페이지에 광고를 싣는 것이다. 컴퓨터에 기반한 방식처럼, 모바일 광고를 특정 모바일 콘텐츠에 관련이 되도록 하는 것이다. 또 다른 전략은 허락기반(permission-based)의 또는 소비자 선택기반(opt-in, 소비자가 문자 수신을 선택할 수 있도록 하는 방법이며, 승인기반과 같은 개념-역자 주)의 문자 메시지이다. 문자 메시지는 모든 연령대에서 사용이 증가되고 있으며 휴대폰의 두 번째로 인기있는 활동이다. 매체 컨설팅 그룹인 SmartReply에 의하면 최상의 문자 메시지 프로그램은 다음과 같다:

- 소비자 선택기반(opt-in)의 데이터베이스를 구축함-이는 전통적 그리고 이메일 마케팅에서 이루어질 수 있는데 소비자가 문자를 받을 것인지 또는 특정 웹사이트에 등록할 것인지를 질문받는다.
- 문자메시지 광고를 개발함-이는 (a) 왜 그들이 문자 메시지 수신자로 선택되었는지에 관한 판촉 문구, (b) 할인을 얻기 위한 코드입력과 같은 행동의 요청 (c) 문자를 수신하지 않겠다는 선택(opt-out)을 포함한다.
- 캠페인의 전개-메시지 수신을 선택한 사람들에게 문자 프로모션을 실행한다.

Adidas는 2007년 NBA의 All-Star 주간의 후원자로서 이런 방식을 변형하여 사용하였다. 여기에는 프로모션의 일부분으로 농구경기 정보, 점포 이벤트, 운동선수의 출현, 신발 제공 등이 있다. 소비자들은 선택해서 "originals" 문자를 보내게 되면 그 주간 어느 때라도 모든 프로모션 자료에 접속할 수 있다.

모바일 풀 소비자를 모바일 기기의 정보로 유도하는 데에도 많은 전략이 있다. 하나는 모바일 사이트 또는 프로모션 이벤트에 대한 인지를 구축하기 위하여 전통적 매체를 사용하는 것이다. AT&T는 미국 대학 캠퍼스에서 무료 Dave Mathhews Band 콘서트에 대한 모바일 콘테스트를 열었는데 그 밴드가 학교에서 공연을 한다는 문자 메시지를 보내서 가장 많은 초청을 할 수 있었다. 인지를 형성하고 학생들을 모바일 공간으로 유도하기 위해서 AT&T는 "959에 DMB 문자를 보내라" 또는 "ATTBLUEROOM.COM을 방문하라"는 내용의 포스터로 학교 캠퍼스를 도배하였다. 다른 새로운 방식은 모바일 검색이다. 모바일 인터넷 이용자는 급속히 증가하고 있으며, 2011년에 예상 이용은 6,400만 명 이상이다. 그 때는 5,600만 명이 모바일 검색을 이용할 것으로 예측된다. Google, Yahoo, MSN 그리고 AOL 모바일은 현재 상위의 모바일 검색 제공자들이며, 검색결과는 전통적 웹사이트 및 모바일 콘텐츠에 접속하게 할 것이다.

생각해 볼 문제

1. 휴대폰이 가정의 컴퓨터보다 점점 손쉽게 통제되지 않고 감시받지 않기 때문에 어린 아이에 대한 모바일 마케팅과 관련하여 어떤 윤리적 그리고 규제적 이슈가 대두될 것인가?
2. 위에서 논의한 방식 이외에 어떤 다른 모바일 마케팅 방식이 떠오르고 있는가? 그것은 효과적인가? 설명하라.
3. 모바일, 인터넷 그리고 전통적 매체에 걸쳐있는 캠페인을 만들어야 할 때 마케터는 어떠한 도전에 직면하는가?

지역 모바일 탐색 및 앱의 인구 통계적 특성

표

	모바일 기기에서 지역 정보를 얻음	지역 정보 앱을 가지고 있음
전체	56%	13%
연령		
18–29	77	20
30–49	69	17
50–64	39	7
65+	13	3
인종/종족		
백인, 비히스패닉	53	12
흑인, 비히스패닉	58	14
히스패닉	62	21
가구소득		
$30,000 미만	52	12
$30,000–$49,999	54	17
$50,000–$74,999	57	11
$75,000+	70	19
교육		
고졸 미만	37	13
고졸	51	10
전문대학	62	13
대졸 이상	63	17
18세 이하의 자녀유무		
예	71	17
아니오	49	12
거주지		
도시	57	14
교외	59	14
시골	49	10
거주기간		
5년 이하	67	N/A
6년~20년	59	N/A
21년 이상	34	N/A

주: 숫자들은 모바일 기기(휴대폰 및 태블릿)를 가지고 있고, 지역 모바일 탐색 및 앱을 가지고 있는 사람의 비율을 나타냄.
N/A는 자료없음.
자료원: How Mobile Devices Are Changing Community Information Environments (Washington, DC: Pew Internet & American Life Project, March 14, 2011), p.8.

을 하지 않거나 또는 적게 한다.

그러므로 이 절의 논의는 구매에 앞서 상당한 양의 직접 외적 탐색을 예상할 수 있는 가구, 전문적 서비스 그리고 자동차와 같은 주요 구매에 초점을 둘 것이다. 그러나 여러 측정치들(방문상점의 수, 고려 상표의 수, 이용한 원천의 수, 전체적 탐색 수치) 전체에서 한 가지 현상이 나타난다: 외적 정보탐색은 제한된 탐색쪽으로 치우져 있는데, 많은 소비자들이 구매 직전에 외적 정보탐색을 적게 한다는 것이다. 다음 결과를 보자:

- **쇼핑행동**의 서베이는 전체 내구재 구매 중 상당 비율이 소비자가 단지 한 상점만을 방문한 후에 이루어졌다는 것을 보여준다.[51]
- **고려된 상표 또는 모델의 수**는 제품의 가격이 증가함에 따라 증가하는 경향이 있지만, 여러 연구들은 다음과 같이 작은 크기의 고려군을 보여준다: (1) 시계 구매자의 거의 반 이상이 한 가지 브랜드와 한 가지 모델만을 고려하였고, (2) 큰 가전제품 구매자의 27%는 단지 한 가지 브랜드만을 고려하였고,[52] (3) 인터넷 사용이 자동차 정보탐색을 증가시켰지만, 인터넷을 이용한 탐색자들은 아직도 세 개의 모델만 검토하였다.[53]
- **전체적 총 탐색**에 의하여 다음과 같은 분류가 사용되어질 수 있다: (1) 비탐색자–거의 또는 전혀 탐색을 하지 않음 (2) 제한된 정보탐색자–낮은 수준에서 중간 정도의 탐색, (3) 확장된 정보탐색자–높은 수준의 탐색. 연구기간이 거의 50년(1955년에서 2003년)이고 대상은 제품 및 서비스(전자기기, 자동차 및 전문 서비스), 나라는 두 국가(미국 및 호주)인 여덟 개의 개별 연구는 전체적 외적 탐색 수행에 있어서 주목할만한 일관성을 보이고 있다. 즉, 외적 탐색자들은 구매자들 중의 7%에서 20%을 차지하고 있을 뿐이다.[54]

다음 절에서는 고관여제품 및 서비스에서도 구매직전의 외적 탐색이 종종 왜 낮은지를 설명할 것이다.

15.5 외적 탐색의 비용 대 편익

구매자는 탐색이 발생시키는 비용과 탐색의 편익을 저울질하는 것 같다. 탐색의 편익은 더 낮은 가격, 더 높은 품질, 구매와 관련하여 더 큰 편안함 등의 측면을 포함한다. 탐색 비용은 시간, 돈, 성가심, 하지 못한 다른 더 즐거운 활동의 기회비용 등을 포함한다. 모든 것이 같다면, 더 큰 지각된 편익은 탐색을 증가시키고, 반면에 더 큰 지각된 비용은 탐색을 감소시킨다. 구매자들은 다음 브랜드(또는 상점 또는 정보)가 편익 보다 더 큰 비용을 초래한다면, 그들은 탐색을 중단한다. 편익측면에서, 계속적 탐색과 우연적 학습을 고려한다면, 앞에서 논의한대로 축적된 지식의 양은 많은 소비자들에게 있어서 상당할 수 있으며, 이에 따라 **구매직전** 탐색의 편익을 줄일 수 있다. 비용측면에서 인터넷은 상당히 탐색 비용을 줄일 수 있다. 이러한 경우에 인터넷은 탐색을 증가시키고 더 나은 소비자 의사결정과 보다 즐거운 쇼핑경험을 가져온다.[55]

이 절에서 온라인 및 오프라인의 탐색의 기대되는 편익과 지각된 비용에 영향을 미치는 네 가지 기본적 유형의 요인들을 살펴볼 것이다: **시장 특성, 제품 특성, 소비자 특성** 그리고 **상황적 특성**(<표15-2>를 참조)이 그것들이다.[56]

1. 시장 특성

시장 특성은(또는 보다 정확하게는 시장특성에 대한 소비자의 지각) 대안의 수, 가격 범위, 매장 분포 그리고 정보의 입수가능성을 포함한다.[57] 명백히, 특정 문제를 해결하는데 구매 직전 외적 탐색에 영향을 미치는 요인들  표

영향요인들	영향요인의 수준의 증가에 의한 외적 탐색의 정도
I. 시장 특성	
A. 대안의 수	증가
B. 가격범위	증가
C. 상점 집중	증가
D. 정보 입수가능성	증가
1. 광고	
2. 구매시점	
3. 웹사이트	
4. 판매원	
5. 패키징	
6. 경험있는 고객	
7. 독립적 원천	
II. 제품 특성	
A. 가격	증가
B. 차별화	증가
C. 긍정적 제품	증가
III. 소비자 특성	
A. 학습 및 경험	감소
B. 쇼핑 지향성	혼재
C. 사회적 지위	증가
D. 연령 및 가구수명주기	혼재
E. 제품 관여도	혼재
F. 지각된 위험	증가
IV. 상황적 특성	
A. 여유시간	증가
B. 자신을 위한 구매	감소
C. 쾌적한 환경	증가
D. 사회적 환경	혼재
E. 물리적/심적 에너지	증가

이용할 수 있는 대안의 수(제품, 상점, 브랜드)가 많을수록 더 많은 외적 탐색이 이루어질 것이다. 극단적으로 공익사업이나 운전면허 같이 완전 독점의 경우에는 정보를 탐색할 필요가 없다. 그러나, 상점들 전체에서 너무 많은 브랜드 또는 너무 많은 비교불가능한 모델은 소비자의 탐색 노력을 좌절시켜 더 적은 탐색 또는 한 매장 내에서 탐색을 하게 할 수 있다. 어떤 마케터는 전략적으로 많은 모델을 개발하여 주요 거래처가 전속적 모델을 가져 다른 소매상과 같은 모델에 대하여 직접적 가격비교를 회피하도록 할 수 있다.[58] 이러한 행위는 어떠한 윤리적 우려를 낳는가?

한 제품 범주에서 동등한 브랜드들 간의 지각된 가격 범위는 외적 탐색을 자극하는 주요 요인이다. 예를 들어, Tucson에서 다섯 가지 인기 있는 브랜드의 장난감에 대해 36개 상점을 쇼핑한 결과, 최저 51.27달러에서 최고 105.95달러까지 차이가 났다. 분명히 그 시장에서 여러 제품에 대해 쇼핑을 효율적으로 하는 것은 상당한 재무적 이득을 가져올 것이다. 가격 매칭(matching)과 같은 가격전략은 소비자의 가격지각에 영향을 미칠 수 있다. 최근 한 연구는 소비자들은 그러한 전략을 보다 낮은 가격의 신호로 해석하여, 이는 탐색 비용에서 보다 적은 탐색을 가져온다고 제시한다.[59] 쇼핑으로부터 얻어지는 절약 비율은

금액의 크기만큼 중요할 수 있는 것으로 보인다. 200달러 가격의 품목을 구매할 때 50달러를 절약할 기회를 지각한 소비자들은 탐색의 동기부여를 받을 수 있으나, 같은 절약액이 5,000달러 가격의 품목에서 얻는 금액이라면 탐색의 동기부여를 받지 못할 것이다.[60] 이는 제8장에서 논의된 지각적 상대성과 관련된다.

매장 분포–수, 위치 및 시장에서의 소매점 간의 거리–는 소비자가 구매 전에 매장을 방문하는 횟수에 영향을 미친다. 매장방문은 시간, 노력 그리고 많은 경우에 돈이 들어가기 때문에 매장들이 매우 가깝게 근접해 있는 것은 종종 이러한 외적 탐색을 증가시킨다.[61]

일반적으로, 형태를 포함한 **정보의 입수가능성**은 정보 이용에 직접적으로 관련된다.[62] 그러나 너무 많은 정보는 정보 과부하를 유발시켜 적은 정보를 이용하게 할 수 있다. 쉽게 입수 가능한 정보는 시간에 따른 학습을 유발하여 구매 바로 전에 추가적 외적 정보의 필요성을 줄일 수 있다.[63]

2. 제품 특성

제품 **차이**–브랜드 간에 특성과 품질의 차이–는 외적 탐색의 증가와 관련이 있다.

게다가 소비자는 제품의 구입이 긍정적인 강화를 가져오는 **긍정적인 제품**에 대하여는 쇼핑을 즐기는 것처럼 보인다. 이와 같이 꽃과 화분, 의복, 스포츠용품, 카메라를 쇼핑하는 것은 대부분의 소비자들에게서 긍정적인 경험으로 간주된다. 대조적으로 **부정적인 제품**–주된 편익이 부정적인 강화(불쾌한 조건의 제거)–을 쇼핑하는 것은 덜 즐거운 것으로 간주된다. 식품, 해충구제 서비스, 자동차 수리와 같은 쇼핑은 대부분의 소비자들이 즐거워하지 않는다. 다른 조건들이 같다면 소비자들은 긍정적인 제품에 대하여 외적 탐색을 더 하게 될 것이다.[64]

3. 소비자 특성

다양한 소비자 특성은 기대되는 편익의 지각, 탐색 비용 그리고 특정 수준의 외적 정보탐색을 행할 욕구에 영향을 미친다.[65] 앞에서 언급한 대로 문제 또는 기회에 반응하여 소비자가 보통 행하는 첫 번째 단계는 적절한 해결책에 대한 기억의 탐색이다. 소비자가 자신이 확신하는 해결책이 만족스럽다고 생각하면 외적 탐색은 일어나지 않을 것 같다. 그러나 한 최근 연구는 소비자들이 과도한 자신감을 가지고 있다고 한다. 즉, 자신이 실제보다 더 알고 있다고 생각한다고 결론짓고 있다.[66] 그러한 과도한 자신감은 불충분한 탐색과 나쁜 선택을 가져올 수 있다. 소비자들이 그 브랜드에 대해서 "알고 있다"고 잘못 생각할 때 과도한 자신감은 기업으로 하여금 자사의 브랜드를 리포지셔닝하는 것을 보다 어렵게 만들 수 있다.[67]

특정 브랜드에 대한 만족스러운 **경험**은 긍정적인 강화 과정이다. 이는 그 브랜드를 재구매할 확률을 증가시키고 외적 탐색의 가능성을 줄인다.[68] 그러나 제품범주에 대한 적어도 어느 정도의 친밀성은 외적 탐색이 발생하기 위하여 필요하다. 예를 들면, 새로운 자동차를 구매하기 전의 외적 탐색은 **자동차에 대한 전반적 지식** 수준이 높은 소비자들에게는 높고, 존재하는 브랜드들에 대하여 상당한 수준의 지식을 소유한 소비자들에게는 낮다.[69]

이와 같이, 전혀 생소한 제품범주에 직면한 소비자들은 외적 탐색을 수행하기 위한 충분한 전반적 지식이 부족할 수 있다.

소비자들은 외적 탐색에 대하여 일반적인 접근방식 또는 패턴을 형성하는 경향이 있다. 이러한 일반적인 접근 방식은 **쇼핑 지향성**(shopping orientation)이라고 한다.[70] 예를 들면, 어떤 소비자들은 제7장에서 기술된 시장 전문가이기 때문에 광범위하고 지속적인 정보탐색을 한다. 이러한 지향성은 현재 적절한 지식이 존재하기 때문에 일반적으로 **구매직전**의 탐색 필요성을 줄인다. 다른 지향성은 다른 효과를 가져올 수 있다.

외적 탐색은 중간 소득의 사람들이 소득이 높거나 또는 낮은 사람들에 비해서 탐색을 보다 많이 하지만 **사회적 지위**(교육, 직업 그리고 소득)의 여러 수치들이 증가함에 따라 함께 증가하는 경향이 있다. 쇼핑객의 **나이**는 정보탐색과 역의 관계가 있다. 나이가 증가함에 따라 외적 탐색은 줄어드는 듯하다. 이는 나이가 증가함에 따라 학습이 증가하고 제품 친숙성이 증가하는 것에 의해 부분적으로 설명될 수 있다. **가족수명주기**의 새로운 단계에 접어든 새 가구와 개인들은 기존 가구보다 외적 탐색에 대하여 더 큰 욕구를 가진다.

특정 **제품범주에 높게 관여되어 있는** 소비자는 지속적으로 그 제품범주와 관련이 있는 정보를 탐색한다.[71] 다양성추구가 이러한 효과를 압도할 수 있지만, 지속적 정보탐색과 이로 인한 지식 기반은 구매 바로 전의 외적 탐색의 필요를 줄일수 있다.[72]

기능적이든 또는 상징적이든 불만족한 제품 성과와 관련된 **지각된 위험**은 구매 전에 정보탐색을 증가시킨다.[73] 높은 지각된 위험은 증가된 탐색 및 개인적 정보원천과 개인적 경험에 더 의존하는 것과 관련이 있다. 개인적 소비를 위해 와인을 구매할 때에 비해 저녁 파티를 위해 와인을 구매할 때 고위험을 느끼듯이 지각적 위험은 상황적이다. 소비자가 그 제품범주에서 이전의 구매 경험이 거의 없을 때에 지각하는 위험은 클 수 있으며, 이런 경우 정보탐색은 지각된 위험을 줄이는 데 도움을 줄 수 있다.[74] 제17장에서 지각된 위험은 더 논의될 것이다.

4. 상황적 특성

제13장에서 설명한 대로 상황적 변수는 탐색행동에 주요한 영향을 미친다. 예를 들어 소비자가 혼잡한 매장 조건에 대하여 반응하는 한 가지 행동은 외적 정보탐색을 최소화하는 것이다. **시간적 관점**은 탐색행동과 관련하여 아마도 가장 중요한 상황적 변수일 것이다. 특정 소비자 문제를 해결하기 위해 쓸 수 있는 시간이 적어짐에 따라 외적 탐색의 양도 줄어들게 된다.[75]

선물 상황(**과업 정의**)은 앞에서 본 것처럼 외적 탐색을 증가시키는 지각된 위험을 높이는 경향이 있다. 마찬가지로 자전거와 자전거 선반의 구입 또는 식사를 위한 여러 품목을 구입하는 것 같은 다품목의 구입 과업은 정보탐색의 수준을 증가시킨다.[76] 제한된 신체적 또는 감정적 에너지를 가진(**선행적 상태**) 쇼핑객은 다른 사람들 보다 탐색을 적게 할 것이다. 즐거운 **물리적 환경**은 적어도 그 매장내에서 정보탐색 성향을 증가시킨다. **사회적 환경**은 사회적 환경의 성격에 따라 탐색을 증가시키거나 또는 감소시킬 수 있다(이 이슈에 대한 자세한 토의는 제13장을 참조).

15.6 정보탐색 형태에 따른 마케팅 전략

올바른 마케팅 전략은 표적시장이 구매 전에 행하는 정보탐색의 성격을 고려한다. 탐색의 두 차원이 특히 의미가 있다: 의사결정의 형태는 탐색의 수준에 영향을 미치고, 환기군의 성격은 탐색의 방향에 영향을 미친다. <표 15-3>는 이 두 차원에 기초한 마케팅 전략 매트릭스를 보여준다. 이 매트릭스는 다음 절에서 토의할 여섯 가지 마케팅 전략을 제시한다. 전략들 간에 상당한 중복이 있지만 각각 고유한 내용을 갖고 있다.

표 15-3 정보탐색 형태에 따른 마케팅 전략

포지션	표적 시장의 의사결정 형태		
	명목적 의사결정 (무탐색)	제한된 의사결정 (제한된 탐색)	확장된 의사결정 (확장된 탐색)
환기군에 있는 브랜드	유지 전략	획득 전략	선호 전략
환기군에 없는 브랜드	붕괴 전략	가로채기 전략	수용 전략

1. 유지(Maintenance) 전략

브랜드가 표적시장에 의해서 습관적으로 구매된다면 마케터의 전략은 그러한 행동을 유지시키는 것이다. 이는 제품 품질, 유통(품절 상황의 회피), 강화 광고 전략에 대한 일관된 관심을 요구한다. 게다가 마케터는 경쟁자의 붕괴적인 전술에 대하여 방어해야 한다. 따라서 제품개발과 개선을 지속해야 하고 쿠폰, 구매시점 진열 또는 리베이트 등의 단기적 경쟁 전략에 대처할 필요가 있다.

Morton 소금과 Del Monte 야채 통조림은 성공적으로 유지해온 규모가 큰 반복 구매자 세분시장을 가지고 있다. Budweiser, Marlboro 그리고 Crest는 규모가 큰 브랜드 애호적인 구매자 세분시장을 가지고 있다. 그들은 최근에 주요 경쟁자로부터의 공격에 대하여 그들의 시장 포지션을 성공적으로 방어하여 왔다. 대조적으로 Liggert & Myers는 유지광고에 실패해서 그들의 시장점유율의 80%나 잃었다.[77] 품질 관리 문제로 Schlitz는 상당한 시장점유율을 잃었다.

<사진 15-4>는 경쟁자의 도전에 대한 유지전략의 사용을 보여준다. 광고가 제품의 개선을 강조하고 있음에 주목하라.

2. 붕괴(Disrupt) 전략

브랜드가 환기군에 들어있지 않고 표적시장이 명목적 의사결정을 하고 있다면 마케터의 첫 번째 임무는 기존의 의사결정 형태를 붕괴시키는 것이다. 이는 소비자가 외적 정보탐색을 하지 않거나 구매전에 대안적 브랜드를 고려하지도 않기 때문에 어려운 과업이다. 시간의 경과에 따른 저관여 학습은 자사 브랜드에 대한 긍정적인 제품 포지셔닝을 야기할 수 있지만 이 자체로 행동의 변화를 가져올 것 같지는 않다.

장기적으로, 주요한 제품개선이 주의를 끄는 광고와 함께 할 때는 표적시장을 보다 확장된 형태의 의사결정을 하도록 할 수 있다. 단기적으로, 특별히 습관적인 의사결정을 깨뜨리는 목적을 가진, 주의를 끄는 광고는 성공적일 수 있다. 무료 샘플, 쿠폰, 리베이트, 끼워 팔기(tie-in) 판매는 명목적 의사결정을 붕괴시키는 일반적인 방법이다. 이와 같이 인상적인 포장 디자인과 구매시점 진열은 습관적인 구매 연속을 붕괴시킬 수 있다.[78] 비교광고 또한 이러한 목적을 위해서 종종 사용되어진다.

<사진 15-5>는 붕괴전략의 예이다. 이 광고는 소비자로 하여금 여러 주요 편익에 기초하여 광고 브랜드로 전환하도록 설득을 시도하고 있다.

사진 15-4

충성된 또는 반복 구매자가 상당수 있는 기업은 계속적으로 제품을 개선하고 소비자들에게 제품의 이점을 커뮤니케이션해야 한다.

3. 획득(Capture) 전략

제한된 의사결정은 일반적으로 가격이나 구입가능성과 같은 단지 소수의 기준을 가지고 평가하고 소수의 브랜드를 포함한다. 많은 정보탐색은 구매시점이나 구매직전에 쉽게 접할 수 있는 매체에서 일어난다. 어떤 브랜드가 표적시장에 의해서 이렇게 고려되는 브랜드라면(환기브랜드라면) 마케터의 목표는 실제적으로 높은 구매점유율을 획득하는 것이다.

이러한 소비자들은 제한된 탐색을 하기 때문에 마케터는 그들이 어디서 탐색을 하고 어떤 정보를 찾는지를 알 필요가 있다. 일반적으로 마케터는 종종 가격과 구입가능성에 대한 정보를 웹사이트, 협동광고를 통한 지역매체, 진열과 적절한 선반공간 등을 이용하여 제공한다. 마케터는 일관적인 제품품질과 적

사진 15-5

소비자의 습관적 구매 또는 그들의 상표를 고려하지 않는 소비 형태를 붕괴시키고자 하는 기업은 주의를 끄는 광고 및 시용하도록 하는 강한 편익 또는 다른 유인책을 필요로 한다.

절한 유통을 유지하는 데 관심을 가질 것이다.

4. 가로채기(Intercept) 전략

표적시장이 제한된 의사결정을 하고 그 브랜드가 환기군에 속해 있지 않다면, 목표는 환기군에 있는 정보를 탐색하거나 관련된 정보를 일반적으로 탐색하는 동안에 소비자를 가로채는 것이다. 다시 말해 강조점은 협동광고를 통한 지역매체를 이용하거나 진열, 선반공간, 포장 디자인 등의 구매시점에 있다. 쿠폰도 효과적일 수 있다. 마케터는 소비자가 그 브랜드에 대한 정보를 탐색하지 않을 것이기 때문에 소비자의 주의를 끄는데 강조점을 두어야만 할 것이다. Snapple이 iVillage 웹사이트를 이용한 행동적 표적 전략이 온라인 가로채기 전략의 좋은 전략이다. 한 광고 중역이 이야기한대로:

> 이 제품의 큰 계획은 Snapple-a-Day가 지금 막 나온 색다른 제품이 아니라 여성들에게 진짜 건강의 편익을 주고, 보다 계획된 구매를 해야 하는 제품으로 청중의 지각을 변화시키는 것이었다.[79]

<사진 15-6>에서 보여진 촉진은 획득이나 가로채기 전략으로 효과적일 것이다.

앞에서 언급된 전략에 더하여 저관여 학습, 제품개선 그리고 무료 샘플은 브랜드를 표적시장의 환기군에 넣는데 사용될 수 있다.

5. 선호(Preference) 전략

환기군에 있는 브랜드에 대한 확장된 의사결정에 대해서는 선호전략이 요구된다. 확장된 의사결정은 일반적으로 여러 브랜드, 많은 속성 그리고 많은 정보원천을 포함하기 때문에 단순한 획득 전략은 적절하지 않을 수 있다. 대신에 마케터는 표적시장 구성원들이 선호하는 브랜드가 되도록 하는 정보 캠페인을 구축할 필요가 있다.

첫 번째 단계는 표적시장에게 중요한 속성에서 강한 포지션을 갖는 것이다.[80] 이는 제16장에서 매우 자세하게 논의될 것이다. 다음은 모든 적절한 정보원천으로 정보를 제공하는 것이다. 이는 그 품목을 구입하지는 않지만 다른 사람들에게 추천할 수 있는 집단(예: 약국의 약사, 수의사, 농산물에 대한 중개상)에게 광범위한 광고를 하는 것이 필요하다. 독립적인 집단으로 하여금 제품을 시험해보도록 격려하여야만 하며 판매원들에게 브랜드의 속성에 대한 자세한 정보가 주어져야 한다. 또한 판매원에게 그 제품을 추천할 추가적인 동기부여(예: 제조업자가 주는 추가 커미션)를 제공하는 것이 현명할 것이다.

사진 15-6

여기에서 보여지는 광고는 가로채기 전략을 나타내는데 소비자에게 그 상표를 구매하도록 하는 인센티브를 주고 있다.

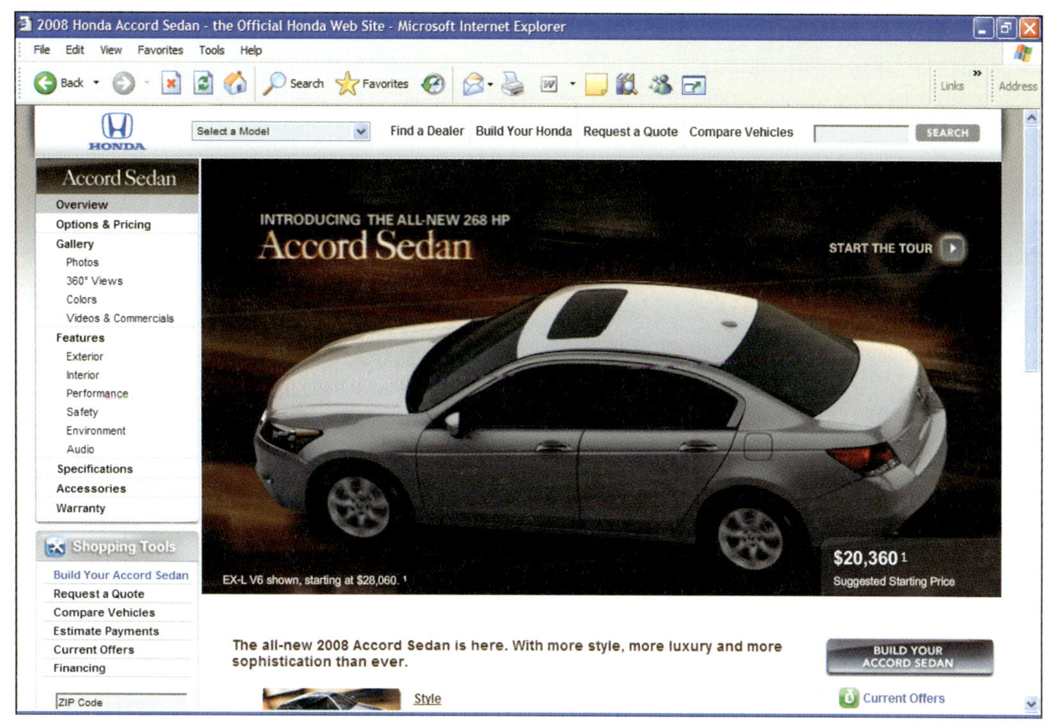

사진 15-7

이 프로그램은 확장된 탐색과정을 가정하고 있다. 프로그램은 다수의 제품 특성에 대한 많은 정보를 제공한다.

구매시점 진열 및 팜플렛이 이용될 수 있어야 한다. 잘 설계된 웹사이트는 필수적이다.

<사진 15-7>은 효과적인 선호전략의 일부를 보여준다. 이는 몰입된 탐색을 가정하며, 다수의 제품속성, 쇼핑 장소 등에 대한 자세한 정보를 제공한다.

6. 수용(Acceptance) 전략

수용전략은 선호전략과 유사하다. 그러나 이는 표적시장이 그 브랜드에 대하여 정보를 추구하지 않는다는 사실로 복잡해진다. 그러므로 앞에서 언급된 선호전략에 포함된 활동에 더하여 마케터는 소비자의 주의를 끌거나 또는 그들로 하여금 그 브랜드에 대하여 학습을 하도록 동기부여시켜야 한다. 이는 어려울 수 있다. 그러나, 시용 및 (또는) 호의적 구전을 조장함으로써 그들의 브랜드를 소비자의 고려군에 포함시키기 위하여 여러 자동차 제조업자들은 수년 동안 고객에게 돈을 주어 그들의 자동차를 시운전하게 하거나(Chrysler) 또는 의견선도자에게 자동차를 대여해 주는 것까지(Ford) 나아갔다.

인터넷은 수용전략에서 중요한 역할을 할 수 있다. 구매 전의 주요 검색어는 제품범주적인 경향이 있기 때문에, 이는 환기군에 있지 않은 브랜드에게 검색엔진 최적화전략(특정 주요 단어에 대하여 비용을 지불하는 것을 포함하여)을 실행할 수 있는 중요한 기회를 제공할 수 있는데, 이는 의사결정 동안, 브랜드가 소비자 환기군에 포함될 때까지 소비자에게 노출되기를 희망하는 것이다. 분명히 잘 설계된 웹사이트는 이런 전략의 중요한 일부분이다.

저관여 학습을 높이도록 하는 장기적인 광고는 수용을 얻기위한 또 다른 유용한 방법이다. 주의를 끄는 광범위한 광고는 또한 효과적이다. 이 두 가지 접근법의 우선적인 목표는 브랜드를 파는 것이 아니라 그 브랜드를 환기군에 들어가게 하는 것이다. 그러고 나면 구매상황이 일어날 때 고객은 이 브랜드에 대한 추가적인 정보를 탐색하게 된다.

요약

1. 다른 의사결정 유형들에서 내적 및 외적 정보탐색과 그들의 역할을 논의한다.

문제인식에 이어서, 소비자는 전형적으로 어떤 형태로 그리고 어떤 정도로 정보탐색을 한다. **내적 탐색**은 만족스러운 해결책을 알고 있는지, 잠재적 해결책의 특징이 무엇인지 그리고 해결책을 비교하기 위한 적절한 방법이 존재하는지 등등을 결정하기 위하여 장기기억으로부터 관련된 정보에 접속하는 것이다. 내적 탐색을 통하여 해결책이 얻어지지 않으면 탐색과정은 문제해결과 관련된 외적정보에 초점이 맞추어진다. 이는 **외적 탐색**이라고 한다. 외적 탐색은 독립된 정보원천, 개인적 원천, 마케터 제공정보 그리고 제품경험을 포함할 수 있다.

내적 정보는 명목적 의사결정에서 지배적 역할을 하는 경향이 있으며, 외적 탐색은 확장된 의사결정에서 지배적인 경향이 있다. 제한적 의사결정에서 외적 탐색은 여러 경우에 중간 정도의 역할을 한다.

2. 소비자가 탐색하는 정보의 유형들을 요약한다.

(1) 문제해결책에 대한 적절한 **평가기준**, (2) 다양한 대안적인 **해결책**의 존재, (3) 각 평가기준에 대한 각 대안의 **성과**에 대한 정보가 얻어질 수 있다.

3. 환기군과 관련된 의사결정 대안들의 범주를 설명한다.

소비자 문제를 해결할 수 있는 모든 가능한 대안의 집합으로부터, 의사결정 대안의 다음 범주들이 있다. 소비자가 알고 있는 대안들(**인지군**), 소비자가 알고 있고 중립적으로 보는 대안들(**비활성화군**), 소비자가 알지만 부정적으로 보는 대안들(**부적당군**), 소비자가 알고 호의적으로 보는 대안들(**환기군**)이 있다. 환기군(또는 고려군)은 소비자가 내적 탐색 및 외적 탐색 과정 중간에 추가적 정보를 추구하는 대안들이다. 그러므로 마케터들은 먼저 그들의 브랜드가 확실히 인지군에 있는지 관심을 두어야 한다. 그러나 인지는 고려와 같지 않기 때문에 그리고 선택되기 위해서는 고려될 필요가 있기 때문에, 마케터들은 또한 그들의 상표를 환기군에 포함시키는데 관심을 두어야 하며 그렇게 하기 위한 설득적 메시지 전달 및 다른 전략들을 실행해야 한다.

4. 이용가능한 정보원천 및 인터넷과 모바일 탐색의 역할을 논의한다.

소비자의 내적 정보(기억속에 저장되어 있는 정보)는 이전 탐색과 개인적 경험에서 적극적으로 얻어지거나 또는 저관여 학습에 의하여 수동적으로 얻어진 것일 수 있다.

자신의 기억에 더하여 소비자는 다음 네 가지 주요 외적 원천에 의하여 정보를 얻을 수 있다: (1) 친구와 가족과 같은 **개인적 원천**, (2) 소비자 집단, 유급 전문가 및 정부 기관과 같은 **독립적 원천**, (3) 판매원 및 광고와 같은 **마케팅 원천** (4) 직접 제품을 검사하거나 시용과 같은 **경험적 원천**이다.

이러한 정보원천들은 각기 인터넷과 모바일 기기에 의하여 접근할 수 있다. 인터넷 및 모바일 탐색 대안은 소비자가 구매 전에 정보를 탐색하는 방식을 극적으로 변화시키고 있으며 마케터에게 많은 독특한 기회와 문제를 제공한다.

5. 정보탐색의 양을 결정하는 주요 비용-편익 요인들을 논의한다.

문제인식 후의 명시적인 외적 정보탐색은 제한된다. 이러므로 문제인식 전에 소비자에게 효과적으로 커뮤니케이션할 필요성이 강조된다. 시장, 제품, 소비자의 특성 그리고 상황이 상호 작용하며 탐색수준에 영향을 미친다.

소비자들은 일반적으로 제품을 구매하기 앞서 비교적 광범위한 외적 탐색을 해야 한다고 종종 제안된다. 그러나 이러한 시각은 정보탐색이 공짜가 아니라는 것을 무시한 것이다. 정보탐색에는 시간, 노력, 돈이 들어가며 보다 바람직한 활동의 포기가 필요할 수 있다. 그러므로 소비자는 보다 낮은 가격 또는 보다 만족스러운 구매와 같이 기대되는 편익이 기대비용보다 큰 정도로만 외적 탐색을 할 수 있다.

다양한 요소들이 탐색에 드는 비용 및(또는) 혜택에 영향을 미친다. 이에는 시장 특성(예: 상표의 수), 제품 특성(예: 가격), 소비자 특성(예: 이전 탐색 및 학습) 그리고 상황적 특성(예: 가용 시간)이 있을 수 있다.

6. 정보탐색 유형에 기초한 마케팅전략들을 요약한다. 올바른 마케팅 전략은 표적시장이 행하는 정보탐색의 성격을 고려해야 한다. 탐색의 수준과 환기군에 포함 여부는 두 주요 차원이다. 이러한 두 차원에 기초하여 다음의 여섯 가지 잠재적 정보 전략이 제시된다: (1) 유지전략, (2) 붕괴전략, (3) 획득전략, (4) 가로채기전략, (5) 선호전략, (6) 수용전략이다.

주요 용어

인지 브랜드군(awareness set)
행동적 표적화(behavioral targeting)
보트(bots)
고려군(consideration set)
환기군(evoked set)
외적 탐색(external search)
부적당한 제품군(inept set)
비활성화된 제품군(inert set)
내적 탐색(internal search)
계속적 탐색(ongoing search)
지각된 위험(perceived risk)
검색엔진최적화(search engine optimization, SEO)

참고 문헌

1. The Chapter 15 opener is based on information found on the various corporate websites.
2. G. Punji and R. Brookes, "Decision Constraints and Consideration-Set Formation in Consumer Durables," *Psychology & Marketing,* August 2001, pp. 843–63.
3. An outstanding discussion of the trade-off consumers make between memory-based decisions (internal search) and external search is in J. R. Bettman, M. F. Luce, and J. W. Payne, "Constructive Consumer Choice Processes," *Journal of Consumer Research,* December 1998, pp. 187–217.
4. See, e.g., R. Smith and B. Deppa, "Two Dimensions of Attribute Importance," *Journal of Consumer Marketing* 26, no. 1 (2009), pp. 28–38.
5. S. S. Posavac, D. M. Sanbonmatsu, and E. A. Ho, "The Effects of the Selective Consideration of Alternatives on Consumer Choice and Attitude-Decision Consistency," *Journal of Consumer Psychology* 12, no. 3 (2002), pp. 203–13; T. Erdem and J. Swait, "Brand Credibility, Brand Consideration, and Choice," *Journal of Consumer Research,* June 2004, pp. 191–98; M. Paulssen and R. P. Bagozzi, "A Self-Regulatory Model of Consideration Set Formation," *Psychology & Marketing,* October 2005, pp. 785–812; and J. R. Hauser et al., "Disjunctions of Conjunctions, Cognitive Simplicity, and Consideration Sets," *Journal of Marketing Research,* June 2010, pp. 485–96.
6. E. M. Felcher, P. Malaviya, and A. L. McGill, "The Role of Taxonomic and Goal-Derived Product Categorization in, within, and across Category Judgments," *Psychology & Marketing,* August 2001, pp. 865–87.
7. P. Aurier, S. Jean, and J. L. Zaichkowsky, "Consideration Set Size and Familiarity with Usage Context," *Advances in Consumer Research,* vol. 27, ed. S. J. Hoch and R. J. Meyer (Provo, UT: Association for Consumer Research, 2000), pp. 307–13; and K. K. Desai and W. D. Hoyer, "Descriptive Characteristics of Memory-Based Consideration Sets," *Journal of Consumer Research,* December 2000, pp. 309–23.
8. R. R. Brand and J. J. Cronin, "Consumer-Specific Determinants of the Size of Retail Choice Sets," *Journal of Services Marketing* 11, no. 1 (1997), pp. 19–38.
9. L. R. Klein and G. T. Ford, "Consumer Search for Information in the Digital Age," *Journal of Interactive Marketing,* Summer 2003, pp. 29–49; B. T. Ratchford, M.-Soo Lee, and D. Talukdar, "The

Impact of the Internet on Information Search for Automobiles," *Journal of Marketing Research,* May 2003, pp. 193–209; H. Li, T. Daugherty, and F. Biocca, "The Role of Virtual Experience in Consumer Learning," *Journal of Consumer Psychology* 13, no. 4 (2003), pp. 395–407; A. E. Schlosser, "Experience Products in the Virtual World," *Journal of Consumer Research,* September 2003, pp. 184–98; and D. A. Griffith and Q. Chen, "The Influence of Virtual Direct Experience (VDE) on On-line Ad Message Effectiveness," *Journal of Advertising,* Spring 2004, pp. 55–68.

10. For a review and conflicting evidence, see A. A. Wright and J. G. Lynch Jr., "Communications Effects of Advertising versus Direct Experience When Both Search and Experience Attributes Are Present," *Journal of Consumer Research,* March 1995, pp. 108–18.
11. See C. F. Mela, S. Gupta, and D. R. Lehmann, "The Long-Term Impact of Promotion and Advertising on Consumer Brand Choice," *Journal of Marketing Research,* May 1997, pp. 248–61; and M. J. Sirgy et al., "Does Television Viewership Play a Role in the Perception of Quality of Life?" *Journal of Advertising,* Spring 1998, pp. 125–42.
12. *World Internet Usage Statistics News and World Population Stats* (Bogota, Colombia: Miniwatts Marketing Group, March 2011).
13. *Demographics of Internet Users* (Washington, DC: Pew Internet & American Life Project, December 2010).
14. *Generations 2010* (Washington, DC: Pew Internet & American Life Project, December 2010).
15. S. Hays, "Has Online Advertising Finally Grown Up?" *Advertising Age,* April 1, 2002, p. C1.
16. *Counting on the Internet,* Pew Internet & American Life Project, December 29, 2002, www.pewinternet.org; Klein and Ford, "Consumer Search for Information in the Digital Age"; Ratchford, Lee, and Talukdar, "The Impact of the Internet on Information Search for Automobiles"; *DoubleClick's Touch-points II,* Double Click research report, March 2004, www.doubleclick.com; *Double-Click's Touch-points III,* DoubleClick research report, July 2005, www.doubleclick.com; and B. T. Ratchford, D. Talukdar, and M. Lee, "The Impact of the Internet on Consumers' Use of Information Sources for Automobiles," *Journal of Consumer Research,* June 2007, pp. 111–19.
17. *Internet Activities,* Pew Internet & American Life Project, www.pewinternet.org, accessed June 18, 2011.
18. "Yahoo! and comScore Study Finds Online Consumers Who Pre-Shop on the Web Spend More In-Store," *comScore Press Release,* July 30, 2007, www.comscore.com, accessed June 19, 2011; *State of the U.S. Online Retail Economy through Q1 2009* (Reston, VA: comScore, 2009); D. M. Arbesman, "Online Shopper Intelligence Study Released," *compete pulse,* February 22, 2010, http://blog.complete.com, accessed June 15, 2011; and "Study Shows Online Shoppers Are Doing Their Homework," *e-commerce news,* February 26, 2010, http://ecommercejunkie.com, accessed June 15, 2011.
19. *Search before the Purchase,* DoubleClick research report, February 2005, www.doubleclick.com.
20. J. L. Joines, C. W. Scherer, and D. A. Scheufele, "Exploring Motivations for Consumer Web Use and Their Implications for E-commerce," *Journal of Consumer Marketing* 20, no. 2 (2003), pp. 90–108.
21. Ratchford, Lee, and Talukdar, "The Impact of the Internet on Information Search for Automobiles."
22. L. Gentry and R. Calantone, "A Comparison of Three Models to Explain Shop-Bot Use on the Web," *Psychology & Marketing,* November 2002, pp. 945–56; and Y. Xu and H. Kim, "Order Effect and Vendor Inspection in Online Comparison Shopping," *Journal of Retailing* 84, no. 4 (2008), pp. 477–86.
23. B. Bickart and R. M. Schindler, "Internet Forums as Influential Sources of Consumer Information," *Journal of Interactive Marketing,* Summer 2001, pp. 31–40; and P. Chatterjee, "Online Reviews," *Advances in Consumer Research,* vol. 28, ed. M. C. Gilly and J. Meyers-Levy (Provo, UT: Association for Consumer Research, 2001), pp. 129–33.
24. J. Loechner, "Online Research a Significant Part of Consumer Buying," *MediaPost,* February 22, 2011, www.mediapost.com, accessed June 15, 2011.
25. A. Parmar, "Student e-union," *Marketing News,* April 1, 2004, pp. 14–15.
26. "Ethnic Groups Online," *eMarketer,* June 20, 2005.
27. N. Singh and H. Matsuo, "Measuring Cultural Adaptation on the Web," in *Advances in Consumer Research,* vol. 30, ed. P. A. Keller and D. W. Rook (Provo, UT: Association for Consumer Research, 2003), pp. 271–72.
28. "Want Consumer Engagement?" *Launchfire,* October 5, 2009, www.launchfire.com, accessed June 15, 2011.
29. J. Halliday, "Half Hit Web before Showrooms," *Advertising Age,* October 4, 2004, p. 76.
30. E-mail material based on *DoubleClick's 2004 Consumer E-mail Study,* DoubleClick, October 2004, www.doubleclick.com.
31. *Who Tweets?* (Washington, DC: Pew Internet, 2009); J. Van Grove, "Sponsored Tweets Launches," mashable.com, August 3, 2009, accessed May 23, 2011; and "How Does Twitter Make Money," Buzzle.com, accessed May 23, 2011.
32. J. S. Ilfeld and R. S. Winer, "Generating Web Traffic," *Journal of Advertising Research,* October 2002, pp. 49–61.
33. D. Zigmond and H. Stipp, "Assessing a New Advertising Effect," *Journal of Advertising Research,* June 2010, pp. 162–68.
34. *Best Practices for Optimizing Web Advertising Effectiveness,* DoubleClick, May 2006, www.doubleclick.com.
35. Ibid.
36. C. McCarthy, "MySpace Gets 'Hyper' with Targeted Ads," *CNET News.com,* November 5, 2007, http://news.cnet.com/; and J. Kirk, "MySpace User Ad Targeting Will Be Optional," *The Industry Standard,* April 29, 2008, www.thestandard.com.
37. J. Smith, "10 Powerful Ways to Target Facebook Ads Every Performance Advertiser Should Know," *Inside Facebook,* July 27, 2009, www.insidefacebook.com, accessed June 19, 2011.
38. N. Madden, "Levi's Partners with Tudou for Interactive Video Campaign," *Advertising Age,* December 22, 2010.

39. W. Dou, R. Linn, and S. Yang, "How Smart Are 'Smart Banners'?" *Journal of Advertising Research* 41, no. 4 (2001), pp. 31–43.

40. E. Steel, "How Marketers Hone Their Aim Online," *The Wall Street Journal,* June 19, 2007.

41. "Search Marketing Fact Pack 2008," *Advertising Age,* November 8, 2008.

42. D. Sullivan, "Intro to Search Engine Optimization," *Search EngineWatch.com,* October 14, 2002.

43. B. S. Bulik, "Meet the Brands Hiding on Google," *Advertising Age,* April 27, 2010.

44. See, e.g., T. P. Novak, D. L. Hoffman, and Y.-F. Yung, "Measuring the Customer Experience in Online Environments," *Marketing Science,* Winter 2000, pp. 22–42; and J. R. Coyle and E. Thorson, "The Effects of Progressive Levels of Interactivity and Vividness in Web Marketing Sites," *Journal of Advertising,* Fall 2001, pp. 65–77.

45. *How Mobile Devices Are Changing Community Information Environments* (Washington, DC: Pew Internet & American Life Project, March 14, 2011).

46. Estimates from *eMarketer.* This and related information available at www.emarketer.com/reports.

47. Segment information from *2010 American Mobile Consumer Report* (Cost Mesa, CA: Experian, Information Systems, Inc., March 5, 2010); H. Leggatt, "Experian Segments Mobile Users by Behavior/Attitudes," *BizReport,* March 8, 2010, www.bizreport.com, accessed June 18, 2011; and J. Loechner, "Holiday Layaway," *MediaPost,* August 17, 2010, www.mediapost.com, accessed June 15, 2011. See also M. Pihlstrom and G. J. Brush, "Comparing the Perceived Value of Information and Entertainment Mobile Services," *Psychology & Marketing,* August 2008, pp. 732–55.

48. R. Aronauer, "Going Mobile to Market," *Sales & Marketing Management,* June 2007; and "Search Marketing Fact Pack 2008."

49. N. Zmuda, "Yes, There's an App for That Too," *Advertising Age,* March 1, 2010, p. 8.

50. Consumer Insight 15-1 is based on M. Kamvar and S. Baluja, "A Large Scale Study of Wireless Search Behavior," in *Proceedings of SIGCHI Conference on Human Factors in Computing Systems,* ed. R. Ginter et al. (Montreal: Conference on Human Factors in Computing Systems, 2006), pp. 701–709; "Search Marketing," in *Advertising Age Fact Pack 2007* (New York: Crain Communications, November 5, 2007); *Best Practices: A Blueprint for Building a Retail Mobile Marketing Program* (Irvine, CA: SmartReply, 2007); "Case Studies," *MobileMarketing Magazine,* November 19, 2007, p. 22; and "Special Report: Interactive Marketing," promomagazine.com, accessed April 15, 2008.

51. R. A. Westbrook and C. Farnell, "Patterns of Information Source Usage among Durable Goods Buyers," *Journal of Marketing Research,* August 1979, pp. 303–12; and J. E. Urbany, P. R. Dickson, and W. L. Wilkie, "Buyer Uncertainty and Information Search," *Journal of Consumer Research,* September 1989, pp. 208–15.

52. Urbany, Dickson, and Wilkie, "Buyer Uncertainty and Information Search"; and *Warranties Rule Consumer Follow-Up* (Washington DC: Federal Trade Commission, 1984), p. 26.

53. Ratchford, Lee, and Talukdar, "The Impact of the Internet on Information Search for Automobiles."

54. G. Katona and E. Mueller, "A Study of Purchase Decisions," in *Consumer Behavior: The Dynamics of Consumer Reaction,* ed. L. Clark (New York: New York University Press, 1955), pp. 30–87; J. Newman and R. Staelin, "Prepurchase Information Seeking for New Cars and Major Household Appliances," *Journal of Marketing Research,* August 1972, pp. 249–57; J. Claxton, J. Fry, and B. Portis, "A Taxonomy of Prepurchase Information Gathering Patterns," *Journal of Consumer Research,* December 1974, pp. 35–42; G. C. Kiel and R. A. Layton, "Dimensions of Consumer Information Seeking Behavior," *Journal of Marketing Research,* May 1981, pp. 233–39; J. B. Freiden and R. E. Goldsmith, "Prepurchase Information-Seeking for Professional Services," *Journal of Services Marketing,* Winter 1989, pp. 45–55; Urbany, Dickson, and Wilkie, "Buyer Uncertainty and Information Search"; G. N. Souter and M. M. McNeil, *Journal of Professional Services Marketing* 11, no. 2 (1995), pp. 45–60; and Klein and Ford, "Consumer Search for Information in the Digital Age."

55. J. G. Lynch Jr. and D. Ariely, "Wine Online," *Marketing Science,* Winter 2000, pp. 83–103; D. Ariely, "Controlling the Information Flow," *Journal of Consumer Research,* September 2000, pp. 233–48; and Ratchford, Lee, and Talukdar, "The Impact of the Internet on Information Search for Automobiles."

56. For a similar model of online search, see S. Kulviwat, C. Guo, and N. Engchanil, "Determinants of Online Search," *Internet Research* 14, no. 3 (2004), pp. 245–53; and A. L. Jepsen, "Factors Affecting Consumer Use of the Internet for Information Search," *Journal of Interactive Marketing,* Summer 2007, pp. 21–34.

57. D. R. Lichtenstein, N. M. Ridgway, and R. G. Netemeyer, "Price Perceptions and Consumer Shopping Behavior," *Journal of Marketing Research,* May 1993, pp. 234–45.

58. M. N. Bergen, S. Dutta, and S. M. Shugan, "Branded Variants," *Journal of Marketing Research,* February 1996, pp. 9–19.

59. J. Srivastava and N. Lurie, "A Consumer Perspective on Price-Matching Refund Policies," *Journal of Consumer Research,* September 2001, pp. 296–307.

60. D. Grewal and H. Marmorstein, "Market Price Variation, Perceived Price Variation, and Consumers' Price Search Decisions for Durable Goods," *Journal of Consumer Research,* December 1994, pp. 453–60.

61. See B. G. C. Dellaert, "Investigating Consumers' Tendency to Combine Multiple Shopping Purposes and Destinations," *Journal of Marketing Research,* May 1998, pp. 177–89.

62. See C. Moorman, "Market-Level Effects of Information," *Journal of Marketing Research,* February 1998, pp. 82–98; and A. D. Miyazaki, D. E. Sprott, and K. C. Manning, "Unit Prices on Retail Shelf Labels," *Journal of Retailing* 76, no. 1 (2000), pp. 93–112.

63. See C. M. Fisher and C. J. Anderson, "The Relationship between Consumer Attitudes and Frequency of Advertising in Newspapers for Hospitals," *Journal of Hospital Marketing* 7, no. 2 (1993), pp. 139–56.

64. S. Widrick and E. Fram, "Identifying Negative Products," *Journal of Consumer Marketing,* no. 2 (1983), pp. 59–66.

65. See D. D'Rozario and S. P. Douglas, "Effect of Assimilation on Prepurchase Information-Search Tendencies," *Journal of Consumer Psychology* 8, no. 2 (1999), pp. 187–209; and C. Merrill, "Where the Cars Are Caliente," *American Demographics,* January 2000, pp. 56–59.

66. J. Lee and J. Cho, "Consumers' Use of Information Intermediaries and the Impact on Their Information Search Behavior in the Financial Market," *The Journal of Consumer Affairs* 39, no.1 (2005), pp. 95–120.

67. J. W. Alba and J. W. Hutchinson, "Knowledge Calibration," *Journal of Consumer Research,* September 2000, pp. 123–49.

68. C. M. Heilman, D. Bowman, and G. P. Wright, "The Evolution of Brand Preferences and Choice Behaviors of Consumers New to a Market," *Journal of Marketing Research,* May 2000, pp. 139–55. See also D. Mazursky, "The Effects of Invalidating Information on Consumers' Subsequent Search Patterns," *Journal of Economic Psychology,* April 1998, pp. 261–77.

69. See J. A. Barrick and B. C. Spilker, "The Relations between Knowledge, Search Strategy, and Performance in Unaided and Aided Information Search," *Organizational Behavior and Human Decision Processes* 90 (2003), pp. 1–18.

70. See T. Williams, M. Slama, and J. Rogers, "Behavioral Characteristics of the Recreational Shopper," *Journal of Academy of Marketing Science,* Summer 1985, pp. 307–16; J. R. Lumpkin, J. M. Hawes, and W. R. Darden, "Shopping Patterns of the Rural Consumer," *Journal of Business Research,* February 1986, pp. 63–81; and W. W. Moe, "Buying, Searching, or Browsing," *Journal of Consumer Psychology* 13, no. 1/2 (2003), pp. 29–39.

71. See U. M. Dholakia, "Involvement-Response Models of Joint Effects," *Advances in Consumer Research,* vol. 25, ed. Alba and Hutchinson, pp. 499–506.

72. T. H. Dodd, B. E. Pinkleton, and A. W. Gustafson, *Psychology & Marketing,* May 1996, pp. 291–304. See also J. R. McColl-Kennedy and R. E. Fetter Jr., "An Empirical Examination of the Involvement to External Search Relationship," *Journal of Services Marketing* 15, no. 2 (2001), pp. 82–98.

73. G. R. Dowling and R. Staelin, "A Model of Perceived Risk and Intended Risk-Handling Activity," *Journal of Consumer Research,* June 1994, pp. 119–34. See also J. B. Smith and J. M. Bristor, "Uncertainty Orientation," *Psychology & Marketing,* November 1994, pp. 587–607.

74. A. Chaudhuri, "Product Class Effects on Perceived Risk," *International Journal of Research in Marketing,* May 1998, pp. 157–68; and K. Mitra, M. C. Reiss, and L. M. Capella, "An Examination of Perceived Risk, Informational Search, and Behavioral Intentions," *Journal of Services Marketing* 13, no. 3 (1999), pp. 208–28.

75. See, e.g., M. W. H. Weenig and M. Maarleveld, "The Impact of Time Constraint on Information Search Strategies in Complex Choice Tasks," *Journal of Economic Psychology* 23 (2002), pp. 689–702. For an exception, see C. J. Hill, "The Nature of Problem Recognition and Search in the Extended Health Care Decision," *Journal of Services Marketing* 15, no. 6 (2001), pp. 454–79.

76. A. G. Abdul-Muhmin, "Contingent Decision Behavior," *Journal of Consumer Psychology* 8, no. 1 (1999), pp. 91–111.

77. "L&M Lights Up Again," *Marketing and Media Decisions,* February 1984, p. 69.

78. L. L. Garber, "The Package Appearance in Choice," in *Advances in Consumer Research,* vol. 22, ed. F. R. Kardes and M. Sujan (Provo, UT: Association for Consumer Research, 1995), pp. 653–60.

79. Oser, "Snapple Effort Finds Women as They Browse."

80. See, e.g., Erdem and Swait, "Brand Credibility, Brand Consideration, and Choice."

16 대안 평가 및 선택

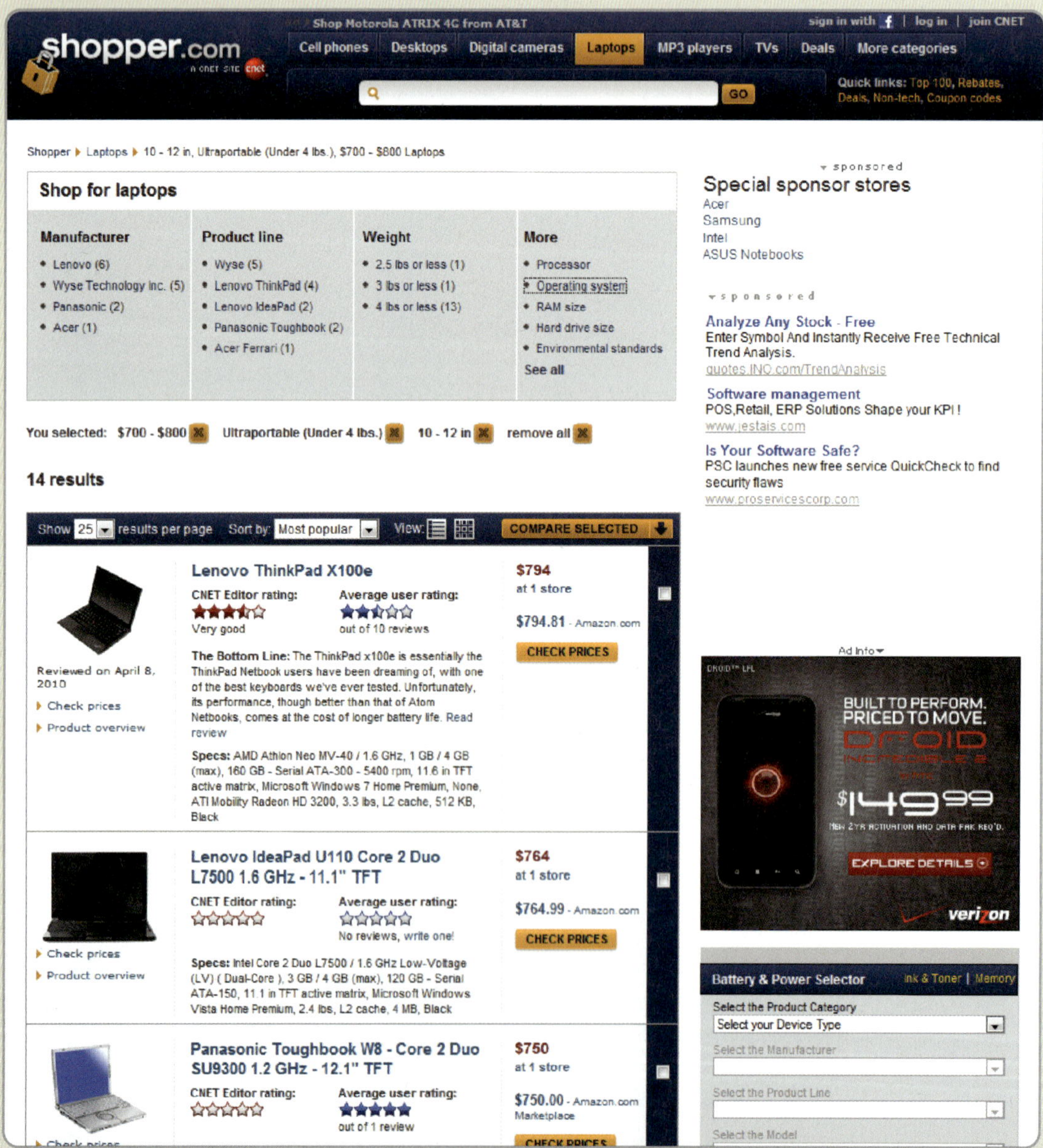

Shop Motorola ATRIX 4G from AT&T
sign in with | log in | join CNET
shopper.com
A CNET SITE
Cell phones
Desktops
Digital cameras
Laptops
MP3 players
TVs
Deals
More categories
GO
Quick links: Top 100, Rebates, Deals, Non-tech, Coupon codes
Shopper ▸ Laptops ▸ 10 - 12 in, Ultraportable (Under 4 lbs.), $700 - $800 Laptops
Shop for laptops
Manufacturer
Lenovo (6)
Wyse Technology Inc. (5)
Panasonic (2)
Acer (1)
Product line
Wyse (5)
Lenovo ThinkPad (4)
Lenovo IdeaPad (2)
Panasonic Toughbook (2)
Acer Ferrari (1)
Weight
2.5 lbs or less (1)
3 lbs or less (1)
4 lbs or less (13)
More
Processor
Operating system
RAM size
Hard drive size
Environmental standards
See all
You selected: $700 - $800 Ultraportable (Under 4 lbs.) 10 - 12 in remove all
14 results
Show 25 results per page Sort by: Most popular View:
COMPARE SELECTED
Lenovo ThinkPad X100e
CNET Editor rating:
Very good
Average user rating:
out of 10 reviews
Reviewed on April 8, 2010
Check prices
Product overview
The Bottom Line: The ThinkPad x100e is essentially the ThinkPad Netbook users have been dreaming of, with one of the best keyboards we've ever tested. Unfortunately, its performance, though better than that of Atom Netbooks, comes at the cost of longer battery life. Read review
Specs: AMD Athlon Neo MV-40 / 1.6 GHz, 1 GB / 4 GB (max), 160 GB - Serial ATA-300 - 5400 rpm, 11.6 in TFT active matrix, Microsoft Windows 7 Home Premium, None, ATI Mobility Radeon HD 3200, 3.3 lbs, L2 cache, 512 KB, Black
$794
at 1 store
$794.81 - Amazon.com
CHECK PRICES
Lenovo IdeaPad U110 Core 2 Duo L7500 1.6 GHz - 11.1" TFT
CNET Editor rating:
Average user rating:
No reviews, write one!
Check prices
Product overview
Specs: Intel Core 2 Duo L7500 / 1.6 GHz Low-Voltage (LV) (Dual-Core), 3 GB / 4 GB (max), 120 GB - Serial ATA-150, 11.1 in TFT active matrix, Microsoft Windows Vista Home Premium, 2.4 lbs, L2 cache, 4 MB, Black
$764
at 1 store
$764.99 - Amazon.com
CHECK PRICES
Panasonic Toughbook W8 - Core 2 Duo SU9300 1.2 GHz - 12.1" TFT
CNET Editor rating:
Average user rating:
out of 1 review
$750
at 1 store
$750.00 - Amazon.com Marketplace
sponsored
Special sponsor stores
Acer
Samsung
Intel
ASUS Notebooks
sponsored
Analyze Any Stock - Free
Enter Symbol And Instantly Receive Free Technical Trend Analysis.
quotes.INO.com/TrendAnalysis
Software management
POS,Retail, ERP Solutions Shape your KPI !
www.jestais.com
Is Your Software Safe?
PSC launches new free service QuickCheck to find security flaws
www.proservicescorp.com
Ad Info
BUILT TO PERFORM. PRICED TO MOVE.
DROID
$149.99
EXPLORE DETAILS
verizon
Battery & Power Selector
Ink & Toner | Memory
Select the Product Category
Select your Device Type
Select the Manufacturer
Select the Product Line
Select the Model

학습목표

- **LO1** 실제 소비자 선택이 합리적 선택 이론과 종종 어떻게 다른가를 논의한다
- **LO2** 소비자 선택과정의 유형들을 요약한다.
- **LO3** 소비자 평가기준과 이들의 측정방법을 설명한다.
- **LO4** 소비자 판단 및 마케팅 전략에서 평가기준의 역할을 설명한다.
- **LO5** 속성에 기초한 선택의 의사결정 규칙과 이들의 전략적 관련성을 요약한다.

온라인 쇼핑 서비스는 소비자의 정보탐색을 도울 수 있다. 때때로 추천 대리인(recommendation agents) 또는 보트(bots)라고도 하는 서비스는 의사결정 과정에서 도움을 줄 수 있다. 예를 들어, 어떤 쇼핑 서비스는 이용 가능한 브랜드들을 단순히 열거하기도 하고, 최저가를 찾아주기도 한다. 예를 들어 소비자는 New York에서 Denver까지 모든 항공편이 똑같다면 단지 가장 싼 가격을 원할 수 있다. 그러한 항공편을 찾은 후의 대안 선택과정은 단순하다 – 가장 싼 것을 선택하는 것.[1]

다른 의사결정은 보다 복잡하며 그러한 복잡성에 대해 온라인 쇼핑서비스가 소비자의 의사결정을 도울 수 있다. 예를 들어, Price Grabber는 소비자가 여러 평가기준에 기초하여 가능한 대안들을 걸러내도록 하여 환기군(evoked set)을 형성할 수 있도록 해준다. 즉, 소비자는 여러 속성에서 받아들일 수 있는 수준이 어느 정도인지를 결정하고 Price Grabber는 그러한 기준을 충족하는 브랜드들만을 제시한다. 제15장에서 언급한 것처럼 남은 대안들이 환기군 또는 고려브랜드군이 된다. 이제 소비자에게 남아있는 의사결정 과업은 고려브랜드군의 브랜드를 평가하고 최종 선택을 하는 것이다.

어떤 온라인 쇼핑서비스는 소비자 선택을 돕는 것까지 나아간다. 예를 들면, Shopper.com은 여러 기준에 기초하여 가능한 대안들을 걸러내고, 특징에 기초하여 소비자가 선택한 대안들의 하위 집합에서 대안들을 하나씩 비교한다. 주요 특징에 의하여 브랜드들을 그러한 식으로 정렬하는 것은 소비자 결정을 더 쉽게 만들어, 의사결정 시간을 줄이고 의사결정의 질을 높일 수 있다. Shopper.com은 또한 특정 브랜드의 주요 장점과 단점의 목록을 제시함으로써 소비자결정을 단순화시키도록 한다. 그리고 이 사이트는 온라인 쇼핑객이 신뢰하는 원천인 사용자 리뷰 및 평가를 제공한다.

이러한 모든 쇼핑 기능에도 불구하고, 소비자는 보통 수용가능한 많은 대안들을 가지게 된다. 제품 범주에 대한 지식이 많은 소비자들은 그들의 욕구에 주요 특징을 어떻게 대응시킬지를 알기 때문에 그러한 선택은 비교적 쉽다. 반면 초보 소비자들은 종종 그러한 선택이 매우 어렵다는 것을 알게 되며, 그 결과로 그들의 의사결정의 질은 나빠진다.

도입사례가 시사하듯이, 소비자들은 다양한 방법으로 의사결정을 하며, 의사결정들은 단순한 것부터 복잡한 것까지 다양하다. 문제인식 및 정보탐색 후의 다음 의사결정단계는 대안평가와 선택이다. 대안 선택은 또한 소비자선택으로 불려지며, 사실상 소비자들은 탐색 과정 중에도 선택을 위해서 종종 대안을 평가한다. 소비자 평가 및 대안의 선택이 이 장의 초점이다.

16.1 소비자 선택 및 선택과정의 유형

LO1

마케터는 때로 소비자 선택에 내재되어 있는 과정이 **합리적 선택 이론**을 따른다고 가정한다. 합리적 선택 이론은 묵시적으로 또는 명시적으로 소비자 선택에 대하여 종종 현실적이지 않은 많은 가정을 한다. 다음의 가정들을 논의해보자:

- **가정 1**: 소비자들은 문제에 대해 하나의 최적의 해결책을 추구하며, 그러한 근거로 선택한다.

  그러나 점점 마케터들은 이러한 상황이 항상 소비자 선택을 설명하는 것은 아니라는 것을 이해하고 있다. 첫째로, 소비자들은 항상 최적의 대안을 발견하는 목표를 가지고 있는 것은 아니다. **메타목표(metagoal)는 추구하는 성과의 일반적인 특성**을 의미한다. 최적의 대안을 선택하는 이외에 메타목표들은 인지적 노력의 최소화 또는 의사결정이 다른 사람들에게 정당화될 수 있는 정도의 최대화를 포함한다.[2] 제14장의 명목적 의사결정을 고려해 보라. 구매관여도가 낮은 소비자는 적어도 만족스러운 브랜드를 기억해 낼 수 있기 때문에 외적 탐색을 거의 또는 전혀 하지 않을 수 있다. 이러한 경우 소비자는 그 브랜드가 최적이 아닐 수 있지만, 더 이상의 탐색이나 의사결정 노력을 하지 않기 때문에 보통 그 브랜드를 선택할 것이다. 이는 낮은 구매관여도에서 탐색 및 의사결정 노력의 최소화와 같은 다른 목표들이 개입되기 때문이다.
- **가정 2**: 소비자들은 최적 해결책을 찾기 위한 기술과 동기를 가지고 있다.

  그러나 마케터들은 소비자들이 종종 큰 노력을 요구하는 최적 해결책을 찾는 과업을 할 능력 또는 동기를 가지고 있지 않다는 것을 점점 알아가고 있다. 예를 들면, 소비자들은 **제한된 합리성(bounded rationality)** 즉, **정보를 처리하기 위한 능력이 제한되어 있다.**[3] 또한 제14장에서 지적했듯이, 대부분의 결정은 소비자로 하여금 확장된 의사결정으로 최적의 해결책을 추구할 수 있을 정도로 충분한 구매관여도를 야기하지 않는다. 도입사례가 보여주듯이, 미국의 많은 웹사이트들은 너무나 많은 선택안들로 인한 정보 과부하를 소비자가 대처할 수 있도록 하고 있다.

  선택의 과부하는 영국에서 Just Buy This One이라 불리는 사이트가 생긴 이유였으며, 이 사이트는 제품범주와 가격범위에서 오직 한 상표만 추천하며 그 상표가 왜 최적인지 세 가지 이유를 함께 제공한다. 기업의 한 임원에 의하면:

> 우리는 25%의 사람들은 가격비교 사이트에서의 선택에서 당황해 한다는 것을 알았기 때문에, 매우 간단하고 아주 유용한 어떤 것을 만들기로 결정하였다. 온라인 쇼핑은 이전에는 간단하였으나 지금은 너무 복잡해졌다.[4]

- **가정 3**: 최적의 해결책은 시간 압박, 과업정의 또는 경쟁적 맥락과 같은 상황적 요인에 따라 변경되지 않는다.

  그러나 마케터는 선호도가 상황의 함수로서(제13장) 변경될 수 있고 또 변경된다는 것을 점점 인식하고 있다. 예를 들면, 제한된 의사결정은 우리가 시간이 없거나 급할 때 더 발생할 것 같다. 추가적으로, 이 장의 후반부에서 논의되는 것처럼, 새로운 브랜드가 경쟁적 상표군에 더해지면 그것은 소비자 선택을 변경시킬 수 있다.

따라서 이와 같이 당신은 이 장을 읽어가면서, 소비자 의사결정은 (a) 최적 해결책을 찾는다는 의미에서는 합리적이지 않으며, (b) 소비자의 인지적 그리고 시간적 제한 때문에 최석이지 않으며 (c) 상황에 의해 변경된다는 점에서 쉽게 영향을 받는다는 것을 명심해야한다.

1. 소비자 선택과정의 유형

LO1

먼저 소비자가 행할 수 있는 세 가지 일반적인 선택과정의 유형을 살펴보자. 어떤 선택은 마케팅 관리자의 중요한 (그리고 때때로 부정확한) 가정으로 만들어진, 상표와 특징 비교에 근거하지 않는 것을 알게 될 것이다. 세 가지 선택과정은 감정적 선택, 태도에 기초한 선택 및 속성에 기초한 선택이다. 우리가 간결한 설명을 위해서 각각을 구별해서 설명하지만, 이들은 상호 배타적이지 않으며, 하나의 의사결정에서 이들의 결합된 형태가 사용될 수 있다는 것을 명심해야한다. 먼지 디지털 카메라와 관련된 의사결정 시나리오를 살펴보자:

시나리오 1 (감정적 선택): 어떤 소비자가 지역의 한 상점에서 쇼핑할 때, 한 카메라가 그녀의 눈에 들어온다. 그녀는 카메라의 라인과 전반적 모양을 보면서 제품을 살펴본다. 그녀는 그 카메라가 날렵하고 현대적이고 멋지다고 생각한다. 그녀는 다른 카메라를 살펴보지만 모양이 너무 진지하고 지루하다고 생각한다. 그녀는 파티와 결혼식에서 첫 번째 카메라를 사용하여 사진을 찍게 되면 매우 멋진 인상을 줄 것이라고 단 몇 분간 생각하고 첫 번째 카메라를 사기로 결정하였다.

시나리오 2 (태도에 기초한 선택): 그녀는 친구의 Olympus Stylus가 성능이 좋고 모양도 좋다는 것을 기억한다. 그녀의 부모는 Kodak Easyshare를 가지고 있는데 성능이 좋지만 매우 크다. 그녀의 오래된 Fujifilm FinePix는 그녀가 기대한 만큼 성능이 좋지 않았다. 지역 상점에서 그녀는 Olympus와 Kodak 모델은 가격이 대략 같은 것을 보고 Olympus Stylus를 사기로 결정한다.

시나리오 3 (속성에 기초한 선택): 그녀는 가장 관심이 있는 특성을 결정하기 위해 인터넷에서 살펴본 후에, 지역 전자 상점으로 가서 그녀에게 가장 중요한 특성-카메라 크기, 줌, 자동적 기능들, 저장 크기-에 대해 여러 브랜드들을 비교한다. 그녀는 마음으로 이들 속성 및 각 모델의 품질 수준에 대한 전반적 느낌으로 각 모델의 순위를 매긴다. 이런 평가에 기초하여 그녀는 Olympus Stylus를 선택한다.

사진 16-1

왼쪽 광고는 제품 또는 소비 자체가 보상적이라는 것을 보여줌으로써 완료 행동적 동기에 소구하고 있다. 오른 쪽 광고는 제품이 목적의 수단이 되는 것을 보여줌으로써 수단적 동기에 소구하고 있다.

이 세 가지 시나리오는 서로 다른 선택 과정과 관련되어 있다. 첫 번째 시나리오는 감정적 선택을 나타낸다. 감정적 선택은 본질적으로 보다 전체적인(holistic) 경향이 있다.[5] 브랜드는 전체로부터 구분되어 개별적으로 평가되는 별개의 구성요소로 나눠지지 않는다. 그러한 제품의 평가는 전반적으로 이용자가 그 제품을 이용할 때 느끼는 방식에 초점을 둔다. 평가 자체는 종종 제품 또는 서비스에 대한 즉각적인 정서적 반응에 전적으로 또는 주로 기초한다.[6] 정서에 기초한 의사결정은 내가 그것에 대하여 어떻게 느끼는가의 휴리스틱(heuristic) 또는 결정규칙을 사용한다.[7] 소비자는 제품 또는 서비스를 사용하는 것을 상상하거나 그려보면서 이러한 사용으로 인한 감정을 평가한다.[8] 소비자가 감정적 선택과정을 사용하는 것은 내재적 구매동기에 의해 영향을 받는다.

정서적 선택은 근원적 동기가 수단적이라기 보다는 완료행동적일 때 일어날 가능성이 가장 크다. **완료 행동적 동기(consummatory motives)는 관련 개인에게 내재적으로 보상을 주는 행동에 기초를 두고 있다. 수단적 동기(instrumental motives)는 이차적 목표를 성취하도록 고안된 활동을 활성화시킨다.** 예를 들어 시나리오 1의 소비자는 카메라를 갖고 있고 사용하는 것이 그녀를 유행에 민감하고 우아하게 보이게 하는(완료 행동적 동기) 정서적 보상에 의하여 주로 동기부여되는 반면에, 다른 소비자들은 나중에 보고 즐길 수 있는 고품질의 사진을 찍을 수 있는(수단적 동기) 카메라를 가지는 것에 의하여 동기부여될 수 있다.[9] <사진 16-1>은 각 동기에 소구하는 광고를 보여준다.

마케터는 계속해서 감정에 기초한 결정들에 대하여 더 배우고 있다.[10] 그러한 결정은 마케팅에서 고려되는 보다 인지적인 결정들과는 다른 전략을 요구한다. (주로 완료 행동적 동기에 의해서 촉발되는) 본질상 감정적일 것 같은 그런 의사결정에 대하여 마케터들은 적절한 정서적 반응을 가져올 제품과 서비스를 설계하여야 한다.[11] 또한 그들은 소비자가 소비하는 동안에 그리고 소비경험 후에 어떻게 느낄지를 시각화하도록 도와야 한다.[12] 이는 새로운 브랜드 또는 서비스와 제품에 있어서 특히 중요하다. 제품 또는 서비스에 경험이 있는 소비자는 그것이 유발할 감정적 반응을 상상할 기반을 가지고 있다. 그러한 경험이 없는 소비자들은 그 경험이 유발할 느낌을 부정확하게 예측할 수 있다. 예를 들면, 물보라를 일으키는 래프팅을 상상하는 사람은 그 활동이 환희보다는 공포를 야기시킬 것으로 추정할 수 있다. <사진 16-2>에서의 광고는 소비자가 그 제품을 소유하면 가지게 될 긍정적인 경험과 동반되는 느낌을 상상하는 것을 도와준다.

사진 16-2

이 광고는 소비자가 제품을 소유함으로써 얻게 되는 즐거움을 상상하도록 고무함으로써 정서에 근거한 선택을 조장하고 있다.

두 번째 시나리오는 태도에 기초한 선택을 나타낸다. **태도에 기초한 선택(Attitude-based choice)**은 전반적 태도, 종합적 인상, 직관 또는 휴리스틱을 사용하고 선택시점에서 속성간의 비교는 이루어지지 않는다.[13] 중요한 제품들에 있어서도, 많은 선택이 태도에 기초한 것으로 보이는 것을 유념해야 한다. 제14장과 15장으로부터 대부분의 사람들은 구매 바로 전에 외적 원천으로부터 정보를 거의 수집하지 않는다는 것을 기억하라. 그들은 가장 태도에 기초한 결정을 할 것 같다.

동기부여, 정보입수가능성, 상황적 요인들이 상호작용하며 어느 선택과정이 이용될지를 결정한다. 최적의 의사결정을 하려는 동기부여가 강할수록 속성에 기초한 선택을 할 가능성이 높아진다. 이는 제14장의 구매관여도와 명목적 그리고 제한적 의사결정과 관련이 되며, 이들은 태도에 기초한 선택 쪽으로 치우쳐 있다. 정보를 찾거나 접근하기가 어려울 때 또는 소비자가 시간압박에 직면할 때 태도에 기초한 선택이 발생할 가능성이 높다. 시간압박이 탐색의 지각된 비용을 증가시키고 기억으로부터의 태도에 기초한 선택을 더욱 매력적으로 보이게 한다는 것을 주목하라.

세 번째 시나리오는 속성에 기초한 선택을 나타난다. **속성에 기초한 선택(Attribute-based choice)은 선택이 이루어질 때 특성 속성들에 대한 지식이 요구되고 브랜드들 간에 속성의 비교가 수반된다.** 이는 정서적 그리고 태도에 기초한 선택에서의 전체적 비교 보다 노력과 시간이 더 많이 드는 과정이다. 이는 또한 최적 결정에 보다 가까운 경향이 있다. 또한 동기부여, 정보의 가용성 그리고 상황적 요인은 상호작용하면서 태도에 기초한 선택이 이루어질 가능성을 결정한다.

높은 구매관여도 또는 동기부여를 가진 소비자들은 제14장에서 논의한 확장된 의사결정 방식과 가장 유사한 속성에 따라 선택할 가능성이 더 크다. 접근가능성이 더 높은 브랜드 및 속성 정보는 속성에 기초한 선택이 발생할 가능성을 증가시킨다. 이는 속성에서 중요한 이점을 갖고 있으나, 표적시장에서 강한 평판이나 이미지를 가지고 있지 못한 브랜드 관리자가 사용할 수 있다. 이 접근법은 브랜드-속성 매트릭스와 같이 처리하기 쉬운 형태로 속성에 기초한 비교를 하게한다. 그러한 매트릭스는 광고, 포장, 구매시점 진열,

사진 16-3

왼쪽 광고는 자사의 주요 특성의 탁월함에 의하여 속성에 기초한 선택을 조장하도록 하고 있다. 반면에 태도에 기초한 선택을 가정하거나 조장하도록 하는 오른쪽 광고는 특정 제품특성보다는 상표, 전반적 성과 그리고 이미지에 초점을 둔다.

팜플렛 또는 브랜드의 웹사이트에서 제공될 수 있다. 그러한 전략을 사용하는 기업은 적절한 비교 형식을 사용해야 하며 정보를 잘 구축하여 자사 브랜드가 비교의 중심이 되어야 한다.[14] 이는 아마도 **진하거나** 컬러 서체로 그 브랜드를 첫 번째로 위치하게 함으로써 이루어질 수 있다.

<사진 16-3>의 광고는 속성에 기초한 광고와 태도에 기초한 선택 전략의 차이를 보여준다. 왼쪽의 광고는 브랜드의 특정 특성에 초점을 맞추고 있고 속성에 기초한 선택과 부합된다. 오른쪽 광고는 브랜드와 제품의 전반적 인상과 사용자에 초점을 두고 있으며 태도에 기초한 선택과 부합된다.

이들 세 과정이 항상 독립적으로 사용되는 것은 아님을 유념하는 것이 중요하다. 예를 들면, 정서적 또는 감성적 기준은 기능적 기준과 함께 고려될 수 있다. 때때로 소비자는 정서에 의하여 더 동인되어 결과적으로 기능적으로 열등한 브랜드를 선택한다.[15] 쾌락적 속성과 효용적 속성간의 그러한 트레이드오프는 마케터가 제품 및 촉진 캠페인을 개발하는데 중요하다. 추가적으로, 때로 감정적 그리고 태도에 기초한 과정은 소비자가 고려군을 확정하거나 줄이는데 사용될 수 있다. 이러한 **단계별** 의사결정(phased decision making)은 일반적이며, 환기군의 형성에 있어서 감정 및 태도의 역할은 마케터에게 중요하다. 소비자와 마케터 모두에게 속성에 기초한 선택의 특성, 복잡성 및 중요성을 감안하여, 이 장의 나머지 부분은 속성에 기초한 선택에 초점을 두고 있다. <그림 16-1>은 속성에 기초한 선택과정의 단계들에 대한 개관을 제공한다.

속성에 기초한 대안 평가와 선택

그림 16-1

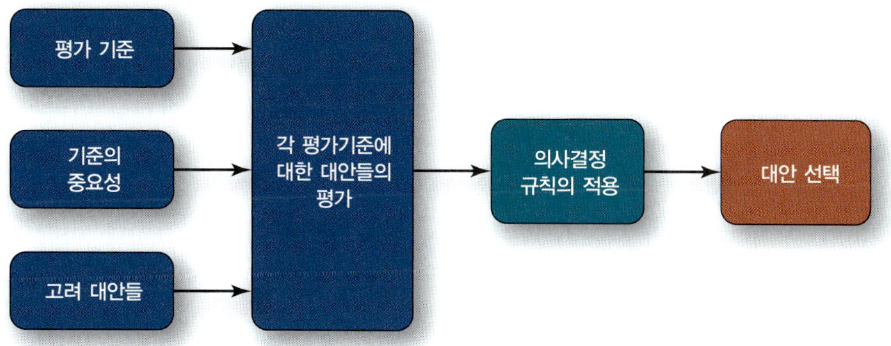

16.2 평가기준

LO3

속성에 기초한 선택은 하나 또는 그 이상의 속성들에서 상표 비교에 크게 의존한다. 이들 속성들은 상표가 평가되는 차원들이기 때문에 평가기준이라고 불린다. 평가기준(evaluative criteria)은 **소비자가 특정문제에 대하여 찾는 다양한 차원, 특성 또는 편익이다.** 기능적 속성들이 공통적인 경우 평가기준은 정서(초콜릿 케익과 관련된 즐거움 또는 쾌감)나 중요한 준거집단의 반응(사회적으로 소비되는 제품들)이 될 수 있다. 당신은 컴퓨터를 구입하기 전에 비용, 속도, 메모리, 운영시스템, 디스플레이 그리고 보증에 관심이 있을 것이다. 이는 당신의 평가기준이다. 다른 사람은 전혀 다른 평가기준들을 가지고 같은 구매에 접근할 수 있다.

평가기준은 극단값(더 낮은 가격, 높은 연비), 한계값(비용이 100달러 이상 되지 않아야 한다; 갤런당 25마일 이상 가야 한다) 또는 범위(85달러에서 95달러 사이의 가격이 수용 될 수 있다)를 포함하여 많은 방법으로 소비자에 의하여 지각되고 활용된다.[16] 새로운 제품범주에서는 소비자들은 여러 평가기준의 어느 수준이 바람직한지를 종종 결정해야 한다. 예를 들어, 바베큐 그릴을 처음으로 사거나 그릴에 대한 경험이 매우 적은 소비자는 그가 목탄보다 가스를 선호하는지, 둥근 지붕이 있는 것 또는 전통적인 모양의 것을 선호하는지 등을 결정해야 한다. 구매와 사용 후에는 이러한 선호 수준은 더 굳게 확립되고 견고해진다.[17]

1. 평가기준의 특성

평가기준은 보통 소비자가 바라는 편익과 연관된다. 따라서 충치를 줄이고자 하는 소비자라면 치약에 불소(평가기준)를 원한다. 마케터는 그것이 소비자가 특별히 바라는 편익이기 때문에 평가기준보다 상표의 편익을 전달하는 것이 때로는 더 설득적이다. <사진 16-4>의 광고는 기술적 특징보다 제품의 편익에 주로 초점을 맞추고 있다.

평가기준은 형태, 수, 중요성에 있어서 차이가 있다. 소비자가 의사결정에서 사용하는 **평가기준의 형태**는 **유형적** 비용 및 성과 특성으로부터 스타일, 기호, 위신, 유발된 정서 그리고 브랜드 이미지 등의 **무형적** 요인들까지 차이가 있다.[18] <사진 16-5>는 비슷한 두 제품이 매우 다른 형태의 평가기준을 강조하는 것을 보여준다. 왼쪽의 광고는 유형적 속성과 기술적 성과를 보여준다. 오른쪽 광고는 무형적 속성과 정서에 더 초점을 두고 있다.

치약, 비누 또는 미용 티슈 같은 아주 단순한 제품들에서 소비자는 비교적 적은 평가기준을 사용한다. 한편 자동차, 스테레오 시스템 또는 집의 구매는 많은 기준을 연관시킬 수 있다. 개인의 특성(제품 친숙성과 나이와 같은) 및 구매 상황의 특성(시간 압박과 같은)도 고려되는 평가기준의 수에 영향을 미친다.[19] 예를 들어 시간압박은 조사되는 속성의 수를 줄이는 경향이 있다.[20]

소비자가 각 평가기준에 부여하는 중요성은 마케터에게 매우 중요하다. 아래의 예에서 세 명의 소비자는 노트북 컴퓨터를 구입할 때 다음과 같은 여섯 개의 평가기준을 사용할 수 있다. 그러나 그들이 부여하는 중요성이 아래의 표에서 보여지는 것처럼 다르다면 그들은 다른 브랜드들을 구입하게 될 것이다.

	중요성 순위		
기준	소비자 A	소비자 B	소비자 C
가격	**1**	6	3
프로세서	5	**1**	4
디스플레이 품질	3	3	**1**
메모리	6	**2**	5
무게	4	4	**2**
구매 후 지원	**2**	5	6

소비자 A는 주로 가격과 지원 서비스에 대해서 관심이 있다. 소비자 B는 컴퓨터의 속도와 파워(프로세서와 메모리로 나타나는)를 원한다. 소비자 C는 주로 사용의 용이성(디스플레이와 무게로 나타나는)에 주로 관심이 있다. 세 명의 각 소비자가 큰 소비자 집단을 나타낸다면 같은 기준에 부여된 중요성에 기초하여 세 개의 구분된 세분시장을 갖게 된다.

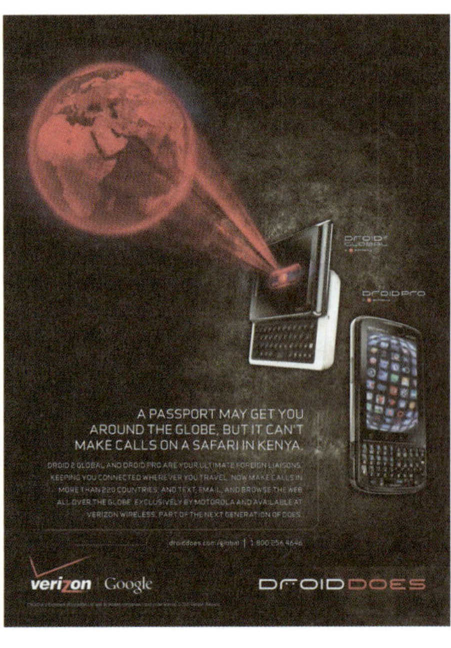

사진 16-4

소비자들은 일반적으로 제품특성이 제공하는 편익과 관련된 제품특성에만 관심이 있다. 이 광고는 편익을 가져오는 기술적 특성보다는 핵심편익을 강조하고 있다.

평가기준 그리고 평가기준에 부여된 중요성은 선택되는 브랜드뿐 아니라 문제가 인식되는지의 여부와 시기에 영향을 미친다. 예를 들어, 안락함과 비용 보다는 자동차 스타일링과 제품 이미지에 더 중요성을 두는 소비자는 반대적인 중요성 순위를 가진 소비자보다 신차를 보다 빈번하게 구입한다.[21] 이와 같이 마케터는 표적시장에 적절한 브랜드 특징들을 개발하고 커뮤니케이션 할 수 있도록 소비자가 상표를 평가할 때 어떤 평가기준을 사용하는지 이해하기를 원한다. 또한 때때로 마케터들은 그들의 상표평가에 도움이 되도록 소비자가 활용할 수 있는 평가기준을 변경시키기를 원한다.[22] 이와 같이 평가기준의 측정은 중요한 마케팅 활동이다.

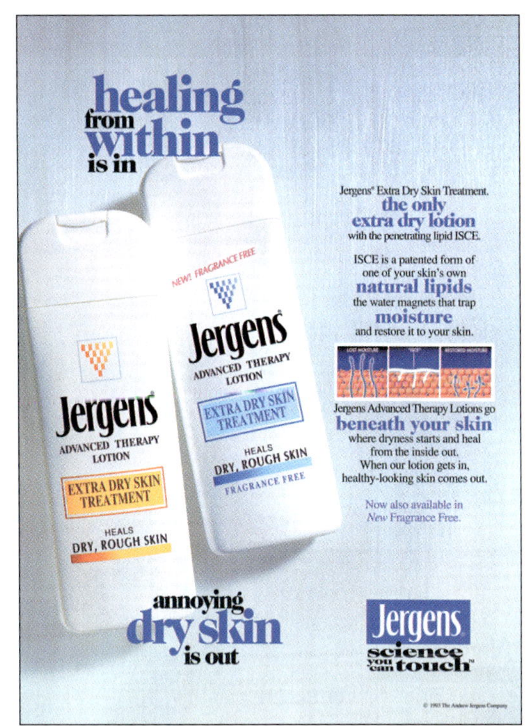

사진 16-5

이 광고들은 같은 제품에 대한 소비자들의 다른 평가과정들을 가정하고 있다.

2. 평가기준의 측정

마케팅 관리자나 공공정책 의사결정자는 소비자 의사결정에 영향을 미치기 위한 올바른 전략을 개발하기 전에 다음을 결정해야 한다:

- 소비자가 어떤 평가기준을 사용하는가
- 소비자가 각 기준에 대하여 여러 대안을 어떻게 지각하는가
- 각 기준의 상대적 중요성은 어떠한가

그러므로, 특정 브랜드 선택의 결정에서, 특히 정서 또는 느낌이 관련되는 경우 소비자들이 어떤 평가기준을 사용할지를 결정하는 것은 종종 어렵다. 이는 그들이 각 평가기준에 부여하는 상대적 중요성을 결정하고자 할 때 더욱 문제가 된다.

어떤 평가기준이 이용되는지의 결정 소비자가 특정 제품 범주에서 어떤 기준을 사용하는지 결정하기 위하여 마케팅조사자는 직접적 또는 간접적 측정 방법을 사용할 수 있다.

직접 방법은 소비자들에게 그들이 특정 구매에서 어떤 기준을 사용하는지 묻거나 또는 표적집단면접법에서 소비자들이 제품과 제품의 속성에 대하여 무엇을 말하는지 기록하는 것이다. 그러나 소비자들은 때로 제품에 대한 평가기준을, 특히 정서나 느낌이 관련이 된다면, 말하지 않으려 하거나 또는 말로 표현하지 못할 수 있다. 예를 들어 Hanes 기업은 소비자 인터뷰에 따라서 자사의 L'erin 화장품 라인을 로맨틱 또는 정서적인 제품으로보다

그림 16-2 맥주 브랜드의 제품지각도

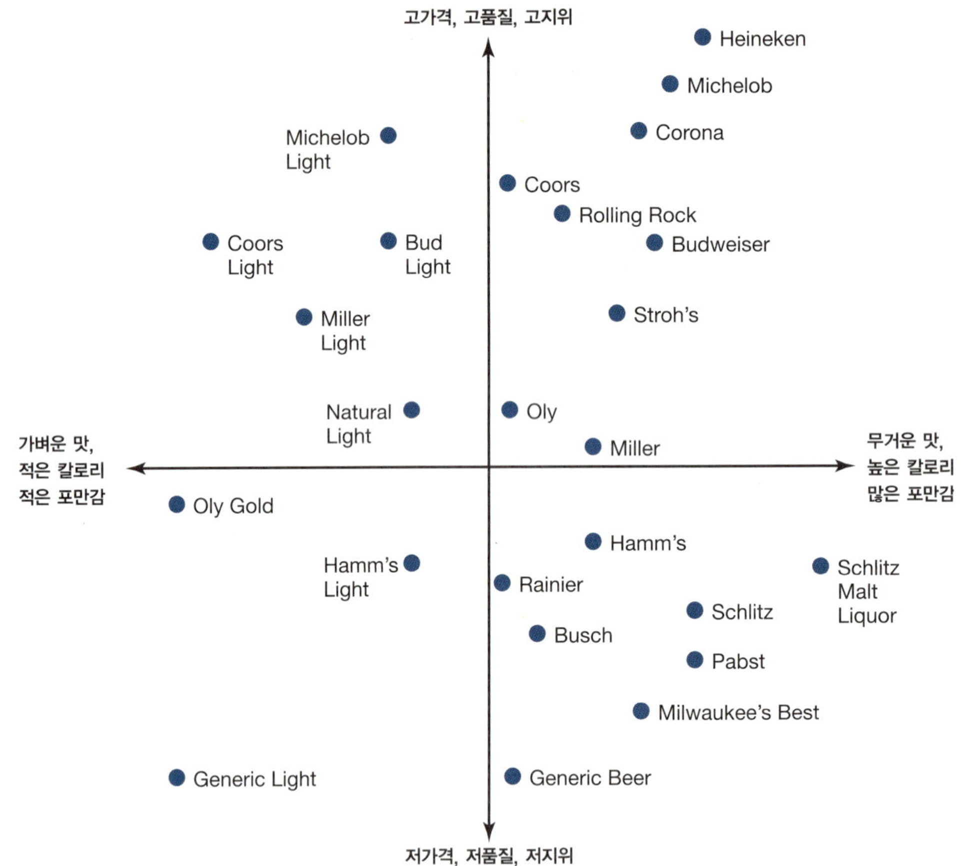

는 기능적인 제품으로 포지셔닝하여 상당한 손실(3천억 달러)을 보았다. 궁극적으로 그 브랜드는 매력적이고 이국적인 것으로 리포지셔닝하는데 성공하였는데 소비자들은 이러한 것들을 바라는 속성으로 표현하지는 않았다.[23]

따라서, 응답자로 하여금 다른 사람이 사용할 수 있는 평가기준을 지적하게 하는 **투사기법(projective techniques)** <부록 A, 표 A-1>과 같은 간접 측정 방법이 종종 도움이 된다. 다른 사람이 응답자의 **투사물**이 될 것이므로 마케터는 간접적으로 사용되는 평가기준을 정할 수 있다.

지각도(perceptual mapping)는 평가기준을 정하는 또 다른 유용한 간접 방식이다. 첫째 소비자는 대체 브랜드들의 유사성을 판단한다. 이는 일반적으로 소비자가 가능한 브랜드의 쌍들을 보고 어느 쌍이 가장 유사한지, 그 다음으로 어느 쌍이 유사한지, 계속해서 평가하여 모든 쌍의 순위를 매기도록 한다. 이러한 유사성 판단은 컴퓨터에 의해 처리되어 브랜드의 지각도가 도출된다. 소비자에 의해서 평가기준이 말해지지 않는다. 소비자가 단순히 모든 대안의 쌍의 순위를 매긴 후에 지각도가 도출되어 소비자가 말하지 않은 평가기준이 지각도의 차원이 된다.

예를 들어 <그림 16-2>의 맥주의 지각도를 고려해 보라. 이 지각도는 맥주브랜드의 상대적 유사성에 대한 소비자 평가로부터 도출된 것이다. 수평축은 맛, 칼로리, 풍부성과 같은 물리적 속성으로 특징지워진다. 수직축은 가격, 품질, 지위로 특징지워진다. 판단을 사용하여 각 축을 명명함으로써 각 평가기준이 명명된다. 이러한 절차는 마케터로 하여금 소비자 지각과 소비자가 브랜드를 차별화하기 위해서 사용하는 평가기준을 이해하게 한다.

특정 평가기준에서 브랜드 성과에 대한 소비자 판단의 결정 특정 속성에서 브랜드성과의 소비자 판단을 측정하기 위해 다양한 방법이 사용가능하다. 이에는 **순위척도**, **의미차별화척도**, **리커트 척도**(<부록 A>와 <부록 표 A-3> 참조)가 포함된다. 의미차별화척도는 아마도 가장 널리 사용되는 기법이다.

이들 기법도 제품 또는 브랜드에 대한 정서적 반응을 측정하는데 효과적이지 못하다. 투사법이 상당한 통찰력을 제공할 수 있다. 정서의 쾌락, 각성, 지배의 차원(제11장 참조)을 보다 직접적으로 파악하기 위해 설계된 그래픽 방식인 SAM도 유용한 대안일 수 있다.

평가기준의 상대적 중요성의 결정 평가기준에 부여된 중요성은 직접방식 또는 간접방식에 의하여 측정될 수 있다. 어떤 기법이 사용되든 속성의 중요성은 상황에 따라 다르므로 사용 상황을 명확히 하여야 한다. **고정총합법**이 가장 많이 사용되는 직접 측정방법이다(제11장 참조).

가장 많이 사용되는 간접 측정 방식은 컨조인트분석(conjoint analysis)이다. 컨조인트분석에서는 평가기준들이 다른 제품군 또는 제품설명서가 소비자에게 제시된다. 예를 들어, 소비자는 4개의 평가기준에서 각기 다른 24가지의 노트북 컴퓨터의 설명서를 제시받을 수 있다. 두 가지를 든다면:

인텔 코어 듀오 2.4 GHz	인텔 코어 듀오 2.0 GHz
에너지 절약적인	에너지 절약적이지 않은
5.1 파운드	4 파운드
$1,250	$850

소비자는 특성들의 결합들에 대한 자신의 선호에 기초하여 24개 설명서에 대하여 순위를 매긴다. 이 선호 순위를 이용하여 정교한 컴퓨터 프로그램이 각 속성수준에 대하여 소비자가 부여한 상대적 중요성을 도출한다(자세한 내용은 <부록 A>와 <부록 그림 A-1> 참조).

Sunbeam사는 다양한 세분시장을 위하여 식품 프로세서 라인을 재구축할 때 컨조인트분석을 사용하였다. 기업은 가격, 모터파워, 칼날의 수, 그릇 모양 등 12개의 다른 속성을 사용하였다. 이들 속성의 **상대적 중요성에 의해 다양한 세분시장이 나타났다.** 두 세분시장에 대한 주요 속성은 중요성 순서로 아래와 같다. 이러한 결과는 Sunbeam사가 특히 각 세분시장을 위한 모델을 개발하고 중요한 평가기준에서 그들의 욕구를 더 잘 시킬수 있도록 했다.

싸고/큰 집단	속도 조절(multispeed)/다용도 집단
$49.99 가격	$99.99 가격
4 쿼트 그릇	2 쿼트 그릇
2 가지 속도	7 가지 속도
7개의 날	블렌더와 믹서의 기능
고용량 모터	원통형 그릇
원통형 그릇	배출 꼭지

16.3 개인적 판단 및 평가기준

당신이 노트북 컴퓨터를 구입하려 한다면 아마도 가격, 무게 및 디스플레이 선명도와 같은 특성에 대하여 브랜드들을 직접 비교할 것이다. 이러한 비교적 판단은 완전히 정확하지는 않을 것이다. 예를 들어 5분 간의 시도에서 읽기 가장 용이한 디스플레이는 두 시간 동안 읽기 가장 용이한 것은 아닐 것이다. 품질 등의 여러 속성을 당신이 직접 비교할 수는 없을 것이다. 대신에 당신은 품질을 나타내는 브랜드명 또는 가격에 의존할 수 있다. 게다가 제품특성의 중요성에 대한 소비자 지각은 여러 외적 요인에 의하여 영향을 받는다. 직접 판단의 정확성, 한 요인(대리지표)을 사용한 다른 요인에 대한 성과의 추론, 속성 중요성의 차이는 마케터에게 중요한 이슈이다.

1. 개인적 판단의 정확성

평균적인 소비자는 품질 또는 내구성과 같은 복잡한 평가기준에 관하여 경쟁 브랜드들의 성과 판단에 대해 충분히 훈련받지 못하였다. 그러나 보다 간단한 기준에 대해서는 대부분의 소비자들도 판단을 할 수 있으며 또한 그렇게 한다. 가격은 일반적으로 판단될 수 있으며 직접적으로 비교된다. 그러나 이조차 복잡할 수 있다. 코카콜라 12온스 캔, 여섯 개 팩이 2.49달러인 것이 1리터를 99센트에 두 개 사는 것보다 더 나은가? 소비자 집단은 비교가 보다 쉽도록 단위가격표시(온스당 비용 같은 공통 단위로 가격을 매김)를 추진해왔다. 여러 대출업체들 간에 직접적인 가격비교가 용이하도록 연방 성실대출법(truth-in-lending)이 통과되었다.

개인이 유사한 자극을 구분하는 능력은 **감각적 변별(sensory discrimination)**이라고 불리운다(제8장 참조). 이는 스테레오 시스템의 음향, 식품의 맛 또는 디스플레이 스크린의 선명도와 같은 변수들을 포함할 수 있다. 한 자극과 다른 자극간의 차이가 감지될 수 있는 최소한의 양은 최소식별 차이(j.n.d.)라고 불리운다. 제8장에서 보았듯이 이러한 능력은 대부분의 소비자에서 잘 개발되어 있지 않다. 일반적으로 개인들은 브랜드간의 비교적 작은 차이 또는 브랜드속성의 변화를 전형적으로 감지하지 못한다고 연구는 보여주고 있다. 또한 성과의 어떤 측면은 많은 사용 후에만 판단될 뿐 아니라 많은 제품과 서비스의 복잡성이 정확한 브랜드 비교를 어렵게 한다.[24]

소비자가 많은 제품을 정확하게 평가할 수 없기 때문에 결과적으로 부적절한 구매를 할 가능성이 있다(필요보다 높은 가격에 낮은 품질의 제품을 구매하는 것).[25] 이는 고가치의 브랜드의 마케터뿐 아니라 규제당국 및 소비자집단에게도 주된 관심사항이다.

2. 대리지표의 사용

소비자들은 종종 관찰되기 어려운 속성에 제품의 성과를 나타내기 위해 관찰할 수 있는 속성을 사용한다.[26] 예를 들어 소비자는 제품의 가격이 비교적 높기 때문에 품질이 좋다고 추론할 수 있다. 다른 속성을 나타내거나 가리키기 위해서 사용되는 속성을 **대리지표(surrogate indicator)**라고 한다. 제8장에서 논의한 대로 소비자들은 종종 품질의 대리지표로 가격, 광고강도, 보증, 브랜드, 원산지 등의 요인 – 이 책에서는 품질 신호(signal)로 명명 – 을 사용한다. <사진 16-6>은 품질을 대리지표로 활용하고자 하는 기업을 보여준다.

사진 16-6

소비자들은 종종 제품의 원산지를 제품품질의 중요한 지표로 사용한다.

일반적으로 대리지표는 소비자가 스스로 판단을 할 만한 지식이 부족할 때, 의사결정에 대한 동기 혹은 관심이 낮을 때, 다른 품질 관련 정보가 부족할 때 매우 강하게 작용한다. 유감스럽게도 대리지표와 품질의 기능적 수지간의 관계는 잘해야 보통 정도이다.[27] 분명히 소비자가 실제적 품질과 거의 관련이 없는 대리지표에 의존할 때 차선의 결정을 하게 될 것이다.

대리지표는 가격수준과 품질수준 같은 두 특성이 일반적으로 상관 관계가 있다는 소비자의 믿음에 기반을 둔다. 또한 소비자들은 가벼운 것과 강한 것, 풍부한 맛과 저칼로리 또, 섬유질과 고단백질 같이 어떤 변수들은 병존할 수 없다고 믿는다.[28] 마케터가 많은 소비자들이 상호배타적이라고 믿는 두 변수 또는 여러 변수들을 동시에 커뮤니케이션하고자 하는 경우 매우 설득적인 메시지가 사용되지 않는다면 실패할 위험이 높다. 이와 같이 마케터는 제품과 관련한 속성들의 가능한 관계에 대한 소비자 신념을 충분히 이해해야 한다.

3. 평가기준의 상대적 중요성 및 영향

평가기준의 중요성은 개인마다 다르며 또한 같은 사람 내에서도 시간에 따라 다르다. 즉 소비자들은 종종 여러 기준들이 얼마나 중요한지에 대해 전반적인 감각을 갖고 있지만 이는 여러 요인들에 의해 영향을 받는다. 이들 요인들은 다음과 같다:

- 사용 상황–제품 또는 서비스가 사용되는 상황은 선택 기준에 중요한 영향을 미칠 수 있다. 예를 들어, 서비스 속도와 편리한 위치는 점심시간에 식당을 선택할 때는 매우 중요하지만 특별한 경우에는 비교적 중요하지 않을 수 있다.[29]

- **경쟁상황**－일반적으로, 특정 평가기준에서 경쟁 브랜드 간에 차이가 적을수록 그 평가기준이 의사결정과정에서 미치는 영향은 적을 것이다.[30] 예를 들어, 당신은 노트북 컴퓨터의 무게가 중요하다고 생각할 수 있다. 그러나 당신이 고려하는 모든 브랜드가 4파운드에서 5파운드 사이에 있다면 이 속성은 당신의 결정에서 덜 중요한 요인이 될 것이다.
- **광고효과**－광고는 여러 방법으로 평가기준의 중요성에 영향을 미칠 수 있다. 예를 들어, 속성에 대한 주의 및 정교화된 처리를 증가시키는 광고는 의사결정에서 그 속성의 지각된 중요성 및(또는) 영향을 높일 수 있다.[31] 제8장과 제9장에서 본 바와 같이 대조, 두드러짐 그리고 심상은 주의와 정교함을 높이는데 사용될 수 있는 몇 가지 전술이다.

4. 평가기준, 개인적 판단 및 마케팅전략

분명히 마케터는 자사의 제품에 관하여 소비자가 사용하는 평가기준을 이해해야 하고 이들 특성에서 우월한 제품을 개발해야 한다. 그러고 나서 마케팅 커뮤니케이션 믹스의 모든 측면은 이러한 우월성을 전달해야 한다.

마케터는 또한 소비자의 대리지표를 사용하는 경향뿐 아니라 평가기준을 판단하는 능력을 인지하고 대응해야 한다. 예를 들어 대부분의 새로운 소비재는 경쟁제품과 **블라인드 테스트(blind tests)**를 한다. 블라인드 테스트는 소비자들이 브랜드 명을 모르는 상태에서 수행하는 테스트이다. 이 테스트는 마케터로 하여금 제품의 기능적인 특성을 평가할 수 있도록 해주고, 브랜드 명이나 기업의 명성으로 인한 편견이 없는 상태에서 특정 경쟁자에 비해 경쟁우위를 얻어왔는지를 판단할 수 있도록 해준다. 당신은 제품의 시장 잠재력을 평가하는데 있어서 블라인드 테스트의 단점을 알 수 있는가?

마케터는 또한 직접적으로 대리지표를 사용한다. Hyundai의 10년, 10만 마일 보증은 10년 전에 도입했을 때 당시 산업계에서 획기적인 사건이었다. 목표는 다른 대리지표 즉 원산지와 관련된 저품질의 인식을 극복하는 것이었다. 다시 말해서, 미국의 소비자들은 그 당시 한국산 자동차의 품질을 확신할 수 없었고 보증은 이를 극복하도록 고안되었다.

좋은 와인, 수입맥주 등과 같은 이미지 제품에서, 더 높은 가격은 더 높은 품질을 시사하는 경향이 있다. 그러므로 대부분의 제품에서 더 높은 가격은 더 낮은 수요를 가져오는 경향이 있지만, 이미지에 기반한 제품에서는 높은 가격에 기초하여 추론한 품질 때문에 더 높은 가격은 더 높은 수요를 야기한다.

브랜드는 또한 품질을 나타내는 강력한 대리지표이다. Elmer의 접착제는 브랜드의 잘 확립된 평판을 이용하여 새로운 수퍼 접착제를 프로모션하였다. Elmer의 Wonder Bond의 광고는 '당신이 신뢰할 수 있는 브랜드 이름을 붙여라.' 라고 말한다. 제한된 평판을 가지고 있는 기업은 때때로 평판있는 기업과 **브랜드연합**을 해서 알려진 이름으로부터 추론되는 품질로 이득을 얻을 수 있다. 이와 같이 M&M과 같은 브랜드의 재료를 사용하는 새로운 아이스크림 브랜드는 M&M의 품질 이미지로부터 이득을 얻을 것이다.[32] 미국산, 이탈리아 스타일 또는 독일 공학기술과 같은 원산지 국가주제 또한 일반적이다.

마케터는 평가기준의 중요성을 소비자가 인식하는데 영향을 미치는 여러 요인들도 알고 있어야 한다. 요인들이 중요하지만, 경쟁자들 간에 유사하기 때문에 의사결정에 거의 영향을 미치지 않을 수 있다는 것을 이해하는 것은 중요한 통찰력이다. 그러므로 마케팅 관리자는 브랜드를 포지셔닝시킬 중요한 **차별화 요소**를 조사하는 것이 필요하다. 브랜드가 특정 사용 상황에 아주 적합하다는 것을 강조하는 광고 주제는 그 브랜드의 우월한 속성으로 주의를 끄는 전략처럼 효과적일 수 있다.

16.4 속성에 기초한 선택의 의사결정 규칙

LO5

소비자들이 대안들 중에서 선택할 때 사용하는 여러 선택 규칙들을 설명하면, 이 규칙들이 부정확하고 종종 무의식적이거나 또는 적은 노력의 심적 과정을 표현한 것이라는 것을 기억하라. 다음 예는 복잡한 선택규칙(한 속성에 높은 가중치를 주는 보완적 방식)을 사용하는 소비자를 잘 나타낸 것이다:

> 나는 정말 Ford(미니밴)를 좋아한다. 그러나 이 차는 뒷문이 열리는 방식이 아니라 들어 올리는 방식이다. Ford와 GM이 워낙 비슷해서 Ford차가 구입 가능하였다면 Ford를 택하지 않았을까 생각한다. 들어 올리는 뒷문 방식이 주요한 차이였고 GM차의 뒷문 열리는 방식이 좋았기 때문에 GM을 선택하였다. 나는 Ford차의 내부 디자인과 운전 방법이 좋았다. 나는 Ford 차의 느낌 및 모든 것을 좋아하였다. 그러나 당신이 아이들을 데리고 식료품과 물건을 들고 뒷문을 들어올려야 한다고 생각해보자. 그것은 끔찍한 일이다. 당신이 어떤 것을 들고 아이들을 뒤쪽으로 데리고 가서 뒷문을 들어 올려야 한다면 아이들 머리가 부딪치게 될 것이다. 그것은 큰일이다. 당신은 Ford차가 GM차보다 훨씬 싸다는 것을 알고 있다. Ford차가 GM보다 1,000달러에서 2,000달러 정도 싸고, 돈이 하나의 요인이었기 때문에 우리는 먼저 Ford 딜러에게 가서 돈 이야기를 하였다. 그러나 우리는 뒷문으로 인해 불편함을 감수해야 하는 수준까지 가격을 내릴 수 없었다.[33]

설명한 선택규칙이 소비자 의사결정의 정확한 재현이 아니지만 소비자가 어떻게 의사결정을 하는가에 대한 이해를 높일 수 있고 마케팅 전략에 대한 가이드를 제공한다.

당신이 당신의 환기브랜드군에 여섯 대의 노트북 컴퓨터가 있고 여섯 개의 평가기준－가격, 무게, 프로세서, 건전지 수명, 구매 후 지원, 디스플레이 품질－을 가지고 있다고 가정하자. 또한 <표 16-1>에서 보는 것처럼 각 브랜드는 한 가지 속성에서는 우수하지만 다른 하나 또는 그 이상의 속성에서는 부족하다고 가정하자.

당신은 어느 브랜드를 선택할 것인가? 그 답은 당신이 사용하는 결정규칙에 있다. 소비자는 보통 다섯 가지 결정규칙을 사용한다: 결합식, 비결합식, 속성별 제거식, 사전 편집식, 보완적 방식. 어떤 결정에서는 한 가지 이상의 규칙이 사용 될 수 있다. 이러한 가장 일반적 예는 비교적 간단한 규칙을 사용해서 고려되는 대안의 수를 줄이고 남은 대안에 대하여 보다 복잡한 규칙을 적용하는 것이다.[34] 한 예는 학교로부터 너무 먼 아파트를 제거하고 월세가 700달러가 넘는 아파트를 고려대안에서 제거(결합식)하는 것이다. 남은 아파트중에서 선택은 위치의 편리성, 가격, 수영장의 유무, 방의 크기(보완적 방식) 등의 특성

표 16-1 여섯 종류의 노트북 컴퓨터의 평가기준에 대한 성과 수준

평가기준	소비자 지각 *					
	Acer	HP	Compaq	Dell	Lenovo	Toshiba
가격	5	3	3	4	2	1
무게	3	4	5	4	3	4
프로세서	5	5	5	2	5	5
건전지 수명	1	3	1	3	1	5
구매후 지원	3	3	4	3	5	3
디스플레이 품질	3	3	3	5	3	3

*1=매우 나쁜; 5= 매우 좋은

들을 주의 깊게 트레이드오프하는 것이다. Price Grabber와 같은 온라인 쇼핑 서비스들은 이러한 과정을 모방한다. 즉, 소비자가 여러 평가기준에서 최소로 수용가능한 수준을 설정할 수 있도록 한다. Price Grabber는 그리고 나서 소비자의 기준을 충족시키지 못하는 모든 브랜드를 걸러낸다. 그러나 아직 소비자에게 남아 있는 일은 이 고려브랜드군에서 한 브랜드를 선택하는 것이다. 여기서 이점은 첫 단계가 고려브랜드군의 수를 상당히 줄여준다는 것이며 그럼으로써 선택을 더 쉽게 만들어 준다는 것이다.

처음에 기술한 네 가지 규칙은 **비보완적** 방식이다. 이는 한 속성의 높은 수준이 다른 속성의 낮은 수준을 상쇄할 수 없다는 것이다. 아파트의 예에서 소비자는 아파트가 학교 바로 옆에 있다고 해도 월세가 700달러 이상이라면 고려하지 않을 것이다. 좋은 위치가 부적절한 가격을 보완해 줄 수 없다. 이와 대조적으로 마지막으로 기술할 규칙인 **보완적** 방식은 소비자가 속성 수준값들을 평균할 수 있다. 이는 한 속성의 높은 수준이 다른 속성의 낮은 수준을 상쇄할 수 있게 한다.

마지막으로 결합식 및 비결합식은 수용가능한 일련의 대안들을 산출할 수 있지만 다른 규칙들은 단지 한 가지 "최상의" 대안을 산출한다는 것을 유의하라.

1. 결합식

결합식(conjunctive decision rule)은 각 기준에 대하여 최소한으로 요구되는 성과기준을 설정하고 이 최소한의 기준을 충족하거나 초과하는 첫째 브랜드 또는 모든 브랜드를 선택한다. 이와 같이 당신은 컴퓨터에 대한 선택에서 당신이 중요시 여기는 속성들에서 수용가능한 모든 브랜드를 고려할 것(또는 첫째 브랜드를 구입할 것이다.)이라고 이야기 할 것이다. 예를 들어 아래 값이 당신의 최소한의 기준을 나타낸다고 가정하자.

가격	3
무게	4
프로세서	3
건전지 수명	1
구매후 지원	2
디스플레이 품질	3

이 최저 기준들(컷오프 점수) 중 어느 것에도 못 미치는 컴퓨터 브랜드는 다음 고려에서 제

외될 것이다. <표 16-1>에서 네 컴퓨터가 제거된다 – Lenovo, Acer, Dell 및 Toshiba. 이들은 모든 최저 기준을 충족시키지 못하는 컴퓨터이다. 이런 상황에서 두 대안만이 동등하게 만족스러울 수 있다. 또는 당신은 이들 대안 중에 하나를 선택하기 위하여 다른 결정규칙을 사용할 수 있을 것이다.

사람들은 정보를 처리하는 제한된 능력을 가지고 있기 때문에, 결합식이 정보 처리 양을 다룰 수 있는 수준까지 줄이기 위하여 자주 사용된다. 결합식은 종종 집, 컴퓨터, 자전거 구매 그리고 아파트의 임대, 휴가 옵션의 선택에서 사용된다. 결합식은 소비자의 가격범위 밖이거나, 선호하는 장소 밖이거나, 바라는 다른 특성들을 제공하지 못하는 대안들을 제거하기 위하여 사용된다. 이런 특성들을 제공하지 못하는 대안들을 제거한 후에 소비자는 이들 최소 기준을 충족시키는 남은 대안 중에서 선택하기 위하여 다른 결정규칙을 사용할 수 있다.

결합식은 또한 저관여 구매에서도 흔히 사용된다. 그러한 구매에서 소비자는 전반적으로 한번에 한 브랜드씩 평가하여 최소한의 요구기준을 모두 만족하는 첫 번째 브랜드를 선택한다.

결합식을 표적시장이 사용한다면 모든 기준에서 소비자의 최소 요구 기준을 충족시키거나 초과하는 것이 중요하다. 저관여 구매에서 소비자는 종종 그러한 첫 번째 브랜드를 구매한다. 어떤 제품들에서는 광범위한 유통 및 진열대 공간의 점유가 중요하다. 또한 첫

사진 16-7

이 광고는 소비자들에게 이 상표가 그들이 필요로 하는 모든 특성을 다 가지고 있다는 것을 확신시키고 있다. 이는 결합식 의사결정 규칙을 사용하는 소비자들에게 부합되는 것이다.

번째 만족스러운 옵션이 선택되지 않는다면, 브랜드들 간의 동률(tie)을 소비자가 어떻게 깨뜨리는지를 이해하는 것이 필요하다. <사진 16-7>에서의 광고는 브랜드가 소비자가 필요로 할 모든 특성을 가지고 있다는 것을 확신시키려고 한다.

2. 분리식

분리식(disjunctive decision rule)은 각 중요한 속성에서 최소한의 성과수준(종종 매우 높은 수준)을 설정한다. 어느 중요한 속성 하나라도 성과수준을 충족하거나 초과하는 모든 브랜드가 수용가능한 것으로 고려된다. 이 규칙을 사용하여 당신은 "나는 내가 중요하게 여기는 속성의 성과가 높은 모든 브랜드를 고려할(또는 첫째 브랜드를 구입하거나) 것이다."라고 이야기 할 것이다. 당신이 분리식을 사용하고 아래와 같은 속성 컷오프 점수를 사용한다고 가정하자.

가격	5
무게	5
프로세서	중요하지 않음
배터리 수명	중요하지 않음
판매후 지원	중요하지 않음
디스플레이 품질	5

사진 16-8

비결합식 의사결정 규칙에 의하면 중요한 어떤 특성에서 높은 기준에 부합되거나 초과하는 제품이 선택 된다.

당신은 Acer(가격), Compaq(무게) 그리고 Dell(디스플레이 품질)이 더 고려할만하다는 것을 발견한다(<표 16-1> 참조). 결합식을 이용해서 당신은 수용할만한 첫 번째 브랜드를 구입하거나, 이 세 브랜드 중에서 선택하기 위해 다른 결정규칙을 사용하거나 또는 당신의 리스트에 다른 기준을 추가할 수 있다.

분리식을 표적시장에 사용한다면 주요 기준들 중 적어도 하나 이상에서 소비자의 요구기준을 충족시키거나 초과하는 것이 중요하다. 이는 광고 메시지 및 제품 포장에서 강조되어야 한다. 소비자는 종종 요구기준 중의 하나를 충족하거나 초과하는 첫 번째 브랜드를 구입하기 때문에 광범위한 유통과 진열 공간의 점유가 중요하다. 또한 첫 번째 만족스러운 브랜드가 선택되지 않는 경우 브랜드들 간의 동률을 어떻게 깨뜨리는가를 이해하는 것은 중요하다. <사진 16-8>은 중요한 한 가지 속성을 강조하고 있으며, 이 속성에 중요성을 두고 분리식을 사용하는 소비자에게 적절할 것이다.

3. 속성별 제거식

속성별 제거식(elimination-by-aspect decision rule)은 소비자로 하여금 중요성에 의해 평가기준의 순위를 매기고 각 기준에 컷오프 점수를 설정하게 한다. 모든 브랜드는 처음에 가장 중요한 기준에 대하여 고려된다. 컷오프 점수 이상이 되지 못한 브랜드들은 고려에서 제외된다. 둘 이상의 브랜드가 첫 번째 제거 단계에서 남아 있다면, 남은 브랜드는 두 번째 중요한 기준에 대해 고려하는 과정이 반복된다. 이는 최종 한 브랜드가 남을 때까지 반복된다. 이와 같이 소비자 논리는 "나는 다른 브랜드가 가지지 못한 중요한 속성을 가진, 높은 수준의 브랜드를 구입하기 원한다."이다.

아래에서 제시된 순위와 컷오프 점수를 고려해보라. 당신은 속성별 제거식을 사용하여 어떤 것을 선택할 것인가?

	순위	컷오프 점수
가격	1	3
무게	2	4
디스플레이 품질	3	4
프로세서	4	3
판매후 지원	5	3
배터리 수명	6	3

가격에서 Lenovo와 Toshiba(<표 16-1> 참조)을 제거될 것이다. 남아 있는 대안들 중에서 Compaq, HP 그리고 Dell은 무게 기준을 충족시키거나 초과한다(Acer는 제거된다). Toshiba는 무게 기준을 충족시키지만 가격을 고려하는 첫 단계에서 제외된 것을 유의하라. Dell만이 세 번째 기준인 디스플레이 품질을 충족시키거나 초과한다.

속성별 제거식을 사용하여 당신은 모든 대안들 가운데 원하는 모든 속성에 하나 더 추가된 속성을 가진 대안을 선택하게 된다.

속성별 제거식을 사용하는 표적시장에 대하여 경쟁자보다 한 속성(순위로)에서 더 요구 기준을 충족시키거나 초과하는 것이 중요하다. 경쟁적 우수성이 광고메시지 및 제품포

사진 16-9

속성별 제거식 선택에 의하면 다른 브랜드들이 가지고 있지 않은 높은 속성 수준을 가지고 있는 브랜드가 선택된다.

장에서 강조되어야 한다. 기업은 또한 소비자가 평가기준에 부여하는 상대적 중요성을 변경시키고자 할 수 있다. <사진 16-9>의 광고는 이러한 규칙과 일치한다. 그 광고는 경쟁자가 갖고 있지 않는 바람직한 특성을 그 브랜드가 가지고 있음을 나타낸다.

4. 사전 편집식

사전 편집식(lexicographic decision rule)은 소비자가 평가기준을 중요성으로 순위를 매기도록 한다. 그리고 나서 소비자는 가장 중요한 속성에서 가장 성과가 좋은 브랜드를 선택한다. 이 속성에서 둘 이상의 브랜드가 동률이면 그 브랜드들은 두 번째로 중요한 속성에서 평가된다. 한 브랜드가 다른 브랜드들을 능가할 때까지 속성들에 대하여 이 과정이 계속된다. 소비자의 생각은 다음과 같다: "나는 나에게 가장 중요한 속성에서 최상인 브랜드를 갖기를 원한다. 동률인 경우 나는 두 번째로 중요한 속성에서 최상인 브랜드를 선택함으로써 동률을 깨뜨릴 것이다."

사전 편집식은 속성별 제거식과 유사하다. 차이는 사전 편집식이 각 단계에서 최상의 성능을 찾는 것이라면 속성별 제거식은 각 단계에서 만족스러운 대안을 찾는 것이다. 따라서 앞에서의 속성별 제거식의 자료로 사전 편집식을 이용한 결과 Acer가 가장 중요한

사진 16-10

사전 편집식 의사결정 규칙을 사용하는 소비자들은 가장 중요한 속성에서 최상의 성과를 내는 브랜드 또는 서비스를 선택한다.

속성에서 최상이기 때문에 선택되었다. Acer가 가격에서 4로 평가되었다면 Dell과 동률이 되었을 것이다. 그러면 Dell이 무게에서 평가가 우위이므로 선택되었을 것이다.

이 규칙을 표적시장이 사용한다면 기업은 주요 속성에서 경쟁자보다 우위에 있도록 노력하여야 한다. 이런 경쟁적 우위성이 광고에서 강조되어야 한다. 제품이 가장 중요한 기준에서 모든 다른 경쟁자들의 성과와 적어도 같아야 하는 것이 중요하다. 경쟁자가 가장 중요한 속성에서 우위에 있다면 덜 중요한 속성에서 우월한 성과는 중요하지 않을 것이다. 경쟁적 우위가 가장 중요한 특성에서 가능하지 않다면 두 번째로 중요한 속성으로 주의가 옮겨져야 한다(가장 중요한 속성에서 같은 성과를 가정할 경우). 기업이 주요 속성에서 경쟁자와 대항하거나 이기는 것이 불가능하다면 다른 속성을 보다 중요하게 만드는 시도를 해야 한다.

<사진 16-10>의 광고는 한 가지 주요 특성, 아마도 표적시장에게 가장 중요한 속성을 강조하고 있다. 그들의 고객이 사전 편집식을 사용하는 정도에 따라 이 광고는 그 브랜드를 선택하게 하는데 효과적일 것이다.

5. 보완적 방식

앞의 네 가지 규칙은 한 평가기준에서 매우 좋은 성과가 다른 평가기준에서의 안 좋은 성과를 보완해 줄 수 없기 때문에 **비보완적** 방식이다. 때로 소비자들은 브랜드의 전반적인 선호도를 결정하기 위해 매우 좋은 특성과 덜 매력적인 특성을 평균하기를 원할 수 있다. 이는 Frito-Lay, Nabisco, Keebler 기업들이 사용한 새로운 미니팩에 대한 열광에서의 경우에서 볼 수 있다. 어떤 소비자들은 한 번 먹는 양을 기준으로 가격이 높다고 불평을 하였다. Frito-Lay와 다른 기업들은 표적시장 소비자들의 마음속에서 새로운 100-칼로리 팩의 편리성과 칼로리 예방 요소가 가격을 상쇄할 것을 기대하였다. 즉 그들은 표적시장이 이 제품에 대하여 보완적 방식을 사용할 것이라고 가정하였다. 이는 대용량을 사서 1인분씩 100−칼로리 팩에 넣을 생각에 잠시 주저하는 소비자에 의해서 설명이 되는 경우이다:

> 당신이 대용량 백을 문제 삼는다면, 그것은 괜찮다. 실제적으로 우리는 100−칼로리 팩을 택할 것이다. 물론 온스당 돈을 조금 더 지불하겠지만 리필할 때 우리는 여분의 양을 더 가져올 수는 없다.[35]

보완적 방식(compensatory decision)은 관련된 평가기준의 소비자 판단의 총합에서 가장 높게 평가된 브랜드가 선택된다는 것을 말한다. 이는 다음 식으로 설명될 수 있다:

$$R_b = \sum_{i=1}^{n} W_i B_{ib}$$

여기서 R_b = 브랜드 b의 전체 점수
W_i = 평가기준 i에 부여된 중요성 또는 가중치
B_{ib} = 평가기준 i에서 브랜드 b의 평가
n = 고려되는 관련 평가기준의 수

이는 제11장에서 설명된 다속성 태도 모델과 같다. 당신이 아래의 상대적 중요성 점수를 이용한다면 보완적 방식을 사용하여 어떤 브랜드를 선택할 것인가?

	중요성 점수
가격	30
무제	25
프로세서	10
배터리 수명	05
판매후 지원	10
디스플레이 품질	20
총합	100

이러한 방식을 사용하여 당신은 Dell이 가장 선호되기 때문에 Dell을 선택할 것이다. Dell의 계산은 다음과 같다:

$$\begin{aligned} R_{Dell} &= 30(4) + 25(4) + 10(2) + 5(3) + 10(3) + 20(5) \\ &= 120 + 100 + 20 + 15 + 30 + 100 \\ &= 385 \end{aligned}$$

보완적 방식을 사용할 것 같은 소비자를 표적으로 하는 제품과 서비스는, 어떤 특성의 낮은 성과를 다른 특성에서 비교적 높은 성과로 상쇄할 수 있다. 그러나 보다 중요한 속성이 다른 속성보다 의사결정에서 높은 가중치를 받기 때문에 경쟁자와 같거나 비슷한 수준의 성과를 갖는 것이 중요하다. 이 절의 서두에서 기술된 미니밴 구매를 기억하라. Ford가 한 주요 속성에서 매우 약하기 때문에 그 소비자가 Ford의 대부분의 특성을 선호했지만 GM을 구매하였다. 그러나 그 소비자는 가격차이가 보다 컸다면 결정을 바꿀 의지를 표시하였다. 이와 같이 보완적 방식에서는 관련 속성의 총합이 경쟁자의 점수보다 크게 여겨지게 해야 한다.

보완적 방식은 가장 시간이 많이 걸리고 심적으로 부담이 되는 경향이 있다. 또한 소비자는 종종 트레이드오프 과정에서 한 번에 많은 속성을 고려하는 것이 어렵다는 것을 발견한다. 추가적으로, 경쟁자들이 시장에 진입하면서, 기존 대안들의 매력을 변경시킬 수 있다. 이러한 상황적 영향은 <소비자 통찰력 16-1>에서 논의된다.

6. 결정 규칙의 요약

아래에서 보듯이 각 결정 규칙은 다소 다른 선택을 가져온다. 그러므로 마케터는 이러한 의사결정 체계에서 브랜드를 포지셔닝하기 위하여 표적시장이 사용하는 결정규칙을 이해하여야 한다.

절정 규칙	브랜드 선택
결합식	HP, Compaq
분리식	Dell, Compaq, Acer
속성별 제거식	Dell
사전 편집식	Acer
보완적 방식	Dell

연구들은 분명하게 사람들이 이런 결정 규칙을 사용한다는 것을 나타낸다.[37] 저관여 구매는 소비자가 결정의 심적 노력을 최소화하려고 하기 때문에 일반적으로 비교적 단순한 결정규칙을 수반한다(결합식, 분리식, 속성별 제거식 또는 사전 편집식).[38] 상당한 지각된 위험을 수반하는 고관여 결정과 구매는 평가노력을 증가시키는 경향이 있고 종종 복잡한 규칙(보완적 방식)뿐 아니라 각 단계에서 다른 규칙과 다른 속성을 사용하는 여러 의사결정 단계를 수반한다.[39] 물론 개인, 제품 그리고 상황적 특성이 사용되는 결정 규칙의 형태에 영향을 미친다.[40]

마케팅 관리자는 먼저 표적시장이 특정 구매상황에서 가장 사용할 것 같은 규칙 또는 규칙들의 결합을 결정해서 적절한 마케팅전략을 개발해야 한다.

소비자 통찰력 16-1

소비자 선택에의 상황적 영향

합리적 선택이론은 소비자의 선택과 선호가 맥락(상황)과는 독립적이어야 한다는 것을 시사한다. 간단한 예로, 소비자는 맥락에 관계없이 5달러의 할인을 똑같이 평가한다고 가정된다. 그러나 실제는 그렇지 않다. 소비자는 원래 가격이 10달러일 때 5달러의 할인 가치를 더 크게 지각하고, 가격이 100달러일 때는 더 낮게 지각하는 경향이 있다. 그 이유를 살펴보려면 제8장 및 상대적 선호로 돌아가야 한다. 소비자는 제품의 원래 가격과 비교하여 5달러의 절감을 평가하는 것처럼 보인다.

비슷하게, 소비자는 선택이 이루어지는 경쟁적 맥락 또는 제13장에서 언급된 구매상황에 의하여 영향을 받는다. 소비자 선택에 영향을 미치는 많은 맥락들이 있다. 여기서 우리는 절충효과(compromise effect)를 논의할 것이다.[36] 선택 대안군 1(왼쪽 그래프)에서는 두 속성(마일로 측정되는 학교로부터의 거리 및 100점이 최상인 1~100점의 척도로 측정되는 품질)에 의해 평가되는 두 아파트(A와 B)가 있다. 왼쪽의 그래프가 보여주듯이 대안 A는 학교로부터 멀지만(부정적), 품질은 더 높은(긍정적) 반면에 대안 B는 학교에 더 가깝지만(긍정적) 품질은 더 낮다(부정적). 이 두 아파트 간의 선택은 거리와 품질이 서로 트레이드오프 되는 보완적 선택과정이다. 여기에서 설정한 것처럼 아파트는 시장을 똑같이 양분한다. 즉, 50%는 대안 A(아마도 품질에 가중치를 더 크게 부여하는)를 선택하고 50%는 대안 B(아마도 거리에 가중치를 더 크게 부여하는)를 선택하였다.

이제는 대안군 2(오른쪽 그래프)를 고려해 보라. 이 맥락에서는, 소비자가 알지만 현재 이용 가능하지 않은 대안인 3번째 아파트가 있다. 이 대안은 거리에서는 A 또는 B보다 더 가깝지만(긍정적), 품질에서는 A 또는 B보다 떨어진다(부정적). 합리적 선택 이론은 C와 같은 대안이 포함되더라도 소비자는 여전히 이전에 선호하던 브랜드를 선호한다는 것을 가정한다. 특히 대안 C가 구입 가능하지 않기 때문에 합리적 선택 이론은 대안 A 및 B는 각기 시장의 50%를 안정적으로 가질 것이라고 시사한다. 그러나 이러한 경우는 일어나지 않는다. 대안 C가 구입 가능하지 않지만, 대신에 대안 C의 추가는 대안 B의 선택을 66%까지 증가시킨다.

대안 C는 대안 B를 절충대안으로 만들기 때문에 이러한 현상은 절충효과라고 불리운다. 대안 B는 대안 A(가장 멀지만 가장 높은 품질)와 C(가장 가깝지만, 가장 낮은 품질)의 두 극단의 절충이다. 소비자들은 절충대안을 선호하며, 절충대안이 정당화하기가 용이하다(메타목표)는

요약

1. 실제 소비자 선택이 합리적 선택 이론과 종종 어떻게 다른지를 논의한다.

합리적 선택 이론은 (1) 소비자들은 문제에 대해 하나의 최적의 해결책을 추구하며, 그러한 근거로 선택하고, (2) 소비자들은 최적 해결책을 찾기 위한 기술과 동기를 가지고 있고, (3) 최적의 선택안은 상황의 함수에 의하여 변경되지 않는다. 그러나 이 모든 가정은 적어도 어떤 소비자 의사결정들에서는 부정확한 것으로 드러났다. 그 이유들로 소비자들은 대안적 메타목표들을 가지고 있고, 소비자들은 제한된 합리성의 제한을 받으며, 상황은 실제적으로 최적의 선택안에 대한 소비자 지각에 영향을 미친다는 것을 들 수 있다.

2. 소비자가 행하는 선택과정의 유형들을 요약한다.

정서적 선택은 본질상 전체적인 경향이 있다. 브랜드는 전체와 구분되어서 평가되어지는 구성 요소들로 분해

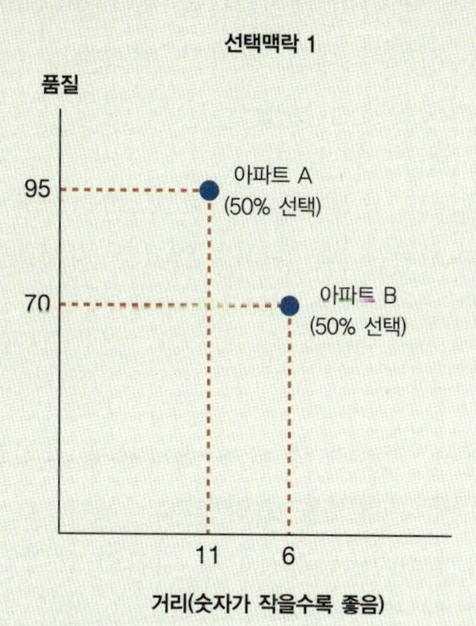

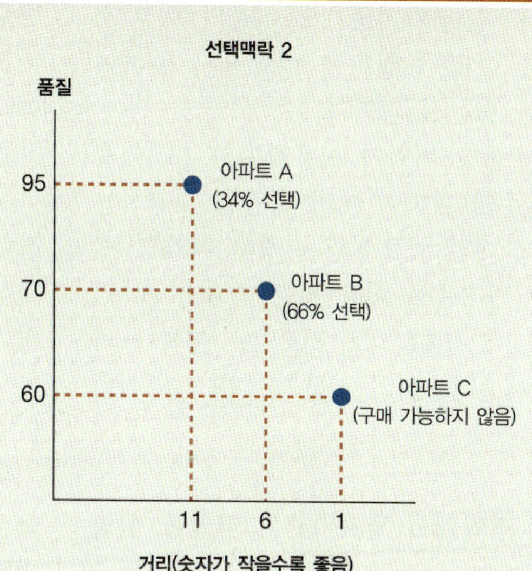

것을 발견한다. 절충 브랜드가 대안군에서 가장 친숙한 브랜드일 때 가장 강력하다.

절충효과는 마케터에게 중요한 시사점을 갖는다. 특정 부동산을 팔기 원하는 부동신업자는 의뢰인들게 먼저 구매 가능하지 않은 절충대안을 보여주어 그들이 절충안을 선택할 가능성을 증가시킬 수 있을 것이다. 소매상들에 대하여는, 소비자들은 종종 온라인에서 대안을 탐색하고 평가하고 나서 그 선택한 브랜드를 구매하러 오프라인 매장에 가기 때문에 온라인에서만 판매되는 대안(대안 C)을 창출해서 매장내의 대안들이 절충대안같이 보이게 하여 선택을 증가시킬 수 있다.

생각해 볼 문제

1. 절충효과는 왜 합리적 선택 이론과 상충되는가?
2. 정당화의 용이성 이외에, 당신은 소비자가 절충대안을 선호할 다른 이유들을 생각할 수 있는가?
3. 당신은 브랜드를 절충대안으로 포지셔닝하는 전략과 관련된 윤리적 이슈를 발견하는가? 설명하라.

되지 않는다.

정서에 기초한 의사결정은 “그것에 대하여 나는 어떻게 느끼는가”의 휴리스틱 또는 의사결정 규칙을 사용하며 완료행동적 동기에 대하여 발생하는 경향이 있다.

태도에 기초한 선택은 전반적인 태도, 총합적 인상, 직관 또는 휴리스틱의 사용을 수반하며 선택시 속성별 비교는 이루어지지 않는다. 더 낮은 구매관여도, 부족한 정보 그리고 시간 압박과 같은 특정 상황적 요인들은 태도에 기초한 선택의 가능성을 증가시킨다.

속성에 기초한 선택은 선택이 이루어질 때 대안의 속성에 대한 구체적인 지식을 요구하며 브랜드 간의 속성별 비교를 수반한다.

이는 정서적 그리고 태도에 기초한 선택에서의 전체적 비교보다 노력과 시간이 더 많이 드는 과정이다. 이는 또한 최적 결정에 보다 가까운 결정을 산출하는 경향이 있다. 높은 구매관여도, 쉽게 접근 가능한 브랜드 속성 정보 그리고 보다 낮은 시간압박 같은 상황적 요인은 속성에 기초한 선택 가능성을 증가시킨다.

3. 평가기준들 및 이들의 측정방법을 설명한다.

평가 기준은 소비자가 특정문제에 대하여 추구하는 여러 특성 또는 편익이다. 평가기준은 소비자의 특정 소비문제의 관점에서 여러 브랜드를 비교하기 위하여 사용되는 성과 수준 또는 특징이다.

(1) 어떤 평가기준을 소비자가 사용하는지, (2) 어떻게 소비자가 각 기준에 대하여 여러 대안을 지각하는지, (3) 각 기준의 상대적 중요성의 측정은 마케팅 전략을 개발하는데 평가기준을 이용 하는 중요한 첫 번째 단계이다. 지각도, 고정총합척도, 컨조인트 분석 등과 같은 많은 방법이 이용가능하기는 하지만 측정은 쉬운 일이 아니다.

4. 판단 및 마케팅 전략에서 평가기준의 역할을 설명한다.

개인이 유사한 자극을 구분하는 능력은 감각적 변별이라고 불리운다. 가격, 크기 그리고 색상 같은 어떤 평가기준들은 소비자가 쉽고 정확하게 판단할 수 있다. 품질, 내구성 그리고 건강상의 편익 같은 다른 기준들은 판단하기가 훨씬 더 어렵다. 일반적으로 개인들은 브랜드간의 비교적 작은 차이 또는 브랜드속성의 변화를 전형적으로 감지하지 못한다고 연구는 보여주고 있다. 추가적으로, 많은 제품과 서비스의 복잡성은 상당한 사용 후에야 어떤 성과측면이 판단될 수 있다는 사실처럼 정확한 브랜드 비교를 어렵게 한다. 그러한 경우, 소비자들은 종종 가격, 상표명 또는 어떤 다른 변수들을 품질의 대리지표로 사용한다. 마케터들은 소비자가 정확한 대안 평가가 어렵다고 생각하는 경우에 소비자선택에 영향을 주기 위한 수단으로 대리지표를 사용할 수 있다.

마케터는 또한 특정 사용과 관련하여 자사의 브랜드를 포지션할 뿐 아니라 광고로 자사의 브랜드에 유리하게 속성의 상대적 중요성에 영향을 미치게 할 수 있다.

5. 속성에 기초한 선택의 의사결정 규칙들 및 이들의 전략적 관련성을 요약한다.

소비자가 여러 평가기준에 대하여 대안인 브랜드들을 판단할 때 한 브랜드를 선택하기 위한 여러 방법들을 가지고 있어야 한다. 결정 규칙이 이러한 기능을 수행한다. 결정 규칙은 둘 이상의 브랜드를 비교하는 방법이다. 다섯 가지 일반적으로 사용되는 결정규칙은 분리식, 결합식, 사전 편집식, 속성별 제거식, 보완적 방식이다. 결정 규칙은 기능적 제품과 인지적 결정에서 가장 잘 작용한다. 마케팅 관리자는 다른 결정규칙은 다른 마케팅전략을 요구하기 때문에 표적시장이 사용하는 결정규칙을 알고 있어야 한다.

주요 용어

정서적 선택(affective choice)
태도에 기초한 선택(attitude-based choice)
속성에 기초한 선택(attribute-based choice)
브라인드 테스트(blind tests)
제한된 합리성(bounded rationality)
보완적 방식(compensatory decision rule)
컨조인트 분석(conjoint analysis)
결합식(conjunctive decision rule)
완료행동적 동기(consummatory motives)
분리식(disjunctive decision rule)
속성별 제거식(elimination-by-aspects decision rule)
평가기준(evaluative criteria)
수단적 동기(instrumental motives)
사전 편집식(lexicographic decision rule)
메타목표(metagoal)
지각도(perceptual mapping)
투사법(projective techniques)
감각적 변별(sensory discrimination)
대리지표(surrogate indicator)

참고 문헌

1. This opener is based on W. Wang and I. Benbasat, "Recommendations for Electronic Commerce," *Journal of Management Information Systems,* Spring 2007, pp. 217–46; G. N. Punj and R. Moore, "Smart Versus Knowledgeable Online Recommendation Agents," *Journal of Interactive Marketing,* Autumn 2007, pp. 46–60; L. Aksoy et al. "Should Recommendation Agents Think Like People?" *Journal of Service Research,* May 2006, pp. 297–315; A. Herrmann et al., "Consumer Decision Making and Variety of Offerings," *Psychology & Marketing* 26, no. 4 (2009), pp. 333–58; C. Qui, Y. H. Lee, and C. W. M. Yeung, "Suppressing Feelings," *Journal of Consumer Psychology* 19 (2009), pp. 427–39; and J. Loechner, "Online Research a Significant Part of Consumer Buying," *MediaPost,* February 22, 2011, www.mediapost.com, accessed June 15, 2011.
2. See, for example, J. R. Bettman, M. F. Luce, and J. W. Payne, "Constructive Consumer Choice Processes," *Journal of Consumer Research,* December 1998, pp. 187–217; C. L. Brown and G. S. Carpenter, "Why Is the Trivial Important?" *Journal of Consumer Research,* March 2000, pp. 372–85; J. Swait and W. Adamowicz, "The Influence of Task Complexity on Consumer Choice," *Journal of Consumer Research,* June 2001, pp. 135–48; and M. Heitmann, D. R. Lehmann, and A. Herrmann, "Choice Goal Attainment and Decision and Consumption Satisfaction," *Journal of Marketing Research,* May 2007, pp. 234–50. See also O. Amir and D. Ariely, "Decisions by Rules," *Journal of Marketing Research,* February 2007, pp. 142–52.
3. For a discussion and related research see G. A. Haynes, "Testing Boundaries of the Choice Overload Phenomenon," *Psychology and Marketing,* March 2009, pp. 204–12.
4. E. Hall, "Overwhelmed U.K. Online Shoppers Can Justbuythisone," *Advertising Age,* December 16, 2010.
5. B. Mittal, "A Study of the Concept of Affective Choice Mode for Consumer Decisions," in *Advances in Consumer Research,* vol. 21, ed. C. T. Allen and D. R. John (Provo, UT: Association for Consumer Research, 1994), p. 256.
6. J. F. Durgee and G. C. O'Connor, "Why Some Products 'Just Feel Right,'" in *Advances in Consumer Research,* vol. 22, ed. F. R. Kardes and M. Sujan (Provo, UT: Association for Consumer Research, 1995), p. 652.
7. See M. T. Pham et al., "Affect Monitoring and the Primacy of Feelings in Judgment," *Journal of Consumer Research,* September 2001, pp. 167–87. See also P. R. Darke, A. Chattopadhyay, and L. Ashworth, "The Importance and Functional Significance of Affective Cues in Consumer Choice," *Journal of Consumer Research,* December 2006, pp. 322–28.
8. M. T. Pham, "Representativeness, Relevance, and the Use of Feelings in Decision Making," *Journal of Consumer Research,* September 1998, pp. 144–59. For a more elaborate model of affective appraisal and its influence on subsequent judgment, see C. W. M. Yeung and R. S. Wyer Jr., "Affect, Appraisal, and Consumer Judgment," *Journal of Consumer Research,* September 2004, pp. 412–24.
9. See also R. Dhar and K. Wertenbroch, "Consumer Choice between Hedonic and Utilitarian Goods," *Journal of Marketing Research,* February 2000, pp. 60–71.
10. See B. Shiv and A. Fedorikhin, "Heart and Mind in Conflict," *Journal of Consumer Research,* December 1999, pp. 278–91.
11. J. A. Ruth, "Promoting a Brand's Emotional Benefits," *Journal of Consumer Psychology* 11, no. 2 (2001), pp. 99–113; and J. C. Sweeney and G. N. Soutar, "Consumer Perceived Value," *Journal of Retailing* 77 (2001), pp. 203–20.
12. See P. Krishnamurthy and M. Sujan, "Retrospection versus Anticipation," *Journal of Consumer Research,* June 1999, pp. 55–69. See also B. Shiv and J. Huber, "The Impact of Anticipating Satisfaction on Consumer Choice," *Journal of Consumer Research,* September 2000, pp. 202–16; and C. P. S. Fong and R. S. Wyer Jr., "Cultural, Social, and Emotional Determinants of Decisions under Uncertainty," *Organizational Behavior and Human Decision Processes* 90 (2003), pp. 304–22.
13. This section is based on S. P. Mantell and F. R. Kardes, "The Role of Direction of Comparison, Attribute-Based Processing, and Attitude-Based Processing in Consumer Preference," *Journal of Consumer Research,* March 1999, pp. 335–52. For a discussion of the specific role of advertising-based attitudes, see W. E. Baker, "The Diagnosticity of Advertising Generated Brand Attitudes in Brand Choice Contexts," *Journal of Consumer Psychology* 11, no. 2 (2001), pp. 129–39.
14. See R. Dhar, S. M. Nowlis, and S. J. Sherman, "Comparison Effects on Preference Construction," *Journal of Consumer Research,* December 1999, pp. 293–306.
15. C. Qui, Y. H. Lee, and C. W. M. Yeung, "Suppressing Feelings," *Journal of Consumer Psychology,* 19, 2009, 427–39.
16. G. Kalyanaram and J. D. C. Little, "An Empirical Analysis of Latitude of Price Acceptance in Consumer Package Goods," *Journal of Consumer Research,* December 1994, pp. 408–18.
17. See S. Hoeffler and D. Ariely, "Constructing Stable Preferences," *Journal of Consumer Psychology* 8, no. 2 (1999), pp. 113–39; and A. V. Muthukrishnan and F. R. Kardes, "Persistent Preferences for Product Attributes," *Journal of Consumer Research,* June 2001, pp. 89–102.
18. P. H. Bloch, "Seeking the Ideal Form," *Journal of Marketing,* July 1995, pp. 16–29; and Dhar and Wertenbroch, "Consumer Choice between Hedonic and Utilitarian Goods." See also D. Horsky, P. Nelson, and S. S. Posavac, "Stating Preference for the Ethereal but Choosing the Concrete," *Journal of Consumer Psychology* 14, no. 1/2 (2004), pp. 132–40.
19. D. J. Mitchell, B. E. Kahn, and S. C. Knasko, "There's Something in the Air," *Journal of Consumer Research,* September 1995, pp. 229–38; D. R. Lichtenstein, R. G. Netemeyer, and S. Burton, "Assessing the Domain Specificity of Deal Proneness," *Journal of Consumer Research,* December 1995, pp. 314–26; D. R. Lichtenstein, S. Burton, and R. G. Netemeyer, "An

Examination of Deal Proneness across Sales Promotion Types," *Journal of Retailing* 2 (1997), pp. 283–97; and V. Ramaswamy and S. S. Srinivasan, "Coupon Characteristics and Redemption Intentions," *Psychology & Marketing,* January 1998, pp. 50–80.

20. See, e.g., R. Pieters and L. Warlop, "Visual Attention during Brand Choice," *International Journal of Research in Marketing* 16 (1999), pp. 1–16 .
21. B. L. Bagus, "The Consumer Durable Replacement Buyer," *Journal of Marketing,* January 1991, pp. 42–51.
22. A. Kirmani and P. Wright, "Procedural Learning, Consumer Decision Making, and Marketing Choice," *Marketing Letters* 4, no. 1 (1993), pp. 39–48; G. S. Carpenter, R. Glazer, and K. Nakamoto, "Meaningful Brands from Meaningless Differentiation," *Journal of Marketing Research,* August 1994, pp. 339–50; and S. M. Broniarczyk and A. D. Gershoff, "Meaningless Differentiation Revisited," in *Advances in Consumer Research,* vol. 24, ed. M. Bruck and D. J. MacInnis (Provo, UT: Association for Consumer Research, 1997), pp. 223–28.
23. B. Abrams, "Hanes Finds L'eggs Methods Don't Work with Cosmetics," *The Wall Street Journal,* February 3, 1983, p. 33.
24. See S. H. Ang, G. J. Gorn, and C. B. Weinberg, "The Evaluation of Time-Dependent Attributes," *Psychology & Marketing,* January 1996, pp. 19–35.
25. P. M. Parker, "Sweet Lemons," *Journal of Marketing Research,* August 1995, pp. 291–307; S. Shapiro and M. T. Spence, "Factors Affecting Encoding, Retrieval, and Alignment of Sensory Attributes in a Memory-Based Brand Choice Task," *Journal of Consumer Research,* March 2002, pp. 603–17; and B.-K. Lee and W.-N. Lee, "The Effect of Information Overload on Consumer Choice Quality in an On-Line Environment," *Psychology & Marketing,* March 2004, pp. 159–83.
26. See A. Kirmani and A. R. Rao, "No Pain, No Gain," *Journal of Marketing,* April 2000, pp. 66–79.
27. See, e.g., V. P. Norris, "The Economic Effects of Advertising," *Current Issues and Research in Advertising,* 1984, pp. 39–134; S. Burton and D. R. Lichtenstein, "Assessing the Relationship between Perceived and Objective Price-Quality," in *Advances in Consumer Research,* vol. 27, ed. M. E. Goldberg, G. Gorn, and R. W. Pollay (Provo, UT: Association for Consumer Research, 1990), pp. 715–22; and D. J. Faulds, O. Grunewald, and D. Johnson, "A Cross-National Investigation of the Relationship between the Price and Quality of Consumer Products," *Journal of Global Marketing* 8, no. 1 (1994), pp. 7–25.
28. K. M. Elliott and D. W. Roach, "Are Consumers Evaluating Your Products the Way You Think and Hope They Are?" *Journal of Consumer Marketing,* Spring 1991, pp. 5–14; and J. Baumgartner, "On the Utility of Consumers' Theories in Judgments of Covariation," *Journal of Consumer Research,* March 1995, pp. 634–43.
29. See S. Ratneshwar et al., "Benefit Salience and Consumers' Selective Attention to Product Features," *International Journal of Research in Marketing* 14 (1997), pp. 245–59; R. Dhar and I. Simonson, "Making Complementary Choices in Consumption Episodes," *Journal of Marketing Research,* February 1999, pp. 29–44; and J. K. H. Lee and J. H. Steckel, "Consumer Strategies for Purchasing Assortments within a Single Product Class," *Journal of Retailing* 75, no. 3 (1999), pp. 387–403.
30. See, e.g., P. W. J. Verlegh, H. N. J. Schifferstein, and D. R. Wittink, "Range and Number-of-Levels Effects in Derived and Stated Measures of Attribute Importance," *Marketing Letters* 13, no. 1 (2002), pp. 41–52.
31. M. P. Gardner, "Advertising Effects on Attributes Recalled and Criteria Used for Brand Evaluations," *Journal of Consumer Research,* December 1983, pp. 310–18; S. B. MacKenzie, "The Role of Attention in Mediating the Effect of Advertising on Attribute Importance," *Journal of Consumer Research,* September 1986, pp. 174–95; and G. D. Olsen, "Creating the Contrast," *Journal of Advertising,* Winter 1995, pp. 29–44.
32. A. R. Rao, L. Qu, and R. W. Ruekert, "Signaling Unobservable Product Quality through a Brand Ally," *Journal of Marketing Research,* May 1999, pp. 258–68; and C. Janiszewski and S. M. J. van Osselaer, "A Connectionist Model of Brand-Quality Associations," *Journal of Marketing Research,* August 2000, pp. 331–50.
33. C. J. Thompson, "Interpreting Consumers," *Journal Marketing Research,* November 1997, p. 443. Published by the American Marketing Association; reprinted with permission.
34. See G. Haubl and V. Trifts, "Consumer Decision Making in Online Shopping Environments," *Marketing Science,* Winter 2000, pp. 2–21.
35. S. Thompson, "Food Marketers Count on Snacks," *Advertising Age,* April 24, 2006, p. 4.
36. This insight is based on I. Simonson, "Choice Based on Reasons," *Journal of Consumer Research,* September 1989, pp. 158–74; S. Sheng, A. M. Parker, K. Nakamoto, "Understanding the Mechanism and Determinants of Compromise Effects," *Psychology & Marketing,* July 2005, 591–608; and F. Sinn et al., "Compromising the Compromise Effect," *Marketing Letters,* December 2007, pp. 223–36.
37. M. L. Ursic and J. G. Helgeson, "The Impact of Choice and Task Complexity on Consumer Decision Making," *Journal of Business Research,* August 1990, pp. 69–86; P. L. A. Dabholkar, "Incorporating Choice into an Attitudinal Framework," *Journal of Consumer Research,* June 1994, pp. 100–18; and T. Elrod, R. D. Johnson, and J. White, "A New Integrated Model of Non-compensatory and Compensatory Decision Strategies," *Organizational Behavior and Human Decision Processes* 95 (20 04), pp. 1–19.
38. See E. Coupey, "Restructuring," *Journal of Consumer Research,* June 1994, pp. 83–99.
39. See D. L. Alden, D. M. Stayman, and W. D. Hoyer, "Evaluation Strategies of American and Thai Consumers," *Psychology & Marketing,* March 1994, pp. 145–61; and J. E. Russo and F. Lecleric, "An Eye-Fixation Analysis of Choice Processes for Consumer Nondurables," *Journal of Consumer Research,* September 1994, pp. 274–90.
40. See J. G. Helgeson and M. L. Ursic, "Information Load, Cost/Benefit Assessment and Decision Strategy Variability," *Journal of the Academy of Marketing Science,* Winter 1993, pp. 13–20; W. J. McDonald, "The Roles of Demographics, Purchase Histories, and Shopper Decision-Making Styles in Predicting Consumer

Catalog Loyalty," *Journal of Direct Marketing,* Summer 1993, pp. 55–65; M. S. Yadav, "How Buyers Evaluate Product Bundles," *Journal of Consumer Research,* September 1994, pp. 342–53; A. V. Muthukrishnan, "Decision Ambiguity and Incumbent Brand Advantage," *Journal of Consumer Research,* June 1995, pp. 98–109; and D. E. Hansen and J. G. Helgeson, "Consumer Response to Decision Conflict from Negatively Correlated Attributes," *Journal of Consumer Psychology* 10, no. 3 (2001), pp. 150–69.

Chapter Seventeen

17 점포 선택 및 구매

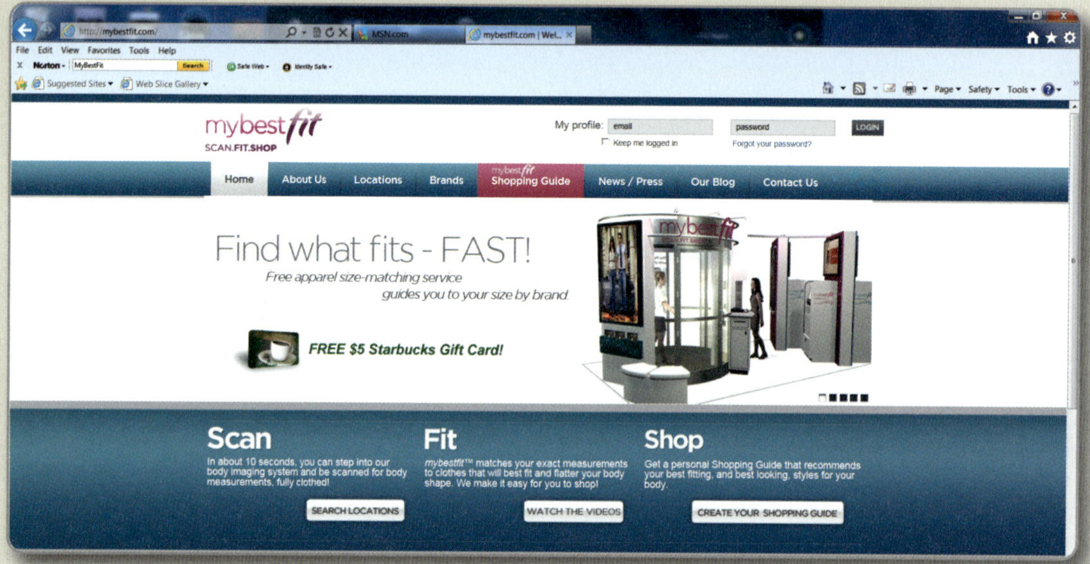

학습목표

LO1 소매업이 어떻게 진화하고 있는지 설명한다.

LO2 인터넷 및 모바일을 멀티채널 또는 옴니채널 쇼핑의 일부로 논의한다.

LO3 점포 선택에 영향을 미치는 소매점 및 소비자 속성을 설명한다.

LO4 브랜드 선택에 영향을 미치는 매장내 및 온라인의 영향력을 요약한다.

LO5 구매가 쇼핑과정에서 어떻게 역할을 수행하는지를 이해한다.

기술이 소매업을 재구성하고 있으며, 인터넷 쇼핑은 그 한 가지 예이다. 그러나 소매상이 매장 내에서의 경험을 풍부하게 만들고, 소비자 선택에 영향을 미치고, 구매과정을 쉽게 하기 위하여 사용하는 기술은 다양하다. 다음을 생각해 보자:

- 소비자, 제조업자, 소매싱은 의복에서 사용되는 치수 시스템에 대하여 계속해서 실망하고 있다. 소비자들은 자신에게 맞는 것을 찾기 위해 다양한 브랜드와 품목을 입어봐야 한다. 또한 품목이 의도와 맞지 않을 때는 반환하는 문제가 있다. 이러한 문제를 해결하기 위해 Mybestfit은 대략 10초 정도에 전신을 측정하고, 스캔한 자료에 기초하여 특정 의류 브랜드, 스타일 및 사이즈를 제안하는 전신스캐너를 개발하였다. 당신은 Pennsylvania의 King of Prussia Mall과 같은 대규모 소매 센터에서 mybestfit을 발견할 수 있다.[1]
- 탈의실의 거울이 싫증이 나는가? 그럼 일반거울에 RFID(전자태그), 오디오와 비디오 소프트 웨어, 터치스크린, 무선통신을 추가해서 작동하는 상호작용 거울과 비교해 보라. 전자태그가 장착된 의복을 가지고 MagicMirror에 다가가면 이 거울은 고객 맞춤화된 광고와 메시지를 활성화시킨다. 맞춤형의 옷은 마티니 잔을 들고 고고춤을 추는 제임스 본드 같은 영화 이미지를 만들 수 있다. 또는 옷이 잘 맞는지를 묻고, 어울리는 품목을 제안하고, 다른 상품을 요청하기 위한 단어와 이미지가 거울 위에 떠다닐 수 있다.[2]
- 스마트폰의 앱은 소비자들이 상점 및 브랜드를 찾고, 최고의 거래를 찾아 내고, 매장 내에서 쇼핑하고, 구매를 하는 방식을 변화시키고 있다. 몇 가지 예를 들면 다음과 같다. Shopkick 앱은 어느 상점이 가장 나은 거래를 제공하고 소매점을 방문만 해도 사용 가능한 포인트를 주는지에 대한 정보를 제공한다. Milo 앱은 인터넷 쇼핑 대리인(agent)과 같은 기능을 제공할 뿐 아니라 앱을 지역 소매상에 지속적으로 연결함으로써 특정 브랜드 품목을 지역 상점에서 탐색할 수 있도록 해준다. 마지막으로, Target 및 Macys과 같은 상점 앱은 소비자로 하여금 인터넷 상점에서 살펴보고 구매할 수 있게 한다.

분명히, 소매업은 마케팅에서 흥미있는 영역이다. 소매 지평선 상에서 다음은 무엇이 될까?

사진 17-1

마케터는 종종 브랜드의 수요를 창출하기 위해서 그리고 소비자에게 적절한 점포를 제시하기 위하여 광고를 사용한다.

정보를 탐색하고 브랜드를 선택하기 이전에, 동안에 혹은 그 이후에, 소비자는 구매할 소매점포를 선택한다. 브랜드는 소비자가 쇼핑할 점포를 결정하는 주요 요인이기 때문에 브랜드는 소매점포에게 중요하다. 소매상은 브랜드를 브랜드가 바라는 소비자들과 연결시켜 주기 때문에 중요하다. <사진 17-1>에서는 브랜드와 여러 소매상들이 동시에 광고되고 있는데, 이는 소매점포와 상표가 서로에게 중요한 존재임을 보여주는 예이다.

이 장의 초점은 진화하는 소매업, 점포선택에 영향을 미치는 요인들, 브랜드 선택에 있어서 매장 내(및 온라인) 결정요인들을 설명하는 것이다.

17.1 진화하는 소매업

LO1 도입사례가 보여주듯이, 소매업은 특히 기술로 인해 극적으로 변하고 있다. 우리는 **소매점**(retail outlet)을 소비자들을 위한 제품 또는 서비스의 원천으로 사용한다. 소매점은 물리적 시설 및 카탈로그를 넘어 인터넷, 상호작용 TV 광고 그리고 모바일 쇼핑 앱을 포함한다. 불과 20년 전쯤에 MicroSoft의 창업자인 Bill Gates가 설명한 소매업의 미래는 허황된 것 같았다. 그러나 그가 예측한 전체는 아니더라도 많은 부분이 그가 예측하지 않은 몇 가지와 함께 발생했고 현재 발생하고 있다. 다음 이야기를 생각해보자:

> 당신은 TV에서 Seinfeld를 시청하고 있고, 당신은 그가 입고 있는 자켓을 좋아한다. 당신은 리모트 컨트롤로 그 자켓에 클릭을 한다. 드라마는 잠시 멈추고 윈도우 형태의 메뉴가 스크린 윗부분에 보이고 당신이 그 제품을 살 것인지 묻는다. 당신은 예를 클릭한다. 다음 메뉴는 여러 선택할 색들을 보여준다. 당신은 검정에 클릭한다. 다른 메뉴는 신용카드들을 보여주고 당신이 이 구매에 어떤 카드를 이용할 것인지 묻는다. MasterCard 또는 기타 등을 클릭한다. 그 자켓을 발송할 주소가 오피스 또는 집 또는 이동식 캐빈인지 묻는다. 한 주소를 클릭하면 끝이 난다. 메뉴는 사라지고 중단된 부분부터 Seinfeld가 재개된다.
>
> 당신이 이미 컴퓨터에게 당신의 신용 카드와 주소를 알려준 것처럼 당신은 3-D 슈퍼마켓 스캐너로 당신의 몸을 측정하게 할 것이므로 시스템은 당신의 정확한 사이즈를 알게 될 것이다. 그리고 그 자료는 전자적으로 공장에 보내지고 로봇이 당신의 수치에 맞추어 자켓을 맞춤형 제작할 것이다. 익일 택배 기업이 다음 날 아침 그 자켓을 당신의 집에 배달할 것이다.[3]

우리가 살펴본 바와 같이, 컴퓨터는 행동적 트래킹(tracking) 및 고객맞춤형 의복을 제공하는 전신스캐너를 포함해서 많은 방법으로 소비자정보 및 선호를 학습하고 끄집어 낼 수 있다. 또한 많은 케이블업자들도 사용자로 하여금 광고의 제품에 대한 정보를 더 얻게 할 수 있으며, 더 나아가 Reebok의 경우처럼 구매도 할 수 있게 하는 상호작용 TV 광고

를 시도하고 있다.[4]

상호작용 TV 광고를 넘어 상호작용 TV 쇼라는 개념이 있는데, 여기서는 쇼(간접광고 PPL, 제8장 참조)에서 나온 브랜드가 TV 리모콘을 사용하여 탐색될 수 있고 구매될 수 있다. 당신에게 이것이 허황된 이야기 같으면, www.clickthrough.com을 방문해보라. 거기서 당신은 유명 아티스트의 음악 비디오를 시청할 수 있는데, 그 비디오에 나온 브랜드와 제품은 탐색가능하고 구매될 수 있다.

Katy Perry의 비디오 Waking Up in Vegas에서, 한 남자가 검은 셔츠를 입고 있다. 셔츠를 클릭하라, 그러변 셔츠에 대하여 더 많은 정보를 제공하는 박스가 보여진다. "지금 구매" 버튼을 클릭하라, 그러면 당신은 Neiman Marcus 온라인 상점으로 접속되어 당신은 그 셔츠를 구매할 수 있다.

이 장은 인터넷(온라인) 및 상점(오프라인) 소매업에 초점을 맞추고 있다. 모바일 앱은 소비자들이 쇼핑하는 방식을 변화시키고 있지만, 이들 앱을 사용하는 소비자들은 여전히 주로 인터넷 또는 물리적 상점에서 구매를 한다. 그러나 모바일 앱은 소비자들이 상점에 있는 경우에도 소비자가 쇼핑하는 방식을 변화시키고 있기 때문에, 이 이슈는 매장 내의 영향이란 제목하에서 논의될 것이다. 추가로 카탈로그, 텔레마케팅, 직접우편 그리고 TV(홈쇼핑으로 불림)와 같은 다른 형태의 무점포 소매업은 계속적으로 중요하다. 인터넷 및 모바일의 통합은 멀티채널 또는 옴니채널 소비자를 발생시켰으며 이들은 더 많은 매출을 발생시키며 특별한 관리가 요구된다.

1. 인터넷 소매점

LO2

제15장에서 지적했듯이, 인터넷은 중요한 정보원이다. 또한 인터넷은 중요한 소매채널이며, 홈쇼핑의 한 형태이기도 하다. 다음의 표는 인터넷 소매의 규모와 성장을 보여주고 있다.[5]

	2010	2015
미국의 인터넷 이용자 수 (백만명)	254	288
총 미국 온라인 소매지출 (여행 불포함, 십억달러)	$176	$279
전체 소매액 중 온라인 매출 비중	8%	11%
웹 영향으로 인한 매장 내 총매출 (십억달러)	$1,021	$1,543

이 표의 몇 가지 특징은 구체적으로, 그리고 인터넷 쇼핑은 보다 전체적으로 살펴볼 필요가 있다. 첫째, 인터넷 사용자의 연간성장율은 상대적으로 낮으며, 약 3% 수준이다. 이것은 이미 미국 성인들의 대부분이 온라인을 이용하고 있다는 것을 의미한다. 둘째, 온라인 판매가 12% 수준으로 안정적인 성장을 보이고 있다는 것이다(이 수치는 제품군에 따라 다르다). 셋째, 추정치는 인터넷 이용자의 66%~88%가 특정 시점에 온라인으로 제품을 구매한다는 것을 보여준다. 따라서 온라인 판매에서 미래성장율은 인터넷 사용자의 증가에서 오기보다는 지속적으로 기존 구매자의 소비증가에서 오게 될 것이다. Forrester는 2010년

온라인 판매 증가의 70%는 기존 온라인 쇼핑객들에서 왔다고 예측한 바 있다.[6] 그리고 여전히 성장 가능성이 상당히 남아있다. 비록 당신이 식료품 판매를 별도로 본다고 하더라도 식표품 판매는 인터넷 침투 수준이 낮으며, 현재 온라인 판매의 비중은 전체 소매판매의 15% 정도이다. 마지막으로 인터넷은 점내 판매에 중요한 영향을 준다. 즉, 이것은 소매채널로서의 중요성을 더 증가시킨다. 그러한 교차채널(cross-channel) 효과는 이 장의 뒷부분에서 다시 논의될 것이다.

온라인 소비의 상위 다섯 가지 범주는 계속적으로 (1) 여행, (2) 의류(액세서리 및 신발을 포함하여), (3) 컴퓨터 및 주변기기, (4) 자동차(자동차와 부품), (5) 소비자 전자제품이다. 소비자들은 다양한 이유들로 온라인에서 쇼핑하며, 이들 중 많은 부분은 카탈로그 쇼핑의 이유와 비슷하다:[7]

이유	온라인 쇼핑	카탈로그 쇼핑
편리성	67%	62%
가격이 적당	41	40
독특한 상품	33	40
기업과 과거 경험	28	39
택배를 원함	16	31
점포에 갈 시간이 없음	13	17
친구의 추천	7	7
충동	4	5

자료원: *Catalog Age.* Reprinted with the permission of Primedia Business Magazines & Media Inc의 허가로 재인용, 저작권 2001. 무단 전재 금지.

최근까지 많은 산업 전문가들은 카탈로그의 소멸을 예측하였다. 그러나 카탈로그와 인터넷은 보완적으로 작용하는 것 같이 보인다. 예를 들어, 최근의 한 연구는 소비자가 유형의 카탈로그를 받았을 때 그 소매상 웹사이트에서 구매할 가능성이 두 배로 늘어나고 지출액도 16%나 증가하는 것을 발견하였다.[8]

온라인 구매자의 특징 분명히, 온라인 구매자는 먼저 인터넷 이용자여야 한다. 제15장에서 본 대로 그 차이가 줄어들고 있지만, 인터넷 이용자는 일반 대중 보다 젊고 소득과 교육수준이 높다. Pew 인터넷과 American Life는 현재 모든 미국 성인의 66%가 어느 시점에 온라인에서 구매를 한 것으로 추정한다.

인터넷 구매자들의 인구통계적 특징은 인터넷 사용자들의 특징과 비슷하다. 다시 말해, 그들은 보다 젊고(65세 미만과 65세 이상은 큰 차이임), 비히스패닉이고, 교육수준이 더 높으며, 소득도 더 높고, 브로드밴드 사용자들이다.[9] 또한 온라인 경험은 온라인 구매를 증가시키는 것으로 보인다.[10] 그리고 Experian이 발견한 다음의 쇼핑 집단들이 시사하는 것처럼 온라인 태도, 경험 그리고 행동은 온라인 구매에 영향을 미친다.[11]

- 상류층 온라인 및 오프라인(Upscale Clicks and Bricks, 17%)은 지난 12개월 동안에 평균보다 68% 높게 온라인에서 구매하였을 가능성이 높다. 소득이 더 높고, 중년인 이 집단은 온라인에서 가장 구매할 가능성이 높으며 또한 평균 소비자와 같은 정도로 매장 내에서도 구매한다. 구매 전에 온라인에서 탐색을 많이 한다.

- 가상공간 쇼핑객(Virtual Shoppers, 26%)은 지난 12개월 동안에 평균보다 10% 높게 온라인에서 구매하였을 가능성이 높다. 더 젊으며 고소득과 저소득으로 양분되는 이 집단은 좋은 거래를 찾기 위하여 인터넷을 사용하는 경향이 있다.
- 지위 노력자(Status Strivers, 20%)는 지난 12개월 동안에 평균보다 4% 높게 온라인에서 구매하였을 가능성이 높다. 더 젊고 주로 여자인 이 집단은 쇼핑을 재미있고 또한 레크리에이션의 한 형태로 간주한다. 추세를 따라가기 위해 구경하고 쇼핑하는 것을 좋아한다. 몰 쇼핑은 첫 번째로 높다.
- 몰 중독자(Mall Maniacs, 10%)는 지난 12개월 동안에 평균보다 15% 낮게 온라인에서 구매하지 않을 가능성이 높다. 중간 정도의 소득인 이 집단은 새로운 것의 시도를 좋아한다. 그들은 쇼핑을 즐긴다. 몰 쇼핑은 두 번째로 높다.
- 필수집단(Just the Essentials, 14%)은 지난 12개월 동안에 평균보다 27% 낮게 온라인에서 구매하지 않을 가능성이 높다. 나이가 더 많고 중간 정도의 소득인 이 집단은 기능적 필수품만을 찾는다. 모든 형태의 쇼핑에서 평균보다 낮은 수치를 갖는다.
- 원래 전통주의자(Original Traditionalists, 13%)는 지난 12개월 동안에 평균보다 35% 낮게 온라인에서 구매하지 않을 가능성이 높다. 나이가 더 많고 보다 낮은 소득인 이 집단은 브랜드 및 점포에 대한 충성도가 높으며, 미국산 자국제품을 구매하고 그린 제품을 구매한다.

아시아 소비자들에 대한 한 연구도 유사한 집단군을 보여주었다.[12] 명백히, 온라인 구매가 지속적으로 성장하기 위해서 마케터는 특히 지위 노력자 및 몰 중독자들의 온라인 구매를 저해하는 장애들을 극복해야 한다. 이는 간단해 보이는 주장이 아니다. 이들 소비자들은 쇼핑을 즐기며 쇼핑에서의 재미 요소도 즐긴다. 많은 사람들이 인터넷에는 일반적으로 없는, 다른 사람들과 함께 쇼핑하는 사회적 측면을 즐긴다. 흥미롭게도, '필수 집단'은 온라인에서의 구매 용이성 및 좋은 거래를 할 수 있는 능력에 끌릴 수 있으며 인터넷 쇼핑이 기능적이라는 것에는 개의치 않을 수 있다.

인터넷 쇼핑의 장애 어떤 제품, 사람, 상황에서 인터넷은 카탈로그, 전통적 점포, 다른 매장 보다 선택, 편의성, 가격 그리고 다른 특성 등에서 보다 나은 조합을 제공한다. 그러나 많은 경우에 소비자는 전통적 소매 매장을 선호한다. 실제로 전통적인 오프라인 점포들은 여러 제품 카테고리에서 여전히 소비자들이 애용하는 소매점포 중 1위를 차지하고 있고, 다음이 인터넷, 그 다음이 카탈로그이다.[13] 인터넷 쇼핑의 분명한 장애는 온라인에 대한 접근성이다. 그러나. 우리가 제15장에서 보았지만, 이 장애는 급격히 줄어들고 있다. Forrster Research는 인터넷을 이용하지만 온라인 구매를 한적이 없는 사람들의 온라인 비구매에 대하여 다음과 같은 이유가 원인이 되었다는 것을 발견하였다 (표는 이용가능한 수준의 2005년 비교자료를 제시하였다).[14] 아시아 소비자에 대한 조사도 이와 비슷한 결과를 보여주고 있다.[15]

소비자 통찰력 17-1

웹사이트 방문자를 구매자로 전환하기

대략 80%의 미국 성인이 온라인을 이용하고 이들의 약 2/3가 온라인에서 구매한 적이 있다. 숙련된 온라인구매자들의 구매가능성이 커지고 지출금액이 커짐에 따라 온라인 매출이 증가하고 있다. 다음은 온라인 소매상이 웹사이트 방문자를 구매자로 전환시키는 지침들이다.

- 적절한 랜딩 페이지(landing page, 배너, 키워드 등에 연결되어 그것을 클릭했을 때 처음 연결되는 페이지: 역자 주). 잘못된 페이지는 구매를 포기시킬 수 있다. 한 가지 예는 자택소유자를 위한 보험을 찾은 후에 Esurance가 후원하는 링크를 클릭하였는데 자동차 보험에 대한 페이지로 연결되는 것이다. 기업들은 클릭하는 소비자들의 형태에 맞게 자신의 랜딩페이지를 표적화하려고 한다. 예를 들어 Elite Island Resorts는 다른 여행 구매자들을 끌어들이기 위해 두 가지 랜딩페이지를 설정하였다.[16]
- 프라이버시와 안전에 대한 염려에의 대처. 온라인 프라이버시 및 안전은 온라인 구매를 막는 첫 번째 요인이며 이로 인해 수십억 달러의 매출 손실이 생기고 있다. **온라인 프라이버시 우려(Online Privacy Concerns)**는 온라인에서 얻어진 그들에 대한 개인적 정보가 어떻게 사용되는지에 대한 소비자 두려움을 의미한다. 온라인 프라이버시 우려는 어린아이들을 표적화하는 것, 마케팅 메시지를 과다하게 받는것, 명의 도용 등을 포함한다.[17]

  온라인 프라이버시에 대한 우려를 줄이기 위한 네 가지 방법이 가능하다. 첫 번째는 소비자가 어떻게 그 정보를 사용할 것인지를 직접 선택할 수 있게 하는 옵트 인(opt in) 특성을 통해서 직접 통제하는 것이다.[18] 두 번째는 프라이버시 성명서와 Verisign과 같은 보안 입증 시스템의 설정 및 커뮤니케이션 같은 직접적인 신뢰 신호를 사용하는 것이다.[19] 이러한 신호는 신뢰를 증가시키고, 프라이버시 우려를 줄이고 또한 구매를 증가시킬 수 있지만, 때로는 그렇지 않을 수도 있다. 세 번째 방법은 기업이 웹사이트에 대한 투자와 관련해서 간접적인 신호를 사용하는 것이다. 한 예는 문자와 정지된 그래픽으로 정보를 제공하는 기업보다는, 사용자로 하여금 온라인 실연을 경험하게 하고, 제품 이미지를 회전시켜서 추가적 정보를 얻게 하는 Shockwave 기술을 사용하는 기업일 것이다. 한 연구는 기업이 웹사이트에 투자를 많이 하는 것을 소비자가 알 때 이는 신뢰도와 온라인 구매 가능성이 증가한다는 것을 보여준다.[20] 마지막 방법은 브랜드를 간접적인 신뢰의 신호로 이용하는 것이다. 이 연구는 소비자는 친숙하지 않은 소매상보다 신뢰하는 소매상에게 거래 특유 정보를 제공할 가능성이 더 높다는 것을 보여준다.[21]

  기업이 사용해야 하는 방법은 웹 방문자의 유형에 달려 있는데, 탐색자(searchers, 탐색과업 지향적)는 간접적인 웹사이트 투자 신호에 보다 민감한 반면 구경자(browsers, 쾌락 지향적)는 직접적 프라이버시 성명서 신호에 더 민감하다.
- 접촉 부족에의 대처. 구매 전의 접촉 즉 물리적으로 다뤄보고, 테스트해 보고, 시용해 보는 기회의 부족은 두 번째로 큰 우려 사항이며, 이는 경험적 속성(예: 의복이 맞는지, 집안 장식에 색깔과 재질이 어울리는지)를 모의체험하기 어려운 의복 및 집안 장식품 같은 제품의 구매에 영향을 미친다.[22] 인터넷 마케터는 광대역 통신 서비스의 보급률 증가로 실용화된 3-D 시뮬레이션 및 상호작용 다매체와 같은 기법을 사용하여 가상 제품 경험을 제공함으로써 보다 세련되지고 있다. 예를 들어 MVM(My Virtual Model)은 여러 온라인 의복 사이트에서 사용가능하다. MVM은 고객으로 하여금 신체 치수를 입력하여 가상 모델을 창조하게 한 후에 소매상의 의복이 얼마나 잘 맞는지를 알기 위해 가상 모델에게 입혀 본다.[23] 소매상 M&M은 〈사진 17-

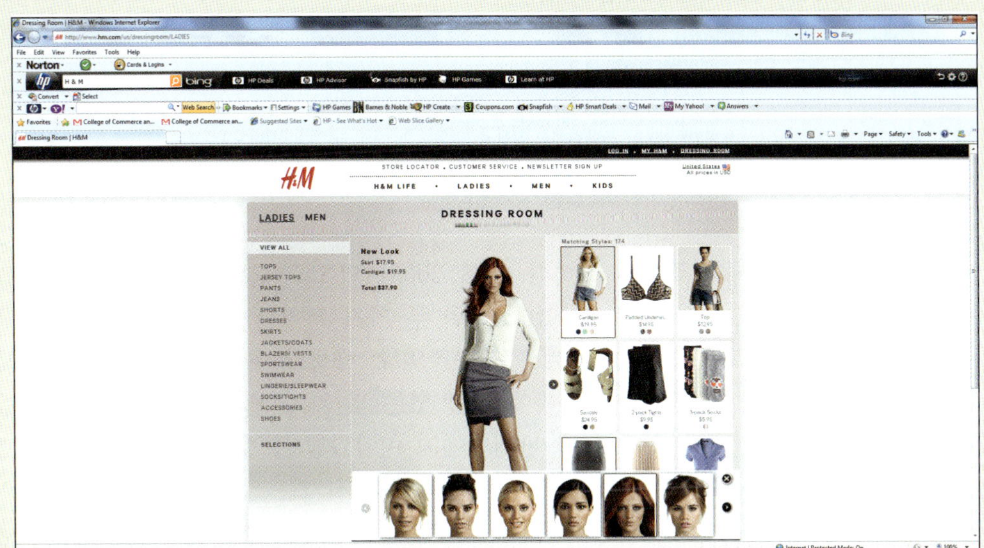

사진 17-2

이 온라인 소매상은 접촉의 부족에 대처하기 위하여 진보된 기술을 사용하고 있다.

2) 처럼 당신 스스로 모델을 선택하고 옷을 입혀보게 하는 가상 드레스 룸을 제공하고 있다.

- 사회적 요소 결핍에의 대처. 매장 소매업은 주요 쇼핑 동기이지만 많은 온라인 쇼핑 사이트에서 부족한 사회적 요소를 제공한다. 이러한 문제에 대처하기 위해서, 어떤 온라인 소매업상은 사회적 쇼핑 경험을 포함시키는 사이트를 만들고 있다. 한 가지 예로 온라인 쇼핑과 사회적 네트워킹을 결합하여 소비자로 하여금 친구들과 온라인에서 쇼핑을 할 수 있도록 한 Kaboodle 사를 들 수 있다. 또한 Lands' End와 같은 온라인 소매상은 판매사원과 동영상 및 문자 채팅을 점차로 추가하고 있다. IKEA의 Anna처럼 사람모습의 온라인 도우미에 의해 더 사회적인 차원이 창출되고 있다. 그러한 도우미는 그 웹사이트가 더욱 사회적이라는 지각을 가져오며, 이는 긍정적인 감정을 창출하고 구매의도를 증가시킨다.[24]
- 포기된 쇼핑카트에의 대처. 소비자들이 처음에 시작한 모든 쇼핑카트 중 대략 70%가 구매이전에 포기된다. 포기된 쇼핑카트는 많은 수익을 올릴 수 있는 부분이고, 마케터는 그 기회를 보고 있다. 최근의 한 연구는 구체적으로 표적화된(예: 포기된 품목을 거론하고, 핵심 브랜드 가치를 전달하고, 이 품목의 포기 이유가 가격 및 배달비용이 주요 요인이기 때문에 어떤 종류의 촉진을 제공한다) 그리고 일정 시간내에 발송되는 (24시간 이후에도 포기된 카트의 90%는 그렇게 남아 있을 것이다) 이메일 캠페인을 발견하였다. 제대로 수행된다면, 온라인에서 카트를 포기한 사람들에게 보내지는 각 이메일(또는 캠페인에서 시리즈 메일)은 평균 17.90달러의 수익을 내는 것으로 추정되며, 이는 카트를 포기하는 사람들을 다시 관여시켜서 구매자로 전환할 수 있다는 것을 의미한다.[25]

생각해 볼 문제

1. 온라인 소매상들이 웹사이트 방문자의 구매 가능성을 높이기 위해서 다른 어떤 전략들을 사용할 수 있는가?
2. 당신은 사회적 요소가 온라인에서 중요하다고 생각하는가?
3. 당신은 왜 포기된 쇼핑카트를 표적화한 캠페인이 매우 성공적이라고 생각하는가?

이유	2005	2010
접촉(touch)의 결핍	55%	36%
개인의 재정 정보를 제공하기를 원하지 않음	62	32
배달 비용이 너무 높음	22	29
반품이 성가심	—	26
온라인에서 알아보고 오프라인에서 구매함	24	24
온라인에서 구매할 필요성을 못 느낌	—	23
온라인에서는 판매원에게 말할 수 없음	—	14

자료원 : Forrester Research, 2005 and 2010.

몇 가지 흥미로운 추세가 주목할 만하다. 첫째, 2005년의 많은 장애요인들이 여전히 장애요인으로 남아 있지만, 상당히 축소되었다. 상위 두 가지 우려는 접촉의 부족과 사생활 우려로, 접촉의 부족은 목록에서 첫 번째로 상승하였고, 사생활 우려는 반으로 줄어들었다. 중요성이 높아지거나 2005년이래 목록에 계속 있는 몇 가지 요인들은 배달비용, 반품의 어려움 그리고 온라인에서 쇼핑할 때 판매원에게 이야기할 수 없다는 것이다.

이것들과 다른 장애 요인들은 구경자를 구매자로 전환시키는 것과 관련이 있는데, 이는 온라인 매출을 증가시키고자 하는 인터넷 마케터에게 중요한 관심사이다. <소비자 통찰력 17-1>은 온라인 전환 전략을 논의한다.

2. 점포 소매점

대부분의 소매매출은 실제 점포에서 발생하고 있으며 이는 가까운 미래에도 사실일 것이다. 그러나 점포에 기반을 둔 전통적 소매업은 홈쇼핑 같은 소매상에게 이익이 되는 방식에서는 확실히 취약하다. 소비자에게 매장에서 쇼핑하기를 좋아하지 않는 이유를 물어본 Roper 서베이의 결과를 생각해 보라:[26]

이유	비율
판매원이 잘 모른다	74%
긴 줄에서 기다린다	73
물건을 찾는 것이 어렵다	64
주차와 교통	64
혼잡함	58
서비스를 받기 힘듬	54
쇼핑 시간	38
쇼핑을 좋아하지 않음	34

자료원: Roper Reports 전화 서베이, 2003년 8월.

분명히, 많은 사람들은 매장 내 쇼핑은 재미있거나 시간을 효율적으로 사용하는 것이라고 생각지 않는다. 그러나 소매상은 쇼핑 경험을 향상시키기 위해서 매장에 기반을 둔 소매 활동과 기술을 폭발적으로 증가시킴으로써 반격하고 있다.[27] 라이프스타일 센터가 소비자의 관심을 불러 일으키고 소비자 쇼핑습관의 변화에 적응하기 위해 출현하고 있다. Levi' s, Nike 그리고 Reebok과 같은 브랜드에 있어서, 브랜드에 대한 촉진 도구뿐 아니라

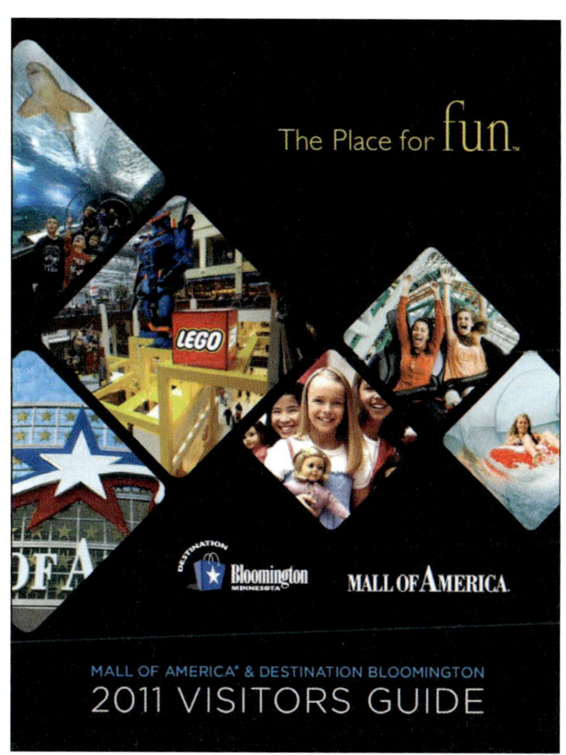

사진 17-3

점포소매상이 고객을 위하여 가치를 더하는 한 가지 방법은 쇼핑이 즐거운 환경을 제공하는 것이다.

주요 대량 판매 매장으로서 브랜드 점포가 출현하고 있다. 점포 내 점포(shop in shop) 또한 시도되고 있다. Walmart는 한 지붕아래 안경점, 은행 및 레스토랑을 가지고 있다. Walmart 및 Home Depot와 같은 대형 슈퍼스토어는 자신의 점포를 축소시킨 형태를 시도하고 있다.[28]

소매점의 형태를 변화시키는 것과는 별도로 전통적 백화점은 점포 내에서 전체적 이미지를 향상시키고 지속적인 점포 방문을 유도하기 위해서 "목적형 구역(destination area)"의 창출을 시도하고 있다. 예를 들면, Macy's는 선정된 장소에 신부 살롱을 가지고 있으며 Target과 Kmart는 소비자들을 끌어들이기 위해 디자이너 컬렉션을 제공한다.[29] 사실상, Target의 디자이너 패션 컬렉션의 운영은 Walmart 및 다른 상점들 보다 더 유행을 따라가는 이미지를 창출한다.

더구나, 소매점들은 레이아웃, 음악, 개인구매대행자(personal shopper, 다른 사람들의 쇼핑에 조언을 해주는 직업이며, 백화점 등이 고용-역자 주) 등을 통하여 점포의 경험적 요소를 향상시키려고 하고 있다. 어떤 점포들은 경험적 요소에 초점을 맞추고 있다. American Girl 상점은 단지 인형만을 팔지 않고, 식사 및 파티와 같은 경험을 제공한다. 이러한 것의 일부는 어머니와 딸 그리고 아버지와 딸의 공동쇼핑 경험뿐만 아니라 자녀의 사회화로서 쇼핑경험이 일어나게 하는 것처럼 보인다(제6장을 참조). 이와 비슷하게 Bass Pro Shops는 제품을 팔지만, 수족관, 사격장, 레스토랑 등을 가지고 있다. Dick's Sporting Goods는 골프채를 테스트하고 피팅할 수 있는 연습장을 가지고 있으며 어떤 곳은 암벽등반용 벽도 가지고 있다.

당신이 확인할 수 있듯이, 웹의 기능은 전통적 소매상들이 이 차원에서 경쟁하는 것을 더 어렵게 만들기 때문에, 그들은 거대 엔터테인먼트 센터가 되는데, 즉 사회적 요소를 강조하고 있다. 예를 들어, Minneapolis에 가까이 있는 the Mall of America는 놀이 공원 주변에 건축되었다. 또한 소형의 골프장, 나이트클럽, 테마 레스토랑, 수족관(<사진 17-3>을 참조)을 가지고 있다. 소매업은 분명히 흥미있고 경쟁적인 영역이다. 자신들의 소비자를 가장 잘 이해하는 소매업자들이 미래에 발전하고 성장할 것이다.

3. 멀티채널 전략의 일부로서 인터넷

LO3

대부분의 소매상들은 온라인에서만 영업을 하지 않는다. 대신 멀티채널 마케팅을 행하는데, 즉 소비자에게 다가가기 위하여 여러 소매 경로를 활용한다. 다양한 경로는 물리적 점포, 인터넷, 카탈로그 등을 포함한다. 멀티채널 방식은 많은 형태를 취할 수 있으며 많은 이유로 성공적일 수 있다. 예를 들어 <사진 17-4>에서 처럼 같은 지역의 점포 소매상은 즉각 전국적이고 국제적이 되도록 인터넷을 사용할 수 있다. 반대로 인터넷은 JC Penny 및 Saks Avenue와 같은 전통적 소매상으로 하여금 그들에게 경제적인 운영을 할 수 없는 작은 지역사회에 접근할 수 있게 한다.

멀티채널 방식 이용의 증가는 소비자 쇼핑 패턴의 전환과 관계가 있다. 구체적으로 소비자들은 점점 **멀티채널 구매자(multi-channel shoppers)**가 되어 가는것 같다. 즉 두 채널 이상에서 제품을 둘러보고 구매를 한다. 이와 관련하여 연구는 다음을 제시하고 있다:[30]

- 가장 일반적 방식은 온라인에서 점포로의 이동(온라인에서 탐색하고 실제 점포에서 구매하는)이다. 이는 멀티채널 쇼핑객의 75% 이상이 선호하는 스타일이며, 다음으로는 차이가 큰, 약 7%가 선호하는 방식으로 점포에서 탐색하고 온라인에서 구매하는 것이다.
- 대략 78% 인터넷 쇼핑객이 제품을 둘러보고, 구매하는데 두 개 이상의 채널을 이용하고 있다.
- 멀티채널 쇼핑객은 더 높은 소득을 가지고 있으며 단일 경로 쇼핑객 보다 소매점에서 15%에서 30% 더 소비한다.
- 유사한 멀티채널 쇼핑객과 쇼핑 패턴이 유럽에도 존재한다.

소매 경로들은 <그림 17-1>에서 보듯이 보완적인 경향이 있는데, 이는 어느 소매 형태도 모든 차원에서 최적이지 않기 때문이다. 이와 같이 인터넷은 잘 알고 있는 판매원의 부족 또는 매장 내에서 제품을 탐색하는 불편을 극복하기 위해서 이용될 수 있는 반면에, 매장에서는 제품의 접촉과 구입의 즉각성이 제공될 수 있다.[31] 초기에 인터넷 소매 때문에 카탈로그는 사라질 것으로 예

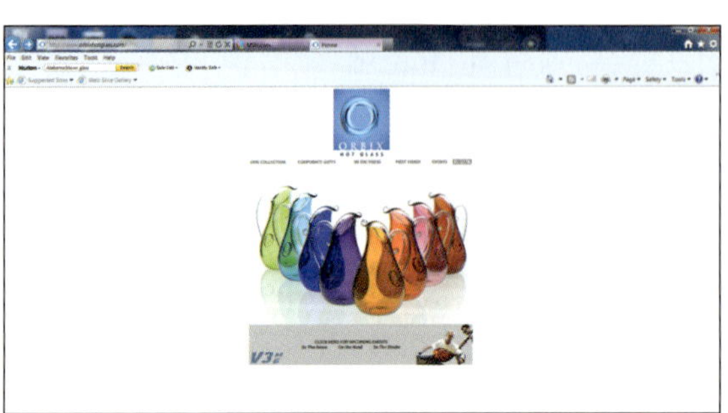

사진 17-4

인터넷 판매 사이트는 지역 기업을 전국적 또는 세계적 기업으로 즉각 전환시킨다.

멀티채널 구매자들은 종종 한 경로에서 구경을 하고 다른 경로에서 구매한다 그림 17-1

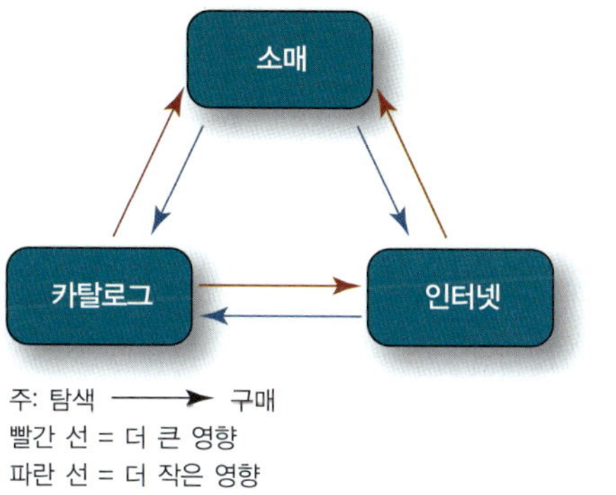

자료원: DoubleClick Multi-Channel 쇼핑 연구 – Holiday 2003, www.internetretailer.com, 2004년 1월.

측되었지만 <그림 17-1>은 또한 온라인과 소매점에서의 구매의 동인으로서 카탈로그의 중요성이 계속 강조되고 있다.

4. 옴니채널 전략의 일부로서 모바일

옴니채널 쇼핑객(omni-channel shopper)으로 불리는 새로운 형태의 쇼핑객이 모바일 쇼핑 앱의 출현으로 나타나고 있다. 옴니채널 쇼핑객은 한 경로 이상에서 동시에 구경하고(또는) 구매하는 소비자이다. 즉 매장 내에서, 그들은 제품의 바코드를 모바일 쇼핑 앱에 스캔하여 웹으로 이동하여 지역의 여러 상점들간의 가격을 비교한다. 또는 그들은 그 점포에서 더 나은 거래와 쿠폰을 찾기 위해 모바일 앱을 사용할 수 있다. 또는 그들은 제품에 대한 정보를 더 얻거나 온라인상의 추천의견을 찾기 위하여 폰을 사용하여 인터넷을 검색할 수 있다. 요점은 경로의 동시적 사용이다. 바로 이전의 예에서, 경로는 점포, 모바일 그리고 인터넷이다. <그림 17-2>는 옴니채널 쇼핑을 보여주고 있으며, 물리적 점포에서 세 가지 경로가 사용되고 있는데, 이는 인터넷에 접속 가능한 모바일 앱에 의해서 가능하기 때문이다.

옴니채널 쇼핑객들은 디지털 지식이 풍부하고 모바일 및 모바일 쇼핑 앱에 많이 의존하고 있다. 그들은 부유하고 기술적 지식이 많은 X세대와 나이가 더 많은 Y세대뿐 아니라 보다 젊은 Y세대로 구성된다. 그들은 멀티채널 쇼핑객보다 소매점에서 15%에서 30% 더 소비하며 소매점의 중요한 새로운 표적시장이다. Macy's의 임원의 다음 이야기를 생각해보자:

> 우리는 Macy's에서 "옴니채널(omnichannel)" 소매업에 대하여 이야기를 많이 한다. 우리의 고객은 다차원적이다. 그는 일로 바쁘고 친구들과 외출을 한다. 그는 손에 모바일 기기를 항상 가지고 있다. 그는 페이스북, 트위터, 유트브 그리고 열두 가지 다른 소셜미디어 사이트를 적극적으로 이용한다. 우리는 그 소비자가 어디에 있고 어디서 쇼핑을 하든지 Macy's와 교

그림 17-2 옴니채널 쇼핑객은 멀티채널에서 구경과 구매를 동시에 한다

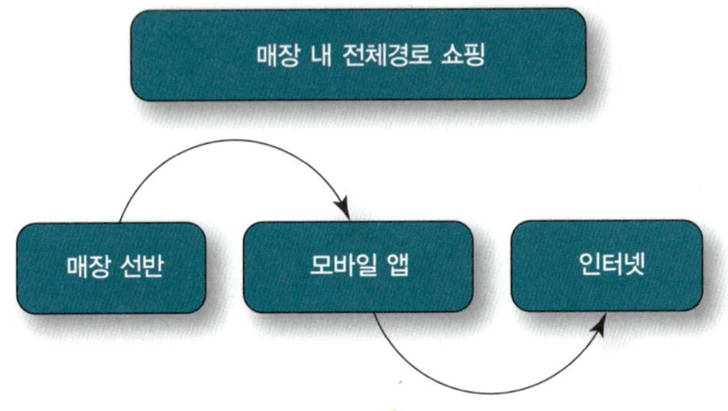

류할 수 있기를 원한다. 그가 어떤 것을 우리의 점포 또는 온라인에서 구입하든지, 그가 데스크톱 컴퓨터에서 또는 그의 Droid 또는 iPad에서 쇼핑하든지, 그것은 우리에게 큰 차이가 없다. Macy' s에게 최상의 고객들은 점포와 온라인에서 우리에게서 쇼핑하는 자들이다. 우리는 우리 점포의 고객들을 웹으로 이끌어 가고 우리의 온라인 고객들을 우리 점포로 이끌어 올 일련의 전체 전략들이 마련되어 있다. 오늘날의 고객은 획일적이지 않다. 그리고 그것이 우리가 우리의 고객에 접근하는 방식이다.[32]

경로를 넘나들며 마케팅활동을 하는 것은 소비자 지출에 있어서 가치가 있지만 상당히 힘든 일이다. 확실하게 적절한 모바일 앱에 접속되고 주요 검색엔진에서 최적화되도록 하면서 경로간에 통합된 외관과 느낌을 조율해야 하는 주요 과제를 생각해보라. IBM과 같은 주요 기술 기업들은 Macy' s와 같은 기업들에게 이러한 이슈를 어떻게 가장 잘 처리할 수 있는지에 대하여 자문을 하고 있다.

17.2 소매점 선택의 영향요인

특정 소매점의 선택에는 소비자의 평가기준에 의한 대안 점포들의 비교가 수반된다. 이 섹션은 소비자들이 흔히 소매점을 선택하기 위하여 사용하는 많은 평가기준을 고려한다. 소매점 선택에 관한 많은 연구들이 소매점(예: JC Penny 대 Sears)의 선택과 관계가 있지만, 적용이 가능하다면 새로운 연구결과에 근거하여 온라인 소매상들(예: Buybooks.com 대 Amazon.com) 간의 선택에도 연결시킬 것이다.

1. 점포 이미지

소매점과 관련된 모든 속성에 대한 소비자 또는 표적시장의 지각을 일반적으로 **점포 이미지(store image)**라고 한다. 이는 제9장에서 논의된 브랜드 이미지의 개념과 같다. 한 연구는 다음의 아홉 가지 차원과 이들 아홉 가지 점포 이미지 차원의 스물세 가지 구성요소를 발견하였다.[33] 점포 분위기 구성요소는 주로 정서적이거나 본질적으로 감정이라는 것을 유의하라.

점포 이미지	
차원	**구성요소**
상품	품질, 정선한 제품, 스타일, 가격
서비스	예약할부제, 판매원, 환불의 용이성, 신용, 배달
고객	고객
물리적 시설	청결, 점포 레이아웃, 쇼핑의 용이성, 매력성
편의성	위치 및 주차
촉진	광고
점포 분위기	적합성, 재미, 자극, 안락
기관	점포의 평판
거래 후	만족

자료원 : J. D. Lindquist, "Meaning of Image," *Journal of Retailing,* Winter 1974, pp. 29–38.

이 연구는 점포에 초점을 맞추었다. 점포이미지 구성요소 그리고 아마도, 이미지 차원은 다른 형태의 소매점에 대해 사용하기 위해서는 조정이 필요할 것이다. 예를 들어, 온라인 소매상의 이미지에 관한 최근 연구는 온라인 소매점 선택에 영향을 미치는 다음의 일곱 가지 차원과 관련된 구성요소를 발견하였다.[34] 점포 이미지의 어떤 차원과 구성요소가 온라인 맥락으로 잘 전환될 수 있고, 그리고 어느 것이 가장 전환되지 않는가?

온라인 소매상 이미지	
차원	**구성요소**
유용성	좋은 제품 제공 및 정보, 가치, 관심도별 정렬
즐거움	재미, 매력적, 구경하기가 즐거운
사용의 용이성	사용과 탐색하기가 쉬운, 탄력적인 사이트
신뢰성	평판, 정보의 안전성 및 보안
스타일	도움이 되는, 친근한, 지식이 있는, 평온한
친밀성	온라인 및 오프라인 광고, 전반적 친밀성
결제	신속하고 유연한 배달 및 거래

자료원: H. van der Heijden and T. Verhage, "Online Store Image," *Information and Management* 41 (2004), pp. 609–17.

이들 연구가 제시하듯이 전반적 소매상 이미지(인터넷 및 점포에 기초하는)는 기능적 및 감정적 차원들과 관계가 있다. 감정적 구성요소의 중요성은 과소평가될 수 없다. 점포 이미지 또는 개성의 감정적 구성요소에 초점을 둔 연구는 점포들(숫자가 클수록 그 구성요소가 그 점포에 더 맞음)에서 다음과 같은 차이를 발견하였다.[35]

	정서적 구성요소			
점포	**즐거운**	**불쾌한**	**활동적인**	**졸리운**
Penney's	18.5	12.8	13.7	14.3
Kmart	15.2	12.6	14.8	12.9
Macy's	25.2	7.2	19.0	6.7
Sharper Image	23.5	7.8	22.4	6.9
Victoria's Secret	25.5	9.5	16.0	12.7

자료원: W. R. Darden and B. J. Badin, "Exploring the Concept of Affective Quality," *Journal of Business Research,* February 1994, p. 106에서 재인용.

사진 17-5

디자이너 컬렉션은 소매상이 자신의 이미지를 높이고 표적고객에 대하여 점포를 적절하게 포지셔닝하는 한 가지 방법이다.

JC Penny와 Kmart는 "즐거운" 구성요소에서 만큼 "불쾌한" 구성요소에서도 강한 것을 유의하라. 또한 이들은 "활동적"이거나 또는" 졸리운"것으로 여겨지지 않는다. 이는 쇼핑동기가 가격, 엄선된 제품 또는 다른 기능적 특성에서 온다는 것을 시사한다. 이와 대조적으로 Macy's는 쇼핑하기에 "즐겁고", "활동적"인 곳이다. 소비자들은 Macy's가 기능적 특성에 추가하여 또는 그보다는 즐겁고 활동적이기 때문에 Macy's에서 쇼핑을 할 것이다. Victoria's Secret과 Sharper Image는 모두 쇼핑하기에 즐거운 곳이지만 전자는 후자보다 덜 활동적인 경험을 준다. Sharper Image가 감정적 차원에서 잘하고 있지만 최근에 문제에 직면하였다. 소비자 욕구와 기대를 충족시키는 방식으로 감정적 차원과 기능적 차원간에 균형을 맞출 필요가 있다는 교훈을 여기서 얻을 수 있다. 한 전문가 말한대로 문제의 한 부분은 "사람들은 크게 부풀려진 가격의 멋진 제품을 보는 것을 좋아하지만 사지는 않는다"는 것이다.[36]

마케터는 소매전략 수립에 이미지 자료를 광범위하게 사용한다.[37] 첫째, 마케터는 아울렛의 이미지를 결정하는 많은 구성요소를 통제한다. 둘째, 다른 소비자 집단은 다양한 형태의 소매점과는 다른 것을 바란다. 이와 같이 감정적 요소와 기능적 요소에 대한 표적시장의 바람과 일치할 수 있도록 초점이 명확하고 잘 관리된 이미지가 대부분의 소매상에게는 필수적이다. 예를 들어 패션 소매상은 <사진 17-5>에서 본 것처럼 최상품, 패션 어필을 높이기 위하여 디자이너 컬렉션에 의존하여 감정적 이미지를 구축하고 있다.

다른 아울렛은 보다 기능적 속성에 초점을 둔다. 예를 들어 Amazon.com 과 Buy.com 은 상품의 폭과 가격에 크게 초점을 맞추고 있다. 그리고 7-Eleven 같은 점포는 거의 전

광고된 품목에 이끌려 점포에 온 개인들의 소비 그림 17-3

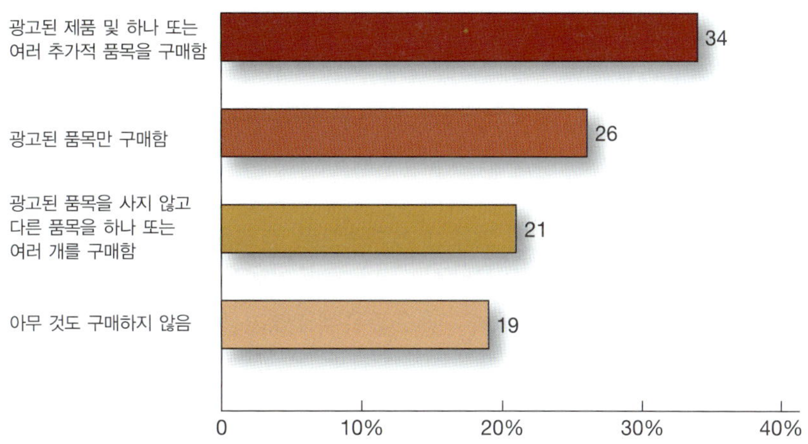

적으로 편의성이 주요 속성인 상황에서 소비자를 위한 편의성(접근이 쉬움, 영업시간의 연장, 신속한 서비스)에 초점을 맞추고 있다.

2. 소매점 브랜드

점포 이미지와 밀접하게 관련된 것은 **점포 브랜드(store brands)**이다. 극단적으로 점포 또는 아울렛이 그 브랜드이다. 예로 The Gap, Victoria's Secret 그리고 Body Shop International을 들 수 있다. 점포에서 취급되는 모든 품목이 점포 자신의 브랜드이다. 전통적으로 소매업자는 오직 제조업자의 브랜드만 취급하였고, Sears와 Ward 같은 소수만이 자신의 점포 브랜드를 개발하였다. 1970년대 많은 점포들은 전국 브랜드에 대한 낮은 가격의 대안으로서 자사 브랜드를 개발하기 시작하였고, 많은 점포들이 이러한 방식을 계속하고 있다.[38]

그러나 점점 Walmart 및 Target 같은 소매상들은 자신의 이름 또는 독립적인 이름을 가진 고품질의 브랜드를 개발하며 촉진하고 있다. 그러한 브랜드는 이들 점포에 매력적인 마진을 제공할 뿐 아니라 적절하게 개발된다면 점포의 중요한 속성이 된다. 즉, 그들은 소비자들이 그 점포에서 쇼핑하는 또 다른 이유인 것이다.[39] 그리고 중요한 것은 다른 점포들이 이 브랜드를 취급할 수 없다는 것이다. 점포 브랜드 성공의 핵심은 바로 합리적인 가격의 고품질인 것이다.[40] 실상, 최근의 한 연구는 적어도 어느 선까지는 소비자의 소매점 브랜드(예: Target의 Archer Farms)의 사용의 증가는 그 소매점(예: Target)에 대하여 충성도의 증가를 가져온다는 것을 발견하였다.[41]

3. 소매 광고

소매상은 소비자에게 속성, 특히 판매 가격을 알리기 위해 광고를 사용한다. 가격 광고가 사람들을 점포로 끌어 들일 수 있다는 것은 분명하다. 여러 제품 범주(모터 오일, 종이, 디지털 시계, 짧은 바지, 양복, 커피메이커, 드레스 그리고 매트리스)에 관한 일곱 개 도시에서의 신문광고를 포함한 주요 연구에서 그러한 연구결과가 얻어졌다. 소매광고의 효과는 제품범주에 따라 크게 다르다. 예를 들어, 모터 오일의 광고를 보고 점포에 온 사람들의 88%가 광고된 품목을 구매했지만 드레스 광고를 보고 온 사람들은 16%만이 광고된 제품을 구매하였다. 전체적으로 쇼핑객의 약 50%정도가 그들을 점포로 이끈 광고품목을 구매하였다.

<그림 17-3>이 보여주듯이 광고제품의 구매는 광고의 전체적 효과가 크지 않음을 나타낸다. 광고된 품목을 구매하러 온 고객이 추가적으로 품목을 구입하는 것을 **스필오버 판매(spillover sales)**라고 부른다. 이 조사에서 스필오버 판매액은 광고품목의 판매액과 같다. 즉 광고에 의하여 점포에 온 사람들은 광고품목에 1달러를 썼고, 점포의 다른 품목에 또 1달러를 사용했다.[42]

또 다른 연구에서는 아래와 같은 결과가 나타났다:[43]

	점포를 방문하는 이유	
행동	촉진하는 품목을 구매	다른 이유
촉진하는 품목에 쓴 돈	$11.30	$3.27
정규 품목에 쓴 돈	18.48	21.90
합	$29.78	$25.17
점포 이윤	$5.64	$5.77

가격 또는 다른 촉진의 편익을 평가하는 소매상은 광고품목의 매출과 이윤만이 아니라 전체적인 점포 매출과 이윤을 고려해야 한다. 그리고 소매광고의 많은 부분이 가격, 특히 판매가격을 강조하지만 연구는 계속해서 가격이 소비자가 소매점을 선택하는 첫 번째 이유가 아니라는 것을 보이고 있다.[44] 이와 같이 많은 소매상은 서비스, 엄선된 제품 또는 소매점의 정서적 편익을 강조함으로써 이득을 볼 수 있다. 정서적 편익은 실용적 제품보다 쾌락적 제품에서 특히 효과적일 수 있다.[45]

온라인 소매상은 소비자를 그들의 사이트로 이끌고 이미지를 구축하기 위하여 대중매체에서 광고를 한다. 가격과 가치는 분명히 온라인 구매자에게 중요한 속성이며[46] 많은 사이트들이 이러한 특성을 촉진한다. 게다가 최근 연구에 의하면 표적시장의 특성과 욕구보다 잘 매칭되기 위하여 이메일과 같은 고객 맞춤화된 온라인 촉진은 온라인 점포의 방문을 극적으로 증가시킬 수 있다.[47]

가격광고 결정 소매업자는 가격광고의 이용을 고려할 때 세 가지 결정에 직면 한다:

1. 어느 정도로 큰 가격할인을 이용할 것인가?
2. 비교 또는 준거 가격이 이용되어야 하는가?
3. 어떤 언어적 설명이 가격정보와 병행되어야 하는가?

소비자는 어떤 광고 가격이라도 가격 인하 또는 세일 가격이라고 가정하는 경향이 있

사진 17-6

이 판매 광고는 주로 절약의 절대적인 금액에 초점을 두고 있다. 절약을 비율로도 강조하여야 하는가?

다. 가격비교를 보여주는 것은 절약의 지각을 유의하게 증가시킨다. 그러나 지각의 강도는 비교 또는 준거가격이 제시되는 방법에 따라 다르다. **준거가격(reference price)**은 다른 가격과 비교되는 가격이다. "정규가격 9.95달러, 지금만 6.95달러"에서 9.95달러는 준거가격이다. **외적 준거가격(external reference price)**은 마케터에 의해서 소비자가 현재 가격과 비교하도록 제시하는 가격이다. **내적 준거가격(internal reference price)**은 가격 또는 가격범위로서,[48] 소비자가 시장에서의 가격을 비교하기 위하여 기억해 내는 것이다.[49]

상황적 영향과 개인적 차이가 있지만[50] 대부분의 소비자들은 외적 준거가격을 이해하며 그것에 영향을 받지만 완전히 믿지는 않는다.[51] 신뢰의 결핍 이유는 몇몇 소매상들이 부풀린 준거가격을 이용한 관례 때문이다. 이러한 부풀린 가격은 시장에서 권장가격일 수 있으며 실제는 모든 판매가 그 보다 낮은 가격에서 이루어진다. 또는 그 가격은 너무 높아서 매출이 적었던 점포가 상품에 대해 처음 설정한 가격일 수 있다. 이후에 보여진 가격인하는 단순히 이전의 가격설정의 잘못을 바로잡는 것이지만 소비자에게 의미있는 편익을 제공하지 못한다. 가격 및 판매 광고는 소비자 구매에 큰 영향을 미치기 때문에 FTC(공정거래위원회) 및 많은 주정부는 그 이용을 통제하는 가이드라인과 규칙들을 가지고 있다.[52]

소매상에게 최상의 방식은 세일 가격 및 (1) 금액이 크다면 절약되는 금액, (2) 비율이 크다면 절약되는 비율, (3) 두 가지가 다 크다면 두 가지를 함께 제시하는 것이다. 이와 같이 200달러짜리 품목의 10달러 절약은 금액적으로는 절약을 보여주지만 비율적 절약은 그렇지 않다. 20달러 품목의 10달러 절약은 금액과 비율 절약을 함께 강조할 수 있다. 3달러 품목의 1달러 절약은 비율 절약에 초점을 두어야 한다.[53] 정규가격은 이들 중 어느 하나로 제시될 수 있다.[54] 정규가격(가격에 기초하여 절약이 계산될 수 있는)은 점포가 할인된 품목의 적절한 양을 보통 팔 수 있는 가격이어야 한다.

"지금 오직", "무엇과 비교하여", "특별" 같은 단어와 구절은 판매의 지각된 가치를 높이는 것으로 보인다. 그러나 이는 상황, 최초 가격수준, 할인 크기, 소비자 집단, 소매점에 따라 다르다.[55] 50% 할인 또는 하나 사면 하나 공짜 중 어느 것이 더 나은 가치로 여겨지는가? 이는 대부분 촉진되는 품목에 달려 있다. 세제같이 비축하는 품목에서는 똑같은 것으로 여겨진다. 그러나 빵처럼 부패하기 쉬운 품목은 50% 할인이 더 나은 가치로 여겨진다.[56]

소매상은 가격광고를 어떻게 사용할지에 대해 주의할 필요가 있다. 그러한 광고는 광고품목의 가격뿐 아니라 점포의 가격수준에 대해서도 알려준다.[57] 그리고 가격수준, 품질, 서비스 그리고 다른 중요한 속성들은 또한 소비자 마음에서 연결되어 있기 때문에 부적절한 가격광고는 점포 이미지에 부정적인 영향을 미칠 수 있다.[58]

<사진 17-6>의 광고는 준거가격이나 판매가격이 아닌 금액 절약을 첫째로 강조하고 있다. 표적시장이 이 품목의 정규가격이 높은 것을 아는 정도로, 그들은 이 내적 준거가격 또는 범위를 판단하는데 사용할 것이다. 그리고 절약 금액이 비교적 크기 때문에 우리가 살펴본 그 연구는 금액절약을 제시하는 것이 건전한 전략이라는 것을 제시한다.

4. 점포의 위치와 크기

위치는 소비자 점포 선택에서 중요한 역할을 한다. 모든 다른 것이 대략 같다면 소비자는 일반적으로 가장 가까운 점포를 찾을 것이다.[59] 마찬가지로 아울렛의 크기도 중요한 요인이다. 소비자가 신속한 서비스 또는 편의성에 특별히 관심이 없다면 그는 모든 다른 것이 같다면 작은 아울렛보다 큰 아울렛을 선택할 것이다.[60] 흥미롭게도 여러 주요 온라인 업자들은 Amazon.com처럼 수퍼점포들이다. 이와 같이 소매점 크기는 온라인에서도 중요한 역할을 하는 것으로 보인다.

소매 유인력 모델(retail attraction model)은 **소매 중력 모델(retail gravitation model)**이라고도 부르는데 점포 크기와 소비자로부터의 거리에 기초하여 점포 유인력 수준을 계산하는데 사용된다. 소매 중력 모델에서 점포 크기는 평방피트로 측정되며 상품폭의 척도가 되는 것으로 가정하고 있다. 점포까지의 거리 또는 이동시간은 특정 소매지역에 도달하는 물리적 그리고 심적인 노력의 척도로 가정되어진다.

거리 또는 이동시간의 효과는 제품마다 다르다.[61] 편의품이나 소소한 쇼핑 제품에서 구매자는 그렇게 멀리 이동하려 하지 않기 때문에 거리는 중요하다. 그러나 자동차 또는 전문품(웨딩드레스 같은) 같은 주요 고관여 구매는 이동하고자 하는 더 큰 의지를 창출한다.

이동할 의지는 또한 그 쇼핑에서 쇼핑리스트의 크기에 따라 다르다.[62] 따라서 서너개의 편의품에 대해서는 그렇게 멀리 이동하려 하지 않는 소비자도 20개 또는 30개의 품목에 대해서는 더 멀리 가고자 할 수 있다.

소비자는 종종 쇼핑 가는 것과 다른 목적들을 결합시킨다.[63] 따라서 소비자는 한 번 외출에 헬스클럽을 가고, 친구와 점심을 먹고, 세탁물을 픽업하고, 며칠 먹을 음식을 사고, 처방약을 가져 온다. 따라서 소매점 애호는 부분적으로 다른 소매점과 소비자의 이동 패턴과 관련한 소매점의 위치 함수이다. 그러한 쇼핑 패턴에 대하여 아울렛들을 결합시키거나 점포내 매장을 추가하는 것은 소비자를 위하여 가치를 창출할 수 있으며 기업에게는 수입을 증가시킬 수 있다.[64] 예로, 많은 슈퍼마켓은 약국을 가지고 있다.

17.3 소비자 특성 및 점포 선택

앞에서의 논의는 표적시장의 소비자 특성과 독립적으로 주로 점포 속성에 초점을 맞추었다. 그러나 소비자들은 매우 다른 바람과 쇼핑 이유를 가지고 있다. 본 섹션에서는 점포 선택과 특히 관련이 있는 두 가지 소비자 특성 즉, 지각된 위험과 쇼핑지향성을 살펴볼 것이다.

1. 지각된 위험

제품의 구매는 제품이 기대한 대로 실행되지 않는 위험을 수반한다(제15장 참조). 그러한 실패는 다음과 같은 높은 비용을 초래한다:

- 사회적 비용 (예: 동료들이 인정하지 않는 헤어스타일)
- 재무적 비용 (예: 신는데 너무 불편한 비싼 신발)
- 시간적 비용 (예: TV 세트를 수리가게에 가져다 놓았다가 다시 찾아오는 TV 수리)
- 노력 비용 (예: 여러 시간 작업을 한 후에 메모리 스틱의 고장)
- 신체적 비용 (예: 해로운 부작용을 유발하는 새로운 약)

이들 중 첫 번째 비용은 일반적으로 **사회적 위험**으로 불리우며, 다음 세 가지는 종종 경

다양한 제품 형태의 경제적 그리고 사회적 위험  표

사회적 위험	경제적 위험: 저	경제적 위험: 고
저	와인(개인적 사용) 양말 부엌 소모품 펜/연필 휘발유	개인용 컴퓨터 자동차 수리 의복 세탁기 보험 의사/변호사
고	의복 액세서리 헤어스타일 선물(비싸지 않은) 와인(접대용) 냄새제거제	정장 양복 거실 가구 자동차 스노우보드 스키복

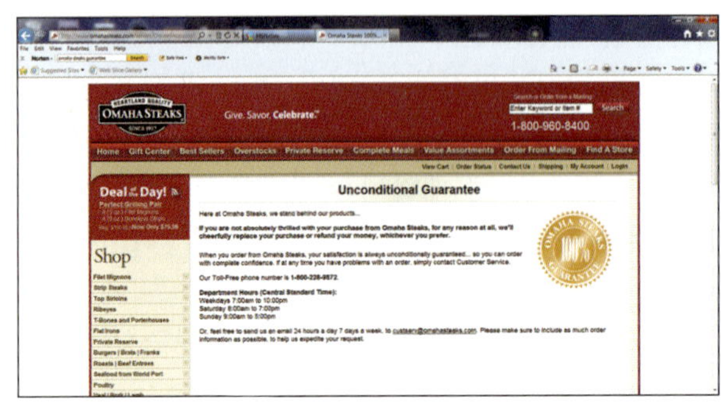

사진 17-7

어떤 것이든 완전 만족 보증은 구매, 특히 카탈로그 또는 온라인 구매의 지각된 위험을 크게 줄여준다.

제적 위험으로 간주된다. 제품범주는 일반적으로 관련된 위험의 수준과 형태에서 다르다.[65] <표 17-1>는 양말과 휘발유가 경제적, 사회적 위험이 낮고 헤어스타일과 작은 선물은 경제적 위험은 낮지만 사회적 위험은 높다. PC 및 자동차 수리는 사회적 위험은 낮지만 경제적 위험은 높다. 마지막으로 자동차와 거실 가구는 경제적, 사회적 위험이 모두 높다.[66] <표 17-1>는 또한 지각된 위험에서 상황의 역할을 나타낸다. 와인은 개인적 소비를 위해서는 사회적, 경제적 위험이 낮지만 대접하기 위해서 사용될 때는 사회적 위험이 높은 것으로 나타난다.

이러한 위험의 지각은 부분적으로 소비자들의 과거 경험 및 라이프 스타일에 따라 소비자들마다 다르다. 이러한 이유로 **지각된 위험(perceived risk)**은 제품 특성 뿐 아니라 소비자 특성으로도 여겨진다.[67] 예를 들어 많은 소비자들은 소유한 차에 대하여 사회적 위험을 못 느끼지만 어떤 사람은 느낀다.

제품범주와 같이 소매점도 다양한 정도의 위험을 가진 것으로 지각된다. 전통적 점포는 위험이 낮지만 온라인과 같이 보다 혁신적인 점포는 위험이 높게 지각된다.[68]

이것은 소매 전략에 다음과 같은 사항을 포함한 많은 통찰력을 제공한다:[69]

- 비전통적 점포가 경제적 또는 사회적 위험이 높은 품목을 판다면 쇼핑의 지각된 위험을 최소화할 필요가 있다. Lands' End는 무료 전화 주문, 훈련된 보조원을 둔 24시간 무료 고객 서비스 전화, 100% 만족 보증을 강조함으로써 지각된 위험을 줄이려고 하였다. 만족한 소비자의 구전은 이러한 광고된 정책을 강화한다.
- 비전통적 점포는 지각된 위험이 높은 제품범주에서 유명브랜드가 필요하다. 대부분의 인터넷 소매점은 그러한 품목을 강조한다.
- 유명 소매상의 전통적 점포와 웹사이트는 지각된 위험이 높은 제품라인에서 주된 이점을 가지고 있다. 이들 라인이 일반적으로 주된 전략 초점이다. 저위험 품목은 전체적 구색을 위해서 사용된다.
- 경제적 위험은 보증, 합리적인 반환 정책, 보안 입증 시스템 등에 의해서 줄일 수 있다. 앞에서 본 대로 그러한 요인들은 재무적 보안 염려가 높은 온라인 쇼핑에서 중요하다. 사회적 위험은 줄이기가 어렵다. 유능한 판매원, 유명브랜드 그리고 만족 보증은 이러한 형태의 위험을 줄일 수 있다.

<사진 17-7>은 어떻게 한 소매상이 제품대체보증을 제공함으로써 지각된 위험을 줄이는 가를 보여준다.

2. 쇼핑 지향성

개인들은 단순히 제품 또는 제품군을 구매하는 것보다 더 복잡한 이유로 쇼핑을 한다. 일상적인 활동으로부터 이탈, 운동, 감각적 자극, 사회적 상호작용, 새로운 트렌드의 학습 그리고 개인들 간의 파워(종업원을 "부리는 것")를 얻는 것조차 쇼핑하는 비구매적 이유들이다.[70] 물론 이러한 동기의 상대적 중요성은 개인마다 다르고 개인내에서도 상황이 변함에 따라 시간적으로도 다르다.[71] 쇼핑몰이 쇼핑 뿐만 아니라 활동들을 할 수 있는 환경을 제공할 수 있는 것을 보여주는 <사진 17-3>을 다시 보라.

특정 활동 또는 쇼핑동기에 특별히 중점을 두는 쇼핑 스타일은 **쇼핑 지향성(shopping orientation)**이라고 불리운다. 쇼핑 지향성은 일반적 라이프 스타일과 밀접하게 관련이 있고 유사한 영향을 받는다. 한 최근 연구는 소매점의 네 가지 형태(전통적 몰, 아울렛 몰, 할인점 그리고 카테고리 킬러)에 대하여 소비자들의 쇼핑동기를 조사하여 이 다섯 가지 형태의 모든 소매점에서 통용되는 다섯 개 쇼핑지향집단을 발견하였다.[72]

1. 무관심한 쇼핑객(Apathetic Shoppers, 16%) – 이들은 특정 쇼핑 동기가 없으면 쇼핑에 대하여 무관심하다.
2. 열광적 쇼핑객(Enthusiast Shoppers, 22%) – 이들은 쇼핑을 즐기고 쇼핑의 기분전환 및 사회적 측면을 포함한 많은 측면에 의해서 동기부여되며, 쇼핑으로부터 엔터테인먼트 가치를 얻고사 한나.
3. 목적지향 쇼핑객(Destination Shoppers, 21%) – 이들은 상표명 및 이미지를 고양하는 제품을 획득하는 것의 예상되는 효용에 의해서 주로 동기부여되며, 남과 어울리는 것과 같은 다른 요인에 의해서는 동기부여되지 않는다.
4. 기본적 쇼핑객(Basic Shoppers, 22%) – 이들은 가장 적은 시간으로 그들이 원하는 것을 정확히 얻는 것에 의하여 주로 동기부여된다. 쇼핑은 필수적이지만 기분전환이나 사회적인 것은 아니다.
5. 싸구려 추구자(Bargain Seekers, 20%) – 이들은 좋은 거래와 더 낮은 가격을 얻는 쇼핑객으로서의 자신들의 지각된 역할에 의하여 동기부여된다. 쇼핑의 기분전환과 사회적 측면은 관심사가 아니다.

명백히 목적지향 쇼핑객들은 유명상표 제품을 찾기 위해 부티끄 상점을 찾을 수 있다. 그러나 그들은 또한 제품구성에 디자이너 상표 제품을 추가한 Target 및 다른 할인점에서 쇼핑한다. 그리고 열광적 쇼핑객을 끌기 위해서는 소매환경을 즐겁고 흥미있게 만들어주는 기분전환 및 사회적 측면의 추가가 필요하다. 음악, 레이아웃, 점원 그리고 디스플레이는 모두 함께 그러한 환경을 만든다. 싸구려 추구자는 모든 소매 점포에서 적절한 표적시장은 아닐 수 있지만, 전통적 몰은 이 집단의 요구에 맞추기 위하여 현재 Walmart 및 Home Depot와 같은 소매점을 거점 점포로 추가하고 있다. 그리고 기본적 쇼핑객은 Lens Crafters 및 Supercuts와 같은 서비스지향적 소매점의 편의성을 제공받고 있다.

17.4 브랜드 선택에 대한 점포내 영향과 온라인 영향

특정 브랜드를 사려고 소매점에 들어갔다가 다른 브랜드나 추가적 품목을 사는 경우는 드물지 않다. 소매점에서 작용하는 영향요인들은 추가적 정보처리를 유도하고 있어서 최종 구매 결정에 영향을 미친다. 여기에서는 소매점 내에서 브랜드결정에 단독 또는 결합하여 영향을 미치는 일곱 변수들을 살펴볼 것이다: **구매시점 판촉물들, 가격 인하, 소매점 분위기, 재고 상황, 웹사이트 디자인** 및 **판매원**이다. 이 책의 초점은 특별히 물리적 점포 또는 온라인 소매업자 웹사이트 내에서의 구매행동에 영향을 미치는 요소들에 맞춰질 것이다. 비계획적 구매의 정도와 특성을 먼저 살펴볼 것이다.

1. 비계획적 구매의 특성

소비자가 종종 계획된 구매와 다른 또는 더하여 구매하는 것은 비계획적 구매에 대한 관심을 불러일으킨다. **비계획적 구매(unplanned purchases)**는 소비자가 소매점에 들어오기 전에 계획하였던 것과 다른 구매로 정의된다. 비계획적 구매가 합리성 및 대안평가의 결핍을 암시하지만 반드시 그런 것은 아니다. 예를 들어 Del Monte가 세일을 하고 있기 때문에 Green Giant 보다 Del Monte 완두콩를 구매하는 결정은 확실히 비논리적인 것이 아니다.

대부분의 매장 내 및 온라인 구매 결정을 되는 대로 또는 비논리적인 것으로 보는 것보다 매장에서의 추가적 정보처리의 결과로 보는 것은 보다 유용한 마케팅 전략을 가져온다.[73] 이러한 방식은 특정 품목의 매출을 증가하기 위하여 마케터가 표적시장, 그들의 동기, 지각과정의 지식을 활용하게 한다. The Point-of-Purchase Advertising International (POPAI)은 매장 내 구매에 대하여 다음과 같은 정의를 사용한다:

- **구체적으로 계획된(specifically planned)**–점포를 방문하기 전에 결정되고 그리고 계획한 대로 구매된 특정 브랜드 또는 품목
- **전반적으로 계획된(generally planned)**–특정 품목이 아니라 채소와 같이 어떤 제품범주를 구매하려는 점포 방문 이전의 결정
- **대체된(substitute)**–구체적으로 또는 전반적으로 계획된 품목에서 기능적 대체품으로 전환
- **비계획된(unplanned)**–구매자가 매장에 들어갈 때 생각지 않았는데 구매한 품목
- **매장내 결정(in-store decisions)**–전반적으로 계획된, 대체된, 비계획된 구매의 집합

위에서 정의된 비계획적 구매는 다음의 두 범주로 더 나눠질 수 있다: **상기구매(reminder purchase)**와 **충동구매(impulse purchases)**이다. 상기구매는 소비자가 점포에서 Band-Aids를 발견하였을 때 집에 거의 없다는 것을 기억했을 때 일어난다.[74] 충동구매는 소비자가 점포에서 캔디 바를 보고 거의 숙고없이 갑작스럽고, 강한 소유 충동에 의해 구매할 때 일어난다.[75]

<그림 17-4> 및 <표 17-2>은 특정적으로 계획되지 않은 구매의 정도를 보여준다(미국

슈퍼마켓에서의 의사결정: 3분의 2는 매장 내에서 이루어진다 그림 17-4

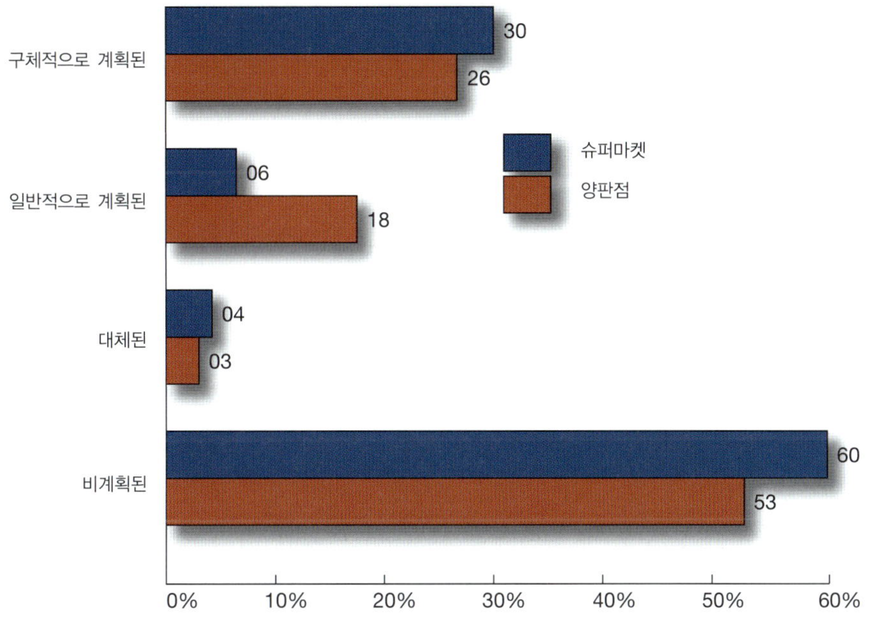

Source: *1995 POPAI Consumer Buying Habits Study* (Washington, DC: Point-of-Purchase Institute, 1995). p. 18, www.popai.com.

매장내 구매 행동 17-2 표

제품	구체적으로 계획된	일반적으로 계획된	+ 대체된	+ 비계획된	= 매장내 결정
전체 조사 평균*	30%	6%	4%	60%	70%
헤어 케어*	23	4	5	68	77
잡지/신문*	11	3	1	84	89
구강 위생제품*	30	5	5	61	71
자동차 오일*	21	—	—	79	79
담배 제품*	32	6	—	61	68
커피*	42	5	6	47	58
구급용 제품*	7	10	—	83	93
시리얼*	33	9	6	52	67
소프트 드링크*	40	3	5	51	60
믹서	23	6	4	68	77
과일, 채소*	67	7	1	25	33
감기약†	28	35	19	18	72
치약/치솔†	38	31	16	15	62
제산제/완하제†	39	37	12	12	61
안면 화장품†	40	34	11	15	60

Sources: **1995 POPAI Consumer Buying Habits Study* (Englewood, NJ: Point-of-Purchase Advertising Institute, 1995); †*1992 POPAI/Horner Canadian Drug Store Study* (Englewood, NJ: Point-of-Purchase Advertising Institute, 1992).

과 캐나다에서). 또한 이는 소비자가 매장에 들어간 후 대부분의 품목 또는 점포 결정을 한다는 것을 나타낸다. 흥미롭게 매장 내 의사결정의 높은 수준은 영국(76%), 프랑스(76%), 벨기에(69%), 폴란드(80%), 호주(70%) 그리고 브라질(88%)에서 발견된다.[76] 당신은 이러한 차이를 문화적 가치에 의해서 설명할 수 있는가?

매장 내에서의 의사결정율에 대한 POPAI의 조사결과는 2008년에 실시된 거의 7,000명의 고객 인터셉트 인터뷰에 기초한 미국의 여섯 개 소매 경로에 대한 Ogilvy Action 조사에 의하여 확증되었다. 이 조사로부터 그들은 쇼핑객의 72.4%는 제품범주, 브랜드 또는 수량 수준에서 매장 내에서 구매 결정을 한다고 결론을 내렸다.[77]

그러나 전반적 통계치는 매장 내의 그리고 비계획적 구매가 제품, 소비자 그리고 상황에 의하여 변경된다는 사실을 은폐할 수 있다.

- **제품**: 당신은 <표 17-2>에서 신선 과일 및 채소, 청량음료, 커피 그리고 제산제와 같은 어떤 식료품은 상당히 높은 구체적으로 계획된 비율을 보인다. 전반적으로 계획된 것도 포함된다면 계획된 비율은 더 높아질 것으로 보인다. 흥미롭게도, 최근의 한 식료품 쇼핑 연구는 미국 가구의 94%는 식료품 쇼핑 전에 쇼핑 리스트를 써서 준비하며, 쇼핑객의 74%는 리스트에 없는 품목을 전혀 구매하지 않거나 단지 가끔 구매하는 것을 발견하였다. 식료품 리스트는 종종 POPAI가 "전반적으로 계획된"이라고 명명한 것을 포함한다는 것에 유의해야 한다. 이는 소비자가 어떤 종류의 결정을 내려야 하는 한, 그것이 제품형태, 브랜드 또는 사이즈가 되든지 간에, 매장 내에서 소매점이 영향을 미칠 가능성이 있기 때문이다.
- **소비자**: 전체적으로 매장 내에서의 의사결정 비율의 추정치는 70%이지만, 이는 중국에서는 더 높으며(88%), 독일은 훨씬 낮다(38%).[79] 그러한 차이를 가져오는 문화적, 역사적 그리고 가치관련 요인들의 고려는 마케터가 국가별로 이해하는데 중요하다.
- **상황**: 소비자가 더 낮은 가격으로 소매점을 선택하고, 한 상점에서만 쇼핑하고 있을 때(예: 한 주간을 위하여 식료품 구매를 위하여 Walmart에 갈 경우), 비계획적 구매의 비율은 더 높다.[80]

결론적으로, 소비자의 매장 내에서의 의사결정의 비율과 특성은 다양한 요인에 의하여 달라지지만, 소비자는 여전히 상당히 많은 의사결정들을 매장 내에서 한다. 이와 같이 매장 내의 결정에 영향을 미치는 마케팅노력도 역시 상당하다. 그러한 노력은 다음에서 논의된다.

2. 구매시점 판촉물

구매시점 판촉물(point-of-purchase materials)은 많은 소매 제품에서 흔하며 이 판촉물에 의한 브랜드매출에 대한 효과는 상당할 수 있다. POPAI의 최근 조사는 슈퍼마켓에서 여러 형태의 구매시점 판촉물들을 추가함으로써 발생하는 매출 증가 즉 상승을 조사하였다.[81] 그들은 점포 진열대 및 제품 진열 판촉물들을 조사하였다. 진열대에 있는 판촉물들

선반의 POP 판촉물의 판매 효과 그림 17-5

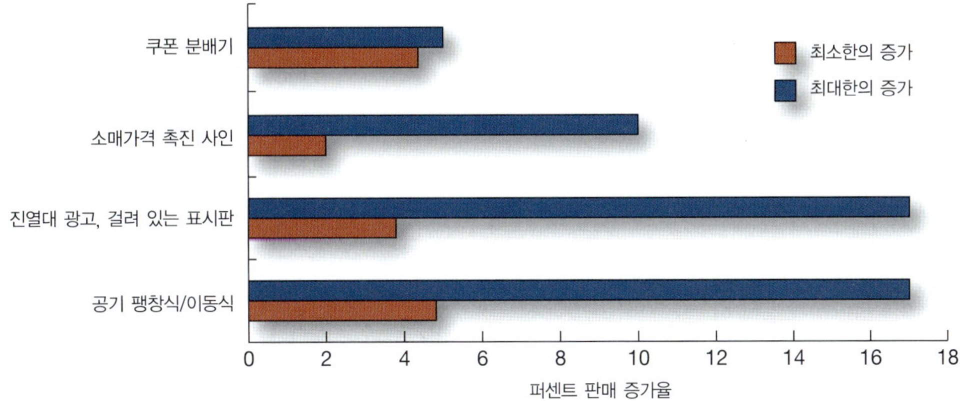

Source: *2001 POPAI P-O-P Measure UP: Learnings from the Supermarket Class of Trade Study* (Washington, DC: POPAI, 2001), www.popai.com.

은 제품범주의 주 진열대 위에 위치하고 가격표시, 쿠폰 분배기, 진열대 광고, 걸려있는 표시 등을 포함한다. 제품전시 판촉물들은 복도 끝, 복도 위 등에 위치한 것을 말한다. <그림 17-5>는 네 가지 다른 진열대에 기초한 구매시점 판촉물들에 의하여 야기된 판매상승을 시각적으로 보여준다.

숫자는 구매시점 판촉물들의 효과가 상당히 다를 수 있다는 것을 보여준다. 효과는 또한 브랜드 및 제품에 따라 다를 수 있다. 촉진의 빈도, 브랜드 친숙성, 구매시점 특정 판

사진 17-8

구매시점 진열은 어떤 문화권에서나 효과적이다.

촉물의 우세, 구매시점 판촉물의 변화의 정도와 같은 요인들이 효과에 영향을 미칠 수 있다. 이들 중 많은 요인들은 소비자의 주의를 획득하는 능력과 관련이 있다(제8장). POPAI 보고서의 다음 설명을 생각해보자:

> 소비자들이 주요 진열대를 찾아갔을 때 매주 브랜드들마다 똑같은 형태의 구매 시점 광고들이 제시된다면 그들은 그 메시지에 덜 민감해지는 것으로 나타난다.[82]

이와 같이 가격촉진 표시 및 쿠폰 분배기의 상대적 우세가 왜 다른 방법 보다 적은 증가를 가져오는지의 이유를 설명할 수 있을 것이다. 형태, 범주 및 브랜드의 차이에도 불구하고 구매시점 판촉물들은 중요하며, 앞으로 점점 더 중요한 영향요인이 되고 있다.[83] 구매시점 판촉물들은 <사진 17-8>에서 보듯이 전세계적으로 중요하다.

3. 가격 인하와 촉진 지원

가격 인하와 촉진 지원(쿠폰, 다품목 할인 및 기프트)은 일반적으로 여러 구매시점 판촉물들과 함께 사용되어진다. 그러므로 이들 각각의 상대적 효과는 때때로 명확치 않다.[84] 그럼에도 불구하고 매장내 가격인하는 의사결정과 선택에 영향을 미친다는 충분한 증거가 있다.[85] 미국, 영국, 일본 그리고 독일에서 관찰되는 일반적 형태는 가격이 처음 인하되었을 때 급작스러운 매출의 증가가 있으며 시간이 흐름에 따라 또는 가격인하가 끝난 다음에는 거의 정상수준으로 돌아오게 된다.[86]

가격인하로 인한 매출 증가는 다음의 네 가지 원천으로부터 온다:[87]

1. 현 브랜드 구매자들은 예상되는 필요에 앞서 구매할 수 있다(비축). 비축은 제품을 쉽게 이용할 수 있기 때문에 종종 소비의 증가를 가져온다.
2. 경쟁브랜드의 이용자들은 가격이 인하된 브랜드로 전환할 수 있다. 이들 새로운 브랜드의 구매자는 재구매자가 될 수도 있고 그렇지 않을 수도 있다.
3. 비제품 범주 구매자는 그 제품이 대체품 보다 또는 없는 것 보다 가치가 우월하기 때문에 구매한다.
4. 그 점포에서 보통 구매하지 않는 소비자가 그 브랜드를 사러 그 점포에 들를 수 있다.

고 품질 브랜드는 가격이 인하될 때 품질이 낮은 브랜드보다 더 혜택을 보는 경향이 있으며 가격이 인상될 때는 더 적게 피해를 본다.[88]

앞에서 논의한 것처럼 가격광고 하에서 소비자들은 점포 품질과 이미지를 부분적으로 점포에서의 가격인하 품목 수와 성격에 근거하여 판단한다.[89] 그러므로 소매상은 할인품목의 매출 및 할인이 점포이미지에 미치는 영향을 감안하여 판매가격 정책을 주의하여 고려할 필요가 있다. 또한 한 번에 많은 품목을 구입하는 구매자는 다소 높은 기준 가격이지만 많은 세일 품목의 점포보다 상시저가(everyday low price) – 모든 품목의 가격이 비교적 낮으며 세일수준 아래의 품목이 거의 없는 – 점포를 더 선호할 것이다.[90] 인터넷에서

24.95달러의 가격에 5달러의 선적 및 처리 비용이 더하여지는 셔츠가 29.95달러에 선적 및 처리비용이 없는 똑같은 셔츠보다 더 나은 구매인가 아니면 못한 구매인가? 소비자들은 전자를 후자보다 더 나은 거래라고 생각하는 경향이 있다. 연구들은 분할된 가격(처음 경우)이 통합된 가격(두 번째 경우) 보다 큰 수요와 더 낮은 회상된 총비용을 산출한다는 것을 보여준다.[91]

4. 점포 분위기

점포 분위기(store atmosphere)는 조명, 배치, 상품의 제시, 고정물, 바닥 덮개, 색, 소리, 냄새, 판매원 및 서비스 종업원들의 복장 및 행동에 의하여 영향을 받는다(제13장을 참조).

분위기는 병원, 은행 또는 레스토랑과 같은 서비스 업종을 기술할 때는 **서비스스케이프(servicescape)**라고 불리운다.[92] **분위기(Atmospherics)**는 관리자가 고객들에게 특정 무드 반응을 창출하고자 물리적 소매 또는 서비스 환경을 조작하기 위하여 사용하는 과정이다. 인터넷 소매상은 또한 그래픽, 색, 배치, 콘텐츠, 오락적 특성, 상호작용, 음조 등에 의해 결정되는 온라인 분위기를 갖는다.[93] 어떤 분위기가 〈사진 17-9〉에서 기술되는 사이트에서 보여지는가?

점포의 분위기는 구매자의 무드/감정 그리고 방문하고 머물고자 하는 의지에 영향을 미친다. 이는 또한 소비자의 점포품질 및 점포이미지에 대한 판단에 영향을 미친다.[94] 마찬가지로 최근 연구는 온라인 분위기가 쇼핑행동에 영향을 미친다는 것을 보여주다. 예를 들어 한 연구는 즐거움 및 각성과 같은 감정적 반응을 도출하도록 웹사이트를 디자인하는 것은 검색하고자 하는 의지를 증가시킨다는 것을 발견하였다.[95] 또 다른 연구는 웹사이트가 제한된 네비게이션을 제공하였을 때 부정적 정서(소비자의 지각된 통제상실)가 발생하여 웹사이트의 회피를 가져온다는 것을 발견하였다.[96] 보다 중요한 것은 아마도 점포 또는 웹사이트에서 유도된 긍정적인 무드/정서가 그 점포 또는 웹사이트에 대한 만족을 증가시키고 이는 재방문과 점포 애호도를 가져올 수 있다는 것이다.[97]

점포 분위기의 중요한 구성요소는 다른 고객의 수, 특징 그리고 행동이다. 혼잡성은 부정적 감정을 유발하고 구경을 줄일 수 있기 때문에 고려되어야 한다.[98] 감당하기 어려운 고객을 어떻게 다루어야 하는지에 대해 종업원을 훈련시키는 것은 다른 고객의 행동이 전체적 분위기에 영향을 미칠 수 있기 때문에 중요하다.[99]

음악은 점포 환경에 주요한 영향을 미칠 수 있다(제13장 참조). 음악은 점포 또는 레스토랑에서 있는 시간, 고객의 무드, 점포의 전체적 인상에 영향을 미칠수 있다.[100] 그러나 음악을 표적시장에 맞추는 것은 중요하다. 아래에서 보여주는 것처럼 베이비 부머들은 슈퍼마켓의 클래식 락 음악에 긍정적으로 반응하였지만 보다 나이가 더 든 성인들은 그렇지 않았다:[101]

사진 17-9

소매 웹사이트 디자인은 내용 및 기능성을 제공할 뿐 아니라 적합한 분위기 및 감정을 창출할 수 있다.

그림 17-6 매장 분위기 및 쇼핑객 행동

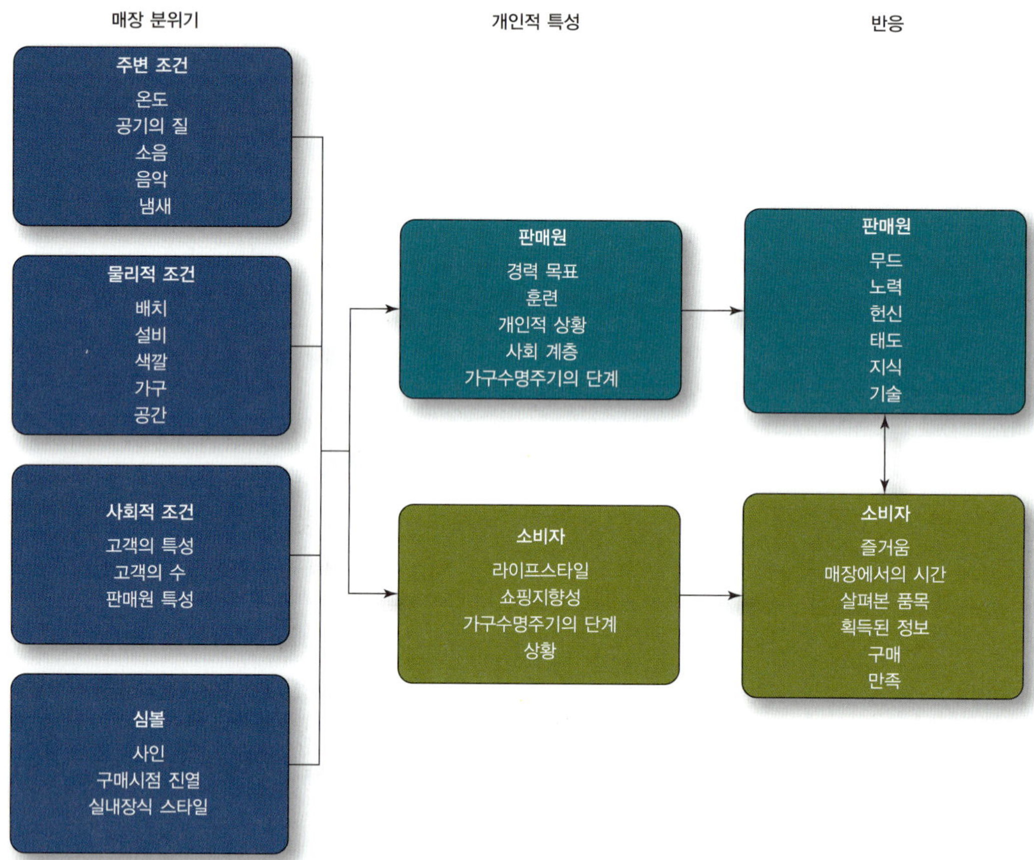

Sources: Framework for understanding environment user relationships in service organizations," from the April 1992 issue of the *Journal of Marketing.* Used by permission

	베이비 부머			더 나이가 든 성인		
	클래식 락	빅 밴드	상위 40	클래식 락	빅 밴드	상위 40
구매 품목 수	31	11	15	4	12	14
지출 비용($)	34	21	21	16	17	24
쇼핑 시간(분)	27	16	29	21	30	28

마케터는 또한 쇼핑행동에 향기의 효과를 조사하기 시작하였다(제13장 참조).[102] 초기 연구들은 향기가 특히 음악과 같은 다른 분위기 측면들과 일치한다면 쇼핑경험에 긍정적인 효과를 줄 수 있다고 시사한다.[103] 그러나 음악처럼 소비자들마다 향기에 대한 선호가 달라서 향기가 표적시장에 불쾌하지 않도록 주의가 요청된다.[104]

<그림 17-6>은 점포 분위기가 구매자 행동에 영향을 미치는 방식을 설명하고 있다. 이 그림에서 여러 가지가 주목할 만하다. 첫째, 물리적 환경은 개인적 특성과 상호작용한다. 이와 같이 10대에서 호의적인 반응을 유발하는 분위기는 보다 나이든 구매자들에게는 부

정적인 반응을 야기할 수 있다. 둘째, 점포 분위기는 판매 종업원과 고객에게 영향을 미쳐서, 양자의 상호작용이 서로에게 영향을 미칠 수 있다. 마지막으로 이 모델은 점포에 기초한 소매업에 초점을 두고 있지만 온라인 분위기의 이해를 증진시키기 위해 새로운 연구가 계속될 것이다.

5. 품절

품절(stockouts)은 점포 내에 일시적으로 특정브랜드가 없는 것으로 분명히 소비자의 구매 결정에 영향을 미친다. 그러한 경우 고객은 같은 브랜드를 다른 점포에서 살지, 브랜드를 전환해야 할지, 구매를 늦추고 나중에 같은 점포에서 원하는 브랜드를 살지 또는 구매를 포기할지를 결정해야 한다. 품절은 원래 점포에 대한 부정적 태도나 부정적 구전을 할 수 있고, 대체 점포나 브랜드에 대해서 긍정적 태도나 긍정적 구전을 할 수도 있다.

세 가지 지각된 비용의 형태는 품절에 대한 소비자의 반응에 영향을 미칠 것이다.[105] 대체비용은 사이즈, 브랜드 또는 제품이 대체되면 발생되리라고 생각하는 만족의 감소를 의미한다. 이는 선호하는 브랜드에 대한 소비자의 애착 또는 애호도, 및 잠재적 대체품에 대하여 인지한 유사성의 함수이다.[106]

거래비용은 대체제품 또는 브랜드를 구입하는 심적, 신체적, 시간적, 재무적 비용이다. 기회비용은 그 제품의 소비를 못하거나 줄이는 것과 관련된 만족의 감소이다.[107]

6. 웹사이트의 기능 및 필요조건

최근의 조사에서 온라인 쇼핑카트에 담기는 열 개 중 대략 일곱 개는 구매 전에 포기된다. 이는 잠재적으로 수십억 달러의 잃어버린 매출을 의미한다. 쇼핑카트 포기의 상위 다섯 가지 이유는 다음과 같다:[108]

쇼핑 및 취급 비용이 너무 큼	44%
구매를 할 준비가 안 되어 있음	41
다른 사이트들에서 가격을 비교하기를 원함	27
제품가격이 지불할 용의가 있는 가격보다 더 높음	25
다음 번을 위하여 제품을 카트에 보관하기를 원함	24

분명히 소매 웹사이트의 디자인 및 기능이 개선될 수 있는 많은 영역이 있다. 명백히 운송비용을 관리하는 것은 중요하며 기업들은 이에 대처하고 있다. Amazon.com은 회원기준 프로그램인 Amazon Prime을 제공하여 소비자들이 고정된 연간 수수료를 내고 이틀 내에 도착하는 운송은 무료로, 다음 날 아침에 도착하는 운송은 할인을 받는다. 버려지는 카트에 재표적화된 어떤 노력들은 부분적으로는 이 장의 앞에서 우리가 본 촉진 딜(deal)에 초점을 두거나 또는 부분적으로는 가격과 운송비가 중요한 온라인 구성요소이기 때문에 이메일 마케팅 캠페인을 활용한다. 그 결과, 온라인 소매상들은 온라인 체크 과정을 단순화시키고 합리화 하고 있다.[109] Lands' End 같은 어떤 기업들은 질문에 답하거나 도움을 주기 위하여 체크 아웃 과정 중 어느 때라도 소비자와 고객 서비스 부서를 연결시키는 라

표 17-3 웹사이트 기능 향상시키기

웹 사이트	요인
보다 자세한 제품 정보	45%
더 나은 탐색 기능	36
즉석의 도움 옵션	29
더 나은 네비게이션	26
점포와 접촉하는 것이 더 쉽게 만듬	25
결제과정을 개선함	22
내 관심 또는 욕구에 맞춘 더 많은 제공물	16
모바일 또는 소셜미디어를 통한 더 나은 접속을 제공	8

이브 채팅을 제공하고 있다. 보안은 지속적인 문제이다. 다양한 웹사이트 전략이 앞에서 논의한대로 가능하다. 게다가 신용카드회사들은 안심 번호(single-use numbers)를 시작하고 있다. 이 통제된 지불 옵션을 제공하고 채택한 소비자들은 온라인 구매를 50%에서 200%까지 늘렸다.[110]

최근의 ATG의 한 연구는 소비자들에게 온라인 쇼핑 경험이 어떻게 향상될 수 있는지를 질문하였다. 소비자가 제시한 요인들 중 많은 부분이 온라인 구매율을 증가시킬 수 있는 것으로 보인다. 몇 가지 주요 요인들이 <표 17-3>에서 제시되어 있다.[111]

명백히 아직 준비가 되지 않았기 때문에 카트를 포기한(두 번째로 높은 이유) 소비자들은 그들이 선택을 할 만큼 충분한 정보를 가지고 있지 않다는 생각에서 준비가 되지 않을 수 있다. 이와 같이 많은 구체적 정보 및 접속이 보다 용이한(탐색 및 네비게이션을 통하여) 정보는 온라인 구매를 증가시킬 것이다. 개인맞춤 제공물은 소비자 문제와 보다 직접적으로 관련이 있기 때문에 구매를 자극하는 경향이 있다.

7. 모바일과 모바일 앱

모바일 마케팅은 상대적으로 아직 초기이지만, 마케터에게 다음 지평선이라는 것은 분명하다. 제15장에서 본 것처럼, 지역 모바일 탐색은 소비자가 점포와 브랜드를 찾는 방식을 변경시키고 있다. 그리고 <그림 17-2>와 전경로 소비자가 시사하듯이, 모바일 폰 및 앱은 소비자가 매장에서 쇼핑하는 방식에서 그 역할을 증가시키고 있다. 모바일 탐색 기능 뿐 아니라 가격 비교 및 쿠폰 앱은 소비자로 하여금 물리적 점포에 있으면서 브랜드, 가격 그리고 싼 거래를 탐색할 수 있게 한다. 상당히, 모바일 및 모바일 앱은 매장 내에서 영향력이 있는 도구가 되었으며 이전에 가능하지 않았던 많은 방법으로 쇼핑에 영향을 미치는 매장 내 다른 요소들과 상호작용할 수 있다. 그리고 Walmart와 같은 강력한 소매점들도 뒤쳐지기를 원하지 않는다. Walmart는 항상 가격정보를 공개적으로 제공하기를 싫어하였지만, 가격비교 앱의 출현 이래로 쇼핑영향력을 가진 이 중요한 원천에서 배제되지 않기 위하여 가격정보를 제공하기로 결정하였다. 당신은 마케터가 모바일 폰이 소매 매출에 긍정적으로 영향을 미칠 점포의 다른 요소들 및 매장 진열대와 상호작용하게 할 수 있는 흥미로운 방법을 생각할 수 있는가?

8. 판매원

미국에서 대부분의 저관여 구매에서 셀프 서비스는 일반적이다. 구매 관여도가 증가함에 따라 판매원과 상호작용의 가능성 또한 증가한다. 따라서 판매 상호 작용에서 효과성에 대한 대부분의 연구는 보험, 자동차 또는 산업재와 같은 고관여 구매에 초점을 두고 있다. 효과적인 판매 상호작용에 대한 단순한 설명은 없다. 대신에 판매 노력의 효과성은 나음 요인의 상호작용에 의해 영향을 받는다:[112]

- 판매원의 지식, 기술 및 권위
- 고객의 구매 과업의 성격
- 고객과 판매원의 관계

따라서 최적의 종업원 판매 전략을 결정하기 위하여 각 표적시장 및 제품 범주에 대한 연구가 요구된다.

다음 쇼핑 경험을 고려해 보라:

> 나는 또한 점포에서 불쾌한 서비스를 받았다. 판매원은 나를 내보내기 위해서 가장 싼 신을 팔려고 하는 것 같았다... 이것은 내가 나를 꽤 지식이 있는 구매자라고 생각하고, 그들이 이런 것들을 이해하고 있어야 한다고 생각하는 나를 화나게 했다... 그들은 지식이 많지 않았다... 나는 그들이 자신의 직업을 좋아하지 않는다는 인상을 받았다.[113]

이 소비자가 이 점포를 다시 방문할 것 같은가? 그는 친구들에게 이 점포를 추천할 것인가? 지식이 있고 도움이 되는 판매원은 쇼핑경험을 증진시키는데 반해 그렇지 않은 판매원은 반대의 결과를 가져올 것이다.

온라인 맥락에서 마케터는 고객이 웹사이트에서 쇼핑할 때 고객과 상호작용하는 온라인 판매 종업원을 시험해 보고 있다. 이들 온라인 판매 종업원은 아바타라고 불리우며 기업의 대변인으로서 사용될 수 있는 가상의 인물로 정의될 수 있다. 한 연구는 아바타가 점포 태도, 제품 태도 그리고 구매 가능성을 높인다는 것을 발견하였다. 또한 고관여 제품에서 전문적인 아바타가 신뢰성을 증가 시키기 때문에 더 영향력이 있으며, 저관여 제품에서는 매력적으로 보이는 아바타가 호감성을 갖기 때문에 더 효과적인 것을 발견하였다.[114]

17.5 구매

LO5

소비자가 브랜드와 소매점을 선택한 다음에는 거래를 완료해야 한다. 여기에는 보통 제품의 구매나 빌리는 것이 수반된다. 집이나 차 같이 보다 중요하고 복잡한 구매의 예외가 가능하지만 전통적 구매 환경에서 이는 간단하여 일반적으로 구매를 멈추거나 늦추지 않는다. 그러나 앞에서 본 것처럼 온라인 구매를 시작한 많은 소비자들은 여러 가지 이유 중의 하나로 구매를 중단한다. 실제적으로 잠재적 구매자의 비율을 증가시키는 것은 대부분의 온라인 소매상들에게 주요 도전이 되는 일이다.

신용판매는 고객의 구매에서 중요한 역할을 하며 앞에서 본 것처럼 신기술이 계속적으로 시험되고 있다. 연구는 현금보다 신용카드로 지불하는 능력이 실질적으로 소비자의 지불의도와 구매량을 증가시킨다고 제시하였다.[115] 따라서 이는 신용카드 기업에게 매출의 일정 비율을 지불해야 하지만 신용카드 사용을 장려하는 것이 소매상에게 도움이 된다.

사업은 가능한 실제 구매를 단순화시킬 필요가 있다. 이는 매장 계산대에서 줄 서 있는 시간을 관리하는 것 같은 단순한 전략부터, 신용 인증 시간을 최소화하기 위한 컴퓨터화한 신용검증과 같은 보다 복잡한 전략을 포함한다. 많은 기업들은 실제 구매 행동이 일반적으로 소비자가 그 쇼핑에서 점포와 갖는 마지막 접촉이라는 사실을 간과하는 것 같다. 처음 인상이 중요한 것처럼 마지막 인상도 중요하다. 점포 직원들은 이러한 활동에서 효율적일 뿐 아니라 도움을 주고 용모가 단정할 필요가 있다. 그리고 온라인 소매상도 복잡성, 혼란 그리고 관련된 스트레스를 최소화할 필요가 있다.

요약

1. **소매업이 어떻게 진화하고 있는지 기술한다. 소매점은 소비자들을 위한 제품 또는 서비스의 원천을 언급한다.**

소매업은 물리적 시설 및 카탈로그를 넘어서 인터넷, 상호작용 TV 광고 그리고 모바일 쇼핑 앱을 포함한다. 컴퓨터는 소비자정보 및 선호를 학습하고 기억해낸다. 전신스캐너는 고객에게 꼭 맞는 의상을 허용한다. 상호작용 TV 광고 및 쇼는 광고 또는 쇼로부터 제품의 정보탐색 및 구매하게 할 것이다. 인터넷, 모바일폰 및 앱은 소비자가 상점 방문 전 또는 동안에 소비자가 선택하는 상점 및 브랜드에 영향을 미치는데 있어서 전례없는 방법으로 쇼핑하는 방식을 변화시키고 있다.

2. **인터넷 및 모바일을 멀티채널 또는 옴니채널 쇼핑의 일부로 논의한다.**

인터넷 소매와 카탈로그를 포함한 홈쇼핑 소매는 점점 중요한 소매점이 되고 있다. 점포에 기반한 소매업이 계속적으로 전체 매출에서는 지배적이겠지만 소비자들은 점점 인터넷과 카탈로그와 같은 홈쇼핑 옵션을 소매점과 함께 즉, **멀티채널**을 이용하고 있다. 소매업자는 종종 소비자가 각각으로부터 도출하는 편익을 활용하기 위하여 여러 형태(카탈로그, 소매점 및 인터넷) 를 운영한다.

추가적으로, 모바일 폰 및 앱은 옴니채널로 쇼핑이라는 쇼핑형태를 가져왔다.

옴니채널 쇼핑객은 한 경로 이상에서 **동시에** 구경하고(또는) 구매하는 소비자이다. 모바일폰과 앱은 소비자로 하여금 물리적인 상점에 있으면서, 정보, 가격, 쿠폰 그리고 할인을 탐색할 수 있게 한다. 멀티채널 및 옴니채널 소비자는 단일 경로 소비자보다 특정 소매점에서 더 소비하며, Macy' 와 같은 소매점은 이들 고객들에게 온라인 및 모바일 기능으로 열심히 구애하고 있다.

3. **점포 선택에 영향을 미치는 소매점 및 소비자 속성을 설명한다.**

소비자가 소매점을 선택하기 위하여 사용하는 결정 과정은 브랜드를 선택하는 과정과 같다. 유일한 차이는 사용되는 평가기준의 성격이다. 소매점의 이미지는 중요한 평가기준이다. 점포에 기초한 이미지와 온라인 소매점 이미지는 소비자가 평가하기 위해 사용하는 차원들이 다르지만 둘 다 중요하다. **점포 브랜드**는 점포의 이미지를 활용할 수도 있으며 점포의 이미지를 높일 수도 있고 떨어뜨릴 수도 있다. 더 멀거나 작은 점포에 비해 가깝고 큰 매장이 선호되기 때문에 **점포 위치와 크기**는 중요하다. **지각된 위험**과 **쇼핑 지향성**과 같은 소비자 특성은 또한 점포 선택의 중요한 결정요인이다.

4. **점내 및 온라인이 브랜드 선택에 미치는 영향을 요약한다.**

소매점에서 소비자들은 종종 들어오기 전에 계획했던 것과 다른 브랜드 또는 제품을 구매한다. 그러한 구매는 **비계획적 구매**라고 한다. 이런 결정의 대부분이 매장내 또는 온라인 자극에 의해서 유도된 추가적 정보의 처리의 결과이다. 그러나 어떤 구매는 그 제품을 구매하거나 소비하고자 하는 갑작스럽고 강력한 충동에 의하여 숙고함이 거의 없이 이루어지는 충동구매이다. **구매시점 진열, 가격 인하, 점포 분위기, 웹사이트 디자인, 판매원** 그리고 브랜드 또는 제품 **품절**과 같은 변수들이 판매 패턴에 중요한 영향을 미칠수 있다.

5. **구매가 쇼핑과정에서 어떻게 역할을 수행하는지를 이해한다.**

점포와 브랜드가 선택된 후에는 소비자는 그 품목에 권리를 획득해야 한다. 이는 종종 신용 판매를 수반한다. 구매가 매장 내, 온라인, 모바일 또는 소셜네트워크 어디에서 이루어지든 소매점의 과업은 그 과정을 단순화시키는 것이며, 이는 이렇게 하는 것이 구매의 가능성 및 그들의 이미지를 높이기 때문이다.

주요 용어

분위기(atmospherics)
외적 준거가격(external reference price)
충동 구매(impulse purchase)
홈쇼핑(in-home shopping)
내적 준거가격(internal reference price)
멀티채널 구매자(multi-channel shoppers)
옴니채널 구매자(omni-channel shoppers)
온라인 프라이버시 우려(online privacy concerns)
지각된 위험(perceived risk)
준거가격(reference price)
소매점 유인력(중력) 모델(retail attraction(gravitation) model)
서비스스케이프(servicescape)
쇼핑 지향성(shopping orientation)
스필오버 판매(spillover sales)
품절(stockouts)
점포 분위기(store atmosphere)
점포 브랜드(store brands)
점포 이미지(store image)
비계획적 구매(unplanned purchases)

참고 문헌

1. S. Schubert, "The Size-atron," *Business 2.0,* June 2005, p. 2c; "Scanning for Clothes with Hoda," *People Magazine,* June 16, 2011; and information from its website at mybestfit.com, accessed June 24, 2011.
2. "Mirror, Mirror, Talk to Me," *BusinessWeek.* July 9 and 16, 2007, p. 12; and information from its website, www.thebigspace.com, accessed June 24, 2011.

3. S. Sherman, "Will the Information Superhighway Be the Death of Retailing?" *Fortune.* April 18, 1994, p. 17.

4. L. Petrecca, "Interactive TV Ads Are Clicking with Viewers," *USA Today,* July 11, 2008, www.usatoday.com, accessed June 24, 2011.

5. Information in the table is based on "Internet User Forecast by Country," *eTForecasts.* www.etforecasts.com, accessed June 24, 2011; "Forrester Forecast," *WorldTech24,* March 8, 2010, www.worldtech24.com, accessed June 15, 2011; and S. Mulpuru et al., *US Online Retail Forecast, 2010 to 2015* (Cambridge, MA: Forrester Research, Inc., February 28, 2011).

6. S. Mulpuru et al., *US Online Retail Forecast, 2010 to 2015.*

7. S. Chiger, "Consumer Shopping Survey: Part III," *Catalog Age,* November 1, 2001, pp. 1–4. Used by permission of Multichannel Merchant Magazine (formerly Catalog Age). Similar reasons for online shopping were found as recently as 2008 by Forrester Research. For details, visit http://blogs.forrester.com.

8. "USPS Study Shows Mailed Catalogs Boost Online Spending," *directmag.com,* September 28, 2004.

9. *Online Shopping* (Washington, DC: Pew Internet & American Life Project, February 13, 2008).

10. S. M. Kerner, "More Broadband Usage Means More Online Spending," *clickz.com,* October 8, 2004.

11. *Retail Shopper Segments* (Costa Mesa, CA: Experian Information Solutions, Inc., July 2009); and J. Loechner, "Holiday Layaway," *MediaPost.* www.mediapost.com, accessed June 15, 2011.

12. See, e.g., A. K. Kau, Y. E. Tang, and S. Ghose, "Typology of Online Shoppers," *Journal of Consumer Marketing* 20, no. 2 (2003), pp. 139–56.

13. See, e.g., *US eCommerce Forecast: 2008 to 2012* (Cambridge, MA: Forrester Research, Inc., January 18, 2008).

14. *Why Some Consumers Don't Buy Online* (Cambridge, MA: Forrester Research, Inc., Research Report, 2005). *North American Technographics Retail Online Benchmark Recontact Survey* (Cambridge, MA: Forrester Research, Inc., 2010).

15. Kau, Tang, and Ghose, "Typology of Online Shoppers."

16. A. Klaassen, "Ion Interactive Develops System to Turn Online Visitors into Customers," *Advertising Age,* December 11, 2006, p. 32.

17. See H. Smith, S. J. Milberg, and S. J. Burke "Information Privacy: Individuals' Concerns about Organizational Practices," *MIS Quarterly* 20, no. 2 (1996), pp. 167–96; and M. Metzger, "Effects of Site, Vendor, and Consumer Characteristics on Web Site Trust and Disclosure," *Communication Research* 33, no. 3 (2006), pp. 155–79.

18. For a description of the FTC's approach in this area and its fit with consumer concerns, see K. B. Sheehan and M. G. Hoy, "Dimensions of Privacy Concern among Online Consumers," *Journal of Public Policy & Marketing,* Spring 2000, pp. 62–73. See also J. Phelps, G. Nowak, and E. Ferrell, "Privacy Concerns and Consumer Willingness to Provide Personal Information,"

3. S. Sherman, "Will the Information Superhighway Be the Death of Retailing?" *Fortune.* April 18, 1994, p. 17.

4. L. Petrecca, "Interactive TV Ads Are Clicking with Viewers," *USA Today,* July 11, 2008, www.usatoday.com, accessed June

19. See, e.g., A. D. Miyazaki and A. Fernandez, "Consumer Perceptions of Privacy and Security Risks for Online Shopping," *Journal of Consumer Affairs* 35, no. 1 (2001), pp. 27–44; E. B. Andrade, V. Kaltcheva, and B. Weitz, "Self-Disclosure on the Web," in *Advances in Consumer Research,* vol. 29, ed. S. M. Broniarczyk and K. Nakamoto (Provo, UT: Association for Consumer Research, 2002), pp. 350–53; A. D. Miyazaki and S. Krishnamurthy, "Internet Seals of Approval," *Journal of Consumer Affairs* 36, no. 1 (2002), pp. 28–49; G. R. Milne and M. J. Culnan, "Strategies for Reducing Online Privacy Risks," *Journal of Interactive Marketing,* Summer 2004, pp. 15–29; and T. B. White, "Consumer Disclosure and Disclosure Avoidance," *Journal of Consumer Psychology* 14, no. 1/2 (2004), pp. 41–51.

20. A. E. Schlosser, T. B. White, and S. M. Lloyd, "Converting Web Site Visitors into Buyers," *Journal of Marketing,* April 2006, pp. 133–48.

21. *Personal Information That US Internet Users Are Willing to Share with Internet Retailers, by Trust Level, 2004* (New York: eMarketer, 2005); and E. Xie, H. Teo, and W. Wan, "Volunteering Personal Information on the Internet: Effects of Reputation, Privacy Notices, and Rewards on Online Consumer Behavior," *Marketing Letters* 17, no. 1 (2006), pp. 61–74.

22. See, e.g., K.-Pin Chiang and R. R. Dholakia, "Factors Driving Consumer Intention to Shop Online," *Journal of Consumer Psychology* 13, no. 1/2 (2003), pp. 177–83; and R. W. Hamilton and D. V. Thompson, "Is There a Substitute for Direct Experience?" *Journal of Consumer Research,* December 2007, pp. 546–55.

23. L. R. Klein, "Creating Virtual Product Experiences," *Journal of Interactive Marketing,* Winter 2003, pp. 41–55; J. Nantel, "My Virtual Model," *Journal of Interactive Marketing,* Summer 2004, pp. 73–86; and J. Kim and S. Forsythe, "Adoption of Virtual Try-On Technology for Online Apparel Shopping," *Journal of Interactive Marketing,* Spring 2008, 45–59.

24. L. Wang et al., "Can a Retail Web Site Be Social?" *Journal of Marketing,* July 2007, pp. 143–57.

25. "Shopping Cart Abandonment Emails Generate $17.90 per Email," *See Why,* http://seewhy.com/blog, accessed June 25, 2011; "Analysis: Promotions Make Big Impact on Abandoned Shopping Carts," *See Why,* http://seewhy.com/blog, accessed June 25, 2011; and *Retargeting Browsers and Abandoners* (San Mateo, CA: Coremetrics, 2011).

26. From Roper Reports Telephone Survey, August 2003.

27. See A. Z. Cuneo, "What's in Store?" *Advertising Age,* February 25, 2002, p. 1; and R. V. Kozinets et al., "Themed Flagship Brand Stores in the New Millennium," *Journal of Retailing* 78 (2002), pp. 17–29.

28. S. M. Pardy, "For Retailers, Best Things That Come in Small

Packages Include Stores," *CoStar*. May 16, 2007, www.costar.com, accessed June 25, 2011.

29. A. Z. Cuneo, "On Target," *Advertising Age*, December 11, 2000, p. 1.

30. The sections on multi-channel and omni-channel marketing are based on U. Konus, P. C. Verhoef, and S. A. Neslin, "Multichannel Shopper Segments and Covariates," *Journal of Retailing* 84, no. 4 (2008), pp. 398–413; W. Kwon and S. J. Lennon, "Reciprocal Effects between Multichannel Retailers' Offline and Online Brand Images," *Journal of Retailing* 82, no. 3 (2009), pp. 376–90; "Have You Met The Omni-Channel Shoppers?" *BizReport*. October 23, 2009, www.bizreport.com, accessed June 25, 2011; *Cross-Channel Shopping Behaviors* (Cambridge, MA: Forrester Research Inc., 2010); *Perfect Storm* (San Mateo, CA: Coremetrics, 2010); *Fuel Your Marketing Efforts* (San Mateo, CA: Coremetrics, 2010); *Cross-Channel Commerce* (Cambridge, MA: ATG, March 2010); *Understanding Consumer Patterns and Preferences in Multi-Channel Retailing* (Somers, NY: IBM, 2011).

31. See also K. C. Gehrt and R.-N. Yan, "Situational, Consumer, and Retailer Factors Affecting Internet, Catalog, and Store Shopping," *International Journal of Retail and Distribution Management* 32, no. 1 (2004), pp. 5–18.

32. B. Kilcourse, "Gaming Google," *Retail Systems Research*, March 1, 2011.

33. J. D. Lindquist, "Meaning of Image," *Journal of Retailing*, Winter 1974, pp. 29–38; see also M. R. Zimmer and L. L. Golden, "Impressions of Retail Stores," *Journal of Retailing*, Fall 1988, pp. 265–93.

34. H. van der Heijden and T. Verhagen, "Online Store Image," *Information and Management* 41 (2004), 609–17. See also J. R. Coyle and E. Thorson, "The Effects of Progressive Levels of Interactivity and Vividness in Web Marketing Sites," *Journal of Advertising*, Fall 2001, pp. 65–77; C. Page and E. Lepkowska-White, "Web Equity," *Journal of Consumer Marketing* 19, no. 3 (2002), pp. 231–48; E. J. Johnson, S. Bellman, and G. L. Lohse, "Cognitive Lock-In and the Power Law of Practice," *Journal of Marketing*, April 2003, pp. 62–75; and P. Katerattanakul and K. Siau, "Creating a Virtual Store Image," *Communications in ACM*, December 2003, pp. 226–32. See also B. B. Holloway and S. E. Beatty, "Satisfiers and Dissatisfiers in the Online Environment," *Journal of Service Research*, May 2008, pp. 347–64.

35. W. R. Darden and B. J. Badin, "Exploring the Concept of Affective Quality," *Journal of Business Research*, February 1994, p. 106.

36. B. White, "Sharper Image Lives on as a Brand Name, Coming to a Retailer Near You," *bloggingstocks.com*, June 26, 2008.

37. See N. Sirohi, E. W. McLaughlin, and D. R. Witink, "A Model of Consumer Perceptions and Store Loyalty Intentions for a Supermarket Retailer," *Journal of Retailing* 2 (1998), pp. 223–45; and K. Macarthur, "What's in a Name?" *Advertising Age*, April 17, 2006, p. 43.

38. See S. Burton, D. R. Lichtenstein, R. G. Netemeyer, and J. A. Garretson, "A Scale for Measuring Attitude toward Private Label Products," *Journal of the Academy of Marketing Science*, Fall 1998, pp. 293–306.

39. See M. Corstjens and R. Lal, "Building Store Loyalty through Store Brands," *Journal of Marketing Research*, August 2000, pp. 281–91.

40. P. S. Richardson, A. K. Jain, and A. Dick, "Household Store Brand Proneness," *Journal of Retailing* 2 (1996), pp. 159–85; and S. C. Choi and A. T. Coughlan, "Private Label Positioning," *Journal of Retailing* 82, no. 2 (2006), pp. 79–93. For a conflicting view, see K. L. Ailawadi, S. A. Neslin, and K. Gegdenk, "Pursuing the Value-Conscious Consumer," *Journal of Marketing*, January 2001, pp. 71–89.

41. K. L. Ailawadi, K. Pauwels, and J. E. M. Steenkamp, "Private-Label Use and Store Loyalty," *Journal of Marketing*, November 2008, pp. 19–30.

42. *The Double Dividend* (New York: Newspaper Advertising Bureau Inc., February 1977).

43. F. J. Mulhern and D. T. Padgett, "The Relationship between Retail Price Promotions and Regular Price Purchases," *Journal of Marketing*, October 1995, pp. 83–90. For similar results, see S. Burton, D. R. Lichtenstein, and R. G. Netemeyer, "Exposure to Sales Flyers and Increased Purchases in Retail Supermarkets," *Journal of Advertising Research*, September 1999, pp. 7–14.

44. See, e.g., V. Severin, J. J. Louviere, and A. Finn, "The Stability of Retail Shopping Choices over Time and across Countries," *Journal of Retailing* 77 (2001), pp. 185–202.

45. See, e.g., P. Chandon, B. Wansink, and G. Laurent, "A Benefit Congruency Framework of Sales Promotion Effectiveness," *Journal of Marketing*, October 2000, pp. 65–81.

46. See, e.g., van der Heijden and Verhagen, "Online Store Image."

47. A. Ansari and C. F. Mela, "E-Customization," *Journal of Marketing Research*, May 2003, pp. 131–45.

48. See C. Janiszewski and D. R. Lichtenstein, "A Range Theory of Price Perception," *Journal of Consumer Research*, March 1999, pp. 353–68.

49. See R. A. Briesch, L. Krishnamurthi, and T. Mazumdar, "A Comparative Analysis of Reference Price Models," *Journal of Consumer Research*, September 1997, pp. 202–14; R. W. Niedrich, S. Sharma, and D. H. Wedell, "Reference Price and Price Perceptions," *Journal of Consumer Research*, December 2001, pp. 339–54; and P. K. Kopalle, and J. Lindsey-Mullikin, "The Impact of External Reference Price on Consumer Price Expectations," *Journal of Retailing* 79 (2003), pp. 225–36. For a different approach, see K. B. Monroe and A. Y. Lee, "Remembering versus Knowing," *Journal of the Academy of Marketing Science*, Spring 1999, pp. 207–25.

50. See V. Kumar, K. Karande, and W. J. Reinartz, "The Impact of Internal and External Reference Prices on Brand Choice," *Journal of Retailing* 3 (1998), pp. 401–26.

51. T. A. Suter and S. Burton, "Reliability and Consumer Perceptions of Implausible Reference Prices in Retail Prices,"

Psychology & Marketing, January 1996, pp. 37–54; M. S. Yadav and K. Seiders, "Is the Price Right?" *Journal of Retailing* (1998), pp. 311–29; and L. D. Compeau and D. Grewal, "Comparative Price Advertising," *Journal of Public Policy & Marketing,* Fall 1998, pp. 257–73. See also M. J. Barone, K. C. Manning, and P. W. Miniard, "Consumer Response to Retailers' Use of Partially Comparative Pricing," *Journal of Marketing,* July 2004, pp. 37–47.

52. See A. Biswas et al., "Consumer Evaluation of Reference Price Advertisements," *Journal of Public Policy & Marketing,* Spring 1999, pp. 52–65.

53. T. B. Heath, S. Chatterjee, and K. R. France, "Mental Accounting and Changes in Price," *Journal of Consumer Research,* June 1995, pp. 90–97.

54. See S.-F. S. Chen, K. B. Monroe, and Y.-C. Lou, "The Effects of Framing Price Promotion Messages on Consumers' Perceptions and Purchase Intentions," *Journal of Retailing* 3 (1998), pp. 353–72; and M. R. Stafford and T. F. Stafford, "The Effectiveness of Tensile Pricing Tactics in the Advertising of Services," *Journal of Advertising,* Summer 2000, pp. 45–60.

55. See A. Biswas and S. Burton, "Consumer Perceptions of Tensile Price Claims in Advertisements," *Journal of the Academy of Marketing Science,* Summer 1993, pp. 217–30; K. N. Rajendran and G.-J. Tellis, "Contextual and Temporal Components of Reference Price," *Journal of Marketing,* January 1994, pp. 22–39; and D. Grewal, H. Marmorstein, and A. Sharma, "Communicating Price Information through Semantic Cues," *Journal of Consumer Research,* September 1996, pp. 148–55.

56. I. Sinha and M. F. Smith, "Consumers' Perceptions of Promotional Framing of Price," *Psychology & Marketing,* March 2000, pp. 257–75.

57. See D. Simester, "Signaling Price Image Using Advertised Prices," *Marketing Science* 14, no. 2 (1995), pp. 166–88; and J. Srivastave and N. Lurie, "A Consumer Perspective on Price-Matching Refund Policies," *Journal of Consumer Research,* September 2001, pp. 296–307.

58. G. S. Bobinski, Jr., D. Cox, and A. Cox, "Retail 'Sale' Advertising, Perceived Retailer Credibility, and Price Rationale," *Journal of Retailing* 3 (1996), pp. 291–306.

59. See, e.g., Severin, Louviere, and Finn, "The Stability of Retail Shopping Choices over Time and across Countries."

60. See I. Simonson, "The Effect of Product Assortment on Buyer Preferences," and R. E. Stassen, J. D. Mittelstaedt, and R. A. Mittelstaedt, "Assortment Overlap," both in *Journal of Retailing* 75, no. 3 (1999), pp. 347–70 and 371–86, respectively.

61. C. S. Craig, A. Ghosh, and S. McLafferty, "Models of the Retail Location Process: A Review," *Journal of Retailing,* Spring 1984, pp. 5–33.

62. See D. R. Bell, T.-H. Ho, and C. S. Tang, "Determining Where to Shop," *Journal Marketing Research,* August 1998, pp. 352–69.

63. See B. G. C. Dellaert et al., "Investigating Consumers' Tendency to Combine Multiple Shopping Purposes and Destinations," *Journal Marketing Research,* May 1998, pp. 177–88.

64. See P. R. Messinger and C. Narasimhan, "A Model of Retail Formats Based on Consumers' Economizing on Shopping Time," *Marketing Science* 1 (1997), pp. 1–23.

65. A. Chaudhuri, "Product Class Effects on Perceived Risk," *International Journal of Research in Marketing,* May 1998, pp. 157–68; and R. Batra and I. Sinha, "Consumer-Level Factors Moderating the Success of Private Label Brands," *Journal of Retailing* 76, no. 2 (2000), pp. 175–91.

66. Based on V. Prasad, "Socioeconomic Product Risk and Patronage Preferences of Retail Shoppers," *Journal of Marketing,* July 1975, p. 44.

67. G. R. Dowling and R. Staelin, "A Model of Perceived Risk and Intended Risk-Handling Activity," *Journal of Consumer Research,* June 1994, pp. 119–34; L. W. Turley and R. P. LeBlanc, "An Exploratory Investigation of Consumer Decision Making in the Service Sector," *Journal of Services Marketing* 7, no. 4 (1993), pp. 11–18; and J. B. Smith and J. M. Bristor, "Uncertainty Orientation," *Psychology & Marketing,* November 1994, pp. 587–607.

68. R. B. Settle, P. L. Alreck, and D. E. McCorkle, "Consumer Perceptions of Mail/Phone Order Shopping Media" *Journal of Direct Marketing,* Summer 1994, pp. 30–45; C. R. Jasper and S. J. Ouellette, "Consumers' Perception of Risk and the Purchase of Apparel from Catalogs," *Journal of Direct Marketing,* Spring 1994, pp. 23–36; and D. Biswas and A. Biswas, "The Diagnostic Role of Signals in the Context of Perceived Risks in Online Shopping," *Journal of Interactive Marketing,* Summer 2004, pp. 30–45.

69. See also J. C. Sweeney, G. N. Soutar, and L. W. Johnson, "The Role of Perceived Risk in the Quality–Value Relationship," *Journal of Retailing* 75, no. 1 ([illegible]), pp. 75–105.

70. See K. L. Wakefield and J. Baker, "Excitement at the Mall," *Journal of Retailing* 74, no. 4 (1998), pp. 515–39; H. McDonald, P. Darbyshire, and C. Jevons, "Shop Often, Buy Little," *Journal of Global Marketing* 13, no. 4 (2000), pp. 53–71; J. A. F. Nicholls et al., "Inter-American Perspectives from Mall Shoppers," *Journal of Global Marketing* 15, no. 1 (2001), pp. 87–103; B. Jin and J.-O. Kim, "Discount Store Retailing in Korea," *Journal of Global Marketing* 15, no. 2 (2001), pp. 81–107; and J. L. Joines, C. W. Scherer, and D. A. Scheufele, "Exploring Motivations for Consumer Web Use and Their Implications for E-commerce," *Journal of Consumer Marketing* 20, no. 2 (2003), pp. 90–108.

71. See M. A. Eastlick and R. A. Feinberg, "Gender Differences in Mail-Catalog Patronage Motives," *Journal of Direct Marketing,* Spring 1994, pp. 37–44; "The Call of the Mall," *EDK Forecast,* October 1994, pp. 1–3; "Black, Hip, and Primed to Shop," *American Demographics,* September 1996, pp. 52–58; and J. A. F. Nicholls et al., "The Seven Year Itch?" *Journal of Consumer Marketing* 19, no. 2 (2002), pp. 149–65.

72. These segments and how retailers are targeting them based on J. Ganesh, K. E. Reynolds, and M. G. Luckett, "Retailer Patronage Behavior and Shopper Typologies," *Journal of the Academy of Marketing Science,* May 2007, pp. 369–81.

73. See J. E. Russo and F. Lecleric, "An Eye Fixation Analysis of Choice Processes for Consumer Nondurables," *Journal of Consumer Research,* September 1994, pp. 274–90.

74. See L. G. Block and V. G. Morwitz, "Shopping Lists as an External Memory Aid for Grocery Shopping," *Journal of Consumer Psychology* 8, no. 4 (1999), pp. 343–75.

75. See D. W. Rook and R. J. Fisher, "Normative Influences on Impulsive Buying Behaviors," *Journal of Consumer Research,* December 1995, pp. 305–13; R. Puri, "Measuring and Modifying Consumer Impulsive Buying Behavior," *Journal of Consumer Psychology* 5, no. 2 (1996), pp. 87–113; U. M. Dholakia, "Temptation and Resistance," *Psychology & Marketing,* November 2000, pp. 955–82; and R. F. Baumeister, "Yielding to Temptation," *Journal of Consumer Research,* March 2002, pp. 670–76.

76. R. Liljenwall, "Global Trends in Point-of-Purchase Advertising," in *The Power of Point-of-Purchase Advertising,* ed. R. Liljenwall (Washington, DC: Point-of-Purchase Advertising International, 2004), p. 191.

77. "Shopping Decisions Made In-Store," *Archibald Container Corporation,* October 2, 2008.

78. B. Hurst, "Shopping Impulses Hit 'Before the Store,' *RetailWire,* January 19, 2011, www.retailwire.com, accessed January 21, 2011.

79. "Shopper Decisions Made In-Store," *WPP.* www.wpp.com, accessed June 13, 2011.

80. D. R. Bell, D. Corsten, and G. Knox, "From Point of Purchase to Path to Purchase," *Journal of Marketing,* January 2011, pp. 31–45.

81. *P-O-P Measures Up* (Washington, DC: Point-of-Purchase Advertising Institute, 2001).

82. Ibid.

83. See *POPAI/Horner Drug Store Study* (Englewood, NJ: Point-of-Purchase Advertising Institute, 1992); A. J. Greco and L. E. Swayne, "Sales Response of Elderly Consumers to P-O-P Advertising," *Journal of Advertising Research,* September 1992, pp. 43–53; *POPAI/Kmart/Procter & Gamble Study of P-O-P Effectiveness* (Englewood, NJ: Point-of-Purchase Advertising Institute, 1993); *P-O-P Measures Up;* and T. Lee, "Experts Say Point-of-Purchase Advertising Can Influence Shoppers' Choices," *Knight Ridder Tribune Business News,* January 19, 2002. For an exception, see C. S. Areni, D. F. Duhan, and P. Kiekeer, "Point-of-Purchase Displays, Product Organization, and Brand Purchase Likelihoods," *Journal of the Academy of Marketing Science,* Fall 1999, pp. 428–41.

84. See E. T. Anderson and D. I. Simester, "The Role of Sale Signs," *Marketing Science* 2 (1998), pp. 139–55.

85. See, e.g., G. A. Taylor, "Coupon Response in Services," *Journal of Retailing* 77 (2001), pp. 139–51; C. M. Heilman, K. Nakamoto, and A. G. Rao, "Pleasant Surprises," *Journal of Marketing Research,* May 2002, pp. 242–52; and D. M. Hardesty and W. O. Bearden, "Consumer Evaluations of Different Promotion Types and Price Presentations," *Journal of Retailing* 79 (2003), pp. 17–25.

86. A. S. C. Ehrenberg, K. Hammond, and G. J. Goodhardt, "The After-Effects of Price-Related Consumer Promotions," *Journal of Advertising Research,* July 1994, pp. 11–21; and P. Papatla and L. Krishnamurthi, " *Journal of Marketing Research,* February 1996, pp. 20–36.

87. See C. F. Mela, K. Jedidi, and D. Bowman, "The Long-Term Impact of Promotions on Consumer Stockpiling Behavior," *Journal of Marketing Research,* May 1998, pp. 250–62; and J. E. Urbany, P. R. Dickson, and A. G. Sawyer, "Insights into Cross- and Within-Store Price Search," *Journal of Retailing* 76, no. 2 (2000), pp. 243–58. See also M. Zeelenberg and M. van Putten, "The Dark Side of Discounts," *Psychology & Marketing,* August 2005, pp. 611–22, for the negative effects of postpromotion when loyal customers miss a discount opportunity.

88. K. Sivakumar and S. P. Raj, "Quality Tier Competition," *Journal of Marketing,* July 1997, pp. 71–84; and S. M. Nowlis and I. Simonson, "Sales Promotions and the Choice Context as Competing Influences on Consumer Decision Making," *Journal of Consumer Psychology* 9, no. 1 (2000), pp. 1–16.

89. D. Grewal, R. Krishnan, J. Baker, and N. Borin, "The Effect of Store Name, Brand Name, and Price Discounts on Consumers' Evaluations and Purchase Intentions," *Journal of Retailing* 3 (1998), pp. 331–52.

90. D. R. Bell and J. M. Lattin, "Shopping Behavior and Consumer Preference for Store Price Format," *Marketing Science* 1 (1998), pp. 66–88. See also R. Lal and R. Rao, "Supermarket Competition," *Marketing Science* 1 (1997), pp. 60–80.

91. V. G. Morwitz, E. A. Greenleaf, and E. J. Johnson, "Divide and Prosper," *Journal of Consumer Research,* November 1998, pp. 453–63.

92. K. L. Wakefield and J. G. Blodgett, "The Effect of the Servicescape on Customers' Behavioral Intentions in Leisure Service Settings," *Journal of Services Marketing,* no. 6 (1996), pp. 45–61; and K. L. Wakefield and J. G. Blodgett, "Customer Response to Intangible and Tangible Service Factors," *Psychology & Marketing,* January 1999, pp. 51–68; and B. D. Keillor, G. T. M. Hult, and D. Kandemir, "A Study of the Service Encounter in Eight Countries," *Journal of International Marketing* 12, no. 1 (2004), pp. 9–35.

93. See C. Mathwick, N. Malhotra, and E. Rigdon, "Experiential Value," *Journal of Retailing* 77 (2001), pp. 39–56; P. D. Lynch, R. J. Kent, and S. S. Srinivasan, "The Global Internet Shopper," *Journal of Advertising Research,* May 2001, pp. 15–23; T. P. Novak, D. L. Hoffman, and A. Duhachek, "The Influence of Goal-Directed and Experiential Activities on Online Flow Experiences," *Journal of Consumer Psychology* 13, no. 1/2 (2003), pp. 3–16; A. P. Vrechopoulos et al., "Virtual Store Layout," *Journal of Retailing* 80, no. 1 (2004), pp. 13–22; and J. H. Song and G. M. Zinkhan, "Determinants of Perceived Web Site Interactivity," *Journal of Marketing,* March 2008, pp. 99–113.

94. E. Sherman, A. Mathur, and R. B. Smith, "Store Environment and Consumer Purchase Behavior," *Psychology & Marketing,* July 1997, pp. 361–78; and J. Baker et al., "The Influence of

Multiple Store Environment Cues on Perceived Merchandise Value and Patronage Intentions," *Journal of Marketing,* April 2002, pp. 120–41.

95. S. A. Eroglu, K. A. Machleit, and L. M. Davis, "Empirical Testing of a Model of Online Store Atmospherics and Shopper Responses," *Psychology & Marketing,* February 2003, pp. 139–50. See also S. Menon and B. Kahn, "Cross-Category Effects of Induced Arousal and Pleasure on the Internet Shopping Experience," *Journal of Retailing* 78 (2002), pp. 31–40.

96. L. Dailey, "Navigational Web Atmospherics," *Journal of Business Research* 57 (2004), pp. 795–803.

97. B. Babin and W. R. Darden, "Good and Bad Shopping Vibes," *Journal of Business Research,* March 1996, pp. 210–60; K. Chang, "The Impact of Perceived Physical Environments on Customers' Satisfaction and Return Intentions," *Journal of Professional Services Marketing* 21, no. 2 (2000), pp. 75–85; D. Grewal et al., "The Effects of Wait Expectations and Store Atmosphere Evaluations on Patronage Intentions in Service-Intensive Retail Stores," *Journal of Retailing* 79 (2003), pp. 259–68; Menon and Kahn, "Cross-Category Effects of Induced Arousal and Pleasure on the Internet Shopping Experience"; and Eroglu, Machleit, and Davis, "Empirical Testing of a Model of Online Store Atmospherics and Shopper Responses."

98. See K. A. Machleit, S. A. Eroglu, and S. P. Mantel, "Perceived Retail Crowding and Shopping Satisfaction," *Journal of Consumer Psychology* 9, no. 1 (2000), pp. 29–42; K. Harris and S. Baron, "Consumer-to-Consumer Conversations in Service Settings," *Journal of Service Research,* February 2004, pp. 287–303; J. J. Argo, D. W. Dahl, and R. V. Manchanda, "The Influence of Mere Social Presence in a Retail Context," *Journal of Consumer Research,* September 2005, pp. 207–12; and K. Zhang, S. E. Beatty, and D. L. Mothersbaugh, "A CIT Investigation of Other Customers' Influence in Services," *Journal of Services Marketing* 24, no. 5 (2010), pp. 389–99.

99. S. J. Grove and R. P. Fisk, "The Impact of Other Customers' Service Experiences," *Journal of Retailing* 1 (1997), pp. 63–85.

100. See, e.g., S. Oakes, "The Influence of Musicscape within Service Environments," *Journal of Services Marketing* 4, no. 7 (2000), pp. 539–56; J. C. Sweeney and F. Wyber, "The Role of Cognitions and Emotions in the Music-Approach-Avoidance Behavior Relationship," *Journal of Services Marketing* 16, no. 1 (2002), pp. 51–69; C. Quailed and S. A. Hibbert, "The Influence of Music Tempo and Musical Preference on Restaurant Patrons' Behavior," *Psychology & Marketing,* November 2002, pp. 895–917; and S. Morin, L. Dube, and J. C. Chebat, "The Role of Pleasant Music in Servicescapes," *Journal of Retailing* 83, no. 1 (2007), pp. 115–30.

101. C. S. Gulas and C. D. Schewe, "Atmospheric Segmentation," in *Enhancing Knowledge Development in Marketing,* ed. R. Achrol and A. Mitchell (Chicago: American Marketing Association, 1994), pp. 325–30. Similar results are in J. D. Herrington and L. M. Capella, "Effects of Music in Service Environments," *Journal of Services Marketing* 2 (1996), pp. 26–41.

102. D. J. Mitchell, B. E. Kahn, and S. C. Knasko, "There's Something in the Air," *Journal of Consumer Research,* September 1995, pp. 229–38; A. R. Hirsch, "Effects of Ambient Odors on Slot-Machine Usage in a Las Vegas Casino," *Psychology & Marketing,* October 1995, pp. 585–94; M. Wilkie, "Scent of a Market," *American Demographics,* August 1995, pp. 40–49; P. Sloan, "Smelling Trouble," *Advertising Age,* September 11, 1995, p. 1; E. R. Spangenberg, A. E. Crowley, and P. W. Henderson, "Improving the Store Environment," *Journal of Marketing,* April 1996, pp. 67–80; and P. F. Bone and P. S. Ellen, "Scents in the Marketplace," *Journal of Retailing* 75, no. 2 (1999), pp. 243–62.

103. A. S. Mattila and J. Wirtz, "Congruency of Scent and Music as a Driver of In-Store Evaluations and Behavior," *Journal of Retailing* 77, no. 2 (2001), pp. 273–89.

104. See A. M. Fiore, X. Yah, and E. Yoh, "Effects of Product Display and Environmental Fragrancing on Approach Responses and Pleasurable Experiences," *Psychology & Marketing,* January 2000, pp. 27–54.

105. K. Campo, E. Gijsbrechts, and P. Nisol, "Towards Understanding Consumer Response to Stock-Outs," *Journal of Retailing* 76, no. 2 (2000), pp. 219–42.

106. G. J. Fitzsimons, "Consumer Response to Stockouts," *Journal of Consumer Research,* September 2000, pp. 249–67.

107. See, e.g., L. M. Sloot, P. C. Verhoef, P. H. Franses, "The Impact of Brand Equity and the Hedonic Level of Products on Consumer Stock-Out Reactions," *Journal of Retailing* 81, no. 1 (2005), pp. 15–34.

108. "Reasons Why Website Visitors Abandoned Their Shopping Carts," *See Why,* June 3, 2010, http://seewhy.com/blog, accessed June 13, 2011.

109. M. Prince, "Online Retailers Turn to New Shopping Carts to Drive Sales," *The Wall Street Journal Online,* November 10, 2004.

110. "Single-Use Numbers Increase Confidence, Boost Online Spending, Study Says," *InternetRetailer.com,* February 3, 2005.

111. *Consumer Shopping Experiences, Preferences, and Behaviors* (Cambridge, MA: ATG, October 2010).

112. See, e.g., R. Lacey, J. Suh, and R. M. Morgan, "Differential Effects of Preferential Treatment on Relational Outcomes," *Journal of Service Research,* February 2007, pp. 241–56; and R. Di Mascio, "The Service Models of Frontline Employees," *Journal of Marketing,* July 2010, pp. 63–80.

113. B. B. Stern, G. J. Thompson, and E. J. Arnould, "Narrative Analysis of a Marketing Relationship," *Psychology & Marketing* 3 (1998), pp. 195–214.

114. M. Holzwarth, C. Janiszewski, and M. M. Neumann, "The Influence of Avatars on Online Consumer Shopping Behavior," *Journal of Marketing,* October 2006, pp. 19–36.

115. D. Prelec and D. Simester, "Always Leave Home without It," *Marketing Letters,* February 2001, pp. 5–12; and D. Soman, "Effects of Payment Mechanism on Spending Behavior," *Journal of Consumer Research,* March 2001, pp. 460–74.

Chapter Eighteen

18 구매 후 과정, 고객 만족 및 고객 몰입

학습목표

- **L01** 소비자가 수행하는 다양한 구매 후 과정을 설명한다.
- **L02** 구매 후 부조화를 정의하고 논의한다
- **L03** 제품 사용 및 비사용과 관련된 이슈들과 이들이 마케터에게 갖는 중요성을 논의한다.
- **L04** 처분 대안들 및 이들과 마케터 및 공공정책과의 관련성을 요약한다.
- **L05** 만족과 불만족의 결정요인과 성과를 설명한다.
- **L06** 만족, 재구매 그리고 소비자 몰입간의 관계를 기술한다.

고객관계관리(customer relationship management, CRM) 프로그램은 미국기업들에게 점점 일반화되고 있다. 그러한 프로그램의 목적은 주요 고객의 만족, 몰입 그리고 유지를 증가시키는 것이다. BusinessWeek지는 매년 상위 25개 서비스 기업의 순위를 발표한다. 이 기업들은 우월한 고객 가치를 제공하기 위하여 프로그램, 프로세스, 테크놀로지 그리고 훈련에 많은 투자를 한다.[1]

- Four Seasons 호텔들. 그들은 고객 서비스 종업원에 매우 의존하며 CRM을 단순히 데이터베이스 관리 프로그램 그 이상이라고 이해한다. 각 호텔은 고객선호를 추적하는 "고객 역사가(guest historian)"를 고용한다.
- Amica 보험. 이 기업은 애호도에 전념한다. 그들은 고객들이 구매를 하면 애호적일 것으로 가정할 수 있었다. 그리고 애호도 비율은 매우 높았다. 그러나 그들은 이를 당연한 것으로 여기지 않는다. 한 예를 들면 토네이도 같은 심각한 날씨일 때 그들은 아직 이를 듣지 못한 고객들에게 전화를 한다.
- L.L.Bean은 늘 고품질 제품의 카탈로그 업자였다. 이 기업의 무조건적인 보증은 전세계적으로 유명하다. 그러나 쇼핑객들이 온라인으로 이동함에 따라, L.L.Bean은 조정을 해야만 했다. 자사의 웹사이트에 소비자 평가, "live help" 및 "call me"를 포함하였다. Call me는 직원으로 하여금 고객에게 몇 분 내에 추가적 제품정보를 제공하도록 하게 한다.
- USAA 보험. 서비스 대리인들은 매우 높은 보상을 받고 있는데 최근 20% 징도의 보너스를 받았다. 그들은 또한 고객에게 도움이 되는 혁신을 위한 현장 제안을 추적하는 콜센터 도구를 설치하였다. 또한 소비자로 하여금 사고현장에서 전화로 보상청구를 할 수 있도록 모바일앱의 혁신을 진행하고 있으며, 청구서에 사진을 송부하면서 사고를 설명하는 음성 메시지를 첨부할 수 있게 하였다.

최고의 기업들은 산업과 표적시장에 적절한 방식으로 기술과 사람을 혼합하는 것처럼 보인다. 고전하고 있는 기업들은 종종 CRM이 컴퓨터 프로그램을 사는 것 같이 단순하다고 생각하는 실수를 한다. 이러한 기업들은 위대한 서비스 조직을 만드는데 실패하며 고객의 핵심 욕구를 충족시키지 못함으로써 고객 애호도에 손상을 입힌다.

그림 18-1 구매 후 소비자 행동

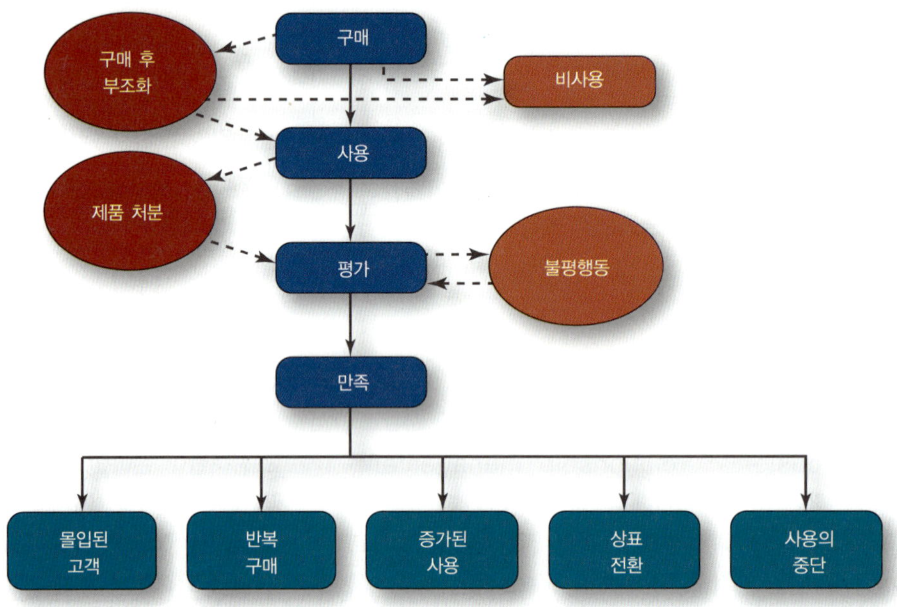

사용, 평가 그리고 어떤 경우에는 만족 그리고 재구매, 긍정적 구전 그리고 애호도를 포함한 만족과 관련된 소비자 반응들을 포함하여 많은 과정들이 구매 후에 이어진다. 평가는 또한 불만족을 가져올 수 있으며, 이는 때때로 애호도의 잠식, 상표전환 그리고 부정적 구전을 가져온다. 잠재적 문제를 추적하기 위하여 제7장에서 논의한 콜센터 및 소셜미디어 대안 등의 실행을 포함하여 제품 및 서비스 실패에 대한 적절한 대응은 중요하다. 일단 문제가 인식되면, 불만족의 부정적 결과를 전환시키거나 제거하는 방법으로서 적절한 행동을 취하는 것이 중요하다. 앞의 도입사례에서 논의한대로 효과적인 CRM 프로그램 및 고품질의 서비스는 높은 만족을 가져다 주기 위해서나 불만족이 발생했을 때 이를 효과적으로 대처하기 위한 마케팅전략의 중요한 측면이다.

LO1 <그림 18-1>은 이 책의 초점인 다양한 과정들 간의 관계를 보여준다. 이는 또한 구매 직후에 그리고 종종 사용 전에 소비자들은 구매 후 부조화로 알려진 의심이나 불안감을 느낄 수 있다.

18.1 구매 후 부조화

LO2

> 나는 예전 것보다 이것(주방 세트)이 아직도 훨씬 좋다. 그러나 우리가 보다 긴 시간을 들였다면 더 정확하게 원하는 것을 샀을지 모른다. 나는 우리가 싸게 샀다는 것을 의미한다. 당신은 그 가격에 그 제품을 살 수 없기 때문에 나는 가격에는 만족한다. 그러나 언젠가 나는 돈을 더 들여서 다소 다른 것을 살 수 있기를 원한다.[2]

이는 어렵고, 비교적 오랜 시간 동안 결정을 한 후의 일반적인 소비자 반응이다. 이러한 형태의 회의 또는 불안감은 **구매 후 부조화(postpurchase dissonance)**로 불리운다.[3] <그림 18-1>은 전부는 아니지만 어떤 소비자 구매 결정은 구매 후 부조화가 뒤따른다는 것을 나타낸다. 소비자가 경험하는 구매 후 부조화의 강도와 이를 경험할 확률은 다음 변수들의 함수이다:

- 몰입(commitment)의 정도 또는 결정의 취소 불가능성–결정을 변경하는 것이 쉬울수록 소비자는 부조화를 덜 경험할 것이다.
- 소비지에게 결정의 중요성–결정이 중요할수록 부조화를 더 느낄 것이다.
- 대안들 중에서 선택의 어려움–대안들 중에서의 선택이 어려울수록 부조화의 경험과 강도는 더 클 것이다. 결정의 어려움은 고려하는 대안의 수, 각 대안의 관련 속성의 수 그리고 각 대안이 다른 대안에 없는 속성을 가지고 있는 정도의 함수이다.
- 불안감을 경험하는 개인의 성향–어떤 개인들은 다른 사람 보다 불안감을 경험하는 성향이 크다. 불안감을 경험하는 성향이 클수록 구매 후 부조화를 더 경험하게 될 것이다.

부조화는 일반적으로 명목상의 저관여 그리고 제한된 의사결정에서는 일반적으로 발생하지 않는다. 이러한 결정은 비교적 쉽고 중요하지 않기 때문이다. 부조화는 고관여의 확장된 의사결정에서 가장 흔하며, 여기서는 바람직한 속성들 간의 트레이드오프가 갈등을 야기한다(앞에서의 주방 세트의 결정에서 가격–품질의 트레이드오프에서처럼). 그러한 트레이드오프는 부정적 정서 및 결정의 지연을 야기한다.[4] 이와 같이, 그러한 트레이드오프가 존재할 때, 판매원 및 광고는 소비자가 의사결정의 긍정적 측면에 다시 관심을 두게 하거나 어려운 트레이드오프에 직면해서도 구매를 하게 할 인센티브를 제공할 수 있다.

구매 후에 소비자는 부조화를 줄이기 위해서 다음 중 하나 또는 여러 방법을 사용할 수 있다:

- 구매한 브랜드의 바람직성을 높임
- 구매하지 않은 브랜드의 바람직성을 낮춤
- 구매 결정의 중요성을 낮춤
- 구매 결정을 되돌림(사용 전 제품 반환)

소비자들은 재평가 과정에서 종종 자신이 행한 구매에 대하여 자신의 지혜를 확증해줄 정보를 찾고 이를 잘 수용하기 때문에, 광고 및 판매에 이은 후속적 노력은 구매 후 부조화에 큰 영향을 미칠 수 있다. 따라서 직접우편, 후속 전화, 이메일은 모두 효과적일 수 있다. Johnson & Murphy는 구매자들에게 그들의 최근 구매에 대하여 감사하고, 자신의 웹사이트를 안내하며 피드백을 요청하는 후속 이메일을 보낸다. 그러한 커뮤니케이션은 부조화를 줄이고 만족을 증가시키는 데 크게 도움이 될 수 있다. <사진 18-1>은 구매 후 과정에서 광고의 강화 잠재력을 보여주는 추가적 예를 제공한다.

구매 후 부조화와 매우 유사한 개념은 소비 죄의식(consumption guilt)이다. 소비 죄의식은 제품 또는 서비스의 사용이 부정적 정서나 죄의식을 야기할 때 발생한다. 큰 차를 운전하는 사람은 자원 이용 및 오염에 대한 우려 때문에 어느 정도 부정적인 감정을 경험할 수 있다. 아래의 예는 소비 죄의식을 분명히 보여준다.

> 나는 이전보다 칼로리를 더욱 계산해야 한다. 나는 아직도 때때로 아이스크림을 사먹지만 아이스크림을 먹는 즐거움은 아마도 건강식이 아닌 것을 먹는 것에 대한 죄와 끝없이 연결될 것이다. 나는 그런 생각을 할 때 대부분의 제품이 나를 기분좋게 느끼게도 하고 동시에 기분이 안 좋게 만든다는 것을 깨닫는다.[5]

표적시장이 소비 죄의식을 가지는 제품의 마케터들은 제품의 소비를 정당화 하는데 초점을 맞추어야 한다. 그들은 소비자가 그러한 소비행동에 빠지는 것에 대하여 소비자 용인 즉 정당성을 제공할 방법을 찾을 필요가 있다.[6]

18.2 제품 사용과 비사용

1. 제품 사용

대부분의 소비자 구매는 명목적 또는 제한된 의사결정이며 따라서 구매 후 부조화를 거의 일으키지 않는다. 대신에 구매자 또는 가구의 구성원이 구매를 잘 했는가를 애초에 염려하지 않고 제품을 사용하게 된다. 그리고 <그림 18-1>에서 보듯이 구매 후 부조화가 발생하더라도 일반적으로 제품사용을 하게 된다.

마케터는 소비자들이 여러 가지 이유로 제품을 어떻게 사용하는지를 이해할 필요가 있다. 제품이 사용되는 기능적 그리고 상징적 방식을 이해하는 것은 보다 효과적인 제품 설계 및 마케팅 캠페인을 가져올 수 있다. 예를 들면, 스니커헤즈 소비 하위문화의 존재는 특별히 스니커헤즈 수집가를 표적화한 비싸고, 한정판의 디자인을 포함한 스니커 디자인과 마케팅의 많은 측면에 영향을 미쳤다.

사용 혁신(use innovativeness)은 소비자가 제품을 새로운 방식으로 이용하는 것을 말한다.[7] 제품에 대한 새로운 이용을 발견한 마케터는 매출을 크게 신장시킬 수 있다.

- Arm & Hammer는 소비자들이 베이킹 소다를 냉장고의 냄새를 제거하는데 사용하는 것과 같이 요리가 아닌 다른 부분에 다양하게 사용하는 것을 발견하였다. 기업은 지금 그러한 사용법을 광고하고 있으며, 그 사용 전용으로 Fridge Fresh Air Filters와 같은 제품 포장을 개발하였다. Arm & Hammer는 또한 자사의 웹사이트에 한 섹션을 가지고 있는데, 여기에서 소비자는 Arm & Hammer의 베이킹 소다의 사용에 있어서 가구의 공통된 문제점에 그들 자신의 "해결책"을 제안할 수 있다.
- 윤활유인 WD-40은 물고기 미끼의 첨가제로 또 카페트의 껌을 제거하는데 사용하는 등 소비자가 다양한 사용방법을 제안하는 것으로 유명하다.

사진 18-1

고관여 구매의 광고는 새로운 구매에 영향을 줄 뿐 아니라 구매의 현명함을 확증하는데 도움을 줄 수 있다.

- Bounce는 소비자들이 이야기를 제출하는 콘테스트를 열었는데, 그 이야기는 웹사이트에서 검색할 수 있는 온라인 팜플릿에 실렸다. 기업의 담당변호사는 소비자 또는 환경에 해로울 수 있는 이야기들은 삭제하였다.

인터넷이 소비자문제를 관찰하고 추적할 수 있는 수단으로 사용될 수 있는 것처럼, 인터넷은 또한 혁신적 제품사용을 추적하는 도구로 사용될 수 있다. 그리고 웹기반의(제품 아이디어) 제안 옵션은 그러한 아이디어의 직접적 수집을 보다 쉽게 한다.[8]

마케터는 빈번히 한 제품의 사용이 다른 제품의 사용을 요구하거나 제안할 수 있다는 사실을 활용할 수 있다(<사진 18-2> 참조). 실내 식물과 비료, 자전거와 헬멧, 의복과 신발을 생각해 보자. 소매업자는 그러한 품목을 공동으로 촉진하거나, 함께 전시하거나, 판매원이 관련된 품목들에 대하여 서로 보완되는 판매를 하도록 훈련할 수 있다.

엄격한 제조물 책임법과 공격적인 민사소송은 마케팅관리자로 하여금 소비자들이 그들의 제품을 어떻게 사용하는지를 조사하도록 강요하고 있다. 이러한 법은 제품이 기업이 지정한 방식대로 사용될 때만이 아니라, 합리적으로 예측할 수 있는 제품의 이용에서 발생되는 손해에 대하여 기업이 책임을 지게 한다. 따라서 제조업자는 제품의 주된 목적 및 다른 잠재적 사용을 생각하여 제품을 디자인해야 한다. 이는 소비자가 실제적으로 제품을 어떻게 사용하는지에 관하여 상당한 조사를 하게한다. 마케터가 제품의 적절한 사용방식

사진 18-2

마케터는 상호 보완적 제품들로 이루어진 제품 믹스를 개발하여 그러한 제품들이 함께 사용되어진다는 사실을 마케팅에 활용할 수 있다.

에 대하여 혼란스러워할 때 소비자에게 어떻게 사용하고 적합하게 사용하는가를 커뮤니케이션을 하는 것은 기업에게 종종 도움이 된다. 하지만 사용 지침을 따르지 않아서 제품실패가 발생하였을 때 얼마나 많은 사람이 자신의 탓으로 돌릴 것인가?[9] 어떤 경우에 기업은 더 적합하게 사용하도록 제품을 재설계함으로써 경쟁우위를 얻을 수 있다.

2. 제품 비사용

<그림 18-1>이 나타내듯이 모든 구매에서 제품 사용이 뒤따르는 것이 아니다. **제품 비사용(product nonuse)**은 사용되지 않는 또는 잠재적 사용에 비해 드물게 사용되는 제품을 적극적으로 구입하였을 때 발생한다.[10]

많은 제품들과 대부분의 서비스에 있어서 구매와 소비의 결정은 동시에 이루어진다. 식당에서 음식을 주문한 사람은 또한 그 시점에 음식을 먹기로 결정한 것이다. 그러나 슈퍼마켓에서 구입을 결정한 음식은 그 음식을 준비하고 소비하는 두 번째 결정을 필요로 한다. 두 번째 결정은 다른 시점에서 그리고 처음과 다른 환경에서 발생한다. 따라서 비사용은 구매와 잠재적 사용 경우 간에 있어서 상황 또는 구매자가 변하기 때문에 발생할 수 있다. 예를 들어, 주요 요리의 일부분으로 새로운 음식 품목을 강조하는 사람의 마음을 끄는 구매시점 진열은 소비자가 적절한 사용 상황을 상상하게 하고 제품을 구매하게 할 수 있다. 그러나 진열의 자극이 없다면 소비자는 의도된 사용을 기억하지 못하거나 의도된 사용을 결코 알지 못할 수도 있다. 다음과 같은 비사용 상황은 일반적이다:[11]

> 웍(중국음식 요리에 사용되는 우묵하게 큰 냄비-역자 주)-"나는 볶음 요리를 하고 싶었지만 그렇게 할 시간이 없었다."
> 스커트-"나의 좋은 아이디어는 내가 몇 파운드가 늘어서 사이즈 6이 맞는 것보다 몇 파운드를 줄여서 사이즈 4가 맞도록 하는 것이었다. 당연히, 몸무게는 전혀 줄지 않았고, 따라서 스커트는 꽉 끼었다."
> 스포츠센타 회원-"운동하러 스포츠센터에 갈 수가 없었다."

이 경우 소비자는 돈을 낭비하였고 마케터는 재구매나 긍정적인 추천을 얻을 수 없을 것이다. 그러한 많은 구매는 마케터에게 있어서 구매 후에 오류를 바로잡기가 어렵다. 다른 경우에 소비자들은 적절한 시점에 상기되거나 동기부여를 받으면 그 제품을 사용할 것이다. 앞에서 본 마지막 예에서, 효율적 관리 기록은 그 회원이 스포츠 센타를 이용하지 않고 있었다는 것을 보여줄 것이다. 오라고 하는 개별 편지, 이메일 또는 전화 초청은 그

사진 18-3

광고는 이전에 구매된 품목의 구매, 소비 또는 이 둘 모두를 조장할 수 있다.

사람이 다시 시작하도록 하기에 충분할 것이다.

어떤 제품은 소비자가 보관하는 것으로 알려져 있다; 즉 그들은 특정 품목을 비축한다. 이런 경우 광고의 주요 목적은 사람들로 하여금 다음 적절한 경우에 제품을 소비하는 것을 장려하고 적절한 소비상황을 제안하는 것이다. 소비자들은 제품을 이용 가능한 상태로 두기 때문에 과업은 구매를 장려하는 것이 아니라 <사진 18-3>에서처럼 가까운 장래의 소비를 동기부여하는 것이다.

처음 구매 결정과 소비결정의 구분은 카탈로그 및 온라인 구매에서는 특히 강하다. 사실상 두 결정이 이러한 구매에 포함되어 있다-제품을 주문하는 처음 결정, 제품을 받았을 때 보유할 것인지 또는 반품할 것인지의 두 번째 결정이다. 두 결정 간에는 며칠의 시간이 흘러갈 수 있을 뿐 아니라 보유 또는 반품의 결정 시점에는 실질적으로 다른 정보들이 이용가능할 수 있다. 특히 소비자들은 품목을 물리적으로 만져보거나, 입어보거나 또는 다르게 경험할 수 있다.

분명히, 온라인 및 카탈로그 소매업자는 반품보다 보유되는 품목의 비율을 최대화하기를 원한다. 직관적으로 사람들은 엄격한 반품 정책이 이를 달성할 수 있을 것이라고 생각할 수 있다. 그러나 그러한 정책은 처음 주문의 수를 감소시킬 수 있다. 사실상 자유로운 반품정책은 처음 주문을 최대화하고 반품을 최소화하는 것같이 보인다. 그러한 정책은 지각된 위험을 줄이고 처음 주문을 증가시키는 고품질(대리 지표)의 신호를 보낼 수 있다. 소비자들은 또한 자유 반품정책하에서는 제품을 수령한 후에 주문한 제품이 보다 높은 품

질을 갖는 것으로 지각하는 경향이 있으며 이는 반품을 줄이게 된다.[12]

크기, 스타일, 브랜드를 추천해 주는(제17장) 스캐너를 이용한 전신 측정 기술은 의복을 처음에 입어보지 않고서 온라인에서 주문하더라도 의복이 맞는 정도를 크게 증가시킬 수 있다. 이는 반품 및 회사비용을 줄이고 고객만족을 증가시킬 수 있다.

18.3 처분

제품 또는 제품용기의 처분은 제품의 사용 전, 동안 또는 후에 발생할 수 있다. 또는 아이스크림 콘처럼 완전히 소비되는 제품에 있어서는 처분이 필요하지 않을 것이다.

미국은 매년 쓰레기를 수억 톤 배출한다. 포장이 쓰레기의 중요한 부분이다.[13] 수백만 파운드의 제품 포장이 매일 처분되고 있다. 이들 포장용기들은 쓰레기로 버려지고, 어느 정도는 소비자가 이용하거나 또는 리사이클 된다. 최소한의 자원을 이용하는 포장의 개발은 사회적 책임의 문제뿐만 아니라 경제적 이유에서도 중요하다. 많은 기업들이 이러한 이슈에 대응하고 있으며, 다음 예는 이를 보여주고 있다:

- Crate & Barrel은 유명한 흑백 박스에서 하얗게 표백한 보드를 사용하는 것을 중단하고 대신에 사용 후 재활용 가능한 소재를 포함하는, 보다 재생 가능한 섬유재질로 전환하였다.
- Casio는 소비자 및 유통용 포장을 재설계하여 사용되는 전체 소재의 양을 줄였다.

포장 이외에 수단적으로(더 이상 작동하지 않는) 또는 상징적으로(더 이상의 최근의 유행이 아닌) 더 이상 소비자의 욕구를 충족시키지 못한다고 하더라도 계속해서 존재하는 유형의 제품이 있다. 각 상황은 제품의 처분을 요구한다. 어떤 소비자에게 있어서, 재활용이 다른 어떤 것보다 더 중요해서(제3장의 그린마케팅을 참조), 기업 및 정부는 재활용을 장려하고 재활용이 보다 편리하도록 만드는 일을 하고 있다. 아직도 고체 폐기물(쓰레기)의 단지 1/3만이 재활용된다.[14]

휴대폰, PC, 여러 다른 개인 전자기기와 같은 하이테크 기기에 대한 폭발적인 수요와 짧은 수명주기는 **전자 쓰레기(e-waste)**에 대한 우려를 증가시키고 있다. 수단적, 상징적 고려는 전자 쓰레기를 몰아낼 수 있다. 최근의 추정치는 컴퓨터 4대 당 1대가 재활용된다고 하지만, 소비자 및 기업의 해결책이 필요하며 이는 발전하고 있다.[15] 전자제품 폐기물을 줄이려는 노력의 예를 들면 다음과 같다:

- TechForward는 전자제품에 되사기 보증안을 제공하고 있다.[16]
- Sony는 생산되는 새 제품에 대하여 재활용되는 물질의 양을 같은 비율로 상쇄하는 재활용 계획을 개발하였다. Sony는 재활용 기업과 협업하고 있으며 전자 쓰레기에서 전형적으로 발견되는 구리 같은 요소들의 가치에 따라 자신에게 보상하는 프로젝트를 기대하고 있다. 중요 논점은 소비자 인지와 편의성이다.[17]
- HP, Office Depot 그리고 PrintPal과 같은 기업들은 프린트 카트리지와 관련해서 계속

보관
유지
원래 목적으로 사용
새로운 목적으로 사용
패키지
재활용
제품
쓰레기로 버림
새로 구매하는 제품 대금의 일부로 팔아버림
처분
최종 사용자에게, 중간상에게 또는 중간상을 통하여 판매
사용되도록 또는 재판매되도록 주어 버림
대여

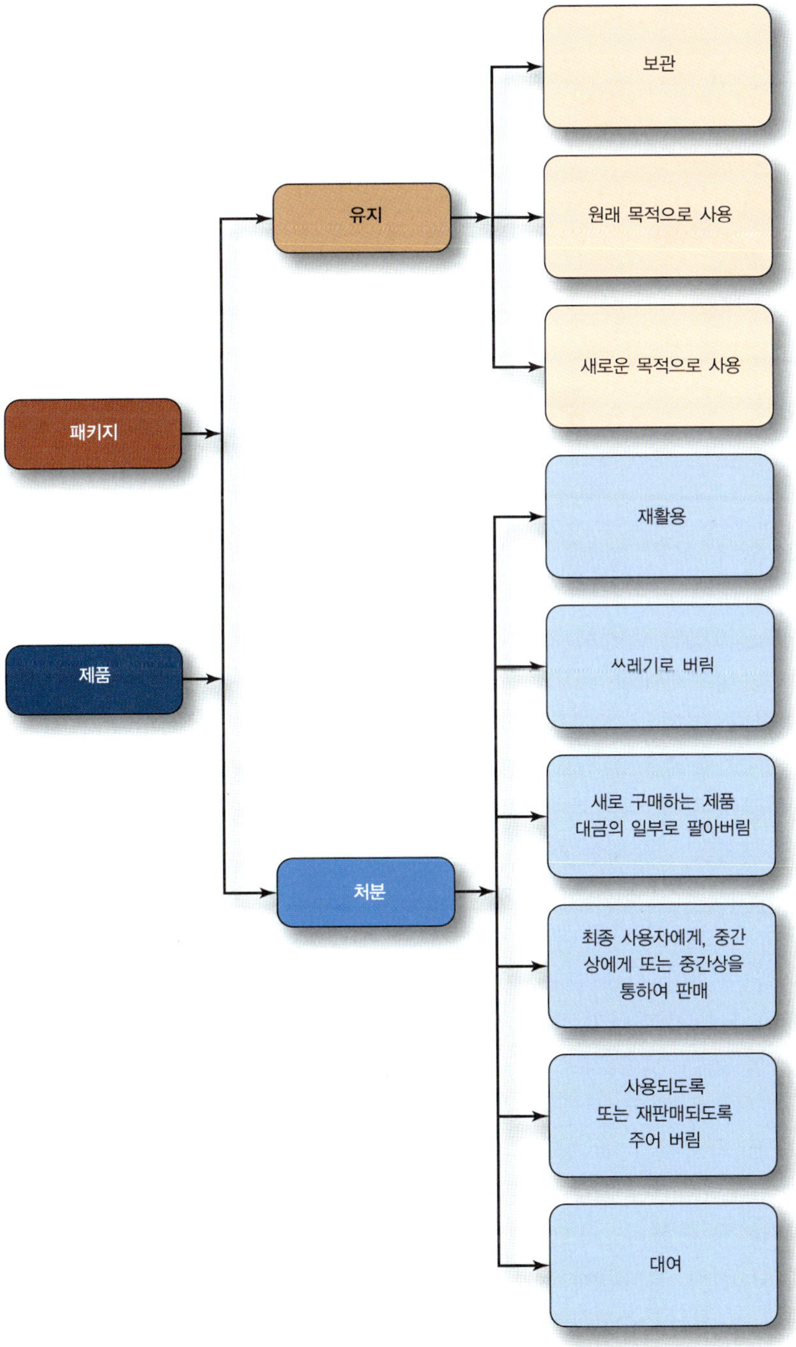

적인 노력을 해오고 있다. HP는 자사의 주소가 적힌 그리고 우편요금이 미리 지불된 봉투를 제공해서 당신이 사용한 잉크 카트리지를 재활용센터로 반송할 수 있게 한다. Office Depot는 사용한 카트리지를 가져 오는 사람에게 새 카트리지를 할인해준다.

사진 18-4

적절한 제품 처분은 많은 소비자들에게 중요하며 따라서 많은 기업 및 산업에도 중요하다.

<그림 18-2>는 제품 또는 포장을 처분하는 여러 대안들을 설명한다. 버리는 것이 많은 처분 대안 중의 한 가지이지만, 유감스럽게도 소비자들이 가장 많이 사용하는 방법이다. 여러 기업들과 조직체들처럼 환경단체도 이러한 행동들을 바꾸기 위하여 열심히 노력하고 있다(참조 <사진 18-4>). 그러나 어떤 기업들은 여전히 불필요하거나 재활용하기 힘든 포장 및 제품 부품을 이용하고 있다.

1. 제품 처분과 마케팅전략

왜 마케팅 관리자는 사용된 제품의 처분에 관심을 가져야 하는가? 아마도 최상의 답은 처분 결정들이 환경의 질 및 현재 및 미래 세대의 삶에 누적적인 영향을 미칠 것이라는 것이다. 그러나 단기적인 경제적 이유도 있다. 처분 결정은 당사자뿐 아니라 그 제품 범주의 시장에 있는 다른 사람에게도 영향을 미친다.

처분 결정이 기업의 마케팅 전략에 영향을 미칠 수 있는 다섯 가지 주요 이유가 있다. 첫째, 대부분의 내구재에서, 소비자들은 기존 제품이 그 값어치를 다 할때 까지는 새 제품 사기를 꺼려한다. 이들 소비자들은 심정적으로 내구 품목의 가치를 시간이 흐름에 따라 평가절하한다. 그 품목을 심적으로 평가절하하지 않는다면 그들은 새 품목을 사기 위하여 그 품목을 처분하여 없애는 것을 꺼려한다. 기존 품목을 새로운 품목과 트레이드하는 것은 이러한 거리낌을 극복하는 한 가지 방법이다.[18]

둘째, 처분은 때때로 공간 또는 재무적 한계 때문에 대체품의 구매이전에 이루어져야 한다. 예를 들어, 보관 공간의 부족으로 아파트에 사는 가족은 새 침대를 사기 전에 기존 침대를 처분하는 것이 필요하다고 생각할 수 있다. 또는 어떤 사람은 새 자전거를 사기 위한 추가적인 돈을 마련하기 위하여 현재 자전거를 팔아야 할 수 있다. 따라서 소비자들의 처분 과정을 돕는 것이 제조업자 및 소매업자에게 이득이 된다.

셋째, 기존 제품을 팔고, 트레이드하고 또는 양도하는 소비자의 빈번한 결정은 새 제품에 대한 시장을 감소시킬 수 있는 대규모 중고시장을 낳을 수 있다. **소비자 대 소비자 판매(consumer-to-consumer sale)**는 한 소비자가 다른 소비자에게 직접 즉 상업적 중개인의 도움 없이 팔 때 발생한다. 차고에서의 판매, 중고품 교환시장, 벼룩 시장, 안내 광고(classified ads), 전자 게시판에 글쓰기 등은 점점 증가하고 있다. 그리고 eBay 및 Yahoo! Auctions 같은 기업들이 중고품을 사고 파는 소비자 수요때문에 성장하고 있다. 또한 소비자들은 자신의 중고품을 재판매업자에게 주거나 팔 수 있다. 중고 의복, 전기기구, 가구를 진열하는 중고품 할인 상점은 상업적 또는 비영리 집단에 의하여 운영되며 경제의 중요한 부분이다.

제품 처분에 대한 관심의 네 번째 이유는 미국은 전적으로 쓰고 버리는 삼류사회가 아니라는 것이다. 많은 미국인은 계속해서 쓰레기와 구매 결정이 어떻게 쓰레기에 영향을 미치는지에 대해 매우 높은 관심을 가지고 있다.[19] 예를 들어 그러한 사람들은 현재 쓰고 있는 진공청소기가 다시 조립되어서 팔릴 것을 확신한다면 새 제품을 기꺼이 살 것이다. 그러나 그들은 오래된 진공청소기를 버리거나 또는 되파는 노력을 하기를 꺼릴 수 있을 것이다. 따라서 제조업자와 소매업자는 제품이 다시 사용되도록 조치를 취할 수 있다.

다섯 번째 이유는 환경적으로 건전한 처분 결정은 전체적으로 사회에 그리고 사회의 부분인 기업에 도움이 된다는 것이다. 기업의 소유주와 종업원은 그들의 많은 소비자와 같은 사회에서 살고 일을 한다. 그들의 환경과 삶은 소비자의 처분 결정에 영향을 받는다. 그러므로 적절한 처분 결정을 장려하는 제품, 포장 그리고 프로그램은 그들에게 최고의 이익이 되는 것이다.

18.4 구매 평가와 고객 만족

LO5 <그림 18-1>에서 보았듯이 고객의 구매 평가는 구매과정 자체, 구매 후 부조화, 제품 사용 그리고 제품/포장 처분에 의하여 영향을 받을 수 있다. 게다가 소매점과 제품 또는 둘 다 평가에 포함될 수 있다. 소비자들은 정보의 이용가능성에서 가격, 소매점 서비스, 제품 성과에 이르기까지 구매의 각 측면을 평가할 수 있다. 또한 제품 자체와 같이 한 요소에 대한 만족은 판매원 같이 다른 요소들에 대한 만족 수준에 영향을 받을 수 있다.[20] 많은 제품에 있어서 이는 동적인 과정이며, 만족을 이끄는 요인들은 시간이 흐름에 따라 진화한다.[21] 그러나 명백한 제품의 고장과 같은 요인들이 구매에 주의를 하게 한다면 명목적 결정들과 많은 제한된 결정들도 적극적으로 평가된다는 것을 유의하라.[22]

1. 평가과정

제품, 브랜드 또는 소매점과 같은 특정 대안은 구매과정에서 고려된 다른 대안보다 전반적으로 낫다고 생각되기 때문에 선택된다. 추정되는 우수한 기능 때문에 또는 그 품목이나 소매점에 대한 전반적 애호 때문에 특정 제품을 선택하든지 간에 소비자는 성과에 대한 기대수준을 갖는다. 성과에 대한 기대수준은 매우 낮음(이 브랜드 또는 소매점은 매우 좋지 않지만 유일하게 이용할 수 있는 대안이며, 나는 바쁘다)에서 매우 높음까지 분포할 수 있다.[23] 당신도 생각하겠지만 기대와 지각된 성과는 서로 독립적이지 않다. 어느 정도까지는 소비자는 기대와 일치하게 성과를 지각하는 경향이 있다.[24]

제품, 서비스 또는 소매점을 이용하는 동안 또는 후에 소비자는 성과수준을 지각하게 될 것이다. 지각된 성과수준은 현저하게 기대수준 이상이거나 또는 현저히 기대수준 아래이거나 또는 기대수준과 같을 수 있다. <표 18-1>이 가리키는 대로 구매에 대한 만족은 주로 최초의 성과 기대와 기대와 관련된 지각된 성과의 함수이다.[25]

두 가지 일반적 기대수준이 <표 18-1>에 제시되어 있다. 첫 번째는 브랜드의 성과가 어떤 최소 수준보다 낮다고 기대하고 어느 정도의 설명을 요구할 때이다. 그러한 브랜드 및 점포는 보통 부적당군(제15장을 참조)에 속하기 때문에 일반적인 경우는 아니다. 그러나

표 18-1 기대, 성과 및 만족

기대와 비교한 지각된 성과	기대수준	
	최소 요구 성과 미만	최소 요구 성과 이상
더 큼	만족	만족/몰입
같음	비만족	만족
더 낮음	불만족	불만족

주: 지각된 성과가 최소요구수준을 넘는다고 가정.

이 경우에도 세 가지 상황이 선택을 이끌어 간다. 이들은 (1) 가능한 대안이 존재하지 않은 경우(최근까지 AT&T에서만 iPhone이 이용가능하였다), (2) 비상시(타이어가 터졌는데 수리센터는 당신이 바람직하지 않다고 생각하는 브랜드만 취급하는 경우), (3) 가족 의사결정이 어떤 구성원에게는 차선책인 선택을 한 경우(아이는 Chuck E. Cheese에 기뻐하지만 부모는 그렇지 않은 경우)이다.

<표 18-1>은 성과가 낮은 것으로 알려진 소매점이나 브랜드는 일반적으로 만족이나 불만족으로 이어지기 보다는 소위 비만족(nonsatisfaction)으로 이어진다. 즉 소비자는 실망하거나 불평행동을 아마도 하지 않을 것이다. 그러나 이런 구매는 다음 번에 문제가 발생할 때 소비자가 더 나은 대안을 찾을 가능성을 줄이지는 않을 것이다.

지각된 성과가 기대 아래인 브랜드는 일반적으로 불만족을 야기한다. 성과와 기대의 차이가 충분히 크거나 또는 처음의 기대가 너무 낮다면, 소비자는 [illegible]적 결정과정을 다시 할 수 있는 그 기대 아래인 품목을 부적합 브랜드군에 포함시키고 더 이상 고려하지 않을 가능성은 매우 높다. 게다가 그 소비자는 불평을 하거나 부정적 구전을 할 수 있다.

제품 성과에 대한 지각이 최소요구수준 이상인 기대와 일치할 때 일반적으로 만족이 발생한다. 마찬가지로 더 낮은 기대를 초과하는 최소 요구수준보다 큰 성과는 만족을 낳게 된다. 만족은 다음에 문제가 인식될 때는 의사결정의 수준을 낮춘다. 즉 만족스러운 구매는 보상적이며 미래에 같은 행동의 반복을 부추긴다(명목상 의사 결정). 만족한 고객은 또한 그 브랜드에 대해 긍정적인 구전을 할 가능성이 있다.

기대성과를 초월하는 제품성과는 일반적으로 만족을 가져오고 때때로 몰입을 가져온다. 다음 섹션에서 자세히 논의하겠지만, 몰입은 소비자가 특정 브랜드에 열정을 갖게 되며 경쟁자의 행동에 어느 정도 면역을 갖게 되는 것을 의미한다.

현실적인 소비자 기대를 개발할 필요성은 마케팅 관리자에게 어려운 문제를 제기한다. 브랜드 또는 소매점이 선택되려면 소비자가 관련된 속성들의 결합에서 그 대안을 우수하게 보아야 한다. 그러므로 마케팅 관리자는 자연히 긍정적인 면을 강조하기를 원한다. 만약 그러한 강조가 제품이 충족시킬 수 없는 소비자의 기대를 창출한다면 부정적인 평가가 발생할 수 있다. 부정적인 평가는 브랜드 전환, 비호의적인 구전 커뮤니케이션 그리고 불평행동을 야기할 수 있다. 따라서 마케팅관리자는 제품에 대한 열광과 제품속성에 대한 사실적인 견해를 균형화시켜야 한다.

만족과 불만족의 결정요인 성과에 대한 기대와 실제 성과가 평가과정에서 주요 요인이기 때문에 우리는 제품과 서비스 성과의 차원을 이해할 필요가 있다. 소비자들이 서비스 제공자를 바꾸는 이유에 대한 주요 연구는 경쟁자의 활동은 제공자 변경의 비교적 작은 이유라는 것을 발견하였다. 대부분의 소비자는 서비스 제공자에 대하여 만족하게 되면 경쟁자가 더 나은 서비스를 제공한다고 해도 서비스를 전환하지 않았다. 대신에 그들은 현 서비스 제공자에게 문제가 있다고 지각할 때 전환하였다. 이러한 문제의 성격과 각 문제를 서비스 제공자를 바꾼 이유로 체크한 비율은 다음과 같다(많은 소비자들이 바꾼 이유를 여러 개 체크하였기 때문에 비율의 합이 100을 넘는다):[26]

- 핵심 서비스 실패 (44%). 실수(창가 자리를 요청했으나 복도자리를 예약해 줌), 계산서 잘못, 소비자에게 해를 입힌 서비스 재앙(세탁업자가 내 결혼 예복을 망쳐놓음).
- 서비스 접촉 실패 (34%). 서비스 종업원이 관심을 보이지 않으며, 무례하고, 반응을 보이지 않거나 또는 지식이 없음.
- 가격 (30%). 고가격, 가격 인상, 공정하지 못한 가격설정 관례, 기만적 가격.
- 불편 (21%). 불편한 위치, 영업시간, 서비스 또는 약속을 기다리는 시간.
- 서비스 실패에 대한 반응 (17%). 마음이 내키지 않는 반응, 응답하지 않음, 부정적인 응답(그것은 당신의 잘못이다).
- 경쟁자의 유인 (10%). 보다 개인적이고 보다 믿음직하고, 보다 높은 품질, 더 나은 가치.
- 윤리적 문제 (7%). 부정직한 행위, 위협적인 행위, 안전하지 못하거나 비위생적인 관습, 이해의 상충.
- 비자발적인 전환 (6%). 서비스 제공자 또는 고객의 이사, 보험기업과 같은 제삼자 지불인이 변경을 요구.

다른 연구들은 대기시간이 서비스의 평가에 중요한 영향을 미친다는 것을 발견하였다. 소비자들은 자신이 시간에 대한 통제를 하지 못하고 서비스 제공자가 통제한다고 믿는 서비스 지연에 대하여 특히 부정적인 감정을 갖는다.[27] **이러한 결과에 대한 마케팅 전략적 시사점은 무엇인가?**

제품 또는 서비스의 주어진 한 특성에 있어서 실패는 그 특성에 대한 성공보다 소비자에게 더 큰 영향을 미치는데, 이는 **부정적 편향**으로 불리운다.[28] 이와 같이 관련된 속성 및 의사결정 규칙(제16장 참조)에 따라, 이는 소수의 특성에서 성과를 극대화하기 전에 먼저 모든 관련된 특성에 대하여 기대를 충족해야 하는 것을 의미한다.

기업들은 온라인 및 점포 모두에서 더 편리한 서비스를 제공하기 위한 방법으로 기술을 사용하고 있다. 점포의 가격 체크 스캐너 또는 모바일의 지역 가격 앱은 매장 내에서의 경험을 보다 만족스럽게 만들 수 있다. 그리고 아바타, 고객 담당자와의 문자 및 비디오 채팅과 같은 웹사이트 기능은 온라인에서 고객만족에 중요할 수 있다. 기술이 제대로 기능을 못하거나 사용하기에 복잡할 때, 고객은 전형적으로 불만족을 경험한다. 온라인 결제의 경우에, 그러한 요인들은 고객들이 쇼핑카트를 버리게 하기 때문에 매출 손실을 가져올 수 있다(제17장 참조).

많은 제품에서 성과에는 두 가지 차원이 있다: 수단적 및 표현적 또는 상징적이다. **수단적 성과(instrumental performance)**는 제품의 물리적 기능과 관련이 있다. **상징적 성과(symbolic performance)**는 미적 또는 이미지 고양적 성과와 관련이 된다. 예를 들어 스포츠 코트의 내구성은 기능적 성과의 측면이지만 스타일은 상징적 성과를 나타낸다. 완전히 만족하기 위해서는 두 차원 모두에서 적절한 성과를 요구한다. 그러나 의복과 같이 적어도 어떤 제품 범주에서는 "불만족은 수단적 성과의 실패에서 야기되지만, 완전한 만족은 또한 기대수준 또는 그 이상의 상징적 성과를 요구한다."[29]

상징적 그리고 수단적 성과 이외에 제품은 또한 감정적 성과를 제공한다. **감정적 성과(affective performance)는 제품을 소유하거나 사용하는 것 또는 소매점이 제공하는 정서적 반응이다.**[38] 이는 수단적 또는 상징적 성과 또는 제품 자체로부터 발생할 수 있다; 예를 들어 부러운 시각이나 칭찬을 야기하는 양복은 긍정적인 감정적 반응을 산출할 수 있다. 또는 감정적 성과는 정서적 영화 또는 소설처럼 주된 제품 편익일 수 있다.

온라인의 만족 요인과 불만족 요인에 대한 연구는 중요한 다음 네 가지 차원을 발견하였다:[31]

- 웹사이트 디자인과 상호작용: 정보의 질, 네비게이션, 가격, 상품구입 가능성, 구매과정 그리고 주문확인과 같은 요인들을 포함한다.
- 안전 및 프라이버시: 사기 그리고 명의도용과 같은 안전 및 원하지 않는 마케팅 노력과 연관된 프라이버시와 관련된 요인들을 포함한다.
- 이행 및 신뢰성: 적기 배달, 주문품의 정확성, 결제의 정확성 그리고 제품의 질과 같은 요인들을 포함한다.
- 고객서비스: 명확하고 공정한 반품 정책과 같은 반품과 관련된 요인들 뿐 아니라, 고객지원, 커뮤니케이션의 능력 및 용이성과 같은 서비스 수준과 관련된 요인들을 포함한다.

독일 소비자에 대한 한 연구는 온라인 소매업자들에게 있어서 유사한 만족요인들을 발견하였다.[32] 마지막으로 이 연구는 인터넷을 포함한 멀티채널 맥락에서 통합 문제는 콘텐츠, 과정, 이미지 등이 기업 또는 브랜드에서 여러 채널들 간에 가능하고, 적절한 정도로 일치해야 한다는 점을 시사한다.[33]

18.5 불만족 반응

<그림 18-3>은 불만족한 소비자에게 가능한 주요 옵션을 설명하고 있다. 첫 번째 결정은 외적 행동을 취할 것인지, 아닌지 이다. 아무런 행동을 취하지 않음으로써 그 소비자는 불만족스러운 제품을 가지고 있겠다는 결정을 하는 것이다. 이런 결정은 소비자 구매의 중요성, 행동적 대처의 용이성, 브랜드 또는 소매점에 대한 전반적 만족의 현재 수준 그리고 소비자의 특성의 함수이다. 외적 행동이 취해지지 않더라도 그 소비자가 상점 또는 브랜

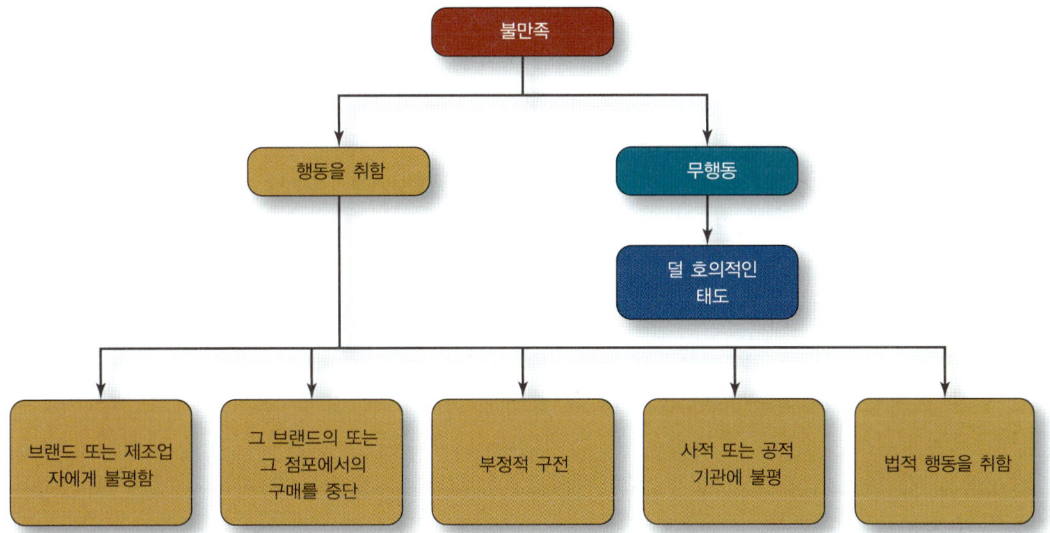

드에 비호의적인 태도를 가지고 있을 가능성이 있다는 것을 유의해야 한다.[34]

불만족에 대하여 행동을 취하는 소비자들은 일반적으로 다섯 가지 대안 중 하나 또는 여러 가지를 추구한다. <그림 18-3>이 시사하듯이 기업의 관점에서 가장 유리한 대안은 소비자가 기업에게 불평을 하는 것이다. 이는 적어도 기업이 그 문제를 해결할 기회를 준다. 그러나 많은 경우 소비자들은 기업에 불평을 하지 않고 대신에 브랜드 전환 또는 부정적 구전 같은 행동을 취한다.

소비자들은 대부분의 구매에 대해 만족한다. 그들은 매년 많은 구매를 하기 때문에 여전히 대부분의 개인은 일부 구매에 대하여 불만족을 경험한다. 예를 들어 한 연구는 540명의 소비자에게 그들이 보통 구매하는 식료품들 중 하나 또는 여러 가지가 결함이 있었던 경우를 기억할 수 있는지 물었다. 그들은 1,307개의 개별적인 불만족스러운 구매를 기억해냈다.

이러한 구매는 다음과 같은 행동들을 야기시킨다(그 연구는 친구에게 경고를 하는 것 같은 부정적 구전을 측정하지는 않았다):

- 이러한 불만족스러운 구매의 25%는 브랜드 전환을 가져왔다.
- 19%는 구매자가 그 제품을 구매하는 것을 중단하게 했다.
- 13%는 미래구매에서 매장 내 검사를 하게 했다.
- 3%는 제조업자에게 불평하게 했다.
- 5%는 소매업자에게 불평하게 했다.
- 35%는 그 품목의 반환을 가져왔다.

내구재에 대한 유사연구에서 불만족한 고객의 54%는 다시 그 브랜드를 구매하지 않겠다고(브랜드 전환) 말하였으며, 45%는 친구들에게 그 제품에 대하여 경고하였다(부정적 구전).[35]

제7장에서 논의한대로 구전은 소비자행동에서 중요한 요인이다. 소비자는 구전을 많은 다른 원천보다 더 신뢰하며, 따라서 의사결정을 할 때 구전에 매우 의존하는 경향이 있다. 기업에게는 유감스럽지만 구전은 비대칭적인 것 같다–즉 불만족은 만족보다 더 많은 구전을 야기한다. 한 추정치는 2:1로 즉, 소비자들은 긍정적인 것보다 부정적인 제품 또는 서비스 경험을 두 배로 많은 사람들에게 이야기 한다는 것이다.[36]

구전의 이러한 비대칭의 한 가지 이유는 실망부터 좌절, 분노까지 분포할 수 있는 불만족에 대한 정서의 동기부여적 힘이다. 이런 결과는 분명히 부정적 정서가 강할수록 소비자는 여러 면에서 기업에 해를 주도록 더 동기부여된다는 것을 지적한다. 즉, 화난 소비자는 그 상황을 해결하기 위해 기업에 그 문제를 설명하지 않고 "보복하기"를 원한다. 따라서 그러한 강한 정서가 발생했을 때 고객서비스 종업원이 이를 확인하고 대처하도록 훈련시키는 것 만큼이나 그러한 부정적 정서를 야기시키는 상황을 회피하는 법을 학습하는 것은 중요하다.[37]

분명히, 마케터는 불만족을 최소화하도록 또한 불만족이 발생했을 때 효과적으로 이를 해결하도록 노력해야 한다. 그러나 마케터는 소비자가 부정적 구전 및 브랜드 전환을 하는 대신 기업에 불평을 할 수 있는 기회를 최대화하도록 노력 또한 할 필요가 있다. 이러한 이슈는 다음에 논의할 것이다.

1. 마케팅 전략과 불만족 소비자

기업은 (1) 촉진 노력을 통하여 합리적인 기대를 창출하고 그리고 (2) 일관적인 품질을 유지함으로써 합리적인 기대가 충족되도록 함으로써 소비자 기대를 충족시킬 필요가 있다. 불만족한 소비자는 부정적 구전을 하는 경향이 있고, 구전은 의사결정에 영향력이 있기 때문에 한 명의 불만족한 소비자라도 미래 판매를 약화시키는 파급 또는 승수 효과를 가져올 수 있다.[38] 오프라인 구전 및 온라인 구전 모두 중요하다.

> 나는 기분이 나쁘다. 나는 그 내용을 크리스마스 편지에 써서 전국의 62명에게 보냈다. 이것은 배송이 나쁘기 때문에 이것들을 하나도 사지 말라고 모두에게 말하였다는 것을 의미한다.[39]

앞의 예는 마케터에게 악몽이다. 그러나 소셜미디어의 부상은 이 분야에서 작은 골치거리 정도로 보이는 문제에 관한 심각한 도전과제들을 만들어 왔다. 그러한 한 예는 Dave Carroll과 United Airline과 관련된 사건이다:[40]

> Dave Carroll은 음악가이며 3,500달러인 710 Taylor 통기타를 가지고 여행하고 있었다. 그는 좌석에 앉아서 수화물 취급자가 자신의 기타 파손을 고려하지 않고 던지는 것을 보았다. 그

가 목적지에 도착했을 때, 그는 자신의 기타가 파손된 것을 발견하였다. United는 Caroll이 회사에 수 차례 불평을 하였음에도 불구하고 책임을 지지 않았다. 그래서 Dave는 음악가이기 때문에 그의 경험에 대하여 음악 비디오를 만들어 유트브에 올렸다. 이 비디오는 천만 건이 되는 조회수를 기록하였고, 게시된지 며칠 내에 United의 주가는 10% 떨어졌다.

소비자가 불만족했을 때 가장 좋은 결과는 그 사람이 다른 사람에게 말하지 않고 기업에 불만족을 이야기 하는 것이다. Dave Carroll은 많은 시도를 하였지만 United는 주의를 기울이지 않았다. 이는 유감스러운 일인데 그 이유는 그러한 불평은 기업으로 하여금 문제에 대하여 정신을 차리게 하고 필요하다면 잘못을 고치고 부정적 구전을 최소화하게 하기 때문이다. 특히 문제가 사소하거나 반복되지 않는다면, 불평이 만족스럽게 해소된 소비자들은 처음부터 문제가 생기지 않은 소비자들보다 더 만족하는 경우도 있다는 점을 많은 기업들이 알게 되었다.[41]

Dave Carroll과 달리, 소비자들은 종종 다양한 이유에서 불평하지 않는다.[42] 이러한 이유들은 다음의 경우를 포함한다:

- 인구통계적 특성: 소득 및 교육과 같은 자원의 결핍
- 개성: 내향성 및 순응성과 같은 특성
- 기업: 불평 과정을 어렵고 불편하게 만듦

소비자 불평이 없는 것도 문제이지만, 기업이 소비자 불평의 발생에 기여하였을 때, 기업은 평판과 수입의 손실위험에 직면한다. United가 주식가격으로 1억 8천만 달러의 가치가 하락한 것을 고려하라.

온라인 소셜미디어에서 산출된 부정적 소비자 평과 불만을 처리하는 것은 특히 어려운 일이다. AT&T는 특히 최근까지 iPhone 사용자들에게 유일한 대안이었기 때문에, 자사의 네트워크와 관련된 이슈에 기반한 온라인상의 부정적 보도에 대처하는데 진지한 회사였다. 다음의 내용을 생각해 보라:[43]

정상적인 날에는 하루에, 소셜네트워크에 AT&T에 관한 만 개의 글이 올라오지만, 스트레스가 심한 순간에는 그 수가 급격하게 증가한다. 마케터는 소셜미디어 고객관리팀을 구성하여 그러한 트윗 폭풍을 잠재우려 한다. 이 팀은 트윗터 및 유트브에 올라온 고객불만족에 대응하는데 전념하는 다섯 명의 인원으로 시작하였고 그 이후 페이스북으로 나아갔으며 19명으로 증가하였다. 현재까지 소셜미디에서 접촉된 사람들 중 47%가 이 팀에 응답을 하는데, 이는 월 3만2천의 서비스 티켓을 발급하게 한다.

AT&T와 다른 기업들의 그러한 노력은 (a) 소비자문제를 인지하고 새로운 소셜미디어 시대에 소비자투입(소비자의견)을 활용하고, (b) 소비자 투입에 대처하고 (c) "대화"를 통해 이야기에 영향을 미치려고 고안되었다(그러한 전략에 대한 자세한 내용은 <소비자 통찰력 14-1> 참조).

사진 18-5

이 기업은 소비자 이슈 및 욕구에 적극적으로 대응하는 쪽으로 내부 과정을 조정하고 있다.

불평을 적시에 효과적으로 처리하는 것이 소비자만족의 열쇠이다.[44] "불평하는 대부분의 소비자들은 실질적인 결과를 원한다. 게다가 바라는 결과는 고객형태 및 문제의 성격에 따라 다르며, 고객맞춤형 대응 능력을 요구한다."[45] 이러한 기대에 효과적으로 대처하지 못하는 것은 불만족을 증가시킬 수 있다. 그러므로 기업은 소비자에게 불평할 기회를 줄 뿐 아니라 불평의 원인을 해결할 필요가 있다.[46]

사실상 많은 기업들에 있어서, 불평을 장려하고 이에 대해 효과적으로 대응함으로써 소비자를 유지하는 것은 광고 또는 다른 촉진 활동을 통하여 새로운 고객을 유인하는 것보다 더 경제적이다. 기존 고객을 유지하는 것이 새로운 고객을 얻는 것에 비해 5분의 1의 비용이 든다고 추정된다.[47] 고객을 직접 다루는 **일선 종업원**이 적절한 커뮤니케이션 스타일을 사용하도록 훈련시키고, 문제가 발생할 때 해결할 수 있는 권한을 부여하는 것은 고객 만족 및 유지율을 증가시킬 수 있는 한 가지 방법이다.[48]

유감스럽게도, 많은 기업들은 소비자 불평을 효과적으로 해결하고, 그로부터 배우도록 조직화되어 있지 않다. 이러한 영역은 많은 비즈니스에 대한 주요 기회를 나타낸다.[49] 다음을 고려해 보라:[50]

> Sprint의 새 최고경영자인 Gary Forsee가 지난 3월에 기업에 입사하였을 때 그는 불만족한 기존 고객은 뒷문으로 나가버리는데 왜 수억 달러가 새로운 무선 고객을 끌어오는데 사용되는지를 알고 싶었다. AT&T 및 BellSouth를 포함하여 전화기업에서 30년을 근무한 베테랑인 Forsee씨는 Sprint사가 고객서비스 부서를 두되, 고객을 획득하는 부서 바로 옆에 두기를 원하였다. 그래서 Sprint는 많이 바뀌었다. Sprint 사업부서는 새로운 초점 – 고객경험을 중심으로 완전히 재조직되었다. 고객을 얻고 나서 벽 너머로 버려지는 고객은 고객서비스 부서에 더 이상 없다. 마케팅, 고객 서비스 그리고 판매는 더 이상 다른 세 개의 저장고가 아닌 함께 작동하는 하나의 통합체로 존재한다.

Sprint의 전사적 접근 방식은 재조직화 이후 고객 전환율이 줄어듦으로써 수익을 이미 내고 있다. <사진 18-5>는 온라인 상황에서 고객 문제와 고객 경험을 미리 적극적으로 다루기 위하여 기업의 프로세스를 조정하고 있는 기업을 보여 준다.

18.6 고객 만족, 재구매 및 고객 몰입

LO6

만족은 고객 애호도의 중요한 요인이고, New York-Presbyterian Hospital(NYP)의 다음 글에서 보는 대로 많은 조직들이 고객 만족을 높이기 위한 프로그램에 투자하고 있다.

> NYP는 환자의 만족을 높이기 위해 전국의 최고 실행사례들을 매우 주의 깊게 살펴보았다. NYP는 돌봄의 서약(Commitment to Care)을 실행하였다. 돌봄의 서약은 모든 스태프들이 일, 환자, 가족, 동료들과의 상호작용에서 따라야 할 일련의 서비스 기대들이다. 이러한 기대는 환자로부터의 직접적인 피드백에 기초하고 있으며 그들의 주된 우선순위와 욕구를 기술한다. 이는 종업원들에게 무엇이 기대되는지, 평가기준이 무엇인지를 명확히 하고, 서비스에 관련된 이슈에 적합한 스탭직원을 확인하기 위하여 만들어 졌다. [주요 서비스 차원에 대한] 측정은 병원과 환자 모두에게 중요한 도구이다.[51]

점점 세련되고 가치의식적인 소비자들과 만족스러운 성과를 가진 여러 브랜드들이 존재하는 상태에서 많은 마케터들에게 있어서 소비자를 만족시키는 것은 필요하지만 충분하지는 않다. 대신에 목표는 몰입된 즉 브랜드 애호적인 고객을 만드는 것이어야 한다.

<그림 18-4>는 특정 시점에서 특정 브랜드의 구매자의 구성을 보여준다. 전체 구매자 중 어느 정도의 비율은 구매에 만족할 것이다. 우리가 앞에서 보아 온 것처럼 마케터는 이 비율을 가능한 높이려고 상당한 노력을 한다. 그 이유는 많은 만족한 고객이 브랜드를 전환하더라도[52] 만족한 고객은 불만족한 고객보다 재구매자가 되거나 또는 재구매자로 남

몰입된 고객을 창출하는 것은 점점 마케팅 전략의 초점이 되어가고 있다. 그림 

아 있을 가능성이 높다는 것이다.[53] **재구매자(repeat purchasers)**는 정서적 애착이 없더라도 같은 브랜드를 계속해서 구매한다. 그들은 습관에 의해서 또는 현재의 선택대안 이외의 다른 가능한 대안을 발견하지 못하기 때문에 그렇게 할 수 있다.

앞에서 본 것처럼 어떤 불만족한 고객도 또한 재구매자가 되거나 재구매자로 남아 있을 수 있다. 이러한 사람들은 **전환비용(switching costs)-다른 해결책을 찾고 평가하고 채택하는 비용**-이 너무 높다고 지각한다.[54] 그러나 그들은 부정적 구전을 할 수 있고 경쟁자의 행동에 취약할 수 있다.

재구매자는 바람직하지만 단순 재구매자는 경쟁자의 행동에 취약하다. 즉 그들은 습관에 의해서 또는 쇼핑하는 곳에서 쉽게 얻을 수 있기 때문에 또는 가격이 싸거나 또는 유사한 피상적인 이유로 그 브랜드를 구매한다. 이 고객들은 그 브랜드에 대한 몰입이 없다. 그들은 상표 애호적이지 않다. **브랜드 애호도(brand loyalty)**는 다음과 같이 정의된다:

> 브랜드군 중에서 하나 또는 여러 대안에 대하여 의사결정단위에 의해 시간의 흐름에 따라 표출된, 편향된(즉 비 무작위적) 행동적 반응(즉 구매/추천)이며, 심리적(의사결정, 평가적) 과정의 함수이다.[55]

서비스 애호도와 점포 애호도는 일반적으로 같거나 유사한 방법으로 정의된다.[56] 따라서 브랜드(상점 또는 서비스)에 애호적인 소비자 즉, **몰입된 고객(committed customer)**은 그 상점 또는 기업에 정서적 애착을 갖는다. 그 소비자는 우정과 다소 비슷하게 그 브랜드를 좋아한다. 소비자들은 그들의 몰입을 기술하기 위하여 아래 소비자의 인용문처럼, "나는 이 브랜드를 신뢰한다," "나는 이 상점이 좋다," 그리고 "나는 이 기업을 신뢰한다"라는 표현을 사용한다.

> 나는 이것을 한 번 직접 시용해 보았고 결국 그 맛을 받아들였다. 나는 지금 그것을 항상 마신다. 매일 아침 달리기를 한 후에도, 집을 청소하고 난 후에도 마신다. 항상 내 손에 컵이 들려 있다. 바로 그게 나다. 나는 Gatorade를 매우 애호한다. 나는 그것에 매우 애호적이라고 말한다. 나는 다른 브랜드들이 있다는 것을 알고, 나는 항상 쿠폰들을 보지만 나는 다른 브랜드의 병을 꺼내보지도 않는다. 나는 그것들을 먹어보지도 않았다. 내가 Gatorade를 좋아하기 때문이다. 나는 정말로 좋아한다.[57]

보다 고관여 상황에서, 앞에서 논의한 NYP 병원은 주요 고객 애호적인 지표들을 보유하고, 측정하고, 보고하는 것에만 그치지 않고, 환자들에게 개인적이고 인간적인 서비스를 제공하고 환자와 그 가족들에게 애정과 존중심으로 대하는 하이터치적(high-touch) 노력을 하였다. 그러한 노력은 단순한 만족을 넘어 몰입된 애호적인 고객기반을 구축한다.

브랜드 애호도는 다음을 포함하여 많은 과정에 의하여 발생할 수 있다:

- 브랜드 동일시(brand idenfification): 소비자가 브랜드가 자신의 자아개념을 반영하거나 강화시킨다고 생각할 때를 말한다. 이러한 몰입은 맥주 및 자동차와 같은 상징적 제품

에서 가장 일반적이다. 이는 또한 확장된 대인간 접촉을 수반하는 서비스 상황에서도 일어날 것 같다.

- 브랜드 위안(Brand Comfort): 서비스 분야의 연구는 또한 애호도가 소비자 위안으로부터 발생할 수 있다는 것을 발견하였다. 소비자 위안은 "서비스에 대한 소비자의 불안이 누그러지지고 마음의 평안을 누리며 침착해지고 [특정] 서비스 제공자와의 대면에 대해 걱정이 없는 심리적 상태이다.[59] 서비스 종업원은 고접촉의 특성을 가진 많은 서비스에서 소비자 위안을 형성하는데 아마도 중요한 역할을 한다.
- 브랜드 감동(Brand Delight): 브랜드 애호도는 또한 성과가 기대를 넘어선 고객 감동을 통해서도 올 수 있다.[60] 그러한 우수한 성과는 제품, 기업 자체 또한 앞에서 언급한 대로 기업이 불평 또는 소비자 문제에 대처하는 방식과 관련될 수 있다. 고객 감동은 보다 평범한 웹사이트의 고객방문에서 뿐만 아니라 고관여 서비스에서도 입증된다.[61]

위의 논의를 고려하면 어떤 제품 범주에서는 다른 제품보다 브랜드 애호적인 소비자를 개발하는 것은 분명히 매우 어렵다. 실제로, 확실하고 뚜렷한 성과 또는 고객 서비스의 기회가 거의 없는 저관여 제품범주에서는 대부분의 기업들은 애호적인 몰입된 소비자보다는 만족한 재구매자를 창출하는데 초점을 두어야 한다.[62]

몰입된 고객은 구매를 할 때 다른 정보를 고려할 것 같지는 않다. 그들은 또한 경쟁자의 마케팅 노력, 예를 들면 쿠폰에 저항력이 있다. 애호적인 소비자가 촉진적 거래를 이용하기 위해서 다른 브랜드를 구입할 때라도 그들은 일반적으로 다음 구매에서는 원래 브랜드로 돌아온다.[63] 몰입된 고객은 같은 기업에 의해서 제공되는 라인 확장 및 다른 신제품을 보다 잘 받아들인다. 그들은 때로 제품 또는 서비스 실패를 용서할 가능성이 높다.[64]

마지막으로 몰입된 고객은 긍정적 구전의 원천이 될 가능성이 있다. 이는 기업에 매우 가치있는 것이다. 몰입된 고객에게서 나오는 긍정적 구전 커뮤니케이션은 그 구전을 듣는 상대방을 고객이 되게하고 긍정적 평가를 다른 사람과 나눌 가능성을 높인다.[65] <소비자 통찰력 18-1>은 일부 마케터들이 고객만족과 애호도를 얻고 미래의 성장을 예측하기 위해서 구전을 어떻게 활용하고 있는지를 보여준다.

이런 이유들 때문에 많은 마케터들은 만족한 고객뿐 아니라 몰입된 소비자를 창출하려고 하는 것이다. 몰입된 구매자는 단순 재구매자보다 기업에 훨씬 더 이익이 되며, 단순 재구매자는 가끔 찾는 구매자보다는 기업에 더 이익이 된다.[66]

1. 재구매자, 몰입된 고객 및 수익

이탈(churn)은 기업의 고객기반이 변경되는 것을 의미하는 용어이다. 기업이 100명의 고객이 있고 20명이 매년 떠나고 20명이 새로 고객이 된다면 이탈률(churn rate)은 20%가 된다. 이탈률을 줄이는 것은 오늘날 많은 기업들의 주목표이다. 왜 그런가? 현 고객을 유지하는 것보다 새로운 고객을 얻는 것은 비용이 더 들며 새로운 고객은 일반적으로 보다 장기적인 고객만큼 이득이 되지 않는다. 한 신용카드회사의 고객에 의해 창출된 연간 수익을 고려해 보라:[67]

연도	이익
획득 비용	($51)
1차 년도	$30
2차 년도	$42
3차 년도	$44
4차 년도	$49
5차 년도	$55

획득비용은 광고, 계좌개설, 카드 발송 등을 포함한다. 첫 해 수익은 여러 형태의 촉진의 결과로 많은 새로운 고객이 획득되었기 때문에 낮다. 게다가 그들의 처음 이용율은 낮고 모든 특성을 사용하지 않는다. 이는 소비재 및 산업재 모두에서 공통된 패턴이다. 자동차 서비스의 고객 일인당 이익은 첫 해 25달러에서 5차 년도에 88달러로 증가하였고 기업형 세탁(industrial laundry)에서는 144달러에서 258달러로 증가하였다.

<그림 18-5>는 시간별 고객당 이익의 증가 원천을 보여준다. **가격 프리미엄**은 재구매 및 특히 몰입된 고객이 세일이나 계속적인 협상적 가격을 기다리기 보다 지속적으로 그 브랜드를 구매하는 경향이 있다는 사실을 의미한다. **추천**은 현 고객으로부터의 추천의 결과로 얻어진 새 고객에 의해 발생된 이익을 말한다. 보다 **낮은 비용**은 기업과 고객이 시간이 흐름에 따라 보다 효율적으로 상호작용하는 법을 배우기 때문에 발생한다. 마지막으로 고객은 시간이 흐름에 따라 기업의 제품 및 서비스들을 보다 넓게 이용하는 경향이 있다.[68]

그림 18-5 시간에 따른 증가된 고객 이익성의 원천

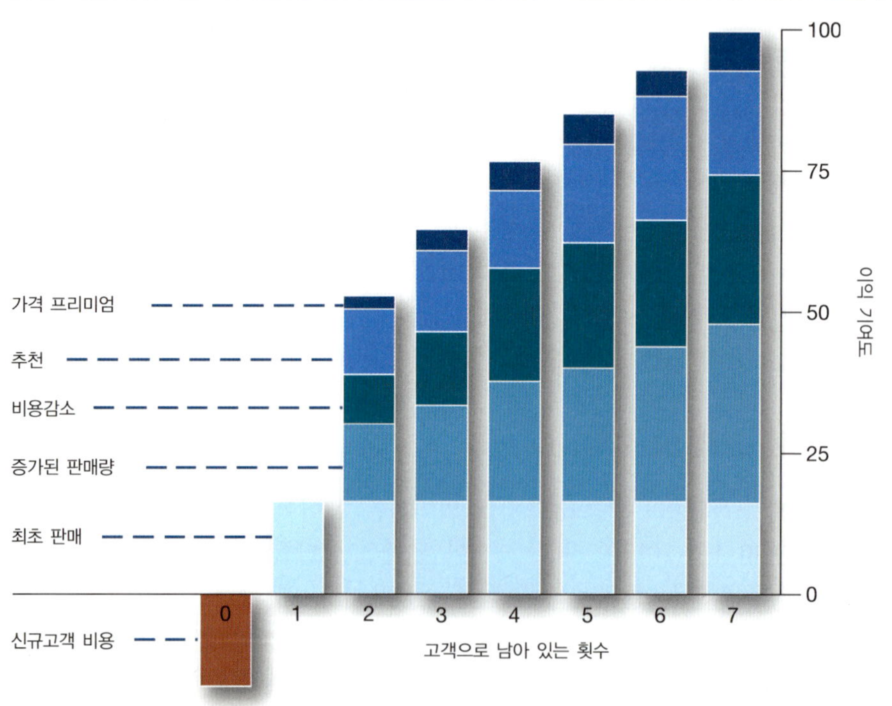

Source: "Sources of Increased Customer Profitability over Time © 1999 TIME." Inc. Reprinted by permission.

소비자 통찰력 18-1

당신은 당신의 순추천고객지수(Net Promoter Score) 점수를 아는가?

기업은 실제적인 태도적 애호도를 측정하는 더 나은 방식을 항상 찾고 있다. 상당한 관심을 모은 최근의 한 방법은 순추천고객지수(Net Promoter Score, NPS)이라고 불린다. NPS는 만족 점수나 어떤 직접적 애호도 측정값을 통하여 태도적 애호도를 측정하지 않는다.[69] 대신 이는 구전에 기초한 간접적 측정치이다. 기법은 다음과 같은 질문에 기초한다:

"당신은 친구나 동료에게 (X 기업을) 추천할 가능성이 얼마나 되는가?"

0-----1-----2-----3-----4-----5-----6-----7-----8-----9-----10

전혀 그럴 것 같지 않다 / 보통 / 매우 그럴 것 같다

세 가지 소비자 범주가 이 질문에 대한 답에 기초하여 다음과 같이 산출된다:

촉진자(Promoters) – 9점 또는 10점
수동적 만족자(Passively Satisfied) – 7점 또는 8점
비방자(Detractors) – 0점에서 6점

NPS는 촉진자의 비율에서 기업의 고객인 비방자의 비율을 차감해서 계산된다. 수동적 만족자는 긍정적 또는 부정적 어느 쪽으로도 적극적으로 행동하지 않는 본질적으로 중립적인 고객이다. 그래서 60%의 촉진자, 30%의 수동적 만족자 그리고 10%의 비방자를 가지고 있는 기업의 NPS는 50(60% 촉진자–10% 비방자)이다. 이와 같이 NPS는 **기업의 비방자를 차감하고 남은 기업의 촉진자 기반의 비율을 측정한다.**

NPS에 대하여 몇 가지 점이 주목할 만하다.

1. 높은 NPS 점수는 많은 산업에서 기업의 성장과 강하게 긍정적으로 관련이 되어 있다. 즉 기업의 NPS 점수가 올라간다면(비방자에 비해 촉진자가 증가함), 미래에 수입이 증가할 가능성이 있다. 이는 구전이 소비자 정보의 원천으로서 얼마나 강력하고 신뢰되는지를 고려하면 이해가 된다.
2. NPS는 구전 질문에 기초하지만, 친구나 동료에게 추천하는 것은 사회적 위험을 수반하고 기업에게 적극적 행동을 요구하기 때문에 태도적 애호도를 측정하는 것으로 보인다. 그러한 위험부담과 브랜드를 위한 노력은 그 브랜드에 높게 몰입되어 있는 소비자에게서 가장 일어날 가능성이 높을 것 같다.
3. NPS는 수십 가지의 질문을 포함할 수 있는 많은 만족 및 애호도 질문과 비교해서 매우 단순하다.

NPS는 완벽하지 않으며(모든 산업에서 잘 작동하는 것은 아니다), 유일한 측정치는 아니다(기업의 재무적 성과와 상관관계가 높은 다른 측정치들도 존재한다). 그러나 NPS는 단순성과 성장과의 강한 관련성으로 인해 GE, Intuit 및 American Express와 같은 기업들에게 인기가 있다. NPS가 부적절하게 사용됐을 때 단순성은 또한 약점이 될 수 있으며, 사용시 주의하는 것이 중요하다. NPS는 기업이 어떤 일이 일어나고 있는지에 대한 척도이다. 기업과 직원의 행동을 소비자 피드백에 맞추기 위해 기업의 모든 수준에서 NPS가 변화관리에 도움이 되지 않는다면 NPS의 측정은 쓸모없다. 한 전문가가 다음과 같이 주장한다:

> 우리가 행동하려고 한다면, 우리는 숫자 이상을 필요로 한다. 소비자 의견은 필수적이며, 원인 분석은 그 다음 단계이다. 소비자가 무엇이라고 평할 것인가? 무엇이 촉진자가 되게 하는가? 또는 비방자가 되게 하는가? 그리고 어떻게 수동적 만족자를 이끌어낼 것인가?

그러므로, NPS를 사용하는 기업들은 종종 추천 질문에다 그 점수에 대한 내재적 이유를 얻는 질문들을 보충할 것을 추천한다. 한 기업은 추천 질문에 이어서 추천 질문에 그렇게 평가한 이유를 묻는 주관식 질문을 한다. 그러한 방법은 여전히 꽤 단순하지만 수동적 만족 고객과 비방자 고객을 촉진자로 전환시키는 마케팅전략을 위한 기초를 제공한다.

생각해 볼 문제

1. 당신은 왜 NPS가 기업성장과 강력하게 관련되어 있다고 생각하는가?
2. 당신은 NPS가 또한 기업 이윤과 관련이 있다고 생각하는가?
3. 언제 NPS가 기업성장의 좋은 예측치가 아닐 수 있는가?

몰입된 고객이 기업에 가장 가치가 있지만 이탈률을 줄이는 것은 유지한 고객이 주로 재구매자일지라도 수익에 큰 영향을 미친다. 한 해에 기업을 이탈하는 고객의 수를 줄이는 것은 기업의 고객 베이스의 평균 잔류기간을 늘리는 것이다.[70] 앞에서 본 것처럼 고객이 기업에 오래 있을수록 기업은 그 고객으로부터 더 많은 이익을 얻을 수 있다. 따라서 안정적인 고객 기반은 고객 당 이익이 높은 경향이 있다. 매년 여러 형태의 기업을 이탈하는 고객의 수를 5% 줄이는 것은 고객 당 평균 이익을 다음과 같이 늘리는 것으로 나타났다:[71]

기업 형태	고객당 평균 이익의 증가율(%)
자동차 서비스	30%
은행 지점	85
신용 카드	75
신용 보험	25
보험 중개업	50
기업형 세탁	45

마케터가 고객을 유지하는 동기부여는 명백하다. Maryland에 있는 다섯 개 Domino pizza 매장의 공동 소유자인 Phil Bressler는 정규 고객은 프랜차이즈에서 10년간 5,000달러 이상의 가치가 있다는 것을 발견하였다. 그는 모든 매장에서 모든 종업원이 항상 그 숫자를 알고 있는지 확인하였다. 빈약한 서비스 또는 나쁜 태도는 매장에 한 번의 거래에서 잃어버리는 10달러 또는 15달러뿐 아니라 수천 달러의 돈을 잃어버리게 할 수 있다.[72]

그러나, 어떤 고객들은 다른 고객들보다 유지하는 것이 더 이익이 된다. 예를 들면, 전형적인 상업 은행에서, 고객의 상위 20%가 그들이 초래하는 비용보다 6배 정도의 수입을 창출시킨다. 대조적으로 하위 20%는 그들이 야기하는 수입보다 3-4배의 비용을 초래한다. 기업들은 가치부가(value-added) 서비스를 없애거나 이익이 안 되는 고객이 이익이 되는데(또는 그 가격에 대해서는 충분한 가치를 지각하지 못하므로 떠나거나)까지 가격을 올릴 필요성을 점점 더 이해하고 있다. 다음을 고려해 보라:

- 한 전기 공급 서비스업체는 6명의 고객 서비스 직원으로 상위 350명의 산업 고객에게 서비스를 제공한다. 다음 700명은 6개의 대리인에 의해서 서비스를 받으며 나머지 30,000명은 두 대리인에 의해서 서비스를 받고 있다. 300,000명의 지역 고객은 자동전화 800(수신자 부담 전화-역자 주)을 이용해야 한다.
- 한 금융기관은 신용카드 고객들에게 색깔로 코드를 부여하여 그들의 계좌가 서비스 대리인의 스크린에 뜰 때 색깔이 나타난다. 녹색(이익성이 있는) 고객은 면제를 받고 그 밖에는 '하얀 장갑' 대우를 받는다. 붉은(이익성이 없는) 고객은 어떤 협상력도 없다. 노란(한계 이익) 고객은 중간 수준의 혜택을 받는다.

ING는 자사의 저 접촉, 저 마진의 재무적 서비스 제공자로서의 프로필에 부합하지 않는 고객들은 "해고"하는 데까지 나아갔다. 고접촉 고객들, 즉 많은 개인적 관심을 필요로 하는 고객들은 ING의 표적시장이 아니며, 이들 고객은 ING가 부과하는 금액보다 더 많은 비용이 든다. 이는 ING의 가격결정이 표적시장인 저 접촉 고객에 기초하기 때문이다.[73]

고객을 잘라버리는 것은 한 마디로 딱 잘라 말할 수 없는 복잡한 일이다. 그것은 비용을 줄이고 이익을 증가시킬 수 있지만, 이전 고객을 소원하게 하고, 부정적 감정을 야기하고(포기, 화, 분노), 그래서 부정적 구전을 야기할 수 있다.[74] 그러므로, 마케터는 고객을 잘라내는 가장 나은 방법을 알아내려고 하고 있다. 분명히 부드럽고, 인간적인 그리고 공정한 방법은 도움이 될 수 있다. 예를 들면, 어떤 기업들은 고객들이 어디가 자신들의 욕구와 더 잘 맞는지를 제안하는 것까지 나아갔다.

2. 재구매자, 몰입된 고객 및 마케팅 전략

특정 세분시장에 대하여 마케팅전략을 개발하는 중요한 단계는 추구하는 목표들을 명확히 하는 것이다. 여러 다른 가능성이 존재한다:

1. 제품범주에 새로운 고객을 끌어들여라.
2. 경쟁자의 현 고객을 빼앗아라.
3. 현 고객이 더 사용하도록 장려하라.
4. 현 고객이 재구매를 하도록 장려하라.
5. 현 고객이 몰입된 고객이 되는 것을 장려하라.

위에 기술한 각 목표는 다른 전략과 마케팅 믹스를 요구한다. 처음 두 목표는 마케터가 잠재적 소비자에게 마케터의 브랜드가 제품을 사용하지 않거나 다른 브랜드를 사용하는 것보다 더 우수한 가치를 제공한다고 설득시키는 것이다. 우수한 편익을 약속하는 광고, 쿠폰, 무료 시용 그리고 유사한 전략은 일반적인 방법이다. 어떤 기업들은 판매를 마지막 단계로 고려하는데 만족하지만, 현명한 기업들은 처음 판매 후에 고객을 유지하는 것이 매우 중요하다는 것을 현재 실감하고 있다. 이는 빈번하지 않게 구매되는 품목에도 해당되며 마케터는 재판매 보다는 긍정적이거나 적어도 중립적인 구전 커뮤니케이션을 원한다.

앞에서 언급한 마지막 세 가지 목표는 기업의 현 고객에게 마케팅하는데 초점을 두고 있다. 모두 고객 만족을 필요 전제조건으로 요구한다. <그림 18-6>에서 처럼 이는 기업이 소비자가 기대하는 가치를 제공할 것을 필요로 한다. 만족한 고객을 창출하는 기법은 앞에서 설명하였다. 기업의 현 고객에게 초점을 두는 마케팅노력은 일반적으로 관계 마케팅으로 명명된다.

관계 마케팅(Relationship Marketing) 기업이 고객과 지속적이고 확대적인 교환관계를 발전시키려는 시도를 **관계 마케팅**이라고 부른다.[75] 많은 면에서 이는 오래 전에 이웃상점과 고객들 간에 존재하는 관계를 모방하고자 한다. 이러한 관계에서 상점주인은 고객을 고객으로 알 뿐 아니라 친구 및 이웃으로 알았다. 소유자는 그들의 필요를 예상할 수 있었고 필요할 때 도움과 충고를 줄 수 있었다. 관계 마케팅은 같은 결과를 달성하려고 하지만

그림 18-6 고객 만족 성과

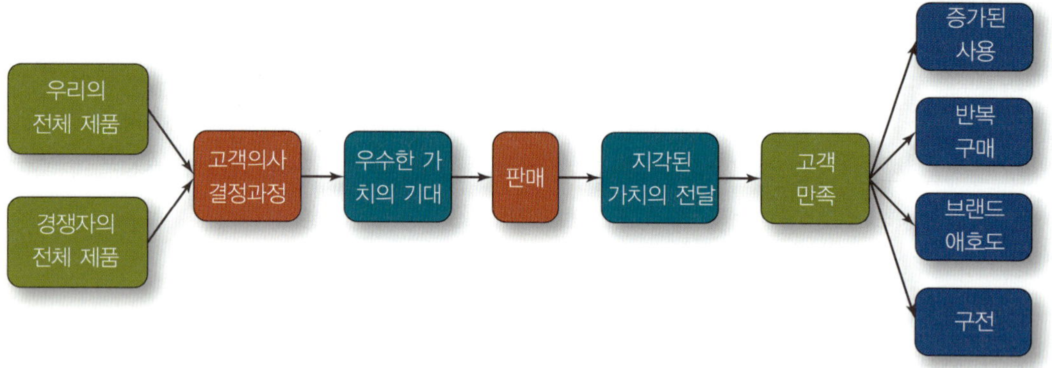

대부분의 활동이 대규모이기 때문에 기업은 데이터베이스, 맞춤형 매스커뮤니케이션 그리고 진보 된 종업원 훈련 및 동기부여를 사용해야 한다.[76]

다음 예를 고려해 보라:

> 가족 소유로 운영되는 Lees 슈퍼마켓은 회원의 구매를 기록하는 Shoppers Club을 시작하였다. 빈번한 또는 다량 구매자는 특별한 인센티브와 촉진을 제공받았다. 이러한 제공은 과거 구매 패턴에 기초하여 맞춤형으로 바뀌었다. 게다가 지난 추수감사절에 600명의 정규, 다량 구매 회원들은 칠면조를 무료로 선물받았다. 그러한 예상치 못한 보상은 핵심 고객들에게 기쁨과 애호도를 만들어 냈다.[77]

관계 마케팅은 다섯 가지 주요 구성요소를 갖는다:[78]

1. 고객 관계를 구축할 핵심 서비스 또는 제품을 개발하는 것.
2. 개별 고객에 대하여 관계를 맞춤형으로 바꾸었다.
3. 추가적 편익으로 핵심 서비스 또는 제품을 강화하는 것.
4. 애호도를 고무하는 방식으로 가격을 설정하는 것.
5. 종업원이 고객에게 잘할 수 있도록 종업원에게 마케팅하는 것.

이 구성요소 리스트는 관계 마케팅이 개별 소비자 수준에서 소비자 욕구를 이해하는데 중점을 두고 있다는 것을 명확히 한다.[79] 모든 고객이 관계 마케팅 노력을 똑같이 받아들이는 것은 아니다. 기업과의 관계가 불편하고, 충분한 혜택을 주지 못한다는 지각과 사생활에 대한 우려는 소비자가 관계 마케팅 노력에 관여될 경향을 줄이는 요인이다.[80]

많은 노력이 현재 고객 애호도 프로그램에 초점을 두고 있다. 대부분의 주요 항공사에서 제공되는 **고객 애호도 프로그램(customer loyalty programs)**에 더하여 재구매를 야기시키도록 설계된 프로그램들은 다음을 포함한다:

사진 18-6

성공적인 고객 애호도 프로그램은 주요 소비자의 욕구를 이해하고 그들에게 가치있는 편익을 제공하는데 있다.

- Marriott는 Marriott Rewards를 가지고 있다. 회원들은 Marriott Hotel에서 숙박하는 것에 대하여 점수를 얻으며 연간 숙박일 수를 기준으로 실버, 골드, 플래티넘으로 분류된다. 이러한 분류체계와 대규모 고객 베이스는 Marriot가 고객의 개인적 프로필에 따라 시설과 프로모션을 특화시킬 수 있도록 한다.
- 스포츠 프랜차이즈는 카드에 기초한 보상프로그램을 이용하는데 이는 회원들이 이벤트에 참여한 것에 대해 점수를 얻으며 이 점수를 팀의 이벤트 기념품, 음식 그리고 음료수를 구입하는데 사용할 수 있다. 팀은 또한 대부분의 매력적인 회원들에게 시즌 티켓 패키지를 포함하여 개인화된 커뮤니케이션과 제공물을 만들기 위하여 회원정보를 이용할 수 있다.[81]

그러나 단순히 재구매를 창출하는 프로그램과 몰입된 애호적인 고객을 창출하는 프로그램을 구별하는 것이 중요하다.[82] 몰입된 고객은 그 제품 또는 기업에 상당히 강한 정서적 애착을 갖는다. 몰입된 고객을 창출하는 것은 기업이 일관성있게 고객의 기대를 그 이상으로 충족시키는 것을 요구한다. 게다가 고객은 기업이 그들을 공평하게 대하고 최소한 어느 정도로 고객의 복지에 관심이 있다는 것을 믿어야 한다. 따라서 **몰입된 고객을 창출하는 것은 기업에서 고객 중심적인 태도를 요구한다.** 이는 또한 이러한 태도가 고객의 욕구를 충족시키는 행동으로 전환되어야 한다.[83]

애호도 프로그램이 <사진 18-6>처럼 주요 소비자 욕구를 이해하고 충족시킨다면 몰입된 고객 창출에 효과적일 수 있다.

온라인 애호도에 관한 연구는 계속되고 있다. 사이트와 방문목적(구매 대 구경)에서 차이가 있을 수 있지만 증거들은 <그림 18-6>이 지각된 가치와 만족이 제품, 서비스 그리고 전통적 소매점의 경우처럼 온라인 애호도에 대해서도 중요 결정요인이라는 것을 시사하는 것을 지지하고 있다.[84] 게다가 연구는 전자적 애호도(e-loyalty)를 가져오는 온라인 환경에 독특한 요인들을 확인하였다. 예를 들어 한 연구는 안전 및 프라이버시가 중요하다는 것을 발견하였다.[85] 다른 연구는 고객화 및 개인화, 상호작용, 편의성 그리고 온라인 공동체가 전자적 애호도, 구전 그리고 지불의도를 가져오는 요인임을 확인하였다.[86]

요약

1. 소비자가 행하는 다양한 구매 후 과정을 기술하라

사용, 평가 그리고 어떤 경우에는 만족 그리고 재구매, 긍정적 구전 그리고 애호도를 포함한 만족과 관련된 소비자 반응들 등의 많은 과정들이 구매 후에 이어진다. 평가 또한 불만족을 가져올 수 있으며, 이는 때때로 애호도의 잠식, 상표전환 그리고 부정적 구전을 가져온다.

2. 구매 후 부조화를 정의하고 논의하라

여러 구매 후에 소비자들은 구매를 잘 했는지에 대해 의문 또는 불안감을 경험한다. 이는 **구매 후 부조화**로 알려져 있다. 이는 (1) 불안을 경험하는 경향이 있는 소비자들, (2) 돌이킬 수 없는 구매 후, (3) 그 구매가 소비자에게 중요할 때, (4) 둘 이상의 대안 간에 어려운 선택을 하였을 때 발생할 수 있다.

3. 제품 사용 및 비사용과 관련된 이슈와 마케터에게 이것들의 중요성을 논의하라

소비자가 부조화를 경험하든, 하지 않든 대부분의 구매는 제품 사용으로 이어진다. 이러한 사용은 구매자나 구매단위의 다른 구성원에 의해서 이루어질 수 있다. 제품사용을 추적하는 것은 현 제품의 새로운 사용, 필요한 제품 개선, 적절한 광고 주제 그리고 신제품에 대한 기회를 나타낼 수 있다. 제조물책임법은 마케팅 관리자가 자신의 제품의 모든 잠재적 사용법을 아는 것이 점점 중요하게 되었다.

제품 비사용은 또한 관심거리이다. 마케터와 소비자는 둘 다 소비자가 제품을 사고서 사용하지 않거나 의도한 것보다 적게 사용할 때 피해를 본다. 따라서 마케터는 빈번히 제품을 구매하는 결정 뿐 아니라 제품을 사용하는 결정에 영향을 미치고자 한다.

4. 처분 대안들과 마케터와 공공정책에 이것들의 관련성을 요약하라

제품 또는 포장의 처분은 제품 사용 전, 사용 중, 사용 후에 발생할 수 있다. 마케팅 관리자가 처분행동을 이해하는 것은 많은 소비자들의 생태적 관심(그린마케팅 노력의 결과, 참조 제3장), 원재료의 비용 및 희귀성, 연방 및 주정부 법제 및 규제 기관의 활동 때문에 중요하다. **전자적 낭비(E-waste)**는 처분과 관련된 새로운 관심 영역이다.

5. 만족과 불만족의 결정요인과 성과를 설명하라

만족과 불만족에 대한 소비자의 지각은 성과에 대한 소비자의 기대와 실제 성과의 지각과의 비교과정의 함수이다. 기대가 충족되거나 초과되었을 때, 만족이 발생할 가능성이 있으며, 어떤 경우에는 몰입 또는 애호도가 개발된다. 기대가 충족되지 않을 때는 불만족이 발생할 가능성이 있다. 핵심 구매가 물리적 제품과 관여될지라도 서비스는 고객만족의 주요한 주요 결정

요인이다. 서비스 및 제품의 실패, 제품 및 서비스 문제를 적절히 해결하는데 실패 그리고 잘못된 가격결정은 불만족을 가져오는 핵심 요인이다.

불만족은 기업의 관점에서 볼 때, 애호도의 잠식, 부정적 구전 그리고 상표전환을 포함하여 많은 바람직하지 못한 반응을 가져올 수 있다. 고객이 종종 불평하기를 꺼려하고, 고객이 불평할 때 기업이 종종 그러한 불평을 처리할 준비가 되어 있지 않지만 고객불평은 기업에게는 긍정적인 한 반응이다.

6. **만족, 재구매 그리고 소비자 몰입간의 관계를 기술하라**

만족은 재구매, 긍정적 구전 그리고 어떤 경우에는 애호도를 포함하여 많은 긍정적 결과를 가져온다. 모든 만족한 고객이 애호적인 것은 아니다. 단순히 기대를 충족하는 것은(<소비자 통찰력 18-1>에서의 용어로 수동적 만족) 애호도와 연관된 심리적 몰입을 발생시키는데는 일반적으로 충분하지 않다. **재구매자는** 반드시 애호적인 고객은 아니다. 재구매는 그 브랜드에 대한 몰입이 아니라 습관(나는 그것을 항상 구매한다) 또는 필요성(그것이 거기서 구입할 수 있는 유일한 대안이다)에 의해서 발생할 수 있다. **몰입된 고객**이 아닌 재구매자는 그들을 빼앗아가려는 경쟁자의 시도에 취약하다. 따라서 브랜드에 대한 심리적 몰입과 연결된 재구매로 정의되는 **브랜드 애호도** 또는 고객몰입이 마케터에게 중요하다. 온라인 소매업이 계속적으로 성장함에 따라, 마케터는 전자적 만족 그리고 전자적 애호도를 강화할 수 있는 방법들을 조사하고 있다. **관계 마케팅** 그리고 애호도 프로그램은 기업의 측면에서 만족, 재구매 그리고 어떤 경우에는 애호도를 강화할 수 있는 전략적 노력이다.

주요 용어

감정적 성과(affective performance)
브랜드 애호도(brand loyalty)
이탈률(churn rate)
몰입된 고객(committed customer)
소비자 대 소비자 판매(consumer-to-consumer sale)
소비 죄의식(consumption guilt)
고객 애호도 프로그램(customer loyalty programs)
전자 쓰레기(e-waste)
수단적 성과(instrumental performance)
구매 후 부조화(postpurchase dissonance)
제품의 비사용(product nonuse)
관계 마케팅(relationship marketing)
재구매자(repeat purchasers)
전환비용(switching costs)
상징적 성과(symbolic performance)
사용 혁신(use innovativeness)

참고 문헌

1. The chapter opener is based on J. McGregor, "Customer Service Champs," *BusinessWeek,* March 5, 2007, pp. 52–64; J. McGregor, "Customer Service Champs," *BusinessWeek,* February 18, 2010; and M. Arndt, "L.L.Bean Follows Its Customers to the Web," *BusinessWeek,* February 18, 2010.
2. G. J. Thompson, "Interpreting Consumers," *Journal of Marketing Research,* November 1997, p. 444. Published by the American Marketing Association; reprinted with permission.
3. See J. C. Sweeney, D. Hausknecht, and G. N. Soutar, "Cognitive Dissonance after Purchase," *Psychology & Marketing,* May 2000, pp. 369–85.
4. M. F. Luce, "Choosing to Avoid," *Journal of Consumer Research,* March 1998, pp. 409–33.
5. S. J. Gould, "An Interpretative Study of Purposeful, Mood Self-Regulating Consumption," *Psychology & Marketing,* July 1997, pp. 395–426.
6. See, e.g., R. Kivetz and I. Simonson, "Self-Control for the Righteous," *Journal of Consumer Research,* September 2002, pp. 199–217; and J. Xu and N. Schwarz, "Do We Really Need a Reason to Indulge?" *Journal of Marketing Research,* February 2009, pp. 25–36.
7. See S. Ram and H.-S. Jung, "Innovativeness in Product Usage," and N. M. Ridgway and L. L. Price, "Exploration in Product Usage," both in *Psychology & Marketing,* January 1994, pp. 57–69 and 70–84, respectively; and K. Park and C. L. Dyer, "Consumer Use Innovative Behavior," in *Advances in Consumer Research,* vol. 22, ed. F. R. Kardes and M. Sujan (Provo, UT: Association for Consumer Research, 1995), pp. 566–72.
8. M. B. Kemp, *CMOs Must Connect the Dots of the Online Brand* (Cambridge, MA: Forrester Research, Inc., July 27, 2010).
9. V. A. Taylor and A. B. Bower, "Improving Product Instruction Compliance," *Psychology & Marketing,* March 2004, pp. 229–45; and D. Bowman, C. M. Heilman, and P. B. Seetharaman, "Determinants of Product-Use Compliance Behavior," *Journal of Marketing Research,* August 2004, pp. 324–38.
10. A. B. Bower and D. E. Sprott, "The Case of the Dusty Stair-Climber," in *Advances in Consumer Research,* vol. 22, ed. Kardes and Sujan, pp. 582–87. See also B. Wansink and R. Deshpande, *Marketing Letters* 5, no. 1 (1994), pp. 91–100.
11. Bower and Sprott, "The Case of the Dusty Stair-Climber," p. 585.
12. S. L. Wood, *Journal of Marketing Research,* May 2001, pp. 157–69.
13. For detailed statistics, visit the U.S. Environmental Protection Agencyw ebsite, www.epa.gov.
14. L. Williams, "Current United States Recycling Statistics," *Green Living,* www.greenliving.lovetoknow.com, accessed June 30, 2011.
15. K. Y. Larkin, "Computer Recycling Statistics," *Green Living,* at www.greenliving.lovetoknow.com,a ccessedJ une30,2011.
16. "Cashing in on Old Gadgets," CNN.com, accessed January 17, 2008.
17. K. Hall, "Sony Likes the Yield from Its Junk," *BusinessWeek,* September 17, 2007, p. 40.
18. E. M. Okada, "Trade-ins, Mental Accounting, and Product Replacement Decisions," *Journal of Consumer Research,* March 2001, pp. 433–66.
19. A. Biswas, "The Recycling Cycle," *Journal of Public Policy & Marketing,* Spring 2000, pp. 93–105.
20. See B. G. Goff, J. S. Boles, D. N. Bellenger, and C. Stojack, "The Influence of Salesperson Selling Behaviors on Customer Satisfaction with Products," *Journal of Retailing* 2 (1997), pp. 171–83.
21. V. Mittal, P. Kumar, and M. Tsiros, "Attribute-Level Performance, Satisfaction, and Behavioral Intentions over Time," *Journal of Marketing,* April 1999, pp. 88–101; and R. J. Slotegraff and J. J. Inman, "Longitudinal Shifts in the Drivers of Satisfaction with Product Quality," *Journal of Marketing Research,* August 2004, pp. 269–80.
22. See, e.g., A. S. Mattila, "The Impact of Cognitive Inertia on Post-consumption Evaluation Processes," *Journal of the Academy of Marketing Science* 31, no. 3 (2003), pp. 287–99.
23. See, e.g., K. E. Clow, D. L. Kurtz, J. Ozment, and B. S. Ong, "The Antecedents of Consumer Expectations of Services," *Journal of Services Marketing* 4 (1997), pp. 230–48.
24. See J. Ozment and E. A. Morash, "The Augmented Service Offering for Perceived and Actual Service Quality," *Journal of the Academy of Marketing Science,* Fall 1994, pp. 352–63; and G. B. Voss, A. Parasuraman, and D. Grewal, "The Roles of Price, Performance, and Expectations in Determining Satisfaction in Service Exchanges," *Journal of Marketing,* October 1998, pp. 48–61.
25. See, e.g., C. P. Bebko, "Service Intangibility and Its Impact on Customer Expectations," *Journal of Services Marketing* 14, no. 1 (2000), pp. 9–26; B. Bickart and N. Schwartz, "Service Experiences and Satisfaction Judgments," *Journal of Consumer Psychology* 11, no. 1 (2001), pp. 29–41; D. M. Szymanski and D. H. Henard, "Customer Satisfaction," *Journal of the Academy of Marketing Science,* Winter 2001, pp. 16–35; J. C. Sweeney and G. N. Soutar, "Consumer Perceived Value," *Journal of Retailing* 77 (2001), pp. 203–20; P. K. Kopalle and D. R. Lehmann, "Strategic Management of Expectations," *Journal of Marketing Research,* August 2001, pp. 386–94; J. Wirtz and A. Mattila, "Exploring the Role of Alternative Perceived Performance Measures and Needs-Congruency in the Customer Satisfaction Process," *Journal of Consumer Psychology* 11, no. 3 (2001), pp. 181–92; E. Garbarino and M. S. Johnson, "Effects of Consumer Goals on Attribute Weighting, Overall Satisfaction, and Product Usage," *Psychology & Marketing,* September 2001, pp. 929–49; and M. Heitmann, D. R. Lehmann, and A. Herrmann, "Choice Goal Attainment and Decision Consumption Satisfaction," *Journal of Marketing Research,* May 2007, pp. 234–50.

26. S. M. Keaveney, "Customer Switching Behavior in Service Industries," *Journal of Marketing,* April 1995, pp. 71–82. See also D. Grace and A. O'Cass, "Attributions of Service Switching," *Journal of Services Marketing* 14, no. 4 (2001), pp. 300–21; V. Mittal, J. M. Katrichis, and P. Kumar, "Attribute Performance and Customer Satisfaction over Time," *Journal of Services Marketing* 15, no. 5 (2001), pp. 343–56; C. de Matos, J. Henrique, C. Rossi, "Service Recovery Paradox," *Journal of Service Research,* August 2007, pp. 66–77; and S. Anderson, L. K. Pearo, and S. K. Widener, "Drivers of Service Satisfaction," *Journal of Service Research,* May 2008, pp. 365–81.

27. See, e.g., S. Taylor, "The Effects of Filled Waiting Time and Service Provider Control over the Delay on Evaluations of Service," *Journal of the Academy of Marketing Science,* Winter 1995, pp. 38–48; and M. K. Hui, M. V. Thakor, and R. Gill, "The Effect of Delay Type and Service Stage on Consumers' Reactions to Waiting," *Journal of Consumer Research,* March 1998, pp. 469–79.

28. V. Mittal, W. T. Ross, Jr., and P. M. Baldsare, "The Asymmetric Impact of Negative and Positive Attribute-Level Performance on Overall Satisfaction and Repurchase Levels," *Journal of Marketing,* January 1998, pp. 33–47. See also G. J. Gaeth et al., "Consumers' Attitude Change across Sequences of Successful and Unsuccessful Product Usage," *Marketing Letters,* no. 1 (1997), pp. 41–53.

29. I. E. Swan and L. J. Combs, "Product Performance and Consumer Satisfaction: A New Concept," *Journal of Marketing,* April 1976, pp. 25–33.

30. See H. Mano and R. L. Oliver, "Assessing the Dimensionality and Structure of the Consumption Experience," *Journal of Consumer Research,* December 1993, pp. 451–66; and L. W. Turley and D. L. Bolton, "Measuring the Affective Evaluations of Retail Service Environments," *Journal of Professional Services Marketing* 19, no. 1 (1999), pp. 31–44. See also S. M. Nowlis, N. Mandel, and D. B. McCabe, "The Effect of a Delay between Choice and Consumption on Consumption Enjoyment," *Journal of Consumer Research,* December 2004, pp. 502–10; and R. D. Raggio, and J. Folse, "Gratitude Works," *Journal of the Academy of Marketing Science* 37 (2009), pp. 455–69.

31. B. B. Holloway and S. E. Beatty, "Satisfiers and Dissatisfiers in the Online Environment," *Journal of Service Research* 10, no. 4 (2008), pp. 347–64.

32. H. Evanschitzky et al., "E-satisfaction," *Journal of Retailing* 80 (2004), pp. 239–47.

33. R. Sousa and C. A. Voss, "Service Quality in Multichannel Services Employing Virtual Channels," *Journal of Service Research,* May 2006, pp. 356–71.

34. See., e.g., J. Singh, "A Typology of Consumer Dissatisfaction Response Styles," *Journal of Retailing,* Spring 1990, pp. 57–97; J. Singh, "Voice, Exit, and Negative Word-of-Mouth Behaviors," *Journal of the Academy of Marketing Science,* Winter 1990, pp. 1–15; K. Gronhaug and O. Kvitastein, "Purchases and Complaints," *Psychology & Marketing,* Spring 1991, pp. 21–35; and S. W. Kelley and M. A. Davis, "Antecedents to Customer Expectations for Service Recovery," *Journal of the Academy of Marketing Science,* Winter 1994, pp. 52–61; M. A. Jones, D. L. Mothersbaugh, and S. E. Beatty, "Switching Barriers and Repurchase Intentions in Services," *Journal of Retailing* 76, no. 2 (2000), pp. 259–74; M. A. Jones and J. Suh, "Transaction-Specific Satisfaction and Overall Satisfaction," *Journal of Services Marketing* 14, no. 2 (2000), pp. 147–59; J. Lee, J. Lee, and L. Feick, "The Impact of Switching Costs on the Customer Satisfaction-Loyalty Link," *Journal of Services Marketing* 15, no. 1 (2001), pp. 35–48; and I. Roos, B. Edvardsson, and A. Gustafsson, "Customer Switching Patterns in Competitive and Noncompetitive Service Industries," *Journal of Service Research,* February 2004, pp. 256–71.

35. See also S. P. Brown and R. F. Beltramini, "Consumer Complaining and Word-of-Mouth Activities," in *Advances in Consumer Research,* vol. 16, ed. T. K. Srull (Provo, UT: Association for Consumer Research, 1989), pp. 9–11; and J. E. Swan and R. L. Oliver, "Postpurchase Communications by Consumers," *Journal of Retailing,* Winter 1989, pp. 516–33.

36. J. Goodman and S. Newman, "Understanding Customer Behavior and Complaints," *Quality Progress,* January 2003, pp. 51–55. For additional research and statistics, visit www.tarp.com.

37. See, e.g., A. K. Smith and R. N. Bolton, "The Effect of Consumers' Emotional Responses to Service Failures on Their Recovery Effort Evaluations and Satisfaction Judgments," *Journal of the Academy of Marketing Science,* Winter 2002, pp. 5–23; N. N. Bechwati and M. Morrin, "Outraged Consumers," *Journal of Consumer Psychology* 13, no. 4 (2003), pp. 440–53; and R. Bougie, R. Pieters, and M. Zeelenberg, "Angry Customers Don't Come Back, They Get Back," *Journal of the Academy of Marketing Science,* Fall 2003, pp. 377–93.

38. I. M. Wetzer, M. Zeelenberg, and R. Pieters, "'Never Eat in That Restaurant, I Did!'" *Psychology & Marketing,* August 2007, pp. 661–80.

39. Thompson, "Interpreting Consumers."

40. See, e.g., C. Ayres, "Revenge Is Best Served Cold—on YouTube," *The Times,* July 22, 2009; and R. Sawhney, "Broken Guitar Has United Playing the Blues to the Tune of $180 Million," *Fast Company,* July 28, 2009.

41. See R. A. Spreng, G. D. Harrell, and R. D. Mackoy, "Service Recovery," *Journal of Services Marketing* 9, no. 1 (1995), pp. 15–23; and L. Dube and M. F. Maute, "Defensive Strategies for Managing Satisfaction and Loyalty in the Service Industry," *Psychology & Marketing,* December 1998, pp. 775–91. For an alternative view, see T. W. Andreassen, "From Disgust to Delight," *Journal of Service Research,* August 2001, pp. 39–49; G. Maxham II and R. G. Netemeyer, "A Longitudinal Study of Complaining Customers' Evaluations of Multiple Service Failures and Recovery Efforts," *Journal of Marketing,* October 2002, pp. 57–71; and S. Weun, S. E. Beatty, and M. A. Jones, "The Impact of Service Failure Severity on Service Recovery Evaluations and Post-Recovery Relationships," *Journal of Services Marketing* 18, no. 2 (2004), pp. 133–46.

42. A literature review and model is in N. Stephens and

K. P. Gwinner, "Why Don't Some People Complain?" *Journal of the Academy of Marketing Science,* Summer 1998, pp. 172–89. See also A. L. Dolinsky et al., "The Role of Psychographic Characteristics as Determinants of Complaint Behavior," *Journal of Hospital Marketing* 2 (1998), pp. 27–51; E. G. Harris and J. C. Mowen, "The Influence of Cardinal-, Central-, and Surface-Level Personality Traits on Consumers' Bargaining and Complaining Behavior," *Psychology & Marketing,* November 2001, pp. 1115–85; C. Kim et al., "The Effect of Attitude and Perception on Consumer Complaint Intentions," *Journal of Consumer Marketing* 20, no. 4 (2003), pp. 352–71; J. C. Chebat, M. Davidow, and I. Codjovi, "Silent Voices," *Journal of Service Research,* May 2005, pp. 328–42; K. Bodey and D. Grace, "Contrasting 'Complainers' with 'Non-complainers' on Attitude Toward Complaining, Propensity to Complain, and Key Personality Characteristics," *Psychology & Marketing,* July 2007, pp. 579–94; and C. Orsingher, S. Valentini, and M. de Angelis, "A Meta-Analysis of Satisfaction with Complaint Handling in Services," *Journal of the Academy of Marketing Science* 38 (2010), pp. 169–86.

43. K. Patel, "How AT&T Plans to Lift Its Image Via Social Media," *Advertising Age,* June 21, 2010.

44. J. Strauss and D. J. Hill, "Consumer Complaints by E-Mail," *Journal of Interactive Marketing,* Winter 2001, pp. 63–73. See also A. S. Mattila and J. Wirtz, "Consumer Complaining to Firms," *Journal of Services Marketing* 18, no. 2 (2004), pp. 147–55.

45. See A. K. Smith, R. N. Bolton, and J. Wagner, "A Model of Customer Satisfaction with Service Encounters Involving Failure and Recovery," *Journal of Marketing Research,* August 1999, pp. 356–72; A. Palmer, R. Beggs, and C. Keown-McMullan, "Equity and Repurchase Intention Following Service Failure," *Journal of Services Marketing* 14, no. 6 (2000), pp. 513–28; A. S. Mattila, "The Effectiveness of Service Recovery in a Multi-Industry Setting," *Journal of Services Marketing* 15, no. 7 (2001), pp. 583–96; J. G. Maxham III and R. G. Netemeyer, "Modeling Customer Perceptions of Complaint Handling over Time," *Journal of Retailing* 78 (2002), pp. 239–52; M. Davidow, "Organizational Responses to Customer Complaints," *Journal of Service Research,* February 2003, pp. 225–50; and C. Homburg and A. Furst, "How Organizational Complaint Handling Drives Customer Loyalty," *Journal of Marketing,* July 2005, pp. 95–114.

46. See C. Goodwin and I. Ross, "Consumer Evaluations of Response to Complaints," *Journal of Consumer Marketing,* Spring 1990, pp. 39–47; J. G. Blodgett, D. J. Hill, and S. S. Tax, "The Effects of Distributive, Procedural, and Interactional Justice on Postcomplaint Behavior," *Journal of Retailing* 2 (1997), pp. 185–210; and C. M. Voorhees, M. K. Brady, and D. M. Horowitz, "A Voice from the Silent Masses," *Journal of the Academy of Marketing Science* 34, no. 4 (2006), pp. 514–27.

47. P. Sellers, "What Customers Really Want," *Fortune,* June 4, 1990, pp. 58–62.

48. B. A. Sparks, G. L. Bradley, and V. J. Callan, "The Impact of Staff Empowerment and Communication Style on Customer Evaluations," *Psychology & Marketing,* August 1997, pp. 475–93.

49. See F. F. Reichheld, "Learning from Customer Defections," *Harvard Business Review,* March 1996, pp. 56–69. See also H. Estelami, "The Profit Impact of Consumer Complaint Solicitation across Market Conditions," *Journal of Professional Services Marketing* 20, no. 1 (1999), pp. 165–95; and N. A. Morgan, E. W. Anderson, and V. Mittal, "Understanding Firms' Customer Satisfaction Information Usage," *Journal of Marketing,* July 2005, pp. 131–51.

50. B. S. Bulik, "Brands Spotlight Customer Experience," *Advertising Age,* April 19, 2004, pp. 1, 14.

51. R. Liebowitz, "Putting Patients First," *Healthcare Executive,* July–August 2008, pp. 42–44.

52. T. O. Jones and W. E. Sasser Jr., "Why Satisfied Customers Defect," *Harvard Business Review,* November 1995, pp. 88–95; P. P. Leszczyc and H. J. P. Timmermans, "Store-Switching Behavior," *Marketing Letters,* no. 2 (1997), pp. 193–204; B. Mittal and W. M. Lassar, "Why Do Customers Switch?" *Journal of Services Marketing,* no. 3 (1998), pp. 177–94; and C. Homburg and A. Giering, "Personal Characteristics as Moderators of the Relationship between Customer Satisfaction and Loyalty," *Psychology & Marketing,* January 2001, pp. 43–66.

53. See V. Mittal and W. Kamakura, "Satisfaction, Repurchase Intent, and Repurchase Behavior," *Journal of Marketing Research,* February 2001, pp. 131–42; and M. Chandrashekaran et al., "Satisfaction Strength and Customer Loyalty," *Journal of Marketing Research,* February 2007, pp. 153–63.

54. For a discussion of switching costs and repurchase intentions, see Jones, Mothersbaugh, and Beatty, "Switching Barriers and Repurchase Intentions in Services"; P. G. Patterson and T. Smith, "A Cross-Cultural Study of Switching Barriers and Propensity to Stay with Service Providers," *Journal of Retailing* 79 (2003), pp. 107–20; T. A. Burnham, J. K. Frels, and V. Mahajan, "Consumer Switching Costs," *Journal of the Academy of Marketing Science,* Spring 2003, pp. 109–26; and M. A. Jones et al., "The Positive and Negative Effects of Switching Costs on Relational Outcomes," *Journal of Service Research,* May 2007, pp. 335–55.

55. J. Jacoby and D. B. Kyner, "Brand Loyalty versus Repeat Purchasing Behavior," *Journal of Marketing Research,* February 1973, pp. 1–9. See also S. Rundle-Thiele and M. M. Mackay, "Assessing the Performance of Brand Loyalty Measures," *Journal of Services Marketing* 15, no. 7 (2001), pp. 529–46; A. Chaudhuri and M. B. Holbrook, "The Chain of Effects from Brand Trust and Brand Affect to Brand Performance," *Journal of Marketing,* April 2001, pp. 81–93; C. F. Curasi and K. N. Kennedy, "From Prisoners to Apostles," *Journal of Services Marketing* 16, no. 4 (2002), pp. 322–41; and V. Liljander and I. Roos, "Customer-Relationship Levels," *Journal of Services Marketing* 16, no. 7 (2002), pp. 593–614.

56. See, e.g., R. G. Javalgi and C. R. Moberg, "Service Loyalty," *Journal of Services Marketing* 3 (1997), pp. 165–79.

57. S. Fournier, "Consumers and Their Brands," *Journal of*

Consumer Research, March 1998, p. 355.

58. See E. Garbarino and M. S. Johnson, "The Different Roles of Satisfaction, Trust, and Commitment in Customer Relationships," *Journal of Marketing,* April 1999, pp. 70–87; J. Singh and D. Sirdeshmukh, "Agency and Trust Mechanisms in Consumer Satisfaction and Loyalty Judgments," *Journal of the Academy of Marketing Science,* Winter 2000, pp. 150–67; D. Sirdeshmukh, J. Singh, and B. Sabol, "Consumer Trust, Value, and Loyalty in Relational Exchanges," *Journal of Marketing,* January 2002, pp. 15–37; and C. B. Battacharya and S. Sen, "Consumer–Company Identification," *Journal of Marketing,* April 2003, pp. 76–88.

59. D. F. Spake et al., "Consumer Comfort in Service Relationships," *Journal of Service Research,* May 2003, pp. 316–32.

60. R. L. Olvier, R. T. Rust, and S. Varki, "Customer Delight," *Journal of Retailing* 3 (1997), pp. 311–36; and R. T. Rust and R. L. Oliver, "Should We Delight the Customer?" *Journal of the Academy of Marketing Science,* Winter 2000, pp. 86–94.

61. A. Finn, "Reassessing the Foundations of Customer Delight," *Journal of Service Research,* November 2005, pp. 103–16.

62. R. L. Oliver, "Whence Consumer Loyalty," *Journal of Marketing,* Special Issue 1999, pp. 33–44.

63. See J. Deighton, C. M. Henderson, and S. A. Neslin, "The Effects of Advertising on Brand Switching and Repeat Purchasing," *Journal of Marketing Research,* February 1994, pp. 28–43.

64. See D. Bejou and A. Palmer, "Service Failure and Loyalty," *Journal of Services Marketing* 1 (1998), pp. 7–22; and R. L. Hess Jr., S. Ganesan, and N. M. Klein, "Service Failure and Recovery," *Journal of the Academy of Marketing Science,* Spring 2003, pp. 127–45.

65. M. Johnson, G. M. Zinkham, and G. S. Ayala, "The Impact of Outcome, Competency, and Affect on Service Referral," *Journal of Services Marketing* 5 (1998), pp. 397–415.

66. E. W. Anderson, C. Fornell, R. T. Rust, "Customer Satisfaction, Productivity, and Profitability," *Marketing Science* 2 (1997), pp. 129–45.

67. F. F. Reichheld and W. E. Sasser, Jr., "Zero Defections," *Harvard Business Review,* September 1990, pp. 105–11; and R. Jacob, "Why Some Customers Are More Equal Than Others," *Fortune,* September 19, 1994, pp. 215–24. See also V. A. Zeithaml, "Service Quality, Profitablity, and the Economic Worth of Customers," *Journal of the Academy of Marketing Science,* Winter 2000, pp. 67–85.

68. For additional research examining these various outcomes, see T. Hennig-Thurau, K. P. Gwinner, and D. D. Gremler, "Understanding Relationship Marketing Outcomes," *Journal of Service Research,* February 2002, pp. 230–47; P. C. Verhoef, P. H. Franses, and J. C. Hoekstra, "The Effect of Relational Constructs on Customer Referrals and Number of Services Purchased from a Multiservice Provider," *Journal of the Academy of Marketing Science* 30, no. 3 (2002), pp. 202–16; H. S. Bansal, P. G. Irving, and S. F. Taylor, "A Three-Component Model of Customer Commitment to Service Providers," *Journal of the Academy of Marketing Science* 32, no. 3 (2004), pp. 234–50; C. Homburg, N. Koschate, and W. D. Hoyer, "Do Satisfied Customers Really Pay More?" *Journal of Marketing,* April 2005, pp. 84–96; and K. Seiders, G. B. Voss, D. Grewal, and A. L. Godfrey, "Do Satisfied Customers Buy More?" *Journal of Marketing,* October 2005, pp. 26–43.

69. This insight based on F. F. Reichheld, "The One Number You Need to Grow," *Harvard Business Review,* December 2003, pp. 46–54; M. Anstead, "What's Missing When It Comes to Net Promoter," *Credit Union Journal,* March 30, 2009, p. 8; M. Creamer, "Do You Know Your Score?" *Advertising Age,* July 23, 2006, pp. 1, 24; T. L. Keiningham et al., "A Longitudinal Examination of Net Promoter and Firm Revenue Growth," *Journal of Marketing,* July 2007, pp. 39–51; A. Gigliotto et al., "NPS Not the Only Way," *Marketing News,* September 15, 2007, pp. 48–52; and C. Pasquale, "Closing the Customer Feedback Loop," *Harvard Business Review,* December 2009, pp. 43–47.

70. See S. Li, "Survival Analysis," *Marketing Research,* Fall 1995, pp. 17–23.

71. Reichheld and Sasser, "Zero Defections," p. 110.

72. See also S. Lingle, "How Much Is a Customer Worth?" *Bank Marketing,* August 1995, pp. 13–16.

73. E. Esfahani, "How to . . .. Get Tough with Bad Customers," *Business 2.0,* October 2004, p. 52.

74. See, e.g., T. Wagner, T. Hennig-Thurau, and T. Rudolph, "Does Customer Demotion Jeopardize Loyalty?" *Journal of Marketing,* May 2009, pp. 69–85.

75. See G. S. Day, "Managing Market Relationships," *Journal of the Academy of Marketing Science,* Winter 2000, pp. 24–30.

76. See the special issue on relationship marketing, *Journal of the Academy of Marketing Science,* Fall 1995; and G. E. Gengler and P. P. Leszczyc, "Using Customer Satisfaction Research for Relationship Marketing," *Journal of Direct Marketing,* Winter 1997, pp. 23–29.

77. L. Freeman, "Marketing the Market," *Marketing News,* March 2, 1998, p. 1. Other examples are in G. B. Voss and Z. G. Voss, "Implementing a Relationship Marketing Program," *Journal of Services Marketing* 11 (1997), pp. 278–98; B. G. Yovovich, "Scanners Reshape the Grocery Business," *Marketing News,* February 16, 1998, p. 1; and G. Brewer, "The Customer Stops Here," *Sales & Marketing Management,* March 1998, pp. 31–36.

78. L. L. Berry, "Relationship Marketing of Services," *Journal of the Academy of Marketing Science,* Fall 1995, pp. 236–45.

79. See N. Bendapudi and L. L. Berry, "Customers' Motivations for Maintaining Relationships with Service Providers," *Journal of Retailing* 1 (1997), pp. 15–37.

80. C. Ashley et al., "Why Consumers Won't Relate," *Journal of Business Research,* July 2011, pp. 749–56.

81. J. Raymond, "Home Field Advantage," *American Demographics,* April 2001, pp. 34–36.

82. See G. Levin, "Marketers Flock to Loyalty Offers," *Advertising*

Age, May 24, 1993, p. 13; C. Miller, "Rewards for the Best Customers," *Marketing News,* July 5, 1993, p. 1; J. Fulkerson, "It's in the Cards," *American Demographics,* July 1996, pp. 38–43; and J. Passingham, "Grocery Retailing and the Loyalty Card," *Journal of the Market Research Society,* January 1998, pp. 55–63. See also L. O'Brien and C. Jones, "Do Rewards Really Create Loyalty?" *Harvard Business Review,* May 1995, pp. 75–82; R. N. Bolton, P. K. Kannan, and M. D. Bramlett, "Implications of Loyalty Programs Membership and Service Experiences for Customer Retention and Value," *Journal of the Academy of Marketing Science,* Winter 2000, pp. 95–108; and A. W. Magi, "Share of Wallet in Retailing," *Journal of Retailing* 79 (2003), pp. 97–106.

83. See F. Rice, "The New Rules of Superlative Services," and P. Sellers "Keeping the Buyers," both in *Fortune,* Autumn–Winter 1993, pp. 50–53 and 56–58, respectively; and G. A. Conrad, G. Brown, and H. A. Harmon, "Customer Satisfaction and Corporate Culture," *Psychology & Marketing,* October 1997, pp. 663–74.

84. J. Holland and S. M. Baker, "Customer Participation in Creating Site Brand Loyalty," *Journal of Interactive Marketing,* Autumn 2001, pp. 34–45; R. E. Anderson and S. S. Srinivasan, "E-Satisfaction and E-Loyalty," *Psychology & Marketing,* February 2003, pp. 123–38; L. C. Harris and M. M. H. Goode, "The Four Levels of Loyalty and the Pivotal Role of Trust," *Journal of Retailing* 80 (2004), pp. 139–58.

85. J. Gummerus et al., "Customer Loyalty to Content-based Web Sites," *Journal of Services Marketing* 18, no. 3 (2004), pp. 175–86.

86. S. S. Srinivasan, R. Anderson, and K. Ponnavolu, "Customer Loyalty in E-commerce," *Journal of Retailing* 78 (2002), pp. 41–50.

Part Five

V 소비자로서의 조직

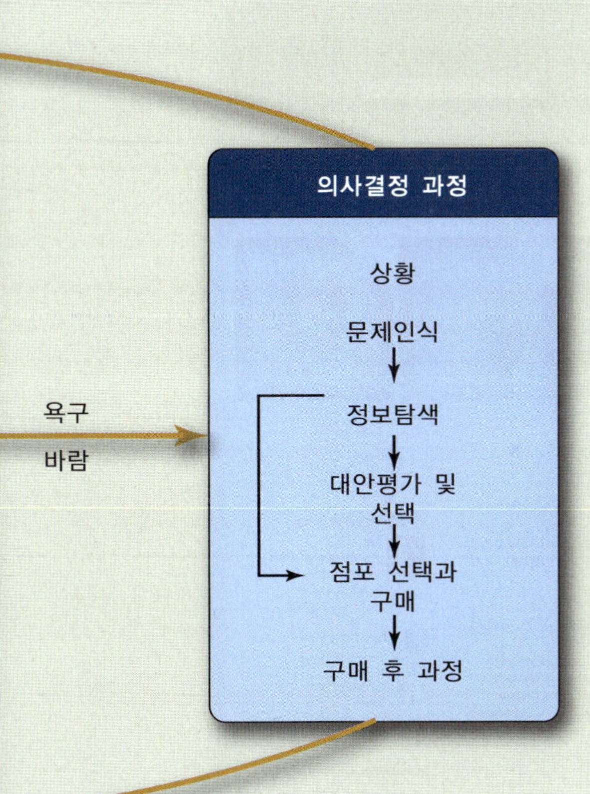

조직 구매 행동에 대한 고정관념은 냉정하고, 효율적이고, 경제적으로 합리적인 과정이라는 것이다. 인간보다는 컴퓨터가 쉽게 그리고 아마도 더 낫게 이런 기능을 달성할 수 있다. 실제적으로 이러한 고정관념은 전적으로 잘못된 것으로, 사실상 조직 소비자 행위는 개인 및 가구의 소비자 행동만큼 인간적이다.

조직은 유명브랜드 및 위신(prestige) 브랜드에 프리미엄 가격을 지불한다. 그들은 위험을 회피하며, 구매 전과 후에 제품을 적절하게 평가하지 못한다. 조직의 개인 구성원은 구매 및 소비 과정을 정치적인 장으로 사용하며, 구매를 통하여 개인적, 부서적 또는 기능적 파워를 증가시키고자 한다. 마케팅 커뮤니케이션은 조직 구성원에 의해 바로 지각되기도 하고, 잘못 지각되기도 한다. 이와 같이, 조직은 그들이 활동하는 세계에 대하여 정확한 또한 부정확한 정보를 얻는다.

조직 구매 결정은 시간 압박, 중요성 그리고 새로움의 여러 수준의 상황에서 이루어진다. 이는 전형적으로 개인적 또는 가구의 결정보다 더 많은 사람들 그리고 기준들을 수반한다. 따라서 조직구매 행동의 연구는 풍부하고 그리고 흥미있는 활동이다.

이 페이지와 맞은 편 페이지에 조직 구매를 위해서 수정한 소비자 행동 모형이 있다. 제19장은 이러한 수정사항들을 설명한다.

Chapter Nineteen

19 조직 구매자 행동

학습목표

LO1 조직 구매과정을 기술하라

LO2 조직 문화에 영향을 미치는 외부 요인들을 요약하라

LO3 조직 문화에 영향을 미치는 내부 요인들을 요약하라

LO4 조직 구매자 세분시장이 마케팅 전략에 미치는 영향을 설명하라

이렇게 말하면 우습게 들리겠지만 조직도 또한 소비자이다. 그들은 필요와 욕구를 가지고 있으며, 가치와 같은 내적 요인들 및 준거 집단과 같은 외적 요인들에 의하여 영향을 받는다. 브랜드 이미지를 구축하고 육성하는 것이 중요한 것처럼 관계 또한 중요하다. 무엇이 조직을 이끄는지와 그 조직을 운영하는 사람들을 이해하는 것은 마케팅 성공에 중요하다. 다음을 고려해 보사:

세분화–중소업체들은 종종 재구성되는 과정에서 사라져 버리지만 마케터들은 점점 이 세분시장이 큰 잠재력을 가지고 있다는 것을 실감한다. 그러나 이러한 잠재력을 개발하는 것은 이 소비자 집단의 독특한 필요와 욕구에 적응하는 것이 필요하다. 예를 들어 북미의 IT 산업에서, 전체 소비의 약 반 이상이 1,000명 보다 적은 종업원을 가진 기업들로부터 나온다. IBM은 IBM Express로 불리는 프로그램으로 적극적으로 이들 고객에게 구애를 하고 있는데, 이 기업은 탄력적이고 합리적으로 가격이 매겨진 그리고 시장 맞춤형인 제품과 서비스를 제공하고 있다.[1]

브랜딩–조직 구매에서 브랜드가 중요하지 않다고 생각하는가? 이것을 Dell과 같은 기업들에게 말하지 마라. Dell은 소비자 소매시장으로 이동해왔지만 하드웨어 및 컨설팅 서비스에 있어서 주요 "기업" 고객으로 진입하고자 하는 힘든 과제를 가지고 있다. 주요 기업 구매자들은 기업솔루션에서 여전히 Dell을, 예를 들면 IBM과 같은 선상에서 보는 것이 어렵다고 생각한다. 아이러니는 IBM은 몇십 년 전에 비슷한 상황에 놓여 있었고, 그 산업에서 가까스로 리더 중의 하나로 부상하였다.[2]

개인적 관계–개인적 관계는 중요하다. 기업이 광고회사를 어떻게 판단하는지에 대한 연구에 의하면 광고회사의 창의성이 첫 번째 요인이라고 하였다. 이는 창의성은 광고회사의 실제적인 목표 성과와 관련이 있기 때문에 일리가 있다. 그러나 전문적, 개인적 그리고 사회적 배경에 있어서 광고회사와 고객기업 간의 유사성도 또한 중요하다. 관계하고 있는 사람들이 유사할수록 광고회사는 더 높게 평가되었다.[3]

사진 19-1

조직 구매자에게 커뮤니케이션하는 것은 종종 가구 구매자에게 도달하기 위하여 사용되어지는 것과 대부분 같은 원칙을 포함한다. 이 경우에는 공포소구가 사용되고 있다.

조직의 구매 결정은 종종 "합리적" 또는 "경제적"이라고 기술된다. 그러나 이 장의 서두에서 시사하였듯이, 기능적 효용 이외에 여러 요인들이 조직의 결정에 영향을 미친다. 당신이 비즈니스 및 여러 조직들이 개인들로 구성되어 있고, 조직이 아니라 이들 개인이 구매 결정을 한다고 생각하는 것은 그렇게 놀라운 일이 아니다.

조직 구매를 이해하는 것은 개인 소비자 또는 가구의 욕구를 이해하기 위하여 사용된 똑같은 많은 개념들이 필요하다(<사진 19-1> 참조). 개인 소비자 및 가구보다 더 크고 종종 더 복잡하지만, 조직도 지각, 정보처리 그리고 경험을 통하여 선호, 기억 그리고 행동을 개발한다. 이와 같이 조직은 시간에 걸쳐 그리고 상황에 걸쳐서 상대적으로 안정적인 패턴을 창출하는 문화를 개발한다.

가구와 같이, 조직은 여러 형태의 구매 결정을 한다. 어떤 경우에는 이러한 구매 결정은 종이나 펜 같은 빈번히 구매하는 상용품 또는 서비스에 대한 일상적인 대체 결정이다. 극단적으로 다른 경우에는, 조직은 주의깊은 문제인식, 광범위한 정보탐색, 오랜 그리고 종종 기술적 평가과정, 아마도 협상에 의한 구매, 오랜 기간의 사용 및 구매 후 평가를 요하는 새롭고 복잡한 구매 결정에 직면한다.

소비자 행동을 분석하는 것과 조직구매자 행동을 분석하는 것 간에 많은 유사성이 있기 때문에, 우리의 기본적 구매자 모형은 여전히 유효하다. 그러나 조직은 단순히 개인의 집합이 아니다. 조직은 구성원의 행위에 영향을 미치는 독특한 규칙과 문화를 개발한다. 따라서, 구매행동을 가져오는 조직의 독특한 특징들을 이해하는 것은 중요하다.

<그림 19-1>은 조직 구매 상황에 적용할 수 있는 우리의 기본적 구매자 모형을 보여준다. 우리는 조직 의사결정 과정을 살펴봄으로써 논의를 시작할 것이다. 그리고서 우리는 조직에서 가구의 라이프스타일과 동등한 조직 문화를 결정짓는 내적, 외적 요인들을 살펴볼 것이다.

19.1 조직 구매 과정

1. 의사결정단위

LO1 **의사결정단위(decision-making units, DMU)**는 조직 내에서 특정 구매 결정에 참여하는 사람들이다(기능적 영역과 관리를 대표하는).[4] 이들은 종종 회계, 엔지니어링, 제조 그리고 마케팅 등 여러 영역의 사람들로 구성되는 **구매 센터(buying center)**로 기능하며, 특별히 구매 조직 구매자 행동의 전반적 모형 그림 

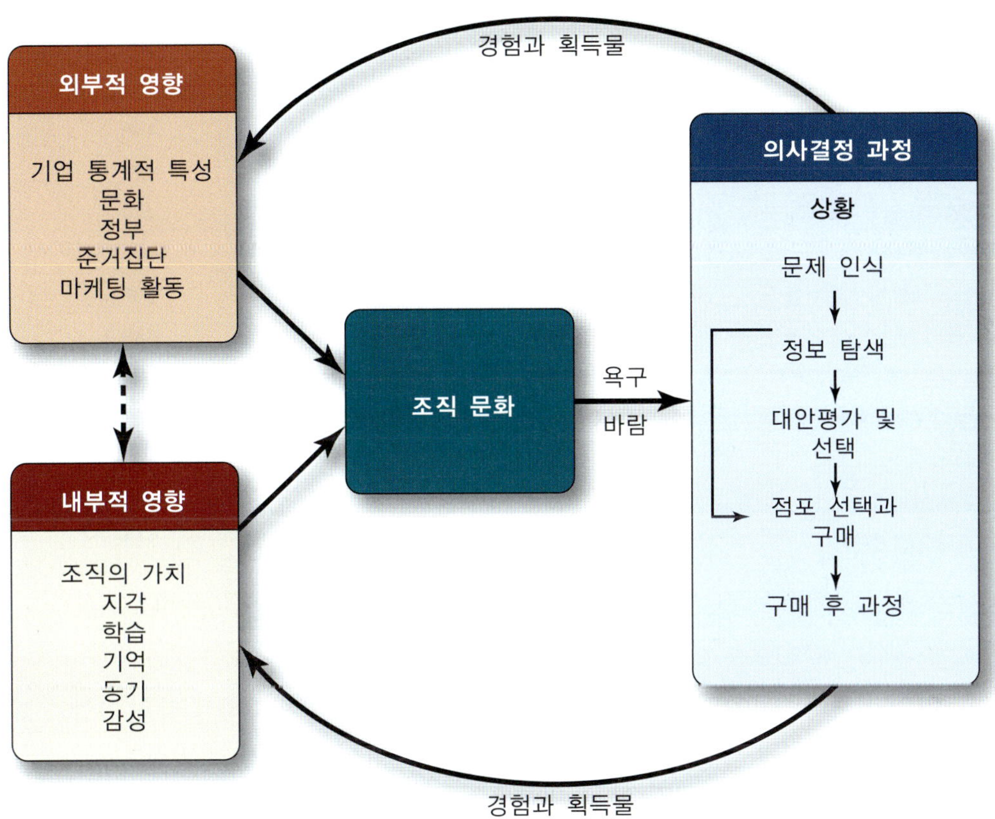

결정을 하기 위해 모인다. 구매 센터는 종종 반복적인 결정에 대해서는 비교적 영구적이며 비일상적인 결정에 대하여는 특별히 구성된다. 규모가 크고 잘 조직화된 조직은, 보통 작고 덜 공식적인 조직보다 더 많은 사람들을 구매 결정에 포함시킨다. 중요한 결정은 보다 덜 중요한 구매 결정보다 더 다양한 기능 영역과 조직 계층의 사람들을 포함시킬 것이다. 다음은 Hewlett-Packard 판매원의 DMU에 대한 견해와 큰 병원의 매우 비싼 이미징 시스템의 구매 과정을 기술한다.

> 병원 시장에서의 판매는 두 단계의 과정이며 구매 사이클은 3개월에서 12개월이 걸린다. 첫 단계에서 나는 의료전문가를 상대한다. 그들은 이미지 품질, 제품 신뢰성 그리고 서비스에 매우 관심이 많다. 나는 많은 사람들과 관계를 구축하고 또한 우리 제품의 기능과 신뢰성에 대한 인지도를 구축하여야 하며, 제품 시연은 중요하다.
> 두 번째 단계는 가격 및 비용 이슈에 의해 더 변화되는 관리자들과의 협상이다. 그러나 많은 것이 기업의 상황에 달려있다. 예를 들어, 기업이 암치료로 유명하다면, 그들은 그 영역에서 가장 최고의 시스템을 원하고, 다른 장비에서는 가격에 대해 매우 민감하다.[5]

표 19-1 소매업 및 도매업 구매자 및 운영인력에 있어서 서비스 속성의 중요성

속성*	구매자의 평가	운영인력의 평가
주문의 용이성	**4.01**	3.71
라인-품목의 입수 가능성	**4.55**	4.31
패키지가 쉽게 확인이 됨	4.46	**4.82**
약속 준수	4.46	**4.73**
요청된 대로 인도	**4.87**	4.70
분류되어 인도됨	4.36	**4.75**
팔렛화하고 단위화하는 능력	3.72	**4.37**
마스터 카톤(master carton*) 포장 품질	3.81	**4.48**
선반 단위 포장 능력	3.97	**4.29**
완벽하고 정확한 서류	4.54	**4.81**
잘 문서화된 거래/스타일 규약	4.36	**4.60**
주문 사이클의 길이	**4.14**	3.61
주문 사이클의 일관성	**4.38**	3.88

주: 5점 척도로 측정되었고, 5점은 가장 중요, 1점은 전혀 중요하지 않음을 의미함. 모든 수치는 유의수준 0.05에서 유의함.

<표 19-1>에서 소매 및 도매 기업의 구매자는 공급자의 성과에 대하여 같은 기업의 생산부서 사람들과 다르게 우선순위를 부여하는 것을 본다. 이러한 기업에 마케팅하는 조직은 각 집단의 욕구를 충족시켜야 하고, 이를 각 집단에게 알려야 한다. 구매자에 집중하는 것은 일반적인 전략이지만 성공할 것 같지 않다는 것을 유의하라.

최종 구매 결정은 부분적으로 개인적 파워, 전문성, 각 기능 영역이 이 결정에서 가지는 영향의 정도, 조직이 집단 결정의 갈등을 해소하는 방법 그리고 결정의 성격에 의해 결정된다.[6]

의사결정단위의 구성원은 다양한 역할을 감당하는데, 정보 수집자, 주요 영향자, 의사결정자, 구매자 또는 사용자의 역할을 한다. 플랜트 관리자는 이 다섯 가지 역할을 다 할 수 있는 반면, 조직의 엔지니어는 단지 정보원천의 역할만 할 수 있다.

의사결정단위는 제품 수명주기에 따라 달라질 수 있다(신제품 대 구제품). 장비 제조업자가 마이크로프로세서를 구입하는데 있어서 마이크로프로세서의 제품수명주기에 따라 발생한 의사결정단위의 변화를 고려해보라. 새 마이크로프로세서의 수명주기의 초기 단계는 큰 의사결정단위를 요구하는 어렵고 중요한 결정을 제시하였다. 그 제품의 활용이 많아짐에 따라 보다 단순한 결정들이 이루어졌고 DMU의 구조에서도 변화가 이루어졌다. 마지막으로 마이크로프로세서가 성숙기에 들어감에 따라 주로 구매 기능을 포함한 낮은 우선순위를 가지는 일상적 결정이 되었다. 이러한 변화는 아래에 설명된다:

* 최종 외장 포장 상자, 역자 주

조직 구매 상황 및 구매 반응  표

	단순 재구매	수정된 재구매	신규 구매
상황적 특성			
구매의 중요성	낮음	중간	높음
선택의 복잡성	낮음	중간	높음
구매의 특성			
의사결정단위의 크기	매우 적음	중간	크고 진화함
의사결정단위이 수준	낮음	중간	조직의 상층
의사결정의 시간	매우 짧음	중간	김
정보탐색	없거나 매우 제한됨	중간	확장된
분석기법	없거나 가격 동반	여럿	확장되고 복잡함
전략적 초점	없음	제한됨	지배적임

제품 수명 주기	DMU의 크기	구매 결정에 영향을 미치는 주요 기능
도입기	큼	엔지니어링 및 R&D
성장기	중간	생산 및 최고 경영층
성숙기	작음	구매

2. 구매 상황

구매 과정은 구매의 중요성 및 선택의 복잡성과 어려움에 의하여 영향을 받는다. 단순하고, 낮은 위험, 일상적 결정은 일반적으로 큰 노력없이 개인 또는 보다 자동화된 과정에 의하여 이루어진다. 다른 극단은 복잡하고 조직에 주요한 시사점을 갖는 결정들이다. 구매 상황의 연속선은 이 두 극단 사이에 존재한다. 조직 구매상황의 유용한 분류는 <표 19-2>에서 제공되며 다음 단락에서 설명된다.[7]

이는 14장에서 논의된 구매 관여도 개념과 비슷하다는 것을 유의하라. 소비자들에 대해서, 우리는 구매 관여도를 세 범주-명목적, 제한된, 확장된-로 구분하였다. 이는 <표 19-2>에서 단순 재구매, 수정된 재구매, 신규 구매 상황에 유사하게 부합된다.

단순 재구매(Straight Rebuy) 이 상황은 구매의 중요성이 낮고 복잡하지 않을 때 이루어진다. 이는 일반적으로 기본적 소모품 및 구성 부품을 재주문하는 경우이다. 그러한 경우 재주문 과정은 완전히 자동화되거나 서무 직원에 의해서 일상적으로 이루어진다. 그러한 구매는 종종 정기적으로 검토하고 재주문하는 계약에 의하여 처리된다. 가격 또는 신뢰성이 지배적인 평가기준인 경향이 있다. 전략적 이슈는 고려되지 않는다.

수정된 재구매(Modified Rebuy) 이 전략은 구매가 기업에 중간 정도로 중요하거나 선택이 보다 복잡할 때 사용된다. 이는 전형적으로 조직이 구매에 익숙한 제품 또는 서비스

를 수반하지만 제품 또는 기업의 욕구는 변하였다. 또는 제품이 기업에 중요하기 때문에 (제품은 단순하지만 기업이 많이 사용하거나 또는 기업의 산출물에 중요한 요소이거나), 기업은 정기적으로 브랜드 또는 공급자를 재평가한다. DMU는 중간계층의 관리자를 포함하여 여러 대표자들을 포함할 가능이 있다. 많은 정보가 수집되고 보다 많은 평가기준이 분석된다. 전략적 이슈도 또한 그 역할을 담당하기 시작한다.

신규 구매(New Task) 이 방식은 구매 결정이 매우 중요하고 선택이 매우 복잡할 때 이루어지는 경향이 있다. 이는 최초의 판매 자동화 시스템 또는 새로운 광고대행사(광고회사) 같은 결정들을 포함한다. 구매 조직은 전형적으로 이 결정과 제품 또는 서비스에 경험이 거의 없을 것이다. DMU는 시간이 흐름에 따라 커지고 진화할 것이다. 최고 경영층은 결정에 참여할 것이며, 전략적 이슈가 가장 중요해질 것이다. 관련된 시간은 자주 길어지며, 수 개월에서 일 년 또는 그 이상이 걸린다.

분명히, 특정형태의 구매 상황에 대한 마케팅 전략 및 전술은 다른 상황들에서는 적절하지 않을 것이다. 따라서 마케터는 조직 소비자가 직면한 구매과업을 이해하고 적절한 마케팅 전략을 개발해야 한다.

3. 조직 구매 과정의 단계

조직 결정은 전형적으로 개인 또는 가구의 결정보다 더 복잡한 결정 과업에서 더 많은 사람들을 포함시키기 때문에, 이러한 과정에 영향을 미치는 마케팅 노력은 훨씬 더 복잡하다.[8] <표 19-3>에서는 새로운 고객관계관리(CRM) 시스템을 획득하기 위한 대기업의 결정에서, 구매 과정에서 가능한 단계들과 각 단계에서 영향의 원천을 보여주고 있다. 명백히 그러한 결정은 모든 조직에서 똑같은 방식으로 이루어지지 않을 것이다. 그러나 여기서 핵심은 이 구매는 DMU가 다양한 기준들, 다양한 파워 수준들 그리고 다양한 매체 습관들을 가진 많은 정보원천들을 포함시키는 신규 구매라는 것을 인식하는 것이다. CRM을 팔고자 하는 기업은 성공적이기 위해서는 각 영향원천에게 관련된 정보를 제공해야 한다. 이것은 그러한 복잡하고 큰 DMU에서 쉬운 일이 아니다.

문제 인식(Problem Recognition) <표 19-3>에서 판매 관리자 및 생산 감독자는 욕구인식에 주요 역할을 담당한다. 이러한 문제인식의 촉발요인들은 현장 판매 대리인과 판매 보조자들 간의 갈등, 현장 판매 대리자 또는 소비자에 의해 확인되고 판매 관리자에게 보고된, 계속적인 고객 서비스 문제를 포함해서 다양할 수 있다.

<표 19-4>는 하이테크 시장에서 부서의 장이 구매에 대한 문제 또는 욕구를 인식할 가능성이 가장 높을 것이다. 아마도 가장 중요한 것은 구매 관리자는 문제인식의 원천이 아니라는 것이다. 이는 구매 대리인에만 의존하는 판매원의 위험을 시사한다. <표 19-4>에서 보듯이, 문제인식 및 명세의 결정은 종종 구매 직원의 큰 개입없이 이루어진다.

정보탐색(Information Search) 정보탐색은 공식적 또한 비공식적일 수 있다.[9] 잠재적 판매자를 평가하기 위한 현장 방문, 신제품 또는 시제품의 실험실 시험 그리고 가능한 제품 명세의 조사는 공식적 정보탐색의 부분이다. 비공식적 정보탐색은 판매 대리인과의 토의

새로운 CRM 시스템을 구매에 있어서의 의사결정 과정  표

의사결정과정의 단계	의사결정단위내에서의 주요 영향자	의사결정단위 외부에서의 영향자
문제 인식	운용 디렉터	현장 판매 대리인
	판매 관리자	관리 스태프
		판매 보조원
		CRM 판매사원
정보탐색	데이터/CRM 전문가	유용 인력
	운용 디렉터 CRM 판매사원	
	구매관리자	조직내 다른 사용자
		사무실 시스템 컨설턴트
대안 평가	판매 부사장	사무실 시스템 컨설턴트
	데이터/CRM 전문가	CRM 판매사원
	운용 디렉터	
	판매 관리자	
	구매 관리자	
구매 결정	전반적 관리층	
	판매 부사장	
	구매 관리사	
제품 사용	운용 디렉터	현장 판매 대리인
	판매 관리자	관리 스탭
		판매 보조원
		CRM 판매사원
평가	운용 디렉터	현장 판매 대리인
	판매 관리자	관리 스탭
	판매 부사장	판매 보조원
	일반적 관리층	

과정, 박람회에 참석하거나 또는 특정 산업 잡지를 읽을 때 일어날 수 있다. 산업재 구매자는 최상의 결정을 하고 조직 내에서 행동과 제안을 지지하기 위하여 정보를 탐색한다.[10]

복잡한 기술 제품에서, 조직 구매자는 종종 정보를 제공하고 기준들을 평가할 컨설턴트를 고용한다. 판매 자동화 시스템을 구입하는데 컨설턴트가 행하는 역할을 고려해 보라:

> 구매 사이클에서 두 번째 단계는 현 자동화 과정의 잠재력을 평가하는 것이었다. 고객들은 보통 내부적으로 이를 수행할 능력을 갖고 있지 못하였다. 이때는 SA 컨설턴트들이 그들을 돕는 것이 일반적이었다. 그들의 산업에 대한 깊은 이해 그리고 기술과 경험으로 인해 그들은 이 단계에서 최상의 선택이었다. 세 번째 단계에서 고객은 자동화되는 다른 기능들이 어

표 19-4 하이테크 조직에서의 의사결정에 대한 집단 관여

의사결정 단계	의사결정의 각 단계에서의 관여 비율					
	이사회	최고 경영층	부서장	실험실 기술자 또는 운용자	구매 관리자 또는 구매자	재무 관리자 단계 또는 회계사
구매 필요성의 인식	7%	26%	70%	30%	0%	3%
제품 명세의 결정 고려	0	33	74	33	3	0
고려 공급업자의 결정	3	33	56	14	19	0
견적 및 제안서의 획득	0	26	52	19	14	3
견적 및 제안서의 평가	7	63	63	3	11	7
최종 제품 또는 공급업자의 선택	21	48	48	7	11	0

Source: Reprinted from R. Abratt, "Industrial Buying in Hi-Tech Markets," *Industrial Marketing Management* 15 (1986), p. 295. Copyright 1986; reprinted with permission from Elsevier Science.

떻게 관련되는지를 결정하고 그리고 자료가 어떻게 수집되고, 저장되고, 보관될지를 결정한다. 이는 다시 고객 정보 시스템 부서의 도움을 받아 SA 컨설턴트에 의해서 보통 수행된다. 고객은 구매할 SA 소프트웨어 및 하드웨어의 형태를 결정한다... 여기서 다시 고객은 컨설턴트에 매우 의존한다.[11]

조직 구매자는 종종 인터넷에서 제품 및 가격 정보를 탐색한다. <사진 19-2>의 기업은 사업체가 적정한 가격에 어떤 제품이 적합한지를 평가하는 것을 돕는 구체적 정보를 제공한다.

평가와 선택(Evaluation and Selection) 가능한 판매자들의 평가 및 판매자의 선택은 종종 두 단계 의사결정과정(two-stage decision process)을 따른다.[12] 첫 번째 단계는 구매자가 승인한 판매자의 리스트를 만드는 것이다. 결합식 결정 과정은 매우 흔하다. 이러한 방식으로 조직은 모든 최소한의 기준을 충족하지 못하는 잠재적 판매자들을 걸러낼 수 있다. 정부의 미사일 구매에서 특정 미사일 전자 시스템의 41개 잠재적 제조업자들이 첫 번째로 확인되었다. 제조능력과 자원을 검사하는 현장 방문 후에 조직은 이 41개의 리스트를 정부의 최소 기준을 만족하는 열한 개로 줄였다.

조직 구매 결정의 두 번째 단계는 분리식, 사전편집식, 보완식 또는 속성별 제거식과 같은 여러 다른 결정 규칙을 포함할 수 있다. 앞에서 논의한 정부의 구매에서는 사전편집식 결정과정이 이용되었으며, 가장 중요한 기준으로 가격이 사용되었다. 이 결정규칙을 사용하여 조직은 두 판매자를 선택하였다.

평가와 선택과정은 의사결정 단위의 구성원들이 다른 평가기준을 가지고 있다는 사실

에 의해서 더 복잡해진다.[13] 앞에서 기술한 병원 관리자와 의료전문가 사이에 이미징 시스템에 대한 평가기준의 차이를 기억하라. <표 19-5>는 구매, 관리, 엔지니어링 그리고 운용부서는 다른 성과기준군을 가지고 있는 것을 보여준다. 예를 들어 구매는 가격 정책, 결제 조건 그리고 주문 상태에 관심이 있고, 엔지니어링은 제품 지식, 제품 운용 및 어플리케이션 지식에 더 관심이 있다. 이러한 거래처를 방문하는 판매원은 이들 구매 영향자들의 공유된 기준뿐 아니라 독특한 기준도 이해하고 대응할 필요가 있다. 남아프리카공화국에서의 한 연구는 실내 산업용 회로판에 대해서 DMU의 다른 구성원들에게는 다른 기준들이 중요하다는 것을 발견하였다.[14] <사진 19-3>은 조직구

사진 19-2

웹은 조직구매자들에게 귀중한 도구이다. 그들이 사용하는 많은 기능 중의 하나는 검색이다.

평가기준 및 조직의 역할 **19-5 표**

	조직에서의 기능의 역할			
구매의사결정에 사용되는 평가기준	구매	관리	엔지니어링	운용
판매자가 넓은 라인을 제공함	X	X		
많은 제품 옵션이 이용 가능함	X	X		
설비의 수리가 쉬움			X	X
서비스 테크닉의 우수성		X	X	X
전반적 서비스 품질		X	X	
제품 보증	X	X	X	X
인도(인도 시간)				X
설비 설치에 필요한 시간	X			X
구축비용	X		X	X
가장 낮은 가격의 판매자	X	X	X	
판매자의 재무적 안정성	X		X	X
판매자가 가격을 협상할 용의가 있음	X			
품질에 대한 판매자 평판	X	X	X	
판매원의 능력		X	X	X
설비의 부합성	X	X		
이용가능한 컴퓨터 인터페이스	X			

Source: Adapted from D. H. McQuiston and R. G. Walters, "The Evaluative Criteria of Industrial Buyers: Implications for Sales Training," *Th Business and Industrial Marketing,* Summer–Fall 1989, p. 74.

사진 19-3

조직은 많은 이유로 구매를 결정한다. 이 광고는 여러 주요 평가기준에 기초하여 설득하려고 한다.

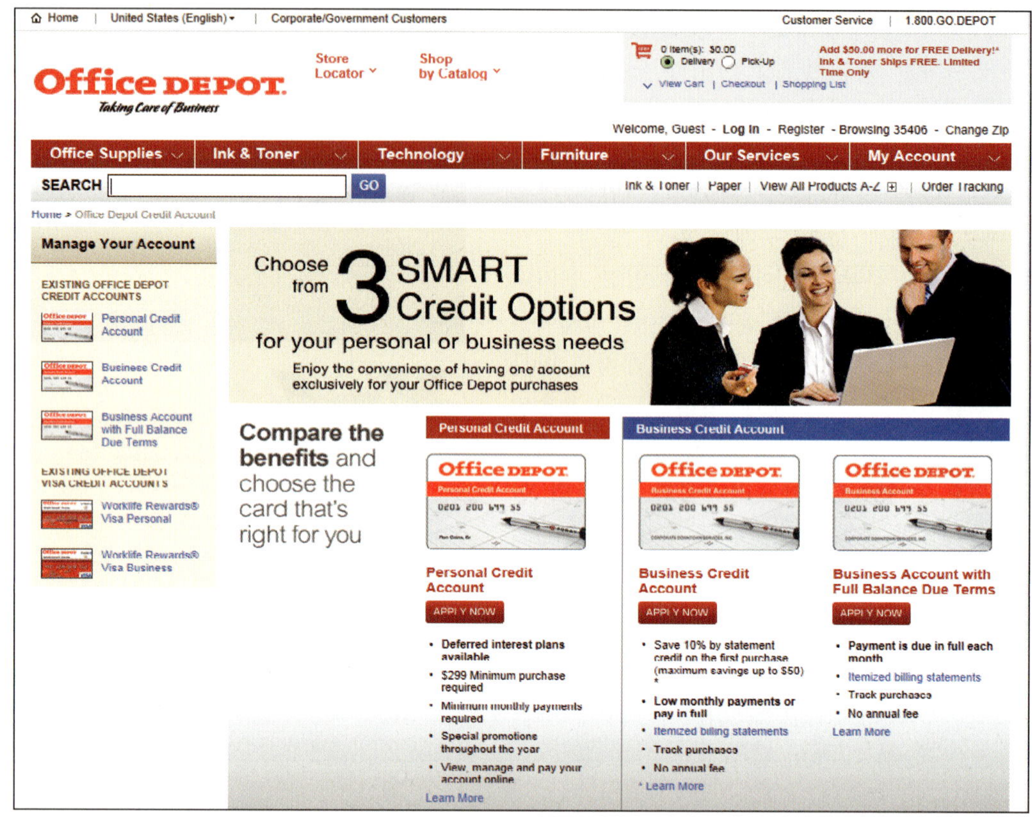

매자들의 여러 주요 성과기준에 초점을 맞추고 있다. 이 광고는 조직의 어떠한 기능 또는 수준을 표적으로 하는가?

조직 구매는 구매 조직의 이윤을 최대화하는 목적을 가진, 일반적으로 엄격히 경제적이라고 가정된다.[15] 그러나 파워, 위신, 안전 그리고 유사한 비경제적 기준들도 또한 조직 구매 결정에 중요한 역할을 한다.[16] 연구는 제3장에서 기술한 "그린 소비자(green consumers)"와 유사하게 "green"을 구매하는 조직이 있다는 것을 발견한다. 이러한 조직들은 사회적으로 책임있는 구매행동에 대한 정책 또는 개별 챔피언(전문가)들을 가지고 있다.[17] 이러한 조직과 거래를 원하는 기업들은 환경적으로 건전한 방식으로 생산되는 제품에 대한 요구 조건을 충족시켜야 한다.

브랜드 이미지 및 자산은 또한 조직에서 평가단계에서 역할을 담당한다. 분명히, 브랜드는 품질의 대리지표일 수 있다(제16장 참조). 그리고 연구는 브랜드가 항상 가장 중요한 요소는 아닐 수 있지만, 이로 인해 조직 구매자가 프리미엄 가격을 지불할 수 있다는 것을 시사하고 있다.[18]

구매와 의사 결정의 실행 특정 조직으로부터 구매를 결정하고 나면 구매 방법이 결정되어야 한다. 판매자의 관점에서 보면, 이는 어떻게 그리고 언제 지불이 될 것인지를 의미한다. 많은 구매에서, 지불은 제품이 인도되기 전까지는 이루어지지 않는다. 다른 경우는 진

사진 19-4

인터넷은 많은 조직 구매자들에게 주요 공급 원천이다.

행정도에 따른 지불(progress payment)을 수반한다. 수년이 걸리는 건물 또는 고속도로의 건축이나 또는 새 군용기를 개발하는 기업에 있어서 지불 시기는 중요하다.

국제적 기준에서 구매 실행 및 지불방법은 훨씬 더 중요하다. 어떤 나라들은 대응(상응)하는 구매없이 그 나라로부터 자본을 유출하는 것을 금지한다. 이 때문에 Catepillar Tractor사는 팔거나 또는 제조 작업에 사용할 수 있는 구리 같은 천연 자원에 대한 교환으로 건설장비를 남미에서 팔았다.

결제조건–지불, 보증, 인도시점, 등은 기업 대 기업(Business to Business) 시장에서 복잡하고 중요하다. 한 미국의 증기 터빈 제조업자는 보증이 판매자에게 너무 유리하게 쓰여져 있었기 때문에 외국 제조업자에게 대량 주문을 놓쳤다. 조직에 마케팅을 하는 기업들은 점점 고객에게 직접 팔기 위해 인터넷을 사용하거나 온라인 도매업자를 더 이용하고 있다(<사진 19-4> 참조).[19] 그들은 또한 전화 유도 및 직접적 판매 방문을 야기하고 인터넷 또는 800전화(수신자 부담 전화-역자 주)를 통한 주문을 요청하기 위하여 인터넷을 사용한다.

사용과 구매 후 평가 조직에서 제품의 구매 후 평가는 전형적으로 가구의 구매 평가보다 더 조직화되어 있다. 예를 들어 광업의 경우 전체 수명주기의 비용이 평가될 수 있도록 제품 수명이 여러 다른 구성요소들로 구분되어진다. 많은 광산은 대규모로 한 브랜드를 재구매하기 전에 각각의 제품 수명 비용을 결정하기 위하여 여러 다른 장비들을 함께 사용한다.

구매 후 평가의 주요 구성요소는 판매 중간 및 판매 후에 판매자가 제공하는 서비스이다.[20]

<표 19-6>은 각 소비자 집단 및 관리자가 판매 후 서비스의 여러 다른 측면에 부여하

표 19-6 구매 후 서비스의 중요성에 대한 고객 및 관리자의 지각

구매 후 서비스 항목	서비스 항목의 중요성			서비스의 평가		
	고객	관리자	차이	고객	관리자	차이
기술자의 태도 및 행동	11.5	8.4	3.1	7.04	7.56	− 0.52
기술 서비스 스탭의 이용가능성	16.1	12.9	3.2	7.64	8.12	− 0.48
서비스가 필요할 때의 수리시간	15.4	17.4	− 2.0	6.36	7.71	− 1.35
고장 소환의 처리	15.5	9.8	5.7	6.92	7.57	− 0.65
소환 시 예비 부품의 입수가능성	10.0	10.1	− 0.1	7.16	7.49	− 0.33
서비스 계약 옵션	5.2	6.8	− 1.6	6.88	7.48	− 0.60
제공된 서비스의 가격과 성과의 비율	8.1	14.5	− 6.4	6.12	7.30	− 1.18
서비스가 필요할 때의 반응 시간	18.2	20.1	− 1.9	5.92	7.09	−

Source: Reprinted from H. Kasper and J. Lemmink. "After-Sales Service Quality: Views between Industrial Customers and Service Managers *Marketing Management* 18 (1989), p. 203, with permission from Elsevier.

는 중요성을 나타낸다. 관리자들은 그들의 고객에게 무엇이 중요한지를 잘 이해하고 있지 못하는 것을 유의하라. 분명히, 이 기업은 고객의 욕구를 잘 이해할 필요가 있다.

가구와 유사하게 불만족한 조직 구매자는 공급자를 바꾸거나 부정적 구전을 할 수 있다.[21] 조직에 마케팅하는 기업은 불만족한 고객에 대응하는 소비자 마케터의 전략을 추구한다. 그들은 불만족을 최소화하고자 하며, 불만족한 고객이 다른 사람들이 아닌 자기에게만 불평할 것을 장려하고자 한다.[22]

Otis Elevator는 고객만족을 높일 뿐 아니라 자사의 엘리베이터의 디자인과 기능을 개선하기 위하여 고객 문제 및 세련된 데이터베이스를 사용하고 있다. 아래는 OTISLINE 서비스 센터에 관한 초록이다.

당신이 건물 수리 감독자라고 상상해 보라. 아침 다섯 시이다. 당신은 깨서 일하러 나갈 준비를 한다. 당신이 알고 있지 못하지만 당신 건물의 한 엘리베이터가 오작동을 하고 있다. 이것이 무시된다면 큰 문제를 야기하고 사무실로 가는 수천 명의 사람들을 지연시킬 수 있다. 당신이 커피를 끓일 때 엘리베이터 모니터 시스템이 문제를 발견하고 서비스 콜을 한다. 당신이 사무실에 가기 전에 수리공이 부속품을 가지고 도착해서 전류의 이상을 고치고 있다. 당신이 그 건물에 들어가서 그 엘리베이터에 타도 문을 나오는 Otis 수리공을 지나치기 전까지는 문제에 대해서 알지 못한다.
위의 시나리오는 OTISLINE 시스템 때문에 Otis Elevator가 기술한 실제 이야기일 수 있다. 간단하게 말해서, OTISLINE은 고객을 위한 커뮤니케이션 서비스 센터이다. 오퍼레이터는 매일 24시간 근무하며 비상 전화를 처리하고, 수리공을 파견하며, 엘리베이터에 정보를 입력하고 새롭게 한다. 약 135만 대의 엘리베이터가 전세계 325개 장소에 있는 Otis 전화 센터에 의하여 관리된다.[23]

4. 조직의 의사결정 과정에서 인터넷의 역할

인터넷이 소비자 결정에서 중요한 영향력이 된 것처럼 조직에서도 중요한 도구이다. 사실상 미국에서 기업 대 기업(B2B) 전자 상거래는 6조 달러를 넘을 것으로 추정되며 모든 B-to-B 매출의 상당부분을 차지한다.[24] 우리가 본 것처럼, 인터넷은 매출을 유도하는 것부터 정보제공과 효율적이고 자동화된 주문 이행에 이르기까지 다양한 역할을 할 수 있다.[25]

기업 대 소비자(B2C)와 같이, 검색은 B2B 구매에 있어서도 주요한 영향력을 갖는다. 다음 통계치를 고려해 보라:[26]

- 검색 또는 검색엔진은 B2B 결정의 90% 이상에서 관련된다.
- 검색엔진은 B2B 결정의 60% 이상에서 출발점이다.
- 구매예산이 증가함에 따라 기업 웹사이트의 검색은 증가한다.

다른 원천들의 상대적 영향력을 고려해 보면, 다음 통계치는 검색 및 검색엔진은 의사결정의 각 단계마다 지배적이라는 것을 시사한다:[27]

- 조사 단계–검색은 B2B 업계 간행물보다 30% 이상 더 사용된다.
- 고려 단계–검색은 B2B 업계 간행물보다 21% 이상 더 사용된다
- 선택 단계–검색은 전통적 매체보다 62% 더 사용된다.

B2B 인터넷 마케팅에 지출되는 대략 40억 달러의 70% 이상은 전적으로 유료검색에 사용된다는 것은 아마도 놀라운 일이 아니다.[28] 전략적 관점에서, 인터넷으로부터 정보의 획득가능성이 증가한 것은 판매원의 역할을 변경할 필요가 있다는 것을 의미한다. 판매원은 B2C보다 B2B에서 훨씬 더 마케팅전략의 주요한 부분이다. 역사적으로, 판매원에게는 명확한 정보적 역할이 있었다. 그러나 오늘날의 B2B 환경에서 웹의 정보적 역할을 고려하면, 판매원은 정보 제공자의 역할보다는 해결책의 제공자의 역할을 채택할 필요가 있다.[29]

웹사이트 디자인에 관해서, 최근의 조사는 사이트구성(네비게이션의 용이성), 고객맞춤, 프라이버시/안전, 정보의 가치 그리고 개인화가 B2B 웹사이트 효과성의 중요한 동인이라는 것을 시사한다.[30] 이러한 특징들은 B2C 맥락에서 중요한 것으로 발견된 특징들과 유사하다(제17장 참조).

어느 정도 조직 구매 행동을 살펴보았으므로, 우리는 소비자로서의 조직을 더 이해하기 위해서 우리의 수정된 모델의 나머지 부분을 적용할 것이다.

19.2 조직 문화

우리의 소비자 구매행동 모델의 중심에 자아개념 및 라이프스타일이 있다. 조직도 또한 조직에 대하여 또한 조직이 어떻게 움직이는지에 대하여 구성원이 갖는 신념 및 태도에 LO2

있어서 어떤 형태의 자아개념을 갖는다. 마찬가지로, 조직은 구별된 활동 방식을 갖고 있다는 점에서 어떤 형태의 라이프스타일을 갖는다. 이러한 조직의 두 측면을 **조직 문화**라고 한다(<그림 19-1> 참조). 조직 문화는 조직이 결정하는 방식 및 고위험, 혁신 그리고 변화를 포함하여 문제에 접근하는 방식에서 조직들이 매우 다르다는 점에서 라이프스타일과 매우 유사하다.[31] 기업 문화는 종종 기업의 조직 문화를 언급할 때 사용되어진다.

조직 문화는 조직의 욕구 및 바람을 반영하고 형성하며, 이는 차례로 조직이 의사결정을 하는 방식에 영향을 미친다. 예를 들어, 환경보호국(the Environmental Protection Agency), 적십자(The Red Cross) 그리고 IBM은 세 개의 대규모 조직이다. 이들 각 조직은 정보를 수집하고, 처리하고 그리고 의사결정을 하는 방식에 영향을 미치는 서로 다른 조직 문화를 가지고 있다.

19.3 조직 문화에 영향을 미치는 외적 요인

1. 기업통계적 특성

앞에서 소비자 행동을 이해하는데 소비자의 인구통계적 특성의 중요한 역할을 논의하였다. **기업통계적 특성(firmogragphics)**도 똑같이 중요하다. 기업통계적 특성은 **조직특성**-예를 들면, 크기, 활동, 목표, 위치, **산업 범주**-**및 조직 구성의 특성**-예를 들면, 종업원의 성별, 나이, 교육, 소득 분포-의 양자를 포함한다.

크기(Size) 규모가 큰 조직은 구매, 재무, 마케팅 그리고 일반 관리의 업무를 담당하는 다양한 전문가들을 가질 가능성이 높다; 작은 조직에서는 한 명 또는 두 명이 이러한 책무를 담당할 수 있다. 보다 큰 조직은 일반적으로 보다 많은 사람들이 조직의 운영을 관리하기 때문에 보다 복잡하다. 큰 조직에서 구매 결정에 종종 다수의 사람들이 참여한다는 것은 광고 및 판매 인력의 노력이 기업 내의 다양한 기능들을 목표로 해야 한다는 것을 의미한다. 각 메시지는 특정 기능에만 관심있는 이슈를 강조할 필요가 있을 것이다. 작은 기업에서 같은 구매 결정은 소유자 또는 관리자만을 포함시킬 수 있다. 여러 다른 매체들은 그 사람에게 접근하는 것이 요구되며, 메시지는 모든 주요 구매 이슈를 기술할 필요가 있다.

활동(Activities)과 목표(Objectives) 조직의 활동들 및 목표들은 그들의 스타일과 행동에 영향을 미친다. 예를 들어, 해군은 새로운 전투기의 항공전자 공학 시스템을 구매할 때, Boeing이 상업적 항공기에 대한 유사한 시스템을 구입할 때와 다르게 행동한다. 해군은 공적 목표를 수행하는 정부조직인데 반해 Boeing은 이윤을 추구하는 상업적 목표를 추구한다.

<표 19-7>은 다양한 조직 목표들과 활동의 인터페이스의 예를 보여주는 매트릭스이다. 조직 목표는 상업적, 정부적, 비영리적 그리고 협동적 목표로 구분할 수 있다. 조직 활동의 일반적 성격은 일상적, 복합성 혹은 기술적으로 설명할 수 있다. 예를 들어 고속도로 유지 서비스를 구매하는 정부조직은 미사일을 구매하는 정부조직과 다르게 행동할 것이

표 19-7 조직 목표 및 활동의 성격에 기초한 조직 활동

일반적 조직 목표	조직 활동의 성격		
	일상적	복합성	기술적
상업적	사무실 관리	인적자원 관리	신제품 관리
정부의	고속도로 관리	세금징수	우주탐사
비영리	기금 모집	국립공원 수의 증가	장기기증 프로그램
협동조합	산업통계의 편찬	산업기준의 설정	응용연구

다. 마찬가지로 여러 소매업자를 위한 구매 조합으로 구성된 조합 도매 조직은 반도체 산업의 기업들이 구성한 조합 연구 기관과 다른 조직 문화를 가지고 있을 것이다. 그리고 장기 기부와 관련된 비영리 조직은 산업 통계를 수집하기 위하여 구성된 조직과 다를 것이다.

상업적 기업들은 유용하게 공적 기업(주식이 널리 거래됨) 및 사적 기업(한 명 또는 소수가 기업을 지배할 수 있는 주식 점유율을 가지고 있음)으로 구분될 수 있다. 공적 기업의 관리층은 주주들의 경제적 이익을 최대화하는 방식으로 기업을 운영할 것으로 일반적으로 기대된다. 이러한 조직은 최적은 아니지만 경제적으로 건전한 결정을 하도록 지속적인 압력에 직면한다.

그러나 약 반 이상의 비즈니스 구매는 종종 최고경영자가 지배적인 주주인 사기업과 관련된다. 이 상황에서 기업은 이윤극대화와는 다른 목표를 추구할 수도 있고, 자주 그렇다. 한 연구는 다음의 동기들이 그러한 기업의 관리를 주도한다는 것을 발견하였다:[32]

- 전체 가족이 일하고 관련될 수 있는 장소의 건설.
- 환경에 대한 완전하고, 전제적인 통제.
- 영속적인 "왕국"의 건설.
- 부유해짐.
- 가족이 기대하는 것을 함.
- 기업 또는 다른 사람을 위해 일하는 것을 피함.
- 지위를의 획득.
- 세계 또는 환경의 개선.

이러한 기업들을 소유자의 동기에 의하여 세분화하는 것은 판매 메시지를 개발하는데 유용한 방식이다. 예를 들어 Micron Electronics는 소규모 기업의 소유자 및 관리자를 목표로 하였다. 광고는 자사를 보다 큰 기업보다 이들의 욕구와 관심을 잘 이해하고 관심을 가지고 있다는 것으로 포지셔닝하였다. 한 광고는 "그들은 당신에게 시간을 내지 않습니다. 그들은 당신이 주요 당사자가 아니라고 이야기합니다. 그들은 세 번째 라인 전화에서

사진 19-5

조직은 종종 사적으로 소유되며 소유자는 독특한 시장 기회를 창출하는 특정 욕구 및 동기를 가지고 있다.

야 당신을 기다리고 있습니다"라고 말한다. <사진 19-5>에서의 기업은 또한 장기적 자산관리에 대한 관심에 어필하기 위해 설계된 광고로 이러한 집단을 목표로 선정하고 있다는 것이 분명하다.

위치(Location) 제5장에서 본 것처럼, 미국에는 많은 지역적 하위문화들이 있다. 이러한 하위문화는 개인의 라이프스타일뿐 아니라 조직의 문화에도 영향을 미친다. 예를 들어 서부 해안에 있는 기업들은 동부 해안에 있는 기업들보다 운영에 있어서 더 비공식적인 경향이 있다. 서부에서는 전국 어디보다 의복은 더 캐주얼하고, 관계는 덜 공식화되어 있으며, 사업은 보다 개인적 수준에서 이루어진다. 중서부와 남부는 또한 독특한 비즈니스 스타일을 가지고 있다. 마케팅 커뮤니케이션 및 판매원 훈련은 이러한 차이를 반영할 필요가 있다.

위치에 기초한 차이는 외국문화권에서 사업을 할 때 더 커진다. 자국 밖에 지점을 여는 기업은 빈번히 그 지역 사회에서 인력을 관리하고 활동하는데 여러 어려움을 경험한다. 전세계적 B2B 판매는 전세계적 B2C만큼 어렵다. 중국인들의 관계는 **관시**(guanxi)라는 용어를 사용하여 제2장에서 논의되었다. 관시는 사회생활에서 뿐 아니라 영업을 할 때 자원 또는 이득을 확보하기 위해 개인이 이용할 수 있는 개인적 연줄/관계라는 것을 기억하라.[33] 그렇지만, 기업은 문화에 기초한 이러한 그리고 다른 개념들을 충분히 이해하는데 유의해야 한다. 한 중국 정보통은 미국인이 전통적 회식에서 도가 지나치게 술과 음식을 한다고 지적하는데, 중국인들은 이를 의심스러운 눈초리로 본다. 다음을 고려해 보라:

> 어떤 외국인들은 중국에 와서 일반적으로 중국의 지역 문화와 중국을 지나치게 존중하려고 하는 것을 볼 수 있다. 이는 어느 정도는 위선으로 보인다. 중국인들은 그러한 면을 포착해 낸다. 그리고 그것을 활용한다. 중국인들은 이용할 약점을 찾는데 능숙하다. 어떤 외국인은 여기에 와서 지나치게 예의바르게 행동한다. 나는 그들에게 그것은 중국문화에서 예의가 아니라고 설명한다.[34]

도를 넘는 것 혹은 지나치게 행동하는 것은 문제로 보인다. 미국인은 마케터들의 지나친 노력을 절망감의 표현으로 또는 진짜가 아니라고 본다는 점에서 그들의 이러한 노력에 대하여 똑같이 반응한다. 뉘앙스 및 진정한 이해가 다른 문화에서 성공적 사업의 열쇠이다.

산업 범주(Industry Category) 두 기업은 크기(크고), 위치(Illinois), 활동(제조), 목표(이윤) 그리고 소유(공적)에서 유사하지만 그럼에도 불구하고, 부분적 이유로서 다른 산업에 속하기 때문에 매우 다른 문화를 가질 수 있다. 이 두 기업 중 한 기업은 중장비를 제조하고 다른 기업은 컴퓨터를 제조하는 기업이라면 매우 다른 문화가 존재한다고 예상할 수 있다.

조직 구성(Organization Composition) 조직 문화는 조직 내에서 일하는 사람들의 행동과 가치에 영향을 준다. 그러나 조직에서 일하는 사람들의 형태도 조직 문화에 큰 영향을 준다. 주로 젊고, 고학력, 기술적 지향성을 가진 사람들로 구성된 조직은(말하자면, 소프트웨어 엔지니어링 기업) 주로 나이 들고, 고학력, 비기술적 사람들(말하자면, 보험기업)과 다른 문화를 가질 것이다. 대부분의 조직 문화는 창업자 및 최고관리자에 의해서 보다 많은 영향을 받지만 조직 구성원의 전반적 구성도 중요하다.[35]

거시세분시장(Macrosegment) 구별적인 기업통계적 특성을 가진 조직들은 **거시세분화(macrosegmentation)**란 과정을 통하여 세분시장들로 묶여질 수 있다. 기업통계적 특성에 기인한 욕구의 차이에 기초하여 나눈 이러한 세분집단은 **거시세분시장**이라고 불리운다.[36] 도입부분에서 논의하였던 특별한 방법으로 중견기업에 집중하려는 IBM의 결정은 하나의 예이다. First Chicago Bank는 말하기를:

> 우리는 모든 사람에게 모든 것이 되고자 너무 오래 노력해 왔다. 우리는 모든 지점에서 전략을 시작하는 과정에 있으며, 그곳에서 우리는 고객을 세분화하고 세분시장들에 대하여 마케팅 캠페인을 맞출 것이다.

은행이 표적으로 삼고 있는 두 개 거시세분시장은 중견 및 소기업이다. 각 세분시장은 그 세분시장에 집중할 마케팅팀을 갖게 될 것이다.[37]

2. 문화/정부

문화마다 가치 및 행동의 차이는 개인뿐만 아니라 조직에도 영향을 준다.[38] 예를 들어 대부분의 미국기업에서, 주주 또는 소유자의 부는 지배적인 결정 기준이다. 기업의 감축은 이윤을 높이기 위하여 수십만의 노동자 및 관리자의 직장을 잃게 한다. 이러한 행동들은 미국 사회에서 받아들여져 왔다. 유사한 기업행동은 대부분의 유럽 또는 일본에서 받아들여지지 않을 것이다. 이들 사회에서는 노동자의 복지가 기업의 이윤과 종종 같거나 그 이상이다. 공장 폐쇄법들, 해고 규제 그리고 노동자 편익은 미국보다 훨씬 더 높은 경향이 있다.

미국, 일본 그리고 대부분의 유럽에서 판매를 위한 뇌물 및 유사한 방식은 받아들여지지 않으며 이들 정부들은 그러한 행동을 금지하는 다양한 법들을 집행하고 있다. 미국에서 뇌물에 대한 법적 그리고 사회적 제약은 공급자로부터 구매자에게로의 기업 선물이 어렵거나 불가능할 정도로 충분히 강력하다.[39] 세계의 다른 지역에서는 “뇌물”이 많은 사업거래에서 예상되는 부분이기도 하다. 따라서 이 지역에서 사업을 수행하는 기업들에게 이것은 어려운 윤리적 딜레마를 만들어 내기도 한다. 미국정부가 강제하는 법적 제약을 무시하면서 미국기업들은 값비싼 “선물”이 필수적으로 보편화된 국가에서 그런 선물을 제공할 수 있는가?

세계의 많은 지역에서 기업과 정부는 파트너관계이거나 적어도 긴밀히 협조한다. 미국의 경우 정부와 기업은 가깝지 않으며, 때로는 적대적인 관계가 보통이다. 한 가지 사례는 미국정부가 시작한 Google에 대한 반독점법 조사이다. 이것이 Google에 어떤 영향을 준다고 생각하는가?

3. 준거집단

준거집단은 조직 행동 및 구매 결정에 영향을 미친다. 산업재 시장에서 아마도 가장 강력한 형태의 준거집단은 **선도 사용자(lead users)**이다. 선도 사용자는 변화를 선도함으로써 많은 성공을 얻는 혁신적인 조직이다. 그 결과, 새로운 제품, 서비스, 기술 또는 제조과정의 채택이 다수의 기업들에 의하여 감시되고 종종 모방된다.[40] Hewlett-Packard의 판매원의 말이 선도 기업의 역할을 설명한다:

> 병원 구매 행동의 한 측면은 주요 거래처의 역할이다. 이 시장에서는 피라미드 형태의 영향력이 작용하는데, 작거나 중간 수준의 병원들은 기술적 단서에 대하여 종종 연구 및 교육을 하는 보다 큰 병원에 의존한다. 그러므로 영향력이 있는 병원에 강력한 입지를 유지하는 것은 중요하다.[41]

업계 협회, 재무 분석가 그리고 중개상 조직과 같은 다른 준거집단도 또한 특정 품목을 살 것인지 말 것인지 또는 특정 공급업자로부터 살 것인지 말 것인지에 대한 조직의 결정에 영향을 미친다. **준거집단 하부구조(reference group infrastructure)**는 한 산업 내에서 구매 영향의 흐름을 의미한다. 한 예로, 새로운 기술 제품의 성공은 그 기업이 자신을 시선도 사용자와 하부구조 준거집단을 결합하기 그림 

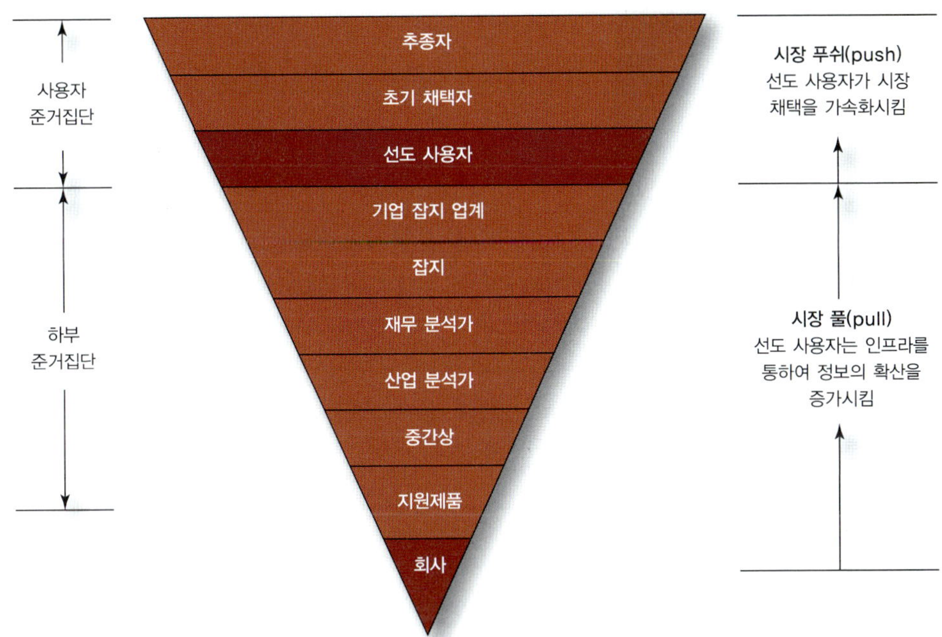

Source: Roger Best and Reinhard Angelihard, "Strategies for Leveraging a Technology Advantage," *Handbook of Business Strategy*, 1988.

장과 구별한 연속선상에 위치한 준거집단들에 어떻게 영향을 미치는가에 달려 있다. 그 기업이 이 하부구조에서 긍정적인 지지와 사용을 더 얻을수록 고객이 그 제품을 선호하는 공급원천으로 대할 가능성이 더 높아질 것이다.

<그림 19-2>에서처럼, 준거집단의 하부구조와 선도 사용자의 개념을 결합한다면 우리는 조직 준거집단 체계의 보다 포괄적인 그림을 얻을 수 있다. 선도 사용자들은 중요한 역할을 하기 때문에 그들의 제품, 기술 또는 판매자의 선택은 두 가지 강력한 방법으로 전체 하부구조에 영향을 줄 수 있다. 첫째, 특정 공급자의 혁신적 제품을 채택하는 선도 사용자의 결정은 그 제품 및 공급자에게 신뢰성을 더한다. 이는 차례로 그 기업과 남아있는 표적 고객들 사이에 위치해 있는 하부구조에 강한 긍정적인 영향을 준다. 둘째, 선도사용자의 구매 결정은 시장 추세를 따르고자 하는 기업들에 직접적인 영향을 줄 것이다.

이의 전략적 시사점은 분명하다. 신제품, 특히 기술제품의 마케터들은 명백한 선도사용자에게 판매를 확보하는데 최초의 노력을 집중해야 한다.

19.4 조직 문화에 영향을 미치는 내부 요인

1. 조직 가치

LO3

Hewlett-Packard 및 Apple Computer는 두 기업 모두 컴퓨터를 제조하고 판매한다. 그러나

사진 19-6

광고는 회사가 표적으로 하는 조직의 가치에 소구해야 한다. 이 광고는 효율성 및 적극적인 문제해결을 가치있게 여기는 기업 및 소비자에게 어필할 것이다.

각 기업은 구별되는 조직 문화를 가지고 있다. Hewlett-Packard는 단체적이고, 공식적이고 진지하다. Apple은 덜 공식적이고, 창의적이고 보다 열린 조직 문화를 장려한다. 마케팅 관리자는 각 조직의 욕구를 잘 충족시키기 위해서 이러한 차이를 이해하여야 한다.

당신은 아래에서 보여지는 여덟 가지 공통된 조직 가치를 살펴볼 때, Hewlett-Packard가 Apple과, Macy's는 Target과, Amazon.com은 Buy.com과 또는 FedEx는 U.S. Postal Service와 어떻게 다른지를 생각해 보라. 각기 규모가 큰 조직이지만, 각기 조직 문화의 기초가 되는 독특한 가치군을 가지고 있다. 조직들이 이러한 가치들에서 차이가 나는 정도에 따라 이들에게 마케팅하는 기업은 마케팅 방식을 적합화 시켜야 할 것이다.

1. 위험추구는 높이 평가되고 보상을 받는다.
2. 경쟁이 협동보다 더 중요하다.
3. 열심히 일하는 것이 먼저이고, 여가는 다음이다.
4. 개인적 노력은 단체적 노력보다 우위를 갖는다.
5. 어떠한 문제도 해결될 수 있다.
6. 적극적 의사결정이 필수적이다.
7. 변화는 긍정적인 것이며 적극적으로 추구된다.
8. 성과는 계급 또는 지위보다 더 중요하다.

위에서 언급된 가치들은 변화를 추구하고, 문제를 기회로 보며 그리고 개인적 노력에 보상하는 혁신적인 조직을 나타낸다.[42] 미국 우체국이나 다른 많은 공적 기관에서 그러한 가치를 장려하는 것을 상상하기는 어렵다. 한편 이러한 가치들은 많은 하이테크 신생조직들의 기초가 된다.

<사진 19-6>의 광고는 효율성 및 적극적인 문제 해결을 지향하는 조직 및 개인에게 소구하고 있다.

2. 지각

정보를 처리하기 위해서, 기업은 소비자와 같이 노출, 주의 그리고 해석의 단계를 거친다. 물론, 조직이 보다 복잡할수록 관련된 과정도 또한 더 복잡해질 것이다.[43] 산업 고객은 판매 조직들에 대하여 그들의 제품, 사람 그리고 조직 활동에 의하여 특정 이미지를 형성한다. 사람과 마찬가지로, 조직도 기억을 가지고 있어서, 그들이 형성한 이미지 또는 기억에 기초하여 결정을 한다. 일단 조직이 이미지를 형성하면 바꾸기는 어렵다. 그러므로 조직은 바라는 이미지나 브랜드 포지션을 구축하고 강화하기 위해서 건전한 커뮤니케이션 전략을 개발하는 것이 중요하다.[44]

사진 19-7

잘 만들어진 산업 광고 캠페인은 전 문화에서 회사의 이미지를 높이는데 효과적 일 것이다.

<사진 19-7>은 매우 성공적이었던, 3M의 1, 2, 3M 캠페인 광고를 보여주고 있다. 도전하는 것은 3M의 6만 개 제품을 통합하고 의미있는 조직 이미지를 제공하는 것이었다. 3M 제품이 기술적으로 흥미있을 뿐 아니라 사람들의 삶에 유용하고 차이를 만들 수 있는 것을 보여주는 것이 중요한 일이었다. 그 캠페인은 미국, 프랑스, 라틴 아메리카 그리고 호주에서 매우 성공적이었다. 조사는 3M을 혁신적인 제품을 가진 혁신적인 조직으로 지각하는 비율이 10%에서 51%으로 증가하였고, 전반적 호감은 65%에서 85%로 그리고 3M을 추천할 가능성은 71%에서 91%로 증가하였다.[45]

광고 크기와 반복은 인지도와 행동에 긍정적인 영향을 준다. 한 주요 연구는 둘 또는 여러 광고들이 전문 기업 잡지의 같은 호에 실린 경우가 하나만 실린 경우보다 인지율이 20% 증가하였다.[46] 광고의 크기도 또한 광고에 의해 제기된 문의의 형태로 행동에 영향을 미쳤다. 기업 대 기업 잡지 광고를 조사 한 연구는 전면 광고가 보다 작은 광고보다 더 효과적이라는 것을 보여준다.

광고가 조직들에게 커뮤니케이션하는데 중요한 역할을 하지만, 직접 판매 방문은 대부분의 산업 시장에서 커뮤니케이션 믹스 중 가장 중요한 요소이다. 이는 방문당 비용이 300달러 정도라고 여겨지는 고비용임에도 불구하고 그렇다. 판매원의 역할이 중요한 한 이유는 기업은 경제적 존재만이 아니라는 것이다. 조직 구매자들은 그들이 알고, 좋아하고, 신뢰하는 기업과 거래하기를 선호한다. 이러한 관계는 자주 관련기업들의 구성원들 간에 형성되는데, 판매원이 판매조직의 가장 일반적인 대표자가 된다. 한 성공적인 판매원이 말하기를:

> 당신은 좋은 제품을 갖고 있어야 하지만 당신은 또한 고객을 당신과 같은 판매원으로 만들어야 한다.[47]

3. 학습

개인처럼, 조직들도 그들의 경험 및 지각을 통하여 배운다.[48] 판매자에 대한 긍정적인 경험은 보상적이고 반복되는 경향이 있다. 효과적인 것으로 입증된 구매과정 및 절차는 규칙 또는 정책으로 제도화되는 경향이 있다. 마찬가지로, 판매자에 대한 부정적인 경험은 학습 및 회피 행동을 유발하며, 잘 작동하지 않는 구매 절차는 일반적으로 폐기된다. 효율적으로 학습하는 능력을 개발하는 것은 조직 성공에 점점 중요한 비결이 되고 있다.[49]

4. 동기 및 정서

조직 결정은 많은 소비자 결정보다 덜 정서적인 경향이 있다. 그러나 심리적 욕구 및 정서를 가진 사람들이 이들 결정에 영향을 미치기 때문에 조직 구매자에게 마케팅을 할 때 이런 측면이 무시되거나 과소평가되어서는 안 된다.

자주 조직 구매 결정에는 개인적 또는 경력상의 상당한 위험이 있을 수 있다. 잘못된 구매를 할 위험성은 자신에 대한 회의 및 심리적 불편함의 감정을 야기할 수 있다. 이들은 구매 결정에 영향을 미치게 되는 개인적 감정이다. FedEx는 본질적으로 다음과 같이 묻는 광고를 통하여 위험 회피에 소구한다:

> 당신은 상사에게 중요한 서류가 아직 도착하지 않았지만 덜 비싼 익일 배송 우편 서비스를 사용하여 5달러를 절약했다고 어떻게 설명할 것인가?

19.5 조직 구매자 세분시장 및 마케팅전략

LO4

이 장에서 논의된 각 요인들은 기업이 직면하는 구매자 형태에 영향을 주기 때문에 마케팅전략에서 중요하다. 조직 구매자를 분류하거나 또는 세분화하는 많은 방법들이 있다. 한 가지 중요한 방법은 거래적 대 관계적 교환에 의한 것이다. 어떤 구매자들은 크기, 시장 지위 및 전략 그리고 문화에 의해서 구매 방식에 있어서 보다 거래적인 반면, 어떤 구매자들은 관계적이다. **거래적 교환(transactional exchanges)**은 단일 거래를 포함하고, 기간이 짧고, 관계에 있어서 구매자와 판매자의 투자를 거의 수반하지 않으며 낮은 충성도를 수반한다. **관계적 교환(relational exchanges)**은 여러 번의 사건을 수반하며, 장기간 발생하며, 구매자와 판매자의 상당한 투자를 수반하며 더 높은 애호도를 수반한다.[50] 산업 분석가의 다음 발췌문이 이를 이렇게 설명한다:

> 두 가지 형태의 구매자가 있다: 거래적 및 관계적이다. 거래적 구매자는 그 용어가 시사하듯이 거래에만 초점을 맞춘다. 어떤 것이 그 돈에 가장 싸고, 가장 좋고, 가장 빠른 것인가? 유통업자(판매자)가 한 거래를 획득한다면, 그는 거래적 구매자로부터 애호도를 얻지 못하며, 단지 다음 거래에서 경쟁할 기회를 얻는다. 한편, 관계적 구매자는 그가 신뢰할 수 있고 의존할 수 있는 유통업자를 찾는 데 초점을 맞춘다. 돈(가격)은 한 요인이지만 관계적 고객은

신뢰할 수 있는 유통업자와 관계를 구축한다면, 그는 가격에 대하여 공정하게 대우를 받을 것이라고 믿는다.[51]

연구는 이 장에서 논의된 요인들 중 많은 부분이 관계가 거래적일지 또는 관계적일 것인지에 영향을 미친다는 것을 시사한다. 이 요인들은 다음과 같다:[52]

- **산업구조**–구매자가 소수일 때는 구매자는 판매자에 대해서 힘을 갖는다. 많은 경우 판매자의 위협이 줄어들기 때문에, 구매자는 협력관계의 가치 창조 활동을 용이하게 하기 위해서 관계적 교환을 더 선호할 수 있다.
- **의사결정 문화**–구매 결정이 구매부서에 위임될 때, 단기적이고 가격에 초점을 둔 의사결정 문화가 발생할 가능성이 더 높으며, 그러한 구매자는 거래적 교환을 선호하는 경향이 있다.
- **의사결정 구조**–DMU가 더 크고 교차기능적일 때, 이는 보다 복잡한 의사결정 과정을 반영한다. 그러한 구조에 직면한 구매자는 관계적 교환을 선호하는 경향이 있다.
- **위험 허용**–낮은 위험 허용의 구매자들은 관계적 교환을 선호하는데 그 이유는 그러한 방식이 그들이 구매하는 투입물에 대한 접근과 투입물의 품질에 대한 불확실성을 줄여주기 때문이다.
- **구매의 성격**–상당한 교육과 구매 후 시원을 요구하는 복잡한 구매(예: 신규 구매)를 수행하는 구매자는 이러한 중요 차원들을 제공하는 관계적 교환을 선호하는 경향이 있다.

관계적 교환의 개념은 제18장에서 논의된 **관계마케팅**과 관련된다. 관계마케팅은 적어도 소비자 마케팅에서만큼 산업재 마케팅에서도 중요하다.[53] 기업 수준에서 기본적 생각은 판매자는 이윤을 추구하면서도 구매자의 이윤 또는 활동을 증진시키는 목표를 가지고 장기간 구매자와 밀접하게 일을 해야 한다는 것이다. 관계는 다른 방법으로는 가능하지 않을 가치를 창출하기 위하여 형성된다. 즉, 구매자와 판매자가 협력하는 것은 신제품을 개별적으로 개발하는 것보다 빨리 그리고 보다 저렴하게 개발하기 위하여, 자원, 기술 그리고 특허를 공유하게 할 수 있다.

건전한 거래 관계는 많은 가치 차원에 의존한다.[54] 이들은 다음과 같다:

- **신뢰성(legitimacy) 및 부합성(Compatibility)**–이 차원은 신뢰 및 믿음뿐만이 아니라, 전달된 실제적 품질, 브랜드 평판에 의해서 반영되는 지각된 품질을 다룬다.
- **사회적 관계(Social Relations)**–이 차원은 우정, 친밀함 그리고 구매자와 판매자간의 커뮤니케이션 정도를 다룬다.
- **경제적 그리고 공유된 가치(Economic and Shared Values)**–이 차원은 구매자와 판매자가 공동 연구 및 개발, 정보기술 그리고 가치를 통해 통합되는 정도를 다룬다.
- **학습제휴(Learning Bonds)**–이 차원은 구매자와 판매자간에 공공연구 개발, 직원교환, 훈련 등에서 통합되어 있는 정도를 의미한다.

소비자 통찰력 19-1

애호도 및 관계 마케팅 전략

모든 관계가 같게 창출되는 것이 아니며, 모든 구매자가 관계적 투자를 할만한 가치가 있는 것은 아니다. 가치부가 서비스에 대해 지불할 의향이 있고 향상된 성과 및 더 낮은 거래비용을 바라는 구매자들에게 투자하고, 관계를 맺을 가치가 있다. 엄격한 가격의 렌즈를 통하여 세상을 보고 가치부가 서비스에 대하여 지불하기를 원하지 않거나, 지불하지 않을 사람들은 다른 방식으로 대할 필요가 있다.[56]

그것은 구매자에 대한 두 가지를 이해함으로써 시작된다.

1. 그들을 응대하는데 얼마나 많은 비용이 드는가? 이는 구매자의 수익성 및 또한 여전히 수익성이 있으면서 가치부가 서비스에 얼마나 많은 투자를 할 수 있는가와 관련된다.
2. 구매자가 "애호도 사다리(loyalty ladder)"에서 어디에 있는가? 높은 수준의 애호도의 구매자는 당신 기업에 관계특유 투자를 하기를 원하고, 신규 사업을 공동으로 하고, 프리미엄을 지불할 용의가 있으며, 그 밖의 일들을 하기를 원한다.

이러한 두 요인을 결합하면 네 가지 조직구매자 세분시장이 도출된다.

- **상용품 구매자**(Commodity Buyers) (저비용/저애호도)–이 고객들은 가치부가 서비스를 원하지 않으며 이런 서비스에 대해 지불하기를 원하지 않는다. 그들은 단지 가장 낮은 가격의 기본적 제품(상용품)을 원한다. 그들이 저비용 때문에 수익성이 있다면 거래적 고객으로 응대되어야 한다.
- **저성과 구매자**(Underperfoming Buyers) (고비용/저애호도)–기업이 이들을 수익성있는 상용품 구매자로 만들기 위해 비용을 삭감하거나 또는 수익성있는 파트너로 만들기 위해 가치부가 서비스에 대해 지불하도록 설득할 수 없다면, 그들과의 관계는 일반적으로 종결되어야 한다. 쉽지 않지만 구매자에게 팔지 않는 것이 실제적으로 더 수익성이 있을 수 있다.
- **파트너 구매자**(Partner Buyers) (고비용/고애호도)–응대하는데 고비용이 들지만, 이 고객들은 일반적으로 애호도가 있으며 따라서 제공된 가치부가 서비스에 대하여 지불할 용의가 있는 편이다. 비용을 낮추고 이윤을 증가시키기 위하여 관계의 효율성을 높이는데 주목하여 관계적 방식으로 관리되어야 한다.
- **가장 가치있는 고객**(Most Valuable Customers) (저비용/고애호도)–이 구매자들은 가치부가 서비스를 요구하고 지불하지만 규모의 경제 및 경험 등에 의하여 비용이 더 적게 들기 때문에 가장 수익성이 있다. 이 고객들은 파트너처럼 관계적 방식으로 관리되어야 한다.

많은 사업체들은 같은 방식으로 그들의 구매자들을 관리하고 마케팅을 한다. 그러나 앞에서 언급한 구매자 세분시장에서 어떤 구매자들은 관계를 가질 가치가 있고 다른 구매자들은 그렇지 못하다는 것을 알 수 있다. 한 전문가는 10% 미만의 구매자들은 가장 가치있는 고객 범주에 들어간다. 관계적 또는 관계 마케팅은 시간과 노력의 측면에서 비용이 들기 때문에 어떤 구매자 집단만이 그러한 관계를 가질 가치가 있다.

생각해 볼 문제

1. 무엇이 어떤 고객을 다른 고객들보다 더 가치있게 만드는가?
2. 당신은 어떻게 저성과 구매자를 파트너 구매자 지위로 옮길 것인가?
3. 왜 상용품 구매자들이 유지할 가치가 있는가?

구매자와 판매자 간에 관계의 질에 있어서 종종 차이가 존재하는데, 판매자는 특히 초기 관계에 있어서 품질을 과대평가한다.

관계의 길이	구매자	판매자
단기		
신뢰성 및 부합성	4.9	5.7*
사회적 관계	4.7	5.2*
경제적 그리고 공유된 가치	4.5	4.8
학습	2.8	3.1
중기		
신뢰성 및 부합성	4.9	5.4*
사회적 관계	4.8	4.9
경제적 그리고 공유된 가치	4.5	4.7
학습	3.3	2.9
장기		
신뢰성 및 부합성	5.4	5.3
사회적 관계	5.2	5.4
경제적 그리고 공유된 가치	5.1	5.0
학습	3.8	3.4

주: 숫자가 클수록 지각된 성과는 높아짐. *는 유의한 차이를 의미함.
자료원: B. R. Barnes et al., "Perceptual Gaps and Similarities in Buyer-Seller Dyadic Relationships," Industrial Marketing Management 36(2007), p.667에서 편집

명백히, 관계의 장기적 성공은 구매자가 관계로부터 높은 가치를 지각함에 달려 있다. 이는 관계의 초기에서는 덜 일어날 것 같으며 판매자는 보다 긍정적인 지각 쪽으로 편향되는 경향이 있다. 그러한 잘못된 지각은 조사할 필요가 있을 만큼 분명히 중요하며, 구매자와 판매자 간의 차이는 관계가 건전하게 지속되기 위해서는 제거되거나 상당히 축소되어야 한다. 이는 쌍방이 어떤 가치 차이라도 줄이기 위하여 소위 관계 성과표(relationship performance scorecard) 및 전략개발을 사용하는 주기적 평가를 포함할 수 있다.[55]

어떤 기업체는 모든 구매자가 관계적 교환을 개발할 가치가 있다고 가정하는 실수를 범한다. 소비자영역(B2C)에서처럼, 기업 영역에 있어서도 이는 항상 참은 아니다. 어떤 고객은 강한 관계를 가질 가치가 있지만, 어떤 고객은 거래적 고객으로 관리되어야 하며, 어떤 고객은 관계가 종결되어야 한다. <소비자 통찰력 19-1>은 이러한 전략적 이슈 및 결정에 통찰력을 제공한다.

요약

1. 조직 구매과정을 기술하라

가구와 같이 조직은 많은 구매 결정을 한다. 어떤 경우에는 이들 구매 결정은 일상적 대체 결정이고 다른 경우에는 새롭고 복잡한 구매 결정일 수 있다. 세 가지 구매 상황이 일반적인 조직 구매이다: **단순 재구매**, **수정된 재구매** 그리고 **신규 구매**이다. 이들 구매 상황은 각기 다른 조직 행동을 야기시킨다.

조직 의사결정 과정은 문제인식, 정보탐색, 평가 및 선택, 구매실행 그리고 구매 후 평가를 포함한다. 가구의 결정에서처럼, 인터넷은 정보탐색 및 결정 단계를

포함하여 조직 결정과정의 각 단계에서 중요한 요소이다. 결합식 과정은 상기브랜드군을 형성하는데 전형적으로 사용되며, 다른 결정규칙은 특정 판매자를 선택하는데 사용된다. 가격 그리고 품질과 같은 기능적 속성이 중요한 역할을 하는 것은 확실하지만, 브랜드 이미지도 또한 중요하여 어떤 경우에는 조직 구매자가 지불하고자 하는 가격을 높인다.

가구의 결정보다 조직의 구매 실행은 더 복잡하며 또한 결제조건은 더 중요하다. 어떻게 지불하느냐는 매우 중요하다. 마지막으로 사용 및 구매 후 평가는 종종 보다 공식적이다. 많은 조직은 경쟁 제품들의 전체 수명기간의 비용을 결정하기 위하여 자세한 내부 사용 실험을 하거나 또는 대규모 주문을 하기 전에 신제품을 평가할 상당한 시간을 보낸다. 만족은 다양한 기준 및 많은 다른 사람들의 의견에 의존한다. 고객만족을 달성하기 위하여 각 사람들이 중요하다고 생각하는 기준을 만족하여야 한다.

2. **조직 문화에 영향을 미치는 외부 요인들을 요약하라**

조직은 조직문화로 특징짓는 스타일 또는 방식을 가지고 있다. **기업통계적 특성**(크기, 목표, 위치 그리고 산업 범주와 같은 조직의 특성과 종업원의 성별, 연령, 교육, 그리고 소득분포와 같은 조직의 구성원의 특성)은 조직문화에 중요한 영향을 미친다. 구매자 조직을 유사한 기업통계적 특성에 기초하여 세분시장으로 묶는 과정은 **거시세분화**라고 한다.

준거집단은 기업 대 기업 시장(B2B)에서 중요한 역할을 한다. **준거집단 하부구조**는 대부분의 조직 시장에서 존재한다. 이들 준거집단은 종종 제삼자 공급업자들, 디스트리뷰터(도매업체)들, 산업 전문가들, 업계 간행물들, 재무분석가들 그리고 주요 고객들로 구성된다. **선도 사용자**들은 준거집단 하부구조와 다른 잠재적 사용자들에게 영향을 미치는 주요 준거집단임이 밝혀졌다.

조직 문화에의 다른 외적 영향은 조직이 활동하는 지역의 문화 및 그 조직이 상대하는 정부의 형태이다.

3. **조직 문화에 영향을 미치는 내부 요인들을 요약하라**

조직 문화에 영향을 미치는 내부 요인들은 조직 가치, 지각, 학습, 기억, 동기 그리고 감정이다. 조직은 조직의 스타일에 영향을 미치는 가치를 가지고 있다. 조직 내의 개인들은 이들 가치를 다른 정도로 가지고 있다. 조직은 또한 이미지를 개발하고, 동기를 가지고 그리고 학습한다. 판매자 조직들은 다양한 커뮤니케이션 대안들을 통하여 자신들이 어떻게 지각되는지에 영향을 미칠 수 있다. 인쇄광고, 직접우편, 판매방문 그리고 인터넷은 일반적이다. 조직들은 합리적 동기를 가지는 반면, 그들의 결정은 감정을 가진 사람들에 의해서 영향을 받고 이루어진다. 판매자 조직은 성공하기 위해서 이들 양자(주: 구매자 조직과 구매자)를 이해하고 만족시켜야 한다.

4. **마케팅 전략에 조직 구매자 세분시장의 영향을 설명하라**

이 장에서 논의된 각 요인들은 기업이 직면하는 구매자 형태에 영향을 주기 때문에 마케팅전략에 중요하다. 조직 구매자를 분류하거나 또는 세분화하는데는 많은 방법들이 있다. 한 가지 중요한 방법은 거래적 대 관계적 교환에 의한 것이다. **거래적 교환**은 단일 거래를 포함하고, 기간이 짧고, 관계에 있어서 구매자와 판매자의 투자를 거의 수반하지 않으며 낮은 애호도를 수반한다. **관계적 교환**은 여러 번의 거래를 수반하며, 장기간 동안 발생하며, 구매자와 판매자의 상당한 투자를 수반하며, 더 높은 애호도를 수반한다. 산업구조, 의사결정문화 및 구조, 위험 허용 그리고 구매의 성격 같은 요인들이 구매자가 거래적 또는 관계적 방식을 취할 것인지에 영향을 미친다. 마케터들은 특히 그들이 직면하는 구매자에 따라 관계마케팅을 고려할 때 그들의 전략을 조정해야 한다. 주기적 감사는 구매자가 관계로부터 바라는 가치를 얻는 것을 확실히 하는데 도움이 될 수 있다.

주요 용어

구매 센터(buying centers)
기업 문화(corporate culture)
의사결정단위(decision-making units, DMUS)
기업통계적 특성(firmographics)
선도 사용자(lead users)
거시세분화(macrosegmentation)
조직 문화(organizational culture)
준거집단 하부구조(reference group infrastructure)
관계적 교환(relational exchange)
결제 조건(terms and conditions)
거래적교환(transactional exchange)
두 단계 의사결정 과정(two-stage decision process)

참고 문헌

1. J. Gilbert, "Small but Mighty," *Sales & Marketing Management,* January 2004, pp. 30–35.
2. C. Lawton, "A New Dell Dude Looks to Rebuild an Ailing Brand," *The Wall Street Journal,* August 22, 2007, p. B3E; R. Karlgaard, "Michael Reinvents Dell," *Forbes,* May 9, 2011, p. 32; and "Dell's Differentiated Enterprise Solutions and Services Driving Long-Term Value and Growth," *Business Wire,* June 28, 2011.
3. T. Crutchfield et al., "Birds of a Feather Flock Together," *Journal of Advertising Research* 43, no. 4 (2003), pp. 361–69.
4. See, e.g., T. V. Bonoma, "Major Sales," *Harvard Business Review,* July–August 2006, pp. 2–13.
5. F. V. Cespedes, "Hewlett-Packard Imaging Systems Division," Harvard Business School case 9-593-080, September 6, 1994, p. 4.
6. R. Ventakesh, A. K. Kohli, and G. Zaltman, "Influence Strategies in Buying Centers," *Journal of Marketing,* October 1995, pp. 71–82; and M. A. Farrell and B. Schroder, "Influence Strategies in Organizational Buying Decisions," *Industrial Marketing Management* 25 (1996), pp. 393–403.
7. See W. J. Johnson and J. E. Lewin, "Organizational Buying Behavior," *Journal of Business Research,* January 1996, pp. 1–15; and E. J. Wilson, R. C. McMurrian, and A. G. Woodside, "How Buyers Frame Problems," *Psychology & Marketing,* June 2001, pp. 617–55. See also L. C. Leonidou, "Industrial Buyers' Influence Strategies," *Journal of Business and Industrial Marketing* 21, no. 1 (2005), pp. 33–42.
8. S. J. Puri and C. M. Sashi, "Anatomy of a Complex Computer Purchase," *Industrial Marketing Management,* January 1994, pp. 17–27; E. Day and J. C. Barksdale Jr., "Organizational Purchasing of Professional Services," *Journal of Business and Industrial Marketing* 9, no. 3 (1994), pp. 44–51; and D. Narayandas, "Building Loyalty in Business Markets," *Harvard Business Review,* September 2005, pp. 1–9.
9. See A. M. Weiss and J. B. Heide, "The Nature of Organizational Search in High-Technology Markets," *Journal of Marketing Research,* May 1993, pp. 220–33.
10. P. M. Doney and G. M. Armstrong, "Effects of Accountability on Symbolic Information Search and Information Analysis by Organizational Buyers," *Journal of the Academy of Marketing Science,* Winter 1996, pp. 57–65; and P. L. Dawes, D. Y. Lee, and D. Midgley, "Organizational Learning in High-Technology Purchasing Situations," *Industrial Marketing Management* 36 (2007), pp. 285–99.
11. D. Narayandas, "SalesSoft, Inc.," Harvard Business School case 9-596-112, March 24, 1998.
12. For a discussion of organizational decision making see J. B. Heide and W. M. Weiss, "Vendor Consideration and Switching Behavior for Buyers in High-Technology Markets," *Journal of Marketing,* July 1995, pp. 30–43; W. E. Patton III, "Use of Human Judgment Models in Industrial Buyers' Vendor Selection Decisions," *Industrial Marketing Management* 25 (1996), pp. 135–49; and J. Yu and C Tsai, "A Decision Framework for Supplier Rating and Purchase Allocation," *Computers & Industrial Engineering* 55 (2008), pp. 634–46.
13. J. E. Stoddard and E. F. Fern, "Buying Group Choice," *Psychology & Marketing,* January 2002, pp. 59–90.
14. M. Bendixen, K. A. Bukasa, and R. Abratt, "Brand Equity in the Business-to-Business Market," *Industrial Marketing Management* 33 (2004), pp. 371–80.
15. See K. N. Thompson, B. J. Coe, and J. R. Lewis, "Gauging the Value of Suppliers' Products," *Journal of Business and Industrial Marketing* 9, no. 2 (1994), pp. 29–40.
16. See, e.g., A. Kumar and D. B. Grisaffe, "Effects of Extrinsic Attributes on Perceived Quality, Customer Value, and Behavioral Intentions in B2B Settings," *Journal of Business-to-Business Marketing* 11, no. 4 (2004), pp. 43–63.
17. M. E. Drumwright, "Socially Responsible Organizational Buying," *Journal of Marketing,* July 1994, pp. 1–19. See also D. Pujari, K. Peattie, and G. Wright, "Organizational Antecedents of Environmental Responsiveness in Industrial New Product Development," *Industrial Marketing Management* 33 (2004), pp. 381–91.
18. M. Bendixen et al., "Brand Equity in the Business-to-Business

Market," *Industrial Marketing Management* 33 (2004), pp. 371–80. See also P. Michell, J. King, and J. Reast, "Brand Values Related to Industrial Products," *Industrial Marketing Management* 30 (2001), pp. 415–25; and H. Hansen, B. M. Samuelsen, and P. R. Silseth, "Customer Perceived Value in B-t-B Service Relationships," *Industrial Marketing Management,* April 2008, pp. 206–17.

19. See, e.g., G. S. Lynn et al., "Factors Impacting the Adoption and Effectiveness of the World Wide Web in Marketing," *Industrial Marketing Management* 31 (2002), pp. 35–49; and H. Min and W. P. Galle, "E-Purchasing," *Industrial Marketing Management* 32 (2003), pp. 227–33.
20. K. Smith, "Service Aspects of Industrial Products," *Industrial Marketing Management* 27 (1998), pp. 83–93.
21. S. Y. Lam et al., "Customer Value, Satisfaction, Loyalty, and Switching Costs," *Journal of the Academy of Marketing Science* 32, no. 3 (2004), pp. 293–311; R. E. Plank and S. J. Newell, "The Effect of Social Conflict on Relationship Loyalty in Business Markets," *Industrial Marketing Management* 36 (2007), pp. 59–67; and C. Jayawardhena, "Outcomes of Service Encounter Quality in a Business-to-Business Context," *Industrial Marketing Management* 36 (2007), pp. 575–88.
22. S. W. Hansen, J. E. Swan, and T. L. Powers, "Encouraging 'Friendly' Complaint Behavior in Industrial Markets," *Industrial Marketing Management* 25 (1996), pp. 271–81.
23. "UTC Products at a Glance: OTISLINE," United Technologies, press release, http://utc.com, accessed July 28, 2008.
24. "B to B E-Commerce," *The Marketing Site,* www.themarketingsite .com.
25. H. H. Bauer, M. Grether, and M. Leach, "Building Customer Relations over the Internet," *Industrial Marketing Management* 31 (2002), pp. 155–63; J. B. MacDonald and K. Smith, "The Effects of Technology-Mediated Communication on Industrial Buyer Behavior," *Industrial Marketing Management* 33 (2004), pp. 107–16; G. Easton and L. Araujo, "Evaluating the Impact of B2B E-commerce," *Industrial Marketing Management* 32 (2003), pp. 431–39; and L. M. Hunter et al., "A Classification of Business-to-Business Buying Decisions," *Industrial Marketing Management* 33 (2004), pp. 145–54.
26. G. Hotchkiss et al., *The Role of Search in Business to Business Buying Decisions* (Kelowna, BC, Canada: Enquiro, October 27, 2004); and P. Bruemmer, "Search Plays Key Role in B2B Sales," *Search Engine Guide,* www.serachengineguide.com, accessed July 1, 2011.
27. P. Bruemmer, "Search Plays Key Role in B2B Sales."
28. "Forrester: B2B Interactive Spending to Double by 2014," *BtoB,* March 4, 2010, www.btobonline.com, accessed July 1, 2011.
29. C. Klein, "Death of the Dark Side of Sales," *Sales Bloggers Union,* February 15, 2010, www.salesbloggers.com, accessed July 1, 2011.
30. G. Chakraborty, V. Lala, and D. Warren, "What Do Customers Consider Important in B2B Web sites?" *Journal of Advertising Research,* March 2003, pp. 50–61; and G. Chakraborty, P. Srivastava, and D. L. Warren, "Understanding Corporate B2B Web Sites' Effectiveness from North American and European Perspective," *Industrial Marketing Management* 34 (2005), pp. 420–29.
31. See S. Kitchell, "Corporate Culture, Environmental Adaptation, and Innovation Adoption," *Journal of the Academy of Marketing Science,* Summer 1995, pp. 195–205; and P. Berthon, L. F. Pitt, and M. T. Ewing, "Corollaries of the Collective," *Journal of the Academy of Marketing Science,* Spring 2001, pp. 135–50.
32. K. M. File and R. A. Prince, "A Psychographic Segmentation of Industrial Family Businesses," *Industrial Marketing Management,* May 1996, pp. 223–34.
33. M. Ewing, A. Caruana, and H. Wong, "Some Consequences of *Guanxi,* " *Journal of International Consumer Marketing* 4 (2000), p. 77. See also F. Balfour, "You Say *Guanxi,* I Say Schmoozing," *BusinessWeek,* November 19, 2007, pp. 84–85.
34. H. Gao, D. Ballantyne, and J. G. Knight, "Paradoxes and Guanxi Dilemmas in Emerging Chinese-Western Intercultural Relationships," *Industrial Marketing Management,* February 2010, pp. 264–72.
35. See J. E. Stoddard and E. F. Fern, "Risk-Taking Propensity in Supplier Choice," *Psychology & Marketing,* October 1999, pp. 563–82.
36. See R. L. Griffith and L. G. Pol, "Segmenting Industrial Markets," *Industrial Marketing Management,* January 1994, pp. 39–46.
37. G. Brewer, "Selling an Intangible," *Sales & Marketing Management,* January 1998, pp. 52–58. See also S. P. Kalafatis and V. Cheston, "Normative Models and Practical Applications of Segmentation in Business Markets," *Industrial Marketing Management* 26 (1997), pp. 519–30.
38. See, e.g., C. Nakata and K. Sivakumar, "Instituting the Marketing Concept in a Multinational Setting," *Journal of the Academy of Marketing Science* 29, no. 3 (2001), pp. 255–75.
39. See F. Gibb, "To Give or Not to Give," *Sales & Marketing Management,* September 1994, pp. 136–39.
40. A. N. Link and J. Neufeld, "Innovation vs. Imitation: Investigating Alternative R&D Strategies," *Applied Economics* 18 (1986), pp. 1359–63.
41. Cespedes, "Hewlett-Packard Imaging Systems Division."
42. For a discussion of innovativeness, see G. T. M. Hult, R. F. Hurley, and G. A. Knight, "Innovativeness," *Industrial Marketing Management* 33 (2004), pp. 429–38.
43. D. I. Gilliland and W. J. Johnston, "Toward a Model of Business-to-Business Marketing Communications Effects," *Industrial Marketing Management* 26 (1997), pp. 15–29.
44. See S. M. Mudambi, P. Doyle, and V. Wong, "An Exploration of Branding in Industrial Markets," *Industrial Marketing Management* 26 (1997), pp. 433–46; J. Lapierre, "The Role of Corporate Image in the Evaluation of Business-to-Business Professional Services," *Journal of Professional Services Marketing* 1 (1998), pp. 21–41; and D. H. McQuiston, "Successful Branding of a Commodity Product," *Industrial Marketing Management* 33 (2004), pp. 345–54.

45. L. Hochwald, "It's the Sizzle That Sells," *Sales & Marketing Management,* April 1997, p. 51.

46. *CARR Report No. 120.3* (Boston: Cahners Publishing Co., undated).

47. G. Conlon, "A Day in the Life of Sales," *Sales & Marketing Management,* September 1997, pp. 42–63.

48. See J. M. Sinkula, "Market Information Processing and Organizational Learning," *Journal of Marketing,* January 1994, pp. 35–45; G. T. M. Hult and E. L. Nichols Jr., "The Organizational Buyer Behavior Learning Organization," *Industrial Marketing Management,* May 1996, pp. 197–207; and S. J. Bell, G. J. Whitwell, and B. A. Lukas, "Schools of Thought in Organizational Learning," *Journal of the Academy of Marketing Science,* Winter 2002, pp. 70–86.

49. D. A. Garvin, "Building a Learning Organization," *Harvard Business Review,* July 1993, pp. 78–91; S. F. Slater and J. C. Narver, "Market Orientation and the Learning Organization," *Journal of Marketing,* July 1995, pp. 63–74; G. T. M. Hult, "Cultural Competitiveness in Global Sourcing," *Industrial Marketing Management* 31 (2002), pp. 25–34; and C. Lai et al., "The Effects of Market Orientation on Relationship Learning and Relationship Performance in Industrial Marketing," *Industrial Marketing Management,* February 2009, pp. 166–72.

50. J. N. Sheth and R. H. Shah, "Till Death Do Us Part . . . But Not Always," *Industrial Marketing Management* 23 (2003), pp. 627–31.

51. M. Dandridge, "Seven Myths Busted," *Electrical Wholesaling,* March 2010.

52. J. N. Sheth and R. H. Shah, "Till Death Do Us Part . . . But Not Always."

53. See, e.g., A. Walter et al., "Functions of Industrial Supplier Relationships and Their Impact on Relationship Quality," *Industrial Marketing Management* 32 (2003), pp. 159–69; J. N. Sheth and R. H. Shah, "Till Death Do Us Part . . . But Not Always," *Industrial Marketing Management* 32 (2003), pp. 627–31; and T. L. Keiningham, T. Perkins-Munn, and H. Evans, "The Impact of Customer Satisfaction on Share-of-Wallet in a Business-to-Business Environment," *Journal of Service Research,* August 2003, pp. 37–50.

54. B. R. Barnes, P. Naude, and P. Mitchell, "Perceptual Gaps and Similarities in Buyer–Seller Dyadic Relationships," *Industrial Marketing Management* 36 (2007), pp. 662–75. See also C. Steinman, R. Deshpande, and J. U. Farley, "Beyond Market Orientation," *Journal of the Academy of Marketing Science* 28, no. 1 (2000), pp. 109–19; and P. H. Andersen and R. Kumar, "Emotions, Trust and Relationship Development in Business Relationships," *Industrial Marketing Management* 35 (2006), pp. 522–35.

55. S. Janda, J. B. Murray, and S. Burton, "Manufacturer-Supplier Relationships," *Industrial Marketing Management* 31 (2002), pp. 411–20; L. F. Lages, A. Lancastre, and C. Lages, "The B2B-RELPERF Scale and Scorecard," *Industrial Marketing Management,* August 2008, pp. 686–97; and J. M. Whipple, D. F. Lynch, and G. N. Nyaga, "A Buyer's Perspective on Collaborative Versus Transactional Relationships," *Industrial Marketing Management* 39 (2010), pp. 507–18.

56. This Consumer Insight is based primarily on D. Narayandas, "Building Loyalty in Business Markets," *Harvard Business Review,* September 2005, pp. 1–9. See also K. A. Richards and E. Jones, "Customer Relationship Management," *Industrial Marketing Management,* April 2008, pp. 120–30; and S. F. King and T. F. Burgess, "Understanding Success and Failure in Customer Relationship Management," *Industrial Marketing Management,* June 2008, pp. 421–31.

부록 A

소비자 조사 방법

이 부록은 소비자행동조사를 실시하는 일반적 지침을 제공한다. 이러한 지침들이 조사에 도움이 되지만, 만일 소비자 조사프로젝트나 소비자 조사 제안서를 평가할 필요가 있다면 좋은 마케팅조사 교재가 반드시 필요하다.

2차 자료

2차 자료는 기본적으로 이미 존재하는 정보나 자료이다. 어떤 조사 프로젝트도 해당 프로젝트에 적합한 기존정보를 탐색한 후에 시작해야 한다. 과거연구, 판매보고서 그리고 회계 기록과 같은 내부 자료를 찾아봐야 한다. 보고서, 잡지, 정부기관, 업계협회, 마케팅조사기업, 광고대행사, 학술저널, 업계저널 그리고 서적과 같은 외부 자료도 철저히 조사되어야 한다.

컴퓨터 검색은 이러한 검색을 실시하는데 빠르고 경제적인 수단이다. 기업뿐만 아니라 대학과 대형 공공 도서관은 종종 정보, 보고서 그리고 자료의 가치있는 원천이 될 수 있는 다양한 데이터베이스를 이용한다. 이러한 데이터베이스들로는 다음과 같은 것들을 예로 들 수 있다: (a) ABI Inform-업계 및 학술적 간행물에 대한 전자적 접근, (b) MarketResearch.com-구체적인 산업 보고서의 온라인 원천, (c) Simmons Market Research Bureau 자료, (d) Mediamark 자료, (e) Standard Rate and Data Service(SRDS)이다. 공개적인 인구통계적 정보는 U.S. Census(www.census.gov)에서 볼 수 있다. 그리고 국제적 정보에 대한 중요한 원천은 The World Fact Book(www.cia.gov/cia/publications/factbook/)이다.

1차 자료 수집: 이슈와 방법

만일 원하는 구체적인 정보가 2차 자료로부터 이용가능하지 않다면, 1차 자료를 수집해야한다. 1차 자료는 구체적인 조사문제에 답하기 위해서 처음으로 조사자가 수집하는 정보나 자료이다. 따라서 정원을 꾸미는 사람들의 인구통계적 특성을 잘 이해하기 위해서는 U.S. Census(2차 자료)를 이용할 수 있지만, 새로운 정원관리 때문에 사용할 구체적인 브랜드 이름에 대한 정보(1차 자료)를 수집하기 위해서 서베이를 실시한다.

표본추출

일반적으로 1차 자료 수집은 소비자와 이야기하거나 관찰하는 것을 포함한다. 그러나 소비자에 대해서 판매원과 같이 이 분야를 잘 아는 사람들에게 문의하는 것도 포함될 수 있다. 어느 경우나 일반적으로 시간과 비용의 제약 때문에 모든 개별소비자들을 접촉할 수 없다. 따라서 대부분의 소비자 조사 프로젝트는 표본(전체집단으로부터 신중하게 선택된 일부)을 요구한다. 이것은 아래에서 서술할 중요한 의사결정들을 요구한다. 이 과정에서 범하게 되는 실수는 조사 실시 과정에서 수정하기가 어렵다. 주요 의사결정들이 아래에서 간단히 서술된다.

모집단 정의 첫 단계는 조사자가 관심을 갖는 소비자들을 정의하는 것이다. 조사자는 현재 브랜드 사용자, 현재 제품범주 사용자 혹은 잠재적 제품사용자와 얘기하기를 원하는가? 조사자는 구매자, 사용자 혹은 구매과정에 관련된 모든 사람과 얘기하기를 원하는가? 조사자가 정의하는 모집단은 마케팅 의사결정이 근거할 행동을 반영해야 한다.

샘플링 프레임 구체화 샘플링 프레임은 해당되는 모집단을 반영하고 있는 개인이나 가구의 목록 혹은 집단이다. 전화번호부와 특정 쇼핑몰의 쇼핑객들이 샘플링 프레임으로 역할을 할 수 있다. 완벽한 샘플링 프레임은 모집단 전체를 포함하고 있는 것이다. 전화번호부는 전화를 갖고 있으면서 전화번호부에 게재를 원치 않는 사람은 누락되어 있다. 많은 사람들이 쇼핑몰에 방문하지 않는 반면 다른 사람들은 자주 방문한다. 이런 경우는 완벽한 프레임없이 조사자가 최선을 다해서 조사해야 하는 분야이다. 그러니 샘플링 프레임의 불완벽성으로 인해서 발생할 수 있는 오류를 주의해야한다.

표본추출방법선택 이 시점에서 중요한 의사결정은 무작위(확률) 표본 혹은 비확률 표본을 할 것인지를 선택하는 것이다. 비확률 표본, 특히 판단 표본은 좋은 결과를 제공할 수 있다. 판단 표본은 제품정보가 많은 소비자나 개인을 신중하게 선정하는 것을 포함하다. 예를 들어, 한 기업이 대학생 시장을 표적으로 하여 탄산 와인 음료에 대한 태도를 알아보기 위해서 남학생 클럽과 여학생 클럽의 사회활동 담당자와 인터뷰하기로 결정할 수 있다. 이런 표본이 유용한 통찰력을 제공할 수도 있다. 그러나 그것도 오류가 있을 수 있다. 왜냐하면 어떤 개인들은 일반 대학생들보다 더 많은 소득이 있고, 사회적으로 더 활동적이다.

가장 보편적인 비확률표본인 임의표본은 조사자에게 가장 편한 방법으로 표본대상을 선정하는 것을 포함한다. 이 표본은 많은 종류의 오류들이 발생할 수 있기 때문에 일반적으로 피해야 한다.

무작위 혹은 확률표본은 표본 프레임으로부터 표본대상을 선정하는 몇몇 형태의 무작위과정을 허용한다. POP광고판을 지나가는 매번 세 번째 사람들을 선정하거나, 난수표를 이용해서 선정된 집 주소 혹은 컴퓨터를 이용해서 무작위로 선정된 전화번호 등이 이런 무작위 선정과정이다. 만일 무작위 절차가 사용된다면, 조사자는 표본이 제한적인 범위 내에서 대표성을 갖지 못할 확률을 계산할 수 있다.

표본크기 결정 마지막으로 조사자는 얼마나 많은 표본들로부터 자료 수집을 해야 할지 결정해야 한다. 무작위 표본추출을 이용한다면, 이 의사결정에 도움을 줄 수 있는 공식이 있다. 일반적으로, 모집단의 구성들이 다양할수록 그리고 더 확실한 정보를 얻기 원할수록 더 많은 표본이 필요할 것이다.

자료수집방법

심층면접

심층면접은 한 응답자와 면접원에 의한 면접일 수도 있고 소수 집단(8-15명 응답자)과 면접원에 의한 면접이 될 수도 있다. 후자는 표적 집단 면접(focus group interview)이라고 하고 전자는 개별 심층 면접(depth interview) 혹은 1:1 면접이라고 한다. 4~5명 집단은 종종 미니집단 면접이라고 한다. 심층면접은 일반적으로 질적 조사라고 한다. 개별 심층면접은 면접원과 응답자간 1:1 관계에 수행되는 면접이다. 면접원은 설문지에 부여된 순서에 따라서 질문되어야 하는 구체적인 일련의 사전질문들을 갖고 있지 않다. 대신 현장에서 질문을 만들고, 응답의 적절성을 검증하고, 어떤 방법으로든지 실용적인 자료를 개발하려고 노력할 수 있는 재량이 있다.

그러나 면접원은 다음과 같은 규칙을 따라야 한다: 면접원은 응답자가 제공하는 답변의 내용에 영향을 주지 않도록 의식적으로 노력해야 한다. 응답자는 다양한 질문에 대해서 자유롭게 응답해야하고, 면접원은 이런 분위기로 응답을 격려하는 것이 가장 적합하다.

개별 심층면접은 다음과 같은 여섯 가지 상황에서 적합하다:

1. 개인 행동, 태도 혹은 요구에 대한 구체적 조사가 요구될 경우
2. 토론 주제가 매우 비밀스러운 특성을 갖고 있을 경우(예: 개인적 투자).
3. 토론 주제가 정서적으로 부담을 주거나 당혹스러운 경우
4. 사회적으로 수용해야하는 강한 규범이 존재해서(예: 자녀 관리) 집단토론 에서 분위기에 동조하려는 욕구가 응답에 영향을 줄 수 있는 경우.
5. 복잡한 행동이나 의사결정유형(예: 가족휴가계획)에 대해서 매우 자세한(단계별) 이해가 요구되는 경우
6. 전문가 혹은 업무에 대한 담당자(재무업무 관리자)와의 면접인 경우.

표적 집단 면접은 (1) 제품 아이디어 창출을 위한 기본적 욕구 조사, (2) 신제품 아이디어나 개념 탐색, (3) 제품 포지셔닝 조사, (4) 광고와 커뮤니케이션 조사, (5) 소비자의 준거틀에 대한 배경연구, (6) 설문지 개발의 사전 단계로서 소비자 용어의 확정, (7) 태도와 행동의 결정 등에 활용될 수 있다.

표준 표적 집단 면접은 8~12명 정도가 관련된다. 통상적으로 이 집단은 특정 세분시장의 특성을 반영하도록 설계된다. 응답자들은 적합한 표본추출계획에 따라서 선정되고 일반적으로 면접을 기록할 수 있는 장비를 갖고 있는 장소에서 만난다. 토론 자체는 진행자에 의해서 진행된다. 능력있는 진행자는 1시간 ~ 4시간의 면접에서 아래와 같은 세 가지

의 명확한 단계를 개발하려고 한다; (1) 집단과의 관계구축, 집단 상호관계규칙 체계화 그리고 목표선정, (2) 해당 영역에서 집중적 토론을 자극하려고 노력, (3) 동의정도를 결정하기 위해서 집단의 응답들을 요약하려고 노력이다. 일반적으로 진행자나 제2의 사람이 면접(토론)의 대본을 분석한 후 각 면접에 대한 요약을 준비한다.

관찰

관찰은 (1) 해당 행동이 공개적일 때; (2) 이 행동들이 반복적이거나, 빈번하거나 혹은 예측 가능할 때, (3) 이 행동들이 상대적으로 짧은 시간대에 이루질 때 이용될 수 있다. 관찰 조사는 다음과 같은 의사결정을 요구한다:

1. 자연 상황 대 인위적 상황-조사자는 자연스러운 환경에서 행동이 일어날 때까지 기다리는가, 혹은 행동이 일어날 수 있는 인위적 상황을 만드는가?
2. 개방된 관찰 대 위장된 관찰-어느 정도나 소비자들이 자신들의 행동이 관찰되고 있는 것을 의식하는가?
3. 구조화된 관찰 대 비구조화된 관찰-조사자는 사전 결정된 행동만 관찰할 것인가 혹은 발생하는 모든 행동을 관찰할 것인가?
4. 직접 관찰 대 간접 간찰-행동 자체를 관찰할 것인가 혹은 단순히 행동의 결과만을 관찰할 것인가?
5. 사람이 관찰 혹은 기계가 관찰-기계 장치로 관찰할 것인가 혹은 사람이 관찰할 것인가?

생리적 반응 측정

생리적 측정은 광고물과 같은 자극에 대한 물리적 반응을 직접 관찰하는 것이다. 이러한 반응은 안구 이동(eye movement)처럼 통제 가능할 수 있거나 전기 피부반응(galvanic skin response)처럼 통제 불가능할 수도 있다. 안구추적카메라는 조사자로 하여금 소비자가 자극물에 있는 각 요소(예: POP광고판, 광고 혹은 패키지) 얼마 동안이나 쳐다보는지 그리고 이 요소들을 보는 순서를 확인할 수 있도록 한다. 전기피부반응은 광고나 패키지에 대한 정서적 반응의 강도를 탐색하기 위해서 (측정기를 이용해서) 측정될 수 있다.

투사기법

투사기법은 소비자들이 이 방법이 아니면 잘 드러낼 수 없거나 그렇게 하려고 하지 않는 느낌, 태도 그리고 동기를 측정하기 위해서 설계되었다. 이 기법은 모호한 대상물을 설명하기 위해서는 이에 대한 해석을 요구하는 이론에 근거하고 있고, 이러한 해석은 오직 개인 자신의 태도, 가치 그리고 동기에 근거할 수 있다.

<표 A-1>은 보편적인 투사기법의 서술과 예를 보여준다.

서베이

서베이는 많은 사람들로부터 정보를 수집하는 체계적인 방법이다. 일반적으로 이것은 구조화된 설문지나 준구조화된 설문지를 이용한다. 서베이는 우편, 전화, 사람 혹은 온라인을 이용해서 관리될 수 있다. 일반적으로 개별면접은 쇼핑몰에서 이루어지고 이것을 몰 인터셉트(mall intercept) 면접이라고 한다. 각 접근 방법은 장단점을 갖고 있다.

- 개별면접은 복잡한 설문지, 제품시연 그리고 많은 양의 자료수집의 경우에 사용된다.
- 전화 서베이는 신속히 완료되고, 표본통제(누가 설문에 응답하는가)가 가능하고, 상대적으로 저렴하다. 상당히 많은 응답자의 자료를 수집할 수 있으나 상대적으로 간단한 설문이다. 면접원 편기(bias)가 발생할 수 있다.
- 우편서베이는 완료하는데 가장 오래 걸리고 일반적으로 설문지가 비교적 짧아야 한다. 이것은 중간정도의 복잡한 자료를 수집하는데 사용될 수 있고 매우 경제적이다. 면접원 편기는 문제가 없다.
- 온라인 서베이는 매우 비용 효과적이고(응답자가 자료를 입력), 빠르고, 실시하기 쉽기 때문에 점차 보편화되고 있다. 온라인 서베이 조사의 주된 우려는 역사적으로 소득, 교육, 인종 그리고 성별 격차로 인한 인구통계적 치우침이나 편기를 갖는다는 것이다. 온라인 모집단은 전체 모집단을 점차 더 잘 대표하고 있기 때문에 그런 걱정은 줄어들고 있다.

서베이 조사의 주된 우려는 무응답 오류이다. 대부분의 서베이에서 조사에 참여하도록 선정된 사람의 50% 정도만 실제로 조사에 참여한다. 전화 및 개별면접의 경우, 많은 사람

표 A-1 동기조사 기법

연상 기법	
단어연상	소비자는 단어 목록에서 머릿속에서 떠오르는 첫 번째 단어로 반응한다.
연속단어연상	소비자는 목록에 있는 각 단어를 들은 후 머리 속에 떠오르는 일련의 단어들을 열거한다.
분석 및 사용	응답들이 부정적 연상을 유발하는지의 여부를 알아보기 위해서 분석된다. 응답시간(반응 잠복)도 측정될 때, 단어의 정서성이 추정될 수 있다.이 기법들은 동기보다는 의미적 기억을 자극하고 브랜드이름과 광고카피테스트에 이용된다.
완성 기법	
문장 완성	소비자는 다음과 같은 문장을 완성한다 "Cadillac을 구입하는 사람은 ______________________________________."
스토리 완성	소비자는 미완성 스토리를 완성한다.
분석 및 사용	응답들은 어떤 주제들을 표현하였는지를 알아보기 위해서 분석된다. 내용분석—주제에 대한 반응과 주요 개념—이 사용된다.
구성 기법	
만화 기법	소비자는 만화주인공의 말이나 생각을 대화풍선에 적어 넣는다.
제3자 기법	소비자들은 왜 "평균적 여성", "대부분의 의사", 혹은 "일반 사람"은 특정 제품을 구입하거나 사용하는가를 이야기한다. 쇼핑목록(이 목록을 갖고 쇼핑가는 사람을 묘사)과 잃어버린 지갑(그 지갑에 쇼핑목록을 갖고 있는 사람 묘사)도 제3자 기법이다.
사진 반응	소비자는 사진에 있는 제품을 구입하거나 사용하는 사람이나 선화(line drawing)에 대한 이야기를 한다.
분석 및 사용	문장완성법과 동일

들이 집에 없거나 협조를 거부한다. 우편 서베이의 경우, 많은 사람들이 응답을 거부하거나 잊어버린다.

전화 서베이와 가정 개별 서베이의 경우 조사자는 협조전화를 해서 응답률을 높일 수 있다. 협조전화는 다른 날짜와 다른 시간대에 이루어져야 한다. 우편 서베이의 경우 금전적 유인(1$ 동봉)은 응답률을 높일 수 있다. 마찬가지로 예고카드(설문지가 도착할 것을 알리는 카드)와 상기시키는 카드도 응답률을 높일 수 있다.

만일 100%미만의 응답률일 경우, 조사자는 응답하지 않은 사람들이 응답한 사람과 다르다는 것을 우려해야 한다. 다양한 기법들이 무응답 오류의 가능성과 특성을 추정하는데 이용가능하다.

실험

실험은 하나 혹은 그 이상의 변수들(제품특성, 포장색상, 광고주제)을 변화시켜서 그 변화가 다른 변수에 영향을 미치는 효과(소비자 태도, 반복 구매행동, 학습)를 관찰하는 것을 말한다. 변화되는 변수를 "독립변수"라고 한다."변화"는 "조작"이라고 하는데, 이것은 단순히 한 요소를 여러 다른 수준으로 체계적으로 변화하는 것을 의미한다. 예를 들어 만일 $1.00, $1.50 그리고 $2.00의 가격인 제품들을 서로 다른 소비자 집단에 제시한다면, 이것은 세 가지 수준으로 가격을 조작한 것이다.

조작에 의해서 영향을 받는 변수를 종속변수라고 한다. 실험설계의 목적은 이 종속 변수의 변화가 독립변수의 변화에 살 기인할 수 있도록 상황을 구성하는 것이다. 이것이 이루어지는 방법은 높은 "통제"수준을 통해서 가능한데, 일반적으로 통제는 해당 변수를 조작하고 다른 요소들은 고정시키는 것을 의미한다. 따라서 조사자는 오로지 가격의 측면에서만 세 가지 다른 제품개념을 제시할 수 있다. 디자인, 포장색상 등 모든 것은 다른 가격수준에 대해서 고정(혹은 동일하게) 시킨다. 이 논리는 오직 조작된 변수만 변하기 때문에, 종속변수에서 관찰된 어떤 변화도 조작 변수가 이유(원인)라고 강하게 확신한다는 것이다.

조사자가 알아보기 원하는 독립변수의 수와 수준에 따라서 다양한 실험설계들이 있다. 조사자가 달성하려는 통제 수준을 반영하는 다른 종류의 실험들이 있다. 실험실 실험에서 조사자는 모든 외부적 영향들을 조심스럽게 통제한 후 독립변수가 종속변수의 변화를 야기시킨다고 확신을 갖고 결론을 내릴 수 있다. 따라서 실험실 실험은 내적 타당성이 매우 높다.

현장실험에서 조사자는 가장 적합한 환경에서 조사를 실시한다. 일반적으로 이것은 실험실 상황과 같은 통제를 포기하는 것을 의미한다. 그러나 이렇게 하는 이유는 소비자가 현실상황에서 어떻게 실제로 행동하는가를 보는 것이다. 현장 실험은 외적 타당성-조사결과가 실제상황에서 진실일 수 있는 정도-을 확립하는데 도움을 주기 때문에 중요하다. 이것은 특이한 외부적 영향들이 조사결과를 왜곡할 수 있다는 것(즉, 내적 타당성을 감소시킨다)을 의미한다. 그러나 세심하게 계획을 수립하면 이러한 특이한 외부적 영향을 피할 수 있다.

컨조인트 분석: 실험을 이용한 속성 중요성 조사 컨조인트 분석은 실험의 한 활용이다. 컨조인트 분석에서, 소비자에게 잠재적 평가 기준들이 변하는(조작되는) 일련의 제품이나 제품명세가 제시된다. 예를 들어 네 개의 속성 즉, 프로세서 (2개 수준: Pentium M 1.6 Ghz 대 Pentium M 2.0 Ghz), 에너지 절약(2개 수준: 예 대 아니오), 무게 (2개 수준: 3.5 파운드 대 5.1 파운드) 그리고 가격 (3개 수준: $1, 000, $1, 500 그리고 $2, 000)의 중요성에 관심이 있는 노트북 컴퓨터 제조기업을 고려하자. 이것은 네 개 기준에 따라서 스물네 개의 다른 노트북 컴퓨터 구성(2×2×2×3=24)을 갖는다. 두 가지는 아래와 같다.

그림 A-1 노트북 컴퓨터의 평가기준 중요성을 결정하기 위한 컨조인트분석이용

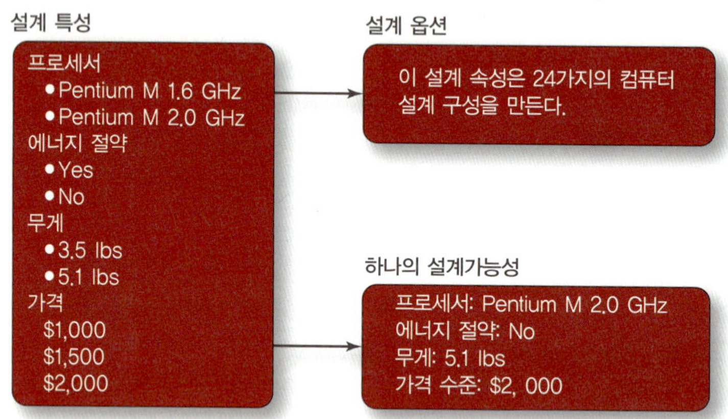

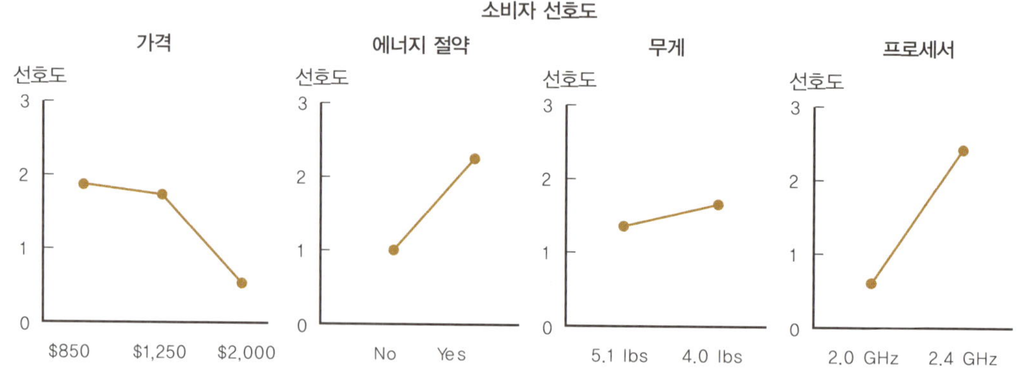

하나의 설계가능성

평가기준	중요성
프로세서	45%
무게	5
에너지 절약	25
가격	25

- 이 예에서 프로세서가 가장 중요한 특성이고 여기서는 Pentium M 2.0 GHz가 선호된다.
- 가격과 에너지 절약도 중요한 반면, 가격은 $1, 500와 $2, 000 사이에서만 중요하다.

Pentium M 2.0 Ghz	Pentium M 1.6 Ghz
에너지 절약(예)	에너지 절약(아니오)
5.1 파운드	3.5파운드
$1, 500	$2, 000

소비자는 이러한 특성의 조합들에 대한 자신의 선호도에 따라서 스물네 개의 명세에 대해서 순위를 매긴다. 이러한 선호도 순위에 근거해서 정교한 컴퓨터 프로그램이 각 속성의 각 수준에 대해서 소비자가 부여한 상대적 중요성을 도출한다.

예를 들어, <그림 A-1>에서, 한 소비자에게 네 개의 주요 평가기준의 다른 수준을 나타내는 스물네 가지의 컴퓨터 설계에 대한 전반적 선호도 측면에서 순위를 부여하도록 한다고 하자. 그런 후 선호도가 속성의 변화 측면에서 분석된다. 이 결과는 그 속성의 중요성을 반영하는 각 평가 기준에 대한 선호도 곡선이다. <그림 A-1>의 자료에 근거하면, 이 소비자에게는 프로세서가 특히 중요한 반면 무게는(적어도 이 범주에서는) 거의 중요하지 않다.

컨조인트 분석은 조사자가 목록화한 속성들로 제한된다. 따라서 음료수 속성에 대한 컨조인트 분석은 만일 조사자가 이것을 특성 목록에 넣지 않는다면 칼로리 내용에 대한 어떤 것도 알려 주지 않는다. 만일 중요한 속성이 생략된다면, 부정확한 시장점유율 예측이 발생할 수 있다. 또한, 컨조인트 분석은 정서 혹은 느낌에 근거한 제품 선택의 중요성을 측정하는데는 적합하지 않다. 예를 들어, 조사자가 향수에 대한 컨조인트 분석을 실시하기 위해서 어떤 형태의 속성들을 사용하는가?

설문지 설계

모든 서베이와 많은 실험들은 자료수집 방법으로 설문지를 사용한다. 설문지는 정보를 끄집어내는 형식화된 일련의 질문들이다. 이것은 (1) 행동–과거, 현재, 계획된, (2) 인구통계–나이, 성별, 소득, 교육, 직업, (3) 지식 수준, (4) 태도와 의견 등을 측정할 수 있다. 설문지 설계 과정은 <표 A-2>에서 대략적으로 설명된다.

태도 척도

태도는 아래에 자세히 설명된 바와 같이 특화된 척도에 따라서 측정된다. 소비자에게 하나 혹은 다른 용어들이 태도 대상물을 얼마나 정확히 서술하거나 적합한지를 가장 잘 나타내는 정도를 표시하도록 지시한다.

다양한 형태의 태도 척도가 존재하는데, 아래와 같은 것들이 포함된다:

비비교평가 척도 비비교평가 척도는 소비자에게 다른 대상과 직접 비교없이 특정대상을 평가하거나 그 대상의 속성을 평가하도록 한다.

예: **"당신은 Diet Pepsi를 얼마나 좋아합니까?"**

매우 좋아한다	좋아한다	싫어한다	매우 싫어한다
______	______	______	______

표 A-2 설문지 설계 과정

1. **사전 의사결정**
   정확히 어떤 정보가 필요한가?
   정확히 누가 표적 응답자인가?
   어떤 커뮤니케이션 방법이 이 응답자들에게 도달하기 위해서 사용되는가?
2. **질문 내용에 대한 의사결정**
   이 질문이 정말 필요한가?
   이 질문이 필요한 정보를 찾아내는데 충분한가?
   응답자가 질문에 정확히 답할 수 있는가?
   응답자가 질문에 정확히 답하려고 하는가?
   질문에 대한 응답을 왜곡시킬 수 있는 어떤 외부적 사건이 있는가?
3. **응답형태에 대한 의사결정**
   이 질문이 개방형, 선택형 혹은 양자택일형으로 물어보는 것이 최선인가?
4. **질문 표현에 대한 의사결정**
   사용되는 단어가 모든 응답자에게 하나의 의미를 갖는가?
   어떤 단어나 문구가 응답자에게 부담을 주거나 의도된 방향으로 유도하는가?
   질문에 어떤 함축된 다른 대안이 있는가?
   질문과 관련된 가정이 숨어 있는가?
   응답자들이 조사자가 원하는 준거틀에 따라서 질문에 접근하는가?
5. **질문 순서에 대한 의사결정**
   질문들이 도입오류를 피하는 논리적 순서로 구성되었나?
6. **질문의 배열에 대한 의사결정**
   설문지가 혼란을 피하고 작성 오류를 최소화하는 방법으로 설계되었나?
7. **사전테스트와 교정**
   최종 설문지가 최종 서베이에 포함될 표본들과 유사한 응답자들을 이용해서 사전테스트를 거쳤나?

비교평가 척도 비교평가 척도는 직접비교 기준점(예: "당신이 좋아하는 브랜드", "가장 이상적 브랜드")을 제공한다.

예: **"당신은 Ultra Bright와 비교해서 Tom's of Maine을 얼마나 좋아합니까?"**

매우 좋아한다	조금 더 좋아한다	똑같이 좋아한다	조금 더 싫어한다	매우 싫어한다
______	______	______	______	______

의미차이 척도 의미차이 척도는 소비자에게 두 개의 반대되는 형용사의 양극척도상에서 대상물을 평가하도록 한다.

예: **"다음 속성들에 대해서 Honda Accord를 평가해 주세요."**

빠르다	______	______	______	______	______	______	______	느리다
환상적	______	______	______	______	______	______	______	평범한

양끝은 "극히", 양끝 다음은 "매우", "중간의 바로 양쪽은" "다소" 그리고 중간 지점은 "어느 쪽도 아님"을 나타낸다.

리커트 척도 리커트 척도(Likert scales)는 소비자에게 태도 대상물에 관한 일련의 서술문에 대해서 동의 혹은 비동의의 정도를 표시하게 한다.

예: **1. Macy's는 이 지역에서 가장 매력적인 점포이다.**

매우 동의한다	동의한다	그저 그렇다	동의하지 않는다	전혀 동의하지 않는다
______	______	______	______	______

2. **Macy' s의 서비스는 만족스럽지 않다.**

매우 동의한다	동의한다	그저 그렇다	동의하지 않는다	전혀 동의하지 않는다
______	______	______	______	______

응답 결과를 분석하기 위해서 각 응답범주가 숫자로 할당된다. 예를 들어서, 리커트 척도싱에시 1(매우 동의한다)에서부터 6(전혀 동의하지 않는다)와 같이 값을 부여한다. 혹은 +2에서부터 −2까지를 사용하는 방법은 0이 중립점(그저 그렇다)을 나타낸다.

3가지 태도구성요소 측정

제11장에서 언급되었듯이, 태도는 인지적, 정서적 그리고 행동적 요소로 구분될 수 있다. <표 A-3>은 각 태도요소에 대한 세부적 항목들을 제공한다.

광고효과 측정

성공적인 광고 혹은 다른 마케팅 메시지는 다음 네 가지 과제를 수행해야한다:

1. **노출** 이것은 물리적으로 소비자에게 도달해야 한다.
2. **주의** 소비자는 이 광고에 주의를 기울여야 한다.
3. **해석** 이것은 정확하게 해석되어야 한다.
4. **기억** 적합한 상황에서 인출할 수 있는 방법으로 기억에 저장되어야 한다.

광고 평가는 위의 모든 과제를 포괄해야 한다. 그러나 대부분의 노력들은 주의에 초점을 맞추고 있고 기억에는 덜 초점을 맞춘다.

노출 측정

인쇄 매체에 대한 노출은 발행부수의 측면에서 가장 자주 측정된다. 발행부수에 대한 자료는 다양한 상업적 기관으로부터 제공된다. 그러나 빈번히 이러한 자료들은 기업의 표적시장과 일치하는 방법으로 분류되지 않는다. 예를 들어, 기업은 낮은 중간사회계층을 표적으로 하려고 한다면, 발행부수 자료는 사회계층보다는 소득에 의해서 분류될 수도 있다.

응답자가 자신이 매일 들었던 것을 기록하는 일기식 보고서와 전화면접은 라디오 청취에서 사용되는 두 가지 방법이다. 텔레비전 시청은 주로 피플미터(기계적 관찰)에 의해서 측정된다. 이 피플미터(people meter)는 텔레비전을 켰는지 여부를 알아보고 만일 켰다면 어느 채널을 시청하는지를 자동으로 알아내는 전자장치이다. 이것은 각 가구 구성원들에게 자신이 시청하고 있을 때 확인버튼을 누르도록 요청을 한다. 각 잠재적 시청자의 인구통계가 중앙 컴퓨터에 저장되어서 시청자 프로필이 개발된다.

웹사이트는 자동으로 각 시간대 별로 전체 및 개별 방문 수를 자동으로 기록(기계적 관찰)한다. 배너 광고와 이 광고가 게재되는 사이트는 클릭률(배너광고를 클릭한 전체사람

표 A-3 태도 구성요소 측정

인지적 요소(의미차이 척도를 이용해서 특정 속성에 대한 신념측정)

	DietCoke						
강한 맛	______	______	______	______	______	______	순한 맛
저가	______	______	______	______	______	______	고가
카페인 없음	______	______	______	______	______	______	높은 카페인
맛이 독특한	______	______	______	______	______	______	맛이 비슷한

감정적 요소(리커트 척도를 이용해서 특정 속성이나 전반적 브랜드에 대한 느낌 측정)

	매우 동의한다	동의한다	그저 그렇다	동의하지 않는다	전혀 동의 하지 않는다
나는 Diet Coke의 맛을 좋아한다	______	______	______	______	______
Diet Coke는 가격이 비싸다.	______	______	______	______	______
카페인은 당신의 건강에 나쁘다.	______	______	______	______	______
나는 Diet Coke를 좋아한다.	______	______	______	______	______

행동적 요소(구매의도나 구매행동 측정)

내가 가장 최근에 소비한 음료수는 ______ 이다

나는 늘 ______ 음료수를 마신다.

당신이 다음에 음료수를 구입할 때,
Diet Coke를 구입할 가능성은 얼마나 되는가?

______ 반드시 구입한다.
______ 아마 구입할 것이다.
______ 구입할 수도 있다.
______ 아마 구입하지 않을 것이다.
______ 절대로 구입하지 않을 것이다.

수 혹은 사이트 방문자의 비율)로 평가된다.

주의 측정

광고, 포장 그리고 웹사이트의 주의를 끄는 힘은 안구 추적(기계적 관찰)이나 안구 고정을 이용한 직접 방법으로 측정될 수 있다. 소비자가 인쇄 광고, 옥외간판, 점포선반, 포장, 혹은 웹사이트의 이미지를 보는 동안 스크린 뒤에 있는 카메라가 소비자의 동공에 보이지 않는 광선을 보낸다. 이 카메라는 소비자가 주의를 기울이고 있는 것을 정확히 알아낸다. 이 테크놀로지는 마케터에게 (1) 메시지의 어느 부분에 주의를 기울이는가, (2) 어떤 순서를 거쳐서 메시지를 보는가, (3) 메시지의 각 부분을 얼마동안이나 보는가 등을 결정해 준다.

적어도 기억장치의 일부 측면을 자극하게 되는 주의에 대한 간접 측정 방법은 영화관 테스트, 일일 후 상기(DAR: Day After Recall), 인지 테스트 그리고 Starch 점수 등이 포함된다. 영화관 테스트는 영화관에서 텔레비전프로와 함께 광고를 보여준다. 그런 후 시청자들은 어떤 광고 및 그 광고의 어떤 부분이 주의를 끌었는지를 측정하는 설문지를 작성한다. DAR은 텔레비전 광고의 주의집중력을 측정하는 가장 보편적인 방법이다. 소비자들은 그들이 본 프로그램의 광고가 방영된 하루 후에 면접을 받는다. 광고의 상기와 광고의 특정 부분에 대한 상기(주로 설문지를 통해서)는 주의를 기울인 정도를 반영하는 것으로 해석된다.

텔레비전 광고에 대한 DAR은 이성적이고, 사실적이고, 직설적인 광고 그리고 고관여 제품에 호의적인 반면 정서적이고, 은유적 광고에 대해서 차별적이라는 비난을 받아왔다. 그러나 많은 제품과 표적시장을 결합한 경우, DAR이 더 우수하다. 이에 대응해서 텔레비전 광고의 인지를 측정하기 위해서 상당한 노력을 하였다. 인지 테스트에서 관심있는 광고 혹은 그 광고의 주요 부분을 다른 광고와 함께 보여준 후, 광고의 인지 혹은 그 광고의 주요부분에 대한 인지가 측정된다.

Starch 점수는 인쇄 광고의 주의집중력을 평가하는 가장 보편적인 기법이다. 응답자에게 그들이 최근에 읽은 잡지의 광고들을 보여준 후, 각 광고에 대해서 그들이 읽은 것 중에서 어느 부분(헤드라인, 사진, 카피)을 기억하는가를 적도록 한다. 다음과 같은 세 가지 주요 점수가 계산된다:

1. **주의한(Noted)** 그 잡지의 광고를 보았다는 것을 기억하는 사람의 비율.
2. **본 것이 연상된(Seen-associated)** 그 광고의 일부 즉 브랜드나 광고주를 명확히 기억하는 사람의 비율.
3. **대부분 읽은(Read most)** 광고카피의 50% 혹은 그 이상을 읽은 것을 기억하는 사람의 비율.

Starch 점수는 광고의 전반 요소 그리고 주요 요소에 대한 간접 측정을 나타낸다.

해석 측정

해석을 조사하는 마케터는 앞에서 언급했던 어떤 조사방법들, 즉 표적 집단 면접, 서베이 그리고 투사 기법 등을 사용할 수 있다. 마케터의 한 주요 과제는 인지적 해석 그 이상으로 하는 것일 뿐만 아니라 정서와 느낌도 다루는 것이다. 제11장에서 언급된 AdSAM® 과 같은 기법이 이러한 측면에서 매우 유용할 수 있다.

부록 B

소비자 행동의 감사

이 부록은 소비자 행동 관점에서 마케팅 전략을 개발하는 것을 가이드할 수 있는 여러 주요 질문들의 리스트를 제공한다. 이러한 감사는 단지 체크리스트로서 중요한 행동 차원을 간과하지 않도록 한다. 이는 성공적인 전략을 보장하지는 않는다. 그러나 이들 질문에 대하여 철저하고 통찰력이 있는 답변은 성공적인 마케팅 프로그램의 가능성을 매우 높여줄 것이다.

마케팅 의사결정의 소비자 영향 요인들 그림 B-1

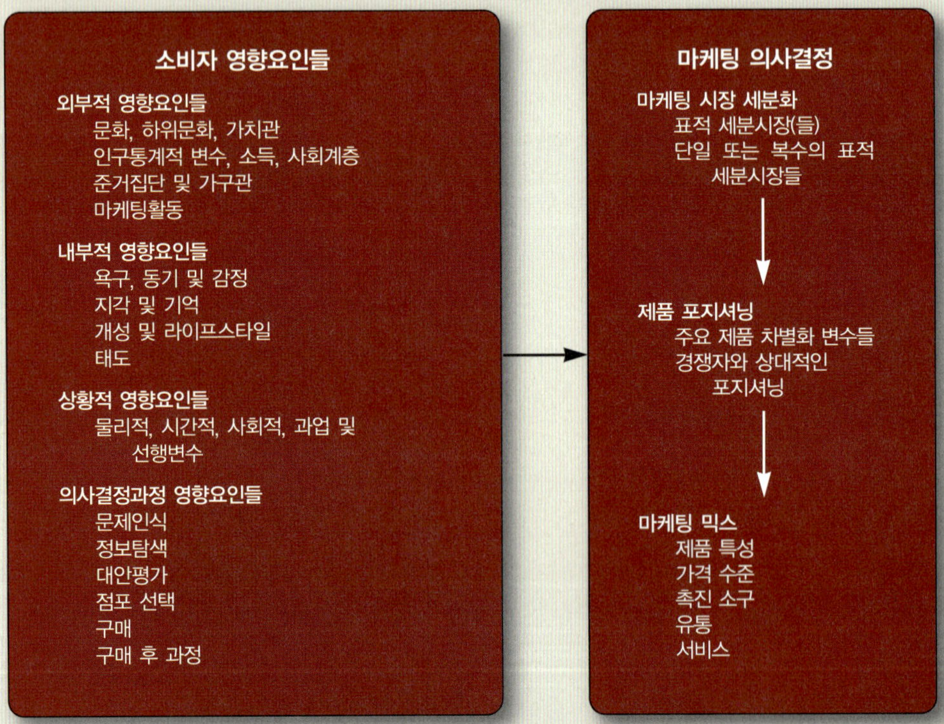

소비자 영향요인들

외부적 영향요인들
- 문화, 하위문화, 가치관
- 인구통계적 변수, 소득, 사회계층
- 준거집단 및 가구관
- 마케팅활동

내부적 영향요인들
- 욕구, 동기 및 감정
- 지각 및 기억
- 개성 및 라이프스타일
- 태도

상황적 영향요인들
- 물리적, 시간적, 사회적, 과업 및 선행변수

의사결정과정 영향요인들
- 문제인식
- 정보탐색
- 대안평가
- 점포 선택
- 구매
- 구매 후 과정

→

마케팅 의사결정

마케팅 시장 세분화
- 표적 세분시장(들)
- 단일 또는 복수의 표적 세분시장들

↓

제품 포지셔닝
- 주요 제품 차별화 변수들
- 경쟁자와 상대적인 포지셔닝

↓

마케팅 믹스
- 제품 특성
- 가격 수준
- 촉진 소구
- 유통
- 서비스

*Wheeling College의 Richard Pomazal이 수정.

감사는 마케팅관리자가 행하는 주요 의사결정을 중심으로 구성되어 있다. 첫 번째 중요한 결정은 표적시장의 선정이다. 이어 각 표적시장에 대하여 성공적으로 실행가능한 제품 포지션의 결정이다. 마지막으로 마케팅 믹스 변수(제품, 유통, 가격, 촉진)가 바라는 제품 포지션과 일치되게 구축되어야 한다. 이러한 과정은 <그림 B-1>에서 설명되어진다.

시장 세분화

시장 세분화는 제품의 모든 가능한 사용자들을 제품이 충족시킬 수 있는 유사한 욕구를 지닌 집단으로 구분하는 과정이다. 시장 세분화는 신제품의 최종 개발에 앞서 행하여져야 한다. 또한 완전한 시장 세분화 분석은 기존 제품에 대해서 주기적으로 이루어져야 한다. 지속적으로 시장 세분화 분석을 하는 이유는 소비자 욕구의 동적인 성격 때문이다.

A. 외부적 영향요인들

1. 가치 시스템이 특정 제품의 소비와 특별히 일치하는(또는 비일치하는) 문화 또는 하위문화가 있는가?
2. 제품이 남성 또는 여성의 소비에 적합한가? 지속적인 성역할의 변화가 누가 우리 제품을 사용하고 또는 어떻게 사용되는지에 영향을 미칠 것인가?
3. 인종적, 사회적, 지역적 또는 종교적 하위문화가 우리 제품과 관련된 여러 다른 소비형태를 가지는가?
4. 다양한 인구통계적 또는 사회계층적 집단(연령, 성별, 도시/교외/시골, 직업, 소득, 교육)이 우리 제품의 소비에서 차이를 보이는가?
5. 우리 제품이 다른 사람들과 비교하여 상대적으로 소득이 높은(또는 낮은) 소비자들에게 적합한가?
6. 우리 제품이 학생 또는 직업 여성들과 같이 특정 역할의 사람들에게 적합한가?
7. 특정 수용자 범주에 초점을 맞추는 것이 유용한가?
8. 가구수명주기의 각 단계의 집단들이 우리 제품에 대하여 다른 소비형태를 보이는가? 가구에서 누가 구매과정에 관련되는가?

B. 내부적 영향요인들

1. 우리의 제품이 다른 사람들의 서로 다른 욕구 또는 동기를 충족시킬 수 있는가? 어떠한 욕구들이 관련되어 있는가? 서로 다른 동기를 가진 사람들을 특징짓는 것은 무엇인가?
2. 우리 제품이 특정한 형태의 개성을 가진 사람들에게만 적합한가? 자아개념은 어떠한가?
3. 어떠한 감성이 이러한 제품의 구매 및 또는 소비에 의하여 영향을 받는가?
4. 우리 제품은 하나 또는 여러 구별된 라이프 스타일에 적합한가?
5. 다른 집단들은 우리 제품의 이상적 형태에 대하여 서로 다른 태도를 가지는가?

C. 상황적 영향요인들
   1. 우리 제품은 특정 형태의 사람들 대신에(또는 추가적으로) 특정 상황에 적합할 수 있는가?

D. 의사결정 영향요인들
   1. 다른 사람들은 제품을 선택하는데 있어서 서로 다른 평가기준을 가지고 있는가?
   2. 잠재적 고객들은 기존 제품 또는 상표에 대하여 애호도가 다른가?

제품 포지션

제품 포지션은 경쟁 제품 또는 브랜드와 관련하여 소비자가 특정 제품 또는 브랜드에 대하여 어떻게 생각하는가 하는 것이다. 관리자는 관심있는 특정 세분시장에 대하여 바람직한 제품 포지션이 어떤 것인지를 결정해야 한다. 이러한 결정은 경쟁제품 또는 브랜드의 소비자 지각뿐 아니라 일반적으로 시장을 세분화하기 위해 사용되는 것과 같은 질문의 응답에 기초한다. 물론 기존 또는 잠재적 경쟁자의 능력과 동기부여 또한 고려되어야 한다.

A. 내부적 영향요인들
   1. 각 세분 시장에서 이러한 제품범주에 대하여 일반적인 의미적 기억구조는 어떠한가?
   2. 회사가 충족시키기를 원하는 상황에 대하여 각 세분시장에서 이러한 제품의 이상적 형태는 어떤 것인가?

B. 의사결정 영향요인들
   1. 구매 의사결정에서 어떠한 평가기준이 사용되는가? 어떠한 의사결정 규칙과 중요성 가중치가 사용되는가?

가격결정

관리자는 원하는 제품 포지션과 일치된 가격정책을 수립해야 한다. 가격은 소비자가 제품을 얻기 위해서 제공하는 모든 것으로 폭넓게 인식되어진다. 이는 금전적 비용뿐 아니라 시간 및 심리적 비용을 포함한다.

A. 외부적 영향요인들
   1. 세분시장은 신용카드의 사용 또는 과시적 소비와 같은 가격결정의 어떤 측면과 관련된 가치를 가지고 있는가?
   2. 세분시장은 생활비를 제외하고도 그 제품을 살만한 충분한 소득을 가지고 있는가?
   3. 확산을 보장하는 충분한 상대적 이점을 얻기 위하여 가격을 낮추는 것이 필요한가? 일시적 가격인하는 제품 시용을 유발할 것인가?

B. 내부적 영향요인들

1. 가격은 지위의 지표로 인식될 것인가?
2. 이러한 제품을 구매하는데 경제가 세분시장의 라이프스타일과 관련이 있는가?
3. 가격은 그 제품범주에서 세분시장이 상표에 대해서 갖는 태도에 중요한 측면인가?
4. 이 제품에 대하여 공평한 또는 합리적 가격에 대한 세분시장의 지각은 무엇인가?

C. 상황적 영향요인들

1. 가격의 역할은 상황의 형태에 의하여 달라지는가?

D. 의사결정 영향요인들

1. 저가격이 문제인식을 촉발하기 위하여 사용될 수 있는가?
2. 가격은 중요한 평가기준인가? 어떠한 결정규칙이 평가기준에 적용되는가? 가격은 품질의 대리지표로 사용될 가능성이 있는가?
3. 소비자들은 매장 내 가격인하에 반응할 가능성이 있는가?

유통전략

관리자는 선택된 제품포지션과 일치된 유통전략을 개발해야 한다. 이는 그 품목이 물리적 제품이라면 점포 선택을 의미하며, 제품이 서비스라면 점포 위치 선택을 말한다.

A. 외부적 영향요인들

1. 세분시장은 유통과 관련된 어떠한 가치를 가지고 있는가?
2. 세분시장의 남성과 여성은 유통시스템에서 요구사항이 다른가? 그 세분시장에서 맞벌이 부부 또는 편부모는 제품 유통과 관련하여 독특한 욕구를 가지는가?
3. 유통시스템은 공통된 관심사를 가진 개인들을 함께 모이게 하는 수단으로 준거집단을 활용할 수 있는가?
4. 제품이 복잡해서 확산을 보장하기 위하여 고급 서비스의 경로가 요구되어지는가?

B. 내부적 영향요인들

1. 선택된 점포는 추구하는 제품포지션을 제고하는 방식으로 인식될 것인가?
2. 어떠한 형태의 유통시스템이 각 세분시장의 라이프스타일과 부합되는가?
3. 각 세분시장은 다양한 유통 대안과 관련하여 어떠한 태도를 가지고 있는가?

C. 상황적 영향요인들

1. 유통시스템의 바람직한 특성은 상황에 따라 달라지는가?

D. 의사결정 요인들

1. 어떠한 점포가 세분시장의 환기군에 있는가? 그 세분시장에서 소비자들은 이러

한 형태의 점포에서 정보를 탐색할 것인가?
2. 각 세분시장은 점포를 평가하기 위하여 어떠한 평가기준을 사용할 것인가? 어떠한 의사결정 규칙을 사용할 것인가?
3. 점포의 선택이 제품 또는 상표에 앞서 혹은 후에, 혹은 동시에 이루어지는가? 어느 정도로 제품결정이 소매점포에서 이루어지는가?

촉진전략

관리자는 광고, 비기능적 포장 디자인 특성, 홍보, 촉진 그리고 판매인력활동을 포함하여 제품 포지션과 일치된 촉진전략을 개발해야 한다.

A. 외부적 영향요인들
1. 세분시장은 우리의 커뮤니케이션에 이용될 수 있는 어떠한 가치를 지니고 있는가? 어떠한 것이 회피되어야 하는가?
2. 우리는 각 세분시장에서 성역할의 지각과 일치된 방식으로 선택된 세분시장에 어떻게 커뮤니케이션할 수 있는가?
3. 각 세분시장의 비언어적 커뮤니케이션은 무엇인가?
4. 우리는 광고에서 준거집단을 활용한다면 어떻게 활용할 수 있는가?
5. 우리 광고는 제품을 역할과 관련된 제품 군집의 일부분으로 만들 수 있는가?
6. 우리는 의견선도자에 도달하고 영향을 미칠 수 있는가?
7. 우리 제품이 혁신제품이라면 촉진이 극복할 수 있는 확산의 장애물이 있는가?
8. 가구에서 누가 우리 제품과 관련하여 어떠한 형태의 정보를 받는가?

B. 내부적 영향요인들
1. 우리는 각 세분시장이 우리가 원하는 방식으로 노출하고, 주의하고 그리고 해석하는 촉진 캠페인을 구축하였는가?
2. 우리는 우리의 의미가 기억되도록 적절한 학습 원칙을 사용하였는가?
3. 우리의 메시지가 세분시장이 가지고 있는 구매 동기와 관련되어 있는가? 메시지들은 필요하다면 동기부여적 갈등을 줄이는데 도움을 주는가?
4. 우리는 광고 및 또는 우리 제품의 사용에 대하여 정서적 시사점을 고려하는가?
5. 우리 광고에서 선택된 세분시장의 바람직한 라이프스타일과 일치되게 라이프스타일이 제시되는가?
6. 우리는 촉진 믹스를 통하여 태도를 변화시킬 필요가 있다면 가장 적절한 태도변화 기법을 택하여 적절하게 사용하였는가?

C. 상황적 영향요인들
1. 우리 캠페인은 제품의 적절한 전체 사용 상황을 예시하고 있는가?
2. 각 세분시장은 문제 인식에 앞서 제품 정보를 탐색하는가 또는 주의하는가? 아니면 우리는 그들이 우리 정보를 탐색하지 않을 때 그들에게 접근해야 하는가?

우리는 저관여 학습 과정을 효과적으로 사용할 수 있는가? 어떤 정보원천이 사용되는가?

3. 문제인식 후에 각 세분시장은 제품 또는 상표에 대하여 정보를 탐색하는가? 또는 우리는 구매의사결정과정에 개입할 필요가 있는가? 그들이 정보를 탐색한다면 어떠한 원천을 사용하는가?
4. 의사결정에 어떤 형태의 정보가 이용되는가?
5. 얼마나 많은 그리고 어떤 형태의 정보가 구매시점에서 얻어지는가?
6. 구매 후 부조화는 일어날 것인가? 우리는 촉진 캠페인을 통하여 이를 줄일 수 있는가?
7. 우리는 적절한 제품 사용을 보장할 충분한 정보를 주었는가?
8. 제품성과와 일치된 촉진 캠페인에 의하여 기대가 창출되는가?
9. 우리의 메시지는 반복구매, 상표애호도의 구매를 촉진하도록 아니면 둘 다 촉진하지 못하도록 설계되었는가?

제품

마케팅관리자는 물리적 제품, 서비스 또는 아이디어가 각 세분시장에서 바라는 제품 포지션을 달성하기 위하여 요구되는 특성을 가지도록 확인해야 한다.

A. 외부적 영향요인들

1. 남성, 여성 그리고 다양한 연령집단을 포함하여 고려하는 세분시장의 모든 구성원들을 위하여 제품이 적절하게 설계되었는가?
2. 제품이 혁신적이라면 확산을 신속하게 하는 상대적 이점 및 복잡성의 결여의 특성을 가지고 있는가?
3. 제품이 여러 가구 구성원의 다양한 욕구를 충족시키도록 설계되었는가?

B. 내부적 영향요인들

1. 제품은 추구하는 이미지와 일치되게 인식되어질 것인가?
2. 제품은 세분시장의 주요 구매동기를 충족시킬 것인가?
3. 제품은 이상적 제품에 대한 태도와 일치하는가?

C. 상황적 영향요인들

1. 제품은 다양한 잠재적 사용 상황에 적절한가?

D. 의사결정 영향요인들

1. 제품 또는 상표는 이 세분시장이 사용하는 평가기준들에 대하여 대안들보다 더 나은가?
2. 제품은 이 세분시장의 예측가능한 사용에서 효과적으로 기능할 것인가?
3. 제품은 이 세분시장의 기대와 같게 또는 더 낫게 성과를 나타낼 것인가?

고객만족 및 몰입

마케터는 장기적으로 성공을 얻기 위해서는 소비자를 만족시켜야 한다. 만족을 넘어서 몰입된 즉 애호도가 높은 고객을 창조하는 것은 기업에 종종 이익이 된다.

1. 어떠한 요인들이 우리 제품에 대하여 만족을 가져올 것인가?
2. 어떠한 요인들이 우리 상표 또는 기업에 대하여 고객 몰입을 야기시킬 수 있을 것인가?

찾아보기

[한글]

ㄱ

ㄴ

ㅊ

ㅋ

ㅌ

ㅍ

[기타]